中華人民共和國國務院批准的重大文化出版工程

國家文化發展規劃綱要的重點出版工程項目

新聞出版總署列爲「十一五」國家重大工程出版規劃之首

國家出版基金重點支持項目

ISBN 978-7-5495-7145-1
9 787549 571451 >

中華大典

文獻目録典

廣西師範大學出版社集團有限公司

《中華大典》工作委員會

《中華大典》編纂委員會

總主編：任繼愈

副主編：席澤宗　程千帆　戴　逸　吳文俊　柯　俊
傅熹年

編　委：卞孝萱　任繼愈　李明富　佘瀛鰲　林仲湘
郁賢皓　馬繼興　袁世碩　席澤宗　陳美東
黃永年　章培恒　張永言　張晋藩　葛劍雄
董治安　程千帆　傅世垣　曾棗莊　龐　樸
趙振鐸　劉家和　潘吉星　錢伯城　戴　逸
楊寄林　穆祥桐　吳文俊　金正耀　戴念祖
柯　俊　金維諾　白化文　汪子春　周少川
孫培青　朱祖延　傅熹年　李　申　郭書春
熊月之　柴劍虹　吳子勇　寧　可　江曉原
鄭國光　吳征鎰　尹偉倫　魏明孔

《中華大典》前言

《中華大典》是運用我國歷代漢文古籍編纂的一部大型工具書。其目的是爲學術界及願意瞭解中國古代珍貴文化典籍的人士提供準確詳實、便於檢索的漢文古籍分類資料。

中國是世界文明古國之一，幾千年來纂寫和聚集的文化典籍浩如烟海。我國歷代都有編纂類書的優良傳統，具有代表性的《永樂大典》等大多已佚失，現存《古今圖書集成》編就距今也已數百年。爲了適應今天和以後研究和檢索的需要，一九八八年海内外三百多位專家學者和各古籍出版社同仁倡議，在已有類書的基礎上，用現代科學方法編纂一部新的類書《中華大典》。

國務院在關於編纂《中華大典》問題的批覆中指出，編纂《中華大典》「是我國建國以來最大的一項文化出版工程」。本書所收漢文古籍上起先秦，下迄清末，約三萬種，達七億多字，分爲二十四個典，近百個分典，内容廣博，規模宏大，前所未有。

《中華大典》的編纂工作堅持科學態度和百花齊放、百家争鳴方針。儘量採用古精校精刻本，優先採用我國建國後文獻學和考古學的優秀成果。對傳統文化中重要的不同學派的資料，兼收並蓄。運用現代圖書分類的方法，對收集到的資料，精選、精編，力求便於檢索、準確可信。

這項工作從開始起就受到中共中央、國務院和有關部門的重視和支持。國家主席江澤民、國務院總理李鵬分别爲《中華大典》題詞。江澤民的題詞是：「同心同德群策群力認真編好中華大典爲建設有中國特色的社會主義服務」。李鵬的題詞是：「繼承和弘揚民族優秀傳統文化」。全國政協主席李瑞環、國務委員李鐵映也作了重要指示，要求抓緊辦理。一九九零年五月，國務院批准《中華大典》

爲國家重點古籍整理項目。一九九二年九月，正式成立了《中華大典》工作委員會和《中華大典》編纂委員會，召開了《中華大典》工作、編纂會議。自此，《中華大典》的編纂工作由試點轉入正式啓動，逐步鋪開。

編纂《中華大典》，學術性很強，工作量很大，工程十分艱巨，全賴廣大專家學者和全國各有關高等院校、科研院所、圖書館、出版單位的鼎力支持與積極參與。大家本着弘揚中華民族優秀文化的心願，發揚奉獻精神，克服各種困難，團結協作，給這部巨大類書的出版提供了根本保證。在此謹表示誠摯的謝意。

對本書的批評與建議，我們將十分歡迎。

《中華大典》編纂委員會

一九九七年四月

二〇〇六年十一月修訂

《中華大典》編纂通則

一、性質：《中華大典》（以下簡稱《大典》）是對漢文古籍（含已翻譯成漢文的少數民族古籍）進行全面的、系統的、科學的分類整理和匯編總結的新型類書，是在繼承歷代類書優良傳統、考慮漢文古籍固有特點的基礎上，借鑒和參照近代編纂百科全書的經驗和方法編纂而成。編纂《大典》的目的，是爲學術界及願意瞭解中國古代珍貴文化典籍的人士提供各種分門別類的、準確詳細的古代漢文專題資料。

二、規模和體例：《大典》所收古籍的時限，上自先秦，下迄辛亥革命。全書共收各類漢文古籍三萬餘種，七億多字。全書體例，着重汲取清代《古今圖書集成》所採用的經目和緯目相交織這一統一框架結構的模式，同時參照現代科學的學科、目錄分類方法，並根據各類學科内容的實際情況，一般將每一大類學科輯爲一典，也有將幾個相關學科共輯爲一典的。對各典名稱，均以現代學科命名，對於所收入的各種古籍資料，亦儘可能納入現代科學分類體系之中。

三、經目：大典共分二十四個典，即哲學典、宗教典、政治典、軍事典、經濟典、法律典、教育典、語言文字典、文學典、藝術典、歷史典、歷史地理典、民俗典、數學典、物理化學典、天文典、地學典、生物學典、醫藥衛生典、農業典、林業典、工業典、交通運輸典、文獻目錄典。典以下以分典、總部、部、分部分級，分部之下的標目根據各學科特點由各典自行擬定。

四、緯目：共設置九項緯目，用以包容各級經目的具體内容：

①題解：對有關學科的名稱、概念、涵義、特點等作總體介紹的資料。

②論説：有關理論部份的資料。

③綜述：有關學科或事物的系統性資料，凡有關學科或事物的性狀、制度、範疇、特點及學科地位、發展情況等具體内容均編入此緯目中。

④傳記：有關人物的傳記資料。

⑤紀事：有關學科或事物的具體活動或事例的資料。

⑥著録：重要人物或文獻的有關著作資料，如專集介紹、序跋、藏書題記，以及有關著作的成書經過、版本源流等。

⑦藝文：有關屬於文學欣賞性的散文或韵文。

⑧雜録：凡未收入以上各緯目，而又有較高參考價值的資料，均入雜録。

⑨圖表：根據有關經目的内容需要，圖與表附於相關專題之下，或集中匯總於某級經目之後。

《大典》以内容分類安排各級緯目，各級緯目的正文，一般以原書爲單位，按時代順序排列。每一條資料前標明出處，包括書名或作者名、篇名或卷次，以利讀者核對原書。

五、書目：每分典後附有該分典所收書之書目，書目包括書名、作者、時(年)代、版本等内容。時代以成書時代爲準，成書時代不詳者，以作者主要活動時代爲準，並遵從歷史習慣。

六、版本：《大典》在選用版本時儘量採用古人的精校精刻本，亦採用學術界通用的近現代整理圈點本及現代學者校點整理本。

七、校點：爲儘可能保存古籍原貌，《大典》祇對底本中明顯的脱、訛、衍、倒進行勘正。古本中的避諱字一般不作改動，祇對缺筆字補足筆畫。後人刻書時避當朝人諱而改動的字，據古本改回。《大典》採用新式標點法。

一九九六年八月

二〇〇六年十一月修訂

《中華大典·文獻目録典》編纂委員會

顧　　問：劉家和　安平秋　傅璇琮　陳祖武

主　　編：周少川

副主編：鄧瑞全

編　　委：閻崇東　楊寄林　諸偉奇　楊燕起　王錦貴　汪高鑫
周延良　鄧瑞全　楊　健　張　濤　張　昇　王記録
周少川　邵永忠　向燕南　鄭振峰　駱繼光

《中華大典·文獻目録典》序

中國古籍素以浩如烟海、汗牛充棟而著稱。浩瀚的中華典籍哺育了世世代代的炎黄子孫，既是中華文明綿延五千年從不中斷的歷史標志，又是當今弘揚民族精神和時代精神，建設社會主義文化强國的重要資源。

整理研究古代文化典籍，在我國有悠久的歷史。從孔子整理「六經」開始，歷代學者爲了更好地認識和利用典籍，嬗遞文化傳統，非常重視對傳世典籍的考辨整理。他們或校勘異同、訂正訛誤，或訓釋箋注、闡幽發微，或編目著録、考鏡源流，或審定版本、辨别真僞。在整理典籍的長期實踐中，積累了豐富的經驗和資料，編纂出數逾千計的書目著作，逐漸形成了涵蓋目録、版本、校勘、注釋、辨僞、輯佚等專學的文獻校讎之學，並於二十世紀，最終確立了具有民族特色和現代科學體系的中國文獻學。

二十世紀八十年代以來，爲了推進社會主義文化的建設，黨中央多次號召加强古籍整理工作，指出「整理古籍是一件大事，得搞上百年」。古籍整理和文獻學研究的工作任重而道遠。在《中華大典》這項古籍整理的重大文化工程中，工委會和編委會於二十四典中特别設立了《文獻目録典》。其任務是分類彙集古代書目資料和文獻學資料，全面反映中國古代典籍編纂和典籍整理的豐富成果，以促進古籍整理和文獻學的持久發展。因此，《中華大典·文獻目録典》既是古籍整理實踐的産物，又肩負著爲今後古籍整理與文獻學研究的深入開展建設信息庫的歷史使命。

《文獻目録典》的編纂工作自二〇〇六年啓動，歷時六年而完成。全書約三千五百萬字，下設《文獻學分典》和《古籍目録分典》。本典的内容具有以下學術價值和特點：

一、《文獻目録典》推陳出新，規模宏大，是迄今爲止，首創類編文獻學與書目資料的大型工具書。在中國類書編纂史上，也曾有彙編前代評述典籍資料的類書，如南宋王應麟的《玉海·藝文》和清代官修類書《古今圖書集成》中的《理學彙編·經籍典》，然二者皆忽略對典籍整理資料的收集和類編。本典從繼承傳統又超越前賢的目標出發，彙編先秦至清末古籍中有關文獻校讎的重要資料，以及歷代古籍目録著録典籍的重要資料，彌補了古代類書編纂的不足；在規模和體制上，也大大超過了

以往相同領域的文獻類編。

二、《文獻目録典》兼具資料類編與書目兩大功能，既是中國文獻學的資料大全，又是中國存佚古籍的解題全目。本典的《文獻學分典》彙集古代學者對目録、版本、校勘、注釋、辨僞、輯佚等各專學相關概念、術語、涵義、地位及淵源流別的論述，收録古代學者運用各專學考辨文獻的方法與實例，以及對他們考校典籍的具體事蹟和成果的記載，爲專業人員和其他學科的研究者提供古代文獻學豐富的史料，也可作爲高等院校文獻學教學的參考素材，從而適應了我國文獻學學科建設和古籍整理發展的需要。

本典的《古籍目録分典》則汲取南宋文獻學家鄭樵「紀百代之有無，廣古今而無遺」的目録學思想，廣採古今公私古籍目録，對産生於一九一一年以前的中國古籍，不論存佚，皆予著録。從一定意義上講，它是第一部反映我國古代文化典籍全貌的中國古籍解題全目，其中有關亡佚古籍的豐富材料，必將在全面發掘我國古代文化遺産，深入開展中國文化史研究的進程中顯示其重要的價值。

三、《文獻目録典》的框架體例體現了高度的科學性、系統的完整性和清晰的條理性。本典採用現代科學分類的方法，並吸收當今文獻學研究和古籍分類的最新成果，對我國古籍的傳統分類加以改造，形成了由典、分典、總部、部、分部、專題等六級經目及若干緯目相互交織的框架結構，用以容納豐富的資料。同時也展現了我國文獻學完整、清晰的學科體系和對古籍的科學分類。這種按學術内容分類統轄、依時間順序排列資料的邏輯體系，不僅有利於揭示典籍文獻的本質屬性和内容上的相互關係，而且有助於反映我國古代各門學術形成發展的淵源脉絡，發揮「辨章學術，考鏡源流」的作用。本典所設計的文獻學框架和對古籍分類體系的改造，也將有益於進一步規範我國文獻學的學科體系和完善古籍目録的分類方法。

四、《文獻目録典》的編纂確保了資料的廣泛性、文獻選編的實用性和校勘標點的準確性。本典的資料採編、整理堅持網羅宏富和質量第一的原則。收録資料的範圍包括傳世典籍、出土文獻和域外漢籍，普查典籍文獻達一萬四千餘種，其中查閱的書目文獻則遍及古今各種古籍目録；採録資料選用典籍較好的版本，並充分利用二十世紀以來古籍整理的優秀成果。文獻採選則注意去粗取精，既選用有代表性和稀見的資料，又兼收不同流派、不同觀點的材料，以求客觀地反映古代學術的面貌。類編文獻務求歸類恰當，並標明出處，配以詳細的《引用書目》，以利使用。由於本典編纂人員是來自國内文獻學界的專家和中青年學者，富有古籍整理的經驗，因而校點工作力求準確規範，在整理資料過程中還改正了以往古籍點校中的一些錯誤。

《中華大典·文獻目録典》在長達六年的編纂工作中，來自北京師範大學、内蒙古師範大學、河北師範大學、安徽大學、河南師範大學、内蒙古大學、南開大學、天津師範大學、雲南大學的近百名專家學者，以嚴謹認真的科學態度，團結協作，甘於奉獻，付出了大量辛勤的勞動。本典的編纂工作自始至終得到《中華大典》工委會、編委會和大典辦公室的悉心指導，得到廣西師範大學出版社的大力支持和密切配合，得到上述高校各級領導的關心支持，以及國家圖書館、有關省級圖書館和高校圖書館的熱情幫助。謹此表示衷心的感謝。並懇望海内外學術界和讀者諸君對本典存在的失誤不吝賜教。

《中華大典·文獻目録典》編纂委員會

二〇一二年一月三十日

《中華大典·文獻目録典》凡例

《文獻目録典》是《中華大典》二十四個典之一。本典以《中華大典》工作總則等條例爲依據，並結合本典内容的實際情況作個別變通，形成以下編纂體例。

一、本典由《文獻學分典》和《古籍目録分典》組成。分典下設總部，《文獻學分典》包括《文獻總論總部》、《目録總部》、《版本總部》、《校勘總部》、《注釋總部》、《辨僞總部》、《輯佚總部》、《典藏總部》、《流通總部》；《古籍目録分典》包括《經總部》、《史總部》、《子總部》、《集總部》、《叢書總部》、《譯著總部》。總部下設部，部之下按需要再立分部、專題，由此構成典、分典、總部、部、分部、專題等六級經目。

二、各總部及其所轄經目之下設緯目，用以羅織相關材料。緯目設置視所據資料的情況而定，有則設之，無則不設。本典所設緯目有七項。論述：收録有關論述所屬經目的概念、涵義、特點、分類依據、發展源流的資料。綜述：全面、系統地收録對相關學術、事物或典籍作記述、評介或例證的資料。傳記：收録有關人物的具有代表性的傳記資料。紀事：收録對相關活動的具體記載和史實。藝文：收録吟誦相關事物或人物的韻文或散文。雜録：收録未採用於上述緯目，而又具有較高參考價值的資料。圖表：收録對相關事物作形象描述或簡明表述的圖表。

三、本典的《文獻學分典》彙編先秦至清末有關文獻産生發展、收藏流通及文獻學各門專學的重要資料。《古籍目録分典》彙編古今各種古籍目録的重要資料，用以著録一九一一年以前産生的所有中國古籍的狀況。收録典籍資料的範圍包括傳世典籍、出土文獻和域外漢籍。

所收資料分類編排於相應的緯目之下，並按資料成書的時代先後排列，時代難以考實者就近排列，或遵從歷史習慣。

四、在所引資料前標明出處，常用而熟知的古籍如先秦典籍、《十三經》、《二十四史》可不標作者姓名，其他引書標注則均標明作者、書名、卷次或篇名。

五、爲避免不必要的文字重複，一些書名和篇名在引書標示時採用通行的簡稱，如《資治通鑑》簡稱《通鑑》，《漢書·藝文

志》簡稱《漢志》，《四庫全書總目提要》簡稱《四庫提要》，書名簡稱所對應的全稱在《引用書目》中説明。在同一部典籍的不同部分引用兩段以上材料而又排列相連時，可用「又」字代替與前文重複的引書標示。

六、所引資料如在一段之中有省略之處，用【略】標明。

七、所引資料的正文中如有注疏文字，則按古籍原貌隨文夾注，並以大小字型區分正文與注疏文字。有的資料中注疏文字較多，形式繁雜，容易混淆，爲方便利用，則以方括號標注注疏者姓名及注疏方式，如［鄭玄注］。

八、校勘只對引書底本明顯的訛、脱、衍、倒進行勘正，不出校記。採用圓括號標署訛字、衍字和倒文，方括號標署正字、順文和增補的脱字。

九、引書底本的古今字、通假字，一般不作改動。不用簡化字。避諱字多一仍其舊，但因避諱而缺筆者，則補足筆畫，空字者補字。

十、採用新式標點符號標點資料原文。

十一、採用中文數字，不用阿拉伯數字。引書標示中對古籍卷次的標示，僅用一、二、三、四、五、六、七、八、九、〇，不用十、百、千、萬。

十二、各分典附《引用書目》，書目包括書名、作者、時代、版本等項内容。本典從實用出發，對一部典籍的引用不限於一種版本，擇善而從。

《中華大典·文獻目録典》編纂委員會

二〇一二年一月三十一日

中華大典·文獻目録典

總目

中華大典·文獻目録典

文獻學分典

主編：閻崇東

《文獻學分典》編纂委員會

《文獻學分典》編纂説明

一、本分典爲《中華大典·文獻目録典》兩個分典之一。

二、本分典的編纂，希望通過各級經目的科學設計，覆蓋文獻學各門專學的各個領域，提供一個代表當前文獻學研究最新水平的學科體系；通過各類緯目廣輯資料，以反映文獻學各門專學的概念、術語和方法，文獻考辨的實例，以及古代文獻學家的重要事蹟和主要成果。

三、全面系統地彙編古代文獻學資料是本分典之首創，它集文獻學各門專學之大成，力圖爲本專業工作者和相關研究人員提供豐富、系統的資料和便利檢索條件，爲傳統學術研究和發展古籍整理事業奠定堅實的基礎。

四、本分典所轄九個總部，分别爲文獻總論、目録、版本、校勘、注釋、辨僞、輯佚、典藏、流通等。文獻總論總部下設文獻概念、文獻載體材料、文獻生産技術、文獻功用等四部；目録總部下設總論、國家目録、史志目録、私藏目録、知見目録、地方目録、專科目録、特種目録等八部；版本總部下設總論、書册制度、歷代圖書刊行、版本類型與特徵、版本鑒别實例等五部；校勘總部下設總論、校勘内容、校勘方法、校勘原則、校勘名著等五部；注釋總部下設總論、注釋體例、注釋内容、注釋名著等四部；辨僞總部下設總論、僞書成因、僞書類型、考辨僞書、辨僞名篇名著等五部；輯佚總部下設總論、佚書類型、輯佚方法、輯佚名著等四部；典藏總部下設總論、收藏、典藏制度方法、藏書樓、藏書家等五部；流通總部下設總論、文獻流散、流通方式、中外文獻流通等四部。有的部之下還列有分部。在每個部或分部之下，設有論述、綜述、雜録、傳記、紀事、藝文、圖表等不同的緯目。

五、本分典輯録資料範圍總的原則是上起先秦，下迄一九一一年。輯録時在儘量利用善本的前提下，盡可能地選用版本價值較高的通行本古籍，也充分利用今人整理點校的新版古籍。

六、本分典附《引用書目》，按著作撰成年代先後順序排列，年代不詳者，排列於相關朝代之後。

《中華大典·文獻目録典·文獻學分典》編委會

二〇一二年二月十二日

典藏總部

主編：王記録

《典藏總部》編纂人員

主　編：王記録

編纂者：王記録　李　峰　馬小能　李玉莉　王林艷
趙　振　肖炎明　林　琳　王安功　賀科偉
胡衛玲　馬洪良　王雪嬌　胡春艷　蘭　偉
趙曉鑫　吕亞非　羅　彧

《典藏總部》提要

一、《典藏總部》是《中華大典·文獻目録典·文獻學分典》中的九個總部之一，輯録一九一一年以前文獻中有關文獻典藏方面的材料，反映了一九一一年以前公私文獻典藏的思想、制度、方法、規模、人物等各方面的情況，是迄今爲止有關文獻典藏資料最全面的一次彙編。本總部按經、緯目的方式分類編排，總部下設總論、收藏、典藏制度與方法、藏書樓、藏書家共五個部，每部下根據編排需要或設緯目、或設分部和緯目。

二、「總論部」包括論述、雜録和藝文三個緯目。「論述」收録有關總體論述典藏的概念、藏書發展、藏書功用的資料。「雜録」收録總體論述收藏的其他相關資料。「藝文」收録有關詠誦藏書之用的詩文。

三、「收藏部」下分官府收藏、私家收藏、書院收藏、寺觀收藏四個分部，各分部分别包括綜述和雜録兩個緯目。「綜述」收録有關官府、私家、書院、寺觀收集圖書、典藏圖書的事例、規模等資料，以反映歷代圖書收藏的狀况。「雜録」收録有關官府收藏圖書的政策法令，私家、書院、寺觀收藏圖書的藏書習俗、軼聞掌故等資料。

四、「典藏制度與方法部」下分排架、防火、防水、防蟲、曝曬、裝潢、借閲七個分部，各分部分别包括綜述和紀事兩個緯目。「綜述」收録公私藏書在長期實踐中形成的有關排架、防火、防水、防蟲、曝曬、裝潢、借閲等典藏制度和管理方法的資料。「紀事」收録實施典藏制度和保管方法的具體活動和事例等資料。

五、「藏書樓部」下分官府、私家、書院、寺觀四個分部，各分部分别包括綜述、雜録和藝文三個緯目。「綜述」收録有關反映公私藏書樓規模、構造、地址、變遷等資料。「雜録」收録有關藏書樓號命取原委、文化内涵等資料。「藝文」收録有關詠誦公私藏書樓的詩文。

六、「藏書家部」包括傳記和藝文兩個緯目。「傳記」按時間順序排列，收録歷代著名藏書家的傳記資料。「藝文」收録有關吟詠藏書家及鑒賞藏書的詩文。

七、正文的引書標註，一般標明作者、書名、卷次、篇名。引書及版本情况參見本分典的《引用書目》。

王記録

二〇一五年三月九日

目次

總論部

論述

《尚書・五子之歌》 其四曰：「明明我祖，萬邦之君。有典有則，貽厥子孫。萬國爲天子。典謂經籍。則，法。貽，遺也。言仁及後世。

《墨子・天志下》 有書之竹帛，藏之府庫，爲人後子者，必且欲順其先君之行，曰：「何不當發吾庫，視吾先君之法美？」

又《貴義》 子墨子曰：古之聖王，欲傳其道於後世，是故書之竹帛，鏤之金石，傳遺後世子孫，欲後世子孫法之也。今聞先王之遺而不爲，是廢先王之傳也。

又 子墨子南遊使衛，關中載書甚多。弦唐子見而怪之，曰：「吾夫子教公尚過曰：『揣曲直而已。』今夫子載書甚多，何有也？」子墨子曰：「昔者周公旦朝讀書百篇，夕見漆十士，故周公旦佐相天子，其脩至於今。翟上無君上之事，下無耕農之難，吾安敢廢此？翟聞之，同歸之物，信有誤者，然而民聽不鈞，是以書多也。今若過之心者，數逆於精微，同歸之物，既已知其要矣，是以不教以書也。而子何怪焉？」

《莊子・天道》 孔子西藏書於周室。子路謀曰：「由聞周之徵藏史有老聃者，免而歸居，夫子欲藏書，則試往因焉。」孔子曰：「善。」往見老聃，而老聃不許，於是繙十二經以説。

《左傳・昭公二年》 二年春，晉侯使韓宣子來聘，且告爲政而來見，禮也。觀書於太史氏，見《易象》與《魯春秋》，曰：「周禮盡在魯矣，吾乃今知周公之德與周之所以王也。」

又《襄公十一年》 夫賞，國之典也，藏在盟府，不可廢也。

《周禮注疏・天官冢宰・宰夫》 ［宰夫］掌百官府之徵令，辨其八職，一曰正，掌官法以治要；二曰師，掌官成以治凡；三曰司，掌官法以治目；四曰旅，掌官常以治數；五曰府，掌官契以治藏；六曰史，掌官書以贊治；七曰胥，掌官叙以治叙；八曰徒，掌官令以征令。別異諸官之八職，以備王之征召所爲。正，辟於治官，則冢宰也。治要，若歲計也。師，辟小宰、宰夫也。治凡，若月計也。司，辟上士、中士。治目，若今日計也。旅，辟下士也。治數，每事多少異也。治藏，藏文書及器物。贊治，若今起文書草也。治叙，治序官中，如今侍曹伍伯傳吏朝也。征令，趨走給召呼。

《禮記・文王世子》 秋學《禮》，執禮者詔之。冬讀《書》，典書者詔之。《禮》在瞽宗，《書》在上庠。

《爾雅注疏・釋言》 典，經也。威，則也。威儀可法則。**【疏】**「典，經也。威，則也」。釋曰：《周禮》：「大宰之職，掌建邦之六典。」鄭注云：「典，常也，經也，法也。王謂之禮經，常所秉以治天下也。邦國官府謂之禮法，常所以守爲法式也。常者其上下通名。」郭云：「威儀可法則。」《詩》曰：「敬慎威儀，維民之則。」

《漢書・河間獻王德傳》 河間獻王德以孝景前二年立，修學好古，實事求是。從民得善書，必爲好寫與之，留其真，加金帛賜以招之。繇是四方道術之人不遠千里，或有先祖舊書，多奉以奏獻王者，故得書多，與漢朝等。是時，淮南王安亦好書，所招致率多浮辯。獻王所得書皆古文先秦舊書，《周官》、《尚書》、《禮》、《禮記》、《孟子》、《老子》之屬，皆經傳説記，七十子之徒所論。其學舉六藝，立《毛氏詩》、《左氏春秋》博士。修禮樂，被服儒術，造次必於儒者。山東諸儒多從而游。

又《藝文志》 昔仲尼没而微言絶，七十子喪而大義乖。故《春秋》分爲五，《詩》分爲四，《易》有數家之傳。戰國從衡，真僞分争，諸子之言紛然殽亂。至秦患之，乃燔滅文章，以愚黔首。漢興，改秦之敗，大收篇籍，廣開獻書之路。迄孝武世，書缺簡脱，禮壞樂崩，聖上喟然而稱曰：「朕甚閔焉。」於是建藏書之策，置寫書之官，下及諸子傳説，皆充祕府。至成帝時，以書頗散亡，使謁者陳農求遺書於天下。

《説文解字・丌部》 典，五帝之書也。從册在丌上。尊閣之也。莊都説：典，大册也。

《後漢書・儒林傳序》 昔王莽、更始之際，天下散亂，禮樂分崩，典文殘落。及光武中興，愛好經術，未及下車，而先訪儒雅，採求闕文，補綴漏逸。先是四方學士多懷協圖書，遁逃林藪。自是莫不抱負墳策，雲會京師，范升、陳元、鄭興、杜林、衛宏、劉昆、桓榮之徒，繼踵而集。於是立《五經》博士，各以家法教授，《易》有施、孟、梁丘、京氏，《尚書》歐陽、大小夏侯，《詩》齊、魯、韓，《禮》大小戴，《春秋》嚴、顔，凡十四博士，太常差次總領焉。建武五年，乃修起太學，稽式古典，籩豆干戚之容，備之於列，服方領習矩步者，委它乎其中。中元元年，初建三雍。明帝即位，親行其禮。天子始冠通天，衣日月，備法物之駕，盛清道之儀，坐明堂而朝羣后，登靈臺以望雲物，袒割辟雍之上，尊養三老五更。饗射禮畢，帝正坐自講，諸儒執經問難

於前，冠帶搢紳之人，圜橋門而觀聽者蓋億萬計。其後復爲功臣子孫、四姓末屬別立校舍，搜選高能以受其業，自期門羽林之士，悉令通《孝經》章句，匈奴亦遣子入學。濟濟乎，洋洋乎，盛於永平矣！建初中，大會諸儒於白虎觀，考詳同異，連月乃罷。肅宗親臨稱制，如石渠故事，顧命史臣，著爲通義。又詔高才生受《古文尚書》、《毛詩》、《穀梁》、《左氏春秋》，雖不立學官，然皆擢高第爲講郎，給事近署，所以網羅遺逸，博存衆家。孝和亦數幸東觀，覽閲書林。及鄧后稱制，學者頗懈。時樊準、徐防並陳敦學之宜，又言儒職多非其人，於是制詔公卿妙簡其選，三署郎能通經術者，皆得察舉。自安帝覽政，薄於藝文，博士倚席不講，朋徒相視怠散，學舍頽敝，鞠爲園蔬，牧兒蕘豎，至於薪刈其下。順帝感翟酺之言，乃更脩黌宇，凡所造構二百四十房，千八百五十室。試明經下第補弟子，增甲乙之科員各十人，除郡國耆儒皆補郎、舍人。本初元年，梁太后詔曰：「大將軍下至六百石，悉遣子就學，每歲輒於鄉射月一饗會之，以此爲常。」自是遊學增盛，至三萬餘生。然章句漸疏，而多以浮華相尚，儒者之風蓋衰矣。黨人既誅，其高名善士多坐流廢，後遂至忿争，更相言告，亦有私行金貨，定蘭臺桼書經字，以合其私文。熹平四年，靈帝乃詔諸儒正定《五經》，刊於石碑，爲古文、篆、隸三體書法以相參檢，樹之學門，使天下咸取則焉。初，光武遷還洛陽，其經牒祕書載之二千餘兩，自此以後，參倍於前。及董卓移都之際，吏民擾亂，自辟雍、東觀、蘭臺、石室、宣明、鴻都諸藏典策文章，競共剖散，其縑帛圖書，大則連爲帷蓋，小乃制爲縢囊。及王允所收而西者，裁七十餘乘，道路艱遠，復棄其半矣。後長安之亂，一時焚蕩，莫不泯盡焉。東京學者猬衆，難以詳載，今但録其能通經名家者，以爲《儒林篇》。其自有列傳者，則不兼書。若師資所承，宜標名爲證者，乃著之云。

《三國志·魏書·袁渙傳》 魏國初建，爲郎中令，行御史大夫事。渙言於太祖曰：「今天下大難已除，文武並用，長久之道也。以爲可大收篇籍，明先聖之教，以易民視聽，使海内斐然向風，則遠人不服可以文德來之。」

《魏書·孫惠蔚傳》 世宗即位之後，仍在左右敷訓經典，自冗從僕射遷祕書丞、武邑郡中正。惠蔚既入東觀，見典籍未周，乃上疏曰：「臣聞聖皇之御世也，必幽贊人經，參天二地，憲章典故，述遵鴻猷。故《易》曰：『觀乎天文以察時變，觀乎人文以化成天下。』然則《六經》、百氏，圖書祕籍，乃承天之正術，治人之貞範。是以温柔疏遠，《詩》《書》之教；恭儉易良，《禮》《樂》之道。爻彖以精微爲神，《春秋》以屬辭爲化。故大訓炳於東序，藝文光於麟閣。斯實太平之樞宗，勝殘之要道，有國之靈基，帝王之盛業。安上靖民，敦風美俗，其在兹乎？及秦棄學術，《禮經》泯絶。漢興求訪，典文載舉，先王遺訓，燦然復存。暨光武撥亂，日不暇給，而入洛之書二千餘兩。魏晉之世，尤重典墳，收亡集逸，九流咸備。觀其鳩閲史篇，訪購經論，紙竹所載，略盡無遺。臣學闕通儒，思不及遠，徒循章句，片義無立。而慈造曲覃，厠班祕省，忝官承乏，唯書是司。而觀、閣舊典，先無定目，新故雜糅，首尾不全。有者累帙數十，無者曠年不寫。或篇第褫落，始末淪殘；或文壞字誤，謬爛相屬。篇目雖多，全定者少。臣今依前丞臣盧昶所撰《甲乙新録》，欲裨殘補闕，損併有無，校練句讀，以爲定本，次第均寫，永爲常式。其省先無本者，廣加推尋，搜求令足。然經記浩博，諸子紛綸，部帙既多，章篇紕繆，當非一二校書，歲月可了。今求令四門博士及在京儒生四十人，在祕書省專精校考，參定字義。如蒙聽許，則典文允正，羣書大集。」

《隋書·牛弘傳》 弘以典籍遺逸，上表請開獻書之路，曰：經籍所興，由來尚矣。爻畫肇於庖犧，文字生於蒼頡，聖人所以弘宣教導，博通古今，揚於王庭，肆於時夏。故堯稱至聖，猶考古道而言，舜其大智，尚觀古人之象。《周官》，外史掌三皇五帝之書，及四方之志。武王問黄帝、顓頊之道，太公曰：「在《丹書》。」是知握符御曆，有國有家者，曷嘗不以《詩》、《書》而爲教，因禮樂而成功也。昔周德既衰，舊經紊棄。孔子以大聖之才，開素王之業，憲章祖述，制《禮》刊《詩》，正五始而修《春秋》，闡《十翼》而弘《易》道。治國立身，作範垂法。及秦皇馭宇，吞滅諸侯，任用威力，事不師古，始下焚書之令，行偶語之刑。先王墳籍，掃地皆盡。本既先亡，從而顛覆。臣以圖讖言之，經典盛衰，信有徵數。此則書之一厄也。漢興，改秦之弊，敦尚儒術，建藏書之策，置校書之官，屋壁山巖，往往間出。外有太常、太史之藏，内有延閣、秘書之府。至孝成之世，亡逸尚多，遣謁者陳農求遺書於天下，詔劉向父子讎校篇籍。漢之典文，於斯爲盛。及王莽之末，長安兵起，宫室圖書，並從焚燼。此則書之二厄也。光武嗣興，尤重經誥，未及下車，先求文雅。於是鴻生鉅儒，繼踵而集，懷經負帙，不遠斯至。肅宗親臨講肄，和帝數幸書林，其蘭臺、石室，鴻都、東觀，秘牒填委，更倍於前。及孝獻移都，吏民擾亂，圖書縑帛，皆取爲帷囊。所收而西，裁七十餘乘，屬西京大亂，一時燔蕩。此則書之三厄也。魏文代漢，更集經典，皆藏在秘書、内外三閣，遣秘書郎鄭默删定舊文。時之論者，美其朱紫有别。晉氏承之，文籍尤廣。晉秘書監荀勗定魏《内經》，更著《新簿》。雖古文舊簡，猶云有缺，新章後録，鳩集已多，足得恢弘正道，訓範當世。屬劉、石憑陵，京

華覆滅，朝章國典，從而失墜。此則書之四厄也。永嘉之後，寇竊競興，因河據洛，跨秦帶趙。論其建國立家，雖傳名號，憲章禮樂，寂滅無聞。劉裕平姚，收其圖籍，五經子史，纔四千卷，皆赤軸青紙，文字古拙。僭僞之盛，莫過二秦，以此而論，足可明矣。故知衣冠軌物，圖畫記注，播遷之餘，皆歸江左。晉、宋之際，學藝爲多，齊、梁之間，經史彌盛。宋秘書丞王儉，依劉氏《七略》，撰爲《七志》。梁人阮孝緒，亦爲《七録》。總其書數，三萬餘卷。及侯景渡江，破滅梁室，秘省經籍，雖從兵火，其文德殿内書史，宛然猶存。蕭繹據有江陵，遣將破平侯景，收文德之書，及公私典籍，重本七萬餘卷，悉送荆州。故江表圖書，因斯盡萃於釋矣。及周師入郢，繹悉焚之於外城，所收十纔一二。此則書之五厄也。後魏爰自幽方，遷宅伊、洛，日不暇給，經籍闕如。周氏創基關右，戎車未息。保定之始，書止八千，後加收集，方盈萬卷。高氏據有山東，初亦採訪，驗其本目，殘缺猶多。及東夏初平，獲其經史，四部重雜，三萬餘卷。所益舊書，五千而已。今御書單本，合一萬五千餘卷，部帙之間，仍有殘缺。比梁之舊目，止有其半。至於陰陽河洛之篇，醫方圖譜之説，彌復爲少。臣以經書，自仲尼已後，迄于當今，年踰千載，數遭五厄，興集之期，屬膺聖世。伏惟陛下受天明命，君臨區宇，功無與二，德冠往初。自華夏分離，彝倫攸斁，其間雖霸王遞起，而世難未夷，欲崇儒業，時或未可。今土宇邁於三王，民黎盛於兩漢，有人有時，正在今日。方當大弘文教，納俗升平，而天下圖書尚有遺逸，非所以仰協聖情，流訓無窮者也。臣史籍是司，寢興懷懼。昔陸賈奏漢祖云「天下不可馬上治之」，故知經邦立政，在於典謨矣。爲國之本，莫此攸先。今秘藏見書，亦足披覽，但一時載籍，須令大備。不可王府所無，私家乃有。然士民殷雜，求訪難知，縱有知者，多懷吝惜，必須勒之以天威，引之以微利。若猥發明詔，兼開購賞，則異典必臻，觀閣斯積，重道之風，超於前世，不亦善乎！伏願天監，少垂照察。上納之，於是下詔，獻書一卷，賚縑一匹。一二年間，篇籍稍備。

又《經籍志》　夫經籍也者，機神之妙旨，聖哲之能事，所以經天地，緯陰陽，正紀綱，弘道德，顯仁足以利物，藏用足以獨善，學之者將殖焉，不學者將落焉。大業崇之，則成欽明之德，匹夫克念，則有王公之重。其王者之所以樹風聲，流顯號，美教化，移風俗，何莫由乎斯道？故曰：「其爲人也，温柔敦厚，《詩》教也；疏通知遠，《書》教也；廣博易良，《樂》教也；潔静精微，《易》教也；恭儉莊敬，《禮》教也；屬辭比事，《春秋》教也。」遭時制宜，質文迭用，應之以通變，通變之以中庸。中庸則可久，通變則可大，其教有適，其用無窮，實仁義之陶鈞，誠道德之橐籥也。其爲用大矣，隨時之義深矣，言無得而稱焉。故曰：「不疾而速，不行而至。」今之所以知古，後之所以知今，其斯之謂也。是以大道方行，俯龜象而設卦，後聖有作，仰鳥跡以成文。書契已傳，繩木棄而不用，史官既立，經籍於是興焉。夫經籍也者，先聖據龍圖，握鳳紀，南面以君天下者，咸有史官，以紀言行。言則左史書之，動則右史書之。故曰「君舉必書」，懲勸斯在。考之前載，則《三墳》、《五典》、《八索》、《九丘》之類是也。下逮殷、周，史官尤備，紀言書事，靡有闕遺，則《周禮》所稱：太史掌建邦之六典、八法、八則，以詔王治；小史掌邦國之志，定世繫，辨昭穆；内史掌王之八柄，策命而貳之；外史掌王之外令及四方之志，三皇、五帝之書；御史掌邦國都鄙萬民之治令，以贊冢宰。此則天子之史，凡有五焉。諸侯亦各有國史，分掌其職。則《春秋傳》，晉趙穿弑靈公，太史董狐書曰「趙盾殺其君」，以示於朝。宣子曰：「不然。」對曰：「子爲正卿，亡不越境，反不討賊，非子而誰？」齊崔杼弑莊公，太史書曰「崔杼弑其君」，崔子殺之。其弟嗣書，死者二人。其弟又書，乃舍之。南史聞太史盡死，執簡以往，聞既書矣，乃還。楚靈王與右尹子革語，左史倚相趨而過。王曰：「此良史也，能讀《三墳》、《五典》、《八索》、《九丘》。」然則諸侯史官，亦非一人而已，皆以記言書事，太史總而裁之，以成國家之典。不虚美，不隱惡，故得有所懲勸，遺文可觀，則《左傳》稱《周志》，《國語》有《鄭書》之類是也。暨夫周室道衰，紀綱散亂，國異政，家殊俗，褒貶失實，隳紊舊章。孔丘以大聖之才，當傾頽之運，歎鳳鳥之不至，惜將墜於斯文，乃述《易》道而删《詩》、《書》，修《春秋》而正《雅》、《頌》。壞禮崩樂，咸得其所。自哲人萎而微言絶，七十子散而大義乖，戰國縱横，真僞莫辨，諸子之言，紛然淆亂。聖人之至德喪矣，先王之要道亡矣，陵夷踳駁，以至于秦。秦政奮豺狼之心，刬先代之迹，焚《詩》、《書》，坑儒士，以刀筆吏爲師，制挾書之令。學者逃難，竄伏山林，或失本經，口以傳説。漢氏誅除秦、項，未及下車，先命叔孫通草緜蕝之儀，救擊柱之弊。其後張蒼治律曆，陸賈撰《新語》，曹參薦蓋公言黄老，惠帝除挾書之律，儒者始以其業行於民間。猶以去聖既遠，經籍散逸，簡札錯亂，傳説紕繆，遂使《書》分爲二，《詩》分爲三，《論語》有齊、魯之殊，《春秋》有數家之傳。其餘互有踳駁，不可勝言。此其所支博而寡要，勞而少功者也。武帝置太史公，命天下計書，先上太史，副上丞相，開獻書之路，置寫書之官，外有太常、太史、博士之藏，内有延閣、廣内、祕室之府。司馬談父子，世居太史，探采前代，斷自軒皇，逮于孝武，作《史記》一百三十篇。詳其體制，蓋史官之舊也。至於孝成，祕藏之書，頗有亡散，乃使謁者陳農，求遺書於

天下。命光禄大夫劉向校經傳諸子詩賦，步兵校尉任宏校兵書，太史令尹咸校數術，太醫監李柱國校方技。每一書就，向輒撰爲一録，論其指歸，辨其訛謬，敘而奏之。向卒後，哀帝使其子歆嗣父之業。乃徙温室中書於天禄閣上。歆遂總括羣篇，撮其指要，著爲《七略》：一曰《集略》，二曰《六藝略》，三曰《諸子略》，四曰《詩賦略》，五曰《兵書略》，六曰《術數略》，七曰《方技略》。大凡三萬三千九十卷。王莽之末，又被焚燒。光武中興，篤好文雅，明、章繼軌，尤重經術。四方鴻生鉅儒，負袠自遠而至者，不可勝算。石室、蘭臺，彌以充積。又於東觀及仁壽閣集新書，校書郎班固、傅毅等典掌焉。並依《七略》而爲書部，固又編之，以爲《漢書藝文志》。董卓之亂，獻帝西遷，圖書縑帛，軍人皆取爲帷囊。所收而西，猶七十餘載。兩京大亂，掃地皆盡。魏氏代漢，采掇遺亡，藏在祕書中、外三閣。魏祕書郎鄭默，始制《中經》，祕書監荀勗，又因《中經》，更著《新簿》，分爲四部，總括羣書。一曰甲部，紀六藝及小學等書；二曰乙部，有古諸子家、近世子家、兵書、兵家、術數；三曰丙部，有史記、舊事、皇覽簿、雜事；四曰丁部，有詩賦、圖讃、《汲冢書》，大凡四部合二萬九千九百四十五卷。但録題及言，盛以縹囊，書用緗素。至於作者之意，無所論辨。惠、懷之亂，京華蕩覆，渠閣文籍，靡有孑遺。東晉之初，漸更鳩聚。著作郎李充，以勗舊簿校之，其見存者，但有三千一十四卷。充遂總没衆篇之名，但以甲乙爲次。自爾因循，無所變革。其後中朝遺書，稍流江左。宋元嘉八年，祕書監謝靈運造《四部目録》，大凡六萬四千五百八十二卷。元徽元年，祕書丞王儉又造《目録》，大凡一萬五千七百四卷。儉又別撰《七志》：一曰《經典志》，紀六藝、小學、史記、雜傳；二曰《諸子志》，紀今古諸子；三曰《文翰志》，紀詩賦；四曰《軍書志》，紀兵書；五曰《陰陽志》，紀陰陽圖緯；六曰《術藝志》，紀方技；七曰《圖譜志》，紀地域及圖書。其道、佛附見，合九條。然亦不述作者之意，但於書名之下，每立一傳，而又作九篇條例，編乎首卷之中。文義淺近，未爲典則。齊永明中，祕書丞王亮、監謝朏，又造《四部書目》，大凡一萬八千一十卷。齊末兵火，延燒祕閣，經籍遺散。梁初，祕書監任昉，躬加部集，又於文德殿内列藏衆書，華林園中總集釋典，大凡二萬三千一百六卷，而釋氏不豫焉。梁有祕書監任昉、殷鈞《四部目録》，又《文德殿目録》。其術數之書，更爲一部，使奉朝請祖暅撰其名。故梁有《五部目録》。普通中，有處士阮孝緒，沉静寡慾，篤好墳史，博采宋、齊已來，王公之家凡有書記，參校官簿，更爲《七録》：一曰《經典録》，紀六藝；二曰《記傳録》，紀史傳；三曰《子兵録》，紀子書、兵書；四曰《文集録》，紀詩賦；五曰《技術録》，紀數術；六曰《佛録》；七曰《道録》。其分部題目，頗有次序，割析辭義，淺薄不經。梁武敦悦詩書，下化其上，四境之内，家有文史。元帝克平侯景，收文德之書及公私經籍，歸于江陵，大凡七萬餘卷。周師入郢，咸自焚之。陳天嘉中，又更鳩集，考其篇目，遺闕尚多。其中原則戰争相尋，干戈是務，文教之盛，苻、姚而已。宋武入關，收其圖籍，府藏所有，纔四千卷。赤軸青紙，文字古拙。後魏始都燕、代，南略中原，粗收經史，未能全具。孝文徙都洛邑，借書於齊，祕府之中，稍以充實。暨於尒朱之亂，散落人間。後齊遷鄴，頗更搜聚，迄於天統、武平，校寫不輟。後周始基關右，外逼强隣，戎馬生郊，日不暇給。保定之始，書止八千，後稍加增，方盈萬卷。周武平齊，先封書府，所加舊本，纔至五千。隋開皇三年，祕書監牛弘，表請分遣使人，搜訪異本。每書一卷，賞絹一匹，校寫既定，本即歸主。於是民間異書，往往間出。及平陳已後，經籍漸備。檢其所得，多太建時書，紙墨不精，書亦拙惡。於是總集編次，存爲古本。召天下工書之士，京兆韋霈、南陽杜頵等，於祕書内補續殘缺，爲正副二本，藏于宫中，其餘以實祕書内、外之閣，凡三萬餘卷。煬帝即位，祕閣之書，限寫五十副本，分爲三品：上品紅瑠璃軸，中品紺瑠璃軸，下品漆軸。於東都觀文殿東西廂構屋以貯之，東屋藏甲乙，西屋藏丙丁。又聚魏已來古跡名畫，於殿後起二臺，東曰妙楷臺，藏古跡；西曰寶蹟臺，藏古畫。又於内道場集道、佛經，別撰目録。大唐武德五年，克平僞鄭，盡收其圖書及古跡焉。命司農少卿宋遵貴載之以船，泝河西上，將致京師。行經底柱，多被漂没，其所存者，十不一二。其《目録》亦爲所漸濡，時有殘缺。今考見存，分爲四部，合條爲一萬四千四百六十六部，有八萬九千六百六十六卷。其舊録所取，文義淺俗、無益教理者，並删去之。其舊録所遺，辭義可采，有所弘益者，咸附入之。遠覽馬史、班書，近觀王、阮志、録，挹其風流體制，削其浮雜鄙俚，離其疏遠，合其近密，約文緒義，凡五十五篇，各列本條之下，以備《經籍志》。雖未能研幾探賾，窮極幽隱，庶乎弘道設教，可以無遺闕焉。夫仁義禮智，所以治國也，方技數術，所以治身也；諸子爲經籍之鼓吹，文章乃政化之黼黻，皆爲治之具也。故列之於此志云。

《唐六典》卷九《集賢殿書院》 漢劉歆總羣書而爲《七略》，凡三萬三千九十卷。遭王莽、董卓之亂，掃地皆盡。魏氏採掇遺亡，至晉，總括羣書，凡二萬九千九百四十五卷。惠、懷之後，靡有孑遺。東晉所存三千一十四卷。至宋，謝靈運造《四部目録》，凡六萬四千五百八十二卷。其後，王儉復造目録，凡萬五千七十四卷。齊王亮、謝朏《四部書目》，凡萬八千一十卷。齊末，兵火延燒，祕閣經籍煨燼。

梁帝克平侯景，收公私經籍歸于江陵，凡七萬餘卷；周師入郢，咸自焚之。周武保定中，書盈萬卷，平齊所得，纔至五千。隋祕書監牛弘請分遣使者搜訪異書，平陳之後，經籍漸備，凡三萬餘卷。煬帝寫五十副本，分爲三品。大唐平王充，收其圖書，泝河西上，多有漂没，存者猶八萬餘卷，自是圖籍在祕書。今祕書、弘文、史館、司經、崇文皆有之；集賢所寫，皆御本也。書有四部：一曰甲，爲經；二曰乙，爲史；三曰景，爲子；四曰丁，爲集。故分爲四庫，每庫二人，知寫書、出納、名目、次序，以備檢討焉。四庫之書，兩京各二本，共二萬五千九百六十卷，皆以益州麻紙寫。

又卷一〇《祕書省》《周禮·春官》：「太史掌建邦之六典。」又：「小史掌邦國之志，定繫代。」又：「外史掌四方之志，三皇、五帝之書。」並祕書之任也。秦則博士官所職，禁人藏書。漢氏除挾書之律，開獻書之路，置寫書之官，又令謁者陳農求遺書於天下，故文籍往往而出，並藏之書府。在外則有太常、太史、博士掌之，内則有延閣、廣内、石渠之藏。又，御史中丞在殿中掌蘭臺祕書圖籍。又，未央宫中有麒麟閣，天禄閣，亦藏書。劉向、楊雄典校，皆在禁中，謂之中書，猶今言内庫書也。後漢則藏之東觀，亦禁中也。至桓帝延熹二年，始置祕書監，屬太常，掌禁中圖書祕記，故曰祕書。《漢官》云：「祕書監一人，秩六百石。」魏武爲魏王，置祕書令，典尚書奏事，即中書之任也，兼掌圖書祕記。文帝黄初中，分祕書立中書，因置監、令，乃以散騎常侍王象領祕書監，撰《皇覽》。魏氏蘭臺亦藏書，御史掌焉。《魏略》：「薛夏云：『蘭臺爲外臺，祕書爲内閣。』」是也。魏初，祕書屬少府。及王肅爲監，以爲祕書之職即漢東觀之任，安可復屬少府！自此之後，不復屬焉。至晉武，又以祕書并入中書。惠帝永平元年詔：「祕書典綜經籍，考校古今，中書自有職務，遠相統攝，於事不專。宜令復别置祕書寺，掌中外三閣圖書。」自是，祕書寺始外置焉。《晉令》云：「品第五，絳朝服，銅印，墨綬，進賢兩梁冠，佩水蒼玉。」宋、齊同晉氏。梁改爲省，與尚書、中書、門下、集書爲五省，祕書監增秩中二千石，品第三；後制十八班，祕書監班第十一。陳依梁。後魏亦以祕書爲五省之數。監，初從第二品中；太和末，正第三品。北齊依魏。後周春官府置外史下大夫，掌書籍，此祕書監之任也。隋祕書與尚書、門下、内史、殿内爲五省，祕書監正第三品，煬帝三年降爲從第三品，其後又改祕書監爲祕書令。武德初改爲監。龍朔二年改爲蘭臺，其監曰蘭臺太史；咸亨元年復舊。天授初改爲麟臺監，神龍元年復舊。初，漢御史中丞掌蘭臺祕書圖籍，故歷代制都邑，建臺省，以祕書與御史爲鄰。

張説《張燕公集》卷一六《唐昭容上官氏文集序》自則天久視之後，中宗景隆之際，十數年間，六合清謐。内峻圖書之府，外闢脩文之館，搜英獵俊，野無遺才。右職以精學爲先，大臣以無文爲耻。每務遊宫觀，行幸河山，白雲起而帝歌，翠華飛而臣賦，雅頌之盛與三代同風，豈惟聖后之好文亦云。

《舊唐書·經籍志》夫龜文成象，肇八卦於庖犧；鳥跡分形，創六書於蒼頡。聖作明述，同源異流。《墳》、《典》起之於前，《詩》、《書》繼之於後，先王陳迹，後王準繩。《易》曰：「觀乎人文以化成天下。」《禮》曰：「君子如欲化民成俗，其必由學乎！」學者非他，方策之謂也。琢玉成器，觀古知今，歷代哲王，莫不崇尚。自仲尼没而微言絶，七十子喪而大義乖。嬴氏坑焚，以愚黔首。漢興學校，復創石渠。雄、向校讐於前，馬、鄭討論於後，兩京載籍，由是粲然。及漢末還都，焚溺過半。爰自魏、晉，迄于周、隋，而好事之君，慕古之士，亦未嘗不以圖籍爲意也。然河北江南，未能混一，偏方購輯，卷帙未弘。而荀勗、李充、王儉、任昉、祖暅，皆達學多聞，歷世整比，羣分類聚，遞相祖述。或爲七録，或爲四部，言其部類，多有所遺。及隋氏建邦，寰區一統，煬皇好學，喜聚逸書，而隋世簡編，最爲博洽。及大業之季，喪失者多。貞觀中，令狐德棻、魏徵相次爲祕書監，上言經籍亡逸，請行購募，并奏引學士校定，羣書大備。開元三年，左散騎常侍褚無量、馬懷素侍宴，言及經籍。玄宗曰：「内庫皆是太宗、高宗先代舊書，常令宫人主掌，所有殘缺，未遑補緝，篇卷錯亂，難於檢閲。卿試爲朕整比之。」至七年，詔公卿士庶之家，所有異書，官借繕寫。及四部書成，上令百官入乾元殿東廊觀之，無不駭其廣。九年十一月，殷踐猷、王愜、韋述、余欽、毌煚、劉彦真、王灣、劉仲等重修成《羣書四部録》二百卷，右散騎常侍元行沖奏上之。自後毌煚又略爲四十卷，名爲《古今書録》，大凡五萬一千八百五十二卷。禄山之亂，兩都覆没，乾元舊籍，亡散殆盡。肅宗、代宗崇重儒術，屢詔購募。文宗時，鄭覃侍講禁中，以經籍道喪，屢以爲言。詔令祕閣搜訪遺文，日令添寫。開成初，四部書至五萬六千四百七十六卷。及廣明初，黄巢干紀，再陷兩京，宫廟寺署，焚蕩殆盡，曩時遺籍，尺簡無存。及行在朝諸儒購輯，所傳無幾。昭宗即位，志弘文雅。祕書省奏曰：「當省元掌四部御書十二庫，共七萬餘卷。廣明之亂，一時散失。後來省司購募，尚及二萬餘卷。及先朝再幸山南，尚存一萬八千卷。竊知京城制置使孫惟晟收在本軍，其御書祕閣見充教坊及諸軍人占住。伏以典籍國之大經，祕府校讐之地，其書籍並望付當省校其殘缺，漸令補輯，樂人乞移他所。」並從之。及遷都洛陽，又喪其半。平時載籍，世莫得聞。今録

開元盛時四部諸書，以表藝文之盛。【略】煚等撰集，依班固《藝文志》體例，諸書隨部皆有小序，發明其指。近史官撰《隋書經籍志》，其例亦然。竊以紀録簡編異題，卷部相沿，序述無出前修。今之殺青，亦所不取，但紀部帙而已。而煚等所序四部都録以明新修之旨，今略載之：竊以經墳浩廣，史圖紛博，尋覽者莫之能偏，司總者常苦其多，何暇重屋複牀，更繁其説？若先王有闕典，上聖有遺事，邦政所急，儒訓是先，宜垂教以作程，當闡規而開典，則不遑啓處，何獲宴寧。曩之所修，誠惟此義，然禮有未愜，追怨良深。于時祕書省經書，實多亡闕，諸司墳籍，不暇討論。此則事有未周，一也。其後周覽人間，頗覩闕文，新集記貞觀之前，永徽已來不取；此近書採長安之上，神龍已來未録。此則理有未弘，二也。書閲不徧，事復未周，或不詳名氏，或未知部伍。此則體有未通，三也。書多闕目，空張第數，既無篇題，實乖標榜。此則例有所虧，四也。所用書序，咸取魏文貞；所分書類，皆據《隋經籍志》。理有未允，體有不通。此則事實未安，五也。昔馬談作《史記》，班彪作《漢書》，皆兩葉而僅成；劉歆作《七略》，王儉作《七志》，踰二紀而方就。孰有四萬卷目，二千部書，名目首尾，三年便令終竟，欲求精悉，不其難乎？所以常有遺恨，竊思追雪。乃與類同契，積思潛心，審正舊疑，詳開新制。永徽新集，神龍近書，則釋而附也；未詳名氏，不知部伍，則論而補也。空張之目，則檢獲便增；未允之序，則詳宜别作。紕繆咸正，混雜必刊。改舊傳之失者，三百餘條；加新書之目者，六千餘卷。凡經録十二家，五百七十五部，六千二百四十一卷。史録十三家，八百四十部，一萬七千九百四十六卷。子録十七家，七百五十三部，一萬五千六百三十七卷。集録三家，八百九十二部，一萬二千二十八卷。凡四部之録四十五家，都管三千六十部，五萬一千八百五十二卷，成《書録》四十卷。其外有釋氏經律論疏，道家經戒符籙，凡二千五百餘部，九千五百餘卷。亦具翻譯名氏，序述指歸，又勒成目録十卷，名曰《開元内外經録》。若夫先王祕傳，列代奥文，自古之粹籍靈符，絶域之神經怪牒，盡載於此二書矣。夫經籍者，開物成務，垂教作程，聖哲之能事，帝王之達典。而去聖已久，開鑿遂多，苟不剖判條源，甄明科部，則先賢遺事，有卒代而不聞，大國經書，遂終年而空泯。使學者孤舟泳海，弱羽憑天，銜石填溟，倚杖追日，莫聞名目，豈詳家代？不亦勞乎！不亦弊乎！將使書千帙於掌眸，披萬函於年祀，覽録而知旨，觀目而悉詞，經墳之精術盡探，賢哲之睿思咸識，不見古人之面，而見古人之心，以傳後來，不其愈已！【略】三代之書，經秦燔煬殆盡。漢武帝、河間王始重儒術，於灰燼之餘，拓纂亡散，篇卷僅而復存。劉更生石渠典校之書，卷軸無幾，逮歆之《七略》，在《漢藝文志》者，裁三萬三千九百卷。後漢蘭臺、石室、東觀、南宫諸儒撰集，部帙漸增。董卓遷都，載舟西上，因罹寇盜，沉之於河，存者數船而已。及魏武父子，採掇遺亡，至晉總括羣書，裁二萬七千九百四十五卷。及永嘉之亂，洛都覆没，靡有孑遺。江表所存官書，凡三千一十四卷。至宋謝靈運造《四部書目録》，凡四千五百八十二卷。其後王儉復造書目，凡五千七十四卷。南齊王亮、謝朏《四部書目》，凡一萬八千一十卷。齊末兵火延燒祕閣，書籍煨燼。梁元帝克平侯景，收公私經籍歸于江陵，凡七萬餘卷。蓋佛老之書，計於其間。及周師入郢，咸自焚煬。周武保定之中，官書裁盈萬卷。平齊所得，數止五千。及隋氏平陳，南北一統，祕書監牛弘奏請搜訪遺逸，著定書目，凡三萬餘卷。煬帝寫五十副本，分爲三品。國家平王世充，收其圖籍，泝河西上，多有沈没，存者重復八萬卷。自武德已後，文士既有修纂，篇卷滋多。開元時，甲乙丙丁四部書各爲一庫，置知書官八人分掌之。凡四部庫書，兩京各一本，共一十二萬五千九百六十卷，皆以益州麻紙寫。其集賢院御書：經庫皆鈿白牙軸，黄縹帶，紅牙籤；史書庫鈿青牙軸，縹帶，緑牙籤；子庫皆雕紫檀軸，紫帶，碧牙籤；集庫皆緑牙軸，朱帶，白牙籤，以分别之。

《新唐書・藝文志》 自《六經》焚於秦而復出於漢，其師傳之道中絶，而簡編脱亂訛缺，學者莫得其本實，於是諸儒章句之學興焉。其後傳注、箋解、義疏之流，轉相講述，而聖道粗明，然其爲説固已不勝其繁矣。至於上古三皇五帝以來世次，國家興滅終始，僭竊僞亂，史官備矣。而傳記、小説，外暨方言、地理、職官、氏族，皆出於史官之流也。自孔子在時，方脩明聖經以絀繆異，而老子著書論道德。接乎周衰，戰國遊談放蕩之士，田駢、慎到、列、莊之徒，各極其辯；而孟軻、荀卿始專脩孔氏，以折異端。然諸子之論，各成一家，自前世皆存而不絶也。夫王迹熄而《詩》亡，《離騷》作而文辭之士興。歷代盛衰，文章與時高下。然其變態百出，不可窮極，何其多也。自漢以來，史官列其名氏篇第，以爲六藝、九種、七略；至唐始分爲四類，曰經、史、子、集。而藏書之盛，莫盛於開元，其著録者，五萬三千九百一十五卷，而唐之學者自爲之書者，又二萬八千四百六十九卷。嗚呼，可謂盛矣！《六經》之道，簡嚴易直而天人備，故其愈久而益明。其餘作者衆矣，質之聖人，或離或合。然其精深閎博，各盡其術，而怪奇偉麗，往往震發於其間，此所以使好奇博愛者不能忘也。然凋零磨滅，亦不可勝數，豈其華文少實，不足以行遠歟？而俚言俗説，猥有存者，亦其有幸不幸者歟？今著于篇，有其名而亡其書者，十蓋五六也，

可不惜哉。初，隋嘉則殿書三十七萬卷，至武德初，有書八萬卷，重複相糅。王世充平，得隋舊書八千餘卷，太府卿宋遵貴監運東都，浮舟泝河，西致京師，經砥柱舟覆，盡亡其書。貞觀中，魏徵、虞世南、顔師古繼爲祕書監，請購天下書，選五品以上子孫工書者爲書手，繕寫藏于内庫，以宫人掌之。玄宗命左散騎常侍、昭文館學士馬懷素爲脩圖書使，與右散騎常侍、崇文館學士褚無量整比。會幸東都，乃就乾元殿東序檢校。無量建議：御書以宰相宋璟、蘇頲同署，如貞觀故事。又借民間異本傳録。及還京師，遷書東宫麗正殿，置修書院於著作院。其後大明宫光順門外、東都明福門外，皆創集賢書院，學士通籍出入。既而太府月給蜀郡麻紙五千番，季給上谷墨三百三十六丸，歲給河間、景城、清河、博平四郡兔千五百皮爲筆材。兩都各聚書四部，以甲、乙、丙、丁爲次，列經、史、子、集四庫。其本有正有副，軸帶帙籤皆異色以别之。安禄山之亂，尺簡不藏。元載爲相，奏以千錢購書一卷，又命拾遺苗發等使江淮括訪。至文宗時，鄭覃侍講，進言經籍未備，因詔祕閣搜采，於是四庫之書復完，分藏于十二庫。黄巢之亂，存者蓋尠。昭宗播遷，京城制置使孫惟晟斂書本軍，寓教坊於祕閣，有詔還其書，命監察御史韋昌範等諸道求購，及徙洛陽，蕩然無遺矣。

王欽若《册府元龜》卷八一一《聚書》　士大夫以詩禮立身，儒素爲業。廣聚《墳》、《典》，以遺子孫，若良農之儲耒耜，百工之利刀尺也。繕其簡編，飾諸緗帙，手自刊校，心無倦怠。至於義畜百家，室盈千卷觀乎。油素達聖哲之心，遺之子孫，有清白之業異夫！金玉滿堂，貲幣潤屋，多藏爲累，厚亡可俟者也。後漢杜林，扶風人，家多書。王莽末，客河西。於河西得漆書《古文尚書經》一卷。每遭困厄，握抱此經，位至大司空。魏王修，家不滿斗斛，有書數百卷。太祖嘆曰：「士不妄有名也。」官至奉常。蜀向朗，潛心典籍，積聚篇卷，於時最多。年八十，手自校書，刊定謬誤，位至特進。晉張華爲司空，領著作。嘗徙居，載書三十乘。祕書監摯虞，撰定官書，皆資華之本以取正焉。天下奇祕，世所希有者，悉在華所。由是博物洽聞，世無與比。身死之日，家無餘財，惟有文史溢于几篋。葛洪博聞深洽，抄五經、史、漢、百家之言，《方伎雜事》三百一十卷，《金匱藥方》一百卷，《肘後要急方》四卷。洪後爲諮議參軍。裴憲爲尚書，與荀綽家俱有書百帙。宋王曇首，太保宏之弟也，幼有素尚。兄弟分財，曇首唯取圖書而已。南齊崔慰祖，清河東武城人也。好學，聚書至萬卷。隣里年少好事者來從假借，日數十帙，慰祖親自取與，未嘗爲辭。范蔚家世好學，有書七千餘卷。遠近來讀書者，常有百餘人，蔚爲辦衣食。沈麟士，吴興武康人。累徵不就。火燒書數千卷。麟士年過八十，耳目猶聰明。乃手寫細書，復成二三千卷，滿數十篋。梁陸少玄，光禄大夫澄之子，家有父書萬餘卷。張率與少玄善，遂通書籍，盡讀其書。沈約，聰明過人，好墳籍。聚書至二萬卷，京師莫比，位至特進侍中。任昉，爲祕書監，墳籍無所不見。家雖貧，聚書至萬餘卷，率多異本。昉卒後，高祖使學士賀縱共沈約勘其書目，官所無者，就昉家取之。袁峻，字孝高，篤志好學。家貧無書，從人假借，必皆抄寫自課，日課十紙，紙數不登則不止。仕至員外散騎侍郎。王僧孺爲南康王諮議參軍，好墳籍。聚書至萬餘卷，率多異本，與沈約、任昉家書相埒。張緬性愛墳籍，聚書至萬餘卷。抄《後漢書》，衆家異同爲《後漢紀》四十卷，《晉抄》三十卷，又抄《江左集》，未及成，文集五卷，位至御史中丞。孔休源爲光禄大夫，聚書盈七千卷，手自校理。陳姚察，年十二，能屬文，父上開府僧坦知名。梁代二宫禮遇優厚，每得供賜，皆回給察爲游學之資。察並用聚書圖畫，由是聞見日博。仕至吏部尚書。求天下書，逢即寫録。所得萬餘卷，無所不覽。北齊郎基，字世業，中山人。爲鄭州長史，潁川郡守。基泛涉墳籍，清慎無所營求。嘗語人云：「任官之所，木枕亦不須作，況重於此乎？」唯頗令人寫書。潘子義曾遺之書曰：「在官寫書，亦是風流罪過。」基答曰：「觀過知人，斯亦可矣。」辛術爲東南道行臺尚書，及定淮南，凡諸貲物，一毫無犯。唯大收典籍，多是宋、齊、梁時佳本，鳩集萬餘卷，并顧陸之徒名畫，二王已下書法，數亦不少。後周裴漢，借人異書，必躬自録本。至于疾疹彌年，亦未嘗釋書。仕至車騎大將軍、儀同三司。隋陸爽，字開明。初仕北齊，爲中書侍郎。齊滅，周武帝聞其名，與陽休之、袁叔德等十餘人俱徵入關。諸人多將輜重，爽獨載書數千卷，至長安，授宣納上士。唐王方慶聚書甚多，不減祕閣。至於圖畫，亦多異本。諸子莫能守其業，卒後尋併散亡。仕至太子左庶子。李襲譽居家清儉。凡禄俸必散之宗親，其餘但寫書而已。及從揚州罷職，經史遂盈數車。仕至涼州都督。吴兢家聚書頗多，嘗自録其卷第，號《吴氏西齋書目》。仕至左庶子。蘇弁聚書至三萬卷，皆手自刊校。至今言蘇氏書，次於集賢芸閣焉。官至户部侍郎。韋處厚聚書萬卷，手自刊校。官至相位。王涯字廣津，太原人也，以詞藝登科。踐揚清峻，家書數萬卷，侔於書府。名畫人所保惜者，必以厚貲致之。函奩皆飾之金寶，爲垣竅而藏之複壁。後爲相。梁孫隲，開平初歷諫議常侍。隲雅好聚書，有六經、史、漢百家之言，凡數千卷。洎李善所注《文選》，皆簡幹精至，校勘詳審。趙凝鎮襄州。凝好聚書，至數千卷。後唐王都爲定州節度，好聚圖書。自恒山始破，汴州初平，令

人廣將金帛，收市以得爲務，不責貴賤。書至三萬卷，名畫樂器各數百，皆四方之精妙者，萃於其府。張憲沉静寡慾，喜聚圖書。家書五千卷，視事之餘，手自刊校。仕至太原尹。賈馥，故鎮州節度使王鎔判官。家聚書三千卷，馥手自刊校。

晁説之《景迂生集》卷一六《劉氏藏書記》 漢承秦焚書滅學之後，賴故老口所誦，數得聞先王之遺訓。厥後，廣開獻書之路，至武帝時，外有太常、太史、博士之藏，内有延閣、廣内、秘室之府。雖盛矣，然至武帝時乃大備著録。蓋約法天下，不出一日之中，而藏書掌固必待百年之後也。隋御府書所以特號稱最盛者，以其平一南北而坐兼南北朝之所有也。夫縣官之勢何如哉！獨於藏書一事，其勤如此。況在學士大夫之家邪？劉歆自稱三代之書蕴崇於家，直不計爾。蓋自楚元王而來，世尚文雅，而護都水使者又復博極羣書，無不充足，而歆因得以誇邪。昔人謂「三代仕宦而衣，五代仕宦而食」，不知書又在衣食之上也。

李之儀《姑溪居士集》卷一七《莊居阻雨鄰人以紙求書因而信筆》 近日詔求遺書，乃太平甚盛之舉。本朝書最不備，臣庶之家亦多苟簡，不以爲事。自昔隋兼南北兩朝經籍，時富其所藏之地號嘉則殿，其卷至三十七萬。大業之亂，存者無幾，武德初，纔有八萬卷。又平王世充，得嘉則舊書八千卷，自黄河水運入京師，至砥柱舟覆而亡。開元中，置使，置院，專治其事，然著於録者，又減武德三分之一，通一時學者自爲之書，僅補其闕。以甲、乙、丙、丁分經、史、子、集爲四庫。安禄山之亂，尺簡不存。元載當國，請以千錢購一卷，分遣使徧天下搜索，稍稍全復，遂增四庫爲十二庫，一日爲四庫矣。文宗尤所留意，而十二庫方充滿，復經廣明播遷，迄于天復遷都，乃蕩然無遺。又更五代之亂，臣庶之家救死不暇，豈復以此自表見？故本朝書籍逮今未振，宋綬、李淑二家號藏書，亦不過一二萬卷而已。綬家又爲火所盡，其孫景年方輾轉圖足，未幾輒死，豈其數耶？抑有所待也。

蘇遇《斜川集》卷九《夷門蔡氏藏書目録》 自書契以來，禮樂文章，播在方册，皆藏於王府。老聃爲柱下史，實主其藏，雖列國諸侯，莫得而與。當世學士大夫，蓋得觀其書者鮮矣。故韓宣子適魯，見《易象》與《魯春秋》，曰：「周禮盡在魯矣。」楚左史倚相，能讀三墳、五典、八索、九丘，則國人皆尊之。孔子，聖人也，然猶問禮於老聃，學官於郯子，季札，蠻夷也，聘於齊魯，然後獲觀先王之樂而聞大國之風。嗚呼！讀其書、論其事、想見其人，凜然於千載之上，修身立言，可以垂訓百世之後。豈有不因載籍之有考乎？是以有國有家者，嘗刻意於此，而孝悌忠信必由是而出。古之人躬行不逮者多矣，余不復論。比遊京師，有爲余言：吾里有蔡致君，隱居以求志，好古而博雅。閉門讀書，不交當世之公卿，類有道者也。余矍然異之。一日，造其門，見其子，從容請交焉。其子爲余言：「吾世大梁人，業爲儒。吾祖吾父皆不事科舉，不樂仕宦，獨喜收古今之書。空四壁、捐千金以購之，常若飢渴然。盡求善工良紙，手校而積藏之，凡五十年。經史百家，《離騷》、風雅、儒、墨、道德、陰陽、卜筮、技術之書，莫不兼收而並取，今二萬卷矣。且吾父有德不耀，常畏人知，棄冠冕而遺世故久矣，必不能從子游。」余悵然自失，悠然而返。予惟古之逸民，未嘗以一藝自名於世，雖不求人知而人自知之，以其所踐履者絶乎流俗故也。龐德公隱於鹿門，妻子躬耕。或疑其不仕，以爲何以遺子孫也？龐公曰：「我遺子孫以安，不爲無所遺也。」今居士口不談世之爵禄，身不問家之有無，所付子孫者獨書耳。龐公之意，殆無以過此。居士之子敏而文，學日富，人不知其所以然者，抑所謂不見異人，必得異書，中郎爲有子矣！余將負笈而請觀焉。乃持其總目三卷，爲叙而歸之。庶幾附託於斯，與藏書者終始。

程俱《麟臺故事輯本》卷一 淳化元年八月，李至等言：「王者藏書之府，自漢置未央宫，即麒麟、天禄閣在其中。命劉向、揚雄典校，皆在禁中，謂之中書，即内庫書也。東漢藏之東觀，亦在禁中也。至桓帝，始置祕書監掌禁中圖書祕記，謂之祕書。及魏分祕書爲中書，而祕書監掌藝文圖籍之事。後以祕書屬少府，故王肅爲祕書監，表論不應屬少府，以爲魏之祕書即漢之東觀，因是不屬少府。而蘭臺亦有所藏之書，故薛夏云蘭臺爲外臺，祕書爲内閣。然則祕閣之書，藏之於内明矣。晉、宋以還，皆有祕閣之號，故晉孝武好覽文藝，敕祕書郎徐廣典祕書閣，輯四部三萬餘卷；宋謝靈運爲祕書監，補祕閣之遺逸；齊末兵火延燒祕閣，經籍遺散；梁江子一亦請歸祕閣觀書；隋寫祕閣之書，分爲三品，於觀文殿東西廊貯之。然則祕閣之設，其來久矣。及唐開元五年，亦於乾元殿東廊寫四庫書以充内庫，命散騎常侍褚無量、祕書監馬懷素總其事。至十三年，乃更爲集賢殿，因置集賢書院。雖沿革不常，然祕閣之書皆置於内也。自唐室陵夷，中原多故，經籍文物，蕩然流離，近及百年，斯道幾廢。國家承衰弊之末，復興經籍，三館之書，訪求漸備。館内復建祕閣，以藏奇書，總羣經之博要，資乙夜之觀覽，斯實出於宸心，非因羣下之議也。況睿藻宸翰，盈編積簡，則其奥祕，非復與羣司爲比。然自建置之後，寒暑再周，顧其官司，未詳所處。乞降明詔，令與三館竝列。至於高下之次，先後之稱，亦昭示明文，著爲定式。其祕書省既無書籍，原隸京百司，請如舊制。」詔曰：「朕肇興祕府，典掌羣書，仍選名儒，入直於内。文籍大備，粲然可觀，處中禁以宏

開，非外司之爲比。自今祕閣宜次三館，其祕書省依舊屬京百司。」

洪邁《容齋隨筆》卷一五《書籍之厄》　梁元帝在江陵，蓄古今圖書十四萬卷，將亡之夕盡焚之。隋嘉則殿有書三十七萬卷，唐平王世充，得其舊書於東都，浮舟泝河，盡覆于砥柱。貞觀、開元募借繕寫，兩都各聚書四部。禄山之亂，尺簡不藏。代宗、文宗時，復行搜采，分藏于十二庫。黄巢之亂，存者蓋尠。昭宗又於諸道求訪，及徙洛陽，蕩然無遺。今人觀漢、隋、唐《經籍》、《藝文志》，未嘗不茫然太息也。晁以道記本朝王文康初相周世宗，多有唐舊書，今其子孫不知何在。李文正所藏既富，而且闢學館以延學士大夫，不待見主人，而下馬直入讀書，供牢餼以給其日力，與衆共利之。今其家僅有敗屋數楹，而書不知何在也。宋宣獻家兼有畢文簡、楊文莊二家之書，其富蓋有王府不及者。元符中，一夕災爲灰燼。以道自謂家五世於兹，雖不敢與宋氏争多，而校讎是正，未肯自遜。政和甲午之冬，火亦告譴。惟劉壯輿家於廬山之陽，自其祖凝之以來，遺子孫者唯圖書也，其書與七澤俱富矣，於是爲作記。今劉氏之在廬山者，不聞其人，則所謂藏書殆亦羽化。乃知自古到今，神物亦於斯文爲靳靳也。宣和殿、太清樓、龍圖閣御府所儲，靖康蕩析之餘，盡歸於燕；置之祕書省，乃有幸而得存者焉。

李燾《續資治通鑑長編》卷三九《太宗至道二年二月甲申》　祠部員外郎、主判都省郎官事王炳上言曰：「尚書省，國家藏載籍、興治教之府，所以周知天下地里廣袤、風土所宜、民俗利害之事。當成周之世，治定制禮，首建六官，即其源也。漢、唐因之，軌範斯著，簡策所載，焕然可觀。蓋自唐末以來，亂離相繼，急於經營，不遑治教。故金穀之政，主於三司，尚書六曹，名雖存而其實亡矣。謹按六曹，凡二十四司，所掌事物，各有圖書，具載名數，藏於本曹，謂之載籍。所以周知天下之事，由中制外，教導官吏，興利除害，如指諸掌。臣故曰藏載籍、興治教之府也。今職司久廢，載籍散亡，惟吏部四司官曹小具，祠部有諸州僧道文帳，職方有諸司閏年圖，刑部有詳覆諸州已決大辟案牘及旬禁奏狀，此外無舊式。欲望令諸州每年造户口租税實行薄帳，寫以長卷者，别寫一本送尚書省，藏於户部。以此推之，其餘天下官吏、民口、廢置、祠廟、甲兵、徒隸、百工、疆畔、封洫之類，亦可籍其名數，送尚書省分配諸司，俾之緘掌。俟期歲之後，可以振舉官守，興崇治教。望選大僚數人博通治體者，參取古今典禮令式，與三司所受金穀、器械、簿帳之類，仍詳定諸州供送二十四司載籍之式。如此，則尚書省備藏天下事物名數之籍，如祕閣藏圖書，國學藏經典，三館藏史傳，皆其職也。」上覽奏嘉之，詔令尚書丞郎及兩省五品以上集議其事。

又卷四六五《哲宗元祐六年閏八月甲申》　給事中范祖禹言：「臣竊惟祖宗置三館、祕閣，以待天下賢材，公卿侍從皆由此出，不專爲聚書。設校理、校勘之職，亦非專爲校書也。六經之書不可不尊，孔氏之道不可不明。至於諸子百家、神仙、道釋，蓋以備篇籍，廣異聞，以示藏書之富，無所不有，本非有益治道也。嘉祐中，增置編校之官，繕寫黄本，自此書籍益廣，充牣四館，朽蠹相仍，居中者固未能周覽而徧校也。今又使道士陳景元校道書，臣竊所未諭。議者必曰：『漢成帝時，劉向校經傳、諸子、詩賦，步兵校尉任宏校兵書，太史令尹咸校數術，侍醫李柱國校方技。今使道士校道書，亦其比也。』臣竊以爲不然。漢之時，以竹簡寫書，在天下者至少，非祕府不能備。非如後世以紙傳寫，流布天下，所在皆有也。劉向總校羣書，非一人之力所能獨了，故又用任宏等三人。然兵書、數術、方技皆爲有用，非異端之學也。任宏等非異教之人也。今館閣羣聚天下賢材，宜有殫見洽聞之士，博極羣書，乃使陳景元先取道藏之書，校定成本，供祕書省委本省官校對，書皆取正于景元，不亦輕朝廷之體，羞朝廷之士乎？又道書，除《老子》、《莊》、《列》已立學官，其餘多虚誕不經，儒者所不道。天下名山宫觀自有道藏，館閣所藏惟備數可矣，不必使方外之士讎校，以崇長異學也。漢武帝時，董仲舒對策，以爲諸不在六藝之科，孔子之術者，皆絶其道，勿使並進。武帝感其言，遂罷黜百家，表章六經。今館閣之書，下至稗官小説、街談巷語、道聽塗説之所造者，無所不有。既使景元校道書，則他日僧校釋書，醫官校醫書，陰陽卜相之人校技術，其餘各委本色，皆可用此爲例，豈祖宗設館閣之意哉！夫聖王作事，必防其微，命出于上，不可不謹。昔熙寧中，王韶開拓熙河，王安石使其門僧智緣隨韶，誘説木征，時人號爲『安撫大師』。今館職之外，已置校黄本官，又于黄本之外，有校書道士，天下之人必謂之『編校大師』。事雖至微，實損國體，祕書省所請，乞更不施行。」

毛幵《遂初堂書目序》　夫結繩既代，圖籍肇興，綣領有作，典章爰著，周官所掌三皇五帝之書，楚史能通八索九邱之故。韓子東聘，始見舊經。李叟西遊，僅窺藏室。志昆丘之放者，固已繆悠。探禹穴之奇者，曾何彷彿。遐哉邈矣，有足徵乎。更秦焚滅之餘，遭漢搜揚之盛，輶軒遍於天下，竹簡出於壁中，世主之所討論，羣儒之所綴緝，前稱《七略》，末有《中經》，劉蒼終莫得之，黄香所未見者，罕歸私室，悉入内朝。然自頷邑初遷，多從亡逸，建安重擾，半雜煨塵。近則散落閭閻，遠或流布海寓，繇是博雅君子、薦紳先生，踵尚風流，迭相傳寫，壯武牛車兼兩，鄴侯

籤衺累萬，雌黄審其未正，殺青存夫不刊，而家藏之積，殆與中祕侔矣。且夫商盤周鼎，世以爲古，而無適時之用。鼂采夜光，人以爲珤，而非蓄德之具。識天道之精微，揆人事之終始，究物理之變化者，其惟書乎。故六藝立言之訓，九流經世之要，傳註之學，辭賦之宗，技巧之方，氏姓之攷，齊諧之志，邱里之談，雖云殊途，皆有可用。誠應世之先務，資身之本業與！晉陵尤延之，始自青衿，追夫自首，嗜好既篤，網羅斯備，日增月益，晝誦夕思，重之不以借人，新若未嘗觸手，耳目所及，有虞監之親鈔，子孫不忘，多杜侯之手校。表層樓而儷富，託名山而共久，不已盛乎。若其剖析條流，整齊綱紀，則有目録一卷，甲乙丙丁之别，可以類知。一十百千之凡，從于數舉。僕雅竊通書之好，每資餘燭之光，猬辱話言，屬爲序引，研精覃思，固不逮于揚雄。單見淺聞，復有慚于袁豹。勉濡翰墨，祇塵簡牘而已。太末毛幵平仲序。

高似孫《史略》卷五《東漢以來書考》 班固作《漢書》，依向、歆《七略》，爲《藝文志》。而范曄史後漢，則無此志，非闕歟？自爾諸史，惟隋史志《經籍》，唐史志《藝文》，然經籍之盛，盛於隋極矣！作《東漢以後藝文考》。

東漢。東漢藏書在石室、蘭臺，在東觀，在仁壽閣，班固、傅毅之流掌焉。董卓之亂，獻帝西遷，所收圖書猶七十餘載。兩京亂，掃地而盡。

魏。魏采掇漢散亡之書，藏在祕書，中外三閣。鄭默初作《中經》。

晉。晉既蒐聚典籍，荀勗因魏《中經》制《新簿》，摠章羣書，釐爲四部。甲部録六藝、小學，乙部録子、兵、術數，景部録史記舊事，丁部録詩賦、圖讚，凡三萬。惠、懷之亂，京華蕩覆，書閣之庋，爲之一空。東晉初，漸加收拾。李充校以勗舊簿，僅存三千卷，亦以甲乙類次。

宋。中朝遺書，既歸江左。元嘉中，謝靈運造《四部目録》，六萬四千餘卷。元徽中，王儉作《四部書目》。又作《七志》，一經典，二子，三文翰，四軍書，五陰陽，六術藝，七圖譜，而道、佛附之。書名之下，每立一傳，又有條例，載于篇首。

齊。永明中，祕書監謝朏、丞王亮造《四部書目》，書萬有八千卷。齊末，祕閣火，書亡。

梁。梁初，任昉親加彙正，聚書文德殿，卷二萬三千，釋書不録。又祕書監任昉、殷鈞制《四部目録》，數術别爲一部，是爲五部。劉遵又作《東宫四部目録》，劉孝標作《文德殿四部目録》。普通中，處士阮孝緒采宋、齊以來王公家所藏，校官簿爲《七録》。一曰經典，二曰記傳，三曰子兵，四曰文集，五曰技術，六曰佛，七曰道。其於剖析，殊爲不經。元帝克平侯景，收文德殿書歸江陵，凡七萬餘卷。周師入郢。咸自焚之。

陳。陳天嘉中，鳩集攷其篇録，尚多遺闕。中原戰争，日親于戈，文教之盛，符、姚而已。然猶有《壽安殿四部目》、《德教殿四部目》，又有《承香殿五經史記目》，亦留神於此者矣。宋武入關，收其圖籍，僅四千卷。

後魏。後魏始都燕代，南略中原，粗收書史，未能該備。孝文都洛，借書於齊，稍稍加録。爾朱之亂，又復散落，史中有《魏闕書目》一卷。

後齊。後齊都鄴，頗更搜聚，迄天統、武平間，校寫不輟。

後周。後周始基關右，書止八千卷，後增至萬卷。周武平齊，先封書府，所加舊本，纔五千卷。

隋。隋開皇三年，牛弘表請使求書，一卷賞絹一疋，校寫既畢，即還本書。陳平，經籍漸備於祕書，續補殘闕，爲正副二本，内外閣凡三萬餘卷。煬帝再録，分三品。上者軸頭紅琉璃，中者紺琉璃，下者漆軸，聚於東都觀文殿東西廂。東藏甲乙，西藏丙丁，又藏魏以來古迹名畫。於殿後起二臺，東曰妙楷臺，以藏法書；西曰寶繪臺，以藏名畫。有《四部目》二，其一開皇四年，其一八年所録，又有《大業正御書目》。

唐。隋嘉則殿書三十七萬卷。武德初有書八萬卷，重複相揉。王世充平，得隋舊書八萬卷，太府卿宋遵監運東都，浮舟泝河，西致京師。經砥柱，覆舟，書盡沉亡。正觀中，魏徵、虞世南、顏師古繼於祕書監，購天下書，選五品以上子孫工書者爲書手，繕寫藏於内庫，以宫人掌之。玄宗命昭文館學士馬懷素爲修圖書使，與崇文館學士褚無量整比。會幸東都，乃就乾元殿東序檢校。無量建議御書以宰相宋璟蘇頲同署，如貞觀故事。又借民間異本傳録。及還京師，遷書東宫麗正殿，修書院。其後光順門外、東都明福門外，皆創集賢書院，通籍出入。既而太府月給蜀郡麻紙五千番，季給上谷墨三百三十六丸，歲給河間、景城、清河、博平兔千五百皮爲筆材。兩都各聚書四部，以甲乙丙丁爲次，列經史子集爲四庫。其本有正有副，帶帙籤，皆異色以别之。禄山之亂，尺簡不藏。元載奏以千錢購書一卷，又命苗發等使江淮括訪。文宗時鄭覃建言，又詔搜採，於是復全。黄巢之亂，存者又少。昭宗播遷，京城孫惟晟斂書本軍，寓教坊於祕閣。有詔還其書，命韋昌範等諸道求購，及徙洛陽，蕩然無遺矣。

本朝。本朝承五季後，書皆蕩焚。太宗垂意收聚，祕閣崇文所儲，不及唐之

盛，蓋古書益少矣。太平興國中，詔編《太平御覽》，引用僅一千六百九十種，而雜書古詩賦不與焉。大中祥符中，姚鉉集《唐文粹》，序云：「今代墳藉，略無亡逸。」攷鉉所集，亦自無幾。王文康公初相周世宗，家多唐舊書。李文正公所藏亦富，至闢學館，給廩餼以延者。宋宣獻兼得畢文簡、楊文莊二家書，有祕府不及者。元符中，一夕燼于火。晁以道家所藏凡五世，雖不及宋氏，而校讎最爲精確，邯鄲李氏所藏亦然，政和甲午亦火。劉壯輿家廬山之陽，自其祖凝之以來，圖書亦多，有《藏書記》，今亦不存。濮安懿王之子榮王宗綽，聚書七萬卷。宣和中，其子魯進書目。自龍圖閣、太清樓、玉宸殿、宣和殿，以及崇文三館所儲，盡歸於燕，幸僅存耳。

魏了翁《鶴山集》卷六三《跋尤氏遂初堂藏書目録序後》 余生晚，不及拜遂初先生，聞儲書之盛，又恨不能如劉道原所以假館於春明者。寶慶初元冬，得罪南遷，過錫山，訪前廣德使君，則書厄於火者累月矣，爲之徬徨不忍去。因惟國朝以來藏書之藏，鮮有久而弗厄者。孫長孺自唐僖宗爲榜「書樓」二字，國朝之藏書者莫先焉。三百年間，再燬於火。江元叔今江南吴越之藏凡數萬卷，爲臧僕竊去，市人裂之以藉物。其入於安陸張氏者，傳之未幾，一篋之富僅供一炊。王文康、李文正、廬山劉壯輿、南陽井氏，皆以藏書名，凡未久而失之。宋宣獻兼有畢文簡、楊文莊二家之書，不減中祕，而元符中蕩爲煙埃。晁文元累世所藏，自中原無事時已有火厄，至政和甲午之災，尺素不存。斯理也，殆不可曉。聖賢不遇，託之憲言以垂世示後，所以共天命而植民彝也。兼收並蓄，博覽精索，以淑其身，以待後之人，此何辜於天而厄之爾極也！使子孫不能守如江、張、王、李諸家，是固可恨；若孫、宋、晁氏則子孫知守之矣，而火攻其外。矧如尤氏子孫，克世厥家，滋莫可曉。雖然，是穮是蔉，雖有饑饉，亦有豐年，吾知有穮蔉耳，豐凶非我知也，尤氏子孫其尚思所以勿替先志云。

費袞《梁溪漫志》卷二《三館館職》 唐三館者，昭文館、史館、集賢院是也。五代卑陋，僅於右長慶門築屋數十間，爲三館。國初太平興國二年，度地在昇龍門東北一新之，以三館新修書院爲崇文院。大中祥符八年，又於左右掖門外建院。天禧初，詔崇文外院以三館爲額。天聖九年，乃徙三館於崇文院，前列三館，後建祕閣。修史、藏書、校讎皆其職也。中興以來，復建祕書省，而三館之職，歸之開元故事。校書官許稱學士，本朝三館職事皆稱學士。紹興初，猶仍此稱，蓋舊典也。

黄震《黄氏日抄》卷八七 上崇聖經，次下乃列子史，其旁乃置朱文公及古今名儒注解。著述能行吾聖經者，以增比而附益之，道德性命無所遺，可謂盛哉。君之舉也，皆非庸常可以比擬，又豈但藏書於閣而已乎？口誦心維，犁鋤經訓，其修己治人之心，躬行踐履，毫髮不背，則此書當藏之身；待時行道，躋世太平，則此書當散而藏於天下。文明之治矣，然後無愧於藏書之義。否則，藏而不知讀，愚也；讀而不知用，癖也；官所不藏而私讀，邪也。造化自然之文鬱，聖人造化之理乖，則聖朝所命藏書之意孤矣。可不懼哉！可不勉哉！抑此志不可以强握，而君之勤於士，又非特於書閣爲然也。歷觀被葺之新，彝教有堂，沂詠有亭，浩觀有閣，以及戟門廊廡，齋序垣墻，皆葺之新，庖舍則又增大而更之新。來南山之水而三其門，高水中之堤而來之柳。東引之而砅，橋數十尺，以達梯雲之門，西引之而砅，大路千五百尺，以通明倫之坊。凡所以爲游藏地者，悉矣。天光人境，表回互發，耳濡目染，灑落脱俗，士於斯乎觀藏書，於以其舒徐正大之心，體吾列聖右文頒教之心，聖人雖遠天地，雖大造化，雖不可測，文不在兹乎。

周密《齊東野語》卷一二《書籍之厄》 世間凡物未有聚而不散者，而書爲甚。隋牛弘請開獻書之路，極論廢興，述五厄之説，則書之厄也久矣，今姑摭其概言之。梁元帝江陵蓄古今圖書十四萬卷，隋嘉則殿書三十七萬卷。唐惟貞觀、開元最盛，兩都各聚書四部至七萬卷。宋宣和殿、太清樓、龍圖閣、御府所儲尤盛於前代，今可考者，《崇文總目》四十六類三萬六百六十九卷，史館一萬五千餘卷，餘不能具數。南渡以來，復加集録館閣書目五十二類四萬四千四百八十六卷、續目一萬四千九百餘卷，是皆藏於官府耳。若士大夫之家所藏，在前世如張華載書三十車，杜兼聚書萬卷，韋述蓄書二萬卷，鄴侯插架三萬卷，金樓子聚書八萬卷，唐吴兢西齋一萬三千四百餘卷。宋承平時，如南都戚氏，歷陽沈氏，廬山李氏，九江陳氏，番易吴氏，王文康，李文正，宋宣獻，晁以道，劉壯輿，皆號藏書之富。邯鄲李淑五十七類二萬三千一百八十餘卷，田鎬三萬卷，昭德晁氏二萬四千五百卷，南都王仲至四萬三千餘卷，而類書浩博，若《太平御覽》之類，復不與焉。次如曾南豐及李氏山房，亦皆一、二萬卷，然後靡不厄於兵火者。至若吾鄉故家如石林葉氏、賀氏，皆號藏書之多，至十萬卷。其後齊齋倪氏，月河莫氏，竹齋沈氏，程氏，賀氏，皆號藏書之富，各不下數萬餘卷，亦皆散失無遺。近年惟直齋陳氏書最多，蓋嘗仕於莆，傳録夾漈鄭氏、方氏、林氏、吴氏舊書至五萬一千一百八十餘卷，且倣《讀書志》作解題，極其精詳，近亦散失。至如秀嵓，東窗，鳳山三李，高氏，牟氏皆蜀人，號爲史家，所藏僻書尤多，今亦已無餘矣。吾家三世積累，先君子尤酷嗜，至鬻負郭之田以供筆札之用。冥搜極討，不憚勞費，凡有書四萬二千餘卷，及三代以來金石之刻

一千五百餘種，庋置書種、志雅二堂，日事校讎，居然籯金之富。余小子遭時多故，不善保藏，善和之書，一旦掃地。因考今昔，有感斯文，爲之流涕。因書以識吾過，且以示子孫云。

馬令《南唐書》卷二三《歸明傳下・朱弼》 嗚呼！學校者，國家之矩範、人倫之大本也。唐末大亂，干戈相尋，而橋門璧水，鞠爲茂草。馴至五代，儒風不競其久矣。南唐跨有江淮，鳩集典墳，特置學官，濱秦淮，開國學，其徒各不下數百。所統州縣，往往有學。方是時，廢君如吴越，弑主如南漢，叛親如閩楚，亂臣賊子，無國無之。唯南唐兄弟輯睦，君臣奠位，監于他國，最爲無事。此亦好儒之効也。皇朝初離五代之後，詔學官訓校九經，而祭酒孔維、檢討杜鎬苦于訛舛。及得金陵藏書十餘萬卷，分布三館及學士舍人院。其書多讐校精審，編秩完具，與諸國本不類。昔韓宣子適魯，而知周禮之所在。且周之典禮固非魯可存，而魯果能存其禮，亦爲近于道矣！南唐之藏書何以異此。

王鍇《奏記王建興用文教》 王建，永平元年作新宫，集四部書，選名儒專掌其事。鍇以建起自戎伍而據全蜀，未能興用文教，乃作奏記曰：伏以羲皇演卦，神農造書，陶唐克讓，是昌禮樂。有虞濬哲，乃正璿璣。禹、湯、文、武，功濟天下。故能卜世延遠，垂裕無窮。逮乎六國，諸侯力政，秦滅墳典，以愚黔首。遂使聖人糟粕，掃地都盡。漢承秦弊，下武尊文，蕭何入關，唯收圖籍。文帝修學校，舉賢良，海内晏然，興崇禮義。景帝躬履節儉，選博士諸儒以備顧問，麟書鳳紀填溢于未央，玉版金繩充牣于祕府。班固曰：「周稱成、康，漢稱文、景，宜哉！」武宣之世，乃崇禮官，開金馬、石渠之署，以議典禮，樂府置協律之官，以分雅鄭。公卿大夫間作于世，或紓下情以通諷諭，或宣上德以盡忠孝。孝成之世，奏御者千有餘篇，獻納論思之盛，敻古罕比。世祖承喪亂之餘，龍驤宛、葉，去暴誅亂，拯溺救焚，寬以用人，明以率下。兵革既息，寰海乂寧，乃起立太學，招致鴻碩。羣臣每有奏議，必令史官撰集，以傳後世。數引公卿講論經義，夜分乃寐，不以爲勞。孝明師事桓榮，躬親文墨，朝誦夜講，明達過人。孝章崇尚文儒，有文景之遺風，常于白虎殿會集羣儒，推演乾坤，考合陰陽，上申聖人，下述品物，系于傳記，内別六經。若披浮雲而覩白日，設華燈而入闇室。詔玄武司馬班固纂集其事，名曰《白虎通》。魏武博覽羣書，特好兵法，抄略書史，名曰《節要》；又注《孫子》十三篇，尤好篇詠，動爲典則。文帝八歲能屬文，博覽古今，貫穿經史，及居帝位，益尚謙和，坐不廢書，手不釋卷。晉宣博學洽聞，服膺儒教，當曹氏中微，總攝百揆，萬幾之暇，未嘗廢卷。景、文之間，咸盡儒術。宋高祖豁達大度，涉獵典墳，討伐之中，亦重文墨。文帝博涉經史，尤善隸書，每誡諸子，率以廉儉。南齊高帝，深沈大量，清儉寬厚，嗜學好文，曾無喜愠，常曰：「學然後知不足，余恨無老成人，得與周孔比德。」兼善草隸，有飛動之勢。梁武該博多聞，有文武之略，在位冬月，秉火執筆，手爲皴裂。諸子悉有文藝，聚書討閱，晝夜忘疲。元帝好《易》，韋編三絶。東閣聚書十四萬卷，象牌玉軸，輝映廊廡。陳武倜儻，雄傑過人，窮究兵書，耽玩史籍。文帝留意經典，舉動端雅。後魏道武，立臺省，興儒學，五經各置博士，講問如市，塾序成林。北齊有文林學館。周武帝保定中，書盈萬卷。平齊所得，纔至五千卷，置麟趾殿學士，以掌著述。隋平陳之後，牛弘分遣搜訪異書，經史漸備，凡三萬餘卷。煬帝于東都觀文殿東西厢貯書，寫正副各五十，分爲三品，除祕書所掌而禁中之書在焉。唐高祖一區宇，剗革暴隋，六合宅心，四海歸德，躬行仁義，以息亂階。太宗神睿聖文，天資英武，嘗在藩邸，命博學之士房玄齡、杜如晦等一十八人爲秦府僚佐，大較儒術，廣聚經史。及居帝位，隨才擢用，于是，弘文館皆置學士。玄宗開元五年，于乾元殿置修書使，召學士張説等讌于集仙殿，更于殿東廊下寫四部書以充内庫。麗正殿置修書使。又召學士張説等讌于集仙殿，改名集賢，其修書使爲集賢殿學士。自是，「圖籍不獨祕書省，弘文、崇文館皆有之。集賢所寫，則御書也，分爲四部，一曰甲，爲經；二曰乙，爲史；三曰丙，爲子；四曰丁，爲集。兩京各一本，共一萬五千九百六十卷。經庫書白牙軸、黄帶、紅牙籤，史庫書青牙軸、縹帶、青牙籤，子庫書紫檀軸、紫帶、碧牙籤，集庫書緑牙軸、朱帶、白牙籤，以爲分別。以大學士專掌之。歷代以來，咸有祖述。廢置沿革，或有差異，今但略舉帝王故事及祕書之職，幸冀垂覽焉。

《宋史・藝文志・總序》 《易》曰：「觀乎天文，以察時變；觀乎人文，以化成天下。」文之有關於世運，尚矣。然書契以來，文字多而世代日降；秦火而後，文字多而世教日興，其故何哉？蓋世道升降，人心習俗之致然，非徒文字之所爲也。然去古既遠，苟無斯文以範防之，則愈趨而愈下矣。故由秦而降，每以斯文之盛衰，占斯世之治忽焉。宋有天下，先後三百餘年。考其治化之污隆，風氣之離合，雖不足以擬倫三代，然其時君汲汲於道藝，輔治之臣莫不以經術爲先務，學士搢紳先生，談道德性命之學，不絶于口，豈不彬彬乎進於周之文哉！宋之不競，或以爲文勝之弊，遂歸咎焉，此以功利爲言，未必知道者之論也。歷代之書籍，莫厄於秦，莫富於隋、唐。隋嘉則殿書三十七萬卷。而唐之藏書，開元最盛，爲卷八萬有奇。

其間唐人所自爲書，幾三萬卷，則舊書之傳者，至是蓋亦鮮矣。陵遲逮于五季，干戈相尋，海寓鼎沸，斯民不復見《詩》、《書》、《禮》、《樂》之化。周顯德中，始有經籍刻板，學者無筆札之勞，獲覩古人全書。然亂離以來，編帙散佚，幸而存者，百無二三。宋初，有書萬餘卷。其後削平諸國，收其圖籍，及下詔遣使購求散亡，三館之書，稍復增益。太宗始於左昇龍門北建崇文院，而徙三館之書以實之。又分三館書萬餘卷，别爲書庫，目曰「祕閣」。閣成，親臨幸觀書，賜從臣及直館宴。又命近習侍衛之臣，縱觀羣書。真宗時，命三館寫四部書二本，置禁中之龍圖閣及後苑之太清樓，而玉宸殿、四門殿亦各有書萬餘卷。又以祕閣地隘，分内藏西庫以廣之，其右文之意，亦云至矣。已而王宫火，延及崇文、祕閣，書多煨燼。其僅存者，遷于右掖門外，謂之崇文外院，命重寫書籍，選官詳覆校勘，常以參知政事一人領之，書成，歸于太清樓。仁宗既新作崇文院，命翰林學士張觀等編四庫書，倣《開元四部録》爲《崇文總目》，書凡三萬六百六十九卷。神宗改官制，遂廢館職，以崇文院爲祕書省，祕閣經籍圖書以祕書郎主之，編輯校定，正其脱誤，則主于校書郎。徽宗時，更《崇文總目》之號爲《祕書總目》。詔購求士民藏書，其有所祕未見之書足備觀采者，仍命以官。且以三館書多逸遺，命建局以補全校正爲名，設官總理，募工繕寫。一置宣和殿，一置太清樓，一置祕閣。自熙寧以來，搜訪補輯，至是爲盛矣。嘗歷考之，始太祖、太宗、真宗三朝，三千三百二十七部，三萬九千一百四十二卷。次仁、英兩朝，一千四百七十二部，八千四百四十六卷。次神、哲、徽、欽四朝，一千九百六部，二萬六千二百八十九卷。三朝所録，則兩朝不復登載，而録其所未有者。四朝於兩朝亦然。最其當時之目，爲部六千七百有五，爲卷七萬三千八百七十有七焉。迨夫靖康之難，而宣和、館閣之儲，蕩然靡遺。高宗移蹕臨安，乃建祕書省於國史院之右，搜訪遺闕，屢優獻書之賞，於是四方之藏，稍稍復出，而館閣編輯，日益以富矣。當時類次書目，得四萬四千四百八十六卷。至寧宗時續書目，又得一萬四千九百四十三卷，視《崇文總目》，又有加焉。自是而後，迄於終祚，國步艱難，軍旅之事，日不暇給，而君臣上下，未嘗頃刻不以文學爲務，大而朝廷，微而草野，其所製作、講説、紀述、賦詠，動成卷帙，絫而數之，有非前代之所及也。雖其間鈲裂大道，疣贅聖謨，幽怪恍惚，瑣碎支離，有所不免，然而瑕瑜相形，雅鄭各趣，譬之萬派歸海，四瀆可分，繁星麗天，五緯可識，求約於博，則有要存焉。宋舊史，自太祖至寧宗，爲書凡四。志藝文者，前後部帙，有亡增損，互有異同。今删其重復，合爲一志，蓋以寧宗以後史之所未録者，倣前史分經、史、子、集四類而條列之，大凡爲書九千八百十九部，十一萬九千九百七十二卷云。

張金吾《金文最》卷一四《孔天監藏書記》 河東之列郡十二，而平陽爲之帥。平陽之司縣十一，而洪洞爲之劇。按春秋時所謂揚侯國者，漢爲揚縣，隋義寧元年改曰洪洞，取縣北鎮名也，唐宋因之。東接景霍，西臨長汾，南瞰大澗。邑居之繁庶，土野之沃衍，雄冠他邑。其俗好學尚義，勇於爲善。每三歲大比，秀造輩出，取數居多。故程能西府，則老鄭爲之魁；較藝上部，則二郭取其乙。吾見其進，未見其止也。祖慶以妙齡馳譽，居善以老成擢試。濟濟藹藹，前後相望。雖家置書樓，人畜文庫，尚慮夫草萊貧乏之士，有志而無書。或未免借觀手録之勤，不足於採覽，無以盡發後生之才分。吾友承慶先輩，奮爲倡首，以購書自任。邑中之豪，從而和之，歡喜施捨，各出金錢。於是得爲經之書有若干、史之書有若干、諸子之書有若干。以至類書字學，凡係於文運者，粲然畢備。噫！是舉也，不但便於己，蓋以便於衆。不特用於今，亦將傳於後也。顧不偉哉。將見濡沫涸轍者，游泳於西江之水，糊口四方者，厭飫乎太倉之粟。書林學海，覽華實而探源流，給其無窮之取，而能讀其所未見之書。各足其才分之所當得，莫不推本於此。則房山之藏，不得專美於李氏。閲市之區區，無勞於漢人也。以是義風，率先他邑。使視而倣之，慕而效之。一變而至於齊魯，蔚然禮義之鄉。其爲善利，豈易量哉？承慶同舍友也，累書索僕爲記，僕寓官鄉里，人事衮衮，不惟不敏，蓋亦不暇。然勉强爲之者，兹不朽之善事，亦冀得一託名於其上也。

胡祇遹《紫山大全集》卷一一《府學儲書記》 建學校而儲書籍，知務本矣。人不知不學，「學於古訓乃有獲」。「多識前言往行，以蓄其德」。前聖後聖，豈欺世哉？彰德總管胡公下車，以興學養士爲務。嘗與秘書監侯公，議儲書以待學者。達嚕噶齊晏質謹公，聞而悦之，首出百卷。不數月，收書萬二千卷，櫝之府，且懼歲久散失，特以書籍總目、助書人姓字，俾刻諸石。教授丁君來言曰：「公之仁心遠慮，可謂勤矣。子宜以言記其實。」竊惟顔子之稱孔子曰：「博我以文，約我以禮。」其告子張曰：「多聞闕疑，慎言其餘；多見闕殆，慎行其餘。」子思傳之。孟子亦曰：「博學而詳説之，將以反説約也。」蓋學不博，則不能求於約；寡聞少見，則無以致廣大、盡精微，而會其有極。師道廢久，後學無所質問。所賴者，往聖前賢之格言善行，布在方策而不泯者耳。窮居寒士，無錢買書，雖欲矻矻於朝經暮史，晝子夜集，何從而得之。胡公此舉，使學者隨取而隨得，如饑得食，如渴得飲，免乞假之勞，無抄録之費，成就後學，惠莫大焉，德莫厚焉。學者無以易得觀覽，過目而不

銘諸心，能言而不篤於行，務博而不求諸約，貪多而不精於去取。典郡主書者，勿以善不出於己，而不加愛護，月銷歲減於巧偷豪奪之手。不惟負公之德，朔望致祭，寧不愧於斯石？

方回《桐江續集》卷三五《叢書堂記》 多藏書而不善讀，雖萬卷吾以爲不足。善讀書而不多藏，雖一卷吾以爲有餘。李繁之書萬卷者三，書之多者莫如也。新若未觸，見嗤當時。爲父家傳，誕而不實，則豈非多藏而不善讀者乎？張良之書一卷而已，書之少者莫如也。僨秦蹷項，爲帝王師，功成身退，漢庭一人，則豈非善讀而不多藏者乎？同郡友人黄君宣，字仲宣，卜築歙城之東山，以「叢書」名其堂，「叢」之爲字始見於《易》，其在韻書訓之曰：「聚乾卦之方，以類聚萃卦之觀，其所聚是也。」叢天下之書而聚之，是謂藏書，藏而不讀，不如不藏，讀而不精，不如不讀。前史所志《藝文》、《經籍》，一寒士之家焉能效其萬分之一。匡衡鑿鄰壁而讀，猶有書也。王充遊書肆而讀，則併書無之。是故多藏不如善讀。按叢書之名，本韓退之語，然退之始遊京師，所攜書止一束耳，未見其爲叢也。其《進學解》，自叙謂「口不絶吟，手不停披」，記事、提要、纂言、鉤玄則讀書之法也。沉浸醲郁，含咀英華，作爲文章，其書滿家，則讀書之效也。有所觝排攘斥，則屈所當屈；有所補苴張皇，則伸所當伸。旁有所搜，則諸子百家之長遠；有所紹，則七聖一賢之説，崇正、黜邪、障頽繼絶。昌黎所謂讀書如此，漢唐以來一人，學者仰之如泰山北斗。書云書云，徒叢云乎哉。嗟乎，聚必有散，世之好聚帑庾財賄者，往往有悔。聚名畫、聚法帖、聚難得之書亦雅道之一癖。近世衲子號曰「叢林」，得其師一指禪用之不盡者。吾聞其語矣，未見其人也。予雖老，與吾仲宣尚皆勉之。

馬端臨《文獻通考》卷一七四《經籍考一》 隋平陳已後，經籍漸備。檢其所得，多太建時書，紙墨不精，書亦拙惡。於是總集編次，存爲古本。召天下工書之士京兆韋霈、南陽杜頵等，於祕書内補續殘缺，爲正副二本，藏於宫中，其餘以實祕書内外之閣，凡三萬卷。煬帝即位，增祕書省官百二十員，並以士補之。帝好讀書著述，自爲揚州總管，置王府學士至百人，常令脩撰，以至爲帝前後近二十載，脩撰未嘗暫停。自經術文章、兵農地理、醫卜釋道，乃至捕搏鷹狗，皆爲新書，無不精洽，共成三十一部，萬七千卷。初，西京嘉則殿有書三十七萬卷，帝命祕書監柳顧言等詮次，除其複重猥雜，得正御本三萬七千餘卷，納於東都脩文殿。又寫五十副本，分爲三品：上品紅琉璃軸，中品紺琉璃軸，下品漆軸，於東都觀文殿東西廂構屋以貯之。東屋藏甲、乙，西屋藏丙、丁。又聚魏以來古迹名畫，於殿後起二臺：東曰妙楷臺，藏古迹；西曰寶臺，藏古畫。又於内道場集道、佛經，别撰目録。其正御書，皆裝翦華净，寶軸錦標，於觀文殿前爲書室十四間，窗户、牀褥、厨幔，咸極珍麗。每三間開方户，垂錦幔，上有二飛僊，户外地中施機發。帝幸書室，有宫人執香爐前行，踐機則飛僊下，收幔而上，户扉及厨扉皆自啓。帝出，則復閉如故。唐分書爲四類，曰：經、史、子、集，而藏書之盛，莫盛於開元。其著録者，五萬三千九百一十五卷，而唐之學者自爲之書者，又二萬八千四百六十九卷。嗚呼！可謂盛矣。六經之道，簡嚴易直而天人備，故其愈久而愈明。其餘作者衆矣，質之聖人，或離或合，然其精深閎博，各盡其術，而怪奇偉麗，往往震發於其間，此所以使好奇博愛者不能忘也。然凋零磨滅，亦不可勝數，豈其華文少實，不足以行遠歟？而俚言俗説，猥有存者，亦其有幸不幸者歟？今著於篇，其有名而亡其書者，十蓋五六也，可不惜哉。初，隋嘉則殿書三十七萬卷，至武德初，有書八萬卷，重複相糅。王世充平，得隋舊書八千餘卷，太府卿宋遵貴監運東都，浮舟泝河，西致京師，經砥柱舟覆，盡亡其書。貞觀中，魏徵、虞世南、顔師古繼爲祕書監，請購天下書，選五品以上子孫工書者爲書手繕寫，藏於内庫，以官人掌之。玄宗命左散騎常侍、昭文館學士馬懷素爲修圖書使，與右散騎常侍、崇文館學士褚無量整比。會幸東都，乃就乾元殿東序檢校。無量建議御書以宰相宋璟、蘇頲同署，如貞觀故事。又借民間異本傳録。及還京師，遷書東宫麗正殿，置修書院於著作院。其後大明宫光順門外、東都明福門外，皆創集賢書院，學士通籍出入。既而太府月給蜀郡麻紙五千番，季給上谷墨三百三十六丸，歲給河間、景城、清河、博平四郡兔千五百皮爲筆材。兩都各聚書四部，以甲、乙、丙、丁爲次，列經、史、子、集四庫。其本有正有副，軸帶帙籤，皆異色以别之。安禄山之亂，尺簡不藏。元載爲相，奏以千錢購書一卷，又命拾遺苗發等使江、淮括訪。至文宗時，鄭覃侍講，進言經籍未備，因詔祕閣搜採，於是四庫之書復完，分藏於十二庫。黄巢之亂，存者蓋尠。昭宗播遷，京城制置使孫惟晟斂書本軍，寓教坊於祕閣，有詔還其書，命監察御史韋昌範等諸道求購，及徙洛陽，蕩然無遺矣。後唐莊宗同光中，募民獻書，及三百卷，授以試銜。其選調之官，每百卷減一選。天成中，遣都官郎中庾傳美訪圖書於蜀，得九朝實録及雜書千餘卷而已。明宗長興三年初，令國子監校定九經，雕印賣之。石林葉氏曰：唐以前凡書籍皆寫本，未有摹印之法，人以藏書爲貴。人不多有，而藏者精於讎對，故往往皆有善本。學者以傳録之艱，故其誦讀亦精詳。五代時，馮道始奏請官鏤板印行。國朝淳化中，復以《史記》、前後《漢》付有司摹印，自是書籍刊鏤者益

多，士大夫不復以藏書爲意。學者易於得書，其誦讀亦因滅裂。然板本初不是正，不無訛誤，世既一以板本爲正，而藏本日亡，其訛謬者遂不可正，甚可惜也。余襄公靖爲祕書，嘗言《前漢書》本謬甚，詔與王原叔同取祕閣古本參校，遂爲《刊誤》三十卷。其後劉原父兄弟《兩漢》皆有《刊誤》。余在許昌，得宋景文用監本手校《西漢》一部，末題「用十三本校，中間有脱兩行」者，惜乎今亡之矣。又曰：世言雕板印書始馮道，此不然，但監本五經板道爲之爾。柳玭《家訓序》言其在蜀時，嘗閲書肆，云「字書、小學，率雕板印紙」，則唐固有之矣，但恐不如今之工。今天下印書，以杭州爲上，蜀本次之，福建最下。京師比歲印板，殆不減杭州，但紙不佳。蜀與福建多以柔木刻之，取其易成而速售，故不能工。福建本幾徧天下，正以其易成故也。致堂胡氏曰：《易》、《書》、《詩》、《春秋》，全經也。先賢以之配皇帝王霸，言世之變、道之用，不出乎是矣。《論語》、《孟子》，聖賢之微言，諸經之管轄也。《孝經》非曾子所爲，蓋其門人纘所聞而成之，故整比章指，又未免有淺近者，不可以經名也。《禮記》多出於孔氏弟子，然必去呂不韋之《月令》及漢儒之《王制》，仍傳集名儒，擇冠、婚、喪、祭、燕饗、相見之經，與《曲禮》以類相從，然後可以爲一書。若《大學》、《中庸》，則《孟子》之倫也，不可附之《禮》篇。至於《學記》、《樂記》、《閒居》、《燕居》、《緇衣》、《表記》，格言甚多，非《經解》、《儒行》之比，當以爲《大學》、《中庸》之次也。《禮運》、《禮器》、《玉藻》、《郊特牲》之類，又其次也。若《周官》則决不出於周公，不當立博士使學者傳習，姑置之足矣。古有經而無數，逮孔子删定繫作，然後《易》、《詩》、《書》、《春秋》成焉。然孔、孟之門，經無五六之稱，其後世分《禮》、《樂》爲二，與四經爲六歟？抑合禮樂爲一，與四經爲五歟？廢仲尼親筆所注之《春秋》，而取劉歆所附益之《周禮》，列之學官，於是主經名實益亂矣。有天下國家，必以經術示教化，不意五季之君，夷狄之人，而知所先務，可不謂賢乎！雖然，命國子監以木本行，所以一文義、去舛訛，使人不迷於所習，善矣。頒之可也，鬻之非也。或曰：天下學者甚衆，安得人人而頒之？曰：以監本爲正，俾郡邑皆傳刻焉，何患於不給？國家浮費，不可勝計，而獨靳於此哉！此馮道、趙鳳之失也。後漢乾祐中，禮部郎司徒詡請開獻書之路。凡儒學之士，衣冠舊族，有以三館亡書來上者，計其卷帙，賜之金帛。數多者，授以官秩。時戎虜猾夏之後，官族轉徙，書籍罕存。詔下，鮮有應者。周世宗以史館書籍尚少，鋭意求訪，凡獻書者，悉加優賜，以誘致之。而民間之書，傳寫舛誤，乃選常參官三十人，校讎刊正，令於卷末署其名銜焉。自諸國分據，皆聚典籍，惟吴、蜀爲多，而江左頗爲精真，亦多修述。宋建隆初，三館有書萬二千餘卷。乾德元年，平荆南，盡收其圖書，以實三館。三年，平蜀，遣右拾遺孫逢吉往收其圖籍，凡得書萬三千卷。四年，下詔購募亡書。《三禮》涉弼、《三傳》彭幹、學究朱載等皆詣闕獻書，合千二百二十八卷。詔分置書府，弼等並賜以科名。閏八月，詔史館，史吏民有以書籍來獻，當視其篇目，館中所無者收之，獻書人送學士院試問吏理，堪任職官者，具以名聞。開寶八年冬，平江南，明年春，遣太子洗馬呂龜祥就金陵籍其圖書，得二萬餘卷，悉送史館，自是羣書漸備。兩浙錢俶歸朝，又收其書籍。先是，朱梁都汴，貞明中，始以今右長慶門東北廬舍十數間列爲三館，湫隘卑庳，纔蔽風雨。周廬徼道，出於其側，衛士騶卒，朝夕喧雜，歷代以來，未遑改作。每諸儒受詔有所論撰，即移於他所，始能成之。太平興國初，太宗因幸三館，顧左右曰：「若此之陋，豈可以蓄天下圖籍，延四方之士邪！」即詔經度左昇龍門東北舊車輅院，別建三館，命中使督其役，棟宇之制，皆親所規畫。三年二月，書院成，詔曰：「國家聿新崇構，大集羣書，宜錫嘉名，以光策府。其三館新修書院，宜目爲崇文院。」自經始至於畢功，臨幸者再，輪奐壯麗，甲於内庭。西序啓便門，以備行幸，於是盡遷舊館之書以實之。院之東廊爲昭文書庫，南廊爲集賢書庫，西廊有四庫，分經、史、子、集四部，爲史館書庫。六庫書籍正副本凡八萬卷，策府之文，焕乎一變矣。九年正月，詔曰：「國家宣明憲度，恢張政治，敦崇儒術，啓迪化源，國典朝章，咸從振舉，遺編墜簡，當務詢求，眷言經濟，無以加此。宜令三館以開元四部書目，閲館中所闕者，具列其名，詔中外購募。有以亡書來上，及三百卷，當議甄録酬獎；餘第卷帙之數，等級優賜。不願送官者，借本寫畢還之。」自是四方書籍，往往間出。端拱元年，詔分三館之書萬餘，別爲書庫，目曰祕閣。以禮部侍郎李至兼祕書監，右司諫、直史館宋泌兼直祕閣，右贊善大夫、史館檢討杜鎬爲校理。淳化二年五月，以史館所藏天文、曆算、陰陽、術數、兵法之書凡五千十二卷，天文圖畫一百十四卷，悉付祕閣。八月，賜宴於祕閣，右僕射李昉、吏部尚書宋琪，左散騎常侍徐鉉，及翰林學士、諸曹侍郎、給事中、諫議舍人等皆預焉。大陳圖籍，令觀之。翌日，又詔御史中丞王化基及直館並賜宴，復令觀書。是歲，李至等上言曰：「王者藏書之府，自漢置未央宫，則有麟麟、天禄閣，命劉向、揚雄典校其書，皆在禁中，謂之中書，即内庫書也。後漢之東觀，亦禁中也。至桓帝，始置祕書監，掌禁中圖書祕記，謂之祕書。及魏文帝分祕書立中書，而祕書監專掌藝文圖籍之事。後以祕書屬少府，王肅爲祕書監，表論曰『魏之祕書，即漢之東觀也』，由是不屬少府，而蘭臺亦藏書，故薛夏云『蘭臺爲外臺，祕書爲内閣』。然則祕

閣之書，藏之於内明矣。晉、宋以還，皆有祕閣之號。故晉孝武好覽文藝，敕祕書郎徐廣料祕閣四部書三萬餘卷；宋謝靈運爲祕書監，補祕閣之遺逸；齊末，兵火延燒，祕閣經籍遺散；梁江子一亦請歸祕閣觀書；隋煬帝寫祕閣之書，分爲三品，於觀文殿東西廊貯之。然則祕閣之設，其來久矣。及唐開元中，繕寫四部書，以充内庫，命散騎常侍褚無量、祕書監馬懷素總其事，事成，列於乾元殿之東廊。然則祕閣之書，皆置之於内也。自唐室陵夷，中原多故，經史文籍，蕩然流離，僅及百年，斯道幾廢。國家承衰敝之季，開政治之源，三館之書，購求漸廣，經籍之道，於是復興。陛下運獨見之明，下惟新之詔，復建祕閣，以藏奇書，總羣經之博要，資乙夜之觀覽，斯實出於宸心，非因羣下之建議也。況睿藻神翰，盈溢編帙，其所崇重，非復與羣司爲比。然自創置之後，載離寒暑，而官司所處，未有定制。望降明詔，令與三館並列，叙其先後，著爲永式。其祕書省既無籍，元隸百司，請如舊制。」詔可其奏，列祕閣次於三館。三年八月，館閣成，上製贊親書，并篆額勒石，立於閣前。容齋洪氏《隨筆》曰：國初承五季亂離之後，所在書籍，印板至少，宜其焚蕩了無孑遺。然太平興國中，編次《御覽》，引用一千六百九十種，其綱目並載於首卷，而雜書、古詩賦又不及具録，以今考之，無傳者十之七八矣。則是承平百七十年，翻不若極亂之世。姚鉉以大中祥符四年集《唐文粹》，其序有云「況今歷代墳籍，略無亡逸」，觀鉉所類文集，蓋亦多不存，誠爲可嘆！祖宗藏書之所，曰三館、祕閣，在左昇龍門北，是爲崇文院。自建隆至大中祥符，著録總三萬六千二百八十卷。八年，館閣火，移寓右掖門外，謂之崇文外院。借太清樓本補寫，既多損蠹，更命繕還。天聖三年，成萬七千六百卷，歸於太清。九年冬，新作崇文院，館閣復而外院廢，時已增募寫書史，專事完緝。景祐初，命翰林學士張觀、知制誥李淑、宋郊編四庫書，判館閣官覆視録校。二年，上經、史八千四百二十五卷。明年，上子、集萬二千三百六十六卷。差賜官吏器幣，就宴輔臣、兩制、館閣官，進管勾内侍官一等。詔購求逸書，復以書有謬濫不完，始命定其存廢。因倣開元四部録爲《崇文總目》，慶曆初，成書，凡三萬六百六十九卷。然或相重，亦有可取而誤棄不録者。嘉祐四年，右正言、祕閣校理吳及言：「内臣監館閣久不更，書多亡失，補寫不精。請選館職，分吏編寫，重借書法，求訪所遺事。」並施用。令陳襄、蔡抗、蘇頌、陳繹編定四館書，不兼他局，二年一代。遂用黄紙寫印正本，以防蠹敗。又選京朝官、州縣官四人編校，二年遷館職，闕即隨補。歲餘，詔曰：「國初承五代之後，簡編散落，三館聚書，僅纔萬卷。其後平定列國，先收圖籍，亦嘗分遣使人，屢下詔令，訪募異本，校定篇目，聽政之暇，無廢覽觀。然比開元，遺逸尚衆，宜加購賞，以廣獻書。中外士庶，並許上館閣闕書，卷支絹一疋，五百卷與文資官。」明年冬，奏黄本書六千四百九十六卷，補白本二千九百五十四卷，賜宴如景祐。自是編寫不絶。收獻書二百一十七部，千三百六十八卷，合《崇文總目》，除前志所載，删去重複訛謬，定注一千四百七十四部，八千四百九十四卷。熙寧四年，集賢院學士、史館修撰宋敏求言：「前代崇建册府，廣收典籍，所以備人君覽觀，以成化天下。今三館、祕閣各有四部書，分經、史、子、集，其書類多訛舛，累加校正，尚無善本。蓋逐館幾四萬卷，校讎之時，務存速畢，每帙止用元寫本一册校正而已，更無兼本照對，第數既多，難得精密，故藏書雖富，未及前代。欲乞先以《前漢書·藝文志》所載者，廣求其本，令在館供職官重複校正，校正既畢，然後校後漢時諸書。竊緣戰國以後，及於兩漢，皆是古書，文義簡奥，多有脱誤，須得他本參定。乞依昨來七史例，於京師及下諸路藏書之家，借本謄寫送官，俟其已精，方及魏、晉，次及宋、齊，至唐則分爲數等，取其堪傳者，則校正，庶幾祕府文籍，得以全善。」事雖不行，然補寫校定、訪求闕遺，未嘗廢也。七年，命三館祕閣編校所看詳成都府進士郭有直及其子大亨所獻書三千七百七十九卷，得祕閣所無者五百三卷，詔官大亨爲將作監主簿。自是中外以書來上，凡增四百四十部，六千九百三十九卷。元豐三年，改官制，廢館職，以崇文院爲祕書省，刊寫分貯集賢院、史館、昭文館、祕閣經籍圖書以祕書郎主之；編緝校定，正其脱誤，則校書郎、正字主之。歲於仲夏曝書，則給酒食費，諫官、御史及待制以上官畢赴。元祐中，詔祕書省見校對黄本書籍可添一員，以選人秦觀充。黄本書，即嘉祐中寫印正本。紹聖初，罷不復置。崇寧中，詔兩浙、成都府路有民間鏤板奇書，令漕司取索，上祕書省。大觀二年，詔大司成分委國子監、太學、辟雍等官，校本監書籍，候畢，令禮部覆校。四年，祕書監何志同言：「漢著《七略》，凡爲書三萬三千九百卷。隋所藏至三十七萬卷，唐開元間八萬九千六百卷。慶曆間，常命儒臣集四庫爲籍，名曰《崇文總目》，凡三萬六百六十九卷。慶曆距今未遠也，按籍而求之，十纔六七，號爲全本者，不過二萬餘卷，而脱簡斷編，亡散缺逸之數浸多。謂宜及今有所搜採，視舊録有未備者，頒其名數於天下，選文學博雅之士，求訪《總目》之外，別有異書，並借傳寫，或官給劄，即其家傳之，就加校正，上之策府。」即從其請。政和七年，校書郎孫覿言：「太宗皇帝建崇文殿爲藏書之所，景祐中，仁宗皇帝詔儒臣即祕書所藏，編次條目，所得書以類分門，賜名《崇文總目》。神宗皇帝以崇文院爲祕書省，釐正官名，獨四庫書尚循《崇文》舊目。頃

因臣僚建言，訪求遺書，今累年所得《總目》之外，凡數百家，幾萬餘卷。乞依景祐故事，詔祕書省官，以所訪遺書，討論撰次，增入《總目》，合爲一書。乞別製美名，以更《崇文》之號。」迺命覲及著作佐郎倪濤、校書郎汪藻、劉彦通撰次，名曰《祕書總目》。宣和初，提舉祕書省官建言，置補寫御前書籍所於祕書省，稍訪天下之書，以資校對。以侍從官十人爲參詳官，餘官爲校勘官，進士以白衣充檢閲者數人，及年，皆命以官。四年四月，詔曰：「朕惟太宗皇帝底寧區宇，作新斯文，屢下詔書，訪求亡逸。策府四部之藏，庶幾乎古，歷歲浸久，有司玩習，多致散缺，私室所閟，世或不傳。可令郡縣諭旨訪求，許士民以家藏書在所自陳，不以卷帙多寡，先具篇目，申提舉祕書省以聞，聽旨遞進，可備收録，當優與支賜。或有所祕未見之書，有足觀采，即命以官，議加崇獎，其書録竟給還。若率先奉行，訪求最多州縣，亦具名聞，庶稱朕表章闡繹之意。」又詔曰：「三館圖書之富，歷歲滋久。簡編脱落，字畫訛舛，校其卷帙，尚多逸遺，甚非所以示崇儒右文之意。」迺命建局，以補全校正文籍爲名，設官總理，募工繕寫，一置宣和殿，一置太清樓，一置祕閣，俾提舉祕書省官兼領。「凡所資用，悉出内帑，毋費有司，庶成一代之典」。三詔同日而下，四方奇書，自是間出。五年二月，提舉祕書省言：「有司搜訪士民家藏書籍，悉上送官，參校有無，募工繕寫，藏之御府。近與三館參校榮州助教張頤所進二百二十一卷，李東一百六十二卷，皆係闕遺，乞加褒賞。」詔頤賜進士出身，東補迪功郎。七年，提舉祕書省又言：「取索到王闡、張宿等家藏書，以三館、祕閣書目比對，所無者凡六百五十八部，二千四百一十七卷。及集省官校勘，悉善本，比前後所進書數稍多。」詔闡補承務郎，宿補迪功郎。然自熙寧以來，搜訪補緝，至宣和盛矣，至靖康之變，散失莫考。今見於著録，往往多非曩時所訪求者，凡一千四百四十三部，二萬五千二百五十四卷。

高宗渡江，書籍散佚，獻書有賞，或以官，故家藏者或命就録，鬻者悉市之。乃詔分經、史、子、集四庫，仍分官日校。又内降詔，其略曰：「國家用武開基，右文致治，藏書之盛，視古爲多。艱難以來，網羅散失，而十不得其四五。令監司郡守各諭所部，悉上送官，多者優賞。」又復置補寫所，令祕書省提舉，掌求遺書，詔定獻書賞格，自是多來獻者。淳熙四年，祕書少監陳騤等言：「中興，館閣藏書，前後搜訪，部帙漸廣，乞倣《崇文總目》類次。」五年，《書目》成，計見在書四萬四千四百八十六卷，較《崇文》所載，實多一萬三千八百一十七卷；復參三朝所志，多八千二百九十卷；兩朝所志，多三萬五千九百九十二卷。嘉定十三年，以四庫之外書復充斥，詔祕書丞張攀等續《書目》，又得一萬四千九百四十三卷，而太常太史博士之藏，諸郡諸路刻板而未及獻者不預焉。蓋自紹興至嘉定，承平百載，遺書十出八九，著書立言之士又益衆，往往多充祕府。紹定辛卯火災，書多闕。今據《書目》、《續書目》及搜訪所得嘉定以前書，詮校而志之。葉氏《過庭録》曰：前世大亂之後，書籍散亡，時君多用意搜求。自漢成帝遣謁者陳農求遺書於天下，而命劉向等校之。至隋煬帝設二臺，募以金帛；開元後，元載當國，亦命拾遺苗發等爲江淮括圖書使，每以千錢易書一卷，故人以嗜利，僞作爭獻。時無劉向輩論考，即並藏之，但以卷帙多爲貴。往在承平時，三館歲曝書，吾每預其間，凡世所不傳者，類冗陋鄙淺無足觀，及唐末五代書尤甚。然好奇者或得其一，爭以誇人，不復更考是非，此亦藏書一僻也。漢武帝時，河間獻王以樂書來獻，乃《周官・大司樂章》，當時六經猶未盡出，其誤固無足怪。齊高帝時，雍州發古冢，得十餘簡，以示王僧虔，云是蝌蚪書《考工記》，《周官》所闕文。世既無此書，僧虔何從證之乎？此亦好奇以欺衆爾。本朝公卿家藏書，惟宋宣獻最精好而不多，蓋凡無用與不足觀者，皆不取，故吾書每以爲法也。又曰：古書自唐以後，以甲、乙、丙、丁略分爲經、史、子、集四類。承平時，三館所藏，不滿十萬卷，《崇文總目》所載是也。公卿名藏書家如宋宣獻、李邯鄲，四方士民如亳州祁氏、饒州吳氏、荆州田氏等，吾皆見其目，多止四萬許卷，其間頗有不必觀者。惟宋宣獻家擇之甚精，止二萬許卷，而校讎詳密，皆勝諸家。吾舊所藏，僅與宋氏等，而宋氏好書，人所未見者，吾不能盡得也。自六經、諸史與諸子之善者，通有三千餘卷，讀之固不可限以數，以二十年計之，日讀一卷，亦可以再周，其餘一讀足以。惟六經不可一日去手，吾自登科後，每以五月以後，天氣漸暑，不能泛及他書，即日專誦六經一卷，至中秋時畢，謂之夏課，守之甚堅。宣和後始稍廢，歲亦必一周也。每讀不唯頗得新意，前所未達者，其先日差誤，所獲亦不少，故吾於六經似不甚滅裂。《南史》記徐廣年過八十，猶歲讀五經一遍，吾殆不愧此。前輩説劉原父初爲窮經之學，寢食坐卧，雖謁客，未嘗不以六經自隨，蠅頭細書爲一編，置夾袋中，人或效之。後傭書者遂爲雕板，世傳「夾袋六經」是也。今人但隨好惡，苟誦一家之説，便自立門户，以爲通經。内不求之己，外不求之古，可乎？後生稔習聞見，所以日趨於淺陋也。王氏《揮塵録》曰：承平時，士大夫家如南都戚氏、歷陽沈氏、廬山李氏、九江陳氏、鄱陽吳氏，俱有藏書之名，今皆散逸。近年所至郡府，多刊文籍，且易得本傳録。仕宦稍顯者，家必有書數千卷，然多失於讎校也。吳明可帥會稽，百廢具舉，獨不傳書。明清嘗啓其故，云：「此

事當官極易辦，但僕既得書期會，賓客應接，無暇自校。子弟又方令爲程文，不欲以此散其功。委之他人，孰肯盡心？漫盈箱篋，以誤後人，不若已也。」又曰：唐著作郎杜寶《大業幸江都記》云：「煬帝聚書至三十七萬卷，皆焚於廣陵，其目中蓋無一帙傳於後代。」靖康俶擾，中祕所藏與士大夫家者，悉爲烏有。南渡後，惟葉少藴少年貴盛，平生好收書，逾十萬卷，置之霅川弁山山居，建書樓以處之，極爲華煥。丁卯年，其宅與書俱蕩一燎。李泰發家舊有萬餘卷，亦以是歲火。豈厄會自有時邪？東坡作《李氏山房藏書記》曰：象犀、珠玉、怪珍之物，有悦於人之耳目，而不適於用。金石、草木、絲麻、五穀、六材，有適於用而用之則敝，取之則竭。悦於人之耳目而適於用，用之而不敝，取之而不竭，賢不肖之所得，各因其才，仁智之所見，各隨其分，才分不同而求無不獲者，惟書乎！自孔子聖人，其學必始於觀書。當是時，惟周之柱下史聃爲多書。韓宣子適魯，然後見《易象》與《魯春秋》；季札聘於上國，然後聞《詩》之《風》、《雅》、《頌》；而楚獨有左史倚相，能讀《三墳》、《五經》、《八索》、《九丘》。士之生於是時，得見六經者蓋無幾，其學可謂難矣，而皆習於禮樂，深於道德，非後世君子所及。自秦、漢已來，作者益衆，紙與字畫日趨於簡便，而書益多，世莫不有，然學者益以苟簡，何哉？余猶及見老儒先生，自言其少時欲求《史記》、《漢書》而不可得，幸而得之，皆手自書，日夜誦讀，惟恐不及。近歲市人轉相摹刻諸子百家之書，日傳萬紙。學者之於書，多且易致如此，其文詞學術，當倍蓰於昔人，而後生科舉之士，皆束書不觀，遊談無根，此又何也？余友李公擇，少時讀書於廬山五老峰下白石庵之僧舍。公擇既去，而山中之人思之，指其所居爲李氏山房，藏書凡九千餘卷。公擇既已涉其流，探其源，採剥其華實，而咀嚼其膏味，以爲已有，發於文詞，見於行事，以聞名於當世矣。而書固自如也，未嘗少損，將以遺來者，供其無窮之求，而各足其才分之所當得。是以不藏於家，而藏於其故所居之僧舍，此仁者之心也。余既衰且病，無所用於世，惟得數年之閑，盡讀其所未見之書。而廬山固所願遊而不得者，蓋將老焉，盡發公擇之藏，拾其餘棄以自補，庶有益乎！而公擇求余文以爲記，乃爲一言，使來者知昔之君子見書之難，而今之學者有書而不讀爲可惜也。右曆代收書之數，藏書之所，備見前志。而葉氏、王氏所言，又近代士大夫藏書之大概也。坡翁一記，可以警蓄書而不讀者，故併載焉。

吴師道《禮部集》卷一二《書壘記》 書者，文籍之總名，所以載道者也。自書契既形，聖神迭興，測天之靈。彰示大訓，爲萬世建人極，蔑以加矣。道裂而分，諸子競起，百家爭鳴，其羽翼夫道者，固不可廢，而偏詖、傾邪、淫誣、荒幻之説亦且托於其間，是果足以爲道乎哉？「七略」、「四庫」之目，館閣、崇文之傳，鄴侯、邯鄲之儲，非不美且富也，彼固有精約者存，在夫人慎取之而已。故愚嘗妄爲之説曰：「由千萬編而約之於六，由六者而會之於四，又自其四者而貫之於一，迨其人與書忘，心與道俱，而後爲至耳。」河内九臯公平生薄嗜好，好讀書，所蓄凡萬卷。僑居豫章，闢樓鶴軒之左，悉置於其上而以「書壘」名之。且特取先朝所賜《大學衍義》尊閣之，以爲壘之鎮。既自爲記以述其由，又作歌以道其樂，由是「書壘」之名聞於時。予觀公在延祐初，以文翰簡睿知，踐歷華要，後屢典大邦，皆有風績惠愛。既以其所得書者而見諸行事之間，歸視其樓，足以無媿於是載道者矣。抑吾聞軍壁爲壘，而狀物之大者曰魁壘焉。古之善治兵者以吾之不可勝待敵之可勝，節制既明，形勢既强，守則有餘，至於談笑折衝，摧陷披靡，雖百萬之衆可坐而挫之矣。吾儒有云，能勝物之謂剛，剛則嘗伸於萬物之上，殆亦若此。然則公之所謂壘者，可知其魁然而大，又豈可量也哉！客有進者曰：「公之壘嘗試而效矣，究公所施，舉斯世將無不被其澤，而白頭斗壘於公何如？」公夷然笑曰：「吾知吾書而已，遑卹其他。」公名薛超，吾御史大夫覃國清獻公之子，今爲三衢守云。

程端禮《畏齋集》卷六《跋陳象賢竹素園》 古今藏書者多矣。金匱石室，朝廷之藏也；壁經冢紀，季世之藏也；牙籤玉軸，富貴之藏也。朝廷之藏與國久近，季世之藏與時盛衰，富貴之藏徒爲珎玩。若歐陽子之萬卷，子朱子擬之，則士大夫之藏也。夫窮鄉晚學，無書可讀，無師可質，見聞褊狹，識趣污下，雖良才不能有成，故書不可以不藏，藏不可以不博。藏之博，讀之博，又自博而約諸己。斯可以弗畔已。所貴乎士大夫藏者，良以此也。然而士大夫之藏，常病其力無以聚之，力能聚之，又常病其傳之不久。其身僅讀，而其子若孫懵不識所以，至爲鼪鼠之穴、窻壁甕缶覆蓋之需者衆矣。余原其故，身既享稽古之力，位爲公卿，名滿天下，榮其生者過盛，則貽其後者無聞，是皆天運乘除代謝之理。雖君子或弗能免，况其所爲獲罪於天者哉！陳君仲模亦爲藏書之室，其子象賢獨能守而讀之，不負其所藏。蓋仲模之生，隱德弗耀，其蘊諸己者厚，而施諸世者薄，宜其傳之未艾也，象賢勉乎哉！吾知天意之有在也。

徐明善《芳穀集》卷三《岳德敏書目》 隋嘉則殿書三十七萬卷，唐宋官私無此也。使年及志學者絶人事而讀之，日二十卷，至七十歲可了，其究爲書癡不疑矣。子朱子語彭世昌曰「緊要書能消得幾卷」，豈非名言哉！然則書無庸多蓄乎？

是不然。書所以蓄德，格致工夫無窮，而書爲最。知言之學，詖淫邪遁皆當覽而辨之，所貴者自博反約耳。蓄書在博，蓄德在約。博之則三十七萬卷可也，約之則天地古今，是謂道；日用常行，是謂學，書筌蹄爾。緊要書亦何有哉！藏書之家不知反約蓄德，而徒戒其子孫曰：「毋爲勢奪，毋爲賄遷。」末矣！世世蓄德，世世蓄書，德微而後書不可保，李氏、晁氏，何莫不然。今閱《岳氏書目》，知博矣；徵經遠之德，敏矣。德敏知嗣德矣，勿替引之，子孫永保之。

蘇伯衡《蘇平仲集·文集》卷一〇《題勤有堂卷》 余家故多藏書，而余年少時不知讀。即讀，鹵莽滅裂有不免焉，玩時愒日，不自知年運之徂而學之不盈素望也。比列官成均，從先生長者，討論古今文義，漫不省出何書，作何説，諸生間有質問，窘於遺忘，口欲言若或箝之，假令記一二，亦不能成誦，然後愧而悔，悔而嘆曰：「先文忠公嘗言，悦耳目而適用，用之不獘，取之不竭，賢不肖之所得，各隨其材，仁智之所見，各隨其分，而無不獲者，惟書而已。」書之所存，道之所存也，其可以不讀乎？而吾之讀書也，乃不能若古人之囊螢映雪、刺股焚膏，今於其詞且不能習熟，尚何淑吾身，措諸事業之望哉！因思四明程時叔先生，有讀書排年法，方欲發羣書，取其法，端居而讀之。玩味其英華，究極其根柢，則職守又從而奪焉。不勤之失，一至于此，欲誰咎哉？欲誰咎哉？王君舉直，名其藏書之堂曰「勤有」，徵言於余，余不暇勤取他説，而特識余之失，使君之子孫用以爲戒，及時自奮，勇於求索，毋坐余之愧而悔，悔而歎，則君之藏書，庶幾不失望焉。

童冀《尚絅齋集》卷四《芸軒銘并序》 盈天地間，惟萬物。物之類，有善惡。故人之類，亦有君子、有小人。使皆小人焉，而無君子以治之，則善類或幾乎熄矣。惟物亦然。故物之惡者，斯有善者勝之。是以蛇虺，惡物也，而雄黄足以禦之；烏附，毒藥也，而藷草有以制之。然非徒勝之也，又致其用有以藥夫病焉。則夫君子之治小人也，豈不足以俾之遷善改過，而適於用也哉？吳興顧祐，蚤從予學，未及卒業而仕奪其志，其藏書之室曰「芸軒」，弗忘其舊習也。不遠千里來請予銘，予惟芸辟蠹者也，蟫之爲蠹書之蠹也，生既知有以辟之矣，則夫爲心之蠹者，其可不思？所以辟之也哉。予故特爲之銘，俾之朝夕有所儆省云。銘曰：天地兩間，物有萬類。善惡既殊，利害斯異。各稟爾性，各賦爾形。胡不自靖，利害相淩。惟木之生，惟蟻實蠹。亦有蟫魚，廼蠹緗素。有鴷除蟻，有芸辟蟫。人惟物靈，豈無厥心？相彼世人，厥蠹匪一。耳蠹惟聲，目蠹惟色。口鼻四體，臭味佚安。惟心之蠹，諒非一端。曷以養心，要在寡欲。天理既明，日用恒足。心得其養，百體具從。推以治人，曷止靖躬。古之君子，克自惕厲。功加于時，名垂後世。士之爲學，希聖希賢。念兹在兹，終日乾乾。

《明太祖實録》卷二〇 上嘗命有司訪求古今書籍，藏之秘府以資覽閱，因謂侍臣詹同等曰：「三皇五帝之書不盡傳于世，故後世鮮知其行事。漢武帝購求遺書而六經始出，唐虞三代之治始可得而見。武帝雄才大略，後世罕及，至表章六經，開闡聖賢之學，又有功於後世。吾每于宫中無事，輒取孔子之言觀之，如節用而愛人，使民以時，真治國之良規，孔子之言誠萬世之師也。」

郭鎜《明太學經籍志》卷二 圖書發天地之精，方册布文武之政。畜德存乎多識，學古乃以入官。周公百篇，孔子三絶，古之聖哲曷嘗不載籍之求哉！以道則考諸經，以事則訂諸史，以率典章則探當代之載，以存隱賾則兼百氏之言。士之致用，鮮不由此。國家於太學設掌籍之官，所貯之書，或取之四方，或頒於秘府。宸文御册，動賁環林，板刻修藏，屢厘詔命，右文作士，焕乎盛矣。讀之者知踐修之實，守之者謹散逸之防，其庶乎不負盛明之典哉！洪武六年秋八月甲申，博士趙俶等朝於奉天殿，上召至御前，命之曰：「爾等一以孔子所定經書誨諸生，若蘇秦、張儀，繇戰國尚詐，故得行其術，宜戒勿讀。」俶等頓首受命而退。

梅鷟《明南廱經籍考》 先民有言：「臯夔稷契，何書可讀？」愚竊以爲非通論也。后啓誓師，徵於政典。《説命》告君，學於古訓。而《周官》「三皇五帝之書，掌於外史。」何爲者邪？孔門謂：「何必讀書，然後爲學？」則學在於讀書，亦可見矣。删述以來，天之牖民，繄書是賴，其可廢邪？然《春秋》絶筆，而遷固諸史作，日入於贅矣。孟軻云亡，而荀揚諸子作，日入於駁矣。論説辭序，則《易》統其首；詔策章奏，則《書》發其源；賦頌歌讚，則《詩》立其本；銘誄箴祝，則《禮》總其端。韓歐不作，而諸家之文日以支離矣。至於類書以文，韻書以字，圖本石刻之屬，何以紛紛也。及《太極》、《西銘》定性，與夫《通鑑》之書出，而朱子集其大成，孔孟之道復明於世。皇明聖祖繼作，形諸堯言，渾渾灝灝，與典誥相表裏。萬世之所誦法者，皆於胄監乎頒焉，奚可無紀邪？夫漢不患無蘭臺，而患無劉中壘；唐不患無芸閣，而患無顏祕書；宋不患無石室金匱，而患無宋集賢。然則去取之當，校讐之精，亦存乎其人焉爾？今依舊志，以官書爲上篇，梓刻爲下篇，系之曰《經籍考》。

丘濬《重編瓊臺藁》卷一九《藏書石室記》 書之功用大矣！由一理之微而可以包六合之大，由一日之近而可以盡千古之久，由一處之狹而可以通四海之廣，由一事之約而可以兼萬物之衆，其惟書乎！嗚呼！聖人死也久矣，而道德萬世如

見；古人往也多矣，而事業終古常新。合千萬世之心術，聚千萬世之治迹，傳千萬世之語言，演千萬世之理道，皆於書乎是賴。士也，生乎千年之後而知乎千年之前，具乎一物之形而悉乎萬物之理，處乎一室之間而周乎萬里之勢，非書曷以致之哉？人生天地間，不爲儒則已，有志於儒以從事乎聖賢之道，未有舍書而能成者也。古語有之「通天地人曰儒」。一物不知，儒者所耻。一書之不讀，則一書之事缺焉。書之在天下，自五經而下，若傳、若史、若諸子、若百家，上而天，下而地，中而人與物，固無一事之不具，亦無一理之不該。學者誠即是而求焉，則可以貫三才，而兼備乎萬事萬物之理，儒之道其在是矣。雖然，書不貴多而貴精，學必由約而後可以致於博，精而約之，以盡其多與博，則氣質由是而變化，心志由是而開明，德業由是而崇廣。析其精而至於不亂，合其大而極於無餘，會其全而備於有用。聖賢之道，夫豈外乎是哉！區區積書之心，誠有在乎！是所以期待吾鄉之後賢君子者，甚遠且大，其必有副予望者乎！使誠有之，恨予耄矣，不及見也。雖然，冥漠之中，無知則已，萬一有知，亦將暢然快䵷然笑也。謹書此以俟。若其規條名目，則悉具於碑陰。

高儒《百川書志序》 古者聖人代天宣化。化非言弗宣，言非書弗傳。書籍其來遠矣。古者左史紀言，典謨是也；右史紀事，《春秋》是也。六經之後，便有諸子，各以行義名家。三代之下，御世者咸設史官。迨及革除，老師宿儒，必秉史筆，定爲一代之徵獻。河山鍾秀，或文雄絶代，或詩繼風騷，各擅名家，著書集録。雖採摭精華，效颦英哲，未嘗逾此。秦火之後，漢、隋、唐、宋，史志《藝文》、《通志》、《通考》，類編經籍。七目四部，於斯昭見。然天府之儲，獨傳中秘，類書之載，僅見源名。又兵火迭侵，世傳悠遠，咸慨斯文存亡無據。在昔有萬軸之藏，於今奚乏崇文博古之流也。聖朝積書，高士名賢，一時非富而好禮，貴而志道莫能也。子遭際文明之運，叨承祖蔭，致身武弁，素餐無補，日恐流於污下。蓋聞至樂莫逾讀書，典籍流散見遇人間者，不校乏力。故雖贏賣金之厚，聚非一日。雖有萬軸之儲，讀可一時乎？此重積書之功，書目所由作也。書無目，猶兵無統馭，政無教令，聚散無稽矣。閒居，啓先世之藏，發數年之積，不啻萬卷，各以類從，少著大意，條目昭明，一覽之餘，仰見千載聖賢用心之確，非擅虛名。實資自勵，庶慰先人教子之心，以逭聚散不常之誚也。

劉瑞《五清集》卷一五《尊經閣藏書記》 杭會郡也，華侈甲天下。而學無藏書頒于廷者，惟經、惟《四書》、惟《性理》、惟孝順五倫，官所置僅漢宋諸史。瑞董學，又明年，請于按浙監察御史宋公，公慨然曰：「吾方石經是葺，斯舉也，盍並圖之。夫有書而不讀，君子病焉。況無書乎？」於是出刑金貯于府者，遣訓導林鳳鳴、劉銛往求焉。越四月，書至約計萬卷。經、史、子、集秩然略備，櫝藏于閣，專訓導領之。師生誦觀，籍其出納惟謹，其名數備之石，皆公命也。既成，瑞進師生，告之曰：「子知監察公之㡯爾庠校者，至且遠乎？古之君子，道足以表世則物，而功化之。盛極於康海，寓涵蠢動，參天兩地，莫之尚也，未有不學而成者。吾夫子設教，故曰博約，曰多聞見，曰前言往行畜其德，從可知矣。季路謂：『何必讀書，直以佞斥之。』於戲！讀書者，學知始終也。讀天下之書，斯可與論天下之事矣。此監察公藏書之意也。公嗣名卿家學，持憲侃侃，博聞好古，藻翰瓌瑋，非世俗吏可能。故舉措厘於風教若是，爾師生其遇哉！有言者曰：『求道者，《五經》、《四書》足矣，奚以多爲？多言者，道之害也。』嗟乎，此非知道者，信斯言也，淫哇鄭衛，《詩》所宜删；宋萬許止，《春秋》所宜削。吾夫子不然，豈獨無意也？故曰：『道無往而弗存，言非耿而可略。』夫經者，天矣。史者，四時、五行也。諸子、集者，萬彙也。天者，道之原也，宰物而不宰於物者也。四時、五行，經緯乎天而不容已者也。乃若萬彙斯微矣，飛者、躍者、纖者、鉅者，蠢而動者，各聲聲色色於覆幬，雖或反戾恣睢以逞，天亦莫之絶也，其諸子、集之謂乎？簡之、裁之，神而明之，存乎其人耳，故曰『爲天地立心』。持是心以讀天下之書，無難矣。讀書之要，子朱子告其君者具在，爾師生其從事然。」知府留侯志淑以記請書之，使後之求公者有考也。

來知德《來瞿唐先生日録》外篇卷一《心學晦明解》 心學之一明一晦，天實囿之也。心學長明于天下，則世多聖人、麒麟、鳳凰，不能出走獸飛鳥之類矣。即今書者，吾儒所治之業也。天下無不讀書之聖人，賢者識其大，不賢者識其小，此古今聖人之常，大舜邇言且察，況書乎？且不言心學，姑以世間書之一明一晦言之。三代以下書，惟周之柱下史聃爲多，其餘散在列國者亦少。韓宣子適魯，然後見《易象》，與《魯春秋》季札聘於上國，然後得聞《詩》之《風》、《雅》、《頌》。楚獨有左史倚相能讀《三墳》、《五典》、《八索》、《九丘》。當此之時，世上無紙，或書於木，或書於帛，傳播極難，故家無異書，人無異教。賢人君子，偶得一字，有益於身心者，即寶如金玉，所以三代多道德之士。及有紙後，人以寫録爲難，故人以藏書爲貴。至唐時，蜀中有人雕板印紙，五代之時，馮道即奏請官鏤板刊行，書即傳於天下多矣。至有書肆，人以書貿易，書愈多矣。然天不令其完全，孔子删《詩》、《書》，定《禮》、《樂》，贊《周易》，脩《春秋》，乃削《八索》、《九丘》、《墳》、《典》，斷自唐虞以

下，斯道之散布于六經者，如日中天。天生李斯焚之，萬世之下皆罪李斯。然天生焚書之人不獨一李斯也。漢自除挾書之後，《易》自淄川田生，《書》自濟南伏生，《詩》自申培、轅固、韓嬰，《禮》自高堂生，《春秋》自董仲舒，至成帝使謁者陳農求遺書於天下，未央宫有麒麟、天禄閣，詔劉向校經傳，會向卒，哀帝復命向子歆卒父業。於是總括羣書而奏其《七略》，其一曰《六藝略》者，即六經也。及春陵舉兵，漸臺剸首，承明宣室皆火矣，是焚書者王莽也。光武投戈講藝，息馬論道，即位之後，篤好文雅，海内鴻儒，攜帙而來者甚衆，充牣石室、蘭臺。明帝幸學圜橋門，而觀聽者億萬，可謂盛矣。然迎西域之書于中國，至今高明之士，往往宗其空寂而文。以六經之言譬之，一派清江乃流一濁源于其中。此則不火之火，是焚六經之心傳者，明帝也。章帝考詳異同於白虎觀，靈帝詔諸儒正定六經，藏之禁中者皆謂之中秘書，亦猶前漢之中書也。及董卓移都，兵民劻勷，凡石室蘭臺之所蓄聚者，揩其縑帛，劙其圖書，大則連爲帷蓋，小則製爲縢囊，俄爾之間，冰消瓦解，是焚書者董卓也。魏晉相繼，前秘書監鄭默、後秘書監荀勗，總括羣書，分爲四部，合一萬九千有餘。及京華覆蕩，石渠拚燹而書皆亡矣，是焚書者劉曜、石勒也。永嘉之後，中朝之書漸流江左，武帝入關，收其圖籍，五經子史，鍌鉀復剗，赤軸青紙，鮮輱璘瑸。前秘監謝靈運，後秘書丞王儉，及梁秘書監任昉，並處士阮孝緒，爲《七録》，共三萬餘卷。梁武雖崇信誌公，而亦頗悦詩書。侯景爲亂，文德之書猶存，蕭繹遣將破平，侯景將書盡載江陵，周師入楚，灰於一炬，是焚書者侯景也。後魏初都燕代，南略中原，周覺割據關右，高洋號令山東，蓬絮剪屠，了無寧日，不暇諏及文字矣。至于開皇，分遣人搜討異本，每書一卷，賞絹一疋。煬帝即位，猶好讀書，納于東都修文殿者三萬七千卷，上品紅琉璃軸，中品紺琉璃軸，下品漆軸，每室三間，開方户，垂錦幔，上有二飛僊。户外地中施機發，帝幸書室，宫人踐棧，則飛僊收幔而上，户扉皆開，帝出，復閉如故。收書之盛，無愈於此矣。及幸江都，聚書至三十七萬卷，盡焚於廣陵。至武德平隋，將書送至京師，砥柱覆舟，又歸淪瀁，是焚書者水火也。太宗好文，即位之初即封孔子弟子，以魏徵、虞世南、顔師古相繼爲秘書監，購天下書。玄宗兩都，各聚書四部，以甲、乙、丙、丁爲次序，正本副本籤軸皆異色以别之。俄而鼓動漁陽，馬嵬駐驛，覆餗形渥，片紙不存，是焚書者安禄山也。靈武還都，方瘳瘡痏，至文宗始定前書，又經黄巢之亂，至朱温代昭宣，則其書蕩然無遺矣，又非特禄山焚之也。宋承五季亂離之後，書籍至少。乾德初，圖書實於三館，詔史館，凡吏民有以書來獻者，當視其篇目，館中所無者收之，獻書人送至學士院試，堪任職者具以名聞。太宗以三館之陋，又别新輪奂，目爲崇文館。自建隆至祥符，目録三萬有餘。熙寧中，成都進士郭友直獻書。宣和中，張瓆、李東、王闐、張宿等獻書，皆貯史館，謂之《崇文總目》。宋之書至宣和盛矣。及爾狐升御榻，舉族北轅，中原之主，且确殐於五國城，況其書乎。是焚書者金虜也。南渡以後，乃降詔曰：「國家用武開基，右文致治，藏書之盛，視古爲多。艱難以來，網羅散失，今監司郡守各諭所部，悉上送官，多者優賞。」至於嘉定著書，立言之士益衆，往往多充秘府，雖紹定辛卯偶災紅衣之尼，然煨燼之餘，十猶得五。及勝國以來，皆散而之腥羶侏儺矣，是焚書者北虜也。至于民間之書，如宋宣憲、李邯鄲、亳州之祁、饒州之吴、荆州之田、南都之戚，歷陽之沈、廬山之李、九江之陳、鄱陽之吴，皆收書之至多者。然或散于國家之板蕩，或廢予子孫之零替，于今安在哉。蓋天忌尤物，聖人之經，不使人見其全經；聖人之傳，不使人見其全傳。縱醫家之靈方，卜術之奇數，藏之秘府者，亦不肯久留于人間，書可知矣。夫書與天地本無忌礙，且有興有廢，而況于生人乎？觀天不以全書與人，則知天不以全聰明與人矣。故心學不常明，聖人不常生，皆天有以囿之。孔子之聰明，千古一人而已，信乎？子貢以爲天縱也。孔子之後，門弟之多者，莫如鄭康成，長相隨千餘人，名其鄉爲鄭公鄉，榜其門爲通德門，一時天下之相信，以爲孔子復生矣。自宋有程朱，而鄭公之業遂廢。可見天惜聰明，不肯盡歸于一人也。

黄儒炳《續南雍志》卷二《事紀小序》 一代創制，顯庸聖明。垂憲諸官，師齋恪稟。承其舉動，自有赫然耳目者。然而當時懿鑠，過則已焉。無紀是無事蹟也。譬如人身，不能留武，烏在其必信必傳乎？古者周有天下，封三恪作賓王家，故不忘前王明德而豐大其後，亦俾之。謹司府藏守遺文於不墜，厥義深焉。乃至春秋定、哀之世，而文獻不足，夫子欷歔憑弔，爽然傷之。夏殷之有杞宋，猶周之有魯也。杞宋難言已，周禮在魯。得，吾夫子本從周之志，多方揚厲，雖遭暴秦燔棄不墜，人能弘道，豈不信與？《周官》有内史，詔王善敗；有外史，以掌四方之志。其致嚴如是。仲尼閔俗昏亂史職廢，作《春秋》以存王迹。自繫《易》外，尚《書》《詩》或陳王道，或貢風俗，而皆力爲之修明，是則仲尼之紀也。今成均首善，治化權輿，高皇帝隆儒重道，作則於前，列聖紹庭化熙，蘋藻中間，臨雍釋奠，褒厲學官之舉代不乏書。而令事邈前聞，耿光不流，簡册亦豈所以傳皇道、昭盛美乎？學士耻之，作事蹟紀。

又卷一七《經籍本末》 太學之廣庀書籍，以其爲絃誦地也，故無則購之，闕

則補之。辟其坌蠹，謹其守藏，以時稽其存失，攷之故牘。

祁承㸁《庚申整書小記》 方余之藏書也，既與兒輩約：「及吾之身則月益之，及爾輩之身則歲益之；書目每五年一爲編輯。」今其期矣。僻居海濱，不獲時從長者游，聞見寡渺，月益之約雖食言自肥乎？而間有所遇，多方力構，月計不足，歲計有余。今則無者增、缺者補、蠹者理，亦既裒然集矣。里居多暇，兼以暑月謝客，袒裸鞍屐，手自插架，揮汗如雨，樂此不爲疲也。兒輩乘間請曰：「大人篤嗜亦已有年，晝夜之所拮据，遠邇之所搜訪，殆無寧刻。兒輩即不敢引彦國摇扇視事之勢，願大人思仲容生平幾兩之屐。況今疆埸羽書狎至，廟堂言武之時也，大人雖不懷用世之心，亦寧無憂國之念？奈何敝敝然耗精於鼠嚙而不鼓念於聞鷄乎？」余笑曰：「此是吾家墨兵，余日來正於此中部署整搠，第汝輩不解兵機耳，試與汝言之：手摽秘帙，親兵同渡江之八千；床積奇編，愛士如成師之一旅，此吾之用寡法也。縹緗觸目，絶勝十部鼓吹；鉛槧由心，不減百城南面，此吾之用衆法也。架插七層，籍分四部，若卒旅漫野而什伍井然，如劍戟摩霄而旌旗不亂，此吾之部勒法也。目以類分，類由部統，暗中摸索，惟信手以探囊；造次取觀，若執鏡而照物，此吾之應卒法也。聯寡以成衆，積少以爲多，抽一卷而萬卷可窺，舉一隅而三隅在目，此吾聯絡駕馭之法也。借録不出園門，取觀不歸於私室，散帙勒收如絶流之不遺涓滴；蠹餘必理，同牧馬之去其敗羣，此吾堅壁清野之法也。以我精騎三千，勝君羸卒十萬。盡翻窠臼，欲搥黄鶴之樓；獨識筌蹄，直上赤虹之座，此吾用寡以御衆之法也。轉覔轉奇，日繁日異，以我所餘，易人所有，雖不無得隴望蜀之譏，然每收拔趙豎劉之幟，此又吾借資於人而因糧於敵之法也。奇書未獲，雖千里以必求；異本方來，即片札之必珍。近而漁唱，遠及鷄林，往往聚海外之編摩，幾不減域中之著作，此又吾驅市人戰而令女子陣者也。慨遺書之難遇，殘缺必收；念物力之不充，鼠蠹并采；或補綴而成鶉結之衣，或借録而合延律之劍，此又吾之收散合奔而轉弱爲强者也。所患者得之未能讀，讀之未能臆，如道濟之量沙，士終不能宿飽；亦如餅師作餅，終日未嘗入口，與旁觀者同爲枵腹耳。借箸空談，固兵家之深病，亦吾輩之最宜警惕者也。至於憂國，人孰無胸？先輩有云：『士大夫當有憂國之心，不當有憂國之語。』諒哉斯言！先得我心矣。」兒輩矍然起曰：「審如大人言，則經濟之無間于升沉顯晦也，明矣！昔人之度謝公，謂安石既與人同其樂，自不得不與人同其憂。古來觀人之微，輒從嘯詠步履之間，便識匡時用世之念，兒輩愧古人遠矣。今而後惟當廣營墨莊，以安集吾家之墨兵，時抽精騎，益簡勝師，終不敢令人呼馬服君子也。」余笑而頷之，因屬筆爲記。

曹于汴《仰節堂集》卷四《婺源朱氏藏書樓記》 宋朱文公故有樓藏書，自爲碑記。既懼兵火，夷爲民居。勝國時建婺源學宫，適卜其地，今仍之。皇朝崇重文公之學，其經書傳註等書，家傳户誦，屢厪天語，勑禁違悖，載在令甲。然公遺書，猶衆學士或未全睹。茂才崇沐，公之十三世孫也，深慮散逸，將至學脉湮蕪，乃盡搜遺書，爲部若干，爲卷若干，傾囊剞劂之。高義儒紳朱光禄吾弼、汪憲副國楠、吴中翰養春輩助貲竣業。繼復建樓以貯，厥地亢爽，厥制壯麗，典守之寄，模印之費，俱有經畫，匪家學是章，實關世教。遠抵都門，質余言爲記。余聞昔有士人，千里從師，師悉出經史，期在盡授，初講一語，其人稽首請退，浹月不至。師問之，對云：向所聆躬行未徹，敢炫多乎？當世稱其善學，何必載籍之種種。雖然聖賢覺世之心至無窮也，如國醫好生，蓄材聚方，惟患不備。文公不云乎，恐人未悟，故如此言，又如彼言，此處既言，彼處又言，其諄諄者，其惓惓者耳。試閲諸編，近循食息之常，遠窮天地之秘，上遡洪荒之始，下曁世代之變，總括根宗之會，細分枝節之詳，費昭名物之賾，隱超聲臭之表。尺尺寸寸，自是渾融；本本原原，不踰跬步。而第令學者各隨才力，藉爲津筏，至於道焉而已，可不謂廣大悉具，精微無滲者乎。譬則珠玉盈前，懵爲乞丐之子，亦士或徒矜充棟，目不及窺，或記誦雖勤，身心無得。譬則海陸，錯陳妄言，無可下箸也。之有身不升堂，雌黄堂上，逐聲起障，未行詆途，譬則海陸，錯陳妄言，無可下箸也。之兩人者校之，初聆一語，矻矻躬行，奚翅星淵，豈文公著書之意，抑豈賢胤藏書之意。

徐𤊹《徐氏筆精》卷七《保守書籍》 世之蓄田産屋宇多者，子孫稍賢，必保守不失，何也？可以資衣食不匱也。蓄尊罍彝鼎多者，子孫稍賢，亦保守不失，何也？可以資耳目近玩也。惟蓄書籍圖畫多者，子孫雖賢，未必保守不失，何也？非深知篤好者，鮮不屑越也。余見保産業之家，多至六、七代，而保書籍者不過一、二代耳。然保之之法，當較之田産屋宇尤加嚴密，庶幾歷四、五代也。唐末吴人徐修矩，世守書籍萬卷。皮日休常就借讀，日休詩云：「保兹萬卷書，守慎如羈紲。」陸龜蒙詩云：「吾聞徐氏子，奕世皆才賢。因之遺孫謀，不在黄金錢。」若才賢不至奕世，守慎不如羈紲，非所以論保守也。

又《聚書十難》 陳貞鉉曰：「聚書有十難：學無淵源，一難也。家少承書，二難也。不生通都大邑，三難也。乏慧鑒，四難也。隋唐以上，書不多見，五難也。攜帶跋涉，易致觸損，六難也。檢曝之勞，病於夏畦，七難也。近無善本，校讎斯苦，八難也。家貧購書，九難也。片時不閲，便供蛀蟲，十難也。夫聚必有散，物理

之常，念此十難，嗜好彌篤。」余嘗言曰，田宅易購，美書難逢，緣不相值，奇秘終蘊。昔杜暹藏書，每題跋尾曰：「請俸買來手自校，鬻及借人爲不孝。」言雖未大，亦自痛切矣。

張岱《陶菴夢憶》卷三《三世藏書》　余家三世積書三萬餘卷，大父詔余曰：「諸孫中惟爾好書，爾要看者，隨意攜去。」余簡太僕文恭大父丹鉛所及，有手澤存焉者，彙以請，大父喜，命舁去，約二千餘卷。崇禎乙丑，大父去世，余適往武林，父叔及諸弟、門客、匠指、臧獲、巢婢輩亂取之，三代遺書一日盡失。余自垂髫聚書四十年，不下三萬卷。乙酉避兵入剡，略攜數簏隨行，而所存者爲方兵所據，日裂以吹煙，并舁至江干，藉甲内擋箭彈，四十年所積，亦一日盡失。此吾家書運，亦復誰尤。余因歎古今藏書之富，無過隋唐。隋嘉則殿分三品，有紅琉璃、紺琉瑑、漆軸之異。殿垂錦幔，繞刻飛仙。帝幸書室，踐暗機，則飛仙收幔而上，橱扉自啓。帝出，閉如初。隋之書計三十七萬卷。唐遷内庫書於東宫麗正殿，置修文、著作兩院學士，得通籍出入。太府月給蜀都麻紙五千番，季給上谷墨三百三十六丸，歲給河間、景城、清河、博平四郡兔千五百皮爲筆。以甲乙丙丁爲次，唐之書計二十萬八千卷。我明中秘書，不可勝計，即《永樂大典》一書，亦堆積數庫焉。余書直九牛一毛耳，何足數哉！

黄宗羲《黄宗羲全集》第一〇册《天一閣藏書記》　嘗歎讀書難，藏書尤難，藏之久而不散，則難之難矣。自科舉之學興，士人抱《兔園》寒陋十數册故書，崛起白屋之下，取富貴而有餘。讀書者一生之精力，埋没敝紙渝墨之中，相尋於寒苦而不足。每見其人有志讀書，類有物以敗之，故曰讀書難。藏書非好之與有力者不能。歐陽公曰：「凡物好之而有力，則無不至也。」二者正復難兼。楊東里少時貧不能致書，欲得《史略釋文十書直音》，市直不過百錢，無以應，母夫人以所畜牝雞易之，東里特識此事於書後。此誠好之矣，而於尋常之書猶無力也，況其他乎？有力者之好，多在狗馬聲色之間，稍清之而爲奇器，再清之而爲法書名畫，至矣。苟非盡捐狗馬聲色字畫奇器之好，則其好書也必不專。好之不專亦無由知書之有易得有不易得也；强解事者以數百金捆載坊書，便稱百城之富，不可謂之好也。故曰藏書尤難。歸震川曰：「書之所聚，當有如金寶之氣，卿雲輪囷覆護其上。」余獨以爲不然。古今書籍之厄，不可勝計。以余所見者言之。越中藏書之家，鈕石溪世學樓其著也。余見其小説家目録亦數百種，商氏之《稗海》皆從彼借刻。崇禎庚午間，其書初散，余僅從故書鋪得十餘部而已。辛巳，余在南中，聞焦氏書欲賣，急往訊之，不受奇零之值，二千金方得爲售主。時馮鄴僊官南納言，余以爲書歸鄴僊猶歸我也，鄴僊大喜，及余歸而不果。後來聞亦散去。庚寅三月，余訪錢牧齋，館於絳雲樓下，因得繙其書籍，凡余之所欲見者無不在焉。牧齋約余爲讀書伴侶，閉關三年，余喜過望，方欲踐約，而絳雲一炬，收歸東壁矣。歙溪鄭氏叢桂堂，亦藏書家也，辛丑在武林捃拾《程雪樓》、《馬石田》集數部，其餘都不可問。甲辰館語溪，檇李高氏以書求售二千餘，大略皆鈔本也，余勸吴孟舉收之。余在語溪三年，閲之殆徧。此書固他鄉寒故也。江右陳士業頗好藏書，自言所積不甚寂寞。乙巳寄吊其家，其子陳澎書來，言兵火之後，故書之存者惟熊勿軒一集而已。語溪吕及父，吴興潘氏壻也。言昭度欲改《宋史》，曾弗人、徐巨源草創而未就，網羅宋室野史甚富，緘固十餘簏在家。約余往觀，先以所改曆志見示。未幾而及父死矣，此願未遂。不知至今如故否也？祁氏曠園之書，初庋家中，不甚發視。余每借觀，惟德公知其首尾，按目録而取之，俄頃即得。亂後遷至化鹿寺，往往散見市肆。丙午，余與書賈入山翻閲三晝夜，余載十捆而出，經學近百種，稗官百十册，而宋元文集已無存者，途中又爲書賈竊去衛湜《禮記集説》、《東都事略》。山中所存，唯舉業講章各省志書，尚二大橱也。丙辰至海鹽，胡孝轅考索精詳，意其家必有藏書，訪其子令修，慨然發其故篋，亦有宋元集十餘種，然皆余所見者。孝轅筆記稱引《姚牧菴集》，令修亦言有其書，一時索之，不能即得。餘書則多殘本矣。吾邑孫月峯亦稱藏書而無異本，後歸碩膚。丙戌之亂，爲火所盡。余從鄴家得其殘缺《實録》，三分之一耳。由此觀之，是書者造物之所甚忌也，不特不覆護之，又從而災害之如此。故曰藏之久而不散，則難之難矣。天一閣書，范司馬所藏也，從嘉靖至今蓋已百五十年矣。司馬殁後，封閉甚嚴。癸丑，余至甬上，范友仲破戒引余登樓，悉發其藏。余取其流通未廣者抄爲書目，凡經、史、地志、類書坊間易得者及時人之集三式之書，皆不在此列。余之無力，殆與東里少時伯仲，猶冀以暇日握管懷鉛，揀卷小書短者抄之。友仲曰諾。荏苒七年，未蹈前言。然余之書目遂爲好事流傳，崑山徐健菴使其門生謄寫去者不知凡幾。友仲之子左垣乃併前所未列者重定一書目，介吾友王文三求爲藏書記。近來書籍之厄不必兵火，無力者既不能聚，聚者亦以無力而散，故所在空虚。屈指大江以南，以藏書名者不過三四家。千頃齋之書，余宗兄比部明立所聚。自庚午訖辛巳，余往南中，未嘗不借其書觀也。余聞虞稷好事過於其父，無由一見之。曹秋岳倦圃之書，累約觀之而未果。據秋岳所數，亦無甚異也。余門人自崑山來者，多言健菴所積之富，亦未寓目。三家之外，即數范氏。

韓宣子聘魯，觀書於太史氏，見《易象》與《魯春秋》，曰：「周禮盡在魯矣。」范氏能世其家，禮不在范氏乎？幸勿等之雲煙過眼，世世子孫如護目睛，則震川覆護之言，又未必不然也。

陸世儀《思辨録輯要》卷五《格致類》 亂世書籍多燬於兵火，因念藏書之法。庶民無力，斷不能藏，即學士大夫，其力不足以博及，亦不足以垂久遠。能博及而垂之久遠者，其惟天子乎？然天子至易代，而藏書之力亦窮矣。有一法焉，藉天子之力，而不煩天子之守，其法可以傳之百王，而不能易，垂之千萬世而無弊。則惟藏之孔氏乎？孔子自有周以來，其間歷漢、唐、五代、宋、遼、金、元，世界無慮百變，然一王興則一王尊信，一代立則一代表章，即盜賊强暴，未有不過之而敬，去之而不敢犯者，誠使王者於此申藏書之法於鄒魯間，擇名山勝地定爲藏書之所，區別羣書，分爲數種，如經、史、子、集、志、攷、圖籍、藝術、百家之類，類建一樓，樓置一司，擇孔氏子孫之賢者爲之，又擇其最賢者爲之長，使之任出納、收藏、曬暴、補輯諸事，授之以禄，每歲則上其書之數於朝，三歲則遣行人視之，較其書之損益完弊而行其賞罰，如是則書有日益無日損，雖有水火刀兵、盜賊變革易代之事，於藏書總無與是，誠至妙之法，惜乎無有行之者。凡天下學士大夫著書有益於世道人心者，上之於朝，朝廷使大儒較之而善，則必藏其副於孔氏。不特此也，凡所藏書皆當使大儒較定，必有益於世道人心者，始藏之。其餘若離經叛道者，皆斥去勿用，不可務多而反使有魚目混珠之病也。凡書必當多置副本，必備朝廷，四方或有闕乏，掇取抄寫翻刻之用。凡五經四書及先賢語録與夫天文、地理、樂律、兵法，宇內所不可少之書，固當多置副本，更當擇其精要者，鏤板勒石，必使之不朽，且以便於摹印流傳，真千古之盛事。凡古來聖賢所造儀象、法物，如金人、欹器、沙漏、銅壺之類，亦當仿式造爲其副，與書並藏，以備後世變革之際，或有失亡，則取式於後，亦最要事。

方以智《通雅》卷三 《七略》、《七志》、《七録》相因，荀勗始爲四部，而後因之。劉歆《七略》，首曰《輯略》：曰「六藝」，曰「諸子」，曰「詩賦」，曰「兵書」，曰「術數」，曰「方術」。王儉《七志》：一「經典」，二「諸子」，三「文翰」，四「軍書」，五「陰陽」，六「術藝」，七「圖譜」，及佛、道二家，名七而九，又作九篇條列。阮孝緒《七録》：一「經典」，二「紀傳」，三「子兵」，四「文集」，五「伎術」，六「佛」，七「道」。魏荀勗始因鄭默《中經》爲《新簿》，分四部：甲「六藝小學」，乙「諸子兵術」，丙「史記皇覽」，丁「詩賦圖讚」。至唐，而史居子上次經，佛老附子，而終之以集，定爲四庫。元載當國，增爲十二庫，仍四部也。宋相沿襲。景德二年，龍圖閣下列六閣，則四部加天文、圖畫也。鄭氏《通志略》，十二類：一「經」，二「禮」，三「樂」，四「小學」，五「史」，六「子」，七「星數」，八「五行」，九「藝術」，十「醫」，十一「類書」，十二「文」。又總天下古今書籍爲《羣玉會記》三十卷；又作《求書闕記》七卷，外記十卷。今馬氏《通考》，竝遺此數名。馬氏於經籍分四部，經十二類：一「易」，二「書」，三「詩」，四「禮」，五「春秋」，六「論語」，七「孟子」，八「孝經」，九「樂」，十「讖緯」，十一「儀注」，十二「小學」；「史」十三類：一「正史」，二「編年」，三「起居」，四「雜史」，五「傳記」，六「故事」，七「職官」，八「地理」，九「刑法」，十「時令」，十一「譜録」，十二「史鈔」，十三「史評」；子二十類：一「儒」，二「道」，三「法」，四「名」，五「墨」，六「縱横」，七「雜家」，八「小説」，九「農」，十「天文」，十一「曆算」，十二「五行」，十三「占筮」，十四「刑法」，十五「兵」，十六「醫」，十七「神仙」，十八「佛」，十九「類書」，二十「雜藝」；集四類：一「別」，二「詩」，三「歌」，四「總集」。藏書家皆四部法，而獻臣《邯鄲圖書志》於四部外，又增四焉，共成十《志》。莆田鄭寅，仍爲《七録》。又按，陸子淵《目》：一曰「經」，二曰「性理書」，三曰「史」，四曰「古書」，五曰「子」，六曰「文」，七曰「詩」，八曰「類書」，九曰「雜史」，十曰「諸志」，十一曰「韻書」，十二曰「小學醫藥」，十三曰「雜流」，又特爲一《録》，以次宸章，目曰《制書》。西漢三萬三千九十卷。劉歆《七略・總目》。《舊唐書》九十作「九百」非據班《志》，所省十家，又增入五六家。東漢萬三千二百六十九卷。班《藝文志》原注：「本《七略》，增入劉向、揚雄等三家。」然尚有杜林并蹴踘二三家，省伊尹、墨子、兵類十家。光武遷都，書籍二千餘「兩」，諸家以爲三倍于前。固非實録，而時少簒輯。《范史》無志，惜哉！晉二萬九千九百四十五卷。荀勗《四部目》見《隋志》序。東晉三千一十四卷，李克校定。孝武增益三萬餘卷。徐度校，見《崇文目》序。劉宋四千五百八十二卷。謝靈運校，此據《舊唐書》。《隋志》以爲六萬。齊萬五千七十四卷，王檢校。永明增益萬八千一卷。謝朏、王亮修。梁二萬三千百六卷。任昉《部集文裕》云：「梁武時，公私七萬餘。」梁、晉通增集三萬餘卷。阮孝緒《七目》録。《隋志》萬五千，見牛弘《表》。大業中，三萬七千。柳誓校，總嘉則殿書，三十七萬卷，正本止此。《隋志》作「正本八萬九千」。陸文裕以爲七萬七千餘。唐開元中，八萬二千三百八十四卷；《新唐書》序。開成中，五萬六千四百餘。《舊唐志》敘載。宋慶曆中，三萬六百六十九；《崇文總目》：「太平初，正副止八萬。」淳熙中，四萬四千八十六。陳騤《四庫目》載：「考諸史《藝文志》，往往與當時書目相左，或所記之異也。」洪容齊謂：「《御覽》引用一千六百九十種，與姚鉉所類，多不全有；而《中興》乃多於《崇文》，蓋增新籍也。」桓譚《新論》

言：「漢梁子初、楊子林手録萬卷。」梁任昉四萬，唐蘇弁二萬，李泌三萬，皆存總目。而阮孝緒之四萬，類例足徵。宋世家藏各目，俱不見，惟尤延之《遂初堂目》今傳。若《説郛》節本，則寥寥矣。李淑二萬三千三百八十，田鎬三萬，晁、陳二《目》最善，見馬氏書。晁氏二萬四千五百，南陽井度傳録蜀中書甚富，舉以與公武，遂作《讀書志》。周密謂：「陳直齋宧中得五姓之書，乃能至五萬一千八十卷。」又言：「前代杜兼萬卷」，「韋述二萬卷」，「吴兢西齋萬三千四百」，「周密家亦有四萬」，「濮安懿王之子宗綽，蓄書七萬卷」，「南都王仲四萬三千餘」，「曾南豐及李氏山房亦一二萬」，「葉少藴之十萬複也」。近來藏書家，大約不過五萬上下。今時刊本多，但有其資，亦易集也。因撮其數於此，令後人一覽而興懷焉。古今書籍之大厄有十，而小厄不與焉。其曰「八水二火」者，誤也。牛弘謂「五厄」：秦火也，王莽也，漢末也，永嘉南渡也，周師入郢也。後又有「五厄」：大業也，天寶也，廣明也，靖康也，紹定也。大業時，燼於廣陵，見《通考》；僖宗廣明，黄巢稱齊厄。水者，董卓遷都，載舟西上，罹寇沈溺，僅數船存，此見《舊唐書經籍志後序》。又隋嘉則殿書，亂後存八萬卷，王世充平，命宋遵貴舟載之，經砥柱，漂没風浪，十僅一二，見《隋志》。王伯厚引之，此厄不在十厄之内。《隋志》又云：「齊末兵火，延燒秘閣。梁初，任昉、殷鈞復部集之。」此亦一厄也。祥符八年，三館火，《玉堂逢辰録》亦記：「榮王宫火，典籍都盡，焚屋宇二千餘閒。」陳振孫曰：「唐末五代之僅存，又厄於此。」亦一厄也。合此論之，朝廷書籍之厄，凡十有三。魏了翁言：「江元叔所藏，爲僕竊入於安陸。張氏者，亦焚宋宣獻書。元符中，焚晁文元累世之書。政和甲午，焚李端叔言。宋綏家藏書，爲火所盡。」周密亦言：「無不厄於兵火者。」其家藏亦失。王仲言云：「葉少緼藏書於霅川。丁卯，與宅俱焚。而李泰發家書，亦是歲火。」物聚必災，亦其理也。智每歎藏書難，讀書難，編論尤難。漢、隋、唐之《志》，皆因朝廷之力。此王堯臣、陳騤所以易從事也。宋士夫藏書如李淑、宋綏、尤袤、晁子止、陳振孫之輩，皆稱好事，各有書目，閑爲評叙，較唐吴兢、西齋、杜信、陳齋爲盛矣。

又卷三二　粘葉謂之「蝴蝶裝」。王原叔云：「書册粘葉爲上縫續，歲久斷絶。」張子賢言：「宋宣獻令家録作粘法。予舊見三館書，黄本、白本皆粘葉，上下欄界出于紙葉。孫莘老、錢穆父亦如此。」孟奇言《秘閣宋版書如試録》謂之「蝴蝶裝」。王古心《筆録》有老僧永光言藏經接縫用楮汁、飛麪、白芨糊，則堅如膠漆。造澄心紙，亦用芨糊。潢治者，裝潢也。《岐王範傳》：「圖書湮放，募訪稍出。」長安初，張易之奏潢治，乃使摹肖，竊其真藏于家。歐陽修言：秘閣初爲太宗藏書之府，并以黄綾裝潢，謂之「太清本」。潢，猶池也，外加緣則内爲池，裝成卷册，謂之裝潢。潢，去聲即表背也。唐《告》用色背綾、白背綾，隋《正御書》皆裝翦華綺，寶軸錦標，必已有其法矣。《能改齋漫録》曰：「俗以羅列于前謂之裝潢子，自唐已有此語。」程泰之曰：「《廣韻・潢匠》引《釋名》曰：染書也，《唐六典》：崇文館有裝潢匠五人；秘書省有熟紙匠、裝潢匠十人。」王氏《談録》言：「公好永禪師書，手自褫褙，即裝潢也。今曰褾褙。」元美引賈思勰《裝潢法》：浸蘗汁入潢，其紙減白便是，呼褾褙爲裝潢。蓋爲馬大年所誤，然相沿久矣。九成言褾褙十三科。眉公曰：「裝潢之佳，自范曄始。」陸放翁《跋漢録》言：「繇伯謩親裝標」又云：「裝褫《白蓮圖》，癸辛襍識有内府裝褫，分科格式有粘裁、摺界、染古等。」又言：「闌道標合。」卷軸引首，後以綾貼。褚曰：「贉用修言，有樓臺錦贉、蠲紙贉、樗蒲錦贉。」唐人曰：「《玉池緯》略言宣和殿畫贉卷，即贉也。」陶九成言：「贉卷，紙有夾背蠲鸞綾，引首褾裡姜牙、方拱、疊勝、八偺暈諸錦。」周密記莊宗古褾書畫，有球路柿紅龜背，衲錦玉龍簪，頂軸檀香，桿鈿匣盛。燕尾，袠標也。《武帝紀》注：「封禪，金策石函，金泥玉檢，謂以玉爲檢束也。」一曰：「俗謂燕尾，今世書袠簽。」《公孫瓚傳》：「皂囊施檢」注曰：「今俗謂之排。公紹曰：又今俗謂文章稿爲檢子。」以此觀之，則是今手卷書套外之牓頭簽。徐鉉所言「書函之蓋」或同名耳。今避御諱，以「簡」字代之，或省畫作「檢」。大約古之檢，乃匣也，後借以指束卷帶頭之小褉，或曰「蹬」，或曰「籤」，即簽也。而裁紙絹爲書面題條，亦謂之籤，其曰「燕尾」者，蓋畫上之標帶也。負袠，袠猶帙也，或謂之「沓」。黄長睿以爲「書摳」，升菴以爲「縚」。《隋志》曰：「光武篤好文雅，明章繼軌，四方鴻生鉅儒，負袠自遠而至。」《華陀别傳》：「佗以線爲書袠。」《楊厚傳》：「祖春卿，命子統曰：吾綈袠中，有秘記。」晉《中興書》曰：「傅玄盛書，有青縑袠、布袠、絹袠。」梁昭明有《詠書帙詩》。《六書故》以爲「施鞶袠，又作帙」，即一字，直。《一切》：「隋《正御書》皆裝翦華綺，唐四庫皆有軸帶帙籤。袠猶牓也，書衣也。今世謂之「套殼」。《東觀餘論》：「楊凝式《賽過珊瑚樹》一帖，寫洛中僧房書摳上。」即書襻也。《避暑録話》：「晏元獻不棄一紙，千百爲沓。」《諸臯記》：「筆鍣，即筆套也。」《宋志》：「金輅有金鍍銅套筒。」始見于此。可知今曰「套」古曰「沓」，一聲轉耳。凡夫謂瓏大長谷也，俗誤以「大」「長」二字合爲「套」。《升菴》引元稹：「從騎愛奴絲布衫，臂鷹小兒雲錦韜。羣臣利己安僭差，天子臨軒空惘悼。」又徐幹《七喻》：「縣明珠于長韜。」亦音套。智按，

《大射》：「設決朱極三。」鄭玄注：「韜，指也。」而《詩》：「童子佩韘」注，玄又云：「韘之言沓，所以彄沓手指。」此知沓聲近套，或借用韜。升菴未考及此，故著之阮氏《七録》以五卷爲一帙，其制見此。金題，書籤也。海岳《書史》云：「隋唐藏書，皆金題玉躞。」智按，梁虞和《論書表》有「金題玉躞織成帶」注：金題，押頭也，猶今書面籤題也；玉躞，言帶頭小楔，或以牙玉爲之。玉筠詩「靈圖白玉檢，寶黄金題研。」《北雜志》：「張伯雨藏智永《月儀獻歲》神品上上。後有明昌七印，泥金題籤，今在梁溪倪元鎮家。《月儀》索靖所書帖名，董逌曾跋之。」凡言軸帶者，皆卷也。陸澄謂：王儉曰：「君雖一覽便諳然，見卷軸未必多僕。」隋煬帝秘閣書，上品紅琉璃軸，中品紺琉璃軸，下品漆軸。唐集賢院書《會要》注，記隋舊事，用廣陵麻紙寫，作蕭子雲體，赤軸綺帶。《舊經籍志》：「開元時，甲乙丙丁四部，書各爲一庫，皆以益州麻紙寫，經庫鈿白牙軸，黄帶紅牙籤；史庫鈿青牙軸，縹帶緑牙籤；子庫雕紫檀軸，紫帶碧牙籤；集庫緑牙軸，朱帶白牙籤。可謂緑字金版之麗矣！鄴侯架亦分四色牙籤。」《文選注》：劉歆《七略》曰：「尚書有青絲編目録」，亦謂軸帶帙籤也。宋武入關，收苻姚書，赤軸青紙。跋尾，書卷尾也。卷前謂之序，卷後謂之跋，亦謂之書後。褚無量上言：「貞觀御書，皆宰相書尾。臣位卑，請與宰相聯名跋尾。不從。」一弓，一卷也。升菴曰：「弓音周，道書以一卷爲一弓。」智按，本出真誥，而周音可疑。孫愐《尤韻》丩篆作[illegible]，《説文》：「糾繆也」，將以此音一卷之弓乎？《隋·經籍志》、《唐·藝文志》、《何遜集》皆八弓，《詩紀》刻作「弓」字，蓋緣陶九成《説郛》以弓紀書，而作「弓」也。黄伯思曰：「小宋《太一宫詩仙圖》幾弔開」，蓋誤用「弓」爲「弔」也。《真誥》所謂：「弓即卷字。」陳景元據《真誥》以弓即篇字，亦誤。「弓」蓋卷篆之省文耳。則音周者，皆因近糾而誤也。智又思，書稱一函，函本從「圅」，圅從弓，音菡。一弓蓋一函也，省文作弓，訛而爲弓。黄卷，黄本也。故曰「鉛黄」，曰「官黄」。魏鄭默制《中經》，荀勗因著《新簿》，盛以縹囊，書用緗素。緗，淺黄色也。《穆天子傳序》謹以二尺黄紙寫上。《會要》：「天寶中，勑御史依舊，置黄卷，書闕失。」古人用黄卷者，有誤，可以雌黄滅之，又能防蠹。《北齊書》：「制五條，寫于詔牘，以版長二尺二寸，雌黄塗之。」狄仁傑云：「黄卷中方與聖賢對語。」李庾《西都賦》：「秘書典籍，品命校郎，横閣三重，闌正鉛黄。」謂黄卷也。韋述蓄書二萬卷，皆手校定，黄墨精謹。宋崇文院白本書多蠹。崇文院者，在左昇龍門，即三館秘閣也。祥符八年，館閣火，移寓右掖門外，曰「崇文外院」。嘉祐，命陳襄、蔡抗、蘇頌、陳繹編定，遂用黄紙，寫印正本以防蠹敗。歐陽修提舉三館、秘閣，寫版請降舊本，遂詔龍圖、天章、寶文閣、太清樓管掌内臣，檢所缺書録上，于門下省謄寫。以所寫黄本一萬六百五十九卷，黄本印書四千七百三十四卷，悉昭文館王洙有雌黄墨磨，以少藤黄，尤佳。山谷詩：「拂殺官黄卻有思」謂黄本，官書也。坡詩：「硬黄小字臨黄庭」，唐法帖皆用硬黄紙臨。余謂：即今桱油紙類。

尤侗《艮齋雜説》卷四　物莫不聚于所好。好貨、好色，好樂、好勇，一有所好，物得移之矣。人之好書者絶少，書本無可好，而古人有名書癖者，有名書淫者，夫癖與淫，則好之甚，其去貨與色幾何？吴人每呼人爲「書獃子」，蓋讀書未有不獃者。或問子之讀書奚若，予笑曰：「吾學陶淵明不求甚解，曉大意而已。」物之聚者，未有不散，不獨財色然也，書亦有之。自秦火作俑，其後劉歆《七略》一萬三千餘卷，新莽燒之。湘東蓄書十四萬卷，江陵破，悉自焚之。王世充得隋書八萬餘卷，没于砥柱，開元四部、太和十二庫、宣和太清龍圖，所儲皆遭兵燹，無孑遺者，何況士庶之家乎？先祖文簡公造萬卷樓，一夕而熸于火，近則錢氏之絳雲樓，其續也。予修《明史》，纂《藝文志》，經史子無論，即集部至三千餘種，然僅存姓氏題目，而書之有無大半不可問矣。文章刼運，彈指滄桑，而一二儒生尋章摘句，沾沾自喜，詫爲必傳，亦可歎也。今人藏書，多以善價購求宋板。予謂以此裝潢藏弆，傳爲子孫寶玩可耳，若真讀書人，朝翻暮卷，濃圈淡抹，只取坊本殊足快意。若謂今本多差字，昔人謂讀書遇差字，思之正自一樂。若珍惜古本，手不忍觸，奚取縹囊緗帙，束之高閣乎！況手評之書，可爲吾家故物，若名家秘笈，必有大力者負之而趨，聞王弇州舊藏宋板《漢書》，得之吴中陸太宰家。紙爲羅紋箋，字類歐陽率更，是趙文敏故物，卷首有文敏自作小像，弇州亦畫像于後。錢蒙叟以千金得之，轉鬻于謝象三，順治間復歸新鄉某公，近已携往塞外矣。世間好物，不堅牢如此。而後人戀戀不舍，不亦癡乎。李濟翁云：「借書一癡，惜書二癡，索書三癡，還書四癡。」予續之曰：「藏書五癡。」好宋板書與好古器書畫相似。設文王之鼎，不可以焚香；挂漢高之劍，不可以割肉，名雖美而不適于用也。唐太宗使蕭翼賺蘭亭至以殉葬，米元章弄石滿袖，李公擇懸墨滿堂，其癖一也。和嶠錢癖，李憕地癖，王濟馬癖，杜預《左傳》癖，何以異乎？嘗記邢居實《拊掌録》：近日印書盛行，有一士人，括家貲約百餘千買書入京，途遇一士人，閱其書目，愛之而貧不能得，家有數古銅器，將貨之。而鬻書者雅有古器之癖，一見喜甚，乃曰：「無庸貨也，我將與汝估其直而兩易之。」于是盡以擔中書換數十銅器而回。其妻訝其歸速，視其行李，但見二三布囊，磊塊，鏗然有聲，問得其寔，乃詈其夫曰：「你換得他這個，幾時近得飯喫？」士人曰：

「他换得我那個，也幾時近得飯喫。」妙哉！此語真堪作癡漢棒喝也。

湯斌《擬明史稿》卷一七《丘濬傳》 丘濬字仲深，瓊山人，幼孤，母李氏教之，日誦萬言。貧不能致書，或假之市肆，或走數百里求藏書家，委曲與之交，因得借觀，至五六年不倦，其顓篤如此。【略】濬將以《大學衍義補》次第奏行，乃首言儲圖籍事，其略曰：「前代藏書之富，有至三十七萬卷者，今國家圖書之儲，兩京皆有專官。而文淵閣書目不及前代十一，兩京國子監所存，不過累朝頒降典籍而已。請將内閣藏書分官考校，其有副本，分送兩京國子監。無副本者，付監鈔録。再勅天下提學憲臣，將内閣未備書籍購訪民間，繕寫彙獻。高皇帝御極三十餘年，詔令文辭多出宸衷，非前代帝王假手詞臣之比。至當時儒臣所纂，又有《寶訓》、《日曆》、《聖政記》等書，藏之秘閣，臣民無由覩記，請鏤板頒布。更倣《貞觀政要》，提綱分類，以昭謨烈之盛。列聖實録，代經六帝，世盈十紀，既無石室之藏，又無名山之副，典守或疏，恐遂沉没。後之秉史筆者，傳聞異辭，無所考信，請於文淵閣旁别建重樓，累以甎石，銅櫃扃鐍，庋之高層，爲異日纂修之資。」

吳任臣《十國春秋前蜀·王鍇傳》 永平元年，高祖作新宫，集四部書於中，鍇因勸高祖興用文教，上奏記曰：「伏以羲王演卦，神農造書；陶唐克讓，是昌禮樂；有虞濬哲，乃正璿璣。禹、湯、文、武，功濟天下，故能卜世延遠，垂裕無窮。逮乎六國，諸侯力征。秦滅墳典，以愚黔首，遂使聖人糟粕，掃地都盡。漢承秦弊，下武尊文，蕭何入關，唯收圖籍，文帝修學校，舉賢良，海内晏然，興崇禮義。景帝躬履節檢，選博士諸儒，以備顧問。麟書鳳紀，填溢于未央；玉版金繩，克牣於秘府。班固曰周稱成、康，漢稱文、景，宜哉！武、宣之世，乃從禮官開金馬石渠之署，以議典禮，樂置協律之官，以分雅、鄭。公卿大夫間作于世，或紓下情，以通諷諭；或宣上德，以盡忠孝。孝成之世，奏御者千有餘篇，獻納論思之盛，夐古罕比。世祖承喪亂之餘，龍驤宛葉，去暴誅亂，拯溺救焚，寬以用人，明以率下。兵革既息，寰海乂寧，乃起立太學，招致鴻碩，羣臣每有奏議，必令史官撰集，以傳後世。數引公卿，講論經義，夜分乃寐，不以爲勞。孝明師事桓榮，躬親文墨，朝誦夜講，明達過人。孝章崇尚文儒，有太宗之遺風，常於白虎殿會集羣儒，推演乾坤，考合陰陽，上申聖人，下述品物，參於傳記，内别六經，若披浮雲而覩白日，設華鐙而入闇室。詔玄武司馬班固纂集其事，名曰《白虎通》。魏武博覽羣書，特好兵法，鈔略書史，名曰《節要》，又注《孫子》十三篇；尤好篇詠，動爲典則。文帝八歲能屬文，淹通古今，貫穿經史，及居帝位，益尚謙和，坐不廢書，手不釋卷。晉宣博學洽聞，服膺儒教，當曹氏中微，總攝伯揆，萬機之暇，未嘗廢卷。景、文之間，咸盡儒術。宋高祖豁達大度，涉獵典墳，討伐之中，亦重文墨。文帝廣覽經史，雅善隸書，每誡諸子，率以廉儉。南齊高帝深沈大量，清儉寬厚，嗜學好文，曾無喜愠，常曰：『學然後知不足，余恨無老成人得與周、孔比德。』兼善草隸，有飛動之勢。梁武該博多聞，有文武之略。在位冬月秉火執筆，手爲皴裂。諸子悉有文藝，聚書討閲，晝夜忘疲。元帝好《易》，韋編三絶，東閣聚書十四萬卷，象牌玉軸，輝映廊廡。陳武倜儻，雄傑過人，窮究兵書，耽玩史籍。文帝留意經典，舉動端雅。後魏道武立臺省，興儒學，五經各置博士，講問如市，塾序成林。北齊有文林學館。周武帝保定中書盈萬卷，平齊所得，裁至五千卷，置麟趾殿學士以掌著述。隋平陳之後，牛弘分遣搜訪異書，經史漸備，凡三萬餘卷。煬帝於東都觀文殿東西廂貯書，寫正副各五十，分爲三品，除秘書所掌，而禁中之書在焉。唐高祖統一區宇，剗革暴隋，六合宅心，四海歸德，躬行仁義，以息亂階。太宗神睿聖文，天資英武，嘗在藩邸，命博學之士房玄齡、杜如晦等一十八人爲秦府僚佐，大較儒術，廣聚經史；及居帝位，隨才擢用，於是弘文館皆置學士。玄宗開元五年於乾元殿置修書使，召學士張説等讌於集仙殿東廊下寫四部書以充内庫，麗正殿名集賢，其修書使爲集賢殿學士。自是圖籍不獨秘書省，弘文、崇文館皆有之。集賢所寫則御書也，分爲四部：一曰甲，爲經；二曰乙，爲史；三曰丙，爲子；四曰丁，爲集。兩京各一本，共二萬五千九百六十卷。經庫書白牙軸、黄帶、紅牙籤，史庫書青牙軸、縹帶、青牙籤，子庫書紫檀軸、紫帶、碧牙籤，集庫書緑牙軸、朱帶、白牙籤，以爲分别。以大學士專掌之。歷代以來，咸有祖述，廢置沿革，或有差異，今但略舉帝王故事及秘書之職，幸冀垂覽焉。」

朱彝尊《曝書亭集》卷四四《文淵閣書目跋》 文淵閣書目，編自正統六年六月，著録者，少師兵部尚書兼華蓋殿大學士楊士奇，翰林院侍講學士馬愉，侍講曹鼒也。其目不詳撰人姓氏，又不分卷，俾觀者漫無考稽，此牽率之甚者已。按宋靖康二年，金人索祕書監文籍，節次解發，見丁特起《孤臣泣血録》，而洪容齋《隨筆》亦云：「宣和殿、太清樓、龍圖閣所儲書籍，靖康蕩析之餘，盡歸于燕。」元之平金也，楊中書惟中，于軍前收伊洛諸書，載送燕都，及平宋，王承旨構，首請輦送三館圖籍。至元中，又徙平陽經籍所於京師，且括江西諸郡書板。又遣使杭州，悉取在官書籍板刻至大都。明永樂間勅翰林院，凡南内所儲書，各取一部，於時修撰陳循，督舟十艘，載書百櫝，送北京。又嘗命禮部尚書鄭賜，擇通知典籍者，四出購求遺書，皆儲之文淵閣内。相傳雕本十三，抄本十七，蓋合宋金元之所儲而匯于一。

縹緗之富，古未有也。考唐宋元藏書，皆極其慎重，獻書有賚，儲書有庫，勘書有人，曝書有會。至明以百萬卷祕書，顧責之典籍一官守視，其人皆貲生，不知愛重。而又設科專尚帖括，四子書、《易》、《詩》，第宗朱子，《書》遵蔡氏，《春秋》用胡氏，《禮》主陳氏，愛博者窺大全而止，不敢旁及諸家。祕省所藏，土苴視之，盜竊聽之，百年之後，無完書矣！迨萬曆乙巳，輔臣諭内閣勅房辦事大理寺左寺副孫能傳，中書舍人張萱、秦焜、郭安民、吴大山，校理遺籍，惟地志僅存，亦皆嘉隆後書。初非舊本，經典散失，寥寥無幾，萱等稍述作者之旨，較正統書目，大爲過之，惜已無足觀，徒爲有識者歎惜而已。

徐乾學《憺園文集》卷一〇《文治四事疏》 臣等躬際熙朝，職居禁近，自愧譾陋無能，仰裨休明，謹以管蠡窺測所及，敷陳四事，唯聖慈垂擇焉。一、宫詹之設，由來尚矣。古者六傅之官，詹事居一，由漢迄明，代有沿置，我朝因之，未之改也。順治十五年内，世祖章皇帝以無職掌暫行裁革，然暫也，非永也。故事：院、府、坊、局，體屬班聯，大僚領其事，詞垣兼其職，分秩不分署，增職不增員，制誠善也。年來銓憲諸臣，疏請議復，未蒙俞旨。伏覩國家聯常綦備，端尹率更之司，豈宜獨闕？幸降德音，復舊制，官常以全，國體以重矣。一、詞臣以文學侍從爲職，代言待問，固其事也。唐太宗置弘文館于正殿之左，精選文儒，更日值宿；聽朝之隙，引入内殿，討論商略，或至夜分乃罷。宋臣司馬光言于其君曰：「陛下英睿天縱，然於當世士大夫未甚相接，宜詔侍從近臣輪直資善堂，備非時宣召，廣裨聰明。」明臣張居正請如唐、宋故事，令乾林官分番入直，奉侍清燕，陳説治理。至我世祖章皇帝斷自宸衷，特命于景運門内蓋造直房，令翰林官分班直宿，以備顧問。皇上誠踵而行之，匪獨親儒之盛事，亦覲揚光烈之大端也。一、載籍者，天壤之精華，而邦國之文憲也。《周禮》太史掌建邦之六典，外史掌四方之志、三皇五帝書。三代而降，修文好古之主亦雅務訪輯。漢武帝建藏書之策，後天禄《七略》，凡三萬三千九十卷；唐貞觀中，魏徵等請購天下書，迄開元，經、史、子、集四庫，爲卷五萬三千九百一十有五；宋三館併玉宸四門殿，各有書卷萬餘，仁宗作崇文院，一倣開元庫貯，編列四部而最其目，高、寧之間，卷幾六萬，視《崇文總目》有加；明初下求遺書之令，永樂中益廣搜採，秘閣所藏不下十萬卷有奇。吁，盛矣！國朝人文蔚興，幾于彬郁，然而蘭臺、石室墳牒蕩然，一旦朝廷有事于述作，詔稽古儒林，載筆石渠，蒐討掌乘，以潤色皇猷，其亦何以資繙翫、備參訂乎？乞敕直省學臣照中秘書多方募購，解送禮部。自内府文淵、尊經等閣及翰林院、國子監等衙門皆如法充貯，設典掌校讎諸司，散落脱亂有罰，焚蕩浥爛者罪；仍懸獻書之賞，置寫書之官以羅致遺逸，鴻都、虎觀之盛，奚難再覩于今茲耶！一、勝國之史成于昭代，以監隆污，以垂法戒，所關至鉅。世祖時有詔開局纂修，而發凡起例尚未之講。近者，天啓、崇禎二朝邸報及稗乘可備采録者，亦既漸集闕下矣，恐久之卷軸磨滅，文獻凋零，世遠蹟湮，無從考究。請敕館閣儒臣，發金匱之藏，分科簪筆，仍旁稽軼籍、廣辟宿者，詳慎編摹，勒成信史。斯一代之盛典，光千秋之金鏡備矣！之四者，頗鄰于迂濶尠當，然方今聖學日新，文運正泰，經生之言，不無涓滴之補。《易》曰：「文明以正，人文也。」然則化成天下，此其時矣。皇上留神省覽，立賜施行，臣等幸甚！斯文幸甚！

又卷三六《好古》 歐陽永叔曰：「物必聚於所好。」金玉犀象難得之物，而有力者能聚之。金石遺文往往湮滅於荒墟破冢之間，由於好之者少耳。予則以爲永叔之所謂好，猶有未盡。夫古人往矣，惟藝事之工美見於遺墨斷楮，猶其精神所寄託也。由是以推，其生平所用之尊彝、服器、珮環、鈎玦，亦皆有遺澤存焉。於是乎寶之。寶古物者，凡以重古人也。然其爲物不足益神智，治身心，廣學識，精義理，亦僅供把玩而已。古人之所以不朽者，曰立言，雖遠隔數千百年，一室晤對，如在几席。是故善慕古者，莫若讀書。今世以其鏤刻之廣，購取之易，往往忽之，不知書之爲類夥矣！自六經子史而外，凡爲理學經濟之儒，名臣介士，咸有著述。厄於世變，以時銷亡，其所存者，千百之什一也。有志之士，當移其嗜古之心，一之於書，得其片言，足以益神智，治身心。見其行事，足以廣學識，辨理義。而所謂金石遺文之可資爲考訂之助者，亦其一而已。舍是而曰吾姑寓意於物，君子則誠有所未暇也。雖然，猶有進焉，伊川之論讀經曰：「經，所以載道也。誦其言辭，解其訓故，而不及道，乃無用之糟粕耳。」晦菴之論。讀史曰：「病中抽得《通鑑》一兩卷，看正值難處，置處不覺骨寒毛悚，心膽墮地，始悔向來作文字看過之爲枉讀書也。」故讀古人書，遇格言善行，當求身體而力行之。遇難處事，心思身處其地，如何善全而不悖於道。如是沉思久之，真積力久，事理沛然，而力行之，無所滯礙，斯爲自得，於已不枉讀書者矣。不然古之聚書萬卷，而淪没於水火盜賊者，不知其幾矣。此與玩物喪志者，何以異哉。

田雯《古歡堂集》卷三〇《貴陽府學藏書碑記》 今天下儒術昌，吏治修，凡郡縣各有學，獨以黔則興廢半焉。雖沿革不同，弗遑建置，亦西陲羈縻之邦，不以通例論也。貴陽有學，明萬曆間，黔撫郭公青螺於平播後創之。而黔學之有藏書也，

亦自青螺始。歲既久，學且圮隳，書亦煨燼，春秋俎豆，有司奉行故事而已，而游歌講肄之事無聞焉。余自戊辰入黔，見夫士之進退周旋者，亦羣思争自濯磨，無如載籍寥寥，見聞荒陋，非惟古學不講，即帖括之，近習流傳委巷者不過一二，斷簡殘帙可覆醬瓿已耳。而吴越間之書賈，從不重趼一至焉。考其地，傳之無人，漸且藏之亦無其地，而況兵盗水火，風雨蟲鼠之劫灰散佚哉。余於甫入黔之日，葺治學宫，復其舊觀，顧瞻題榮周行階戺，俾有司帥博士弟子游歌講肄於其地。踰三年，辛未秋余以憂去黔，將行矣，巾箱中有書如干種，凡數十百卷，皆著目留之學宫。櫝藏庋載，令學官掌之學使者，集黔之士，日稽月課，庶有志者得以卒業焉。嗟乎！夜郎鬼方，士既苦於無書，又苦於不知當讀何書，雖有聰明魁傑之彦，冥思雕搜枵腹無當，人終以卉衣椎鬟之蠻髦輕視之。余是以不忍，特留書於黔也。夫古人之爲學，不外經史二者，余所以留於黔者，經史爲上，文苑詩賦次之，不然，喬宇嵬瑣固爲荀卿所恥，萬一取舍悠繆，流於怪僻荒誕，爲非聖之言所係，於學術風俗不少。余之意，惟青螺知之，亦余之私淑青螺然也。余去黔五年矣，客歲林子石來，以視學赴黔，曾以是告之。又復踰年，寄以此文，勒諸頖水之石。林子負文章名，今爲黔士師，無異司馬長卿之在滇。吾知黔之士，必有如盛覽，張叔講習經史之學，揚聲游光於當代者，儒術昌而吏治修，更大且遠也。是爲記，並列書目於碑陰。

萬斯同《石園文集》卷五《書邱文莊傳後》 自古右文之朝，孰不以藏書爲美哉！祕書之缺，略而不備，未有若明代之甚者也。雖内之文淵閣，外之翰林院、國子監，皆爲藏書之府。然藏之無幾，而其所藏者又皆禁而不許觀。故直文淵者不得讀文淵之書，官翰林者不得披翰林之籍，其在國子亦然。不過每歲一晾以防蠹朽而已。夫天子既不留心於載籍，而學士大夫又不敢觀中祕之書，則書籍之不備，亦何傷之有。顧士庶之家，猶且購書以示子孫。而石渠之中，蘭臺之内，反缺略而不備，毋乃非美觀乎哉！邱文莊之初入閣也，嘗承孝宗之命，於所著《衍義》中撮其藏書之條疏爲萬言以入告，乃亦迄無舉行者。夫以天子之所咨訪，宰相之所條陳，然且格之而不行，又何望於他時耶？甚哉！好文之主之難遇也。太祖雖得天下於馬上，然能投戈講藝，釋轡論文，故御集獨多於諸帝。太宗之樂觀大典，宣宗之雅號知書，亦爲帝王之難事。世宗於孔廟明堂諸大禮嘗親爲文以折羣臣，至於制書手敕，何爲多詰屈而難曉也。豈有得於太祖家法耶？嗚呼！帝王好文之難如此，則祕書之缺略而不備也，又安足怪哉。

《明史·藝文志》 明太祖定元都，大將軍收圖籍致之南京，復詔求四方遺書，設秘書監丞，尋改翰林典籍以掌之。永樂四年，帝御便殿閲書史，問文淵閣藏書。解縉對以尚多闕略。帝曰：「士庶家稍有餘資，尚欲積書，況朝廷乎？」遂命禮部尚書鄭賜遣使訪購，惟其所欲與之，勿較值。北京既建，詔修撰陳循取文淵閣書一部至百部，各擇其一，得百櫃，運致北京。宣宗嘗臨視文淵閣，親披閲經史，與少傅楊士奇等討論，因賜士奇等詩。是時，秘閣貯書約二萬餘部，近百萬卷，刻本十三，抄本十七。正統間，士奇等言：「文淵閣所貯書籍，有祖宗御製文集及古今經史子集之書，向貯左順門北廊，今移於文淵閣、東閣，臣等逐一點勘，編成書目，請用寶鈐識，永久藏弆。」制曰「可」。正德十年，大學士梁儲等請檢内閣并東閣藏書殘闕者，今原管主事李繼先等次第修補。先是，秘閣書籍皆宋、元所遺，無不精美，裝用倒摺，四周外向，蟲鼠不能損。迄流賊之亂，宋刻元鐫胥歸殘闕。至明御製詩文，内府鏤板，而儒臣奉敕修纂之書及象魏布告之訓，卷帙既夥，文藻復優，當時頒行天下。外此則名公卿之論撰，騷人墨客一家之言，其工者深醇大雅，卓卓可傳，即有怪奇駁雜出乎其間，亦足以考風氣之正變，辨古學之源流，識大識小，掌故備焉。挹其華實，無讓前徽，可不謂文運之盛歟。四部之目，昉自荀勖，晉、宋以來因之。前史兼録古今載籍，以爲皆其時柱下之所有也。明萬曆中，修撰焦竑修國史，輯《經籍志》，號稱詳博。然延閣廣内之藏，竑亦無從徧覽，則前代陳編，何憑記録，區區掇拾遺聞，冀以上承《隋志》，而贋書錯列，徒滋譌舛。故今第就二百七十年各家著述，稍爲釐次，勒成一志。凡卷數莫考、疑信未定者，寧闕而不詳云。

鄭元慶《吴興藏書録·姚翼玩畫齋藏書目録》 《自序》略云：金玉珠璣之好，舉世所同也。同則聚於吾也，垂涎者心衆。而況其人所好，既終身於此，則其子若孫，率皆溺於紈綺膏粱，作業竭而才日匱，其末也必不能自給。又無義禮以養其心，而孝敬之念既衰，則其於祖父精神手澤，渺然不爲介慮。舉而棄之於人，以求免夫一旦之飢寒也，如視敝屣。以子孫如視敝屣之心，而乘之以舉世垂涎之欲，吾見聚之以數十年之力者，不終朝而澌滅無遺矣。乃若書之好，千萬人而無二三焉。方吾之好而聚之也，人將羣嗤之不暇焉，能更有同好者睥睨其傍哉！而況爲其子若孫者，縱非皆能讀父書。而目染耳濡之餘，或稍稍習儉素以自保，且非甚狂病不肖，當不忍死其親而捐其所甚好。雖欲捐之，又或苦于售之不易而中沮。然則吾之好書，雖限於力而不能多致，使汗牛充棟，竊獨喜其可久據以爲吾有也。故特齋而藏之，又籍而録之，使由吾之子若孫，以傳於世世，不特賢而能讀吾書者之所寶愛，而或附益之。雖中材以下，苟非甚病狂不肖者，因以知我所好之甚，雖不

幸而偶不免於飢寒，或姑存之而不强售於非所同好云耳。

沈起元《敬亭詩文·文稿》卷一《題周生永年水西書屋藏書目録後甲戌》　凡百嗜好皆累心，唯書足以明心、養心，而嗜者絶少，非惟聲色、財利、官爵、珍玩奪之，而舉業之奪彌甚。昔人以書治舉業，今人治舉業而廢書，余每爲之太息。余來主濼源書院講席，得周生永年。其文矯然，其氣凝然，百無嗜好，獨嗜書。歷下書不易得，生故貧，見則脱衣典質，務必得，得則卒業乃已。今所藏經、史、子、集、二氏、百家之書，已數千卷，皆能言其義者。窺其志，將盡致古今載籍以掇其精而嚌其胾，而不僅以多藏爲富，是豈惟齊魯之傑。吾吴號多文學之士，余猶將張生以厲之。雖然，生不嗜書則已，生既酷嗜，余則有進，生亦知書之不必富乎，亦知書之足爲心累乎？夫書者，載道之器。而道非堯、舜、禹、湯、文、武、周公、孔孟之道，即吾身心之道也。非書無以識道，故書貴也。道一而已，六經四子可數言蔽之。至戰國，游士詭奇誣誕之説競作，以遏塞聖道，於是造物者惡之，假手秦政之火，不幸六經亦惸罹其毒。然漢興，六經旋出如日月之不可晦蝕，而諸叛道之書銷沉於灰燼者，固已不知其幾，未嘗非一火之爲烈也。自漢迄今，乃又有訓詁之學、詞章之學、釋老之學、術數之學、小説之學，書益漫汗無紀極，才智之士馳騁游獵其中，以炫俗釣聲，爲斯道害彌甚。程子玩物喪志之語誠篤論也。世有好奢者，每食羅珍錯，窮水陸，和百味，卒乃舉數臠，釂數巵，適醉飽而止。好遊者足跡遍天下，歷五嶽，浮江河，搜台蕩之奇，探洞府之奥，倦而歸，敝廬數椽，以待風雨足矣。故凡騁耳目之觀者，皆於我無與，不惟無與，皆足蕩精魄而縻歲月，識者惜之。昔昌黎之學，細大不捐，然自言學之二十餘年，始辨古書之正僞，白黑分矣，務去之，乃有得焉。蓋昌黎承漢魏六朝後，尋源潢潦，問塗榛莽，故别白之難如此。今幸生宋諸大儒後，古書之正僞犁然，顧猶取昌黎之所去，以爲博乎。人生百年耳，天下之藝能不必兼也，古今作者辭章之優劣不足深辨也，唯道之求以事，吾身心之不暇，何書之富爲。生聞言憮然，瞿然，翻然，曰：謹受夫子教。遂抑首治經書滿屋，不爲泛涉。生今年二十有五，少於昌黎上宰相書時二年，極其所嗜而不誤所趣，余老矣，詎見其成之所底，因書所與言者，留其藏書之室，以堅其志。

黄圖珌《看山閣集》卷一一《珍藏寶玩·藏書》　藏書愈多，則人愈幽，智愈深，心愈閒，目愈空。悉蹤日與聖賢對語，工夫到處，卓然高堅。能挽世風而易時俗，是謂藏書之大有益也。

又卷一四《閨房樂事·藏書》　閨閣中若擁書萬卷，即不能讀，亦覺幽韻自生，俗塵銷盡矣。

全祖望《鮚埼亭集》卷三二《叢書樓書目序》　乾隆戊午，予爲韓江馬氏兄弟作《叢書樓記》，於今蓋六年矣。《書目》告成，屬予更爲之序。馬氏儲書之富，已具見於予記中。吴越好古君子，過此樓者，皆謂自明中葉以來，韓江葛氏聚書最盛，足以揜葛氏而過之者，其在斯乎？予以爲此猶其淺焉者也。夫藏書必期於讀書，然所謂讀書者，將僅充漁獵之資耶？抑將以穿穴而自得耶？夫誠研精得所依歸，而後不負讀書，請即以韓江之先正言之。其在唐時，曹氏、李氏牢籠四部，稱爲博物之雄，選學之大宗也。選學大衰，士以經史之文相尚，逢原頡頏曾、王間，太虚豫於蘇門六學士之目，八家文統之功臣也。文章尚屬小技，若孫氏之《春秋》出自安定先生之傳；竹西王氏之《周禮》出自龜山先生之傳；力排異説，蔚乎大醇。而明世海陵格物之旨，羽翼新建，遺經之世胄也。韓江先正之箕裘，遠有端緒，固未可竟以聲利之場目之也。馬氏兄弟服習高曾之舊德，沉酣深造，屏絶世俗剽賊之陋，而又旁搜遠紹，萃薈儒林文苑之部居，參之百家九流，如觀《王會》之圖，以求其斗杓之所向，進進不已，以文則爲雄文，以學則爲正學，是豈特閉閣不觀之藏書者所可比，抑亦非玩物喪志之讀書者所可倫也。韓江先正寔式憑之，而勵勵與葛氏争雄長乎哉？今世有所謂書目之學者矣，記其撰人之時代，分帙之簿翻，以資口給。即其有得於此者，亦不過以爲撏撦獺祭之用。《叢書樓書目》之出也，必有以之爲鴻寶者矣。豈知主人已啜其醨而哺其糟乎？聞吾言者，其尚思所轉手也夫。

阮葵生《七録齋文鈔》卷四《宣南邸舍書目序》　前明嘉靖間，六世祖鳳居公宰益陽，舉天下清官第一，歸惟載書數舟。隆、萬以後，淮郡徵文獻者必首推吾家。明季徭役繁興，漕政大壞，衛籍丁男逃竄四出，吾家族姓北遷齊豫，南入潁亳者，皆一去不返，家室分崩蕩析，曷問藏書。即我朝治漕恤丁，士民復故業。康熙間，先曾祖鶴緱徵君以博學名當世，與徐健菴果亭昆仲，自幼結文字之知。迨健菴歸田，同游洞庭書局，得《傳是樓書目》，復稍稍聚集蕺殘，後又分而爲七。先大夫暨叔父薑村先生前後入翰林，寓輦下淮濱，老屋數椽封閉數十年。乾隆乙丑，先大夫乞假歸，則棟折墻圮，器物書籍所謂七之一者，又百不存四三。丁亥秋，予服闋入都，時弟紫坪亦之官吴興，各携所常讀書以出，一區之宅已易他姓，僅留詠素齋六間，堆積故籍。至甲午秋八月十九日，黄河决老壩口，水灌入城，吾家傍城西北隅，尤低下，堂室内水深五六尺許，所存故書盡付波臣。逾月遣急足取出，則皆膠濕霉黝，

如煤如泥，乃悉投之東流。至是，而先益陽公舊本乃蕩然無隻字存，可勝慨哉。今年夏，邸舍曝書，兒姪彙録書目，閲之，有感於心，因舉往事告之，即題其卷端。噫，焚林而寶一枝，竭澤而蓄一鱗，殆不堪回首矣。

阮葵生《茶餘客話》卷一六《三難》 梨洲先生言：「藏書難，或藏而不能讀，讀而不能文章，兼是三者尤難。」古來文士，不乏抱兔園數册，修飾成家，欲以行遠。難矣。古來藏書家，亦不乏兼收並蓄，錦幅牙籤，爭長于名畫奇器間。酒闌燭跋，充爲耳目之玩。此可謂之能讀乎？近世以博洽名者，如陳晦伯、李於田、胡元瑞之流，皆不免疥駝書簏之誚。弇州、牧齋，好醜相半。上下三百年間，免於疑論者，止宋景濂、唐荆川二人。其次則楊升菴、黄石齋。森森武庫，霜寒耀日。誠間世之學者也。

錢大昕《十駕齋養新餘録》卷下《藏書之戹》 魏華父言：「藏書之盛，鮮有久而弗戹者。」孫長孺自唐僖宗時爲榜「書樓」二字。國朝之藏書者莫先焉，三百年間，再燬于火。江元叔合江南吴、越之藏，凡數萬卷，爲藏僕竊去，市人裂之以籍物。其入于安陸張氏者，傳之未幾，一篋之富，僅供一炊。王文康、李文正、廬山劉壯輿、南陽并氏，皆以藏書名，未久而失之。宋宣獻兼有畢文簡、楊文莊二家之書，不減中祕，而元符中蕩爲煙埃。晁文元累世所藏，自中原無事時已有火厄，至政和甲午之災，尺素不存。

錢大昕《元史藝文志》卷一 宋時三館圖籍，號稱大備。汴京既破，輦歸金源氏。高宗南渡，復建祕書省，搜訪遺闕，優獻書之賞，館閣儲藏，不減東都盛時。元起朔漠，未遑文事。太宗八年，始用耶律楚材言，立經籍所於平陽，編集經史。世祖至元四年，徙置京師，改名弘文院。九年，置祕書監，掌歷代圖籍，并陰陽禁書。及大兵南伐，命焦友直括宋祕書省禁書圖籍，伯顔入臨安，遣郎中孟祺籍宋祕書省、國子監、國史院、學士院圖書，由海道舟運至大都，祕書所藏，彬彬可觀矣。唐以前藏書，皆出鈔寫，五代始有印板，至宋而公私板本流布海内，自國子監祕閣刊校外，則有浙本、蜀本。閩本、江西本。或學官詳校，或書坊私刊。士大夫往往以插架相誇。世祖用許衡言，遣使取杭州在官書籍板及江西諸郡書板，立興文署以掌之。諸路儒生著述輒由本路官呈進，下翰林看詳。可傳者命各行省檄所在儒學及書院，以係官錢刊行。鄱陽馬氏《文獻通考》且出於羽流之呈進，亦一時嘉話也。至正儒臣撰《祕書監志》，僅紀先後送庫若干部若干册，而不列書名。明初修史，又不列《藝文》之科，遂使石渠、東觀所儲，漫無稽考。兹但取當時文士撰述，録其都目，以補前史之闕，而遼、金作者亦附見焉。禱昧匙聞，諒多漏落，部分雜厠，亦恐不免。拾遺糾繆，以俟君子。

周永年《儒藏説》 書籍者，所以載道紀事，益人神智者也。自漢以來，購書藏書，其説綦詳。官私之藏，著録亦不爲不多，然未有久而不散者。則以藏之一地，不能藏於天下；藏之一時，不能藏於萬世也。明侯官曹學佺欲仿二氏爲儒藏，庶免二者之患矣。蓋天下之物，未有私之而可以常據，公之而不能久存者。然曹氏雖倡此議，採擷未就。今不揣譾劣，願與海内同人共肩斯任，務俾古人著述之可傳者，自今日永無散失，以與天下萬世共讀之。凡有心目者，其必有感於斯言。邱瓊山欲分三處以藏書，陸桴亭欲藏書於鄒魯，而以孔氏之子孫領其事。又必多置副本，藏於他處，其意皆欲爲儒藏而未盡其説。惟分藏於天下學宫、書院、名山、古刹，又設爲經久之法，即偶有殘闕，而彼此可以互備，斯爲上策。竹帛變爲摹印，書之流傳較易。然考歷代藝文録存而書亡者，多矣。或曰，凡書之不傳者，必其不足傳者也。是不然。《尚書》、《周官》，殘於秦火，淹中古禮，竟亡於隋唐之際，此皆古聖人傳心經世之要典，豈其不足以傳哉！則以藏之者無法耳。釋者之書，正僞參半，美惡錯出，惟藏之有法，故歷久不替。然立藏以後，自成一家之言者，初不多見。儒者則一代之内，必有數種卓然不朽之書，可以入藏。釋老之藏，盛於前而衰於後，儒者則代有增益，此亦閑衛吾道之一端也。或曰：「古今載籍，浩如煙海，子之計，是愚公之移山也。」曰：「不然，天竺之書，遠隔中國二萬餘里，六朝迄唐，西域求法高僧見於傳記者，不可殫述。況中國之書，固不必遠求乎。明釋正可以藏經繁重，欲易爲書册，以便流通，竭力號召，竟成其事。然則吾黨之立志患不固耳，奚其難！」或曰：「子欲聚儒者之書，而仍襲二氏之名，可乎？」曰：「守藏之吏，見於周官。老子爲柱下守藏史，固周人藏書之官也。二氏以藏名其書，乃竊取儒者之義，今日之舉，豈曰襲而用之哉！」或曰：「童而習之，白首紛如，一卷之書，終身不能窮其藴，又奚以多爲？」曰：「是不然。孟子云博學詳説，將以反約，不博而約，非約也，陋也。以孔子之聖，猶以好古敏求立教，況其下焉者乎？介甫曰：『不盡讀百氏之書，必不能明聖人之經。』若曰文足害道，博適溺心，斯二氏之玄談，非吾儒之宗旨也。鄭漁仲曰：『有專門之書，則有專門之學，人守其學，學守其書，人有存没而學不息，世有變故而書不亡。』然何如畢入於藏，使天下共守之乎？且儒藏既立，則專門之學亦必多於往日，何也？其書易求故也。鄭漁仲曰：『辭章雖富，如朝霞晚照，徒耀人耳目，義理雖深，如空谷尋聲，靡所底止，以其未盡見古人

之書，故拘於習尚以自足耳。』果取古人之書，條分眉列，天文、地理、水利、農田，任人所求而咸在，苟有千古自命之志，孰肯舍其實者取其虚者乎？故儒藏之成，可以變天下無用之學爲有用之學。天下都會所聚簪纓之族，後生資禀苟少出於衆，聞見必不甚固陋，以猶有流傳儲藏之書故也。至於窮鄉僻壤，寒門窶士，往往負超羣之姿，抱好古之心，欲購書而無從，故雖矻矻窮年而限於聞見，所學迄不能自廣。果使千里之内有儒藏數處，而異敏之士或裹糧而至，或假館以讀，數年之間，可以略窺古人之大全，其才之成也，豈不事半而功倍哉？歐陽公曰：『凡物非好之而有力則不能聚。』儒藏既立，可以釋此憾矣。先正讀書遺矩，亡於明之中葉。高者失之於玄虚，卑者失之於安庸。儒藏既立，可取自漢以來先儒所傳讀書之法編爲一集，列於羣書之前。經義治事，各示以不可紊之序，不可缺之功。凡欲讀藏者，既以此編爲師，斯涉海有航，無遠弗届。而書籍燦陳，且如淮陰之用兵，多多益善矣，又何患其泛濫而無歸哉？」

周永年《與李南澗札》 曹能始儒藏之議，自古藏書家所未及，當亦天下萬世有心目者之公願。今且廣搜秘籍，以訂例目，逢人説向，以俟機緣。世不乏毛子晉、徐健菴、曹楝亭，得三數人，則事可集矣。昔黄俞邰、周雪客徵刻之書，自當時視之，豈不甚難，今皆次第流布。語云：人之好善，誰不如我。勿畏其難而先自捫其舌也。儒藏果成，則有大力而好事者，欲刻必先刻此一藏，欲藏必先藏此一藏。古人佳書幸存於今者，從此日使永不湮没。二氏得此法以藏書，故歷代以來，亡佚甚少。吾儒斯役又烏可緩？不然，如嘉定錢先生所致歎於惠氏之書者，寧非後死之責乎？白香山自藏其集於匡廬，閻百詩亦欲藏《古文尚書疏證》於太華，此皆由儒藏不立，反思借二氏之藏以傳，用心亦良苦矣。惠氏諸書，過姑蘇如若晤其子孫，可令多置於名山僧寺道觀凡有藏之處，庶幾古來之絶學，前輩之心血，猶不至湮没於奕世也。

劉音《廣儒藏説》 太上立德，其次立功，其次立言，三者必賴書以傳。書之所係，顧不重哉！歷代以來，國貯官藏，不爲不多，家收户積，不爲不廣，然藏之未久，輒至散失，豈非未嘗統爲一編，散而藏於天下之故耶？今夫前人之書，後人藏之，後人之書，不能自藏，復賴後人藏之也。自今以往，不知其幾千萬世，其間之聖賢哲士，不知復幾千萬人，而所立之功德文章，載於書而可傳於後世者，又不知其幾千萬帙。是書愈多愈易散，而藏之者愈難矣。今欲其聚而不散，令上下千古之書有所依歸，則莫善於儒藏。儒藏之議，發於曹氏能始，吾友濟南周君書昌舉以示余曰：「佛老之藏，在在有之，故雖經變故，一失九存。且衲子羽流之著述，亦得以類相附，不至於著者不傳，傳者不永。乃吾儒之書，反茫無歸宿之處，豈非藝林之缺陷也哉？」余謂此誠宇宙間一公事也，因廣其意而爲是説，且願天下潛心於吾道者，共相贊勸，毋生疑阻焉。

周廣業《過夏雜録》卷二《藏書之厄》 廉州陳太史觀樓昌齊聚書五六千卷，見異書必借鈔藏之。嘗見余拙注《意林》，遽留抄一本，他可知矣。甲辰除夕前三日，寓舍不戒於火，燬滅無遺。余走弔之，嘆曰：「餘無足惜，十數年心血一旦盡矣。」余亦深爲惋歎。因憶魏了翁眉山孫氏書樓，記及跋尤氏《遂初堂書目》，皆言昔人藏書鮮有久而弗厄者。梁、隋之盛，或壞於火，或覆於砥柱。唐太元文昭之盛，或燬於盜，或散於遷徙。本朝之初，江源叔所藏合江南吴越之本數萬卷，而子孫不能有，爲臧僕竊以市人，裂以藉物者，不可勝數。安陵張氏得江書最多，其貧也，一篋之富，僅供一炊。王文康初相周世宗多得舊書，李文貞所藏亦一時之冠，而子孫皆不克守也。宋宣獻兼有畢文簡、楊文莊二家之書，可敵中祕，而元符中蕩爲煙埃。晁文元累世之書，校讐是正視諸家爲精，自中原無事時，已有火厄，至政和甲午之災，尺素無存。劉壯輿家廬山之陽所儲亦富，今其子孫無聞焉。南陽开氏藏書五十篋，盡歸晁氏。眉山孫長孺，自唐開成年建樓儲書，光啓元年僖宗書「書樓」二字賜之，僞蜀燬於火，乃遷。魚鯽長孺之五世孫降衷，建隆初爲眉州别駕，市監書萬卷以還。天聖初，降衷孫號儒心者，復入都傳東壁、西雍之副，與官本市書棞載而歸，即所居魚鯽建重樓藏之。比歲又燬於火，書僅有存者。六世孫某，復建樓於舊址，走闕下借抄以補缺遺焉。錫山尤氏寶慶初亦厄於火，攄鶴山之言孫氏之屢絶而復興，尤氏雖有火厄，而書録卒傳固較愈於江張諸家，然其遭厄亦甚。故鶴山以爲書爲天地、神人之所靳，藏之往往遭忌也。吾浙明以來藏書者甚多，今亦惟寧波范氏存耳。陳太史知有此正，無事戚戚矣。

阮元《揅經室集・三集》卷二《焦山書藏記》 嘉慶十四年，元在杭州立書藏於靈隱寺，且爲之記。蓋謂漢以後藏書之地曰「觀」，曰「閣」，而不名「藏」，藏者本於《周禮》宰夫所治，《史記》老子所守，至於《開元釋藏》，乃釋家取儒家所未用之字以示異也。又因史遷之書藏之名山，白少傅藏集於東林諸寺，孫洙得《古文苑》於佛龕閒僻之地，能傳久遠，故仿之也。繼欲再置焦山書藏，未克成。十八年春，元轉漕於楊子江口，焦山詩僧借庵巨超、翠屏洲詩人王君柳村豫來瓜洲舟次，論詩之暇，及藏書事，遂議於焦山亦立書藏，以《瘞鶴銘》「相、此、胎、禽」第七十四字編號，

屬借庵簿録管鑰之；復刻銅章、書樓扁，訂條例，一如靈隱。觀察丁公百川淮爲治此藏事而蕆之。此藏立，則凡願以其所著所刊所寫所藏之書藏此藏者，皆裒之。且即以元昔所捐置焦山之宋、元《鎮江》二志爲相字第一、二號，以志緣起。千百年後，當與靈隱並存矣。

又《杭州靈隱書藏記》　《周官》諸府掌官契以治藏，《史記》老子爲周守藏室之史，藏書曰「藏」，古矣。古人韻緩，不煩改字，「收藏」之與「藏室」，無二音也。漢以後曰「觀」，曰「閣」，曰「庫」，而不名「藏」。隋、唐釋典大備，乃有《開元釋藏》之目，釋道之名「藏」，蓋亦摭儒家之古名也。明侯官曹學佺謂釋道有藏，儒何獨無？欲聚書鼎立。其意甚善，而數典未詳。嘉慶十四年，杭州刻朱文正公、翁覃溪先生、法時帆先生諸集將成，覃溪先生寓書于紫陽，院長石琢堂狀元曰：「《復初齋集》刻成，爲我置一部於靈隱。」仲春十九日，元與顧星橋、陳桂堂兩院長，暨琢堂狀元，郭頻伽、何夢華上舍，劉春橋、顧簡塘、趙晉齋文學，同過靈隱食蔬筍，語及藏《復初齋集》事，諸君子復申其議曰：「史遷之書，藏之名山，副在京師，白少傅分藏其集於東林諸寺，孫洙得《古文苑》於佛龕，皆因寬閒遠僻之地可傳久也。今《復初齋》一集尚未成箱篋，盍使凡願以其所著所刊所寫所藏之書藏靈隱者，皆裒之，其爲藏也大矣。」元曰：「諾。」乃於大悲佛閣後造木厨，以唐人「鷲、嶺、鬱、岧、嶢」詩字編爲號，選雲林寺玉峰、偶然二僧簿録管鑰之，别訂條例，使可永守；復刻一銅章，徧印其書，而大書其閣扁曰「靈隱書藏」。蓋緣始於《復初》諸集，而成諸君子立藏之議也，遂記之。

顧廣圻《顧千里集》卷一二《愛日精廬藏書志序》　書之難聚而易散，自古云然矣。以予目驗，前者先從兄抱沖小讀書堆，我友袁壽皆五硯樓，秘笈不少，方欲一傳，而片紙不能守。滋蘭堂主人朱文游，晚失厥嗣，手斥萬籤，較販鬻家一出一入，詭得詭失，遂覺同歸於盡。後者有常熟陳子準、張月霄二君，於書好同、聚同、能讀同，十年以來，名在人口。予頻歲出游，不及與之賞奇析疑，而僂指識面，所以深期之者未有艾。日月幾何，聞子準夭，無子，半生心血所收，徒供族人一賣。月霄家落，責負者傾囊倒篋捆載以去，於是屬望之素，方且爲之嗒然矣。忽一日，月霄跡予於里中，出巨册盈尺置几上，謂曰：「此所刻書目續目也，刻纔成而書散，書散可惜，刻成可喜，願爲我序之。」予曰：「唯唯！」今夫書之有目，其塗每殊，凡流傳共見者固無待論，若夫月霄之目，乃非猶夫人之目也。觀其某書必列某本，舊新之優劣，鈔刻之異同，展卷具在，若指諸掌，其開聚書之門徑也歟？備載各家之序跋，原委粲然，復略敘校讐、考證、訓詁、簿録彙萃之所得，各發解題，其標讀書之脈絡也歟？世之欲藏書、讀書者，苟循是而求焉，不事半功倍歟？然則此一目也，豈非插架所不可無，而予樂爲之序者哉？予又念抱沖之存，嘗爲讀書志，徘徊矜慎，汔未具藁，予擬撮所見諸藏書家菁華匯著一録，而亦牽率以老，有願莫酬，以視月霄之汗青告成，才何其敏，力何其勤，殆弗可及也已。設使書於月霄不限之以散，而進之以聚，或五六年，或四三年，必再續不一續，不盡泄天地間之秘不止，而豈唯是四十卷哉？此予所以爲月霄序，而含豪掩卷重爲之三歎也夫！道光七年歲在丁亥秋九月，撰於邗江寓次。

金鶚《求古録禮説》卷一五《漢唐以來書籍制度考》　三代之書，皆用方策。漢唐以來，制度代異。漢初因周制，仍用簡册，而帛與竹同用。戴氏宏云：「《公羊》傳至漢景帝時，公羊壽乃共弟子胡母子都箸於竹帛」，此竹帛並用之證。《漢書・藝文志》：「歐陽、大小夏侯三家經文，《酒誥》脱簡一，《召誥》脱簡二。」可知其書於竹也。然古書有篇無卷，而《藝文志》所載，如「《尚書古文經》四十六卷，經二十九卷。」可知其書有用帛者矣。篇字从竹，故竹書曰篇；帛可卷舒，故帛書曰卷。通言之，則竹書亦曰卷，帛書亦曰篇也。古詩云：「中有尺素書。」《風俗通》云：「劉向校書，皆先書竹，改易删定，可繕寫者，以上素。」《書籍考》云：「靈帝西遷，縑帛散爲帷囊。」皆可見漢書之用帛也。至蔡倫造紙，而書籍始用紙。然帛與紙，猶並用也。厥後，不用帛而用紙矣。漢唐之時，未有印板，其書皆以紙素傳寫。《抱朴子》所寫，反覆有字。《金樓子》謂：「細書經、史、《莊》、《老》、《離騷》等，六百三十四卷，扛巾箱中。」桓譚《新論》謂：「梁子初、楊子林所寫萬卷，至于白首。」南齊沈驎士，年過八十，手寫細書，滿數十篋。梁袁峻自寫書，課日五十紙。後周裴漢借異書，躬自録本。蓋書之難得也。其書籍制度不作册，而爲卷軸。胡應麟云：「卷必重裝一紙，表裏常兼數番，每讀一卷，或每檢一事，紬閲展舒，甚爲煩數，收集整比，彌費辛勤。」羅璧云：「古人書不解綫縫，只疊紙成卷，後以幅紙概黏之，猶今佛老經然，其後稍作册子。」今考《唐書・經籍志》云：「藏書分爲四庫：經庫書緑牙軸，朱帶白牙籤；史庫書青牙軸，縹帶緑牙籤；子庫書雕紫檀軸，紫帶碧牙籤；集庫書緑牙軸，朱帶紅牙籤。」其制度大略如此。至唐末，益州始有板本，多術數、字學、小書。後唐長興三年，始依石經文字，刻九經印板，流布天下，命馬縞、田敏等詳勘。《宋史・藝文志》謂：「始於周顯德。」非也。宋端拱元年，司業孔維等奉敕校勘孔穎達《五經正義》，詔國子監鏤板行之。淳化中，復以《史記》、前後《漢書》

付有司摹印。自是，書籍刊鏤者益多。慶曆中，有布衣畢昇，又爲活板。其法用漆泥刻字，薄如錢，每字爲一印，火燒令堅，印數十百千本，極爲神速。鏤板之地，蜀最善，吴次之，越次之，閩又次之。刻板之木，初以梓，後以棃，或以棗。此唐以後書籍之制度也。閒嘗考之，古之書籍，皆寫本，最爲不便。漢熹平始有石經，唐開成、宋嘉祐亦皆有之，後晉天福又有銅板《九經》，皆可紙墨摹印，無用筆寫。然其制頗難，傳亦未廣。至板本盛行，摹印極便，聖經賢傳乃得家傳而人誦，固亦有功名教矣。然寫本不易傳録者，精於讎對，故往往有善本。自板本出，譌謬日甚，後學者無他本可以勘驗，其弊亦不少也。

賀長齡《清經世文編》卷一顧炎武《通今》 漢時，天子所藏之書，皆令人臣得觀之。故劉歆謂：「外則有太常、太史、博士之藏，内則有延閣、廣内、秘室之府。」而司馬遷爲太史令，紬石室、金匱之書。劉向、楊雄校書天禄閣。班斿進讀羣書，上器其能，賜以秘書之副。東京則班固、傅毅爲蘭臺令史，並典校書。曹褒於東觀撰次禮事。而安帝永初中，詔謁者劉珍及博士議郎、四府掾史五十餘人，詣東觀校定五經、諸子、傳記。竇章之被薦，黄香之受詔，亦得至焉。晉宋以下，此典不廢。左思、王儉、張纘之流，咸讀秘書，載之史傳。而柳世隆，至借給二千卷。唐則魏徵、虞世南、岑文本、褚遂良、顔師古皆爲秘書監，選五品以上子孫工書者，手書繕寫，藏於内庫。而玄宗命弘文館學士元行沖，通選古今書目，名爲《羣書四録》。以陽城之好學，至求爲集賢院吏，乃得讀之。宋有史館、昭文館、集賢院謂之三館。太宗别建崇文院，中爲秘閣，藏三館真本書籍萬餘卷，置直閣校理。仁宗復命繕寫、校勘，以參知政事一人領之。書成，藏於太清樓。而范仲淹等嘗爲提舉。且求書之詔，無代不下。故民間之書，得上之天子。而天子之書，亦往往傳之士大夫。自洪武平元，所收多南宋以來舊本，藏之秘府。垂三百年，無人得見。而昔時取士，一史、三史之科，又皆停廢。天下之士於是乎，不知古司馬遷之《史記》、班固之《漢書》、干寶之《晉書》、柳芳之《唐曆》、吴兢之《唐春秋》、李燾之《宋長編》，並以當時流布。至於會要、日曆之類，南渡以來，士大夫家亦多有之，未嘗禁止。今則實録之進，焚草於太液池，藏真於皇史宬。在朝之臣，非預纂修，皆不得見。而野史家傳，遂得以孤行於世。天下之士於是乎不知今是。雖以夫子之聖，起於今世，學夏殷禮而無從學，周禮而又無從也。況其下焉者乎？豈非密於禁史，而疏於作人，工於藏書，而拙於敷教邪？遂使帷囊同毁，空聞《七略》之名；冢壁皆殘，不覩《六經》之字。嗚呼悕矣！

方東樹《漢學商兑》卷中之下 莊氏炘曰：「古書亡於南宋，隋唐書目，所有十不存一，當由空談性命之過。小學書，自《方言》、《説文》、《廣雅》而外，僅存《玉篇》，已爲孫强所亂。後學鑽仰，惟陸德明《經典釋文》、李善《文選注》，最稱博贍，引書數十百種」云云。此莊氏炘《一切經音義序》之言。按：此序前云：「此書自唐以來，傳注、類書，皆未及引，通人碩儒，亦未及覽。閲千餘年，而吾友任禮部大椿、孫明經星衍，始見此書。」其言既已明矣。而此下忽云亡於南宋，由空談性命之故云云。隨口駕誣，不顧理實，並不顧自己前後言語説節。此書之佳，在多引羣籍，藉存古書。然據阮氏《揅經室外集》《提要》稱，雖著録《唐志》，實從《釋藏》中刊印，蓋其罕傳於世也久矣，非南宋始亡也。按《隋志》所有書目，盡於江都。元行沖毋照，所上《羣書四録》，《古今書録》及天寶更造《四庫書目》、《開元書目》，其所著録，經禄山之亂，尺簡不存。後元載及文宗時，鄭覃奏求書，於是四庫復完。昭宗時，秘書省奏原掌四部御書十二庫，共七萬餘卷。黄巢之亂，蕩然無遺。後唐莊宗同光中，募求獻書，又訪圖書於蜀，得《九朝實録》，及他雜書千餘卷而已。五季時，右掖門三館，止十餘楹，書才數槓。建隆初，三館書僅一萬二千餘卷。及平諸國，收圖籍，江南、蜀最多。開寶中，參以舊書，爲八萬卷。太平興國二年，始於乾元殿東，改建三館。三年，成，詔賜名崇文院。雍熙中，建秘閣書庫，分内庫書籍藏之。上謂侍臣，今三館貯書，數雖不少，若觀《開元書目》，即遺逸尚多。乃詔以《開元書目》比校，闕者搜訪。自建隆至祥符，著録總三萬六千二百八十卷。八年，館閣火。九年，新作崇文院。景祐初，命張觀、李淑、宋祁編校，上經、史八千四百二十五卷。明年，上子、集萬二千三百六十六卷。復以書有謬濫不完，始命定其存廢，因倣《開元四部》，録爲《崇文總目》。慶曆初，書成，凡三萬六百六十九卷。王堯臣上新修《崇文總目》然或相重，亦有可取而誤棄不録者。熙寧、元豐以來，益事購求。政和七年，孫覿言：「今累年所得，《總目》之外，幾萬餘卷。別製美名，以更『崇文』之號，名曰《秘書總目》。」宣和初，建局繕寫，一置宣和殿，一置太清樓，置秘閣。又詔搜訪闕書。至靖康之變，散失莫考。朱彝尊《明文淵閣書目跋》按：宋靖康二年，金人索秘書監文籍，節次解發，見丁特起《孤臣泣血録》。而洪容齋《隨筆》亦云：宣和殿、太清樓、龍圖閣書籍，靖康蕩析之餘，盡歸於燕云云。紹興初，再改定《崇文總目》，秘省續編四庫闕書。淳熙四年，少監陳騤編撰書目。五年，上《中興館閣書目》七十卷，計現在書四萬四千四百八十六卷。較《崇文》所載，多一萬三千八百十七卷。復參《三朝史志》，多八千二百九十卷；《兩朝史志》，多三萬五千九百九

十二卷。令浙漕司摹板。嘉定三年，編次《中興館閣續書目》，得書七百五十二家，八百四十五部，凡一萬四千九百四十三卷。十三年，以四庫之外，書復充斥，詔張攀等續書目，又得一萬四千九百四十三卷。而太常、太史、博士之藏，諸路刻板，未及獻者，不與焉。由前而觀，隋、唐書目，所有屢經兵燹，聚散不常，或爲《崇文》所誤棄，厥跡昭然。由後而言，南宋所得書，多於北宋數萬卷。而云隋、唐書目所有之古書，亡於南宋，由俗儒空談性命之故，鑿空妄説矣！又按：大觀中，秘書監何志同言：「漢著《七略》，凡爲書三萬三千九百卷。隋所藏至三十七萬卷。唐開元八萬九千六百卷。慶曆間《崇文總目》，凡三萬六百三十九卷。慶曆去今未遠也，按籍而求之，十才六七，號爲全本者，不過二萬餘卷」云云。晁説之曰：「劉歆告揚雄云，三代之書，蕴藏於家，直不計耳，顧弗多邪。今有一《周易》，而無《連山》、《歸藏》；有一《春秋》，而無千二百國寶書及不修《春秋》；有卿士大夫諸侯禮，而天子之禮，無一傳者。以隋、唐《經籍志》、吴氏《西齋書録》求之，今其存者，有幾也？」葉石林《過庭録》曰：「承平時，三館所藏，不滿十萬卷。公卿名藏書家，多止四萬許卷。其間頗有不必觀者。惟宋宣憲擇之甚精，止二萬餘卷，而校讎詳慎皆勝諸家。吾舊所藏，與宋氏等，而宋氏好書，人不多見者，吾不能盡得也。」王明卿《揮麈録》曰：「承平時，士大夫俱有藏書之名，今皆散佚。靖康俶擾，中秘所藏，與士大夫家，悉爲烏有。南渡後，惟葉少藴，少年貴盛，平生好收書，逾十萬卷，置之霅山弁山山居，建書樓以處之，極其華焕。丁卯年，其宅與書，蕩爲一燎。李泰發家，舊有萬餘卷，亦以是歲火，豈厄會自有時邪？」又據周密《齊東野語》所論一條，可知古籍散亡，古今事勢類然。漢學家毒忌宋儒，動以莫須有之罪歸之，信口駕誣。世俗無聞者衆，眩於高名之游言，異書之難見，承虚易惑，將謂信然。吾故爲本之敦史傳記，著其實蹟以明之。大抵駁雜之書，爲大儒所不取，則有之。若有用之書，稍有識者，所不肯廢，南宋諸儒，何能廢之邪！徐鍇《説文繫傳・祛妄篇》云：「前代學者所識文字，蓋亦有矣。中興書闕，不可得盡。鍇仕五季，精於小學，號最博洽」，其言如此。又嘉祐中，蘇魏公編定《集賢書籍》，宋元憲謂曰：「知君校中秘書，皆以文字訂正。」此正校讎之事也。又曰：「文字之學，今世罕傳，《説文》之外，復得何書？」蘇以徐鍇《繫傳》爲對，公曰：「某少時觀此，未以爲奇。其後兄弟留心字學，當世所有之書，訪求殆遍，其間論議，曾不得徐公之彷彿」云云。宋公在嘉祐中，藏書最富，又精小學，其言如此。則謂小學有用書，亡於南宋，由空談性命之過，不亦誣乎！又顧亭林氏謂：「洪武平元，所收多南宋以來舊本，藏之秘府，垂三百年，無人得見。」按：明自永樂間，取南京藏書送北京。又命禮書鄭賜，四出購求，修《永樂大典》，共二萬二千八百七十七卷，目録六十卷，鋟版十三，抄本十七。正統時，楊士奇修《文淵閣書目》，十四卷。我朝開四庫館，取四千九百四十六卷。則南宋書留於明而未見者尚多，可得謂道學亡之乎？

錢泰吉《曝書雜記》卷一 葉氏《過庭録目》。古書自唐以後，以甲、乙、丙、丁略分爲經、史、子、集四類。承平時，三館所藏不滿十萬卷。《崇文總目》所載是也。公卿名藏書家，如宋宣獻、李邯鄲。四方士民如亳州祁氏，饒州吴氏，荆州田氏等，吾皆見其目多止四萬許卷，其間頗有不必觀者。惟宋宣獻家擇之甚精，止二萬卷，而校讎詳密，皆勝諸家。吾舊所藏僅與宋氏等，而宋氏所未見者，吾不能盡得也。自六經、諸史與諸子之善者，通有三千餘卷。讀之固不可限以數，以二十年計之，日讀一卷，亦可以再周，其餘一讀足矣。惟六經不可一日去手，吾自登科後，每以五月以後天氣漸暑，不能泛及他書。即日專誦六經一卷，至中秋時畢。謂之夏課，守之甚堅。宣和後，始稍廢，歲亦必一周也。每讀不惟，頗得新意，前所未達者，其先日差誤所獲，亦不少。故吾於六經似不甚滅裂。《南史》記徐盛年過八十，猶歲讀五經一徧。吾殆不愧此。前輩説劉原父初爲窮經之學，寢食坐卧，雖謁客未嘗不以六經自隨，蠅頭細書爲一編，置夾袋中，人或效之。後傭書者遂爲雕板，世傳夾袋六經是也。今人但隨好惡，苟誦一家之説，便自立門户，以爲通經。內不求之已，外不求之古，可乎。後生諗習聞見，所以日趨於淺陋也。《文獻通考》卷一百七十四《經籍考》。石林葉氏與諸子講説之語，其中子模編輯之。爲《過庭録》二十七卷。《直齋書録解題》雜家類，録其書此論藏書、校書、讀書之法，有志讀書者所當玩味其言也。泰吉承先世餘緒，藏書號稱二萬卷，以資博采，則不足然。非聖畔道之書，先人所戒。泰吉小時即屏棄不收也。每以不能浹洽，有負世業爲恨。夏日曝書，就所聞見，隨筆寫録，以授學徒。葉氏語素所服膺，録諸卷端，俾子弟知向學之方爾。

錢泰吉《甘泉鄉人稿》卷一七《藏書述》 余年十三四時，從先大夫於大興官舍。六經粗畢，始知好書。先大夫曰：「我有書數千卷在吴橋縣，自爾兄殁不忍視，緘篋置之王氏，當取以畀爾矣。」迨先大夫喪歸，過吴橋縣之連兒窩，王氏以書來歸，遂攜以南，籤排甲乙。先宜人顧而喜曰：「兒好書，可以畢父兄之志矣。」惜吾家者英堂數萬卷盡屬他姓，否則恣所瀏覽也。已而得外曾王父所刊《讀書敏求記》，始知四部之大略，於是益有意於聚書。歲丁卯，世父得語溪吴氏黄葉村莊藏

書數百卷，余尋玩竟日不忍釋。世父盡舉以賜，從兄衎石以有用之學相勖，贈以《通典》、《通考》。戊寅，兄自江右攜南昌學新刊《十三經注疏》以贈從父中丞公，又賜以胡氏所刊《通鑑文選》。戚友知所好，亦有以書爲贈遺者。三十年來遇善本，非力所不能得，必購藏焉。今雖不及儲藏家十分之一，而學舍中一堂二内所以充棟者，皆書也。嗚呼，聚吾書而粥諸市，不足充數年之糧，從容玩味，厭飫其大義，則道德之腴，可以飽數世。獨恨三十七歲以前役科舉業，不能專一藝。自來海昌以病廢絶，干進於有司，乃稍稍誦讀，然昕夕所丹黄點勘，以散壹鬱之疾，而爲藥石之助者。班、范之史，杜、韓、蘇之詩爾。六經、《語》、《孟》則於小兒曹朗誦時，閉目静聽，領其旨趣而已。少嘗有志鄭、孔之學，欲辨析名物，自附於通人，今亦已矣。有病其空疎者，笑謝不敏。然則父兄所留貽，友朋所投贈，三十年所尺寸而積之者。譬諸庖人山珍海錯，五鼎之烹，三牲魚菽之味，百和之醬備取悦，不知何人之口，而佐饔之勞，償一臠焉。此則余所以廢書而長嘆者也。

錢泰吉《甘泉鄉人稿·餘稿》卷一《澉山檢書圖記》　數百年來，三吴藏書之家名聞天下者，相接踵。然奉其先人遺籍，藏之墓廬，歲時往省，整齊排比，以寄其僾然愾然之思，前此未有聞也。今乃於海昌蔣生寅昉見之，以視李公擇藏書於五老峯之僧舍，其用意尤深遠矣。寅昉大父涫村翁墓在海鹽縣澉上雞籠山之麓，丙舍斬敞，面永安湖，與我家湖天海月樓相峙也。涫村翁延名師，購善本書以教其子潞英、霽峯。潞英、霽峯兄弟皆喜讀書，又廣購之，四部略備。三十年前，余屢至霽峯之齋，見其插架皆有用之書，與之談論，辨别精審，余不逮也。寅昉少孤，賢母教之。稍長即知寶護遺籍，籤帙標題，謹守弗失。今藏之丙舍者，皆祖父之遺也。記所謂思其志意，思其所樂思其所嗜，孰有大於此者乎？錢塘戴醇士侍郎聞而稱善，爲寫澉山檢書圖，而屬余記之。余嘗省先人之墓至澉上，暇日登鷹窠山，觀明季釋氏藏經於雲岫庵，輒歎兹山峭舉，豈異積書之巖。而吾儒力弱不敵緇流，徒使羽陵宛委之勝，結想於虚無杳渺之鄉。山靈有知，當亦騰笑今寅昉所藏，非以誇卷帙之富也。然自是勝侶來遊，若楊廉夫、孫太初之屬，吾知必造其廬，請觀古籍，以擴聞見。而後之誌澉水者，當備列其事，爲兹山增色也。抑余更有爲寅昉進者，夫父殁而不能讀父之書，不忍讀也。不忍讀者，乃其能讀者也。余及見蔣氏四世矣，敦厚之風未有改也。寅昉事事以先人爲法，乃真能讀父書者也。士君子觀於此圖，而知其善承志意者，又豈獨檢書一端也哉。

夏荃《退庵筆記》卷九《藏書》　邑自國初迄今垂二百年，絶無以藏書家稱者，豈前輩都不留心卷軸哉？蓋書籍爲物，難聚而易散。其聚之多且久者，又必有大厄焉以盡。故能守數傳而不失者，蓋亦鮮矣。散之途不一，子孫之售賣，臧獲之竊掠，友生之豪奪，蝨穿鼠齧，風雨屋漏之所浸淫，皆足以散其藏。而首先聚書之人，又苦無目録以編紀之，著作以發明之，迨書散而聲聞蔑如，後世靡得而稱。以余所聞，邑人陳公語歌名誾，曉堂給練之孫，好藏書，嘗刻趙文敏藏書，跋印爲半頁，綴于所載藏各卷之末，而自題其後曰：「泰州賸馥樓陳語歌録。」余購書，間得公藏本，輒把玩思念不置，想見前輩風流。先君子有聚書之癖，老而彌焉篤，棄養後，遺書八千卷，余與仲兄各分其半。二十年來，予又續購二萬七千卷，編爲《辟蠹山房藏書目》，詳其卷數、世次、里貫、名號，數易槀而後成，計爲類四十有九，爲部一千一百，爲卷三萬有奇，雖不敢謬謂收藏家，然以備繙閲、遺子孫，亦犓足矣。若子孫之能讀能守，與夫狼藉掠賣，拉雜摧燒，則吾子孫敢知，悉聽吾子孫之自爲而已矣。夫良田美宅，百年内必數易主，矧插架物乎？故貧而售書，雖賢子孫不免，原無足怪。然常人賣田宅則恬然，書券賣書籍則多有慚阻之色，豈書籍重於田宅哉？其意不過曰：吾先人手澤存焉，爾賣至書籍，則田宅可知矣，他物可知矣。其尤可恨者，舉先世之藏，一旦呼市儈入室，黑夜捆載而去，或以斤計，或以石計，或以換食物，或以代薪，或擅將卷内父祖名號印章剜去，使不得流傳。凡此，在書爲奇厄，在子孫爲極不孝，特書之以云吾後人，并以告世之聚書守書者。

瞿鏞《鐵琴銅劍樓書目》張瑛後序　常熟藏書家遠有端緒。自明萬卷樓楊氏，脈望樓趙氏、絳雲樓錢氏遞相祖述，汲古閣實集其成。羽翼之者，述古錢氏，近之愛日、稽瑞兩家繼之。蕞爾一邑，儲藏之富，甲于東南。蓋典籍天下之神物也，非其人，非其地，則神物不能以久聚。吾邑爲言子故鄉，聖門文學，南方得其精華。蕭梁太子讀書之臺，至今猶在。虞山、尚湖，靈秀扇發，山川人物，理相感召。故雖琅函寶笈，聚散無常，不久，旋復其故，斯殆有神者主之耶？

李佐賢《石泉書屋類稿》卷二序《石泉書屋藏書記》　昔人謂：「胸中不用古今澆灌，則塵俗生其間。照鏡則面目可憎，對人則語言無味。」又曰：「世家子弟，須以數百卷書浸貫於胸中。雖悠悠忽忽，土木形骸，而遠神自出。」讀書固若是，其亟也。又云：「饑可當食，寒可當衣，寂寥可當好友。」當食當衣，特甚言之；當友，則誠不易之論也。是以柳公綽藏書，各分厨格，司馬温公置讀書堂，陸務觀作書巢。他若曹氏之書倉、申氏之墨莊，以及鄞之范氏天一閣、禾中曹氏倦圃、温陵黄氏千頃堂，名聞海内。凡以讀書關重，則藏書尤不可輕視也。吾家先世遺書，半已

分析。自先大父端恪公宦遊楚省，載歸八櫝。先君子清毅公游滇、游粵，復購若千卷。及余身，而歲有增益。於是乎，積而多矣。因倣《曝書亭著録》之例，略爲變通，分爲六門：曰經，曰史，曰子，曰集，曰叢，曰類。而時文、試帖、律賦，及一切應試之作，不與焉。率男貽良，區别而整齊之。每門五六千卷、三四千卷不等，合之不下三萬卷。雖未敢云坐擁百城居，然富有而在海澨僻壤，亦幾幾乎，稱少有焉。夫自粵匪倡亂，十餘年來，盜賊蠭起，風鶴時驚，令人廢書而歎。儻使餘年復覩承平，得遂讀書之願，不必問其益吾心者若何，益吾身者若何。但於花晨月夕，息影蓬廬，静對一編，以當良朋晤語，則所以娱吾老者，不在斯乎，不在斯乎？此外又何求焉？異日者，傳之子孫。能讀是書，而以經濟文章名於世者，上也；涉獵旁通，各有所得者，次也；束書不觀，而猶不忍墜壞者，下也。至如杜暹所謂「鬻之」、「墮之」，爲不孝者，則非吾所敢知矣。附記之俾，後之人知所警焉。

陳喬樅《詩緯集證》卷三　案《穆天子傳》云：「天子至於羣玉之山」，先生所謂策府，天子於是取玉版三乘。古者文字刻玉爲版，即所謂玉牘也。金匱者，藏書之府，故亦曰「金府」。《漢書・司馬遷傳》云：「遷爲太史令，紬史記石室金匱之書。」《續漢書・封禪志》云：「目吉日刻玉牒書函，藏金匱，璽印封之。」古者藏書以金爲匱，或以玉爲之。《太平御覽・皇王部》引《運斗樞》云：「堯坐中舟，鳳凰負圖。授堯圖，以赤玉爲匣，長三尺，廣八寸，厚三寸；黄金檢，白玉繩封兩端。」又云：「舜觀河洛，有黄龍負圖出。圖以黄玉爲匣如櫃，長三尺，廣八寸，厚一寸，四合而連有户。圖中有七十二帝地形之制，天文位度之差。」是亦以玉爲匱也。

李元度《天岳山館文鈔》卷一六《爽溪書院記》　古之教者，國有學，黨有庠，州有序，家有塾。民生八歲入小學，十五入大學，無日不在學之中，無人不在教之中。爲之師者，國學有司徒、樂正之屬，庠序則黨正，遂大夫主之。若二十五家之閭，則父老之不仕者，坐於門側之室，爲左右師，以時督其子弟，所謂塾也。今制，府廳州縣皆立學，又有社學、義學爲黨庠術序之遺。凡學皆建明倫堂，則又明揭立教之本以爲鵠矣。自朱子講學嶽麓，吾平聞風興起者多。宋十三君子，以族祖練溪先生居首，而木川草堂及雄公皆吾族先正也。昔賢之流風遺韻，所以化成於鄉者，何其偉歟！余家爽溪九世矣，泉甘而土厚，距練溪及草堂遺址皆止數十里。同治戊辰告養得請，爰仿古家塾法，治精舍於家廟西，曰「爽溪書院」，廷經師一、蒙師二，以分教子弟，先太高祖後裔皆入焉。買田餼粟，供師生之稍食。院設講堂五楹，仍以「明倫」爲額，堂後有亭，祀先聖先賢栗主，以十三君子祔焉。左曰「養正齋」，右曰「立誠齋」，齋各十楹，門廡五楹。院西屋三楹，有樓翼然，爲藏書所。後爲花圃，爲聽書聲亭，翼以回廊，庖湢井廩皆具。工始戊辰八月，落成於己巳四月。既釋菜鼓篋，迺進諸子姓於堂，詔之曰：「若等知古人立學之義乎？」《孟子》云庠序學校，皆所以明人倫。此千古學的也。《虞書》所謂五典、五教、五品，即《中庸》所謂五達道學者，學此而已。堯舜之道，不外孝弟，聖人特人倫之至耳。今以聖賢望學者，鮮不踧踖未遑。顧聖賢亦人也，不能爲聖賢，要不能不爲人。有倫始有人，出乎倫即出乎人矣。出乎人，即入於禽獸而不自知矣。夫不敢望聖賢，獨甘爲禽獸乎！人之所以異於禽獸者，幾希惟其有倫耳。吾之築館擇師以課子弟也，匪第治帖括、弋科名爲宗族光寵也，凡欲使讀書明理，各成其爲人爾。成人非有異術，求各盡其倫爾。倫之盡，其道無窮極，今亦未敢多求，各去其自私自利之鄙心，以無踰大德之閑爾。吾不能廣教術於鄉國天下，僅於家塾焉，發之力薄而施隘，吾滋恧矣。登斯堂者能顧名思義，盡倫以盡其爲人，立愛惟親，立敬惟長，求無倍於堯、舜、孔、孟、程、朱之教，而賡續練溪木川草堂諸先正之宗風，是爲克家令子，天爵修而人爵從之，異日爲名匠，爲通儒，爲循吏，立德、立功、立言，胥於是乎出其榮多矣。否則倫紀有虧，舍本而逐末，縱寘身通顯，無解於鄉愿妾婦穿窬壟斷之譏，其極至於違禽獸不遠，是即掇巍科，爵三公，吾不願有是子弟也。爰揭朱子白鹿洞規暨蔡忠襄公聖門律令於堂，並次是語記諸壁，以諗後之學於此者。

蔣光煦《東湖叢記》卷五《萬卷堂藝文目》　管君芷湘從禾中汪氏鈔得《萬卷堂藝文目》八卷見遺，汪蓋得于京師廟市，係明人舊鈔本。芷湘謂竹垞老人家藏有《聚樂堂藝文志》，詳列卷數、撰人，此書疑即《聚樂》之目。前有西亭宗正自序，余復從曹倦圃侍郎溶《静惕堂文集》補録跋語一首于後：「余宅西乃游息之所，建堂五楹，以所儲書環列其中。倣唐人法，分經、史、子、集，用各色牙籤識别。經類凡十一：易、書、詩、春秋、禮、樂、孝經、論語、孟子、經解、小學，凡六百八十部，凡六千一百二十卷；史類凡十二：正史、編年、雜史、制書、傳記、職官、儀注、刑法、譜牒、目録、地志、雜志，凡九百三十部，凡一萬八千卷；子類凡十：儒、道、釋、農、兵、醫、卜、藝、小説、五行家，凡一千二百部，凡六千零七十卷；集類凡三：楚辭、别集、總集，凡一千五百部，凡一萬二千五百六十卷；編爲四部，人代姓氏各具譔述之下。東陂子曰：『余垂髫時即喜收書，然無四方之緣，不能多見多致。大梁又自金元以來，屢經兵燹，藏書之家甚少，即有，亦皆近代之刻，求唐以前則希矣。間或假之中吴、兩浙、東郡、耀州、澶淵、應山諸處，或寫録，或補綴，蓋亦有年，所得僅

此，信積書之難也。隆慶庚午秋日，余齋居多暇，積雨初霽，命童出曝。因取而觀其内，或有丹鉛圈點，或有校勘題評，平生心跡歷歷在目，亦足以自鏡矣。本余所好，或資紀述，若曰畜德，則吾豈敢。隆慶庚午八月中秋日東陂居士睦㮮書。』有明宗室，工藝文者莫多於隆、萬，而灌夫宗正爲之最。考其持躬謹潔，多門内之行，蒙勅奬風諸藩。今觀其書目，部分完整，卷逾數萬。所嗜在此，故能刻削豪習，與古作者並馳也。往孫北海少宰令祥符，猶就其第，鈔經注二百餘册，載歸京師。崇禎壬午，賊决河隄，書堂付之巨浸，徒其目存耳。予因慨太平難覯，以二百七十年金甌無缺，而自楊文貞葺《文淵閣書目》外，未嘗一遣求書之使、設較讐之官，亦當時之闕典也。道不終衰，固宜有若灌夫其人者出任其責。然灌夫竭一生心力所致止于斯，異書猶不謂盡出。今之號爲藏書者，不過斥金帛有餘，羅市肆所習見，吾知聖賢典籍其不至漸漸滅者亦倖焉而已。」《静惕堂文集》又有《菉竹堂書目》一跋，附録于此：「天下易散之物莫如書。一番喪亂，古籍必斷滅，數百種不復見。取《文淵閣目》視《宋藝文志》則多缺，取菉竹堂、萬卷堂二目視文淵閣又缺，取天一閣、曠園、絳雲樓諸目視菉竹、萬卷，缺更倍矣。學古之士，乘時盡力求索，方稱不負此生。舉世寥寥，誰堪共語！然實有不須世變，先受其殃者，祕錮之病是也。無板之書流傳甚罕，收藏家倖得之，則寶護如金玉，扃鑰終其身，矜已獨優，傲人以所不備。脱遇水火兵革，孤行之本既失，别無他處可尋。此等肺腸，極爲得罪名教。歷觀古今藏書者，往往罹鬱攸之虐，否則不肖子流蕩棄之，蓋徒知惜書，不知傳書，其患出喪亂外，雖賢者不免也。文莊公去今幾二百年，子姓好文，目中書聞猶存十一二。我意文莊雖生治世，致書安得如此其多，必不靳流通，故四方不踁而至。我書肯傳之人，人甯不持書報我？我一而已，而人則衆，是傳者約，報者反博也。今之志士，苟欲藏書，當用此法，以祕錮爲戒，因閱葉氏書目識之。」

又卷六《藏書印記》　藏書家印記或鈐名印，或署齋號，惟汲古閣毛氏於宋元刊本之精者，則以「宋本」、「元本」橢圓式印别之，又以甲字印鈐於首，「子晉」、「斧季」諸名印篆文俱極精美。山陰祈氏澹生堂藏書則有「澹生堂中儲經籍，主人手校無朝夕。讀之欣然忘飲食，典衣市書恒不給。後人但念阿翁癖，子孫益之守弗失」一印。千頃堂藏書則有「晉江黄氏父子藏書」一印，尤爲藝林佳話。若諸家之示人以愛護之法，戒子孫以保守之道，其叮嚀之意尤善之至善者也。所見如「鬻及借人爲不孝」一印，轉相仿效者甚多。有一印云：「昔司馬温公藏書甚富，所讀之書終身如新，今人讀書恒隨手拋置，甚非古人遺意也。夫佳書難得易失，稍一殘缺，修補無從。每見一書，或有損壞，輒爲憤惋，如對殘廢之人。數年來蒐羅略備，卷帙斬然，所以遺吾子孫者至厚也。後人觀之，宜加珍護。即借吾書者，亦望諒愚意也。遺經堂主人記。」又有一印云：「趙文敏公書卷末云：『吾家業儒，辛勤置書，以遺子孫，其志何如！後人不讀，將至於鬻，頹其家聲，不如禽犢。若歸他姓，當念斯言，取非其有，無寧舍旃』」，此二印未辨誰氏之記。青浦王述庵司寇有一印云：「二萬卷，書可貴，一千通，金石備。購且藏，劇勞勩。願後人，勤講肄。敷文章，明義理。習典故，兼游藝。時整齊，勿廢置。如不材，敢賣棄，是非人，犬豕類，屏出族，加鞭箠。述庵傳誡。」吾邑陳簡莊孝廉亦有一印云：「得此書，費辛苦。後之人，其鑒我」，又刻仲魚圖象鈐于上。同時黄蕘圃主政有「百宋一廛」之號，吴免牀明經以「千元十架」相敵，故老風流，猶令聞者眉飛色舞。惜司寇、孝廉兩家遺籍轉瞬散佚，不若三百年來之天一閣尚巍然于甬上也。毛子晉云：「王弇州藏書每以『貞元』二字印鈐之，又别以『伯雅』、『仲雅』、『季雅』三印。」

孫衣言《遜學齋詩鈔・續鈔》卷三《玉海樓藏書記》　宋時深甯王先生以詞科官至法從，生平博極羣書，著書至六百餘卷，其最鉅者爲《玉海》二百卷。《玉海》云者，言其爲世寶貴而又無所不備也。予家自先大父資政府君隱居種學，好聚圖籍。兒時見先世舊藏多前朝善本，丹黄殆遍。經亂，無復存者。予初官翰林，稍益購書，以禄薄不能盡如所欲。同治戊辰，復爲監司金陵。東南寇亂之餘，故家遺書往往散出。而海東舶來，且有中土所未見者。次兒詒讓亦頗知好書，乃令恣意購求。十餘年間，致書約八九萬卷。雖視深甯所見，未能十之四五，然頗自謂富矣。舊居褊隘，苦不能容。今年春，爲次兒卜築河上，乃於金帶橋北别建大樓，南北相向，各五楹，專爲藏書讀書之所。盡徙舊藏，庋之樓上。而以所刊《永嘉叢書》四千餘版列置樓下，以便摹印。因取深甯叟所以名書者以名斯樓，手書榜以表之。我子孫中如有得天雋敏而加之以好學，能讀終一書而知其可好，則可以盡讀他書。能盡讀他書，則豈惟我樓所藏。雖深甯所未見，皆可以遍覽而悉通也。異時詞章之美，著述之富，庶幾亦如深甯。斯不謂之可寶也乎？復取古人讀書之法，及我今日藏書之意，具爲條約，揭之堂壁。鄉里後生有讀書之才，讀書之志，而能無謬我約，皆可以就我廬讀我書。天下之寶，我固不欲爲一家之儲也。光緒戊子八月幾望，遜學叟書於城北邵嶼寓廬。

戴鈞衡《味經山館文鈔》卷一《藏書籍》　三代之初，無載籍，人以心法、治法相傳，授所習者，禮、樂、政、刑之事而已。迨其季也，人不皆知學，學不皆知道。聖

人憂之，乃爲《易》、《書》、《詩》、《禮》、《樂》、《春秋》以垂教，而後經之名以起。由是而托著書以自見者，則遂有諸子百家書，日以多而學日以雜。雖然崑崙之山，發行中國萬幹千枝，靡有紀極。善遊山者，但觀之乎？泰、華之高，覽之乎？崧、恒、霍之大，旁及乎？峨嵋、太行、匡廬、天台之勝，而天下之大觀已盡是矣。不善遊者，登眺乎？邱陵嶴蹡乎？培塿終其身，不知有五嶽、峨嵋、太行。匡廬、天台之境。夫爲學之道，亦若是則已矣。昔在秦政燔滅聖文，漢興諸儒補殘收佚，班書《藝文志》所載凡萬三千百餘卷。自時厥後，遞有衍增，沿及於今，浩若烟海。學者於此欲以一人一家盡得古今之典册，勢與力必有不能。即令得之，亦必不能盡讀。即令盡讀，而泛而無統，久之遂汩没其性靈，而於道義之是非，人事之得失，且懵莫能辨。夫農夫之殖，五穀也。將以爲食而養生，紅女之務蠶絲也，將以爲衣而暖體，今五穀蠶絲之不務，而惟蔬菜刺綉之是急焉，豈所以養生暖體之道哉？故吾以謂士生今世不患無書，患不能讀；不患不能讀，患所讀之非其書。雖然書至今世極繁矣，士子之宜讀者亦非一種矣，蓋嘗計之人生，考鏡典章，講明心性，切於躬行、日用、經濟事業必不可少之書凡數十種，而此數十種者購之每不下數百金，有力者吝而弗求，無力者求而弗得，以故鄉曲一二有志之士多苦貧不能聚書，而世家之有書者子弟多蓄而不觀，而又弗肯以公於寒士。嗚呼！此天下所以鮮讀書人也。昔者乾隆之初，朝廷詔頒書於各郡縣學宫，俾單寒之士無力購書者就近觀録，仰見國家造就人才法良意美。今竊欲取此義而行之於書院之中，且亦思書院之名曷昉乎？唐以前無書院，元和中衡州李寛始建之以處生徒，迨宋太宗、真宗之世書院盛興，其時凡建書院，有司必表請賜書，如江述之於白鹿洞，李允之於嶽麓，皆是。然則書院之所以稱名者，蓋實以爲藏書之所，而令諸士子就學其中者也。近世書院多第以爲課士之地，而罕有謀藏書於其中者。嗚呼！是不惟無以成夫貧而有志讀書之儒，亦豈書院所以稱名之意哉！

劉毓崧《通義堂文集》卷九《胡氏宗祠藏書記》 近代家廟少而宗祠多，論者請非古禮所有。然禮緣義起，其制實古人宗祏之遺。今按《五經異義》載古《春秋左氏》説，述宗廟石室之禮，《説文》解「宔」字爲「宗廟宔祏」，解「祏」字爲「郊宗石室」，並本於此。蓋古者以石室藏遷廟之主，當祫祭之期，出主陳於廟中，祭畢仍反諸石室。斯禮也，通乎上下，爲小大所共由。證以《禮記・祭法》言「大夫三廟，適士二廟，官師一廟」。《大傳》言「大夫士有大事，干祫及其高祖」，是大夫、士遷廟之主。許行合食之祭，經典特著明文其臨期，既有設主之儀，則乎日豈無藏主之所，故干祫與宔祏，其禮相因，觀於衛大夫，孔悝使貳車反祏於西圃，則大夫以下得立石室可知。後世所建宗祠合祀未遷、已遷之主，亦就文翁武梁畫像石室之例，從而推廣其規模，初非遠戾於古也。然古人之石室，不獨用以藏主，抑且用以藏書。故太史公作《史記》紬石室金匱之書，其自序有「明堂石室金匱玉版」之語，據蔡中郎《明堂論》所引《檀弓逸文》，知古時清廟、明堂異名同地，則金匱玉版即藏於宗廟石室之間。《周書》之大訓，河圖列於東序、西序，其地在廟門以内。此亦藏書於廟之顯徵。《周禮》之太史、小史等官，主廟祭，而又主墳籍，故老聃爲周守藏室之史，復領柱下圖書，良以就石室藏書，遂目其室爲藏室，蓋典司宗祏與編集秘書，皆在此室中矣。至於大夫、士之家有石室者，亦必有史，故《左傳》言「范武子之家事治，其祝史陳信無愧辭」。《玉藻》言「君子將適公所，史進象笏，書思對命」，是家之史官掌祝詞，兼掌文書。確有可信，則家之石室藏木主兼藏簡策，更屬無疑。宋儒之論祠堂以神主遺書並舉，亦猶行古之道耳。乃今之營葺宗祠者，祇知拓田廬以贍生計，而不知庋經史以裕貽謀，其所以承先緒而啓後昆，豈得遽稱爲盡善也哉！高郵胡氏，當明惠帝時蔭襲本衛指揮，屯田於寶應，故其祠宇皆在氾水柘溝。數百年來，讀書者蔚起，鄉里推爲鉅族，杖仙徵君衍慶高門誦芬，述德其孝弟，最爲篤摯。孫硯芝先生曾紀其事於文。張菜畦、董晉卿諸先生，公舉以應制科，輿論謂其克稱斯選，性愛静謐。中年以後，恒處宗祠，裒刻先世傳誌之文，嵌其石於夾室壁中。朝夕孶摩，孜孜勤懇。蓋自早歲既與劉楚楨先生同受業於喬鞠墅先生，繼而復事楚楨先生，以師禮。雖結婚姻之誼，而執禮益恭。故其學有淵源，撰輯詳覈，生平無它玩好，惟喜聚書。近年闢精舍於宗祠，以先世所蓄善本與祭器，並藏其内，爰自敘夙昔所聞於父兄師友者，以訓誡後人。復屬毓崧爲作記文以誌：藏書之由起，竊謂三代彝器，其款識之詞昭著於今者，不曰「永用享」，則曰「永實用」，蓋以永享其祀，祝祖考之式憑，且以永寶其傳，期子孫之愛護，故皆置諸家廟。臨祭必陳，以示能奉其宗祧者，乃能守其宗器，所當珍藏什襲延世澤於無窮也。顧彝器爲口澤所存，而遺書亦手澤所存，彝器可以銘勳，遺書亦可以勵學，則遺書與彝器並重，固其所矣。矧昔賢之善藏書者，所儲皆不止一本。《唐書》言柳仲郢家有書萬卷，所藏必三本，上者貯庫，其副常所閲下者幼學焉。徐度《卻掃編》言：「王仲至侍郎每得一書，必以廢紙草傳之。又求別本參校，至無差誤乃繕寫之，此本傳以借人及子弟觀之。又別寫一本尤精好，號鎮庫書，非已不得見也。」夫柳氏以書貯庫，王氏以書鎮庫，其所謂書庫者必非燕居之書齋。考之《月令章句》，以「祭器庫」爲五庫

之一。自來祭器庫皆在廟中，意者二家之書庫與祭器庫同附於家廟歟？抑或書庫即附於祭器庫歟？試思柳氏，生於唐之中葉，有寫本而無刻本，其致書也甚難。王氏生於宋之初年，刻本少而寫本多，其致書也亦不易。然必繕録正本副本，按地分儲者，蓋有正本以備收藏，有副本以供披閱，然後蓄書之法周密無遺，故雖累牘連篇，不惜胥鈔之費也。方今鏤板日盛，印本流行，視前人傳寫艱難奚啻徑庭之懸隔，以徵君嗜書甚切，專力購求，較柳氏王氏之時洵事半而功倍。更得賢子孫肯堂、肯構增益擴充，世寶楹書，俾與宔祏宗祊俱永將見，高郵胡氏之書目必廣播於藝林。近則接跡於陽湖之孫遠則，追蹤於鄞縣之范斯弓，冶箕裘之澤，歷久彌昌，而不僅以蒙業保家爲美矣！尚其勗諸。

方宗誠《讀宋鑒論》卷上 太祖性嚴重寡言，獨喜觀書，雖在軍中，手不釋卷。初爲世宗平淮甸，載書數千卷以歸。世宗曰：「卿爲朕作將帥，闢封疆，當務堅甲利兵，何以書爲？」太祖曰：「臣無奇謀上贊聖德，所以聚書，欲廣見聞，增智慮也。」又嘗曰：「宰相須用讀書人。」每勸趙普讀書，此皆可爲用將相之法。後世宰相雖是讀書人，只是讀科舉浮華博雜之書，而不讀明體達用之書。將帥則讀書者鮮矣。愚謂凡天下武官，必定制，令其延一師儒，每日操兵之外，即爲講解四書以及歷代名臣傳與武備兵書，即用兵之時，凡大帥必開幕府，招賢能智力之士。朝廷必命一知古今達事變之儒，官爲參謀，日爲談論古今地勢軍情用兵之方、練士之法，與古功名節義之士，以感其心、開其智、廣其謀，如此則才將必多矣。范文正公勸狄武襄讀《春秋左氏傳》，武襄卒爲名將，可法哉。

王韜《弢園文録外編》卷八《徵設香海藏書樓序》 夫天下之益人神智，增人識見者，莫如書。內之足以修身養性，外之足以明體達用。是以嗜古力學之士，多欲聚蓄書籍，以資涉覽，務博取精，各視其性之所尚。然藏書而不能讀書，則與不藏同。讀書而不務爲有用，則與不讀同。國朝文學昌明，經術隆懋，士大夫家雅喜藏書，而其間途徑亦略區異。錢遵王《讀書敏求記》云：「牧翁絳雲樓，讀書者之藏書也；趙清常脉望館，藏書者之藏書也。」洪亮吉《北江詩話》云：「藏書家有數等，得一書必推求原本，是正缺失，是謂考訂家，如錢少詹大昕、戴吉士震諸人是也。次則辨其版片，註其訛錯，是謂校讐家，如盧學士文弨、翁學士方綱諸人是也。次則搜采異本，上以補金匱石室之遺，下可備通人博士之瀏覽，是謂收藏家，如鄞縣范氏之天一閣、錢唐吳氏之瓶花齋、崑山徐氏之傳是樓諸家是也。次則第求精本，獨嗜宋刻，作者之旨意縱未盡窺，而刻書之年月最所深悉，是謂賞鑒家，如吳門黃主政丕烈、鄔鎮鮑處士廷博諸人是也。」獨是言藏書於今日，則有甚難者。江浙素稱藏書淵藪，而自經赭寇之亂，百六飈回，燼於劫火，圖史之厄，等於秦灰。即不佞插架所儲，亦半散亡於兵燹。蓋天下事有聚必有散，其勢則然。而惟書籍一物，造物厄之爲尤甚。粵東久享承平，學問文章日趨雄盛，淹通之士類喜談收藏而精鑒別，近如潘氏之海山仙館、伍氏之粵雅堂，搜羅浩博，足與海內抗衡。而伍氏尤多秘籍，所刊《粵雅堂叢書》，採録宏奇，鉤稽精審，皆正定可傳。顧此皆私藏而非公儲也。我國家右文稽古，教澤涵濡。乾隆四十七年《四庫全書》告成，特命繕寫副本，建三閣於江浙，以備存貯。在杭州西湖者曰文瀾，在揚州者曰文匯，在鎮江金山者曰文宗。詔士子願讀中秘書者，就閣廣爲傳寫，用以沾溉藝林，實無窮之嘉惠也。他若各省書院、學校皆有官司，然書吏每過爲珍秘，非盡人所能得覩。沿至日久，視爲具文，良可慨已。若其一邑一里之中，羣好學者，輸資購書，藏庋公庫，俾遠方異旅皆得入而蒐討，此惟歐洲諸國爲然，中土向來未之有也。今將有之，自香港始。香港地近彈丸，孤懸海外，昔爲棄土，今成雄鎮。貨琛自遠畢集，率皆利市三倍，一時操奇贏術者，趨之如鶩，西人遂視之爲外府。於是遊觀之地，踵事增華。此外如博物院、藏書庫亦皆次第建築。顧旅是土者，華人實居八九。近年來名彥勝流，翩然涖至，裙屐清游，壺觴雅集，二三朋好，結文酒之會者，未嘗無之。即其間習貿易而隱市廛者，或多風雅高材。如周青士、朱可石，其人類亦不乏。如是，豈可讓西人專美於前哉！同治己巳，特立東華醫院，百廢具舉，陳、梁二君之力居多。一切規模宏遠，港中人稱之不容口，邇又延邵君紀棠創開講堂，仿古讀法事，日述嘉言懿行，由漸漬以化流俗，甚盛事也。而馮君伍君，猶以文教未備爲憂，慨然思有以振興之。謂港中儲積富饒，獨書籍闕如，不第，異方枞遊者無以備諮訪而資考覽，不足爲我黨光，即我儕亦無以爲觀摩之助。亟欲糾集近局，賃樓儲書，以開港中文獻之先聲，特來索一言於不佞。不佞作而歎曰：善矣哉，馮、伍二君之爲斯舉也。此向者所未有而有之於今日者也！當必有素心同志之人以先後贊襄於其間，蓋天特欲興文教於港中，故假手於諸君子以成之耳。夫藏書於私家，固不如藏書於公所。私家之書積自一人，公所之書積自衆人。私家之書辛苦積於一人，而其子孫或不能守，每歎聚之艱而散之易。惟能萃於公則日見其多，而無虞其散矣。又世之席豐履厚者，雖競講搜求，而珍帙奇編一入其門，不可復覩，牙籤玉軸，觸手如新，是亦僅務於其名而已。曷若此之大公無我，咸能獲益哉！不佞嘗見歐洲各國藏書之庫如林，縹函緑綈，幾於連屋充棟，懷鉛槧而入稽考者，几案相接，此

學之所以日盛也。將見自有此書樓之設，而港中之媚學好奇者，識充聞博，必迴越於疇者，有可知也。不佞故樂爲之序，以告同人。

丁申《武林藏書録》卷上《秘書省》　今《中興館閣書目》十卷，乃淳熙四年陳騤撰，李燾序。《續録》十卷，嘉定三年館閣重編。其後次第補録，迄於咸淳。然今所傳者，非完書也。按《直齋書録解題》有《祕書省闕書目》一卷，亦紹興改定。其闕者注闕字於逐書之下。今所傳鈔者，凡二卷，計書三千八百餘種。道光壬辰，大興徐松從《永樂大典》録出，編爲一目，爲傳鈔本，大略相同。蔣光煦題《四庫闕書目》云：闕編改定紹興初，祕省香芸飽蠹魚。不是紀聞留《玉海》，定知七卷記求書。玉海四庫求書闕記凡七卷。考《館閣録》，祕書省石渠，在祕閣後道山堂前。東廊圖書庫祕閣書庫經庫，西廊祕閣書庫印版書庫編修會要所，北爲印書作。祕閣書庫儲藏諸州印版書六千九十八卷一千七百二十一册。又咸淳《臨安志》：祕書省書庫，日歷會要庫各一，經史子集書籍庫六，分列於右文殿外東西兩廡。又有書版庫在著庭之右。據此可見南宋百五十年典籍之大略矣。《朝野雜記》、《中興館閣書目》者，孝宗淳熙中所修也。高宗始渡江，書籍散佚。紹興初，有言賀方回子孫鬻其故書於道者，上命有司悉市之。時蕪湖縣僧有蔡京所寄書籍，因取之以實三館。劉季高爲宰相掾，又請以重賞訪求之。五年二月，尚書兵部侍郎王居正言：「四庫書籍多闕。乞下諸州縣，將已刊到書版，不論經史子集小説異書，各印三帙赴本省。係民間者，官給紙墨工賃之直。」從之。九月，大理評事諸葛行仁獻書萬卷於朝，詔官一子。十三年初，建祕閣，又命紹興府借陸賓家書繕藏之。十五年，遂以秦熺提舉祕書省，掌求遺書。至是數十年，所藏益充牣。及命館職爲書目，其綱例皆倣《崇文總目》，凡七十卷。陳騤領其事，淳熙十三年九月，祕書郎莫叔光上言：「今承平滋久，四方之人，益以典籍爲重。凡搢紳家世所藏善本，外之監司郡守搜訪得之，往往鋟版以爲官書。然所在各自版行，與祕府初不相關，則未必其書非祕府之所遺者也。乞詔諸路監司郡守各以本路本郡書目解發至祕書省，聽本省以《中興館書目》點對。如見得有未收之書，即移文本處取索印本。庶廣祕府之儲，以增文治之盛。」有旨令祕書省將未收書籍，徑自關取。

又卷中《高瑞南》　高濂字深甫，號瑞南，仁和人。著《雅尚齋詩草》，頗得自然之趣。嘗築山滿樓於跨虹橋，收藏古今書籍。其印記曰「妙賞樓藏書」，曰「高氏鑑定宋刻版書」，曰「武林高深父妙賞樓藏書」。又有五嶽真形印，每册首皆用之。著《遵生八牋》十九卷。第六牋曰《燕閒清賞》，皆賞鑒清玩之事。其論藏書云：「藏書以資博洽，爲丈夫子生平第一要事。其中有二説焉，家素者無資以蓄書，家豐者性不喜見書。故古人因貧，日就書肆鄰家讀書者有之；求其富而好學，則未多見也。即有富而好書，不樂讀誦，務得善本，綾綺裝飾，置之華齋，以具觀美。塵積盈寸，經年不識主人一面，書何逸哉！噫！能如是，猶勝不喜見者矣。藏書者無問册帙美惡，意惟欲搜奇索隱，得見古人一言一論之祕，以廣心胸。未識未聞，至於夢寐嗜好，遠近訪求，自經書子史，百家九流，詩文傳記，稗野雜著，二氏經典，靡不兼收，故嘗耽書。每見新異之典，不論價之貴賤，以必得爲期。其好亦專矣，故積書充棟，類聚門分，時乎開函攤几，俾長日深更，沈潛玩索，恍對聖賢面談。千古悦心快目，何樂可勝！古云開卷有益，豈欺我哉？不學無術，深可恥也。又如宋元刻書，雕鏤不苟，校閱不訛，書寫肥細有則，印刷清朗，況多奇書，未經後人重刻。惜不多見。佛氏醫家二類更富，然醫方一字差誤，其害匪輕。故以宋刻爲善，海内名家評書次第，爲價之重輕。以墳典、六經、騷、國、《史記》、《漢書》、文選爲最，以詩集百家次之，文集道釋二書又其次也。宋人之書，紙堅刻軟，字畫如寫，格用單邊，間多諱字；用墨稀薄，雖著水濕，燥無湮迹；開卷一種書香，自生異味。元刻仿宋單邊，字畫不分麤細，較宋邊條闊多一線，紙鬆刻硬，用墨穢濁，中無諱字，開卷了無臭味。有種官券殘紙背印，更惡。宋版書刻以活襯竹紙爲佳，而蠶繭紙鵠白紙藤紙固美，而存遺不廣。若餬背宋書，則不佳矣。余見宋刻大版漢書，不惟内紙堅白，敏本用澄心堂紙數幅爲副，今歸吴中，真不可得。又若宋版書在元印，或元補欠缺，時人執爲宋刻。元版遺至國初，或國初補欠，人亦執爲元刻。然而以元補宋，其去宋近，未易辨。以國初補元，内有單邊雙邊之異，且字刻迥然别矣，何必辨論。若國初慎獨齋刻書，似亦精美，近日作假宋版書，神妙莫測。將新刻模宋版書，特鈔微黄厚實竹紙，或用川中繭紙，或用糊褙方簾緜紙，或用孩兒白鹿紙，筒卷用槌細細敲過，名之曰刮；以墨浸去臭味印成。或將新刻版中殘缺一二要處，或濕黴三五張，破碎重補，或改刻開卷一二序文年號，或貼過今人註刻名氏，留空另刻小印，將宋人姓氏扣填；兩頭角處或妝摩損，用砂石磨去一角；或作一二缺痕，以燎火燎去紙尾，仍用草煙熏黄，儼狀古人殘傷舊跡；或置蛀米櫃中，令蟲蝕作透漏蛀孔；或以鐵線燒紅，隨書本子委曲成眼，一二轉折，種種與新不同。用紙裝襯綾錦套殼入手重實光膩可觀，初非今書彷彿，以惑售者。或札夥囤，令人先聲指爲故家某姓所遺，百計瞽人，莫可窺測。多混名家收藏者，當具真眼辨證。」讀其藏書之論，可想其藏書之富。謹按《天禄琳瑯》收其所藏太學新編排韻字類，純廟冠以

宸題，鈐以御寶。載其收藏印記曰「古杭瑞南高氏深甫藏書記」。又明版漢書有高氏家藏書畫印、瑞南二印，流傳三百餘年，間存碩果，不啻寶玉大弓視之矣。又按黄蕘圃玄珠密語跋中有「古杭高氏藏書印」，高瑞南明中葉藏書家，何夢華有宋刊朱氏集驗方，余舊藏宋本《外臺祕要》，亦有其圖記。

李慈銘《越縵堂文集》卷七《書沈光禄起元題水西書屋藏書目録後》 光禄卿太倉沈起元，循吏善人也，著有《學古録》及古文而不知學。水西書屋者，歷城周編修永年藏書處也。光禄之言曰：「昔人以書治舉業，今人治舉業而廢書。」其言是矣。又曰：「戰國叛道之書爲《六經》之蔽者，幸假手於秦火。自漢迄今，有訓詁之學、詞章之學、釋老之學、術數之學、小説之學，漫汗無紀，爲害彌甚。」嗚呼！爲此言者，其將導世主爲秦政，舉漢唐以來經師之注疏傳義畀之炎火而後已耶？抑何甚猖狂無人心之甚乎？古未有形聲、訓故之不明而能通經者，未有名物象數之不講而能知學者。夫朱子，理學之宗，而或推爲集經義之大成者也，然其言曰：「一書不讀，即闕一書之義；一物不知，即闕一物之理。」此不特訓故不可略，而詞章、術數、小説、釋老亦在所不棄矣。且經之須訓詁，其事甚嘖，其功甚勞，其效甚微，昔人亦何好焉，而必孜孜於拾遺掇墜，抱殘守闕，若甚於性命身心不得已者？蓋章句不明即經旨晦，文字不審則聖學疎。節文、度數、形器之不詳，則禮樂、兵刑、食貨、輿圖均不得其要。甯都羅臺山，爲宋儒之學者也，而其言曰：「訓故不明，則文字根不真，支離杜撰，規矩蕩然。」是誠見其本者矣。宋明以來解《六經》、四子書者，往往有文義不順，近於害理傳教。國朝諸儒深研古義，旁通形聲，多所是正。讀《學海堂經解》一書，博觀而要取之，得失之故，可以恍然矣。若夫詞章乃學人之游藝，術數爲方技之專門，皆非無益於國家者。不□識小，君子何譏？必世人盡爲程朱，則辟雍之地，又何所容其俎豆歟。

宣鼎《夜雨秋燈録·續録》卷六《委宛使者》 滇中曹孝廉襲祖父三世富貴，藏書最多，牙籤錦函，殆不下數十萬卷，築大樓十數楹，藏之殆遍，而四方蒐羅猶不無倦。嘗自署樓額曰「書海」，著《書海目録》且十數卷，自序曰：「吾遠禰藏書，多曰書倉。由古迄今，凡淫於書者莫不艶羨。千斯倉，萬斯箱，如菽粟矣。若海則揚波濤，嘘蜃氣，納百川，匯百谷，一望無津涯也。然則倉與海誠未足較盈虚，論遐邇，而余則以身爲舟，以手爲檝，以目爲帆，以氣爲風，以口爲指南，以心爲舟。中客，將無日不游於海，作汗漫游也。書之目，不過大波瀾小波淪耳。若有從吾游者，請毋以蠡測海，始得游吾海。」人多艶而妬之，以爲此老有書癖也。若一瓻之借，則難乎其難。一日正擁百城，忽一老叟，銀髭雪鬢，蒼帽朱袍，杖履逍遥，岸然而至。曹問伊誰，曰：「吾委宛使者。」曹疑爲仙，愕然下拜，問沖舉之道。叟曰：「非也，吾乃守書神，在君家百年，驅碧蠹，禦紅蟫，自謂盡職，而歲時伏臘，未得一香火豚蹄之祝，呼負負也。海將竭矣，行與君别，故不惜以廬山真面目見示。」曹問：「神之瓜期屆與，抑當有庖代者與？」叟愕然曰：「君家貨書人至，無用明禋。」言已冉冉而滅，曹駭愕不知所以。旋婢至，報喜云：「如夫人新産一男。」曹心惡之，名其子曰貨，字勿貨。貨性頗潁，年十七即入泮，而賦，性淫蕩，不事生産。曹殁益放縱，始則貨珠玉，繼則貨田廬，再則貨書，不二十年而書海爲之一空。懊儂氏曰：「司書之鬼，名曰長恩，若委宛使者，則又自命爲神矣。歲時伏臘當以香花酒醴頂禮報虔，非但辟蠹，且求免世世代代生不肖之兒。然而神所憑依，將在德也。觀人家鄴架能豐知其先祖德必厚矣。」又曰：「甯成之痴，杜預之癖，皆福也。」昔有宿儒，門生最夥，易簀後，門人某輓聯云：「從今罷立程門雪，到此愁看鄴架書。」厥後子孫不肖，果以書籍貨盡，聯語能預知哉？亦無福甚矣。

陸心源《皕宋樓藏書志》李宗蓮序 自古言藏書者，鄉嬛石室、蓬萊道山，皆荒渺無足徵信。若吾鄉富于典籍者，梁約聚書二萬卷，見于本傳。宋元之際，月河莫氏，齊齋倪氏，寓公若資中三李，陵陽牟氏，皆不下數萬卷。周草窗三世積累，有書四萬卷，《癸辛雜識》稱石林葉氏有十萬卷，然考其藴，《避暑録話》亦祇謂家舊藏書三萬餘卷而已。惟直齋陳氏《書録解題》之作，可考見者五萬一千餘卷。明代白華樓茅氏，其卷數不可攷，然九學十部之編，以制藝爲一部，則其取盈于緗帙者亦僅矣。近乾嘉間，石塚嚴氏芳菽堂、南潯劉氏眠琴山館皆以藏書名，與杭州振綺堂汪氏、蘇州滂熹園黄氏埒，爲阮文達、錢竹汀兩公所稱。

薛福成《出使日記續刻》卷四「光緒十八年壬辰三月二十三日記」 西國古時書籍但有鈔本，而無印本。印書起於近三百年内，悉以活字板排印，各國俱有印書公會。其藏書之富，法國有書樓五百所，藏書四百五十九萬八千册；英國書樓二百所，藏書二百八十七萬二千册；俄國書樓一百四十五所，藏書九十五萬三千册；奥國書樓五百七十七所，藏書五百四十七萬六千册；義國書樓四百九十三所，藏書四百三十五萬册；普國書樓三百九十八所，藏書二百二十四萬册。法京巴黎有一書樓，宏敞異常，藏書最富，獨得二百七萬九千册。普京伯靈亦有一處，獨得七十萬册。羅馬有一大院，萃四方之秘籍，儲上古之珍函，别有鈔本書二萬五千册。細若蠅頭，尤各國所未有也。中國《四庫全書》縹緗之富，超軼前代。他如

揚州之文匯閣，杭州西湖之文瀾閣，鎮江金山之文宗閣，皆得四庫副本，亦藏書之公所也。其私家藏書之富，則有鄞范氏之天一閣，盧氏之抱經樓，吴門黄氏之滂熹園，錢塘吴氏之瓶花齋，常熟錢氏之絳雲樓，崑山徐氏之傳是樓，石塚嚴氏之芳茮堂，南潯劉氏之暝琴山館，杭州汪氏之振綺堂，鄔鎮鮑氏之知不足齋，昭文張氏之愛日精廬，蒐羅皆稱宏富。近今儲藏之多，則推歸安陸氏之皕宋樓，較之范、黄諸家有過之無不及焉。別以明以後刊本及尋常鈔帙，益以近人箸述之善者，建守先閣以儲之。復請於大府，特奏於朝，歸之於公，以供一郡之蒐覽，沾溉藝林，可謂至矣。

薛福成《庸庵文編》卷三《李氏藏書目録序己巳》 有書數萬卷，上自經史、百子，旁逮星算、方輿、藝術之流，金石之刻，崖略犅完，潔緻精良，可披可哦，昕夕自怡，此篤志之士所蘄也。然非有力而博好積之，以歲月之劬，則往往不能以驟致。即致矣，或侵於事物，或無過人之才，與識則亦不能卒讀，讀之而不能施於用也。夫書之爲用，博矣。彼不善讀之，則高者迂而寡要庳者，繁而鮮通其道，無當實用，而世乃以概讀書之士，用相訾謷。雖然豈果讀書之足病邪！今夫用兵事之至，險巇者也。往者粤寇横起，如濤湧焱駭而莫之禦矣。有一二洽聞博通忠果之大儒，奮跡崛興，而爲之倡，其下諸儒生附而從之，然後勇者宣其力，幹者盡其能，藝者陳其巧，而大難以夷以彼，非常之業。舍儒生莫屬此，亦足以間執羣議，而壯讀書之士之氣也。善讀書者，上之則以擩嚌聖藴，斡旋世運，其次則講明修政立教之術。逮夫一郡一邑之利病而興革之，其餘業則亦發爲辭章，疏爲議論，考證以貺來世。其用之博隘不同，其各本所心得以爲用，則一也。孝感李君，官畿輔，久富藏書，精善逾常，本出示書目兩册，屬序其簡端。余惟君以通敏之才，歷宰十數縣，固周知民隱而裕於識矣。今去州縣之劇，需次郡守，郡守官尊，而事差簡不至。縻其日力，而君又挾其過人之才識，未嘗一日去書不觀，則吾不能測其所得也。抑聞燕、趙間，古多豪儁。今相國曾公總制畿輔，實設禮賢館，延州郡士，而用君董其成。夫以君所蓄，日與士大夫稽經諏史，搜其髦傑而登進之，以稱相國扶才劘俗之雅意。吾見北方之學術，駸駸乎。趨於閎實而未艾也，則君之所施於物者，其又可量也夫。

鄭觀應《鄭觀應集・盛世危言・藏書》 我朝稽古右文，尊賢禮士，車書一統，文軌大同，海内藏書之家指不勝屈。然子孫未必能讀，戚友無由借觀，或鼠嚙蠹蝕，厄於水火，則私而不公也。乾隆時特開四庫，建文宗、文匯、文瀾三閣，准海内稽古之士就近觀賞，淹通博洽，蔚爲有用之才，作人養士之心，至爲優厚。而所在官吏奉行不善，宫墻美富，深秘藏庋，寒士末由窺見，及寇亂洊經付之一炬。中興將帥，每克復一省一郡，汲汲然設書局，復書院，建書樓。官價無多，盡人可購，故海内之士多有枕經葄史，博覽羣書，堪爲世用者。通商日久，西學流傳，南、北洋亦復廣譯西書以資考證。惟是窮鄉僻邑聞見無多，彊吏亦漠不關心，置之度外，則傲僻孤陋，故我依然，然後知藏書之爲益多，而廣置藏書以資誦讀者之爲功大也。泰西各國均有藏書院、博物院，而英國之書籍尤多，自漢、唐以來，無書不備，本國書肆新刊一書，例以二分送院收貯。十四卷本增：如有益於國計民生者，必膺朝廷重賞，并給予獨刊之權若干年。咸豐四年間，於院中築一大厦，名曰讀書堂，可容三百人，中設几案筆墨。有志讀書者，先向本地紳士領有憑單，開列姓名住址，持送院中，董事换給執照，准其入院觀書，限六個月更换一次。如欲看某書、某册，則以片紙註明書目，交值堂者檢出付閲。就長案上静看，不許朗誦。閲畢簽名書後，何日、何處、何人閲過，繳還經手。該值堂年終查覈，知何書最行。另有賃書樓，有股分者每年出書銀四元，可常往看，各處新報俱全，只准借書兩本，限兩禮拜歸還。如無股分者賃閲，每日計銀兩先付。閲畢繳還，不許携帶出門，及損壞涂抹。倘有損失，責令賠償。特設總管一員司理其事，執事數百人，每年經費三十萬金。通國書樓共二百所，藏書凡二百八十七萬二千册。此外，如法蘭西書樓共五百所，藏書凡四百五十九萬八千册。俄羅斯書樓共一百四十五所，藏書凡九十五萬三千册。德意志書樓共三百九十八所，藏書凡二百二十四萬册。意大里書樓共四百九十三所，藏書凡四百三十五萬册。奥大利書樓共五百七十七所，藏書凡五百四十七萬六千册。法京巴黎另有一書樓異常宏敞，獨藏書二百七萬九千册。德京伯靈之書樓亦藏七十萬册。羅馬大書院除刻本外，更有鈔本三萬五千册，細若蠅頭，珍如鴻寶，洵數典之鉅觀，博學之津梁也。我中國自都中四庫外，鎮、揚、杭三閣早付劫灰。其家藏最富者，如崑山徐氏之傳是樓，鄞縣范氏之天一閣，杭州汪氏之振綺堂，錢塘吴氏之瓶花齋，吴門黄氏之滂熹園，石塚嚴氏之芳茮堂，鄔鎮鮑氏之知不足齋，昭文張氏之愛日精廬，南潯劉氏之暝琴山館，所藏古籍宏富異常，兵燹以來半歸散佚。近日十四卷本增：則吴興陸氏之皕宋樓，首屈一指，另建守先閣，請於大府，奏於朝廷，供一郡人士觀覽。其大公無我之心，方之古人亦何多讓。獨是中國幅員廣大，人民衆多，而藏書僅此數處，何以徧惠士林。宜飭各直省督、撫，於各廳、州、縣分設書院，購中外有用之書藏貯其中，凡外國未譯之書，宜令精通西文者

譯出收貯。派員專管。無論寒儒博士，領憑入院，即可遍讀羣書。至於經費，或由官辦，或出紳捐，十四卷本增：比利時國届開國五十年之期，臣民咸醵金上壽，王受而署諸外府，曰：「此衆人之資，將爲衆人求益。」飭議院議之。下院擬以此款開設格致院一區，廣購圖書器皿，用供國人探討格致之學。英君主壽誕，臣民亦醵金築一大博物院，無物不備，爲其君主壽，留名千古，與民同受其福，何樂如之。宜各國皆當仿行也。或由各省外銷款項科場經費。將無益無名之用度稍爲撙節，即可移購書籍而有餘。仍常年儲備專款，分派員役管理，稽查所有新書，隨時添購。果能認真經理，數十年後，賢哲挺生，兼文武之資，備將相之略，或鈎元摘秘，著古今未有之奇書；或達化窮神，造中外所無之利器。於以范圍天地，籠罩華夷，開一統之宏規，复三王之舊制，極巍焕信景鑠，皆於讀書稽古二事基之矣。

王先謙《東華録·康熙二十五年夏四月》　甲午諭禮部、翰林院：自古帝王致治隆文，典籍具備，猶必博采遺書，用充祕府，蓋以廣見聞而資掌故，甚盛事也。朕留心藝文，晨夕披覽，雖内府書籍，篇目粗陳，而裒集未備。因思通都大邑，應有藏編，野乘名山，豈無善本。今宜廣爲訪輯，凡經、史、子、集，除尋常刻本外，其有藏書祕録，作何給值採集及借本鈔寫事宜。爾部、院會同詳議具奏，務令搜羅罔軼，以副朕稽古崇文之至意。

王先謙《東華續録·乾隆三十八年》　五月己未朔，諭朕幾餘懋學，典册時披，念當文治修明之會，而古今載籍，未能蒐羅大備，其何以裨藝林而光册府。爰命四方大吏加意採訪，彙上於朝。又於翰林院署舊藏《明代永樂大典》，其中墜簡逸篇，往往而在，並敕開局編校，芟蕪取腴，每多世不經見之本，而外省奏進書目，名山祕笈，亦頗裒括無遺，合之大内所儲，朝紳所獻，計不下萬餘種。自昔圖書之富於斯爲盛。特詔詞臣詳爲斟覈，釐其應刊、應鈔、應存者，繫以提要，輯成總目。依經、史、子、集，部分類聚，命爲《四庫全書》。簡皇子、大臣爲總裁以董之。閒取各書繙閲，有可發揮者，親爲評詠，題識簡端，以次付之剞劂，使遠近流傳，嘉惠來學。其應鈔各種，則於雲集京師士子中擇其能書者，給札分鈔，共成善本，以廣蘭臺、石渠之藏。全書卷帙浩如煙海，將來庋弆宫庭，不啻連楹充棟，檢玩爲難。惟摛藻堂向爲宫中陳設書籍之所，牙籤插架，原按四庫編排，朕每憩此觀書，取攜最便。著於全書中擷其菁華，繕爲薈要，其篇式一如全書之例。蓋彼極其博，此取其精，不相妨而適相助，庶縹緗羅列，得以隨時流覽，更足資好古敏求之益。著總裁于敏中、王際華專司其事，書成即以此旨冠於薈要首部，以代弁言。

盧秉鈞《紅杏山房聞見隨筆》卷一四　《漢志·七略》載書凡三萬三千九十卷，《隋·經籍志》載書凡三十七萬卷，唐開元時書凡八萬九千六百卷，宋慶曆間命儒臣纂集四庫書，爲籍名曰《崇文總目》，書凡三萬六百六十九卷。後於《總目》日益搜羅，命校正爲善本，顧求書之詔累下，而天下藏書之家未必悉能上册府。唐杜寶撰《大業雜記》備載隋代書籍最多，凡上書一帙必加賞賚，秘書省官增至百二十員，繕書者凡二千人，所得文籍歷代皆不能及。余按書籍之多，不獨隋代，梁朝亦然。據《金樓子》載元帝時藏書極多，推原其故，皆由梁、隋上書賞重。《北史》載劉炫上僞書百餘種，求賞而去，後被人告發，坐除名，因赦免死。如此則是當時上古書者固多，而僞造者亦不少。

葉德輝《藏書十約序》　國初，孫慶增著《藏書紀要》，詳論購書之法與藏書之宜，以及宋刻名抄，何者爲精，何者爲劣，指陳得失，語重心長，洵收藏之指南，而汲古之修綆也。惟其時距元明相近，流寇之亂，未遍東南。甲、乙鼎革之交，名山故家所藏，亦未全遭蹂躪。今自洪、楊亂後，江浙文物之會，圖籍蕩焉無存。好事者相與收拾于劫燹之餘，有用之書，猶幸多存副本，所失者文集、説部、小數而已。乾嘉諸儒，相務表揚幽潛，凡古書之稍有益者，無不校刻行世。然疊更喪亂，板刻多燬，印本漸稀。余按四部目搜求三十年，僅乃足用，而宋、元、明、國朝諸家文集，缺者頗多。日本一耆宿，藏我國順康以至嘉道文集極多，有「清詩萬卷樓」之目。蓬萊、方丈，望若仙居，惜哉不能越海飛渡也。夫在今日言收藏，不獨異于孫氏之世，且異于乾嘉之世。半生心力，累萬巨貲，所得如此，則其甘苦，不可以不示人。每思古人有節衣縮食，竭力營求，雨夕風晨，手抄甚苦者，余幸所處優裕，又無嗜好縈擾于心。雖未能鼓腹而嬉游，亦未嘗過門而大嚼。又思古人有豪奪巧取，久假不歸，朋舊因而絶交，童僕見而引避者，余幸達觀隨化，鷹隼無猜，借非荆州。樂同南面，是皆足以自慰也。頃者山居避難，編目始告成。因舉歷年之見聞，證以閲歷之所得，述爲十約，以代家書，子孫守之、去之，余固不暇計矣。辛亥冬至前一日，葉德輝序。

葉方藹、張英、韓炎《孝經衍義》卷五九　臣按：明臣王肯堂曰：漢懲秦焚書之敗，大收篇籍，廣開獻書之路。迄孝武世，建藏書之策，置寫書之官。由是，外有太常、太史、博士之署，内有延閣、廣内、祕室之府。至成帝時，頗有散亡，乃使謁者陳農求遺書於天下。詔光禄大夫劉向校經傳、諸子、詩賦，步兵校尉任宏校兵書，太史令尹咸校數術，侍醫李國柱校方技。會向卒，哀帝復使向子歆嗣父之業。歆

遂總會羣篇，著爲《七略》，凡三萬三千九十卷。王莽之末，焚燒無遺，此焚書而後之一厄也。光武、明、章好文，重經術，鴻生鉅儒，負帙自遠至者，不可勝算。石室、蘭臺彌以充積。初遷洛陽，所載經傳二千餘輛，自後撰録三倍於前。董卓移都之際，自辟雍、東觀、宣明、鴻都諸藏典册文章，竟共剖散，圖書縑帛，軍人以爲帷囊。及王允收而西者，纔七十餘乘。道路艱遠，復棄其半。長安之亂，一時焚蕩，此則書之二厄也。魏氏採綴遺亡，藏在三閣，祕書郎鄭默始制《中經》，祕書監荀勗更著《新簿》，分經史子集爲四部，甲乙丙丁之目，合二萬九千九百四十五卷。惠懷之末，京華蕩覆，石渠文集靡有孑遺，此則書之三厄也。東晉之初，漸更鳩聚。著作郎李充以勗舊簿校之，其見存者，但爲三千一十四卷。其後中朝遺書，稍流江左。宋武入關，收其圖籍，纔四千卷。赤軸青紙，文古字拙。宋文帝元嘉八年，祕書監謝靈運造四部目録，凡六萬四千五百八十二卷。元徽初，祕書丞王儉又造目録，凡萬五千七百四卷。儉又別撰《七志》，曰《經典志》、《諸子志》、《文翰志》、《軍書志》、《陰陽志》、《術藝志》、《圖譜志》。齊永明中，祕書丞王亮、監謝朏，又造書目，凡一萬八千一十卷。齊末，兵火延燒，祕閣經籍遺散。梁初，祕書監任昉受命於文德殿內列藏衆書，華林園中總集經典，凡二萬三千一百六卷，而釋氏不預焉。普通中，處士阮孝緒更爲《七録》，曰《經典録》、《記傳録》、《子兵録》、《交集録》、《技術録》、《佛録》、《道録》。元帝克平侯景，收文德殿書及公私經籍歸於江陵，凡七萬餘卷。周師入郢，咸自焚之，此則書之四厄也。魏孝文始都洛陽，借書於齊，祕府稍以充實。爾朱之亂，散落復多。北齊遷鄴，頗更摎聚。後周定鼎，書止八千，後稍增至萬卷。武帝平齊，先封書府，所加舊本纔至五千。隋開皇三年，祕書監牛弘表請分遣使人摎討異本，每書一卷賞絹一疋，校寫既定，卷即歸主。於是，民間異書往往間出。及平陳後，經籍漸多，煬帝限寫五十副本，分爲三品，於東都觀文殿前東西廊屋，列以貯之。唐之克隋，鄭公盡收圖書，命司農小卿宋遵貴載之以船，泝河西上，行經砥柱，多被湮没，十存一二而已。貞觀中，魏徵、虞世南、顔師古繼爲祕書監，請購天下書，選五品以上子孫工書者爲書手，繕寫藏於內庫，以宮人掌之。明皇時，又借民間異本傳録，置修書院於著作院。又於大明宮光順門外，東都永福門外，皆創集賢書院，大府月給蜀郡麻紙五千番，季給上谷墨三百三十六丸，歲給河間、景城、清河、博平四郡兔千五百皮爲筆材。兩都各聚書四部，以甲乙丙丁爲次，列經史子集四庫。其本有正有副，軸帶帙籤皆異色以別之。禄山之亂，尺簡不藏。此則書之五厄也。元載爲相，奏以千錢購書一卷，又命拾遺苗發等使江淮括訪。至文宗又詔搜採，於是四庫之書復完。分藏於十二庫。黃巢之亂，存者蓋尠，此則書之六厄也。五季之亂，有國之君，疆土既促，日尋干戈，而猶汲汲以搜訪遺書爲要務。後唐莊宗募獻書，及三百卷授以試銜，其選調之官每百卷減一選。後漢令凡以三館亡書來上者，計卷帙賜之金帛，數多者授以官。周世宗於凡獻書者，悉加優賜，以誘致之。又選常參官三十人，校讐刊正。是時，諸國分據，皆聚典籍，而吳蜀爲多。宋興之初，三館有書萬二千餘卷，平蜀又得書萬三千卷，平江南得二萬餘卷。始平荊南，始并兩浙，皆盡收其圖書。而朱載、錢弼、彭幹等，皆詣闕獻書，合千二百二十八卷。於是羣書漸備矣。太宗時，中外購募，有以亡書來上，及三百卷當議甄録酬獎，餘第卷帙之數，等級優賜。不願送官者，借本寫畢還之。藏書之所爲崇文院。自建隆至大中祥符，著録總三萬六千二百八十卷。八年，館閣火，移寓右掖門外，謂之崇文外院，借大清樓本補寫。九年，新作崇文院成時，已增募寫書史專事完緝。先後上經史子書二萬七百餘卷。詔購求逸書，復以書有繆濫不完，始命定其存廢，因倣開元四部，録爲《崇文總目》。慶曆初，成書凡三萬六百六十九卷。然或相重，亦有可取而棄不録者。大觀中，祕書何志同言：「漢著《七略》，凡爲書三萬三千九十卷；隋所藏至三十七萬卷；唐開元間八萬九千六百卷；慶曆間嘗命儒臣集四庫爲籍，名曰《崇文總目》，凡三萬六百六十九卷。慶曆距今未遠也，按籍而求之，十纔六七，號爲全本者，不過二萬餘卷。而脱簡斷編，亡散缺逸之數浸多，謂宜及今有所搜採，視舊録有未備者，頒其名數於天下，選文學博雅之士求訪。總録之外，別有異書，並借傳寫；或官給札，即其家傳之，就加校正。」上之策府，從之。政和中，校書孫覿言：「頃因臣僚建白訪求遺書，今累年所得，《總目》之外，凡數百家，幾萬餘卷。乞詔祕書省官討論，撰次增入《總目》，合爲一書。」從之。名曰《祕書總目》。宣和中，祕書省言：「有詔搜訪士民家藏書籍，悉上送官，參校有無，募工繕寫，藏之御府。近與三館參校榮州助教張頤所進二百二十一卷、李東一百六十二卷，皆係闕遺。乞加褒賞。」詔頤賜進士出身，東補迪功郎。七年，祕書言：「取索到王闡、張宿等家藏書，以三館祕閣書目比對，所無者凡六百五十八部，二千四百一十七卷。及卷省官校勘，悉善本。比前後所進書數頗多。」詔闡補承務郎，宿補迪功郎。然自熙寧以來，搜訪補緝，至宣和盛矣。靖康之變，散失莫考。今見於著録，往往多非曩時所訪求者，凡一千四百四十三部、二萬五千二百五十四卷。高宗渡江，書籍散佚。獻書有賞，或以官故；家藏者，或命就録；鬻者，悉市之。淳熙中，祕書少監陳騤等言：「中興館閣藏書，前後搜訪，部帙漸廣，乞倣《崇文總

目》類次。」後書目成，計見在書四萬四千四百八十六卷。校崇文所載，實多一萬三千八百一十七卷。後參三朝所志，多八千二百九十卷；兩朝所志，多三萬五千九百九十二卷。嘉定中，以四庫之外書復充斥，詔祕書丞張攀等續書目，又得一萬四千九百四十三卷。而太常、太史、博士之藏，諸郡、諸路刻板而未及獻者，不與焉。蓋自紹興至嘉定，承平百載，遺書十出八九，著書立言之士又益衆，往往多充祕府。紹定辛卯，火災，書又多闕。自是，而宋且不祚矣。元立經籍所，後更爲弘文院；又立興文署，以編集經史、收掌板刻爲職，宋元遺書賴以不廢。明太祖克燕，首命大將軍收祕書監圖書典籍，及太常法服、祭器、儀象、户口、版籍。既又詔求遺書散民間者。永樂移都北平，命學士陳循輦文淵閣書以從，購書之官四出，所蓄甚富。正統六年，大學士楊士奇言：「文淵閣見貯書籍，有祖宗《御製文集》及古今經史子集之書，自永樂十九年南京取來，一向于左順門北廊收貯，未有完整書目。近奉旨移貯文淵閣東閣，臣等逐一打點清切，編置字號，寫完一本，總名曰《文淵閣書目》。合請用《廣運之寶》鈐識，仍藏於文淵閣，永遠備照，庶無遺失。」詔從之。然自是而後，閣臣既鮮省覈，典籍又多竊取，而祕府書籍往往散逸於民間矣。嘉靖中，御史徐九皋建言，欲將歷代《藝文志》，書目參對今貯經籍，凡有不備者，行令中外士民之家借本送官謄寫，原本給還，量優賞賚。其有《志》所不載，及近中外文僚山林碩學記著撰述，有裨治理者，並令搜採，解送禮部，發史館看詳，校正，藏諸中祕。而又乞上于便殿省閱章奏、處分政事，暇時賜召見講讀侍從，諸臣從容諏訪，辨析經旨。詔下禮部議，尚書夏言覈奏：「仰惟皇上尊敬祖宗，右文重道，邇者恭建皇史宬，尊藏累朝《寶訓》、《實録》，并列聖《御製文集》、《四書》、《五經》、《性理》等書，及脩輯歷代全史，誠帝王希世之曠典，萬世不刊之事業也。今本官具奏，前因具見仰贊聖謨廣敷文治之意合。」候命下，移文翰林院，查祕閣所貯書籍有無缺遺不備之書，備開書目，行本部通行兩京，及天下撫按衙門，轉行提學官員用心搜訪，凡《藝文志》所載，歷代遺書及本朝名臣碩儒所著文集，凡有補於世教，足成一家之言者，一體收採藏貯。及奏請召見侍從、諸臣，亦是仰承皇上緝熙聖學，延見講官以備顧問之意。尋得旨，書籍充棟，學者不用心，亦徒虛名耳。苟能以經書躬行實踐，爲治有餘裕矣。此心不養以正，召見亦虛應也，都罷。是時，上漸廢朝講矣，而請不時召見文學之臣爲忤旨，故并求遺書亦報罷。然不遣博雅專使而徒行提學官員，真虛應耳。夫以我朝之盛，崇儒右文超軼前代，而購書之詔希闊無聞，東閣之藏蕩析殆盡，將使萬世之下有遺議焉。恐不可以爲迂闊，不切事情之務而忽之也。」肯堂所述累代藏書卷帙多少，及所以聚散之由，甚具。其所記書之六厄，本隋牛弘之言五厄，但弘上數秦灰而下不逮唐之禄山、黄巢，爲不同耳。以五季享國之促，有土之偏，而有購求遺書之君，以有明全盛而藏書散帙、購遺之詔無聞，此有識之士所深嘆者也。臣又竊意購書之功，莫大於漢；而校書之精，莫過於劉向父子。漢所購先王六藝，秦所燔焚壁藏口授不至遂泯者幾希。向、歆所校諸經，師所傳習，博士之所争辯，立於學官，傳之至今。微則先王之遺文或幾乎熄，後世非有滅籍之禍，挾書之律，徒以兵火之後，延閣祕室之書流傳人間耳。且夫獻書者可以得金得官，而僞撰者比比然也。苟非明理博識之士從而辨之，則所謂數十萬卷之多，其中豈無可棄而反録，可録而反棄者。又如士大夫家好書，苟非其求之甚專、聚之甚力，則其致之也。

彭啓豐《芝庭詩文稿・文稿》卷二條奏《進講通鑑劄子乾隆四年》 宋太宗雍熙元年春正月，求遺書，時三館所貯遺帙尚多。乃詔募中外有以書來上，及三百卷當議甄録酬奬，餘第卷帙之數等級優賜，不願送官者借其本寫之。由是四方之書間出矣。臣聞帝王御宇，將以探天地之奧賾，萬物之情，參酌古今，整齊風化，未有不潛心典籍，博採羣言，遐稽古訓，而能啓文明之治者也。蓋自西漢崇尚經術，表章六經，置寫書之官，建藏書之策，更遣陳農求遺書於天下。劉向父子校集羣書，彙成《七略》。蓋當灰燼之餘，其君若臣相與右文，稽古蔚然稱盛。魏晉以降，百家競起，著述愈繁。唐始分爲四類，曰經、史、子、集，其著録者五萬三千九百一十五卷，而唐之學者自爲之書又二萬八千四百六十九卷，藏書之盛可謂至矣。宋承五代廢學之後，太祖於開國之初即求遺書，至太宗時崇文院貯書已八萬卷，復求遺書，而論者交美之。誠以人主學於古訓，惟日孳孳。斯見聞日以廣，志氣日以清。此格物致知之要，道也。迨其後，濂、洛、關、閩諸儒接孔孟之真傳，爲斯文之宗主，未必非建隆、雍熙以來右文典學之所致也。夫周秦以前之書，以六經爲主。至漢唐以後，以五子爲宗。蓋五子之書，闡明六經之藴者也。下逮元明，諸儒纘承遺緒，互有發明，其於扶道術，正人心，所係實非淺鮮。伏念國家教思廣，被文治，光昭內府，所藏經、史、子、集，已無不具，即《朱子全書》、《性理精義》亦已頒行海內。然自宋儒以來，元則有若許衡、吳澄諸儒，明則有若薛瑄、胡居仁、高攀龍、顧憲成諸儒，我朝更有若湯斌、陸隴其諸儒，類皆潛心理學，寔措於躬行，著於辭説，其文集皆可採録。請敕諭禮部，凡宗元明諸儒之書，有表章六經，闡明性理，未經蒐輯者，令督撫學臣留心採訪，以時進呈，備乙夜之覽觀，刊刻傳播，正四方之趨向，庶

文教覃敷度越漢唐矣。

王棠《燕在閣知新録》卷二四《書厄》　隋文帝開皇元年，秘書監牛弘上表請開獻書之路。謂經籍自周衰孔子删述之後，凡有五厄。秦人吞六國，墳籍掃地，一厄也。王莽之末，竝從焚燼，二厄也。獻帝移都，西京燔蕩，三厄也。晉世劉石憑陵從而失墜，四厄也。侯景破梁，悉送荆州。周師入郢，焚之外城，五厄也。自孔子至今，數遭五厄，興集之期，屬膺隋代。今秘藏見書亦足披覽，但一時載籍須令大備。不可王府所無，私家乃有。若猥發明詔，兼開購賞，則異典必至，觀閣斯積。文帝納之，使人搜討，於是民間異書往往間出。丘氏竊以爲自隋之後，唐有禄山、黄巢之亂，極而至於五代之季。宋有女真、蒙古之禍，極而至於至正之末。其爲厄也，又不止五矣。棠按明季流賊之亂，京師失守，存於内閣，蕩棄無遺。而江南藏書如錢尚書家最稱富有，不戒於火，化爲灰燼，是又遭數厄矣。今逢朝廷右文，民間藏書莫不網羅廣爲刊布，斯亦聖朝之盛事也。

又《雕印書籍》　五代後唐明宗長興三年，馮道、李愚請刊國子監田敏所校正九經以行世，雕印賣之。胡寅曰：「有天下，國家必以經術示教，不意五季之君，荒服之人而知所先務，可不謂賢乎？然命國子監以木本行，以一文義、去舛訛，使人不迷於所習，善矣。頒之可也。鬻之非也。」或曰：「天下學者甚衆，安得人人而頒之？」曰：「以監本爲正，俾郡邑皆傳刊焉，何患於不給。國家浮費不可勝計，而獨靳於此哉。」又母昭裔貧時借《文選》不得，發憤曰：「他日若貴，當鏤版以遺學者。」刻《文選》，又刻九經於蜀，是則版起於馮、李，而繼之者母昭裔也。葉夢得曰：「唐以前書籍皆寫本，人以藏書爲貴，精於讐對，故往往皆有善本。學者以傳録之艱，故其讀誦亦精詳。五代時馮道始奏請官鏤板印行。宋淳化中復以《史記》、《前後漢》付有司摹印。自是書籍刊鏤者益多，士大夫不復以藏書爲意，學者易於得書，其誦讀亦因滅裂。然板本多不是正，不無訛誤。世既一以板本爲正，而藏本日亡，其訛謬者遂不可正。」

又《唐代藏書》　唐分書爲四類，曰經、史、子、集，而藏書之盛莫盛於開元。其著録者五萬三千九百一十五卷，而唐之學者自爲之書者又二萬八千四百六十九卷。初隋嘉則殿書三十七萬卷。至武德初有書八萬卷，重復相糅。貞觀中魏徵、虞世南、顔師古繼爲秘書監，請購天下書，選五品以上子孫工書者爲書手，繕寫藏於内庫。玄宗命馬懷素爲脩圖書使，與褚無量整比。尋置脩書院，其後大明宫光順門外，東都明福門外，皆創集賢書院。學士通籍出入，既而太府月給府紙五千番，季給墨三百三十六丸，歲給兔千五百皮爲筆材。兩都各聚書四部，以甲、乙、丙、丁爲次，列經、史、子、集四庫，其本有正有副。安禄山之亂，尺簡不藏。元載爲相，奏以千錢購書一卷，又命拾遺苗發等使江淮括訪。至文宗時，鄭覃侍講進言經籍未備，因詔秘閣搜採，於是四庫之書復完，分藏於十二庫。黄巢之亂存者蓋尠。

又《宋代藏書》　宋初有書萬餘卷，其後削平諸國，收其圖籍。及下詔遣使購求，散亡三館之書，稍復增益。太宗始建崇文院，而徙三館之書以實之。又分三館書萬餘卷别爲書庫，名曰秘閣。真宗時命三館寫四部書，二本置龍圖閣，及太清樓，而玉宸殿、四門殿亦各有書萬餘卷。已而王宫火，延及崇文、秘閣，書多煨燼，其僅存者遷於右掖門外，謂之崇文外院，命重寫書籍，選官詳覆校勘，掌以參知政事一人領之。仁宗既新作崇文院，命學士張觀等編四庫書，仿開元四部録爲《崇文總目》，書凡三萬六百六十九卷。神宗改崇文院爲秘書省。徽宗更《崇文總目》爲《秘書總目》，詔購求四民藏書，其有所秘未見之書足備觀采者，仍命以官。且以三館書多逸遺，命建局，以補全校正爲名，設官總理，募工繕寫。自熙寧以來，搜訪補葺，至是爲盛矣。始太祖、太宗、真宗三朝，次仁、英兩朝，至仁、哲、徽、欽四朝最。其當時之目爲部六千七百有五，爲卷七萬三千八百七十有七焉。迨夫靖康之難，而宣和館閣之儲，蕩然靡遺。高宗移蹕臨安，乃建秘書省於國史院之右，搜訪遺闕，屢優獻書之賞，於是四方之藏，稍稍復出，而館閣編輯日益富矣。當時類次書目得四萬四千四百八十六卷，至寧宗時，又得一萬四千九百四十三卷，視《崇文總目》又有加焉。

盛宣懷《愚齋存稿》卷七五《寄濟南孫慕帥四月二十六日》　中國舊書，愈久愈佚。上海爲萬國通商巨埠，可保久安。宣懷擬在滬建立圖書館，廣爲收羅，以存國粹。據羅矩臣云，山東東昌府聊城楊氏爲有名藏書家，楊至堂河帥之孫鳳阿舍人，名紹和，所著書目名曰《楹書隅録》。其收藏宋元板精鈔本，富於丁松生、陸存齋。今其子孫大半不能自存，恐京中書肆捷足先得，務求台端迅即遴派妥實員幕，速赴東昌，查詢楊氏藏書，如尚未散，請即電示，擬派羅君携帶書目款項赴濟，請示尊處，亦派人協同赴聊，設法全數購買，以成大觀。將來富擁百城，必爲上海藏書之冠。公他日遂初歸來，可同飽眼福矣。東昌聊城守令及紳士中有人可託否？乞籌示。

《清議報》一八九九年第一七期《論圖書館爲開進文化一大機關》　夫學校爲開文化之原，雖三尺童子，猶能知之。學制自小學、中學、師範學，至專門學、大

學。其數已備，其費亦鉅。然地球文明之邦，其悉心於學校規則，蓋盛矣。唯怪世人知學校有益，而未知别有開進文化之大機關也。蓋非不知有之，或輕視不顧也。然則何謂學校之外開進文化一大機關乎？曰：無他，唯廣設公共圖書館可耳。館内貯藏内外各種圖書，以供公衆閲覽，故可冠公共二字以開之也。日本客歲中，查圖書館總數，合官設、公設、私設，僅三十一所。除一帝國圖書館外，未有别公共圖書館。余不得不憮然也。人若不冀文化開進，則並學校或可廢之。誠欲文化日新，則舍圖書館，無以致大效。世之以教育家自居者，絶少措意於是，我輩不能不思自任也。昔有某君嘗經營圖書館事業，朋輩多訾其失職，後有故從事學校教育，皆以爲得職。據其言以攷之，此人既營建學校而有功，是非無創立圖書館之才也。故其語於人曰：「予感知己之言，而事誠有不忍言者。」蓋其友多皆關繫教育之人也。歐美諸邦，極重圖書館，不俟辯言。又歐美圖書館之多，不復論列。今而欲陳圖書館之實益，或亦嗤爲蛇足。況我日本今日，圖書館現狀如彼，志於教育者思想如此，論之似無益也。雖然，予猶不忍舍而勿道也。唯欲使世人知圖書館可與學校相輔而行，且欲廣爲推布耳。第一之利。圖書館使現在學校受教育之青年學子，得補助其智識之利也。蓋學校教育功課雖完備，然有圖書館，而學生於課餘之暇，離其羈束，得流覽研究教課以外之書，則見聞日廣。此圖書館在學校外，所爲開進文化大機關者一也。第二之利。圖書館使凡青年志士，有不受學校教育者，得知識之利也。又學校既卒業生，及在校中途罷業之學生，苟欲增其智識，則以出入圖書館爲便。若日本今日時勢，不能擁護此青年輩則已。若有餘裕，而廣開圖書館，此策之最得者也。且不獨利於士，雖商工童僕，苟有餘暇，其智識亦從此而生，又安得無大效益乎？此圖書館在學校外，所爲開進文化大機關者二也。第三之利。圖書館儲藏宏富，學者欲查故事，得備參攷之利也。又人各就其職業，深得其書而欲研究之也。醫士依是可得知治療新法，商賈依此可得曉廣告便法，業工農者亦可大曉其器械及用力法也。又著述家，得諸種參攷知識，得確立其説。此圖書館在學校外，爲開進文化之大機關者三也。第四之利。圖書館有使閲覽者，隨意研究事物之利也。學校原有規律，學科、學期、時間、年齡各有限，又别男女，圖書館則不用此等規律也。故無論誰人，苟欲閲覽圖書者，自可隨意閲覽，且可隨意研究事物也。此圖書館在學校外，所爲開進文化大機關者四也。第五之利。圖書館有使閲覽者，於頃刻間，得查數事物之利也。諺云：「光陰金也。」圖書館出入，一任閲者自便，故迫於有要事時，可去而營幹之，越時又得諸種事利，學校教育非所企及也。此圖書館在學校外，所爲開進文化大機關者五也。第六之利。圖書館凡使人皆得用貴重圖書之利也。至圖書館收還閲覽費與否，隨各館創立章程如何。然雖徵收小費，而閲者出些少之貲，得閲貴重圖書，其實不可拚也。尋常讀書社會，常恨乏力，難以購備圖書，渴望之，如大旱望雲霓。若有圖書館，則窮措大，貧書生，無此觖望。然此輩或尚有不冀此舉之大成者，可謂自暴自棄，抑亦文明罪人也。此圖書館在學校外，所爲開進文化大機關者六也。第七之利。圖書館有使閲覽圖書者得，速知地球各國近況之利也。今日世界文明日進，吾不能安於固陋自同井底痴蛙固矣。雖有時爲百般職業所驅使，然不悉知地球近況，以與諸文明國相競長，必爲所敗。又圖書館，廣藏文明世界新刊圖書，及新報諸雜誌類，使出入此館者，不敢作劣敗污名之事，豈不美哉？是圖書館在學校外，所爲開進文化大機關者七也。第八之利。圖書館有不知不覺便養成人才之利也。常觀出入圖書館者，無端而勤奮讀書之志，油然而生，以養成智識。此非如在校依教師訓導以養成之也，殆如桃李無言而自芳耳。蓋學者每入圖書館，固欲研究諸事物也，乃左右前後悉皆研究物，百城坐擁，我何得不生勤勉之意乎？不獨此也，事物愈研究，愈精細，意見愈卓絶，才器愈宏大可知也。其爲利豈不大哉？此圖書館在學校外，所爲開進文化大機關者八也。其餘之利，固不止此，不暇枚舉，讀者幸思之。圖書館之效益，如前所陳則與學校教育，並立而不悖，可知也。然今考日本圖書館，尚不及予曩日所言。徒志於教育者之言，亦非吾所好。雖世人未知利用圖書館，以研知識，亦不足怪，然將有視吾言爲蛇足者矣。不知以一方而觀之，或以此言屬蛇足；自他方而觀之，知非蛇足也。因陳其所感耳，予不復多言。只曰：「圖書館擴張，不可不贊助也；圖書館新設，不可不奬勵也。」願司教育行政者，贊教育事業者，宜用力以謀之，予豈不努力附驥乎？

《江西官報》一九〇五年第一九期張樹芬《洪崖學堂藏書記》 圖書者，社會改良一大關鍵也，國家進化之一大楷梯也。顧窮鄉僻陋，積軸鮮儲，寒士生涯，一瓻莫借。雖有俊英，莫廣聞見，人才寥落，風俗蔽塞，識者憾焉。餘千瑞洪鎮，地濱鄱湖，農業艱窘，民多以捕魚爲業，且限於地勢，各姓聚族而居，生計競争，强淩衆暴，糾衆械鬥，習不爲怪。鎮舊有洪崖書院，産業敗壞，並院屋亦任人僑寓，矧所謂藏書云哉。蓋詩書之澤不逮，而民之失教久矣。去歲春間，統領内河水師右軍任公福黎駐節於此，樹棻相與上下議論，徐圖挽救，謂非開民智不可。任公以民俗尚武，正可因其所好而誘之。乃創水軍隨營學堂，以訓練士卒。糾糾之夫，被以文

澤，濟濟如也。又將各姓漁船，編以號牌，造以鱗册，於是鎮之士若商，及鄉之士若農，深有感焉。適俞明府省三宰是邑，以振興教育爲己任，乃撥文昌會公田百六十畝，爲洪崖書院恒產。並籌資贖院屋，改設小學堂及會議局。而樹棻就近襄其事，草創伊始，欵項支絀，欲購置圖書而未果，好學之士，觀覽末由。任公恒與樹棻道之，深以爲恨。本年夏任公乞養歸里，瀕行乃捐貲購有用書五十餘種，並置備學堂器具，以資多士肄習。又囑樹棻會紳經理，俾無遺失。嗚呼，任公之嘉惠我士民者遠矣！其裨益我地方者尤多矣！繼自今各鄉多士，聯袂來堂，左圖右史，羣相枕葄，將共勉爲有用之學，而漸洗其澆薄之風。爭競之俗，化爲禮讓，皆於是乎基之矣。俞公創辦於始，任公維持於後，樹棻幸而身與其際，得觀厥成，何快如之！任公之行也，鎮之士若商，及鄉之士若農，均有戀戀不舍之意。樹棻以爲公之遺澤與茲書籍而長留，吾輩當善爲經理，以成公志。公雖去，如不去矣。故書此以記之。

《教育世界》一九〇六年第一三〇期羅振玉《京師剏設圖書館私議》　保固有之國粹，而進以世界之知識，一舉而二善備者，莫如設圖書館。方今歐美日本各邦，圖書館之增設與文明之進步相追逐，而中國則尚闃然無聞焉。鄙意此事亟應由學部倡率，先規畫京師之圖書館，而推之各省會。茲將京師剏設圖書館之辦法，條舉如下：一曰擇地建築也。圖書館宜建於往來便而遠市囂，不易罹火災之處。規撫宜宏大，約須用地四五十畝，預留將來推廣地步。至建築式樣，宜調查各國成式而仿爲之，其經費至少之數約須一百萬金，分三期籌備之，每三年爲一期，九年而全部告成。每三年中籌三十三四萬金，度支雖奇絀，尚不至難辦也。（併建築及購書共計之。）但調查既須時日，而建築與蒐書亦非旦暮間所克辦，則事幾之決不可緩矣。二曰請賜書以立其基也。圖書館之書籍分二大部，一本國，一外國。本國之書宜奏請頒賜庫藏以爲之基。查從前頒賜之庫書，在南中諸省者，半付劫灰，而奉天熱河之賜書，均尚完好。又當日四庫存目之書，亦尚存大内，中多善本。又欽定各書，如《圖書集成》及《累朝方略》之類，與夫翰林院所存《永樂大典》之燼餘者，均宜奏請頒賜圖書館存儲。（又聞外務部所存外國書籍不少，亦宜儲藏圖書館。）至武英殿及欽天監所藏書版，亦應請歸圖書館保存，以便隨時繕脩，並廣其傳布。三曰開民間獻書之路也。從前庫書，大率采諸民間。但百餘年來，新著日出，而古籍之存海内藏書家，未經進呈者，亦不少。今宜援照舊例徵取，而獎之亦如舊例。方今東南藏書家，所藏大半散失。然如聊城之楊，歸安之陸，則均完好無缺。楊氏後裔珍重保守，而艱於嗣續。陸氏則曾登廣告於報紙，言：「有造藏書樓者，願盡捐其所藏。」若收兩家之書入京師圖書館，而破格獎勵之。則二君既申其孝思不匱之心，而古籍亦不至散佚，況更可招致他藏書家乎？此亦徵蒐遺書之機會，不可失者也。四曰徵取各省志書及古金刻石也。各省志書，爲歷史地理之資料，亟須裒集。宜咨行各省，徵取儲藏。（各省書同之刻本一併徵取。）至古金石刻，在秦漢以前者，大有裨於古文學，秦漢以後者，亦有裨於歷史，宜仿之通館成例，令各省進呈其私家所藏則如徵書例可也。五置寫官。館中宜置寫官，凡民間珍異之書，不願獻納者，可令寫官迻寫後，而返其原本。寫官之選用，可考選各省士子之文學較優者充之，其待遇如各部之書記。其有年勞者之獎勵亦如之。其員數不能預定，大約二三十人可矣。六采訪外國圖書。外國圖書至繁賾，宜先擇最新最要者購之。先由調查員於調查建築時，向專門學家咨訪，寫成應購書目，回國後可依目購之。以後逐年增置，以期完備。以上乃大略辦法，至監守之法、借閱之例、設官之員數等，應參考各國成規而采用之，先由調查員從事調查，至京師圖書館以外，各省城亦應各立圖書館一所，以爲府廳州縣之倡。如是則二十年後，我國之圖書館或稍有可觀乎。

《國粹學報》一九〇六年第二卷第一九期劉光漢《論中國宜建藏書樓》　遐稽上古，言必考典。故《爾雅》、《釋言》，訓典爲經，及稽之《戴禮》，則古代書在上庠，有典書之官，以詔國子之讀書。典爲五帝之書，從册在丌上。許氏《説文》釋之曰尊閣之也。又以丌字象薦物之形，解畀字爲約在閣上。徐氏《繫傳》曰典尚書所，謂大訓在東序，閣所以承物。據此，以觀，則倉史造字之時，加册於丌，足證初有書契，早已建閣珍藏。彼三皇五帝之書，周官所掌典墳、邱索之籍，楚史能諳諒，無不庋諸高閣，以示尊崇。良法美意，其所從來者遠矣。又考《周官》，宰夫之職，府掌官契以治藏。夫令史簿録，無當於文章，鉅麗之觀，猶布在方策，無或失墜，況於典籍之重乎！昔老子爲周守藏室之史，見於《史記》。則周氏之時，藏書有定所，掌書亦有專官。然書掌於官，民無私藏。及周衰道廢，孔子欲藏書周室，子路謂老聃可以與謀，蓋當此之時，學術之權，操於師儒。故孔子欲以私家之藏輔官府之不逮，惜有志未償。降及暴秦，律令圖書，藏於宫禁，掌於博士，民間莫得而視，民間亦無復有書。西漢肇基，挾書除禁，至於武皇廣開獻書之路，百年之間，書積如邱山。外有太常、太史、博士之藏，内有延閣、廣内、秘室之府。厥後陳農求遺書，劉向典秘籍。劉、班所録，班班可考。然秘書之副，僅賜班斿。亡書能識，僅傳安世。霍山以寫書而獲谴，東平以求書而見斥。蓋當此之時，在上者以書籍自私，不復公

之於天下。自此以降，光武、明、章，篤好文雅，石室蘭臺，彌以充積。別於東都及仁壽閣搜集新書。兩晉、六朝，率遵遺軌，《七志》、《七録》，篇目具存。隋開皇間，牛弘遣求書之使，搜訪異本。有唐中葉，命苗發求書江淮，而簽察御史，兼掌求書。宋設秘書省，凡州縣印本書籍，咸解赴册府，以補四庫之缺。雖契丹、蒙古以異族宅諸華，然遼建乾元閣，元開弘文館，秘府所納，均有可觀。明命有司訪經籍，藏之秘府，以資覽閣。至於清代，四庫所收，尤徵完美。此皆書藏於上之證也。然館閣校讐，不盡向歆之才，吏民檢閲，事干例禁。加以隱秘之書，伏匿不出，而山林枯稿之作，專門名家之藏，亦非一時徵求所能集。況復中祕之藏，世鮮傳本。而易姓改命之際，兵鋒所及，文獻摧殘，觀建章焚而秦籍燼，西都覆而七略亡。梁都陷虜，玉軸揚灰。唐將稱兵，簡篇零落。遂使觥觥巨册，與國偕亡。向使琅編秘笈，散布民間，藏書者非僅一人，流行者非徒一帙，雖有水火之不時，兵戈之竊發，書策散亡，當不若是之甚也。雖然，漢魏以下，鴻儒著作，日出而不可詘。窮册府所存，不過十之三四耳。而世家儒族，當全盛之時，物力滋殖，崇尚儒雅，多以藏庋相高。刊書之役，聚書之方，日新而月異，故方鼂鄭王藏書，甲於宋代。降及元、明，此風益熾，絳雲、汲古，尤著有聲。下至阮氏文選樓、鮑氏知不足齋，左圖右史，異書燦備，咸足補官書之缺，作文獻之宗。乃不數十年，或罹兵燹，或出爐餘，或子姓失德，棄舊典若弁髦，或家國淪亡，鞠藝苑爲茂草。至並簿録不可見，況其他乎！嗚呼，學術者，天下之公器也。今以書自私，上行下效，寒畯之家，雖欲檢閲而無由。當其盛時，亦欲以留意篇籍，博嗜古之名，傳之來葉，以示子孫。曾幾何時，而文籍湮軼，一至此極，非獨自亡其書也。且使皇古相傳之故笈，由己而亡。昔孟子謂上下交征利而國危。吾亦謂上下交争書而學危。言念及此，能無惘哉！嗟乎，三代以降，苛政日增，不知以學術導其民，並不以學術公之於世。雖庠序之間，藏經有閣，以嘉惠多士，然頒賜之籍，半屬功令之書，且事領於官，簿録出納，職守多虧，閲者裹足。惟近代江浙之間，建閣貯書，文匯、文淵均饒善本。及閣燬於火，崖略僅存。若夫私家之書有公之一族者，如孫氏淵如，藏書家祠不爲己有是也。即有達觀之士，鑒于聚書之易散，欲擇寬閒遠僻之區，以傳久遠，仿史遷藏史名山，白香山藏詩東林寺例，於崇祠古刹，築室珍藏，如阮氏芸台藏書，杭州靈隱寺及鎮江焦山是也。然地匪通都，艱於跋涉，閲書之士，屐跡罕臨。夫道書釋典，均有藏室，二氏且然，況於典籍？昔明侯官曹學佺，謂釋道有藏，儒何獨無，欲聚書鼎立。近儒章學誠亦欲於尼山泗水之間，擇地藏書，法非不美，然僅託空言。以致好學之士，難於得書，

見聞狹隘，囿於俗學。並博聞之士，多識之才，且不可多得，況欲窺古人學術之真乎！故國學式微，由於士不悦學，此非不悦學者之咎也。書籍不備，雖欲悦學而無從，此則保存國粹者之隱憂也。今考東西各邦，均有圖書館，官立、公立、私立，制各不同。上而都畿，下而郡邑，咸建閣庋書，以供學士大夫之博覽。今宜參用其法，於名都大邑設藏書樓一，區以藏古今之異籍。然經營伊始，厥有數難，世禄之家，鮮明公德，鑿楹而藏，以矜私蓄。乞一鴟之借，蹈懷璧之譏，其難一也。若夫求書遣官，下檄郡邑，則順康之時，曾行此法，而四方州郡，疲於應命，憲檄甫加，即報無書。今仿其規，恐蹈覆轍，其難二也。梓人考工，以藝自植，市賈之徒，僅知射利，儲藏雖富，索值必高，今公私交匱，巨資誰供？其難三也。傳録文字，非由目驗，時值右文，必多僞託，記事或昧是非，考古莫明存佚，贋鼎亂真，審定匪易，其難四也。有此四難，故欲建藏書樓，必先令一州一邑普編書籍志，博采旁收，悉著簿録，他日按簿而稽，見存之籍，則檄郡邑上其書。秘異之編，或命寫官録其副。前之所謂四難，庶可免矣。及簡編既備，棟宇落成，然後條列部目，按類陳列，典籍得其人，閲書定以時，以供專門之尋繹，以擴學者之見聞，庶載筆之儒，淩雲之彦，專業是尚，師承並興，即後來承學之士，亦興起於斯。此則國學昌明之漸也。嗟乎，歐民振興之基，肇於古學復興之世，倭人革新之端，啓於尊王攘夷之論。此非拘於則古昔，稱先王之説也。蓋國政浩繁，惟睹往軌者斯知來轍，非鑒於成憲，明其利弊之所在，無由試改革之端。且一國之立，必有特異之才，豐功偉烈，懿行嘉言，載籍浩博，班班可考。若能誦詩説書，知人論世，抒懷舊之蓄念，發思古之幽情，愛國之心，既萌保土之念，斯切國學保存，收效甚遠。乃惟今之人不尚有舊，圖書典籍，棄若土苴，亦獨何哉！夫《漢書》以下，均誌藝文，以迄於今，載越數千，雖篇目可按，而傳書至稀。宋代以下，鉛槧之設益繁，由今考之，十不存一。幸考古之家，尤多善本，左右采獲，足備儲藏。若失此不圖，一經兵燹，銷蝕散亡，雖欲聚書亦無及矣。則聚書之法，不可不籌，而藏書之樓，必宜先設。世有知言之君子，或亦措意於兹乎？

《東方雜誌》一九〇七年第四卷第八期蛤笑《論保存古學宜廣厲藏書》 凡僕緣於大地之上而立國者，必自有其特別之學術，以爲一羣文明之本，則典籍圖書，其最要矣。古者書藏於官，惟柱史職之，非帝王之自私其學術也。誠以竹簡繁重，一書篇策，動輒盈屋，蒐集而儲藏之民，間斷無此資力也。秦漢以後，方策易而卷軸，卷軸易而册頁，鈔寫變而印刷，印刷變爲活版，成書彌易，則傳布亦彌廣。而

藏書之法，猶沿古制。天禄、石渠，特爲帝王潤色承平之具，而此外靡所傳焉。間有一二世家巨族，好古之士，崇尚儒雅，以祕笈珍本相炫耀者，然其意主於一已之祕藏，而非欲學殖之津逮。雖復左圖右史，異書羅列，不過等諸鼎彝寶器之倫，供一人一家之玩好而已。於傳布文明擴張學術之旨，無與也。神州國學之衰，不亦宜乎。今夫書之藏於官也，有數弊焉。清祕深嚴，迴隔天上。雖承明之彦，簪筆之臣，且以得讀未見書爲非常之異數，而況韋布之儒，欲窺中祕，不亦難乎？弊一也。《七録》之編、《崇文》之目，皆當時文學侍從之臣，總裁其事。輒以一人之學，衡鑒千古，其有理想淵微，識議高遠之作。或以學派不同，横遭擯斥，而勝國之野史，逸民故老之遺者，大抵以格於忌諱，弗敢收存。則雖卷册夥頤，正復有慙完備，弊二也。學問之程，日新不已。國家《四庫全書》，纂於百餘年前。而百年以來，大師宿儒之撰著，掌故律令之變遷，考獻徵文，豈止汗牛充棟。使非旁蒐博采，及時彙集，數十年後，竊恐散失凋零，半歸亡佚，弊三也。且尤有可懼者，祕閣奇書，世鮮副本，兵革倉皇之日，大抵經籍圖書，首淪刦火，洛都覆没，致《七略》之散亡；江陵一炬，慨文武之道盡。近者庚子之變，翰林院所儲《永樂大典》殘本，盡成焦土，無復存者，尤近事之在人耳目者也。即私家儲蓄，焜耀一時，或子孫弗克負荷，旋歸散失。或遭罹兵燹，掃地以盡。乾嘉以來，諸藏書大家，今已無一存者矣，可不懼哉？學術者，一國之公器也。書籍者，人類之歷史也。先聖先賢，本其所學，著書立説，以闡真理而啓來世者，無論已。即乙部之史、丁部之集，皆有昔人不朽之精神以貫注之。讀者展卷流連，而一羣風俗盛衰，治亂興亡之故；英雄豪杰，艱難締造之奇，與夫忠臣孝子、義夫節婦，貞常處變之跡，皆若接於目而聆於耳。其有裨於愛國之思，進化之程，豈淺鮮哉？西學輸入以後，人人皆有鄙棄國學之想，設非急事蒐集，以永其傳，將見簡編零落，文獻銷沈，國學荒而國本撥矣。東西各邦，皆有圖書之館，以數十計。時其啓閉，嚴其出内，以供學士通人之流覽。其學術之日新月異，職是故耳。今宜於通都大邑，人文薈聚之所，各建藏書樓一區，以儲蓄古今典籍。無論舊槧新刊，通行祕本，苟屬有用，即事收存。剏造之初，不惟其精而惟其備。合官紳士庶之力，以共舉之。其地則必擇寬閑寂寞之濱，水火之所不及。或逕取崇祠古刹，略事修葺，如白香山之藏詩東林，阮文達之儲書靈隱，則事半功倍，更易爲力。嚴典守之章程，訂取閲之時刻，吾知好古之儒，承學之士，必將接踵而來，喜尋繹之有資，得以擴見聞而藥固陋。國學振興，在斯舉矣。今論者動議吾民無公德，然數年以來，捐巨貲以建私塾，開學會、購儀器圖書者，所在有之。豈此區區者，而不能集腋成裘，特患提倡者之無人耳。苟國家降尺一之詔，奬飾崇文，而地方大吏，復鼓舞而振興之，保存舊學，即以啓迪新機。其收效之宏，必有遠過於尊崇孔祀之徒託空文者矣。識時之君子，其弗以爲不急之務也耶？

《國粹學報》一九〇九年第五卷第八期鄧實《國學保存會藏書志》 昔讀宋于庭序《鐵琴銅劍樓書目》，謂目録之學，始于向、歆父子。子政爲《別録》，子駿成《七略》。班氏因之，作《藝文志》。曹魏繼之，遂分四部。宋、齊、梁、隋，代有纂録。然皆祕閣所藏，監令所掌，就其存者，以成簿籍，惟梁處士阮孝緒，更爲《七録》，人間始有私行之目録。《隋經籍志》據爲存亡，唐有《羣書四部録》，宋有《崇文總目》，皆官本，多闕略，轉不逮晁氏《讀書志》、陳氏《書録解題》私家編輯之詳明曲暢，何也？蓋典籍者，天下之神物，不能爲帝王一家所私有，而官府所收，又多有忌諱，意有取舍，故往往有人間珍帙，而反爲祕府所不收者。觀于今《四庫》所録，其遺書何限，況其列于禁燬違礙者哉？若夫私家所録，則無復限制，兼收并蓄，下至野史遺文，尤樂爲甄採，此其所以備也。夫古人著書，雖斷簡殘編，靡不有其精神所在。後之小儒，每挾曲見私意，妄爲棄收，使古人精神不克盡見于後世，古人其不瞑目矣。迺復以一王之法令範圍古人，古之人不尤深慟大哀乎？慨自晚明以來，私家聚書，如范氏天一、錢氏絳雲、毛氏汲古，至爲繁富。惜易代而後，半歸散佚。及予之生，海内號藏書家者，則有平湖陸氏之皕宋樓、杭州丁氏之善本書屋、常熟瞿氏之鐵琴銅劍樓三家，均刊有藏書志。余讀之未嘗不歎其蒐羅之勤，用志之苦。今聞陸氏所藏，已售諸日本；丁氏以商業折閲，亦不克保其固有，歸之金陵官立圖書館。惟瞿氏子孫，能珍其所守，至今猶存。于此以見天下之神物，原無常在，惟善守者乃克長有也。悲夫！百年之間，東南藏書祇有此三者。今既一遠在海外，一典于官家，讀者已抱無涯之憾。而其一又僻在鄉壤，有江湖之阻，舟楫之勞。至如宫府所儲，自庚子一役，玉軸揚塵，遺棄道路。即《永樂大典》一書，舊庋翰院者，亦寸簡無存矣。迄今過廠肆、入承明，樸架空存，豈復尚有古香古色之可愛者。士生晚近，欲盡讀古人之書，將何從哉！本會藏書樓，創始滬濱，于今三載，承諸君子好學之雅，捐贈借購，日積而多。今春已編成書目，獨念其中孤本、鈔本⿱山辶⿱山辶而有，爲海内所未見者。遠方同志，不克登樓以觀，僅讀目録，則語焉不詳，故復爲本會藏書志。

《浙江教育官報》一九〇九年第一一期《河南藩學兩司會詳請撫院創建圖書館並擬訂章程文》 爲詳請事，竊維萬化之原，由於學校。學無新舊，所藉以啓發

愚蒙，增進智識者，其功用莫過於圖書。往年考察政治，戴大臣回華時，條奏即首稱建設圖書館，爲導民善法。直省學務公所初立時，學部頒定《官制權限》及《教育會辦法》，亦均注意於圖書館。由是，湖南、江蘇等省，後先報設。本年四月直隸既設於天津，復議續設於保定，南北勝地，莫不紛羅卷軸，振起文明。蓋不獨國粹隱存，且可使人人知讀書識字之美。日開靈鑰，以漸悉中外古今。誠引導之最神，亦教育行政至急之務也。汴省地處至中，豈於此獨容闕略？祇以籌欵覓地，諸凡不易，以致尚未觀成。現查本公司所附近，有藩經廳舊署一區。該廳移駐，南倉屋久曠廢，略加修葺，所費無多。擬就其地改建圖書館。除公所圖書課舊有圖書外，擬再大加添購，分部庋置，任人觀覽。所有修理房舍、添置圖藉、器具、開辦等費，擬請由藩司撥銀三千兩。其常年經費，則仿學部圖書館現設售書處例，於館内附設售書處，由公所隨時排印有用書籍發售。以其贏餘，藉資添補。續籌有欵，再事擴充。此雖經營草創，一時難驟成鉅觀，而有所藉，以導士民，似並可爲教育普及之一助。附擬簡章呈電。如蒙鑒允，擬即遴員照辦。懇予咨送學部立案，並通咨各省，請將官局及特別自有曾經審定之圖書，寄送數種，以助美舉，實爲公便。所有創建圖書館並擬定辦法，緣由理合，會同藩司具詳陳請，伏候憲諭施行。

《教育雜誌》一九〇九年第一卷第八期蔡文森《設立兒童圖書館辦法》　我國今日尚無完全之圖書館，人民知識之進步，不能無所障阻。然完全圖書館之設立亟矣，而對於兒童，亦當爲謀學校外之知識，則設立兒童圖書館，亦未可後。歐美各國，凡萬家之市，十室之邑，無不有兒童圖書館。日本東京近開日比谷圖書館，特設兒童閲覽室。此爲日本設兒童圖書館之嚆矢。後此各處，此種圖書館當必聯踵而起。惟聞日比谷開館日淺，兒童閲覽室中疏漏之點尚多。夫兒童圖書館，果應如何設備，方爲完善，謹述個人之意見以供世之有志設立此館者之參考。館中書籍，宜分初等、高等二部。初等部書籍，至初等小學五年生之程度爲止；由是以上，則收之於高等部。初等部書籍，宜仿書肆中之狀，一一排列，使兒童可隨意手取閲覽。閲覽既畢，仍照舊時位置，妥放原處，或交監督人代置，亦無不可。陳列書籍之册數，較室中能容之人數須三倍之。册數過多，兒童勢必濫讀。陳列之法，宜豫定日期，如今日爲童話日，明日爲歷史日，其餘以此類推。如此陳列，每日兒童目中所接並不繁複，以動其歡欣鼓舞之意，而其效益並及於他事。高等部書籍，與初等部不同。不許隨意手取。借閲者須用閲覽票制度，與成人無異。惟其法須極簡單，務令兒童不畏繁苦，且使其練成謹守規則之習慣。高等部書籍無論矣。即初等部亦必每種書明號數、册數。如此則兒童能於不知不覺之中諳記其書名册數，他日取高等部之書，不特非常熟練，且不須多煩監督人整理。室内裝飾，須十分美麗，掛圖之屬，張設宜多，且合兒童之體裁。隨時改換新圖，各種標本之屬，亦宜陳列，並備不礙讀書之低音樂器，常時奏之，以悦兒童。又懸小黑板。備標明揭示兒童之語。凡社會之事，兒童所不可不知者，宜悉書之，較之報紙，尤有興味。宜備投信箱。凡有趣味之書籍，或如某種書籍尚未見過之類，皆令書明信中，自述其好惡，投入箱内，大可參考。入室時購票等事，須力求簡單。在入口處購入場券，以券交室内之監督人，此時監督人宜加注意，凡兒童手有不潔者，使洗之。然後閲覽，故室隅必置洗手處。又備帳簿一。令兒童自書姓名學校或住所。此外爲設談話時間。届時令兒童相與談話，至有趣味。此簡易之圖書館，設之愈多，人民所受利益亦愈大。不必特建新屋，即借公衆之地或小學校内一教室爲之，至爲妥善。即有志者家中之客堂，亦無不可。不必每日開館。星期六之午後，星期日、節日，僅此數日開設，已無不足。故借用公共建築物之一室，或有志家中之客堂，爲日無多，想無不願。購書之費，亦無須甚多，其初二百元已足，故觀成初非難事。此兒童圖書館設備之大略也。惟我國備兒童閲讀之書甚少，組織極非易易耳。

又第九期《京師圖書館之辦法》　學部奏京師創建圖書館，實爲全國儒林冠冕。查中祕之書，内府陪都而外，惟熱河文津閣所藏，尚未遺失。近年曾與避暑山莊各殿座陳設書籍，查明具奏在案，擬懇一併存儲京師圖書館。至建設館地址，惟德勝門内之净業湖。與湖之南北一帶，水木清曠，迥隔囂塵，擬於湖之中央，分建四樓，以藏《四庫全書》及宋元精槧，另在湖之南北岸就匯通祠地方，並另購民房，添築書庫二所，收儲官私刻本海外圖書。至各省官局刻本，由部行文咨取，如有報効書籍及經費者，分別請獎以示鼓勵。再片略云：「查翰林院所藏《永樂大典》，乾隆年間已多殘闕。庚子以來，散佚尤甚。今所存者僅數十百册，而其中所引尚多希見之書。又查内閣所藏書籍甚夥，除近代書籍外，其斷爛叢殘，不能成册，難於編目者，間有宋元舊刻。擬請將前項書籍，無論完闕破碎，一併發交圖書館，妥慎儲藏。」再片略云：「圖書館開辦之初，事務較繁，應派專員經理其事。查有四品卿銜翰林院編修繆荃孫，堪以派充該館監督；又現任國子丞徐坊，堪以派充該館副監督；又總務司郎中楊熊祥，堪以派充該館提調。此次開辦圖書館，擬仿照度支部鹽茶印欽天監時憲書印之例，請飭下禮部，添鑄印信一顆，文曰：學部圖書之

印。尊藏館中，用鈐圖籍。」

又第一期孫毓修《圖書館》 典墳初啓，有汗青之煩，無印刻之便。緣得書之不易，故師資之寄在人傳，謂卿大夫之歸老於鄉者，設塾門左。邑之子弟，皆從之游。而揚子雲亦謂：「一鬨之市，必立之師。」古者鄉治之道甚備，而鄉亭之制獨無。圖書之掌，非略也，蓋不得已也。漢唐而還，竹簡之事，代以紙墨；傳寫之事，易以剞劂。流布既易，筆札益多。師儒口説，記在方策。微言大義，匪書莫載。收藏之家，夸多鬬靡。中祕《七略》，乙夜讀之而靡既；《郡齋》四部，窮年閲之而莫盡。綜其簿録，能不望洋而興歎也？今日之事，又復大異。甲、乙、丙、丁之外，益以引蒙之書。焦弱侯《國史經籍志》别設引蒙一門，意猶今之教科書。日刊月行之報，禹域神州以外之諸子、百家，一人之力焉得而盡庋之？自來藏書，有讀書者之藏書，有藏書者之藏書。評其旨趣，以判優劣。讀書者之藏書，既已罕遇，且既如絳雲常熟錢謙益牧齋。、續鈔餘姚黄宗羲梨洲、傳是崑山徐乾學健菴、諸家，可謂讀書者之藏書矣。而祕之於高閣，申之以不借，宛其死矣。苓落山邱，膩塵殘蝕，卒歸於盡。他如藏書者之藏書，固未嘗不兼收並蓄，而錦幅牙籤，爭長於名畫奇器之間；酒闌燭跋，充爲耳目之玩。太沖固歎之矣見《南雷文約·傳是樓記》中。由是觀之，古來藏書，雖有抱殘守闕之功，而終不能逃歸玄恭滅絶流亡幽囚之歎。今之新書日報，流行固多，滅絶流亡之禍，則更速焉。崑山之語，誠洞見古今矣。自人師難得，而聖人性哲之藴，帝王賢豪昭然之迹。天地、山川、昆蟲、草木之祕衍，聲光、化電制作之新奇，足以與日月爭光。爲國家立命者，既悉存之於書，書之道大矣、廣矣、茂矣、美矣！而一人致之則不能，一家私之則易散。於是，乃有地方圖書館之法焉。藏書之以公共之義，揭於天下者，漢唐已有之矣。蓋以其時經典得之不易，官府聚之中祕，以供人讀。宋明以來，地方書院亦有藏書。至於《四庫》，其事乃大。遐考歐洲亞力山大武功最盛，馬策所及，悉收其祕册、貞石而歸。築館庋之，縱令學者繙閲。圖書館之名義，由此而昉。希臘文星之廟曰Athemeum後即用爲圖書館之義。今英文之library本於拉丁意，即圖書之府也。嗣後諸國，常於寺院之中，借作藏書之室。印板未行之日，鈔本甚寶貴，每於書腦之下，鑿孔穿繩，繫之架上，以防散佚。雖矜慎至此，而一縣之中，猶必備館，以便借讀。至於今日，規模益備，城邑無論矣。一鄉一鎮，亦必量其力之所能及，收藏數百册，以作聊勝於無之慰情。而英美諸國，且課圖書税於地方，以促迫之而維持之焉。圖書館之意，主於保舊而啓新固。不當專收舊籍，亦不當屏棄外國文，示人以不廣。自科舉盛行，天下之士，非功令之文不讀，古書寖以亡矣。學校既興，後進之士，馳思校課。功不遑他及，教不及陳言。五經、三史，不舉其名；八索、九丘，安知其典？憂時之士，恫國學之日亡，而思所以救之。乃有存古之堂，有扶古之社。要之，學堂之力，所存者幾何？學社之力，所扶者幾何？且專在保舊，而必與新學如鴻溝之晝界，則冒劉舍人「見東牆而不見西墻」之譏。主於金石、書畫，而不及經籍，則干孟氏「忘本逐末」之誡，是皆非今日之先務也。欲保古籍之散亡，與策新學之進境，則莫如設地方圖書館，使一方之人皆得而閲之。著作之家，博覽深思，以大其文；專家之士，假館借閲，以蓄其德。即一藝一業之人，亦得於職務餘閑，藉書籍以慰其勞苦，長其見識。而高等學堂，徧設爲難。有一藏書樓，則校外之生，可以入内瀏覽，温其故課，而啓其新知。就學兒童，休業之日，亦可入館，以書爲消遣。如近日商務印書館所出之童話，及兒童教育畫，皆爲此輩設也。邑中子弟有讀書之便，則移其作爲無益之嗜好。心而嗜書，其有益於風俗、社會，非細故矣。圖書館之當籌辦也，如彼其急，但前此既無成典，東西人之講藏書者，其分類管理諸則，又未必盡可推行於中土。有其事，固當先有其法也。自來藏書之家，皆造目録。然其書僅記某書某人撰，若干卷若干帙而已。又進之述其版本，鉤其要義，詳其得書之源流而已。護惜所有，方以獨得爲可矜，以公諸世爲失策。繡錦爲衣，栴檀作室，扃鑰以固之。有問焉，則答無有。其意旨所在，適與今之圖書館相反也。不揣固陋，爰仿密士藏書之約，慶增紀要之篇，參以日本文部之成書，美國聯邦圖書之報告，而成此書。

《蜀報》一九一〇年第一卷第五期朱昌時《上趙芷蓀提學請設四川藏書樓書》 竊聞書契之制，剏自史蒼，簡册既成，職在柱下。周衰失學，遂散四方。戰國縱横，家説户曉。秦惡害已，始禁挾書。焚坑之毒，古未有也。漢承秦燼，惟有易卜。《尚書》口授，益以壁藏。建元天漢，諸書頗出。猶憫缺脱，廣立學宫。迨及成哀，秘藏略備。然而鄒魯先師，遺學抑而未施。《左氏春秋》，博士置而不誦。凡諸不在六藝者，悉聽其罷黜。新莽遭戮，光武紹興。舊家宫室，盡爲灰塩。更何有焉？於是下車講學，首重經誥，肅和之世。書林講肆，天子親臨。石室蘭臺，閟生畢集。漢籍之盛，可謂至已。孝獻西播，曾不百年。縑帙取爲帷囊，存者裁七十乘。西都燔蕩之厄，於此已三見矣。降及魏晉，子桓博集經典，荀勗續爲《新簿》。懷愍既北，躪於胡騎。劉裕除平姚氏，得赤軸青紙者四千卷以歸。江左右文，齊梁遞盛。至於蕭繹，七萬餘卷，付之荆州一炬，良可惜也。隋并陳氏，兼蒐廣蓄。比梁舊目，不逾半數。唐初召集羣臣，校注經史各籍。而士大夫專尚《文選》，不治别

部。寖以蕃兒鎮將，屢震神京，毫不識字，靡有收拾。宋取後蜀，經板不存，零落亦可槩見。其後設秘書省，凡州縣印本書籍，咸解赴册府。汴都久陷，籍没女真。奇渥温括有南方，天下率爲蒙古文。聖道不幾中斷，賴有劉因輩耳。勝國初葉，以制義取士。先守理法，繼見空虚。晚季諸賢，起扶衰敝，亦已晚矣。所以亭林、梨洲、船山、二曲、夏峰、習齋諸先正，蔚萃於康乾間。造詣之鴻偉，譔述之繁富，搜攬之賅博，夫自漢以來，未有若斯之盛者也。惜乎！夷釁肇端，四庫凋殘。庚子蒙塵，重載番舶。而江淮役後，凡所遺存宋槧監本絳雲汲古之餘，爲皕宋樓所獲。今其子孫，以二十萬卷，盡歸日本，不尤可望洋悼歎哉？昌時僻生蜀土，略訪鄉傳。相如之研小學，子雲之解《方言》，故已泯滅。其稍近者，眉山蘇氏、新都楊氏二家之言，搆兹横流愈厲，國故將危之際，微論其書之存而不亡，其學之傳而不熄，蓋恐先聖曩哲，百世不祧之緒，有息息不可保者，是則名教之所同悲，士素之所憤慨者也。用是擬請設立四川藏書樓，俾令從古著述之業，不罹錮蔽毁散之禍。四方來觀之士，得進薰陶摩染之益。是惟宗師以赫赫臺諫之風，炳炳文衡之主，扶翼世教之日，恢張學術之途。崇規茂矩，著爲令典，馳教施令，速於置郵。則他日之踵門獻書，躡屩陳器，期以年月，可集大成。然後蒼聖不爲佉盧所絀，國粹賴以永世保存。豈非貽惠蜀士，昭示遐方，以深根固蒂不拔之道乎？

雜録

《韓非子・喻老》 王壽負書而行，見徐馮於周塗，馮曰：「事者，爲也。爲生於時。知者無常事。書者，言也。言生於知，知者不藏書。今子何獨負之而行？」於是王壽因焚其書而儛之。故知者不以言談教，而慧者不以藏書篋，此世之所過也，而王壽復之，是學不學也。故曰：「學不學，復歸衆人之所過也。」

又《難三》 人主之大物，非法則術也。法者，編著之圖籍，設之於官府，而布之於百姓者也。術者，藏之於胷中，以偶衆端而潛御羣臣者也。

《墨子・非命上》 然而今天下之士君子，或以命爲有，蓋嘗尚觀於先王之書？先王之書，所以出國家、布施百姓者，憲也。【略】天下之良書，不可盡計數。

又《貴義》 子墨子南游於楚，獻書惠王，惠王以老辭，使穆賀見子墨子。子墨子説穆賀，穆賀大説，謂子墨子曰：「子之言則成善矣，而君王天下之大王也，毋乃曰『賤人之所爲』，而不用乎？」

《莊子・天下》 惠施多方，其書五車，其道舛駁，其言也不中。厤物之意，曰：「至大無外，謂之大一；至小無内，謂之小一。無厚，不可積也，其大千里。天與地卑，山與澤平。日方中方睨，物方生方死。大同而與小同異，此之謂『小同異』；萬物畢同畢異，此之謂『大同異』。南方無窮而有窮，今日適越而昔來。連環可解也。我知天下之中央，燕之北、越之南是也。氾愛萬物，天地一體也。」

《梁書・劉勰傳》 勰早孤，篤志好學，家貧不婚娶，依沙門僧祐，與之居處，積十餘年，遂博通經論，因區別部類，録而序之。今定林寺經藏，勰所定也。

虞世南《北堂書鈔》卷一〇一《藏書十八》 藏策之府。《穆天子傳》云：「天子北征東還，乃循黑水至於羣玉之山，阿平無險，四轍中繩，先王之所謂『策府』。」注曰：「中繩，言皆平直。策府，言往古王以爲藏書册之府。所謂藏之於名山者也。」祕室之府。劉歆《七略》云：「武帝廣開獻書之路，百年之間，書積如邱山。故外有太常太史博士之藏，内則延閣廣祕室之府。」太史祕府，道家所貴。張衡云：「太史祕府，道家所貴。衡再得之，竊爲幸也。」老氏藏室，道家蓬萊。華嶠《後漢書》云：「學者稱東觀爲『老氏藏室』。道家蓬萊山。」案：《史記》：「老子，周守藏室之史也。」《索隱》曰：「藏室史，乃周藏書室之史也。」又《張湯傳》：「老子爲柱下史，即藏室之柱下，因以爲官名。」補。又案《山海經》云：「蓬萊山，海中之神山，非有道者不到。」《十洲記》云：「蓬萊山外別負海，謂之溟海。無風而洪波百丈，有九氣丈人、九天真君宫。」附。連山藏於蘭臺，歸藏藏於太卜。桓子《新論》。壁藏尚書。《漢書・伏生傳》云：「孝文時，求能治《尚書》者，天下亡有。聞伏生治之，欲召。時伏生年九十餘，老不能行，於是詔太常使掌故晁錯往受之。秦時禁書，伏生壁藏之。其後大兵起，流亡。漢定，伏生求其書，亡數十篇，獨得二十九篇，即以教於齊魯之間，齊學者由此頗能言《尚書》。」補藏書於壁。孔安國《尚書序》云：「秦始皇滅先代典籍，焚書坑儒，學士逃難解散。我先人用藏其家，書於屋壁。漢室龍興，開設學校，旁求儒雅，以闡大猷。濟南伏生年過九十，失其本經，口以傳授，裁二十餘篇。以其上古之書，謂之《尚書》。百篇之義，世莫得聞。」補積聚篇卷，於時最多。《蜀志》云：「向朗少時，雖涉獵文學，然不治素檢，以吏能見稱。自去長史，優游無事，垂三十年，乃更潛心典籍，孜孜不倦，年踰八十，猶手自校書，刊定謬誤，積聚篇卷，於時最多。開門接賓，誘納後進，但講論古義，不干時事。以是見稱。上自執政，下及童冠，皆敬重焉。」補伯喈有書近萬卷。《博物志》曰：「蔡邕有書近萬卷，漢末年載數車與王粲，粲亡後，相國掾魏諷謀反，粲子與焉。既被誅，邕所與粲書悉入粲族。」補。案《魏志》云：「粲徙長安左中郎將，蔡邕見而奇之。時邕才學顯著，貴重朝廷，常車騎填巷，賓客盈坐。聞粲在門，倒屣迎之。粲至，年既幼弱，容狀短小，一坐盡驚。邕曰：此王公孫也，有異才，吾不如也。吾家書籍文章盡當與之。」附林宗有

書五千卷。《郭太别傳》云：「太，字林宗，家有書五千餘卷。」案《後漢書》云：「太博通墳籍，善談論。河南尹李膺見而大奇之，遂相與友善，於是名震京師。後歸鄉里，衣冠諸儒送至河上，車數千兩。」補王脩有書數百卷。《魏志・王脩傳》云：「太祖破鄴，籍没審配等家財物以萬數。及破南皮，閲脩家，穀不滿十斛，有書數百卷。太祖歎曰：『士不妄有名。』」補張華有書三十乘。《文士傳》云：「張華窮覽古今，嘗徙居，有書三十乘。」書倉。《拾遺記》云：「曹曾慮先文湮没，乃積石爲倉，以藏書。故謂『曹氏書倉。』」續補學海。《拾遺記》云：「京師謂鄭康成爲『經神』，何休爲『學海。』」續補

又《採求遺逸二十》 開獻書路，劉歆《七略》云：「漢武帝開獻書之路，一年之間，書積如邱山。」詔求亡失，《論衡・佚文篇》云：「孝明世好文人，並徵蘭臺之官，文雄會聚。今上即令詔求亡失，購募以金，安得不有好文之聲？唐虞既遠，所在書散。殷周頗近，諸子存焉。漢興以來，傳文未遠，以所聞見，伍唐虞而什殷周，焕炳郁郁，莫盛於斯。天晏賜者，星辰曉爛，人性奇者，掌文藻炳，漢今爲盛，故文繁湊也。」補。採遺禮於殘竹，聽遺詩於逵路，劉楨《魯都賦》。集天下遺書，《漢武故事》云：「淮南王安，好學，集天下遺書，招南方之術士。」求遺書於天下，《漢書》云：「成帝河平三年，使謁者陳農求遺書於天下。」壞孔子宅，得古文經傳。《漢書》：「魯恭王壞孔子舊宅，於其壁中得古文經傳。」開魏王冢得《穆天子傳》。《漢書》：「魯開魏襄王冢，得《穆天子傳》。」河西得漆書，《東觀漢記》云：「杜林於西州得漆書《古文尚書》一卷，嘗寶愛之，雖遭艱困，握持不離身。」補汲縣得竹書。王隱《晉書》云：「太康元年，汲縣民盜發魏王冢，得竹書，漆字。」

又《賜書二十二》 家有賜書。《後漢書》：「班彪幼與從兄嗣伯同遊太學，家有賜書，内足於才，好古之士，自遠方至焉。」賜祕閣書《續晉陽秋》：「太元三年，詔賜會稽王祕閣書八千卷。」賜黄香《孟子》。《東觀漢記》：「章帝賜黄香《淮南》、《孟子》各一通。」《韓子》賜太子，《晉中興書》：「中宗任刑法，以《韓子》賜太子。」詔與一千卷，《義熙起居注》云：「何無忌在祕閣，求賜祕書，詔與一千卷。」送一車與之。《晉書》云：「皇甫謐自表就帝借書，帝送一車書與之，謐雖羸疾，而披閲不怠。」賜祕書之副，《漢書》：「班、游以選受詔，進讀羣書，上器其能，賜以祕書之副。」賜書四千卷《蔡琰别傳》：「曹操問琰曰：『聞夫人家先多墳籍，猶能憶識之不？』文姬曰：『昔亡父賜書四千許卷，流離塗炭，罔有存者。今所誦憶，裁四百餘篇耳。』」補。

李新《跨鼇集》卷一八《劉氏藏書序》 錮鏤金鐺釦鋪以爲器，繽紛玓瓅珠璣以爲衣，割裂紈綺繒綃以緣體，高輿大馬以驕氣，囊金篋玉以矜富，夜光明月名畫古皿以爲耳目之玩好，公卿貴家、富人豪户，惟恐其不盡有也。然皆狐兔之藏，盜賊之資，僕見之多矣。不如堂上有詩書，牖下有史傳，羅孔校孟，搜揚絡韓，古人竹簡，今人紙軸，百家九流，無不備具，此善蓄書者也。然不肖子弟，一日有無賴之遊，廼父廼兄之藏，遂爲世俗展耀之具，僕見之多矣。不如善守者複壁重囊，錦緣繒飾，緘以縢，扃以鑰，輕塵無揚，百年不逸，此善守書者也。然吠狗不知星，冥行不察里。耳無聞，目無見，没齒爲腐夫頑人，僕又見之多矣。不如善讀者，弦歌口誦，下帷杜門，日與黄卷聖賢語，一編數句，立富貴功名，往往有不朽之餘榮，而風流氣耀，乃與世俗不相商較，此善讀書者也。東都劉氏無他好，爲布衣，而所蓄與祕閣埒，是某所謂善藏書者也。後之人其善守邪！守不足，貴其善讀邪？某西蜀隆山郡讀書人也，敢告不敏。某年月日，李新元應序。

高承《事物紀原》卷六《秘書省》 《漢・藝文志》曰：「武帝建藏書之府，置寫書之官，天下文籍悉在天禄、石渠。」圖廣内秘室之書，故曰「秘書」。後漢有蘭臺、東觀，雖孝桓始置秘書監，而不以名其省。至梁始曰「秘書省」也。《唐六典》曰：「秘書省中外三閣，掌圖書，古今文字皆在禁中。」宋朝神宗改官制，易崇文院曰「秘書省」，復唐制也。

馬令《南唐書》卷一八《廉隅傳・魯崇範》 魯崇範，廬陵人也。竈薪不屬，而讀書自若。烈祖初建學校，丁亂世，典籍多闕，旁求諸郡。崇範雖窶，九經子史，世藏于家。刺史賈皓就取進之，薦其名，不報。皓以己緡償其直，崇範笑曰：「墳典天下公器，世亂藏于家，世治藏于國，其實一也。吾非書肆，何估直以償邪？」卻之。皓謝曰：「俗吏浼濁，以遺先生羞。不然，何以見高義。」

鄭樵《通志・校讎略》第一《求書之道有八論九篇》 求書之道有八：一曰即類以求，二曰旁類以求，三曰因地以求，四曰因家以求，五曰求之公，六曰求之私，七曰因人以求，八曰因代以求，當不一於所求也。凡星曆之書，求之靈臺郎。樂律之書，求之太常樂工。靈臺所無，然後訪民間之知星曆者。太常所無，然後訪民間之知音律者。眼目之方多，眼科家或有之。疽瘍之方多，外醫家或有之。紫堂之書多亡，世有傳紫堂之學者。九曜之書多亡，世有傳九星之學者。《列仙傳》之類，《道藏》可求。此之謂即類以求。凡性命道德之書，可以求之道家。小學文字之書，可以求之釋氏。如《素履子》、《玄真子》、《尹子》、《鬻子》之類，道家皆有。如《蒼頡篇》、《龍龕手鑑》、郭迻《音訣圖字母》之類，釋氏皆有。《周易》之書，多藏於卜筮家。《洪範》之書，多藏於五行家。且如邢璹《周易略例正義》，今《道藏》有之。

京房《周易飛伏例》，卜筮家有之。此之謂旁類以求。《孟少主實録》，蜀中必有。《王審知傳》，閩中必有。《零陵先賢傳》，零陵必有。《桂陽先賢贊》，桂陽必有。《京口記》者，潤州記也。《東陽記》者，婺州記也。《茅山記》必見於茅山觀，《神光聖迹》必見於神光寺。如此之類，可因地以求。《錢氏慶系圖》可求於忠懿王之家。《章氏家譜》可求於申公之後。黄君俞《尚書關言》雖亡，君俞之家在興化。王棐《春秋講義》雖亡，棐之家在臨漳。徐寅文賦，今莆田有之，以其家在莆田。潘佑文集，今長樂有之，以其後居長樂。如此之類，可因家以求。禮儀之書，祠祀之書，斷獄之書，宮制之書，版圖之書，今官府有不經兵火處，其書必有存者。此謂之求公。書不存於祕府而出於民間者甚多，如漳州吴氏，其家甚微，其官甚卑，然一生文字間，至老不休，故所得之書多蓬山所無者。兼藏書之家例有兩目録，所以示人者未嘗載異書，若非與人盡誠盡禮，彼肯出其所祕乎？此謂求之私。鄉人李氏曾守和州，其家或有沈氏之書，前年所進褚方回《清慎帖》，蒙賜百匹兩，此則沈家舊物也。鄉人陳氏嘗爲湖北監司，其家或有田氏之書，臣嘗見其有荆州《田氏目録》，若迹其官守，知所由來，容或有焉。此謂因人以求。胡旦作《演聖通論》，余靖作《三史刊誤》。此等書卷帙雖多，然流行於一時，實近代之所作。書之難求者，爲其久遠而不可迹也，若出近代之人手，何不可求之有？此謂因代以求。

又《編次必記亡書論三篇》　古人編書，皆記其亡闕。所以仲尼定《書》，逸篇具載。王儉作《七志》，已，又條劉氏《七略》及二《漢·藝文志》、魏《中經簿》所闕之書爲一志。阮孝緒作《七録》，已，亦條劉氏《七略》及班固《漢志》、袁山松《後漢志》、魏《中經》、晉四部所亡之書爲一録。隋朝又記梁之亡書。自唐以前，書籍之富者，爲亡闕之書有所系，故可以本所系而求，所以書或亡於前而備於後，不出於彼而出於此。及唐人收書，只記其有，不記其無，是致後人失其名系，所以崇文四庫之書，比於隋唐亡書甚多，而古書之亡尤甚焉。古人亡書有記，故本所記而求之。魏人求書有《闕目録》一卷，唐人求書有《搜訪圖書目》一卷，所以得書之多也。宋嘉祐中，下詔并書目一卷，惜乎行之不遠，一卷之目亦無傳焉。臣今所作《羣書會紀》，不惟簡別類例，亦所以廣古今而無遺也。古人編書，必究本末，上有源流，下有沿襲，故學者亦易學，求者亦易求。謂如隋人於曆一家最爲詳明，凡作曆者幾人，或先或後，有因有革，存則俱存，亡則俱亡。唐人不能記亡書，然猶紀其當代作者之先後，必使具在而後已。及崇文四庫，有則書，無則否，不惟古書難求，雖今代憲章亦不備。

又《收書之多論一篇》　臣嘗見鄉人方氏望壺樓書籍頗多，問其家，乃云：先人守無爲軍日，就一道士傳之，尚不能盡其書也，如唐人文集無不備。又嘗見浮屠慧邃收古人簡牘，宋朝自開國至崇觀間，凡是名臣及高僧筆迹無不備。以一道士能備一唐朝之文集，以一僧能備一宋朝之筆迹，況於堂堂天府，而不能盡天下之圖書乎？患不求耳。然觀國家向日文物全盛之時，猶有遺書，民間所求，祕府所無者甚多，是求之道未至耳。

又《闕書備於後世論一篇》　古之書籍，有不足於前朝，而足於後世者。觀《唐志》所得舊書，盡梁書卷帙而多於隋。蓋梁書至隋所失已多，而卷帙不全者又多。唐人按王儉《七志》、阮孝緒《七録》搜訪圖書，所以卷帙多於隋，而復有多於梁者。如《陶潛集》，梁有五卷，隋有九卷，唐乃有二十卷，諸書如此者甚多。孰謂前代亡書不可備於後代乎？

又《亡書出於民間論一篇》　古之書籍，有上代所無，而出於今民間者。《古文尚書音》，唐世與宋朝並無，今出於漳州之吴氏。陸機《正訓》，隋、唐二《志》並無，今出於荆州之田氏。《三墳》自是一種古書，至熙豐間始出於野堂村校。按漳州吴氏《書目》，算術一家有數件古書，皆三館四庫所無者，臣已收入求書類矣。又《師春》二卷，甘氏《星經》二卷，《漢官典義》十卷，京房《易鈔》一卷，今世之所傳者皆出吴氏。應知古書散落人間者，可勝計哉，求之之道未至耳。

晁公武《郡齋讀書志·衢本序》　杜鄴從張京兆之子學問，王粲爲蔡中郎所奇，皆盡得其家書，故鄴以多聞稱而粲以博物顯。下逮國朝，宋宣獻公亦得畢文簡、楊文莊家書，故所藏之富，與秘閣等，而常山公以贍博聞於時。夫世之書多矣，顧非一人之力所能聚；設令篤好而能聚之，亦將老至而耄且及，豈暇讀哉！然則，二三子所以能博聞者，蓋自少時已得先達所藏故也。公武家自文元公來，以翰墨爲業者七世，故家多書，至於是正之功，世無與讓焉。然自中原無事時，已有火厄，乃兵戈之後，尺素不存也。公武仕宦連蹇，久益窮空，雖心志未衰，而無書可讀，每恨之。南陽公天資好書，自知興元府至領四川轉運使，常以俸之半傳録。時巴、蜀獨不被兵，人間多有異本，聞之未嘗不力求，必得而後已。歷二十年，所有甚富。既罷，載以舟，即廬山之下居焉。宿與公武厚。一日，貽書曰：「某老且死，有平生所藏書，甚秘惜之。顧子孫稚弱，不自樹立。若其心愛名，則爲貴者所奪；若其心好利，則爲富者所售；恐不能保也。今舉以付子，他日其間有好學者，歸焉。不然，則子自取之。」公武惕然從其命。書凡五十篋，合吾家舊藏，除其複重，得二萬

四千五百卷有奇。今三榮僻左少事，日夕躬以朱黄，讎校舛誤。終篇，輒撮其大旨論之。豈敢效二三子之博聞，所期者不墜家聲而已。書則固自若也。倘遇其子孫之賢者，當如約。

又《袁本序》 魏王粲爲蔡中郎所奇，盡得其家書籍文章，故能博物多識，問無不對。國朝宋宣獻公亦得畢文簡、楊文莊家書，故藏書之富，與秘閣等，而常山公以贍博聞于時。夫世之書多矣，顧非一人之力所能聚；設令篤好而能聚之，亦老將至而耄且及，豈暇讀哉！然則，王、宋所以能博者，蓋自少時已得先達所藏故也。余家自文元公來，以翰墨顯者七世，故家多書，至於是正之功，世無與讓。然自中原無事時，已有火厄，及兵戈之後，尺素不存也。余仕宦連蹇，久益窮空，雖心志未衰，而無書可讀，每恨之。南陽井公天資好書，自知興元府、領四川轉運使，常以俸之半傳録。時巴蜀獨不被兵，人間多有異本，聞之未嘗不力求，必得而後已。歷十餘年，所有甚富。既罷，載以舟，即廬山之下居焉。與余厚。一日，貽余書曰：「度老且死，有平生所藏書，甚祕惜之。顧子孫稚弱，不自樹立。若其心愛名，則爲貴者所有；若其心好利，則爲富者所有；恐不能保也。今舉以付子，他日其間有好學者而後歸焉。不然，則子自取之。」余惕然從其命。凡得書若干部，計若干卷。今三榮僻左少事，日夕躬以朱黄讎校舛誤。每終篇，輒撮其大指論之。豈敢効王、宋之博，所期者家聲是繼而已。其書則固自若也，儻遇井氏之賢，當如約。

汪應辰《石林燕語辨》卷八 唐以前凡書籍皆寫本，未有模印之法。人以藏書爲貴，人不多有而藏者精於讎對，故往往皆有善本。學者以傳録之艱，故其誦讀亦精詳。五代時，馮道始奏請官鏤六經板印行。國朝淳化中，復以《史記》、《前後漢》付有司摹印，自是書籍刊鏤者益多，士大夫不復以藏書爲意。學者易於得書，其誦讀亦因滅裂。然板本初不是正，不無訛誤。世既一以板本爲正，而藏本日亡，其訛謬者遂不可正，甚可惜也。余襄公靖爲祕書丞，嘗言《前漢書》本謬甚，詔與王原叔同取祕閣古本參校，遂爲《刊誤》三十卷。其後劉原父兄弟兩漢皆有《刊誤》。余在許昌，得宋景文用監本手校西漢一部，末題用十三本校，中間有脱兩行者，惜乎！今亡之矣。

程大昌《演繁露》卷一四《漢藏書處》 漢世藏書，舊知有禁中、外臺之别。已今讀劉向敍載所定《列子》之書，而知中書之外又有太常、太史，與中而三也。向言所校三藏本篇章，大率中書多，外書少，知漢留意中秘，故比他本特備也。史遷紬金匱石室以成《史記》，豈嘗許其稽閲中祕耶？或太史所藏于漢家事實，則金匱石室以加嚴耶？然不知正在何地也。

周煇《清波雜志》卷四《借書》 「借書一瓻，還書一瓻」，後訛爲「癡」，殊失忠厚氣象。書非天降地出，必因人得之，得而祕之，自示不廣，人亦豈肯以未見者相假。唐杜暹家書，末自題云：「清俸買來手自校，子孫讀之知聖道，鬻及借人爲不孝。」鬻爲不孝，可也；借爲不孝，過矣。然煇手抄書，前後遺失亦多，未免往來于懷。因讀唐子西庚《失茶具説》，釋然不復芥蔕。其説曰：「吾家失茶具，戒婦勿求。婦曰：『何也？』吾應之曰：『彼竊者，必其所好也。心之所求，則思得之，懼吾靳之不予也而竊之，則斯人也，得其所好矣。得其所好則寶之，懼其泄而祕之，懼其壞而安置之，則是物也，得其所託矣。人得其所好，物得其所託，復何言哉！』婦曰：『嘻，是烏得不貧！』」煇亦云。

又《藏書》 聚而必散，物理之常。父兄藏書，惟恐子弟不讀；讀無所成，猶勝腐爛篋笥，旋致蠹魚之變。陳亞少卿藏書千卷、名畫一千餘軸，晚年復得華亭雙鶴，及怪石異花，作詩戒其後曰：「滿室圖書雜典墳，華亭僊客岱雲根。他年若不和根賣，便是吾家好子孫。」亞死，悉歸他人。

陳思《寶刻叢編》陳振孫序 始歐陽兗公爲《集古餘》，有卷秩次第，而無時世先後。趙德甫《金石録》，迺自三代秦漢而下敍次之，而不著所在郡邑。及鄭漁仲作《系時》、《系地》二録，亦疏略弗備。其他如《諸道石刻録》、《訪碑録》之類，於所在詳矣，而考訂或缺焉。都人陳思，儥書於都市，士之好古博雅蒐遺獵忘以足其所藏，與夫故家之淪墜不振，出其所藏以求售者，往往交於其肆，且售且儥，久而所閲滋多，望之輒能別其真贋，一旦盡取諸家所録，輯爲一編，以今九域京府州縣爲本，而繫其名物於左，昔人辨證審定之語具著之。既鋟本，首以遺余，求識其端。凡古刻所以貴重於世，歐陽公以來，言之悉矣，不待余言。余獨感夫古今宇宙之變，火焚水漂，陵遷谷堙，雖金石之堅，不足保恃，載祀悠緬，其毀勿存，存弗全者，不勝數矣。矧今河洛尚隔版圖，其幸而存且全可椎搨者，非邊牙市不可得，得或賈兼金，固不能家有而人見之也。則得是書而觀之，猶可想象彷彿於上下數千載間，其不謂之有補於斯文矣乎？思，市人也，其爲是編，志於儥而已矣，而於斯文有補焉。視他書坊所刻，或蕪釀不切，徒費板墨、靡椶楮者，可同日語哉！誠以是獲厚利，亦善于擇術矣。余故樂爲之書，是亦柳河東述宋清之意云爾。紹定辛卯小至，直齋陳伯玉父。

李之儀《姑溪居士前集》卷一七《莊居阻雨鄰人以紙求書因而信筆》 近日

詔求遺書，乃太平甚盛之舉。本朝書最不備，臣庶之家亦多苟簡，不以爲事。自昔隋兼南北兩朝，經籍時富，其所藏之地，號嘉則殿，其卷至三十七萬。大業之亂，存者無幾。武德初，纔有八萬卷。又平王世充，得嘉則舊書八千卷，自黄河水運入京師，至砥柱舟覆而亡。開元中，置使、置院專治其事。然著於録者又減武德三分之一。通一時學者自爲之書，僅補其闕。以甲、乙、丙、丁分經、史、子、集爲四庫。安禄山之亂，尺簡不存。元載當國，請以千錢購一卷，分遣使徧天下搜索，稍稍全復，遂增四庫爲十二庫，一日爲四庫矣。文宗尤所留意，而十二庫方充滿，復經廣明播遷，迄于天復還都，乃蕩然無遺。又更五代之亂，臣庶之家救死不暇，豈復以此自表見。故本朝書籍，逮今未振。宋綬、李淑二家，號藏書，亦不過一二萬卷而已。綏家又爲火所盡，其孫景年方輾轉圖足，未幾輒死，豈其數耶？抑有所待也。

高儒《百川書志序》　《百川書志》既成，追思先人昔訓之言曰：「讀書三世，經籍難於大備，亦無大闕爾。勉成世業，勿自取面牆之歎。」予對曰：「小子謹書紳。」至今數年，音容逈隔，遺言猶在，愈勵先志，鋭意訪求。或傳之士大夫，或易諸市肆。數年之間，連牀插架，經籍充藏，難於檢閱。閑中次第部帙，定立儲盛。又恐久常無據，淆亂逸志。故六年考索，三易成編，損益古志，大分四部，細列九十三門，裁釘二十卷。《書志》不備者，蓋聚多而未已也。書刻，類中註陳書。後頓，忘寒暑，蠹檢篇章，志略始成。襟懷方遂，珍藏芸笥，以勉成先志，玩繹身心，稽驗清聚云耳。後三日，吉，百川子再志於藏書堂。

余繼登《典故紀聞》卷一　太祖嘗命有司訪求古今書籍，藏之秘府，以資覽閱。因謂侍臣詹同曰：「三皇五帝之書，不盡傳于世，故後世鮮知其行事。漢武帝購求遺書，而六經始出，唐虞三代之治，始可得而見，甚有功于後世。吾每于宫中無事，輒取孔子之言觀之。如『節用而愛人』、『使民以時』，真治國之良規。孔子之言，萬世之師也。」

楊慎《升庵集》卷六八《聚書戒子》　唐杜兼聚書萬卷，每題其後云：「清俸寫來手自校，汝曹讀之知聖道，墜之鬻之爲不孝。」其言似矣，然而未達也。司馬温公云：「積書以遺子孫，子孫未必能讀，此興廢之常理也。」余嘗愛趙子昂書跋云：「聚書藏書，良匪易事。善觀書者，澄神端慮，净几焚香，勿捲腦，勿折角，勿以爪侵字，勿以唾揭幅，勿以作枕，勿以夾刺。隨損隨修，隨開隨掩。後之得吾書者，并奉贈此法。」真達觀之言哉！

陳懿典《陳學士先生初集》卷三《重刻埤雅廣要序》　自詩賦之科罷，而舉業之文僅取帖括，不復留意博物。而淹通好古之家，巨帙累卷，終晝布之通都。其視制義之朝行而夕泯者，又何如也？然余嘗聞災人言：「少時得《史記》、《漢書》，皆手自抄録，讀之惟恐不及。」今諸書無不盛行，而學者未必受讀。得書之易，反不若得書之難。因觀今日典籍之富，《七略》《四庫》、金匱石室、名山異域之藏，無不盡出而求，如虞世南、劉貢父之徒，實未之覩。則得書之易，而讀書之少，今古所通患也。因茂才是舉而及之，以與藏書者共勖云。

謝肇淛《五雜組》卷一三《事部一》　求書之法，莫詳於鄭夾漈，莫精於胡元瑞，後有作者，無以加已。近代異書輩出，剞劂無遺，或故家之壁藏，或好事之帳中，或東觀之秘，或昭陵之殉，或傳記之裒集，或鈔録之殘賸。其間不準之誣，阮逸之贗，豈能保其必無，而毛聚爲裘，環斷成玦，亦足寶矣。但子集之遺，業已不乏，而經史之翼，終泯無傳，一也。漢、唐世遠，既云無稽，而宋、元名家，尚未表章，二也。好事之珍藏，靳而不宣，卒歸蕩子之魚肉；天府之秘册，嚴而難出，卒飽鼠蠹之饔餐，三也。具識鑒者，厄於財力，一失而不復得；當機遇者，失於因循，坐視而不留心，四也。同心而不同調者，多享敝帚而盼夜光；同調而不同心者，或厭家鷄而重野鶩，五也。故善藏書者，代不數人，人不數世，至於子孫，善鬻者亦不可得，何論讀哉？

祁承㸁《澹生堂藏書約·聚書訓·序》　余閱《殿閣詞林記》，恭述成祖視朝之暇，輒御便殿閲書，或召儒臣，講論弗輟也。嘗問：「文淵閣經史子籍皆備否？」學士解縉對曰：「經史粗備，子籍尚多闕。」上曰：「士人家稍有餘貲，便欲積書，況於朝廷，其可闕乎？」遂召禮部尚書鄭旸，令擇通知典籍者，四出求遺書，且曰：「書值不可較價直，惟其所欲與之，庶奇書可得。」复顧縉等曰：「置書不難，須常覽閲乃有益。凡人積金玉，亦欲遺子孫。金玉之利有限，書籍之利豈有窮也？」大哉聖謨！非臣庶所宜恪遵者乎？然前人聚而後人弗能守，猶弗聚也；即後人勉爲守而不能重，猶弗守也。司馬温公文史萬餘卷，置讀書堂，晨夕取閲，雖累數十年，皆手若未觸者。嘗語其子公休曰：「賈豎藏貨貝，儒宗惟此耳，然當知寶惜。吾每歲以上伏及重陽間，視天氣晴明，設几案於當日所，側羣書其上，以暴其腦。所以年月雖深，終不損動。至啓卷，先視几案潔净，藉以裀褥，然後端坐展看。或欲行，即承以方版，其惟免手汗漬及，亦恐觸動其腦。每竟一版，即側右手大指面襯其沿，而復以次指面，撚而挾過。每見汝輩輕以兩指爪撮起，是愛書不如愛貨貝也。」爾輩惟法温公之珍惜，斯稱能守者乎？至於鈔録校讎，更不可廢。因舉古人聚書足

法者列之後。

又《藏書訓略·購書》 夫購書無他術，眼界欲寬，精神欲注，而心思欲巧。蓋今世所習爲文人，守一經從博士弟子業者也。如古之著書立言不求聞達者，千百中不一二見焉。習俗溺人，爲毒滋甚。每見子弟於四股八比之外，略有旁覽，便恐妨正業，視爲怪物。即子弟稍竊窺目前書一二種，便自命博雅，沾沾自喜，不知宇宙大矣。古今載籍，如劉氏《七略》、王儉《七志》、阮孝緒《七録》，俱在人耳目者無論已，其最盛莫如隋大業中柳䛒等校定《總目》三十七萬卷，而正本進御亦三萬七千餘卷。嗣後則唐開元中《總目》五萬六千四百七十六卷，而釋道二家不與，及唐人自著者不全入，以視大業，不啻倍之。此亦四部中天之際乎？然猶曰「帝皇之簿，非士庶所能望見也」。乃唐吴兢家藏書一萬三千四百六十八卷，此鏤板未行之前，已戛戛乎難爲力矣。若荆南之田氏藏書三萬卷；昭德晁氏舊藏二萬四千八百卷，邯鄲李獻臣所藏圖籍五十六類一千八百三十六部，二萬三千三百八十六部，而藝術、道書及書畫之目不存焉。莆田鄭子敬家所藏書仍用七録，而卷帙不減於李，濡須秦氏且以奏請於朝：「宅舍文籍，令子孫不得分析。」蓋崇重極矣，然猶曰「前代之遺事」云耳。若勝國兵火之後，宋文憲公讀書青蘿山中，便已聚書萬卷。如雲間陸文裕公、婁江王大司馬、吴門劉子威，此其家藏書皆不下數萬卷。更聞楊儀部君謙性最嗜書，家本素封，以購書故，晚歲赤貧，所藏書十餘萬卷，纂其異聞爲《奚囊手鏡》。若金陵之焦太史弱侯，藏書兩樓，五楹俱滿。余所目覩，而一一皆經校讐探討，尤人所難。婺州胡元瑞以一孝廉集書至四萬二千三百八十四卷。此皆近日士紳家事也，安可以鬚眉男子竟同三家村擔板漢乎？余故略一拈出，令汝輩知曠然宇宙自有大觀，所謂眼界欲寬者此也。若曰「六經皆注脚」，何必乃爾？余與汝輩未至此位也，不得作欺人語。夫所謂精神欲注者，正以人非大豪傑，安能澹無嗜好？倘嗜好一著於博飲狹邪、馳馬試劍，傷生敗業，固不必言。即染翰臨池、鼎彝金石，非不稱清事，然右軍竟以書槩其品；而閻立本且悔恨流汗，戒子孫勿復工繪事。至於玩古之癖，令人憔悴欲死，又不足言矣。惟移此種種嗜好，注於嗜書。余亦不遽望爾輩以冥心窮討、苦志編摩，惟姑以此書日置几席間，視同玩器，裝潢校讐，朝斯夕斯，隨意所喜，閲其一端；一端偶會，此卷自不忍不竟；一卷既洽，衆卷復然。此書未了，恨不能復及一書；方讀其已見，恨不能讀其所未見，自然飲食寢處、口所囁嚅、目所營注，無非是者，如阮之屐、嵇之鍛、劉伶之飲，非此不復知人生之樂矣！如此則物聚於所好，奇書秘本多從精神注向者得之。使爾輩爲向上之士，自足成其博雅，即以庸人自安，亦定不作白丁。余每見市中賣藥翁，晚年未有不談醫者；而書肆老賈，往往多哆口言文字，蓋近朱近墨，强作解事，自是恒情。而古今絶世之技、專門之業，未有不由偏嗜而致者，故曰「精神欲注」者此也。鄭漁仲論求書之道有八：「一即類以求，二旁類以求，三因地以求，四因家以求，五曰求之公，六曰求之私，七因人以求，八因代以求。」可謂典籍中之經濟矣。然自有書契以來，名存而實亡者十居其九。如丁寬、孟喜之《易》；《尚書》之牟長《章句》、周防《雜記》；韓嬰僅存《詩外傳》，而亡其《内傳》；董仲舒《春秋繁露》雖存，而《春秋决疑》二百三十二事竟不可得。夫經傳猶日星之麗天，尚多湮没，况其他一人一家之私集乎？若此之類，即國家秘府尚不能收，民間亦安從得之？縱欲因地因人以求，無益也。余於八求之外，更有三説：如書有著於三代而亡於漢者，然漢人之引經多據之；書有著於漢而亡於唐者，然唐人之著述尚存之；書有著於唐而亡於宋者，然宋人之纂集多存之。每至檢閲，凡正文之所引用、注解之所證據，有涉前代之書而今失其傳者，即另從其書各爲録出。如《周易坤靈圖》、《禹時鈎命訣》、《春秋考異郵》、《感精符》之類，則於《太平御覽》中間得之；如《會稽典録》、張璠《漢紀》之類，則於《北堂書抄》間得之；如晉簡文《談疏》、《甘澤謡》、《會稽先賢傳》、《渚宫故事》之類，則於《太平廣記》間得之。諸如此類，悉爲褒當作哀集。又如漢唐以前，殘文斷簡，皆當收羅。此不但吉光片毛，自足珍重，所謂舉馬之一體而馬未嘗不立於前也。是亦一道也。又如一書之中，自宜分析。如杜氏《通典》著於唐，惟唐之故典可按耳，乃後人取歐陽永叔、吕伯恭輩議論附其後，不幾淄澠乎？如《水經》一書，注乃侈於其經，奇詭宏麗，後人但知酈道元之有注，而桑欽著經之名反隱矣。又如《世説》詞旨本自簡令，已使人識晉人丰度於眉宇間，若劉孝標之注，援引精覈，微言妙義，更自粲然，可與《世説》各爲一種，以稱快書。如此之類，析而爲兩，使竝存於宇宙之間，是亦一道也。若夫前代遺書見有鏤板，或世家所秘、省郡所藏，即同都共里尚難兼收，况粤有刻而吴未必知，蜀有本而越未能徧，如此者更多也，又安能使其無翼而飛、不脛而走哉？且購書於書未集之先易，何也？凡書皆可購也，即因地、因人、因家、因代，無不可者；購書於書稍集之後難，何也？海内通行之書，大都此數十百種耳，倘一槩求之，或以千里郵至，或以重值市歸，乃開篋而已有在架矣，有不意興索然者乎？余謂古書之必不可求，必非昭代所梓行者也。若昭代之所梓行，則必見序於昭代之筆，其書即不能卒得，而其所序之文則往往載於各集者可按也。今以某集有序某某若干首，某書之序刻於何年，存於何地，

採集諸公序刻之文而録爲一目，自知某書可從某地求也，某書可向某氏索也。置其所已備，覓其所未有，則異本日集，重复無煩。斯真夜行之燭，而探寶之珠也。是又一道也。即此三端，可以觸類，總之，一巧以用八求，故曰「心思欲巧」者此也。

祁承㸁《庚申整書例略四則》

一曰因，因者因四部之定例也。部有類，類有目，若絲之引緒，若網之就綱，井然有條，雜而不紊。故前此而劉中壘之《七略》、王仲寶之《七志》、阮孝緒之《七録》，其義例不無取裁，而要以類聚得體，多寡適均，惟荀氏之《四部》稱焉，兩漢而下，志藝文者無不守爲功令矣。若嘉、隆以來，陸文裕公之藏書分十三則：一録經，次録性理，又次録史、録古書、録諸子、録文集、録詩、録類書、録雜史、録志、録韵書、録小學醫藥、録雜流，而以宸章令甲别以制書，示不敢瀆也。沈少司空稍爲部署，而首重王言，故一曰制、二曰謨、三曰經、四曰史、五曰子、六曰集、七曰别，别者道其所道，非聖人之所謂道也；八曰志、九曰類、十曰韵字、十一曰醫、十二曰雜。雖各出新裁，别立義例，然而王制之書不能當史之一，史之書不能當集之三，多者則叢聚而易淆，寡者又寂寥而易失，總不如經史子集之分，簡而盡，約而且詳。循序仿目，撿閲收藏，莫此爲善。而間有未備，如釋氏家，鄭漁仲之所收皆東土之著述，而西土重譯單譯者俱無聞焉。則釋藏總目條分甚析，經有大、小乘之分，乘有重譯、單譯之辨，爲律、爲論、爲疏注、爲銓述，皆一一可考，總之不嫌襲故。一曰益，益者非益四部之所本無也，而似經似子之間，亦史亦玄之語，類無可入，則不得不設一目以彙收；而書有獨裁，又不可不列一端以備考。故洪荒邈矣，而《竹書紀年》之後有《荒史》、有《邃古紀》、有《考信》等編；世代繁矣，而《皇極經世》之後有《稽古録》、有《大事記》、有《世略治統》等書，此數十種者皆於十許卷之中約千萬年之事，既非正史之叙述，亦非稗史之瑣言，蓋於記傳之外自爲一體者也，故益以約史者一。性理一書，奉欽纂於文皇，雖近録宋儒之詮述，然而言乎天地之間則備矣。他如《伊洛淵源》、《近思録》及真文忠公之《讀書記》、黄東發之《日抄》與湛文簡公之《聖學格物通》、王文成公之《則言傳習録》，及前後諸儒論學之語，或援經釋傳，或據古證今。此皆六經之注脚，理學之白眉，豈可與諸子并論哉？故於經解之後益以理學者二。代制出於王言，非臣子所敢自擅；經筵闗乎主德，非講義之可例觀，然而兩者皆無專刻，唯各取本集之所載，而特附其名目於詔制經解之内，故益代言經筵者三。叢書之目不見於古，而冗編之著叠出於今；既非旁搜博採以成一家之言，復非别類分門以爲考覽之助；合經史而兼有之，採古今而并集焉。如後世所刻《百川學海》、《漢魏叢書》、《古今逸史》、《百家名書》、《稗海秘笈》之類，斷非類家所可并收，故益以叢書者四。文有滑稽，詩多艷語，搜耳目未經見之文，既稱逸品；摘古今所共賞之句，獨夸粹裒。非可言集，而要亦集之余也，益余集者五。其他各目所增，固難概數，雖似别蜂房之户，而實非爲蛇足之添。如有請益，以俟再舉。一曰通，通者流通於四部之内也。事有繁於古而簡於今，書有備於前而略於後。故一《史記》也，在太史公之撰著與裴駰之注、司馬貞之索引、張守節之正義，皆各爲一書者也，今正史則兼收之，是一書而得四書之實矣。一《文選》也，昭明之選與五臣之注、李善之補，皆自爲一集，今行世者則并刻之，是一書而得三書之用矣。所謂「以今之簡可以通古之繁」者，此也。至於前代制度特悉且詳，故典故、起居注及儀注之類，不下數百部，而今且寥寥也，則視古爲略矣。故附記注於小史，附儀注於國禮，附食貨於政實，附曆法於天文，此皆因繁以攝簡者也。古人解經存者什一，如歐陽公之《易童子問》、王荆公之《卦名解》、曾南豐之《洪範傳》，皆有别本，而今僅見於文集之中，唯各摘其目，列之本類，使窮經者知所考求，此皆因少以會多者也。又如《靖康傳信録》、《建炎時政記》，此雜史也，而載於李忠定之《奏議》；宋朝祖宗事實及法制人物，此記傳也，而收於朱晦翁之《語録》。如羅延平之集，而《尊堯録》則史矣；張子韶之集，而《傳心録》則子矣。他如瑣記、稗史、小説、詩話之類，各自成卷，不行别刻而附見於本集之中者不可枚舉。即如《弇州集》之《藝苑卮言》、《宛委余編》，又如《馮元敏集》之《藝海洞酌》、《經史稗談》，皆按籍可見，人所知也；而元美之《名卿迹記》、元敏之《寶善編》，即其集中之小傳者，是兩書久已不行，苟非爲之標識其目，則二書竟無從考矣。凡若此類，今皆悉爲分載，特明注原在某集之内，以便撿閲，是亦收藏家一捷法也。一曰互，互者互見於四部之中也。作者既非一途，立言亦多旁及，有以一時之著述而倏爾談經，倏而論政；有以一人之成書而或以摭古，或以徵今，將安所取衷乎？故同一書也，而於此則爲本類，於彼亦爲應收；同一類也，以其半於前，有不得不歸其半於後。如《皇明詔制》，制書也，國史之内固不可遺，而詔制之中亦所應入；如《五倫全書》，敕纂也，既不敢不尊王而入制書，亦不可不從類而入纂訓；又如《焦氏易林》、《周易占林》，皆五行家也，而易書、占筮之内亦不可遺；又如王伯厚之《玉海》，則《玉海》耳，鄭康成之《易》、《詩》、地理之考，六經、天文、《小學紺珠》，此於《玉海》何涉？而後人以便於考覽，總列一書之中，又安得不各標其目，毋使溷淆者乎？其他如《水東日記》、《雙槐歲抄》，陸文裕公之《别集》、于文定公之《筆麈》，雖國朝之載筆居其强半，而事理之詮論亦略相當，皆不可不各

存其目以備考鏡。至若《木鐘臺集》、《閑云館別編》、《歸云別集》、《外集》，范守己之《御龍子集》，如此之類，一部之中名籍不可勝數，又安得槩以集收，溷無統類？故往往有一書而彼此互見，同集而名類各分者，正爲此也。余所詮次，大略盡是，聊引其端，庶几所稱詳而核、雜而不厭者乎？

邱濬《丘文莊公奏疏・訪求遺書疏》　臣請敕内閣將考校見有書籍，備細開具目録，付禮部抄謄，分送兩直隸十三布政司，提督學校憲臣，榜示該管地方官吏軍民之家，與凡官府學校寺觀，并書坊書鋪，收藏古今經史子集，下至陰陽、藝術、稗官小説等項文書，不分舊板新刊，及抄本未刻者，係内閣開去目録無有者，及雖有而不全者，許一月以裏送官。其有王府處啓知借録，多方差人詢訪，設法蒐來，期於盡獲無遺。行仰所在有司，將各處贓罰紙劄，并給官錢措辦筆墨之費，分散各處儒學生員謄寫。惟取成字，不拘工拙，但不許潦草失真。就令各學教官校對既畢，以原本歸主，不許損壞不還。其所得書目，先行開具，陸續進呈，通行各處，互相質對。中間有重復者，止令一處抄録，録畢裝成卷帙，具本差人，類解赴京。一、自古帝王藏國史於金匱石室之中，蓋以金石之爲物，堅固耐久，非木土比，又能扞格水火，使不爲患。有天下者斲石以爲室，錮金以爲匱。凡家國有秘密之記，精微之言，與凡典章事跡，可以貽謀傳遠者，莫不收貯其中，以防意外之虞。其處心積慮，可謂深且遠矣。後世徒有金匱石室之名，而無其實。典守雖設官，藏貯雖有所，然無禦災備急之具。不幸一旦有不測之事，出於常慮之外，遂使一代治體事功，人文國典，因而散失，後之秉史筆者，無所憑據，往往求之於草澤，訪之于傳聞，簡牘無存，真贋莫辨。非但大功異政不得記載，而明君良臣爲人所誣捏者，亦多有矣。是以古之君子優深思遠者，恒於無事之時，爲先事之慮，當平寧時無故而爲急切之語，固若不識忌諱者，然原其心，則不失爲忠愛之深也。仰惟我朝得國之正，三代以來所未有也。列聖相承，承平百餘年，聖德神功，如天地日月，巍乎焕然所以傳之天下後世者，惟賴乎實録之書。

陳龍正《幾亭外書》卷三《評家藏書總序》　可得善藏者之苦心，可砭漫藏者之錮疾，近世多笑棄書爲俗，不知收書庸遂免俗乎？目不識丁，身不行道，出金帛易載籍，自謂清流，載籍巋於笥，與金帛死於槖，果當何異！

張岱《陶庵夢憶》卷一《三世藏書》　余因嘆古今藏書之富，無過隋、唐。隋嘉則殿分三品，有紅琉璃、紺琉璃、漆軸之異。殿垂錦幔，繞刻飛仙。帝幸書室，踐暗機，則飛仙收幔而上，橱扉自啓，帝出，閉如初。隋之書計三十七萬卷。唐遷内庫書於東宮麗正殿，置修文、著作兩院學士，得通籍出入。太府月給蜀都麻紙五千番，季給上谷墨三百三十六丸，歲給河間、景城、清河、博平四郡兔千五百皮爲筆。以甲、乙、丙、丁爲次，唐之書計二十萬八千卷。我明中秘書，不可勝計，即《永樂大典》一書，亦堆積數庫焉。余書直九牛一毛耳，何足數哉！

高濂《遵生八箋・燕閑清賞箋上・論藏書》　高子曰：藏書以資博洽，爲丈夫子生平第一要事。其中有二説焉：家素者，無資以蓄書；家豐者，性不喜見書。故古人因貧，日就書肆，鄰家讀者有之，求其富而好學者，則未多見也。即有富而好書，不樂讀誦，務得善本，綾綺裝飾，置之華齋，以具觀美，塵積盈寸，經年不識主人一面，書何逸哉？噫，能如是，猶勝不喜見者矣。藏書者，無問册帙美惡，惟欲搜奇索隱，得見古人一言一論之秘，以廣心胸未識未聞，至於夢寐嗜好，遠近訪求，自經書子史，百家九流，詩文傳記，稗野雜著，二氏經典，靡不兼收。故常景耽書，每見新異之典，不論價之貴賤，以必得爲期，其好亦專矣。故積書充棟，類聚分門，時乎開函攤几，俾長日深更，沉潛翫索，恍對聖賢面談，千古悦心快目，何樂可勝？古云開卷有益，豈欺我哉？不學無術，深可耻也。又如宋元刻書，雕鏤不苟，較閲不訛，書寫肥細有則，印刷清朗。況多奇書，未經後人重刻，惜不多見。佛氏醫家，二類更富。然醫方一字差誤，其害匪輕，故以宋刻爲善。海内名家，評書次第，爲價之重輕。若墳典、六經、《騷》、《國》、《史記》、《漢書》、《文選》爲最，以詩集百家次之，文集、道釋二書又其次也。

錢棻《蕭林初集》卷七《蕭林藏書記》　古之聖人生而負絶智異敏，如古岐伯、后稷、容成、胡曹之屬。終其身濟一而止，未嘗有兼人之用也。及至後世，物積理備，記籍存之，誦數貫之，不必有所營撰而坐收博雅之實。士生末代，何其幸與！然趙宋以前，得書不甚易，名儒老師日事手抄，故士兢實學。末代流行浸廣，卷帙偏天下，宜家握隋珠、人游積玉矣。乃鄉微寒畯之士，未繇窺見典墳。而科舉之學又復束書不觀，游談無根，如子瞻所詫歎，良可羞也。即一二藏書家籤軸填委，亦徒美觀耳。嗟乎！聖人之言乃與玩好同實哉？夫稽往必向老成，決疑必求智者，六經典義之文，百家異同之説，導揚往古，審識根歸，其爲智也，不亦優乎？故富人之積財也，貴者珠玉，而賤不遺糠，覈非能盡享之也。務爲餘而已，務爲餘以備一旦之急也。君子之爲學也，亦豈能一一有之哉？其責於我身者，必求爲之存於天地之間者，必求知之，知之亦以備一旦之急也。是故，傳者必蓄，蓄者必讀，君子不敢有暇日焉。余先世多藏書，燬於火。家先生壯歲登朝，不及簡括，以迪小子。余

幼有墳典癖，稍稍羅致得數千卷，然皆世本，無異書。儻天錫之緣，獲斷科舉業，日夕與此數千卷相對浸假，而化爲蟫魚，三食其中。徵六藝應以經，徵九流則應以術，徵千古則應以史，徵圓測、勾股、楓棗之局，黑錦之囊罔不響應，如考洪鍾，斯無負讀書之目矣。不然，庖厨不設，欲宴大賓，前哲所嗤，可不畏哉？所次目仍以經、史、子、集爲部，四者之外，終以雜部，亦猶四序之置閏也。

謝肇淛《文海披沙筆記・藏書》 故杜進書尾跋云：「請俸寫來手自校，子孫讀之知聖教；鬻及借人爲不孝。」陳亞詩云：「滿室圖書雜典墳，華亭仙客岱雲根；當時若不和花賣，便是吾家好子孫。」二君之慮深矣。然不肖子孫，蕩産如風掃籜，即萬語諄諄，安能禁使不鬻哉？但得鬻於賞鑒之家，代我珍藏，尤勝於無賴子架上鼠喫雀汙，揩几和泥也。趙文敏書尾跋云：「聚書觀書，亦匪易事；觀書者净几焚香，澄心静慮，勿捲腦，勿折角，勿以夾刺，勿以作枕，勿以爪侵字，勿以唾揭幅，隨摸隨修，隨開隨掩，後之得吾書者，并奉贈此法。」至哉此言！可謂無我之盛心，典籍之鮑叔矣。故李德裕平泉木石諄，復戒子孫，不如王摩詰云：「來者復爲誰，空悲昔人有？」更自曠達也。

黄宗羲《黄宗羲全集》第一〇册《傳是樓藏書記》 歐陽公云：「物常聚於所好，而常得於有力之彊，二者正是難兼。」至於書之爲物，即聚而藏之矣，或不能讀，即有能讀之矣，或不能文章，求是三者而兼之，自古至今，蓋不能數數然也。古來文士，不乏抱兔園寒陋十數册故書，修飾成家，偃然欲以行遠，難矣！古來藏書者，亦不乏兼收並畜，錦軸牙籤，争長於名畫奇器之間，酒闌燭跋，充爲耳目之玩，此可謂之讀乎？近世之以博洽名者，陳晦伯、李於田、胡元瑞之流，皆不免疥駝書簏之誚；弇州、牧齋，好醜相半。上下三百年間，免於疑論者，宋景濂、唐荆川二人，其次楊升庵、黄石齋，森森武庫，霜寒日耀，誠間世之學者也。何意當吾世而見之健庵先生乎！喪亂之後，藏書之家，多不能守。異日之塵封未觸，數百年之沉於瑶臺牛篋者，一時俱出，於是南北大家之藏書，盡歸先生。先生之門生故吏徧於天下，隨其所至，莫不網羅墜簡，搜抉緹帙，而先生爲之海若，作樓藏之，名曰「傳是」。昔人稱藏書之盛者，謂與天府相埒，則無以加矣。明室舊書，盡於賊焰。新朝開創，天府之藏未備。朝章典故，制度文爲，歷代因革，皆於先生乎取之。是先生之藏書，非但藏於家也。先生内備顧問，外奬風流，雖十行俱下，而矻矻焚膏，倚相之《九丘》、《八索》，子産之實沈、臺駘，方之昔人，豈緊多讓？其精勤如此。當貞元會合之氣，文統必有所歸，先生施於名命爲雅誥，刻於金石無愧辭。風聲所播，山心松友之士，莫不推琴而起，共集門牆，一經盼睞，皆合宫懸，其爲文也宏矣。然則兼是三者而有之，非先生其誰與？嗟乎！自科舉之學盛，世不復知有書矣。六經子史，亦以爲冬華之桃李，不適於用。先儒謂傳注之學興，蔓詞衍説，爲經之害，愈降愈下。傳注再變而爲時文，數百年億萬人之心思耳目，俱用於揣摩勦襲之中，空華臭腐，人才闒茸，至於細民亦皆轉相模鋟，以取衣食。遂使此物汗牛充棟，幢蔽聰明，而先生之大經大法，兵、農、禮、樂，下至九流六藝，切於民生日用者，蕩爲荒烟野草。由大人之不説學以致之也。數窮必復，時文之力，會有盡時，先生主持文運，當必有以處此。人將指此樓也，與白鹿争高矣。先生以某嘗登是樓，命之作記，惜某老矣，不能假館而盡讀之也。

尤侗《艮齋續説》卷八 魏鶴山跋尤氏《遂初堂藏書目録》云：予生晚，不及拜遂初先生，觀儲書之盛。寶慶初，過錫山，訪前廣德使君，則書厄于火者累月矣。爲之傍徨不忍去，因歷數本朝藏書家，如孫長孺唐僖宗榜書樓，再燬于火。江元叔吴越數萬卷，爲臧僕竊去，一篋僅供一炊。王文康、李文正、盧山劉壯輿、南陽幵氏，皆以藏書名，未久而失之。宋宣獻兼有畢文簡、楊文莊二家之書。元符中蕩爲烟埃。晁文元累世所藏，政和火災，尺素不存。斯理殆不可曉。然不獨藏書，即文簡公《遂初稿》、《梁溪集》亦無一篇之遺。往錫山顧宸選宋文，遍搜不可得，僅存《瑞鶴仙》二詞而已。子孫不克世守，誠有罪焉，則予今日之淺見寡聞，固其宜也。

王弘撰《山志》卷三《匧字》 《道藏》有玄圃山《靈匧秘録》三卷，「匧」字不識其音義，徧閲字書亦無有也。皇甫氏曰：「匧者，藏書之器也。音欽，從匚，從金者，喻至精之物藏於匚函之中耳。」世無此字。【略】匚，胡禮切，《廣韻》云：「有所藏也。」

吴任臣《十國春秋》卷一一五《拾遺・南唐》 李後主手題《金樓子》，曰：「梁孝元謂王仲宣昔在荆州，著書數十篇。荆州壞，盡焚其書，今在者一篇，知名之士咸重之，見虎一毛，不知其斑。後西魏破江陵，帝亦盡焚其書，曰：『文武之道，盡今夜矣！』何荆州壞、焚書二語，先後一轍也。詩以慨之曰：「牙籤萬軸裹紅綃，王粲書同付火燒，不是祖龍留面目，遺篇那得到今朝？」書卷皆薛濤紙所抄，「今朝」字誤作「金朝」。徽廟忌之，以筆抹去，後書竟如讖入金也。按後主慨焚書而作詩，後建康不守，澄心堂藏書亦命焚之，不又前後一轍邪？

朱彝尊《曝書亭集》卷三四《五經翼序》 先生是書所爲述也，當萬曆中，周藩宗正灌甫，藏書八萬餘卷。至黄河水決，遺籍盡亡。初，先生知祥符縣事，時從其

孫永之借鈔諸經義，後又益以祕閣流傳諸書，故多世所未見者。

又卷四四《淳熙〈三山志〉跋》 閩中多藏書家。康熙壬子，過福州，訪粱丞相《三山志》，無有也。後三十年，覩武進《莊氏書目》有之，借觀不可得。又六年，而崑山徐學使章仲以白金一鎰購之，予遂假歸録焉。書凡四十二卷，丞相自爲之序。志閩地者，晉有陶夔，唐有林諝，宋有林世程，諸書均佚。是編亦罕流傳，以三山士夫未著録者，一旦有之，足以豪矣！特其體例附山川於寺觀之末，未免失倫。然十國之事，可徵信者多有出于黄氏《八閩通志》、王氏《閩大紀》、何氏《閩書》之外，學者所當博稽也。

查慎行《人海記》卷下《藏書之厄》 藏書之厄，如浦江鄭氏，八萬卷燬於火。義烏虞守愚侍郎、德煒參政父子，築樓藏書萬卷，署曰：「樓不延客，書不借人。」後蘭溪胡孝廉應麟賤直得之，隨亦散佚。太倉王弇州書最富，再傳而失。開封中尉睦㮮之萬卷堂、會稽鈕氏之萬卷樓、吾鄉祝侍郎耳劉之萬古樓、武原駱侍御駸曾、平湖馬孝廉茂遠、常熟錢宗伯牧齋，非流散則灰燼矣。楊循吉既老，散書與親，故云：「令蕩子爨婦無復著手。」亦一道也。

李紱《穆堂别稿》卷二六《趙母朱孺人七十壽序》 聖賢之學，在心與身，躬行實踐于倫物之間，而餘力則以學文：《禮》、《樂》、《詩》、《書》是也。漢以後，禮樂衰，習者稀，退息所學，惟有《詩》、《書》。《詩》、《書》者，經籍之綱領，推而廣之，萬卷不能盡。非篤好而力能致之不足以盡。居學之量，非淵源之美，有所訓授，則不能篤好，而其力亦且分馳而佗用也。今天下藏書之富推浙江。其好學者固多，而藏書尤稱仁和趙氏。余嘗與前大司空公同佐户部，因得見其從弟谷林、意林所爲《南宋雜事詩》，同賦者七人，人徵事百，並出正史外，非藏書富烏能至是。雍正季年，朝廷特開博學鴻詞科。明年，余起用，遂舉谷林應詔，而意林亦爲通政，趙公所舉。兄弟同舉制科，天下未之有也。既谷林、意林來見，詢其學所自，何以藏書獨富。谷林曰：「先世固好藏書，而吾母爲祁氏所自出。中丞幼，文公藏書甲天下，母氏習于外氏之所好，故尤以藏書爲訓也。」余聞而歎，而因有所悟焉。人之生也，氣與質二者而已。氣屬陽，主解悟；質屬陰，主彊識。故士之博學能文者，解悟多得之于父，而博識多得之于母。今谷林兄弟解悟之敏，克承其尊甫學博公之庭訓；而博聞彊識，又得之母夫人之教。推其淵源，則母夫人又得之。母氏之家教，此亦理之所可信者也。

楊復吉《藏書記要》跋 前明祁曠園參政《澹生堂藏書約》，其論聚書、購書、鑒書之法，至詳且悉，而尤拳拳於守之弗失爲念。然考之《静志居詩話》則云：「亂後，祁氏所儲，已盡流轉於姚江鍥兒之閒。」今黄蕘圃新刊孫氏《藏書紀要》，亦言之津津，而原跋云：「余家收得孫慶增書不下數十種。」則其書之放失久矣。凡物有聚必有散，而聚之難，散之易，書爲尤甚。校閲之下，不禁三歎。

鄭虎文《吞松閣集》卷四〇《補遺》 藏書宜慎也。士子讀書，六經爲上，史次之，子又次之，秦、漢、六朝、唐、宋人詩文集抑又次之。此數者，終身遊之不能盡也。若夫稗官、野史、釋老二氏之書，務博者躭焉。已與韓子云「非聖人之書不敢觀者」異矣。況末世之卮言乎？然而人情厭所習觀，欣於創獲，往往以狂人之邪説爲獨秘之奇文。豈知作此者，非亡國之餘孽，即盛世之頑民。設其人而在，猶當尸之市朝，以昭憲典，而謂可珍此悖逆之空言，自貽喪亡之實禍哉。屈翁，山嶺外之聞人也。其覆車已前此矣。此外傳集猶有類是者乎？急宜投諸水火，絶其禍媒，如或愛不忍割，固而藏之，一旦有人取之枕中，獻之闕下，比於逆亂，隕及身家。然後悔見事之不豫也，亦已晚矣，可勿戒哉？

袁枚《小倉山房詩文集》卷二九《散書記》 乾隆癸巳，天子下求書之詔。余所藏書傳抄稍希者，皆獻大府，或假賓朋，散去十之六七。人卹然若有所疑。余曉之曰：「天下寧有不散之物乎？要使散得其所耳，要使于吾身親見之耳。古之藏書人，當其手抄纂易，侈侈隆富，未嘗不十倍于余。然而身後子孫有以《論語》爲薪者，有以三十六萬卷沉水者。牛弘所數五阨，言之慨然。今區區鉛槧，得登聖人之蘭臺、石渠，爲書計，業已幸矣。而且大府因之見功，賓朋因之致謝，爲予計更幸矣。」

章學誠《校讎通議》卷一《藏書》 孔子欲藏書周室，子路以謂周室之守藏史老聃可以與謀，説雖出於《莊子》，然藏書之法，古有之矣。太史公抽石室金匱之書，成百三十篇，則謂「藏之名山，副在京師」。然則書之有藏，自古已然，不特佛、老二家有所謂《道藏》、《佛藏》已也。鄭樵以謂性命之書，往往出於《道藏》，小學之書，往往出於《釋藏》。夫儒書散失，至於學者已久失其傳，而反能得之二氏者，以二氏有藏以爲之永久也。夫《道藏》必於洞天，而《佛藏》必於叢刹，然則尼山、泗水之間，有謀禹穴藏書之舊典者，抑亦可以補中秘之所不逮歟！

章學誠《文史通議》卷四《内篇・横通》 老賈善於販書，舊家富於藏書，好事勇於刻書，皆博雅名流所與把臂入林者也。禮失求野，其聞見亦頗有可以補博雅名流所不及者，固君子之所必訪也。然其人不過琴工碑匠，藝業之得接於文雅者

耳。所接名流既多，習聞清言名論，而胸無智珠，則道聽塗説，根底之淺陋，亦不難窺。

葉廷琯《鷗陂漁話》卷一《論觀宅第二吉祥相》 周亮工《因樹屋書影》，述其先人作觀宅四十吉祥相。其第二條曰：「架上無整齊書。」注云：「本本精良，一一完善。手且未觸，目於何有，但觀架上，便知腹中。」此爲藏書而不讀者，痛下鍼砭。故以架上書不整齊，謂必時時繙閲，是爲人家美象也。然余謂世間真能讀書者，必能知書之可愛而珍護之。決不肯任意抽檢，隨手拋擲。若但如櫟園所云，適足啓子弟輕褻簡編之惡習，豈雅人深致哉？《顔氏家訓》曰：「借人典籍，皆須愛護，亦士大夫百行之一。」濟陽江禄讀書未竟，雖有急速，必待卷束整齊，然後得起，故無損敗，人不厭其求。假夫古人於借人之書，珍惜如此，則已所藏者可知。昔司馬温公獨樂園中文史萬餘卷，晨夕繙閲，雖累數十年皆新若手未觸者，其開卷必先視几案潔浄，藉以茵褥，然後端坐看之。或欲行看，即承以方版，不敢空手捧之，慮手汗漬及且觸損其腦。每看竟一頁，即側右手大指面襯其沿，隨覆以次，指面撚而挾過，故不至揉熟其紙。嘗誨其子公休曰：「賈豎藏貨貝，儒家惟此耳。當知寶惜。」又曰：「今浮屠、老氏尚知尊敬其書，何以吾儒反不如乎？」斯真以卷籍爲性命者，較之部帙紛散，厨匱狼藉。其氣象自不侔矣。

蔣湘南《七經樓文鈔》卷六《七經樓後記》 於戲！藏書之盛，周公爲最。書者，三百六十官之策籍也。自外史掌三皇五帝之書外，若象緯、律算、輿圖、政教、朝聘、會盟、宴享、醫卜、巫祝、鳥獸、草木、蟲魚，莫不各有其官，官各有其策籍。天下之欲讀其書者，各就其官府學之，制度典章，引流得源，所以無私家之著述，亦無道統之標榜也。東遷以後，官失書亡，孔子所收僅一百二十國，則三皇五帝之書早已不備，不得已，遂以唐虞爲斷，而折中其間，定爲六藝。故藏書之最少者，莫如孔子。孔子之教曰博文，曰約禮。博文者，即百二十國之寶書。約禮者，即《易》、《書》、《詩》、《禮》、《樂》、《春秋》之六藝。六藝何莫非周公之禮與？漢人拾秦火之餘，訓故家法，惟恃口授。東漢以後，竹帛漸夥，孔靈陟降，顯於高密，郁郁乎盛矣！魏晉之世，始倡道教，唐代更暢釋氏，於是周公、孔子之書，漸有涇以渭濁之勢，至我朝然後大光。高密替，人乃在休寧，《原善》及《孟子字義疏證》出，所以排異説者甚嚴，制度典章，略有端緒，洵儒家之盛軌也。夫制度典章者，古者官府所守之法，即道也。府史胥徒守之，謂之法，卿大夫士明之，謂之道。道不可以空明，法，不可以空守，而後文章之事起。故三代以上之文章，非後世所能及者。以天下之人各守其法，即能各言其道，制度典章無空理，則文章無空言也。《後漢書》分《儒林》、《文苑》爲兩傳，既判文章於儒外。《宋史》更分《道學》、《儒林》爲兩傳，又判儒林於道外。嘻，豈非末流之失哉！予小子質魯學懵，粗覽傳記，勞筋餓體，劬業不遑，三十以前，頗好辭章之學，既從通人大師，辟咡負劍，因知周公所定制度典章之外，無道亦無學。凡三代後之象緯、律算、輿地、政教、朝聘、會盟、宴享、醫卜、巫祝、草木、鳥獸、蟲魚，一一條其源流，分繫諸周官所掌，而歸墟於六藝。其合乎六藝者進之，異乎六藝者退之，以爲此周公、孔子之道也。又惟乾隆以來，《尚書》、《三禮》、《爾雅》，爲諸儒發揮旁通者，已無餘藴，而《周易》、《毛詩》、《春秋》尚有未盡之義，竊不自量，欲由休寧以上探高密，由高密以上溯孔門。時不我與，年力就衰，大懼卒業無日，爰聚書於樓，以次屬草。題曰「七經」者，從聖人所手定也，若《三傳》若《論語》、《孟子》、《戴記》，皆不得稱經。經居中樓，傳翼兩榮，儒者釋經傳之書，名以目附而斷止於唐。唐人如啖、趙輩，以臆説經者屏之，本朝大儒心通周、孔者，其書皆綴。唐後子部、史部、集部，分東西廂樓，亦有備覽。而鐍諸樓下者。釋奠畢，因述其意，以爲後記。

陸以湉《冷廬雜識》卷四《藏書》 藏書以遺子孫，子孫未必能讀。唐杜暹云：「鬻及借人爲不孝。」語何隘也。宋李常積書萬卷，於廬山以遺後之學者，不藏之藏，其識遠，其量宏矣。

齊學裘《見聞隨筆》卷一六《鬼語》 孫右卿聞友人云，穎州有某舊家，藏書一樓。夏日登樓尋書，樓門未開，聞樓中有人談話，細聽之，一人曰：「長毛賊將至此地，當殃及，盍移居乎？」一人曰：「移何處住？」一人曰：「某處好避賤。」主人知爲鬼神示兆，遂徙居焉。不一月，寇果至，蹂躪一空，而書樓獨完，亦一奇也。

龍啓瑞《經德堂文集》卷二《經德堂藏書録自敘》 余年少不知好學，稍長則溺於應制詩賦文字。是時，雖有書，亦不暇讀。既來京師，古今碑刻之所聚也，則好法帖。間朋輩贈答，又好爲詩，是二者之書，嘗聚而讀之。而於六經、史册、諸子百家之言，猶未足以投其心而生其愛也。年來百好俱息，稍喜從事於斯。而典籍浩博，家少藏書，欲有所觀，或不能具假之於人，猝不可得。乃漸次求之於肆，或乞其副於師友之家。蓋迄今四年而得書四千餘卷，於是以經、史、子、集爲類，因所得之，先後録而存之。夫四千餘卷之書，比之於藏書家，或未能十一也，然較予前數年所見，則未嘗有矣。且由是充之以至於萬，或數十百萬，皆今日之積也。抑又聞之古之學者將以讀書而求明道焉？道之不明，而徒務博於書，則惑矣！然未有能

讀書而終不明其道者也。夫書者，道之所存，而又爲余之所好。而將來未有所止也，則今日之爲是録也，其又安能以已乎哉？

蔣光煦《東湖叢記》卷六《藏書印記》 藏書家印記或鈐名印，或署齋號，惟汲古閣毛氏於宋元刊本之精者，則以「宋本」、「元本」橢圓式印别之，又以甲字印鈐於首，「子晉」、「斧季」諸名印篆，文俱極精美。山陰祁氏澹生堂藏書則有「澹生堂中儲經籍，主人手校無朝夕。讀之欣然忘飲食，典衣市書恒不給。後人但念阿翁癖，子孫益之守弗失」一印。千頃堂藏書則有「晉江黄氏父子藏書」一印，尤爲藝林佳話。若諸家之示人以愛護之法，戒子孫以保守之道，其叮嚀之意尤善之至善者也。所見如「鬻及借人爲不孝」一印，轉相仿效者甚多，有一印云：「昔司馬温公藏書甚富，所讀之書終身如新，今人讀書恒隨手抛置，甚非古人遺意也。夫佳書難得易失，稍一殘缺，修補無從。每見一書，或有損壞，輒爲憤惋，如對殘廢之人。數年來搜羅略備，卷帙斬然，所以遺吾子孫者至厚也。後人觀之，宜加珍護。即借吾書者，亦望諒愚意也。遺經堂主人記。」又有一印云：「趙文敏公書卷末云：『吾家業儒，辛勤置書，以遺子孫，其志何如！後人不讀，將至於鬻，頽其家聲，不如禽犢』，若歸他姓，當念斯言，取非其有，無寧舍旃」，此二印未辨誰氏之記。青浦王述庵司寇有一印云：「二萬卷，書可貴，一千通，金石備。購且藏，劇勞勛。願後人，勤講肄，敷文章，明義理，習典故，兼游藝。時整齊，勿廢置，如不材，敢賣棄，是非人，犬豕類，屏出族，加鞭箠。述庵傳誡。」吾邑陳簡莊孝廉亦有一印云：「得此書，費辛苦。後之人，其鑒我」，又刻仲魚圖象鈐于上。同時黄蕘圃主政有「百宋一廛」之號，吴兔宋明經以「千元十架」相敵，故老風流，猶令聞者眉飛色舞。惜司寇、孝廉兩家遺籍轉瞬散佚，不若三百年來之天一閣尚巍然於甬上也。

江標《楹書隅録跋》 吾郡黄蕘圃先生所藏書，晚年盡以歸之汪閬源觀察。未幾，平陽書庫扃鑰亦疏，在道光辛亥、壬子間，往往爲聊城楊端勤公所得。至庚申而盡出矣。標癸未秋，遊山左，汪郎亭先生出示《海源閣書目》，並觀卿太守所撰《楹書隅録》。甲申冬，復隨先生觀書于閣中。端勤文孫鳳阿舍人發示祕笈，舉凡藝芸書目之所收，《楹書隅録》之所記，千牌萬緼，悉得寓目。大約吾吴舊籍十居八九，蕘翁之所藏則又八九中居其七焉。

嗟乎！吴中藏書，甲申之後，幾無全帙，百宋一廛中之物更稀如星鳳，豈知琅環福地，别在陶南；江夏籤牓，自存天壤。標先代所藏圖籍，既經兵火，靡有孑遺，今海源閣中元本《漢書》，猶爲我家舊物，有蘭陵蕭江收藏記可證。眷念先型，愴懷何極！今歲客居南越，適輯《蕘翁年譜》成，獨念書録不傳，蕘言未刊。前年，潘鄭盦尚書輯刻《士禮居題跋》六卷，蕘翁卅年精力所聚，略見于此。標復亟亟寫刻此目，欲使世知百宋種子尚未斷絶。人亡人得，聚散無常。昔之連車而北者，安知不橐載而南乎？《録》竟志此，以爲息壤。

吴慶坻《蕉廊脞録》卷一《同治武英殿火災》 同治己巳六月二十日，武英殿災，自亥刻起至次日辰刻止，延燒他屋至三十餘間，所藏書悉燼盡。至午刻而軍機處收各衙門交開救火職名單者，絡繹不絶，有識者爲之寒心。亦見朱大理日記。

朱銘盤《南朝梁會要・文學・藏書・私家藏書》 自齊永元以來，《秘閣四部》篇卷紛雜，昉手自讐校，由是篇目定焉。昉家雖貧，聚書至萬餘，卷率多異本。昉卒，後武帝使學士賀蹤共沈約勘其書目，官所無者就昉家取之。《昉傳》。昭明太子東宫有書幾三萬卷。《本傳》。王僧孺好墳籍，聚書至萬餘卷，率多異本。《本傳》天監七年，張率除中權建安王中記室參軍。俄有敕直壽光省，治丙丁部書抄。《本傳》。沈約聚書至二萬卷，京師莫比。《本傳》。孔休源聚書至盈七千卷，手自校治。《本傳》。江子一起家，王國侍郎奉朝請，啓求觀書秘閣，武帝許之。《本傳》。兼國子助教皇侃撰《禮記講疏》五十卷，書成，奏上，詔付秘閣。《本傳》。鄱陽嗣王範得班固所上《漢書》真本，獻之東宫。《劉之遴傳》。張緬性愛墳籍，聚書至萬餘卷。《本傳》。衡山世子静多聚經史，手自讎校。《南平王傳》。元帝承聖元年，王僧辯平侯景，將圖書八萬歸江陵。《南史元紀景傳》。侯景平僧辯，啓送秘書圖籍，敕散騎常侍周弘正讎校。《陳書本傳》三年，魏軍逼，乃聚圖書十餘萬卷，盡燒之。《元紀》。

朱銘盤《南朝宋會要・文學・藏書》 文帝使秘書監謝靈運整理秘閣書，補足遺闕。《本傳》。少帝景平初，殷淳爲秘書丞，在秘書閣撰《四部書目》四十卷。《本傳》。孝建初，江夏王義恭表上《要記》五卷，詔付秘閣。《本傳》。沈演之門生朱重民入爲主書，薦吴喜爲主書書史，進爲主圖令史。文帝嘗求圖書，喜開卷，倒進之，文帝怒，遣出。《喜傳》。王儉遷祕書丞，上表求校墳籍，依《七略》，撰《七志》四十卷，上表獻之。又撰定《元徽四部書目》。《南齊書本傳》。

文廷式《純常子枝語》卷四 杜樊川《寄小姪阿宜詩》云：「第中無一物，萬卷書滿堂。家集二百編，上下馳皇王。多是撫州寫，今來五紀强。」據此，是唐時書籍寫本已多出於撫州。由宋至國朝，撫州人業書是其專門，近時乃稍衰矣。

賀濤《賀先生文集》卷四《題〈文學館藏書記〉卷首》 諸君既珍愛館所藏書，而各爲之記，都爲一卷，就質於余。或致慨於古學之就湮，或欲防新學之流弊，皆

兢兢焉，以保存舊書爲念。而憤疾之甚者，恐舊書之終不克久存。至爲偏宕之辭，謂「苟能自立，不必藉力於書」，而以書之存不存爲不足輕重。持論不同，詞皆壯偉。嗚呼！舉衰病殘廢之夫，處之無人過問之地，聚閭巷枯槁之士，相與講世所唾棄，指爲朽敗無用之學，人之非笑之也蓋久。諸君不自斂，抑乃張大而夸炫之，是以人之非笑爲未足，而益自章其醜也。諸君意氣自豪，余心滋戚矣。記凡五篇，爲之者陳獻廷嘉謨、齊蔚卿文煥、張獻羣宗瑛、吴迂農之沆、王中航汝楫也。

葉德輝《藏書十約·傳録》 士生宋元以後，讀書之福，遠過古人。生國朝乾嘉後者，尤爲厚福。五代北宋之間，經史正書鮮有刻本，非有大力者不可言收藏。既有刻本，又不能類聚一處，即有大力搜求，亦非易事。古人以窺中祕讀老氏藏爲榮幸者，今則有貲，一日可獲數大部。國朝諸儒勤搜古書，于四部之藏十刻七八。僅宋元明人集未得刻盡，究爲不急之書。至于日本卷子、唐抄、中原故家久藏祕笈，其爲乾嘉諸儒未見之足本、不傳之孤本，以及秦、晉、齊、魯發地之古器、古物，好事者繪圖釋義，箸爲古書。既日出而不窮，亦石印之簡便。居今日而言收藏，可以坐致百城，琳瑯滿室矣。而猶有待于傳録者，蓋其書或僅有抄本，不能常留，過目易忘，未存副録，校刻則有不給，久假復不近情，有彼此借抄，可獲分身之術，傳録之法，多倩傭書者，以別舍處之，以工貲計，湘省最廉，善書者一日可書五千字，凡字一千不過七八十文内外。若至百文一千，則謀者蠅集矣。故抄一書字至十萬，僅費錢七八千。較之「千金買《漢書》」、「貂裘賄侍史」，其廉爲何如耶？抄寫之紙，以日本、高麗細繭紙爲上，其紙吸墨而滑筆，但使寫手輕匀，易于增色。其次中國之潔浄花胚。即官堆之高者。杭連雖白，至爲不佳，墨乾則筆澀，墨溼則字毛。一遇積霉，或沾鼠溺，則腐碎不可觸手。此余二十年所親歷，故能言其害也。

又《題跋》 凡書經校過，及新得異本，必繫以題跋，方爲不負此書。或論其箸述之指要，或考其抄刻之源流，其派别蓋有數家焉。論箸述之指要者，記敍撰人時代仕履，及其成書之年月，箸書中之大略。宋晁公武《郡齋讀書志》、陳振孫《直齋書録解題》二家之目是也。辨論一書之是非與作者之得失，如吾家宋石林公《過庭録》、明王世貞《讀書後》二家之書是也。王士禎《香祖筆記》七：「遯園居士言：『金陵盛仲交家多藏書，書前後副葉上必有字，或記書所從來，或紀他書，往往盈幅，皆有鈐印。常熟趙定宇少宰閲《舊唐書》，每卷畢，必有原字數行，或評史，或閲之日所遇某人某事，一一書之。馮具區校刻監本諸史，卷後亦然，并以入梓。前輩讀書，游泳賞味處可以想見。』此語良然。然予所見劉欽謨昌家官河南督學時所刻《中州文表》，每卷亦然。予勸宋牧仲開府重刻《文表》及《梁園風雅》二書，且云：『欽謨諸跋，當悉刻之，以存其舊。』亦遯園先生之意。又，嘗觀袁中郎所刻《宗鏡摘録》，亦復如是。弇州先生讀書後，同此意也。」其合二義以兼用之，斯則《四庫全書提要》之所本也。若夫考抄刻之源流者，官監書棚，流傳有緒；毛抄錢借，授受必詳。則錢曾《讀書敏求記》何焯《義門讀書記》實導其源。至孫星衍《平津館藏書記》、廉石居《書籍題跋記》、黄丕烈《士禮居藏書題跋記》，專記宋元板之行字，新舊抄之異同，蓋從錢何二家，益暢其流，以趨于别徑者也。道咸間錢熙祚《守山閣叢書》、伍崇曜《粤雅堂叢書》，一書刻成，必附一跋，斯由四庫提要而變其例者也。綜稽衆體，各有門庭，竊謂宜集諸家之長，以成一家之説。撰人仕籍，見于正史傳志者，不待詳言。如或正史未載，則博考羣籍以補之。而一書之宗旨始末，先挈其大綱，使覽者不待卷終，可得其要領。其刻本之爲宋爲元，爲仿宋爲重刻，宋抄本之爲影寫爲過録，以及收藏前人之姓名印記，并仿欽定《天禄琳瑯》之例，詳稽志乘私記，述爲美談。俾前賢抱殘守缺之苦心，不至書存而人泯滅。吾宗鞠裳編修昌熾撰有《藏書紀事詩》六卷，于唐宋以來藏書家之姓名印記，搜輯靡遺，得其書讀之，于斯道所資，功過半矣。

又《印記》 藏書必有印記，宋本《孔子家語》，以有東坡折角玉印，其書遂價重連城。吾家明文莊公《菉竹堂藏書》，每抄一書，鈐以歷官關防，至今收藏家資以考證。名賢手澤，固足令人欽企也。然美人黥面，昔賢所譏，佛頭著糞，終爲不潔。曾見宋元舊刻，有爲書估僞造各家印記以希善價者，有學究市賈强作解事，以惡刻閒印鈐滿通卷者，此豈白璧之微瑕，實爲秦火之餘厄。今爲言印記之法，曰去閒文，曰尋隙處。何謂去閒文？姓名表字，樓閣堂齋，于是二三印，一印四五字足矣。金石、書畫、漢塼、古泉之類，當别爲一印。今人收藏印，多有以姓字齋堂一切藏器累累至數十字者，此亦何異于自作小傳哉？余見宋元人收藏書籍、碑帖、字畫，多止鈐用姓名，或二字别號，三字齋名，此正法也。明季山人墨客，始用閒章，浸淫至于士大夫，相習而不知其俗，此最刺目之事。況印體自明文何以後，流派滋多，二三十年不遇一作手。咸同以來，以鄧石如一派，其末流爲江湖游食之貲。而乾嘉時浙西六家之宗傳，久成絶響。故不得工于仿漢及善松雪文何體，不如不印，免至名蹟受污。藏家如黄丕烈「百宋一廛」、韓泰華「金石録十卷人家」，已覺體俗，何況其他乎？何謂「尋隙處」？凡書流傳愈久者，其藏書印愈多，朱紫縱横，幾無隙紙，是宜移于書眉卷尾，以免齟齬，亦或視各印之大小，朱白間别用之。小印朱文重

疊，尚無不可，若白文與大印聚于一行，則令閲者生厭矣。凡書有字處，朱文、白文俱不相宜。余藏抄本《續吴郡圖經》，原有董文敏戲鴻堂朱文方印，復經長白堇齋學士收藏，乃于董印上加蓋長白敷槎氏白文方印。學士爲曹子清通政寅外甥，淵源自正，而竟以特健藥之癡，爲此倒好嬉之事，是亦未尋隙處之過。余之藏書多未鈐印，蓋慎之至也。

康有爲《南海先生上書記》卷三《上清帝請大開便殿廣陳圖書書》　外國凡講一學，必集衆力以成之，固爲集思廣益，勸善相摩，亦以購書購器，動費巨萬，非衆擎則不舉。【略】職所欲言者有五焉：【略】三曰，開館顧問。請皇上大開便殿，廣陳圖書，每日辦事之暇，以一時親臨燕坐，顧問之員，輪二十員分班侍值，皇上翻閲圖書，隨宜諮問，訪以中外之故，古今之宜，經義之精，民間之苦，吏治之弊，地方之情，或賚威賜坐，或菜果頒食，令盡所知能，無有避諱。

周召《雙橋隨筆》卷一　黄金滿籯，不如貽子一經。所可恨者，積書與子孫，而子孫未必能讀，且有鬻之以供衣食者矣。至於先人手撰之書，尤宜珍惜。即不幸而罹兵火之厄，必用心設法守之、護之，勿使遺燬。乃有不肖子孫，絶無手澤之念，覆瓿投溷，有若芻靈。昔人制作因之不傳於世者，不知凡幾矣。更有甚者，如宋司馬伋畏秦檜有「私史害正」之語，遂言《涑水記聞》非其曾祖光所論者。李光家亦舉光所藏書萬卷悉焚之。嗟乎！祖宗何罪？且書亦何罪？而爲之後者，止以權奸之燄，恐爲所累而棄之，惟恐不速，子孫之不肖，抑至於此。秦熺恃其父氣燄薰灼，手書移郡，將欲取王姓之所藏書，且許以官其子。長子仲信，苦學有守，號泣拒之曰：「願守此書以死，不願官也。」郡將以禍福誘脅之，皆不聽。熺亦不能奪而止。有子若是，司馬光、李光兩家兒泉下有知能無愧死。凡書之成帙者，必不可纂。韓、柳、歐、蘇之文，各自爲篇拔，其尤以便初學，猶爲近可。若夫集有專名，另成一種，亦各摘其數條，攟摭爲部，以示博綜。非窺豹斑，實截鶴脛。蹈此説者無如陶氏《説郛》，草草拈出僅一二則，亦標曰「某書某書」。雖云多種，但可謂之書目而已，其所撰《輟耕録》則甚佳。

周召《雙橋隨筆》卷三　書宜珍惜。不但擘書覆瓿，裂紙糊窗，萬萬不可。而架上案頭，尤須愛護。顏之推云：「吾每讀聖賢之書，未嘗不肅衣冠對之。其故紙有五經詞義及賢達姓名，不敢穢用也。」司馬温公謂二子曰：「賈豎藏貨貝，儒家惟此耳。然當知寶惜。今釋子、老氏猶知尊敬其書，豈以吾儒反不如乎？」趙子昂書跋云：「聚書、藏書，良非易事，蓋觀者澄神端慮，浄几焚香，勿捲腦，勿折角，勿以爪侵字，勿以唾揭幅，勿以作枕，勿以挾刺，隨損隨修，隨開隨掩，後之得吾書者，并奉此法。」古人愛書之甚，叮嚀若此。吾家本寒素，四壁空懸，惟有書數架而已。黄金滿籯，不如一經。兒輩皆能讀書者，當知此意而獲持之。區區卷帙，非若平泉草木之盛，招人攫取也。

姜紹書《韻石齋筆談》卷上《朝鮮人好書》　朝鮮國人最好書。凡使臣入貢，限五六十人，或舊典，或新書，或稗官小説，在彼所缺者，日出市中，各寫書目，逢人遍問，不惜重直購回。故彼國反有異書藏本也。余曾見朝鮮所刻《皇華集》，乃中朝冊封使臣與彼國文臣唱和之什，鏤板精整，且繭紙瑩潔如玉，海邦緗帙，洵足稱奇。

鄭光祖《一斑録》雜述八《藏書招禍》　匹夫懷璧足致人禍，若藏書過多，易召天災耳。乃前明萬曆年，洪朝選撫山東，聞章圻李少卿家藏書頗富，借觀不與，起大獄，破滅其家，李恚恨以死，是藏書而又同懷璧也。生人難知之晦如此。

劉音《廣儒藏説》　太上立德，其次立功，其次立言，三者必賴書以傳。書之所係，顧不重哉！歷代以來，國貯官藏，不爲不多；家收户積，不爲不廣。然藏之未久，輒至散失，豈非未嘗統爲一編，散而藏於天下之故耶？今夫前人之書，後人藏之，後人之書，不能自藏，復賴後人藏之也。自今以往，不知其幾千萬世，其間之聖賢哲士，不知復幾千萬人，而所立之功德文章，載於書而可傳於後世者，又不知其幾千萬帙。是書愈多愈易散，而藏之者愈難矣。今欲其聚而不散，令上下千古之書有所依歸，則莫善於儒藏。儒藏之議，發於曹氏能始，吾友濟南周君書昌舉以示余曰：「佛老之藏，在在有之，故雖經變故，一失九存。且衲子羽流之著述，亦得以類相附，不至於著者不傳，傳者不永。乃吾儒之書，反茫無歸宿之處，豈非藝林之缺陷也哉？」余謂此誠宇宙間一公事也，因廣其意而爲是説，且願天下潛心於吾道者，共相贊勸，毋生疑阻焉。

李端棻《請推廣學校摺》　一曰：設藏書樓。好學之士，半屬寒畯，購書既苦無力，借書又難，其人坐此孤陋寡聞無所成就者不知凡幾。高宗純皇帝知其然也，特於江南設文宗、文匯、文瀾三閣，備庋祕籍，恣人借觀。嘉慶間，大學士阮元推廣此意，在焦山、靈隱起立書藏，津逮後學。自此以往，江浙文風甲於天下，作人之盛，成效可覩也。泰西諸國頗得此法，都會之地皆有藏書，其尤富者至千萬卷，許人入觀，成學之衆，亦由於此。今請依乾隆故事，更加增廣。自京師及十八行省會，咸設大書樓，調殿板及官書局所刻書籍，暨同文館、製造局所譯西書，按部分送

各省以實之。其或有切用之書，爲民間刻本官局所無者，開列清單，訪書價值，徐行購補。其西學書陸續譯出者，譯局隨時咨送。妥定章程，許人入樓觀書，由地方公擇好學解事之人，經理其事，如此則向之無書可讀者，皆得以自勉於學，無爲棄才矣。古今中外有用之書，官書局有刻本者居十之七八，每局酌提部數，分送各省，其費至省，其事至順，一奉明詔，事即立辦，而饗遺學者，增益人才，其益蓋非淺鮮也。

《利濟學堂報》一八九七年第一一期《藏書卷數續志》　中國書籍之富，首推《四庫全書》。餘若鄞縣之天一閣、吴中之玉柱樓、常熟之汲古閣。現今湖州之陸氏，亦皆堆滿芸编，所雇抄胥，日數十人。

《教育雜誌》一九〇九年第一卷第一一期孫毓修《圖書館》　宋元舊刻之可寶，自明以來之收藏家言之詳矣。然幾經兵火，覆甕代薪，所存無幾。而尋行數墨，近於翫物喪志，非讀書者之所急。京師都會之圖書館，願力宏大者，羅致數種。示人以版本之所由，開化之獨早，《夢溪筆談》：「雕板始於五代，精於宋人。」蓋先於歐洲數百年。則亦未嘗不可。尋常之館，殊不必雅慕虛名，而費精神於無用之地也。坊本之弊有二：一、刊本不足；二、校對不審。因是而讀書者，必求家刻本。向者家刻善本，藏板於家，而估客至其家印之。南北書估，互相交换，故善本不難致，而價亦不昂。近年以來，雕板之風既衰，新刊之書，歲無所聞。舊板雖存，坊賈見購者無多，則亦相約不復再印。傳布之路既絶，而舊本又日以消亡。近日善本之所以難遇，即遇之亦非倍價不能致者，職是之故。辦圖書館者，苟其地方之財力不足以羅致之，則不如先購局板書爲最宜。

又第一三期孫毓修《圖書館（續）》　嫏嬛二酉，初無此境；金匱石室，徒美其名。若此之談，無庸辨矣。孫慶增《藏書紀要》中有《收藏》一篇，粗具岸略，顧亦不能盡仿。葉文莊《書厨銘》曰：「讀必謹，鎖必牢，收必審，閣必高。」見《菉竹堂稿》藏書之言，此得其要。惜未有人爲之敷暢其旨，使公私藏書家皆得有所法守。明季以來，藏書之家，皆喜作簿録，以紀其收弆之盛。而藏室之規模，與書架之位置，則從未有言及之者。惟《樹廬文鈔》南昌彭士望躬菴著之《傳是樓藏書記》有云：「樓十楹，跨地畝許，特遠人境，無附麗。啓後牖，几席與玉峯相對。中置庋七十有二，高廣徑丈有五尺，以藏古今之書。裝潢精好，次第臚序。首經史，以宋板者正位南面，次有《明實録》、奏議，多鈔本；又次諸子百家，二氏、方術，稗官、野乘。曲直縱横，部勒充四阿；各有標目，整肅嵯峨，珠聯璧合，罔或失次」云云。讀之，雖未獲登樓而縱觀，然可想見其地之清閟，而書之宏整，有如此者。辦圖書館者，可由此以得入手之方矣。

藝文

崔瑗《東觀箴》　洋洋東觀，古之史官。三墳五典，靡義不貫。左書君行，右記其言。辛尹顧訪，文武明宣。倚相見寶，荆國以安。何以季代，咆哮不虔。在彊奮矯，戮彼逢干。衛巫蠱謗，國莫敢言。狐突見斥，淖齒見殘。焚文坑儒，嬴反爲漢。巫蠱之毒，殘者數萬。吁嗟後王，曷不斯鑒。是以明哲先識，擇木而處。夏終殷摯，周聃晉黍。或笑或泣，抱籍遁走。三葉靖公，果喪厥緒。宗廟隨夷，遠之荆楚。麥秀之歌，億載不腐。史臣司藝，敢告侍後。

沈約《奉和竟陵王抄書詩》　教微因弛轡，推峻屬貞期。義乖良未遠，斯文焕在兹。超河綜絶禮，冠楚綴淪詩。披縢辨蠹册，酌醴訪深疑。沉流黜往性，泛略引前滋。漢壁含遺篆，名山多逸詞。緑编方委閣，素簡日盈輜。空幸參鴛鷺，比秀亞瓊芝。挹流既知廣，復道還自嗤。

李白《李太白全集》卷二三《秋日與張少府楚城韋公藏書高齋作》　日下空亭暮，城荒古跡餘。地形連海盡，天影落江虚。舊賞人雖隔，新知樂未疏。彩雲思作賦，丹壁問藏書。查擁隨流葉，萍開出水魚。夕來秋興滿，回首意何如？

韋應物《韋應物詩集》卷八《送褚校書歸舊山歌》　握珠不返泉，匣玉不歸山。明皇重士亦如此，忽得褚生何得還。方稱《羽獵賦》，未拜蘭臺職。漢箧亡書已暗傳，嵩丘遺簡還能識。朝朝待詔青鎖闈，中有萬年之樹蓬萊池。世人仰望棲此地，生獨徘徊意何爲。故山可往薇可採，一自人間星歲改。藏書壁中苔半侵，洗藥泉中月還在。春風飲餞灞陵原，莫厭歸來朝市喧。不見東方朔，避世從容金馬門。

劉長卿《劉長卿全集・無錫東郭送友人遊越》　客路風霜曉，郊原春興餘。平蕪不可望，遊子去何如。煙水乘湖闊，雲山適越初。舊都懷作賦，古穴覓藏書。碑缺曹娥宅，林荒逸少居。江湖無限意，非獨爲樵漁。

陸龜蒙《甫里集》卷一《奉和襲美二遊詩・徐詩》　嘗聞四書曰，經史子集焉。苟非天禄中，此事無由全。自從秦火來，歷代逢迍邅。漢祖入關日，蕭何爲政年。盡力取圖籍，遂持天下權。中興熹平時，教化還相宣。立石刻五經，置于太學前。

賊莽亂王室，君臣加轉圜。洛陽且煨燼，載籍宜爲煙。逮晉武革命，生民纔息肩。惠懷亟寡昧，戎馬四郊纏。已覺天地閉，競爲東南遷。日既不暇給，墳索何由專。爾後國脆弱，人多尚虛玄。任學者得謗，清言者爲賢。直至沈范輩，始家藏簡編。御府有不足，仍令就之傳。梁元渚宮日，盡取如蚳蝝。兵威忽破碎，焚爇無遺篇。近者隋後主，搜羅勢駢闐。寶函映玉軸，彩翠明霞鮮。伊唐受命初，載史聲連延。砥柱不我助，驚波湧淪漣。遂令因去書，半在餘浮泉。貞觀購亡逸，蓬瀛漸周旋。炅然東壁光，與月争流天。偉矣開元中，王道真平平。八萬五千卷，一一皆塗鈆。人間盛傳寫，海内奔窮研。目云西齋書，有過東皐田。吾聞徐氏子，奕世皆才賢。因知遺孫謀，不在黄金錢。插架幾萬軸，森森若戈鋋。風吹籤牌聲，滿室鏗鏘然。佳哉鹿門子，好問如除痟。倏來參卿處，遂得參卿憐。開懷展橱簏，唯在性所便。素業已千仞，今爲峻雲巔。雄才舊百派，相近浮日川。君抱王佐圖，縱步淩陶甄。他時若報德，誰在參卿先。

孟郊《孟東野集》卷五《題韋少保静恭宅藏書洞》 高意合天製，自然狀無窮。仙華凝四時，玉蘚生數峯。書祕漆文字，匣藏金蛟龍。閒爲氣候肅，開作雲雨濃。洞隱諒非久，巖夢誠必通。將綴文士集，貫就真珠業。

又卷九《忽不貧喜盧仝書船歸洛》 貧孟忽不貧，請問孟何如。盧仝歸洛船，崔嵬但載書。江潮清翻翻，淮潮碧徐徐。夜信爲朝信，朝信良卷舒。江淮君子水，相送仁有餘。我去官色衫，肩經入君廬。喃喃肩經郎，言語傾琪琚。琪琚鏗好詞，烏鵲躍庭除。書船平安歸，喜報鄉里閭。我願拾遺柴，巢經於空虛。下免塵土侵，上爲雲霞居。日月更相鎖，道義分明儲。不願空岧嶢，但願實工夫。實空二理微，分别相起予。經書荒蕪多，爲君勉勉鋤。勉勉不敢專，傳之方在諸。

李商隱《李義山詩集》卷四《詠懷寄祕閣舊僚二十六韻》 年鬢日堪悲，衡茅益自嗤。攻文枯若木，處世鈍如鎚。敢忘垂堂戒，寧將暗室欺。懸頭曾苦學，折臂反成醫。僕御嫌夫懦，孩童笑叔癡。小男方嗜栗，幼女漫憂葵。遇炙誰先噉，逢虀即便吹。官銜同畫餅，面貌乏凝脂。典籍將蠡測，文章若管窺。圖形翻類狗，入夢肯非羆。自哂成書簏，終當呪酒卮。懶霑襟上血，羞鑷鏡中絲。橐籥言方喻，樗蒱齒詎知。事神徒惕慮，佞佛愧虛辭。典藝垂麟角，浮名狀虎皮。乘軒寧見寵，巢幕更逢危。禮俗拘嵇喜，侯王忻戴逵。途窮方結舌，静勝但搘頤。糲食空彈劍，亨衢詎置錐。柏臺成口號，芸閣暫肩隨。悔逐遷鶯伴，誰觀擇虱時。甕間眠太率，牀下隱何卑。奮跡登弘閣，摧心對董帷。校讎如有暇，松竹一相思。

李頻《黎嶽詩集・江上送從兄羣玉校書東遊》 逍遥蓬閣吏，才子復詩流。墳籍因窮覽，江湖卻縱遊。眠波聽戍鼓，飯浦約魚舟。處處迎高密，先應掃郡樓。

《全唐詩》卷八七三杜兼《題書卷後語》 清俸寫來手自校，汝曹讀之知聖道，墜之鬻之爲不孝。

楊億《武夷新集》卷一《龍圖閣會宴應制》 册府藏書在紫微，退朝稽古助論思。中天召宴衢樽滿，乙夜觀文列象垂。綵鳳翩翻巢綺閣，靈龜天矯冠金碑。大風發唱羣臣和，元首康哉庶績熙。

劉敞《公是集》卷二二《曬書》 藏書不滿萬，幽蠹亦時除。上有朝廷副，多從秦漢餘。山川迷禹穴，雲海隔崐墟。持此遺清白，歸來林下居。

又卷二三《酬宋次道憶館閣曝書七言》 長廊複閣接天居，炎日清風蠹寶書。乍到似迷羣玉近，屢觀疑及羽陵餘。俊游真與塵埃隔，逸賞空驚應接踈。石室會須歸史筆，周南寧復滯君車。

王珪《華陽集》卷三《依韻和宋次道龍圖館閣暴書》 五雲迎曉禁廬開，不及華衣曳老萊。寶藏發函金作界，仙醪傳羽玉爲臺。已逢天上非常景，更約人間第一材。白首廟堂終乞去，明年此會定應來。

劉摯《忠肅集》卷一八《祕閣曝書畫次韵宋次道》 帝所圖書歲一開，及時冠蓋滿蓬萊。發函鈿軸輝唐府，散帙芸香馥漢臺。地富祕真疑海藏，坐傾人物盡仙才。獨憐典校來空久，始得今年盛事陪。

蘇軾《東坡全集》卷一七《次韻米黻二王書跋尾二首》 三館曝書防蠹毀，得見來禽與青李。秋蛇春蚓久相雜，野鶩家雞定誰美。玉函金籥天上來，紫衣敕使親臨啓。紛綸過眼未易識，磊落挂壁空雲委。歸來妙意獨追求，坐想蓬山二十秋。怪君何處得此本，上有桓玄寒具油。巧偷豪奪古來有，一笑誰似癡虎頭。君不見長安永寧里，王家破垣誰復修！元章作書日千紙，平生自苦誰與美。畫地爲餅未必似，要令癡兒出饞水。錦囊玉軸來無趾，粲然奪真疑聖智。忍饑看書淚如洗，至今魯公餘乞米。

又卷二六《犍爲王氏書樓》 樹林幽翠滿山谷，樓觀突兀起江濱。云是昔人藏書處，磊落萬卷今生塵。江邊日出紅霧散，綺窗畫閣青氛氳。山猿悲嘯谷泉響，野鳥嘐戛巖花春。借問生人今何在，被甲遠戍長苦辛。先登搏戰事斬級，區區何者爲三墳。書生古亦有戰陣，葛巾羽扇揮三軍。古人不見悲世俗，回首蒼山空白雲。

蘇轍《欒城集》卷五《寄題蒲傳正學士閬中藏書閣》　朱欄碧瓦照山隈，竹簡牙籤次第開。讀破文章隨意得，學成富貴逼身來。詩書教子真田宅，金玉傳家定糞灰。更把遺編觀得失，君家舊物豈須猜。

又卷一七《寄題淳安陳令君讀書林》　能吏事深刻，商利謹毫釐。俗吏趨期會，簿書自羈縻。寥寥絃歌聲，千古空餘思。還淳山水邑，令君邱壑姿。邑民本無事，君亦何所爲。治己物自治，化行風薦移。君復何所欲，讀書常不足。拄腹五千卷，插架三萬軸。曾未出毫芒，萬室已蒙福。堂東松竹林，昔時閟荒榛。堂中燈燭光，昔時照紅裙。今何聲吾伊，蕭蕭風雨晨。問君有社稷，亦復有人民。奈何獨自苦，學道則愛人。

黄裳《演山集》卷六《次常父著作曝書之韻》　内閣儒方集，先朝事不忘。曝書開綺席，偃武歛牙璋。籤軸陳千古，金珠萃一堂。日華窺鳥迹，冰豔照金鶬。已掃斷簡蠹，更增東壁光。士高閒粹語，天近覽幽香。見博思唐庫，恩新仰舜廊。名山纔向曉，振鷺已成行。官職塵勞少，朋從語笑長。但慙甘若醴，寧恨冷如漿。小説誅瀰漫，雄文薦煒煌。培風誰有志，從此好南翔。

黄庭堅《黄文節公全集・外集》卷九《聞致政胡朝請多藏書以詩借書目》　萬事不理問伯始，籍甚聲名南郡胡。遠孫白頭坐郎省，乞身歸來猶好書。手鈔萬卷未閣筆，心醉六經還荷鋤。願公借我藏書目，時送一鴟開鏁魚。

秦觀《淮海後集》卷二《次韻孔彦常舍人曝書》　上帝圖書府，傳觀詔特容。嘉賓蒼佩玉，盛饌紫駞峰。散帙牙籤亂，開函錦襲重。君羹如可請，願備北堂供。

晁補之《雞肋集》卷一六《戊子六月十三日曝書得史院賜筆感懷》　君王孝悌纂修意，丞相忠良典領宜。却恨身爲周柱史，不令人識漢官儀。當年請郡新進笑，今日曝書陳迹迷。猶有院中宣賜筆，不妨林下醉題詩。

楊時《龜山集》卷三八《江陵令張景常萬卷堂》　民生結繩初，異宇本同體。誰令四目翁，破肉作瘡痏。龍龜出河洛，玆理固天啓。張侯瑚璉姿，高步軼前軌。買書費千金，充屋未云已。六經滃溟渤，百家襍原委。中流湧千波，舉體惟一水。參前有真趣，萬古一憑几。毫端吐奇芬，溢目麗紈綺。微言窺聖域，妙應期得髓。默坐筌蹄忘，斯文亦糠粃。

李廌《濟南集》卷三《經史閣》　方城范晛，富而善教子，作經史閣以藏書。諸子皆有時名，屬友人魯緯彦文求詩，爲作此篇。　隱君扁舟離五湖，初聞邑子驚陶朱。多金不用五牸術，高閣惟藏萬卷書。牙籤玉軸比四庫，縹帙錦囊過五車。河間闕遺應復購，汲冢蠹簡嗟無餘。碧山學士觧傳業，黄卷古人相與居。謝庭芝蘭信靈秀，竇家椿桂皆芬敷。朱欄翠尾照空碧，秋山晚林共扶疎。寒溪送月出幽谷，白雲因風生坐隅。道山三館限清禁，山中此樂彼所無。異時聯華陟嚴近，白虎東觀文石渠。願待善本校中祕，毋令後儒争魯魚。

周紫芝《太倉稊米集》卷二九《七月二十日秘閣曝書二首》　芸香時近曝書筵，縹帙緗囊得縱觀。不是聖時修故事，豈知藏室有清官。

香羅翦帕金描鳳，紅字排方玉作籤。身到蓬山瞻御墨，眼驚奎宿射珠簾。

鄭剛中《北山集》卷二《自笑》　他人將錢買田園，尚患生財不神速。我今貸錢買僻書，方且貪多懷不足。較量緩急堪倒置，安得瓶中有儲粟。自笑自笑笑我愚，笑罷頑然取書讀。

馮時行《縉雲文集》卷二《題張粹夫萬卷樓》　儒生讀書不貴書，枕頭閣脚醉夢餘。反不若浮屠，寶貝爲函金作字，海龍扶出淩空虛。君今收拾一萬卷，置在高樓截雲漢。想當日月出没間，玉軸牙籤互璀璨。我欲牽車駕黄犢，往發縑緗焕心目。論孟久荒緣老病，請君爲我删嚴令。

喻良能《香山集》卷一二《曝書》　秋陽千里曬，聊復曝吾書。自笑年來事，昏眸眩魯魚。

陸遊《劍南詩稿》卷一四《讀書》　放翁白首歸剡曲，寂寞衡門書滿屋。藜羹麥飯冷不嘗，要足平生五車讀。校讎心苦謹塗乙，吟諷聲悲雜歌哭。《三蒼》奇字已殺青，九譯旁行方著録。有時達旦不滅燈，急雪打窗聞簌簌。倘年七十尚一紀，墜典斷編真可續。客來不怕笑書癡，終勝牙籤新未觸。

周必大《文忠集》卷四三《寄題龍泉李氏萬卷堂》　斷簡殘編已可披，排籤插架有餘師。五三載籍多爲貴，九百虞初小不遺。潤屋殊非阿堵物，傳家自是寧馨兒。年來鉛槧心猶在，每憶讎書館殿時。

楊萬里《誠齋集》卷一四《寄題邵武張漢傑運幹萬卷樓》　書生都將命乞書，願身化作蠹書魚。蠹魚生得針來大，日啖銀鈎三萬箇。書生一腹無十圍，經炊史酌不曾飢。君家一編本黄石，積書至今與山齊。玉川搜腸纔一半，鄴侯插架端無羡。如何萬卷樓上人，却去黄鶴樓前作賓贊。

又卷三〇《題瀏陽縣柳仲明致政雲居山書院》　雲居山高三萬尺，下插瀏江上撞日。柳下和風百世師，有孫避地來築室。奕葉隱居三百年，栽桃種杏今滿川。當家相傳一破硯，此外文字九千卷。旄頭畢方書散亡，維仲明父再耿光。木葉衣

裳埜蕨腸，牙籤玉軸還堆床。更於山下起高閣，竹户松窗照林壑。閣上諸郎夜誦聲，太一真人降雲鶴。向來有子中文科，泮宫彈琴詠菁莪。柳氏門閭人刮目，仲明依舊一漁蓑。

又卷三五《寄題廬山楞伽寺三賢堂呈南康太守曾致虛》 山房牙籤萬三軸，六丁下取歸羣玉。空餘坡老枯木枝，雪骨霜筋插雲屋。楞伽老僧懷兩賢，作堂要與祠千年。只供清風薦明月，不用秋菊兼寒泉。江西社裏曾常伯，李家玉潤蘇家客。併遣巫陽招取來，分坐廬山泉上石。

袁説友《東塘集》卷三《曝書》 紅日庭初彗，青編手自摩。烏踆浮竹簡，魚蠹眩陽和。眼恨頻催老，書慚未觸多。相看不相棄，同老故山阿。

趙蕃《章泉稿》卷一《題喻氏萬卷樓》 今人藏書務書多，昔人讀書病書少。藏書不讀竟何用？歲老財供蠹魚齩。俞君命意何其賢，藏書讀書兩相兼。有樓不肯貯風月，名以萬卷非徒然。我今百念空如水，祇有耽書心未死。爲君作詩豈無意，一鴟時送從兹始。

戴复古《石屏詩集》卷一《徐京伯通判晚歲得二子》 竹隱種竹知幾年，千竿萬竿長拂天。羣飛不敢下棲止，常有清風凛凛然。丹穴飛來兩雛鳳，鳳來此竹爲之重。牙籤玉軸帶芸香，家藏萬卷爲渠用。人間豚犬不足多，我來爲作徐卿二子歌。手傳竹隱文章印，看取他日官職高嵯峩。

徐鹿卿《清正存稿》卷六《士友見和七月七日曝書依元韻謝之》 寒儒家世派南州，天遣芹宫並俊遊。劍水章江千里月，天孫河鼓一番秋。曬書舊事聊同郝，聯句新聲恐類侯。隔歲槐黄頻入夢，曾知山角已生不。

洪咨夔《平齋文集》卷六《山房藏書萬三千卷子有賦詩用韻》 門巷蕭然雀可羅，藏山萬卷自研磨。懶尋玉女登西岳，甘伴金僊坐補陀。書帶草長塵慮少，鉢曇花放道緣多。酒肴問字如相過，引道松間不用呵。

劉克莊《後村集》卷二《曝書一首》 秋齋近午氣尤炎，命僕開厢更發奩。蟲蝕闕文勞注乙，嵐侵脱葉費裝黏。雲迷玉帝藏書府，日在山人炙背簷。誰道閑居無一事，袒衣揮扇曝芸籤。

潛説友《咸淳臨安志》卷一五《祕閣曝書二首》周紫芝 芸香時近曝書筵，縹帙緗囊得縱觀。不是聖朝修故事，豈知藏室有清官。

香羅剪帕金描鳳，紅字排方玉作籤。身到蓬山瞻御墨，眼驚奎宿射珠簾。

舒岳祥《閬風集》卷五《曝書庭中即事有作因思正仲在雁倉山南爲我作小楷雜以和篇當大有可觀因以寄之》 稍覺干戈定，聊寬旦夕憂。黍黄雞應羽，草遠犢呼牟。匣畫乘陽展，庭書值雨收。漳濱想公幹，小楷作銀鉤。

又卷七《七月二日曝書之明日作七夕一首併以呈正仲》 金風壁月清涼境，紅蓼青萍迤邐秋。漠漠蛛絲穿露重，微微螢火學星流。何年才子誣躔象，幾度佳人候女牛。一局爛柯經數代，人間隔歲未悠悠。

陳思《兩宋名賢小集》卷五六《曬書》先祖賜書法帖甚多 藏書不滿萬，幽蠹亦時除。上有朝廷副，多從秦漢餘。山川迷禹穴，雲海隔崑墟。持此貽清白，歸爲林下居。

又卷七四《和秘閣曝書會詩》 宴豆追儒雅，簪纓盛禮容。中天開壁府，左海見鼇峰。汗簡陳三館，緗圖焕九重。紫微才思敏，十吏筆能供。

劉壎《隱居通議》卷四《味書閣》 泉谷徐尚書鹿卿，豐城人也。嘗構閣以藏書，名之曰「味書閣」。幼安爲之賦曰：山水明秀，邑稱劍江，於其中而擇勝，建傑閣之巍昂。黄簾緑幕之閉，牙籤玉軸之藏，出則連車，入則充梁。是書也，非有酸醎甘旨之可啖，醲濫滫髓之可嘗也。然而古今嗜之者，飲則過於醪醴，嚼則美於稻粱，既咀其華，又漱其芳，或欣然而廢食，雖終日而不忘。以其怡神者，有黄嬭之目；以其旨美者，有雋永之題；以其説心者，舉芻豢以爲比；以其用之不竭者，至謂五穀不能以庶幾。是皆有得於書味，而其淺深醇駁，則未能一概而周知。書之類也，百種千名，言之立也。異軌多岐，隨吾所取。往往而有至其合聖道之與否，則如十指之難齊。絺章繪句，抽黄媲白，味則美矣，而不適於用。譬之雞肋，雖勤抉剔，而不足以療飢。老氏之清虛，釋氏之超詣，味則高矣，而不協於極。猶蝤蛑瑶柱食之爽口，終不免動氣而嚬眉。申、商刑名之學，儀、秦縱横之説，味則奇矣，而用之有害，猶河魨野菌，纔一下咽，而腐腸裂胃之患，已隨之矣。惟《中庸》之誠，魯《論》之孝弟，《大學》之德，《孟子》之仁義，食之有益而無損，咽之有信而無疑，可以澤膚，可以充腹，終朝不食則枵，然。不知其所爲。正猶菽粟之甘，太牢之肥，仁人之所先得，而古今之所同嗜。君子所以哺其膏液，而鮮能知之者，所以爲凡民之所歸也。泉谷先生博極羣書，屬饜正味。立朝則奏對偉然，出守而治行卓爾，有大人格。君之業，得君子愛人之義，味書之效，蓋已試矣。雖然，禹皋稽古，未有經籍之傳；良弼典學，豈待文章之富。而道貫百代，功高千禩。蓋旨不在語言妙多，離于章句。故默識者通融，心潛者理悟。儻專泥於筌蹏，亦何得於魚兔。泉谷先生義理厭飫之餘，掩卷默坐之次，願以此語爲僕思之。

胡次焱《梅巖文集》卷六《書橱銘引》　子所有書，陷于池陽，逐旋搜索；僅得一二。貧無篋簏可盛，煙塵汩没甚矣。債穀造簏厨二面，戲爲之銘。

其左：麗房髹厨，殫巧琱塗，匪藏錦綺，即蘊貝珠。庚艮是貯，象玉是儲，鬼瞰其室，盗穿其窬。積而不散，殃咎與俱，吾厨拙樸，而華有餘。匪寶珍是華，其華以書。經史子集，圭蓽禄渠，奎璧委照，藜杖分輝。用之身則淵騫思輿，否則饕杌敦奇；用之世則三代唐虞，否則五季秦隋。故吾身以之賢愚，而吾世以是隆汙。雖器小而用大，豈貝玉之區區。然則高下四層者，格致誠正之級；而闔闢兩扉者，脩齊治平之樞。視曹倉，信陋矣；比孔壁，其庶乎。

其右：維陸維朱，厨書以腹，藐子性頑，厨之以木。木以厨書，若手未觸，何補修身，祇取娱目。必虚心涵泳，義精理熟；必克己省察，辨明行篤。蓄而弗讀，曷若勿蓄；讀而弗行，曷若勿讀。文詞柳篋，記問李簏，止摭厥艷，第熏其馥。入耳出口，乃書之辱，近裏工夫，其何能淑。博我以文，歷覽前躅，約我以禮，鞭辟佩服。多識既融，一唯已足。心齋坐忘，言語牴瀆，躬履心會，借徑簡牘。老齗笑齊桓吾伊，徐湯譏王壽亻亍。斯厨斯書，毋乃筌蹄之碌碌。

蘇泂《泠然齋詩集》卷二《棲閑堂》　紛紛世界多金寶，試覓一閑何處討。天公忌閑亦惜閑，似欲人人忙裏老。長安道上人如烟，信有陰陽錯昏曉。食升衣尺我頻渠，玉帶金魚爲誰好。上而公相下百官，鞅掌其身髮華皓。出臨民庶或愧色，歸對妻兒仍熱惱。農商工賈各有役，何況倡優及輿早。豈如老龔縛屋看青山，賃地於鄰甘種稻。有男肯穫女習紡，布褐藜羹事翁媪。天憐老龔忙爲貧，報以一閑非草草。乃知富貴天不惜，閑處閑人古來少。問龔胡爲閑處棲，告以中恬外無擾。家傳古書數萬卷，充棟牙籤四圍繞。興來拈讀拂蠹魚，興盡留殘聽啼鳥。花陰坐久看日轉，葉徑行稀任風掃。問閑何味作何説，口不能言心自了。初從太白得微遇，晚向淵明館問道。區區擬議已不閑，非作非休此其稍。我聞如是三嘆息，苦恨當年歸不早。閑中之味肯見分，亦欲誅茆鏡湖小。

王穉登《林純卿卜居西湖》　藏書湖上屋三間，松映軒窗竹映關。引鶴過橋看雪去，送僧歸寺帶雲還。輕紅荔子家千里，疎影梅花水一灣。和靖高風今已遠，後人猶得住孤山。

蔡正孫《詩林廣記·後集》卷五《題胡逸老致虚菴》　藏書萬卷可教子，遺金滿籯常作災。能與貧人共年穀，必有明月生蚌胎。山圍宴坐畫圖出，水作夜窗風雨來。觀水觀山皆得妙，更將何物汙靈臺。

王寂《拙軒集》卷一《題高敬之所藏雲溪獨釣圖》　疎簾留客書偏長，茗椀告罷新鑪香。主人不恤寒具手，爲出牙籤古錦囊。鵝溪半幅開平遠，天際歸舟烟樹晚。釣翁簑笠釣滄浪，一波不動風絲軟。吾家舊隱柳溪間，誤落紅塵不放閑。披圖便覺清興發，恍若坐我黃蘆灣。黃陵翩翩貴公子，愛畫乞詩差可喜。幸今老父眼尚明，莫惜千金訪繭紙。

元好問《唐詩鼓吹》卷三《寄淮南鄭賓書記》　記室千年翰墨孤，言鄭賓辭翰千年中一人而已。惟君才學似應徐。《三國志》：汝陽應瑒字德璉，北海徐幹字偉長。五丁驅得神功盡，《蜀王本紀》：惠王欲蜀，乃刻五石牛，置金其後，蜀人見之，以爲牛能便金，乃使五丁力士拖牛成道，置之成都。秦王知蜀王好色，獻美女五人，蜀王遣五丁迎女，還梓潼，見大蛇入山穴中，一丁引其尾，不能出，五丁共引之，山崩，五女上山化爲石。李白《大獵賦》云：五丁摧峯，一夫拔木，下整高頽，深平嶮谷。二酉搜來祕檢疎。《圖經》云，穆天子藏異書於大酉山、小酉山之中。《方輿紀》云：秦人隱學於小酉山中，石穴中所藏書千餘卷，梁湘東王尤好聚書，故其賦曰：「訪酉陽之逸典。」唐段成式著書，有異乎世俗，故取諸逸典之意，名曰《酉陽雜俎》。《孝經·鈎命决》曰：邱掇秘文，詩意言鄭。書記之文章，如五丁之神功，搜索遺編，盡二酉之秘奥。煬帝帆檣歸澤國，隋煬帝開通齊梁，引穀水、洛水達於河，引河通於淮，造龍舟、鳳黄、龍赤艦數百艘，幸江都。淮王箋奏入班書。班固《前漢》，淮南王安獻所作《内篇》，上愛秘之。又獻《頌德》、《長安頌》、《都門頌》，天子使爲《離騷傳》。清詞醉草無因見，《文選》，曹植詩，衆賓悉精妙，清詞洒蘭藻。但釣寒江半尺鱸。晉張翰見秋風起，思吴中菰米蓴羹鱸魚鱠，遂命駕歸。

李俊民《莊靖集》卷三《一字百題示商君祥》其一　入室五千卷，插架三萬軸。何似曬書人，坦此便便腹。

又卷五《張氏肯堂張文定公後》　百年蘭玉水邊村，萬軸牙籤席上珍。同隊魚中見頭角，一朝富貴異於人。

劉敏中《中庵集》卷一八《次韻答趙明叔號西皋》　耕有田原織有桑，西皋遥接玉輝堂。牙籤濶展藏書架，碧甃方開洗硯塘。此老誰能測高趣，我曹有幸挹餘光。近來見説多奇釀，幾日容教細細嘗。

馬臻《霞外詩集》卷七《讀盛明卿藏書目》　嘗聞張華博羣書，祕府因之得精選。李邕豈爲芸閣謀，苦恨無書讀未徧。古來志士守蓬蒿，閉户不識春風面。一生汲没竟不伸，思爾令人臉常靦。先王大道周孔業，百氏森森則墳典。吴中盛氏表明卿，結搆雄樓藏萬卷。義方之教誠惟精，研玄咀騷天爲成。須知種德在根柢，

鄉里稱善非虛名。想當探討潛沉冥，隱隱八窗金石聲。排雲毛質匪難取，翻笑白頭窮書生。

王惲《秋澗集·文集》卷二〇《省郎李應中見示所藏書畫因題其後》 畫省官書不片閑，撥忙能結澹中緣。吟餘紅藥堦前露，夢到蒼江月下舩。鑒定正煩君具眼，收藏還擬世珍傳。古人已矣精華在，時復横披一灑然。

又卷六二《詛蠹魚文并序》 王子曝書于庭，風動帙開，有蠹十數輩倘佯其間，取書眎之，甚有齧壞者，遂爲文以詛之，亦且攄予懷之梗槩云。其辭曰：嗟上蒼之生物兮，曾巨細之不遺。隨一物而一名兮，乃各有其所施。竜驤首而霧集兮，鷙搏擊而翰飛。蜴緣隙而射蝎兮，蚓含凄而應時。蟻結陣而雨妥兮，蛛縈絲而喜隨。至於蛇虺毒而虎豹猛兮，網繩欘刃人得驅而遠之。彼蠹魚之何爲兮，當去之而不疑。我固拙而未貧兮，尚其書之滿家。規姚姒而法周孔兮，浩波瀾之無涯。念披讀而有次兮，譬草木之品差。歲翻閱而莫周兮，蠹乘隙而遺孼。芽感餘浥而化育兮，何族類之紛拏？正如深山大澤人迹所不至兮，足魍魎而生龍蛇。爾名爲魚，厥號曰蠹，無鱗鬐以自衛，不潛淵而躍渚，披景慕之虛名，蘊蠶食之邪慮。天壤之間充汝腹者多矣。尋茫茫之墜緒，幸不爲人之害兮，唯簡編之見惡，信黄卷之有味，汝得幽潛而饜飫。黯輕碧之微軀兮，曳白鬚而容與。曾賢愚之無間兮，輒遇之而必妬。誰謂汝無牙兮，何以穿予之竹素。紛篆籀之紆屈兮，致篇章之脱誤。啓散帙而撲滅兮，念忌器之善喻。採春薺之纖葉兮，雜芸芳而細注。恐物感之有驗兮，庶噍類之一去。曾少力之不獲兮，愈滋蕃而無數。汝豈學道之人兮，咀糟粕而未悟。將生死於文字之間兮，凝精思於朝暮。不然秦李斯之徒兮，師六經而依據。一旦燔之而叛道兮，俾黔首而聾瞽。流餘孼而見化兮，終宇宙而惡著。聖防謹其萌芽兮，堅冰凝於霜履。苟不處而不驅兮，恐齧缺而無餘也。布我牀榻，汎我庭宇，亂牙籤於風中，趂秋陽之烈馭。既不能仝湯鼠之磔裂兮，以炎暉而爲治。其藉流爍之熾焰兮，書難爲之一抒。熸醜類而莫逃兮，遞糜暍於諸部。失餘浥之所在兮，斂炎光於書户。齊潔竹書之簡，森列周宣之鼓，固我扃鐍，若有神護。喜卷舒而無恙，殆遺亡而見補。既收書而入室，遂慨然而懷古。彼微蟲之蠹書，尚爲害而斯巨。吁！姦邪之在朝，妬忠直於時主，其擯斥危亡之禍將何如哉？嗚呼！噫嘻！我得之矣！嚚嚚管蔡爲周公之蠹兮，幾謗成於王所。睊睊子西爲宣父之蠹兮，化不霑於荆楚。臧倉媒孼爲子輿之蠹兮，道不行於東魯。上官娼嫉爲屈平之蠹兮，賦懷沙於汨浦。匹夫絳灌爲賈生之蠹兮，老長沙之一傅。孫弘變詐爲仲舒之蠹兮，策不施於漢武。恭顯讒慝爲蕭傅之蠹兮，致炎運之中阻。封論小人爲鄭公之蠹兮，太宗幾以刑而爲務。盧杞姦邪爲真卿之蠹兮，卒縻軀於賊虎。逢吉陰險爲裴度之蠹兮，播緋衣之訕語。蠹兮，去之而不可疑兮，尚拔山之固兮，況任遇寵信迈爲忠直之輔兮。奮筆成文，吾爲此而懼兮。

楊載《楊仲弘集》卷四《送完者都同知》 來游天子學，藉甚有聲華。論事依三策，藏書至五車。姓名題鴈塔，譜牒記龍沙。自可編青竹，兼宜綰白麻。文工金有價，貌美玉無瑕。興盡方豪飲，篇終不浪誇。豈惟吟芍藥，曾是賦蒹葭。事莫分難易，人須辯正邪。月中初折桂，天上始乘槎。勿待秋風起，宫門聽皷撾。

又卷五《送俞用中之蓮城》 君家文獻猶未泯，名載舟車無不之。乃翁種德不食報，流慶涓涓方在兹。皦然王立七尺軀，相非公卿無此奇。早孤爲學孰勉劭，藏書萬卷能盡披。季父撫育過己子，將爲前人護址基。我兄長公有年歲，才氣偉煒通時宜。賈誼晁錯奉大對，生晚弗及同驅馳。君令沿檄治卿校，初官履歷固不卑。要爲國中養賢俊，政無大小視所施。栝蒼山好著仙籍，昔人於此自燕順。榮公相業輩王謝，石僧尚有踪跡遺。君居三載業可想，再見惟有操降旗。

又卷七《偕鄭尊師飲余氏池亭》 池亭翼翼午風涼，隔岸田疇穱麥香。碧水千尋鷗蕩漾，青天萬里鶴翱翔。藏書不爲傳孫子，學道還宜應帝王。獨行似君何可得，結交晚歲獲裘羊。

袁桷《清容居士集》卷一七《藏書室銘》 六學鴻烈，代天昭明。精思纂微，辭以立誠。匪事於言，不文奚宣。析理日繁，直致衍傳。謂默足以通，絶其知聞。敬焉孰持？誠焉孰存？趙郡氏蘇，崇其書楹。剖抉雲章，緯經有程。靈根湛虛，服習粹精。廣以觀萬，約以守一。迎之莫尋，倚兮不躓。仰止元聖，學海彌溢。

宋褧《燕石集》卷三《蘇伯脩右司滋溪書堂》 滋溪溪水清如玉，堂中藏書高似屋。緗縹裝潢芸葉馥，遠過李侯三萬軸。上世遺安重教督，有美令孫克佩服。移書庋几置書腹，用之經濟且啓沃。尊經纘史雅志篤，屈宋衙官騷則僕。堂前山水秀且緑，堂中之書兹不辱。愧我四十鬢欲秃，文學事功俱鹿鹿。悲歡枯落悔不足，欲登君堂借書讀。

胡助《純白齋類稿》卷八《杜清碧思學齋》 先生高尚芰荷衣，結屋藏書入武夷。泉石洗心無别事，皇王經世有遺思。據梧即詠秋清夜，隱几冥觀晝永時。求志獨修天爵貴，故應荷蕢接輿知。

又卷九《李氏遺經閣》 乾淳殘刻護神靈，華構崢嶸接鯉庭。易代文明三建

閣，承家業廣一遺經。鄴侯舊讀垂籤白，宅相新休照汗青。學自五峰傳統緒，湖南章甫盛儀刑。

張可久《張小山小令》卷上《山中書事》 興亡千古繁華夢，詩眼倦天涯。孔林喬木，吴宫蔓草，楚廟寒鴉。數間茅舍，藏書萬卷，投老村家。山中何事，松花釀酒，春水煎茶。

程端禮《畏齋集》卷二《節婦汪氏前楚國樓公五世婦也早年嫠居饑寒困苦之極守志不渝教育其孤有歐母之風敬以詩美》 松勁梅清操不如，風饕雪虐事尤殊。食貧方念歐依鄭，攜幼深憂范姓朱。滿篋藏書傳有業，空機易粟任無襦。寒饑失節亡家國，羞殺人間説丈夫。

劉詵《桂隱詩集》卷三《題劉良用詩塚》 劉君埋詩黄土深，曠視六合無知音。冬雪峩峩塚千尺，秋風萬壑同哀吟。子期邈在九霄上，陽冰一去終無人。君不見道山藏書高於屋，萬古何人辨珉玉。

吴當《學言稿》卷五《馮氏藏書堂》 喬木依堂數畝陰，買書不惜散黄金。簡編總許儒生讀，碑帖還從墨客臨。芸閣牙籤晴晱晱，練囊螢火夜沉沉。只今許下多賢士，始信君侯惠澤深。

王冕《竹齋集》卷下《題陳象賢竹素園》 君家竹素園，異彼篔簹谷。插架牙籤三萬軸，卷藏東觀吞天禄。清風明月時往來，紅塵不墮香芸堆。蝌蚪鳥跡一玉開，懷幽抱密真奇哉。炙汗不流珠光重，信知龍種皆書種。黄鍾聲徹鳳皇噦，玉杯光燄麒麟動。十年不下君子堂，燈火夜静聲琅琅。歲寒節操固自常，厭看花柳争春忙。金谷平泉暗烟雨，兔麥狐葵無定主。何如竹素園，簡編且容與，玉振金聲千萬古！

鄭元祐《僑吴集》卷二《贈藏書顧明則》 昔人於書皆手鈔，六經子史方神交。編摹雖勤不聞道，是亦蠹蟫書作巢。積善之家費裝緝，褙工亦由書傳出。一朝妙手完缺殘，正如雲開覩初日。我欲一問顧生家，松陵春晴桃始華。蟠胷萬卷老多忘，檢卷只如昏樹鴉。嗟嗟書生吴鉅族，風霜日夜摧喬木。雖然業身簿秩間，有眼且看江南山。

又卷四《奉柳太常道傳》 烏蜀先生雙鬢絲，蓴鱸江上故園思。水光閃閃金壺墨，石理硜硜玉佩辭。水落魚龍秋不雨，月明烏鵲夜無枝。名山蚤選藏書穴，趁取蒲輪未召時。

又《送貢司業泰甫》 代祀躬趨黄木灣，歸朝仍綴紫宸班。識高京兆囊封後，道在河汾户屨間。近日講筵瞻鳳扆，籲天經術動龍顔。異時歸窆藏書穴，好在南湖疊嶂山。

張翥《蜕菴詩》卷二《題李早女真三馬扇頭》 金源六葉全盛年，明昌正似宣和前。寶書玉軸充内府，時以李早當龍眠。想當畫院供奉日，飽閲天閑萬奇骨。等閒游墨落宫扇，駿氣淩風欲超忽。霧鬣風髮剪剔新，郎君標格玉爲人。四帶紗巾繡衣領，醉鞭蹋盡燕臺春。一聲白雁黄河暮，豈料征蹄竟南渡。回首西風障戰塵，女仙空抱琵琶去。

尹廷高《玉井樵唱》卷下《題書示兒》 先生堂前白板厨，不藏金玉惟藏書。牙籤免識手未觸，非但目覽仍腹儲。我無負郭田二頃，家傳經訓真菑畬。雖然未蒙稽古力，脩身慎行端有餘。汝曹繼志當自勉，勿使貽笑金根車，縱無科目可謀進。詩禮自足光門閭，當今公卿亦下士，衣冠獨許來庭除。達知諸老固有命，大者鳳閣小石渠。一丁不識人所賤，漸棄筆硯歸犁鋤。語言無味面目俗，名勝安肯臨其廬。少陵覔句示宗武，淵明任運責阿舒。古人訓子皆如此，賣金買書非吾疎。但願爾輩賢復壽，世世保此安仁居。

顧瑛《草堂雅集》卷一三《山閣》 幽居只在碧山阿，高閣淩虚帶女蘿。門外水生春渚白，窗前雲起夕陰多。藏書每許鄰人借，釀酒時邀野老過。見説南岡千歲柏，倚闌安得眄貞柯。

張昱《張光弼詩集》卷三《藏書石室》 曾於唐史讀遺文，此日來遊如見君。石室自藏真誥後，等閑人世幾浮雲。

王結撰《文忠集》卷二《借書》 公擇藏書五老峰，貽謀燕翼垂無窮。眉山仙伯絶盛事，至今千載流清風。雲孫磊落殊逸羣，文雅彷彿如前人。牙籤插架三萬軸，天禄石渠不足吞。我生粗有劬學志，歲華荏苒嗟無似。有願須讀未見書，慚非宇内無雙士。知君好事絶等倫，友朋就假寧憚勤。異編隱帙倘垂示，微辭妙理當同聞。

鄧雅《玉笥集》卷三五《重題》 地爲人增重，山因學著名。舊藏書籍在，新築草堂成。捲幔通雲氣，鳴琴雜澗聲。知君事游息，養素薄時榮。

劉鶚《惟實集》卷四《題劉養直南山書院三首》 結屋南山下，貯書書屋中。願將貽子孫，百歲相終窮。萬事罕成算，人生等飛蓬。漸與桑梓遠，而與梅花同。永言作湯沐，説夢時相逢。

胷中飽藏書，隨地皆可屋。適意即爲好，何必重鄉曲。嶺南多梅花，亦足慰幽

獨。既免懷土譏，喬遷豈非福。異時須昌劉，從君著芳族。

錢子正《三華集》卷六《追賦萬卷樓》 鄴侯昔日三萬軸，君今插架侯之續。諺稱積書亦何用，蓋恐子孫難盡讀。君之子孫衆莫同，一一長材敏而速，秋毫細字束牛腰，一覽正須煩過目。樓中何必藏萬卷，三館五車皆貯腹。昔人種橘及萬株，計資尚比封侯禄。焉知多書富且貴，開卷相看總珠玉。城中高樓連廣厦，醉眼紛紛亂紅緑。斯樓動止瞻聖賢，禮樂衣冠誰敢黷。我生好習家苦貧，閲市無材空碌碌。可憐欲讀未見書，館閣何年著愚獨。但願此身作蠹魚，居公之樓死亦足。

劉仁本《羽庭集》卷二《靈源寺藏書西閣爲阜上人賦》 松竹林邊寺，西山爽氣浮。昔開千佛閣，今見萬書樓。老墨明宗旨，研朱自校讎。本來無一字，寧羨鄴家侯。

鄭真《滎陽外史集》卷九三《書奥》 奎星高照屋西隅，插架縱横萬卷書。彩筆夢花孤榻静，青藜炊火半窗虚。天潢尚譜先朝系，官誥猶存世澤餘。已有聲名登闕下，苦心何必注蟲魚。

又卷九四《贈虹縣生劉昭貢成均》 煌煌學省近青霄，淮海諸生喜見招。插架籤題翻錦綺，升堂裾佩聽瓊瑶。胙分俎豆春秋祀，班簉庭墀朔望朝。文教原知今日盛，好將歌頌獻唐堯。

又《送玉山汪生起復入國監端明學士狀元拱辰公之後也生號冰玉堂就題》 溪山冰玉產魁儒，法從恩承祕殿除。雲匣凝香猶有笏，牙籤插架尚多書。照人清氣寒仍冽，滿眼睛峯畫不如。文獻百年論嗣續，從今魯寶識璠璵。

平顯《松雨軒詩集》卷三《東皋耕讀卷》 有客有客思東皋，引睇不及心徒勞。乃翁昔有山水癖，解官於此曾誅茅。東皋之土肥不墝，買田其下躬鋤薅。鳩鳴宿雨啄桑椹，樹翳緑陰閒桔槔。插架萬軸書爲巢，六經百氏連莊騷。涼颸入户亂籤帙，颯然滿耳如松濤。流泉自響白雲碓，青藜下燭蘭釭膏。既耕且讀樂妻子，歲時伏臘仍炰羔。樓成獻賦上天去，神遊弱水鞭鯨鰲。風吹玉樹墮滇海，故書遺業埋蓬蒿。朅來識者名子孟高，頎而美髯綈作袍。放情未遂邱壑願，束手倦事龍虵韜。江山萬里入歸夢，矯首北望長悲號。何人妙奪造化窟，揮霍元氣廻霜毫。鵝溪絹素不數尺，婺源山色真嶛巢。摩挲老眼忽一見，恍若天籟聞嘈嘈。余亦浙人久爲客，舊家正在西湖坳。白頭未邁神獨往，欲剪愧乏并州刀。嘗聞古有隱君子，種黍蒔藥酕醄醪。醉鄉一記已千載，屣弃富貴輕鴻毛。何當杖屨共舒嘯，更起晉代能詩陶。遼陽太守如可作，馭風八極同遊遨。

釋妙聲《東皋録》卷上《贈四明粥書單生》 古人讀書手自寫，今人藏書充屋椽。牙籤插架不解讀，何異愚翁工守錢。單生持書入我室，竹光落牀亂緗帙。居貧不能常得書，爲我借觀留數日。昔在鄞江識單生，于今白髮老于行。明年倘有江船賣，我欲從君覓《論衡》。

魏驥《南齋先生魏文靖公摘稿》卷四《題濠梁書舍卷》 插架牙籤富典墳，吾伊終日斷塵氛。松窗潤襲研硃露，棐几香浮辟蠹芸。勤苦不辭當蚤歲，文章直欲繼前聞。磨穿鐵硯吾心事，金榜明時要策勳。

程敏政《篁墩文集》卷八七《南山精舍理書一月得三萬餘卷喜而有作寄王宗植》 敢道勳名似鄴侯，牙籤三萬偶同儔。古人可作惟香蠹，坐客相驚欲汗牛。宦海本無經濟策，硯田聊爲子孫謀。老天玉我成書癖，莫怪從今不下樓。

章懋《楓山集》卷三《書室銘》 有崇其阿，有幽其室。高不數仞，廣惟容膝。其蓄維何？易象書詩。春秋戴記，周官禮儀。諸子百家，史志羣書。牙籤萬軸，森列左右。編殘蠹魚，文古蝌蚪。一室之中，靡或不有。宋牕晨啓，孫户晝扃。坐我管榻，對我韓檠。窮年兀兀，誦習講明。嗟世之人，志在科第。剽竊爲工，括貼是記。於理茫然，苟圖富貴。亦有誦書，爲文是資。口不絶吟，手不停披。含英咀華，瓊琚其辭。二者之學，爲人而已。世俗所榮，君子所鄙。維彼哲人，學求爲已。博文約禮，夙夜拳拳。所與歸者，古昔聖賢。科第文章，緊我餘事。我銘我室，式勵厥志。

又《尊經閣銘》 有閣峩峩，屹立儒宫。上摩奎宿，下拱文峯。閣中何有，有圖有籍。龍牒龜文，蟲篆鳥跡。外史所掌，廣内所司。九流《七略》，並蓄無遺。翠藴丹函，牙籤寶軸。簡蠹香芸，編殘汗竹。惟閣有書，莫尊於經。聖筆删定，萬世典刑。易象春秋，詩書禮樂。法言大訓，灝灝噩噩。世遠人亡，斯文在兹。何以尊之，古聖是師。丹碧輝煌，匪閣之美。昭昭人文，天經地緯。傑棟峥嶸，匪閣之崇。洋洋聖道，蟠極蒼穹。閣以藏書，象彼東壁。于經斯尊，視此銘刻。

孫一元《太白山人漫藁》卷三《鮑氏藏書樓歌》 鮑君藏書十萬軸，氣壓石渠吞天禄。縹囊緗帙盡古今，竹簡蝌蚪驚觸目。昔從惠子見多方，後聞張華載滿轂。唐時世南行秘書，豈獨李邕號書簏。今於君家盡見之，插架堆床動成束。我夢化作太乙精，手燃青藜訪君屋。緯象玄文發隱奇夜，半風雨衆靈哭。嘗聞聚書後必興，況是魯齋舊儒族。六經行天日月明，文章末學厭紛逐。鳳衰麟死三千春，主持吾道寧無人。

顧清《東江家藏集》卷一三《蓉溪書屋爲金都憲舜舉賦》 西川山水天下奇，綿州更好芙蓉溪。溪流百里到城下，上有茅屋臨清漪。長松蔭門白日静，密竹繞宅青春遲。屋中舊書幾千卷，一一牙籤分架垂。主人家本東州彦，衣冠世澤聞邦畿。高門大字榜孝子，亦有梅屋工文辭。柯條遠布極萬里，書香一脉猶連支。功名奕葉到孫子，蘭臺石室争峩巍。天機雲錦出桑苧，清廟簠簋資耕犂。丹青數尺小齋裏，尚想清夜聞吾伊。平橋曲渚往復迴，林亭水閣相因依。扁舟泊岸何所待，溪風颯颯吹人衣。溪風吹衣人未歸，鈞天須人運璿璣。江湖廊廟本異處，軒冕山林非一時。惟有芙蓉最相憶，開花長滿屋東籬。

夏尚樸《東巖詩文集・詩集》卷四《東湖書屋爲董遵道賦》 世人讀書爲科第，往往得之書即棄。孜孜役志聲利間，無復古人之高致。董君學道楓山門，心酷嗜書如嗜利。區區科第世所榮，得之不得歸一視。揭來分教南昌城，誅茅卜築東湖滸。越有東湖名偶同，寓名取義濂溪例。堆案插架三萬軸，左圖右史縱横置。退食自公恣翻閲，仰思俯讀何曾廢。聖賢心在千載前，超然默契心獨醉。自非雅志超俗流，安得垂老愈伶俐。嗚呼經傳本無窮，百年倏忽真如寄。願尋墜緒到濂溪，更與東湖添故事。

邵寶《容春堂續集》卷二《冉經書院十二詠》之二《容春閣》 在曾侍亭右，中庋舊藏書凡若干卷。扁曰「容春精舍」，先師文正公八分書也。一堂容萬卷，長憶鶴翁詩。高閣日增崇，老至不自知。

又卷五《偶聞書香》 少愛新書楮墨香，不辭書價借錢償。坐來精舍還懷舊，海鶴詩中萬卷堂。予二十歲時，海鶴寓予家，嘗題先世畫，有「萬卷一堂邀我共」之句。

又卷九《蓉溪書屋歌》 綿州城東結書屋，秋晚芙蓉花簇簇。主人他日一歸來，手檢牙籤三萬軸。花謝花開清夢遥，主人執法立中朝。門前不植淵明柳，觀裏曾歌禹錫桃。主人懷思客賦詩，此是諸郎擢第時。西曹法吏春秋筆，東閣儒臣雅頌詞。君不見劍閣巉巖去天近，左右峯巒相控引，回首蓉溪雲隱隱。

李濂《嵩渚文集》卷七五《書架箴》 藏書滿閣，古人糟粕。積書滿箱，今人鼠薑。誦言忘味，萬卷奚貴。一字有得，行之不息。小子慎乎，盍涵泳體，驗以求日進乎。

胡直《衡廬精舍藏稿》卷五《文朝省試二首》 家世文章伯，藏書蚤遍窺。崑丘珠樹馥，天路石麟奇。豹隱休多戀，龍驤看在兹。傷痍南國盡，何策獻明時。

文徵明《甫田集》卷一《飲子畏小樓》 今日解馳逐，投閒傍高廬。君家在臯橋，諠闐井市區。何以掩市聲，充樓古今書。左陳四五册，右傾三兩壺。我飲良有限，伴子聊相娱。與子故深密，奔忙坐闊疎。旬月一會面，意勤情有餘。蒼煙薄城首，振袖復躊躇。

王慎中《遵巖集》卷二《藏書萬卷樓歌爲維揚葛子東賦》 廣陵葛子真磊落，大笑時人寶珠玉。先世遺金盡買書，籌算祇與韋編博。善藏選地起高樓，樓上陳施盈萬軸。錯置方隅皆滿床，臚分甲乙爲題櫝。趙卿如見應驚歎，楚史多知猶未讀。開牖晴朝雲色鮮，垂帷深夜藜光燭。已看收拾遍人間，更説討論窮士族。漢室古文壞壁餘，晉代穿塋出竹書。學士睢盱嗟未覩，儒生誦守愧空虚。何言散失千年後，獨在君家完古初。

陳懿典《陳學士先生初集》卷三〇《讀秘閣藏書賦》 緊惟聖代之儲胥羣品兮，首加意于簪裾之妙選。歷覽皇王之規條摹畫兮，特崇隆乎陶冶之鉅典。殿閣開而日月之高褰兮，圖書集而星辰之連捲。象漢室之石渠東觀兮，法唐省之麟臺延閣。庋藏乎結繩之墳典兮，旁搜乎垓埏之丘索。二酉之字爛若雲霞之璀璨兮，禹穴之書恍如珠琲之錯落。爾其六籍咸萃，《七略》無遺。上窮泰始，下逮來兹。帝皇王霸之略，兩漢唐宋之辭，文移科斗之質，字别魯魚之疑，與夫煌煌祖訓，赫赫帝紀。琬琰之帙霞標而花散，縹緗之架蜺舒而草滋。櫺檻風來兮，動芸香之苾苾。綺疏日映兮，見鉛槧之纍纍。是以金馬之門玉堂之署濟濟衣冠峨峨佩甫講説六經之言探討百家之譜，進退禮樂之文，揚推仁義之府，因之笙鏞乎治道，由此黼黻乎皇度。執大杓兮，酌元氣之虚盈。調和羹兮，獻謨謀于帝座。詢華省之萬帙，非秇文之漁獵兮，緬天府之五車，乃鼎彝之負荷。嗟余小子，弱質弗信，雖矜容而好飾，終蹇步而齞脣。幼不譽于州部兮，長鮮推于鄉曲。託微尚于呫嗶兮，寄卑棲于里塾，竭蹷鉛槧。識不出于蛙窺兮，殫精膏油陋止，同于鼷腹抱李邕之志。欲一見乎秘書兮，難劉向之遇，隔九閽乎天禄。幸偶遭遇乎明聖兮，得濫竽千採録。受大雅之敦誨兮，縻大官之粟肉。抽秘閣之遺編兮，絶喧囂之剥啄。厠鴛鷺之末行兮，依夔龍之餘景。伎同北郭而知濫兮，俸優東方而竊倖。于是託身雲陛，寓直華省，神宇微微，天河耿耿。金鋪繡霜，銅龍閉冷，紅日翻堦，銀缸散影。惜飛光之超忽，展典籍而循省。抑揚嘈雜，優游涵泳。收視反觀，耽思旁訊。傾羣言之瀝液兮，漱六藝之芳潤。收百代之闕文兮，探千載之餘韻。觀古今于須臾兮，撫宇宙于一瞬。發鴻寶之未露兮，啓魯壁之方振。然後選義分部，考辭就班，或因枝以振葉，或沿波而討源。其包絡陰陽，調劑民物，宣洩道真，弘開治象，則九經之所以設準的也。

上明天時，下正人統。一言褒貶，萬世袞鉞，則諸史之所以懸著鑑也。垂衣舞干，錫圭匡壤，提衡民物，摶捖陰陽，則帝王之所以示軌範也。身稱律度，語作經綸，罔象玄珠，探討性命，則聖賢之所以垂盤盂也。以至諸子百家，稗官小説，雅俗並陳，俶詭競發，與夫載聖謨之寶訓，紀聖政之實録等。東序之天球，並赤刀之大訓。言恢之而彌廣，思按之而愈深。配霑潤于雪雨，象變化于鬼神。被金石而如覩，勒琬琰而日新。莫不祖述憲章，循環討論，譬策天駟，駕彼龍輿，闖乎上乘，躡乎清虚。高參坱圠，下淪渣滓，顯揭二曜，出入蒙汜，俯括後代，仰超無始，漂唐流虞，瀚殷滌姒。掩中壘之博綜，窮執戟之玄思。然青藜而照光吐，白鳳而離披聆。鈞天之九奏兮，覩萬靈之率舞。躡足閬風之極巔兮，觸目琳琅之玄圃。入陶倚之寶林兮，何甕樞之足恃。泛巨溟之渤澥兮，哂河伯之秋水。何用帶倪寬之鋤兮，無俟負買臣之薪。匡鼎不勞於鑿壁兮，武子謾取於聚螢。欣圖史之披閲兮，靡案牘之勞形。感非常之陶鑄兮，衷而夕以屏營。願焚膏以繼晷兮，誓分更而惜陰。陋綦組之徒工兮，返身心之真境。仰前哲之懿矩兮，步先民之後塵。

嚴怡《嚴石溪詩稿》卷二《冬日書懷》　如何七十數流年，一事無成不惘然。杖屨未能遊五嶽，蓬壺空擬狎羣仙。藏書滿屋將焉用，退筆如山亦可憐。笑撚吟鬚歌白雪，梅花開向草堂前。

又卷四《書扇送許筠皋南遊》　越水吴山畫色鮮，況當花柳塞春烟。佳遊奈不攜詞客，獨往知非惜酒錢。高興想應同謝傅，雅懷何用異坡仙。相過賸有藏書室，好爲搜尋一二編。

又卷六《我吟》　世方如此我何如，四壁雖空腹不虚。搜盡枯腸難得句，養成癖性好藏書。衰年尚自喜談虎，先世有人甘釣魚。安得清尊常致客，陶然一醉不求餘。

又《喜蒼麓山人見訪》　别來何處賦登樓，携酒憐君過釣舟。舊雨未能忘夜話，新篇奚止破春愁。吴中自昔多佳士，海内誰將占上流。老矣菟裘營莫遂，藏書吾亦欲西遊。

又卷五四《奉寄左司馬汪公四首》　功成一疏下蓬萊，寂寂平律書未開。九伐尚傳司馬法，千秋重覩卧龍才。天懸白岳雲霞駐，地擁黄山日月回。聞道藏書岩穴遍，好飛椽筆到蘭臺。

吴國倫《甔甀洞稿》卷二四《胡元静使君梓余樂府詒詩謝之》　弱冠操觚擬斲輪，擔囊垂老厭風塵。那知合浦還珠客，偏識陵陽抱璞人。三歎管弦聲屢變，百年山水調仍新。問君何處藏書好，石匣雲封恐未真。

劉岩愚《酌中志・大内》　凡文華殿前後柱上對聯，亦張文忠進獻，王庭策等所書寫。其文曰：「念終始，典于學，期邁殷宗；於緝熙，殫厥心，若稽周后。」又曰：「披皇圖，考帝文，九寓化成於几席；游禮闕，翔藝圃，六經道顯於羹牆。」又曰：「四海昇平，翠幄雍容探六籍；萬幾清暇，瑶編披覽惜三餘。」又曰：「縱横圖史，發天經地緯之藏；俯仰古今，期日就月將之益。」又曰：「西崑峙羣玉之峰，寶氣高勝册府；東壁耿雙星之曜，祥輝遥接書林。」

曹學佺《石倉歷代詩選》卷四一九楊循吉《題書厨詩》　吾家本市人，南濠居百年。自我始爲士，家無一簡編。辛勤十餘載，購求心頗專。小者雖未備，大者亦略全。經史及子集，無非前古傳，一一紅紙裝，辛苦手自穿。當怒讀則喜，當病讀則痊。恃此用爲命，縱横堆滿前。當時作書者，非聖必大賢。豈待開卷看，撫弄亦欣然。奈何家人愚，心惟財貨偏。墮地不肯拾，壞爛誰與憐。盡吾一生已，死不留一篇。朋友有讀者，悉當相奉捐。勝遇不肖兒，持去將鬻錢。

黄宗羲《南雷詩曆》卷二《乞書副本》　借書還書各一瓻，一段風流吾所師。古墨聞香魚亦壽，新抄未較豕生疑。絳雲過眼哀神物，梅閣驚心落市兒。副本君曾許見乞，幸寬十指出支離。絳雲牧齋藏書，梅閣祁氏藏書。

又卷三《謝胡令脩借孝轅先生藏書》　聞説匡床楊子居，何期得見昔年書。塵封蠹走精神在，墨豔朱明歲月除。寰海被兵方賤士，傳家有集勝垂魚。一瓻還借我無有，慚愧此來幸不虚。

吴偉業《吴梅村全集》卷四《閬園詩十首》其九　青史吾徒事，先朝忝從臣。十年搜典册，萬卷鎖松筠。好友須分局，奇書肯借人？刼灰心力盡，牢落感風塵。

又卷五《同許九日顧伊人洞庭山館聽雨》　曉閣登臨意渺然，蘆花蕭瑟五湖天。雲深古洞藏書卷，木落空山奏管弦。魚市有租堪載酒，橘官無俸且高眠。莫愁一夜西窗雨，笠澤烟波好放船。

又卷一〇《魯謙菴使君以雲間山人陸天乙所畫虞山圖索歌得二十七韻》

江南好古推海虞，大癡畫卷張顛書。士女嬉游衣食足，丹青價重高璠璵。不知何事今蕭索，異聞只説姑蘇樂。西施案舞出層臺，瑟瑟珍珠半空落。聞道王孫愛畫圖，購求不惜千金諾。此地空餘好事家，扁舟載入他人橐。玉軸牙籤痛惜深，丹崖翠壁精華弱。魯侯魯侯何太奇，此卷留得無人知。一官三載今上計，粉本溪山坐卧持。九峯主人寫名勝，百年絹素猶蒼潤。云是探微後代孫，飄殘兵火遺名姓。

我也菰蘆擁被眠，舊遊屈指嗟衰病。忽聽柴門枉尺緘，披圖重起籃輿興。烏目煙巒妙蜿蜒，西風拂水響濺濺。使君自是神仙尉，老我堪依漁釣船。招真治畔飛黄鵠，七檜盤根走麇鹿。寫就青山當酒錢，醉歌何必諧絲竹。魯侯笑我太顛狂，不羨金張誇顧陸。登臨落日援吟毫，太息當年賢與蒙。請爲陸生添數筆，絳雲樓榭舊東皐。

又卷一二《病中别孚令弟十首》其十　稚子稱奇俊，迎門笑語忙。挽鬚憐尚幼，摩頂喜堪狂。小輩推能慧，新年料已長。吾家三萬卷，付託在兒郎。

又卷一九《題帖二首》其二　金元圖籍到如今，半自宣和出禁林。封記中山玉印在，一般烽火竟銷沉。甲申後，質慎庫圖書百萬卷，皆宣和所藏，金自汴梁輦入燕者，歷元及明初無恙，徐中山下大都時，封記尚在，今皆失散不存。

又《讀史偶述四十首》其四　直廬西近御書房，插架牙籤舊錦囊。燕寢不須龍鳳飾，天然臺几曲迴廊。

吴景旭《南山堂自訂詩》卷四《爲高念祖年丈題竹林書屋圖》　竹林清節舊知聞，況是藏書備典墳。世業忝天圍古木，遺編拔地護香芸。炎京筆落東西並，豪士夢回上下分。爲讀一門忠孝史，正宜翹首對層雲。

又《田間詩文集》卷五《黄俞邰以燈夕後一日三十初度用湯聖弘原韻》　江南節物忽華余，萬卷争陳燈市初。却怪黄生蹤迹少，自緘竹閣校藏書。

又《寄懷白門舊游五首·又二十四首之十五》　馬路街邊舊草堂，圖經千卷小樓藏。異書試檢丹黄徧，難字頻詢亥豕詳。潤筆每蒙資困乏，閩人屢託君屬書於余。聯牀常得備遺忘。借來祕本僧厨失，應有神靈護不亡。借祕書藏脩藏社，爲人竊去。

又卷一一《過白鹿洞不得入示繡山》　先賢此地舊絃歌，慚愧藍輿洞口過。惟有斷碑當孔道，遥憐古木滿山阿。藏書院閉人窺少，養士田存官占多。老去始明朱子學，門牆外望欲如何。

陳瑚《頑潭詩話》卷下《向辰和》其二　花滿琴軒静有餘，心欣康樂賦山居。薄田無犢難耕秫，曲沼多荷易養魚。芝茁商山堪避世，苔封石室好藏書。閑情甘爲清時棄，敢望飛熊辱後車。

曹溶《静惕堂詩集》卷二五《顧修遠出示藏書目録》　危厄三江歲，牙籤各散亡。寓園丹血慘，拂水絳雲荒。遺燼歸才藪，新題倒客囊。借抄君已許，未暇話滄桑。寓園祁世培侍御，絳雲錢牧齋宗伯也。

魏象樞《寒松堂全集》卷五《追贈吕新吾先生吴減之同年次覺斯先生韻》　不到藏書閣，高風那可尋。嵩雲秋漠漠，洛澤晚陰陰。道絶中原憾，天留萬古心。家聲還不墜，麟鳳有遺音。

施閏章《學餘堂集·詩集》卷一〇《舍弟阮兩兒淳恪讀書雙溪》　讀書貴聞道，静專靡不成。送子適園館，要使心魂清。麻姑東巖崒，玉山前峥嶸。庭交竹桂影，門無剥啄聲。溪山足朝爽，披豁來聰明。念此舊廬好，先世手經營。藏書萬餘卷，入室千人英。仰首接洙泗，顔曾如弟兄。余少苦貧病，飢飽倚藜羹。呻吟雜呫嗶，灑掃鋤柴荆。空樓常獨宿，鬼語窺燈檠。齋居寡言笑，槁木捐百情。哀樂見古人，解頤或沾纓。有作或傳寫，童丱早聲名。撫躬慚不逮，心曲中宵驚。宦遊狗薄禄，高樹出檐楹。歸來巡舊圃，攀條淚縱横。汝曹今逸樂，被服暖且輕。牙籤烏几净，珍木黄鸝鳴。喆匠維師友，典訓稟周程。黽勉念祖德，慎勿忝平生。吐詞貢文繡，高步追六經。布衣苟若此，何必談公卿。纏痾吾久衰，踽踽愁獨行。高歌拭老眼，佇立摇心旌。

又《贈同年季滄葦侍御》　肉食廢讀書，闇陋等蠛蠓。猶言經世務，章句所不屑。吾友柱下史，好古劇撈擷。藏書癖宋版，列架與山埒。蠹簡愁漏遺，手自補殘缺。雙燭大如椽，午夜哦未歇。薈蕞成别編，胥鈔罕停輟。累疏言大事，觸忌摧牙蘗。一斥旋賜環，小挫氣不折。請揚舊諍臣，面陳詞敢决。

又卷一七《父書樓歌爲俞去文作》　吾鄉前輩多博雅，南金先生稱學者。有閣三重書五車，高卧樓頭不肯下。亂離萬事成東流，銅駝金谷皆荒丘。青箱好在蓼莪痛，巋然遺澤存高樓。樓前楓樹林，樓下寒潭深。白鶴爲君舞，玄猿爲君吟。山鬼窈窕尚含笑，伯牙寂寞無知音。腹笥便便君自可，次第書籤兼藥裹。賣文剩有杖頭錢，雞黍能留佳客坐。藏書十九委埃塵，百家七略誰問津。長恨古人不見我，空山月黑傷千春。

又卷二一《千頃堂藏書歌爲黄俞邰作》　藏書共説須名山，黄子草堂廛市間。山中有盜能胠篋，市上何人肯閉關。黄子示我藏書記，使我太息還開顔。天厄斯文意不測，嬴漢宋元幾沾臆。金泥玉册盡飛灰，駝負輦馳歸絶域。人間流落存殘編，注疏補輯勤諸賢。寇壘横攤作甲胄，圍城拉雜供炊烟。馬牛蹂踏裹糞土，頡籀夜號哀九天。自從八股輕六經，後生搦管登彤廷。百家子史太瑣碎，略數書名已倦聽。風俗藐書人賤賣，聞説朝鮮國偏愛。舊家稛載救饔飧，估客收羅换珠瑁。此時喪亂漸無書，君家六萬卷有餘。幾度桑田變滄海，帝敕掌書守爾廬。多君先

世真卓犖，謂俞邰尊甫明立先生。秘笈奇文靡不學。青箱世守重裒增，排籤插架無參錯。虞山宗伯爲君歎，閎覽高風兩獨難。石倉緗帙既珍襲，手校家傳還借看。恨我將衰難夜讀，瞑坐有時背燈燭。雄吞萬卷心不死，會向高齋看書目。

又卷二二《東渚草堂歌贈梅八丈子翔》 東渚草堂大如掌，蘿軒竹閣清溪上。東渚閒園半畝餘，谿光樹影何森爽。主人舊是子真裔，掣電空羣許騏驥。少年詞翰早飛揚，未老巖林甘棄置。門留三徑長蓬蒿，坐揖吾曹論文字。種蘭滿砌花滿溪，遶籬叢菊無東西。臨流抱甕手灌溉，飲露餐英日杖藜。我來十月花枝少，傲霜猶賸黄花好。舊時兄弟盡零落，獨酌花前成野老。興移得句襟顏開，碧雲瞑合呼餘杯。卧病三年身好在，掉頭萬事歌莫哀。歌莫哀，鬌已摧。好束藏書堆列架，醉看鷗鷺眠幾回。

又卷二九《黄俞邰書齋》 耆舊白門少，藏書黄氏多。客應來李郭，句好似陰何。高坐向修竹，古牆横薜蘿。奇編思借讀，衮衮又虚過。

又卷二五《題卓火傳傳經堂》 跨虎英風，雕龍華胄，西河代有雄才。楊烏寄字，得自菰蒲來。多少經綸，心事向寒塘，暫葺茅齋。梅花裏，牙籤萬軸，長嘯獨登臺。舒懷今古際，誰爲管、樂？誰是鄒、枚？只孔家殘壁，不受秦灰。但得一編，牛角朗吟處，奔走風雷功名事，青箱滿，貯玉樹，況盈階。

孫枝蔚《溉堂集・後集》卷六《贈李湘北學士》 鄴侯三萬軸，公擇九千卷。家風紹前賢，籯金非所羨。驥子甫髫齡，文場雄一戰。告捷八月中，桂香方滿院。傳經情既遂，藏書功亦見。賓客正喧譁，君恩更繾綣。内醖出黄封，賜墨來金殿。

汪琬《堯峰文鈔》詩鈔卷二《朱翁子藏書廟并序》 俗傳買臣妻投水死，與《漢書》小異。今此地有朱氏，自言爲買臣後。按買臣子山拊官至右扶風，豈即故妻所出耶？抑非也？朱氏亦無知之者矣。又有讀書臺，在穹窿之麓，距廟可二里。讀書幸屬承平時，能説《春秋》言《楚辭》。嚴、徐、枚、馬略相等，何意聯翩白玉墀。向來落魄栖巖谷，束屬要鐮取書讀。閨中少婦不知我，任采蘼蕪春草緑。丈夫變化搏長風，不用爲蛇用則龍。金章紫綬成底物，徑須圖畫甘泉宫。此君讀書爲何事，但作區區衣繡計。驚走俗吏驕故妻，五十之年直兒戲。

計東《改亭詩文集・詩集》卷五《濟上春雪堂作二首》 我師持節領河渠，淡静丰神自有餘。爲愛雙槐成小築，更移三徑就藏書。署中舊有藏書精舍。 捲簾坐對青山好，入室應憐玉筍疎。何幸得陪清暇日，後堂絲竹聽踟躕。

憔悴風塵近半生，師門依戀畫堂清。曉看爽氣籠佳樹，晝擁森陰卧碧城。静裏自慚多過誤，愁來何以報生成。抛書獨向池塘立，片片花飛覆杜衡。

吕留良《吕晚村詩》《得山陰祁氏澹生堂藏書三千餘本示大火》

阿翁銘識墨猶新，大擔論觔换直銀。説與癡兒休笑倒，難尋幾世好書人。

宣綾包角藏經箋，不抵當時裝釘錢。豈是父書渠不惜，只緣參透達磨禪。

又《翁山詩外》卷五《訪錢牧齋宗伯芙蓉莊作》 四面煙波繞，藏書有一樓。興亡元老在，文獻美人留。橋細穿荷葉，舟輕及素鷗。愛予初命筆，交廣有春秋。

又 卷一四《詠金陵曲中遺事》 曲中女士愛藏書，寇四牙籤盡不如。今瘦古肥争學帖，手抄還向晚粧餘。曲中多藏書家，老寇四所藏鈔本《説郛》滿四架，今世所行但百分之一耳。

田雯《古歡堂集》卷一一《夏日十首》其一 罷官博得一身閒，結屋藏書有數間。鍵户高眠容嘯傲，逢人作意學疎頑。桑枝麥穗天將熱，渭北江東客乍還。繡佛長齋經半載，風塵一事不相關。

陳延敬《午亭文編》卷九《曝書》 書帙閑庭曝晚涼，牙籤萬卷爛生光。螢窗蠹壁情何限，送老流年付夕陽。

毛奇齡《西河集》卷一二八《千頃樓藏書賦》 乃詣温陵黄子俞邰于秣陵之故城，登千頃之巍樓，觀其先人海鶴先生所藏之書六萬餘卷，判爲六部。曠然興懷，惕焉有悟。夫其經史異林，官私殊列。堆垛盈屢，棞載連轍。四類已啓，五庫未閉。緹巾重袥，華匱遍揭。玄、錦爲囊，青緗作帙。牙籤直垂，繡帕横結。帘捲入雲，窗映如雪。舊軸新縢，間色以别。是以複斗蓋大，文瓻盛小。積勢焚輪，周視縹緲。紅菱之紙未濡，白蟫之魚欲掃。筐衣分董仲之帷，書帶有鄭玄之草。隔牆之燈影難明，繞屋之月光初曉。既已抄文竭北海之螺，雕木罄東家之棗。白驢以負篋成疲，黄犢因掛鞲而老。小史之掌故，多年太乙之星精在卯，適仁壽之棲，遅入鄉嬛而拜倒。乃始遍觀於蓬萊之府，游神於宛委之墟。税老聃之遺宅，過共王之舊居。羣玉飲仙官之酒，蘭臺攬侍史之袪。廣宗正之《七略》兮，增惠施之五車。合當陽之外庫兮，廓河間之前除。既遴九種於石渠兮，復聚八萬於金樓。雖張儀畫掌所不能記兮，曾蘇秦刺股而何足以資。於是校用鈆黄，題分朱紫。旁置巾箱，中裝羅綺。飾鐵摘與金欽，炙湘蘭與沅芷。郝隆之曬皆厨，蔡亮之觀如市。王仲壬多户牖之標，張司空無米鹽之徙。發金帛而採於淮王，貫丘索而知爲楚史。雖復一嗤二嗤，四部五部，咸陽之火未焚，天禄之藏如故。史策有一家之成，易象無九師之蠹。得總龜於祕府之餘，辨亥豕於渡河之誤。猶且覩兹殷繁，遂爲極盛。

幽經不傳，怪籙自牘。閣下芸生，杖頭火炳。北堂鈔録，東觀訂定。田氏名樓，白家投甑。李充校有萬篇，皇甫請非一乘。杜元凱之無所不該，齊王攸之有求必應。折竹寫之多所遺，懷餅讀之未能竟。河東之篋真亡，柱下之言難罄。豈況議郎練達，徵君雅量。豫州之辨慧非常，江夏之博聞無恙。去紫帽之高山兮，寄烏衣之深巷。渺千頃之在懷兮，淩百尺而獨上。似馬遷之承談兮，儼子歆之繼向。傳御史之緘箱兮，發中郎之祕帳。慨江陵之多燔燒兮，痛砥柱之又覆溺。經亂離其獨能存兮，過史宬之遺册。嗟生平之好典墳兮，近書淫與書癖。未能入集賢之三館兮，幾曾登侍中之重席。擬客作之去無門兮，鮮官書之可擇。任流浪而罔所遇兮，徒望名山而求索。何期偃蹇此南邦兮，竟徘徊于東壁。世無仲宣可語兮，覓桓譚而不值。苟閉户其在何年兮，撫横欄而嘆息。

王紳《繼志齋集》卷三《書林萬卷樓爲張昱作》 結繩治已遠，人文日漸開。素王重垂教，六籍森昭回。後來厄嬴運，一旦成劫灰。百家乘時起，衆説相喧豗。汗青不足紀，浩浩山嶽堆。紛焉眩人目，長短誰能裁。張生紹家學，結屋崇川隈。牙籤列萬卷，大貝駢瓊瑰。唐虞世斯在，周孔道盡該。繙閲得妙理，培養成令材。石渠終寂寞，鄴侯安在哉。兹樓幸無恙，擬作書林魁。

潘耒《遂初堂集・詩集》卷六《挽曹秋嶽司農四首》其四 聚書敵東觀，集古富歐陽。地下誰咨討，人間好秘藏。遺文猶篋笥，孤子正蒼黄。準擬同朱十，編題細作行。

又卷一一《過長水訪朱竹垞閲其藏書同過天香菴看梅尋繆天士李斯年周文石諸故舊口占長句》 將爲汗漫遊，取别膠漆友。小别動經年，那能遽分手。我已懸旌不可留，君言停橈且少休。子非壯年我頭白，豈可相遇如浮鷗。感君此意住一日，闚君藏書富無匹。列櫝芸籤盡秘本，連牀蹏紙多鈔筆。隻字搜來刦火餘，兼金購自故家出。一臠已堪壓鄴架，三篋定可補石室。今年積寒勒江梅，絶奇上已逢梅開。野菴疎籬十數樹，娟娟香雪粘蒼苔。此鄉故友多零落，繆李猶存欣矍鑠。浮沉不異九秋萍，出處何殊一丘貉。古南禪伯今則無，牧雲和尚米市詩翁不可作。文石之父青士人生良晤非偶然，不惜明燈照深酌。吾曹自有千秋期，莫嗟衰晚愁鬢絲。旂常鐘鼎非吾事，著書藏山猶未遲。我方躡屩登匡廬，君亦浮舟遊武夷。歸來各攜赤文録，玉字要補上世石。

尤珍《滄湄詩鈔》卷五《晒書》 書是吾家寶，藏書苦未多。差堪資考訂，略足備吟哦。久雨巾箱溼，新晴風日和。嘑童翻曬訖，腹笥竟如何。

張雲章《樸村詩集》卷一一《金屢從周梁客借書而不靳賦長句爲謝》 梁客之尊人文濤先生，博雅君子也。最喜收書，梁客亦篤嗜，故其家藏書爲吾邑冠。以予與尊人交契，有借必應，毫無係吝之色。昔陸少玄有父澄書萬卷，張率與之善，遂通書籍，盡讀其書。予之老鈍，不復能希士簡矣。顧其事有相類者，余深感其意，賦詩以誌之。

萬卷君家似少玄，偏於張率有深緣。通家數許通書籍，念我還因念昔先。曾理籤題爲撲蠹，山谷有借書詩云：向時管鑰入吾手，爲理籤題撲臺魚。近子過梁客開書□以示之。得分殘帙巧圖全。子書有缺卷帙者，梁客取其家所有殘書，令余檢取其缺者，遂成完書。摩挲儉腹殷勤謝，年老猶希經笥便。

查慎行《敬業堂詩續集》卷四《題陳子晉孝廉把卷圖》 鄴侯牙籤三萬軸，插架新如手未觸。退之此語微含譏，謂是書多難盡讀。陳家鴈行好弟兄，一門以内七業成。豈惟過庭學詩禮，已自拾芥聯科名。他年捉鼻知不免，歸侍晨昏猶把卷。會當讀盡乃翁書，爲爾披圖留望眼。

又卷六《柬朱竹垞表兄時移居古藤書屋》 整妃牙籤萬卷餘，誰言家具少于車。僦居會向春明宅，好借君家善本書。宋次道居春明坊，家多藏書皆校三五徧，推爲善本。士大夫喜讀書者，多居其側以便借抄，當時春明宅子比他處僦直常高一倍。

又卷二三《聞李辰山藏書多歸竹垞》 嘆息詩人失李頎，栢湖回首舊遊非。自憐老友今無幾，且喜藏書得所歸。萬卷又增三篋富，千金直化兩蚨飛。平生謬託知交在，悔不從渠借一瓻。

又卷二六《查浦書屋圖爲德尹題四首》 兩磚斜日過墻遲，課罷頻看桂影移。此樹年來生意盡，可堪頭白話兒時。聽事東偏小齋，余與弟幼時讀書處也。庭有老桂一本，每視樹影上墻爲放學之候，今桂已爲薪矣。

生子還同邵伯温，弟年四十五，生子故借邵堯夫事。見爺時節恰能言。挽湏問事休輕嚇，直爲憐渠合杜門。

五十年來老弟兄，暫歸也復可憐生。一燈不作江湖夢，好片對床風雨聲。

藏書不過五千卷，築屋只消八九楹。先被畊煙偷畫稾，圖爲王石谷所寫，石谷自署畊煙散人。問君書屋幾時成。

又卷三六《匡山讀書圖歌爲南麓都諫賦》 我昔嘗吟太白廬山謡，亦嘗身到九叠屏風坳。谷簾瀑布倒挂幾萬丈，五老峰勢競出争嵺峭。一笻兩屐十步八九顧，東西南北上下同猨猱。太白書堂不知在何許，樵翁指點此地雲松巢。披榛取

徑晚入青蓮谷，道旁石刻大字深而巘。三尊銅佛塵昏儼泥塑，半截苔碣對坼如坤爻。多年老鼠化作白蝙蝠，飛攫鶴卵占斷長林梢。爾時曾作世出世間想，曷不於此翦棘編蓬茅。故人相招頭白早歸去，誤落塵網乃被移文嘲。黄門先生今之嗜古者，展卷彷佛以漆來投膠。風埃骯髒衮衮胡足道，直引謫仙居士爲神交。當時手持玉尺往校士，剖析白黑銖參疇能淆。眼中了了忽現雲霧窟，匡廬面目踴躍隨鞭鞘。還朝改官載離七寒暑，百四十寺鐘皷猶鏗敲。命工寫圖聊寓瀟洒意，遭逢聖主牙笏那得抛羽皇新銘都付夢遊境。興雖勇往跡繫烟中匏，棲賢拾遺讀書舊曾隱。公擇山房萬卷亦手抄，兹山圖記流傳代不乏。但恐再往之計成浮泡，清泉白石有約倘勿負。君其少緩容我爲鳴髇。

林佶《樸學齋詩稿》卷一《青兒得鼇峯徐興公遺書五十餘種録其目與跋寄至京邸喜而有作并示岍兒》 平生愛書癖，垂老未能釋。譬如饕餮人，流涎嗜肥炙。又如聚斂者，銖錙務捃摭。自哂炳燭幕，時光如驅隙。何苦獺祭勞，甘此蠹齕册。結習顧難除，把卷欣然適。每嘗語兒輩，胸次勿迫窄。學當貫古今，義須本經籍。曠觀前輩賢，孰不典墳索。吾鄉海濱隅，見聞終扞格。若非事詩書，何由展尋尺。曩哲謝與徐，勤録肆採頤。精騎裒萬餘，秘本購千百。市朝忽改移，籤帙旋遭厄。甑覆固堪虞，部分亦足惜。予時丁盛年，志欲奮六翮。念惟富縹緗，始足恣論覈。適有宛羽遺，許以十城易。丞脱汝母釧，佐以古玩劇。煌煌二千本，奕奕充余宅。貧兒暴得富，四夫竟懷璧。環堵古香叢，插架文光射。終藉此先資，乃竟成麗澤。廿年客京華，不至迷阡陌。策勳固在兹，詒謀詎用斁。兒能澠父志，好尚無頗僻。所敦在芸編，光陰恐虚擲。每嘗寄書來，老夫嘗啞啞。昨復致二紙，快意説新獲。書是徐氏遺，字是鼇峯迹。圖印識收藏，題跋詳抽繹。四十七種書，百十年間隔。一旦歸書囊，如揖重來客。老夫聞之喜，懽酌浮雙白。遺金縱滿籯，何如萬卷積。久宦輒得窮，穎秃不耐晝。惟有教兒孫，冀永書香脉。兒解藏書好，自受讀書益。長林蔚松楸，藤磵紛蘿薜。老夫懷歸來，展書樂晨夕。

錢陳羣《香樹齋詩集》卷七《題晴嵐藕香書屋圖》 賜園近闢城西隅，環環活水相縈紆。羣書萬卷飾犀象，柳陰低護神仙居。神仙舊籍三清上，家傳本是瀛洲長。先生幼服便勤業，孫胡之徒日來往。十五氣誼淩高雲，十九對策天下聞。分外不欲加毫末，雒誦往往逾宵分。長日藕花最深處，紅塵十丈不得度。重簾不捲裙屐稀，坐久餘情八九步。即今珥筆侍承明，金鋪玉城聞書聲。天家雨露爲世澤，文章報國須精誠。由來寸陰皆可惜，知不足者學乃益。我亦堯夫舊賓客，題詩留證燈煙迹。

又卷一一《題任香谷大宗伯曝書圖》 賜書萬卷足清娱，履迹衣香入畫圖。第二泉邊風月在，旁人錯比小長蘆。禁近争傳典册文，容臺禮樂接絪緼。閑將國瑞徵家慶，兩見當頭五色雲。雙鶴相隨致不孤，春衫隨意掛松株。有時一笑穿雲去，小立呼兒當杖扶。新種藥苗低結子，舊分蘭畹又添孫。他年典禮修存問，束帛蒲輪會到門。

金農《冬心先生集》卷四《蔡七舍人端富于藏書皆手自精挍曩歲曾一訪之今渡京江削牘寄予因荅來貺》 昔訪瀼東宅，百千萬卷書。今來京口信，三十六鱗魚。丹墨挍無恙，寒暄慎獨居。臨風荅嘉藻，何日誦瓊琚。

金農《冬心先生續集》三體詩《江君鶴亭在燕市購得古槧本書數萬卷載之槅以歸作詩美之》 聞君遊天家，買得書一車。好書如好色，非章臺狹邪。池北可充列庫，藤陰定貯間廳。抽卷百回百讀，翠蛾隔繡簾聽。三豕渡河事頗誕，古蟫食字仙何靈。不爲捭闔欺人語，安問趙蕤長短經。

厲鶚《宋詩紀事》卷二四《錢勰・和閣老舍人曝書會》 天禄圖書府，芸籤歲曝頻。幡經窮藏室，賜會集儒紳。顧陸高標好，鍾王妙入神。可無鉛槧吏，來預石渠賓。

厲鶚《樊榭山房集續集》卷一《借書》 歲闌百事不挂眼，惟有借書聊自怡。燈灺風宵親勘處，篝香霜曉手抄時。里中今得小萬卷，貧甚我慚無一瓻。舊史臨潢新注就，不知誰肯比松之。

又卷二《和吴敦復題重得先人舊藏宋刻丁卯集後》 今人號知書，事簡效頗速。揣摩盈尺編，姓氏春官録。翩然狃天門，高步嘲宿讀。我友繡谷翁，種學恥徵逐。盡出橐中金，萬卷購連屋。述作資見聞，校勘窮反覆。同心有數子，牽連乃到僕。渠成亦秦利，借寫誇眼福。翦韭論深宵，對榻就家塾。每歎津逮難，散亡思並蓄。翁俄爲飛仙，墓拱十年木。有子能繼之，衣食自節縮。蒐羅及叢殘，更續西齋目。昨去長安游，閲市淚滿匊。詩題丁卯橋，手澤喜重復。紛紛紈綺兒，膏粱果癡腹。諒哉坡公言，如倚几折足。插架本無多，易炊只供鬻。淩雲當一笑，知勿恨雌伏。

周長發《賜書堂詩鈔》卷五《再題張有堂先生還讀圖》 石苔金薤多宿儲，中有邃旨須爬梳。我生歲月不敢虚，耔耘合把兒寬鋤。曲江先生侍玉除，天廟重器同璠璵。近從鶴籞陪篸裾，坐聆清論霏瓊琚。爲言青箱七葉餘，傳家萬卷多藏書。

鍵關雅足供畋漁，壯歲懷抱鬱不舒。燕齊黔蜀馳征車，泉明一語妙可咀。時還快讀何洒如，浩然決計乃歸與。梁溪自闢十笏居，牙籤羅列滿綺疏。目所未覩煩抄胥，五十始入承明廬。仍向册府勤菑畬，冥搜直覺窮石渠。詩格還復追黄初，湛深經術百念袪。端明殿閣流清譽，披圖我愧荒居諸。顛毛種種齒復疏，架留舊簡侵蟫魚。何日歸卧山中閭，宛委遠望空躊躇。

沈大成《學福齋集·詩集》卷二八《題秋屋藏書圖》 西風昨夜生，秋聲殷林谷。君也樂静便，歗歌一茅屋。左右樹樧松，須眉亦爲緑。中藏善本書，古香淵以邈。吾聞蒙莊言，學乃人之福。六經衆百氏，佛藏逮仙籙。身雖逆旅多，漁獵苦未足。豈敢踵前脩，聊用藥凡俗。廣陵盛豪家，唯知躭絲竹。即有浮慕者，塵埋蟫相逐。何幸得遇君，愛書如嗜欲。且令畫史圖，觸目皆羣玉。幾時挾筴來，同君挑鐙讀。

金甡《静廉齋詩集》卷一七《南北藏書初聚三俊檢理不遑戲示一律》 珍重傳家本一經，百城絡繹啓嚴扃。借看尚擬隨鴟送，失曝安能免蠹腥。竹素游心含古澤，丹鉛著手發新硎。小兒不恤編排倦，博物方堪字辨鼮。

蔡新《緝齋詩稿》卷八《賦得石室牙籤照古今》 聖朝經術光謨訓，石室藏書冠古今。羣向蘭臺勤探討，間從秘閣共搜尋。芸生晝省香袪蠹，泥焕瑶函色比金。萬卷圖書翻秘笈，一牕風月發瑶吟。幾時冠佩争新詠，何處盤盂不古箴。披軸猶存蒼頡畫，歌聲欲譜伯牙琴。文成蝌蚪皆呈瑞，字辨魯魚豈謬音。似訪酉陽搜奥突，如登禹穴陟層岑。杖燃太乙藜光滿，景接薰風夏日陰。百代津梁梯學海，三千禮樂重儒林。得隨史館窺文思，曾侍堯階見道心。退食應知稽古力，未將蠡牖測高深。

恒仁《月山詩集》卷一《過九兄書屋》 喜從朱邸得閑身，比屋真成大隱鄰。鄰架藏書猶恨少，陶巾漉酒未嫌貧。應門童亦憐才士，坐榻賓還念故人。何必城居思野徙，高齋豈復染纖塵。

袁枚《小倉山房詩文集·詩集》卷三二《對書嘆》 我年十二三，愛書如愛命。每過書肆中，兩脚先立定。苦無買書錢，夢中猶買歸。至今所摘記，多半兒時爲。宦成恣所欲，廣購書盈屋。老矣夜猶看，例秉一條燭。兩兒似我年，見書殊漠然。此事非庭訓，前生須夙緣。名將不兩代，文人無世家。可憐袁伯業，對書空嘆嗟。

程晉芳《勉行堂詩集》卷五《隨園四首呈袁存齋》其四 富家貪積書，但遺高閣束。貧士乏縹緗，往往借書讀。今君快搜羅，錦贉連玉軸。經史粲星源，詞翰浩川谷。插架分部居，一一自標目。何假百城雄，置身恣往復。將毋遂成淫，馴且曝其腹。我家淮水湄，故紙塞箱簏。何時困載來，有無互鈔録。朝日發長哦，杏花照深屋。

紀昀《紀文達公遺集·詩集》卷一六《賦得東壁圓書府得書字》 珠緯占東壁，琅函耀石渠。法天爰取象，稽古用藏書。蘭室叢編集，蓬山祕典儲。西崑開册府，北極近宸居。蒐采今彌富，精嚴昔莫如。權衡千載上，裁定萬幾餘。寶氣瞻奎藻，文光繞斗車。寧同唐四部，兩志總多疏。

阮葵生《七録齋詩鈔》卷一〇《題葉蘭谷大觀山房讀書圖》 大觀好山色，嶕嶢城之隅。朝靄滴濃翠，夕嵐浮紫虚。虬枝冠蒼巘，鱗爪時撐拏。濤聲出天外，謖謖驚雲衢。下臨大瀛海，萬頃銀光鋪。星島互環列，巨帆一葉如。山光動海色，蒼茫思太初。主人烟霞癖，山椒工結廬。丹荔蔽簷角，龍目窺窻疏。插架數萬軸，牙籤分部居。佳日手一卷，相與彎焉烏。有時得妙契，松吹落庭除。此景忽拋擲，懷之三歲餘。東華輦雙轂，朝趨禿尾驢。焚香退小閣，時時清夢俱。何當脱身去，飛躡入畫圖。

畢沅《靈巖山人詩集》卷三《過傳是樓贈徐大桂門》 寶胄清才數白眉，烏衣誰問舊生涯。顛吟君已成詩癖，狂飲人還罵酒悲。緑野亭臺鋤藥圃，淡園梨棗析薪炊。凄涼萬卷樓頭月，曾照尚書手勘時。

彭元瑞《恩餘堂輯稿》卷三《張侍御敦均贈藏書十種賦謝》 虞山夙稱文獻地，縣中富有藏書家。絳雲高樓未炬日，萬卷插架堆亂麻。遵王敏求記一帙，子晉汲古鐫五車。後來銷歇漸散佚，楚弓楚得應非遐。侍御書淫更古癖，填胸經籍所取奢。一門兄弟相師友，青緗世學籤抽牙。贈我十書半秘本，快甚如得背癢爬，窮日瀏覽未一過。嬾不卒讀空咨嗟，受書敢避無厭請。買菜求益肥市瓜，方今右文輯四庫，蓬山延閣蒸雲霞。海内奇籍争上獻，官裏賜書羣拜嘉。翰林國子郎官署，下逮草澤分光華。朝廷待君向歆輩，此去焜耀柏府衙。期君搜剔盡幽隱，嫏嬛宛委窮皇媧。

顧光旭《響泉集》卷一六《孫香泉索題南園積書巖走筆奉報即呈尊甫霞岑先生》 余家積書巖，族曾叔祖梁汾先生藏書處。舊在湛公草堂下，池開金蓮花。此巖積翠當山社，上祀端文公。石竇似木假，雷電人壁下。取將顧厨，遺物無存者。百年興廢一彈指，飢鼯夜叫哀湍瀉。世稱辟疆園，曾叔祖修遠公藏書最夥。重購兼分寫。當時用意深，詎謂供撏撦。如今豈無萬卷樓？族伯復初先生藏書處。嗟我束閣見聞寡，縹緗滿架金滿籯，古人於此辨取捨。先生閉户網屋梁，南園一堂開大雅，

堂名。翠微深處積書巖。此巖樹石秀而野，明月東西簃。涼風蕩梧櫝，主人坐談經，道書亦常把。人子典籍充幣帛，坊家籤帙汗牛馬。紛披紈縵富五車，甲乙丹黄肯苟且。剛日讀史柔日經，要使淳風散區夏，眼中突兀見廣厦。不然安用詞章記誦爲晴空，徒見游絲惹即今痌瘝。時在抱濟世，丹成金躍冶。及門忠恕疑，參乎過庭詩禮，問鯉也。漢家陵樹幾枝青，秦時山色千年赭。儒生南面百城中，破硯空餘。銅雀瓦擬從雪，夜棹金閶縹囊綈，袟窺紅炧。洞庭禹書，赤文玉字不能讀，爲誦天保九如錫純嘏。

姚鼐《惜抱軒詩文集》卷九《題吴竹橋湖田書屋圖》 中田有精舍，挾册青林間。起見海東月，流光湖上山。時聞漁者唱，或值耦耕閒。非得忘機侣，翛然自掩關。

昔君辭省閣，余亦卧江濱。山渌垂湖岸，宜容澹蕩人。藏書多足老，資物少無貧。亟欽刺舟往，相從忘主賓。

吴騫《拜經樓詩集·詩集續編》卷一《宛委攤書圖爲雪樵騎尉題》 平生抱書淫，結習在文字。如飢待朝餔，甚渴慕湯餌。典質償無盈，摒擋及嬌嬖。罔顧柳津嗤，遑恤秦吏議。惟恐銀魚灣，舟罟苔郎繫。村中書船多泊于銀魚灣口。吾邑儲藏家，馬陳宿俱備。道古宿草荒，春暉夕陽逝。海昌藏書向推馬寒中上舍。道古樓陳世南侍郎春暉堂，未久皆散佚。捃拾想叢殘，過眼煙雲駛。中心轉悁悁，窮年走蹶蹶。南披繡谷幃，繡谷亭吴氏累世藏書爲武林最。北發婁江笥。太倉陸翁潤之插架極富，昔嘗偕抱經學士至其家觀之，多宋元善本，生平所未見也。尤喜鮑明遠，歲月成交會。予與渌飲各以書相假，且仿昔人歲月爲書會。奇觚每傳鈔，祕册互鈎寄。契勘敢辭勞，丹黄亦有致。猶慚聞見隘，誰與發聾聵。陳侯越江來，傾蓋同深嗜。君山饒賜書，伯玉矧多識。壯武三十乘，餘財非所計。峩峩百城業，遠欲駕清祕。芸香凝燕寢，庋屆列墉肆。淩晨手一編，日旰未忍寘。憐予炳燭光，常許析疑義。有暇輒撿應，無取還瓻醉。旬時面不覿，卅里頓頻置。至今萬花堤名。陰，長走縹囊使。猗與好古心，知非此生蒔。暇復倩良工，巧運倪黄思。解衣恣盤薄，脱帽露高髻。緑樹靄扶蘇，風泉響雲際。居然尺五天，可縮二酉地。君今已專閫，千里雄征旆。行攜萬卷偕，快讀炎窻蠣。鎮以玉辟邪，麾餘鐵如意。朱顔畫戎蠻，金册馳仙吏。左持委宛圖，右把浮邱袂。功成不受爵，舊雨懷前契。歸來蓬萊閣，更續嫏嬛記。

翁方綱《復初齋詩集》卷二四《四庫全書第一部繕録告成正月廿一日奉貯于文淵閣臣以校理與觀陳設敬歌以紀》 四庫四部編摩新，十年秘帙承絲綸。特開高閣仿天一，文淵文源溯與津。仲春上日御經幄，賜茗閣下優儒臣。文華主敬相次北，方池匯鑑淵寫神。岧岧閣影矗雲漢，萬櫝櫛比羅青旻。去冬繕書初報蕆，雪晴春仲前一旬。銅烏風定下照水，金鳦日麗無纖塵。簾卷欄迴静如鏡，籤排帛拭光流銀。琅函鎸目貯之櫝，册以櫝計參差匀。三萬六千括象數，二十八舍環星辰。内以經部外子史，經緯表裏齊衡鈞。芸香寶氣近帝座，四壁彝訓敷言申。羲文字畫即河洛，範疇錫福于下民。線裝黄袱珍重捧，字字倫叙綱紀陳。魚魯常教憶掃葉，典謨豈止思書紳。臣自去冬忝再入，屈指癸歲交庚辛。閣旁小松昔新植，已復茂緑承温仁。冉冉紅雲傍簷宿，喧喧好鳥來喧晨。但給掃除亦榮幸，何况登閣紬書人。徘徊直房過亭午，紅牆柳拂波粼粼。

愛新覺羅·弘曆《御製樂善堂全集定本》卷三〇《曝書》 天末金風至，庭前晝曝書。古香飄座永，秀色入窗虚。次第排青簡，縱横打白魚。繞廊吟賞處，爽度葛巾徐。

又《夏興三十首》 架上縹緗玉軸裝，呼童趂夏曝書忙。緑槐庭院無人語，時有天風送古香。

李調元《童山集·詩集》卷一九《題給諫家藝圃漱芳小照四幅》其三 瞿塘天下險，洪濤高百丈。我曾兩過之，幸免魚腹葬。君胡歸去來，巨纜牽舟上。借問中何有，萬卷書盈舫。永和擁百城，此意聊相抗。絳帳或可融，天禄何必向。祇以教子孫，不在取卿相。猿聲三峽月，歷盡幾千嶂。崎嶇一夢回，試問書無恙？

又卷二六《十一月二十三日四子書香生》 老病相兼得子徐，寧馨捧出賀充閭。歸來萬卷樓方落，正要書香似續書。

桂馥《未谷詩集》卷二《别顔六崇槼》 吾友二三人，君才若天授。三十兼衆美，喫喫達之口。藏書數千卷，翻披不停手。吾昔聞古訓，惟精以不朽。博約傳心法，循循服善誘。亂水皆有源，衆魚貫以柳。涉獵慰眼前，白首終何有。黜浮堅不頑，去僞誠可久。養氣在知言，擇福惟善受。且下董生帷，無使灌夫酒。是非安足論，付之千載後。

謝啓昆《樹經堂詩初集》卷三《曝書》 我生慚脉望，文字蝕未飽。束書廢不觀，購書如得寶。譬彼不飲人，鼻觀識香醥。少從句讀師，家業遺經抱。一瓻恒借鈔，制藝守荒稾。長讀中祕書，望海歎浩渺。稍稍集陳編，間亦付棃棗。羣玉收難盡，萬卷積嫌少。捫腹愧便便。理帙敢草草，黴雨愁薰蒸。蝸涎亦繚繞，暴之以秋陽。佳辰用乞巧，竿犢俗未免。羽陵事可考。驅蠹等剔奸，防閑宜及早。苟不慎

藏弆，何異一炬燎。拂塵松塵勤，薰香石葉小。標題簽裁錦，位置厨染皂。讀破何曾見，捻賣亦難保。究勝珠玉蓄，不聞攘奪擾。與我相周旋，夙緣尚未了。一度一開函，略觀意亦好。築室鴛湖上，名亭學朱老。

趙翼《甌北集》卷二六《長夏曝書有作》 嗜書空如嗜噉蔗，書不在腹乃在架。黄梅過後日如火，晒向中庭課長夏。高函大帙充棟隆，多少精血藏此中。當其志欲争不朽，誰肯留拙不見工。如何遥遥千載内，傳者但有數十公。其餘姓氏漸莫舉，魚黿滅没洪濤風。由來兹事非倖致，郲鄶敢長黄池雄。文人例有一編稿，鍥棗鋟梨紛不了。若使都傳在世間，塞破乾坤尚嫌小。少年下筆偶得意，輒思横壓古人倒。古人拍手青雲端，大笑班門枉弄巧。闗張之勇施嫱妍，何處許人學起草。到此方知願莫酬，摩挲插架轉悠悠。卻憐齒豁頭童日，還托雕蟲一卷留。

又卷二八《贈販書施漢英》 我昔初歸有餘俸，欲消永日借吟誦。汝從何處聞信來，滿載古書壓船重。我時有錢欲得書，汝時有書欲得錢。一見那愁兩乖角，乘我所急高價懸。雖然宦槖爲汝罄，插架亦滿一萬編。孜今老懶罷書課，囊中錢亦無幾箇。愧汝猶認收藏家，捆載來時但空坐。

又卷三七《插架》 插架圖書手一編，蕭齋晏坐意超然。自尋呼吸驚人句，不羡腥羶使鬼錢。務觀醉醒文字裏，堯夫生死太平年。似聞天上多官府，又怕飛昇去作仙。

茹綸常《容齋詩集》卷一〇《重陽後一日欣木招同張獻采宋子敦西郊女爲集劍虹齋觀所藏書畫》 劍虹主人雅好事，叢菊開時遲我至。入門且喜無殘賓，故人儒素只三四。酪奴罷啜謝塵談，玉躞金題許相示。畫院好手吕紀與林良，三百年來莫軒輊。華亭尚書文敏真天人，太原高士青主最奇肆。下逮石谷王翬上宣和徽宗，名跡紛淪皆不媿。卷舒胝手安足辭，真贋何須辨題識。史皇倉頡古聖人，書畫之源本一致。大約要在絶纖塵，醖釀更欲求深邃。畫師之畫算子書，人或有取我則棄。書臻大雅畫老蒼，好向明窗商位置。摩抄短視謂西郊亦復佳，寒具豈容輕垢膩。簾外短景苦匆匆，落葉空堦聞疏吹。座中有酒復有花，人生嘉會良非易。半壁山房昨縱觀，旬日前觀帷園所藏書畫兹來益覺快吾意。獨惜樽前少一人謂田夫，翻從鑒賞增長喟。世間萬事幾推遷，雲烟過眼誰能記。興狂真擬盡君歡，玉山拚倒東籬醉。

又卷二二《鬻書》 春衣不惜典來多，鬻到藏書意若何。論古只愁勞記憶，課兒翻喜免譙呵。舊繙蘭簡曾浮白，重省牙籤且晤歌。從此掃除文字障，好棲淵默事維摩。

鴻編漸見散如雲，列架空餘辟蠹芸。秦國豈能求趙璧，漢家終是負明君。百城在昔徒豪語，三篋於今渺舊聞。莫恨失之還自我，免教大擔賣論斤。

吴翌鳳《與稽齋叢稿・東齋餘稿》 辛勤三十載，積有萬卷書。清晨擁皋比，快意恣畋漁。篝鐙尚吟哦，兩目已翳如。猶復寫不止，家人謂我愚。東隣富金玉，西舍多膏腴。生兒入里塾，不聞列架儲。

又《見山樓集》《蠹簡》 萬卷真何用，蟫魚蠹已遲。幾堪成脈望，空自鎖葳蕤。穿鑿能無病，咀含詎療飢。卅年勞寢饋，白髮已如斯。

又《倚梧吟》《題葉桐封舍人借書舫圖兼以贈别》 舍人讀書半袁豹，縱横經緯才能包。説詩直欲窮五際，布易已是吞三爻。鴻文麗製讀未厭，譬若癢處麻姑搔。平生結撰盡韶濩，笑彼下里誰能淆。數間老屋漢江上，繼古宋玉誅香茅。鄴侯架上富篇帙，籤分四部同書巢。欿然猶復不自足，通借一一相傳鈔。明窗浄几自讐校，陶陰帝虎無紛殽。丹黄次第别謬誤，似積落葉憑風捎。鄙人萍蓬幸相值，膠桼得訂羊求交。品題甲乙有真趣，恣意諧謔無讙呶。京華假歸閉蓬户，只有問字門常敲。我來訪君春欲算，窗前好鳥鳴咬咬。論文且爲設尊酒，供饌亦復羅嘉肴。圖成乞題借書舫，不棄弃鄙還相教。緊余嗜古有同癖，叢殘插架縚繩繆。一從飢驅走南北，故園五載嗟輕抛。古歡堂中一萬卷，半飽鼠蝕縣蟰蛸。十年讀書闕福命，追思往迹真如泡。差喜江湖得良友，奈君又欲鳴鞭鞘。還朝簪筆充著作，出入朵殿登螭坳。校書天禄照藜火，徧讀中祕探符苞。自此無煩一瓻費，琳琅滿目憑誇詨。只愁送者自厓反，斜暉正挂枯楊梢。閉門掩卷跂脚卧，嬾惰誰解揚雄嘲。

秦瀛《小峴山人集・詩集》卷六《朗齋復出芙蓉湖上讀書圖屬題即用其自題原韻》 之子東海客，吴淞煙水深。攜將玉峰月，來卧膠西林。膠山西林，前明安氏别業也，朗齋依外家居吾邑之張涇，適隣其地。巖邊紫桂發，洞口青蘿陰。讀書衡茅下，感慨彌盈襟。憺園委荒榛，瓦礫埋斷琴。屋竄驚鼯跡，樹叫哀禽音。太息雍門奏，百年幾銷沈。惟餘竹素在，萬卷稱書淫。高樓緬傳是。傳是樓爲健菴先生藏書處。祖德庶可尋。

又卷一一《壽鮑渌飲七十》 名山事業老蟫魚，萬卷琳琅重石渠。已是九重知姓氏，不須應詔上公車。

語溪高士好相於，讀畫風流足隱居謂方蘭士。茶竈筆牀行樂地，一編笠澤録叢書。

家貲已爲購書貧，賸有清癯鶴立身。愛向西泠橋畔住，夕陽樓上倚詩人。人間何事勝丹鉛，白髮飄蕭七十年。不用真形圖五嶽，鄉嬛古洞住神僊。

又卷一九《攤卷》 官事忙難了，攤書興轉慵。偶將殘帙展，如與故人逢。於此豈無得，舍之安所從。吾家高閣上，一别幾春冬。

又卷二五《曬書》 牙籤玉軸認遺編，插架連牀積幾年。自歎老來雙眼暗，與君難作百年緣。

傳是樓荒竹垞廢，苦心藏弆復何如。憐他近日無人看，難免稟殘飽蠹魚。

洪亮吉《更生齋集》詩卷七《萬卷歸裝圖爲孫大賦》 每耻前人我不如，年來妄念始消除。笑君積習偏難盡，尚喜人間未見書。君正褰帷我荷戈，買書錢已苦無多。丹黄别有三千卷，或可釐君校本譌。

劉大紳《寄庵詩文鈔・詩鈔續》卷五《藏書》 藏書在小樓，日日樓上頭。異代如相感，今生已幾秋。深交離富貴，好句戀窮愁。醉夢無奢願，名山續舊遊。

李賡芸《稻香吟館集・詩藁》卷二《題同年方茶山刑部沙土園新寓》 庭前夏木影扶疏，插架先安萬卷書。卜宅儘堪雄日下，成陰亦好殿春餘。白雲畫諾官偏暇，綠雨題名景不虚。最喜鄭莊能好客，翦蔬時與集簪裾。

王芑孫《淵雅堂全集・編年詩藁》卷一八《題沈綺雲恕柳波銷夏圖四首》其三 料檢新收併舊刊，筆山樓綺雲所居作沈樓看。遥思遍借藏書讀，壬癸籤分甲乙觀。

楊鳳苞《秋室集》卷七《題訪書圖有序》 劉三桐少好聚書，楚游歸後，搜羅益富，積至數萬卷，築眠琴山館貯之。猶以爲未備，嘗屬杭人奚岡繪訪書圖以見志。惜不中壽，淹忽即世。嗣子熯幼弱，其書皆爲市人竄取以去，可歎也！君從子涣寶弆是卷，出示索題，傷逝者之不作，慨遺書之悉亡。積唐老筆，言之不文，聊以紀實而已。嘉慶十五年涂月。

尚賸奚生畫，香厨久棄捐。傷心餘簿録，過眼付雲烟。壓架猶如昨，充箱孰與遷。藉君珍此卷，想像舊瑶編。

自古圖書厄，多經劫火亡。未聞豪賈敚，舉作債家償。編挍留希弁，飄零憶蓼塘。披尋一棖觸，老泪忽淋浪。

又卷一〇《花燭詞贈陳生鑾》 鈿閣牙籤萬卷儲，典收新倩女尚書。好攜描黛青鏤管，勘得華林七録如。

石韞玉《獨學廬稿・四稿》卷三《壬午除夕示兒孫》 歲除最好是今年，笑語尊前骨月圓。鵲語似傳春信喜，松心自耐歲寒天。敢求富貴常如願，剩得聰明且著鞭。清俸聚書三萬卷，子孫能守即稱賢。近築淩波閣，藏書三萬餘卷。

姚文田《邃雅堂集》卷九《宋生淵峒淵島西陂後人也以家刻八種見遺詢知其家積書尚多喜而有作》 文字偏憎造物慳，積書還比積金艱。虚聞江表誇東海，無復淮南見小山。過眼雲煙千變去，驚心桑海百年間。尚書手澤猶能繼，喜對森森玉筍班。

彭兆蓀《小謨觴館詩文集・詩集》卷八《揚州郡齋雜詩》 牙籤壓架萬琳琅，官閣新開六一堂。我有貪心同脈望，神仙三字要分嘗。

彭兆蓀《小謨觴館詩文集・詩續集》卷一《有會而作》 先人有藏書，插架近千帙。孤露廿年來，漂流去家室。田園既登券，舊籍亦散佚。茅齋今所儲，籤軸題甲乙。節食兼典衣，裒存百之一。精衰學術龐，漸悔汎濫失。庶幾約守之，相依送餘日。

阮元《揅經室集・續集》卷七《檢書》 十載居嶺南，積書數十架。兹爲南詔行，安得全棄卸。戚友可以别，此事豈能罷。損之又損之，已勞四牡駕。兒曹復好事，豐碑載泰華。滇池雖控夷，内政頗清暇。正宜理陳編，青鐙坐清夜。思書若無書，未免動嗟訝。彼鮮藏書家，一瓻安所借。琴鶴欲相隨，莞爾可辭謝。

阮元《揅經室集・四集》詩卷四《贈朱朗齋文藻》 雨後清溪遶屋流，藤床著膝看魚游。先生竟似陶貞白，萬卷圖書不下樓。

又詩卷五《題孫淵如觀察萬卷歸裝圖》 魯民争道送歸程，萬卷圖書短櫂輕。使君去後一帆遠，惟有微山湖水清。

又詩卷八《題何夢華上舍訪書圖》 偏訪列仙傳，終不見一仙。惟有一卷書，可以千百年。前賢具精魄，亦復待後賢。訪之苟不力，變没隨雲煙。吾讀古蓺略，中心每拳拳。何君涉九流，咨詢在古編。足跡陳謁者，腹笥邊孝先。擬之於道家，亦是葛稚川。我昔校天禄，直閣兼文淵。稽古中秘書，猶恐有佚焉。《四庫》所未收，民間尚流傳。問俟曹倉開，索待海舶旋。或以一瓻借，或以青藜然。或在晉隋後，或在元宋前。何君爲我行，時汎貫月船。寫進六十部，恩賚下木天。丁卯冬元進《四庫》。未收書六十種，皆蒙乙覽，被賜紙墨筆硯、蟒衣等物。再訪再寫進，屢得翰墨緣。後又進四十種，共百種。副墨亦可誦，我或儲琅嬛。何君繪此圖，志學何精揅。

昔日求金石，雅意同清堅。靈隱置書藏，更扣西湖舷。近余置書藏於靈隱寺，凡書皆可收藏。萬卷能常存，即是古偓佺。

又《題家藏漢延熹華嶽廟碑軸子》 太華三峯削不成，夜來碧色無深淺。仙人染作延熹碑，飄落人間止三卷。長垣王鵬沖。一册歸商邱，宋犖。今歸成藩。但損偏旁最完善。華陰東、雲駒。郭宗昌。又一函，椒花館中見者鮮。謂朱竹君學士家。以上二本皆翦裱，無唐人題名。我今快得四明本，玉軸綈囊示尊顯。豐、萬卷樓。全、鮚琦亭。范、天乙閣。錢潛揅堂。三百年，入我樓中伴《文選》。予藏宋尤袤本《文選》。驚心動魄竹垞語，七尺巖巖闢空展。渾金璞玉天所成，幡然不受人裁翦。全碑未翦，整本。唐宋題字皆分明，衛公兩欵夾額篆。全身平列廿二行，波磔豪釐盡能辨。一字一朵青蓮花，玉女翻盆墨雲輭。己巳摹鐫向北湖，市石察書書佐遣。湖邊更刻泰山碑，時余以八月廿二卸印入覲，過揚州，以重摹秦泰山碑殘字與摹華山碑同置城北四十里湖橋墓祠中。嶽色雙雙照人眼。

又詩卷九《題書之静春居圖卷子》 選樓宋墨莊，清江劉氏出。朱子撰六詩，静春居其一。賢母教兒孫，曾見安定胡氏。筆。我家居選樓，先祠式安吉。他年成一房，望祜以經術。攬此《静春圖》，藏書思石室。

一卷藏書圖，吾母著慈教。卅載繫哀思，五鼎豈云孝。兹圖何足論，其貌亦頗肖。愛此膝下兒，光景似吾少。文學固所期，心術尤至要。一片折葼心，待爾春暉報。

春花雖灼灼，惟静乃吾廬。何因致凝静，賴此萬卷書。慕昔宋劉氏，累代守經畬。報國敦孝悌，兄弟怡怡如。浮華吾所惡，勤儉保令譽。勉哉爾母子，勿負君子居。

又卷一四《吴更生借書圖》 讀書者不藏，藏書者不讀。百年千載憂，一借萬事足。君不見，借錢不燒券，借地忽亡鏃，借宅昔有然，借馬今無俗。其他借衣不修幅，借車或説輹。假蓋護短雨漉漉，使臣如借不當僕，借妾生子笑可匊。不如借書一瓻書過目，還書一瓻書在腹。眼中有五三六經，胸中有二十八宿。殷中軍下百二籤，李鄴侯觸三萬軸。羽陵蠹魚不噬臍，緑林豪客不視肉。祖龍之炬不障便篋，一客過橋徙倚林木，一僮抱書得隨屬，借書歸來無量福，衣錦晝行復邦族。此非長康封寄桓玄厨，乃是吴氏西齋舊目録。

吴嵩梁《香蘇山館詩集·古體詩鈔》卷八《江子屏藏善本書甚多歲歉持用易米念之心惻自記以文屬爲賦詩》 藏書八萬卷，讀書三十年。躬耕無一畝，賣文無一錢。吾儕抱書死亦得，忍令儒林少顔色。高堂況有垂白親，負米窮途感晨夕。元鈔宋槧連籤厨，全家不飽惟自娱。一朝割愛換升斗，十年感舊增欷歔。欷歔亦何爲，擇術君太苦。識字由來憂患多，論文底事窮千古。飢饑經時晝掩關，破書仍擁屋三間。誰似仙人能辟穀，謨觴唐述有名山。

李兆洛《養一齋集·詩集》卷六《爲瞿子雍明經題其尊人蔭棠學博檢書圖》 古來有書癖，南面誇百城。是亦習所耽，因之并力營。南中聚書家，常熟最有名。曩得汲古毛，屈子今著聲。月霄不可作，繼起稱先生。內行有淳穆，外嗜無纏攖。惟餘鉛槧物，舒卷以寄情。古香怡心顔，零詄皆瑶璚。玩老足吾好，聊用貽後昆。披圖一喜笑，如見心神傾。令子篤前業，介守彌硜硜。何堪逝者歎，使我心怦怦。

陳用光《太乙舟詩集》卷一《述祖德詩二首》其一 儒者媿質行，難爲軒冕榮。創乘重世德，纘緒斯有成。峩峩萬石公，家法乘西京。可憐卿慚長，失笑彭華纓。顓愚守本性，浮薄謝忠貞。苟有趨世資，寸心安所誠。嗟余生世晚，每思遺澤承。趨庭得緒論，感昔紓遥情。持躬貴特操，師聖崇令名。高樓足萬卷，感歎藏書楹。家有先大父藏書樓。

又《題鍾溪贄書圖》 藏書樓上校書時，爾我相看未有髭。仕宦生涯潘鬢改，先人心事晏楹知。十弓地約重開塾，萬卷瓜分感借瓻。且喜門生來執贄，家風儒素此支持。壬子年，先君命希曾與用光同校《凝㘦府君遺書》於藏書樓下，編書目藏於各房。先君嘗欲樓下作家塾，未成。用光庚午歸，問書目及書，已分析無存者矣。每讀姬傅先生《藏書樓記》，不勝憮然。

張鑒《冬青館集·甲集》卷三《修竹圖爲葛香士賦》 葛仙井在包山麓，繞屋流泉映修竹。中有堆牀萬卷書，鎮日攤書遠塵俗。春雷一夜迸竹竿，十十五五翔青鸞。讀書看竹無不可，科頭六月長風寒。吾來靈威訪祕書，山前碧玉鳴通渠。知君曠度如抱朴，臞然鶴骨中心虛。卜居祇合住林屋，洞口耕煙洞中讀。抛書一嘯湖水寬，七十二峰青矗矗。

張鑒《冬青館集·乙集》卷二《過揚州見江鄭堂藩》 飛觥握槊氣如虹，卅載吴門作寓公。金石滿牀長手拓，圖書萬卷應身通。九師説易讐王弼，四座留賓學孔融。我媿盧仝君馬異，結交聊見古人風。

又《楓涇程氏藏書甚富長夏蘭川主人遣僕以瓶麓讀書圖索題二首》 鈿軸牙籤萬卷餘，井眉大好讀書廬。異時苗發從相訪，長水朱長塘鮑或不如。

此生結習每流連，觸熱披圖亦墨緣。安得借鈔親撥櫂，一株平仲指山前。

張廷濟《桂馨堂集·梅會里朱氏潛采堂藏書象牙印》 高分縱一寸二分，横六分，朱文二行，行五字，曰：梅會里朱氏潛采堂藏書。

管領奇書八萬卷，人間此印亦千秋。籤開玉版先經眼，榜賜金題在上頭。七品真推良太史，竹垞先生有一印曰七品官耳。百城肯拜小諸侯。南垞亭子教重建，同是熙朝第一流。嘉慶丁巳阮儀徵夫子視學兩浙飭重建曝書亭。

又《欣賞真賞兩書厨》 梓木爲之純素無華，各高六尺，深一尺八分，廣二尺五寸六分。一刻竹垞先生八分書對：斗酒散襟顔，奇文共欣賞。款集陶朱彝尊。一刻瓜田先生行書對：鑒古出真賞，耽幽無俗情。款苧村張庚句并書。

一題欣賞一真賞，前後詞科兩布衣。老我破窗伴風雨，陋他寶櫝綴珠璣。不愁畫妙桓元發，耐受書癡王儉譏。珍重丹黄憑管鑰，朝朝籤帙對晨暉。

陳文述《頤道堂集·詩選》卷一五《曾祖公襄公石室藏書圖》 公諱禹治，君美公第三子。博覽好古，藏書萬卷，丹黄甲乙手自評點，今之存者，手澤在焉。生於明崇禎戊辰，卒於國朝康熙丁巳，葬仁壽山華亭。姚椿填諱。

惠施富五車，孝緒珍七録，古之賢達人。日擁書城，讀吾祖居城東，舊家有喬木曝書亦有亭，藏書亦有屋，丹黄手自編，金石悉著録。百年幾遷移，青簡消白蠑脈望化神仙，猶餘舊書目高堂，力經營舊觀，漸可復留此古畫圖，焚香奉家塾，留示後子孫，有書亟須讀。

又卷一九《書藏》 又闢藏書地，樓臺湧刹那。鶴銘移楮墨，余擬摹瘞鶴銘。焦山書藏四字爲額，「焦」字以「樵」字之半，當之。龍藏共烟蘿。流泒江河遠，叢殘歲月多。西湖靈隱寺，七録憶卷阿。靈隱書藏亦師所建。

又卷二〇《以所著書付焦山書藏贈借庵》 武林山下藏書處，謂靈隱書藏。回首西泠已廿年。宧海蒼茫仍故我，名場蹤跡又殘編。登臨湖寺還江寺，香火前緣更後緣。寄語東林賢長老，一函珍重附琅嬛。

又卷二七《題阮賜卿小琅嬛圖即送歸揚州並寄尊甫雲臺師滇中》 琅嬛福地華嚴界，司空博物稱前輩。淮南七録富曹倉，琳琅萬軸垂金薤。陳留公子正華年，家學親承絳帳前。世業韋平應接武，舊家王謝本隨肩。吾師昔啓琅嬛館，海内才人事編纂。詁經精舍學山堂，和聲吹入昭華琯。聞君隨節涖南天，洱海蒼山翰墨緣。歸櫂瀟湘湖上泊，一圖示我小琅嬛。琅嬛原是仙家事，小琅嬛亦藏書地。我是琅嬛弟子行，琅嬛舊事猶能記。幾度譚經侍選樓，幾番籌海坐瀛舟。午橋池館裴中令，一品衣裳李鄴侯。武昌城郭南樓曙，舊是琅嬛移節處。梅花玉篴動遥情，碧雞山下唐朝樹。點筆年來下幾籤，黄庭讀罷更楞嚴。珠林雲笈三生石，别是琅嬛秘閣函。君今計日江關返，雲帆風利紅船穩。安艫侍膳勸加餐，篷牕静玩明霞晚。萬里長風送鴈羣，登樓八表感停雲。珠湖水闊瓊花發，來訪琅嬛便訪君。

斌良《抱沖齋詩集》卷二〇《余家藏書緣秋曹無暇披覽卷帙遂至散失三月九日稍爲整齊之燦然可觀援筆書意》 鄴侯之書庋在架，孝先之書便在腹。藏腹之言近誇大，插架奇編森可讀。吾家書富散不儲，蠹穿蟫食常有餘。帙面塵積寸許厚，欲尋條目庸能乎？平生知過貴省改，振作精神胡礪乃。縹緗手疊頓整齊，坐擁百城矜學海。人生嗜好良不同，萬物芻狗徒自雄。君不見元載胡椒八百斛，他物稱是徒紛若。又不見石崇珊瑚七尺紅，如意擊碎枝玲瓏。銅山金穴詎足恃，遇屯散佚隨飄蓬。鄙人見拙流俗異，我之所珍人所棄。典墳邱索日相於，開卷瞭然千古事。黄金滿籯遜一經，子孫世守勿替更。但欲盈倉充棟簡册三萬卷，操丹握槧甲乙次第親詮評。

又卷二九《借書》 郵亭幽闃比山居，四面嵐光畫不如。借得書看添腹笥，無書偏覺勝藏書。

又卷三五《年來處境頗儉囊内常空廝奴以芻豆告罄至無以應爰檢藏書數十函質錢付之感成二絶》 俸薄需殷慣食貧，趨公排日困勞薪。藏書質得供芻費，萬卷能扶大雅輪。

持簾夙尚不言貧，無那長安要米薪。權把玉杯瓊屑换，轉移妙策似風輪。

沈欽韓《幼學堂詩文稿·詩稿》卷一六《安樂菜》 菜根咬到齒牙殘，非福能禁恁地寒。着個一窩書萬卷，淡鹽齏犒爾加餐。

張澍《養素堂詩集》卷五《雜詩三首》其一 讀書期致用，修綆成經綸。勳猷垂汗竹，膏澤被蒸民。堪嗤佔畢生，焦敝舌與脣。人事難可齊，聖賢有屈伸。用之爲國幹，不用爲席珍。萬卷擬百城，亦足娱其身。

又卷一三《書樓山》 昔我宰玉屏，萬卷書巖秀。今我令屏山，書樓山列岫。我生於書何有緣，江山到處藏遺編。無郍牽絲溷塵俗，未暇鑿石鈔流傳。轉思奇書古亦少，秦皇焚燒漢武表。六經寫出聖人心，神輪道訓徒紛擾。不如藴吾真，煙霞，作比鄰。舞書學王壽，上章問柳津。且閉輪寥館，且塞謨觴洞。焚硯走蠹魚，陵雲鞭鸞鳳。手攜神官辨角亢，星辰滿目袍青霜。乡鶴東來負瓊笈，帝錫十賚飛龍章。天上仙亦不識字，世人胡爲愛彊記。唫風弄月聊優遊，拄笏何慙經術吏。

湯貽汾《琴隱園詩集》卷二二《藏書》 相如空四壁，忽爾專城豪。生平無長物，止此遺兒曹。

又卷二九《某氏藏書最富今子孫不能保之覩物懷人感而書此》 故紙原來歡伯資，白頭曾譽麒麟兒。空隨脈望成仙早，猶恨瑯嬛入夢遲。萬軸重驚牛馬汗，一經乃爲燕鶯遺。墨莊門巷憐荆棘，博物於今屬阿誰。

宋翔鳳《憶山堂詩録》卷一《贈闞吾三文學自省通海縣人》 小園花發掩柴關，卻想詩人興未閑。萬卷藏書分秘笈，吴三桂敗後，其圖書半歸闞氏。幾篇家集在名山。吾三先世名禎兆者，康熙閒處士，有《大漁集》，板存秀山寺。援琴只許空齋聽，揮麈須將世語删。竟日相逢忘客裏，一瓻更約借仍還。

又卷二《至常州小住觀是樓書意》 阿母歸寧日，狂兒正北遊。衣裝重點檢，信宿且句留。五夜一人誦，經年萬卷樓。此行真戀戀，愁絶碧溪流。

黄本驥《三十六灣草廬稿》卷四《題唐竟海萬卷書屋圖且以誌别》 男兒不讀書，百爲無一可。佔畢吟秋蟲，所見亦卑瑣。徑須訪名山，登臅走塵堁。識字魯靈光，搜文漢駁娑。洞窺謨觴突，靈闢瑯嬛鏁。不然埽一室，鱗櫛森墻垛。爇糠十年讀，翦燈五夜坐。之子滄海歸，書滿米家舸。駭我一幀圖，萬卷兩字大。急撿入巾箱，横江鯨浪簸。昨宵風雨驫，恐有蛟龍邏。曾聞東海洋，徐市逃秦甋。料理童男女，詩書想包裹。其時百家言，未燼咸陽火。世間難見書，此中定然夥。子儻載之來，一瓻先借我。掉頭莞爾笑，謂余言大左。家公海門牧，清風海内播。得俸便買書，連屋堆磊砢。式穀一心傳，析薪兩肩荷。語罷眉稜飛，我亦振㦛惰。父書讀未熟，三十困坎坷。願跳入圖中，解衣槃礴臝。錦贉繙璘瑞，緗籤影旖旎。快意屠門肉，大嚼頤雙朵。如渴鼠飲河，如饑猱饞果。子胡别我去，又椗湘江柁。讀書良至佳，爲官要作麼。終期訂從游，鈔撮僕尚頗。隱几互校讐，清吟嘲飯顆。

林則徐《雲左山房詩鈔》卷五《鄧庭維先生松堂讀書圖爲文孫湘皋顯鶴作》 書有萬卷儲，松有百尺堅。讀書古松下，堂構奕世傳。鄧翁古德人，兀兀陳簡編。作詩何必多，中有至性宣。新稻嘗輒感，苦瓜種尤先。穆穆吟道觀，詩人與神仙。哲孫富文學，遺翰副墨鐫。吾聞莊史云，人乃報其天。又聞古傳記，盛德百世延。種植既先覺，滋灌斯後賢。會看梁棟材，争挺崔嵬巔。

姚瑩《後湘詩集・續集》卷七《僑寓白門僧舍顧湘舟自蘇州以其賜硯堂所藏金石圖譜來示且云家貯書十萬卷未入四庫目録者二千可謂富矣詢知潘芸閣河帥刻乾坤正氣集將成欣然有作》 白門僧舍雨陰陰，萬卷書樓不可尋。正氣欲同金石永，相逢惟有歲寒心。

王相《友聲集・秦晉詩存》卷上《姚曉園同年多藏書屢借觀覽兼蒙佳釀之惠因爲長歌道意》 君昔作吏嶺海間，滿船載書歸故山。故山草堂倚句注，滹沱東來向西去。流水一去無回瀾，而我再至雁門關。雁門食雁非所樂，幸有伊人相往還。相往還申繾綣那，堪衰鬢參差見公。車同賦鹿鳴時，三十五年如過電。君今料理淵明菊，坐擁縹緗三萬軸。開函細細點丹鉛，題籤一一插瓊玉。借書得書兼得酒，鄒陽吹律意良厚。遂令天涯濩落人，耳目發皇氣抖擻。乘興何必習家池，酒酣倒著白接䍦。笑向旁人問身手，矯健何似并州兒。蹴踏怒馬黄金羈，猶能側坐雕牽馳。射雉纔經郅都墓。呼鴈旋過晉王祠，晉王祠郅都墓。更有琵琶出塞路。英雄兒女古今悲，野燒荒原愁日莫。我有舊業雲水鄉，思歸不歸空斷腸。還君書卷載君酒，徑訪小山叢桂芳。

張應昌《彝壽軒詩鈔》卷一二《中丞馬穀山先生開浙江書局采刻遺書敬呈二律》 書遭五厄古今愁，隋牛宏傳語。厄到于今浩劫尤。秘府東南嗟散佚，英光吴越少遺留。欽定《四庫全書》江南文宗、文匯，浙江文瀾閣本，逆氛後悉無存。江浙楚皖文獻之家藏書焚毁殆盡。秦灰楚炬亡邱索，漢閣梁園仗阮劉。漢代求遺書開獻書之路，劉向校録於天禄閣，著《七略》。宋王儉又别撰《七志》，梁阮孝緒更爲《七録》。文治贊襄圖籍重，獻琛有路待旁搜。

五車三篋罄家藏，手著猶欣賸吉光。讀史包羅綱鑑略，窮經辛苦暑寒嘗。昌世藏書籍數萬卷，兵燹中盡亡。先代著作自著各編亦有毁失者，惟先兄同甫公所撰《鑑綱詠略》八卷，爲先大夫倉場公改定者，稿存未刻。謹按高宗御批《通鑑綱目輯覽》一書，采摭鑑綱之菁華，爲海内藝林所珍奉是編印。敬謹以輯覽史事摘要，作五言古詩，詩計一百三十二首，四萬三千餘言。閩中柯孝廉爲之註，作家塾課本。蓋讀是詩，即輯覽全編在胷，即全史在胷也。久應刊惠藝林，因循至今亡兄之子復亡，遂不能刻。昌幼好《春秋》，所輯《屬辭辨例編》六十二卷，竭四十年心力，乃成。又六年，而刊成甫散數十部于江浙間，而藏板及所散印本盡遭劫燬，深爲悵歎。此編全采《四庫全書》所著録春秋家並存目，所見之書及漢唐以來古籍，近儒專經精説，計共采經、史、子、集、春秋家書四百餘家前學，使吴生舫侍郎欣賞序之。今雖覓得，僅存之邗本，無力重刊。沉埋抱璞前功惜，欣賞懸門大力望。願與儒林資枕葄，愛書不是好名狂。

徐寶善《壺園詩鈔選》卷七《題潘星齋玉山紀游圖》 君家臨頓草木清，衣塵三載懸雒京。卻憶曩游命絹素，玉山照人忽眼明。南園樂圃隱迢遞，支硎鄧尉相峥嶸。簪筆輪君藻績速，觸目令我心魂驚。我祖枋用康熙朝，人倫海内羅俊髦。

洞庭書局集班馬，遂園觴詠追劉曹。百年邱山感華屋，州門不見羊曇哭。傳是樓空散碧籤，培林堂圮餘喬木。先司寇遂園，在玉山下傳是樓藏書處也。培材堂屬少宰公。一家興廢已陳迹，何況西溪草堂客。碧梧翠竹但煙蕪，冬骨春容尚玉色。卧游可望不可攀，君亦清夢縈鄉關。它年儻櫂五湖去，看盡江南江北山。

吴振棫《花宜館詩鈔》卷四《汪小米遠孫松聲池館勘書圖》 君家屋外松身粗，水窗面面涵清虛。藏書四世過百載，積軸豈止三十車。英華含咀樂有餘，仡爾養真衆所迂。頗聞篤嗜在經典，短檠照影忘饑劬。陸家三袟細參檢，硯痕燦燦朱墨俱。土音敢笑古人誤，別讀詎謂諸家無。掇殘補缺意良苦，考證仿佛姚江盧。近時文人不好學，枵然朽腹如瓠壺。羽鹽神石眯反語，音和類隔皆模糊。席下爲帶析旁片，顛倒惡札紛鴉塗。馬、鄭、孔、賈不復見，異文異訓誰爬梳。科名入手姓氏重，石渠、天禄誇通儒。鏤冰畫脂但文藻，撮囊視肉尤騃愚。耀金帶白被紫朱，杖杜伏獵相揶揄。翻持經義出相士，曲針腐芥將何如。吁嗟乎，通經致用安可誣，卷圖還君心踟躕。

葉廷琯《楙花盦詩》卷下《虞山李升蘭孝廉芝綬自江北寄示擁書圖小像索題》

積書雄百城，南面王不易。愛博與矜奇，古今同一癖。

兵燹吴中劇，縹緗盡散亡。君家善藏弆，誰爲記山房。東坡有《李氏山房藏書記》。

數載慕君名，今年識君貌。別後慰離懷，展圖相視笑。

家儲萬卷失，愁看擁書圖。愁已輒復幸，一瓻容借無。

翁心存《知止齋詩集》卷八《梁生梅春堂藏書圖》 涼飇日以厲，春暉日以徂。沈沈翳宰木，惻惻號慈烏。堂中練裳子，掩卷長欷歔。撫楹中夜喟，逝將辭敝廬。敝廬亦何有，縹緗富五車。兒身但安讀，母力已卒瘏。膏肓病難療，所願捐兒軀。剜肉續母命，不得延須臾。自從失恃後，銜索悲枯魚。汲古綆愈長，仰屋計轉迂。疇昔有母在，經營忘其劬。爲兒典釵釧，爲兒脱璫珠。不知無父苦，今也母又無。有臺難避債，有字難償逋。一椽不可保，忍死保遺書。此堂屬誰氏，空復抱此圖。堂前舊巢燕，兩兩棲孤雛。驚飛起繞樹，側睇形瞿瞿。披緘意軫鬱，攬筆心煩紆。中有泉臺淚，望兒眼已枯。

馮詢《子良詩存》卷六《遊鷺洲書院》 能遊便算許躋攀，卻遜還鄉學閉關。林谷自違猿鶴約，水雲全讓鷺鷗閒。縱然問字容登座，畢竟藏書要買山。眼見名區留不得，更從何處覓嫏環。

又卷一九《贈夏嘯甫大令燮》 憶我與君交廿年，廿年共宦無一錢。典衣供官篋空矣，發篋大笑惟故紙。左堆案牘右圖書，有時抄書煩吏胥。引經斷律亦卓卓，古書今人用不着。即今長刀大戟滿世間，一枝綵筆置等閒。吾謀不用枉挾策，轉恐文吏招俗訕。側聞聖相重經事，敦詩説禮爲武備。頓使從戎絳灌徒，一齊斂色談文字。健兒昂昂入書坊，腐儒咄咄立路旁。乃知書是豪富事，白屋不敵朱門藏。湘鄉相國博學好藏書，督師十年，軍中將官競購書籍，書肆幾爲之空。亦異聞也。我厭官貧棄官去，君問我貧去何處。處脂不潤君亦貧，一官爲我分俸緡。通財能用不負友，半以買書半買酒。酒酣與君論古今，鄴架未壞珍於金。大業在名山，行藏吾與爾。招隱入書林，垂白意未已。伏生轅生老不死，要爲讀書留種子。

祁寯藻《䙢飢亭集·後集》卷五《長夏檢書二首》 日長何事不能閑，又向西堂筆硯安。老眼看書看不了，欲存書目當書看。

問君書籍幾多儲，半自藏書半寄書。師友不存吾老矣，看書心事欲何如。

又《石士外舅夫子韜光步竹遺照兒子世長藏之數年矣淮生太守内兄自澤州寄書都下欲重摹本付長兒而以此圖藏於家感歎不已題詩三章還之》 昔者太乙舟，初聆伯牙琴。希聲按古節，微契含沖襟。云曾師成連，獨得山水心（公從桐城姚先生爲古文學）。山水娱清暉，輶軒宜武林。濟濟桃李門，鏘鏘鸞鳳吟。高文照四海，勝賞餘登臨。不材辱拂拭，仰託龍門岑。操縵四十年，枯桐負知音。古寺想懸榻，青苔雨沈沈。豈無絃柱在，發篋情難任。

篋中何所有，韜光千萬竹。秋風吹碧雲，足音散空谷。五君同懷客，程梓庭制府，富海帆中丞，吴退菴、徐廉峯兩主試。斜日倚喬木。棋聲泉石間，幽磴出茅屋。先生神更遠，笑語近可掬。此樂僧豈知，知者暫寓目公記中語。偶感桃源記，已悟桑下宿。鳴皋竟先舉，歸鴻各遵陸。猶聞石室書，藏此雲林麓。徘徊展遺像，惻愴雙玉軸。

遺像何温温，題詩聲暗吞。借問卷中詩，題者今誰存。不知雲煙過，但覺日月奔。松柏有歲寒，女蘿復奚論。離離書帶草，昔生通德門。潦倒霜籬菊，曾共山翁尊。陰德高門閭，清風長子孫。至今讀遺書，能令薄夫敦。我欲寫此圖，瓣香貽後昆。安得江州月，分照柴桑村。用淵明《孟府君傳》意。

又卷一〇《自題長夏勘書圖》 懸車歲三度，今歲逢閏夏。日長睡易足，病減藥初謝。苦吟愁肝腎，强步惜腰胯。惟有讀書樂，雖老不能罷。念自篋仕初，及兹得長假。辛勤四十年，有書數十架。賜本二千卷，琳琅實無價。其餘出清俸，所幸

鮮婚嫁。輶軒勤搜采，一鴟偶鈔借。投贈半師友，緘寄多姻婭。連屋萬卷餘，充塞彌隙罅。紛吾涉世塗，峻阪策駑駕。馳驅方有事，點勘苦無暇。如禾滿囷廩，身未親畊稼。又如四鍭鈞，曾弗一矢射。即今田已蕪，始擬手犂杷。巾幨角亦挫，何由正弓弝。流光不相待，送老安所藉。城南暑雨霽，清風掃燔炙。呼兒檢囊帙，攤曬溢庭榭。舊交思更切，新知見乃乍。晤對感今古，高歌雜悲咤。竟忘日如歲，飜欲燭繼夜。兼旬不出門，良友時招迓。詩翁澹蕩人，落筆雲煙瀉。圖成目笑余，花樹即僧舍。回瞻天禄閣，孰與雅頌亞。幸餘炳燭光，且喜冠簪卸。天上森寶書，青冥早縱靶。何必百兩篇，人間問張霸。濟時良獨難，食古恐未化。讀書求甚解，或爲達者訝。君看陶靖節，忘言對桑柘。味存糟粕外，有酒尚可貰。不如且吟詩，桐葉秋已下。

又《書樓篇序》 平舒邨東北有樓焉。石趾塼垣，矗立三層，上啓天窗，下通地道，高可十丈許，明末所築。族兄令儀世居之。嘉慶年間，始歸吾家。時先君子自江左客授還里，兄弟姪輩侍坐樓下，因命各言所志，嵩藻逡巡起，指樓對曰「願它日爲吾祁氏書樓」，先君子笑而頷之，今老矣。留滯都門，賸有書萬餘卷，力不能載歸，書樓之志荒矣。作《書樓篇》以告來者。

吾爲勘書圖，圖成若有思。藏書豈無樓，恐負昔言志。兹樓五十載，舊基幸未墜。吾弟實守之，一官已盡瘁。手札勵有存，書籍散無次。吾書雖未亡，樓在遠莫致。太行路艱哉，氈席何容易。況今軍書急，盜賊氛尚熾。誰忍去京國，掉頭入山避。讀書不濟用，貪多轉爲累。聚散理之常，逆旅本如寄。今人務虛名，先正求實事。此樓即有書，鏁閉亦如棄。吾欲載書歸，匪曰自珍祕。窮鄉鮮善本，後學無由肄。下以遺家塾，上以儲國器。所志儻不虛，留作書樓記。

徐繼畬《松龕先生詩文集・詩集》卷下《門人曹定齋贈曹素功舊墨一匣詩以謝之》 曹生贈我九丸墨，啓函斑斕多古色。圭璧菱花各異形，小兒轉睛發黝黑。素功造墨比庭珪，舊作於今已難得。驥子獲自長安中，貽我臨池揮醉筆。我拙如鶩不工書，姓名差記嘲墨豬。飄鸞泊鳳何曾解，春蚓秋蛇定不虛。佳墨允堪充寶玩，爇茗焚香陳几案。古澤自可瑩心神，劣書何必汙毫翰。曹生静者意常恬，養疴閉户晝垂簾。兩世藏書多善本，頻年插架標牙籤。千金散盡錢刀乏，萬卷橫排部署嚴。書田却比稼田好，坐擁百城堪待老。劉蕡雖已謝科名，元方已自多文藻。留君此墨思假年，待我玄成還用草。

何紹基《東洲草堂詩鈔》卷六《閱甯鄉劉春禧康紅豆山房藏書目喜而有贈》 藏書不解讀，如兒嬉戲得珠玉；讀書不能藏，如千里行無糗糧。劉侯生是湖湘秀，要與俗儒飾寒陋。善本瑩瑩金璧光，古人堂堂天地壽。深山樓屋可百楹，新篇蠹册皆有情。山中日月聖賢宇，山外風烟蟬蚓鳴。賤子藏書無取目，讀書貪多不貪熟。正流歧港各有會，要與墾源同一族。示君此語然未然，何時鉛槧相周旋。期君來躡蓬山路，共校金繩册府篇。

又卷二六《金陵雜述四十絶句》其十二 貞白燒丹有舊邱，張郎觴詠劇風流。三間柏木廳猶在，可惜藏書轉角樓。陶谷主人張瀓齋藏書甚富今餘柏木廳址古餘張子舊庭階，瑜珥瑤環韻自佳。插架遺書多易米，芬留翠墨在吾齋。每到張家書聲盈耳，然遺書散盡，吾得其金石拓數種。

王柏心《百柱堂全集》卷九《寒夜讀書圖爲小舫同年題》 月華照地霜氣清，温卷獨擁寒宵檠。三載計車滯京國，一朝飛步遊蓬瀛。海内共誇名父子，金匱藏書紬太史。尚憶垂帷冰雪深，今看簪筆聲華起。卿雲五色金門開，柱下一宿隣三台。平生稽古始得遇，華選實儲公輔才。君不見草廬抱膝，自淡泊讀書但，解觀大略又不見。希文山中齏粥時，心與天下共憂樂。詞臣獻納當何如，報國豈不在訏謨。班揚詞賦工何益，要讀人間有用書。

朱琦《怡志堂詩初編》卷七《春星閣小聚數日留詩志别》 白鳥知心事，青山似弟兄。家風原孝友，兒姪繼詩聲。嗜研多奇石，藏書又數楹。半弓容小住，嘯傲稱高情。

又卷八《謝李芋仙貽楚詞善本》 高齋富藏書，谿館楚詞妙。私忖欲得之，未遽奪所好。乞歸暫一讀，强諾意微懊。越晨君過訪，把手忽狂笑。袖中一束書，持以相等較。紙墨無稍差，奇獲匪所料。平生文字性，根柢在忠孝。友朋義既厚，精氣隱相召。峩峩獨立樓，天問助雄驁。旅舍忘卑棲，揚馬奮高蹈。京華積三載，貴勢不一造。酸鹹胡我嗜，持贈比圭瑁。翻欲拜牀下，鋭意窺道要。南豐睠前賞，贈詩及曾侍郎公達絶背誚。嗟我復何有，荒學恥近耄。離騷二十五，聖處安敢到。且擷蘭芷秀，更取鐵厓校。一鴟徒往復，瓊華未云報。

林昌彝《衣讔山房詩集》卷二《除夕感懷》 時序推遷迫壯年，妻兒如雁擁燈前。儒生壓歲惟書橐，萬卷緗囊抵萬錢。

姚燮《復莊詩問》卷一六《爲馮丈登府作焦島藏書圖用其自題原韻時丈以著述藏焦山書庫中》 人於天地等沙蟲，乞佛呵名苦益工。文字中年消慧力，神仙大劫警罡風。山靈涕笑雲遮牖，劒氣蒼黄斗匿空。媿我零星愁憤什，珠囊籤署一時同。

鄭珍《巢經巢詩文集·詩後集》卷一《移書》 家書數十篋，篋篋丹漆明。平生無長物，獨此富百城。祠屋築墓下，堂廂接前榮。萬卷輝其中，俗見頗眼驚。狂寇起倉卒，土賊因肆行。處處鬧夜劫，搜掘若鳥耕。顧此古先籍，四壁粲縱橫。安見非慢藏，不如顯與呈。米樓據谷口，上下空不扃。移之妥貼置，盡去鐍與縢。示以無用物，著手冷如冰。自料非人圖，萬一運所丁。梁上亦君子，何必讎六經。南中鮮藏書，苦聚神所憑。前時作複壁，亦恐殃池頳。繼乃就石窌，復虞溼與傾。曷若洞心腹，萬事格以誠。影山盛珍祕，弆室聞南征。存否知若何，賊壘未遽平。聊以保吾巢，呵護煩百靈。

又卷三《殘臘無以忘寒借測圓海鏡十日夜呵凍録本校訖示兒》 藏書讀書事不同，藏書貴多讀貴通。古來讀破萬卷者，不必萬卷皆宮中。若徒四部誇富有，何異臨安陳道翁。我老無錢給衣食，那復買書衹從借。時撮關要鈔一二，絶精又簡乃全册。不論行草及疎密，但無錯漏令可識。常謂苟能印心上，有此已佳無亦得。是編於數絶今古，頌之徐生字之許。我昧其術珍其書，白首寒天歎良苦。人生即不爲大儒，豈可案上無程朱。渾天一轉吾家事，會有老父開吾愚。

李佐賢《石泉書屋詩鈔》卷六《述懷》 閑將際遇溯平生，詎借明珠記事清。外宦七年原寫意，藏書萬卷自怡情。登瀛載筆曾修史，解組歸田又課耕。五夜捫心差慰藉，不貪漁利不沽名。

葉名澧《敦夙好齋詩全集·續編》卷七《過某氏小園》 客至啓朱户，經年生緑苔。秋蟲階砌語，高柳雨風來。未是東山隱，堪憐北海杯。藏書昔盈架，零落蠹餘灰。

張文虎《舒藝室詩存》四《述懷一首》 窮鳥得一枝，營巢大非易。明知近鷹鸇，力小艱轉徙。僦屋傍張涇，感我死友意。老屋八九間，足以資偃憩。前園添竹梅，雜花亦時藝。後圃種菜蔬，瓜瓠粗可繼。編籬中界畫，培土深壅蔽。晨朝學抱甕，勞苦違自貰。小來愛書史，善本心所係。積聚三十年，萬卷親審諦。槃薄一室間，羅列供獺祭。每於思議窮，撫景一凝睇。悠然與物化，所得無滯義。至今六閲歲，譬若蟬在翳。小人享清福，遂爲造物忌。仲秋月初四，其日雨新霽。喧傳浙寇來，指顧見賊騎。我戚新移居，有舟勸同濟。事出倉黄間，身外皆所棄。一舟十五人，坐卧不復計。東行適何方，欲往遲鼓枻。但見烟燄騰，人聲四如沸。經過數郵市，傳説多同異。遷延至澧溪，宛轉託親誼。積雨地庳溼，且幸得所庇。母爲蝸角争，差作蟭螟寄。遥憐抱甕居，正在兵火際。家具不滿車，狼藉何足記。庭柯十餘樹，那得辭斬刈。所惜萬卷書，蹴蹋同敝屣。猶憶四月初，聞警遷近地。離家五六日，啓鐍頗喪氣。蛛絲縈几榻，塵土徧篋笥。新竹横穿牆，亂草高過砌。常時所畜貓，骨出尾還曳。見我如驚麕，向暗急竄避。當時賊未至，此景已堪涕。貓今應餓死，屋則爲賊敝。即使幸西還，留遺復餘幾。曲突苟蚤圖，賄遷或能冀。因循久不決，後悔焉可厲。況今大帥策，未定戰守議。嗷嘈諸練勇，執戟如兒戲。西南多要隘，得不謀重閉。澧溪我故閭，親舊半衰替。非無先人廬，鵲巢鳩自隸。可憐幕上烏，蹙蹙靡所戾。已矣勿復言，飢寒日憔悴。

譚溥《四照堂詩集》卷六《同日壽牛二生茂才》 知君與我並生年，五十俱從隙影旋。直讓林泉耽石漱，偏憐枳棘苦裾牽。庭前種玉無寒色，屋裡藏書有舊編。慰勞聊憑觴共醉，霜花那勝小陽天。

汪曰楨《玉鑒堂詩集》卷二《鑄范見貽杭大宗雜著數種用東坡歐陽晦夫遺接羅琴枕詩韻謝之》 著書閉户今幾年，誤身不信由儒冠。唯君與我有同癖，購置不惜揮緡纏。丈夫坐擁一萬卷，何羨夢裏遊槐安。殘編斷簡肯示我，知我有意迴狂瀾。堇浦先生本文傑，豪雄遠勝東野寒。偶將餘緒事編剗，案頭猶足供尋看。紛紜錯雜搜典故，如流酒海積肉巒。流傳一落書賈手，價重不啻金與紈。忽蒙慷慨相惠贈，臨窗披閲隨研丹。有如邂逅遇良友，頓覺相對離愁寬。旁人覩此應大笑，謂彼毋乃儒生酸。

史夢蘭《爾爾書屋詩草》卷六五《庚寅上元立春日作》 手積圖書萬卷餘，桐陰竹影共巢居。儻教三食神仙字，不枉平生作蠹魚。

周壽昌《思益堂集·詩鈔》卷三《檢録家藏書籍得兩絶句》 黄金白璧付何誰，花木平泉好護持。等是癡情差不俗，秀才風味一經詒。

巧偷豪奪笑吾徒，借去荆州索已無。誰念老夫耽結習，典裘雪夜了書通。

龍啓瑞《浣月山房詩集》卷二《贈胡生》 胡生老學究，閉門窮九經。誰知破屋中，藏有書連楹。晚遇朱司業，所學乃益精。專治古尚書，著論稽墜形。茫茫大荒服，神禹之所營。方域錯雜出，判若渭與涇。禹貢乃專門，布圖如列星。置之矮屋中，妙論筆不停。斯文脱秦炬，壁藏徵聖靈。微言復中絶，伏老無遺聲。遂使梅賾姚方興輩，僞學滋蝗螟。南宋産鉅儒，閩學擷菁英。尚疑格制閒，真贋無由明。生今治此業，明辨祛瞀瞀。何當爲余説，妙議發鏗鏗。嗟子晚聞道，獨學恐難成。明當館我室，切磋爲友生。插架萬卷書，任子龢縱横。庶以探討力，見聖於牆羹。無爲斗筲子，漢宋徒紛争。

徐時棟《烟嶼樓詩集》卷一六《謝陳樹珊駕部政鍾送書》 客歲吾廬下祝融，圖書收拾去匆匆。范盧已斷千秋望，范氏天一閣，盧氏抱經樓諸書，並以前年寇亂散失殆盡。湯鄭同歸一炬中。縣中湯耕吾懋才、溪上鄭簡香徵君兩家多藏書，近來大半歸余處。本以網羅遭劫火，莫將呵護問天公。故人憐我平生志，架上新來幸不空。

又卷一八《紀夢・其四》 五萬藏書未是貧，尚憐偏讀少閑身。空言且訂琅嬛約，辜負深情數老人。

吴仰賢《小匏庵詩存》卷五《阮灰然賊躪東南凡藏書之區悉遭燬滅吾郡亦然》 百萬書倉一炬燬，秦火而還阮再啓。世間風漢癖在斯，痛惜有如失臂指。勸君莫惜書被焚，致身青雲不在此。君不見李蔡封侯下中耳，妄尉談功都自喜，老守兔園君悮矣。

俞樾《武林藏書録題辭》 武林山水甲神州，文物東南莫與儔。緗帙縹囊富藏弆，香黎文梓競雕鎪。丁君好古承遺緒，上溯六朝范與褚。吴范平、晉褚陶。遥遥書藏訪錢家，宋錢龢。下逮瓶花兼玉雨。吴焯瓶花齋、韓文綺玉雨堂，皆藏書家也。我披此録心忡忡，千秋過眼如飛蓬。自歎衰年逢厄運，因將盛事話乾隆。乾隆一代空千古，文治武功無與伍。大小金川盡削平，更命遺書蒐四部。同時四閣建峥嶸，淵溯源津各錫名。舊典已教稽永樂，新書更爲訪寰瀛。收藏最富惟江浙，特下璽書問存佚。浙中首及曝書亭，次及寧波范天一。猶恐叢殘未盡蒐，山厓屋壁徧搜求。亂危傾覆詔無忌，諭云：即有忌諱，並無妨礙。帝虎烏焉官與讐。山塘書賈推金氏，古籍源流能僂指。吾湖書客各乘舟，一棹煙波販圖史。不知何路達宸聰，都在朝廷清問中。見乾隆三十八年閏三月初七日上諭。星火文書下疆吏，江湖物色到書傭。窮陬僻壤開風氣，何況之江名勝地。遂使汪吴范鮑孫，汪啓淑、汪汝瑮、吴玉墀、范懋柱、鮑士恭、孫仰賢。各將私藏呈中祕。大開書局太平坊，編次諸君日夜忙。時於太平坊設局編次。一十四回分奏御，四千餘種各提綱。浙撫進書十四次，共四千五百八十八種。原籍發還歸世守，玉堂巨印鈐如斗。各書著録發還者，鈐蓋翰林院印。頒來圖籍共幾家，浙江蒙賜圖書集成者三家，鮑范及汪啓淑也，賜佩文韻府者亦三家，吴孫及汪汝瑮也。奉到御題凡幾首。進書稱旨者皆有御題詩句。西湖建閣號文瀾，百有餘年未改觀。偶爾黄埃興黑霧，依然緑水映紅欄。茫茫天道真難計，時局日新還月異。争從西學拜西師，各習洋文譯洋字。回憶篁庵設局年，同治六年，巡撫馬端敏公奏設書局於篁庵，而校勘諸君皆在戴氏之聽園，余忝總其事。中興氣象故依然。戴園風景無更改，人事煙雲有變遷。北望神京堪痛哭，古來淪陷無斯速。劉井柯亭化作灰，遑論牙籤兼玉軸。似聞太學幸猶存，石鼓遺文尚可捫。留得幾家書肆在，廠東門到廠西門。有客書來慰遲暮，門下士章一山明經。升平未必難重覩。異日蒲輪下漢廷，誰爲伏勝誰轅固。八十衰翁鬢似絲，河清可待恐無時。惟援小雅詩人例，思古傷今自賦詩。

俞樾《春在堂詩編》乙巳編《往年柳門花農兩君爲我鑿書藏於孤山其地卑溼不能耐久今年命門下士毛子雲茂才改鑿於南高峰下而諸暨令張子厚亦門下士也又爲鑿書藏於其邑之寶掌山兩藏同時落成以詩紀之》 辛苦窮經卌載餘，余自戊午至今四十八年，著書垂五百卷，説經者居其半。自憐無益費居諸。未忘敝帚千金意，聊付名山二酉儲。敢望所忠求禪稿，儻逢不準發藏書。悠悠五百餘年後，畢竟誰爲董仲舒。

西湖舊藏未堅牢，繭足營求不憚勞。子雲入山尋求數日，始得南高峰下之地。滄海横流任東下，奇峰竊據此南高。敢將委宛遺書比，且把闍黎雅意叨。其地屬法相寺，余擬稍酬其值，而寺僧亦非，書來堅謝不受。見説鐵函完固甚，鑄精鐵爲箱。人間劫火儻能逃。

又乙巳編《汪紫卿芳慶爲余畫一便面柳陰之下因山爲屋一人危坐其中旁則積書如堵噫此境也非余所深願而不得者邪因爲長詞以酬其意兼述所懷》 傳一卷書勝千駟，擁萬卷書如百城。吾曹例有愛書癖，謂吾獨否非人情。家貧棄書逐衣食，目有所觸心怦怦。吾兄亦復有同嗜，每遇書賈囊爲傾。然脂暝寫數十卷，上者兩漢下則明。書成留與蠹魚飽，短衣楚製萬里行。提書一袱付吾校，誰其作者悦與宏。而我來作新安客，羔裀笥席今三更。浮名浪竊如畫餅，不足齒數真一傖。諸君見我忝鄉賦，疑於文字三折肱。拜手稽首稱弟子，問其年齒吾所兄。爲貧而仕古且有，況乃僅竊師儒名。二十一史束高閣，且與諸子談朱程。虚字律令吾粗曉，設有謬誤能彈抨。讀故人書一太息，無乃舍己爲人耕。今觀君畫再太息，此吾素志何時成？吾本烏巾山下住，尚有先世雙柴荆。三硬蘆圩一稜地，厥性頗宜長腰秔。惜乎所居固湫隘，田亦未足供粢盛。佗年買田更築室，旁或益以樓三楹。環植楊柳如君畫，亦或不論松與樫。鑿池引水種菱芡，雜以鵝鴨池中盈。牛闌豕笠固細事，苟有隙地皆宜營。四時甘旨既無缺，不速客至兼可烹。奴使耕田婢使織，童子一二供使令。更蒔花木及竹石，風味庶比田家清。亭榭具體亦已足，小橋當使南北横。春秋佳日奉母出，弱女扶杖嬌兒迎。主人謝事亦謝客，冬衣鹿裘夏裸裎。終朝閉户坐一室，惟聞戢戢牙籤聲。買書但不買語録，餘者皆可充書棚。

爾時吾兄所手寫，或者高與牀頭平。弟兄白首相對讀，旁人不識松且驚。書巢老死亦無恨，死便埋我先人塋。再觀此畫定一笑，君有先見如棓生。吾言及此三太息，長抱鄙願徒硜硜。賣文日禿兔豪一，家中依舊空瓶罌。青山自在不須買，草堂資亦良非輕。書空咄咄竟何益，徒使鄉夢宵來縈。已矣置此勿復道，流行坎止吾無争。

又甲丙編《歲暮歸書圖爲孫仁甫明經題》 武林孫氏藏書九千萬卷。乾隆間開四庫館，孫氏進書甚多。宋杜大珪《琬琰集》其一也，四庫著録，由翰林院鈐印發還。庚辛之亂，藏書散失。亂後蒐訪，僅得十一。乙未歲除，有以書求售者，即《琬琰集》也。仁甫以洋錢五百買得之，繪《歲暮歸書圖》命其子康侯茂才入山求詩，爲賦此篇。

武林孫氏推名族，故家不僅森喬木。九千萬卷舊收藏，富敵石渠與天禄。四庫館啓乾隆年，詔求遺籍窮垓埏。君家進書最夥夠，至今著録存文淵。中有名臣《琬琰集》宋紹熙年杜氏輯。密行細字色黝然，百七卷書猶宋刻。蘭臺采録仍封還，王堂鉅印何煸爛。頓令此書倍增重，重其曾自天家頒。嘉道升平人共慶，湖山歌舞猶全盛。坐老縹囊緗帙間，瑯環福地安能勝。無端大劫遭紅羊，末流積毒歸錢唐。傑閣文瀾付一炬，何論杜庫兼曹倉。亂後歸來搜墜簡，多少煙雲重過眼。千百之中十一存，汾河委筴知何限。去年臘月歲云徂，有客攜來一袱書。發函瞥視得此集，珍重何啻瓊瑶如。賈人儓估逾常格，縱典魚須非所惜。酬伊王面五百錢，還我家傳十六册。自從西學興西洋，光學化學窮微茫。一時異論遂蠭起，幾疑吾道將淪亡。今觀此事余心慰，故物青氊未可棄。士食舊德猶有期，天喪斯文知尚未。君家橋梓盡名流，弓冶箕裘世澤留。盍倩良工重影寫，臨安舊志共雕鎪。

又丙口編《陛雲還杭州掃墓親至法相寺看去年所營書藏在寺後石壁上其下有亭軒故址即志書所謂種石軒也因援諸曁寶掌書藏之例賦五律一首他日亦擬刻之石上》 今日藏書處，當時種石軒。荒蕪軒已圮，埋没石無言。佛借斗弓地，天開六甲元。百年留有待，猿鳥莫讙諠。

又己辛編《曲園書藏》 汪柳門侍讀與花農叔和同坐文石亭見此，四字之外，餘石尚多，乃謀鑿其左畔爲石室，而納余所著《全書》於中，署曰「曲園書藏」。嗟乎！余書豈足藏之名山？諸君所爲過矣！姑取以配右台山之書家，故亦賦一詩。

吾於右台築書冢，一時競作書冢歌。何意好事諸君子，又營石室孤山阿。汪子倡議諸子和，一議而決無媕婀。遂命匠石運斤斧，丁丁鑿破青嵯峨。納我《全書》入山腹，封以巨石加礲磨。署曰曲園之書藏，不知藏此將云何？古人著書藏名山，往往山壁出蚪蝌。如我豈足言著述，無乃讕語相詑詑。第思西湖有故事，稍可解我慚顔酡。不見龍井之石室，句曲外史手自劘。瘞埋所注《道德經》，并及平日諸吟哦。即如書冢亦有例，請觀寶石山之坡。吾邱貞白文冢在，至今或未埋煙蘿。自古文人例好事，謂我不可彼則那。作詩敬謝諸君子，并告山靈煩護呵。

又丁巳編《書城隍歌》 宋鄭祭四墉，事載於左氏。杜訓墉爲城，是即城隍始。成都城隍廟，建自李贇皇。乃稽崇廟貌，初不由於唐。蕪湖舊有廟，赤烏二年建。可知三國時，祀已徧郡縣。凡物之所聚，其中必有精。聚久精氣厚，是以有神明。中霤與井竈，名殊理則一。既凝而爲精，斯孕而成質。吾家環堵室，積書固已多。積至數萬卷，高連棟與阿。其上巍然隆，其中窈然曲。雄關天府秦，危機劒門蜀。古人擁書坐，謂可抵百城。如我書室内，不媿書城名。有城則有神，有神則宜祀。書城隍之名，吾竊以義起。清晨一瓣香，敬爲書城隍。願神守書城，勿爲鼠蠹傷。人謂禮無徵，我謂神如在。除夕祭長恩，請以城隍配。

沈壽榕《玉笙樓詩録》卷八《曝書三首示頌煌》 藏書愁書少，讀書愁書多。自知百無能，聊復三摩抄。典籍浩煙海，沙數觀恒河。倘拘小儒見，恐遭先正訶。詞章雖薄技，會須翻臼窠。譬諸人面目，位置平不頗。我年五十餘，此事良蹉跎。偶閒明夜鐙，藉之驅睡魔。笑把昌黎詩，朗誦還低哦。長更耐眼澀，搔首憐髪矬。我才僅若是，愚如兒輩何。

藏書不讀書，見者皆云癡。鹹酸别嗜好，咀嚼通心脾。大父研六經，垂老仍孜孜。疏解宗漢儒，一火靡所遺。先公精八法，元氣揮淋漓。惜未壽金石，珍護同珠璣。家傳近萬本，遠遊難攜隨。吾州昔被賊，傷哉今屬誰。我官三十年，囊橐無餘貲。收羅五千卷，富有常矜持。晨光開晴曦，甲乙交紛披。曝書不讀書，能毋慚自欺。

未能識一字，詎敢希千秋。牙籤既排比，目録還尋搜。三層架重列，再拜躬傴僂。譬彼擁百城，大邦雄諸侯。得書良可欣，失書將誰尤。權亦操之天，豈假人力求。深藏是吾寶，棄置增吾憂。兒如解珍重，黄金高山邱。

郭崑燾《雲卧山莊詩集》卷六《點檢藏書陳生霖爲余編次書目》 卌年讀書恥俗學，日對陳編覬聞道。購求未暇惜物力，掇拾頗欲窮搜討。古人精神託箸述，貴刊其誤抉其好。此志有餘行弗逮，壯歲悠悠嗟已老。心思茫昧煙海迷，卷帙散亂

風葉埽。可憐插架一萬軸，皮置乃供蠹魚飽。陳生好古屢過我，時復繙閲資博考。佐我點檢理叢殘，分別部居列緗縹。冬寒氣候變暄煖，烘窗晴日常杲杲。歲晚萬事不挂意，百城坐擁足懷抱。祇慚精力久凋損，顧影漸愁來日少。老夫夙願坐虛擲，舊業冀付兒曹紹。眼中文史正堪用，身外功名空自擾。浮雲時事誰測識，但取詩書爲世寶。吾衰猶能握鉛槧，尚思鑽仰逮項槁。勉矣陳生當起予，得暇頻來慰潦倒。

丁申《武林藏書録》卷中《虞長孺僧孺兩先生》 陳文述《猨狖居》詩云：何處青山猨狖居，鷲峯深處有吾廬。但餘蕭僕空林静，並少梅妻夜月虛。鐘梵一樓堪眺遠，團瓢四面好藏書。渼陂兄弟真無忝，極目回峯樹影疏。

又《翁氏書閣》 陳頤道文述詩云：錢氏有書藏，翁氏有書閣。可惜所藏書，今日已零落。樵人識遺址，一峯指安樂。

又卷下《何夢華》 王槐《懷夢華》詩云：夢華有奇癖，兀作書中蟫。紫文窮石室，祕簡搜瑶函。披覽手著録，沭髮不及簪。忽聞有清閟，一舸浮江潭。直以性命博，豈止耳目貪。歸來笑開口，竟忘罄瓶甑。讀君借書圖，技癢心懷慙。他日一瓻致，不爾梁間探。又張鑑《夢華訪書圖歌》：夫君好古耽冥搜，南探禹穴東之罘。手拓金石不知數，口吟詞翰無與儔。絳雲樓中焚未失，化鹿寺邊竊還出。一千金購吴都文，八萬卷充長水宅。日思誤字相貫穿，手定黄墨窮鑽研。涼州太守車幾兩，織簾居士手一編。笑吾銜薑亦好事，縱不能訪頗爲累。夜讌偷鈔述古堂，朝游市閲慈恩寺。憶昔渡江至揚州，吾師招住文選樓。連牀照軫那可説，手胝口沫無時休。此時何君日來往，臨淄嚴安亦同賞。廣集寧論翡翠裘，搜尋不類珊瑚網。

又《日及園》 錢塘朱慕樵先生《觀樹堂集》有日及園藏書，散逸已盡。乙巳曬書日，檢校舊籍，上架訖，用懷麓堂韻示素岑、鶴羣、茝潭，詩云：衆山如排籤，入夏青未了。爽籟奏疏林，蠹簡恣幽討。及兹曬腹辰，俯拾焚餘稿。束髮讀父書，徙影趁昏曉。窮搜剔疑義，判若河漢眇。鑿破肺腑愁，時雨活枯槁。維時困泥蟠，屬望致身早。吾生幾寒暑，白髮只催老。雜説攤牀頭，爬梳費指爪。記予通籍初，太歲方在卯。一行刀筆吏，來日或苦少。鳥停剥啄聲，門罕佳客到。牆壁裹蛛絲，鼠跡粉不埽。十年人不歸，芸火失熏燎。官貧無長物，治生計草草。黄嬭爲睡媒，方寸累憧擾。聞諸先民言，鬻書豈爲孝。舉世賤詩書，憲貧而顔天。回顧兔園册，一一典緗縹。殖學如登高，層累上危嶠。汝曹幸勉旃，我室他人保。庶幾幹蠱初，吉占無咎考。救此空腹兒，殊勝嚼珠寶。又一半句留記云樟甯匐下里，家少一椽，井臼之間，總無長物，因而煢煢飄寄，如流寓然也。今卜宅一區黄泥潭上，與袁氏雪堂不數武，甥素岑宅也。稱有鄰矣。樓勢面湖，諸山環之，頗富流覽。與鶴羣、茝潭兒輩讀書遊息之所。顔曰一半句留，取白香山未能拋得杭州去，一半句留是此湖詩句。

翁同龢《瓶廬詩稿》卷一《題李書農半萬卷齋圖用册中顧南崖韻》 扶護還邱園，潛焉問家室。豈無誓墓志，王事有日月。遺書三萬卷，兵燹百無一。可憐柱下史，乃自竈觚出。江山色悽愴，城市氣闐溢。競尚紈綺飲，誰知壁經漆。峨峨李膺門，表表樹雙闕。乾嘉諸老輩，樸學尠儔匹。洪鐘發鏗訇，圭瓚薦芬苾。文辭麗以則，考訂密而質。津逮東南人，孯經知務實。儀徵與高郵，高弟最超軼。訓故得師承，後生慕儒術。以上謂薔生先生孝廉守貽訓，早歲究理窟。名高志不展，天道固難必。畫圖寓深意，要使塵編拭。眉山有軾轍，門户願初畢。奈何仲又弱，嫠緯嗟誰恤。遺雛好眉眼，玉齒十六七。流涕勗之學，令名矢勿失。江城風雨惡，五噫致愁疾。自歎一腐儒，依然老寒乞。

吴重憙《石蓮閣詩》卷六《題錢塘丁松存著書圖卷》 國朝四庫立七閣，聖因寺榜題文瀾。軍興揚鎮盡灰劫，西湖書亦遭叢殘。高人獨勵守闕志，搜求餘燹忘朝餐。官書僅存三之一，偏鈔善本裝緗紈。頓還舊觀萃往哲，著書人慰歌刀環。我昔聞風起愛慕，望而不見徒蹣跚。吴淞煙雨正閉户，翩然有客敲門鐶。解裝堆贈書滿架，爲言皆是先人刊。我聞先生籌善舉，三十六年事未殫。兩番綽楔荷御筆，重之不異金千鍰。東南藏書數最富，范楊瞿陸難抗顔。斠勘既精著尤富，昕宵不使丹黄閑。沈生作圖傳此意，鴻題屈宋皆衙官。我亦耽書考版本，對此能不慚單寒。他時得放西泠棹，登樓何異窺仙寰。聊歌長句作左券，蠹魚食字緣非慳。

潘衍桐《兩浙輶軒續録》補遺卷五楊鼎《檢藏書有感》 辛勤十七載，書卷四萬餘。積之頗不易，愛惜逾璠璵。旁觀多竊笑，此翁何太迂？其臞類山澤，自稱味道腴。飯熟不遑食，髮亂不暇梳。精力疲無用，天地一蠹魚。不見東家鄰，握算較錙銖。膏飫遺孫子，冠帶耀里閭。余聞謝不敏，窮達順其境。非矜插架多，汲古須修綆。由博而返約，尋源得要領。寡過愧未能，鑑古稍自省。雖有豚犬兒，何由望脱穎。竭力營田疇，恐亦成畫餅。不若從吾好，疏水樂清静。

潘衍桐《兩浙輶軒續録》卷三二《王勉·王給諫故宅》 讀卷知肝膽，文章信有神。淵源傳介弟，鐵石識忠臣。玉海藏書富，龍潭結穴真。瓣香勤拜謁，記取後

來人。

王先謙《虛受堂詩存》卷一二《題費念慈屺懷所藏祖父畊亭先生手書册》 孝德藏書見，清芬展卷流。斑文識虎豹，蟠采對龍虯。兵氣蘇吴楚，家風數麴游。一經仍祖武，八法亦孫謀。

金武祥《粟香隨筆》卷五 定峯詩云：《十三經》、《廿一史》，牙籤滿架貽孫子，胸中書少架上多。君其奈此子孫何？君不見田間有子起白屋，偏向朱門借書讀。可爲藏書家作一棒喝。

陶方琦《湘麋閣遺詩》卷四《海槎藏書甚富又好爲目録之學書此報之》 西頭快閣晚晴天，雲水空明文字鮮。數萬圖書恣供養，幾年心力費讐編。吉金宜合雙周器，海槎藏伯愈父盤，余藏周伯愈父簋。精槧還齊百宋廛。君曾爲《百宋一廛賦書目考》。早向亭林識宗恉，搜羅墜業意皇然。

本來身外即浮雲，邃密商量爲咫聞。舊宅杜郁多散佚，郡中杜氏藏書及山陰郁氏皆燬于燹劫。同時丁陸亦精勤。謂陸存齋及丁松生。頻年自歎成荒落，古簡還期共賞欣。卻慕前賢思適意，未應膏晷徹宵焚。

譚宗浚《荔村草堂詩鈔》卷五《游西湖雜詩十三首》其十 許鄭崇祠俎豆新，西泠風雅藉扶輪。獨憐靈隱藏書庫，蠹簡蟫編想半湮。

又卷七《二酉山藏書石室歌爲州牧李郡侯同年承鄴作》 古人嗜古矜縹緗，書卷盡向名山藏。西河石室始卜夏，雙趺引起何渺茫。史公南游亦爲此，遂探禹穴浮熊湘。扶風馬融蜀文黨，往往故蹟與圖詳。當時壽世少梨棗，愛護恐復纏風霜。星鈔露纂太勞頓，猶竭精力收散亡。豈如後世趨簡易，但侈細字儲巾箱。酉陽自昔蠻夷地，割置從來隸荒裔。巋然高嶺接龍池，下有深崖杳幽邃。長松十丈魁且梧，雜以山花紫紅翠。水簾一斗飛珠璣，屈注田圩作鳴籟。居人架屋傍巖隈，壽過期黎竟忘歲。傳聞太古有藏書，剥落莓苔竟誰記。蜀中詞藻天下無，井絡上應文明區。邇來頗復事刀筆，樸學一變成榛蕪。卓羅程鄭世豈乏，第解榷算窮錙銖。只聞量谷粟萬斛，罕復插架書千厨。君不見姚觀察。君不見吴尚書，校刊古籍删魯魚，學士始復知五車。英才領袖亦多有，窺步涉奥方權輿。我慚朽鈍謬持節，欲挽溟渤來歸墟。才疏汲短實多疚，有媿列鼎兼吹竽。伯陽之孫近良牧，政比龔黄更神速。試儲玉軸三萬籤，扃鑰緘縢閟空谷。遠同王阮近錢毛，盡與章縫供諷讀。長恩世守久勿渝，光耀璧奎騰儵煜。文章樹木旌節花，科第聯翩冠西蜀。中和作頌俟他時，衮衮諸生如立鵠。懸知舊俗洗狉榛，勿學屠蘇建高屋。

譚宗浚《荔村草堂詩續鈔·别故居詩效宋芷灣先生體》 少年獵文史，欲讀恒無貲。及乎插架滿，展閲神已疲。我居輦轂下，典籍供娱嬉。亦時下朱墨，點勘多存疑。京曹乏金玉，恃此矜豪資。今晨忽斥賣，輦載歸賈兒。然脂足代爨，易餅聊充飢。平心下轉語，聚散理亦宜。本來非我物，放佚奚足悲。君看永樂典，萬帙今無遺。有書不能讀，嗟嗟遠官爲。

袁昶《漸西村人初集》詩五《題藏書目後》 益人神智仗何物，心不離書神不索。伴我扁舟吴越行，漠漠江雲信寥廓。倦客長懷十九泉，瀹茶燒笋自年年。洞天花發盍歸去，卻掃焚香便得仙。

又詩一三《松生爲買書甚多遠致京邸以詩寄謝》 先祖手澤古籍儲，以卷計者五萬餘。丹鉛雜下勤勘攄，初花萎葉蒔且梳。府君斥田續藏弆，伯叔諏經環一廬。雞年之難厄焚如，今存千一珍璠璵。墨妙猶新手楬櫫，先大父藏書後析而爲六。辛酉壬戌之難，今惟《藝海珠塵》及《漢魏叢書》數種猶存。大父手署遺迹，幸完好，不肖將椷藏之家祠比于宗器。猶憶少鈍不知書。但抱長鑱堀芋區，時窺諸父礲且儲。山樓燈火青箖箊，今乃不聞長者言。呴嘘嗟，失義方。迷厥初掾曹竊食，雀鼠居飽更憂患。慵胥疏聊資插架，或開余那能道德。供獵漁廠市門攤，頻接疋所得非實。往悔虚球時洴澼，方誰胠安用糟魄。琱蟲魚徵君藥我，忘我樗起其廢疾。投瓊琚，知我貧無十人稰，爲致卷軸充連車。君家縑竹埒石渠，出其一臠饜千夫。我如疲農舍耜耡，嗇愛心氣年光徂。鞭策不能瘵詹諸，牙籤錦贉照窮閭。傾身障簏徒區區，負公雅命慚終孤。

葉昌熾《奇觚廎詩集》卷下《五月十一日蕘圃生日，筱珊前輩招，同王雪澂廉訪，張菊生參議，徐積餘觀察，南潯張石銘、劉翰怡，携藝風堂藏書有蕘翁題跋者，開尊共酌，即席賦長句一首，五疊前韻》 佞宋主人一廛闢，得書輒題快新獲。姓名流略記必詳，例援淵翁與槎客。孫梅隱平津館、吴兔牀拜經樓皆有《藏書題跋記》。瞥然散落如雲煙，藏者摩挲共金石。人亡人得等楚弓，至今瓣香爲復翁。藝風老人尤好事，一尊樂與羣賢同。精鈔名槧競羅列，惜哉涉獵徒悤悤。肴蕙籩兮羞荷屋，配以長恩祭不瀆。墜簡可補盍兼收，誤書細思無欲速。几塵風葉待校讎，媿我薑牙十指秃。家家羽陵與酉陽，千金市駿麻沙坊。況隨估舶浮海去，神山縹緲煙波望。君家鎮庫獨無恙，鼇峰更數興公藏。憶昔都門逢政變，甘陵黨籍金閨彦。今有靈鶼閣内書，僑吴一集吾曾見。蠅頭小字手自題，鴻爪重尋目爲炫。我如漁仲以八求，半囊清俸十脡修。銘心絶品覓不得，但從真蹟留雙鉤。不圖海上瑯環

樂，足慰南冠遲暮愁。

趙藩《向湖村舍詩初集》卷六　人生何必定期頤，其奈今非撒手時。萬卷藏書一身債，八旬老母二齡兒。將扶力薄吾真媿，清白家貧世共知。奴子闞心相怪問，耶何忽忽坐如癡。

陳衍《石遺室詩集》卷三《食五大箱皆無完膚者亦一小劫也》　寠人積書難登天，囊中一年幾餘錢？忍飢購書無此事，有錢豈盡歸陳編？不知辛勤幾積累，始此突兀陳我前。水村疫鬼逼人走，皿蟲飛穀相周旋。蠹魚被奪與螻蟻，飽食豈亦能神仙？兒言糜爛不忍覩，如蠅蚋嘬膚無完。我書固然飽毒手，汝蟻亦復厭老拳。藏書不知有何罪，往往浩劫遭顛連。區區狼藉僅三篋，百不及一方古賢。銀杯羽化固可惜，瓦盆盛酒尤堪憐。石田已失甑已破，將不識字真耕田。

文廷式《文道希先生遺詩・贈李博孫工部》　之子有奇氣，呼酒看西山。千秋絫可數，一官聊自閑。藏書非世玩，夢樂笑天慳。此豈折腰吏，期君江海間。

易順鼎《丁戊之閑行卷》卷三《題劉春禧康紅豆山莊藏書圖》　三代以上多藏書，靈崖屭贔神所居。禎虹千尋孕奇豔，玉軸瑤笈天爲儲。何人試探宛委穴，龍螭晝抱綃纏纚。中有萬古元氣積，系黄運化相權輿。不然陵谷幾遷變，瑶光肯逐微塵徂。祖龍一炬赤帝起，六籍乃出秦灰餘。冢穿壁裂不無意，神物自貢非人驅。終由藏庋得完固，人力居半難盡誣。潙西詞伯稱媚古，高齋瞥覩藏書圖。是何妙筆寫奇境，墨痕慘澹心血俱。舊山萬仞青霞外，古翠照見鬚眉癯。清都鸞鶴閟高韻，琪葩紺草誰能鋤，若有人兮山之麓，小樓一楹花數株。偶然唫嘯答蟬蚓，風雷萬籟皆笙竽。奇編鉅簡充棟牖，呵護每遇真靈趨，丹黄點勘不離手。廥深案迴堆蟲魚，紅蟫碧蠹爾何福。煙嵐供養神益腴，松光石氣忽滿紙。捫來一片煙模糊，誦聲琅琅出金石。以耳逼聽如可呼，文章古今悲泪海。賢聖精力同消除，人生一字一憂患。君顧戀茲無乃愚，東隣富兒似得計。藏者爲粟爲金珠，各持所守還造物。神明苦樂將毋殊，劉侯信有希聖癖。其神□逸形豈劬，尚論千載易得友。讀破萬卷宜稱儒，會看蒲□入金馬。承明箸述儕嚴徐，我方秋齋夢蝴蝶。芸香卧枕慵鈔胥，青鐙若憶兒時味。紅豆喜問先生廬，鄉嬛晝扃翠蕤静。人迹不到真愁予。翻擬導師乞仙犬，稍窺十乘瑶華車。高閣停雲此悵望，故園秋樹今扶疎。名山位業在静者，窮愁人海胡爲乎。忽看金匱石屋，夜半吐光怪應是，君家藜火普照，靈湘壽嶽炎精墟。

黄鉞《壹齋集》卷三七《書錢圖并引》　道光乙酉冬，余將乞休，先期載書南歸，作《錢書圖》。丙申之夏，兩目忽盲，束書不觀者累月，因作《書錢圖》。昔者我爲主，書爲客；今者書爲主，我爲客矣。諺所謂瞎説耳。然亦諷夫有書不讀及不瞎而不讀書者。

昨者我錢書，今日書錢我。昨者乞休錢書歸，今日家居面書坐。開卷視茫茫，繞榻行徬徨。嘆息呼負負，見者神爲傷。書曰君毋苦，悵恨亦何補。與君交不薄，周旋自總角。見子賦壯游，見子困難索，見子晚登第，見子躋臺閣。南浮江漢，西抵雲朔，東至海濱，北沙漠。從君六十年，風雨一鐙守。縱横萬餘里，舟車常在手。蟲鼠不敢侵，盗賊望而走。感子肺腑交，勞子夢寐憶。何期耄將及，相對不相識。念子舍我别，忍不壯行色。縹緗作几筵，卷軸爲餚列。醉子以六經，未必能酩酊。味子以諸史，得失究誰是。飫子以諸子，百家插架紛如麻。不如一樽酒，請君消百憂。聽我一言非謬悠，譬如生本無兩眸，又或愚蒙不識字，日高睡足快活無與儔。君不見紈袴子視我方如仇，我將退棄柴煙糞，火中甘與脈望游。又不見海内藏書樓，宋元善本不惜千金收。丹黄細字精校讎，幾家子孫能讀不。

王嗣槐《桂山堂詩文選・詩選》卷一二《遊佳山堂漫詠》　城南徙宅似張華，只有藏書三十車。老眼喜翻難字過，閑心細較説文差。石倉秋蠹籤抽玉，柳篋春吟筆吐花。莫道瑯環扃秘室，朝朝蒸作海東霞。

又《徐太史藏書》　領袖蓬山館裏人，貴遊江左避清塵。七車名士稱天女，二閣藏書賜近臣。借寫只愁蒲牒盡，手翻還哂石倉貧。高齋坐卧輕南面，老至渾忘歲月新。

趙賓《學易菴詩集》卷四上《戲贈友人》　高堂健飯子伊吾，何事經年泛五湖。萬卷藏書供夜蠹，三春帶草鎖庭梧。縱然南國山容好，其奈中閨月影孤。屺岵有歌渾不管，可堪落日對啼烏。

又《送吕蓮舟致仕》　秋風何事憶鱸魚，欸段南歸賦遂初。丹碧千章新種樹，縹緗萬卷舊藏書。新吾先生藏書甚富。家臨嵩少登臨便，人傍樵漁禮法疎。近日頻裁猿鶴信，花開三徑返吾廬。

王昊《碩園詩稿》卷二〇《醉中歌贈周靖公》　酒徒吾黨誰稱尊，周郎一石能鯨吞。白波快捲世無敵，王生見爾辟易亡。精魂夙昔歡場樹，旗鼓夜郎自大稱。盟主今朝百罰更添籌，病葉狂花始知苦。男兒生世遭途窮，焉能紛紜得失争鷄蟲。求仙學佛既無分，讀書飲酒真英雄。君家藏書五千卷，錦軸牙籤本稱善。飲君之酒讀君書，老子於此興不淺。燈前舞醉後歌，五公七相俱么魔。濁醪至理飲真性，

斯意知者何無多。邂逅如君業傾倒，痛飲豪吟可終老。慷慨休將髀肉悲，蹉跎莫被頭顱惱。明朝便作豫章行，珍重旗亭執手情。期君花應春缸熟，我正歸舟遇石城。

又碩園詞稿《萬年歡從叔增城公七十生日》 隴首梅花，領羣芳爛熳，定推吾叔。奕葉簪纓，二十蚤歌鳴鹿。萬卷藏書能讀。算不媿、孝廉之目。官花縣，衙對羅浮，共推東粵良牧。箕疇五福。更齊眉百年案舉，還合添六。笑指塵寰，滄海幾番沉陸。休羨平泉金谷。且微呷、杯中深緑。八千歲、椿以爲春，南華此段堪祝。

王岱《了菴詩文集·詩集》卷八《飲張扶暉寓公藏書甚富》 聖世存高隱，如君曠代無。和光仍寄傲，養晦欲名迂。未老安衰白，將酣輒醉扶。詼諧除世事，書滿大官厨。

梁國治《國子監志》卷六〇《藝文四》彭會淇《太學紀事十首·檢書》 太學書樓儼石渠，登樓猶見有藏書。棗梨充棟沈蛛網，篇帙盈箱走蠹魚。檢點不辭臣職在，搜羅應念國恩餘。我皇著述高千古，好待新頒内府儲。

項樟《玉山詩鈔》卷三《題朱逸上課孫圖》 昨歲同觀濠上魚，筆牀茶竈喜相於。別從秋水開烏榜，來向春城歇筍輿。樂圃清芬傳舊緒，考亭家世有藏書。森森翠竹高如許，會看龍孫挺碧虚。

蕭惟豫《但吟草》卷四《謝方山郎中過湄園以詩見贈次韻答之》 野人得遂水雲居，有客來過笑似漁。新買扁舟閑繫柳，粗成茅屋儘藏書。墻頭帆影春風挂，屋角桃花夜雨舒。細讀君詩真有畫，荒園景物那能如。

謝堃《春草堂集》卷四《畣友人問病》 愁多容易感支離，一榻薰風午不知。神散幻成疑我夢，情真寫作畣君詩。家貧轉賴藏書富，婚早偏教得子遲。自笑已同仙辟穀，却勝渺渺訪安期。

越闓《春燕詞》卷下《聲聲令·五老峰訪聞極不值》 匡山絶頂，别是規模。高人獨向此中居。和羹奉母。華門外，樹巢烏。愧煞年來我不如。滿壁藏書。開石室，見雲浮。餘閑留種樹千株。未逢慧遠，動躊躇。分何疎。郵禁得、渺渺愁予。

詹賢《詹鐵牛詩文集·詩集》卷一三《賀金漢封遷居》 戲彩堂仍舊，懷新自結廬。軒開容愛日，室邃可藏書。志已傳銅鉢，才堪薦石渠。扶鳩延色笑，高詠于公車。

袁翼《邃懷堂全集·詩集後編》卷三《贈書賈李生》 夙世應爲脉望仙，古香微洒袖衿邊。勞君處處搜殘帙，累我年年費俸錢。鴻漸久荒烹茗竈，玉川已賣載書船。絳雲傳是樓何在，百萬圖書付刼烟。錢氏絳雲樓、徐氏傳是樓藏書之富，甲於海内。

黄達《一樓集》卷七《白門喜值藥洲枝南》 江亭判袂昔銷魂，今日相逢白下門。揚子藏書初卜宅，董生執卷漫窺園。文章海内同衣鉢，兄弟天涯一酒尊。慰我十年風雨夢，燒燈話到月斜痕。

顧汧《鳳池園詩文集·詩集》卷四《纂修玉牒館紀事·其三》 曉傍周墻入絳扉，祥雲晻曖護簾幃。龍池滌硯千鱗躍，鳳掖藏書五采飛。不讓廣寒修殿宇，還同閬苑采芳菲。散衙並轡歸來晚，遥望西山拱翠微。

又《題陳潤甫燕巢圖》 幽人韻事真成趣，解識藏書更所欽。甲庫酉山誰校理，絳雲汲古亦銷沉。牙籤珍重芸香辟，宋板須防梅雨淋。何日草堂攜酒過，一觴一帙慰初心。

路德《檉華館雜録·李氏堂聯》 講道五千言，守老子家風，門内雍和同上善；藏書三萬軸，撫鄴侯手澤，世間事業在通經。

又《張輯庵》 荒政贊賢侯，倉粟均霑餬口，正當炊斷處；藏書遺令子，泮芹並采傷心，未見學成時。

苗蕃《瀑音》卷三 閣之南洞可藏書，經史詩文小石渠。漫道祖龍燒得盡，胸中武庫是焚餘。

劉彬華《嶺南羣雅·彭泰來·英石歌》 我在英山産，探遍英山奇。英山趨庭及十載，九華壺貯羅仇池。庭前拜石侍杖屨。冷署無事供娛嬉，青天萬里照湞水。秋雲飛空墜不起，山人出山拾得之。蒼髓瓌瓏不盈指，空青一片石華脆。寒泉百斛銅盤洗，山齋往往雨欲來。流潤浥浥雲生几，既不讓八十一穴。窮雕鐫又不費，六十餘萬青銅錢。萬山靈寶一袖擷，鬱林風浪歸南船。歸來供置圖史綱，同眼滄桑悲手澤。昔我先人喜藏書，插架琳瑯富丹墨。萬卷未遭秦火焚，一旦遥同楚弓擲。傷心絶學渺難計，案頭小玩何堪惜。世間趙璧皆千金，覬覦未識秦人心。青氊故物看胠篋，摩抄片石同沾襟。

林直《壯懷堂詩》三集卷一二《賃居清水濠屋雨菴觀察舊居也有樓三椽可以休息尋當聚書其中間可謀客亦信足樂寄東南屏》 昔年爲訪王觀察，橫海樓船到粵初。入郡未懸孺子榻，卸裝先叩故人居。廳堪延客今無恙，室有藏書意自如。爲報彭宣應一笑，後堂杯酒肯全疏。

《(乾隆)震澤縣誌》卷三四張世煒《自題秀野山房》　桑麻深處有蝸廬，秀色堪餐野景餘。地不近山惟覓畫，家無長物祇藏書。就陰樹緑眠黄犢，戲水渠清跳白魚。自昔曾多高卧者，古今相較定何如。

蒯德模《帶耕堂遺詩》卷一　先人有敝廬，至今幾百載。家世喜藏書，名山足搜采。楚人一炬烈，空餘灰燼在。天地一瞬息，吾身一傀儡。疾病人傳死，飢寒我知殆。江湖歲暮陰，夢夢無真宰。前山魑魅迎，後山虎狼待。魑魅肆無忌，虎狼性不改。何以安此身，逝將東蹈海。

賀振能《窺園稿》《齋中漫興》

小閣藏書滿，生涯老蠹嗤。三春餘酒債，一病歷花時。底事禪中覺，新詩象外奇。漫矜肥更瘦，只自任狂癡。

釋宗渭《芋香詩鈔》卷一《寄松陵馬叟》　三高祠下虹橋畔，吾友臞庵曾卜居。今日扶風繼高躅，魚庄蠏舍獨藏書。

孫錫蕃《復菴删詩舊集》卷四《留别曹公乘》　秋色薄于旅，驚秋送客行。風違鴈後約，花惜雨中情。採藥寧辭苦，藏書畏著名。孤懷泉石憩，託跡在雲平。

沈景運《浮春閣詩集》卷四《酬戴衢臯原韻》　二酉藏書富，閑來取次觀。雄文驚藝苑，佳句壓詞壇。芳草侵堦砌，幽花伴石闌。芸牕勞静課，如味得醎酸。

張培仁《静娱亭筆記》卷一〇《山中書事前調》　興亡多少繁華夢，雙眼天涯。豪門枯木，高臺芳草，幸舍啼鴉。數間茅屋，藏書萬卷，投老邨家。山中何事？松花釀酒，春水煎茶。

李成謀《石鍾山志》卷一六《蔡嶽・鍾山留詠呈麓樵夫子》　掃除塵牘度駒光，坐對閒齋笑獨忙。架有藏書防耗蠹，田無附郭慮商羊。半生宦況詩盈卷，幾處循聲淚數行。管領湖山公最稱，且遲歸棹泛瀟湘。

胡文學《甬上耆舊詩》卷一三《余洵・哭長清李處士》　先生德學巳經年，此日人傳地下仙。細草春風虛講席，孤燈夜雨罷吟氊。門傳通德推前輩，家有藏書啓後賢。惆悵諸生齊洒淚，太玄墳舍在寒烟。

顧永年《梅東草堂詩集》卷四《高鹿岩民部有詩見懷即次元韻奉答乘興叠至八首》其五　軒渠一笑賀新還，萬事于心總莫關。種秫荒田無十畝，藏書矮屋得三間。酒餘狂態方爲美，文到聱牙始是艱。講學康成無恙否，一心常在不其山。

收藏部

官府收藏分部

綜述

《尚書·多士》 惟殷先人，有册有典，殷革夏命。

《左传·僖公五年》 虢仲、虢叔，王季之穆也，爲文王卿士，勳在王室，藏於盟府。

又《定公四年》 殷民六族，條氏、徐氏、蕭氏、索氏、長勺氏、尾勺氏，使帥其宗氏，輯其分族，將其類醜，以法則周公，用即命于周。是使之職事於魯，以昭周公之明德。分之土田陪敦，祝宗卜史，備物典策，官司彝器。

《周禮·春官宗伯》 小史：掌邦國之志，奠繫世，辨昭穆，若有事，則詔王之忌諱。【略】外史：掌書外令，掌四方之志，掌三皇五帝之書，掌達書名于四方。

《穆天子傳》卷之二 先王之所謂策府，言往古帝王以爲藏書册之府。所謂藏之名山者也。

《史記·蕭相國世家》 沛公至咸陽，諸將皆争走金帛財物之府分之，何獨先入收秦丞相御史律令圖書藏之。沛公爲漢王，以何爲丞相。項王與諸侯屠燒咸陽而去。漢王所以具知天下阸塞，户口多少，彊弱之處，民所疾苦者，以何具得秦圖書也。

又《老子韓非列傳》 老子者，楚苦縣厲鄉曲仁里人也，姓李氏，名耳，字聃，周守藏室之史也。

又《太史公自序》 維我漢繼五帝末流，接三代絶業。周道廢，秦撥去古文，焚滅《詩》、《書》，故明堂石室金匱玉版圖籍散亂，於是漢興，蕭何次律令，韓信申軍法，張蒼爲章程，叔孫通定禮儀，則文學彬彬稍進，《詩》、《書》往往間出矣。自曹參薦蓋公言黄老，而賈生、晁錯明申、商，公孫弘以儒顯，百年之間，天下遺文古事靡不畢集太史公。太史公仍父子相續纂其職。曰：「於戲！余維先人嘗掌斯事，顯於唐虞，至於周，復典之，故司馬氏世主天官，至於余乎。欽念哉！欽念哉！」罔羅天下放失舊聞，王跡所興，原始察終，見盛觀衰，論考之行事，畧推三代，録秦漢，上記軒轅，下至於兹，著十二本紀，既科條之矣。

焦延壽《焦氏易林》卷一《坤之第二》 典册法書，藏在蘭臺，雖遭亂潰，獨不遇災。

《漢書·高帝紀上》 乃封秦重寶財物府庫，還軍霸上，蕭何盡收秦丞相府圖籍文書。

又卷一九上《百官公卿表》 御史大夫，秦官，位上卿，銀印青綬，掌副丞相。有兩丞，秩千石。一曰中丞，在殿中蘭臺，掌圖籍秘書，外督部刺史，内領侍御史員十五人，受公卿奏事，舉劾按章。成帝綏和元年更名大司空，金印紫綬，禄比丞相，置長史如中丞，官職如故。哀帝建平二年復爲御史大夫，元壽二年復爲大司空，御史中丞更名御史長史。

《三國志》卷一《魏書·武帝紀》 紹衆大潰，紹及譚棄軍走，渡河，追之不及，盡收其輜重圖書珍寶，虜其衆。公收紹書中，得許下及軍中人書，皆焚之。冀州諸郡多舉城邑降者。

《三國志》卷一三《魏略》注 至太和中，嘗以公事移蘭臺。蘭臺自以臺也，而秘書署耳。

《三國志》卷四二《蜀書·许慈傳》 先主定蜀，承喪亂歷紀，學業衰廢，乃鳩合典籍，沙汰衆學，慈、潛並爲博士，與孟光、來敏等典掌舊文。

《魏書》卷三三《高謐傳》 第三子謐，字安平，有文武才度。天安中，以功臣子召入禁中，除中散，專典秘閣。肅勤不倦，高宗深重之，拜秘書郎。謐以墳典殘缺，奏請廣訪羣書，大加繕寫。由是代京圖籍，莫不審正。

《周書》卷三七《寇儁傳》 大統二年，東魏授儁洛州刺史，儁因此乃謀歸闕。五年，將家及親屬四百餘口入關，拜秘書監。時軍國草創，墳典散逸，儁始選置令史，抄集經籍，四部羣書，稍得周備。

《晉書·武帝紀》 ［咸宁五年］冬十月戊寅，匈奴餘渠都督獨雍等帥部落歸化。汲郡人不準掘魏襄王冢，得竹簡小篆古書十餘萬言，藏于秘府。

《南史》卷八〇《侯景傳》 景遣百道攻城，縱火焚大司馬、東西華諸門。城中倉卒未有備，乃鑿門樓，下水沃火，久之方滅。賊又斫東掖門將入，羊侃鑿門扇刺

殺數人，賊乃退。又登東宫牆射城内。至夜，簡文募人出燒東宫臺殿遂盡，所聚圖籍數百厨，一皆灰燼。

徐堅《初學記・職官部下》 秘書監，後漢桓帝置也，掌圖書秘記，故曰秘書。後省之。至獻帝建安中，魏武爲魏王，置秘書令，典尚書奏事，即中書之任也，亦兼掌圖書秘記之事。魏文黄初初，分秘書立中書，中書自置令，典尚書奏事，而秘書改令爲監，别掌文籍焉。按《漢官》及《齊職儀》，秦漢置尚書，通掌圖書秘記章奏之事。光武罷尚書官，置中書，掌其事。光武罷中書官，又置尚書。漢獻帝置秘書令，典尚書奏事，當中書之任。則知中書本尚書之任，秘書本中書之任。初漢置尚書中書屬少府，按《漢官》，初秦代少府，遣吏四人於殿中主發書，故號尚書。尚猶主也，中書本尚書之官，故總隸屬少府。而秘書本中書之官，故魏初猶隸少府。及王肅爲監，以爲魏之秘書即漢之東觀之職，安可復屬少府？自此不復焉。《後漢書》云：「時學者以東觀爲老氏藏室，道家蓬萊山。」至晉武，又以秘書并入中書省，省其監。晉惠復别置秘書監一人，後世因之。其少監，隋煬帝置也。以上並出《漢官》及《齊職儀》。唐因之，龍朔二年改秘書省曰蘭臺，其監改名太史。咸亨元年復爲秘書監。天授初改秘書省曰麟臺，其監不改，神龍初復舊。初漢御史中丞在殿中，掌蘭臺秘書圖籍。唐以秘書省爲蘭臺，即因斯義也。漢西京未央宫中有麟閣，亦藏秘書，即揚雄校書之處也。改秘書爲麟臺，亦因其義也。春秋韓宣子聘魯，觀書於太史氏，古者太史掌書，改監爲太史，亦因其義。

《唐六典》卷一〇《秘書省》 秘書郎掌四部之圖籍，分庫以藏之，以甲、乙、丙、丁爲之部目。甲部爲經，其類有十：一曰《易》，以紀陰陽變化；《經籍志》：《歸藏》等六十九部，五百五十一卷。二曰《書》，以紀帝王遺範；《古文尚書》等三十二部，二百三十七卷。三曰《詩》，以紀興衰誦嘆；《韓詩》等三十九部：四百三十二卷。四曰《禮》，以紀文物體制；《周官》等一百三十六部，一千六百三十二卷。五曰《樂》，以紀聲容律度；《樂社大義》等三十二部，一百四十三卷。六曰《春秋》，以紀行事褒貶；《春秋經》等三傳九十七部，九百八十三卷。七曰《孝經》，以紀天經地義；《古文孝經》等十八部，六十三卷。八曰《論語》，以紀先聖微言；《論語》等并《五經異義》七十二部，七百八十一卷。九曰圖緯，以紀六經讖候；《河圖》等十三部，九十二卷。十曰小學，以紀字體聲韻。《説文》等三部，四十六卷。乙部爲史，其類一十有三：一曰正史，以紀紀傳表志；《史記》等六十七部，三千八十三卷。二曰古史，以紀編年繫事；《紀年》等四十四部，六百六十六卷。三曰雜史，以紀異體雜記；《周書》等七十部，九百一十七卷。四曰霸史，以紀僞朝國史；《趙書》等二十七部，三百三十五卷。五曰起居注，以紀人君動止；《穆天子傳》等四十一部，一千一百八十九卷。六曰舊事，以紀朝廷政令；《漢武故事》等二十部，四百四卷。七曰職官，以紀班敍品秩；《漢官解詁》等二十部，三百三十六卷。八曰儀注，以紀吉凶行事；《漢舊儀》等五十九部，二千二十九卷。九曰刑法，以紀律令格式；《律本》等三十五部，七百一十二卷。十曰雜傳，以紀先賢人物；《三輔決録》等二百一十七部，一千二百八十六卷。十一曰地理，以紀山川郡國；《山海經》等一百三十九部，一千四百三十三卷。十二曰譜系，以紀氏族繼序；《世本》等四十一部，三百六十卷。十三曰《略録》，以紀史策條目。《七略》等三十部，二百一十四卷。丙部爲子，其類一十有四：一曰儒家，以紀仁義教化；《晏子》等三十五部，三百三十六卷。二曰道家，以紀清静無爲；《鬻子》等四十二部，三百三十一卷。三曰法家，以紀刑法典制；《申子》等四部，凡六十卷。四曰名家，以紀循名責實；《管子》等六部，七十二卷。五曰墨家，以紀强本節用；《墨子》等三部，七十卷。六曰縱横家，以紀辯説譎詐；《鬼谷子》等二部，六卷。七曰雜家，以紀兼敍衆説；《尉繚子》等九十七部，二千七百二十卷。八曰農家，以紀播植種蓺；《氾勝之書》等五部，一十九卷。九曰小説家，以紀芻辭輿誦；《燕丹子》等二十五部，一百二十二卷。十曰兵法，以紀權謀制變；《司馬兵法》等一百四部，四百四十六卷。十一曰天文，以紀星辰象緯；《周髀》等九十七部，六百七十卷。十二曰曆數，以紀推步氣朔；《四分曆》等一百部，二百六十三卷。十三曰五行，以紀卜筮占候；《風角占》等二百七十二部，一千二十二卷。十四曰醫方，以紀藥餌鍼灸。《黄帝素問》等五十六部，四百一十卷。丁部爲集，其類有三：一曰《楚詞》，以紀騷人怨刺；《楚詞》等十部，二十九卷。二曰别集，以紀詞賦雜論；《荀況集》等四百三十七部，四千三百八十一卷。三曰總集，以紀類分文章。《文章流别集》等一百七部，二千二百一十三卷。

柳宗元《龍城録》卷下《開元藏書七萬卷》 有唐惟開元最備文籍，集賢院所藏至七萬卷。當時之學士，蓋爲褚無量、裴煜之、鄭譚、馬懷素、張説、侯行果、陸堅、康子元輩，凡四十七。司典籍，靡有闕文，而賦遽興。兵火交紊，兩都灰燼無存，惜哉！

李肇《翰林志》 南廳五間，本學士騎馬都尉張垍飾爲公主堂，今東西間，前架高品使居之，中架爲藏書南庫。西三間，前架中三洞豁設榻，受制旨印書詔，二時會食之所。四辟列制勑，例名數其中，使置博一局印櫝。中間爲北一户架，東西各二間，學士居壁之。出北門，横屋六間當北廳，通廊東西二間，爲藏書北庫，其二庫書各有録，約八千卷，小使主之。西三間，書官居之，號曰待制。

帝，敕丞相公孫弘，廣開獻書之路。百年之間，書積如丘山，故外則有太常太史博士之藏，内則有延閣廣内祕室之府。」

歐陽詢《藝文類聚》卷一二《帝王部二・漢武帝》 劉歆《七略》曰：「孝武皇

劉崇遠《金華子雜編》卷上 我唐烈祖高皇帝，睿哲神明，順天膺運。相羿禍浹，有仍之慶始隆。哀莽毒飫，銅馬之尊是顯。堯儲復正，文廟重新。漉沉海之斷綸，却成萬目。撥伏灰之餘簡，在序九流。宗周而一仁風，依漢而雜霸道。澆漓頓革，習尚無虚。遂使武必韜鈐，不空弓馬。文先政理，乃播風騷。由是勳代子孫，知弓裘之可重。閭閻童稚，識詩書之有望。不有所廢，其何以興？是知楊氏餝弊於前，乃自弊也。烈祖聿興於後，固天興乎！始天祐間，江表多故，洎及寧貼，人尚苟安。稽古之談，幾乎絶侣。横經之席，蔑耳無聞。及高皇初收金陵，首興遺教，懸金爲購墳典，職吏而寫史籍。聞有藏書者，雖寒賤必優詞以假之。或有贊獻者，雖淺近必豐厚以答之。時有以學王右軍，書一軸來獻，因償十餘萬，繒帛副焉。由是六經臻備，諸史條集，古書名畫，輻湊絳帷，俊傑通儒，不遠千里而家至户到，咸慕置書，經籍道開，文武並駕。暨昇元受命，王業赫然，稱明文武，莫我跂及。豈不以經營之大其有素乎！

《舊唐書・馬懷素傳》 懷素雖居吏職，而篤學，手不釋卷，謙恭謹慎，深爲玄宗所禮，令與左散騎常侍褚无量同爲侍讀。每次閤門，則令乘肩輿以進。上居别館，以路遠，則命宫中乘馬，或親自送迎，以申師資之禮。是時秘書省典籍散落，條流無敘，懷素上疏曰：「南齊已前墳籍，舊編王儉《七志》。已後著述，其數盈多，《隋志》所書，亦未詳悉。或古書近出，前志闕而未編；或近人相傳，浮詞鄙而猶記。若無編録，難辯淄、澠。望括檢近書篇目，并前志所遺者，續王儉《七志》，藏之祕府。」上於是召學涉之士國子博士尹知章等，分部撰録，并刊正經史，粗創首尾。

又《裴矩傳》 裴矩字弘大，河江聞喜人。【略】伐陳之役，領元帥記室。及陳平，晉王廣令矩與高熲收陳圖籍，歸之秘府。累遷吏部侍郎，以事免。

又《元行沖傳》 先是，秘書監馬懷素集學者續王儉《今書七志》，左散騎常侍褚无量於麗正殿校寫四部書，事未就而懷素、无量卒，詔行沖總代其職。於是行沖表請通撰古今書目，名爲《羣書四録》，命學士鄠縣尉毋煚、櫟陽尉韋述、曹州司法參軍殷踐猷、太學助教余欽等分部修檢，歲餘書成，奏上，上嘉之。上又特令行沖撰御所注《孝經》疏義，列於學官。尋以衰老罷知麗正殿校寫書事。初，有左衛率府長史魏光乘奏請行用魏徵所注《類禮》，上遽令行沖集學者撰《義疏》，將立學官。行沖於是引國子博士范行恭、四門助教施敬本檢討刊削，勒成五十卷，十四年八月奏上之。尚書左丞相張説駁奏曰：「今之《禮記》，是前漢戴德、戴聖所編録，歷代傳習，已向千年，著爲經教，不可刊削。至魏孫炎始改舊本，以類相比，有同抄書，先儒所非，竟不行用。貞觀中，魏徵因孫炎所修，更加整比，兼爲之注，先朝雖厚加賞錫，其書竟亦不行。今行沖等解徵所注，勒成一家，然與先儒第乖，章句隔絶，若欲行用，竊恐未可。」上然其奏，於是賜行沖等絹二百匹，留其書貯於内府，竟不得立於學官。

又《太宗紀下》 十年春正月壬子，尚書左僕射房玄齡、侍中魏徵上梁、陳、齊、周、隋五代史，詔藏于秘閣。

又《褚无量傳》 无量以内庫舊書，自高宗代即藏在宫中，漸致遺逸，奏請繕寫刊校，以弘經籍之道。玄宗令於東都乾元殿前施架排次，大加搜寫，廣采天下異本。數年間，四部充備，仍引公卿已下入殿前，令縱觀焉。開元六年駕還，又敕无量於麗正殿以續前功。

又《高宗紀上》 詔以書學隸蘭臺，算學隸秘閣，律學隸詳刑寺。

《新唐書・于休烈傳》 於時經大盜後，史籍燔缺，休烈奏：「《國史》、《開元實録》、《起居注》及餘書三千八百餘篇藏興慶宫，兵興焚煬皆盡，請下御史覈史館所由，購府縣有得者，許上送官。一書進官一資，一篇絹十匹。」凡數月，止獲一二篇，唯韋述以其家藏《國史》百三十篇上獻。

又《崔行功傳》 初，太宗命秘書監魏徵寫四部羣書，將藏内府，置讎正二十員、書工百員。

《唐會要》卷三五《經籍》 武德五年，秘書監令狐德棻奏：「今乘喪亂之餘，經籍亡逸，請購募遺書，重加錢帛，增置楷書，專令繕寫。」數年間，群書畢備。至貞觀二年，秘書監魏徵以喪亂之後，典章紛雜，奏引學者，校定四部書。數年之間，秘府粲然畢備。【略】開元三年，右散騎常侍褚無量、馬懷素侍宴，言及内庫及秘書墳籍，上曰：「内庫書，皆是太宗、高宗前代舊書整比，日常令宫人主掌，所有殘缺，未能補緝，篇卷錯亂，檢閱甚難。卿試爲朕整比之。」至七年五月，降敕於秘書省、昭文館、禮部、國子監、太常寺及諸司，並官及百姓等，就借繕寫之。及整比四部書成，上令百姓官人入乾元殿東廊觀書，無不驚駭。【略】十九年冬，車駕發京師，集賢院四庫書，總八萬九千卷。經庫一萬三千七百五十二卷；史庫二萬六千八百二十卷；子庫二萬一千五百四十八卷；集庫一萬七千九百六十卷。其中雜有梁、

陳、齊、周，及隋代古書。貞觀、永徽、麟德、乾封、總章、咸亨年，奉唐繕寫。二十四年十月，車駕從東都還京。有敕，百司從官，皆令減省集賢書籍，三分留一，貯在東都。至天寶三載六月，四庫更造見在庫書目，經庫七千七百七十六卷；史庫一萬四千八百五十九卷；子庫一萬六千二百八十七卷；集庫一萬五千七百二十卷；從三載至十四載，庫續寫又一萬六千八百四十三卷。天寶三載七月，敕先王令範，莫越于唐虞，上古遺書，並稱於訓誥。雖百篇奥義，前代或亡，而六體奇文，舊規尤在。其尚書應古體文字，並依今字繕寫施行，其舊本仍藏書府。【略】十一載十月。敕秘書省檢覆四庫書。與集賢院計會填寫。【略】開成元年七月，分察使奏：「秘書省四庫，見在新舊書籍，共五萬六千四百七十六卷，並無文案，及新寫文書。自今已後，所填補舊書，及别寫新書，並隨日校勘，並勒創立文案，别置納歷。隨月申臺，並外察使每歲末，計課申數。」具狀聞奏，從之。【略】四年二月，集賢院奏：「大中三年正月一日以後，至年終，寫完貯庫，及填缺書籍三百六十五卷，計用小麻紙一萬一千七百七張。」五年正月。秘書省牒報御史臺。從今年正月已後。當司應校勘書四百五十二卷。

又卷六四《集賢院》 九年冬，幸東都，時集賢院四庫書總八萬一千九百九十卷：經庫一萬三千七百五十三卷，史庫二萬六千八百二十卷，子庫二萬一千五百四十八卷，集庫一萬九千八百六十九卷。至二十四年，車駕還西京，勑百司行從，皆令減省，集書籍三分留一貯在庫者。至天寶三載六月，四庫更造，見在庫書籍，經庫七千七百六卷，史庫一萬四千八百五十九卷，子庫一萬六千二百八十七卷，集庫一萬五千七百二十二卷。從天寶三載至十四載，四庫續寫書又一萬六千八百三十二卷。

胡宿等《會稽志》卷一六 《求遺書》本朝《崇文總目》爲書三萬六百六十九卷，嘉祐中從左正言秘閣校理吴及之請，下詔購遺書，每一卷支絹一疋，五百卷與文資。自是獻書者甚衆。及高麗來朝，亦數獻書。至宣和中，册府所藏，充牣棟宇，而禁中藏書尤盛，設官校勘，謂之御前書籍。中更變故，喪亡略盡。至高宗，巡幸至吴中，雖祖宗謚號亦亡之，但稱廟號。建炎三年，因攷求字，訓而有司言止有《廣韻》，俟求訪得《集韻》，乃可盡見，其散亡乃至于是。紹興十三年，始建秘書省於臨安天井巷之東，仍詔求遺書於天下。首命紹興府録朝請大夫直秘閣陸宰家所藏書來上，凡萬三千卷有奇。時置局於班春亭，命新信州教授虞仲［闕］、新江東安撫司准備差遣陸淞等數人，校勘書手百餘人，再閱歲乃畢。今四庫所藏，多其本也。先是有布衣諸葛行仁，亦會稽人，進所藏書八千五百四十六卷，賞以官，實紹興五年六月也。陸氏書幾倍之。時秦檜當國，以其嘗爲李光所薦，故不復議褒録。

司馬光《資治通鑑・煬帝大業十一年》 春，正月，增祕書省官百二十員，隋制：祕書省，監、丞各一人，郎四人，校書郎十二人，正字四人，著作郎二人，佐郎八人，校書郎、正字各二人。帝增少監一人，減校書郎爲十人，加置佐郎四人。又置儒林郎十人，文林郎二十人，增校書郎員四十人，加置楷書郎員二十人，凡百一十七人。並以學士補之。帝好讀書著述，自爲揚州總管，開皇十年，帝爲揚州總管。好，呼到翻。置王府學士至百人，常令修撰，以至爲帝，前後近二十載，近，其靳翻。載，作亥翻。修撰未嘗暫停；自經術、文章、兵、農、地理、醫、卜、釋、道乃至蒱博、鷹狗，蒱，音蒲，摴蒱也。皆爲新書，無不精洽，共成三十一部，萬七千餘卷。初，西京嘉則殿有書三十七萬卷，帝命祕書監柳顧言等詮次，詮，此缘翻；《説文》：「具也。」重，直龍翻。除其複重猥雜，得正御本三萬七千餘卷，納於東都修文殿。又寫五十副本，簡爲三品，分置西京、東都宫、省、官府，其正書皆裝翦華净，寶軸錦褾。褾，方小翻，卷端也。於觀文殿前爲書室十四間，窗户牀褥廚幔，幔，莫半翻。咸極珍麗，每三間開方户，垂錦幔，上有二飛仙，户外地中施機發。帝幸書室，有宫人執香爐，香爐始於漢。《漢官典職》曰：尚書郎給女史二人，著潔衣服，執香爐燒薰。前行踐機，則飛仙下，收幔而上，踐，慈演翻。上，時掌翻。户扉及廚扉皆自啓，帝出，則垂閉復故。

馬令《南唐書・朱弼傳》 皇朝初離五代之後，詔學官訓校九經，而祭酒孔維、檢討杜鎬，苦於訛舛，及得金陵藏書十餘萬卷，分布三館及學士舍人院，其書多讐校精審，編秩完具，與諸國本不類。昔韓宣子適魯，而知周禮之所在，且周之典禮，固非魯可存，而魯果能存其禮，亦爲近於道矣。南唐之藏書，何以異此。

江少虞《新雕皇朝類苑》卷三二 前世藏書分隸數處，蓋防水火散亡也。今三館祕閣凡四處藏書，然同在崇文院，其間官書多爲人盜竊，士大夫家往往得之。嘉祐中，乃置編校官八員，校讎四館書。給吏百人，悉以黄紙爲大册寫之，自此私家不敢輒藏，校讎累年，僅能終昭文一館之書而罷沈。

又卷五〇《秘閣藏書》 端拱元年，以崇文院之中常置秘閣，命吏部侍郎李至兼秘書，提點供御圖書，選三館正本書萬卷實之，置直秘閣及校理之職。命至擇其人奏署。吏以内侍監之，其外省自隸百司。秘閣列於集賢之下，寫御書及百餘卷，即秘監以奉進御，退藏於秘閣。内居從中降圖畫及前賢墨迹數千軸以藏之，淳化中，始造閣成，上飛白書額，親幸召近臣縱視圖籍，賜宴，又以供奉僧元藹所寫御容

二軸藏於閣。

陳騤《南宋館閣録》卷三　秘閣、諸庫書目。在道山堂。如遇省官親開檢閲，即時書名、封鎖。著庭亦如之。秘閣：御札六百七軸，三十五册，五道。《太上皇帝聖政》六十一册，《日曆》一千二册。並藏閣上。經、史、子、集四類一萬三千五百六卷，三千九百五十八册。分四庫，在東、西廊。舊制，秘閣書用蘗黄紙欄界書寫，用黄綾一樣裝背，碧綾面簽，黄絹垂簽，編排成帙。及用黄羅夾複檀香字號牌子，入櫃安頓。黄紙并裝褫物料等，並雜買務收買。御前書經、史、子、集四類二千五百二卷，六百十四册。附秘閣東、西庫。四庫書經、史、子、集二萬三千五百八十三卷，六千五百十二册。續搜訪庫經、史、子、集二萬三千一百四十五卷，七千四百五十六册。諸州印板書六千九十八卷，一千七百二十一册。御容四百六十七軸。圖畫。御畫十四軸，一册。人物百七十三軸，一册。鬼神二百一軸。畜獸百十八軸。山水窠石百四十四軸。花竹翎毛二百五十軸。屋木十一軸。名賢墨蹟一百二十六軸，一册。古器四百十八，硯七十五，琴七。碑刻。太上皇帝御書「右文之殿」一座，「秘閣」一座，《琴賦》六段，《文賦》九段，《千文》三段，《神女賦》四段，《舞賦》三段，《古意》三段，《史節》二段，《養生論》二段，《登樓賦》二段，《高唐賦》三段。已上在秘閣東廂。《史集帖》八段，《樂毅論》一段，《五色章》一段，《跋四生圖》一段，《錦里詩》一段。今上皇帝御書《光堯壽聖太上皇帝聖政序》一座，《用人論》一座，《春賦》一座。已上皆在秘閣西廂。《宰輔三館題名》一座，《館閣續題名》二座，「道山」唐李陽冰篆「山南東道」，著作佐郎黄鈞摋二字刻之。已上在道山堂。「石渠」吴説隸書，二字在石渠之南。「著作之庭」禮部侍郎胡銓隸書，大理寺丞虞似良刻。《淳熙四年進實録題名》校書郎胡晉臣書。已上在搜訪庫。《羣玉題名》一中書舍人范成大隸，在東廊拜閣待班所。《進日曆題名》一校書郎石起宗書。米芾帖十八段，在碑石庫。《暴書會題名》紹興十六年七月、十七年七月、十八年七月、二十九年七月、三十年八月，已上在東廊拜閣待班所；紹興十四年八月、十五年七月、二十六年九月、二十七年八月、二十八年八月，已上在西廊拜閣待班所。

程俱《麟臺故事輯本》卷一　咸平三年二月，詔藏《太宗御集》三十卷於祕閣，仍録别本藏三館。

又　淳化元年七月，以御製《祕藏詮》十卷，《逍遥詠》十一卷，《祕藏諸雜詩賦》十卷，《佛賦》一卷，《幽隱律詩》四卷，《懷感一百韻詩》四卷，《懷感迴文五七言》一卷，凡四十一卷，藏於祕閣。

又　至道元年六月，命内品、監祕閣三館書籍裴愈使江南、兩浙諸州，尋訪圖書。如願進納入官，優給價值；如不願進納者，就所在差能書吏借本抄寫，即時給還。仍齎御書石本所在分賜之。愈還，凡得古書六十餘卷，名畫四十五軸，古琴九，王羲之、貝靈該、懷素等墨跡共八本，藏於祕閣。先是，遣使於諸道，訪募古書、奇畫及先賢墨跡，小則償以金帛，大則授之以官，數年之間，獻圖書於闕下者不可勝計，諸道又募得者數倍。復詔史館盡取天文、占候、讖緯、方術等書五千一十二卷，並内出古畫、墨跡百一十四軸，悉令藏於祕閣。圖書之盛，近代無比。

又　建隆初，三館有書萬二千餘卷。乾德元年平荆南，盡收其圖書以實三館。三年平蜀，遣右拾遺孫逢吉往收其圖籍，凡得書萬三千卷。四年下詔募亡書，三禮涉弼、三傳彭幹、學究朱載等皆詣闕獻書，合千二百二十八卷，詔分置書府，弼等並賜以科名；閏八月，詔史館凡吏民有以書籍來獻，當視其篇目館中所無者收之，獻書人送學士院試問吏理，堪任職官者具以名聞。開寶八年冬平江南，明年春遣太子洗馬吕龜祥就金陵籍其圖書，得二萬餘卷，悉送史館。自是羣書漸備。兩浙錢俶歸朝，又收其書籍。

李攸《宋朝事實》卷九　大觀二年二月十三日，詔曰：朕惟哲宗皇帝英文睿武，神機獨運，道與時俱，沉潛無方，然事天治人，彰善癉惡，訓迪有位，攘卻四夷；則號令指揮，若揭日月，蓋自親攬庶政，始大有爲，一話一言，罔不儀式，刑于神考之典。故緝熙紹復，著在簡編，與熙寧、元豐之所行，相爲始終，比命有司，廣加裒輯，成書來上，本末粲然，誠可傳無窮，施罔極矣。若昔祖宗述作，皆有寶藏之所，參列廣内，揭爲嘉名，擇儒臣以資訪納，今將祇率成憲，匹休前烈，則夫名出于信，不可無所攷也。在詩有之，君子有徽猷，是爲論德之美，而觀道之成，于是乎在。其哲宗皇帝御集建閣，以徽猷爲名，仍置學士，直學士、待制。政和六年增置直閣。

紹興十年五月七日，詔門下：恭惟徽宗皇帝，躬天縱之睿資，輔以日就之聖學，因時制治，修禮樂、恢學校，發揮典墳，緝熙治具，宸章奎翰，發爲號令，著在簡編者，焕乎若三辰之文，麗天垂光，賁飾羣物，所以貽謀立教，作則萬世者，殆與詩書相表裏，特加裒輯，崇建層閣，以嚴寶藏，用傳示于永久。其閣恭以「敷文」爲名，祇遹舊章，宜置學士、直學士、待制、直閣，以次列職，備西清之咨訪，爲儒學之華寵，其著于令。

直祕閣校理，自建隆初，三館有書萬二千餘卷。乾德元年後，平諸國，盡收其圖書，以實三館。先是朱梁都汴，正明中，始以右長慶門東北廬舍十數間，列爲三

館，湫隘卑濕，纔蔽風雨，周廬徼道，出于其側，衛士騶卒，朝夕喧雜，歷代以來，未遑改作。每諸儒受詔，有所論撰，即移于他所，始能成之。太平興國初，太宗因幸三館，顧左右曰：「若此之陋，豈可以蓄天下圖籍，延四方之士耶？」詔經度左升龍門東北舊車輅院，別建三館，命中使督其役，制度皆上所規畫。二年三月，書院成，盡徙舊館之書以實之，凡八萬餘卷。端拱元年，詔分三館之書萬餘卷，別爲書庫，目曰「祕閣」，以吏部侍郎李至兼祕書監，右司諫直史館宋泌兼直祕閣，右贊善大夫史館檢討杜鎬爲校理，而直祕閣祕閣校理之官始于此。

祕書省監少監丞各一人，監掌古今經籍圖書、國史實録、天文曆數之事，少監爲之貳，而丞參領之。其屬有五：著作郎一人；著作佐郎二人，掌修纂日曆；祕書郎二人，掌集賢院、史館、昭文館、祕閣圖籍，以甲乙丙丁爲部，各分其類；校書郎四人，正字二人，掌校讎典籍，刊正訛謬，各以其職隸于長貳，惟日曆非編修官不預。歲于仲夏曝書，則給酒食費，尚書、學士、侍郎、待制、兩省諫官御史並赴。遇庚伏，則前期遣中使諭旨，聽以早歸。大典禮則長貳預集議，所以待遇儒臣，非他司比。宴設錫予，率循故事。宋初置三館長慶門北，謂之西館。太平興國初，于升龍門東北創立三館書院，三年賜名崇文院，遷西館書貯焉。東廊爲集賢書庫，西廊分四部爲史館書庫。大中祥符八年，創外院于右掖門外。天禧初，令以三館爲額置檢討校勘等員，檢討以京朝官充，校勘自京朝幕職，至選人皆得備選。以内侍二人爲勾當官，通掌三館圖籍事。孔目官、表奏官、掌舍各一人，又有監書庫，内侍一人，兼監祕閣圖籍，孔目官一人。祕閣係端拱二年就崇文院中堂建閣，以三館書籍真本并内出古畫墨蹟等藏之。淳化元年，詔次三館置直閣校理，以諸司三品、兩省五品以上官一人判閣事，直閣、校理通掌閣事，掌繕寫祕閣所藏，供御人裝裁匠十二人。元豐五年，職事官貼職悉罷，以崇文院爲祕書省官屬，始立爲定員，分案四，置吏八。元祐初，復置直集賢院校理，自校理而上，職有六等，内外官並許帶恩數仍舊。又立試中人館職法，選人除正字，京官除校書郎。三年二月，詔御試唱名日，祕書丞至正字，升殿侍立。九月，復試賢良于閣下。五年，置集賢院學士，并校對黄本書籍官員。十二月，詔禮部本省長貳，定校讎之課，月終具奏。又罷本省官任滿除館職法。元符二年，詔職事官罷帶館職，悉復元豐官制。崇寧五年，詔館閣並除進士出身人。政和五年四月，詔祕書省殿，以右文爲名，改集賢殿修撰爲右文殿修撰。是月，駕詣景靈宫朝獻，還，幸祕書省，詔曰：「延見多士，歷覽藏書之府，祖宗遺文在焉。屋室淺狹，甚非稱太平右文之盛，宜重行修展。」八月，詔祕書省，移于新左藏庫，以其地爲堂。七年，詔類集所訪遺書，名曰祕書總目。宣和二年，立定祕書省員額，監、少監、丞，依元豐舊制，著作郎以四員爲額，校書郎二員，正字四員。渡江後，制作未遑，紹興元年，始詔置祕書省，權以祕監或少監一員，丞著作郎佐各一員，校書正字各二員爲額。續又參酌舊制，校書郎正字，召試學士院，而後命之。自是採求闕文，補綴漏逸，四庫書略備。即祕書省復建史館，以修神宗、哲宗實録，選本省官，兼檢討校勘，以侍從官充修撰。五年，倣唐人十八學士之制，少監丞外，置著作郎、佐、祕書郎各二人，校書郎正字通十二人。又移史館于省之側，别爲一所，以增重其事。九年，詔著作局，惟修日歷，遇修國史、修實録，則開實録院，以正名實。十三年，詔復每歲曝書，會是冬新省成，少監游操，援政和故事，乞置提舉官，遂以授禮部侍郎秦熺，令掌求遺書，仍鑄印以賜，置編定書籍官二人，以校書郎正字充。孝宗即位，詔館職儲養人才，不可定員。乾道九年，正字至六員。淳熙二年，少監並置，皆前所未有。除少監丞外，以七員爲額，尋復詔不立額。紹熙二年，館職闕人，上令召試二員，謹加審擇，取學問議論平正之人，自是少監丞外，多止除二員。是時陳傅良上言，請以右文祕閣修撰，并舊館閣校勘，三等爲史官。自校勘供職，稍遷祕閣修撰。又遷右文，在院三五年，如有勞績，就遷次對，庶幾有專官之效，無冷局之嫌。時論韙之，然不果行。中興分案四：曰經籍，曰祝版，曰知雜，曰太史。吏額都副孔目官二人，四庫書官二人，表奏官、書庫官各一人，守當官二人，正名楷書五人，守闕一人，正貼司及守闕各六人，監門官一人，以武臣充。專知官一人。

李燾《續資治通鑑長編·太平興國三年》 建隆初，三館所藏書僅一萬二千餘卷。及平諸國，盡收其圖籍，惟蜀、江南最多，凡得蜀書一萬三千卷，江南書二萬餘卷。又下詔開獻書之路，於是天下書復集三館，篇帙稍備。自梁氏都汴，貞明中始以今右長慶門東北小屋數十間爲三館，湫隘纔蔽風雨，周廬徼道，出於其側，衛士騶卒，朝夕喧褋。每諸儒受詔有所論譔，即移於它所始能成之。上初即位，因臨幸周覽，顧左右曰：「若此之陋，豈可蓄天下圖籍，延四方賢俊耶！」即詔有司度左升龍門東北舊車輅院，別建三館，命中使督工徒，晨夜兼作。其棟宇之制，皆親所規畫，自經始至畢功，臨幸者再，輪奐壯麗，甲于内庭。二月丙辰朔，詔賜名爲崇文院。西序啓便門，以備臨幸，盡遷舊館之書以實之。院之東廊爲昭文書，南廊爲集賢書，西廊有四庫，分經史子集四部，爲史館書。六庫書籍正副本凡八萬卷，策府之文焕乎一變矣。

又《端拱元年》 五月辛酉，置祕閣於崇文院，分三館之書萬餘卷以實其中，命吏部侍郎李至兼祕書監，右司諫、直史館宋泌兼直祕閣，右贊善大夫、史館檢討杜鎬爲校理。泌，湜之兄也。

又《景德四年三月乙巳》 太清樓藏太宗御製及墨跡石本九百三十四卷、軸，四部羣書三萬三千七百二十五卷。是日，上召輔臣對苑中，遂登樓閲視。又至景福玉宸殿、翔鸞儀鳳閣，上置酒作詩，王旦等皆賦，馬知節辭以不能，上不許，亦賦焉，因賜食樓下。玉宸殿乃上宴息之所，中施御榻，帷幄皆黄繒爲之，無文彩之飾。殿東西聚書八千餘卷，上曰：「此唯正經正史屢校定者，小説它書不預焉。」其後，羣書增及一萬一千二百九十三卷，《太宗御集》、御書又七百五十三卷。

又《天聖三年四月》 丁丑，詔三館所寫書萬七千六百卷藏太清樓。初，大中祥符中，火焚館閣書，乃借太清樓書補寫，既而本多損蠹者，因命別寫還之。

又《慶曆元年十二月》 己丑，翰林學士王堯臣等上新修《崇文總目》六十卷。景祐初，以三館、祕閣所藏書，其間亦有謬濫及不完者，命官定其存廢，因倣《開元四部録》爲《總目》，至是上之。所藏書凡三萬六百六十九卷，然或相重，亦有可取而誤棄不録者。

吕祖謙《宋文鑑》卷八六李淑《邯鄲圖書十志序》 儒籍肇劉《略》、荀《簿》、王《志》、阮《録》，汔元毋迺備。志大夫藏家者，唯吴齊著目。唐季兵燹，墳典散落，帝宋戢戈講道，薦紳靡然編摩校輯，歲月相踵。予家高曾以還，力弦誦馬蹄間，重明尚文，素風不衰。肆中山公奮蕤舒光翊宣通謨狷者，賴清白之傳，冠而並班，傳遊載筆，兩朝禁清圖史，號令策牘吁俞演暢。伊延閣廣内幽經祕篇，固殫見悉索之。中刺辨次，甫事麾去。大抵官書三萬六千二百八卷訂，開元見目什不五六；崇文目剟去五千餘，猶淺末標剽。名臣舊俗間所獲或東觀之闕繇是。如世書尚存，購寫弗競，豐社舊蘊，斷巘不倫。中山官南始復論補。逮于刊綴彌三十載會請養玉堂抉私褚外，内經合道釋書畫，得若干，離十志五十七類總八目，几槴題裒絭准，昔模緗素枕籍，點兼古語，有貳本者分貯旁格。柳氏長行後學之別敟。噫，予門從著作水部，贊善洪州，四世而及中山。鄙夫，承之施爾！朋圭芻、治彙蒙、謙輩冠，蓋八葉緊汝曹善承之，肆守之！毋爲勢奪，毋爲賄遷。書用二印，取朋篆所以記封，國詔世代。東都永寧有館第，四都履道有園齋，爲退居佔畢之玩。既志之，序之，識迂拙耽賞之。自後日紬續追紀左方。

王應麟《玉海》卷五二《景德太清樓四部書目・嘉祐補寫太清樓書》 景德四年三月乙巳，召輔臣對于苑中，登太清樓觀太宗聖製御書及新寫四部羣書。上親執目録，令黄門舉其書示之。總太宗聖製詩及故事，墨迹三百七十五卷，文章九十二卷，經庫二千九百一十五卷，史庫七千三百四十五卷，子庫八千五百七十卷，集庫五千三百六十一卷，四部書共二萬五千一百九十二卷。《長編》云：樓藏太宗御製及墨跡九百三十四卷軸，四部羣書二萬二千七百二十五卷。又出御製太清樓新寫御覽書籍記。又東至玉宸殿云云。初，興國四年，建太清樓于迎陽門後苑。真宗藏太宗御製墨迹石本。咸平二年閏三月甲午，詔三館寫四部書。一置龍圖閣，一藏後苑太清樓。四年十月，直集賢院李建中言，太清樓書宜選官重校。上因閲書目，見缺書尚多。甲子，詔求逸書。五年十二月甲申，以尚有舛誤而未讎對者，猶二萬卷。令流内銓擇官詳校。試十五人詩論于銀臺，得劉均、聶震等七人，於崇文院校勘，大官供膳。景德元年三月丁酉，直祕閣黄夷簡等上校勘新寫御書，凡二萬四千一百六十二卷。作九十二，則與前目同，但前目云五千。校勘六人，授祕閣校理。賜緡帛。祥符五年八月庚申，奉安太宗御集于樓。七年三月癸巳，天禧二年十一月辛未，召羣臣觀書于樓。天禧元年八月壬申，校勘所言：學究侯惟哲、劉溥獻太清樓無本書各五百卷，請甄録。從之。初，祥符中，補寫三館書，借太清本，多損蠹，遂留爲三館正本，副寫還之。天聖三年四月丁丑，寫成萬七千六百卷，歸于太清樓。六月丙辰，陳從易等以校太清樓所藏《十代興亡論》妄加塗竄，降職。寶元、嘉祐，屢觀書于此。嘉祐七年六月丁亥，祕閣上補寫御覽書籍。先是，歐陽修言，太清樓書因宣取入内，頗不全。詔内臣檢所缺書録上，中書省繕寫。至是，上之。元祐七年五月十九日，祕省言，高麗獻書多異本，館閣所無。詔校正二本別寫，藏太清樓天章閣。

又《淳化祕閣羣書》 兩朝《藝文志》：祖宗藏書之所曰三館。祕閣在左昇龍門北，是爲崇文院。自建隆至祥符，著録總三萬六千二百八十卷。八年，館閣火，移寓右掖門外，謂之崇文外院，借太清樓本補寫，既多損蠹，更命繕還。天聖三年，成萬七千六百卷，歸于太清。九年冬，新作崇文院，館閣復而外院廢。時增募寫書吏，專事全緝。景祐初，命翰林學士張觀，知制誥李淑、宋祁編四庫書，判館閣官覆視録校。二年，上經史八千四百二十五卷。明年，上子集萬二千三百六十六卷。差賜官吏器幣，詔求逸書，復以書有謬濫不全，始命定其存廢。因倣《開元四部録》，爲《崇文總目》。慶曆初成書，凡二萬六百六十九卷。然或相重，亦有可取，而誤棄不録者。嘉祐四年，右正言祕閣校理吴及言：「内臣監館閣久不更，書多亡

失，補寫不精。請選館職，分吏編寫，求訪所遺。令陳襄、蔡抗、蘇頌、陳繹編定四館書，不兼他局，二年一代。遂用黄紙寫印正本，以防蠹敗。又選京朝州縣官四人編校，二年遷館職，闕即隨補。」歲餘，詔曰：「國初，承五代之後，簡編散落，三館聚書僅纔萬卷。其後平定列國，先收圖籍，亦嘗分遣使人，屢下詔令，訪募異本，校定篇目。聽政之暇，無廢覽觀。然比開元，遺逸尚衆。宜加賞以廣獻書。中外士庶，並許上館閣闕書。卷支絹一匹，五百卷與文資官。」明年冬，奏黄本書六千四百九十六卷，補白本二千九百五十四卷。賜宴如景祐。自是編寫不絶，收獻書二百一十七部，千三百六十八卷，合《崇文總目》除前志所載，删去重複訛謬，定著一千四百七十四部，八千四百九十四卷，篇列次于此。《謝泌傳》：端拱初，直史館，言圖書多失次序，唐景龍中嘗分經、史、子、集爲四庫，命薛稷、沈佺期、武平一、馬懷素分掌。遂令分典四部，以泌知集庫。

又《景德玉宸殿藏書》 景德四年三月乙巳，召輔臣至玉宸殿，蓋退朝燕息之所，帷帳無文采，歷翔鸞、儀鳳二閣，作五言詩，從臣皆賦。殿在太清樓之東，聚書八千餘卷。上曰：「此唯正經、正史，屢經校讎，他小説不與。」其後羣書又增及一萬一千二百九十三卷。太宗御集御書又七百五十二卷。

又《祥符龍圖閣四部書書目·景德六閣圖書》 建隆初，三館書僅萬二千餘卷。及平諸國，收圖籍，蜀、江南最多。開寶中，參以舊書，爲八萬卷。凡得蜀書一萬三千卷，江南書二萬餘卷。至祥符，凡三萬六千三百八十卷。崇文院、龍圖閣皆有四部。真宗謂輔臣曰：「臣庶家有聚書者，朕皆借其目録參校，借本抄填之。」《志》：咸平二年閏三月甲午，詔三館寫四部書籍二本，一置龍圖閣，一置太清樓。御製御書皆在。上親贊序，刻石紀其數。四年十一月丁亥觀書。祥符二年九月丁丑，召寧王元渥等於龍圖閣觀書目。祥符三年正月二十八日戊寅，召近臣觀龍圖閣太宗御書及四部書籍，又至閣西觀畫，命馬知節評之。《東京記》云：「祥符初，建龍閣。」據此，則咸平初已建矣。《實録》：景德二年四月戊戌，幸龍圖閣，閲太宗御書，觀諸閣書畫。閣藏太宗御製御書并文集，總五千一百十五卷軸册。下列六閣經典，總三千三百四十一卷，目録三十卷，正經、經解、訓詁、小學、儀注、樂書。史傳總七千二百五十八卷；目録四百四十二卷，正史、編年、雜史、史抄、故事、職官、傳記、歲時、刑法、譜牒、地理、僞史。子書總八千四百八十九卷，儒家、道書、釋書、子書、類書、小説、算術、醫書。文集總七千一百八卷，別集、總集天文總二千五百六十一卷，兵書、曆書、天文、占書、六壬、遁甲、太一、氣神、相書、卜筮、地理、二宅、三命、選日、雜録。圖書總七百一軸卷册。古畫上中品，新畫上品。又古賢墨迹總二百六十六卷。上曰：「退朝之暇，聚圖書以自娱。」總二萬九千七百十四卷。又曰：「龍閣書屢經讎校，最爲精詳。已傳寫一本，置太清樓，朕求書備至，故奇書秘籍無隱焉。」祥符六年正月庚戌，賜王旦已下《龍圖閣書籍圖畫目》、《六閣圖書贊》。

又《祥符寶文統録》 九年二月己酉，王欽若上詳定《道藏經》，凡三洞、四輔四千三百五十九卷。初，唐明皇撰《瓊綱》，裁三千餘卷。唐明皇命方士爲《瓊綱》四卷。《志》：道士張仙庭《三洞瓊綱》三卷。皇朝得七千餘卷，命徐鉉等校勘，得三千七百三十七卷，分置上清、太一宫。祥符三年，選官詳校，欽若總之，删一百二十卷，又求得七百二十七卷，總爲目録，詔賜名，聖製序。《唐志》：神仙三十五家，五十部三百四十一卷，不著録六十二家，二百六十五卷。《道藏音義目録》一百一十三卷，崔湜、薛稷、沈佺期、道士史崇玄等撰。《隋志》：道經三百七十七部，一千二百一十六卷，有經戒、餌服、房中、符録。宋鄧自和撰《道藏書目》一卷。

王士點、商企翁《秘書監志》卷四 至元乙酉，欲實著作之職，乃命大集萬方圖志而一之，以表皇元疆理，無外之大，詔大臣近侍提其綱，聘鴻生碩士立局置屬庀。其事，凡九年而成書。續得雲南、遼陽等書，又纂修九年而始就，今秘府所藏大一統志是也。因詳其原委節目，爲將來成盛事之法。

又卷五《秘書庫》 自昔秘奥之室曰府、曰庫，蓋言富其藏也。世皇既命官以職其扃鐍緘縢之事。而後列聖之宸翰纂述之紀，志天下文籍、古今載記，所以供萬幾之暇者，靡不備具。雖圖像、碑誌、方技、術數之流，畢部分類，别而録云。延祐二年九月初五日，秘書郎呈：奉指揮發下裕宗皇帝書硯，從實收管：《孝經》三册，不全。《論語》七册，不全。《小學》二册，不全。《周易》一册，不全。《唐鑑》六册，不全。《孝經》卷子一個，不全。《倣書》一卷零一幅。玉硯一個，匣全，微有損。風字硯一個。延祐二年七月十六日，奉集賢院劄付，當年四月二十三日木剌忽怯薛第二日嘉禧殿内有時分，對闊闊歹院使、張司農、太史院樊仲信等有來，本院官曲出太保、叔固學士奏過事内一件：「裕宗皇帝根前説書的先生王贊善是和許仲平先生一處衍授時曆來的。裕宗皇帝小時節讀的文書、寫來的字，更使來的一個玉硯、一個風字硯，王贊善收拾著來。如今他的孩兒説不是他每合收的，將來呈獻過。」麼道。上位看了，奉聖旨：「都教秘書監裏好生收拾者。您與省家文書者。」麼道聖旨了也。欽此。王贊善并他父祖根底依著姚公茂、竇漢卿體例與封贈者。

至正元年九月二十二日，也可怯薛第一日明仁殿後宣文閣裏有時分，對脱脱

右丞相、𡄯𡄯承旨有來。朶兒只班學士特奉聖旨有：裕宗皇帝讀的文書、寫來的倣書，秘書監裏收拾者有，你去取將來者。麽道傳聖旨來，欽此。除欽遵外，當日巳時，朶兒只班學士、老老少監對各監官關領前去進獻。至九月二十四日申時對本監官吏并帝王像回納還庫訖：《論語》七册，大小不同。《小學》二册、《周易》一册。《孝經》一册、《倣書》一卷。《唐鑑》六册。《大學衍義節略》一册。《尚書政要》一册。唐太宗《帝範》一册。《孝經》卷子一册。匣子一個內大紅銷金袱兒一個，盛《青宫要略》一册。至大四年二月初六日，有速古兒赤貴僧、只納失里校書、焦校書赴監傳，奉皇太子令旨，二月初五日，八海怯薛第三日隆福宫西棕毛殿東耳房內有時分，對亦里赤詹事、速古兒赤貴僧，特奉皇太子令旨：「把我看的文書都教般將秘書監裏去者。」敬此。與盛少監、王少監一同交割到書籍六百四十四部，計六千六百九十八册，內七部紙褙計二百七十一册，乞照詳事。得此。施行間，今準禮部關，奉中書省劄付詹事院呈，太子校書呈，照得元收管書籍圖畫，內除節次敬奉令旨：「應有的圖畫并手卷都與哈海赤司徒者，其餘的文書盡數交割與秘書監家好生收拾者，休教損壞了。」敬此。今將給賜各官并交割與秘書監書籍各各數目，就取到秘書庫收管，繳連開呈。延祐六年正月十二日，準中書禮部關，奉中書省判送詹事院呈，延祐五年十一月三十日，秃滿迭兒詹事、李家奴中議兩箇奏：「皇太子坐了位次呵，合看前代帝王治天下的文書有。世祖皇帝教竇太師等秀才每於尚書裏揀擇出來的帝王治天下緊要的文書，又裕宗皇帝讀來的文書并寫的倣書等，又皇帝教忽都魯秃兒迷失譯寫來的《大學衍義》、唐太宗《帝範》文書，合教太子根底放著看覰，麽道，伴當每説有，是父祖教揀擇出來的前代帝王行的是來的文書并看來的文書有，皇帝根底奏了，教取將那文書每來，太子根底放著，閑便時看呵，怎生？」啓呵。奉令旨：「皇帝根底奏者。」麽道。奏呵，「那般者。」麽道「聖旨了也。」欽此。泰定二年十二月二十五日，有太子贊善馬伯庸學士對監官趙秘卿、李少監、虞少監、伯忽監丞等傳，奉聖旨，泰定二年十二月二十三日，撒里蠻怯薛第一日興聖宫東鹿頂樓子上有時分，對秃魯院使、完者帖木兒、桑哥等有來，太子諭德世里門、詹事贊善馬學士奏：「裕宗皇帝寫來的倣書并讀來的文書，又仁宗皇帝東宫收拾來的文書在秘書監裏有。」奉聖旨：「取將來者。」欽此。至治三年七月初二日，准太常禮儀院關，大樂署呈准本署孔承直關，延祐五年二月初三日，也先帖木兒怯薛第三日嘉禧殿裏有時分，對大慈都丞旨妙長老有來，孔子五十四代孫孔思逮因進獻魯司寇石碑像的上頭，聖旨問：「如今你那裏勾當裏？」回奏道：「太常禮儀院做署丞裏。」塔海承旨，完顔承旨特奉聖旨：「既是孔夫子的孩兒，教翰林院裏替一個先滿的待制者，便與省部家文書者麽道。這石碑像您與秘書監文書，教他每收拾者。」聖旨了也。欽此。泰定二年十二月初五日，照得近准監丞李從事關，延祐六年五月奉大司農司印貼，該延祐六年四月十六日大司農張彦清特奉聖旨：「在前劉太保爲頭薛禪皇帝舊行來的官人每的畫像，教李肖嵓依著他每各家的大神，對模傳寫了呵，教小何裱褙成看册，我看過呵，秘書監裏收者。合用的工錢就您司農司子粒錢內支付與者。李肖嵓一處盡神的，別個畫處休差撥者，教他每併工，比及我下馬完備了者。」麽道聖旨了也。欽此。當職於大司農司子粒錢內關支到顏料錢中統鈔一十定。對木傳寫到劉太保等三十人，褙成看册完備，分付大司農張彦清收領了當，至今未曾發到，若不移文，係欽奉聖旨事意。如準行移，欽依發來收藏相應。延祐三年五月初二日，本監官楊秘卿傳説，延祐三年四月二十七日，李叔固大學士傳，奉聖旨：「趙子昂每寫來的千字文手卷一十柒卷，教秘書監裏裱褙了，好生收拾者。合用的裱褙物料與省家文書應付者。」麽道聖旨了也。欽此。延祐六年九月初一日，也先帖木兒怯薛第二日文德殿後鹿頂殿內有時分，斡赤丞相、鄭司農等對速古兒赤也先帖木兒院使、唆南院使、相哥失里司農、帖本歹院使、續院使等官有來。斡赤丞相奏：「翰林國史院編修官曾巽申小名的秀才將他自做到大駕鹵簿圖二軸、書十册，上位根底呈獻過。」奉聖旨：「教續院使將去，與秘書監譚秘卿將往秘書監裏好生收拾者，後頭用著去有。」麽道聖旨了也。欽此。大德四年七月十六日，準中書禮部關，奉中書省劄付來呈秘書監關，前平灤路鹽司副使唐文質呈：歷代遠方珍異者多矣，竊以官爵姓名圖畫至今，後世傳之，以爲盛事。聖朝自刱業以來，積有年矣，名臣烈士，尤盛於前代，俱未見於圖畫。文質不避僭越之罪，願盡平生之學，畫遠方職貢之圖及名臣之像，藏諸秘府，以傳永久。如準所言，實爲盛事。具呈照詳。得此，議得依準唐文質所言圖畫，候有成効至日聞奏，依上施行。奉此，關請照驗，準此行。據唐文質呈職貢圖名臣像，俱係流傳永久，不敢率易下筆，必須起草，倘有更換，易於改革，不惟有減物料，亦得効其所能。今來卑職編類次第，布置規模，自備紙札顏色彩畫，立爲定藁，呈省看過，然後計料，關取合用物料，彩畫静本，實爲便當。移關禮部，依上施行。大德五年七月初九日，準禮部關來文，直長唐文質彩畫諸國進獻禮物人品衣冠，若蒙取勘起藁，發下彩畫静本，誠爲便益，關請照驗。準此，照得先奉中書省劄付本部呈秘書監關，前平灤路鹽司副使唐文質呈歷代遠方貢珍異者多矣，功臣官爵姓名圖畫至

今，後世傳之，以爲盛事。聖朝自開國以來，名臣烈士，尤盛於前代，俱未見於圖畫，文質不避僭越之罪，願盡平生之學，畫遠方職貢之圖及名臣之像，藏諸秘府，以傳永久。都省議得：依准唐文質所言圖畫，候有成効至日聞奏。仰行移依上施行。奉此，本部照得：凡諸國朝貢使客，雖是經由行省，必須到都，於會同館安下。除已令本館將已起見在使客，詢問本國國主姓名、土地廣狹、城邑名號、至都里路、風俗衣服、貢獻物件、珍禽異獸，具報本部，移關貴監，以備標録。其使客形狀、衣冠令唐文質就往本館摹寫外，關請照驗。大德五年七月初九日，本監移中書兵部關，奉中書省判送兵部呈秘書監關，著作郎趙從仕呈，見爲編寫大一統志，除秘監發下志書一部在局編校外，照得在先亦有一部，見留中書兵部，中間多有不同，必須發下，互相參攷，庶得歸一成書。本部參詳：大一統志書若依著作所呈，令本部典吏時公泰專一收掌，赴局互相參攷檢照，就令編寫志書了畢還部，似不點污損壞。具呈照詳。覆奉都堂鈞旨：送兵部，將上項志書關發本監照用，事畢還官。延祐七年五月，准中書禮部關，奉中書省劄付，檢校官呈中書省，照得省部架閣庫見收文卷簿籍諸物，切恐各庫不爲用心，失於收架，於延祐六年十二月二十八日連送禮部郎中張朝，請仰依已行事理施行。奉此，將見收諸物與本庫官典一同分揀，於内除必合存留□□中書令、尚書令、翰林國史院祭□□御容金銀器盒案衣禮物等錢，累年開讀過詔赦，并追到諸人元受宣命、勑牒、執把、鋪馬、聖旨、諸王令旨，一切文憑，依舊收貯，外據其餘諸物，行下省架閣庫，依數交付秘書監，就便差人關領，依例收貯。一、總計實合關收物色。玉圖書印兒一個。盛玉圖書木盒兒一個。杭州海道圖一軸。隨朝百司衙門事務圖一軸。賈似道真容二軸。乾象璇璣圖一軸。天象圖一軸，混一圖一軸。大小無名神象五軸。《通志》書一百五十册。《救荒活民》二十九部，每部三册，計八十七册。《通鑑》九十九册。《漢書》七十五册。《春秋》六十二册。《孝經》一十三部，計三十九册。至元十二年九月二十九日，皇城暖殿裏，右侍奉御忽都于思做怯里馬赤、秘書監焦秘監、趙侍郎一同奏：「臨安秘書監内有乾坤寶典并陰陽一切禁書及本監應收經籍圖書書畫等物，不教失落見數呵，怎生？」奉聖旨：「伯顏行道將去者。」又奏：「江南諸郡多有經史書籍文板，都教收拾見數，不教尖散呵，怎生？」奉聖旨：「您問了歸附官員呵，伯顏行道將去者。」欽此。至元十三年十二月，今有樞密副使兼知秘書監事説道：今年六月九日内裏主廊裏有時分奏：「咱使的焦尚書江南收拾秘書省文字去來，聽得收拾聚也，教盡數起將來呵，怎生？」奉聖旨：「教將來者。」欽此。樞密院移咨南省，取去來。見今焦尚書收拾到經籍書畫等物，解發南省，已運到中書省也。所據前項焦尚書收拾到一切經史子集禁書典故文字及書畫紙筆墨硯等物，俱是秘書監合行收掌。當月初十日，樞密副使兼知秘書監事説道：近奉都堂鈞旨，該欽奉聖旨，教於大都萬億庫内分揀到秘書監合收經籍圖畫等物，可用站車一十輛搬運，赴監收貯。【略】「至大二年十二月，准尚書禮部關，奉尚書省劄付本部呈，准秘書監關，准漢兒字別里哥，該香山司徒、大都丞相言語，根隨迭里哥兒不花太子迤北出軍去的陰陽人韓瑞軍上合用的陰陽文書，教秘書監裏與呵，怎生？」奏呵。奉聖旨：「那般者。」麽道聖旨了也。黏連到所關書籍七部。本監照得《寶元天人詳異》、《宋天文》全部即係天子親覽禁秘之書，非餘者所當觀閲。具呈照詳。於至大二年十一月初五日也可怯薛第一日宸慶殿西耳房内有時分，速古兒赤也兒吉你丞相、寶兒赤脱兒赤顔太師、伯答沙丞相、赤因帖木兒丞相、昔寶赤玉龍帖木兒丞相、扎蠻平章、哈兒魯台參政、大順司徒等有來，尚書省官三寶奴丞相、忙哥帖木兒丞相等奏過事内一件：「迭里哥兒不花太子軍前將著行的陰陽文書，教秘書監裏與者，麽道香山等俺根底傳聖旨來，秘書監官人每説那文書是上位合看的文書，這般與的體例無有麽道説有。俺商量來，休與呵，怎生？」奏呵。奉聖旨：「那般者。」欽此。至元十一年正月，照得本監欽奉聖旨，見收陰陽禁書并一切回回文字。除欽依外，即目多有收到文書，未曾製造書櫃，恐經夏潤蟲鼠損壞，今擬用紅油大豎櫃六個，内各置抽匣三層，鎖鑰全，常川收頓秘書相應。【略】大德三年三月，准中書禮部關，奉中書省判送本部呈，奉省判，遼陽行省咨，歸附等軍萬户府備移剌重喜呈到親眷蕭元奴元與玉印一顆，令簽省白顔嘉議寶去，咨請收管回示。准此，送禮部行。據鑄印局申，令人匠辨驗得上項玉印一顆，係漢家篆文内府圖書之印，具呈照詳覆過。奉都堂鈞旨：送禮部行移秘書監收訖。至治元年七月初二日，本監卿大司徒苫思丁榮禄傳：奉當年六月二十三日失秃兒怯薛第三日睿思閣後鹿頂殿内有時分，對速古兒赤八思吉思院使、鎖南院使、朶歹承旨、欽察歹知院等有來，拜住丞相、塔剌海員外郎兩個特奉聖旨：「三顆玉寶，一顆象牙寶，分付與秘書監裏教收拾者」，麽道聖旨了也。欽此。寶四顆：皇帝行寶，白玉雙龍紐一顆，上帶紅絨絛系。欽崇國祀之寶，青白玉五螭紐一顆。光堯壽聖憲天體道性仁誠德經武緯文太上皇帝之寶，蒼玉寶碾螭紐一顆，上有舊黄絨小絛系。宋皇帝寶，象牙素紐一顆，上有裂璺。

又卷六《秘書庫》 至正二年五月，准監丞王奉議道關，切謂古之書庫，亦各

有目，圖畫亦各看題，所以謹貯藏而便披玩也。伏覩本監所藏，俱係金宋流傳及四方購納古書名畫，不爲少矣，專以祗備御覽也。然自至元迄今，庫無定所，題目簡秩，寧無紊亂，若不預爲，將經史子集及歷代圖畫隨時分科，品類成號，倘時奉旨，庶乎供奉有倫，因得盡其職也。合無行下秘書庫，依上編類成號，置簿繕寫，誠爲相應。在庫書：經一百二十一部，一千二十三册。史七十九部，一千七百二十四册。集五十七部，一千七百二十四册。道書三百三部，四百二册。醫書一十四部，一百七十一册。方書八部，一百五十二册。先次送庫書一十二部，四百七十八册：經六部，一百一十三册。史四部，七十五册。集二部，二百九十册。後次發下書一千一百五十四部，一萬六百三十四册：經書二百四十四部，二千一百四十五册。史一百三十二部，一千八百四十三册。子一百二十二部，七百一十二册。集四百六十三部，五千九百三十四册。法帖四十二部，二百一十七册。續發下書六百四十二部，七千五百一十册：經一百六十六部，一千九百四十六册。史四十六部，一千二百七十册。子二十六部，七十三册。集一百二十部，二千五十三册。類書九十六部，九百三十一册。小學書六十八部，二百二十八册。志書三十三部，三百三十册。醫書五十一部，四百六十一册。陰陽書一十五部，一百三十册。農書一十二部，三十七册。兵書五部，二十一册。釋道書三部，二十二册。法帖一部，一十册。書畫二千單八軸：法書四百八十二軸：法書八十三軸。手卷三百九十九卷。內府取三十五卷。今在庫三百六十四卷。名畫一千五百五十六軸：名畫一千一百五十五軸。內府取八十三軸。今在庫一千七十二軸。手卷三百七十一卷。內府取出三十卷。今在庫二百三十七卷。看册七帙。

又卷九《題名》　周之外史，職掌墳典秘書之官。始由兩漢，爰至我朝，收古今之圖籍，貯之秘府。奉藏之官，協恭寅畏，爲中朝之清選。徵其供職之氏名先後，書諸左方。

梁寅《策要》卷五《館閣》　《周官》外史掌四方之志、三皇五帝之書。漢圖籍所在，有石渠、石室、延閣、廣内，貯之於外府。又有御史中丞居殿中掌蘭臺秘書及麒麟、天禄二閣，藏之於内禁。後漢圖書在東觀，桓帝始置秘書監。唐有集賢藏書之院，蘭臺者，作之庭。昭文、崇文之館，麗正、集賢之書院，又有修文館、弘文館、司文館，曰蓬萊書殿，曰乾元修書殿，曰秘書内外省，曰内庫，曰三館，曰秘書秘府、曰蘭省麟臺。命名雖殊，崇文之意則一也。

朱禮《漢唐事箋》前集卷一一《館閣》　杜佑云：「漢氏圖書所在，有石渠、石室、延閣、廣内，貯之於外府。又有御史中丞居殿中，掌蘭臺、秘書及麒麟、天禄二閣，藏之於内禁。」考《三輔故事》，石渠閣在未央大殿北，以藏秘書。則石渠不得謂之外府。劉歆《七略》亦云外有太常、太史、博士之藏，内有延閣、廣内、秘室之府。則延閣、廣内，皆爲禁中之藏明矣。蓋自武帝建藏書之策，置寫書之官，秘府書稍充集。成帝復求遺書於天下，輯群書總要而爲《七略》，而漢之書籍始備於此。是以漢之校書多在於天禄，非大夫侍中不預此選。而石渠則爲諸儒講論六經之地，而以博士處之。故漢之校書、講筵、修史三者，皆處於内禁，其大略可觀矣。

危素《危學士全集》卷三《上都分學書目序》　開平距大興且千里，大駕歲一行幸，恒以仲夏之月至，及秋則南還，故百司之扈從者驟往倏來，無復久居之志。在上者固簡其約束，而弗遑有所程督。國子監歲以助教一員佩印分學，學正、學録或一員，伴讀四人實從。諸生之在宿衛，或從父兄，多至數十人，以稟給庖隸自隨。學館即孔子廟西北爲之，遠絶塵囂，人事稀簡。且教顓於教事，非休假不出户，可以稽經諏史，探索精微之蘊。百司扈從者求如分學之安適，亦云鮮矣。至正十三年，助教廬陵毛君文在實在行中，乃節縮餐錢之羡，購書一千二百六十三卷，爲三百五十册，置於分學。蓋上都書最難致，昔賀涇陽王爲留守，嘗遣教授董君買書吴中，藏於學官，刻書目於石。文臣之嗜學者往往假讀之，比還，必歸諸典守者。先是，分學亦假其書，或他司已假，則不可得，有志於競辰者甚爲之惜。顧分學買書自毛君始，繼至者將歲歲而增益之，當至於不可勝算。諸生學古以入官，治心修身，一徵諸方册，毛君之功，夫豈少哉！祭酒魯郡王公移牒開平府，俾以其書與儒學舊書並藏。置書目，一藏崇文閣，一藏開平儒學，一隨分學，而余序其端。是年分學官，學録李文，伴讀劉壽、張儼、苑致、陳信也。

《群書通要・戊集》卷七《寺監官制門》　蘭臺麟室，唐藏書之地。有昭文、崇文之館，有集賢書院，有修文、弘文、司文以至蓬萊書殿，曰乾元修書院，曰秘書内外省，曰内庫，曰三館，曰秘書秘府，曰蘭臺麟室。

貝瓊《清江文集》卷四《松江府儒學藏書記》　士必本於學，學必資於書。然荒陬之地，書有不能盡致，而窶人之子，書有不得盡讀，則無以窮天下之理而盡天下之變。一旦欲推而措諸事業，有弗病且餒乎？故州郡通立學校，又建藏書之閣，凡性命道德之文，名物制度之紀，咸萃其中。使來游來歌之士不待觀於肆而得之。吁，其所以教之周而無缺者如此。松江夫子廟僅全於焚蕩之餘，所儲經、史、子、集散佚無一存者。至正二十三年冬，西蜀王公立中來守是邦，汲汲以興學校爲首務。

時則會稽馮君恕、錢唐陶君植相繼掌教，延五經師，迪子弟員，月試季攷，士習一新，復以學廩若干碩，購求《十三經注疏》等書於中吴巨姓家，櫝收庋列，書閣之書粗備。每帙印識其上，戒司籍慎於所守，勿爲鼠仇而蟫蠹。有欲假者，許就觀焉。以其得之不易，命瓊列叙目録若干卷，志其歲月于石，庶明其用心之勤，則寶之於後，非特一時而已。其能繼而益之，以至萬卷，實有望於來者，固不止於是也。烏乎，書之所存，道之所存也。求道之要，舍書何以哉。若其在於心而不在書者，學者又當默識云。

《明太祖實録》卷七七　庚辰禮部尚書陶凱言：「漢、唐、宋皆有《會要》，紀載時政，以資稽考。今《起居注》紀言紀事，藏之金匱，是爲《實録》。凡諸欽録、聖旨、及奏事簿籍，紀載時政，可以垂法後世者，宜依《會要》編類爲書，使後之議争者有所考焉。其臺、省、府宜各置銅匱，藏欽録簿以備稽考。」俱從之。

黄瑜《雙槐歲鈔》卷四《文淵閣銘》　宣廟《御制文淵閣銘》，有叙曰：「古昔帝王之有天下，既建朝堂以聽政，則必有怡神養性之所，萃天下之書，延天下之士，相與講論道德，而資啓沃焉。我太祖皇帝始創宫殿于南京，即于奉天門之東建文淵閣，盡貯古今載籍，置大學士員，而凡翰林之臣，皆集焉。萬幾之暇，輒臨閣中，命諸儒進經史，躬自披閱，終日忘倦。以天縱之聖，加日新之學，道德之懿、仁義之實，充然洽于天下矣。太宗皇帝肇建北京，亦開閣于東廡之南，爲屋凡若干楹，高亢明爽，清嚴邃密，仍榜曰『文淵』，其設官一如舊制。分南京所藏之書實其中，自《六經》之外，諸史百家，靡不畢備。其所以明道興治、以繼先志而裕後嗣者，規模弘遠矣。予承皇考仁宗昭皇帝丕緒，嗣守列聖洪業，夙夜兢惕，罔敢怠遑。思惟經以載道，史以載事，百氏之文，亦所以羽翼斯道者也。于是聽政余閑，數臨于此，進諸儒臣，進論折衷，宣昭大猷，緝熙問學，庶幾日就月將，造乎其極。上可以承祖考付託之重，下可以福黎庶而慰其仰戴之心。而斯閣之杰然者，亦光遠有耀矣。乃爲之《銘》。《銘》曰：『於昭天文燦壁奎，國家書府此其儀。文淵之閣屹巍巍，古今載籍靡有遺。三王二帝軒與羲，文章道德後世師。祖宗聖學于緝熙，輔相天地福黔黎。神而明之咸在兹，肆予承统御華夷。善繼善述敢或隳，聖經賢傳乃所資。萬幾之暇樂忘疲，上紹列聖之弘規，下使兆姓皆恬熙。刻銘兹閣萬世貽，斯文丕闡天相之。』」觀聖言則閣爲天子講讀之所，非政府也，故列凳側坐而虚其中，以俟臨視。洪武中，代言修書，授諸王經者皆在。而户曹張賞，賜次于旁，用備賚予。永樂初，命侍讀解縉等七人入掌密勿，凡行移稱翰林院内閣官，傳旨條旨，則與尚書蹇義、夏原吉同事，而學士王景輩不與焉。縉等遷至大學士，惟胡儼尋擢祭酒。庚寅二月，儼兼侍講，再入閣。有詩云：「承乏詞林愧不才，重承恩詔直芸臺。筵前視草頻封檢，帶得天香滿袖回。」蓋詞臣入直之常爾。洪熙初，閣老皆躋保傅，參預幾務。惟在北京，宣德時，臨視至再，始設庖厨，不復退食于外，而出掌部者不再入。正統初，開經筵于文華殿，聖駕自是罕至。傳旨則中官專之，惟條旨墨書小票，司禮監用朱批出，間有依違，而他官不與。迨徐武功、李文達掌文淵閣事，始以政府視之，人亦稱爲宰相矣。

姚福《青溪暇筆》卷上　前代藏書之富無逾本朝。永樂辛丑，北京大内新成，敕翰林院，凡南内文淵閣所貯古今一切書籍，自有一部至有百部，各取一部，送至北京，餘悉封識，收貯如故。時修撰陳循如數取進，得一百櫃，督舟十艘載以赴京。至正統已巳，南内火災，文淵閣所藏之書，悉爲灰燼。此豈非書之厄會也歟？

《明孝宗實録》卷四七　辛丑，南京國子監祭酒謝鐸言六事。【略】四曰：廣載籍。謂本監書板，舊多藏貯。散在天下未堯有遺，乞敕各布政司凡係經、史書板，盡送南京國子監，以復國學儲書之舊，免有司贈饋之勞。

陸深《停驂録摘抄續》　蕭何入秦收圖籍，漢興大收篇籍，廣開獻書之路。景帝末年，募求天下遺書，藏之祕府。魯共王壞孔子故宅，得古文科斗《尚書》、《孝經》、《論語》等書。武帝建藏書之策，置寫書之官。成帝使謁者陳農求天下遺書，詔光禄大夫劉向等校定。每一書畢，向輒條其篇目，據其指意，録而奏之。光武中興，日不暇給。而入洛之書二千餘兩，後於東觀及仁壽閣集新書，校書郎班固、傅毅等典掌焉。明帝大會諸儒於白虎觀，考詳同異，連月乃罷。靈帝詔諸儒正定五經，刊於石碑，爲古文篆隸三體書法，樹之學門。魏道武命郡縣大收書籍，悉送平城。隋文帝分遣使人搜討異本，每書一卷，賞絹一疋。校寫既定，本即歸主。煬帝於東都觀文殿東西廂構屋貯書，東屋藏甲乙，西屋藏丙丁。唐貞觀中，魏徵、虞世南、顔師古繼爲祕書監，請購天下書，選五品以上子孫工書者，爲書手繕寫，藏于内庫，以官人掌之。玄宗幸東都，議借民間異本傳録。及還京師，遷書東宫麗正殿，置修書院於著作院，歲給紙墨筆材。元載爲相，奏以千錢購書一卷。又命拾遺苗發等使江淮括訪。後唐莊宗同光中，募民獻書。及三百卷，授以試銜，其選調之官，每百卷減一選。明宗長興中，初令國子監校定九經，雕印賣之。後漢乾祐中，禮部郎司徒調請開獻書之路，凡儒學之士衣冠舊族，有以三館亡書來上者，計其卷帙，賜之金帛，數多者授秩。周世宗鋭意求訪，凡獻書者，悉加優賜，以誘致之。民

間之書，傳寫舛誤，乃選常參官校讎刊正，令於卷末署其名銜焉。宋太祖乾德四年，下詔購募亡書《三禮》涉弼、《三傳》彭幹、學究朱載等皆詣闕獻書，合千二百二十八卷。詔分置書府，弼等並賜以科名。閏八月，又詔史館，凡吏民有以書籍來獻，當視其篇目，館中所無者收之。獻書人送學士院試問吏理，堪任職官者，具以名聞。太宗太平興國初，搆崇文院，以藏書院之東廊爲昭文書庫，南廊爲集賢書庫，西廊分經、史、子、集四庫，爲史館書庫，謂之六庫。九年，又詔以館閣所闕書中外購募，有以亡書來上及三百卷，當議甄録。酬獎餘第卷帙之數，等級優賜。不願送官者，借本寫畢還之。仁宗嘉祐中，詔中外士庶並許上館閣闕書，卷支絹一疋，五百卷與文資官。神宗熙寧中，成都府進士郭友直及其子大亨，獻書三千七百七十九卷，得祕閣所無者五百三卷，詔官大亨爲將作監主簿。徽宗宣和中，詔令郡縣諭旨，訪求秘書。許士民以家藏書所在自陳，不以卷帙多寡，先具篇目申提，舉秘書省以聞。聽旨遞進，可備收録，當優與支賜。或有所闕未見之書，有足觀采即命以官議加崇獎給還。於是，榮州助教張頤所進二百二十五卷、李東一百六十卷，皆係闕遺，詔賜顧進士出身，東補迪功郎。又取到王闡、張宿等家藏書，以三館秘閣書目比對，所無者凡六百五十八部二千四百一十七卷，悉善本。比前後所進書數稍多，詔闡補承務郎，宿補迪功郎。高宗渡江，獻書有賞。故官家藏或命就録鬻者，悉市之。又令監司郡守，各諭所部，悉上送官，多者優賞。又復置補寫所，令秘書省提舉掌求遺書，定獻書賞格。元世祖至元庚辰，以許衡言遣使至杭州等處，取在官書籍版刻至京師。我太祖高皇帝於至正丙午秋，命求遺書。太宗文皇帝遷都北京，敕翰林院南京文淵閣所貯古今一切書籍，自一部至有百部以上，各取一部送京。

俞弁《山樵暇語》卷八　永樂辛丑，北京大内新成。敕翰林院，凡南内文淵閣所貯古今一切書籍，自有一部至有百部，各取一部送至北京，餘悉封識，收貯如故。時修撰陳循如數取進，得一百櫃，督舟十艘載以赴京。至正統己巳，北内火災，文淵閣向所藏之書悉爲灰燼，此非書之厄會也歟？至正德己巳五月二十五日，西苑文淵閣被火，自歷代國典稿簿俱焚。西涯李公詩云：「史家遺草盡成編，太液池頭萬炬煙。天上六丁元下取，人間一字不輕傳。」自正統十四年己巳至正德四年己巳，迄今六十一年矣，詎非書史一時之厄也歟？

《明世宗實録》卷三八五　嘉靖十三年丁丑【略】先是，上諭内閣：「祖宗神御像《寶訓》、《實録》宜有尊崇之所。《訓》、《録》宜再以堅楮書，一總作石匱藏之。」乃議建閣尊藏，以郊建罷。至是，輔臣張孚敬申前議，請重書《訓》、《録》。上乃命内閣同在工諸臣，視建造神御閣地於南内。上親臨定命制如南京齋宮。内外用磚，石團梵。閣上奉御容閣，下藏《訓》、《録》。又以石匱夏月發潤，改製銅匣，其重書《訓》、《録》，書帙大小依《通鑑綱目》規，不拘每月一册舊製，茅取厚薄適勻，異日收藏，每朝自爲一匱。議定，禮部乃請以是月十七日開館，如纂修例，從之。

徐學聚《國朝典匯》卷二二《編輯諸書》　太祖於未登寶位之先，即求遺書于至正丙午之秋。一時儲積，不減前代。永樂中，嘗遣修撰陳循往南京，取本閣所貯古今書籍，各取一部北上，餘悉封識如故，是兩京皆有儲書也。今歷年既久，不無鼠蠹，經該人衆，不無散失。乞敕閣臣，委學士以下官，一一比校。要見實在的數，明白開具奏報，仍以木刻考校年月，委官名銜爲記識於每卷之末，永遠存照，仍敕南京禮部翰林院官查盤。永樂中，原留内府書籍，有無多寡全欠，具數奏知，量爲起取，存留分派湊補。又請於文淵閣近地，別建重樓，不用木植，但用磚石。將累朝實録、御製玉牒及干係國家大事文書，盛以銅櫃，庋於樓之上層。如詔册、制誥、行禮、儀注、前朝遺文、舊事，與凡内府衙門所藏文書，可備異日纂修全史之用者，盛以鐵櫃，庋之下層。每歲曝書，先期奏請，量委翰林院堂上官一員晒查，查算事畢，封識内外大小衙門，因事欲有稽考者，必須請旨，不許擅自開取。上嘉納之。

鄭廷鵠《瓊臺會稿》卷七《計開》　自古帝王藏國史於金匱石室之中，蓋以金石之爲物，堅固耐久，非土木比；又能扞格水火，使不爲患。故有天下者，斫石以爲室，錮金以爲匱。凡國家有秘密之記，精微之言，與凡典章事蹟可以詒謀傳遠者，莫不收貯其中，以防意外之虞。其處心積慮，可謂深且遠矣。後世徒有金匱石室之名，而無其實。典守雖設官，藏貯雖有所，然無禦災備急之具。不幸一旦有不測之事，而出於常慮之外，遂使一代治體事功，人文國典，因而散失。後之秉史筆者，無所憑據，往往求之於草澤，訪之於舊聞。簡牘無存，真僞莫辨。非但大功異政不得紀載，而明君良臣爲人所誣捏者，亦多有矣。所以，古之君子，憂深思遠者，恒於無事之時而爲先事之慮，當平寧時無故而爲急切之語。固若不識忌諱者，然原其心則不失爲忠愛之深也。仰惟我朝得國之正，三代以來所未有也。列聖相承，承平百餘年，盛德神功，如天地日月巍乎焕然。所以傳之天下後世者，惟賴乎實録之書。今内閣所藏者，《太祖高皇帝實録》一部，二百五册，《寶訓》十五册；《太宗文皇帝實録》一部，一百二十四册，《寶訓》十五册；《仁宗昭皇帝實録》一部，二十一册，《寶訓》六册；《宣宗章皇帝實録》一部，一百十六册，《寶訓》十册；《英

宗睿皇帝實録》一部，三百六十一册，《寶訓》十二册；《憲宗純皇帝實録》一部，二百九十二册，《寶訓》十册。與藏在内府每帝又各有一部而已，此外别無他本。夫既無金石藏書之具，又無名山藏副之制，臣愚過慮，欲乞朝廷於文淵閣近便去處，别建重樓一所，不用木植，專用磚石，纍砌爲之，如民間所謂土庫者，收貯緊要文書以防意外之虞。乞敕内閣儒臣計議，督令内閣書辦中書舍人等官，遇其理辦本等文書，稍有暇隙，不妨本職，分寫累朝實録各一部，不限年月，書成盛以銅匱，庋於樓之上層。凡内府衙門收藏一應干係國家大事文書，如玉牒之類，皆附焉。其制敕房一應文書，如詔册、制誥、敕書等項草檢，行禮儀注、應制詩文等項底本，前朝遺文舊事等項雜録，亦令書辦官員遇暇陸續抄録，不限年月，書成盛以鐵匱，貯於樓之下層。凡内府衙門所藏文書，可備異日纂修一代全史之用者，如永樂以前文武官貼黄之類，皆附焉。如此，則祖宗之功德在，萬世永傳，信而無疑。國家之典章，垂百王，遞沿襲，而有本矣，不勝萬千年世道之幸。議者若謂文書浩大，書辦人員數少，歲月易邁，何時訖功，臣請樓成之後，先將合貯文書之見有者，權寘之中，待後陸續寫完。新本易出，舊本仍貯故處，以備考用。孟子有言：「七年之病，求三年之艾，苟爲不蓄，終身不得。」太宗皇帝多事時，猶聚衆千百纂集《永樂大典》以備學校考究，以此方彼，孰重孰輕，伏乞睿照。

又　藏書之所分爲三處，二在京師，一在南京，則是一書而有三本。不幸一處有失，尚賴其二處之存。其在國子監者，如内閣例，盛以厨匱，寘於典簿廳、載道所中，責付典籍掌管，祭酒監丞等官時常提調監護。然惟掌其門外之鑰，及爲水火盗賊之備而已。若夫厨匱鎖鑰，則收在内閣，每年三伏日，如宋朝曝書給酒食費之例，先期奏請翰林院委堂上官一二員，偕僚屬赴國學曬晾書籍，因而查算。畢事封識扃鑰，歲以爲常。南監鎖鑰則付南京翰林院掌印官收掌，其曝書給酒食亦如北監之例，皆不許其監官擅自開匱取書觀閲，并轉借於人。内外大小衙門，因事有欲稽考者，必須請旨，違者治以違制之罪。奉聖旨，太祖御製書籍，着翰林院官打點見數收貯，南京書籍查照目録開寫缺少的，去著守備，同南京禮部翰林點檢送來。天下遺書，禮部行移南北直隸并十三布政司，訪求其餘，罷該衙門。知道，欽此。

沈德符《萬曆野獲編》卷一《訪求遺書》　國初克故元時，太祖命大將軍徐達收其秘閣所藏圖書典籍，盡解金陵，又詔求民間遺書。時宋刻板本，有一書至十余部者。太宗移都燕山，始命取南京所貯書，每本以一部入北，時永樂十九年也。初貯左順門北廊，至正統六年而移入文淵閣中，則地邃禁嚴，事同前代矣。至正統十四年，英宗北狩，而南京所存内署諸書悉遭大火，凡宋元以來秘本，一朝俱盡矣。自後，北京所收，雖置高閣飽蠹魚，卷帙尚如是也。自弘、正以後，閣臣、詞臣俱無人問及，漸以散佚。至嘉靖中葉，御史徐九皋上議欲查歷代藝文志書目參對，凡經籍不備者，行士民之家，借本送官謄寫，原本給還，且加優賚；又乞上御便殿，省閲章奏，處分政事，賜見講讀諸臣，辨析經旨。時夏貴溪爲禮卿，議覆謂御史建白良是，宜如所言備開書目收采藏貯，所請召見侍從講官，亦仰體皇上聖學備顧問之意。上曰：「書籍充棟，學者不用心，亦徒虚名耳，苟能以經書躬行實踐，爲治有余裕矣，此心不養以正，召見亦虚應也。」因命俱已之。蓋上已一心玄教，朝講漸稀，乃欲不時賜見侍臣，已咈聖意，故求訪遺書一并寢罷。惜哉！按：古來求書者無過趙宋之殷切，所獻多者至賜進士出身，即故元起沙漠，尚立經籍所，又設興文署，以遍集經史，收貯板刻。當此全盛之世，反視爲迂緩不急之事。自嘉靖至今又七八十年，其腐敗者十二，盗竊者十五，楊文貞正統間所存文淵書目，徒存其名耳。即使徐九皋之説得行，亦只供攘攫耳。

謝肇淛《五雜俎》卷一三　内府秘閣所藏書甚寥寥，然宋人諸集，十九皆宋板也。書皆倒折，四周外向，故雖遭蟲鼠嚙而中未損。但文淵閣制既庳狹，而牖復暗黑，抽閲者必秉炬以登，内閣老臣無暇留心及此，徒付筦鑰于中翰涓人之手，漸以汨没，良可嘆也。吾鄉葉進卿先生當國時，余爲曹郎，獲借鈔得一二種，但苦無傭書之資，又在長安之日淺，不能盡窺東觀之藏，殊爲恨恨耳。

焦竑《玉堂叢語》卷四　陶凱言：「漢、唐、宋皆有會要，紀載時政，以資稽考。今起居注紀言紀事，藏之金匱，已呈爲實録。凡諸司領録聖旨及奏事簿籍，紀載時政，可以垂法後世者，宜依會要，編類爲書，使後之議事者有所考焉。其臺、省、府，宜加置銅匱，藏領録簿，以備稽考。」俱從之。【略】宣德六年五月，行在禮部成，踰月，上命寮屬入蒞事，賜什器百六十二，刻「禮部公用」四字其上。已，南禮部復析所藏古今書百十二部，總二千八百册，以實之。

吕毖《明宫史》二集《内板書數》　凡司禮監經廠庫内所藏祖宗累朝傳遺秘書典籍，皆提督總其事，而掌司、監工分其細也。自神廟静攝年久，講幄塵封，右文不終，官如傳舍，遂多被匠夫厨役，偷出貨賣。柘黄之帖，公然羅列于市肆中，而有寳圖書，再無人敢詰其來自何處者。或占空地爲圃，以致板無曬處，濕損模糊。甚或劈毀以禦寒，去字以改作。即庫中現貯之書，屋漏浥損，鼠嚙蟲巢，有蛀如玲瓏板

者，有塵徵如泥板者。放失虧缺，日甚一日。若以萬曆初年較，蓋已什減六七矣。既無多學博洽之官綜覈齊理，又無簿籍數目可考以憑銷算。蓋内官發跡，本不由此；而貧富升沉，又全不關乎貪廉勤惰。是以居官經營者，多長於避事，而鮮諳大體，故無怪乎泥沙視之也。然既屬内廷庫藏，在外之儒臣又不敢越俎條陳，曾不思難得易失者，世惟書籍爲最甚也。今將有用圖書，盡擲無用之地，豈我祖宗求遺書於天下、垂典則於萬世之至意乎？想在天之靈，不知何如其恫然、何如嘆息也。今上天縱英明，右文圖治，倘一旦清問祖宗歷來所存書籍幾何，或親臨庫際稽覽，不審當局者作何置對？其亦未之深思耳。祖宗設内書堂，原欲於此陶鑄真才，冀得實用。按：《古文真寶》、《古文精粹》二書，皆出於老學究所選。纍臣欲求大方於明白上水頭古文選爲入門，再將宏肆上水頭古文選爲極則，起自檀弓、左、國、史、漢、諸子，共什七八；唐、宋什二三，爲一種。再將洪武以來程墨垂世之稿，亦選出一半爲入門、一半爲極則，亦爲一種。四者同成二帙，以範後之内臣。奏知聖主，發司禮監刊行，用示永久。不知得遂志否也。

胡應麟《少室山房筆叢》甲部《經籍會通一》 歷朝墳籍，畜聚之多亡如隋世，篇目之盛僅見唐時。按向、歆《七略》卷三萬餘，班氏東京僅覩其半，莽、卓之亂尺簡不存，晉荀勖、李充洊加鳩集，宋元嘉中謝靈運校讎，至六萬卷，齊王儉、王亮、謝朏，梁殷鈞、任昉、阮孝緒等，繼造目録，率不過三萬卷。蓋宋初祕閣所藏重複相揉，靈運概加裒録，諸人頗事芟除，雖其數僅半於前，或其實反增於舊。隋文父子篤尚斯文，訪輯蒐求不遺餘力，名山奥壁捆載盈庭，嘉則殿書遂至三十七萬餘卷，書契以來特爲浩瀚，尋其正本亦止三萬七千。《隋志》近九萬卷。至開元帝，累葉承平，異書間出，一時纂集及唐學者自著八萬餘卷，古今藏書莫盛於此。趙宋諸帝雅意文墨，慶曆間《崇文總目》所載三萬餘卷，累朝增益，卷不盈萬，宣和北狩，散亡略盡，至淳熙、嘉定間書目乃得五萬餘卷。蓋歷代帝王圖籍興廢聚散之由，大都具矣。夫以萬乘南面之尊，石渠、東觀之富，通都大邑之購求，故家野老之獻納，而古今輯録不過如此，蓋後人述作日益繁興，則前代流傳寖微寖滅，增減乘除，適得此數，理勢之自然也。

《舊唐書·經籍志》序云：貞觀中，令狐德棻、魏徵相次爲祕書監，上言經籍亡逸，請行購募，并奏引學士校定，羣書大備。開元三年，左散騎常侍褚無量、馬懷素侍宴，言及經籍，玄宗曰：「内庫皆是太宗、高宗先代舊書，常令宫人主掌，所有殘缺未遑補緝，篇卷錯亂，難於檢閲，卿試爲朕整比之。」至七年，詔公卿、士庶之家所有異事，官借繕寫。及四部書成，上令百官入乾元殿東廊觀之，無不駭其廣。九年十一月，殷踐猷、王愜、韋述、余欽、毋煚、劉彦貞、王灣、劉仲等重修，成《羣書四部録》二百卷，右散騎常侍元行沖奏上之。自後毋煚又略爲四十卷，名爲《古今書録》，大凡五萬一千八百五十二卷。禄山之亂，兩都覆没，乾元舊籍亡散殆盡。肅宗、代宗崇重儒術，屢詔購募。文宗時鄭覃侍講禁中，以經籍道喪，屢以爲言，詔令祕閣搜訪遺文，四部書至五萬六千四百七十六卷。及廣明初，黄巢干紀，尺簡無存。昭宗即位，志弘文雅，收合餘燼，尚二萬餘。遷都洛陽，遂靡孑遺。右劉昫所紀唐經籍事頗詳，以端臨《通考》不載，節録於此。《龍城録》云：開元文籍最盛，至七萬卷。當時司典籍者，學士四十七人，張説、鄭譚、裴煜之、侯行成、康子玄皆與焉。

太宗初即位，即置弘文館，聚書二十餘萬卷，選天下文學之士虞世南、褚亮、姚思廉、歐陽詢、蔡允恭、蕭德言等以本官兼學士，更日宿直，至夜分乃罷，又取三品以上子孫充弘文館學生。據是時尚未改武德年號也，太宗甫定内難即留意經籍如此，而馬氏《通考》獨逸茲事，故詳載之。按，弘文館書至二十萬卷，則自隋三十七萬外僅再覩耳。唐《藝文志》序稱武德中收隋遺書僅八萬卷，餘蓋一時裒益之書，校其正本，當兵火訌攘之後決不能過三萬也。此條載《資治通鑑》，陸氏所序亦不收，蓋但據《經籍考》也。

文皇初年亦似留意經籍，貞觀中魏徵、虞世南、顔師古繼爲祕監，請購天下書，選五品以上子孫工書者繕寫，藏於内庫，俾宫人掌之。以文皇總之於上，虞、魏董之於下，應者宜響，然迄貞觀中未聞增益，諸臣亦絶無目録之修，何也？蓋太宗所騁志文詞，所鍾嗜翰墨，於經籍蓋浮慕焉，未必如隋、宋之竭力蒐訪也，故貞觀中百事超越前代，此反愧焉。《文思博要》至千二百卷，歐、虞又各自有類書，而祕府二王之迹獨冠千古，當時君臣所用力者可見矣。

王肯堂《鬱岡齋筆塵》卷四 漢懲秦焚書之敗，大收篇籍，廣開獻書之路。迄孝武世建藏書之策，置寫書之官，由是外有太常、太史、博士之署，内有延閣、廣内、祕室之府。至成帝時，頗有散亡，乃使謁者陳農求遺書於天下，詔光禄大夫劉向校經傳、諸子、詩賦；步兵校尉任宏校兵書；太史令尹咸校數術；侍醫李柱國校方技。會向卒，哀帝復使向子歆嗣父之業，歆遂總會群篇，著爲《七略》，凡三萬三千九十卷。王莽之末，焚燒無遺，此焚書而後書之一厄也。光武明章好文重經術，鴻生鉅儒負帙自遠至者不可勝算。石室、蘭臺彌以充積。初遷洛陽，所載經傳二千餘輛，爾後撰録三倍於前。董卓移都之際，自辟雍、東觀、宣明、鴻都諸藏，典册文

章，竟共剖散，圖書縑帛，軍人以爲帷囊，及王允收而西者，纔七十餘乘，道路艱遠，復棄其半。長安之亂，一時焚蕩，此則書之二厄也。魏氏采掇遺亡，藏在三閣，祕書郎鄭默始制《中經》，祕書監荀勗更著《新簿》，分經、史、子、集爲四部，甲、乙、丙、丁之目，合二萬九千九百四十五卷。惠懷之末，京華蕩覆，石渠文集，靡有孑遺。此則書之三厄也。東晉之初，漸更鳩聚，著作郎李充以勗舊簿校之，其見存者但爲三千一十四卷。其後中朝遺書，稍流江左，宋文帝元嘉八年，祕書監謝靈運造四部目録，凡六萬四千五百八十二卷。元徽初，祕書丞王儉又造目録，凡萬五千七百四卷。儉又別撰《七志》，曰：經典志、諸子志、文翰志、軍書志、陰陽志、術藝志、圖譜志。齊永明中，祕書丞王亮、監謝朏又造書目，凡一萬八千一十卷。齊末兵火延燒祕閣，經籍遺散。梁初，祕書監任昉受命於文德殿內，列藏衆書，華林園中，總集經典，凡二萬三千一百六卷，而釋氏不預焉。普通中，處士阮孝緒更爲《七録》，曰：經典録、記傳録、子兵録、文集録、技術録、佛録、道録。元帝克平，侯景收文德殿書及公私經籍歸于江陵，凡十萬餘卷。周師入郢，咸自焚之，此則書之四厄也。宋武入關，收其圖籍，纔四千卷。赤字赤紙，文字古拙。魏孝文始都洛陽，借書於齊，祕府稍僅充實，爾朱之亂，散落復多。北齊遷業，頗更搜聚。後周定鼎，書止八千，後稍增至萬卷。武帝平齊，先封書府，所加舊本，纔至五千。隋開皇三年，祕書監牛弘表請分遣使人搜討異本，每書一卷，賞絹一疋，校寫既定，本即歸主。於是民間異書往往間出。及平陳後，經籍漸多，煬帝限寫五十副本，分爲三品，於東都觀文殿前東西廊屋列以貯之。唐之克隋，鄭公盡收圖書，命司農少卿宋遵貴載之以船，泝河西上，行經底柱多被湮没，十存一二而已。貞觀中，魏徵、虞世南、顔師古繼爲祕書監，請購天下書，選五品以上子孫工書者爲書手，繕寫藏於內庫，以宮人掌之。玄宗時，又借民間異本傳録，置修書院於著作院，又於大明宮光順門外，東都永福門外皆創集賢書院。太府月給蜀郡麻紙五千番，季給上谷墨三百三十六丸，歲給河間、景城、清河、博平四郡兔千五百皮爲筆材。兩都各聚書四部，以甲、乙、丙、丁爲次列經、史、子、集四庫，其本有正有副，軸帶牙籤皆異色以別之。禄山之亂，尺簡不藏，此則書之五厄也。元載爲相，奏以千錢購書一卷，又命拾遺苗發等使江淮括訪。至文宗時，又詔搜採。於是四庫之書復完，分藏于十二庫。黄巢之亂，存者蓋尠，此則書之六厄也。五季之亂，有國之君，疆土既促，日尋干戈而猶汲汲以搜訪遺書爲要務。後唐莊宗募民獻書及三百卷，授以試銜，其選調之官，每百卷減一選。後漢令凡以三館亡書來上者，計卷帙賜之金帛，數多者授以官。周世宗於凡獻書者，悉加優賜以誘致之。又選常參官三十人校讎刊正。是時諸國分據，皆聚典籍，而吳蜀爲多。宋興之初，三館有書萬二千餘卷，平蜀又得書萬三千卷，平江南得二萬餘卷，始平荆南，終并兩浙，皆盡收其圖書。而朱載、錢弼、彭幹等皆詣闕獻書，合千二百二十八卷，於是群書漸備矣。太宗時，詔中外購募，有以亡書來上及三百卷，當議甄録酬獎，餘第卷帙之數，等級優賜。不願送官者，借本寫畢還之。藏書之所爲崇文院。自建隆至大中祥符，著録總三萬六千二百八十卷。八年，館閣火，移寓右掖門外，謂之崇文外院，借太清樓本補寫。九年，新作崇文院，成時已增募寫書史，專事完緝，先後上經史子書二萬七百餘卷。詔購求逸書，復以書有繆濫不完，始命定其存廢。因倣《開元四部録》爲《崇文總目》，慶曆初，成書，凡三萬六百六十九卷。然或相重，亦有可取而棄不録者。大觀中，祕書監何志同言：「漢著《七略》凡爲書三萬三千九百卷，隋所藏至三十七萬卷，唐開元間八萬九千六百卷，慶曆間常命儒臣集四庫爲籍，名曰《崇文總目》，凡三萬六百六十九卷。慶曆距今未遠也，按籍而求之，十纔六七，號爲全本者不過二萬餘卷，而脱簡斷編，亡散缺逸之數浸多，謂宜及今有所搜採，視舊録有未備者，頒其名數於天下，選文學博雅之士求訪。總録之外，別有異書，並借傳寫，或官給劄，即其家傳之，就加校正，上之策府。」從之。政和中，校書郎孫覿言：「頃因臣僚建白，訪求遺書，今累年所得，《總目》之外，凡數百家幾萬餘卷，乞詔祕書省官討論譔次，增入《總目》，合爲一書。」從之，名曰《祕書總目》。宣和中，祕書省言：「有詔搜訪士民家藏書，籍悉上送官，參校有無，募工繕寫，藏之御府，近與三館參校。榮州助教張順所進二百二十三卷，李東一百六十二卷，皆係闕遺，乞加褒賞。詔順賜進士出身，東補迪功郎。」七年，祕書省言：「取索到王闡、張宿等家藏書，以三館祕閣書目比對，所無者凡六百五十八部二千四百一十七卷，及集省官校勘，悉善本，比前後所進書數頗多。詔闡補承務郎，宿補迪功郎。」然自熙寧以來，搜訪補緝至宣和盛矣。靖康之變，散失莫考。今見於著録，往往多非曩時所訪求者，凡一千四百四十三部，二萬五千二百五十四卷。高宗渡江，書籍散佚，獻書有賞，或以官；故家藏者，或命就録，鬻者悉市之。淳熙中，祕書少監陳騤等言，中興館閣藏書，前後搜訪，部帙漸廣，乞倣《崇文總目》類次。後書目成，計見在書四萬四千四百八十六卷，較《崇文》所載實多一萬三千八百一十七卷。後參三朝所志，多八千二百九十卷，兩朝所志多三萬五千九百九十二卷。嘉定中，以四庫之外，書復充斥，詔祕書丞張攀等續書目，又得一萬四千九百四十三卷，而太常、太史、博士之藏，諸郡、諸路刻板而未及

獻者不預焉。蓋自紹興至嘉定，承平百載，遺書十出八九，著書立言之士又益衆，往往多充祕府。紹定辛卯火災，書又多闕。自是而宋且不祚矣。元立經籍所，後更爲弘文院，又立興文署，以編集經史，收掌板刻爲職，宋元遺書，賴以不廢。我太祖高皇帝克燕，首命大將軍收秘書監圖書典籍，及太常法服、祭器、儀象、户口、版籍，既又詔求遺書散民間者。永樂移都北平，命學士陳循輦文淵閣書以從，購遺書之官四出，所蓄甚富。正統六年，大學士楊士奇等言，文淵閣見貯書籍，有祖宗御製文集，及古今經史子集之書。自永樂十九年南京取來，一向於左順門北廊收貯，未有完整書目，近奉旨移貯文淵閣東閣，臣等逐一打點清切，編置字號，寫完一本，總名曰《文淵閣書目》，合請用廣運之寶鈐識，仍藏於文淵閣，永遠備照，庶無遺失。詔從之。然自是而後，閣臣既鮮省覈，典籍又多竊取。而祕府書籍，往往散逸於民間矣。嘉靖中，御史徐九皋建言，欲將歷代藝文志書目參對今貯經籍，凡有不備者，行令中外士民之家，借本送官謄寫，原本給還，量優賞賚。其有志所不載及近世中外文僚，山林碩學，記著撰述有裨治理者，並令搜採，解送禮部，發史館看詳校正，藏諸中祕。而又乞上於便殿省閲章奏，處分政事之暇，時賜召見講讀侍從諸臣，從容諏訪，辨析經旨。詔下禮部議。尚書夏言覆奏：「仰惟皇上尊祖敬宗，右文重道。邇者恭建皇史宬，尊藏累朝寶訓、實録，并列聖御製文集、四書五經、性理等書，及修輯歷代全史，誠帝王希世之曠典，萬世不刊之事業也。今本官具奏，前因具見，仰贊聖謨，廣敷文治之意，合候命下，移文翰林院，查祕閣所貯經籍，有無缺遺不備之書，備開書目行本部，通行兩京及天下撫按衙門，轉行提學官員，用心搜訪，凡藝文志所載歷代遺書，及本朝名臣碩儒所著述文集，凡有補于世教，足成一家之言者，一體收採藏貯。及奏請召見侍從諸臣，亦是仰承皇上緝熙聖學，延見講官，以備顧問之意。」尋得旨：書籍充棟，學者不用心，亦徒示虚名耳。苟能以經書躬行實踐，爲治有餘裕矣。此心不養以正，召見亦虚應也。都罷，是時上漸廢朝講矣，而請不時召見文學之臣爲忤旨，故并求遺書亦報罷。然不遺博雅專使而徒行提學官員，真虚應耳。夫以我明之盛，崇儒右文，超軼前代，而購書之詔，希闊無聞，東閣之藏，蕩析殆盡，將使萬世之下有遺議焉，恐不可以爲迂闊不切事情之務而忽之也。

朱荃宰《文通》卷二九《墳典之盛》 歷朝墳藉畜聚之多，亾如隋世。篇目之盛，僅見唐時。按：向、歆《七略》卷三萬餘，班氏東京僅覩其半。莽、卓之亂，尺簡不存。晉荀勗、李充，洊如鳩集。宋元嘉中，謝靈運較讎至六萬卷，齊王儉、王亮、謝朏，梁殷鈞、任昉、阮孝緒等繼造目録，率不過三萬卷。蓋宋初秘閣所藏，重複相揉，靈運槩加裒録，諸人頗事芟除，雖其數僅半於前，或其實反增於舊。隨文父子篤尚斯文，訪輯蒐求，不遺餘力，名山奧壁，捆載盈庭。嘉則殿書遂至三十七萬餘卷。書契以來，特爲浩瀚，尋其正本，亦止三萬七千。《隋志》近九萬卷。至開元，帝累葉承平，異書間出，一時纂集，及唐學者自著，八萬餘卷。古今藏書莫盛于此。趙宋諸帝，雅意文墨，慶曆間《崇文總目》所載三萬餘卷，累朝增益，卷不盈萬。宣和北狩，散亾略盡。至淳熙、嘉定間，書目乃得五萬餘卷。蓋歷代帝王圖籍興廢聚散之由，大都具矣。夫以萬乘南面之尊，石渠東觀之富，通都大邑之購求，故家野老之獻納，而古今輯録不過如此。蓋後人述作日益緐興，則前代流傳寖微寖滅，增減乘除，適得此數，理勢之自然也。

彭大翼《山堂肆考》卷五八《秘書省》 歷代沿革，周外史掌四方之志，三皇五帝之書。漢圖書所在，有石渠石室，延閣廣内貯之于外府。又有御史中丞，居殿中掌蘭臺秘書，及麒麟天禄二閣藏之于内禁。後漢圖書在東觀，桓帝始置秘書監一人。魏武帝置秘書令，典尚書、奏事，即中書令之任也。文帝置中書令，而秘書改令爲監，初屬少府，自王肅爲監，乃不屬。晉武帝以秘書併入中書省，其秘書著作之局不廢。惠帝復別置秘書監，併統著作局，及掌三閣圖書，自是秘書之府始居于外。梁曰秘書省，後周秘書監，亦領著作，監掌國史。隋秘書省，領著作、太史二曹，改監爲令。唐武德初，又改爲監，龍朔二年，改秘書省爲蘭臺，改監爲太史。天授初，改秘書省爲麟閣。神龍初，復舊領著作、太史二局，通判省事，少監貳之。其後國史、太史分爲別曹，而秘書省但主書寫、校勘而已。宋太平興國二年，始建崇文院，而昭文館、史館、集賢院皆統于崇文院。端拱初，建秘閣，亦在崇文院中。淳化中，秘書雖有監，少監、丞、郎、校書郎、正字、著作，郎佐皆以爲寄禄官，常帶出入。凡邦國經籍圖書，悉歸秘閣。而秘書所掌，惟祭祀祝版而已。元豐，正名以崇文院爲秘書省，既罷館職，盡以三館職事歸秘書省，并置秘書省職事官，自監少至正字，不領他局。舊秘書省建于禁中，至高宗紹興初，權寓于臨安法惠寺。四年，新建于天井巷左，五年，立定員數，自監少丞之外，以十八人爲額。隆興元年，詔以七員爲額，二年，詔依祖宗舊法，更不立額。

又《木天》 《六典》：内諸司，舍屋唯秘書閣最宏壯，高敞，謂之木天。

又《芸局》 《陳子昂集》：芸局都奥，見天下之圖書。

又《内庫》 《六典》：漢劉向、揚雄典校，秘書皆在禁中，謂之中書，猶今言内

庫書也。後漢藏書于東觀，亦在禁中。

又《掌四部籍》 《六典》：秘書郎掌四部之圖籍，分庫以藏之，以甲、乙、丙、丁爲部。目甲部爲經，其類十有一。乙部爲史，其類十有三。丙部爲子，其類十有四。丁部爲集，其類有三。又《四朝志》，唐秘書郎三人，掌四部圖籍，皆有三本，一曰正，二曰副，三曰貯。

又卷一二四《計卷與官》 宋仁宗嘉祐中，詔中外士庶，並許上館閣闕書至五百卷，與文資官。

又《購募亡書》 宋太祖乾德中，下詔購募亡書。涉弼、彭幹等詣闕獻書千二百二十八卷。詔分置書府，弼等並賜科名。

又《班固典掌》 漢光武中興，日不暇給，而入洛之書二千餘兩，後藏于東觀及仁壽閣，命校書郎班固、傅毅等典掌之。

又《藏于内庫》 唐貞觀中，魏徵、虞世南、顔師古繼爲秘書監，請購天下遺書。選五品以上子孫工書者爲書手，繕寫于内庫，以宫人掌之。玄宗時，兩都各聚書四部，以甲、乙、丙、丁爲次，列經、史、子、集四庫。其本有正副，軸、帶、帙、籤皆異色以别之。禄山之亂，尺簡不存。至文宗時，鄭覃進言「經籍未備」。因召秘閣搜訪，于是四庫之書復全，分藏十二庫。及黄巢之亂，存者蓋尠。又按景龍《文館記》，薛稷知集庫，馬懷素知經庫，沈佺期知史庫，武平一知子庫，通曰四庫書。

又卷一七二《藏書》 婺源縣學宫講堂之上有重屋焉，牓曰藏書，而未有以藏。莆田林侯慮知縣事，始出其所寶大帝神筆石經若干卷。以填之，而又益廣市書，凡千四百餘卷，列庋其上，俾肄業者得以講讀而誦習焉。名曰藏書閣，朱元晦爲之記。

劉遠可《璧水群英待問會元》卷三六《館閣・附以育養英才立説》 策頭，圖書之府，古人謂之道家蓬萊山，預是選者，世指爲登瀛。兹實天子藝文之圃，養才之地。粤自微言絶於孔聖，遺編燎於秦皇，斷簡殘文紛紜流落，以《尚書》古文猶得諸屋壁之間，其餘槩可知也。當是時，書不藏，才不養。迨漢世宗之時，乃喟然憫斯文之簡缺，建藏書之策，置寫書之官，下及諸子傳設粗習，秘府而人才間有置之館閣，而獎養之者。於是，有芸臺之閣，石渠之館，承明之廬，金馬之門。及李唐，文風滋盛，亦有集賢藏書之院，蘭臺製作之庭，長育英才，得人益多於前世矣。策叚漢唐以館閣爲育才之地而養成人才，有所謂議論該博者，辭旨典麗者，器識閎遠者，見之信史，可考不誣。夫不汲汲於富貴，不戚戚於貧賤，作《太元》以擬《周易》，著《法言》以擬《論語》，此楊雄得之於所養者然也。廉靖樂道，不交世俗，專積思於經書，誦書傳，夜觀星宿，此劉向得之於所養者然也。漢之得人有如此者。貌謹儒而中抗烈，議論持正，帝以五絶稱之，拾遺補闕爲當代名臣，人倫準的，此虞世南得之於所養者然也。論閻韓張許之文，徐堅以爲篤論，世以大手筆歸之，羞與凡器同列，張説得之於所養者然也。唐之得人有如此者。我國家自太宗皇帝混一區宇，鋭意文藝，太平興國二年，鑾輿臨幸祕省，嘆文館之弊，不足待天下之英雋，乃命有司度地昇龍門右，督工經營。明年告成，錫名崇文。又即其上揭爲崇閣，飛白宸翰，以光其名。由此羣書之藏益加於漢唐之上，鉅軸長裁，爛然如登群玉之府，垂紳曳帶，居其中者，儼然爲名臣。中人以降，優遊養成之，亦不失爲佳士，有文章，有學問，有才，有藝，不可勝數。

朱國禎《湧幢小品》卷二 《祕書》。中祕書在文淵之署，約二萬餘部，近百萬卷，刻本十三，抄本十七。入直者，辰入未出。凡五楹，中一楹當梁拱間竪一金龍柱，宣廟嘗幸其地，與閣臣繙咨詢問，故置示史臣不得中立設座云，然臨幸益稀，至今絶響。其書乃秦漢至寶，屢購所積，不得移出，今不知何如。聞往往有私竊而出者，此繫神廟初年沉晴峯太史所記，乃弘治五年大學士丘濬上言：我太祖高皇帝肇造之初，庶務草創，日不暇給，首求遺書於至正丙午之秋。考是時猶未登寶位也，既平元都，得其館閣祕藏，而又廣購於民間，没入於罪籍。一時儲積，不減前代，然藏蓄數多，不無亂雜，積歷年久，不無鼠蠹，經該人衆，不無散失。今内閣儲書有匱，書目有簿，皆可查考。乞勅内閣大學士等計議，量委學士并講讀以下官數員，督同典籍等官，撥與吏典班匠人等，逐厨開將書目一一比校，或有或無，或全或缺，所欠或多或少，分爲經、史、子、集四類，及雜□、類書二類，每類若干部，部若干卷，各類總數共若干，要見實在的數，明白開具奏報。又以木刻考校年月，委官名銜爲記，識於每卷之末，立爲案卷，永遠存照。竊惟天下之物，雖奇珍異寶，既失之皆可復得，惟經籍在天地間，爲生人之元氣，紀往古而示來今，不可一日無者。無之則生人貿貿然如在冥途中行已，其所關係，豈小小哉？民庶之家，遷徙不常，好尚不一，既不能有所廣儲，雖儲之亦不能久，所賴石渠延閣之中，積聚之多，收藏之密，扃鑰之固，類聚者有掌故之官，闕略者有繕寫之吏，損壞者有修補之工，散失者有購訪之令，然後不至於浥爛散失爾。前代藏書之多，有至三十七萬卷者，今内閣所藏，不能什一，數十年來，在内者未聞考校，在外者未聞購求，臣恐數十年之後，日漸消耗，失今不爲整治，將有後時無及之悔。伏望體聖詔求遺書之心，任萬世斯

文在玆之責，毋使後世志藝文者，以書籍散失之咎歸焉，不勝千萬世儒道之幸。合二説觀之，是何前之少，而後之多，多且過三十倍，豈累朝購求所積，抑每部添副幾部，與一切類書、文集，俱收入充數而然耶？是惟閣大臣能考之。自古藏書之所，非止一處。漢有東觀、蘭臺、鴻都等處。唐有祕書監、集賢書院等處。宋有崇文館、祕書省等處。我朝稽古定制，罷前代省、監、館、閣，掌書之官，併其任於翰林院，設典籍二員。凡國家所有古今經籍圖書之在文淵閣者。永樂中，遣翰林院修撰陳循往南京起取本閣所貯古今一切書籍，自一部至有百部以上，各取一部北上，餘悉封識收貯如故南院書籍。南翰林院原有二大書櫃，舊册充仞，皆國初儒臣進御之稿，如邊防一本，發出擬議。則查某地、某朝、如何形勢，如何處置，今則合當如何料理，仰俟聖裁。有累至三四幅者，末署云：臣某進。其他錢穀、刑名等項，亦如之，而進退人才，則又密封，稿中皆塗去姓名，防洩漏也。吕中石先生來掌院，輯爲若干卷，將付梓，會轉官，攜歸，毁於火，真可惜也。

李清《三垣筆記》附識卷中 質慎庫圖書百萬卷，皆宣和所藏，爲金自汴梁運入燕者。歷元及國初無恙。徐達下大都時，封記宛然，至國破，皆失散不存，聞者惋歎。

顧炎武《日知録》卷一八《祕書國史》 漢時天子所藏之書，皆令人臣得觀之。故劉歆謂外則有太常、太史、博士之藏，内則有延閣、廣内、祕室之府。而司馬遷爲太史令，紬石室金匱之書。劉向、揚雄校書天禄閣。班斿進讀群書，上器其能，賜以祕書之副。東京則班固、傅毅爲蘭臺令史，并典校書。曹褒于東觀撰次禮事。而安帝永初中，詔謁者劉珍及博士議郎四府掾史五十餘人，詣東觀校定《五經》、諸子傳記。竇章之被薦，黄香之受詔，亦得至焉。晉、宋以下，此典不廢。左思、王儉、張纘之流咸讀祕書，載之史傳。而柳世隆至借給二千卷。唐則魏徵、虞世南、岑文本、褚遂良、顔師古皆爲祕書監，選五品以上子孫工書者，手書繕寫，藏于内庫。而玄宗命弘文館學士元行沖，通撰古今書目，名爲《群書四録》。以陽城之好學，至求爲集賢院吏，乃得讀之。宋有史館、昭文館、集賢院，謂之三館。太宗别建崇文院，中爲祕閣，藏三館真本書籍萬餘卷，置直閣校理。仁宗復命繕寫校勘，以參知政事一人領之，書成，藏于太清樓，而范仲淹等嘗爲提舉。且求書之詔，無代不下，故民間之書得上之天子，而天子之書亦往往傳之士大夫。自洪武平元，所收多南宋以來舊本，藏之祕府，垂三百年，無人得見。而昔時取士，一史、三史之科又皆停廢，天下之士于是乎不知古。司馬遷之《史記》、班固之《漢書》、干寶之《晉書》、柳芳之《唐歷》、吴兢之《唐春秋》、李燾之《宋長編》，并以當時流布。至于會要、日曆之類，南渡以來，士大夫家亦多有之，未嘗禁止。今則實録之進，焚草于太液池，藏真于皇史宬，在朝之臣非預纂修，皆不得見，而野史、家傳遂得以孤行于世，天下之士于是乎不知今。是雖以夫子之聖，起于今世，學夏、殷禮而無從，學周禮而又無從也。況其下焉者乎！豈非密于禁史而疏于作人，工于藏書而拙于敷教者邪？遂使帷囊同毁，空閒《七略》之名；家壁皆殘，不覩《六經》之字。嗚呼悕矣！

朱彝尊《曝書亭集》卷三二《史館上總裁第二書》 史館急務，莫先聚書。漢之陳農，唐之李嘉祐，明之歐陽祐、黄盅、危於幰吕復。前代率命采書之官，括圖籍於天下。矧明史一代之典，三百年之事迹，詎可止據實録一書，遂成信史也邪。明之藏書，玉牒寶訓，貯皇史宬。四上方於朝者，貯文淵閣。故事：刑部恤刑，行人奉使還，必納書於庫，以是各有書目。而萬曆中，輔臣諭大理寺副孫能傳，中書舍人張萱等，校理遺籍，閣中故書，十亡六七。然地志具存，著於録者，尚三千餘册。閣下試訪之所司，請於朝，未必不可得。又同館六十人，類皆勤學洽聞之士，必能記憶所閲之書，凡可資采獲者，俾各疏所有，捆載入都，儲於邸舍，互相考索，然後開列館中所未有文集，奏議圖經傳記，以及碑銘志碣之屬，編爲一目。或倣漢唐明之遣使，或牒京尹守道，十四布政使司，力爲蒐集，上之史館，其文其事，皎然可尋，於以采撰編次，本末具備，成一代之完書，不大愉快哉！昔者元修《宋》、《遼》、《金》史，袁桷列狀，請搜訪遺書，自實録正史而外，雜編野紀，可資證援參考者。一一分疏其目，具有條理，語有之：「前事之不忘，後事之師也。」閣下其留意焉！

徐元文《含經堂集》卷一八《請購明史遺書疏》 題爲《明史》方在刊脩，謹請專購遺書以資編纂事。臣等伏遇我皇上天縱聰明，勤思典册。有明遺史特命纂脩，固以一代興亡不容泯滅，亦緣千古法戒事合昭垂於本朝。製作之中，實切監夏監殷之意，甚盛舉也。臣等自惟才力譾劣，學識疎庸，自奉命以來，悚息愧汗，深懼無以仰稱任使，兹史局已開，不敢不竭蹷從事。但撰次史書，惟憑載籍。今勝國文獻日就湮没，使非廣購遺編安能討論盡善。伏察館閣見存書籍有關明史者甚少，而前經禮部行文各省采取，止廣東送書一部，其他山東諸省已經咨覆者，直曰無有。臣等竊慮在外各官職務繁冗，雖奉行部文等諸，故事必不能極力搜採，而藏書之家又吝於陳獻，稽延日久，即使間有呈送，不過以尋常見聞之書苟且充數，終無裨益。其在萬曆以前事蹟，雖有《實録》等書，尚未詳備，至啓、禎兩朝尤爲闕略。

若不博訪軼聞，第就區區見在篇籍以爲依据，則挂漏譌謬，勢有必然。臣等觀元臣袁桷請脩宋、遼、金史，謂中原諸老家有其書，必當搜羅會萃以成信史。明初之脩《元史》也，宋濂實主其事。今其集中有《送吕仲善采史北平》一序載，同時分遣者十有二人。可見購采書籍，實史館第一要務。臣竊謂宜倣前代成例，量遣翰林官分行搜訪，舉凡野史雜編，名臣狀、誌、碑、碣，諸家文集，悉遵前者不拘忌諱之旨。務令所遣官員悉心羅致其藏書之家，許詳計卷帙多寡，厚給賞賚。或所獻多者量行甄敘。若未刻書籍不願徑獻者，官給雇直，就其家鈔録。如此則遺書畢出得以恢廣見聞，考析同異，而撰著益有所憑矣。至若各省通志，府州縣志皆纂輯所必需，應請敕部行令各省藩司悉上史館。若此外更有臣等聽聞所及，知某處有某書，緊要可備採擇者，許徑知會禮部行咨轉取。庶幾移檄不屬虛文，載筆得收實效矣。

俞天倬《太倉州儒學志》卷三《尊經閣》 按《州志》，在學宫東南，今通仰高門入。明嘉靖十年，州父師陳公璜建。萬曆三十五年，署州事二府王公炤以公鏹充脩，後漸頹廢，入本朝益甚。順治十八年，州父師吕公時興改建，四基累石，高六尺，閣下高二丈稍減閣上高二丈，加增下五間，四面周廊上五間，旁通層梯。上額太常烟客王公時敏八分書，題「卓爾文峯。」旁聯題曰：「聖賢傳心之旨，雲漢昭回；人士立身之宗，江河演繹。」簷外額「尊經閣」三字，下簷額「裒建廣延」四字，俱王公書。右旁泐「尊經閣」三字於石，吕公所立也。舊志不載書籍，前任師購得若干，總聚一厨向置閣上，今恐散失，移置内署，其目開後。

鄭元慶《吴興藏書録・府學藏書目》 《湖録》學中書籍，皆浙江按察司副使劉發學公貯備覽。時維正德戊寅季夏二十五日。每册用隸書題識，蓋以提督浙江等處學政關防，至今朱墨如新，惜不詳其名。訪之竹垞先生云：「嘗見項氏家藏書，亦有貯學書籍兵燹後散落於外者，劉之名終不可得而知也。」偶閲《菰城文獻》云：「峴山三賢祠，正德己卯兩浙督學劉瑞建。」乃知戊寅發書貯學，己卯建三賢祠，正劉公在任時也，爲之一快。又按《寧波府志》，明初頒降書目載《御製大誥》三編、《御製減繁行移體式》、《大明律》、《禮儀定式》、《新官到任須知》、《韻會定式》、《六部職掌》、《科舉程式》、《朔望行香體式》、《孟子節文》、《各衙門進奉表箋式》、《仁孝皇后勸善書》、《性理大全》、《五經大全》、《爲善陰隲孝順事實》、《五倫書》。又《封邱縣志》載洪武十四年頒書：《四書》、《五經》、《性理大全》。永樂十七年頒書：《大誥》、《大明律》、《五倫書》、《爲善陰隲孝順事實》、《勸善書》。與學中所貯書目，詳略不同。蓋緣劉公續發之書，多於頒降之目也。

張廷玉《清文獻通考》卷七二《學校考》 乾隆四十七年諭：朕稽古右文，究心典籍。近來，命儒臣編輯《四庫全書》，特建文淵、文溯、文源、文津四閣，以資藏庋。現在繕寫頭分告竣，其二三四分，限於六年内按期蕆事。所以嘉惠藝林，垂示萬世，典至鉅也。因思江浙爲人文淵藪，朕翠華臨莅，士子涵濡教澤樂育，漸摩已非一日。其間力學好古之士，願讀中秘書者，自不乏人。兹《四庫全書》，允宜廣布，流傳以光文治。如揚州大觀堂之文滙閣，鎮江金山寺之文宗閣，杭州聖因寺行宫之文瀾閣，皆有藏書之所，著交四庫館再繕寫《全書》三分，安置各該處。俾江浙士子得以就近觀摩謄録，用昭我國家藏書美富教、思無窮之盛軌。

嵇璜《續通志》卷一三一 宋以三館、秘閣四處藏書。初置三館長慶門北，謂之西館。太平興國初，於昇龍門東北刱立三館書院，三年賜名崇文院，遷西館書貯焉。東廊爲集賢書庫，西廊分四部，爲史館書庫。崇寧初，修繕秘書省告成，以秘閣總其中，而昭文書庫列于東廊，集賢書庫列于南端，史館書庫列于西序，猶存唐代分貯秘書之制焉。紹興中，重建秘書省，右文殿居中，列四庫于殿前，秘閣居後，石渠次之，道山堂又次之，著作庭居後。然收藏圖書，終不克復崇寧之舊。蓋偏安一隅，事多簡略，即藏書亦未能完備也。

畢沅《續資治通鑒》卷九《宋紀・太平興國三年》 己酉，命翰林學士李昉等修《太祖實録》，直學士院湯悦等修《江表事迹》。癸丑，遼主如長濼。初，遼主知翰林學士室昉有理劇才，改南京副留守，決獄平允，人皆便之。累遷工部尚書、樞密副使、參知政事，至是拜樞密使，兼北府宰相，加同政事門下平章事。建隆初，三館所藏書，僅一萬二千餘卷。及平諸國，盡收其圖籍。惟蜀、江南爲多，凡得蜀書一萬三千卷，江南書二萬餘卷。又下詔開獻書之路，於是三館篇帙大備。帝臨幸三館，惡其湫隘，顧左右曰：「此豈可蓄天下圖籍，延四方賢俊邪？」即詔有司度左昇龍門東北，别建三館，其制皆親所規畫，輪奂壯麗，甲於内庭。二月丙辰朔，賜名崇文院，盡遷舊館書以實之，正副本凡八萬卷。

又卷四四《宋紀・慶曆元年》 己丑，翰林學士王堯臣等上新修《崇文總目》六十卷。景祐初，以三館祕閣所藏書，間有謬濫及不完者，命官定其存廢，因倣《開元四部録》爲總，至是上之，所藏書凡三萬六百六十九卷。

徐松《宋會要輯稿・崇儒四》 太祖乾德元年，平荆南，詔有司盡收高氏圖籍，以實三館。國初，三館書裁數櫃，計萬三千余卷。三年九月，命右舍遺孫逢吉往西川取僞蜀法物、圖書、經籍、印篆赴闕。至四年五月，逢吉以僞蜀圖書、法物來

上。其法物不中度，悉命毁之；圖書付史館。四年閏八月，詔講亡書，凡進書者，先令史館點檢，須是館中所闕，即與收納。仍送翰林學士院引試，驗問吏理。堪任職官者，官得具名以聞。是歲，三禮涉弼、三傳彭翰、學究朱載，皆應詔獻書，總千二百二十八卷。命分置館閣，賜弼等科名。開寶九年，江南平，命太子洗馬吕龜祥詣金陵，籍其圖書，得二萬余卷，送史館。僞國皆聚典籍，惟吴、蜀爲多，而江左頗精，亦多修述。太宗太平興國二年十月，詔諸州搜訪先賢筆迹、圖書以獻。荆湖獻晋張芝草書及唐韓干畫馬三本，潭州石熙載獻唐明皇所書《道林寺王喬觀碑》，袁州王澣獻宋之問所書《龍鳴寺碑》，升州獻晋王羲之、王獻之、桓温二十八家石版書迹，韶州獻唐相張九齡畫像及《文集》九卷。四年五月，太原平，命左贊善大夫雷德源入城點檢書籍圖書。六年十二月，詔開封府及諸道轉運徧下管内州縣，搜訪鍾繇墨迹，聽于所在進納，優給緡貫償之。并下御史臺，告諭文武臣僚，如有收者，亦令進納。是歲，鎮國軍節度使錢惟演以鍾繇、王羲之、唐明皇墨迹凡七軸獻。八年，祕書監錢昱又獻鍾繇、羲之墨迹八軸，并優詔荅之。八年十月，越州以王羲之畫像并其石硯來獻。九年正月，詔曰：「國家勤求古道，啓迪化源，國典朝章，咸從振舉；遺編墜簡，宜在詢求。致治之先，無以加此。宜令三館所有書籍，以《開元四部書目》比校，據見闕者，特行搜訪。仍具録所少書，于待漏院榜示中外。若臣僚之家有三館闕書，許上之。及三百卷以上者，其進書人送學士院引驗人才書判，試問公理。如堪任職官者，與一子出身；或不親儒墨者，即與安排。如不及三百卷者，據卷帙多少，優給金帛。如不願納官者，借本繕寫畢，却以付之。」先是，太宗謂侍臣曰：「夫教化之本，治亂之原，苟非書籍，何以取法？今三館貯書數雖不少，比之開元，則遺逸尚多，宜廣求訪。」乃下詔焉。雍熙二年三月，殿直潘昭慶以褚遂良、歐陽詢、虞世南墨迹三十本來獻。淳化四年四月，詔以所購募先賢墨迹爲《歷代帝王名臣法帖》十卷，賜近臣。五年四月，參知政事蘇易簡言：「故知制誥趙鄰幾留心史學，以《新唐書》紀傳及近朝史書多有漏略，遂尋訪自唐以及近代將相名賢事迹，及家狀、行狀甚多。雖美志不就，而遺藁尚在。望遣直館錢熙暫往宋州，詢問鄰家人，尋檢奏卿。」從之。熙還，得鄰幾所撰《補會昌已後日曆》二十六卷、《文集》三十四卷，所著《鯫子》一卷、《六帝年略》一卷、《史氏懋官志》五卷，及宅書又五十余卷來上，皆鄰幾涂竄筆削之迹也。詔本郡以錢十萬賜其家。至道元年六月十日，命内品監祕閣三館書籍裴愈葉傳往江南、兩浙諸州購募圖籍。願送官者，優給其直；不願者，就所在差能書史繕寫，以舊本還之。仍賚御書石本，所在分賜之。愈還，凡購得古書六十余卷，名畫四十五軸，古琴九，王羲之、貝靈該、懷素等墨迹共八本，藏于祕閣。真宗咸平四年十月二十七日，詔曰：「國家設廣内、石渠之宇，訪羽陵、汲冢之書，法漢氏之前規，購求雖至，驗開元之舊目，亡逸尚多。庶墜簡以畢臻，更出金而示賞，式廣獻書之路，且開與進之門。應中外士庶，有收得三館所少書籍，每納到一卷，給千錢。仰判館看詳，委是所少之書，及卷帙別無違礙收納。其所進書，如及三百卷已上，量材試問，與出身酬獎。或不親儒墨，即與安排。宜令史館抄出所少書籍名目，于待漏院張挂，及遺牒諸路轉運司，嚴行告示。」時直集賢院李建中上表，以所寫太清樓群書恐有謬濫，乞更選擇。真宗因閱書目，見亡書尚多，特有是命。大中祥符八年四月，滎王宫火，延燔崇文院祕閣，于皇城外別建外院，重寫書籍。命翰林學士陳彭年提舉管勾。彭年請募人以書籍鬻于官者，驗真本酬其直，與顧筆工傭等。五百卷以上，優其賜。或藝能可采者，別奏候旨。于是獻書者十九人，悉賜出身，及補三班。得萬七百五十四卷。九月七日，以故國子祭酒知容州毋守素男克勤爲奉職。克勤表進《文選》、《六帖》、《初學記》印板。樞密使王欽若聞其事故也。天禧元年八月，提舉勘書籍所言：「學究劉溥、候惟哲獻太清樓無本書各五百卷，請依前詔甄録。」從之。十二月，王欽若言：「進納書籍，元敕以五百卷爲數，許與安排。後來進納并多，書籍繁雜，續更以太清樓所少者五百卷爲數，往往僞立名目，妄分卷帙，多是近代人文字，難以分別。今欲別具條貫，精訪書籍。」從之。二年五月，長樂郡主獻家藏書八百卷，賜錢三十萬。以書藏祕閣。五年六月，景德寺僧溥清獻其祖庫部員外郎陳鄂所撰《四庫韵對》九十八卷印板，詔賜錢十萬，度行者一人。仁宗景祐元年七月二十九日，翰林學士張觀等言：「看詳館閣書籍内古書或缺少三五卷，便成不全部帙。欲據見少卷數曉示，許人詣館投納。」從之。嘉祐五年八月，詔曰：「國家承五代之後，簡編散落。建隆之初，三館聚書，僅纔萬卷。祖宗平定列國，先收圖籍，亦嘗分遣使人，屢下詔令，訪募異本，補緝漸至。景祐中，嘗詔儒臣校定篇目，訛謬重復，并從删去。朕聽政之暇，無廢覽觀。然以今祕府所藏，比唐開元舊録，遺逸尚多。宜開購賞之科，以廣獻書之路。應中外士庶之家，并許上館閣所闕書。每卷支絹一疋，及五百卷，特與文武資内安排。」先是，諫官吴及乞降三館祕閣書目，付諸郡長吏，于所部求訪遺書。故降是詔。六年八月，詔三館、祕閣校宋、齊、梁、陳、後魏、後周、北齊七史，書有不完者，訪求之。十二月，詔兩制看詳天下所上應募之書，擇其可取者，付編校官覆校，寫充定本。編校官常以一員專管勾定本。

慶桂《國朝宮史續編》卷七九《書籍五》 臣等謹案：往代延閣廣内之書，徒侈縹緗閎富，徒未有如我高宗純皇帝鑒古精深，多文求舊，一時瑯嬛充牣，咸應昌會而備甄藏者。溯自乾隆甲子歲，敕檢内府書善本，進呈覽定，列架庋置昭仁殿，御題「天禄琳瑯」爲額。越乙未，重加整比，删除贋刻，特命著爲《天禄琳瑯書目前編》，詳其年代刊印、流傳藏弆、鑒賞採擇之由，書成凡十卷，繕録陳設，後入欽定四庫全書者是也。臣等按次詳稽，備登宮史。總計原貯宋版書七十一部，金版書一部，影宋鈔書二十部，元版書八十五部，明版書二百五十二部。其中最善本如前《漢書》、《資治通鑑》、《九家注杜詩》三種，皆特邀宸賞，曩曾命寫聖容於卷端，謹首録御題識語、詩章，虔誌當日天顔有喜之慕。其諸書中，以槧本尤佳，曾荷褒題鈐璽者，一體恭載。餘仿史家經藉志例，以經、史、子、集爲綱，以宋、金、元、明刊版朝代爲序，臚舉書目卷數，以見前編舊帙，部分具存。更賴七閣函儲，長留天地，足以徵萬古藏書未有之珍祕，自我大清乾隆朝始焉。

又卷八三《書籍九》 臣等謹案：乾隆壬辰歲，高宗純皇帝詔開四庫館，網羅天下遺書。復裒輯《永樂大典》中散篇，勒成善本。挈其事實爲提要，臚其名數爲總目，約之爲簡明目録，精之爲全書考證，而薈要尤先慶觀成焉。其權衡綱領，大而經訓史法，細而博物考名，皆與世道人心、典章制度有所關繫，莫不上秉睿裁，詳見節年所頒諭旨。謹依次恭録，以著聖人刱舉之大端。至全書浩博，貯文淵閣有年，我皇上敬念聖製增多，具關典訓，爰命續繕尊藏，以次歸入空函排架。仰見心法一中，光昭四表，誠穆然於文思文明之盛際焉。

乾隆三十七年正月初四日，奉諭旨：朕稽古右文，聿資治理，幾餘典學，日有孜孜。因思策府縹緗，載籍極博，其鉅者羽翼經訓，垂範方來，固足稱千秋法鑒。即在識小之徒，專門撰述，細及名物象數，兼綜條貫，各自成家，亦莫不有所發明，可爲游藝養心之一助。是以御極之初，即詔中外搜訪遺書，並令儒臣校勘十三經、二十一史，徧布黌宮，嘉惠後學。復開館纂修綱目《三編》、《通鑑輯覽》及《三通》諸書。凡藝林承學之士所當户誦家絃者，既已薈萃略備。第念讀書固在得其要領，而多識前言往行以畜其德，惟蒐羅益廣，則研討愈精。如康熙年間所修圖書集成全部，兼收並録，極方策之大觀，引用諸編，率屬因類取裁，勢不能悉載全文，使閲者沿流溯源，一一徵其來處。今内府藏書，插架不爲不富。然古今來著作之手，無慮數千百家，或逸在名山，未登柱史，正宜及時採集，彙送京師，以彰千古同文之盛。其令直省督撫、學政等通飭所屬，加意購訪。除坊肆所售學業時文及民間無用之族譜、尺牘、屏幛、壽言等類，又其人本無實學，不過嫁名馳騖，編刻酬倡詩文，瑣屑無當者，均無庸採取外，其歷代流傳舊書内有闡明性學治法，關繫世道人心者，自當首先購覓。至若發揮傳注，考覈典章，旁暨九流百家之言，有裨實用者，亦應備爲甄擇。又如歷代名人洎本朝士林宿望，向有詩文專集，及近時沉潛經史，原本風雅，如顧棟高、陳祖范、任啓運、沈德潛輩，亦各著成編，並非勦説卮言可比，均應概行查明。在坊肆者，或量爲給價。家藏者，或官爲裝印。其有未經鐫刊祗係鈔本存留者，不妨繕録副本，仍將原書給還。並嚴飭所屬，一切善爲經理，毋使吏胥藉端滋擾。但各省蒐輯之書，卷帙必多，若不加之鑑別，悉令呈送，煩複皆所不免。著該督撫等先將各書敘列目録，注係某朝某人所著，書中要旨何在，簡明開載，具摺奏聞，候彙齊後，令廷臣檢覈。有堪備閲者，再開單行知取進。庶幾副在石渠，用儲乙覽，從此四庫七略，益昭美備，稱朕意焉。

三十八年二月初六日，奉諭旨：軍機大臣議覆朱筠條奏内將《永樂大典》擇取繕寫，各自爲書一節，議請分派各館修書翰林等官前往檢查，恐責成不專，徒致歲月久稽，汗青無日。蓋此書移貯年深，既多殘缺，又原編體例係分韻類次，先已割裂全文，首尾難期貫串。特因當時採摭甚博，其中或有古書善本，世不恒見，今就各門彙訂，可以湊合成部者，亦足廣名山石室之藏。著即派軍機大臣爲總裁官，仍於翰林等官内選定員數，責令及時專司查校，將原書詳細檢閲，並將圖書集成互爲校覈，擇其未經採録而實在流傳已少，尚可裒綴成編者，先行摘開目録奏聞，候朕裁定。其應如何酌定規條，即著派出之大臣詳悉議奏。至朱筠所奏，每書必校其得失，撮舉大旨，敘於本書卷首之處。若欲悉仿劉向校書序録成規，未免過於繁冗。但向閲内府所貯康熙年間舊藏書籍，多有摘敘簡明節略附夾本書之内者，於檢查洵爲有益，應俟移取各省購書全到時，即命承辦各員將書中要指櫽括，總敘厓略，粘開卷副頁右方，用便觀覽。

十一日，奉諭旨：昨據軍機大臣議覆朱筠條奏，校覈《永樂大典》一摺，已降旨派軍機大臣爲總裁，揀選翰林等官，詳定條規，酌量辦量。兹檢閲原書卷首序文，其言採掇蒐羅，頗稱浩博，謂足津逮四庫。及考之書中別部區函、編韻分字，意在貪多務得，不出類書窠臼，是以踳駮乖離，於體例未能允協。即如所用韻次，不依唐宋舊部，惟以洪武正韻爲斷，已覺淩雜不倫。況經訓爲羣籍根源，乃因各韻轇轕，於《易》先列蒙卦，於《詩》先列大東，於《周禮》先列冬官。且採用各字，不論《易》、《書》、《詩》、《禮》、《春秋》之序，前後錯互，甚至載入六書篆隸真草字樣，摭拾

米芾、趙孟頫字格，描頭畫角，支離無謂。至儒書之外，闌入釋典道經，於古柱下史專掌藏書、守先待後之義，尤爲鑿枘不合。朕意從來四庫書目，以經、史、子、集爲綱領，裒輯分儲，實古今不易之法。是書既遺編淵海，若準此以採擷所登，用廣石渠金匱之藏，較爲有益。著再添派王際華、裘曰修爲總裁官，即令同遴簡分校各員，悉心酌定條例，將《永樂大典》詳悉校覈。除本係現在通行，及雖屬古書而詞義無關典要者，不必再行採録外，其有實在流傳已少，其書足資啓牖後學、廣益多聞者，即將書名摘出，撮取著書大旨，敘列目録進呈，俟朕裁定，彙付剞劂。其中有書無可採而其名未可盡滅者，祇須注出簡明略節，以佐流傳考訂之用，不必將全部付梓，副朕裨補闕遺、嘉惠士林至意。再，是書卷帙如此繁重，而明代蒧役謹閲六年，今諸臣從事釐輯，更係棄多取少，自當克期告竣，不得任意稽延，徒誚汗青無日。仍將應定條例，即行詳議具奏。

三月二十八日，奉諭旨：前經降旨，令各該督撫等訪求遺書，彙登册府。近允廷臣所議，以翰林院舊藏《永樂大典》，詳加別擇校勘，其世不經見之書，多至三四百種，將擇其醇備者付梓流傳，餘亦録存彙輯。與各省所採及武英殿所有官刻諸書，統按經、史、子、集編定目録，命爲《四庫全書》。俾古今圖籍薈萃無遺，永昭藝林盛軌。乃各省奏到書單，寥寥無幾，且不過近人解經論學、詩文私集數種，聊以塞白。其實係唐宋以來名家著作，或舊版僅存，或副稿略具、卓然可傳者，竟不概見。當此文治光昭之日，名山藏弆，何可使之隱而弗彰，此必督撫等視爲具文，地方官亦第奉行故事，所謂上以實求，而下以名應，殊未體朕殷殷諮訪之意。且此事並非難辦，尚爾率略若此，其他尚可問乎？況初次降旨時，惟恐有司辦理不善，藉端擾累，曾諭令凡民間所有藏書，無論刻本寫本，皆官爲借鈔，仍將原本給還。揆之事理人情，並無阻礙，何觀望不前一至於此？必係督撫等因遺編著述，非出一人，疑其中或有違背忌諱字面，涉手干礙，豫存寧略毋濫之見。藏書家因而窺其意指，一切秘而不宣，甚無謂也。文人著書立説，各抒所長，或傳聞異辭，或紀載失實，固所不免，果其略有可觀，原不妨兼收並蓄；即或字義觸礙，如南北史之互相詆毁，此乃前人偏見，與近時無涉，又何必過於畏首畏尾耶？朕辦事光明正大，可以共信於天下，豈有下詔訪求遺籍，顧於書中尋摘瑕疵，罪及收藏之人乎？若此番明切宣諭後，仍似從前疑畏，不肯將所藏書名開報，聽地方官購借，將來或別有破露違礙之書，則是其人有意隱匿收存，其取戾轉不小矣。且江浙諸大省，著名藏書之家指不勝屈，即或其家散佚，仍不過轉落人手，聞之蘇湖間書賈書船，皆能知其底裏，更無難於物色，督撫等果實力訪覓，何慮終湮。惟當嚴飭地方官，勿假手吏胥，藉名滋擾，衆人自無不踴躍樂從。即有收藏吝惜之人，泥於借書一癡俗説，此在朋友則然，今明旨徵求，借後仍還故物，於彼毫無所損，又豈可獨抱秘文，不欲公之同好乎？再，各省聚書最富者，原不盡在本地人之撰著，祇論其書有可採，更不必計及非其地産，則搜輯之途更寬，方不致多有遺逸。著再傳諭各督撫等，予以半年之限，即遵朕旨，實力速爲妥辦，俟得有若干部，即陸續奏報，不必先行檢閲。若再似從前之因循搪塞，惟該督撫是問。將此一併通諭中外知之。

五月十七日，奉諭旨：前經降旨，博採遺編，彙爲《四庫全書》，用昭石渠美備，並以嘉惠藝林。旋據浙江、江南督撫及兩淮鹽政等奏到購求呈送之書，已不下四五千種，並有稱藏書家願將所有舊書呈獻者，固屬踴躍奉公，尚未能深喻朕意。方今文治光昭，典籍大備，恐名山石室，儲蓄尚多，用是廣爲蒐輯，俾無遺佚，冀以闡疑補闕。所有進到各遺書，並交總裁等，同《永樂大典》内現有各種，詳加核勘，分別刊鈔，擇其中罕見之書，有益於世道人心者，壽之梨棗，以廣流傳。餘則選派謄録，彙繕成編，陳之册府。其中有俚淺訛謬者，止存書名，彙爲總目，以彰右文之盛。此採擇四庫全書本指也。今外省進到之書，大小長短，參差不一，既無當於編列縹緗，而業已或刻或鈔，其原書又何必復留内府？且伊等將珍藏善本應詔彙交，深爲可嘉。若因此收藏不發，轉使耽書明理之人不得保其世守，於理未爲公允，朕豈肯爲之？所有各家進到之書，俟校辦完竣日，仍行給還原獻之家。但現在各省所進書籍已屬不少，嗣後自必陸續加多，其如何分別標記，俾還本人，不至淆混遺失之處，著該總裁等妥議具奏。仍將此通諭知之。

三十九年五月十四日，奉諭旨：國家當文治修明之會，所有古今載籍，宜及時蒐羅大備，以充策府而裨藝林。因降旨命各督撫加意採訪，彙上於朝。旋據各省陸續奏進，而江浙兩省藏書家呈獻者種數尤多，廷臣中亦有紛紛奏進者。因命詞臣分別校勘，應刊應録，以廣流傳。其進百種以上者，並命擇其中精醇之本，進呈乙覽，朕幾餘親爲評詠，題識簡端。復命將進到各書，於篇首用翰林院印，并加鈐記，載明年月姓名於面頁，俟將來辦竣後，仍給還各本家，自行收藏。其已經題詠諸本，並令書館先行録副，即將原書發還，俾收藏之人，益增榮幸。今閲進到各家書目，其最多者如浙江之鮑士恭、范懋柱、汪啓淑，兩淮之馬裕四家，爲數至五六七百種，皆其累世弆藏，子孫克守其業，甚可嘉尚。因思内府所有《古今圖書集成》，爲書城鉅觀，人間罕覯，此等世守陳編之家，宜俾尊藏勿失，以永留貽。鮑士

恭、范懋柱、汪啓淑、馬裕四家，著賞《古今圖書集成》各一部，以爲好古之勸。又進書一百種以上之江蘇周厚堉、蔣曾瑩，浙江吴玉墀、孫仰曾、汪汝瑮，及朝紳中黄登賢、紀昀、勵守謙、汪如藻等，亦俱藏書舊家，並著每人賞給内府初印之《佩文韻府》各一部，俾亦珍爲世寶，以示嘉奬。以上應賞之書，其外省各家著該督撫、鹽政派員赴武英殿領回分給；其在京各員，即令其親赴武英殿祗領。仍將此通諭知之。

龍文彬《明會要》卷二六《學校下》　宣宗嘗臨視文淵閣，披閲經史，與少傅楊士奇等討論，因賜士奇等詩。是時祕閣貯書約二萬餘部，近百萬卷；刻本十三，鈔本十七。正統間，士奇等言：「文淵閣所貯書籍，有祖宗御製文集，及古今經、史、子、集之書。向貯左順門北廊，今移於文淵閣、東閣。臣等逐一點勘，編成書目。請用寶鈐識，永久藏弆。」制曰：「可。」宣德八年四月甲申朔，建廣寒、清暑二殿，悉置書籍貯之。弘治五年五月，求遺書。大學士邱濬言：「高皇帝當至正丙午之歲，始肇帝業，首求遺書。既平元都，得其館閣祕藏，又廣購於民間，一時貯積，不減前代。太宗當多事之時，猶集儒臣，纂《永樂大典》以備攷究。今承平百年，中外無事，烏可使經籍廢墜？凡民庶之家，遷徙不常，好尚不一，既不能廣有儲藏，即儲藏亦不能久遠。所賴石渠邃閣，積聚之多，收藏之密，扃鐍之固，類聚者有掌故之官，闕略者有繕寫之吏，損壞者有脩補之工，散佚者有購訪之令，然後不致廢殘闕失。前代藏書之多，有至三十七萬卷者。近内閣書目不能什一。數十年來，在内未聞攷校，在外未聞購求。及今失之，恐遂放佚。自古藏書不一所，漢有東觀、蘭臺、鴻都，唐有祕書監、集賢書院，宋有崇文館、祕書省。國朝罷前代臺監館省之官，併其任於翰林院。設典籍二員，掌文淵閣書籍。南京國子監雖設典籍，僅掌累朝頒降之書，及舊鋟書板而已。今請敕内閣所藏書籍，令學士以下，督典籍官，彙若干册册若干卷，檢其有副本者，分貯一册於兩京國子監。若内閣所無，或不備者，乞敕禮部行天下提學官，榜示購訪，俾所在有司，校録齎呈。其藏書之所：一在京師，曰内閣，曰國子監；一在南京，曰國子監。使一書而存數本，一本而藏三所。每歲三伏時，令翰林院僚屬同赴閣、監曝書。畢事，扃鐍。廷臣有因事欲稽攷者，奏請詣閲，以爲常規。則於文治有裨焉。」疏上，帝嘉納之，尋有是命。十三年正月，給事中許天錫言：「去歲闕里孔廟災，今兹建安又火。古今書板，蕩爲灰燼。闕里，道所從出；書林，文章所萃聚也。頃師儒失職，正教不脩。上之所尚者浮華，下之所習者枝葉。災變之作，似欲爲儒林一掃積垢。宜因此遣官臨視，刊定經史有益之書。其於培養人才，實非淺鮮。」所司議從其言。正德十年，大學士梁儲等，請檢内閣並東閣藏書殘闕者，令原管主事李繼先等，次第脩補。從之。由是，其書爲繼先等所盜，亡失者多矣。嘉靖十五年，御史徐九皋上議，欲查歷代《藝文志》書目參對。凡經籍不全者，行士民之家，借本送官謄寫，原本給還，且加優賞。又乞上御便殿，省閲章奏，處分政事，賜見講讀諸臣，辨析經旨。下禮部議。禮臣覆奏，命翰林院查祕閣所貯經籍，有無缺遺不備之處，備開書目，通行兩京及撫按衙門，轉行提學官員，用心捜訪。凡《藝文志》所載歷代遺書，及本朝名臣碩儒所著述文集，凡有補於世教者，一體收採藏貯。經類十一，共八千七百四十六卷。史類十一，共二萬八千六十九卷。子類十二，共三萬九千二百一十一卷。集類三，共二萬九千九百六十六卷。《日下舊聞》云：「考正統六年編定目録，凡四萬三千二百餘册，而列朝《實録》、《寶訓》不下數千卷，若《永樂》一書多至二萬二千九百三十七卷，皆藏諸皇史宬，不與焉。縹緗之富，古所未有。其後典守不嚴，歲久被竊。萬曆三十三年，内閣敕房辦事大理寺左丞寺副孫能傳、中書舍人張萱等奉閣諭，校理纂輯書目，則并累朝續添書籍入焉。大半殘闕，較之正統目録，十僅存二三爾。」丙午五月庚寅，命有司博求古今書籍。洪武元年八月，詔除書籍稅。是年，定元都。大將軍徐達收圖籍，致之南京。六年正月，上御奉天殿，召國子博士趙俶及助教錢宰、貝瓊等，曰：「汝等一以孔子所定經書爲教，愼勿雜蘇秦、張儀縱横之言。」於是俶請頒《正定十三經》於天下，屏《戰國策》及陰陽讖卜諸書，勿列學宫。十四年三月辛丑，頒《五經四書》於北方學校。十五年十月，命禮部頒劉向《説苑》、《新序》於天下。十一月壬戌，帝以國子監所藏書板，歲久殘闕，令諸儒考補，工部督匠脩治。二十三年十二月，購遺書。福建布政司進《南唐書》、《金史》、《蘇轍古文》。二十四年六月戊寅，命禮部頒書籍於北方學校。諭曰：「農夫舍耒耜無以爲耕，匠氏舍斤斧無以爲業，士子舍經籍無以爲學。朕念北方學校缺少書籍，向嘗頒與《五經四書》，其他子史諸書未賜，宜購與之。」永樂四年四月己卯，帝御便殿，召儒臣講論。問文淵閣藏書備否？解縉對曰：「經史麤備，子集尚多闕。」帝曰：「士庶家稍有餘貲，尚欲積書。況朝廷乎？」遂命禮部遣使四出，購求遺書。十五年四月丁巳，頒《五經四書》、《性理大全》於兩京六部、國子監及天下府、州、縣學。諭禮部曰：「此書，學者之根本。聖賢精蘊，悉具於是。其以朕意曉天下學者，令盡心講明，無徒視爲具文也。」於是古註疏遂不復用。十七年三月，上在北京，遣侍講陳敬宗至南京，起取文淵閣所貯古今書籍。自一部至百部以上，各取一部北上。皇太子乃遣脩撰陳循如數齎送，其餘封貯本閣。十九年四月庚子，三殿災。楊榮麾衛士出圖

籍，并東華門外。

丁申《武林藏書録》卷上《杭州學官書》　杭學爲浙藩之冠，人文之美，甲他郡。入是學者，讀有用之書，儲有用之才，文章華國，固有以也。本朝順治五年，巡臺諸司，各捐金修葺。十五年，李公率泰等增修，秦公世禎重興禮樂，規模始備。學有尊經閣，本南宋稽古閣遺址，舊藏書籍，歲久散佚，秦公世禎更命張公安茂纂輯《禮樂全書》，增購書籍，備多士弦誦。康熙四十五年頒《御製古文淵鑑》、《資治通鑑》等書。五十二年《御纂朱子全書》成。五十四年《御纂周易折中》成。皆頒發各直省學宫，以廣誦習。雍正元年頒《欽定孝經衍義》一書。三年議准將《聖諭廣訓》、《御製朋黨論》頒發各省學政刊刻刷印，齎送各學。乾隆九年奏准《御纂性理精義》、《書》、《詩》、《春秋》三經傳説彙纂。諸書雖經頒發，然士子衆多，不足以資鈔誦。令各省督撫藩司多行刷印，每學每種給發二部，以備士子鈔誦。其《御纂三禮》告成後，再行頒給。又議准《三通》諸書，令各督撫酌量置辦。乾隆元年議准，《律書淵源》應頒發直省所屬各學。又議准，各督撫於省會書院，並有尊經閣之府州縣學，應將《十三經》、《二十四史》諸書購買頒發，交與各該學教官接管。二年奏准，《日講四書解義》，每省各頒一部。十五年議准，《御纂三禮》甫經告成，奉旨頒發各省。二十九年奉上諭頒《周易述義》、《詩義折中》、《春秋直解》於學宫。三十年頒發《御製詩初集》二集、《御製文初集》，恭藏學中。二百年來，士子涵濡教澤，樂育漸摩，宜乎文教日新，聖功益懋也。

吴慶坻《蕉廊脞録》卷五《永樂大典》　《永樂大典》二萬二千八百七十七卷，凡例、目録六卷，邵位西先生所記同。凡一萬一千册，册數與《明史》異。向貯乾清宫。其副本，在皇史宬，後因恭藏《聖祖仁皇帝實録》，乃移貯翰林院。李穆堂侍郎始借觀，而副本闕二千四百二十二卷，擬奏請發宫中正本鈔補之，未果。嘉慶丁巳，乾清宫災，正本燬。其存儲翰林院者，庋敬一亭，無人過問。咸豐庚申之變，書漸亡失。光緒元年重修翰林院，庋置此書不及五千册矣。明年丙子，繆小珊入詞館，詢之清秘堂，云尚存三千餘册，求借觀不可得。丙戌，志文貞鋭官侍讀，入清秘堂辦事，小珊始得借鈔人間稀有之本。癸巳，小珊重入京師，詢之館人，則僅六百餘册矣。庚子巨劫，翰林院牙門闌入使館，藏書星散，《大典》僅存三百餘册。宣統元年，學部請以歸圖書館。《藝風堂文集》言之最詳。

按：全謝山入詞館，與穆堂共借《永樂大典》讀之，《大典》共二萬二千七百七十七卷，見《結埼亭集》，卷數小異。

葉鳳毛《内閣小志附内閣故事・内閣小志・内閣署》　内閣亦謂内院，因國初内國史院、内祕書院、内弘文院之稱也。在午門内東廊之南門西向。入門西爲滿本房，亦謂滿洲堂。東爲漢本房，面紫禁城，黄瓦大屋，兩堂之中。稍北垂花門，入門黄瓦大屋爲大學士堂，此三屋皆南向，楣間俱有禁旨，堂即内三院之院也。堂垣外東偏西向黄瓦屋爲漢票簽房，稍後向南屋爲滿票簽房，後小屋爲滿檔子房。堂西垣外向南小屋爲稽察房，又西隔垣東向黄瓦屋爲蒙古堂。稍北向東小屋爲飯銀庫，向南小屋爲典籍廳。由滿票簽北去爲内閣，後門正對文華殿，出後門迤東紅牆内爲内閣藏書籍紅本庫，庫皆樓，其樓甚長，東爲儀仗樂器庫。前明書籍、畫象、醮壇、鐘鼓諸物皆在内閣庫中。

周城《宋東京考》卷八《崇文院即三館》　按《青箱雜記》，梁祖都汴，庶事草創。貞明中，始於今右長慶門東北設屋數十間爲三館，蓋昭文、集賢、史館也。本極湫隘，纔蔽風雨，周廬徼道環於其側，衛士騶卒，朝夕喧雜。每受詔撰述，輒移他所成之。太宗太平興國初，車駕臨幸，顧謂左右曰：「若此之陋，豈可以蓄天下圖書，延四方賢俊耶？」即詔有司規度左昇龍門東北舊車輅院地，別建三館，命内臣督其役，晨夕兼作，不日而成。輪奂壯麗，甲於内庭，尋下詔賜名崇文院，西序啓便門以備臨幸，盡遷舊館之書以實之。院之東廊爲昭文館，書庫南廊爲集賢院，書庫西廊有四庫，分經史子集四部爲史館，書庫、六庫書籍正副本凡八萬卷，册府之文焕乎一變矣。

姜紹書《韻石齋筆談》卷上《秘閣藏書》　内府秘閣所藏書，甚寥寥。然宋人諸集，十九皆宋板也。書皆倒摺，四周外向，故雖遭蟲鼠嚙而未損。但文淵閣制，既庳狹而牖復暗黑，抽閲者必秉炬以登内閣。輔臣無暇留心及此，而翰苑諸君世所稱，讀中秘書者，曾未得窺東觀之藏。至李自成入都，付之一炬，良可歎也。

《湖北學報》一九〇三年第一卷第二六期《洋務譯書局章程・藏書房條規》

藏備考之古籍，中國已有之名目詞義，有與西書恰合者，必須沿用。本局先購《康熙字典》、段氏《説文》、《十三經》、《二十四史》、百子、九通、《讀史方輿紀要》、《天下郡國利病書》，尚有各種要用叢書，亦陸續選購。

《浙江潮》一九〇三年第三期《杭州藏書樓書數表》　各種書六百四十四部，都爲九千四百三十八册。各種圖表一百六十九幅。旬報、日報等十二種。地球儀一具。庶物標本一具。

《四川教育官報》一九〇八年第二期《述圖書館近事》　江南圖書館新購杭

州丁氏藏書，共計付價七萬三千餘元。其中宋元舊板，及世所希見之秘本，無慮數百種。言定由丁氏自行運甯，加給運費洋三千元。俟運抵江甯，再行逐册點交，以免紊亂。江督擬仿文瀾閣體制，建築書樓，列架珍藏，嘉惠來學。目前先假七家灣自治局後樓數大楹以爲庋藏。館中員司名目，亦略仿曩日文瀾閣制度，由坐辦陳君慶年搜訪素有文譽者，呈請江督優給薪夫，給札委充云。

《學部官報》一九〇九年第一〇〇期《飭内閣翰林院所藏書籍移送圖書館儲藏片》 再查翰林院所藏《永樂大典》，在乾隆年間已多殘闕。庚子以來，散佚尤甚。今所存者，僅數十百册而。其中所引，尚多希見之書。又查内閣所藏書籍甚夥，近因重修大庫經閣，臣派員檢查，除近代書籍之外，完帙蓋希。而其斷爛叢殘不能成册難於編目者，亦間有宋元舊刻。擬請飭下内閣翰林院將前項書籍，無論完闕破碎，一併移送臣部，發交圖書館妥慎儲藏。其零篇斷袠，即令該監督等，率同館員逐頁檢查，詳悉著録。尚可考見版刻源流末始，非讀書考古之一助？是否有當，謹附片上陳。

雜録

《孟子·告子下》 諸侯之地方百里，不百里不足以守宗廟之典籍。

《左傳·昭公十五年》 高祖孫伯黶，司晉之典籍，以爲大政，故曰籍氏。及辛有之二子董之，晉於是乎有董史。女，司典之後也，何故忘之？籍談不能對。賓出，王曰：籍父其無後乎，數典而忘其祖。

又《昭公二十六年》 冬，十月丙申，王起師于滑。辛丑，在郊，遂次于尸。十一月辛酉，晉師克鞏。召伯盈逐王子朝。王子朝及召氏之族、毛伯得、尹氏固、南宫嚚奉周之典籍以奔楚。

《吕氏春秋·先職覽·先職》 夏太史令終古出其圖法，執而泣之，夏桀迷惑暴亂愈甚，太史令終古乃出奔如商。【略】殷内史向摯，見紂之愈亂迷惑也，於是載其圖法出亡之周。

《史記·秦始皇本紀》 丞相臣斯昧死言：「古者天下散亂，莫之能一，是以諸侯並作，語皆道古以害今，飾虚言以亂實，人善其所私學，以非上之所建立。今皇帝并有天下，别黑白而定一尊。私學而相與非法教，人聞令下，則各以其學議之，入則心非，出則巷議，夸主以爲名，異取以爲高，率羣下以造謗。如此弗禁，則主勢降乎上，黨與成乎下。禁之便。臣請史官非秦記皆燒之。非博士官所職，天下敢有藏《詩》、《書》、百家語者，悉詣守、尉雜燒之。有敢偶語《詩》、《書》者棄市。以古非今者族。吏見知不舉者與同罪。令下三十日不燒，黥爲城旦。所不去者，醫藥卜筮種樹之書。若欲有學法令，以吏爲師。」制曰：「可。」

《史記·蕭相國世家》 及高祖起爲沛公，何常爲丞督事。沛公至咸陽，諸將皆争走金帛財物之府分之，何獨先入收秦丞相御史律令圖書藏之。沛公爲漢王，以何爲丞相。項王與諸侯屠燒咸陽而去。漢王所以具知天下阨塞，户口多少，彊弱之處，民所疾苦者，以何具得秦圖書也。何進言韓信，漢王以信爲大將軍。語在《淮陰侯》事中。

《史記·太史公自序》 卒三歲而遷爲太史令，紬史記石室金匱之書。

《楊子雲集》卷四《答劉歆書》 常聞先代輶軒之使，奏籍之書，皆藏於周、秦之室。

《後漢書·孝和帝紀》 十三年春正月丁丑，帝幸東觀，覽書林，閲篇籍，博選術藝之士以充其官。

《後漢書·竇章傳》 永初中，三輔遭羌寇，章避難東國，家於外黄。居貧，蓬户蔬食，躬勤孝養，然講讀不輟。太僕鄧康聞其名，請欲與交，章不肯往，康以此益重焉。是時學者稱東觀爲老氏臧室，道家蓬萊山，康遂薦章入東觀爲校書郎。

《後漢書·列女傳·曹世叔妻》 扶風曹世叔妻者，同郡班彪之女也，名昭，字惠班，一名姬，博學高才。世叔早卒，有節行生度，兄固著《漢書》，其八《表》及《天文志》未及竟而卒，和帝詔昭就東觀藏書閣踵而成之。帝數召入宫，令皇后諸貴人師事焉，號曰大家。

《三國志·蜀書·許慈傳》 先主定蜀，承喪亂歷紀，學業衰廢，乃鳩合典籍，沙汰衆學，慈、潛並爲學士，與孟光、來敏等典掌舊文。

《周書·明帝紀》 帝寛明仁厚，敦睦九族，有君人之量。幼而好學，博覽羣書，善屬文，詞彩温麗。及即位，集公卿已下有文學者八十餘人於麟趾殿，刊校經史。又捃採衆書，自羲、農以來，訖於魏末，敍爲《世譜》，凡五百卷云。

《南齊書·羌傳》 使求軍儀及伎雜書，詔報曰：「知須軍儀等九種，竝非所愛。但軍器種甚多，致之未易。內伎不堪涉遠。祕閣圖書，例不外出。《五經集注》、《論語》，今特敕賜王各一部。」俗重虎皮，以之送死，國中以爲貨。

《南齊書・柳世隆傳》 世隆性愛涉獵，啓太祖借祕閣書，上給二千卷。

《梁書・江子一傳》 子一少好學，有志操，以家貧闕養，因蔬食終身。起家王國侍郎，奉朝請。啓求觀書祕閣，高祖許之，有敕直華林省。

《梁書・王泰傳》 齊永元末，後宮火，延燒祕書，圖書散亂殆盡。泰爲丞，表校定繕寫，高祖從之。

《晉書・張寔傳》 遣督護王該送諸郡貢計，獻名馬方珍、經史圖籍于京師。

《晉書・李元傳》 于時典籍混亂，充删除煩重，以類相從，分作四部，甚有條貫，祕閣以爲永制。累遷中書侍郎，卒官。

張彦遠《歷代名畫記》卷三《叙自古跋尾押署》 前代御府，自晉宋至周、隋，收聚圖畫，皆未行印記，但備列當時鑒識藝人押署。

韓愈《韓昌黎集》卷二一《送鄭涵校理序》 祕書，御府也。天子猶以爲外且遠，不得朝夕視。始更聚書集賢殿，别置校讎官，曰學士，曰校理，常以寵丞相爲大學士，其他學士皆達官也。校理則用天下之名而能文學者，苟在選，不計其秩次，惟所用之。由是集賢之書盛積，盡祕書所有，不能處其半。書日益多，官日益重。

《舊唐書・玄宗紀》 冬十一月丙辰，左散騎常侍元行沖上《羣書目録》二百卷，藏之内府。

《舊唐書・文宗紀》 ［開成元年］秋七月戊辰朔，御史臺奏：「祕書省管新舊書五萬六千四百七十六卷，長慶二年已前，並無文案。大和五年已後，並不納新書。今請創立簿籍，據闕添寫卷數，逐月申臺。」從之。【略】辛卯，敕祕書省、集賢院應欠書四萬五千二百六十一卷，配諸道繕寫。

《新唐書・高祖皇帝紀》 十一月丙辰，克京城。命主符郎宋公弼收圖籍。

《舊五代史・唐書・明宗紀》 庚申，以都官郎中庾傳美充三川搜訪圖籍使。傳美爲蜀王衍之舊僚，家在成都，便於歸計，且言成都具有本朝實録，及傳美使迴，所得纔九朝實録及殘缺雜書而已。

《新唐書・牛大安傳》 次子大安，上元中，同中書門下三品。章懷太子令與劉納言等共註范曄《漢書》。太子廢，故貶爲普州刺史，終横州司馬。子悱，仕玄宗時爲集賢院判官，詔以其家所著《魏書》、《説林》入院，綴脩所闕，累擢知圖書、括訪異書使，進國子司業，以累免官。

《新唐書・褚无量傳》 初，内府舊書，自高宗時藏宫中，甲乙叢倒，无量建請繕録補第，以廣祕籍。天子詔於東都乾元殿東廂部彙整比，无量爲之使。因表聞喜尉盧僎、江陽尉陸去泰、左監門率府胄曹參軍王擇從、武陟尉徐楚璧分部讎定。衛尉設次，光禄給食。又詔祕書省、司經局、昭文、崇文二館更相檢讎，采天下遺書以益闕文。不數年，四庫完治。

程俱《麟臺故事輯本》卷一 淳化三年九月，幸新祕閣。帝登閣，觀羣書齊整，喜形于色，謂侍臣曰：「喪亂以來，經籍散失，周孔之教，將墜于地。朕即位之後，多方收拾，抄寫購募，今方及數萬卷，千古治亂之道，竝在其中矣。」即召侍臣賜坐命酒，仍召三館學士預坐。日晚還宫，顧昭宣使王繼恩曰：「爾可召傳潛、戴興，令至閣下，恣觀書籍，給御酒，與諸將飲宴。」潛等皆典禁兵，帝欲其知文儒之盛故也。他日，又詔侍臣曰：「邇來武人子孫，頗有習儒學者，蓋由人所好耳。」吕蒙正曰：「國家褒待文士，爵禄非輕，故人人自勸，乃聖化所及。」

又 至道元年六月，命内品、監祕閣三館書籍裴愈使江南、兩浙諸州，尋訪圖書。如願進納入官，優給價值；如不願進納者，就所在差能書吏借本抄寫，即時給還。仍齎御書石本所在分賜之。

又 咸平間，帝嘗謂宰臣曰：「三館祕閣書籍，近聞頗不整一，多有散失，讎校亦匪精詳，遂使傳聞迭爲差誤。自今凡差官校勘及典掌者，當嚴行約束，庶絶因循。」直史館謝泌上言：「國家圖書，未有次序。唐朝嘗分經史子集爲四庫，命薛稷、沈佺期、武平一、馬懷素人掌一庫。望遵故事。」上嘉之，遂命泌與館職四人分領四庫，泌領集庫。四年三月，詔三館所少書有進納者，卷給千錢，三百卷以上量材録用。

又 太平興國九年正月，詔曰：「國家宣明憲度，恢張政治，敦崇儒術，啓迪化源，國典朝章，咸從振舉，遺編墜簡，當務詢求，眷言經濟，無以加此。宜令三館以《開元四部書目》閲館中所闕者，具列其名，於待漏院出榜告示中外，若臣寮之家有三館闕者，許詣官進納。及三百卷以上者，其進書人送學士院引驗人材書札，試問公理，如堪任職官者與一子出身，親儒墨者即與量才安排；如不及三百卷者，據卷帙多少優給金帛；如不願納官者，借本繕寫畢，却以付之。」自是四方書籍往往出焉。

又 端拱元年，詔分三館之書萬餘卷别爲書庫，目曰祕閣。

又 淳化三年十月，遣中使李懷節以御草書《千字文》一卷付祕閣。李至請於御製《祕閣贊》碑陰模勒上石，帝曰：「《千字文》偶然閑寫，因令勒石，李至更欲鐫勒，且非垂示立教之文。《孝經》一書乃百行之本，朕當親爲書寫，勒在碑陰可

也。」五年六月，命供奉官藍敏正賫御草五軸藏祕閣，詔史館修撰張泌與三館、祕閣學士觀焉。

又 嘉祐五年八月壬申，詔曰：「國家承五代之後，簡編散落，建隆之初，三館聚書僅纔萬卷。祖宗平定列國，先收圖籍，亦嘗分遣使人，屢下詔令，訪募異本，補緝漸至。景祐中，嘗詔儒臣校定篇目，譌謬重複，並從删去。朕聽政之暇，無廢覽觀，然以今祕府所藏比唐開元舊録，遺逸尚多。宜開購賞之科，以廣獻書之路。應中外士庶之家，並許上館閣所闕書，每卷支絹壹疋，及五百卷，特與文資安排。」帝既擇士編校館閣書籍，訪遺書於天下，以補遺亡，又謂輔臣曰：「《宋》、《齊》、《梁》、《陳》、《後周》、《北齊書》，世罕有善本，未行之學官。可委編校官精加校勘。」自是訪得衆本，校正訛謬，遂爲完書，模本而行之。

嘉祐七年六月丁亥，祕閣上補寫御覽書籍。先是，判閣歐陽脩言：「祕閣初爲太宗藏書之府，並以黄綾裝褾，謂之太清本。後因宣取入内，多留禁中，而書頗不完。請降舊本，令補寫之。」遂詔龍圖、天章、寶文閣、太清樓管勾内臣檢所闕書，募工於門下省謄録。至是上之。熙寧中，宋敏求言：「三館、祕閣藏書雖博，類多訛舛，請以班固《藝文志》據所有，下諸路購善本校正，然後以《漢志》、《唐志》篇目讎校，取其可傳後者，餘悉置之。」然不果行。

鄭樵《通志二十略・職官略》 祕書監。周宫，太史掌建邦之六典。又有外史，掌四方之志，三皇五帝之書。漢氏，圖籍所在，有石渠石室，延閣、廣内，貯之於外府，又有御史中丞居殿中，掌蘭臺祕書，及麒麟、天禄二閣，藏之於内禁。後漢，圖書在東觀。延熹二年，始置祕書監一人，掌典圖書古今文字，考合同異，屬太常。以其掌圖書祕記，故曰祕書。後省。魏武帝又置祕書令，典尚書奏事，即中書令之任也。文帝黄初初，乃置中書令，典尚書奏事，而祕書改令爲監，掌藝文屬籍之事。初屬少府，自王肅爲監，乃不屬焉。其蘭臺亦藏書籍，而御史掌之。魏薛夏云：「蘭臺爲外臺，祕書爲内閣。」晉武帝以祕書併入中書省，其祕書著作之局不廢。惠帝永平中，復別置祕書監，并統著作局，掌三閣圖書，自是祕書之府始居於外。其監，銅印墨綬，進賢兩梁冠，絳朝服，佩水蒼玉。宋，與晉同。梁，曰祕書省。陳因之。後魏，亦有之。後周，祕書監亦領著作監，掌國史。隋，祕書省領著作、太史二曹。煬帝增置少監一人，後又改監、少監並爲令。唐武德初，復改爲監。龍朔二年，改祕書省爲蘭臺，改監爲太史，少監爲侍郎，咸亨初，復舊。天授初，改祕書省爲麟閣，神龍初，復舊。掌經籍圖書，監國史領著作、太史二局。太極元年，增祕書少監爲三員，通判省事。其後國史、太史分爲別曹，而祕書省但主書寫校勘而已，雖非要劇，然好學君子亦求爲之。臣謹按：漢初御史中丞掌蘭臺祕書圖籍之事，至魏、晉，其制猶存。故歷代嘗都邑置府寺，必以祕書省及御史臺爲隣。丞。魏武帝置祕書令及丞一人，典尚書奏事。後文帝黄初中，欲以何禎爲祕書丞，而祕書先自有丞，乃以禎爲祕書右丞，其後遂有左、右二丞。劉放爲左丞，孫資爲右丞。後省。晉，復置祕書丞。銅印墨綬，進賢一梁冠，絳朝服。嵇紹、司馬彪、傅暢、王謐等，並爲此官。宋，爲黄綬，餘與晉同。齊、梁尤重。齊王儉爲祕書丞，上表求校墳籍，依《七略》撰《七志》四十卷，先獻之。梁劉孝綽除祕書丞。武帝曰：「第一官當與第一人。」又張率，吴郡人，遷祕書丞，武帝曰：「祕書丞天下清官，東南胄緒未有爲者。今以相處，爲卿定名稱也。」陳、隋，印綬與齊同。歷代皆有。後周，柳蚪爲祕書丞。時祕書雖領著作，不參史事，因蚪爲丞，始令監掌焉。唐龍朔二年，改爲蘭臺大夫；咸亨初，復舊。掌府事，檢稽省署抄目。祕書郎。後漢馬融爲祕書郎，詣東觀典校書。及魏武建國，又置祕書郎，嘗以劉劭爲之，出乘鹿車。王肅表曰：「臣以爲祕書職於三臺爲近密，中書郎在尚書丞、郎上，祕書丞、郎宜次尚書郎下，不然則宜次侍御史下。祕書丞、郎俱四百石遷，宜比尚書，出亦宜爲郡。此陛下崇儒術之盛者也。尚書郎、侍御史皆乘犢車，而祕書丞、郎獨乘鹿車，不得朝服，又恐非陛下轉臺郎爲祕書丞、郎之本意也。」晉，祕書郎掌中外三閣經書，校閲脱誤。進賢一梁冠，絳朝服。亦謂之郎中。武帝分祕書圖籍列爲甲、乙、丙、丁四部，使祕書郎中四人各掌其一。左太沖爲《三都賦》自以所見不博，求爲祕書郎中。鄭獻爲祕書郎，删省舊文，除其浮穢，中書令虞松曰：「而今而後，朱紫別矣。」宋、齊，祕書郎皆四員，尤爲美職，皆爲甲族起家之選，待次入補，其居職，例十日便遷。宋王敬弘子恢之，召爲祕書郎，敬弘爲求奉朝請，與恢之書曰：「祕書日有限，故有競；朝請無限，故無競。吾欲使汝處無競之地。」文帝許之。梁，張纘爲祕書郎，固求不遷，欲徧觀閣内圖籍。自齊、梁之末，多以貴游子弟爲之，無其才實，當時諺曰：「上車不落則著作，體中何如則祕書。」歷代皆有。北齊，又謂之郎中。隋，除「中」字，亦四員。唐，亦四員，分掌四部經籍圖書，分判校寫功程事。龍朔中，改爲蘭臺郎；咸亨初，復舊。開元二十八年，減一員。祕書校書郎。漢之蘭臺，及後漢東觀，皆藏書之室，亦著述之所，文學之士，使讎校於其中，故有校書之職。初，漢成帝時，已命光禄大夫劉向於天禄閣校經傳諸子詩賦，步兵校尉任宏校兵書，太史令尹咸校數術，太醫監李柱國校方伎。後於蘭臺置令史十八人，秩百石，屬御史中丞，又選他宫人東觀，皆令典校祕書，或撰述傳記。後漢明帝以班固爲蘭臺令史，撰《光武本紀》及諸傳記。又曰：「傅毅爲蘭臺令史，與班固、賈逵共典校書。」蓋有校書之任，而未爲官也，故以郎居其任則謂之校書郎，楊終、竇章皆以郎爲之，以郎中居其任則謂之校書郎中，蔡邕、馬融皆以郎中爲之。當時重其職，故學者稱東觀爲「老氏藏室」、「道家蓬萊山」焉。晉、宋以下無聞。至後魏，祕書省始置校書郎。北齊，亦有校書郎。後周，有校書郎下士十二人，屬春官之外史。隋，校書郎十二人，煬帝初減二人，尋更增爲四十人。唐，置八人，掌讐校典籍，爲文士起家之良選。其弘文、崇文館著作，司經局，並有校書之官，皆爲美職，而祕書省爲最。

又《校讎略・求書遣使校書久任論一篇》 求書之官不可不遣，校書之任不

可不專。漢除挾書之律，開獻書之路久矣，至成帝時，遣謁者陳農求遺書於天下，遂有《七略》之藏。隋開皇間，奇章公請分遣使人搜訪異本，後嘉則殿藏書三十七萬卷。禄山之變，尺簡無存，乃命苗發等使江淮括訪，至文宗朝，遂有十二庫之書。唐之季年，猶遣監察御史諸道搜求遺書。知古人求書欲廣，必遣官焉，然後山林藪澤可以無遺。司馬遷世爲史官，劉向父子校讎天禄，虞世南、顔師古相繼爲祕書監，令狐德棻三朝當修史之任，孔穎達一生不離學校之官。若欲圖書之備，文物之興，則校讎之官豈可不久其任哉。

李燾《續資治通鑑長編・真宗天禧五年》 十二月乙巳，以内殿崇班皇甫繼明同勾當三館、祕閣公事。咸平中，初命劉崇超監三館、祕閣圖籍，其後因循與判館聯署掌事，時論非之。

又《太宗雍熙元年》 春正月壬戌，上謂侍臣曰：「夫教化之本，治亂之源，苟無書籍，何以取法？今三館所貯，遺逸尚多。」乃詔三館以《開元四庫書目》閲館中所闕者，具列其名，募中外有以書來上及三百卷，當議甄録酧獎，餘第卷帙之數，等級優賜，不願送官者，借其本寫畢還之。自是，四方之書往往間出矣。

又《太宗淳化元年》 八月癸卯朔，祕書監李至與右僕射李昉、吏部尚書宋琪、左散騎常侍徐鉉及翰林學士、諸曹侍郎、給事、諫議、舍人等，祕閣觀書。上聞之，遣使就賜宴，大陳圖籍，令縱觀。翌日甲辰，又詔權御史中丞王化基及三館學士並賜宴祕閣。先是，遣使詣諸道，購募古書、奇畫及先賢墨跡，小則償以金帛，大則授以官。數歲之間，獻圖籍於闕下者不可勝計，諸道購得者又數倍。乃詔史館盡取天文、占候、讖緯、方術等書五千一十卷，并内出古畫、墨跡一百一十四軸，悉令藏於祕閣。圖籍之盛，近代所未有也。【略】癸亥，李至上疏言：「晉、宋以來，皆有祕閣之號，設於禁中。唐室陵夷，斯因流蕩。陛下運獨見之明，下維新之詔，復建祕閣，以藏奇書，總羣經之博要，資乙夜之觀覽，斯實出於宸心，非因臣下之建議也。況睿藻宸翰，盈溢編帙，其所崇重，非復與羣司爲比。然自創置之後，載經寒暑，而官司所處，未有定制。望降明詔，令與三館並列，敍其先後，著爲永式。其祕書省既無書籍，元隸京百司，請如舊制。」上可其奏，列祕閣次於三館。

又《真宗咸平元年十一月戊午》 内侍裴愈監三館、祕閣書籍，歲久不治，命内品劉崇超代之，尋詔知制誥朱昂與祕閣校理杜鎬、莊宅使劉承珪排整，著爲目録。

又《仁宗景祐三年十月》 乙丑，御崇政殿，觀三館、祕閣新校兩庫子集書，凡萬二千餘卷。賜校勘官并管勾使臣、書寫吏器幣有差，遂賜輔臣、兩制、館閣官燕於崇文院。

又《仁宗嘉祐七年六月》 丁亥，祕閣上補寫御覽書籍。先是，歐陽修言：「祕閣初爲太宗藏書之府，並以黄綾裝潢，號曰太清本。後因宣取入内，多留禁中，而書頗不完。請降舊本，令補寫之。」遂詔龍圖天章寶文閣、太清樓管勾内臣，檢所闕書録上，於門下省補寫。至是上之，賜判祕閣范鎮及管勾補寫官銀絹有差。

又《太宗至道元年六月》 乙酉，遣内侍裴愈乘傳往江南諸州購募圖籍，願送官者優給其直；不願者借出，於所在州命吏繕寫，仍以舊本還之。上嘗草書經史三十紙，召翰林侍讀吕文仲一一讀之，列祕閣官屬名位，刻石模印，裝飾百軸。於是付愈齎詣名山福地，道宫佛寺，各藏數本；或邱園養素好古博雅之士，爲鄉里所稱者，亦賜之。

又《哲宗元符二年六月》 乙未，大理少卿、同詳定司敕令劉賡言，乞將官制敕令格式，送三館祕閣收藏。從之。

又《仁宗嘉祐五年八月》 壬申，詔曰：「國初承五代之後，簡編散落，三館聚書纔萬卷。其後平定列國，先收圖籍，亦嘗分遣使人，屢下詔令，訪募異本，校定篇目，聽政之暇，無廢覽觀。然比開元，遺逸尚衆，宜加購賞，以廣獻書。中外士庶，並許上館閣闕書，每卷支絹一匹，五百卷與文資官。」

周必大《文忠集》卷九《令監司郡守搜訪遺書詔》 門下：漢治方興，陳農奉求書之詔；唐文載郁，苗發分出使之權。《七略》之奏已成，四部之藏復盛。稽諸往牒，具有成規。朕法離照以當陽，體貫文而御宇。久矣靈臺之伯偃，載戢干戈；粲然東壁之星明，勃興道術。乃眷藏書之府，屬予稽古之心。雖鈿軸牙籤，漸至充盈於三館；而漆書壁簡，尚多散逸於四方。比屢飭於攸司，何未孚於至意？爰加申諭，益俾旁求。啓時金節之臣，暨爾銅符之守。或觀風問俗，知典籍之所存；或宣化承流，體國家之先務。合修乃職，悉上送官。視隋朝嘉則之名，靡容飾僞；按我祖崇文之目，庶可補亡。苟聞篇帙之鼎來，奚吝龍光之寵錫？毋爲煩擾，以負使令。故兹詔示，想宜知悉。

王明清《揮麈前録》卷一 國朝承五代搶攘之後，三館有書僅萬二千卷。乾德以後，平諸國，所得浸廣。太宗鄉儒學，下詔搜訪民間，以開元四部爲目，館中所闕及三百已上卷者，與一子出身。端拱元年，分三館之書，別爲書庫，目曰祕閣。真宗咸平三年，詔中外臣庶家，有收得三館所少書籍，每納一卷，給千錢。送判館

看詳，委是所少書數，及卷秩別無差誤，方許收納。其所進書及三百卷以上，量才試問，與出身。又令三館寫四部書二本，一置禁中龍圖閣，一置後苑之太清樓，以便觀覽。八年，榮王宫火，延燔三館，焚爇殆遍。於是出禁中本，就館閣傳寫，且命儒臣編類讎校。校勘、校理之官，始於此也。嘉祐五年，又詔中外士庶，許上所闕書，每卷支絹一疋；及五百卷，特與文資。元豐中，建祕書省，三館併歸省中，書亦隨從。元祐中，重寫御前書籍，又置校對黄本，以館職資淺者爲之。又置重修晉書局。不久皆罷去。宣和初，蔡攸提舉祕書省，建言置補〔完〕御前書籍所，再訪天下異書，以資校對，以侍臣拾人爲參詳官，餘爲校勘，又以進士白衣充檢閲者數人，及年皆命以官。未畢而國家多故，靖康之變，諸書悉不存。太上蹔蹕南渡，屢下搜訪之詔，獻書補官者凡數人。秦熺提舉祕書省，奏請命天下專委守臣，又有旨録會稽陸氏所藏書上之。今中祕所藏之書，亦良備矣。

陳騤《南宋館閣録》卷三 秘書省初復，士庶始有以家藏國史、實録、實訓、會要等書來獻者，國有大禮大事，于兹有攷焉。見程俱《麟臺故事後序》。按《中興會要》：紹興元年三月十八日，進士何克忠上《太祖皇帝實録》、《國朝寶訓》、《名臣列傳》；六月十六日，故金吾上將軍張楙妻王氏以家藏《六朝實録》、《會要》、《國史志》等書來上，詔付祕書省。

又 十三年七月九日，詔求遺書。詔曰：「國家用武開基，右文致治。自削平于僭僞，悉收籍其圖書，列聖相承，明詔屢下。廣行訪募，法漢氏之前規；精校遺亡，按開元之舊目。大闢獻書之路，明張立賞之科，簡編用出于四方，卷帙遂充于三館。藏書之盛，視古爲多；艱難以來，散失無存。朕雖處干戈之際，不忘典籍之求，雖下令于再三，十不得其四五。今幸臻于休息，宜益廣于搜尋。夫監司總一路之權，郡守寄千里之重，各諭所部，悉上送官。苟多獻于遺編，當優加于褒賞。」

李心傳《建炎以來朝野雜記》卷四《中興館閣書目》 《中興館閣書目》者，孝宗淳熙中所修也。高宗始渡江，書籍散佚。紹興初，有言賀方回子孫鬻其故書於道者，上命有司悉市之。時洪玉父爲少蓬，建言蕪湖縣僧有蔡京所寄書籍，因取之以實三館。劉季高爲宰相掾，又請以重賞訪求之。五年九月，大理評事諸葛行仁獻書萬卷於朝。詔官一子。十三年，初建祕閣，又命即紹興府借故直祕閣陸寘家書繕藏之。寘，農師子也。十五年，遂以秦伯陽提舉祕書省，掌求遺書、圖畫及先賢墨迹。時朝廷既右文，四方多來獻者。至是數十年，祕府所藏益充牣，乃命館職爲《書目》，其綱例皆倣《崇文總目》焉。《書目》凡七十卷。

袁桷《清容居士集》卷一八《定海縣學藏書記》 定海爲縣，南接蠻島，汪洋數千里，食息可至，厥今號爲重屯。四方語言，咿嚘侏離，交衢旁午，褒衣儒冠，見者訾議。考諸郡乘，惟沈端憲一人，嗣後接武，猶班班可考。泰定二年春，某官始來爲令，迺曰縣固有學，學必聚書，冥行空言，講習何補，武城弦歌，先聖是取，進鄉小民，首於文辭，其必自聚書始。迺與主簿龐君，首捐俸資，復命教諭汪宗江，出學粟，俾儒職樊惟肖、胡驥、繇杭置經史若干卷。又諭學之耆老曰：「經以窮理，史以究成敗廣聞，修辭惟子集是宜，是亦不可缺。」復得若干卷，將刻石列目，以示永久，謁記於余。念昔在殿廬，見令尹之兄在廡下，察其儀貌莊肅，知非凡近，後果爲進士第一，見令尹于國學。儀端語温，審其頡頏，萃于一門，今兹掌其邑，尤以教學爲己任，抑嘗聞之，聚書非難，寶書爲難，校官之不職，悉資以奉權貴，甚者竊其故籍，挾之以逃。其最甚者，漫漶散落，一不掛眼，三者之病，比比皆是。今刻于石，將杜其漸，後之來者，寧得不自勉乎？

《金史・章宗紀》 壬寅，勑有司，購遺書宜尚其價，以廣搜訪。藏書之家有珍惜不願送官者，官爲謄寫，畢復還之，仍量給其直之半。

楊士奇《東里文集》卷一四《故翰林檢討陳君墓碑銘》 時初建弘文閣於思善門之右，以儲經籍，備訪問，而命翰林學士楊溥董之，擢侍講王進及續等三人副之。

沈德符《萬曆野獲編》卷一《先朝藏書》 祖宗以來藏書在文淵閣，大抵宋版居大半，其地既居邃密，又制度卑隘，窗牖昏暗，雖白晝亦須列炬，故抽閲甚難；但掌管俱屬之典籍，此輩皆貲郎幸進，雖不知書，而盜取以市利者實繁有徒，歷朝所去已强半。至正德十年乙亥，亦有訟言當料理者，乃命中書胡熙、典籍劉祎、原管主事李繼先查對校理，繇是爲繼先竊取其精者，所亡益多。向來傳聞，俱云楊升庵因乃父爲相，潛入攘取，人皆信之，然乙亥年則新都公方憂居在蜀，升庵安得闌入禁地？至于今日，則失其八。更數十年，文淵閣當化爲結繩之世矣。

謝肇淛《五雜俎》卷一三 俗語謂京師有三不稱，謂光禄寺茶湯、武庫司刀槍、太醫院藥方。余謂尚不止於三者，如欽天監之推卜、中書科之字法、國子監之人材、太倉之畜積，皆大舛訛可笑，而内秘書之藏不及萬卷，寥寥散逸，卷帙淆亂，徒以飽鼠蟫之腹，入胠篋之手，此亦古今所無之事也！

吕毖《明朝小史》卷一《髑髏爲基》 帝于後湖中築一臺，以藏天下兵册，避火炎也，築屢潰，乃命囊所誅髑髏爲基，其臺立就。

徐𤊹《徐氏筆精》卷七《帝王好書》　歷代帝王皆好書籍，秦火爲萬古罪人，無論已。漢興除挾書律，廣開獻書之路。景帝募求天下遺書，藏之秘府。武帝建藏書之策，置寫書之官。成帝使謁者陳農求天下遺書，詔劉向等校定。光武入洛，書二千餘輛，後於東觀廣集新書，命班固等讎校。明帝大會諸儒於白虎觀，考訂羣籍。靈帝詔諸儒正定五經刊石。魏道武命郡縣大收書籍，悉送平城。隋文帝遣使四方搜討異本，每書一卷，賞絹一匹。煬帝觀文殿構甲、乙、丙、丁書屋。唐貞觀中，魏徵、虞世南、顔師古請購天下書，選五品以上子孫繕寫，藏内庫。玄宗幸東都，議借民間異本傳録，以千錢購書一卷。後唐莊宗募民獻書及三百卷者，授以官銜。明宗令國子監校定九經，雕印賣之。周世宗鋭意求訪，凡獻書者悉加優賜。宋太宗下詔購募亡書，分置書府，涉弼等並賜科名。太宗構崇文院以藏書籍，分經、史、子、集四庫。仁宗詔中外士庶上館閣闕書，每一卷支絹一匹，五百卷與文資官。徽宗詔郡縣訪求秘書，助教張頤進二百二十餘卷，賜進士出身；李東一百六十卷，補迪功郎。高宗南渡，獻書有賞。元世祖遣使取在官書籍版刻至京師。我太祖定鼎之後，極重儒臣，詔纂國家切要之書。成祖詔修《永樂大典》，一時儒臣畢集，天下賢才聘辟無算。凡南京文淵閣所貯古今一切書，各取一部送京。以後則杳無求書之令矣。國家事事可侔前代，獨好文之主稍遜。

王志慶《古儷行》卷三《陳江總皇太子太學講碑》　我大陳之御天下，若水涣其長瀾，瑶星躔其永曆，重華誕睿，興于大鹿之野，敬仲繼業盛矣。鳴鳳之占，兼以鴻才，海富逸思，泉瀉含毫。落紙動八闋之歌謡，隻句片言，諧五聲之節奏。雲飛風起，追壓漢帝之辭，高觀華池，遠跨魏王之什。爰復建藏書之册，開獻書之路，帷帳叢殘，家壁遺逸，紫臺秘典，緑帙奇文，羽陵蠹迹，嵩山落簡，外史所掌，廣内所司，靡不飾以鉛槧，雕以緗素，此文教之修也。

孫承澤《春明夢餘録》卷三二《翰林院・史職・焦太史竑修史四事》　一、書籍之當議。古之良史，多資故典，薈萃成書，未有無因而作者。即今金匱石室之中，當備有載籍，以稱昭代右文之治。臣向從多士之後，讀中秘之書，見散佚甚多，存者無幾。即合班、馬名流，何以藉手。考之前漢，郡國計書先上太史，副上丞相。後漢公卿所撰，初集公府，亦上蘭臺。史官所修，於是爲備。國初聖祖伐燕，屬大將軍收秘書監圖書、典籍，太常法服、祭器、儀衛，及天文儀象、地理户口版籍。既定燕，詔求遺書散民間者。永樂初，從解縉之請，令禮部擇通知典籍者四出購求遺書。合無倣其遺意，責成省直提學官加意尋訪。見今板行者，各印送二部。但有藏書故家願以古書獻者，官給以直；不願者，亦抄寫二部，一貯翰林院，一貯國子監，以待纂修誦讀之用。即以所得多寡，爲提學官之殿最。書至，置立簿籍，不時稽查，放失如前者，罪之不貸。此不但史學有資，而於聖世文明之化，未必無補。

王士禎《池北偶談》卷四《訪遺書》　康熙二十五年四月，上諭禮部翰林院：「自古帝王致治隆文，典籍具備，猶必博採遺書，用充秘府，以廣見聞，而資掌故，甚盛事也。朕留心藝文，晨夕披覽，雖内府書籍篇目粗陳，而裒集未備。因思通都大邑，應有藏編，野乘名山，豈無善本。宜廣爲訪輯，凡經史子集，除尋常刻本，其有藏書秘録，作何給值採集及借本抄寫事宜，爾部院會同詳議具奏，務令搜羅罔佚，以副朕稽古崇文之至意。」旋又奉旨：「關係經史，方許採進。」時禮侍徐乾學疏進宋朱震《漢上易傳》并圖説十五卷，宋張浚《紫巖易傳》九卷、《讀易雜説》一卷，魏了翁《大易集義》六十四卷，曾穜《大易粹言》十卷，吕祖謙《東萊書説》十卷，元金履祥《尚書表注》十二卷，宋李樗、黄櫄《毛詩集解》三十六卷，趙鵬飛《春秋經筌》十六卷，王與之《周禮訂義》八十卷，蔡節《論語集説》十卷，李燾《續資治通鑑長編》一百六十八卷，《唐開元禮》一百五十卷。共十二部。

愛新覺羅・弘曆《御制文二集》卷一三《文淵閣記》　國家荷天庥，承佑命，重熙累洽，同軌同文，所謂禮樂百年而後興，此其時也。而禮樂之興，必藉崇儒重道以會其條貫。儒與道，匪文莫闡，故予蒐四庫之書，非徒博右文之名，蓋如張子所云：「爲天地立心，爲生民立道，爲往聖繼絶學，爲萬世開太平」，胥於是乎繫。故乃下明詔，敕岳牧，訪名山，搜秘簡，並出天禄之舊藏，以及世家之獨弆，於是浩如淵海，委若邱山，而總名之曰《四庫全書》。蓋以古今數千年，宇宙數萬里，其間所有之書雖夥，都不出四庫之目也。乃掄大臣俾總司，命翰林使分校，雖督繼晷之勤，仍予十年之暇。夫不勤，則玩日愒時有所不免，而不予之暇，則又恐欲速而或失之疎略，魯魚亥豕因是而生。語有之，凡事豫則立，書之成，雖尚需時日，而貯書之所，則不可不宿構。宫禁之中，不得其地，爰於文華殿後建文淵閣以待之。文淵閣之名，始於勝朝，今則無其處，而内閣大學士之兼殿閣銜者，尚存其名，兹以貯書所爲，名實適相副。而文華殿居其前，乃歲時經筵講學所必臨，於以枕經葄史、鏡己牖民，後世子孫奉以爲家法，則予所以繼繩祖考覺世之殷心，化育民物返古之深意，庶在是乎！庶在是乎！閣之制一如範氏天一閣，而其詳則見於御園文源閣之記。

又《文源閣記》　藏書之家頗多，而必以浙之范氏天一閣爲巨擘，因輯《四庫

全書》，命取其閣式，以構庋貯之所。既圖以來，乃知其閣建自明嘉靖末，至於今二百一十餘年，雖時修葺，而未曾改移。閣之間數及梁柱寬長尺寸，皆有精義，蓋取「天一生水，地六成之」之意。於是就御園中隙地，一倣其製爲之，名之曰文源閣，而爲之記曰：「文之時義大矣哉！以經世，以載道，以立言，以牖民，自開闢以至於今，所謂天之未喪斯文也。以水喻之，則經者文之源也，史者文之流也，子者文之支也，集者文之派也。流也，支也，派也，皆自源而分。集也，子也，史也，皆自經而出。故吾於貯四庫之書，首重者經，而以水喻文，願溯其源。且數典天一之閣，亦庶幾不大相徑庭也夫。」

又《文津閣記》　輯《四庫全書》分爲三類，一刊刻，一抄録，一祇存書目。其刊刻者，以便於行世，用武英殿聚珍版刷印，但邊幅頗小。爰依《永樂大典》之例，概行抄録正本，備天禄之儲。都爲四庫，一以貯紫禁之文淵閣，一以貯盛京興王之地，一以貯御園之文源閣，一以貯避暑山莊，則此文津閣之所以作也。蓋淵即源也，有源必有流，支派於是乎分焉。欲從支派尋流，以溯其源，必先在乎知其津，弗知津，則躡迷途而失正路，斷港之譏，有弗免矣。故析木之次麗乎天，龍門之名標乎地，是知津爲要也。而劉勰所云，道象之妙，非言不津，津言之妙，非學不傳者，實亦先得我心之所同。然夫山莊居塞外，伊古荒略之地，而今則閭閻日富，禮樂日興，益兹文津之閣，貯以四庫之書，地靈境勝，較之司馬遷所云名山之藏，豈啻霄壤之分也哉？

又卷一四《文溯閣記》　輯四庫之書，分四處以庋之，方以類聚，數以偶成。文淵、文源、文津三閣之記早成，則此文溯閣之記，亦不可再緩，因爲之辭曰：「權輿二典之贊堯、舜也，一則曰文思，一則曰文明，蓋思乃藴於中，明乃發於外，而胥藉文以顯。文在理也，文之所在，天理存焉，文不在斯乎，孔子所以繼堯、舜之心傳也。世無文，天理泯，而不成其爲世，夫豈鉛槧簡編云乎哉？然文固不離鉛槧簡編以化世，此四庫之輯所由亟亟也。兹者首部告成，綱紀已定，與之暇以究其核，督之勤以防其怠，乙夜幾暇，亦亹披覽，怪僻側艷，滌濯剗磢，犂然理明，裒然文顯。所餘三部，惟鈔胥之事，然而豕亥陶陰，猶不可不讐校也。四閣之名，皆冠以文，而若淵、若源、若津、若溯，皆從水以立義者，蓋取範氏天一閣之爲，亦既見於前記矣。若夫海源也，衆水各有源，而同歸於海，似海爲其尾而非源，不知尾閭何洩，則仍運而爲源。原始反終，大易所以示其端也。津則窮源之徑而溯之，是則溯也、津也，實亦追源之淵也。水之體用如是，文之體用顧獨不如是乎？恰於盛京而名此名，更有合周詩所謂遡澗求本之義，而予不忘祖宗創業之艱，示子孫守文之模，意在斯乎！意在斯乎！」

阮葵生《茶餘客話》卷一《内閣副本》　内閣副本，每届年終，派漢本堂中書查封，送貯皇史宬内。辛巳之冬，祝宣誠前輩維詰應斯役，予偕往觀，百數十年之章疏，積若崇山，而毛西河所稱史宬規制仿古石室金匱者，皆得親覩其盛。今之史宬，即明之南城舊址，惟所稱異種名葩，則無有矣。

又卷一六《明祖藏書室》　明初，太祖築室後湖，以藏天下黄册，問入覲衆耆民曰：「宜作何向？」一老對宜東西向，早晚日色取曬，庶無濕潤。太祖喜，問何姓，對姓毛。上曰：「汝言良是，令汝守之，俾無鼠。」遂活埋室中，取毛猫音微似也，後其地果無鼠耗。

又《秘閣藏書》　陸文裕曰：「我朝秘閣，多宋、元之舊，間有手抄。予初入館時，見所蓄甚富，若《文苑英華》大書尚有數部。正德間，梁厚齋在内閣，援用監生入官，始以校正爲名，而官書乃大散逸于外。」劉若愚曰：「内府有板之書，藏于内庫，板藏于經廠，司禮監提督掌之。萬曆中，多爲匠夫廚役盜出貨賣，柘黄之帙公然羅列于市肆中矣。」

永瑢等《四庫全書總目》卷八五《欽定天禄琳琅書目》　初乾隆九年，命内直諸臣檢閲祕府藏書，擇其善本，進呈御覽，于昭仁殿列架庋置，賜名曰：「天禄琳琅」。迄今三十餘年，祕籍珍函，蒐羅益富。又以詔求遺籍，充四庫之藏，宛委叢編，嫏嬛墜簡，咸出應昌期。因掇其菁華，重加整比，併命編爲目録，以垂示方來。冠以丁卯御題昭仁殿詩，及乙未重華宫茶宴用天禄琳瑯聯句詩。

陳康祺《郎潛紀聞・初筆》卷三《京師書肆》　乾隆癸巳開四庫館，即於翰林院署藏書分三處：凡内府秘書發出到院爲一處，院中舊藏《永樂大典》内有摘抄成卷，彙編成部之書爲一處，各省采進民間藏書爲一處。分員校勘，每日清晨諸臣入院，設大厨供給茶飯。午後歸寓，各以所校閲某書應攷某典，詳列書目，至瑠璃廠書肆訪查之。是時，江浙書賈，亦奔湊輦下，郵書海内，遍徵善本，書坊以五柳居、文粹堂爲最。

又《二筆》卷五《文源閣藏書》　大内文源閣藏書六萬卷，裝潢經史子集，以異色别之，仿隋唐舊制也。每卷首各印文源閣寶，上加古稀天子圓璽。

《浙江教育官報》一九〇九年第九期《本司支批杭嘉湖視學王韌調查海甯圖書館請飭核辦稟》　據稟海甯州治圖書館，購存及借助各書，共有五百餘種，尚非

虚有其名。惟核閱該館書目表，其中應備書籍，闕略尚多。應由州督，率紳耆設法擴充，以資博覽。至硤石圖書館，辦理不善，迭經飭州查核在案。茲據所稱各節，其腐敗情形益可想見。應如何整頓之處，仰海甯州一併查察籌辦。稟報毋延，繳稟抄發書目表存。

陳美訓《餘慶堂詩文集》卷一〇　人每以焚書咎秦皇，而不知秦所焚者，民間之書耳。其藏之蘭臺者，未盡焚也。迨楚入咸陽，火焚三月，而蘭臺化爲灰燼矣。獨惜蕭相國知收相府圖籍，而不收蘭臺奇秘，漢高祖約法三章，而不除挾書苛政。以致沉淪日久，古來無證。疑信相傳，每多聚訟。君子論世至此，不能不嘆惜痛恨於其間也。三代書契皆以竹簡，間用縑白。而傳寫不易，收貯亦難。至漢蔡倫始造紙，書其時尚無鏤板。雖有好古之士，不免抄録之艱。而奇書秘本，藏之内府者，豈能盡播民間？迨典午東渡，建康分王，自宋至梁，歷年二百。武帝積書至八萬卷，而元帝爲湘東王時，酷嗜文史。王僧辨盡載之，以送江陵。及魏師薄城，并將江陵舊所藏書，積十四萬卷而焚之殿廷，且嘆曰：「文武之道，今夜盡矣。」嗚呼！其爲灰燼，不更多乎？

私家收藏分部

綜　述

《墨子・天志上》　今天下之士、君子之書，不可勝載，言語不可盡計，上説諸侯，下説列士。

《韓非子・五蠹》　今境内之民皆言治，藏商、管之法者家有之，而國愈貧。言耕者衆，執耒者寡也。境内皆言兵，藏孫、吴之書者家有之，而兵愈弱。言戰者多，被甲者少也。

《戰國策・秦策一》　去秦而歸，羸縢履蹻，負書擔橐，形容枯槁，面目黧黑，狀有愧色。歸至家，【略】乃夜發書，陳篋數十，得《太公陰符》之謀，伏而誦之，簡練以爲揣摩。讀書欲睡，引錐自刺其股，血流至足。

《史記・老子韓非列傳》　申子、韓子皆著書，傳於後世，學者多有。

又《孟子荀卿列傳》　自如孟子至於吁子，世多有其書，故不論其傳云。

《漢書・宣元六王傳》　聞齊有駟先生者，善爲《司馬兵法》，大將之材也，博得謁見，承間進問五帝三王究竟要道，卓爾非世俗之所知。【略】駟先生蓄積道術，書無不有，願知大王所好，請得輒上。

又《藝文志》　秦燔書禁學，濟南伏生獨壁藏之。漢興亡失，求得二十九篇，以教齊魯之間。【略】武帝末，魯恭王壞孔子宅，欲以廣其宫，而得《古文尚書》及《禮記》、《論語》、《孝經》凡數十篇，皆古字也。

《後漢書・襄楷傳》　初，順帝時，琅邪宫崇詣闕，上其師干吉於曲陽泉水上所得神書百七十卷，皆縹白素朱介青首朱目，號《太平清領書》。其言以陰陽五行爲家，而多巫覡雜語。有司奏崇所上妖妄不經，乃收臧之。後張角頗有其書焉。及靈帝即位，以楷書爲然。

《魏書・元順傳》　家徒四壁，無物斂屍，止有書數千卷而已。

又《王延明傳》　延明既博極羣書，兼有文藻，鳩集圖籍萬有餘卷。性清儉，不營産業。與中山王熙及弟臨淮王彧等，並以才學令望有名於世。雖風流造次不及熙、彧，而稽古淳篤過之。尋遷侍中。詔與侍中崔光撰定服制。後兼尚書右僕射。以延明博識多聞，敕監金石事。

又《李業興傳》　業興愛好墳籍，鳩集不已，手自補治，躬加題帖，其家所有，垂將萬卷。

又《李謐傳》　其年，四門小學博士孔璠等學官四十五人上書曰：「竊見故處士趙郡李謐，十歲喪父，哀號罷隣人之相；幼事兄瑒，恭順盡友于之誠。十三通《孝經》、《論語》、《毛詩》、《尚書》，曆數之術尤盡其長，州閭鄉黨有神童之號。年十八，詣學受業，時博士即孔璠也。覽始要終，論端究緒，授者無不欣其言矣。於是鳩集諸經，廣校同異，比三《傳》事例，名《春秋叢林》，十有二卷。爲璠等判析隱伏，垂盈百條。滯無常滯，纖毫必舉；通不長通，有枉斯屈。不苟言以違經，弗飾辭而背理。辭氣磊落，觀者忘疲。每曰：『丈夫擁書萬卷，何假南面百城。』遂絶跡下帷，杜門却掃，棄産營書，手自刪削，卷無重複者四千有餘矣。猶括次專家，搜比讖議，隆冬達曙，盛暑通宵。雖仲舒不闚園，君伯之閉户，高氏之遺漂，張生之忘食，方之斯人，未足爲喻。謐嘗詣故太常卿劉芳推問音義，語及中代興廢之由，芳乃歎曰：『君若遇高祖，侍中、太常非僕有也。』前河南尹、黄門侍郎甄琛内贊近機，朝野

傾目，于時親識求官者，答云：『趙郡李謐，耽學守道，不悶于時，常欲致言，但未有次耳。諸君何爲輕自媒衒？』謂其子曰：『昔鄭玄、盧植不遠數千里詣扶風馬融，今汝明師甚邇，何不就業也？』又謂朝士曰：『甄琛行不媿時，但未薦李謐，以此負朝廷耳。』又結宇依巖，憑崖鑿室，方欲訓彼青衿，宣揚墳典，冀西河之教重興、北海之風不墜。而祐善空聞，暴疾而卒。邦國銜殄悴之哀，儒生結摧梁之慕。況璠等或服議下風，或親承音旨，師儒之義，其可默乎！」

《北齊書・辛術傳》 術清儉，寡嗜慾。勤於所職，未嘗暫懈。臨軍以威嚴，牧人有惠政。少愛文史，晚更修學，雖在戎旅，手不釋卷。及定淮南，凡諸資物一毫無犯，唯大收典籍，多是宋、齊、梁時佳本，鳩集萬餘卷，并顧、陸之徒名畫，二王已下法書數亦不少，俱不上王府，唯入私門。及還朝，頗以饋遺權要，物議以此少之。

又《楊愔傳》 愔辭氣温辯，神儀秀發，百僚觀聽，莫不悚動。自居大位，門絶私交。輕貨財，重仁義，前後賞賜，積累巨萬，散之九族，架篋之中，唯有書數千卷。太保、平原王隆之與愔鄰宅，愔嘗見其門外有富胡數人，謂左右曰：「我門前幸無此物。」

《梁書・張緬傳》 緬性愛墳籍，聚書至萬餘卷。抄《後漢》、《晉書》衆家異同，爲《後漢紀》四十卷，《晉抄》三十卷。又抄《江左集》，未及成。文集五卷。

《南齊書・崔慰祖傳》 好學，聚書至萬卷，隣里年少好事者來從假借，日數十袠，慰祖親自取與，未常爲辭。

又《劉善明傳》 建元二年卒，年四十九。遺命薄殯。贈錢三萬，布五十匹。又詔曰：「善明忠誠夙亮，幹力兼宣，豫經夷嶮，勤績昭著。不幸殞喪，痛悼于懷。贈左將軍、豫州刺史，謚烈伯。」子滌嗣。善明家無遺儲，唯有書八千卷。太祖聞其清貧，賜滌家葛塘屯穀五百斛。

《北史・穆崇傳附穆子容傳》 子容，少好學，無所不覽。求天下書，逢即寫録，所得萬餘卷。

又《劉晝傳》 劉晝字孔昭，勃海阜城人也。少孤貧，愛學，伏膺無倦。常閉户讀書，暑月唯着犢鼻褌。與儒者李寶鼎同鄉，甚相親愛。寶鼎授其《三禮》，又就馬敬德習《服氏春秋》，俱通大義。恨下里少墳籍，便杖策入都。知鄴令宋世良家有書五千卷，乃求爲其子博士，恣意披覽，晝夜不息。

《隋書・張文詡傳》 張文詡，河東人也。父琚，開皇中爲洹水令，以清正聞。有書數千卷，教訓子姪，皆以明經自達。

《南史・蕭勱傳》 勱性率儉，而器度寬裕，左右嘗將羹至胸前翻之，顔色不異，徐呼更衣。聚書至三萬卷，披翫不倦，尤好《東觀漢記》，略皆誦憶。劉顯執卷策勱，酬應如流，乃至卷次行數亦不差失。

又《張率傳》 時陸少玄家有父澄書萬餘卷，率與少玄善，遂通書籍，盡讀其書。

《晉書・范蔚傳》 三子：爽、咸、泉，並以儒學至大官。泉子蔚，關内侯。家世好學，有書七千餘卷。遠近來讀者恒有百餘人，蔚爲辦衣食。蔚子文才，亦幼知名。

又《張華傳》 華性好人物，誘進不倦，至于窮賤候門之士有一介之善者，便咨嗟稱詠，爲之延譽。雅愛書籍，身死之日，家無餘財，惟有文史溢于机篋。嘗徙居，載書三十乘。祕書監摯虞撰定官書，皆資華之本以取正焉。天下奇祕，世所希有者，悉在華所。由是博物洽聞，世無與比。

馮贄《雲仙雜記・序》 纂類之書多矣，其間所載，世人用于文字者，亦不下數十輩，則今未免爲陳言也。予事科舉三十年，蔑然無効。天祐元年，退歸故里，築選書室以居，取九世所蓄典籍經史子集二十萬八千一百二十卷，六千九百餘帙，撮其膏髓，别爲一書，其門目未暇派别也。成于四年之秋，由急於應文房之用，乃不能詳。又數歲，復得終篇者：《四部英華》、《筆頭飛》、《文壇戈戟》、《應題録》，皆傳記集異之説，若見於常常之書者，此必略之。庶兵火煨燼之後，成者不至束手，豈小補歟！

獨孤及《毘陵集》卷二〇《祭壽州張使君》 人皆窪而盈，曲而全，公獨以峭直接物，雖悔吝不改其度；人多求田問舍，公獨以百家言爲寶，藏書至八千卷，而不止以斯道也。施於有政，故其德形於事業，其仁浹於百姓。

柳宗元《柳宗元集》卷一二《先君石表陰先友記》 蘇弁，武功人。好聚書，至三萬卷。與先君通書，以户部侍郎貶復爲刺史。

陸龜蒙《甫里集》卷二〇附録皮日休《二遊詩序》 吴之士有恩王府參軍徐修矩者，世守書萬卷，優遊自適。余假其書數千卷，未一年悉償夙志，酣飫經史，或日晏忘飲食。

王定保《唐摭言》卷一〇《韋莊奏請追贈不及第人近代者》 陸龜蒙，字魯望，三吴人也，幼而聰悟，文學之外，尤善談笑，常體江謝賦事，名振江左。居于姑

蘇，藏書萬餘卷；詩篇清麗，與皮日休爲唱和之友；有集十卷，號曰《松陵集》。中和初，遘疾而終。

《舊唐書·田弘正傳》 弘正樂聞前代忠孝立功之事，於府舍起書樓，聚書萬餘卷，視事之隙，與賓佐講論古今言行可否。今河朔有《沂公史例》十卷，弘正客爲弘正所著也。魏州自承嗣已來，館宇服玩有踰常制者，悉命徹毁之，以正廳大侈不居，乃視事于採訪使廳。賓僚參佐，請之於朝。頗好儒書，尤通史氏，《左傳》、《國史》，知其大略。

又《蘇冕傳》 冕纘國朝政事，撰《會要》四十卷，行於時。弁聚書至二萬卷，皆手自刊校，至今言蘇氏書，次於集賢祕閣焉。

又《王涯傳》 涯博學好古，能爲文，以辭藝登科，踐揚清峻，而貪權固寵，不遠邪佞之流，以至赤族。涯家書數萬卷，侔於秘府。前代法書名畫，人所保惜者，以厚貨致之；不受貨者，即以官爵致之。厚爲垣，竅而藏之複壁。至是，人破其垣取之，或剔取函奩金寶之飾與其玉軸而棄之。

又《王方慶傳》 方慶博學好著述，所撰雜書凡二百餘卷。尤精《三禮》，好事者多詢訪之。每所酬答，咸有典據，故時人編次，名曰《禮雜答問》。聚書甚多，不減祕閣，至於圖畫，亦多異本。諸子莫能守其業，卒後尋亦散亡。

《舊五代史·梁書·孫騭傳》 騭雅好聚書，有六經、漢史，洎百家之言，凡數千卷，皆簡翰精至，披勘詳定，得暇即朝夕躭翫，曾無少怠。

又《羅紹威傳》 紹威形貌魁偉，有英傑氣。攻筆札，曉音律。性復精悍明敏，服膺儒術，明達吏理，好招延文士。聚書萬卷，開學館，置書樓，每歌酒宴會，與賓佐賦詩，頗有情致。

又《趙匡凝傳》 初，匡凝好聚書。及敗楊師厚，獲數千卷于第，悉以來獻。

又《唐書·張憲傳》 張憲，字允中，晉陽人。世以軍功爲牙校。憲始童丱，喜儒學，勵志橫經，不捨晝夜。太原地雄邊服，人多尚武，恥于學業，惟憲與里人藥縱之精力遊學，弱冠盡通諸經，尤精《左傳》，嘗袖行所業，謁判官李襲吉，一見欣歎，既辭，謂憲曰：「子勉之，將來必成佳器。」石州刺史楊守業喜聚書，以家書示之，聞見日博。【略】憲沈静寡欲，喜聚圖書，家書五千卷，視事之餘，手自刊校。善彈琴，不飲酒，賓寮宴語，但論文嘯詠而已，士友重之。

又《賈馥傳》 賈馥，故鎮州節度使王鎔判官也，家聚書三千卷，手自刊校。

又《晉書·韓惲傳》 惲世仕太原，昆仲爲軍職，唯惲親狎儒士，好爲歌詩，聚書數千卷。

又《王都傳》 都好聚圖書，自常山始破，梁國初平，令人廣將金帛收市，以得爲務，不責貴賤，書至三萬卷，名畫、樂器各數百，皆四方之精妙者，萃于其府。

又《楊彦詢傳》 彦詢年十三，事青州王師範，有書萬卷，以彦詢聰悟，使掌之。及長，益加親信，常委監護郡兵。

又《孫騭傳》 騭雅好衆書，有《六經》、《漢史》洎百家之言，凡數千卷，皆簡翰精至，披勘詳定，得暇即朝夕躭翫，曾無少怠。

又《梁文矩傳》 文矩喜清静之教，聚道書數千卷，企慕赤松、留侯之事，而服食尤盡其善。

《舊唐書·柳公綽傳》 公綽性謹重，動循禮法。屬歲飢，其家雖給，而每飯不過一器。歲稔復初。家甚貧，有書千卷，不讀非聖之書。

《新唐書·杜兼傳》 家聚書至萬卷，署其末，以墜鬻爲不孝戒子孫云。

又《柳仲郢傳》 家有書萬卷，所藏必三本：上者貯庫，其副常所閱，下者幼學焉。仲郢嘗手鈔《六經》，司馬遷、班固、范曄史皆一鈔，魏、晉及南北朝史再，又類所鈔它書凡三十篇，號《柳氏自備》，旁録仙佛書甚衆，皆楷小精真，無行字。

《新五代史·石昂傳》 石昂，青州臨淄人也。家有書數千卷，喜延四方之士，士無遠近，多就昂學問，食其門下者或累歲，昂未嘗有怠色。

又《羅紹威傳》 紹威好學，工書，頗知屬文，聚書數萬卷，開館以延四方之士。

又《趙匡凝傳》 匡凝爲人氣貌雄偉，性方嚴，喜自脩飾，頗好學問，聚書數千卷，爲政有威惠。

又《王師範傳》 師範頗好儒學，聚書至萬卷，爲政有威愛。

陶岳《五代史補》卷五《張昭遠疑太玄經》 張昭遠特好學，積書數萬卷，以樓載之，時謂之「書樓」。

《唐會要》卷五〇《觀》 元都觀有道士尹崇，通三教，積儒書萬卷，開元年卒。

《唐會要》卷五《雜録》 韓王元嘉，少好學，聚書至萬卷，皆文句詳定，秘府所不及。又愛碑文古跡，多得異本，閨門修整，有類寒素。與其弟靈夔相友愛，兄弟集見，如布及之禮。修身潔己，內外如一，當代諸王，莫能及者。

王欽若《册府元龜·總録·聚書》 士大夫以《詩》、《禮》立身，儒素爲業，廣聚墳典，以遺子孫。若良農之儲耒耜，百工之利刀尺也。緗其簡編，飾諸緗帙。手

自刊校，心無倦怠。至於義畜百家，室盈千卷，覩乎油素，達聖哲之心，遺之子孫，有清白之業，異夫金玉滿堂，貲幣潤屋，多藏爲累，後亡可俟者也。後漢杜林，扶風人，家多書。王莽末，客河西，於河西得漆書《古文尚書經》一卷。每遭困厄，握抱此經。位至大司空。魏王修，家不滿斗斛，有書數百卷，太祖歎曰：「士不妄有名也。」官至奉常。蜀向朗，潛心典籍，積聚篇卷，於時最多也。年八十，手自校書，刊定謬誤。位至特進。晉張華爲司空，領著作。常徙居，載書三十乘。秘書監摯虞撰定官書，皆資華之本以取正焉。天下奇秘，世所希有者，悉在華所。由是博物洽聞，世無與比。身死之日，家無餘財，惟有文史，溢于几篋。葛洪，博聞深洽，抄「五經」、《史》、《漢》、百家之言、方伎、雜事三百一十卷，《金匱藥方》一百卷，《肘後要急方》四卷。洪後爲諮議參軍。裴憲爲尚書，與荀綽家俱有書百帙。宋王曇首，太保弘之弟也。幼有素尚，兄弟分財，曇首唯取圖書而已。南齊崔慰祖，清河東武城人也。好學，聚書至萬卷。鄰里年少好事者，來從假借，日數十帙。慰祖親自取與，未嘗爲辭。范蔚，家世好學，有書七千餘卷。遠近來讀書者，嘗有百餘人，蔚爲辦衣食。沈驎士，吴興武康人，累徵不就。火燒書數千卷，驎士年過八十，耳目猶聰明，乃手寫細書，復成二三千卷，滿數十篋。梁陸少玄，光禄大夫澄之子。家有父書萬餘卷。張率與少玄善，遂通書籍，盡讀其書。沈約，聰明過人，好墳籍，聚書至二萬卷，京師莫比。位至特進侍中。任昉爲秘書監，墳籍無所不見。家雖貧，聚書至萬餘卷，率多異本。昉卒後，高祖使學士賀縱共沈約勘其書目，官所無者，就昉家取之。袁峻字孝高，篤志好學，家貧無書，從人假借，必皆抄寫自課，日課十紙，紙數不登，則不止。仕至員外散騎侍郎。王僧孺爲南康王咨議參軍，好墳籍，聚書至萬餘卷，率多異本。與沈約、任昉家書相埒。張緬，性愛墳籍，聚書至萬餘卷。抄《後漢書》衆家異同，爲《後漢紀》四十卷，《晉抄》三十卷；又抄《江左集》，未及成文，集五卷。位至御史中丞。孔休源爲光禄大夫，聚書盈七千卷，手自校理。陳姚察，年十二，能屬文。父上開府僧坦，知名梁代，二宫禮遇優厚，每得供賜，皆回給察爲游學之資。察並用聚書圖畫，由是聞見，曰博仕，至吏部尚書。求天下書，逢即寫録。北齊郎基字世業，中山人，爲鄭州長史，潁川郡守。基泛涉墳籍，清慎無所營求。嘗語人云：「任官之所，木枕亦不須作。況重於此乎？唯頗令人寫書。」潘子義曾遺之書曰：「在官寫書，亦是風流罪過。」基答曰：「觀過知人，斯亦可矣。」辛術爲東南道行臺尚書，及定淮南，凡諸貲物，一毫無犯，唯大收典籍，多是宋、齊、梁時佳本。鳩集萬餘卷，并顧、陸之徒名畫；「二王」已下書法，數亦不少。後周裴漢，借人異書，必躬自録本，至于疾疹彌年，亦未嘗釋書。仕至車騎大將軍，儀同三司。隋陸爽，字開明。初仕北齊，爲中書侍郎。齊滅，周武帝聞其名，與陽休之、袁叔德等十餘人，俱徵入關。諸人多將輜重，爽獨載書數千卷，至長安，授宣納上士。唐王方慶，聚書甚多，不減秘閣；至於圖畫，亦多異本。諸子莫能守其業，卒後，尋併散亡。仕至太子左庶子。李襲譽居家清儉，凡禄俸，必散之宗親，其餘但寫書而已。及從揚州罷職，經史遂盈數車。仕至涼州都督。吴兢家聚書頗多，嘗自録其卷第，號「吴氏西齊書目」。仕至左庶子。蘇弁聚書至三萬卷，皆手自刊校。至今言蘇氏書次於集賢芸閣焉。官至户部侍郎。韋處厚，聚書萬卷，手自刊校。官至相位。王涯字廣津，太原人也，以詞藝登科。踐揚清峻，家書數萬卷，侔於書府；名畫人所保惜者，必以厚貲致之；函奩皆飾之金寶，爲垣竅而藏之複壁。後爲相。梁孫隲，開平初，歷諫議常侍。隲雅好聚書，有「六經」、《史》、《漢》百家之言，凡數千卷。泊李善所注《文選》，皆簡翰精專，至校勘詳審。趙匡凝鎮襄州，凝好聚書，至數千卷。後唐王都爲定州節度，好聚圖書。自恒山始破，汴州初平，令人廣將金帛收市，以得爲務，不責貴賤，書至三萬卷，名畫樂器各數百，皆四方之精妙者，萃於其府。張憲，沉静寡慾，喜聚圖書，家書五千卷。視事之餘，手自刊校。仕至太原尹。賈馥，故鎮州節度使王鎔判官。家聚書三千卷，馥手自刊校。

錢易《南部新書》卷四 柳公綽家藏書萬卷，經史子集皆有三本，色采尤華麗者鎮庫，又一本次者長行披覽，又一本又次者後生子弟爲業。皆有厨格部分，不相參錯。

王闢之《澠水燕談録》卷九《雜録》 陳亞少卿，蓄書數千卷，名畫數十軸，平生之所寶者。晚年退居，有《華亭雙鶴唳》，怪石一株尤奇峭，與異花數十本，列植於所居，爲詩以戒子孫：「滿室圖書雜典墳，華亭仙客岱雲根，他年若不和花賣，便是吾家好子孫。」亞死未幾，皆散落民間矣。

晁補之《鷄肋集》卷六六《蘇門居士胡君墓誌銘》 叔文，共城人，祕閣校理、司封員外郎僎之子。母壽光縣君徐氏。而祕閣君博學無不窺，爲時通儒。其世家行事自有銘。叔文爲童兒，不戲弄，默而好思，手未嘗釋卷，祕閣君固已奇之矣。及長，盡傳祕閣君之業。於當時之文，不學而能。然喜詞賦，篆刻甚工。嘗以進士舉有司，繼丁徐夫人祕閣君憂。而朝廷亦廢詞賦，以新經義取士。叔文曰：「此非吾所傳於師而能者也。且親殁，何以仕爲？」因盡屏幼學，返共城，自號蘇門居士，閉關却埽，益涵肆詩書百氏，爲文章家，故藏書萬卷，集古今石刻又千卷，盡陳諸左

右，而牓其堂曰「琬琰」。翰林學士、眉山蘇先生爲書之，一時名士皆爲賦詩，而叔文益遠絶世利，惟恐蓬蓽之不深矣。或勸之出，則笑曰：「此室殊無塵土氣。」然晚尤篤學，長於論議，至古今成敗得失、因革廢置，皆深思而默識之。

劉延世《孫公談圃》卷下 宋宣獻家藏書過祕府。章獻明肅太后稱制，未有故實，於其家討論，盡得之。

晁説之《景迂生集》卷一六《劉氏藏書記》 都官劉公凝之，卓行絶識，不得志而歸休廬山之下。其遺子孫者，無他物，蓋唯圖書而已。其子道原，少而日誦萬言。既長，苦心篤志，無所嗜好，晝夜以讀書爲娱。至于不慕榮利，忘去寒暑，司馬温公稱其精博，宋次道稱其該贍，范醇夫稱其密緻，則其所藏復藴崇而不計者歟！且嘗憤嫉南方士人家不藏書矣，則於是盖特加意焉者也。公之子羲仲，壯輿人，視其邁往不羣而自處，恂恂循約，唯恐前修之辱也。從仕四方，妻子不免飢寒，而敦然唯是之求索，甚於人之飢渴而赴飲食者，則其所得不特補其家之未足，而且有以振發國中之沉鬱也。既已踵成其父《十國紀年》，而身採周秦以來遺文以爲十二國史。嘗論著《春秋》，而方且爲《周易》之學，則其藏書豈特充牣篋笥而誇緗帙，如愚賈潤屋以金珠邪？於是，謹識其所得書之歲月先後，以視子孫。其意爲不淺也，乃俾説之，爲之記，載於目録之上。昔之時如任昉、沈約輩，號爲藏書之家者，今不復論。而論諸本朝，如王文康初於周相世宗，多有唐室舊書，今其子孫不知何在，寧論其書之存亡。而所有者，書目一編，使好事者對之興嘆也。李文貞所藏既富，而且闢學館以延學，士大夫不待見主人，而下馬直入讀書，供饌牢以給，其日力與衆共利之。如此，宜其書永久而不復零落。今其家僅有敗屋數楹，而書不知何在也。

朱弁《曲洧舊聞》卷四 宋次道龍圖云：「校書如掃塵，隨掃隨有。」其家藏書皆校三五遍者，世之蓄書，以宋爲善本。居春明坊昭陵時，士大夫喜讀書者多居其側，以便于借置故也。當時春明宅子比他處僦值常高一倍。

樓鑰《攻媿集》卷五二《酌古堂文集序》 自少至老，聚書六萬餘卷，多自讎校，爲之目甚詳，名堂以「酌古」，鼎彝古刻，分列其下。

王稱《東都事略》卷九〇《李常傳》 常少讀書於廬山五老峯白石菴之僧舍，書幾萬卷。常既貴，思欲遺後之學者，乃藏於山中。時人目其居曰「李氏藏書山房」，而蘇軾爲記其事云。

《宣和畫譜》卷一二《窠石四》 内臣劉瑗，字伯玉，京師人。持身端慤，初終無玷。時人謂五十餘年在仕，而喜怒不形于色，爲兩朝從龍，未嘗自矜。父有方，平日性喜書畫，家藏萬卷，牙籤、玉軸，率有次第。自晉、魏、隋、唐以來，奇書名畫無所不有，故能考覈真僞，論辨古今，推其人世，次遠近，各有攸當。故世所言書畫者，皆率心服之。凡中外之人，有得繪畫而莫知主名者，必以求瑗辨之。瑗雖未敢，誰何然論之！皆有所歸也。

洪邁《容齋隨筆・四筆》卷一三《榮王藏書》 濮安懿王之子宗綽，蓄書七萬卷。始與英宗偕學于邸，每得異書，必轉以相付。宗綽家本有《岳陽記》者，皆所賜也，此國史本傳所載。宣和中，其子淮安郡王仲糜進目録三卷，忠宣公在燕，得其中袟，云：「除監本外，寫本、印本書籍計二萬二千八百三十六卷。」觀一袟之目如是，所謂七千卷者，爲不誣矣。三館祕府所未有也，盛哉！

陸游《老學庵筆記》卷二 劉韶美在都下累年，不以家行，得俸專以傳書。書必三本，雖數百卷爲一部者亦然。出局則杜門挍讎，不與客接。既歸蜀，亦分作三船，以備失壞。已而行至秭歸新灘，一舟爲灘石所敗，餘二舟無他，遂以歸普慈，築閣貯之。

陸游《渭南文集》卷二八《跋京本家語》 本朝藏書之家，獨稱李邯鄲公、宋常山公，所蓄皆不減三萬卷，而宋書校讎，尤爲精詳，不幸兩遭回録之禍，而方策掃地矣。李氏書，屬靖康之變，金人犯闕，散亡皆盡。收書之富，獨稱江浙。繼而胡騎南騖，州縣悉遭焚劫，異時藏書之家，百不存一，縱有在者，又皆零落不全。予舊收此書，得自京師，中遭兵火之餘。一日於故篋中偶尋得之，而蟲齕鼠傷，殆無全幅。綴緝累日，僅能成帙。乃命工裁去四周所損者，别以紙裝背之，遂成全書。嗚呼，予老嬾目昏，雖不復讀，然嗜書之心，固未衰也。後世子孫知此書得存之如此，則其餘諸書幸而存者，爲予寶惜之。

王明清《揮麈後録》卷七《鄒志傳》 先祖早歲登科，遊宦四方，留心典籍，經營收拾，所藏書逮數萬卷，皆手自校讎，貯之於鄉里，汝陰士大夫多從而借傳。元符末，坐黨籍，謫官湖外，乃於安陸卜築，爲久居計，輦置其半於新居。建炎初，寇盜蜂起，惟德安以邑令陳規元則師衆堅守，秋毫無犯。事聞，擢守本郡，先祖之遺書留空宅中悉爲元則載之而去。後十年，元則以閣學士來守順昌，亦保城無虞。先祖汝陰舊藏書猶存，又爲元則所掩有。二處之書悉歸陳氏。先人每以太息，然無理從而索之。先人南渡後所至窮力抄録，亦有書幾萬卷。明清憂患之初，年幼力弱，秦伯陽遺浙漕吴彦猷渡江，攘取太半。丁卯歲，秦檜之擅國，言者論會稽士大夫家藏野史以謗時政，初未知爲李泰發家設也。

張邦基《墨莊漫録》卷五《藏書之富者》 藏書之富，如宋宣獻、畢文簡、王原叔、錢穆父、王仲至家及荆南田氏、歷陽沈氏，各有書目。譙郡祁氏多書，號外府太清老氏之藏室，後皆散亡。田、沈二家不肖子，盡鬻之。京都盛時，貴人及賢宗室往往聚書，至多者萬卷。兵火之後，焚毁迨盡，間有一二留落人間。亦書史一時之厄也。吴中曾旼彦和、賀鑄方回二家書，其子獻之朝廷，各命以官。皆經彦和、方回手自讎校，非如田、沈家貪多務得，舛謬訛錯也。

葉隆禮《欽定重訂契丹國志》卷一四《諸丹王傳・東丹王傳》 贊華性好讀書，不喜射獵。初在東丹時，令人齎金寶私入幽州市書，載以自隨。凡數萬卷，置書堂於醫巫閭山上，扁曰「望海堂」。

劉元高《三劉家集》 劉道原壯輿再世，藏書甚富。壯輿死後，書録於南康軍官庫。後數年，胡少汲過南康訪之，已散落無餘矣。《老學庵筆記》。劉壯輿家廬山之陽，自其祖凝之以來，遺子孫者惟圖書也，其書與七澤俱富矣，晁以道爲作記，今劉氏在廬山，不聞其人，書亦羽化矣。《容齋續筆》。

牟巘《陵陽集》卷一○《至樂齋記》 古涪文君心之間爲予言：「吾室環堵，門闒落然，孰使吾終日安，從而不去者，非書乎？書，誠吾之至樂也。或者曰：『書，糟粕也，憂患也。』至樂無樂，乃皆束書不觀；游談相高，以是爲至樂焉。人蓋有飲食而不知味者，未有不飲食而知其味者也。吾固疑而不信。且吾先人寡慾而好書，頗勤勤輯散軼，以遺其後。授而讀之，未嘗一日而舍書以敖。『至哉天下樂，終日在書案』，此歐陽書語也。故吾摘之以名讀書之室，而求吾之所謂至樂者。」予聞而異之。讀書亦大難，異時藏書之家，所少非書，而讀書者常少。無他，書易得而不知其爲可樂，書肆而已。雖讀之，不樂也，與亡書同，佔嗶而已。雖讀之，不樂也，與不讀同。鄴侯之架，一一懸牙籤，新若手未觸。韓子之書，視歐陽殆不免乎譏。韓言藏，歐言讀，李繁輩其果能讀而樂乎否！今之書，日益以少而難得，讀者宜益以少。君知其難，易將至矣。有能知書之難得，則知書之可樂，而至樂者出焉。

袁桷《清容居士集》卷二二《袁氏舊書目序》 袁氏舊書目者，目袁氏舊書之存于今者也。始曾大父越公舉進士時，貧不能得書，書多手抄，强記至用。高祖妣齊國夫人魚魫冠學書，後官中都，凡二十有五年，乃務置書，以償宿昔所志。其世所未有，則從中祕書及故家傳録以歸，於是書始備矣。于時國家承平，四方無兵革之虞，多用文儒爲牧守。公私間暇，擊鮮享醴，會寮屬以校讎、刻書爲美績。至於細民，亦皆轉相模鋟，以取衣食。而閩之建、蜀之益，其最著者也。紹定辛卯，公自宥府歸里，遂累土爲堂，貯所得書於東西，榮公日處其中。客至，不復道世事。顧嗜陳、黄詩，擇其適意者，手書爲編。寓物、詠歌、與道、游遨，休休焉不知其年之將耄。如是者七年而薨。舊書之傳，距于今四世矣。桷幼聞公從學正獻公時，有手校《九經》，旁説疑義，皆附書左右，最爲精善，欲從諸父一觀而未得。又欲合諸父之藏，分第爲目録，亦不果。竊嘗謂天下之物，聚多者終必散，或者早計於未散，則庶幾幸有一存之理。遂悉藏於山中。己丑之災，偕家人渡江以逃。袁氏之書，一夕而盡。昔之預計者，乃幸而獲全。嗚呼！此公之靈有以啓其衷也。惟公以勤勞起家，其書之傳，不幸而不存，固當歸之於數；其幸而獲存者，敢不襲藏。心思而躬踐之，以求無忘前人之意。謹次其本始，書以爲舊書目序。

杜大珪《名臣碑傳琬琰集》中卷四九曾肇《曾舍人巩行狀》 平生無所玩好，顧喜藏書，至二萬卷。仕四方，常與之俱手自讎對，至老不倦。又集古今篆刻爲《金石録》五百卷。

元好問《中州集・戊集》第五《劉鄧州祖謙》 祖謙字光甫，安邑人，承安五年進士。歷州縣有政迹，拜監察御史，以鯁直稱。其不能俯仰世好，蓋天性然也。正大初，爲右司都事，除武勝軍節度副使，召爲翰林修撰。家多藏書，金石遺文略備。父東軒，工畫山水。故光甫以鑒裁自名，至於信筆作簡牘，尤有可觀。一時名士如雷御史淵、李内翰獻能、王右司渥，皆遊其門。得人一詩可傳，必殷勤稱道，唯恐不聞，人以此稱之。

王惲《秋澗集文集》卷四二《易解序》 監丞張君在河南爲衣冠清流，多藏書，得前代以《易》名家者數十種，早治其學，精占筮術。北歸，以藝能得官。

又卷四六《樂全老人説》 家則藏書有閣，圃外思親有亭，植佳花，釀名酒，客至則擊鮮爲具，賓醉而後已，窮年而不厭也。

又卷五九《碑陰先石記》 完顔孟陽，字和之，遼東人。用門資起身爲部掾，北渡後不仕。好古書，家藏至千餘卷。

鄧文原《巴西集》卷六《故處州青田縣税務大使陳君墓志銘》 其間藏書數千卷，購古法書、名畫、鼎彝器物，若泊然終身遺外聲利者。

劉岳申《申齋集》卷六《讀書巖記》 至治三年，江西參知政事廉公邁，以愛民下士聞於江廣。其秋八月，定鄉試官，而廬陵劉岳申忝在選中。岳申先諾湖廣，九月，自湖廣歸，以書獻三言於公邁，曰忠孝，曰恭儉，曰退讓。公邁與爲賓主禮，執

書讀至盡，愈益恭。明日，謂岳申曰：「惇之顯考太師恒陽文正王，嘗鎮閩陝，買田築室少陵原之陽，藏書二萬卷，日與司徒許文正公、紫陽楊先生講學。太師出鎮荆鄂，再入朝決大議，定大計，未嘗忘此書。惇幼從伯兄平章、仲兄中丞讀書其中，後頗修理故處，益市書萬卷，名曰讀書巖，承先志也。集賢侍講學士商君琦爲之圖，中朝士大夫各爲文字，子幸記之。」岳申不敢當，亦不敢辭，則復於公邁曰：「少陵原有杜城，春秋杜伯所封國，非乎？樊川爲漢樊將軍食邑，韋杜二曲爲唐相國故宅，非乎？歷代王侯將相第宅園池多矣，亦嘗有如太師以藏書聞者乎？樊川與韋杜二曲徒以姓得名爾，又有如廉泉以太師忠清正直得姓者乎？韋杜子孫又有如公邁歷官貴盛，田不加多而書增置者乎？萬有一焉，當時之所詠歌，後來之所記載，有不及之者乎？畫與否弗論也。公邁不名之曰藏書，而名之曰讀書，異乎鄴侯三萬軸之手未觸者矣。是書也，太師讀之，出將入相，爲國名臣；公邁昆季讀之，歷登臺省，爲賢公卿。公邁讀書愈多，愈益忠孝、恭儉、退讓。使萬世子孫世守此三言，即萬世子孫世讀此數萬卷，將與廉泉相爲無窮，豈可與平泉草木同年而語哉。」公邁曰：「惇敢不佩服，以毋爲先太師羞，且以昭示子孫孫子永永無斁。」

姚燧《牧庵集》卷一六《平章政事史公神道碑》 公諱格，字晉明。聚書萬卷，鼎彝圖畫一室，號曰「裕齋」。

又卷二四《譚公神道碑》 譚在周千七百國之一，子爵。幽王之譚大夫，衛碩人之私譚公，皆其遺苗。後世子孫，遂以國姓。史代有人，其居德興之懷來，高祖而上，不得其世。曾祖信，金鎮防壽州千夫長。祖伯全，家累千金。父資榮，以徇北功，皇元帥左都監、虎符。寄治交城，遂令其縣，削平盜賊，賢士逃亂者，多往爲依。公生以歲戊寅，髫年入學，穎慧彊敏，拔異羣兒，成人兆緒，嶷嶷則見。十五，綜經緯史，講貫精熟。會課朔望，每魁諸生。爲交牧盧帥所奇，以女妻焉。軍中得書，則馳送之，故其家積多至萬卷。

程鉅夫《雪樓集》卷一三《東菴書院記》 解氏世以儒術起家，歷宋金多名進士，家藏書萬數千卷，而君於書無不讀。

趙孟頫《松雪齋集》卷九《隆道沖真崇正真人杜公碑》 真人諱道堅，字處逸，杜姓，當涂采石人，自號南谷子，晉杜預之後。【略】又作攬古之樓于通玄，聚書數萬卷。《道德》注疏，何啻千家；玄聖淵源，列圖十子。著《老子原旨》及《原旨發揮》、《關尹闡玄》、《文子纘義》等書數十萬言，皆理造幽微，文含混厚，讀之者知大道之要，行之者得先聖之心，可謂學業淹深，文行俱備者矣。

馬端臨《文獻通考》卷一九四《經籍考二十一》 《中興綸言集》二十八卷。陳氏曰：左司郎中莆田鄭寅子敬編。寅，知樞密院僑之子，端重博洽，藏書數萬卷，於本朝典故尤熟。

又卷一九六《經籍考二十三》 《吕夏卿兵志》三卷。鼂氏曰：皇朝吕夏卿撰。公武得之於宇文時中。季蒙題其後云：「夏卿修唐史，別著《兵志》三篇，秘之，戒其子弟勿妄傳。鮑欽止吏部好藏書，苦求得之。其子無爲太守恭孫偶言及，因懇借抄録於吴興。」

又卷二一五《經籍考四十二》 《術異記》二卷。鼂氏曰：梁任昉撰。昉家藏書三萬卷。天監中，採輯前世之事，纂新述異，皆時所未聞，將以資後來屬文之用，亦博物之意。《唐志》以爲祖同所作，誤也。

又卷二三四《經籍考六十一》 《孫文懿集》三十卷。鼂氏曰：宋朝孫抃字夢得，眉山人。六世祖長孺，喜藏書，貯以樓，蜀人號書樓孫家。天聖中，進士甲科。累遷知制誥、翰林學士承旨，後參知政事。謚文懿。

又卷二三八《經籍六十五》 《石林總集》一百卷；《年譜》一卷。陳氏曰：尚書左丞吴郡葉夢得少藴撰。紹聖四年進士。崇、觀間驟貴顯，三十一歲掌外制，次年遂入翰林。中廢，至建炎乃執政，然才數日而罷。平生所歷州鎮，皆有能聲。胡文定安國嘗以其蔡、潁、南京之政薦於朝，謂不當以宿累廢。晚兩帥金陵，當兀朮臨江，移三山，平群寇，其功不可没也。秦檜秉政，欲令帥蜀，辭不行，忤檜意，以崇慶節度使致仕。其居在卞山，奇石森列，藏書數萬卷。既没，守者不謹，屋與書俱燼於火。石林二字，本出《楚辭・天問》。

又卷二三九《經籍考六十六》 《詅癡符》二十卷。陳氏曰：御史臨海李庚子長撰。「詅」之義，衒鬻也。市人鬻物於市，誇號之，曰「詅」。此三字本出《顔氏家訓》，以譏無才思而流布醜拙者。以名其集，示謙也。庚，乙丑進士，以湯鵬舉薦辟入臺，家藏書甚富。

又卷二四〇《經籍考六十七》 《梁溪集》五十卷。陳氏曰：禮部尚書錫山尤袤延之撰。家有遂初堂，藏書爲近世冠。

袁桷《清容居士集》卷四六《跋定武禊帖》 翰林承旨趙孟頫家本，得於霅溪陳侍郎振孫，伯玉號直齋，其家藏書冠東南，今盡散落，余家亦得。

何中《知非堂稿》卷七《太虛先生傳》 何中字太虛，撫之，樂安人。少穎拔以古學自任，家有藏書萬卷，手自校讐，其學宏深該博。廣平程鉅夫、清河元明善、柳

城姚燧、東平王構、同郡吴澂、豫章揭傒斯皆推服之。至順二年，江西行省平章全岳柱聘爲龍興郡東湖、宗濂二書院賓師。明年六月，以疾卒。

吴澄《吴文正集》卷四《收説游説有序》　《收説》者何？遺番陽陳熙也。《游説》者何？亦遺番陽陳熙也。作之者誰？臨川吴澄也。延祐丁巳十有一月，饒樂平陳熙來山中，言其先世以家所藏書悉上送官，得賜號清白處士。處士之孫，慶曆之間擢進士科，卒大理寺丞，致仕。詩集中與范文正、包孝肅、唐介、孫莘老諸公相往還。仕進代不乏人。熙之先大父教授于家，臨終囑諸子：「謹收吾書。」熙之父遵考訓，扁讀書之堂曰「收」。至熙之子生，亦名之曰「收」。「收」之一字既以名堂，復以名子，示不忘也。予謂農之力穡而穫謂之收，井之汲水而上謂之收。農之收，以供食也。井之收，以供飲也。書之爲世用，甚如六府之有穀、五行之有水也。收之者，豈無所用乎哉？收而不知所以用，是猶儲穀于園倉，貯水于瓶罌，而不以食飲也。然則用之將何如？在乎子孫善讀之而已矣。讀而有所悟，悟而有所得，小用之可以釣爵禄，而榮其身，而顯其親，大用之可以躋聖賢，而澤被生民，而道濟天下。書之用如此。收之者，有期于後者也。用之者，有光于前者也。有收之實，遂有其名。有收之名，必有其用。故予于陳氏之有書也，不徒嘉于祖父之善于收，而猶俟其子孫之善于用云，作《收説》。古無游士也。修于家，舉于鄉，仕不出邦域之内。其窮而不遇者，以先覺而耕于野，以良弼而築于岩。苟非以幣而三聘，以夢而旁求，則終身岩野而已矣，孰肯以游爲事？自王政衰，陵夷至于春秋，至于戰國，生民塗炭。孔、孟抱濟時之具，而時不用。聖賢不忍恝然忘天下，于是乎歷聘環轍。而當時潔身避世之士猶且非之，倘無聖賢救世之心而游焉，則其非之也，又當如之何哉？七雄以力相并吞，冀得權謀術數之流，不愛高爵厚禄，以招致游士。游士因得大肆其意，以傲世主。然孟子比之妾婦，則其可賤甚矣。漢、晉、隋、唐以來，游者不得如戰國之盛。宋之季，士或不利于科舉而游。入事臺諫，則内外庶官畏之；出事牧伯，則郡縣庶民畏之。雖不能如戰國之士，立躋顯榮而挾其口舌中傷之毒，亦可要重糈于人。若夫游于今之世，則異是。上之人無所資乎爾，下之人無所畏乎爾。于身既不可以驟升，于財又不可以苟得。叩富兒門，隨肥馬塵，悲辛于殘盃冷炙之餘；伺候公卿，奔走形勢，僥倖于污穢刑辟之地。不過如子美、退之所云，其可哀也夫！而好游者諉曰：「吾之游，非以蘄名，非以干利，將以爲學焉爾。」是大不然。夫古之謂游學者，不遠千里，從師問道也。蓋如孔子者，天下一人而已。故遠近翕然宗之，如百川之赴海。世無孔子，其孰可師？如欲爲學，私淑艾于古聖遺言可也。不求之于此，而求之于游，倀倀欲何之乎？司馬子長世掌文史，父子授受，而負傑然不羈之才，雖使終身不出門户，亦自有此雄健之筆，豈得于游哉！謂子長因游而有史者，謬也；信其説者，惑也。樂平陳氏，家世收書。而熙也氣清才俊，可以得志于今，進之可以尚志于古。將遊于四方，予勸之息遊而歸讀祖父所收之書，作《遊説》。

又卷四一《重脩李氏山房書院記》　南康李文定先生，少學科舉之學。未弱冠時，朱子來守南康，心竊慕之。既成進士，遂往受業，終身截然禮義之閑，澹然利達之境，蓋學而有得於師者。視其所師，若高山之崇崇，景行之坦坦，嚮仰履行，弗忘弗懈俛焉，日孜孜也，詎非夫子所謂好仁者哉？所居之縣曰建昌，前有兵部尚書同邑同氏，清名姱節望於一鄉，藏書廬山五老峰之僧舍，號李氏山房。中更亂離，書與山房俱燬。

又卷四五《墨莊後記》　莊之爲字，艸下諧壯聲，蓋艸之盛也。假借而他用，容貌之致飾曰莊，路途之交會曰莊，與夫田業之所在曰莊，皆有盛之意焉。農之業在田，士之業在書，士之書猶農之田。田謂之莊，則書謂之墨莊可也。然農之治莊，其用一以養其生而已；士之治莊，其用亦一。自世降俗陋，而其用力或不同。用之以明義理而爲聖賢者，上也；用之以資博洽而爲詞章者，次也；用之以媒利禄而取富貴者，下也。莊一也，而用有三，志之高卑各異爾。古先聖王之宰其民以義種仁穫者，無不由夫四術之教，書之用甚大也。後人謂經訓乃文章之菑畬，抑末矣，況以青紫之拾推本于明經，車馬之蒙歸功于稽古，何爲小用其書如此哉？宋初三司磨勘劉公夫婦目其家所藏書爲墨莊，而勗其子以學殖。逮一傳、再傳，果以篤志勤學成名，登進士科累累，特餘事。磨勘之孫集賢學士公是先生敞、中書舍人公非先生攽，學貫古今，名塞宇宙，而芳百世，遂稱江西儒宗。所以用其墨莊者，固已占上等之次、次等之上。而二先生之族曾孫清之與新安朱子契，猶恐人疑其治莊之志出於下等也，乃請朱子發揮其先代之所望於子孫者，蓋在上而不在下。卓哉，斯志乎！中書之胄一派居撫之金谿，其八世孫自得、自弘持朱子《墨莊記》來示，蘄予增益其語。予遲遲數月而不敢僭，其請不置，於是書此于朱記之左。夫士之立志在我，人莫能奪也。疇昔墨莊之子孫每從知道之大儒游，繼今讀書，斷斷乎不志於下。遡公是、公非二先生之學，以上達於周公、孔子，吾於劉氏之莊，何幸及觀其道畝之春畊，仁穀之秋熟也邪？

又卷七九《故逸士盧陵蕭君墓銘》　鄉貢進士盧陵蕭濟美。【略】藏書千卷及

胡忠簡公、楊文節公、清江謝公、章公二尚書諸人翰墨數十紙，常令：「愛護此家寶。」欲以見先世受知於先正若是。書外無長物，而於利澹如也。

又卷八一《故逸士高周佐墓誌銘》　予家距吉永豐不二百里，聲相聞，跡相及也。華田之高爲邑著姓，有諱師文、字周佐者，家業隆盛，卓爾樹立，名聞尤表表。【略】乃定閑居之計，起樓庋圖籍，趙承旨孟頫爲作「藏書」二字扁其顔。既而過客日衆，舊宅地狹，改築于社林側。時曾大父年踰九十，大父亦且七十，新中堂奉重親，致樂以養，東西之樓館則以貯書焉，以禮賓焉。

柳貫《柳貫詩文集》卷一六《共山書院藏書目録序》　汲郡張公自始仕好蓄書，洎通顯矣，益縮取奉錢，轉市四方，積三十年，得凡經史子集若干卷。既以藏之其居共城蘇門百泉之上，而類次其目録如右。延祐三年，公參議中書省之明年，貫來京師，實客授其家，間乃得其所謂目録者而觀之。蓋其所儲，自五三載籍外，群聖百家之言咸在，亦既嚅嚌其腴澤，而掇其大者用之天下國家，其緒餘則以敷遺後人。若公之心，可謂無累於書者矣。然經以載道，史以載事，上下數千年，宇宙之運，古今之會，相尋於無窮者至總總也。帝王之盛，道在人心，固莫非全書。而秦之煨燼，秦自煨燼之；漢之表章，漢自表章之：書無毫髮損益也。自時厥後，執讖緯以談經，而經始離，黨私門以議史，而史始誣。傳注紀述之家，蓋蠭起蝟興，十百古人不啻，雖以向、歆父子之録略，班固、荀勗之甲乙，元嘉之有部，崇文之有目，僅止于一時中秘之藏而已。況夫世變不齊，文字日滋，吾而持數寸之楮，欲以殫窮其名類，吁，亦狹矣！今公所聚之書，浩穰若是，則譜而稽之，固其勢有不得不然者，而豈剩之云乎？抑聖賢之精神心術寓諸書，其言道德性命至矣。而制度儀章，於今尚幸可考，莫詳於《禮》、《樂》。夫既載之之詳，而又原于人心爲易入，則伯夷、后夔之教，是宜旁薄洋溢，千萬世而一日也。然五禮六禮之殊倫，五音七音之易位，遂有取其進退俯仰高下清濁之數，一切紛更貿亂之用，綿蕝以易三朝之儀，因同室而紊都宫之制。上齒之俗，微于鄉飲之不修；成人之道，息於冠禮之不講。至論鍾律，則銖黍既差，均節何有？五量三統，已因之無所適，主雖奉常，所肄亦且弊弊。於龜茲之部，梨園之伎，而鄭衛不足淫矣。嗚呼！亦安知五帝三王不相沿襲之説，其流遂至於此耶！此有志之士跂踵禮樂之興，而庶幾乎人心可正，世教可隆，堯舜禹湯文武周公之治可得而致也。今上而鋪猷敘倫之君，下而明理宣化之臣，大廷之議，顧必有及于稽古禮文之事者。聖賢遠矣，精神心術所寓，條在書，綱在録，可概舉而將之也，非公之望而奚望哉？貫之淺學，何足以知之？輒因序述，而竊有獻於公焉。

陳旅《安雅堂集》卷一一《江山縣尹劉彦章墓碣》　又築書塾，居名師以教子孫，若鄭原善、程琚、張宗元，皆嘗居者，貞亦時往來讀書其中。後原善登第，因榜塾曰「聚魁」，宗元亦登第，琚與貞皆領鄉薦。塾有書萬卷餘，客來，取書共講討，或相與賦詩，銜盃水樹間，意度舒曠，而未嘗自軼於禮法之外。

吴師道《禮部集》卷一二《北山後遊記》　至治壬戌之歲，予與張君子長遊北山，其後無因至焉。年運而往，與世益乖，山水之耆益深。今年二月六日，獨至靈源草堂，訪琳師，已出，徘徊故處，觀公、一公止予留。明日同往法清寺，觀乳泉，又過慈源寺，憇水石篁竹間，會雨，信宿而歸。既而子長以書抵予曰：「黄君晉卿且夕來，來則約偕至山中。」予喜甚，日佇訊。至四月丙子，會於草堂，琳師出所藏書畫，有張公詡《清溪圖》及宋人墨跡甚多。

又卷二一《請傳習許益之先生點書公文》　竊以博士之官，掌司書籍，講授經旨，是正音訓，今之職也。當職猥以疎庸，具員承乏。伏見監學雖有藏書，並無點定善本，諸生傳習，師異指殊，不無乖舛。嘗聞先儒有云：昔人鄙章句之學者，以其不主于義理爾，然章句不明，亦所以害義理。又云：字書、音韻是經中淺事，先儒得其文者多不留意，不知此等處不理會，枉費詞説，牽補不得其本義，亦甚害事也。三復斯言，誠爲至論。當職生長金華，聞標抹點書之法始自東萊吕成公，至今故家所藏，猶有《漢書》、《資治通鑑》之類。逮宋季年，北山何文定公基傳朱子之學于勉齋黄公，若魯齋王文憲公栢寔游其門，仁山金履祥並學于何、王，而導江張盨學于王氏以教于北方。何氏所點《四書》，今温州有板本；王氏所點《四書》及《通鑑綱目》傳布四方；金氏、張氏所點皆祖述何、王。近時許謙益之乃金氏高弟，重點《四書章句集註》，及以廖氏《九經》校本再加校點。他如《儀禮》、《春秋》公、穀二傳併註、《易》程氏《傳》、朱氏《本義》、《詩》朱氏《傳》、《書》蔡氏《傳》、朱氏《家禮》，皆有點本。分別句讀，訂定字音，考正謬訛，標釋段畫，辭不費而義明。用功積年，後出愈精，學士大夫咸所推服。謙之學行，本道屢薦于朝，不幸而没。其他亦有著述，而點書特爲切要，今所傳多出副本，而其家藏乃親筆所定，可信不差，學者得之，真適道之指南也。如蒙監學特爲申明，轉聞上司，委通經之士親賫善本就其家傳録，并廣求吕子及何、王、金氏之書，頒之學宫，嘉惠後進，寔斯文之大幸。

虞集《道園學古録》卷三一《送饒則民序》　吾聞則明之曾大父神童君，幼穎異，有大名。稍長，與主一張先生洽爲友壻於豐城范氏，明《春秋》之學，未及顯而

殁。及則明之父，好史學，家藏書萬卷，内附初，散軼無存者，乃盡力購求，一二十年之間，史官之書行于世者，掇拾略備，爲閣以庋之，手疏其目，以見得書之難。則明承世業，接見聞於父兄，材可以適當世之用。

蘇天爵《滋溪文稿》卷一四《濮州儒學教授張君墓誌銘》 吾鄉有博洽豈弟之士曰張君，諱在，字文在。其學自六經、百家、太史之籍，先儒箋疏、傳注之書，兵家、族譜、方言、地志與夫萬里海外蠻夷異域荒怪之説，靡所不覽，既久而能不忘。屏居閭里，環堵蕭然，聚書萬卷，誦習校讎，風雨寒暑不輟也。賓客學子經過從游，有問輒應，愈叩而愈無窮，然亦未嘗以自矜也。其爲人和平樂易，孝於宗親，蚤失其父，獨奉母氏。家雖固窮，自奉清約，養生事死，必稱於禮。與朋友交，克盡誠欵，氣和色温，怡然不忍相違也。人或犯之，置而不問。聞人之善，稱道不已。人苟有過，未始一語及之。嗚呼，可謂博洽豈弟之士矣。

又卷二二《默庵先生安君行狀》 先生諱熙，字敬仲，姓安氏。太原離石人也。五世祖玠，金修武校尉。高祖全廣，以貲雄鄉閭，買書萬餘卷。曾祖昇，不仕。祖滔，登經童第，金亡徙山東，愛真定風土，家焉。歲戊戌試中選，占儒籍。以郡博士舉貳其學事，貴游子弟多出其門。父怹齋先生松，用名臣薦，起家江淮轉運司知事，累遷建寧令。中年謝歸，教授于家。母劉氏。

又附録二《滋溪書堂記》 延祐六年，予初來京師，聞國學貴游稱諸生蘇伯修以《碣石賦》中公試，釋褐授蘇州判官，往往誦其警句，名藉甚。欲一識，則已赴上。及還，始與交，因得知伯修多藏書，習知遼與金故實暨國朝上公碩人家伐閲譜系事業碑刻表章。既久，又見其嗜學不厭。嘗疑冑子有挑達城闕者，已仕即棄故習，伯修獨爾，其淵源必有出師友外者。詢之，則果自其先世曾大父少長兵間，郡邑無知爲學者，已能教子，爲人先。其大父威如先生，教其考郎中府君尤嚴。或曰：「君纔一子，盍少寬。」輒正色曰：「可以一子故廢教耶！」先生學廣博，嘗因金《大明曆》積算爲書數十篇，曆家善之。府君既爲時循吏，又好讀書，教伯修如父教己，有餘俸，輒買書遺之。於是予疑益信。又久之，則其所著書曰《遼金紀年》、曰《國朝名臣事略》者，皆脱稿，而今之諸人文章方類稡未已，士大夫莫不歎其勤。伯修汲汲然，至不知饑渴之切己也。日謂予：「昔吾高王父玉城翁當國初自汴還真定，買別墅縣之新市，作屋三楹，置書數十卷。再傳而吾王父威如先生，又手自鈔校得數百貯之，因名屋曰『滋溪書堂』，蓋滋水道其南也。歲久堂壞，先人葺之而不敢增損，且漸市書益之。又嘗因公事至江之南，獲萬餘卷以歸。吾懼族中來者不知堂若書之始，幸文之，將刻石嵌壁以示。」嗚呼，有子不知教不論，教而不克如志者，如志而不得及子子者，皆是也。求若蘇氏四世知爲學，難哉。世之致爵禄金玉良田美地者，其傳期與天地相終始，然有身得身失者，況其後萬有一能振奮過祖禰者，則又鄙昔之人無聞知。撤敝廬，創甲第，矜貴富，病先世之微不肯道。而翁之堂，府君能葺之，伯修能求記之。翁之書，先生能加多，府君又益增之，伯修之購求方始，不第能守也。非有以將之，能若是乎！府君葺堂，不敢有加以求勝前人。伯修有屋京師、真定，皆不敢求記，獨惓惓是區區之三楹者，又可以爲薄俗警矣。抑蘇氏雖世爲學，獨威如先生有著述。伯修著述益富，豈聞祖風而興耶！然予聞自先生至伯修，三世皆一子，惟其能教，故悉克自樹立。今伯修亦一子阿瑣，甫齔，而穎拔可就傳。伯修能繩先生義方以造之，則堂曁書之傳，邈乎未可概也。是爲記。

《遼史・地理志二》 人皇王性好讀書，不喜射獵，購書數萬卷，置醫巫閭山絶頂，築堂曰望海。

又《王繼恩傳》 王繼恩，棣州人。睿智皇后南征，繼恩被俘。初，皇后以公私所獲十歲已下兒容貌可觀者近百人，載赴涼陘，並使閹爲豎，繼恩在焉。聰慧，通書及遼語。擢内謁者、内侍左廂押班。聖宗親政，累遷尚衣庫使、左承宣、監門衛大將軍、靈州觀察使、内庫都提點。繼恩好清談，不喜權利，每得賜賚，市書至萬卷，載以自隨，誦讀不倦。每宋使來聘，繼恩多充宣賜使。後不知所終。

《金史・沈璋傳》 沈璋字之達，奉聖州永興人也。學進士業。迪古乃軍至上谷，璋與李師夔謀，開門迎降。明日，擇可爲守者，衆皆推璋，璋固稱李師夔，於是授師夔武定軍節度使，以璋副之。授太常少卿，遷鴻臚卿。丁母憂，起復山西路都轉運副使，加衛尉卿。從伐宋。汴京平，衆争趨貲貨，璋獨無所取，惟載書數千卷而還。

黄溍《金華黄先生文集》卷一七《陸氏藏書目録序》 吴郡陸君居闤闠中，四壁之外，輒與賈區直，君殊不以爲溷。一榻蕭然，環以古今書凡若干卷。自經史傳記，下至權謀數術、氾勝虞初、旁行敷落、百家衆技之文，櫛比而鱗次。入其室，如登羣玉之府，而探蓬萊道家之名山焉，忘其爲居之隘也。君既第其篇帙，部分類別，爲之目録，以便覽者，且屬予使序之。夫稻粱稷黍、魚肉果蔬，人所資以爲生養之具，不可一日缺者也。得之足以飽，而不足以極天下之味。言珍異之味，至豹胎、猩脣、封熊之蹯，可以爲美矣，而非可常致，以給朝夕之須。彼水草小蟲、蜩范蚳蝸、野果之實，人所易致，而未必皆知好其味也。世蓋有嗜書若嗜飲食者，顧所

嗜之不同，而有不可得兼耳。君其兼而取之者耶？倚相之所讀，今也夫人而讀之；韓宣子之所見，今也夫人而見之；延陵季子之所觀，今也夫人而觀之。世之不可缺者，君固不敢專而有也。蘭臺之所不掌，金匱之所不藏，世莫之致，與夫可致而莫之好焉者，君亦未始以爲我之得私也。然則君之志，曷嘗不欲與世同其嗜乎？此《目録》之所由作也。抑予聞之老子曰：「五味令人口爽。」好奇之士苟遊於君，而獲其所嗜焉，染指而出足矣，尚無以秦人之炙易吾之炙也哉！

許有壬《至正集》卷三八《馮氏書堂記》　君子爲善，窮則獨，達則兼。獨若隘不得已也，兼則同於人，聖人之心也。地有不同，亦安所遇爾。士有不至於窮而亦未至於達者，其在二者之間乎？使善足及人而心足自愜，抑亦逾於獨善也。孟子曰：「分人以財謂之惠，教人以善謂之忠。」夫分人以財，有時而匱，則亦小惠爾。教人以善，利益無窮，豈解衣推食所能彷彿萬一哉！許下馮夢周士可，買書千卷，搆堂蓄之，以待里之不能有書者。爲之約曰：「凡假者恣所取，記其名若書目，讀竟則歸，而銷其籍。損者不債償，不歸者遂與之，以激其後，缺者隨補之。」士可之言曰：「夢周幼失怙，育於兄。早從鉛槧，就令自力於學，而迫貧，禄仕沐膠，不可解也。茲欲懲吾盲而欲人人之察秋毫也，懲吾聵而欲人人之聞蟻鬭也。不有教之，恐里之不悉而約之或渝也。」嗟夫，事有用力小而及人大者，人每委於不知，而知者安於不爲，士可此舉，可謂忠矣。其及人之善，庸有既乎？昔王充閲市，遂通衆流；李邕假直秘書，而爲名家。古人困於無書而自力如此，豈有其而待之者邪！士生非通都大邑，富者書不皆有，況貧者乎？美才在所不乏，坐是困厄，在士可里者，何其幸歟！且假粟帛者，既靡弊矣，償而歸之，勞且費也。書則不然，淺而擷其華以爲文章，深而酌其源以蓄道德，舉其帙而歸之，固無恙也，里之士豈有憚而不假者乎？士可歷官八品，辟湖廣省掾。它日位通顯，其爲善不又有大於是者乎？兄士啓，今湖南宣慰副使。觀其志母壙、述家譜，人可知已。它日里之士彬彬輩出，不愧二難，其亦知所自乎。

又《書趙郡蘇公所藏經史遺事後》　金章宗朝，史官所得内送顯宗爲皇太子奏東宫闕官帖黄一紙，命編入實録。進士劉國樞記其父司經迎所聞皇太子嘉言暨詩文凡八條，詩不録。翰林學士張行簡《起居注草藁》，起明昌六年正月朔，止三月十五日，後有張公題識及部數脱藁提空式，今趙郡蘇公通輯爲一卷而藏之。金至世宗，南北戰争甫定，蓋天所以靖斯人也。皇太子簡賢德，職輔導，其深知所以爲天下本者乎。及觀國樞所記，則於南面之術得之已多，惜乎弗克嗣位而崩殂爾。《起居注》記章宗言動甚詳，其禮議國用除罷聘好可備參考。所云禮部尚書張（空其名），爲讜直官重勘鎬王獄者，乃張公之父諱，故下文書名字皆闕。其右體新史言，允中之獄，成於宰相無將妄想之奏，朝臣惟曹利用乞貸其死，而章宗不從，則猶有未厭人心者。時張公已罷兼職，不及記覆治何狀。不然，尚書當時名士，以讜直舉，豈得默默無一言邪？張公自言以明昌三年閏二月兼記注，凡歷三十九日，而本傳不書，《百官志》亦不言起居注嘗用學士兼，則闕文多矣。且當時左右有簪筆之臣，纂修有實録之篇，史官不爲虚設，而典籍散失如此，良可惜哉！公家藏書萬卷，於遼金逸事、宋代遺文猶拳拳收購不倦，此其毫芒爾。蓋有志述作者，其平居暇日必如是而後可庶幾也。當朝廷修先代史，一時文學之士莫不與能，乃獨留公外藩，論者每爲惜之，而汸竊以爲不然者。眉山公有云：「文字議論，是非予奪，難與人合，甚於世事。」藉令公被命人書局，果無昔人頭白汗青之誚，而函承旨意，敏於撰述，有如今日之所就者乎？汸所不能必也。善乎資中黄先生之言曰：「制作之文，上關天運，非可以私意苟且傅會其間者。」然則網羅遺逸，成一家言，藏諸名山，以俟後之君子，將不在於公乎？

錢惟善《江月松風集》文録《文心雕龍序》　嘉興郡守劉侯貞，家多藏書，其書皆先御史節齋先生手録。

張以寧《翠屏集》卷三《送李遜學獻書史館序》　曹南李時中教授有志士，嘗兩辟省臺掾，輒棄去，慕漢朱雲。尚友古時豪傑人，著《江居集》自見，每酒酣，慷慨泣數行下，慕賈誼、唐衢。既沈鬱不克施，則捐千金，聚經若史諸書數萬卷，以遺諸子，慕丁度、劉式。曩予聞，嘗奇之，來淮南，讀張仲舉氏所爲文，信然。今朝廷有詔脩宋、遼、金三史，遣使購前代異書江淮間，其子敏出父所藏宋逸史爲卷若干，獻之館。有司韙其志，驛送以聞。昔太史公留滯周南，自傷不獲從登封。其子遷紬金匱石室書，成父志，稱後世良史。時中暨敏雖自弗敢望太史公父子，然其志亦豈異哉？嗟夫！方時中在時，奮欲自樹立，決不與草木同腐，不克施以殁，至身後乃能使其書不泯没，有補於世，其志白於天下，時中爲有子，不死矣。士之生，誠有補，不泯没於世，豈必當其身際遇哉？設使時中身際遇貴富於一時，而聲光遂昧昧，非君之志也已。予於敏之行有感也。嗟夫！士之有志，幸生昭代，困且窮，曾未得少見薄技，於時中何如也？世之君子其亦有感於斯人乎！其亦有感於斯人乎！

楊維楨《東維子集》卷二一《讀書堆記》　予入淞，首慕顧野王讀書堆者，在亭

林蒼翠間，未果往也。上海釋慧自稱野王氏後，介其師去東老人來請曰：「居之在介闢室，蓄古今書數千百卷，貽其嗣達、妙，襲名於讀書堆，敢丐一言以記。」記未及。今年予遊鶴沙，順流下黄龍江，抵滄海觀濤，泊舟古精藍下，主僧出肅客，迺慧也，見其二子，即妙、達也。夜分張燈叙舊話，遂爲援筆誌書堆。夫書之能藏者不難，能讀者難。能讀者不難，能用者難也。書藏而不讀，與無書等；讀而不用，與不讀等。張茂先藏書至世乘，而茂不善厥終。李贊華載書數萬卷，亦無捄於僇身。非有書而不善讀，讀而不善用者與？代之衣冠家，有積書如秘府，至再世三世憎與書隔，甚至售爲聲伎資。吁，可悼也已！若慧之書堆高潔亭林，磨水火而堆不毁，經兵革而堆不遷，使達也妙也，又能翱翔於堆，窮探力取以爲修業地，非書之善藏而有善讀者歟？第未知達與妙之善讀、讀之善用者何如耳。宋聰道師善讀書，一覽即掛書梁上，人叩則曰：「書貴行！復何讀？」此方外士讀書法也，惟二子以之。至正二年夏四月廿六日。

危素《危學士集》卷六《静明書塾記》　先生家有藏書若干卷，而繕寫點校，手澤存焉。又有所著《論語正義》廿卷。其子善益自尊度，題其室曰「静明書塾」，中設先生之像，春秋嚴祀。

又卷七《友樵齋記》　王君諱發，字景回。其父武岡軍教授，諱汝舟，多藏書。

王禮《麟原文集》前集卷三《曠作楫行狀》　君諱某，字某，姓曠氏，廬陵西里人也。【略】闢齋閣，藏書籍，常教其子曰：「憒于書者流于俗，耽于書者淪于迂。不俗不迂，斯善學矣。」

陶宗儀《書史會要》卷五　韓王元嘉漢王弟。少好學，藏書至萬卷，亦善書。

又卷六　錢惟治字和世，吴越廢王倧之長子。官至檢校太師，善草隸，尤好二王書。嘗曰：「心能御手，手能御筆，則法在其中矣。」家藏書帖、圖書甚多。太宗知之，嘗謂近臣曰：「錢俶兒姪多工草書。」因令翰林書學賀丕顯詣其第，徧取視之，曰：「諸錢皆效浙僧亞栖之迹，故筆軟弱，獨治爲工耳。」

又　周起字萬卿，淄州鄒平人。官至知汝州，贈禮部尚書，謚安惠。家藏書至萬卷，能書集古今人書，并所更體法，爲《書苑》十卷。弟超官至主客郎中，亦能書。

《元史・何中傳》　何中字太虚，撫之樂安人。少穎拔，以古學自任，家有藏書萬卷，手自校讎。其學弘深該博，廣平程鉅夫，清河元明善，柳城姚燧，東平王構，同郡吴澂，揭傒斯，皆推服之。至順二年，江西行省平章全岳柱聘爲龍興郡學師。明年六月，以疾卒。所著有《易類象》二卷、《書傳補遺》十卷、《通鑑綱目測海》三卷、《知非堂藁》十七卷。

又《張炤傳》　張炤字彦明，濟南人。父信，以商賈起家，貲雄於鄉。壬辰歲饑，出粟賑貸，鄉人賴以全活。【略】十三年，陞太中大夫、揚州路總管府達魯花赤，商議行中書省事，佩金虎符。時行省在揚州，據南北要津，炤撫綏勞來，上下安之。十六年，改鎮江路總管府達魯花赤，謝病歸，購書八萬卷，以萬卷送濟南府學資教育。二十一年，起爲東昌路總管，涖政二年，吏民畏服，以治最稱。二十五年卒，年六十四。延祐五年，贈太中大夫、東昌路總管，追封清河郡侯，謚敬惠。子用中，沂州山場同提舉。

又《段直傳》　段直字正卿，澤州晉城人。至元十一年，河北、河東、山東盜賊充斥，直聚其鄉黨族屬，結壘自保。世祖命大將略地晉城，直以其衆歸之，幕府承制，署直潞州元帥府右監軍。其後論功行賞，分土世守，命直佩金符，爲澤州長官。【略】未幾，澤爲樂土。大修孔子廟，割田千畝，置書萬卷，迎儒士李俊民爲師，以招延四方來學者，不五六年，學之士子，以通經被選者，百二十有二人。在官二十年，多有惠政。朝廷特命提舉本州學校事，未拜而卒。

又《同恕傳》　恕之學，由程、朱上遡孔、孟，務貫浹事理，以利於行。教人曲爲開導，使得趣向之正。性整潔，平居雖大暑，不去冠帶。母張夫人卒，事異母如事所生。父喪，哀毁致目疾，時祀齋肅詳至。嘗曰：「養生有不備，事猶可復，追遠有不誠，是誣神也，可逭罪乎！」與人交，雖外無適莫，而中有繩尺。里人借騾而死，償其直，不受，曰：「物之數也，何以償爲！」家無儋石之儲，而聚書數萬卷，扁所居曰「榘菴」。時蕭𣂏居南山下，亦以道高當世，入城府，必主恕家，士論稱之曰「蕭同」。

又《南村輟耕録》卷二七《莊蓼塘藏書》　莊蓼塘，住松江府上海縣青龍鎮，嘗爲宋祕書小史。其家蓄書數萬卷，且多手鈔者，經史子集、山經地志、醫卜方伎、稗官小説，靡所不具。書目以甲乙分十門。蓼塘既没，子孫不知保惜，或爲蟲鼠蝕囓，或爲鄰識盜竊，或供飲博之需，或應餬覆之用，編帙散亂，所存無幾。至正六年，朝廷開局修宋、遼、金三史，詔求遺書，有以書獻者，予一官。江南藏書多者止三家，莊其一也。繼命危學士樸特來選取，其家慮恐兵遁圖識干犯禁條，悉付祝融氏。及收拾燼餘，存者又無幾矣。其孫羣玉悉載入京，覬領恩澤，宿留日久，仍布衣而歸。書之不幸如此。

楊士奇《東里集》卷二二《故翰林檢討陳君墓碑銘》 初名釋童，更名繼，字嗣初，晚號怡菴。嗣初生十月，經歷公没，母抱之歸蘇，家具蕭然，惟存書二萬卷及蔬地二十畝。

又《東里續集》卷一四《文籍志序》 夫所貴士者，能盡道焉耳。明道必自讀書始。經，聖人之精也。史，備行事之得失。諸子百氏，有醇焉，有駁焉，審其是非邪正，以求至當之歸。其書皆不可以闕也。吾先世藏書數萬卷，元季悉燬于兵。吾蚤有志乎學，而孤貧不能得書。稍長，事鈔録，無以爲楮筆之費，則往往從人借讀，不能數得。年十四五出教童蒙，頗有所入，以供養，不暇市書也。弱冠，稍遠出授徒，所入頗厚，始畜書，不能多也。及仕于朝，有常禄，又時有賜賚，節縮百費，日月積之，一爲收書之資。歷十餘年，經、史、子集雖不能備，頗有所蓄。視吾先世所藏，千百之十一。視吾少之時，可謂富矣！夫人於其所好，勞心苦力以求得之，必將謹護珍襲，不至於廢壞。逮傳其後之人，未嘗知得之之難，蓋有視之漠然，不以留意，棄之如棄瓦礫者矣。吾懼後之人不知守也。凡書具志吾所以得，而勉其所以守。蓋昔人愛一草一木，猶戒子孫以勿壞。矧書籍聖賢至訓之所寓乎，敬之哉！且積書豈徒以侈座隅充篋笥而已，必將講讀究明，務得之於心，而行之於身也。司馬君實謂積書不若陰德，以子孫未必能讀。彼非有激而云。然乎？不然，其待乎後之人者，薄也。吾不以薄待後之人也。勉之哉。

彭韶《彭惠安集》卷四《陳文耀方伯公慕誌銘》 爲人寶惜聚書且萬卷，手披口諷，非有事未嘗一日舍去。

黄瑜《雙槐歲鈔》卷一〇《丘文莊公言行》 家積書萬卷，與人談古今名理，衮衮不休。

葉盛《水東日記》卷一五《陸放翁家訓》 「餘慶」藏書閣色色已具，不幸中遭擾亂，至今未能建立，吾寢食未嘗去心。若神明垂祐，未死間或可遂志，萬一賫志及泉，汝輩切宜極力了之，至祝至望。此閣本欲藏左丞所著諸書，今族人又有攘取庵中供贍儲蓄及書籍者，則藏書於此，必至散亡，不若藏之於家，止爲佛閣，略及奉安左丞塑像可也。

王錡《寓圃雜記》卷六《余家書畫》 余家舊有萬卷堂，藏書甚多，皆宋、元舘閣校勘定本，諸名公手抄題志者居半。内有文公先生《綱目》手稿一部，點竄如新。又藏唐、宋名人墨跡數十函，名畫百數十卷，乃玉澗所掌。

何喬新《椒邱文集》卷三一《祜古余先生墓表》 先生諱倫，字公理，姓余氏。【略】先生自幼穎敏好學，而不樂仕進，構一室以爲講學之所，積書數萬卷，法書古器充牣其中。

徐紘《明名臣琬琰録》卷一三《少詹事鄒公墓誌銘》 公雖歷事三十餘年，數更顯任，而殁之日，家無餘資，惟藏書數千卷而已。

吴寛《匏翁家藏集》卷五一《跋劉参政與楊君謙手簡》 故廣東参政劉公欽謨，博學多聞，所蓄書殆與崑山葉文莊公等觀。此小簡與楊儀曹君謙託以購書者，意甚懇懇，蓋可見矣。然君謙，於公爲甥，平日所得於公者，止此宜其愛護而不忍棄也。

邱濬《重編瓊臺藁》卷一九《藏書石室記》 予生七歲而孤，家有藏書數百卷，多爲人取去，其存者蓋無幾。稍長，知所好，取而閲之，率多斷爛不全，隨所有用力焉。往往編殘字缺，顧無從得他本以考補，時或於市肆借觀焉。然市書類多俚俗、駁雜之説，所得亦無幾。乃徧於内外姻戚、交往之家訪求、質問，苟有所蓄，不問其爲何書，輒假以歸。顧力不能收録，隨即奉還之。然必謹護愛惜，冀可再求也。及聞有多藏之家，必豫以計納交之，卑辭下氣，惟恐不當其意。有遠涉至數百里，轉浼至十數人，積久至三五年，而後得者甚。至爲人所厭薄，厲聲色以相拒絶，亦甘受之，不敢怨懟，期於必得而後已。人或笑其癡且迂，不恤也。不幸禀此凡下之資，而生乎遐僻之邦，家世雖業儒，然幼失所怙，家貧力弱，不能負笈擔簦以北學於中國，中心惕然。思欲以儒自奮，以求無愧於前人，反求諸心，似知所愛慕者甚，欲質正於明師良友，引領四顧，若無其人。不得已而求之於書，書又不可得。而求之之難有如此者？乃喟然發嘆，自盟於心曰：「某也幸他日苟有一日之得，必多購書籍以庋藏於學宫，俾吾鄉後生小子，苟有志於問學者，於此取資焉，無若予求書之難，庶幾後有興起者乎！」歲己未，補郡庠弟子員；甲子，領鄉書；戊辰，上春官，卒業太學；甲戌，第進士，即入翰林。自此，日積月累，所得日多。歲庚寅，丁先妣憂，歸故鄉。服闋，敬謁先聖於學宫，怵然動其宿盟。顧南方卑濕，竹帛不可久藏，竭平生積聚，鳩工鑿石以爲屋，凡梁柱楹瓦之類，皆石爲之，不用寸木，廣若干尺，長若干尺，經始於[闕]年[闕]月，落成於癸巳年七月。爲錢總若干。督其工者，鄉友吴雲也。中爲木樹若干，内庋以書。僅成，予即北上，竊恐後人不知予得書之難，而易視之，或者又取之以去也，乃自書其事而爲之記。

朱存理《樓居雜著・記虞氏書册》 笠澤虞氏爲丞相雍公之後，有名湜者，老而居貧，其先雍公遺像、世譜、手迹、所遺古劍等物具在。學士邵菴公省墓來吴，所

留詩卷，其祖勝伯先生遺稿，及諸宋元人辭翰，累百軸，古書殆千卷，藏于家。家惟草屋數間，蕭然江渚。予知翁家在焉，買舟造之。翁適曝日南榮之下，偶同一客往，翁不樂，拒，弗之見。期明日，而予果再詣，翁歡然延入，乃盡出其所藏，爛然文錦，秀溢於目。翁爲鷄黍，信宿之留所，遺盛唐詩數家，莊、列、諸子等書，皆宋時紙版。經收藏之家凡幾，印章纍纍相屬。後復得數種，名不能具録。葉文莊公時與進士鄭公詣翁牀下，時翁方病，不能起。公一大臣，其待鄉老如此。

王鏊《姑蘇志》卷五四《人物・儒林・張雯》 雯，少力學嗜書，所居臨市衢，構樓藏書，自經傳子史稗、官百家，無所不有。其學無所不通。

何良俊《四友齋叢説》卷首《初刻本自序》 何子少好讀書。遇有異書，必厚貲購之。撤衣食爲費。雖饑凍不顧也。每巡行田陌，必挾策以隨。或如厠，亦必手一編。所藏書四萬卷。

又《經三》 余家舊藏書幾四萬卷，後皆燬於倭夷。近日西亭殿下以爲余家藏書尚存，托蔡州守以書目寄來，假索抄録，皆是諸經各家傳註。余細閲之，易有五十四家，詩十九家，書二十七家，春秋六十三家，周禮十二家，儀禮四家，禮記十一家，皆與《文獻通攷・經籍攷》相出入。

又 聞李中麓家藏書甚多，亦有意搜訪諸經各家傳註。

歸有光《震川先生集》卷一五《杏花書屋記》 杏花書屋，余友周孺允所構讀書之室也。孺允自言其先大夫玉巖公爲御史，謫沅、湘時，嘗夢居一室，室旁杏花爛漫，諸子讀書其間，聲琅然出户外。嘉靖初，起官陟憲使，乃從故居遷縣之東門，今所居宅是也。公指其後隙地，謂孺允曰：「他日當建一室，名之爲杏花書屋，以志吾夢云。」公後遷南京刑部右侍郎，不及歸而没於金陵。孺允兄弟數見侵侮，不免有風雨飄摇之患。如是數年，始獲安居。至嘉靖二十年，孺允葺公所居堂，因於園中構屋五楹，貯書萬卷，以公所命名，揭之楣間，週環藝以花果竹木。方春時，杏花粲發，恍如公昔年夢中矣。

王世貞《居易録》卷一四 予家自太僕、司徒二公發祥，然藏書尚少；至司馬方伯二公，藏書頗具矣。亂後盡燬兵火。子兄弟宦遊南北，稍復收緝。康熙乙巳，自揚州歸，惟圖書數十篋而已。官都下二十餘載，俸錢之入，盡以買書。嘗冬日過慈仁寺市，見孔安國《尚書大傳》、朱子《儀禮經傳通解》、荀悦、袁宏《漢紀》，欲購之。異日侵晨往索，已爲他人所有。歸來，悒悵不可釋。病卧旬日，始起。古稱書淫、書癖，未知視予何如？自知玩物喪志，故是一病不能改也，亦欲使吾子孫知之。朱翰林竹垞嘗爲予作《池北書庫記》。

徐象梅《兩浙名賢録》卷二《文莊先生胡希華榮》 胡榮，字希華，浦江人。居家孝友，名動鄉閭。蒐獵百家，旁通九藝，樂潜味道，玉立於風塵之表。日擁書萬卷，反覆披尋，更不知人世南面百城之貴也。守令高其行，無不造門請益。年七十以微疾終。門人私謚之曰「文莊」。先生所著有《瀫州漁唱集》。

李贄《李温陵集》卷一七《聚書》 孫蔚家世好學，有書七千餘卷。遠近來讀者，恒有百餘人。蔚爲辦衣食，倪若水藏書甚多，列架不足，疊窗安置，不見天日。子弟直日看書借書者，先投束修羊。李卓吾曰：「先投束修羊，然後准借書，則無有借書者矣。若皆辦衣食，夫誰不來也。」

孫繼皋《宗伯集》卷七《通議大夫吏部左侍郎兼翰林院侍讀學士掌詹事府事贈禮部尚書謚文恪儆菴周公行狀》 架上書積萬餘卷，多所手校，朱墨沸焉。至世所稱古尊彝、圖畫、珍奇之玩，不以關目也。

沈鯉《亦玉堂稿》卷七《存蠹齋記》 歲辛卯，余居室西偏構齋三楹，儲古今書籍，可數千卷。

謝肇淛《五雜俎》卷一三 余嘗獲觀中秘之藏，其不及外人藏書家遠甚，但有宋集五十餘種，皆宋刻本，精工完美，而日月不及，日就浥腐，恐百年之外盡成烏有矣。胡元瑞謂欲以三年之力盡括四海之藏，而後大出秘書，分命儒臣，編摩論次。噫！談何容易。不惟右文之主不可得，即知重文史者，在朝之臣能有幾人，而欲成萬世不刊之典乎？《内閣書目》門類次第僅付之一二省郎之手，其泯淆魚豕、不下矇瞽而不問也，何望其他哉！

《夷堅》、《齊諧》，小説之祖也，雖莊生之寓言，不盡誣也。《虞初》九百僅存其名，桓譚《新論》世無全書，至於《鴻烈》、《論衡》，其言具在，則兩漢之筆大略可覩已。晉之《世説》、唐之《酉陽》，卓然爲諸家之冠，其叙事文采足見一代典刑，非徒備遺忘而已也。自宋以後日新月盛，至於近代不勝充棟矣。其間文章之高下，既與世變，而筆力之醇雜，又以人分。然多識畜德之助，君子不廢焉。宋錢思公坐則讀經史，卧則讀小説，上厠則閲小詞，古人之篤嗜若此。故讀書者，不博覽稗官諸家，如啖粱肉而棄海錯，坐堂皇而廢臺沼也，俗亦甚矣。

求書之法，莫詳於鄭夾漈，莫精於胡元瑞，後有作者，無以加已。近代異書輩出，剞劂無遺，或故家之壁藏，或好事之帳中，或東觀之秘，或昭陵之殉，或傳記之裒集，或鈔録之殘賸，其間不準之誣、阮逸之贋，豈能保其必無？而毛聚爲裘，環斷

成玦，亦足寶矣。但子集之遺，業已不乏，而經史之翼，終泯無傳，一也。漢、唐世遠既云無稽，而宋、元名家尚未表章，二也。好事之珍藏，靳而不宣，卒歸蕩子之魚肉；天府之秘册，嚴而難出，卒飽鼠蠹之饔餐，三也。具識鑒者，厄於財力，一失而不復得；當機遇者，失於因循，坐視而不留心，四也。同心而不同調者，多享敝帚而盼夜光；同調而不同心者，或厭家鷄而重野鶩，五也。故善藏書者，代不數人，人不數世，至於子孫，善鬻者亦不可得，何論讀哉。

今天下藏書之家，寥寥可數矣。王孫則開封睦㮮、南昌鬱儀兩家而已。開封有《萬卷堂書目》，庚戌夏，余托友人謝于楚至其所，鈔一二種，皆不可得，豈秘之耶？于楚言其書多在後殿，人不得見，亦無守藏之吏，塵垢汗漫，漸且零落矣。南昌蓋讀書者，非徒藏也，而卷帙不甚備。士庶之家，無逾徐茂吴、胡元瑞及吾閩謝伯元者。徐、胡相次不禄，篋中之藏，半作銀杯羽化矣。伯元嗜書，至忘寢食，而苦貧不能致，至糊口之資盡捐以市墳素，家中四壁，堆積克棟，然常奔走四方，不得肆志翻閲，亦闕陷事也。

建安楊文敏家藏書甚富，裝潢精好，經今二百年，若手未觸者。余時購其一二，有鄭樵《通志》及二十一史，皆國初時物也。余時居艱，亟令人操舟市得之，價亦甚廉。逾三月，而建寧遭陽侯之變，巨室所藏盡蕩爲魚鱉矣。此似有神物呵護之者。今二書，即百金索之，海内不易得也。

胡元瑞書，蓋得之金華虞參政家者。虞藏書數萬卷，貯之一樓，在池中央，小木爲彴，夜則去之，榜其門曰「樓不延客，書不借人」。其後子孫不能守，元瑞啖以重價，給令盡室載至，凡數巨艦，及至，則曰：「吾貧不能償也。」復令載歸。虞氏子既失所望，又急於得金，反托親識居間，減價售之，計所得不十之一也，元瑞遂以書雄海内。王元美先生爲作《酉室山房記》，然書目竟未出，而元瑞下世矣，恐其後又蹈虞氏之轍也。

張萱《西園聞見録》卷八 沈憲副啓原，平生珍玩寶瑶，聲色狗馬，略不屑意，而所篤好惟圖籍。上自金匱石室之藏，以至古今集，悉購無遺。或少缺略，借之儲書家，務繕寫完好乃已。舊有萬卷書樓三楹，爲石雲公藏書處。至是所積滋多，復爲樓貯之，名曰「芳潤」，净几明窗，悠然翻閲，手不停披，寢食俱廢。雖樂收藏，不拘拘宋元舊刻，惟求紙版精明，足供披覽。人有惠先生書者，啓封忻然，即百朋不啻也。平居不耐酬應，或談經史，評法書，而閽人持刺以進，蓋未啓緘眉爲之攢矣。

張岱《陶庵夢憶》卷一《不二齋》 圖書四壁，充棟連牀，鼎彝尊罍，不移而具。

又《三世藏書》 余家三世積書三萬餘卷，大父詔余曰：「諸孫中惟爾好書，爾要看者，隨意攜去。」余簡太僕文恭大父丹鉛所及有手澤存焉者，彙以請，大父喜，命舁去，約二千餘卷。崇禎乙丑，大父去世，余適往武林，父叔及諸弟、門客、匠指、臧獲、巢婢輩亂取之，三代遺書一日盡失。余自垂髫聚書四十年，不下三萬卷。乙酉避兵入剡，略攜數簏隨行，而所存者爲方兵所據，日裂以吹烟，并舁至江干，籍甲内攩箭彈，四十年所積，亦一日盡失。此吾家書運，亦復誰尤。

盧象昇《盧忠肅公文集》卷二《湄隱園記》 余思築室而歸休焉，擬搆書樓五楹，即顔曰「讀書樓」，列架滿其四，懸籤萬餘。

祁彪佳《祁彪佳集》卷七《八求樓》 先子每師其意，窮搜博採，凡積書十萬餘卷。爲約以訓子孫，而備與言購書、聚書、鑒書、讀書之法，亦庶幾曹氏石倉、任氏經苑、申氏墨莊矣。顧予性雖喜書，極苦健忘，不獲如王仲任向市門倚櫝翻閲輒能記憶，即欲學魏甄琛秀才發憤研習，亦不能也。自吴中乞身歸，計得書三萬一千五百卷，庋置豐莊之後樓。鎮日摩挲，亦僅得我先君子購書、聚書之似而已。予聞李鄴侯架插三萬軸，子鯍世封於鄴，爲隨刺史。歐陽永叔聚書萬卷，子棐能著述爲世清卿，下之，至於趙括，人誚其徒讀父書，然亦尚能讀也，何古今人之度越一至此耶？丁顗有曰：「吾聚書多矣，必有好學者爲子孫。」以先子一生孜孜矻矻，青緗世繼，予不敢爲他日之可勉也，庶以望之後人云耳。

祁承㸁《澹生堂藏書約》 余十齡背先君子時，僅習句讀，而心竊慕古。通奉公在仕二十餘年，有遺書五七架，庋卧樓上，余每入樓啓鑰取觀閲之，尚不能舉其義，然按籍摩挲，雖童子之所喜，吸笙搖鼓者，弗樂于此也。先孺人每促之就塾，移時不下樓，繼之以呵責，戀戀不能舍。比束髮就婚，即内子奩中物，悉以供市書之值。時文士競尚秦漢，語爲比耦，益沾沾自喜。每至童子試不前，亦夷然不屑也。及舞象而後，更沈酣典籍，手録古今四部，取其切近舉業者，彙爲一書，卷以千計，十指爲裂。然性尤喜史書，生欲得一全史，爲力甚艱。偶聞盱江鄧元錫有函史，隱括頗悉，郭相奎使君以活版模行于武林者百許部，一時競取殆盡，遂亟渡錢塘，購得其一，驚喜異常，不啻貧兒驟富矣。時方館于富春山中，晝夜展讀，一月而竟，遂苦怔忡，不成寐者數月，至有性命之憂。癸巳，讀書雲門僧房，與柳貞之共處講席，貞之好談宗乘事，正與病愜，乃稍稍戒觀書。然而蠹魚之嗜，終不解也。凡試事過武林，偏間坊肆所刻，便向委巷深衢，覓有異本，即鼠餘蠹剩，無不珍重市歸，手爲補綴。十餘年來，館穀之所得，饘粥之所餘，無不歸之書者，合之先世，頗踰萬卷，

藏載羽堂中。丁酉冬夕，小奴不戒于火，先世所遺及半生所購，無片楮存者。因歎造物善幻，故欲鍛鍊人性情乃爾。遂北入成均，燕市雖經籍淵數，然行囊蕭索，力不能及此，每向市門倚櫝看書，友人輒以王仲任見嘲。辛丑下第，稍葺一椽，尋欲聚書其中，而旋以釋褐爲令。初吏寧陽，掌大一城，即邑乘且闕，安有餘書？及更繁茂苑，其爲經籍淵數，雖猶之燕市乎！然而吏事鞅掌，呼吸不遑，初非畏風流之罪過，實迫于晷刻之無暇耳。閒有見貽，槧以坊梓，且多重複，奇書異本，無從得而寓目焉。自入白門，力尋蠹好，詢於博雅，覓之收藏；兼以所重易其所闕，稍有次第。然而漢唐人之著述，則不能得十一于千百也。癸丑，偶以行役之便，經歲園居，復約同志，互相褒集，廣爲搜羅。夏日謝客杜門，因率兒輩手自插架，編以綜、緯二目，總計四部，其爲類者若干，其爲帙者若干，其爲卷者若干，以視舊蓄，似再倍而三矣。夫余之嗜書，乃在于不解文義之時，至今求之，不得其故，豈真性生者乎？昔人飢以當食，寒以當衣，寂寥以當好友，余豈能過之？第所謂胸中久不用古今澆灌，便塵俗生其間，照鏡則面目可憎，對人則語言無味，殆爲是耳。然而聚散自是恒理，余三十年來聚而散，散而復聚，亦已再見輪迴矣。今能期爾輩之有聚無散哉？要以爾輩目擊爾翁一生精力，耽耽簡編，肘敝目昏，慮衡心困，艱險不避，譏訶不辭，節縮饔餐，變易寒暑，時復典衣銷帶，猶所不顧，則爾輩又安忍不竭力以守哉？至竭力以守而有非爾輩之所能守者，夫固有數存乎閒矣。今與爾輩約：「及吾之身，則月益之；及爾輩之身，則歲益之；子孫能讀者，則以一人盡居之；不能讀者，則以衆人遞守之；入架者不復出；蠹嚙者必速補；子孫取讀者，就堂檢閱，閱竟即入架，不得入私室；親友借觀者，有副本則以應，無副本則以辭；正本不得出密園外；書目視所益多寡，大較近以五年，遠以十年一編次；勿分析；勿覆瓿；勿歸商賈手」，如此而已。雖然，元美有言：「世有勤于聚而儉于讀者，即所聚窮天下書，猶亡聚也；世有侈于讀而儉于辭者，即所讀窮天下書，猶亡讀也」。吾豈能必爾輩之善讀，讀而且饒于辭哉？蓋有味于黄魯直之言也。四民皆當世業，士大夫家子弟，能知忠、信、孝、友斯可矣。然不可令讀書種子斷絶，有才氣者出，便名世矣。斯余藏書之意乎？因雜取古人聚書、讀書足爲規訓者列于後，而并示以購書、鑒書之法，令兒輩朝夕觀省焉。

胡應麟《少室山房筆叢》甲部《經籍會通四》 博洽必資記誦，記誦必藉詩書，然率有富於青緗而貧於問學，勤於訪輯而怠於鑽研者。好事家如宋秦、田等氏弗論，唐李鄴侯何如人？天才絶世、插架三萬而史無稱，不若賈耽輩之多識也。揚雄、杜甫詩賦咸徵博極，而不聞蓄書，雄猶校讎天禄，甫僻居草堂拾橡栗，何書可讀？當是幼時父祖遺編長笥胸腹耳。至家無尺楮，藉他人書史成名者甚衆，挾累世之藏而弗能讀，散爲烏有者又比比皆然，可嘆也！若劉氏父子，張、陸諸人，庶幾兼之矣。

畫家有賞鑒、有好事，藏書亦有二家。列架連窗，牙標錦軸，務爲觀美，觸手如新，好事家類也；枕席經史，沈湎青緗，卻掃閉關，蠹魚歲月，賞鑒家類也。至收羅宋刻，一卷數金，列於圖繪者，雅尚可耳，豈所謂藏書哉？

陸文裕深著《史通會要》，辨論甚該，獨謂經籍不必志，於義未盡。經籍，朝廷之大典，累朝人主無不究心，豈容無志？但作史者當專記本朝所有，前人亡逸則宜闕之。四代史俱有志，餘不然者，六朝五季偏閏劻勷，魏、遼、金、元夷狄僭竊，不事詩書，故應爾爾，可爲法哉？

鄭漁仲曰：「古之書籍，有上世所無而出於今民間者。《古文尚書音》唐世與宋朝并無，今出於漳州之吴氏；陸機《正訓》，隋、唐二《志》并無，而今出於荊州之田氏；《三墳》自是一種古書，至熙豐間始出於野堂村；校案漳州吴氏書目，算術一家有數件古書，皆三館四庫所無者，臣已收入求書類矣；又《師春》二卷、《甘氏星經》二卷、《漢官典儀》十卷、《京房易鈔》一卷，今世之所傳者皆出吴氏。應知古書散落人間者不勝計，求之未至耳。」案，漁仲之言其意甚美，然《三墳》自是毛漸僞作，《師春》是宋人集《左傳》卜筮事爲之，《甘氏星經》要亦天官家後人所補，《正訓》自是辛德源作，宋人因其目補之而謬題以陸機。蓋藏書者好事之遇，務多得以侈異聞，而僞者得乘隙欺之，不可不辯。

漁仲論求書之道有八，一即類以求、二旁類以求、三因地以求、四因家以求、五曰求之公、六曰求之私、七因人以求、八因代以求，可謂曲盡求書之道，非沉湎典籍者不能知。然可籍以求唐、宋以下之書，秦、漢而上亦難致也。今唐人書亦難得，宋、元差足訪求。【略】

胡鴻臚侍《墅談》云：近代士大夫積書之富莫過於尤延之，嗜書之篤亦莫過於尤延之，嘗謂：「饑讀之以當肉，寒讀之以當裘，孤寂而讀之以當友朋，幽憂而讀之以當金石琴瑟。」余博雅雖遠不及延之，而亦酷有嗜書之癖，三世之積，書頗不少，辛未之夏不戒於火，皆爲煨燼，迄今勤搜徧括，尚未半於舊藏。關中非無積書之家，往往束置庋閣以飽蠹魚，既不假人又不觸目，至畀之竈下以代烝薪，余每自恨蠹魚之不若也。

司馬温公獨樂園之讀書堂，文史萬餘卷，率公晨夕所繙閲者，雖累數十年皆完好若未觸手。嘗謂其子公休曰：「賈豎藏貨貝，儒家惟此耳。然當知寶惜，吾每歲以上伏及重陽間，視天氣晴明日，即設几案於當日所，羣書其上以曝其腦，所以年月雖深終不損動。至於啓卷，必先視几案潔净，藉以茵褥，然後端坐看之。或欲行看，即承以方版，未嘗敢空手捧之，非惟手汗漬及，亦慮觸動其腦。每至看竟一版，即側右手大指面襯其沿，而復以次指面撚而挾過，故得不至揉熟其紙。每見汝輩多以指爪撮起，甚非吾意。今浮屠、老氏猶知尊敬其書，豈以吾儒反不如乎？汝當謹誌之。」又趙子昂書跋曰：「聚書、藏書，良匪易事。善觀書者，澄神端慮，净几焚香，勿捲腦，勿折角，勿以爪侵字，勿以唾揭幅，勿以作枕，勿以夾刺，隨損隨修，隨開隨掩。後之得吾書者，并奉贈此法。」右二公之言，真謂先得我心，非良工勝流未易識也，因并録此以貽世之同余好者。涑水語見《梁溪漫志》，趙語蓋祖述之，見楊用修集中。

國初之博學者無如宋文憲，且該通内典，自云青羅山房有書萬餘卷。蓋勝國兵火，致書故不易也。文憲於諸史、百家靡不淹貫，至蟲魚草木、脞説稗官似不甚究心，昔茂先、景純并以名世，此學恐未可全棄也。

成、弘間，館閣鉅公頗尚該洽，北地諸君嗣起，一切掃除，詩文之盛光絶前後，而博雅之風稍稍淪謝矣。中間惟王子衡覈經術，何子元治子、史，楊用修特號多聞，云多宋、元祕籍，第不知他書若何。陸子淵最爲好古，《江東藏書目》類例可見，惜卷軸無從考也。

嘉、隆間，馮汝言輯《詩紀》甚精詳，時李伯華號畜書，人有談者，馮笑曰：「是嘗假吾書八部，今未歸也。」陳晦伯亦嘉、隆間人，所爲《正楊》殊博覈可觀。

王長公小酉館在弇州園凉風堂後，藏書凡三萬卷，二典不與，構藏經閣貯焉，爾雅樓庋宋刻書皆絶精。余每讀《九友歌》，輒泠然作天際真人想。次公亦多宋梓，一日燕汪司馬，盡出堂中，并諸古帖、畫卷列左右，坐客應接不暇，司馬謂：「此山陰道上行也。」司馬公尤好古，彙刻墳雅詩書，今盛傳於世云。

鄴下宗正灌父最蓄書，饒著述，賓客傾四方。嘗餉余祕籍數種，并五言八韻寄余，余時尚十五六，今廿載餘，愧不能萬一副也。頃聞已逝，因録其詩志余感云。黎惟敬博雅好古，嘗罄祕書俸入刻劉夢得集，中多是正，較他傳本爲精。余有元人陳君采、柳文肅二集，黎過瀔水并攜去，約刻成寄余。余以二集刻本湮滅，因舉贈俾完此舉。不三載，惟敬下世，遂并二書失之。龍丘童子鳴家藏書二萬五千卷，余嘗得其目，頗多祕帙，而猥雜亦十三、四，至諸大類書則盡缺焉。蓋當時未有雕本，而鈔帙故非韋布所辦，且亦不易遇也。里中友人祝鳴皋，束髮與余同志，書無弗窺。每燕中朔望日拉余往書市，競録所無，賣文錢悉輸賈人，諸子啼號凍餒罔顧。惜年僅四十而夭，每念輒損神也。右四君俱余生平同志，余篋笥所藏往往與互易者，今相率游岱，故稍記其略以識余懷。自餘交親中雅尚甚衆，幸俱健匕箸，未敢概及云。

國朝開基紹統，大綱萬目，靡不度越前朝。至表章六籍，統壹聖真，則巍然上揖夏、商，埒周而四，漢、唐以降無足云也。惟是儲畜一端，前代英君哲弼往往係心，似亦右文之世不容後者。國初高皇帝首命頒刻六經，繼之文皇帝躬修《永樂大典》，草創之晨，勤思載籍尚爾，矧今日綦隆之極邪？近年楚試發策，以蒐集遺書爲問，一時雅士多韙其言。竊惟我國家汎逐腥膻，肇建區宇，文明之象，際地極天，中祕所畜簡編固應倍蓰往昔，重以累朝史局鴻鉅肩摩，詎乏劉、班、王、魏等輩？而藝文一録尚似缺如，是真有待於今日也。况今雕本盛行，異書迭出，較之漢、唐，難易萬萬相懸，誠略倣前史求書遺意，稍示向方，事半昔人，功必百之，俟以三年之力，盡括四海之藏，然後大出石渠、東觀累葉祕書，分命儒臣編摩論次，勒成一代弘文之典，俾百世後知皇朝儲蓄之富冠古絶今，實宇宙之極觀、生人之殊際也。時不可失，芹曝之念，恒眷眷於斯云。

歐陽永叔《集古録》序云：「物常聚於所好而常得於有力之彊，有力而不好，好之而無力，雖近且易，有不能致之。象、犀、豹、虎，蠻夷山海殺人之獸，然其齒、角、皮革可聚而有也。玉出崑崙、流沙萬里之外，經十餘譯乃至乎中國；珠出南海，常生深淵，採者腰絙而入水，形色非人往往不出，則下飽蛟魚；金礦於山，鑿深而穴遠，篝火餱糧而後進，其崖崩窟塞，則遂葬於中者率常數十百人，其遠且難而又多死，禍常如此，然而金玉珠璣，世常兼聚而有也。凡物好之而有力，則無不至也。湯盤、孔鼎，岐陽之鼓，岱山、鄒嶧、會稽之刻石，與夫漢、魏以來聖君賢士桓碑彝器、銘詩序記，下至古文籀篆分隸，諸家之字書，皆三代以來至寶，怪奇偉麗、工妙可喜之物。其去人不遠，其取之無禍，然而風霜兵火，湮没磨滅，散棄於山崖墟莽之間未嘗收拾者，由世之好者少也，幸而有好之者，又其力或不足，故僅得其一二而不能使其聚也。夫力莫如好，好莫如一。予性顓而嗜古，凡世人之所貪者皆無欲於其間，故得一其所好於斯，好之已篤，則力雖未足猶能致之，故上自周穆王以來，下更秦漢、隋唐、五代，外至四海九州、名山大澤，窮崖絶谷、荒林破冢，神僊鬼

物詭怪所傳，莫不皆有，以爲《集古録》。以謂轉寫失真，故因其石本軸而藏之，有卷帙次第而無時世之先後，蓋其取多而未已，故隨其所得而録之。又以謂聚多而終必散，乃撮其大要别爲目録，因并載夫可與史傳正其闕謬者，以傳後學，庶益於多聞。或譏予曰：『物多則其勢難聚，久而無不散，何必區區於是哉！』予對曰：『足吾所好玩而老焉，可也。象犀金玉之聚，其能果不散乎？予固未能以此而易彼也。』」

蘇子瞻《李氏山房記》略曰：「象犀珠玉怪珍之物，有悦於人之耳目而不適於用；金石、草木、絲麻、五穀、六材，有適於用而用之則弊，取之則竭。悦於人之耳目而適於用，用之而不弊，取之而不竭者，惟書乎？自孔子聖人，其學必始於觀書。當是時，惟周之柱下史聃爲多書，韓宣子適魯，然後見《易》象與魯《春秋》；季札聘於上國，然後得聞《詩》風、雅、頌；而楚獨有左史倚相，能讀三墳、五典、八索、九丘。士之生於是時，得見六經者蓋無幾，其學可謂難矣，而皆習於禮樂，深於道德，非後世君子所及。自秦、漢以來，作者益衆，紙與字畫日趨於簡便而書益多，世莫不有，然學者益以苟簡，何哉？余猶及見老儒先生，自言其少時欲求《史記》、《漢書》而不可得，幸而得之，皆手自書，日夜誦讀，惟恐不及。近歲市人轉相摹刻，諸子百家之書日傳萬紙，學者之於書多而且易致如此，其文詞、學術當倍蓰於昔人，而後生科舉之士皆束書不觀，遊談無根，此又何也？余友李公擇，讀書於廬山白石菴之僧舍，藏書凡九千餘卷，既以涉其流，探其源，採剥其華實而咀嚼其膏味，以發於文詞，見於行事，聞名於當世矣，而書固自如也。余既衰且病，無所用於世，而廬山固所願遊而不得者，蓋將老焉，盡發公擇之藏，拾其餘棄以自補，庶有益乎？公擇求余文以爲記，乃爲一言，使來者知昔之君子見書之難，而今學者有書而不讀爲可惜也。右歐、蘇二文皆關涉經籍，故録之。永叔謂好而能一，則力雖不足猶能致之，余竊有深味焉，而猶惜公之不以金石之好聚於墳典也。

李易安《金石録後序》云：「予以建中辛巳歸趙氏，時德甫在太學，每月朔望謁告出，質衣取半千錢，步入相國寺，市碑文、果實歸，相對展玩咀嚼。後二年從宦，便有窮盡天下古文奇字之志，傳寫未見書，買名人書畫、古奇器。有持徐熙牡丹圖求錢二十萬，留宿計無所得，卷還之，夫婦相向惋悵者數日。及連守兩郡，竭俸入以事鉛槧，每獲一書即同勘校、裝輯，得名畫、彝器亦摩玩舒卷，指摘疵病，盡一燭爲率。故紙札精緻，字畫全整，冠於諸家。每飯罷，坐歸來堂烹茶，指堆積書史，言某事在某書某卷第幾葉第幾行，以中否勝負，爲飲茶先後，中則舉杯大笑，或至茶覆懷中不得飲而起。凡書史百家字不刓缺，本不誤者，輒市之儲作副本。靖康丙午虜犯京師，既長物不能盡載，乃先棄書之重大者，畫之多幅者，器之無款識者，已又棄書之監本者，畫之平常者，器之重大者，所載尚十五車，連艫渡淮、江。八月德甫以病不起，時六宫往江西，予遣二吏部所存書一萬卷、金石刻二千先往洪州。至冬，虜陷洪，所謂連艫渡江者又散爲雲烟矣，獨餘輕小卷軸，寫本李、杜、韓、柳集，《世説》、《鹽鐵論》，石刻數十幅洎鼎鼒十數，巋然獨存。庚戌者，官軍收叛卒，悉取去入李將軍家，巋然者十失五六，猶有五七簏。挈家寓越城，一夕爲盜穴壁負五簏去，盡爲吴説運使賤價得之，僅存不成部帙殘書册數種。忽閲此書，如見故人，因記始末焉。時紹興四年也。」右李氏夫婦雅尚具見篇中，始余以明誠所癖金石而已，讀此乃知其於書無弗聚而亦無弗讀也，亡軼之餘尚存萬卷，則當其盛時又何如邪！李於文稍愧雅馴，第其好而能專，專而能博，博而能讀，殆有過於歐、蘇兩公所謂者，因頗采摭其語著於篇。

胡應麟曰：夫書好而弗力，猶亡好也，故録廬陵《集古》序；夫書聚而弗讀，猶亡聚也，故録眉山藏書記；夫書好而聚，聚而必散，勢也，曲士諱之，達人齊之，益愈見聚者之弗可亡讀也，故録易安《金石》志終焉。

胡應麟《少室山房集》卷四九《董氏西齋藏書記》　西齋者，董氏藏書所也。世居上海之沙岡，自御史公起家，繼大理公，咸嗜學修文，購古書籍至千餘卷。生子宜陽，幼聰慧不凡。兩世居家，號清白，乏籝金緡錢之遺。每指西齋謂曰：「業在是矣。」二公既卒，董子非獨能守其業，又能盡讀其書，搜奇括秘所藏，倍其先人。屏氛謝垢，日操鉛槧，簡帙溢於几案，晏如也。蓋已涉其流，探其源，採掇其華而咀茹其膏矣。嘉靖癸甲之歲，寇起海上，廬毁於烈焰，書亡於餘燼。董子不避鋒刃，夜半，身犯賊中，取其先世恩誥、遺像及書數篋，馳出。賊壯而釋之。亂定，稍稍理其殘缺。每從友人處借而手録之，乃刊定舛誤。然較昔，十僅得其二三耳。并新其齋，屬余爲記。

顧起元《説略》卷一四　士大夫家所藏，在前世如蔡邕有書萬卷，嘗載數車與王粲。粲亡後，粲子被誅，邕所與書悉入族子葉。張華載書三十車，杜兼至萬卷，沈約藏書至十二萬卷，唐吴兢《西齋書目》一萬三千四百餘卷，韋述《續七志》，有二萬卷，鄴侯李繁插架三萬卷，南唐馮贄序《雲仙散録》，言家藏書二萬卷，宋南都戚氏、歷陽沈氏、廬山李氏、九江陳氏、番陽陳氏、王文康、李文正、宋宣獻、晁以道、劉壯輿，皆號藏書之富。邯鄲李淑五十七類二萬三千一百八十餘卷，田鎬三萬卷，昭

德晁氏二萬四千五百卷，南都至四萬三千餘卷。而類書浩博，若《太平御覽》等書不與焉。次如曾南豐及李氏山房，亦皆一二萬卷。其後無不厄於兵火者，又如濮安懿王之子宗綽蓄書七萬卷，其子仲糜進目録三卷，他如石林葉氏多至十萬卷，齊齋倪氏、月河莫氏、竹齋沈氏、程氏、賀氏，皆號藏書之富，各不下數萬餘卷，亦皆散失無餘。宋末，惟直齋陳氏書最多，至五萬一千八百餘卷，且倣《讀書志》作《解題》，極其精詳，後亦散失於兵火。至於蜀中三李，秀巖、東窗、鳳山三族，號爲史家，所藏僻書尤多，後亦無餘。周公謹家三世積書，凡有四萬二千餘卷，及三代以來金石刻一千五百餘種，後皆厄於火。又聞浦陽鄭氏、義門藏書極多，家有藏書樓若干間，其額是建文所書擘窠大字「御書樓」三字，藏書有八萬餘卷，古名賢墨蹟畫刻亦不下五六百種，皆付煨燼。書之難積而易散也如此。

董斯張《吴興備志》卷五《官師徵第四之四・王正己》 王正己字伯仁，鄞人。歷荆湖轉運判官，移知湖州，未半年，罷。版曹以全年逋欠，奏正巳鐫兩秩，不辯也。尋除廣南運判，歷祕閣修撰。正巳剖符數郡，所至無聚斂，省鞭扑。薦舉必公，按刺至寡，而端毅簡默，望風畏之。藏書至二萬卷，手抄爲多。號酌古居士。

又卷一二《人物徵・陳振孫》 陳振孫字伯玉，安吉人。藏書數千卷，各爲解題，讐勘精覈。鄱陽馬端臨多採其語成書。

又卷一三《笄袆徵・程大昌》 《癸辛襍識》云：「程文簡尚書園，在城東宅後。」又云：「河口程氏園，文簡別業，藏書數萬卷，作樓貯之。」

徐𤊹《徐氏筆精》卷六《書城》 宋季德茂，環積墳籍名曰「書城」。予友邵武、謝兆申好書，盡罄家貲而買墳籍。兀坐一室，四面皆書，僅容一身。宋世版本未盛，恐季公未必如此之富。予與謝君極稱臭味交，謝君藏蓄幾盈五六萬卷，又多秘册，合八郡一州未有能勝之者。不獨古人書城、書窟、書倉、書岩，爲奇耳。

朱國禎《湧幢小品》卷二 王涯家，書多與祕府侔。前世名書畫必厚貨鈎致，或私以官，鑿垣内之，重複周固，若不可窺者。及敗，爲人剔取奩軸金玉，而棄其書畫於道，無敢有拾者。

曹學佺《蜀中廣記》卷九一《毛詩統論二十卷》 郭友直撰。按文同作墓志云：「友直，字伯龍，下第在成都學舍，教道凡三十年。蜀士大夫與四方從宦者，于伯龍無不識也。家藏書至萬餘卷，膳寫校對盡爲佳本，伯龍無不讀，人有問之，伯龍無不知也。所以人多與之游。治平中，詔求遺書，伯龍所上凡千餘卷，盡秘府之未有者。」《通考》云：「熙寧七年，命三館秘閣編詳，成都府進士郭友直及其子大亨所獻書三千七百七十九卷，内五百零三卷乃秘閣所無，詔大亨官將作監主簿。」

錢謙益《牧齋有學集》卷二六《黄氏千頃齋藏書記》 戊子之秋，余頌繫金陵，方有采詩之役，從人借書。林古度曰：「晉江黄明立先生之仲子，守其父書甚富，賢而有文，盍假諸？」余于是從仲子，借書，得盡閱本朝詩文之未見者，于是嘆仲子之賢，而幸明立之有後也。仲子一日來告我曰：「虞稷之先人，少好讀書，老而彌篤。自爲舉子，以迄學官，修脯所入，衣食所餘，未嘗不以市書也。寢食坐卧，晏居行役，未嘗一息廢書也。喪亂之後，閉關讀《易》，箋注數改，丹鉛雜然，易簀之前，手未嘗釋卷帙也。藏書千頃齋中，約六萬餘卷。余小子哀聚而附益之，又不下數千卷。惟夫子之于書，有同好也，得一言以記之，庶幾刦灰之後，吾父子之名，與此書猶在人間也。」嗚呼！往古無論矣。自有宋迄今，五百餘載，館閣秘書，存亡聚散之跡，可按而數也。自金、元之破汴，三館之書，載而之北。建炎中興，書之聚臨安者，不減東都。伯顔南下，試朱清、張瑄海運之議，又載而之北。大將軍中山王之北伐也，盡收奎章内府圖籍，徙而之南。北平之鼎既定，則又輦而之北。以二祖之聖學，仁、宣之右文，訪求遺書，申命史館，歲積代累，二百有餘載。一旦突如焚如，消沉于闖賊之一炬。然内閣之書盡矣，而内府秘殿之藏如故也。煨燼之餘，繼以狼藉。舉凡珠囊玉笈、丹書緑字，綈几之横陳，乙夜之進御者，用以汗牛馬，掣駱駝，蹈泥沙，藉糞土，求其化爲飛塵，蕩爲烈焰而不可得。自有喪亂以來，載籍之厄，未之有也。今晉江黄氏，顧能父子藏書，及于再世。一畝之宫，環堵之室，充棟宇而溢機杼者，保全于刦火洞然之後，豈不難哉！海内藏書之富，莫先于諸藩。今秦、晉、蜀、趙燔矣，周藩之竹居，寧藩之鬱儀，家藏與天府埒，今皆無尺蹏片紙矣。汳、洛、齊、楚之間，士大夫之所藏，又可知也。黄氏之書，儼然無恙，則豈非居福德之地，有神物呵護而能若是與？古書之放失久矣，莆陽曾裔雲在史館，親見謝承《後漢書》，爲德清少師攜去。余問之其後人不可得。富順熊南沙爲文，言有桓譚《餘論》，屬直指使者訪之而不可得。慶陽李司寇家有《西夏實録》，其子孔度屢見許而終不可得。兵火焚掠，彌亙四方，今之奇書秘册，灰飛烟滅者，又不知其幾何也。世變淩遲，人間之圖書典記，日就澌滅。今日之流傳委巷，册《兔園》者，覆醬瓿者，安知異日不以爲酉陽之典而羽陵之蠹乎？然則黄氏之書，積之固難，而藏之亦不易，固未可以苟然而已也。傳不云乎？君其備禦三隣，慎守寶矣。人有千金之産，扃鐍緘縢，汲汲焉惟慢藏是懼，而況于萬卷之書，精英浮塞，三精之所留餘而六丁之所下瞰者乎？藏之之道何如？曰：「什襲以珍之，齋袚以享之。視其室，蓬

萊道山也。視其書，天章寶符也。臧榮緒陳經而肅拜，顔之推借書而補緝，此善藏之法也。善藏矣，何以能守？」曰：「于又生子，孫又生孫，以守爲守也。藏之名山，傳諸其人，以傳爲守也。蔡中郎之盡歸王粲，廬山李氏之公人誦讀，此善守之法也。善藏矣，善守矣，讀之之法何居？」曰：「仲子稱明立先生之讀書備矣。斵輪堂下之云，父不能傳之子子者，仲子于其先人，有餘師矣，而余又何間焉？」仲子拜而起曰：「善哉夫子之言，可以教千古之藏書者，請書之以爲記。」

孫奇逢《中州人物考》卷七《張舉人民表》 民表字林宗，中牟人，宫保孟男之子也。舉萬曆辛卯鄉試，負才，能文章，落筆即抗古人。藏書數萬卷，皆手自點定。喜飲及草書，飲少許，即頽然揮洒如雲烟，醒視之，自謂有神助。

王猷定《四照堂詩文集・文集》卷一《彭彦伯藏書序》 彭公彦伯守通州，嫻于政治，間以事道廣陵，輒持俸錢購書。越四年，書得如千卷，藏之署齋。問序王子，王子躍然而起。爲之言曰：「嗚乎，載籍之存亡，關乎氣運。然其存之故，豈不以人哉。自秦火熾，而天下亂。漢興，除挾書之律，石渠虎觀諸儒脩明典章，聖人道隆，則戎馬不生于郊。迨世變頻仍，而典章不墜。隋嘉則殿三十七萬卷，唐麗正殿二十萬餘卷，宋崇文書院八萬卷皆有人焉。訪求而護惜之，故韋編竹簡，猶得存于世而不廢。世之亂也，一失于莽、卓之篡奪，而縑帛散爲帷囊。再失于周師之入郢，而江陵盡于焚燒。三失于爾朱之倡亂，而洛陽之經史散。四失于砥柱之覆溺，而東都之卷帙亡，然後世之存者猶賴魏徵、虞世南、顔師古、元載諸人修集借録。以千錢購書一卷，至五季而四庫盡。至靖康以迄金元，而三館亦盡。明初，稍稍采輯，自流寇發難，蕩析無遺。先生崛起鼎革之後，慨然興復古業，搜括遺書而藏之，厥功偉哉，而吾更嘆其購書之難也。往代書籍或掌于秘書監，或校于上衮，或繕寫于五品之子弟，或懸官爵金帛廣募于民間。今蘭臺石室之名空存，所購者不過一二凋殘，而廣陵商賈輻輳，無緗帙之氣，其地又屢經戰伐，先生既簿書委積，且時時負弩郊迎上官，或執橐鞬驅馳行間，斯已難矣。而又能以其餘力，博覽羣書，上自墳典周秦，以下經、史、秘籙、醫卜、圖讖之書，靡不備。斯豈易得者哉！」先生之言曰：「吾束髮讀書，豫章游覽鵝湖、鹿洞，歷緱嶺麻姑及張真人昇仙處，足跡所經必皆紀載。不忘。」然則先生之嗜書匪徒獵虛名，誇南面百城之雄，良繇靈山遠壑瀠洄胸中。如子長歷盡名山大川而讀老氏柱下之藏，故三千餘年掌故，七十萬言之書，赫奕今古，非偶然也。今朝廷崇右文之典，將倣漢唐故事，先生行且登承明著作之庭，追蹤扶風中壘諸賢其所得，當不止此。夫天地氣運相爲循環者也。苟周孔之道不熄，則斯文之寄必有英絶起而領袖之。然則公之是舉，其有關于世道，爲何如哉，予故喜而爲之序。

吴偉業《吴梅村全集》卷三六《黄觀只五十壽序》 家有秘書萬卷，皆前人從西清異本手自校讐，繕寫成帙，而舅家項氏所藏唐、宋名人手蹟卷握之物，價值千金，今悉化爲煨燼。貪及餘生，孜孜搜訪，庶幾蕉園蠹簡，重出人間；玉軸丹青，不罹劫火，此觀只所以圖令名而垂不朽者也。韭溪之上，練浦之傍，其爲辟疆之名園，羊曇之别墅，亦既蕩於烽烟，鞠爲茂草矣。

又《蕭孟昉五十壽序》 孟昉，故太常卿伯玉先生之猶子也。伯玉舉進士前於余者十五年，自余爲兒童時則已誦習其文，既仕而踪跡參錯，曾同官南中，而竟不獲相見，惟聞與吾郡虞山宗伯公游。宗伯之言曰：「伯玉之爲人，孝友於兄弟，篤志於友朋，淡泊於榮名利禄。築春浮園於柳溪之上，極雲泉林木之盛，有經史萬卷，穿穴講貫於弗倦，又能闡繹教乘，與緇衲往還相扣擊。」余益想慕其風流，而今乃復得之於孟昉。

陳瑚《確庵文稿》卷一二《汲古閣制義序》 虞山之陽，星橋之偏，望之巋然而傑出者，曰汲古閣，昆湖毛氏藏書處也。閣之下，梓工數百人，翻宋刻《十三經》、《十七史》以行世。當世學士大夫，博聞彊記之家，無不思購而讀之。以故子晉先生，名滿天下云。其二子褒、衮，從余遊。予得時時登其閣而覽其書。其間秦碑、周鼓，國史、邑乘，山經、水志，梵筴、道書，唐宋詩歌，金元詞曲；或縹而囊，或韋而編，或版而束，或櫝而函。五車所未載，四庫所未收。其穹如墉，其齒如林。予爲之目眩心移，而不能舍也。子晉寢食於中者，數十年。以此誨其二子有餘，而顧命之請業於予。今二子出其制義，將以求正於四方君子。予何能無一言？予聞之，文以理爲主，詞爲輔。高者簡質而疏通，大者縱横而曲折。簡質而疏通，得於經者也。縱横而曲折，得於史者也。譬之將兵，得於經者，正正之旗，堂堂之陣也，得於史者，如處女、如脱兔，入百萬軍取大將頭，直探囊中物耳。二子之文，伯氏簡質而疏通矣，仲氏縱横而曲折矣。子晉簡閲藏書，授其鏤版，分爲世業，伯以經，仲以史，蓋從其性之所近，而磨切之。知子莫若父，信哉。今天下窮巷布衣，家無載籍，晨虀暝鹽，膏火焦涸，或頭白不得志於有司。若者，皆足以耗其雄心，而短其氣。二子籍高堂之庥廕，良田美池，力足自給。年未弱冠，已爲諸生。而又坐擁萬卷，充棟汗牛，百城南面不以易其樂也。其得於天者，不既優歟。語云「觀千劍者善劍」，二字樹幟於壇坫之上，何必他求？入而求之汲古閣，可也。

顧炎武《顧亭林詩文集》卷二《鈔書自序》 炎武之先家海上，世爲儒。自先高祖爲給事中，當正德之末，其時天下惟王府官司及建寧書坊乃有刻板，其流布於人間者，不過四書、五經、《通鑑》、性理諸書。他書即有刻者，非好古之家不蓄，而寒家已有書六七千卷。嘉靖間，家道中落，而其書尚無恙。先曾祖繼起爲行人，使嶺表，而倭闌入江東，郡邑所藏之書與其室廬俱焚，無孑遺焉。洎萬曆初，而先曾祖歷官至兵部侍郎，中間蒞方鎮三四，清介之操，雖一錢不以取諸官，而性獨嗜書，往往出俸購之，及晚年而所得之書過於其舊，然絕無國初以前之板。而先曾祖每言：「余所蓄書，求有其字而已，牙籤錦軸之工，非所好也。」其書後析而爲四。炎武嗣祖太學公，爲侍郎公仲子，又益好讀書，增而多之，以至炎武，復有五六千卷。自罹變故，轉徙無常，而散亡者什之六七，其失多出於意外。二十年來贏縢擔囊以遊四方，又多別有所得，合諸先世所傳，尚不下二三千卷。其書以選擇之善，較之舊日雖少其半，猶爲過之，而漢、唐碑亦得八九十通，又鈔寫之本別貯二麓，稱爲多且博矣。自少爲帖括之學者二十年，已而學爲詩古文，以其間纂記故事，年至四十，斐然欲有所作；又十餘年，讀書日以益多，而後悔其嚮者立言之非也。自炎武之先人皆通經學古，亦往往爲詩文，本生祖贊善公文集至數百篇，而未有著書以傳於世者。昔時嘗以問諸先祖，先祖曰：「著書不如鈔書。凡今人之學，必不及古人也，今人所見之書之博，必不及古人也。小子勉之，惟讀書而已。」先祖書法蓋逼唐人，性豪邁不羣，然自言少時日課鈔古書數紙，今散亡之餘猶數十帙，他學士家所未有也。自炎武十一歲，即授之以温公《資治通鑑》，曰：「世人多習《綱目》，余所不取。凡作書者，莫病乎其以前人之書改竄而爲自作也。班孟堅之改《史記》，必不如《史記》也；宋景文之改《舊唐書》，必不如《舊唐書》也；朱子之改《通鑑》，必不如《通鑑》也。至於今代，而著書之人幾滿天下，則有盜前人之書而爲自作者矣，故得明人書百卷，不若得宋人書一卷也。」炎武之遊四方十有八年，未嘗干人，有賢主人以書相示者則留，或手鈔，或募人鈔之，子不云乎：「多見而識之。知之，次也。」今年至都下，從孫思仁先生得《春秋纂例》、《春秋權衡》、《漢上易傳》等書，清苑陳祺公資以薪米紙筆，寫之以歸。

施閏章《學餘堂集・文集》卷七《程山尊詩序》 遊於歙，得一士焉，程子山尊其人也。程子不善治家人産席，其先之舊業，讀書喜客。家稍落，客或有急不能脱，手贈若負重創，必曲折營赴得當然後快。其閒中豪有負程子累千金，索之不應，程子恥速之訟也，悉置不問。有園一區，藏書萬餘卷，暇則爲詩歌自娱。所與交者，黄岡杜于皇、南城徐仲光、寧都魏凝叔、京口蔣前民，皆一時文字之遊。

吴任臣《十國春秋・北漢・王景絶傳》 王景絶，太原人。少客燕地，感家世儒者，不當用材武進，乃南遊嵩、洛。得譚用之爲友，以文章相砥礪，寖以文稱。天會中，還家，至境上，會睿宗據太原，歎曰：「天下將定，以區區一方拒天下兵，此危國也！」遂止上黨，潞州帥延致幕府。景絶自是不復作吏，時時購四方書鈔之，晚年集書數千卷。國亡入宋，端拱中終於汴京。

又《南唐・鄭元素傳》 鄭元素，華原人。少習《詩》、《禮》。避亂南奔，隱居廬山青牛谷四十餘年，樵蘇不爨，弦歌自若。搆一室於舍後，會集古書千餘卷，遂終其身焉。元素，温韜之甥也，自言韜發昭陵，從埏道下見宫室閎麗，不異人間，中爲正寢，東西列石牀，牀上石函中有鐵匣，悉藏前代圖書及鍾、王墨蹟，韜盡取之。韜死，元素得之爲多。

又《吴越・錢惟治傳》 惟治好學，家聚法帖圖書萬餘卷，多異本，生平慕皮、陸爲詩，有集十卷，又有寶子垂綏連環詩，世多稱之。書跡恒爲人藏弆。

又《暨齊物傳》 暨齊物，字子虚，杭州人也。師玉清觀朱君緒受法籙神符秘方，救物不怠。後隨入大滌山中，依巖洞爲室。又搆垂象樓，貯道書幾千卷，朝夕討論，貫穿精微，聽者莫不忘倦。忠懿王欲爲賜度弟子，齊物對曰：「樂静已久，不願有也。」所居室壁東西各置一隟，采日月光華，久之，忽語左右曰：「吾將復往羅浮石樓間矣。」遂不知所之。

又《前蜀・王鍇傳》 鍇家藏異書數千本，多手自丹黄，又親寫釋藏經若干卷。每趨朝，於白藤擔子内鈔書，書法絶工，其好學亦有足取者。

又《楚・朱遵度傳》 朱遵度，青州人也。家多藏書，周覽略遍，當時推爲博學，稱曰朱萬卷。避耶律德光之召，挈妻孥，攜書，雜商賈來奔，文昭王待之甚薄，遵度杜門却掃。諸學士每爲文章，先問古今首末於遵度，國人號爲「幕府書廚」。後徙居金陵，高尚不仕。著《鴻漸學記》一千卷、《羣書麗藻》一千卷、《漆經》若干卷。

又《陳貺傳》 陳貺，閩人。性淡漠，孤貧力學，積書至數千卷。隱廬山幾四十年，慶弔人事，都未暫往，衣食乏絶，不以動心。有季父爲桑門，時時賴其資給。苦思於詩，得句未成章，已播遠近。

朱彝尊《經義考》卷二五一《孫氏五經翼》 承澤自序曰：「曩時海内藏書家，稱汴中西亭王孫。予官汴時，西亭已殁，與其孫永之善，因得盡窺其遺籍，約十萬

餘卷。尤重經學，中多祕本，世所鮮見。予雖困頓簿書，日借其經學一類，課兒輩抄録之，攜歸京師。壬午河決，王孫之書盡沈洪流中，賴予家猶存其什一。至甲申之變，予家玉鳧堂積書七萬餘卷，一時星散，無復片紙存者。是歲秋冬，僵卧城東魚藻池上，書賈荷書來售，多予家故本。封識宛然，泫焉欲涕。又中祕故藏，狼藉於市間，質衣物收之。病廢之餘，猶取諸書有裨經學者，或録其序跋，或録其論説，久之成帙。數年以來，朝焉夕焉，饑當食，寒當衣，孤當友，病當藥石者，惟此是賴。禹航嚴子顥亭省母南還，別予退谷，因託而梓之，以公同志。老病餘生，名根久斷，非敢以此侈該博也。古人遺書，日就銷滅，經學之書，存世者尤鮮。嘗一臠而知全鼎，則經翼諸篇，誠窮理者之所必資也。顥亭之意，與予相同，而予更識其聚散之感如此。」

又《曝書亭集》卷六六《池北書庫記》　池北書庫者，今少詹事新城王先生聚書之室也。新城王氏，門望甲齊東，先世遺書不少矣，然兵火後，散佚者半。先生自始仕迄今，目耕肘書，借觀輒録其副。每以月之朔望，翫慈仁寺，日中集奉錢所入，悉以購書，蓋三十年而書庫尚未充也。自唐以前，書多藏之于官。劉歆之《七略》，鄭默、荀勗之《中經新簿》，其後四部七録，代有消長。民間所藏，賜書之外，無多焉耳。自雕本盛行，而書籍易得。民間鏤版未貢天府者，且十之九。由是官書反不若民間之多。古之擁萬卷者，自詡比南面百城。今則操一囊金，入江浙之市，萬卷可立致。然自博覽者，觀之若無所覩也。大宋元雕本，日就泯滅，幸而僅存于水火劫奪之餘，藉鈔本流傳。顧士之勤于鈔寫，百人之中一二人而已。習舉子業者，誦四子書，治一經，不過四五十卷，可立取科第。而賈人牟利，亦惟近乎舉子業者，是求非是則不顧，至以覆醬裹麵糊蠶箔。古之人竭心力爲之者，今人全不之惜，任其湮没。此士君子盡傷于心，而先生書庫之設，藏之惟恐不亟也。彝尊經亂，先世之遺書，莫有存者，及壯，餬口四方，經過都市，殘編斷帙，至典衣予直，積之二十年矣。以驗藏書家目録，則僅有其十之二三焉。然未嘗無出于藏書家目録之外者，譬之于海，九川四瀆，無不趨焉。而滮池灟汋之水，聚而勿涸，鳥見之飲，啄魚得之，泳游亦可自樂其樂，而忘其身世之窮焉。明年歸矣，將尋先生之書庫，借鈔所未有者。奉先生之命，遂爲先生記之。

陳恭尹《獨漉堂詩文集・文集》卷一二《董茂才孺》　董茂才孺，字才孺，順德人。祖某舉孝廉爲令，以高潔著。君方直古處，頗傷褊急。與人交，不受幾微之色。歲飢居貧，或至數日不飯。然非其人爲食，召之不往，饋之終弗納也。或爲導於富人，延爲童子師，始授館。暫假墨於其徒，磨之，其徒童子屢顧墨，即怒之，絶去。家有藏書數千卷，稍稍質錢以食。直十裁取一，曰：「使責輕易償。先人手澤，不可爲他人有。」然長貧，卒不能具贖，遂至竟數千卷終，死不肯受直鬻也。爲詩文堅樸，如其人。

王士禎《帶經堂詩話》卷五　金子素公，生爲貴公子，躭圖史，愛閒静，凡時世之樂，一無所嗜，唯嗜異書，遇善本，輒傾囊橐購之不惜，所藏不下萬卷。中更憂患，巢傾卵毀，書亦星散；而其志不衰，十餘年來，典衣節食以購之，所聚復數千卷。詩尤工古選，予喜其閒適古澹，類自陶韋門庭中來。

又《分甘餘話》卷四《錢謙益之藏書》　錢先生藏書甲江左，絳雲樓一炬之後，以所餘宋槧本盡付其族孫曾，字遵王。《有學集》中跋述古堂宋版書，即其人也。先生逝後，曾盡鬻之泰興季氏，於是藏書無復存者。聞今又歸崑山徐氏矣。

閻若璩《潛邱札記》卷一　《齊東野語》曰：「書籍之厄。」吾鄉故家如石林葉氏、賀氏，皆號藏書之多至十萬卷。其後齊齋倪氏、月河莫氏、竹齋沈氏、程氏、賀氏皆號藏書之富，各不下數萬餘卷，亦皆散失無遺。近年惟貞齋陳氏書最多，蓋嘗仕於莆傳録。夾漈鄭氏、方氏、林氏、吳氏舊書至五萬一千一百八十餘卷，且倣《讀書志》作解題，極其精詳，近亦散失。

又卷六《與戴唐器書》　宋宣獻家藏書止二萬卷，蓋凡無用與不足觀者，皆不取。葉石林曰：「吾書每以爲法也。」南雷，葉氏壻也。《文案》稱葉爲内弟，此明朝人俗稱也。

鄭元慶《吳興藏書録》卷首《范鍇識》　昔我吳興士大夫，多好學而嗜蓄書。流風遺韻，由來舊矣。歷年既久，或逢兵革，或以裔孫零替，向有著録者，已佚其書目；而失傳無著録者且罔識姓氏，余嘗深慨之。曩過友人楊拙園明經夙好齋，獲見鄭芷畦先生手訂《湖録》殘本，亟假歸讀之。中載自有代以迄明季藏書者一二十家，並采收藏事實，以附其後。余讀而驚喜，復爲綴輯各家傳略，彙鈔一卷，題曰《吳興藏書録》，妄思博訪，冀有所增益之。迺以飢驅楚蜀，一無新得，庋諸行篋，忽忽三十載矣。攷鄭氏名元慶，少貧力學，多識前言往行。康熙庚午撤闈後，有志四方，足經萬里，卒無所遇，歸自金臺，遂閉居奉母，扃户著書，世所傳《廿一史約篇》，此其一斑也。嗣以生長吳興，惋惜唐宋圖經亡逸殆盡，擬萃一郡之山川文獻，著爲一書，復苦貧無書籍足徵也。朱竹垞太史聞而招之，下榻于曝書亭側，盡出其藏書，以佐采擇。以是山川之故蹟，文獻之遺譔，莫不溯源探本，條目井然。閲數寒

暑，得百廿卷，名曰《湖録》。書成而先生病殁，卷帙繁多，未及鐫木，遂致久而散棄。拙園漁獵經史，詩文雄暢，爲人善交而好義，尤喜闡發幽潛，既得《湖録》殘本，歷訪其全，移時始知所闕者藏于某氏，祕不示人，爲之悵悵。今余與拙園别又十年矣，未知邇日能成合璧否也。嗚呼！藏書者非徇一己之私好也！得古今人有用之書，或舊鈔未刻，或已刊本少，或此本善于彼本，是皆宜急爲表章，以公諸天下。設力有不足，亦當思他山之助。若竹垞太史，出書佐志，如恐其不成者，誠以公天下之心而藏書也。《湖録》已成矣，百年來幾湮没無聞，一旦拙園得其殘本，縱力未能傳，或集腋成裘，得全書而梓行，俾我湖山川文獻，大顯于世，爲後來志乘之先聲，豈不盛哉！三復斯録，能不爲之嗟嘆耶。余又思吴興僅浙西一隅耳，搜羅于斷簡殘編中，猶得一二十家事實，而天下之大，古今來藏書者，我不知凡幾矣，又安得盡録之以擴我心目耶！客有莞爾而笑曰：「我聞子言，鄭氏之書行將覆瓿矣。子既鈔輯斯録越三十載之久，會無新得以增益之，子今老矣，又何誇多矜富耶？曷不亟付剞劂，庶少存《湖録》之吉光片羽也。」余聞而媿之，且感其言，因紀其巔末于後。時道光十年歲次庚寅六月二十日立秋節，烏程范鍇識于成都客館。

又《沈約宋世文章志二卷》 《湖録·約本傳》稱約家藏書十二萬卷。則不止宋世文章藏弆之多也。又按《龍城録》云：「沈休文有《龍山史記注》，即張昶著。昶，後漢末大儒，而世亦不稱譽。此爲火所焚，更不復得。」則約之所藏，蓋多祕本云。

又《葉夢得石林書目》 《避暑録話》云：「予家舊藏書三萬餘卷，喪亂以來，所亡幾半。山居狹隘，餘地置書囊無幾。雨漏鼠齧，日復蠹敗。今歲出曝之，閲兩旬纔畢，其間往往多予手自鈔，覽之如隔世事。因日取所喜觀者數十卷，命門生等從旁讀之，不覺至日仄。舊得釀法，極簡易，盛夏三日，輒成色如湩醴。不減玉友，每晚涼，即相與飲三杯而散，亦復盎然。讀書避暑，固一佳事。況有此釀，忽看歐文忠詩，有『一生勤苦書千卷，萬事消磨酒十分』之句，慨然有當於心。」

《過庭録》云：「公卿名藏書家，如宋宣憲、李邯鄲；四方士民如亳州祈氏、饒州吴氏、荆州田氏等，吾皆見其目，多至四萬許卷。其間頗有不必觀者，惟宣憲家擇之甚精，至二萬許卷，而校讐詳審，皆勝諸家。吾舊所藏僅與宋氏等。自六經諸史与諸子之善者，通有三千餘卷。讀之固不可限以數，以二十年計之，日讀一卷，亦可以再周。其餘一讀足矣，惟六經不可一日去手。吾自登科後，每于五月以後，天氣漸暑，不能泛及他書，即日專誦六經一卷，至中秋時畢。謂之夏課，守之甚堅。宣和後始稍廢，歲亦必一周也。每讀不惟頗得新意，前所未達者，其先日差誤，所獲亦不少。故吾於六經，似不甚滅裂。」

王氏《揮麈録》云：「靖康俶擾，中祕藏書與士大夫家悉爲烏有。南渡後唯葉少藴少年貴盛，平生好聚書，逾十萬卷。寘之霅川弁山山居，建書樓以處之，極爲華焕。丁卯季，其宅與書樓，俱付一燎。」

又《趙與懃蘭坡書畫目》 《書畫舫》云：「蘭坡，宋宗室，富于書畫，收羅不下千本，名卷多至三百外，其目首載《雲烟過眼録》。」

又《周密書種堂書目志雅堂書目》 《齊東野語》云：「吾鄉故家，如石林葉氏、賀氏皆號藏書之多至十萬卷，其後齊齋倪氏、月河莫氏、竹齋沈氏、程氏、賀氏，皆號藏書之富，各不下數萬餘卷，皆散失無遺。近來惟直齋陳氏書最多，亦散失。至如秀岩、東窗、鳳山三李、高氏、牟氏，皆蜀人，號爲史家，所藏僻書尤多，今亦已無遺矣。吾家三世積累，先君子尤酷嗜，至鬻負郭之田以供筆札之用，冥搜極討，不憚勞費，凡有書四萬二千餘卷，及三代以來金石之刻一千五百餘種，庋置書種、志雅二堂，日事校讐，居然籯金之富。予小子遭時多故，不善保藏，善和之書，一旦掃地。因考今昔，有感斯文，爲之流涕，書之以識我過，以示子孫。」

阮葵生《茶餘客話》卷一六《傳是樓》 徐健菴作葉石君傳云：「江南藏書家，有金陵焦氏，虞山錢氏，四明范氏。錢氏絳雲半野之藏甚富，惜厄于火。澹園之没，亦多散失，惟天一閣尚存。予亦有聚書之癖，半生所得，庋之一樓，曰傳是樓。較之諸家，多有目無書，殊足憾也。向亦聞葉君名，惜未遇，今爲之傳，不禁慨然，觀此則所傳傳是樓書目，殆非實有是書耶？」

錢大昕《潛研堂文集》卷二五《盧氏羣書拾補序》 顔之推有言曰：「校定書籍，亦何容易，自揚雄、劉向方稱此職耳！觀天下書未徧，不得妄下雌黄。」予每誦其言，未嘗不心善之。海内文人學士衆矣，能藏書者十不得一，藏書之家能讀者十不得一，讀書之家能校者十不得一，金根、白芨之徒，日從事於丹鉛而翻爲本書之累，此固不足道；其有得宋元槧本，奉爲枕中祕，謂舊本必是，今本必非，專己守殘，不復别白，則亦信古而失之固者也。蘇明允讀《漢王子侯表》，不知元始當爲始元；于思容讀《晉·地理志》，不知濟南非治平壽；宋元之本果盡可據乎？更進而上之，東方割名，師古不能正；建武省郡，章懷滋其疑；鄴下名儒，猶執寶力；江南舊本，或誤田宵。以至《易》脱「悔亡」，《書》空《酒誥》，《玉藻》、《樂記》之錯簡，《南陔》、《華黍》之亡辭，在漢代已然。自非通人大儒，焉能箴其闕而補其遺乎！學

士盧抱經先生，精研經訓，博極羣書，自通籍以至歸田，鉛槧未嘗一日去手。奉稟脩脯之餘，悉心購書。遇有祕鈔精校之本，輒宛轉借録。家藏圖籍數萬卷，皆手自校勘，精審無誤。凡所校定，必參稽善本，證以它書，即友朋後進之片言，亦擇善而從之，洵有合於顔黄門所稱者，自宋次道、劉原父、貢父、樓大防諸公，皆莫能及也。客有復於先生者，謂：「古人校理圖籍，非徒自適，將以嘉惠來學。今弆藏則於世無益，盍刊則力有未暇，盍擇其最切要者，件別條繫，梓而行之，俾讀書之家得據以改正，或亦宣尼舉一反三之遺意與！」先生曰：「諾」。因檢四部羣書，各取數條謫脱尤甚者，次弟刊布。貽書吴門，屬大昕序之。自念四十年來，仕隱蹤迹，輒步先生後塵，而嗜古顓僻之性，謬爲先生所許。讀是書，竊願與同志紬繹，互相砥厲，俾知通儒之學，必自實事求是始，毋徒執村書數篋自矜奥博也。

又卷三一《跋江雨軒集》　崑山葉文莊公藏書之富，甲於海内。服官數十年，未嘗一日輟書，雖持節邊徼，必攜鈔胥自隨，每鈔一書成，輒用官印識於卷端，其風流好事如此。今惟《菉竹堂書目》尚有鈔本流傳，而堂中圖籍，散爲雲煙久矣。予所藏《江雨軒集》，卷首有巡撫宣府關防，卷末有公裔孫奕苞小印，知爲菉竹堂鈔本，雖字畫潦草，却是三百年前舊物，可寶也。

沈叔埏《頤綵堂文集》卷八《書天一閣書目後》　嘗考明嘉靖末，范東明少司馬解組歸卜，築兩湖深處，性喜藏書，得城西豐氏萬卷樓舊物，於舍中起閣，初名「寶書」，因得揭文安所書天一池拓本，改名「天一」，取生水厭火之義。盡購東南異本，羅列籤廚，尤善收説經諸書，訂刊十六種，如京氏《易傳》、郭氏《易舉正》之類及先輩詩文集未傳世者。與婁東王弇州家，歲以書目取較，各鈔所未見相易。故浙東儲藏家以范氏爲第一，至今二百餘年，卷帙完善。吾朝康熙間，李杲堂與胡道南共輯甬上耆舊詩，公曾孫光燮開閣縱觀，因得鄭滎陽真、黄南山潤玉、謝廷蘭瑾、魏雲松偁諸集録入詩中，俱前此選家所未見者，有功於其鄉之文獻甚大。公猶子子宣鴻臚大潵，亦酷嗜鈔書，每見人有寫本未傳，必苦借之，在長安邸中所養書傭多至二三十人，接几而食。既家居，築室西皐，復與里中賢士大夫品第所得者，垂二十年。初公起閣時，子宣數從借觀，公不時應，子宣拂然，益徧搜海内異書秘本，傾貲購之，凡得一書，知爲閣本所無，輒具酒茗佳設，迓公至其家，以書置几上，公取閲之，默然而去，其嗜奇争勝若此。公從孫襄陽太守君材汝梓性亦嗜學，積帙與司馬公埒。顧鴻臚襄陽俱無書目流傳，世鮮知之，轉不若四香居陳氏、南軒陸氏之著稱，而閣遂擅名左浙云。范氏之守世書也，余嘗求其故而不可得，或曰：「其家奉司馬公遺訓，代不分書，書不出閣，有借鈔者，主人延入，日資給之。如鄴侯父承休，聚書三萬餘卷，戒子孫世間有求讀者，别院供饌是也。」或曰：「閣扃鐍惟謹，司馬後人分八九宅，各司其管，一管不至，閣不能開，借書者以爲難，書得不散。」案集氏《經籍志》：四明范氏《書目》二卷，范欽撰，或曰其家另有《書目》，不以示人，今所傳者特贋本耳，是數説者，余將倣取一焉。

吴騫《愚谷文存》卷一三《桐陰日省編下》　吾家先世頗鮮藏書，予生平酷嗜典籍。幾寢饋以之。自束髪迄乎衰老，置得書萬本。性復喜厚帙，計不下四五萬卷。皆節衣縮食，竭平生之精力而致之者也。非特裝潢端整，且多以善本校勘，丹黄精審，非世俗藏書可比。至于宋元本精鈔，往往經名人學士賞鑒題跋。如杭堇浦、盧抱經、錢辛楣、周松靄諸先生。鮑緑飲、周耕厓、朱巢飲、張芑堂、錢緑窗、陳簡莊、黄蕘圃諸良友，均有題識，尤足寶貴。故予藏書之銘曰：「寒可無衣，飢可無食，至于書不可一日失。」此昔賢詒厥之名言，允可爲拜經樓藏書之雅率。嗚呼，後之人或什襲珍之，或土苴視之，其賢不肖真竹垞所謂視書之幸不幸，吾不得而前知矣。

馮金伯《國朝畫識》卷一一《趙信》　趙昱，字功千，一字谷林，仁和人，貢生。同弟信舉博學鴻詞，報罷歸。讀書自娱，築春草圃，疊石灑泉，有池館之勝，異書近數萬卷。藏書之所名「小山堂」。信，字意林，國子生。與昱稱二林，詩極婉秀，工書畫，而不多作。作則清氣樸眉宇。

又卷二二《滃雲山房乙卯藏書目記》　先君子少孤，先祖遺書散失，家貧不能購書，則借讀於人，隨時手筆記録，孜孜不倦。晚年彙所劄記，殆盈百帙。嘗得鄭氏《江表志》，及五季十國時雜史數種，欲鈔存之，嫌其文體破碎，隨筆删潤，文省而義意更周，仍其原名，加題爲《章氏别本》，鎔裁亦費苦心，又喜習書，繕五經文，作方寸楷法，尤喜《毛詩》、《小戴氏記》，凡寫數本，手不知疲。嘗恨爲此二事所牽，不得專意劄録所未見書，每還人所借，有劄未竟者，悵悵如有所失。蓋好且勤也如是。然聚書無多，緣家貧爲累，自授經館穀，至仕宦俸餘，未有可以爲購書貲者。隨身三數千卷，自乾隆辛未赴官湖北，比歲戊子，痛遭不禄。十許年間，檢校篋藏，無甚增也。小子旅館京師，嗜書而力不能致。然戊子以前，未有家累，館穀所入，自人事所需外，銖積黍累，悉以購書。性尤嗜史，而累朝正史，計部二十有三，非數十金不能致，則層累求之，凡三年而始全。今檢其書，則有仿宋板者，嘉靖南監板者，萬曆南監板者，北監板者，汲古閣刻本，盧陵刻本及葛氏、徐氏刻本，凡七八種，

會合而成。其函册大小，楮板新舊，刻畫工拙，參差不一。殆於昔人所謂百衲琴者，非第寒儉可憐，當時數載辛勤，亦可念也。自後館穀漸豐，而家累亦漸以重，然計終歲之需，如增耗抽税，必約算䋲分，存買書資。三十年來，頗有增益，亦間有古槧祕本，繕鈔希覯之書，統計爲帙五千，爲卷二萬有盈，以子荆居室擬之，庶幾其苟合歟。然而是書之存，余滋感矣。當己丑居憂，舉家扶柩，附湖北漕艘北上，書篋爲漏水所浸，先人隨身所謂三數千卷者，失三之一，而余先於京師所購，補除尚有所餘。辛卯壬辰之間，余游江浙都門，凡再徙家，其書頗有散失。先人劄録，多襲巾箱，偷兒不知爲書，負之以去，尤爲恨事。所幸先人著述草稿，別置一箱，得僅存耳。乙未，余自浙江復還京師，雖稍有增補，檢視手澤多亡，亦得不償失矣。辛丑，游河南，比之匪人，狼狽而反，盡失行李，及生平撰述，而篋書亦有一二佳本，盡爲盜貲。可歎息也。壬寅，主講盧龍，自京師移家，遠赴邊關，適有季妹之喪，家人倉卒收書，綑載未牢，中途頗有損毁。甲辰，移帳保定之蓮池書院，自東徂西，去以千里，山程顛頓，書笈復有損毁如前。戊申，則主歸德講座，家累乃自保定南遷，檢點前後存書，又亡三十之一，懊恨無已。其冬遷家亳州，僑居偪仄，雞犬圖書，雜置三楹唐舍，箱篋壘駢，無可展卷之地，雨淋溼蒸，飢鼠嚙木，格格作響，其爲蠹耗鼠糧，未知何歸，亦祇順聽而已。癸丑，家累自亳歸鄉，水程安穩，余方游楚，私計卷軸從此著土，不復遷也。楚多材植，木器價廉，因製楠木書廚十二寄歸，收藏精要諸書，而余楚中，又有所增。比較先後，視先君子所存，殆十倍矣。木廚不足，接以長板，矮屋連棟，又局於地，蓋四十餘年，遠道歸來，葺居僅足容身，器用尚多不給，而累累書函，乃爲長物，可概也夫。因命兒輩，稍分甲乙，登注簿籍，備稽檢耳。未足爲藏書目也。標題滃雲樓書目，存其志也，南州地土卑溼，書不時檢，輒生蠹魚。樓閣庋書，則不甚蒸鬱，余家無樓閣，滃雲樓名，則先人所篆私印，亦有意爲藏書地也。誓當以漸圖之。嗟乎！自庚辰始賦遠游，於今三十六年，余兹六尺之軀，亦備歷崎嶇險阻，顛倒狼狽，極人世可悲可愕之境，非一日矣。書之爲余有者，乃亦如余身，馳驅南北，登涉水陸，往復不啻萬里，備極荼憊。不知何日得以樓藏架插，春秋佳日，隨意舒捲於明窗棐几間，發千古之祕珍，快心知於獨對也。書目以乙卯名者，冀日後增廣爲續目也。

孫星衍《孫淵如先生全集》卷一《孫忠愍侯祠堂藏書記》　家大人少孤貧，好聚書。書賈輻湊，易衣物購之。積數櫃，旋以饑，驅北行。予生四五齡時，既就傅歸。竊視櫃中書，心好之。年逾志學，從家大人之句曲官舍，因按日讀所列學宫《十三經注疏》及諸史。朱墨點勘，凡數過，幾廢科舉之業。已而負笈，遊學皖江、淮海、河洛之間，踰二崤而西。著述於關中節署，畢督部藏書甲海内，資給予，使得竟其學。嘗應試入都，傭書四庫館，所見書益宏多。又數年，釋褐入玉堂，奉勅進西苑校中祕書、並覩翰林院所存《永樂大典》。回翔省闥者九年，所交士大夫皆當代好學名儒，海内奇文祕籍，或鈔或購，盡在予處。間覽釋道兩藏，有最先古本，足證儒書及陰陽術數家言，取其不謬於經者，寫存書目。及官東魯，由監司權廉使，往來曹南歷下，防河折獄，所頓亭傳，不廢披覽。旋以母憂南旋，倉皇綑載，卷帙狼籍。時值河溢，經南陽湖，遇風沈舟，歸至金陵，料簡殘册，置忠愍侯祠屋中，損書大半。比年負米吴越，貧不自存，猶時時購補數十種書，稍完具如初，或有創獲。蓋藏書之難，而好書之不能免於厄者尚如是。所藏既不備羣書，不能區分四部。獨釋其最要者，以教課宗族子弟，略具各家之學，導來者先路。俾循序誦習，咸有法程。分部十二，以應歲周之數。

張金吾《愛日精廬藏書志・自序》　人有愚智賢不肖之異者，無它，學不學之所致也。然欲致力于學者，必先讀書，欲讀書者，必先藏書。藏書者，誦讀之資，而學問之本也。漢唐以來，書皆傳寫。唐始有鏤板。自是厥後，書日益多。至于今，輦數千金至市，可立致萬卷。則當今日而言藏書，亦何足貴？然而藏書不易言矣。夫著録貴乎祕，祕籍不盡可珍，槧本貴乎宋，宋槧不盡可寶，要在乎審擇之而已。所謂審擇之者，何也？宋之舊槧，有關經史實學，而世鮮傳本者，上也。書雖習見，或宋元刊本，或舊寫本，或前賢手鈔本，可與今本攷證異同者，次也。書不經見，而出于近時傳寫者，又其次也。而要以有裨學術治道者爲之斷。此金吾別擇之旨，不無少異于諸家者也。

嚴可均《鐵橋漫稿》卷八《書葛香士林屋藏書圖後》　葛香士居林屋之山，鑿壁爲架，以藏古書。我鄉張氏鑑爲作圖，且爲文以記之。余未識香士面而神交有年，張氏則余舊交也。林屋有靈寶石函，神禹所發。故其民風往往能聚書，前明如葛氏一龍、蔡氏羽，其尤著也，顧其書目不傳。香士爲葛氏一龍族孫，能承先志，益張大之，可謂賢矣。既編有書目，余未之見，見其圖，爲神往者久之。余稍有譔述，而家貧不能多聚書，顧目周秦漢以逮北宋，苟爲譔述之，所必需亦略皆有之，南宋已下寥寥焉。非不欲也，力不足也。四十年來南游嶺海，北出塞垣，遇希有之本，必倩精寫，或肯售，即典衣不吝。今插架僅二萬許卷，不全不備，以擬近代諸家書目，如世善堂、天一閣、萬卷樓、世學樓、傳是樓、曝書亭及同時同好，如魯孔氏、閩

張氏、漢陽葉氏、陽湖孫氏、績溪方氏，以至石刻之本、異國之本、道釋之藏，彼有而余無者多矣，彼無而余有者亦不少也。然彼所有皆余曾略覩者也，惟陽曲傅氏言謝承《後漢書》。永樂中，有刻本見《困學紀聞》閻氏注，邢氏澍爲余言，漢中張姓有《修文殿御覽》，傅氏邢氏非謾言者，余將老矣，不無想望。黄氏丕烈聚書多宋本，余與久交，不敢效之。書非骨董，未得宋本，得校宋本足供余之譔述可耳。乾隆中舊版書易購，余隨得隨散，存者僅千餘卷。嘉慶中士大夫漸次進呈，皇上不峻拒，僅數年，海内翕然視舊版書爲奇貨。余寒士也，詎有餘力居此奇貨哉。顧嘗持論，幸生。右文之世，道一風同之會，挾數囊金，購書蘇杭市，不半年可致累萬卷，此有力者常事。亦何足以自豪！當視《四庫》所未著録、阮氏所未續進，幸而得之，廣爲流布，區區此願，霩然大公耳。今檢架上，得天聖間李季所編《乾象通鑑》百卷等大小八種，皆寫本，世上絶無僅有者。香士好事，倘亦得古書與余所藏有錙兩相稱者，請走使來告，互相借鈔，則藝林勝事也。不然，家有敝帚，享之千金，將恐龍威笑人。

顧廣圻《顧千里集》卷一二《何寓庸所作顧君步巖小傳後序》附何堂顧君步巖小傳　家南雅編修蒓遺書及何寓庸堂所作《顧君步巖小傳》於予，君，編修之祖也。書云：「當日是《傳》於我祖藏書言之尚略，此外今世人罕知者，思别爲文，庶有以傳焉，是唯子能，故相屬。」予謂寓庸是《傳》，固將以傳君者也，其言藏書，限於邊幅，容有所未盡，而亦具見大意，其殆可以傳君矣乎？雖然，君實自有其可傳者。吾徵諸所聞，則長洲張先生思孝每稱近世藏書，當數義門爲吾郡一宗，又稱君部録之學，深造義門堂奧，有類繼别，考鑒密而包羅廣，出同時諸家上。先生則編修暨予所師事，中吴之獻也，君之可傳洵已。抑徵諸所見，君歿已久，家經中落，書因佚出，前卅年許，吾從兄之逵頗收得，其間若宋、元刻，若影寫，若名鈔，咸精確秘善，無一俗本，大抵常熟、毛、錢泰興、季崑山、徐著録之物，或更有出其外者，然則不啻與之上下，而君之可傳又如是矣。且夫君之藏書可傳，而君藏書之心尤不可不傳，蓋藏書也者，或公其書於天下，或私其書於一己，出彼入此，唯其心之所爲而已矣，公書於天下者無所爲而爲之，懼往蹟之微絶也，閔承習之駮舛也，收拾欲墜，護持僅存，夫勘譌可資，起廢翳賴，所謂守先以待後焉耳。凡厥所以爲心，將不獨有益於書，而皆有益於書者也，故曰不可不傳也。苟反是而私書於一己，鄙者規爲利，夸者規爲名，各就所主而極其弊，凡厥所以用心，皆不至有損於書不止，而尚焉用傳爲？試舉是傳言，君所以謀古人之不朽，而斥小夫之矜炫者觀焉，犖犖數語，其公書於天下之心較然明白，則君之有益於書從可識矣，豈非不可不傳哉？吾特引而伸之，揭君此心於千百世，斷乎不隨插架聚散存亡，且凡聞君之風者，其心公，俾之有所效法，若其心私，幸或萬一憬然知變也，而君之有益於書乃無窮矣，豈非不可不傳哉？至於君身後迄今，誠世人罕知，是則此心之不事矜炫使然，所謂有若無、實若虚焉耳，彼世人其何能知之？其又何能知君之可傳如是，君之不可不傳如是也。然予亦奚敢謂能傳君也，生平所持，是曰是，非曰非，既不諧世人所樂聞，復持藏書之説從原伯魯輩强聒，將不免未脱諸口，懸見排蹙也。然則予今日正恐不能以其言自傳，又安能以其言傳人，而敢謂能傳君哉？遲回久之，序其言於後，以復編修，其尚有望於世人知之者，君之不可不傳也，其不終望於世人知之者，君之無待世人自有其可傳也。

沈欽韓《幼學堂詩文稿・文稿》卷四《南墅書目後序》　陽湖盛舍人甫山先生官京師，手聚書二萬餘卷。古今六藝，九流學者，所必當讀之書，規模略備。其同郡李庶常申耆爲之補殘缺，汰叢複，部有衺，卷有標，朱紫釐然，甲乙瞭然。

鄧顯鶴《沅湘耆舊集》卷一六六《李徵君文昊》四首　文昊，字星三，一字岳泉，常寧人，諸生。嘉慶初元，舉孝廉方正，不就。有《爐餘詩存》。岳泉爲廣豐令繼聖之孫。世居常寧雙江口，後徙居洋泉，居宅宏固，中有樓藏書甚富。逆猺趙金隴之變，殘破城邑及常寧境。或勸其募土人保室廬，岳泉曰：「洋泉爲一邑要隘，無洋泉則無常寧，而衡郡危矣。」乃命其子德騫、孫仲山棄家守險，官兵蹙之，賊入其宅，死抗，大軍四面火攻，聚而殲旃，藏書盡燬，亦一劫也。

林昌彝《射鷹樓講話》卷七　高安朱芷汀孝廉舲，文端公六世從孫也。博雅好古，常私淑顧亭林。藏書三萬餘卷。顔其齊曰「古懽齋」，日寢饋其中，著有《夏小正正義》，極爲精覈。

又卷一二　元和惠松崖諸生棟精於漢學。錢竹汀詹事云：先生自幼篤志向學，家多藏書，日夜講誦，自經、史、諸子、百家雜説靡不津。逮中年，課徒自給，陋巷屢空，處之坦。

史夢蘭《止園筆談》卷一　魏敏果公象樞，字環極，蔚州人，以理學名儒爲時用。清節直聲，謀議勞烈，聞天下。其爲司寇，持法不撓，嘗曰：「法自天子，寬之則爲施仁。刑官市恩則爲骫法。」及告歸，聖祖御筆，題寒松堂額《古北口詩》一卷，以榮其行。歸而張額於堂，藏書於閣，更有書數百卷，無長物，顧瞻而樂之，笑曰：「尚書門第、秀才家風，貽子孫足矣。」

李元度《天岳山館文鈔》卷二七《海粟樓藏書目録序》 石渠、天禄之藏，外間未繇徧觀而盡識也。於是海内士大夫好古而有力者，遂各以藏書爲務。近世若越中世學樓鈕氏、澹生堂祁氏、虞山絳雲樓錢氏、禾中倦圃曹氏、新城池北書庫王氏、吴中傳是樓徐氏、長水曝書亭朱氏，皆號稱藏書家，而所藏兼以人重。然今皆散佚不復存。其存之最久遠者，惟鄞范氏天一閣，自明嘉靖至今閲三百餘年。乾隆中修四庫書，嘗取以助中秘之藏，可謂盛矣。而當時耆宿，若黄太沖、全謝山，皆先後登其閣，盡讀其書，且編爲書目。近者粵逆之亂，明越二州並苦兵，而天一閣卒亡恙。歸震川曰：「書之所聚，當有如金寶之氣，卿雲輪囷，覆護其上。」烏呼！豈不信哉！湖以南藏書家頗少，黼堂方伯貝著述才，生世胄，無聲色狗馬之好。官江西，公餘，手一編，雖羽書蠭午不稍輟，俸錢所入，悉以購書，凡得十餘萬卷，編爲《海粟樓書目》，其部分用四庫書例，其止記書名及撰人名氏，則用鄭夾漈《通志》例也。

丁丙《善本書室藏書志》附録《八千卷樓自記》 光緒十有四年，拓基於正修堂之西北隅地，凡二畝有奇，築嘉惠堂五楹。堂之上爲八千卷樓，堂之后室五楹，額曰「其書滿家」，上爲後八千卷樓，后闢一室於西，曰「善本書室」，樓曰「小八千卷樓」，樓三楹，中藏宋元刊本約二百種有奇，擇明刊之精者，舊鈔之佳者，及著述稿本，校讐祕册，合計二千餘種，附儲左右。若四庫著録之書，則藏諸八千卷樓，分排次第，悉遵欽定簡明目録，綜三千五百部，内待補者一百餘部。復以《欽定圖書集成》、《欽定全唐文》附其後，遵定制也。凡四庫之附存者，已得一千五百餘種，分藏於樓之兩廂，至後八千卷樓所藏之書，皆四庫所未收採者也。以甲、乙、丙、丁標其目，共得八千種有奇，如制藝、釋藏、道書下及傳奇小説，悉附藏之。計前後二樓書厨凡一百六十，分類藏儲，以後歷年所得之書，皆因類而編入矣。於是松生老人濡筆記之，而詔兄子立誠，兒子立中兄弟曰：「此吾祖吾父之志，吾兄未竟之事，吾勉成之，小子識之。」並命兄子立本書諸壁，以示後之子子孫孫永保之。

丁申《武林藏書録》卷中《寶名樓》 錢塘吴繼志，官雲南越州衛經歷，好聚書，且勤掌録，祕閣之鈔逾萬卷。及子宫允鼎貴，則家益有賜書，軸帶帙籤，至與山陰祁氏、海虞錢氏埒。

又《文會堂》 仁和胡文焕字德甫，號全庵，一號抱琴居士。嘗於萬曆天啓間，構文會堂藏書。設肆流通古籍，刊格致叢書至三四百種，名人賢達多爲序跋。自著《琴譜》六卷，凡分十八條，皆論琴；後十一條，皆論鼓琴之事。

又《青門處士》 元至正間，杭魏一愚，自號青門處士，醇懿靚深，恒懼外撓，閉置一室中，如處女然。雖重客不得面，周親謁請，或一見即退。平日危坐閲所蓄書幾萬卷，默味其旨，其言行可爲人勸者，疏以示諸子，凡積爲若干頁。殁後三月而紅巾寇杭，處士之廬與堞舍同燬，方諸公孫述。黄巢時，隱人李業、周朴輩不免其身。處士何幸哉！楊廉夫爲作墓銘。

又卷下《羅鏡泉廣文》 廣文新城遷錢塘，諱以智，字鏡泉。祖棠，父景熹及廣文以乾隆乙酉、嘉慶辛酉、道光乙酉三膺拔萃，爲世稱羨。家富藏書，至廣文尤孜孜羅集。聞有異本，必借録之。丹黄握管，日夕忘疲。首題尾跋，備溯源委。於鄉邦掌故，爬梳益力。司訓西安，著趙清獻年譜；移鐸慈谿，著《文廟從祀賢儒考》；居夾牆巷，則仿《東城雜記》而爲《新門散記》；別有《經史質疑》、《金石取見録》、《宋詩記事補》、《詩苑雅談》。又集唐宋以後重排周興嗣千字文之制誥、頌讚、銘訓、敍跋等文，凡百篇，可稱文苑之大觀。吉祥寶藏書目不下數千百種。庚申之劫，避居海昌而殁。書被劫，半售甬東，猶有存者，而書目已不可問矣。

又《小山堂》 趙谷林昱、意林信，居平安坊，家有小山堂藏書，甲一郡。乾隆丙辰同舉鴻博。谷林子一清，字誠夫，學尤賅貫，著《酈氏水經註箋釋》，爲四庫所著録。當四庫開館時，趙氏書已雲散，徵書諭旨中尚及之。全謝山太史有《小山堂藏書記》曰：「近日浙中聚書之富，必以仁和趙徵君谷林爲最。予嘗稱之，以爲尊先人希弁當宋之季，接踵昭德，流風其未替耶。而吴君繡谷以爲希弁遠矣。谷林太孺人朱氏，山陰襄敏尚書之女孫，而祁氏甥也。當其爲女子時，嘗追隨中表姑湘君輩讀曠園書，既歸於趙，時時舉梅里書籤之盛以勖諸子。故谷林兄弟藏書，確有淵源，而世莫知也。予乃笑曰：『然則宅相之澤，亦可曆數世耶？何惑乎儒林之必遡其譜系耶？』繡谷曰：『然。』嗚呼！曠園之書，其精華歸於南雷，其奇零歸於石門。南雷一火一水，其存者歸於鸛浦鄭氏，而石門則摧毀殆盡矣。予過梅里，未嘗不歎風流之歇絶也。谷林以三十年之力，爬梳書庫，突起而與齊，不可謂之非健者已。谷林之聚書，其鑒别既精；而有弟辰垣，好事一如其兄；有子誠夫，好事甚於其父，每聞一異書，輒神飛色動，不致之不止，其所蓄聯茵接屋。凡書賈自苕上至，聞小山堂來取書，相戒無得留書過夕，恐如齊文襄之祖珽也。每有所得，則致之太孺人。更番迭進，以爲嬉笑。嗚乎！白華之養，充以書帶之腴，是天倫之樂所稀也。予之初入京師也，家藏宋槧《四明》開慶、寶慶二志，蓋世間所絶無，而爲人所竊，歸於有力者之手。杭君堇浦爲告谷林，亟以兼金四十錠贖歸，仍鈔副墨以貽

予。及予歸，谷林但取所得地志示予，其自明成化以前者已及千種，而予家宋槧哀然首列，予不禁爲之憮然。谷林以予之登是堂也屢，堂中之書大半皆予所及見也，請爲之記。乃爲之題於堂之北墉」云。又《曠亭記》：「谷林太君朱氏，山陰襄毅公女孫，祁氏之所自出。祁公子東遷，夫人取朱氏女孫育之以遺曰，即谷林太君也。方谷林尊公東白翁就婚山陰，其成禮即在祁氏東書堂中。是時澹生堂中之牙籤尚未散，東白翁心思得之。太君泫然流涕曰：『亦何忍爲此言乎？』東白翁默而止。蹉跎四十餘年，谷林渡江訪外家，則更無長物，祇曠亭二大字尚存，董文敏公之書也，乃奉以歸。谷林藏書中亦多澹生舊本，欲於池北竹林中構數椽，即以曠亭名之，以志渭陽之思，以爲太君當新豐之門户。」又《小山堂祁氏遺書記》：「二林兄弟聚書，得之江南儲藏家者多矣。獨於祁氏諸本則别貯而弆之，惓惓母氏先河之愛，一往情深，珍若拱璧，何其厚也。」《碧溪詩話》：「谷林先生同時，吴尺鳧亦好藏書，每得一異書，彼此鈔存，互爲校勘數過。識其卷首，小山書畫印，牙章精篆，神采可愛。先生卒後，悉載歸廣陵馬氏。汪比部魚亭與先生爲僚壻，盡借其善本，録副以藏。予館比部家十數年，見先生校書跋語知先生點勘之精。」

又《道古堂》 杭世駿字大宗，號堇浦，仁和人。雍正甲辰進士，由浙江總督程元章薦舉鴻博，授編修，著有《續禮記集説》、《金史補》、《史漢北齊書疏證》、《續方言》、《詞科掌録》、《榕城詩話》、《道古堂詩文集》。王瞿《道古堂集序》：「堇浦於學無所不貫，所藏書，擁榻積几，不下十萬卷。堇浦枕籍其中，目睇手纂，幾忘晷夕。間過友人館舍，得異文祕册，即端坐默識其要。」申按：先生以言事罷歸，自號「秦亭山老民」，與里中耆老及方外之侶結南屏詩社。所居在大方伯里，藏書之富甲於武林。先生《補史亭記》云：「杭子疏證北齊書既畢，越明年，乃補金史。【略】先人庀屋，積有餘材，營度後圃，規爲小亭，窗楹疏達，高明有融，乃徙先世所遺羣籍，凡有關涉中州文獻者，悉置其處。廣榻長几，手自讐温。間有開明，輒下籤記。」先生以補金朝一史，所聚羣籍已盈几堆榻，則其他書之富可知。況兩浙經籍，曾經編纂成志，爲卷五，爲目五十有九，爲書一萬五千有奇。先生自序洋洋千餘言，夫豈以百宋千元自矜儲藏之富者所可比擬哉！

又《抱經堂》 錢大昕《羣書拾補序》云：「抱經先生，精研經訓，自通籍以至歸田，鉛槧未嘗一日去手。奉廩修脯之餘，悉以購書。遇有祕鈔精校之本，輒宛轉借録。家藏圖籍數萬卷，手自校勘，精審無誤。自宋次道、劉原父諸公皆莫能及也。」

又《寶日軒》 錢塘王鈞，字馭陶。耄年歸里，闢養素園以娱老。樹石池館之勝，甲於里中。子德溥，字容大，號澹和。事親至孝，喜聚書，築寶日軒爲藏弆之所，祕册古槧，充牣其中。

又《繡谷瓶花齋》 吴焯字尺鳧，號繡谷，錢塘人。喜聚書，凡宋雕元槧與舊家善本，若飢渴之於飲食，求必獲而後已。故瓶花齋藏書之名，稱於天下。所輯《繡谷薰習録》八卷，則記所藏秘册也。

又《孫氏壽松堂》 孫宗濂字栗忱，號隱谷，仁和人。乾隆甲子舉於鄉，一試春官，即息轍鄉里，構堂曰壽松，藏書數萬卷，以枕葄爲榮。子仰曾，字虚白，號景高，歲貢生，侯選鹽運司運同，胚胎家學，賡續緒餘，宋槧元雕，充牣几架，鼎彝碑版，羅列文廚。梁山舟學士、王夢樓太守相與題評考跋。乾隆癸巳應詔進書數百種，内乾道《臨安志》三卷，仰邀御題，並賜《佩文韻府》全部，士林榮之。書目四卷，經亂失去。

又《朱氏結一廬》 仁和朱學勤，字修伯，咸豐癸丑進士。由庶常改户部主事，入直軍機章京，歷官宗人府丞。生平學敏才贍，好書尤篤。當駕幸木蘭之後，怡邸散書之時，供職偶暇，日至廠肆搜獲古籍，日增月盛，編有《結一廬書目》。其中宋槧者，如咸淳間吴革大字本《周易本義》、《吕氏讀詩記》，紹熙間余仁仲《禮記》，慶元間沈中賓《周禮註疏》，巾箱本附音重言重意互註《周禮》，蔡夢弼本《史記》、《晉書》、《皇朝編年備要》、《西漢會要》、《東漢會要》、《兩漢詔令》、《古史》、《通鑑紀事本末》、《通鑑總類》、《五朝名臣言行録》、《真文忠公讀書記》、《皇朝仕學規範》，巾箱本《劉子類編》、《朱氏集驗方》，咸淳鎮江刻《説苑》、《黄帝素問靈樞集註》、《六甲天元氣運鈐》，麻沙刻《鍼灸資生經》、《藝文類聚》、《翻譯名義集》、《陸士龍文集》、《杜荀鶴文集》、《古靈先生文集》、《趙清獻公文集》、《淮海集》、《朱子大全文集》、《皇朝文鑑》、《才調集》、《花間集》。元槧中如《周易啓蒙翼傳》、《周易參義》、《禮書讀》、《四書叢説》、《詩童子問》、《春秋屬辭師説》、《六書正譌》、《兩漢詔令》、《陸宣公奏議》、《金陀粹編續編》、《十七史纂》、《古今通要後集》、《戰國策校註》、《古今紀略》、《風俗通義》、《讀書分年日程》、《纂圖互註老子》、《列子》、《荀子》、《楊子》、《文中子》、《吕氏春秋》、《農桑輯要》、《理學類編》、《孫真人千金備急方》、《永類鈐方》、《汲冢周書》、《仁齋直指方論》、《百川學海》、《困學紀聞》、《錦繡萬花谷》、《輟耕録》、《黄氏日鈔》、《金石例》、《難經本義》、《釋氏稽古略》、《道院集要》、《二程文集》、《圖繪寶鑑》、《簡齋先生詩集》、《松雪齋集》、《静修先生文集》、

《方是閒居小稿》、《香溪先生文集》、《漢泉漫稿》、《國朝文類》、《唐詩鼓吹》、《文粹》、《風雅翼》、《樂府詩集》、《詩人玉屑》、《文心雕龍》、《中州集》。餘明刊精鈔又數百種，不及盡紀。

又《清吟閣》　瞿世瑛，字良玉，號穎山，錢塘人。家雖素封，迹若寒素，手鈔罕見古書，以爲日課。積數十年，幾得千册。金石書畫，靡不考索。張叔未解元、徐問蘧、汪駿卿明經常主其家，校刻《東萊博議》、《帝王經世圖譜》、《陽春白雪》，世稱善本。築清吟閣以儲書籍，曾編目録，計名人鈔本七百九十二種，批校鈔本四百七十五種，影宋元鈔本三十種，皆祕笈異本。而此外之古今版印之籍，不啻汗牛充棟矣。惜失於庚辛之亂。

又《吴託園先生》　吴任臣字志伊，一字爾器，初字鴻征，號託園，仁和諸生。康熙己未薦試博學鴻詞，列二等，授檢討。好讀奇書。家貧，教授里中，會兵亂，江南大姓皆竄匿，里中少年載其書入市，以一錢易一帙。託園罄修脯以爲市，於是吴中書悉歸之。併晝夜讀之，久益淹貫。

又《蔣村草堂》　蔣炯字葆存，號蔣村，仁和廩貢。初官慈谿訓導，歷保縣令，分楚北任廣濟，卓著政聲。所居西溪，西南十餘里，山環水轉，宅幽勢阻，長松古檜，梅花竹箭，彌望無際。中有陂田數千頃，澄湖曲沚，復與煙嵐相間。蔣氏聚族而居，饒粳稻魚鰕菱橘之利。屋數十椽，聚書萬卷。葆存摘蔬瀹茗之外，覃研鉛槧，物外翛然，詩學中晚唐，散體文學三蘇，長於議論。浙東西名士多聞名而訪之者。高情朗志，即不主風雅之盟，亦當爲山澤之臞也。見王昶《蒲褐山房詩話》。

俞樾《茶香室叢鈔》四鈔卷一一《宋人藏書家》　宋周密《齊東野語》云：「宋室承平時，如南都戚氏、歷陽沈氏、廬山李氏、九江陳氏、番陽吴氏、王文康、李文正、宋宣獻、晁以道、劉壯輿，皆號藏書之富。邯鄲李淑五十七類，二萬三千一百八十餘卷，田鎬三萬卷，昭德晁氏二萬四千五百卷，南都王仲至四萬三千餘卷，曾南豐及李氏山房亦皆一二萬卷。吾鄉如石林葉氏、賀氏，皆至十萬卷。其後齊齋倪氏、月河莫氏、竹齋沈氏，各不下數萬卷。近年惟貞齋陳氏書最多，蓋嘗仕於莆，傳録夾漈鄭氏、方氏、林氏、吴氏舊書至五萬一千一百八十餘卷，且倣《讀書志》作《解題》，極其精詳。」按《野語》此條本言書籍之厄，余則撮取其語耳。

又《春在堂雜文・六編補遺》卷四《陸幹甫思嗜齋記》　陸幹甫大令，以思嗜名其齋。余既爲題榜，并略述其所以命名之意矣。大令自述其先德癖好藏書，所藏者不下數萬卷。兵燹之後所存者，猶有萬餘卷。大令悉藏弆齋中，而朝夕坐卧其閒。見書如見其親焉，此齋所以名也。若大令者，真可謂思其所嗜者矣。昔鄭樵聚書數千卷，謂其子孫曰：「吾爲汝曹獲良産矣。」大令之先德能以書籍貽子孫，是有鄭漁仲之風。又陸放翁跋其子所藏《圖書補》云：「子遹喜畜書，至輟衣食不顧也。吾世其有興者乎？」今大令能守先人遺書，吾知其必有興者矣。

桂文燦《經學博采録》卷八　涇縣朱蘭坡侍講珔，精研許、鄭，出入承明著作之庭二十餘年，内府圖籍外間所罕見者輒録副本。又性好表章遺逸，宏奬士類。四方著述未經刊布者，多求審定。先世培風閣藏書最富，而其萬卷樓所得秘本尤多。於是博采本朝説經之文，覈其是非，勘其異同，分類編録，名曰《國朝説經文鈔》。

金武祥《粟香隨筆》卷六　近日廣州藏書家，以孔氏爲最，有三十有三萬卷樓。官于粤者，以方柳橋太守爲最，有碧琳瑯館，遇善本希有者，均好繙刻。蓋風雅之事，亦非孔方不爲功。

譚宗浚《希古堂集・甲集》卷一《希古堂書目自序》　余家希古堂書凡先教授之所遺，近三萬餘卷。余續購幾八萬卷，合之凡十二萬卷有奇。雖無宋元佳本，然搜采亦略云備矣。余不審子孫之得是書者其果能讀否耶？即余中年以往，攖情婚宦，其果能盡讀否耶？雖然藏書者不必其皆讀也。但使晨夕晤對，凡往年所企羡不能得者，而今皆爲吾有，其爲快意固已多矣。金玉也，錦繡也，聲色也，狗馬也，珍玩也，書畫也，嗜之而皆有害。惟書獨足以益人神智，故余謂宜遺子孫者莫書若也。

葉昌熾《緣督廬日記抄》卷一五　乙卯七月　十六日，吾郡藏書古里瞿氏，窮鄉韜跡，當世幾無知者。去年在滬，聞雲間有藏書，次於瞿、顧，不知其姓氏。今閱《文藝雜誌》中有婁縣沈祥龍，《潭東雜識》云：「吾友封庸盦文權，積書數萬卷，多名人手鈔及校勘本，如何義門、方望溪、姚惜抱、王惕甫，及鄉先輩焦南浦、沈學子、姚春木、毛珊枝，諸家手校者，計有數百種。有《簣進齋書目》。曹君直内翰館其家，記所見，前後《漢書》，宋刻殘帙有七本之多。」琅環福地，近在江鄉二百里間，而竟不知，自慚其陋矣。

又《藏書紀事詩・王頌蔚序》　三百年來，凡大江南北以藏書名者，亡慮數十家，而既精且富，必以黄氏士禮居爲巨擘。蕘翁之書，有竹汀、澗蘋爲之考訂，香岩、壽皆、仲魚諸君與之通叚，故自模刻以及校鈔，靡不精審。洪北江論藏書家次弟，斥蕘翁爲賞鑑家，列傳是瓶花之次，非篤論也。蕘翁晚年，其書歸汪氏藝芸書

舍，繼又歸昭文瞿氏，最後歸聊城楊氏。今士禮精本大半在瞿、楊兩家，其餘各家所得，不過一鱗片甲而已。光緒初元，余與管子操敉、葉子緣裻爲瞿氏編校書録，鐵琴銅劍樓之藏，無不寓目。既而葉子館潘氏滂喜齋，凡文勤公所藏，又遍窺之。葉子自恨家貧力薄，不能多得異書；又嘆自來藏書家節食縮衣，鳩集善本，曾不再傳，遺書星散，有名姓翳如之感。因網羅前聞，捃摭逸事，竭八九年之力，由宋元迄今，得詩二百餘首。貴如明代衡、徽諸藩，微如安麓村暨錢聽墨之屬，無不備載，採集可謂富矣！蕘翁所見古書録，今既無傳；澗翁擬撰藏書家精華，匯著一録，亦未克就。乃君書竟及身寫定，夫非藝林絶業乎？世有竹垞其人，必當爲珍裘之賺矣。君著書宗旨，意在搜揚潛逸，故於考槃幽懿，鄉曲遺聞，纂述尤具。吾吴先哲如柳安愚、吴方山、陸聽雲、王蓮涇之屬，皆生不越窪巷，名不絓通人。君一一考其生平，採摭甚備。又如糾雁里草堂之誤，補璜川吴氏之世系，訂墜搜殘，裨益志乘非細。昔顧俠君選元詩，夢古衣冠人來拜。君闡章之功，什百秀野，其亦有冥通之異夫？

孫寶瑄《忘山廬日記》光緒二十九年癸卯二月 十七日微雪檢書終日。余家所藏書不下二萬卷，皆鄰居所購置，凡經、史、子、集著名之書幾備。鄰居比年遊宦，無暇讀書，皆以之餉余，故余頻年坐擁書城，此福不易得也，可虛度歲月耶？

龔煒《巢林筆談續編》卷上 我崑書籍之富，往時甲於東南。蓋緣東海三公，並以詩文遭際。隆盛上賜，及四方贈遺，積之既多，又不惜多金力購宋元以來善本，廣搜遺逸簡編，裝潢繕寫，殆無虛日。縹緗充棟，不獨傳是樓一處也。邑中故家舊族，尚多先世藏書，諸紳士亦不乏收買書籍者。近來，大姓日落，書籍亦多散之外方，可勝感嘆！

雜録

《墨子・明鬼下》 古者聖王必以鬼神爲其有，務鬼神厚矣。又恐後世子孫不能知也，故書之竹帛，傳遺後世子孫，咸恐其腐蠹絶滅，後世子孫不得而記，故琢之盤盂，鏤之金石以重之。

《韓非子・顯學》 藏書策，習談論，聚徒役，服文學而議説，世主必從而禮之，曰：「敬賢士，先王之道也。」

孔鮒《孔叢子・獨治》 陳餘謂子魚曰：「秦將滅先王之籍，而子爲書籍之主，其危矣。」子魚曰：「吾不爲有用之學，知吾者惟友，秦非吾友，吾何危哉？然顧有可懼者，必或求天下之書焚之，書不出則有禍，吾將先藏之以待其求，求至，無患矣。」

《淮南子・道應訓》 王壽負書而行，見徐馮於周王。徐馮曰：「事者，應變而動，變生於時，故知時者無常行。書者，言之所出也，言出於知者，知者藏書。」於是王壽凡焚書而舞之，故老子曰：「多言數窮，不如守中。」

《史記・伯夷列傳》 夫學者載籍極博，猶考信於《六蓺》，詩書雖缺，然虞夏之文可知也。

又《管晏列傳》 太史公曰：吾讀管氏《牧民》、《山高》、《乘馬》、《輕重》、《九府》及《晏子春秋》，詳哉其言之也，既見其著書，欲觀其行事，故次其傳。至其書，世多有之，是以不論，論其軼事。

又《蘇秦列傳》 出游數歲，大困而歸。兄弟嫂妹妻妾竊皆笑之，曰：「周人之俗，治産業，力工商，逐什二以爲務。今子釋本而事口舌，困，不亦宜乎！」蘇秦聞之而慚，自傷，乃閉室不出，出其書徧觀之。曰：「夫士業已屈首受書，而不能以取尊榮，雖多亦奚以爲！」於是得周書《陰符》，伏而讀之。期年，以出揣摩，曰：「此可以説當世之君矣。」求説周顯王。顯王左右素習知蘇秦，皆少之。弗信。

又《儒林列傳》 伏生者，濟南人也。故爲秦博士。孝文帝時，欲求能治《尚書》者，天下無有，乃聞伏生能治，欲召之。是時伏生年九十餘，老，不能行，於是乃詔太常使掌故朝錯往受之。秦時焚書，伏生壁藏之。其後兵大起，流亡，漢定，伏生求其書，亡數十篇，獨得二十九篇，即以教于齊魯之閒。學者由是頗能言《尚書》，諸山東大師無不涉《尚書》以教矣。

《漢書・杜鄴傳》 杜鄴字子夏，本魏郡繁陽人也。祖父及父積功勞皆至郡守，武帝時徙茂陵。鄴少孤，其母張敞女。鄴壯，從敞子吉學問，得其家書。以孝廉爲郎。

又《董祀妻傳》 祀爲屯田都尉，犯法當死，文姬詣曹操請之。時公卿名士及遠方使驛坐者滿堂，操謂賓客曰：「蔡伯喈女在外，今爲諸君見之。」及文姬進，蓬首徒行，叩頭請罪，音辭清辯，旨甚酸哀，衆皆爲改容。操曰：「誠實相矜，然文狀已去，柰何？」文姬曰：「明公廐馬萬匹，虎士成林，何惜疾足一騎，而不濟垂死之命乎！」操感其言，乃追原祀罪。時且寒，賜以頭巾履襪。操因問曰：「聞夫人家

先多墳籍，猶能憶識之不？」文姬曰：「昔亡父賜書四千許卷，流離塗炭，罔有存者。今所誦憶，裁四百餘篇耳。」操曰：「今當使十吏就夫人寫之。」文姬曰：「妾聞男女之別，禮不親授。乞給紙筆，真草唯命。」於是繕書送之，文無遺誤。

又《陳咸傳》 父子相與歸鄉里，閉門不出入，猶用漢家祖臘。人問其故，咸曰：「我先人豈知王氏臘乎？」其後莽復徵咸，遂稱病篤。於是乃收斂其家律令書文，皆壁藏之。

又《卓茂傳》 劉宣字子高，安衆侯崇之從弟，知王莽當篡，乃變名姓，抱經書隱避林藪。建武初乃出，光武以宣襲封安衆侯。

《三國志·魏書·邴原傳》注引《邴原別傳》 原十一而喪父，家貧，早孤。鄰有書舍，原過其旁而泣。師問曰：「童子何悲？」原曰：「孤者易傷，貧者易感。夫書者，必皆具有父兄者，一則羨其不孤，二則羨其得學，心中惻然而爲涕零也。」師亦哀原之言而爲之泣曰：「欲書可耳！」答曰：「無錢資。」師曰：「童子苟有志，我徒相教，不求資也。」於是遂就書。一冬之間，誦《孝經》、《論語》。自在童齓之中，嶷然有異。

又《王粲傳》 獻帝西遷，粲徙長安，左中郎將蔡邕見而奇之。時邕才學顯著，貴重朝廷，常車騎填巷，賓客盈坐。聞粲在門，倒屣迎之。粲至，年既幼弱，容狀短小，一坐盡驚。邕曰：「此王公孫也，有異才，吾不如也。吾家書籍文章，盡當與之。」

又《杜襲傳》注引《先賢行狀》 時貴戚慕（杜）安高行，多有與書者，輒不發，以慮後患，常鑿壁藏書。後諸與書者果有大罪，推捕所與交通者，吏至門，安乃發壁中書，印封如故，當時皆嘉其慮遠。

《三國志·蜀書·向朗傳》 初，朗少時雖涉獵文學，然不治素檢，以吏能見稱。自去長史，優游無事垂三十年，乃更潛心典籍，孜孜不倦。年踰八十，猶手自校書，刊定謬誤，積聚篇卷，於時最多。開門接賓，誘納後進，但講論古義，不干時事，以是見稱。上自執政，下及童冠，皆敬重焉。

《梁書·蕭静傳》 世子静，字安仁，有美名，號爲宗室後進。有文才，而篤志好學，既内足於財，多聚經史，散書滿席，手自讎校。

《魏書·李彪傳》 李彪，字道固，頓丘衛國人，高祖賜名焉。家世寒微，少孤貧，有大志，篤學不倦。初受業於長樂監伯陽，伯陽稱美之。晚與漁陽高悦、北平陽尼等將隱於名山，不果而罷。悦兄閭，博學高才，家富典籍，彪遂於悦家手抄口誦，不暇寢食。

又《常景傳》 景自少及老，恒居事任。清儉自守，不營産業，至於衣食，取濟而已。耽好經史，愛玩文詞，若遇新異之書，殷勤求訪，或復質買，不問價之貴賤，必以得爲期。

又《平恒傳》 乃别構精廬，并置經籍於其中，一奴自給，妻子莫得而往，酒食亦不與同。時有珍美，呼時老東安公刁雍等共飲噉之，家人無得嘗焉。

《北齊書·裴諏之傳》 諏之，字士正，少好儒學，釋褐太學博士。嘗從常景借書百卷，十許日便返。景疑其不能讀，每卷策問，應答無遺。景歎曰：「應奉五行俱下，禰衡一覽便記，今復見之於裴生矣。」

《宋書·謝弘微傳》 弘微家素貧儉，而所繼豐泰，唯受書數千卷，國吏數人而已，遺財禄秩，一不關豫。

又《氐胡傳》 三年，改驃騎爲車騎。世子興國遣使奉表，請《周易》及子集諸書，太祖並賜之，合四百七十五卷。蒙遜又就司徒王弘求《搜神記》，弘寫與之。

《南齊書·褚淵傳》 淵少有世譽，復尚文帝女南郡獻公主，姑姪二世相繼。拜駙馬都尉，除著作佐郎，太子舍人，太宰參軍，太子洗馬，祕書丞。湛之卒，淵推財與弟，唯取書數千卷。

又《王儉傳》 是歲，省總明觀，於儉宅開學士館，悉以四部書充儉家，又詔儉以家爲府。四年，以本官領吏部。儉長禮學，諳究朝儀，每博議，證引先儒，罕有其例。八坐丞郎，無能異者。令史諮事，賓客滿席，儉應接銓序，傍無留滯。十日一還學，監試諸生，巾卷在庭，劒衛令史儀容甚盛。作解散髻，斜插幘簪，朝野慕之，相與放效。儉常謂人曰：「江左風流宰相，唯有謝安。」蓋自比也。

《南史·劉苞傳》 少好學，能屬文，家有舊書，例皆殘蠹，手自編輯，篋篋盈滿。

《北史·邢巒傳》 雖望實兼重，不以才位傲物，脱略簡易，不修威儀，車服器用，充事而已。有齋不居，坐卧恒在一小屋，果餌之屬，或置之梁上，賓至，下而共噉。天姿質素，特安異同，士無賢愚，皆能傾接，對客或解衣覓虱，且與劇談。有書甚多，而不甚讎校。見人校書，笑曰：「何愚之甚！天下書至死讀不可偏，焉能始復校此。日思誤書，更是一適。」妻弟李季節，才學之士，謂子才曰：「世間人多不聰明，思誤書何由能得？」子才曰：「若思不能得，便不勞讀書。」

又《蔡大寶傳》 大寶少孤，而篤學不倦，善屬文。初以明經對策第一，解褐

武陵王國左常侍。嘗以書干僕射徐勉，勉大賞異，乃令與其子遊處，所有墳籍，盡以給之。遂博覽羣書，學無不綜。

《隋書・公孫景茂傳》 公孫景茂字元蔚，河間阜城人也。容貌魁梧，少好學，博涉經史。在魏，察孝廉，射策甲科，爲襄城王長史，兼行參軍。遷太常博士，多所損益，時人稱爲書庫。後歷高唐令、大理正，俱有能名。及齊滅，周武帝聞而召見，與語器之，授濟北太守。以母憂去職。

又《陸爽傳》 陸爽字開明，魏郡臨漳人也。祖順宗，魏南青州刺史。父概之，齊霍州刺史。爽少聰敏，年九歲就學，日誦二千餘言。齊尚書僕射楊遵彦見而異之，曰：「陸氏代有人焉。」年十七，齊司州牧、清河王岳召爲主簿。擢殿中侍御史，俄兼治書，累轉中書侍郎。及齊滅，周武帝聞其名，與陽休之、袁叔德等十餘人俱徵入關。諸人多將輜重，爽獨載書數千卷。至長安，授宣納上士。

《晉書・應詹傳》 尋與陶侃破杜弢於長沙，賊中金寶溢目，詹一無所取，唯收圖書，莫不歎之。

又《皇甫謐傳》 歲餘，又舉賢良方正，並不起。自表就帝借書，帝送一車書與之。謐雖羸疾，而披閲不怠。初服寒食散，而性與之忤，每委頓不倫，嘗悲恚，叩刃欲自殺，叔母諫之而止。

張彦遠《歷代名畫記》卷二 又有從來蓄聚之家，自號圖書之府，蓄聚既多，必有佳者。

韓愈《韓昌黎集》卷一二《進學解》 先生口不絶吟于六藝之文，手不停披于百家之編，記事者必提其要，纂言者必鈎其玄。貪多務得，細大不捐，焚膏油以繼晷，恒兀兀以窮年。先生之業可謂勤矣！觝排異端，攘斥佛老，補苴罅漏，張皇幽眇，尋墜緒之茫茫，獨旁搜而遠紹，障百川而東之，迴狂瀾于既倒。先生之于儒可謂勞矣！沈浸醲郁，含英咀華，作爲文章，其書滿家。

馮贄《雲仙雜記》卷三《束修羊》 倪若水藏書甚多，列架不足，疊牕安置，不見天日。子弟直日看書，借書者先投束修羊。

又卷四《粉指印青編》 徐州張尚書妓女多涉獵，人有借其書者，往往粉指痕，並印于青編。

杜牧《杜牧集繫年校注》卷七《唐故太子少師奇章郡開國公贈太尉中公墓誌銘》 長安南下杜樊鄉東，文安有隋氏賜田數頃，書千卷尚存。公年十五，依以爲學，不出一室，數年業就，名聲入都中。故丞相韋公執誼，以聰明氣勢，急於褒拔，如柳宗元、劉禹錫輩，以文學秀少，皆在門下。

《藝文類聚》卷三一《人部十五・贈答》 先賢行狀曰：「杜安入太學，時號曰神童，時貴戚慕安高行，多有與書者，不輒發，以慮後患，常鑿壁藏書，當時皆嘉其慮遠。」

趙璘《因話録》卷三《商部下》 伯仲昆弟，以史筆繼業，家藏書最多者，蘇少常景胤、堂弟尚書滌，諸家無比，而皆以清標雅範，爲後來所重。

《舊唐書・韋述傳》 述少聰敏，篤志文學。家有書二千卷，述爲兒童時，記覽皆偏，人駭異之。景龍中，景駿爲肥鄉令，述從父至任。洺州刺史元行沖，景駿之姑子，爲時大儒，常載書數車自隨。述入其書齋，忘寢與食。行沖異之，引與之談，貫穿經史，事如指掌，探賾奥旨，如遇師資。又試以綴文，操牘便就。行沖大悦，引之同榻曰：「此吾外家之寶也。」舉進士，西入關，時述甚少，儀形眇小。考功員外郎宋之問曰：「韋學士童年有何事業？」述對曰：「性好著書。述有所撰《唐春秋》三十卷，恨未終篇。至如詞策，仰待明試。」之問曰：「本求異才，果得遷、固。」是歲登科。

又《薛稷傳》 稷舉進士，累轉中書舍人。時從祖兄曜爲正諫大夫，與稷俱以辭學知名，同在兩省，爲時所稱。景龍末，爲諫議大夫、昭文館學士。好古博雅，尤工隸書。自貞觀、永徽之際，虞世南、褚遂良時人宗其書跡，自後罕能繼者。稷外祖魏徵家富圖籍，多有虞、褚舊跡，稷鋭精模倣，筆態遒麗，當時無及之者。

又《段成式傳》 成式字柯古，以廕入官，爲祕書省校書郎。研精苦學，祕閣書籍，披閲皆遍。累遷尚書郎。咸通初，出爲江州刺史。解印，寓居襄陽，以閑放自適。家多書史，用以自娱，尤深於佛書。所著《酉陽雜俎》傳於時。

又《徐文遠傳》 徐文遠，洛州偃師人。陳司空孝嗣玄孫，其先自東海徙家焉。父徹，梁祕書郎，尚元帝女安昌公主而生文遠。屬江陵陷，被虜於長安，家貧無以自給。其兄休，鬻書爲事，文遠日閲書于肆，博覽《五經》，尤精《春秋左氏傳》。時有大儒沈重講于太學，聽者常千餘人。文遠就質問，數日便去。或問曰：「何辭去之速？」答曰：「觀其所説，悉是紙上語耳，僕皆先已誦得之。至於奥賾之境，翻似未見。」有以其言告重者，重呼與議論，十餘反，重甚歎服之。

又《僧一行傳》 一行少聰敏，博覽經史，尤精曆象、陰陽、五行之學。時道士尹崇博學先達，素多墳籍。一行詣崇，借揚雄《太玄經》，將歸讀之。數日，復詣崇，還其書。崇曰：「此書意指稍深，吾尋之積年，尚不能曉，吾子試更研求，何遽見還

也？」一行曰：「究其義矣。」因出所撰《大衍玄圖》及《義決》一卷以示崇。崇大驚，因與一行談其奥賾，甚嗟伏之，謂人曰：「此後生顔子也。」一行由是大知名。

又《韓王元嘉傳》　元嘉少好學，聚書至萬卷，又採碑文古跡，多得異本。

又《李磎傳》　磎自在臺省，聚書至多，手不釋卷，時人號曰「李書樓」。所撰文章及注解書傳之闕疑，僅百餘卷，經亂悉亡。

又《錢徽傳》　長慶元年，爲禮部侍郎。時宰相段文昌出鎮蜀川，文昌好學，尤喜圖書古畫。故刑部侍郎楊憑兄弟以文學知名，家多書畫，鍾、王、張、鄭之蹟在《書斷》、《畫品》者，兼而有之。憑子渾之求進，盡以家藏書畫獻文昌，求致進士第。文昌將發，面託錢徽，繼以私書保薦。翰林學士李紳亦託舉子周漢賓於徽。及牓出，渾之、漢賓皆不中選。李宗閔與元稹素相厚善。初稹以直道譴逐久之，及得還朝，大改前志，由逕以徼進達，宗閔亦急於進取，二人遂有嫌隙。

又《顔師古傳》　師古既負其才，又早見驅策，累被任用，及頻有罪譴，意甚喪沮。自是闔門守静，杜絶賓客，放志園亭，葛巾野服，然搜求古跡及古器，耽好不已。俄又奉詔與博士等撰定《五禮》，十一年，《禮》成，進爵爲子。時承乾在東宫，命師古注班固《漢書》，解釋詳明，深爲學者所重。承乾表上之，太宗令編之祕閣，賜師古物二百段、良馬一匹。

《舊五代史・唐書・温韜傳》　温韜，華原人。少爲盜，據華原，事李茂貞，名彦韜，後降于梁，更名昭圖。爲耀州節度，唐諸陵在境者悉發之，取所藏金寶，而昭陵最固，悉藏前世圖書，鍾、王紙墨，筆迹如新。

又《周書・翟光鄴傳》　朝廷以兵亂之後，人物凋敝，故命光鄴理之。光鄴好聚書，重儒者，虚齊論議，唯求理道。時郡民喪亡十之六七，而招懷撫諭，視之如傷。

又《劉皞傳》　皞從儒學，好聚書，嗜酒無儀，檢然衷抱，無他，急于行義，士友以此多之。

《新唐書・陸龜蒙傳》　居松江甫里，多所論撰，雖幽憂疾痛，貲無十日計，不少輟也。文成，竄稾篋中，或歷年不省，爲好事者盜去。得書熟誦乃録，讎比勤勤，朱黄不去手，所藏雖少，其精皆可傳。借人書，篇秩壞舛，必爲輯褫刊正。樂聞人學，講論不倦。

又《鄭虔傳》　初，虔追紬故書可誌者得四十餘篇，國子司業蘇源明名其書爲《會粹》。虔善圖山水，好書，常苦無紙，於是慈恩寺貯柹葉數屋，遂往日取葉肄書，歲久殆遍。

又《楊彦詢傳》　楊彦詢，字成章，河中寶鼎人也。少事青州王師範，師範好學，聚書萬卷，使彦詢掌之，彦詢爲人聰悟，遂見親信。

《全唐文補遺》第三輯鄭瀚《姚公墓誌銘》　晏居繕性，默壯沖用。聚蓄百家書，講浮屠理。造達精微，與時消長。雖冠玉弁而拖金章，卑色下士，若賤藏無尺寸禄。享歲五十五。

錢易《南部新書》卷八　杜兼常聚書至萬卷，卷後必自題云：「清俸寫來手自校，汝曹讀之知聖道，墜之鬻之爲不孝。」

蘇頌《蘇魏公文集》卷五一《龍圖閣直學士脩國史宋公神道碑》　鄭國太夫人，故太子太師江陵楊文莊公徽之之女。文莊無子，宣獻逮公繼主其祭事，歲時不絶。嘗欲勒碑神道，病革，猶戒其子亟成之。家書數萬卷，多文莊、宣獻手澤與四朝賜札。藏秘惟謹，或繕寫別本以備出入，退朝則與子姪緗讐訂正，故其收藏最號精密。平生無他嗜好，惟沈酣簡牘，以爲娱樂。雖甚寒暑，未嘗釋卷。

黄裳《演山集》卷三三《朝散郭公墓誌銘》　公域博覽强記，善爲文章，尤長于詩。藏書數萬卷，得一書不計字多寡，必親録而手校之，心記其統類。及接賓朋以文酒，談論如流，牽援證據，出入百家傳記之中，貫穿今古。至于醫卜、伎藝、樂師、膳夫之法，亦無不覽，隨問有應。

黄庭堅《黄庭堅全集》卷二六《書丹青引後》　僰道有袁藥院者，家藏書一軸，自珍之，不深別其玉石也，出以示余。余告之曰：「此祕閣棠木板刻法帖，李廷珪墨所作墨本也，寫書一卷易之可乎？」袁欣然見聽。會夏熱，余又多病，久之不能書。元符三年十二月癸卯，余將解舟發，僰道長年三老輩湯豬饋武侯廟，久之不還，意其已縱横醉卧廟中矣。舟中無他事，遂書此卷遺袁。觀書者：史慶崇、楊中玉、何裕道、楊咸孺、孫仲安、廖宣叔、張大同、蔡次律、道人李潮音。

張耒《柯山集》卷四九《龐安常墓誌銘》　君性喜讀書，聞人有異書，購之若飢渴。書工，日夜傳録。君寒暑疾病，未嘗置卷。其藏書至萬餘卷，然皆以考醫方之事。

葉夢得《避暑録話》卷上　余家舊藏書三萬餘卷，喪亂以來，所亡幾半。山居狹隘，餘地置書囊無幾。雨漏鼠齧，日復蠹敗。今歲出曝之，閲兩旬纔畢。其間往往多余手自抄，覽之如隔世事。因日取所喜觀者數十卷，命門生等從旁讀之，不覺至日仄。

周紫芝《太倉稊米集》卷五二《朱氏藏書目序》 自古學士大夫之家未有不以家藏圖書爲美，蓋高貲者積貨以遺子孫，酒肉費耳，此蓄書之富所以獨爲後世之美談也。昔人有畫鳥者必蓄活鷹以規其形似，後子孫廢畫而捕鷹；養鷹必飼以鼠，後之子孫廢鷹而捕鼠。故蓄蒲博之具者，其後必好博，而蓄書者，其子孫必讀書，勢不得不然也。文林郎朱君軒世居大梁，其祖官東平，因徙居焉。金人南下，東平陷没，君方以事在江南，遂與其家不相聞，今既十年矣。一日與僕言，爲之出涕，且曰：「吾家藏書萬卷，皆在東平，今所存唯書目。」因出以示僕，皆其祖朝議君所藏。自五經諸子百氏之書皆手校善本；其餘異書小説，皆所未嘗知名者；秦漢以來至於有唐，文人才士類書、家集猶數千卷。嗚呼，可謂富矣哉！君因俾余序其目而藏之。余詰其所以序之之意。君曰：「吾祖以善人稱於鄉里，子孫決不至于中絶。吾有季弟，離東平時年十五，今二十有五六歲矣。有幼子未能勝衣，而眉目偉秀，嶷嶷如成人。使其不死，今亦可年二十餘。萬有一吾書不爲煨燼，猶可幸其復存，他日可爲吾家舊物。子其爲我記之。」余聞其言，爲之愴然而告之曰：「事有興衰，物有成壞，此理之常，所不可逃者。古之有天下國家者，羣玉之山，圖書之府，秘而藏之，不可勝記，往往至於盜賊兵火，掃滅無餘。隋牛弘之論書有五厄，非虚語也。國家遭罹兵禍，三閣圖書猶不免厄，況其餘哉！今子家雖隳敵，而身猶能抱遺書之總目，念家世之勤勞，以幸朝廷尅復境土，再有中原，尚能保其所藏，以不失爲中朝賢士大夫之家，則其志固亦可嘉矣。昔韓渥著《香奩》，昭宗之亂散失不全，而蘇暐得其第一篇，渥猶自述以爲可喜。他時使君得其全書，則其爲喜何如哉？子姑俟之毋躁。」

王明清《揮麈後録》卷五 樊若水夜釣采石，世多知之。宋咸《笑談録》云：「李煜有國日，樊若水與江氏子共謀。江年少而黠，時李主重佛法，即削髮投法眼禪師爲弟子，隨逐出入禁苑，因遂得幸。佛眼示寂，代其住持建康清凉寺，號曰小長老，眷渥無間。凡國中虚實盡得之，先令若水走闕下，獻下江南之策，江爲内應。其後李主既俘，各命以官。江後累典名州，家於安陸，子孫亦無聞。」鄭毅夫爲《江氏書日記》，載文集中，云：「舊藏江氏書數百卷，缺落不甚完。予凡三歸安陸，大爲搜訪，殘秩墜編往往得之，閭巷間無遺矣，僅獲五百十卷。通舊藏凡千一百卷，江氏遺書具此矣。江氏名正，字元叔，江南人。太祖時，同樊若水獻策取李氏，仕至比部郎中。嘗爲越州刺史，越有錢氏時書，正借本謄寫，遂并其本有之。及破江南，又得其逸書，兼吴、越所得，殆數萬卷。老爲安陸刺史，遂家焉，盡輦其書，築室貯之。正既殁，子孫不能守，悉散落於民間，火燔水溺，鼠蟲齧棄，并奴僕盜去市人，裂之以藉物。有張氏者，所購最多。其貧乃用以爲爨，凡一篋書爲一炊飯。江氏書至此窮矣。然余家之所有，幸而僅存者，蓋自吾祖田曹始畜之，至予三世矣。於余則固能保有之，於其後則非余所知也。然物亦有數，或存或亡，安知異日終不亡哉？故記盛衰之迹，俾子孫知其所自，則庶乎或有能保之者矣。書多用油拳紙，方册如笏頭，青縑爲褾，字體工拙不一。《史記》、《晉書》，或爲行書，筆墨尤勁。其末用越州觀察使印，亦有江氏所題。余在杭州，命善書者補其缺，未具也。」

又卷七 先祖早歲登科，遊宦四方，留心典籍，經營收拾，所藏書逮數萬卷，皆手自校讎，貯之於鄉里，汝陰士大夫多從而借傳。元符末，坐黨籍謫官湖外，乃於安陸卜築，爲久居計，輦置其半於新居。建炎初，寇盜蜂起，惟德安以邑令陳規元則帥衆堅守，秋毫無犯，事聞，擢守本郡。先祖之遺書留空宅中，悉爲元則載之而去。後十年，元則以閣學士來守順昌，亦保城無虞，先祖汝陰舊藏書猶存，又爲元則所掩有。工處之書悉歸陳氏，先人每以太息，然無理從而索之。先人南渡後，所至窮力抄録，亦有書幾萬卷。明清憂患之初，年幼力弱，秦伯陽遣浙漕吴彦猷渡江，攘取太半。丁卯歲，秦會之擅國，言者論會稽士大夫家藏野史以謗時政，初未知爲李泰發家設也。是時明清從舅氏曾宏父守京口，老母懼焉，凡前人所記本朝典故與夫先人所述史稿雜記之類，悉付之回禄。每一思之，痛心疾首。後來明清多寓浙西婦家，煨燼之餘，所存不多。諸姪輩不能謹守，又爲親戚盜去，或它人久假不歸。今遺書十不一存，每一歸展省舊篋，不忍復啓，但流涕而已。

又 唐著作郎杜寶《大業幸江都記》云：「隋煬帝聚書至三十七萬卷，皆焚於廣陵，其目中蓋無一帙傳於後代。」靖康俶擾，中祕所藏與上大夫家者，悉爲烏有。南度以來，惟葉少藴少年貴盛，平生好收書，逾十萬卷，置之霅川弁山山居，建書樓以貯之，極爲華焕。丁卯冬，其宅與書俱蕩一燎。李泰發家舊有萬餘卷，亦以是歲火於秦。豈厄會自有時邪？

袁燮《絜齋集》卷一一《資政殿大學士贈少師樓公行狀》 藏書既富，欲别貯之，營度累歲，執政之次年，東樓始成，有登臨之快。叢古今羣書其上，而累奇石于前，嶄然有二十四峯之狀。又取楚公登封令時所藏《嵩嶽圖》石刻列屏其下，仍以「仰嵩」舊名名之。

張淏《會稽續志》卷五《人物・李光》 性嗜書，至老不厭。藏書萬卷，悉置左右，繙閲紬繹，周而復始。每得異書，手自校勘，竟其編乃止。多識典故，乃前輩出

處，中朝舊事，歷歷能道本末，有如目覩。

杜大珪《名臣碑傳琬琰集》中卷一六范鎮《宋諫議敏求墓志銘》 公家藏書三萬卷，日集子孫，討論繙繹，以爲娛樂。

徐度《却掃編》卷下 予所見藏書之富者，莫如南都王仲至侍郎家。其目至四萬三千卷，而類書之卷帙浩博，如《太平廣記》之類，皆不在其間。雖祕府之盛，無以踰之。聞之其子彦朝云：「其先人每得一書，必以廢紙草傳之，又求別本參較，至無差誤，乃繕寫之。必以鄂州蒲圻縣紙爲册，以其緊慢、厚薄得中也。每册不過三四十葉，恐其厚而易壞也。此本專以借人及子弟觀之。又別寫一本，尤精好，以絹素背之，號『鎮庫書』，非己不得見也。」「鎮庫書」不能盡有，纔五千餘卷。蓋嘗與宋次道相約傳書，互置目録一本，遇所闕則寫寄，故能致多如此。

元好問《中州集・壬集》第九《宗道》 道字雲叟，山陰人，以足疾不仕，有詩云：「家藏千卷富，身得一生閑。茅屋經年補，柴門盡日關。」其自處可見。

劉因《靜脩先生文集》卷二一《答何尚書書》 某再拜復辱疏，禮意甚厚，實非所敢當也。然易之風土，素所慕愛，而公之才器，則又所願交而未得者也。又平生嘗苦無書讀，每思欲館於藏書之家，而肆其檢閲。而今之藏書，復孰有如公之多者。是三者，蓋十年之所欲求而不得者，今一朝不求而併得之。且公出貴家，而能不忘子孫教養之計，求之古人亦不多見，而某又何暇辭。但事緒卒不能絶六七月之交，當再議之。某再拜。

王惲《秋澗集・文集》卷四一《王氏藏書目録序》 河南房扈王氏，爲衛之著姓，百有餘年。祖宗以孝友相傳，略無長物。逮先君思淵子北渡後，亦不治生産，怡然以閉户讀書爲業，聞一異書，惟恐弗及，其弱冠時，先君氣志精强，目覽手筆，日且萬字，不十年得書數千卷。或者曰：「藏書如是，尚爾爲？」先子曰：「吾老矣！爲子孫計耳。有能受而行之，吾世其庶矣乎！世人知榮保其爵禄，不知一跌足赤吾之族；知富寶其金玉，不知一慢藏已爲盜所目也，何若保書之爲寶乎！若子若孫由是而之焉，爲卿相，爲牧守，爲善人，爲君子，上以致君澤民，下以立身行道，道其在於是矣。」由是而觀，先君立世之志，貽厥之謀，何其遠且大哉！嗚呼！先君去世將近二紀，不肖某今年四十有一，遺言在耳，遺書在櫝，感念平昔，不覺泣下。因復慨嘆仕不爲進，退足自樂，蓋所恃者此爾。然置之而不力其讀，讀之而不踐其道，與無書等矣。《傳》曰：「遺子黄金滿籯，不如教之一經。」此誠先君之志也，可不懋敬之哉。至元四年秋七月，曝書于庭，與兒子孺校而帙之，則各從其類也，述書傳目録敘。

陸友仁《研北雜誌》卷下 宋宣獻公綬，楊徽之外孫。徽之無子，盡付以家所藏書，後與父皐同在館閣，每賜書必得二本。子敏求、敏修並以文學見稱于世，其藏書之盛有以也。

蘇天爵《元文類》卷四五元好問《故物譜丙申 太宗八年八月二十二日》 予家所藏，書，宋元祐以前物也；法書，則唐人筆跡及五代寫本爲多；畫，有李、范、許、郭諸人高品，就中薛稷《六鶴》最爲超絶，先大父銅山府君官汲縣時，官賣宣和內府物也。銅禄兩小山，以酒沃之，青翠可摘，府君部役時物也。風字大硯，先東巖君教授鄉里時物也。銅雀硯，背有大錢一、天禄一，堅重緻密，與石無異，先隴城府君官冀州時物也。貞祐丙子之兵，藏書壁間得存。兵退，予將奉先夫人南渡河，舉而付之太原親舊家。自餘雜書及先人手寫《春秋》、三史、《莊子》、《文選》之等尚千餘册，并畫百軸，載二鹿車自隨。三研則瘞之鄭村別墅。是歲，寓居三鄉。其十月，北兵破潼關，避於女几之三潭。比下山，則焚蕩之餘，蓋無賤矣！今此數物，多予南州所得，或向時之遺也。往在鄉里，常侍諸父及兩兄燕談。每及家所有書，則必枚舉而問之。如曰某書買於某處，所傳之何人，藏之者幾何年，則欣然志之。今雖散亡，其綴緝裝褙，籤題印識，猶夢寐見之。《詩》有之：「維桑與梓，必恭敬止。」以予心忖度之，知吾子孫却後，當以不知吾今日之爲恨也。或曰：「物之閲人多矣！世之人玩於物，而反爲物所玩。貪多務取，巧偷豪奪，遺簪敗履，惻然興懷者皆是也。李文饒志平泉草木，有『後世毁一樹、一石，非吾子孫』之語，歐陽公至以庸愚處之。至於法書、名畫，若桓玄之愛玩，王涯之固護，非不爲數百年計，然不旋踵已爲大有力者負之而趨。我躬之不可必，奚我後之恤哉？」予以爲不然。三代鼎鐘，其初出於聖人之制。今其欵識故在。不曰「永用享」，則曰「子子孫孫永寶用」。豈爲聖人者超然遠覽，而不能忘情於一物耶？抑知其不能必爲我有，而固欲必之也？蓋自莊周、列禦寇之説盛，世之誕者遂以天地爲逆旅，形骸爲外物，雖聖哲之能事，有不滿一笑者，況外物之外者乎？雖然，彼固有方內、外之辯矣。道不同不相爲謀。使渠果能寒而忘衣，飢而忘食，以游於方之外，雖眇萬物而空之，猶有託焉爾。如曰不然，則備物以致用，守器以爲智。惟得之有道，傳之無媿，斯可矣，亦何必即空以遺累，矯情以趨達，以取異於世耶？乃作《故物譜》。

楊瑀《山居新語》卷三 李和，錢塘貧士也。國初時尚在，鬻故書爲業，尤精於碑刻。凡博古之家所藏，必使之過目。或有贋本，求一印識，雖邀之酒食，惠以

錢物，則毅然卻之。余生晚矣，失記其顔貌。先父樞密洎姻家應中父常稱道之。漫書於此，以礪仕宧者之志云。余家藏《萬年宫碑陰題名》，後有李和鑒定石刻印識見存。尚醖蒲萄酒，有至元、大德閒所進者尚存，聞者疑之。余觀西漢《大宛傳》，富人藏蒲萄酒萬石，數十

鄭元祐《僑吴集》卷一二《張子昭墓誌銘》 吴人張旻字子昭，其先浚儀人。【略】臨市衢搆樓蓄書其上，上經傳子史，下逮稗官百家之言無不備，子昭日繙閲研究，至其會心得意處，引卷疾讀，往能成誦。然不喜人言科第得失，官程吏牘，與夫巧宧逆富。其爲人大致如此，故窶約終其身。年六十四歲，卒於至正十六年十一月廿七。

孔齊《至正直記》卷二《别業蓄書》 古人積金以遺子孫，子孫未必能盡守；積書以遺子孫，子孫未必能盡讀。不知積陰德于冥冥之中，以爲子孫無窮之計。此言甚好。吾家自先人寓溧陽，分沈氏居之半，以爲别業，多蓄書卷，平昔愛護尤謹，雖子孫未嘗輕易檢閲，必有用然後告于先人，得所請乃可置于外館。晚年，子弟分職，任于他所，惟婢輩幾人在侍。予一日自外家歸省，見一婢執《選詩演》半卷，又國初名公柬牘數幅，皆翦裁之餘者。急扣其故，但云：「某婢已將幾卷褙鞋幫，某婢已將幾卷覆醬瓿。」予奔告先人。先人曰：「吾老矣，不暇及此，是以有此患。爾等居外，幼者又不曉事，婢妮無知，宜有此哉？」不覺歎恨，亦無如之何矣。予至上虞，聞李莊簡公光無書不讀，多蓄書册與宋名刻數萬卷，子孫不肖，且麄率鄙俗，不能保守，書散于鄉里之豪民家矣。《家訓》徒存，無能知者。往往過客知莊簡者，或訪求遺跡，讀其《家訓》者，不覺爲之痛心也。又見四明袁伯長學士，承祖父之業，廣蓄書卷，國朝以來，甲于浙東。伯長没後，子孫不肖，盡爲僕幹竊去，轉賣他人，或爲婢妾所毁者過半。且名畫舊刻，皆賤賣屬異姓矣。悲夫！古人之言，信可徵也。

危素《危學士全集》卷三《鄞江送别圖序》 至正四年，素奉使購求故翰林侍講學士袁文清公所藏書於鄞，屬其孫曮同知諸暨州事，方以事迣海中，待之久而後還。鄞之士君子聞素至甚喜，無貴賤長少，日候素於寓館，所以慰藉獎予，無所不至。其退處山谷間者亦褒衣博帶，相攜來見。館名「涵虚」，唐秘監賀公之故宅，下瞰月湖，後枕碧沚，方盛暑，清風時來，坐有嘉客。鄞故文獻之邦，距宋行都不遠，往往能言前代故實。又各出其文章，如遊瓊林瑶圃，粲然可觀。驛吏愕眙相語：向使者之來，未嘗有賓客如此之盛也。及訖事而去，顧瞻山川，爲之徘回眷戀者久之。明年，史越王裔孫文可因葛邏禄易之至京師，寄《鄞江送别圖》以相遺，其士君子又爲詩若文題其上。素何以得此哉！素山林之鄙人，學未卒業，以貧干禄，無寸長以自見，且非有穹官峻爵以聳動當世，遡其先世，未嘗宧遊此邦而有遺愛在其人，何鄞之士君子待遇之隆一至於此，豈殆有宿緣耶？此圖陳元昭所作，筆意高雅，其紙猶是越王所蓄，皆可寶也。史館暮歸，因志其後，使兒子謹藏之。

徐明善《芳穀集》卷二《陳文穆收堂序》 三代而上書不多，而聖賢多；三代而下六經、諸子百家梓刻，日傳萬紙，書不少，而聖賢少。夫何故？收書者貯之庫笥，而不貯之虚靈之府、神明之舍，故書自書，人自人，此大患也。饒康山陳氏，宋初獻書一監，賜號清白處士，後嗣子孫决科預薦，世爲清門，收書益富。陳君文穆之尊翁扁堂曰「收」，而又以名君之子，於是江東西名人勝士題辭賦詩，美之甚衆，復扳余言。余謂書載聖賢之言行爲多，孟子曰：「誦堯之言，行堯之行，是堯而已矣。」此言豈欺我哉！《中庸》論學而知之者，以博學爲先，則書非兼收不可，以篤行爲要，則徒收烏乎可？余嘗陋李淑《邯鄲圖書十志》五十七類，而其所以訓子孫者曰：「汝曹善承之，世守之，毋爲勢奪，毋賄遷奪。」其書者不飭之以其本，而防其末，如李氏之云書，直玩物爾。嗚呼！悕矣。昔彭世昌謁考亭，問所爲來，曰：「象山書院陸先生不曾藏書，此來爲求書。」考亭曰：「繫要書能消得幾卷？何必役於物？」此言真有味。今老矣，不喜爲無益之言，因君扳余言，不覺傾寫及此，此以三代人物期陳君父子也，豈不得其所欲也夫？豈以余言爲厲己也夫？

鄒鉉《壽親養老新書》卷三《儲書》 邵康節詩云：「花木四時分景致，經書萬卷號生涯。有人若問閑居處，道德坊中第一家。」歐陽文忠公《六一堂記》云：「琴一張，棋一局，酒一壺，藏書一萬卷，集録金石遺文一千卷，以吾一翁老於此五者之間，是爲六一。」陸放翁《書巢記》云：「陸子既老且病，猶不置讀書，名其室曰『書巢』。吾室之内，或棲於櫝，或陳於前，或枕藉於牀，俯仰四顧，無非書者，吾飲食起居，未嘗不與書俱，間有意欲起，而亂書圍之，至不得行，輒自笑曰：『此非吾所謂巢者耶。』」二公蓋儲書以自佚其老者也。丁度之祖顗，盡其家貲以置書，至八千卷，且曰：「吾聚書多矣，必有好學者爲吾子孫。」度力學有守，登服勤詞學科，仕至參政。曾子固平生嗜書，家藏至六萬餘卷，手自讎對，白首不倦，此儲書以遺其子孫者也。《孟子》有賢父兄之言，惟以書教子弟者而後爲賢。晉人有佳子弟之目，惟從父兄之教，而知書者而後爲佳。唐杜荀鶴詩云：「欺春只愛和醅酒，諱老猶看夾註書。」放翁詩云：「燈前目力依然在，且盡山房萬卷書。」歐公詩云：「至哉天下

樂，終日在書案。」家仲本云：「至樂莫如讀書，至要莫如教子。」又云：「人家教子弟如養芝蘭然，既積學以培植之，又須積德以澆灌之。」子弟儲書，正以備侍旁檢閱。陳后山左右圖書，日以討論爲務，其志專，欲以文章名後世。夜與諸生會宿忽思一事，必明燭繙閱，得之乃已，或以爲可待旦者，后山曰：「不然，人情樂因循，一放過則不復省矣。」故其學甚博而精，尤好經術，非如唐之諸子，作詩之外，他無所知。魏衍昌世亦彭城人，從后山學，年五十餘，見異書猶手自抄寫，藏書數千卷云。

陸深《古奇器録》附録《江東藏書目録小序》　余家學時喜收書，然覼覼屑屑，不能舉羣有也。壯游兩都，多見載籍，然限於力，不能舉羣聚也。間有殘本不售者，往往廉取之。故余之書多斷闕，闕少者或手自補綴，多者幸他日之偶完，而未可知也。正德戊辰夏六月，寓安福里。宿痾新起，命僮出曝，既乃次第於寓樓。數年之積與一時長老朋舊所遺，歷歷在目，顧而樂焉。余四方人也，又慮放失。是故録而存之，各繫所得，儻后益焉，將以類續。

屠叔方《建文朝野彙編》卷一二《刑科給事中黄鉞》　黄鉞，字叔揚，蘇州常熟縣人。少明敏好學，家無藏書。鉞日游市肆中，見書不問古今，即借觀之。或竟日不還。是時，天下新定，重法繩下士，不樂仕人文散逸，詔求賢才，悉集京師。鉞父見其子好學，甚恐爲郡縣所知，數懲之，不能止。家有田十數畝，在葛澤陂，因令督耕其中。鉞至陂，無書讀，託市鹽酪。率一二日即入城，從其友人家借得書。道中披覽，至陂輒盡，每以爲悔。楊滐者，元末隱士也。嘗避雨泊舟鉞舍旁。窺見鉞持書倚簷，讀不絶聲，乃就視之曰：「豎子好學至此哉！日能讀幾何？」鉞曰：「苦無書讀耳，過目不能忘也。」滐曰：「我有書在洋海店，去此不遠，豎子能從我遊乎？」鉞喜再拜，即從滐入舟。至其舍，與數册書去。自是數？數來易，滐怪其頻舉所借書問之，悉記憶無忘者。滐大喜曰：「吾插架書不下萬卷，不能舉。付汝，汝當從吾舍讀。」因令其子福同室而居者，三年遂盡其書，併辟福賢良。滐怨之曰：「吾不幸遭世亂，家破族散，今獨攜一子，耕讀遠郊，以畢餘生。以子好學，盡以藏書奉覽。奈何不自韜晦，卒爲人知。

郭鴞《玉堂叢語序》　夫國家二百年來，名臣碩老，强半出自玉堂精選。以故得其寸楮隻字、一事片語者，信之若蓍蔡，珍之若夜光。箋箋世儒，安所得全帙一莊誦乎？焦先生腦庫茹納萬有，鄴架珍藏萬卷，能裒集，更能衷裁。抽精騎於什伍，揀粹腋於衆白。都内好事者，往往祈得而梓行之，俾千古後學，不致慨我明館閣無成書，因而補葺國史之弗備也。先生之功，于是爲大。

焦竑《玉堂叢語》卷一　方西樵予告南歸，劉鈗往候之見，命屬吏書繳銀圖書疏，公止之曰：「大臣不以仕否異心，翁又受恩獨隆者，林下有一得之見，非此莫達。前正統間，三楊曾帶之回矣。」口誦三疏，遂斟酌用之，圖得不繳。及典籍呈原稿，與所誦隻字不差。樵翁但遇客，即稱公之善記。弘治以來，辦事兩房，以博知舊典著名者，公爲首，而蘇州劉棨貳焉，時謂之「二劉」，若古稱孝威、孝綽「二劉」云。家故多書，至公則又倍力聚之，凡聖作賢述，山經海志，稗官小説，石室靈文，無不藏焉。有時暴於晴日，非三五識字健僕，兼浹旬之久，盤播不能盡也。與公同姓者古今文集，別置一所，共五十餘家，他可知矣。

焦竑《焦氏類林》卷七《典籍》　曹曾積石爲倉，以藏書名曹氏書倉。

杜元凱《與子眖書》曰：「知洪頗慾念學，令同還。車到，副書可案，録受之，當別置一宅中，勿復以借人。」柳氏序訓云：「余家昇平里西堂，藏書經、史、子、集皆有三本，一本紙墨籤束華麗者，鎮庫。一本次者，長將隨行披覽。又一本次者，後生子弟爲業。」杜暹家藏書皆自題跋尾以戒子孫曰：「請俸買來手自校，子孫讀之知聖教，鬻及借人爲不孝。」倪若水藏書甚多，列架不足，疊窗安置，不見天日。子弟直日看書借書者，先投束修羊。

又《喜藏異書》　宋宋綬字公垂，博學喜藏異書，手自讎校，嘗謂「校書如掃塵，一面掃，一面生」。每三四校猶有脱誤。又曾鞏平生好書，家藏一萬餘卷，手自讎對，白首不倦。

謝肇淛《五雜俎》卷一三　好利之人多於好色，好色之人多於好酒，好酒之人多於好弈，好弈之人多於好書。好書之人有三病，其一，浮慕時名，徒爲架上觀美，牙籤錦軸，裝潢衒曜，驪牝之外一切不知，謂之無書可也；其一，廣收遠括，畢盡心力，但圖多蓄，不事討論，徒涴灰塵，半束高閣，謂之書肆可也；其一，博學多識，矻矻窮年，而慧根短淺，難以自運，記誦如流，寸觚莫展，視之肉食面墻誠有間矣，其於没世無聞均也。夫知而能好，好而能運，古人猶難之，況今日乎。其有不事搜獵，造語精進者，此是天才，抑由夙慧。然南山之木，不揉自直，磨而礱之，其入不益深乎？高才之士，多坐廢學，良可惜也。

又　余嘗獲觀中秘之藏，其不及外人藏書家遠甚，但有宋集五十餘種，皆宋刻本，精工完美，而日月不及，日就浥腐，恐百年之外盡成烏有矣。胡元瑞謂欲以三年之力盡括四海之藏，而後大出秘書，分命儒臣，編摩論次。噫！談何容易。不

惟右文之主不可得，即知重文史者，在朝之臣能有幾人，而欲成萬世不刊之典乎？《内閣書目》門類次第僅付之一二省郎之手，其泯淆魚豕、不下矇瞽而不問也，何望其他哉！

又　求書之法，莫詳於鄭夾漈，莫精於胡元瑞，後有作者，無以加已。近代異書輩出，剞劂無遺，或故家之壁藏，或好事之帳中，或東觀之秘，或昭陵之殉，或傳記之裒集，或鈔録之殘賸，其間不準之誣、阮逸之贋，豈能保其必無？而毛聚爲裘，環斷成玦，亦足寶矣。

黄學海《筠齋漫録》卷六　宋次道家書皆校讐三五遍，世之藏書以次道家爲善本。住在春明坊昭陵時，士大夫喜讀書，多僦居其側，以便於借置故也。當時春明宅子僦直比他處常高一倍，陳叔易常歎此事曰：「此風豈可復見耶？」

徐𤊹《紅雨樓題跋》卷下《題兒陸書軒》　菲飲食，惡衣服，減自奉，買書讀，積二年，堆滿屋。手有較，編有目。無牙籤，無玉軸。置小齋，名汗竹。博非厨，記非簏，將老矣，竟不熟。青箱業，教兒陸，繼書香，尓當勗。

又《藏書屋銘》　少美詞章，遇書輒喜，家乏良田，但存經史。先人手澤，連篇累紙。珍惜裝潢，不忍殘毁。補缺拾遺，坊售肆市。五典三墳，六經諸子。詩詞集説總兼，樂府稗官咸備。藏蓄匪稱汗牛，考核頗精亥豕。雖破萬卷之有餘，不博人間之青紫。茗椀香爐，明窗净几。開卷朗吟，古人在此。名士見而嘆嘉，俗夫聞而竊鄙。淫嗜生應不休，痴癖死而後已。此樂何假南面北城，豈曰誇多而鬪靡者也？

陳繼儒《太平清話》卷二　余藏宋紹興所刻書册《華嚴經》八十一卷，後又得《法華經》七卷，又得《楞嚴》十卷，《圓覺》二卷，皆宋板也。惜無宋刻《金剛》配之。後得俞仲蔚手寫《金剛》一卷，蠅頭細書，而結法嚴密，真光明寶藏也，後當分鎮諸山。

又卷二　余每欲藏萬卷異書。襲以異錦，薰以異香，茅屋蘆簾，紙窻土壁，而終身布衣嘯詠其中。客笑曰：「果爾，此亦天壤間一異人。」

祁承㸁《澹生堂藏書約·聚書訓》　竇諫議爲人素長厚，性尤儉素，器無金玉之飾，家無衣帛之妾。常於宅南建一書院，聚書數千卷，崇禮文學，延置師席。凡四方孤寒之士，貧無供須者咸爲出之，有志於學者聽其自至，故其子聞見益博。張華家無餘財，惟有文忠溢於幾篋。常徙居，載書三十乘。秘書監摯虞撰定官書，皆資華本以取正焉。天下奇秘世所罕有者，悉在華所，由是博物洽聞，世無與比。魯人曹平慕曾參之行，因名曹曾。家多書，慮其湮滅，乃積石爲倉以藏，世謂「曹氏書倉」。壽張申屠致遠仕元爲廉訪，清修苦節，耻事權貴。聚書萬卷，號「申氏墨莊」。任昉博學，家雖貧，聚書至萬餘卷，率多異本。卒後，武帝使學士賀縱共沈約勘其書目，官無者就其家取之。李公擇少讀書於廬山五老峰下白石庵僧舍，藏九千餘卷，以遺來者。公擇既去，山中之人思之，指其所居爲「李氏山房」。常景不事産業，衣食取濟而已。耽愛經史，若遇新異之書，不問價貴賤，以必得爲期。方漸知梅州，所至以書自隨，積至數千卷，皆手自竄定。就寢不解衣衾，林朝光質之，答曰：「解衣擁衾，會有所檢討，則懷安就寢矣。」增四壁爲閣，以藏其書，榜曰「富文」。孫蔚家世好書，有書七千餘卷。遠近來讀者恒有百餘人，蔚爲辦衣食。陸務觀作書巢以自處，飲食起居，疾病吟呻，未嘗不與書俱。每至欲起，書圍遶左右，如積槁枝，至不得行。時引客觀之，客不能入，既入不能出，相與大笑，遂名曰「書巢」。梁金樓子聚書四十年，得書八萬卷。河間之侔於漢室，頗謂過之。柳氏家升平里西堂，藏經子史集皆有三本：紙墨签束華麗者鎮庫，次者長將隨行披覽，又次者後生子弟爲業。宋丁顗盡其家貲，置書十萬餘卷，且曰：「吾聚書多矣，必有好學者爲吾子孫。」後其孫度竟登博學宏詞科，至參知政事。宋次道所蓄書皆校讎三五遍，世之藏書，以次道家爲善本。宋住春明坊，昭陵時，士大夫喜讀書，僦居其側以便借置。當時春明坊宅子僦值比他處常高一倍。齊王牧以禮自拘，鮮有過事。就人借書，必手刊其謬，然後返之。李皓署劉炳爲儒林祭酒。炳好尚文典，書史穿落者親自補治，矜重如拱璧。每謂其子弟：「吾所以躬其事者，欲人重此典籍耳。」宋綬字公垂，博學喜藏異書，手自校讎。嘗謂：「校書如掃塵，一面掃，一面生。每三四校，猶有脱誤。」向朗年八歲，即手自校書，刊定謬誤，潛心典籍。積聚篇卷，冠於一時。郎基，中山新市人，魯郡太守智之孫，博涉文籍，清慎無所營求。嘗謂人曰：「任官之所，木枕亦不須作，況重於此乎？」惟頗令人寫書。樊宗孟遺之書：「在官寫書，亦是風流罪過。」基曰：「觀過知仁，斯亦可矣。」穆子容少好學，無所不覽。求天下書，逢即寫録，所得萬餘卷。袁峻家貧無書，每從人假借，必皆抄寫。自課日五十紙，紙數不登則不止。董仲玄去京師三百里，或乘牛驢，或躡屩，不日而至。常息人家，於座以筆題掌；還家，以竹擘寫之，書竟則舐掌中。世謂之「董仲玄掌録」。任束學無常師。河洛秘奥，非止典籍所載，皆注記於柱壁及園林樹木，慕學者爭趨寫之，時謂「任氏經苑」。東筦當作莞臧逢世年二十餘，余讀班固《漢書》，苦假借不能久，乃就姊夫劉緩乞書翰紙末，手寫一本，軍府服其志尚，卒以《漢

書》聞。孟景翌字輔明，刻勵嗜學，行輒載書隨，所坐之處不過容膝，四面卷軸盈滿，時人謂之「書窟」。王筠少好抄書，老而彌篤，雖遇見瞥觀，即皆疏記。後重覽省，歡情彌深，習與性成，不覺筆倦。自十三四歲歷四十載，躬自抄録，大小百餘卷，自以爲不足傳之好事，備遺忘而已。張忝爲國子司業，手寫《九經》，每謂「讀書不如寫書」。柳仲郢退公布卷，不舍晝夜。九經、三史一抄，《晉》、《魏》、《南》、《北史》再抄，手書分門三十卷，號「柳氏自備」。小楷精謹，無一字肆筆。劉道原就宋次道家觀書，宋曰：「具酒饌爲主人禮」，道原不受，閉閤抄書，旬日而畢。吴人朱存禮，居常聞人有奇書輒從求，以必得爲志。或手自繕録，動盈筐篋，羣經諸子小説無所不有。詩亦精雅，尤精小楷，手録前輩詩文，積百餘家。他所纂述，有《經子鉤玄》、《吴郡獻徵録》、《名物寓言》、《鐵網珊瑚》、《野航漫録》、《鶴岑隨筆》等書數百卷。杜暹家藏書，皆自題跋尾以戒子孫，曰：「請俸買來手自校，子孫讀之知聖教，鬻及借人爲不孝。」

張岱《陶庵夢憶》卷六《韻山》　大父至老，手不釋卷，齋頭亦喜書畫、瓶几布設，不數日，翻閱搜討，塵堆研表，卷帙正倒參差。常從塵硯中磨墨一方，頭眼入於紙筆，潦草作書生家蠅頭細字。日晡向晦，則攜卷出簾外，就天光爇燭，檠高光不到紙，輒倚几攜書就燈，與光俱頫，每至夜分，不以爲疲。常恨《韻府羣玉》、《五車韻瑞》寒儉可笑，意欲廣之，乃博采羣書，用淮南大小山義：摘其事曰「大山」，摘其語曰「小山」，事語已詳本韻而偶寄他韻下曰「他山」，膾炙人口者曰「殘山」，總名之曰「韻山」。小字襞積，烟煤殘楮，厚如磚塊者三百餘本。一韻積至十餘本，《韻府》、《五車》不啻千倍之矣。政欲成帙，胡儀部青蓮攜其尊人所出中秘書，名《永樂大典》者，與韻山政相類，大帙三十餘本，一韻中之一字猶不盡焉。大父見而太息曰：「書囊無盡，精衛銜石填海，所得幾何！」遂輟筆而止。以三十年之精神，使爲別書，其博洽應不在王弇州、楊升庵下。今此書再加三十年，亦不能成，縱成亦力不能刻，筆冢如山，祇堪覆瓿，余深惜之。丙戌兵亂，余載往九里山，藏之藏經閣，以待後人。

徐𤊹《徐氏筆精》卷七《藏書》　海鹽姚叔祥有言：「今藏書家知秘惜爲藏，不知傳布爲藏，何者？秘惜則緗橐中自有不可知之秦劫，傳布則毫楮間自有遞相傳之神理。然所謂不知傳布之説有四：大抵先正立言，有一時怒而百世與者，則子孫爲門户計而不敢傳，門奇炫博，樂於我知，人不知則寶秘自好而不肯傳，卷軸相假，無復補壞刊謬，而獨踵還癡一喭，則慮借抄而不樂傳，舊刻精整，或手書妍妙則懼翻摹致損而不忍傳：凡此四不傳者，彼繇不知世變靡常，聚必有散，一旦三災横起，流爛滅没，無論藏者，且累著作姓名一併抹煞，是藏有加於亡，何必後來狺狺詈祖龍爲也。」

又　吾鄉前輩藏書富者，馬恭敏公森、陳方伯公暹。馬公季子能讀能守，陳公後昆寖微，則散如雲烟矣。又林方伯公懋和、王太史公應鍾，亦喜聚書，捐館未幾，書盡亡失。然四公之書，咸有朱黄批點句讀，余間得之，不啻拱璧也。予友鄧參知原岳、謝方伯肇淛、曹觀察學佺，皆有書嗜。鄧則裝潢齊整，觸手如新，謝則鋭意蒐羅，不施批點；曹則丹鉛滿卷，枕藉沈酣：三君各自有癖。然多得秘本，則三君又不能窺予藩籬也。

又《楊文貞積書》　楊文貞公士奇《文籍志序》云：「吾先世藏書數萬卷，元季悉燬於兵。吾早有志於學，而孤貧不能得書，稍長事抄録，無以爲楮筆之費，則往往從人借讀，不能數得。年十四五，出教童蒙，頗有所入，以供養不暇市書也。弱冠稍遠出授徒，所入頗厚，始蓄書，不能多也。及仕於朝，有常禄，又時有賜賚，節縮百費，日月積之，一爲收書之資，歷十餘年，經史子集，雖不能備，頗有所蓄，視吾先世所藏千百之什一，視吾少時，可謂富矣。夫人於其所好，勞心苦力以求得之，必將謹護珍襲，不至於廢壞，逮得傳其後之人，未嘗知得之之難，蓋有視之漠然不以留意，棄之如棄瓦礫者矣。吾懼後之人不知守也，凡書其志吾之所以得，而勉其所以守。蓋昔人愛一草一木猶戒子孫以勿壞，矧書籍聖賢至訓之所寓乎？敬之哉！」文貞公勳業名位冠於國初，賜賚禄入積爲收書之費，足見先輩雅尚。

又《書城》　宋季德茂環積墳籍，名曰書城。予友邵武謝兆申好書，盡罄家貲而買墳籍，兀坐一室，四面皆書，僅容一身。宋世版本未盛，恐季公未必如此之富。予與謝君極稱臭味交，謝君藏蓄幾盈五六萬卷，又多秘册，合八郡一州未有能勝之者，不獨古人書城、書窟、書倉、書巖爲奇耳。

又《秘書》　蔡邕秘《論衡》於帳中，或搜得之，輒抱以去。又家有書萬卷，末年載數車與王粲。何私一《論衡》，而萬卷不之惜耶？蓋搜得《論衡》者未必爲邕意中人，固宜珍秘；而仲宣素有異才，即捐數車之與不爲傷惠，要在得其當耳。今世以書爲羔雁，連篇累牘，贈送貴人，貴人全不知惜，膏蟻飼鼠，予者非邕，受者非粲，徒爲典籍一厄！與其爲貴人屑越，寧秘帳中。

王士禎《帶經堂集》卷六五《梅厓詩意序》　往予在郎署，識上海葉忠節公，恂恂自下，如列子所稱藐姑射神人，形若處子。及爲歌詩，則沈鬱頓挫，其歸自贛石

也。出其《圍城詩》百篇，音節尤近子美「前、後出塞」。乃别去，未幾而忠節伏節武昌。予手其遺詩，歎息泣下，自以爲知忠節不盡。而流俗薄文士，動藉口雕蟲篆刻，壯夫不爲，其非公言諒矣。李君協萬，自翰林出爲儀曹，孤潔自好，所與遊衹吾輩數人，尤與忠節交莫逆。嘗合撰其詩刻之，世稱葉、李，比於唐王、孟，錢、郎之流。予再入京師，往時遊好幾盡，獨君以罷官歸，僦居委巷一畝之宫，藥欄花塢，曲折幽翳。入其室，插架萬軸，州次部居，甲乙秩然。素琴香茗，相對終日，吐納無一俗語，若人世榮辱得喪，一無足芥其中者。

王士禛《居易録》卷一四　予家自太僕、司徒二公發祥，然藏書尚少。至司馬、方伯二公，藏書頗具矣。亂後，盡燬兵火。予兄弟宦遊南北，稍復收緝。康熙乙巳，自揚州歸，惟圖書數十篋而已。官都下二十餘載，俸錢之入，盡以買書。嘗冬日過慈仁寺市，見孔安國《尚書大傳》、朱子《儀禮經傳通解》、荀悦、袁宏《漢紀》，欲購之。異日侵晨往索，已爲他人所有，歸來惆悵不可釋，病卧旬日始起。古稱「書淫」、「書癖」，未知視予何如？自知玩物喪志，故是一病不能改也，亦欲使吾子孫知之。朱翰林竹垞嘗爲予作《池北書庫記》。

又卷二九　杭州孝廉高式青，説其鄉張氏藏書甚富。造樓水中，庋置甲乙，悉有次第。以小舟通之，晡後即禁往來。一日忽有烟氣出樓牕，大驚，往視之，則門扃如故。比登樓，烟亦不見，如是者三。最後細檢視，烟自書橱中出。開橱，則凡天文奇遁之書悉爲燼，惟空函在焉，餘書無恙。

王士禛《古夫于亭雜録》卷五《傳國逸事》　傳國，字鼎卿，别字丹水，臨朐人，其父老儒也。少貧，而讀書慧甚，里人感異夢，以女妻之。無居以娶，某廣文者捐廟堧隙地，築一室爲娶焉。嘗適市爲妻市布作衣襦，恐其紿己，令尺翦而酬其直。弱冠鄉舉，怒一妓不時至，械其手令歌，不中節輒笞之。成進士，由通許令入户部爲郎，督餉遼東。罷歸，卜築雲黄山中，以石爲門，望之如墟墓間物。自作傳刻兩扉上，中作一樓，名凝遠，聚書萬卷。每春時出遊，乘肩輿，去襜帷，進賢冠，朱衣束帶，遍歷村墅。以其女嫁時貧無奩具，召之歸，盛治奩具，擇吉日，令婿親迎。其任誕如此。甲申鼎革後，足不下樓。一日寇至，積薪焚其樓，遂與圖書俱燼。居常爲其戚殷生言：「吾右臂時時汗出如滴泉，法當死於火。」至是果然。壽光安致遠静子狀其逸事。

王士禛《帶經堂詩話》卷四　邊華泉先生有二子：曰翼，曰習。習字仲學，能以詩世其家。先生自給事中一麾出守，兩視學政於晉於梁，内陟卿寺，歷官南京户部尚書。所至登臨山水，購古書金石文字累數萬卷，而家無中人之産，身後至無以庇其子姓。仲子貧困，負薪以授徒，取給饘粥；今所存《睡足軒詩》一卷，故友徐隱君夜購得手稿重裝之。余刻《華泉集》於京師，乃取徐本重閲之，録其半，刻附先生集後。

又卷一一《史辰伯》　史兆斗，字辰伯，吴江人，處士明古鑑之後，徙居長洲。博雅多藏書，少及與劉子威、王百穀交，尤熟吴中典故。康熙初卒，年八十餘。汪苕文曰：「此翁死，吴中文獻絶矣。」

卷一六《蜀鑑》　《蜀鑑》十卷，起秦人取南鄭，秦人伐蜀，迄西南夷本末，有文子嘉熙丁酉跋云：「與資中郭允蹈居仁共爲此編。」又有姚咨嘉靖丙寅跋云：「是編予得之羅浮外史顧玄緯氏，玄緯得之兵侍鄞范東明翁，翁又得之章丘李中麓吏部，輾轉假録，越二十餘年，予始得手鈔，凡六踰月乃畢。夙興夜寐，無論寒暑，蓋不知老之將至。」是書予壬子入蜀時，購之不可得，康熙癸亥，乃借之朱簡討錫鬯。朱好寫書，多未刻祕本。跋中李中麓氏藏書百六十年未散，近始歸崑山徐宫贊健菴乾學。梁溪顧氏書至孝廉修遠宸尤富，後書歸吴中丞伯成興祚。惟四明范氏天一閣書不以借人，至今無恙，餘姚黄梨洲宗羲多就閲其祕本。

又《香祖筆記》卷五　南唐名臣如韓熙載、孫忌、王仲連，皆山東人。而著述之多，無如朱遵度。遵度，青州人，好藏書，高尚其事。閒居金陵，著《鴻漸學記》一千卷，《羣書麗藻》一千卷，《漆書》若干卷。見鄭文寶《江表志》。

又卷七　遯園居士言金陵盛仲交家多藏書，書前後副葉上必有字，或記書所從來，或記他事，往往盈幅，皆有鈐印。

錢謙益《初學集》卷七四《亡妹嚴氏孺人合葬誌》　妹之適嚴氏也，中書初歿，家貧多子，不能具中人之産。習勞執勤，不憚夙夜。叔妹妯娌，列屋如雞棲，庭户交錯，機杼之聲相聞，處之怡怡然，誾誾然，未嘗有違言誶語也。子若習舉子不就，性好聚書，故家舊里，冷攤小肆，繙閲訪求，如有弗得，蠹簡齧翰，蟫穿鼠穴，裝潢補緝，目眵手繭。久之聚書至數千卷。賈人多就鈔傳寫，因以購得祕本，營求貿易，輾轉不厭，其得以窮老自娱，亦用此也。子若專勤書癖，亡失衣冠，有朱公叔之風。性儉嗇，數米而炊。家人啼號，掩耳弗顧。

錢謙益《列朝詩集·甲集前編》卷八上《雲林先生倪瓚》　瓚字元鎮，無錫人，其先以資雄一郡。元鎮不事生産，强學好修。所居有閣名清閟，藏書數千卷，手自勘定。鼎彝名琴，陳列左右，松篁蘭菊，敷紆繚繞。

又《虞廣文堪》 堪字克用，一字勝伯，宋丞相雍公諸孫也。後家長洲，隱居不仕。家藏書甚富，手自編輯。尤重雍公遺文，雖千里外必購得之。

又《丁集》卷一五《梅太學鼎祚》 鼎祚，字禹金，宣城人，雲南參政守德之子。【略】禹金好聚書，嘗與焦弱侯馮開之暨虞山趙玄度訂約搜訪，期三年一會于金陵，各出其所得異書逸典，互相讎寫。事雖未就，其志尚可以千古矣！

又《徐舉人熥布衣𤊹》 熥，字惟和；𤊹，字惟起，又字興公。閩縣人。寧令棉之子也。兄弟皆擅才名。惟和舉萬曆戊子鄉薦，十餘年不第，風流吐納，居然名士。其詩爲張幼于、王百穀所推許，有《幔亭集》，屠長卿序之。興公博學工文，善草隸書，萬曆間與曹能如狎，主閩中詞盟，後進皆稱興公詩派。嗜古學，家多藏書，著《筆精》、《榕陰》、《新檢》等書，以博洽稱於時。崇禎己卯，偕其子訪余山中，約以暇日，互搜所藏書，討求放失，複尤遂初、葉與中兩家書目之舊。能始聞之，欣然願與同事。遭時喪亂，興公、能始俱謝世，而餘頹然一老，無志於斯文矣。興公之子延壽，能讀父書。林茂之雲，劫灰之後，興公鰲峰藏書尚無恙也。

曹溶《絳雲樓書目題辭》 虞山宗伯，生神廟盛時，早歲科名，交游滿天下，盡得劉子威、錢功父、楊五川、趙汝師四家書。更不惜重資購古板本，書賈聞風奔赴，捆載無虚日。用是所積充牣，幾埒内府，視葉文莊、吴文定及西亭王孫或過之。中年，構拂水山房，鑿壁爲架，庋置其中。四方從遊之士，不遠千里，行縢修贄，乞其文刻繫牲之石，爲先世光榮者，絡繹門外。自王弇州、李大泌以還，此事殆希見也。宗伯文價既高，多與清流往來，好延引後進，大爲壬人所嫉，一蹶不復起。晚歲浮沉南國，操委蛇術容其身。所薦某某，大異平居所持論，物望爲之頓損。入北未久，稱疾告歸，居紅豆山莊，出所藏書，重加繕治，區分類聚，栖絳雲樓上，大櫝七十有三，顧之自喜，曰：「我晚而貧，書則可云富矣。」甫十餘日，其幼女中夜與乳媪嬉樓上，剪燭炧，誤落紙堆中，遂燃。宗伯樓下驚起，焰已彌天，不及救，倉皇走出。俄頃，樓與書俱盡。予聞駭甚，特過唁之，謂予曰：「古書不存矣，尚有割成明臣誌傳數百本，俱厚四寸餘，在樓外，幸無恙，我昔年志在國史，聚此，今已灰冷，子便可取去。」予心艷之，長者前，未敢議值，則應曰：「諾諾。」別宗伯，急訪葉聖野，托其轉請。聖野行稍遲，越旬日，已爲松陵潘氏購去，歎息而已。今年從友人得其書目，手鈔一過，見不列明人集，偏于瑣碎雜説，收録無遺，方知云厚四寸者，即割文集成之，非虚語也。予以後進事宗伯，而宗伯相待絶欵曲。丙戌，同客長安。丁亥、戊子，同僦居吴苑，時時過余。每及一書，能言舊刻若何，新板若何，中間差別幾處，驗之，纖悉不爽。蓋於書無不讀，去他人徒好書，束高閣者遠甚。然大偏性，未爲深愛古人者二端：一所收必宋元板，不取近人所刻及鈔本，雖蘇子美、葉石林、三沈集等，以非舊刻，不入目録中；一好自矜嗇，傲他氏以所不及，片楮不肯借出。儘有單行之本，燼後不復見於人間。予深以爲鑒，偕同志申借書約，以書不出門爲期，第兩人各列所欲得，時代先後，卷帙多寡，相敵者，彼此各自覓工寫之，寫畢各以奉歸。崑山徐氏、四明范氏、金陵黄氏皆謂書流通而無藏匿不返之患，法最便。予又念古人詩文集至夥，其原本首尾完善，通行至今者，不過十二三。自宋迄元，其名著集佚者，及今不爲搜羅，將遂滅没可惜，故每從他書中，隨所見剔出，補綴成編，以存大概，如孫明復、劉原父、范蜀公等頗可觀。宗伯地下聞之，必以爲寒氣可笑。然使人盡此心，古籍不亡，斷自今日始矣。

孫奇逢《夏峰先生集》卷九《孝廉頤菴李君墓誌銘》 君爲兒童時，氣奔放，不受約束。家故貧，性好弄，軒輊不拘，每狎侮其曹類。父泰徵公憂之，困於樓頭者，累日夜不得出，君乃玩其樓所藏書，漸爲文，有奇思。泰徵公初不信，繼而異之，授以經、史、《左》、《國》、秦漢諸大家文，君受讀，皆能領略，遂不復戲。

又卷一〇《楊都君明宇行述》 公以忠報國，以孝報親，以義方教子。堂中置萬卷外，無雜玩；性學經濟外，無雜書；賢士大夫外，無雜交；綱常名教外，無雜言。入其門，即未接譚，而大雅之風已泠然噓人肌髓。

孫承澤《畿輔人物志》卷六《郭太守文輔》 郭文輔字共臣，宛平人。父雋，仕至兩浙運同。文輔性貞澹好學，持論可觀。舉進士，授行人。【略】調永昌，治如常州，久之投劾而去，去之日，惟圖書數簏而已。家更貧困，至不聊生。徒自肆于學，無所不闚，藏書數萬卷，躬自校讐。與驃騎將軍馬應乾爲友，應乾直亮，博雅有古人風。交相砥礪，相得甚歡。雖居朝市，門堵蕭然，他人莫敢望也。

談遷《棗林雜俎》聖集《收書法》 南充陳元忠相國于陛好儲書，平湖沈幻真太史懋孝勸其據類書注中所引證之書，覺篇目不經見者，日月標記，令書賈時時博求之，無意中忽得奇書。又據天下書目，考其版籍在諸路者，時時馳尺一託交游間，如目搜羅，期得乃已。自戊辰至甲戌七年，元忠以此法得奇書三千部。及家艱，寄書京師勳戚家，半失去。

又《厄書》 藏書佳事也，闔省不數家，家不數傳。如浦江義門鄭氏八萬卷，燬於火。義烏虞侍郎守愚、參政德燁父子，樓藏萬卷，署曰「樓不延客，書不借人」，後蘭谿胡孝廉應麟賤直得之，今亦佚盡。太倉王元美書最富，再傳而失。開封中

尉睦桴之萬卷堂、會稽鈕氏之萬卷樓、吾寧祝侍郎以豳之萬古樓、武康駱侍御駸曾、平湖馮孝廉茂遠、常熟錢宗伯謙益諸家，非流散則姤焰矣。噫，縹帙緗函，何預天曹事？往往被厄，不能久錮。設靈威丈人之秘牒，玄夷使者之珍符，貯嫏嬛而儲二酉，概如此厄。天上司書吏，地下修文郎，亦寂寂難堪矣。楊循吉既老，散書親故，令蕩子孌婢無復着手，是或一道也。錢宗伯好儲書，尤喜較訂。廣蒐博引，一編中粉墨丹黄層見，錯書有所疑誤，千里之外託人研考，其購藏甲於東南。亂後，撰《明史》凡二百五十卷，辛卯九月晦甫就，越後日見燼。火始作，見朱衣者無數。是非不得其平，遂以熒惑掃之，隻字不留，亦一異也。

又《穆文熙焚書》 東明穆文熙小春憲副，購書十餘萬卷。疾篤，盡舉所積焚之。

張岱《石匱書》卷五八《曹學佺傳》 《石匱書》曰：「曹能始藏書甚富，爲藝林淵藪。其自所爲文，填塞堆砌，塊而不靈，與經笥書厨亦復無異，書故多，亦何貴乎多也。顧隣初、陳明卿、張天如所閲諸書，亦卓牢有致，而嫩真草堂《無夢園》、《七録齋》諸集，食生不化，亦未見其長。炮夫烹割調劑五味，賓主樂之。雖終日勞勞，與炮夫竟何補哉！」

張岱《夜航船》卷八 八萬卷。齊金樓子聚書四十年，得書八萬卷，雖秘書之省，自謂過之。

三萬軸。唐李泌家積書三萬軸。韓詩云：鄴侯家多書，架插三萬軸。一一懸牙籤，新若手未觸。

書樓孫氏。孫祈六世祖長孺喜藏書，數萬餘卷置之樓上，人謂之書樓孫氏。

汗牛充棟。陳文通之書，居則充棟，出則汗牛。

帳中秘書。王充作《論衡》，中土未有傳者。蔡邕入吴始得之，秘之帳中，以爲談助。後王郎得其書，及還洛下，時人稱其才進曰：「不見異人，當得異書。」

蔡邕遺書。蔡琰歸自沙漠，曹操問邕遺書。琰曰：「亡父遺書四千餘篇，流離塗炭，罔有存者。今所誦憶，裁四百餘篇。」因乞給紙筆真草惟命。於是繕寫送入，文無遺誤。

補亡書三篋。漢張安世博學。武幸河東，亡書三卷篋。詔問羣臣俱莫能知，惟安世識之爲寫。原本補入後，帝購求得書，以相較對，並無遺誤。

捫腹藏書。楊玠娶崔季讓女。崔富圖籍。玠游其精舍，輒覽記。既而曰：「崔氏書被人盜盡。」崔遽令檢之，玠捫其腹曰：「已藏之腹笥矣。」

吴偉業《吴梅村全集》卷三八《王母徐太夫人壽序》 抑吾聞之，禮者，所以崇退讓，弘止足也。自古世禄之家，鮮不怙其勢位。以公才地，託屬王家，上可以筦樞機，次可以奉帷幄，乃優游不進者，二十年於茲矣。風流嫻雅，舉止如儒生，世之赫然要近者，視之漠如，非其好也。家居盛治風亭月榭，嘗具數百人之饌，扁舟過江，載其圖書萬卷，清商兩部，修承平王孫之樂，天下聞而慕之。

又卷五九《崇川邑侯王孝伯壽序》 公性狷潔，澹泊明志，鳴琴退食，酌水自甘，澣衣濯冠，行止率如寒士，其耿介大節，超出倫等。春秋循行郊野，輒引老農，問其佳麥良繭，察民疾苦而補助之。簿書期會之暇，數接賢士大夫，談經講藝，上下古今。而扶風掾史，京兆功曹，則屏息重足，不敢少望顔色。其興會所寄，獨嗜圖籍，當河陽花煖，青箱萬卷，如置身石渠、天禄中，而北苑、南宫之筆，右軍、太傅之書，靡不割清俸以佐琴鶴，紛紛俗好，都不入其胸次，墨莊之外，蕭然無辨，其赤文緑字，即公之鬱林片石也。雖昌黎之在潮，東坡之在杭，流風遺韻，如同一轍。蓋公之廉能得諸天授。而家學實有淵源。自文中子紹法孔、孟，代出真儒。

吴綺《林蕙堂全集》卷一《桓山堂藏書記》 蓋聞負邁俗之志，其好尚必有所甚殊，具超世之懷，其見聞必有所自廣。是以永和擁卷，其樂過於百城。揚子持編，其榮比乎三事。良有以也。難其人哉，乃吾宅相之賢，是爲江夏之俊，則燕思黄子，殆其人乎！黄子孝以誠生，敬由愛發，遠猷克紹，有叔度之汪洋，内行彌修，若文彊之愷悌。處繁華之境而志意偏高，在紛擾之場而心神獨曠。確乎有得，卓爾不羣，遂廢産以營編，用捐資而置典，得一本之善，寶若隋珠，遇一卷之奇，珍同趙璧。求而不獲，皇皇然或至忘飡，見則必收，汲汲焉寧知傾橐，竭其耳目，雖難侔乎四庫之多，積以歲年，已略備乎五車之半。敢云蘭臺之秘典，溢滿其中，但覺芸閣之薰爐，芬芳其外。而列朝賢士，每愛聚書，昭代文人，常能好古。故鄴侯置架，朱白分籤，曹氏爲倉，丹黄充棟。放翁凝足集枝，遂以名巢，麟士殫心寫竹，恒爲累篋。乃兹抗懷古昔，適意典文，極其志于一時，娱其情于千載，苟非瓊林瑶樹，自出塵埃，璞玉渾金，都忘美好，亦烏能遊神物表，駕學區中也哉。爰擬君山，實逾猗頓。高人原非玩物，識者或謂知言矣。抑且燕思雅工詩格，懷達夫之猛志，究子美之微言，則共陟斯堂，用求其勝，不獨羡熊巖之積，遐想風前，且將聞牛渚之吟，頻過月下也。

周亮工《賴古堂集》卷一六《黄母周宜人七袠序》 予少時即聞閩中黄海鶴先生中萬曆乙酉鄉試，與李解元光縉齊名，專勤汲古，得異書，必手自繕寫。筮仕後，

自上海教諭遷南國子監丞，遂卜居金陵，著作自娛。年八十餘猶篝燈誦讀，達旦不倦。藏書數萬餘卷。虞山宗伯著《千頃齋藏書記》，今學士猶能傳之。而所以成先生高名者，則今俞郎母夫人周宜人左右其間焉。宜人既克佐夫子，牙籤萬軸，亦得手自紬繹，時時竊聞先生緒論。未幾，先生厭世，長公俞言有儁才，已先先生朝露，宜人從伶丁荼苦中撫幼孤俞郎於成立，能守先世之藏書，以文章自表異宜。宜人之節行，可謂加人一等矣。顧獨念俞郎事，海鶴先生日未久，過庭之訓未深。是時海内承平，金陵猶以文物顯，藏書之家稱盛富者屈指不過數家，惟太史焦澹園與海鶴先生最著。然太史藏書傳數世漸致散軼，獨海鶴先生之書至今若魯靈光。俞郎一一考其篇目次第，籍記之。夏必暴蠹，必簡猶，時時借人藏録，稽其同異，朝夕伏讀以慰宜人。備色養則俞郎能事，尊甫先生於既逝之餘，稱爲孝子，似無以見賢母之教矣。而宜人之教實有於俞郎大著者。

錢澄之《田間詩文集》卷一〇《追雅堂記》 余子鴻期，楚國之學者也。今年夏與予同出都，車塵馬足疲罷，於風沙酷日中，既渡河抵汴，已復入洛，共處學使者署中，并屋而栖，終日下簾，坐斗室如處炊甑中，汗喘無可自遣，則相與言志。余子言其家去郭不數里，有山，面長江，旁瞰大湖，有竹萬竿，茅屋三楹，往讀書其上，蕭森陰寒，不知有夏。即言之，冷然清風生也。今歸，葺茸而居之。更別搆一堂，以貯今所購書。余子向有書千卷，十年前盡燬於火。今以次購之，又幾百卷矣。余子嗜書，其天性也。生平博聞强記，經目過者，略能成誦。其遊也，雖困乏，遇書輒收。以是客都門三載，橐裝爲之蕩然。及其行，笥篋纍纍馱而從。余發而視之，其書亦多有不必收者。余笑余子之志太侈，而嗜太雜也。夫道不欲雜，故勸余子擇其言尤雅馴者存之，餘可擯也。余子韙余言，因以「追雅」名其堂，屬爲之記。

又卷一九《從兄季和八十初度序》 從兄中有果菴，博物能詩，好藏書，不以示人。兄嘗館其家，多所校訂。十年前，有以兄手録《秋海棠賦》見示者，文數千言，旁有註釋、音訓，果菴筆也。末記某年某人撰。省覽久之，始悟爲予十七歲時所作，踰五十年乃得復覩。果菴殁後，書盡散，予賦不足存。所重者兄手録與果菴旁註數字，即法物也。予遭子難，羈困邑中，兄與赤穎兄皆以垂白老叟，繭足走百餘里尋予，握手一慟而返於戲，其可感也已。今予與子弟説前世事，須兄在坐，予言之而兄證之，不則直疑以爲妄語也。

錢澄之《田間尺牘》卷一《與方田伯》 突聞回禄之變，恫駭累日。百年故居，一旦焦土，吾輩束髮游讌，庭前階下，唱和如昨，忽罹此阨，能無泫然？知世兄所居獨全，然北堂受驚不小，伏望善爲安慰。累世藏書，聞屬位兄者盡燬，索伯恐亦未免零殘。年來著作無恙否？念之痛惜，便羽附致鄙私，希爲道及。

侯方域《侯方域集》卷二《辟疆園集序》 江南藏書之富，莫過於常熟錢宗伯家，次則錫山顧氏。常熟甲申後，自上都歸，忽不戒於火，生平蓄積，悉爲灰燼，錫山遂獨以其書雄。嗚乎！書之託其人也，殆有神明焉。苟藏之且不可，而況於著耶！

施閏章《學餘堂集·文集》卷七《天延閣集》 吾友梅淵公有事于詩久矣，今删擇諸編，合爲《天延閣集》，其肆力以博，而守之以約者邪？淵公名家子，生長閥閲，姿儀朗秀，有叔寶當年之目。其時插架萬卷，歌呼自適，酒徒詞客常滿坐。已而遭亂家落，棄舉子業，屏跡稼園，竄身巖谷。鬱鬱無所處。始出應鄉舉，用是知名，驅車而北，再上春官，不得志往還，周覽燕、齊、梁、宋之間，遊接日繁，而其詩凡數變。

又卷一九《明經梁君墓志銘》 君狀貌魁梧雄偉，推獎才俊，喜赴人緩急，家所藏書數千卷，信筆丹黄，間爲人竊去，笑而不問。獨嗜飲，可盡一斗，客至則高歌拍浮，不知萬物之何有也。

汪琬《堯峰文鈔》卷一七《張府君墓誌銘》 府君諱明動，字元卿，晚自號介菴。【略】性素耿介，晚節尤硜硜自愛。故人有顯者，歸里來謁府君，拒不與相見，招飲亦不赴。有司聞其文行，延致鄉飲，又卻之。由是爲鄉黨所推重，而府君訖不以此矜於衆也。既謝諸生，掃除一室，庋書數千卷，坐卧其中，日夜手鈔口誦，雖盛寒暑不輟，屢遭外侮，家産漸以中落，猶夷然不屑也。間爲古文詞，喜學唐宋諸大家，或遇風日晴美，華月朗媚，輒拈小詩一二首。蓋府君才甚高，學甚博，非僅用舉子業擅名者，顧雅不欲以詩文自命也。既成，則削其稾。今惟存《介菴日纂》若干卷藏於家。春秋六十有九，卒於康熙某年月日。

又卷三四《史兆斗傳》 史兆斗字辰伯，其先吴江人。有處士鑑者，與吴文定公寬爲布衣交，以博洽知名，學者稱西邨先生。其後徙居長洲。兆斗爲諸生，不得意，即棄去，力學於古，尤博通前明典故，下至故家遺老流風佚事，無不備熟。於中暇則爲人抵掌稱説，移日夜不倦。當其少時，士大夫已争客之矣。性尤喜蓄書，所購率皆祕本，或手自繕録，積至數千百卷。齋居蕭然，惟事校讎，或偶有所得，輒作小行楷疏注其旁，每卷皆有之。

朱彝尊《静志居詩話》卷八《陸容》 陸容，字文量，太倉州人。成化丙戌進士，

授南京吏部主事，改兵部。坐言事，出爲浙江右參政。有《式齋集》。參政與張亨父、陸鼎儀齊名，號「婁東三鳳」。詩皆非所長，式齋則至登第後始爲之，見所述《菽園雜記》。若其藏書之富，見聞之周洽，似非亨父、鼎儀所能及也。

又《楊循吉》　君謙好蓄異書，孜孜不及，《題書厨》詩云：「吾家本市人，南濠居百年。自我始爲士，家無一簡編。辛勤一十載，購求心頗專。小者雖未備，大者亦略全。經史及子集，一一義貫穿。當怒讀則喜，當病讀則痊。恃此用爲命，縱橫堆滿前。當時作書者，非聖必大賢。豈待開卷看，撫弄亦欣然。奈何家人愚，心惟財貨先。墜地不肯拾，斷爛無與憐。朋友有讀者，悉當相奉捐。勝付不肖子，持去將鬻錢。」又《鈔書》詩云：「沈疾已在躬，嗜書猶不廢。每聞有奇籍，多方必羅致。手録兼貿人，恒輟衣食費。往來遶案行，點畫勞指視。成編亦艱難，把玩自珍貴。家人怪我癖，既宦安用是？自知身有病，不作長久計。偏好固莫捐，聊爾從吾意。」是時吴中藏書家，多以祕册相尚，若朱性甫、吴原博、閻秀卿、都元敬輩，皆手自鈔録，今尚有流傳者，實君謙倡之也。

又卷一二《李開先》　李開先，字伯華，章邱人。嘉靖己丑進士，除户部主事，改吏部，歷員外，郎中，擢太常少卿，提督四夷館，罷歸。有《閑居集》。中麓撰述，潦倒粗疎。然最爲好事，藏書之富，甲于齊東。詩所云「豈但三車富，還過萬卷餘」，又云「借抄先館閣，博覽及瞿曇」是也。先時邊尚書華泉，劉太常西橋，亦好收，邊家失火，劉氏散佚無遺，獨中麓所儲，百餘年無恙。近徐尚書原一購得其半，予嘗借觀，愛籤帙必精。研朱點勘，北方學者，能得斯趣，殆無多人也。噫嘻！文淵閣藏書，例許抄覽，先具領狀，以時繳納，世所稱讀中秘書，蓋謂是已。奈典籍微員，收掌不慎，歲久攘竊抵換，已鮮完書，可爲浩歎。聞中麓後人，尚餘殘書數十部，巡撫丹徒張公物色之，中有陸農師《禮象》一編。張公歿後，訪之不能得矣。

又卷一五《黄居中》　黄居中，字明立，晉江人。萬曆乙酉舉人，自上海教諭，遷南京國子監丞。有《千頃齋集》。監丞鋭意藏書，手自抄撮，仲子虞稷繼之，歲增月益，太倉之米五升，文館之燭一挺，曉夜孜孜，不廢讎勘，著録凡八萬册。墳土未乾，皆歸他人插架，深可惋惜也。《寄兒》云「愛子遥相送，臨岐轉憶家。囊空嗟久客，歲晏又天涯。鬢逐風塵短，心驚道路賒。離情兼旅思，一倍惜年華。」

又卷一九《高承埏》　高承埏，字寓公，一字澤外，嘉興人。屯田郎道素子。崇禎庚辰進士，知遷安、寶坻、涇三縣，遷虞衡主事。有《稽古堂集》。先生表忠裏孝，以父死不辜，伏闕訟冤，絲綸奪者載錫。三宰雷封，各著循績，而危邦墨守，尤文吏所難能。惜乎功多不賞，至今寶坻父老，有遺憾焉！家藏書八十櫝，與項氏萬卷樓争富，雖干戈俶擾，不輟吟哦，其《病中述志》云：「惟將前進士，慘澹表孤墳。」讀者比之澤畔行吟，西臺慟哭。

朱彝尊《曝書亭集》卷五〇《晉義成節度使駙馬都尉史匡翰碑跋》　又傳美其好讀書，尤喜《春秋》三傳，與學者講論不倦。碑辭亦云：「懷鼓篋之心，行有餘力，藴飛箝之辨，似不能言。不積財而但富藏書，不憂家而惟思報國。求諸時彦，罕有倫焉！」則與史傳合矣。

又卷五四《項子京畫卷跋》　予家與項氏世爲婚姻。所謂天籟閣者，少日屢登焉！乙酉以後，書畫未燼者，盡散人間。近日士大夫好古，其家輒貧。或旋購旋去之，大率歸非其人矣！噫！非其人而厚藏，書畫之厄，終歸于燼而已。黄山程穆倩，家最貧，嗜古尤癖，書畫歸之，幸矣！惜乎價盈千百者，力又不能購也。子京之畫，世人知之者罕。程子獨加珍惜，俾予跋尾。夫程子且然，況生同里而數過其廬如予者邪！

吴任臣《十國春秋・吴越・林鼎傳》　鼎性讜正而强記，能書，得歐虞筆法，比中年，讀書必達曙，所聚圖籍悉手鈔數過，即殘編斷簡，亦校讎補綴，無所厭倦。國建，命掌教令，尋拜丞相，凡政事有不逮者，鼎必極言罔忌諱。天福中建州之役，鼎指陳天文人事，累疏切諫，王不用鼎言，卒無成功，人多鼎有先見云。開運元年正月卒，年五十四。謚曰「貞獻」。

又《十國春秋・南唐・陳褒傳》　陳褒，江州德安人，故唐給事中京之後也。十世同居，長幼七百口，不置奴婢，日會食堂上，男女異席，未冠笄者别爲一席。畜犬百餘，共以一船貯食飼之，一犬不至，羣犬亦皆不食。褒又築書樓，延四方學者。鄉鄰化德，獄訟稀少。有彭李者，世爲其傭，父久喪明，常聞褒子弟言舜至孝，舐瞽叟目復明，李歸效之，不數日，父目開朗。其感人有如此。昇元初，詔復其家，表門閭。同時見旌者尚數家，皆五世同居云。

又《魯崇範傳》　魯崇範，廬陵人。家故貧，竈薪不屬，而讀書自若，意豁如也。九經子史，廣貯一室，皆手自校定。會烈祖初建學校，典籍殘闕，下詔旁求郡縣，吉州刺史賈皓就取崇範本進之，以私緡償其直。崇範笑曰：「墳典，天下公器，世亂藏於家，世治藏於國，其實一也。吾非書肆，何酬價爲？」皓赴闕，與崇範俱至金陵，表薦之，授太子洗馬。崇範復守廉儉，惟以月俸自給，凡四時錫賚及非次優與，悉頒諸親舊之貧者。元宗即位，尤重之，除東宮使。卒於官。

又《徐鍇傳》 鍇酷嗜讀書，隆冬烈暑，未常少輟。後主一日得周載《齊職儀》，江東初無此書，人無知者；以訪鍇，一一條對，無所遺忘，其博記如此。既久處集賢，書册不去手，非暮不出。少精小學，故所讎書尤審諦。每指其家語人曰：「吾惟寓宿于此耳！」江南藏書之盛爲天下冠，鍇力居多。

又《十國春秋・荆南・王惠範傳》 王惠範，亦保義子也。善修飾，喜讀書，以門蔭爲文學，遷觀察推官。文獻王妻以女，且以惠範本將家子，命掌幕中内外軍政。惠範豪邁不羈，頗以簿書符牒爲俗務，入告王辭之。自是以王爲不知己，凡軍府大事皆不參預，但以金帛購古書圖畫，日披玩爲志焉。

錢曾《讀書敏求記》卷四《劉勰文心雕龍十卷》 此書至正己未刻于嘉禾。弘治甲子刻于吴門。嘉靖甲子刻於新安。辛卯刻于建安。癸卯又刻于新安。萬曆己酉刻于南昌。至《隱秀》一篇均之闕如也。錢功甫得阮華山宋槧本鈔補，始爲完書。功甫名允，治老屋三間。藏書充棟，其嗜好之勤。雖白日檢書，必乘燭緣梯上下，所藏多人間罕見之本。有《李師師外傳》一卷，牧翁屢借不與此書，種子斷絶亦藝林一恨事也。嗟嗟。功甫以老書生徒手積聚奇書滿家，今世負大力者，果能篤志訪求，懸金重購則縹囊緗帙，有不郄車而至者乎？然我聞墨林項氏，每遇宋刻即邀文氏二承鑒别之，故藏書皆精妙絶倫，虚心諮决此又今人之師也，今人奈何不師之？

陸隴其《三魚堂賸言》卷一一 妹壻陳耐庵，好學不倦，藏書甚富。余爲顔其堂曰「萬卷」。嘗云：「窮達天也，若不讀書，便不識義理，不識義理，何以爲人。」

閻若璩《潛邱札記》卷一 右司馬范欽，字堯卿，號東明。性喜藏書，購海内異本，與王鳳洲家，歲以書目取較，各鈔所未見相易。故浙東藏書家以范氏天一閣爲第一。

王晫《今世説》卷三 黄太沖家多藏書，裝本厚二寸，洒墨塗乙，參互散亂。人求不得，太沖獨省記之。季弟澤望丹黄工緻，篇幅精整，訖一書更一書，品第循環不輟。

陳廷敬《午亭文編》卷三七《畢亮四論訂歷科經義序》 畢先生家與農民最下者比，所守甚危苦，而家獨多藏書，勝國君臣事跡、典故文字，闕史家者尤多。其他書皆世所不常見。

又卷四《資政大夫刑部尚書致仕謚敏果魏公墓誌銘》 公歸，而張額於堂，藏書於閣，更有書數百卷，無長物，顧瞻而樂之，笑曰：「尚書門第，秀才家風，貽子孫足矣。」

又卷四八《惜分陰説》 陶士行有言，當惜分陰，大司寇徐公健菴取以榜其所居之室，吾問公何以惜陰？公曰：「讀書。」夫公之藏書之多，甲於天下。子瞻所蓄書不知多少，顧其顛沛於道途，又徙居無常處，度其至多不能以當公。而公讀書之多，則雖子瞻有不能及也。

鄭元震《吴興藏書録・沈節甫玩易樓藏書目録》 《自序》云：余性迂拙，無佗嗜好，獨甚愛書。每遇貨書者，惟恐不余售；既售且去，惟恐其不復來也。顧力不足，不能多致。又不能得善本，往往取其直之廉者而已。即有殘闕，必手自訂補，以成完帙。丙寅在告，偶閲陸文裕公《藏書序》，訝其言有類予者。噫！薄富貴而厚於書，蘇長公所以自笑也。寓意則樂，留意則病。今予得無病乎？雖然，予癖已成，未之能革也。養厥靈根，脱去華葉，請俟他日。因仿佛文裕公之意，更爲編次如左。

朱軾《史傳三編》卷五六《段直》 段直字正卿，澤州晉城人。至元十二年，北方盜賊充斥，直聚鄉黨，結壘自保。世祖命將略地，過晉城，直以衆歸之，幕府承制，署爲潞州元帥府右監軍，其後論功行賞，分土世守，命直爲澤州長官。澤民多避兵未還者，直籍其田廬，寄頓於親戚鄰户，約曰：「本主至，析而歸之。」逃民聞即來還，歸其田廬如約，民得安業。素無産者，則出粟賑之；爲它郡所俘掠者，出財購之；以兵死暴露者，收而瘞之。未幾，澤爲樂土。大修孔子廟，割田千畝，置書萬卷，迎儒士李俊民爲師，以招延四方學者。不數年，學之士子以通經被選者百二十有二人。在官二十年，朝命提舉本州學校事，未拜而卒。

陶越《過庭紀餘》卷下 余生平無他嗜好，祇喜書，幾乎成癖。既處幕館，館穀稍給家用，每歲必留剩數金爲購書之用，遇所心愛，往往倍恒值得之。而于抄本之書必爲傭抄。年來稍稍積聚宋元人詩文集及經，鮮説部。雖不能多，亦差有可觀。近復于鄰郡藏書家彼此抄换，將來不患不日增也。後人倘能守我不售不借之戒，亦以互换爲事，積以歲年，則陶氏抄本秘籍必傳名矣。

鄂爾泰《（雍正）雲南通志》卷二一之一 木增，阿得八世孫。萬曆間襲知府。值北勝州搆亂，增以兵擒首逆高蘭。三殿鼎建，輸金助工，兼陳十事，下部議可。朝廷喜其忠誠，特加叅政，秩增。又好讀書，博極羣籍，家有萬卷樓，與楊慎、張含唱和甚多。

又卷二一之二 朱服遠，南寧人。貢生，性好學，積書萬卷，日以考定經史爲

事，稱理學名儒。所著有《聖門言行録》、《石江邇言》、《北學稿》、《南旋草》等集。

王應奎《柳南隨筆》卷一　李中丞馥，號鹿山，泉州人也。中康熙甲子科舉人，歷官浙江巡撫。性嗜書，所藏多善本。每本皆有圖記，文曰「曾在李鹿山處」。後坐事訟繫，書多散逸，前此所用私印，若爲之讖者。夫近代藏書家，若吾邑錢氏、毛氏，插架之富，甲于江左，其所用圖記輒曰「某氏收藏」、「某人收藏」，以示莫予奪者。然不及百年而盡歸他氏矣。中丞所刻六字，寓意無窮，洵達識也。

厲鶚《遼史拾遺》卷一九《宗室・義宗倍》　《五代史》曰：「契丹好飲人血，托雲左右姬妾多刺其臂吮之，其小過輒挑目刲灼，不勝其毒。然性喜賓客，好飲酒，工畫，頗知書。其自契丹歸中國，載書數千卷，樞密使趙延壽每假其異書、醫經，皆中國所無者。」【略】《堯山堂外紀》曰：「東丹王有文才，博古今，其帆海奔唐，載書數千卷，習舉子業，每通名刺云。鄉貢進士黄居難，字樂地，以擬白居易字樂天也。」

又《東城雜記》卷下《青門處士》　元至正間，杭魏一愚自號青門處士。楊廉夫爲作墓銘，稱處士醇懿靚深，恒懼外撓，閉置一室中，如處女然。雖重客至，不得面周親謁，請或一見即退。平日危坐，閲所蓄書幾萬卷，然無他制作，味其旨而已。其言行可爲人勸者，疏以示諸子，凡積爲若干帙。殁後三月而紅巾寇杭，處士之廬與堞舍同燬。方諸公孫述，黄巢時，隱人李業、周樸輩，不免其身。處士何幸哉！按青門即東青門。

梁詩正《西湖志纂》卷八《錢氏藏書》　《武林紀事・錢歈宅》：歈孝義知名，居九里松之間，嘗建傑閣，藏書甚富，東坡榜之曰「錢氏書藏」。

全祖望《鮚埼亭集》卷一三《祁六公子墓碣銘》　祁氏自夷度先生以來，藏書甲於大江以南，其諸子尤豪，喜結客，講求食經，四方簪履望以爲膏粱之極選，不脛而集。及公子兄弟自任以故國之喬木，而屠沽市販之流亦兼收並蓄。家居山陰之梅墅，其園亭在寓山，柳車踵至，登其堂，複壁大隧，莫能詰也。慈谿布衣魏耕者，狂走四方，思得一當，以爲亳社之桑榆。公子兄弟則與之誓天稱莫逆。魏耕之談兵也有奇癖，非酒不甘，非妓不飲，禮法之士莫許也，公子兄弟獨以忠義故，曲奉之。時其至，則盛陳越酒，呼若耶谿娃以荐之。又發淡生堂壬遁劍術之書以示之，又偏約同里諸遺民如朱士稚、張宗道輩以疏附之。壬寅，或告變於浙之幕府，刊章四道捕魏耕，有首者曰：「君上乃其婦家，而山陰之梅墅乃其死友所嘯聚。」大帥亟發兵，果得之，縛公子兄弟去。既讞，兄弟争承。祁氏之客謀曰：「二人并命，不更慘歟？」乃納賂而宥其兄。公子遣戍遼左。其後，理孫竟以痛弟鬱鬱而死，而祁氏爲之衰破。然君子則曰：「是固忠敏之子也。」

又卷三二《贈趙東潛校水經序》　杭有趙君東潛者，吾友谷林徵士之子也，藏書數十萬卷，甲於東南，禀其家庭之密授，讀書從事於根柢之學，一時詞章之士莫能抗手，爰有箋釋之作，拾遺糾繆，旁推交通，裒然成編。五君子及繼莊之薪火，喜有代興，而諸家之毛舉屑屑者，俛首下風。安定至是始有功臣，而正甫之書，雖謂其不亡可也。

又外編卷一七《春明行篋當書記》　昔廣東鄺舍人湛若有嗜古之癖，其生平所聚琴劍罏鉢之屬，充棟接架，皆希世之珍也。然貧甚，時或絶糧，即以所有付之質庫，及不時有餘貲，又復贖之而歸，如此者不一而足，湛若皆爲文以記之，世所傳《前當票序》、《後當票序》者是也。予考六經三史之書，無有「當」字，湛若所作，得無蹈夢得九日題詩之懼。然而《爾雅・釋詁》以來，公羊子之《齊語》得登於經，而揚氏《方言》列之子部。文人翰墨所寄，即自我成典據，亦正無傷。予生平性地枯槁，泊然寡營，其穿穴顛倒而不厭者，不過故紙陳函而已。年來陸走軟塵，水浮斷梗，故園積書之巖，偶津逮焉，而不能暖席。特逢窗驛肆，不能一日無此君，家書五萬卷中，常捆載二萬卷，以爲芒屩油衣之伴，舟車過關口，税司諸吏來胠篋者如虎，一見索然，相與置之而去。雍正癸丑，獻藝於儀曹之賈，貨不中度，南轅已有日矣。俄而因他事留滯不果。長安米貴，居大不易，於是不能不出其書質之。適監倉西泠黄君聞予之有是舉也，請歸之於其邸。夫託書之難也，稍不戒而汙纇因之，又其甚者或闕佚焉，苟非風雅者流，如臧榮緒之肅拜，顏之推之什襲，不敢過而問之。愛書如黄君，予庶可以高枕而無慮乎？雖然，牧齋晚年喪其宋槧之《漢書》，三歎於「牀頭黄金盡，壯士無顏色」之語。是書與予，所謂山河跋涉之交也，一旦主人無力，使其爲寓公，流轉於他氏，惘惘然離别可憐之色，不異衡父之重去於魯，而予之竚立而目送之者，殊難爲懷。因援湛若之例，書其語以柬黄君，固以備息壤之成言，抑念青氈故物，歸來未知何日，亦聊以自遣也。黄君之邸與予有十里之遥，過此以往，蕭晨薄暮，偶有考索，策蹇驢而爲剥啄之聲者，非予也耶？雞黍之請，自此殷矣。湛若桑海大節，光芒箕尾，是以游戲之筆，流傳俱爲佳話，至予之文，其何敢與之争雄長哉。

又《小山堂祁氏遺書記》　二林兄弟聚書，其得之江南儲藏諸家者多矣，獨於祁氏淡生堂諸本，則别貯而弃之，不忘母氏之遺也。嗚呼！吾聞淡生堂書之初出

也，其啓争端多矣。初南雷黄公講學於石門，其時用晦父子俱北面執經，已而以三千金求購淡生堂書，南雷亦以束脩之入參焉。交易既畢，用晦之使者，中途竊南雷所取衛湜《禮記集説》、王偁《東都事略》以去，則用晦所授意也。南雷大怒，絶其通門之籍，用晦亦遂反而操戈，而妄自託於建安之徒，力攻新建，并削去《蕺山學案》私淑爲南雷也。近者，石門之學固已一敗塗地，然坊社學究尚有推奉之，謂足以接建安之統者，弟子之稱，狺狺於時文批尾之間，潦水則盡矣而潭未清。時文之陷溺人心一至於此，豈知其濫觴之始，特因淡生堂數種而起，是可爲一笑者也。

然用晦所藉以購書之金，又不出自己，而出之同里吴君孟舉。及購至，取其精者，以其餘歸之孟舉。於是孟舉亦與之絶。是用晦一舉而既廢師弟之經，又傷朋友之好，適成其爲市道之薄，亦何有於講學也。

今二林與予，值承平之盛，海内儲藏畢出，衛湜、王偁之本，家各有之，二林亦能博求酉陽之祕，可以豪矣。而獨惓惓母氏先河之愛，一往情深，珍若拱璧，何其厚也。夫因庭闈之孝，而推而進之，以極其無窮之慕，其盡倫也，斯其爲真學者也。雖然，蓋寬饒落平恩侯之居，仰屋而歎曰：「是堂閲人多矣。」祁氏之書，其飄零流轉，而幸而得歸於彌甥，以無忘其舊也，亦已悕矣。今幸得所歸，吾願二林子弟聰聽彝訓，世克守之，讀之，使祁氏亦永有光焉。二林曰：「善，是吾母所欲言也。」於是乎書。

陶元藻《全浙詩話》卷四一《徐咸清》 咸清字仲山，上虞人，居會稽之稽山。《紹興府志》：「咸清生而慧，一歲識字，五歲通一經。甫蓄髮，以官監生應鄉舉，有文名。長娶冢宰商周祚女，女亦能詩，乃就稽山闢廣庭，搆藥欄，設長筵，發所藏書散埰之，對坐縱觀，暇則抽牘各爲詩，如是有年。」

盧文弨《抱經堂文集》卷五《庚子銷夏記序》 《庚子銷夏記》者，北平孫退谷先生評騭其所見晉唐以來名人書畫之所作也。鉤玄抉奥，題甲署乙，足以廣見聞而益神智，其鑒裁精審，古人當必引爲知己。余尤愛其有恬曠之懷，蕭閑之致，雖今昔聚散之慨所不能無，而亦不至吝情太甚，以視趙德父之欲求適意而反取憀慄者，固不同哉。曩余於黄崑圃先生家見退谷手書《畿輔人物志》稾數十幀，秀勁可喜。此書自云：「晚得米襄陽墨蹟，始悟晉法。」其書之工宜也。退谷萬卷樓藏書，今大半在黄氏昆季家，而記中所載之縑素卷軸，又不知散歸誰氏。

又卷三四《奉直大夫吏部文選司主事汪君墓誌銘》 君諱孟鋗，字康古，姓汪氏。先世自休寧遷桐鄉，至君考又遷秀水，遂占籍焉。曾祖諱森，户部郎中，階中憲大夫，當著述，世稱碧巢先生者是也。以弟内閣中書諱文桂次子爲後，諱繼熉，由鄉舉，歷官吏科給事中，巡臺灣，君祖也。考諱上堉，大理府知府。兩世階皆奉直大夫。大理生四子，君爲長。幼穎悟，善屬文。自其年十五六時，從宦至京師，先達見其文，已奇之。既益好古文辭，家有裘杼樓藏書，多先代善本，歸里盡發篋讀之，務爲博綜。又益購所未備，或鈔寫以足之。君之弟仲鈖，才名與君相上下，好學與君同。又得同志友二三人，朝夕相與鏃礪，所爲詩若文，駸駸及古作者，名譽大起。又好訂金石文字，得古泉纍纍，時復攜行笈中，備考核。

阮葵生《茶餘客話》卷一六《錢允治藏書》 錢功甫藏書極富，牧翁過從吴中，必至功甫齋中，噉餂餌，相對竟日。一日，功甫與牧翁云：「吾老矣，藏書多人間罕有本子，公明日來，當作蔡邕之贈。我欲閲，當轉就公所借，他年以屬續事累公，藉此爲償博何如？」牧翁質明即往，其意色閼嘿，竟不復踐宿諾，其後竟爲雲烟散矣。牧翁嘗言：「功甫有李師師外傳一卷。」即荃翁所云道君在五國城作，從榷場中來者。功甫没，此書不知所歸。

又《錢遵王藏書》 遵王爲牧齋族孫，絳雲燬後，牧翁盡以所餘宋槧本付遵王，《述古堂宋版書跋》是也。遵王又自作《也是園書目》，後遵王盡鬻之泰興季氏，後又歸崑山徐氏果亭澹林堂，不及原一傳是樓。近日吴門蔣氏、江都馬氏，各搜得數種。

又《藏書者所貴》 藏書者貴宋刻，大都書寫肥瘦有則，佳者絶有歐、柳録集，紙質匀潔，墨色清純，爲可愛玩。若夫格用單邊，間多諱字，亦辨證之一端，然非考據要訣也。凡評書次第，紙白板新，棉紙爲佳，活襯竹紙次之，糊背批點者不蓄可也。

錢大昕《潛研堂集》卷二五《天一閣碑目序》 四明范侍郎天一閣藏書，名重海内久矣。其藏弆碑刻尤富，顧世無知之者。癸卯夏，予游天台，道出鄞，老友李匯川始爲予言之。亟叩主人，啓香厨而出之，浩如烟海，未遑竟讀。今年予復至鄞，適海鹽張芑堂以摹《石鼓文》寓范氏，而侍郎之六世孫葦舟亦耽嗜法書，三人者晨夕過從，嗜好略相似，因言天一石刻之富，不減歐、趙，而未有目録傳諸後世，豈非闕事。乃相約撰次之，拂塵祛蠹，手披目覽，幾及十日。去其重複者，自三代訖宋、元，凡五百八十餘通，以時代先後爲次，并記撰、書人姓名，俾後來有考。明碑亦有字畫可喜者，以近，不著録，仿歐、趙之例也。予嘗讀《弇州續稿》中《答范司馬小簡》，有書籍互相借鈔之約，今檢《圉令趙君碑》背面有侍郎手書「鳳洲送」三字，

風流好事，令人嘆慕不置。顧弇山園書畫不五十年盡歸它姓，而范氏所藏閲二百餘年，手澤無恙，此則後嗣之多賢，尤足深羡者矣。明代好金石者，唯都、楊、郭、趙四家，較其目録，皆不及范氏之富；若于司直輩，道聽涂説，徒供覆瓿耳。此書出，將與歐、趙、洪、陳并傳，葦舟可謂有功于前人；而考證精審，俾先賢搜羅之苦心，不終湮没，則予與芑堂不無助焉。

又卷三一《跋清容居士集》 伯長以史學自負，其上《修三史事狀》，勤勤以搜訪遺書爲先，可謂知本務矣。顧其所覼列者，皆東都九朝之遺事，至于南渡七朝之紀載，略不齒及，豈有所忌諱而不欲盡言與？厥後三史刊修，伯長已不及見，而其孫曮以家藏書數千卷上之史局，裒集之功，爲不虚矣。

《（乾隆）歷城縣志》卷四九 趙明誠守淄，清照積書數十萬卷。金人南下，清照倉皇渡江，書漸散失，惟《漱玉集》行世。王季木齊音云：「京朝名跡此中稀，劓水黥山感異時。惟有女郎風雅在，又隨兵舫泣江蘺。」

畢沅《山左金石志》卷二〇《節度副使張公神道碑》 公爲人寡□，而事親孝，居喪如禮，足不至妻之室者三年。兩任河州，距鄉邑數千里，惟以幼子自從，澹如獨處，未嘗有旁侍，人以爲難。與人交，久而彌篤，語言恂恂，無少長皆爲盡禮。至臨事，挺然有守，不可干以非義。天資仁愛，弗忍害一生物。老猶篤學，手不釋卷，兒時所誦，終身不忘。家多藏書，部帙完潔，蠅頭細字，往往手自抄寫，觀者已倦，而公終日低頭伏紙揮翰而已。或謂之曰：「人生當行樂，何至自苦如此。」笑而答曰：「人各有所好，吾好在是，它樂不能易也。」

吴騫《尖陽叢筆》卷三 武林趙氏居錢塘門内，有學士樓，藏書甚富。凡宋元珎本皆不惜厚價購之，嘗於衆安橋側遇童子挾書一册求售，趙買之。翌日，有老人叩門曰：「昨有一書爲僮子窃賣與君，此某案頭所時閲者，請贖之。」趙觀其狀甚襤褸，心輕之，不許。言至再，終弗聽。臨去，謂趙曰：「君勿相輕，僕非人，乃西湖之龍也。書不見還，吾將自取之。」趙叱之，遂不見。未幾，雷雨大作，竟失書所在。而趙氏從此日敗，不數年，學士樓之書悉化爲雲烟過眼矣。惜當日所買童子之書，竟不知其名。

又卷五《姬人名》 朱子藏書閣書厨字號銘曰：「於穆元聖，繼天測靈，出此謨訓，惠我光明，永言寶之，匪金厥籯，舍英咀實，百世其承。」据此則朱子家藏書亦止三十二厨，昔崑山徐氏傳是樓藏書至百二十厨，亦可云富矣。

李調元《童山集·文集》卷九《四桂先生傳》 四桂先生，不知何許人。慕五柳先生之爲人，因指亭前四桂以號焉。喜種花木，其先人有園一區，日自培溉。好讀書。家有藏書曰萬卷樓。每坐樓上，擁書南面，以爲專城不足樂也。並絶世交，聞有從城中來者，言城中事，輒掩耳而走。

又卷一二《西川李氏萬卷樓藏書約》 余奉先大夫石亭公訓，嗣後族衆丁繁，子孫有願析産而居者，除將田宅均分外，所有萬卷樓家藏四十橱，分經、史、子、集四部，每部十橱，皆簽記書名。有書目三十卷，名曰《西川李氏藏書簿》，子四人共管看守，不許分析，仍時添買續登書目補注于後。如衆房有愛書佳子弟，亦許自備紙札，就樓寫讀，不得擅攜一紙下樓。誠以各書皆累代前人或手自鈔録或得於重價，聚之甚難，散則甚易也。余題樓聯有句云：「科第冠三巴，是祖父忠厚所貽，已經三世；書香留百代，願子孫謹嚴封鑰，無失一篇。」職是故也。凡諸子看守此書，亦應傳戒丁寧，毋令風飄雨滲、蟲蠹鼠嚙。每開樓時，尤須小心烟燭。遇六月六日，曝書畢，即仍照經、史、子、集四部，依次安放樓上四十橱中，毋得錯亂，方不負祖父付託苦心。倘傳之久遠，或偶遇不肖子孫，欲分書籍及擅借與人，甚則或因家貧將書擅賣一本與人，此則非吾子孫也。許衆房子孫聲明家長，即執此約鳴官究治，願後來各老公祖父臺，垂憫其祖父鈔購之苦，以重懲之，感且不朽。亦願吾子孫世守此訓，毋辱祖先以招咥笑也。戒之戒之。

章學誠《（嘉慶）湖北通志檢存稿》卷二《顧大訓傳》 顧大訓，字德蒙，號少桂，别號薇垣。父闕，自有傳。大訓生有奇表，容儀駿劭。闕官刑部，父敦家居不就養。大訓甫五歲，一日筐果餅走出門外，家人驚問之，曰：「我看祖母也。」年十七，即穎脱盻睞成文作《太和山賦》，辭多失傳。年十八，補諸生，食廩餼，試輒第一。數奇不第，折節問學。藏書五萬餘卷，手鈔録千餘卷，經史百家、稗官小説，誦皆上口。喜談兵，善騎射，意氣躍躍，以濟時自命。

洪亮吉《卷施閣集文乙集》卷四《南樓贈書圖記》 南樓者，外王母龔太孺人怡老之室也。予以髫年，過承識愛，别異諸孫之列，策其淩絶之程。先是外王父嶰峨君喜貯書，有田十雙，歲以半所入購積軸，歷數十年，而倉粟未滿，書簽已盈。又赴洛之後，增蓄異書；校閣之餘，兼存别本。每當朱明入序，赫日縣庭，陳萬卷于軒楹，散羣函于室牓。仲達之簡，雨急自收；高鳳之居，麥漂不顧。蓋自嶰峨君卒後，輒遇伏日舉而行之。一日暴書之暇，外王母抽數册以授曰：「吾家代衰矣，能讀是者，其惟甥乎？」予時十歲，再拜受之。迄今又二十寒暑。追維往昔，遽興九地之嗟；時慟深恩，頻展兩楹之殯。蠹窺人而漸老，螢入簡而不光。陳留丈人之

語，王粲念之而覺悲；扶風大家之書，馬嚴續之而未竟。又況校閒庭之月旦，已乏人知；搜外氏之遺聞，先無母問。淚浮于卷，痛寄斯圖。

趙懷玉《亦有生齋集》文卷六《借書圖記》　倪若水家多藏書，客有借之者，則投束修羊。然則士之貧寠慕學舍，良友朋之相假，曷以酬厥志。越中故多藏書家，喜爲根柢之學。余嘗遊梅里，見其家執一編，村童巷豎，無不樂談風雅，非父兄之教，與夫性能篤好之者。孰克致此哉！

又卷一一《黄紹甫移居圖讚并序》　吾友黄君紹甫，故居蘇州城西，再遷至縣橋巷，其卜居之意已詳自所爲記中。君好藏書，而又精於研訂，非徒炫其插架之儲者。今天下以藏書稱，首范氏天一閣，次則鮑氏知不足齋。然范藏雖久，鮮善本之刻。鮑刻雖富，未及君别擇之審。是君固喜其地之宜，而地亦得君以爲重矣。

法式善《旗詩話》　性德字容若，原名成德，大學士明珠子。康熙癸丑進士，官侍衛。有《通志堂集》。容若天姿英絶，蕭然若寒素，擁書數萬卷，彈琴詠歌評書畫以自娱，不知爲宰相子也。

又　慶蘭字似村，滿洲人，大學士尹繼善子。有《小有山房詩鈔》、《絢春園詩鈔》，似村閥閲，當得官乃以秀才終老。天性恬淡乃爾耽詩嗜静，種竹樹二畝，葺瓦屋四五楹，藏異書萬卷。終日閉户不接俗客，詩較楊誠齋闊大，范石湖深至。殆能驅使性靈，而不爲性靈所使者。

李賡芸《稻香吟館集》卷七　諸廷槐，字殿掄，家護國寺。西有嘯雪齋，藏書萬卷。少爲諸生，家頗裕，性好客，乃招集同志之士林大中、印照、王鳴韶、王元勳、汪景龍、顧金祥、張允武、毛思正、王元桐及妹壻錢塘弟子張崇傃結社。月有詩會，燈紅酒緑，每一詩成，互相推敲，時名鵲起，所謂練川十二家是也。

錢泳《履園叢話》卷一〇《總論》　收藏書畫，與文章經濟全不相關，原是可有可無之物。然而，有篤好爲性命者，似覺玩物喪志。有視爲土苴者，亦未免俗不可醫。余嘗論之，其爲人也多文，雖不知書畫可也；其爲人也無文，雖知書畫不可也。大約千人之中難得一人愛之，即愛之而不得其愛之之道。雖金題玉躞，插架盈箱亦何異于市中之骨董鋪邪。【略】

收藏書畫有三等，一曰賞鑒，二曰好事，三曰謀利。米海岳、趙松雪、文衡山、董思翁等爲賞鑒；秦會之、賈秋壑、嚴分宜、項墨林等爲好事。若以此爲謀利計，則臨模百出，作僞萬端以取他人財物，不過市井之小人而已矣，何足與論書畫耶。

孫原湘《天真閣集》卷四九《陳子準傳》　子準諱揆，系出前明昌邑令啓元之後，邑陳氏著族有六子。準爲子游巷陳氏，獨以爲善績學見稱里黨。所藏書尤備於地志，嘗以酈氏《水經註》詳於北而略於南，著《六朝水道疏》，鈎稽精密，惜未之竟。

黄丕烈《士禮居藏書題跋記》卷二《草莽私乘一卷》　余性嗜書，非特嗜宋、元、明舊刻也，且嗜宋、元、明人舊鈔焉。如此書載諸《汲古閣珍藏秘本書目》，估值二錢。平日留心搜訪，絶少舊本，此册爲平湖估人携示余，因爲明人舊鈔，甚重之，蓋估人亦有所受之也。無論是書本屬史傳記類，爲足收藏，出於名鈔、名藏，尤爲兩美，即其第二跋中所言江上李如一之性情意氣，亦頗可敬可愛。見圖籍則破産以收，獲異書則焚香肅拜；其與人共也，遇秘册必貽書相問，有求假必朝發夕至，且一經名人翻閲則書更珍重，此等心腸斷非外人能曉其一二。余特爲拈出，知古人之好書有如是者，安得世之儲藏家盡如之，俾讀書種子綿綿不絶邪！

又卷三《三歷撮要一卷》　余佞宋，故所藏書苟爲宋槧，雖醫卜星相，無所不收。此陰陽家言《三歷撮要》見諸陳振孫《書録解題》，云「《三歷撮要》一卷，無名氏；又一本名《擇日撮要歷》，大略皆同，建安徐清叟宜翁云其尊人尚書公應龍所輯，'不欲著名'，此即是也。是書載《百宋一廛賦》中，所謂《歷要》，矜於所獨，洵屬奇秘之本。數年來《廛賦》盛傳於時，遂有按籍以求者，宋廛所存僅百一矣，乃宋刻小種往往有影慕藏弆者。不知世人何故嗜奇，並影寫本亦復指名相索，余笑曰：「名實二字，最足誤人。余向之嗜此，因所好在是，故實事求之，非啖名也。乃藏書之名，艷稱於時，並其實亦亡諸是，豈不可笑邪？」

又卷六《辛稼軒長短句十二卷》　昔人不輕借書與人，恐其秘本流傳之廣也。此鄙陋之見，何足語於藏書之道。余平生愛書，如護頭目，卻不輕借人，非恐秘本流傳之廣也。人心難測，有借而不還者，有借去輕視之而或致損汙遺失者，故不輕假也。同好如張君訒庵，雖交不過十年，而愛書之專與校書之勤，餘自愧不及。故敝藏多有借去手校者。

《(道光)廣東通志》卷二七九　潘光統字少承，順德人，魁岸磊落。少補邑弟子員，應詔輸粟爲太學生，未幾，以母老告歸。【略】雅好圖史，作怡馨堂、飛雲閣爲藏書之所，著《史漢存疑》、《山房紀聞》及詩文若干卷，存於家。

阮元《兩浙輶軒録補遺》卷四　錢源來字清許，嘉善人，諸生。著《攬雲軒詩鈔》。【略】俞寶華曰：「清許幼有聖童之目，父佳訓，有藏書數千卷，鍵户使盡讀，爲文千言立就，其上乘入欽定别裁中。」

又　董熜字謂瑄，一字訥夫，烏程人，諸生，雍正甲寅薦博學鴻詞。著《南江詩文集》。

陳世修序略曰：「謂瑄沉静嗜學，家富藏書，又嘗遊其外王父曹秋岳先生之門，倦圃所藏人間不經見書，謂瑄獨窺之，故學有原本。」

阮元《兩浙輶軒録》卷二二　全祖望字紹衣，一字謝山，鄞人。乾隆丙辰進士，改庶吉士。著《鮚埼亭集》、《甬上耆舊續集》。【略】袁鈞曰：「全祖望爲元立六世孫，年十四從輩正國學，正國最持崖岸，祖望每與辨論經史，未嘗不稱善也。里中范氏天一閣、陳氏南軒、陳氏雲在樓多藏書，徧讀之，復從武林趙氏小山堂借所未見，學益沈博。以選貢入都，與侍郎方苞論禮，苞大異之，由是聲譽騰起。中順天鄉試，閣學李紱見其行卷，目爲深寧東發後一人。乾隆元年，舉博學鴻詞，是年成進士，改庶常，明年散館歸班，外補，遂歸，主講越之蕺山，粤之端溪，亦時往來武林維揚間，祖望負氣忤俗，喜雌黄人物，究心鄉邦文獻。嘗續李鄴嗣《耆舊詩》，仿其體人各爲傳，蒐采極博，別白品類極嚴。他所著書十數種，皆卓然可傳，學者稱謝山先生。」《碧谿詩話》：「武林趙谷林先生之母，爲山陰祁氏之甥，祁氏先世忠敏公夷度先生構園以居，園中有寓山池，即公殉節處，有亭曰『曠亭』，王百穀書額，其後亭圮，額棄屋角，谷林攜歸，懸之小山堂以志景仰。至澹生堂爲藏書之所，充五楹之樓，望若嫏嬛祕府，公列節後，藏書散去，昔人慨之，嘗有不值當年裝釘錢之語。幸黄梨洲先生得書最多，可謂得其所矣。谷林蓄澹生堂書僅數十册，聞全謝山有方宗山《讀易記》，索之再四，全靳而不予，谷林下世，謝山悔之，乃作詩付谷林之子東潛，供殯前而告之。」

洪頤煊《台州札紀》卷五《李庚宅》　庚乙丑進士，以湯鵬舉薦入臺，家藏書甚富。

李兆洛《養一齋集・文集》卷一七《張月霄》　予頗嗜異書，聞常熟張氏藏書甲吳下，而張君月霄讎校尤精，心慕之，未由通也。

王豫《淮海英靈續集・庚集》卷四　陳本禮字嘉惠，與素村，江都監生。著《瓠室詩鈔》。素村居關南通化里，今名笊籬府，築瓠室，藏書數十萬卷，秘本尤多。世以比范氏天一閣、毛氏汲古閣、馬氏玲瓏山館、余家文選樓。

又卷五　黄理字艮南，如皋人，監生。著《耕南詩鈔》。艮南尊人紹翼，嘗出家藏書籍抄本共七千餘卷，送庋尊經閣，艮南又續送三千餘卷，加惠士林。其功匪細，彭文勤爲之記。

顧廣圻《顧千里集》卷二〇《清河書畫舫十二卷》　藏書有常熟派，錢遵王、毛子晉父子，諸公爲極盛，至席玉照而殿，一時嗜手鈔者如陸敕先、馮定遠爲極盛，至曹彬侯亦殿之，彬侯名炎，即席氏客也。各家書散出，余見之最早、最多，往往收其一二。乾隆年間，滋蘭堂主人朱文游三丈，白隄老書賈錢聽默，皆甚重常熟派，能視裝訂籤題根脚上字，便曉屬某家某人之物矣。余喜從兩人問各家遺事頗悉，此《清河書畫舫》一部，是彬侯所寫，相傳青父底槀在玉照處，蓋自真本録出也。近歸秦澹生太史石研齋插架，以彬侯名不甚顯著，筆蹟識之者既尠，又其常用名號小牙章亦不曾鈐記，恐久而莫辨，命余輒題於帙尾。

鄧顯鶴《沅湘耆舊集》卷一二《程通政温》　温字德和，祁陽人，成化甲辰進士。累官南通政司參議。德和素有才望，逆瑾用事，將草疏上劾，忽内批致仕，遂拂衣歸家。藏書頗多，盡以儲學中。詩集佚，僅存《中興碑》一首，嶔崎歷落，一空此題名作，惜不多見也。

又卷七一《李秀才廷賢》　廷賢字愚生，常寧人。諸生廣豐令繼聖之祖也。少孤，力學，家素饒，腴田滿陌。亂後，爲豪猾侵占，遂發憤，鬻餘産購書累萬軸，坐卧其中。其婦翁崔介庵固與艾東鄉善，少時猶及見東鄉來遊，甚被賞異，語見《廣豐家傳》。常寧李氏，世有藏書，實權輿於此。故家文獻不及二百年，盡舉而委於逆猺之一炬，惜哉！廣豐之曾孫德騫補堂，及其子次山結甫識余於長沙，求志其父岳泉翁墓，并輯其先世遺詩，求選入是集，意甚誠篤，爲記其略如此。

又卷七七《李廣豐繼聖》　繼聖，字希天，一字振南，常寧人。雍正中辰舉人，官廣豐知縣。有《尋古齋詩集》八卷，《續集》一卷。振南家常寧之洋泉市，居宅宏敞堅固，中有樓藏書甚富，且多宋刻善本。其孫岳泉秀才文昺世守之。道光壬辰，江華猺匪趙金隴稱逆，官兵蹙之，金隴據其宅死守，以抗大軍。官兵四面火攻，久乃得破，藏書盡燬亦一劫也。振南詩才甚富近體尤有氣力，雖雕琢太過，亦豪膽出羣，今擇其渾雅者存之。

又卷八六《鄧教諭友超》一首　友超，字慎修，芷江人。乾隆辛酉拔貢新寧教諭。有《慎修集》。慎修有學行，臨終敕其子，以家中多藏書，凡無益身心者悉撿出焚之。邑學博孫士遠銘其墓，所云「一經傳家燔無益，知君存心與世異」者也。詩不多見，僅存一首。

王培荀《鄉園憶舊録》卷一　章邱李中麓開先官太常，藏書之富，甲于齊魯。明時文淵閣書許臣工借鈔，故也。公工詞，所藏名畫皆自爲品第。王元美閲之

云：「中麓畫無一佳者。」弇州耳目廣持論高，往往如是。其藏書，國初猶存。徐尚書元一購得其半籤帙，必精丹黃如故。今其半俱化過眼雲烟矣。

又卷二 張杞園貞字起元，安邱拔貢生，舉博學鴻詞，授翰林院待詔。博雅好古，能鑑別書畫鼎彝之屬。精金石篆刻，遊吴越，與高士名僧往還，購書千百卷。居杞城故墟，作《杞紀》二十二卷，博引古書，阮亭先生稱其體大思精，得太史公筆意。愚山先生稱其原原本本，可補正史之遺。家有田四千畝，無憂饘粥。南面百城，日以著述爲事。古文集已板行，論者欲與虞山、堯峯間置一席。其後藏書之樓，火自中起，書籍古玩盡付。

吴振棫《養吉齋叢録・餘録》卷七 明萬曆間連江陳第，字季三，號一齋。由京營歷官游擊。有將略，尤喜讀書。藏書萬餘卷，有《世善堂藏書目録》。入本朝，子孫不能守。乾隆初，錢塘趙谷林昱齎金往購，已散佚無遺矣。匄得其家目録，谷林稱爲斷種秘册者約三百餘種。鮑渌飲廷博按目而求，四十年一無所獲。寧波范氏天一閣，藏書爲天下冠。阮公元撫浙時，刊其書目爲四卷，又以類分帙，其爲十卷。兵火之後，蓋散失不少矣。青浦王述庵侍郎昶，藏書甚夥。其卷端皆有印識，其文云：「二萬卷，書可貴。一千通，金石備。購且藏，劇勞勩。願後人，勤講肄。尃文章，明義理。習典故，兼游藝。時整齊，勿廢墜。如不材，敢賣棄。是非人，犬豕類。屏出族，加鞭箠。」近聞其家舊藏已不能守，良可歎息。

錢泰吉《甘泉鄉人稿》卷八《曝書雜記中》 虞山也是翁述趙清常之言曰：「有藏書者之藏書，有讀書者之藏書。」杭堇浦謂讀書者之藏書，必自經史始，則視清常之言爲尤得要領。嘉興錢警石先生秉鐸吾州，盡攜所藏書置學舍中。十餘年來，遇善本即校。所著《甘泉鄉人邇言》，多藏書跋尾。近更出《曝書雜記》以示生徒，光煦得而讀之，大都以經史爲宗。信乎，堇浦所謂讀書者之藏書也。

龔自珍《定盦全集・續集》卷三《上海李氏藏書志敘》 大江以南，士大夫風氣淵雅，則因官簿而踵爲之，往往瑰特，與中朝之藏有出入者。而上海李氏，乃藏書至四千七百種，論議臚注至三十九萬言。承平之風烈，與鄞范氏、歙汪氏、杭州吴氏、鮑氏相煇映於八九十年之間。李君猶且恨生晚，不獲遇純皇帝朝親獻書。

魏源《元史新編》卷四六《張樞傳》 張樞字子長，金華人，許謙之弟子也。幼居外家潘氏，盡讀其藏書數萬卷，輒通其大意，尤長於歷代史書掌故。

吴敏樹《柈湖文集》卷四《李氏族譜序》 曩在道光二十二年之冬十月，余游縣東境大雲山，歸途過宿吾友李臯門之家。時臯門方課讀，其家子弟燈上書聲四壁，合起鏘然。李氏舊稱藏書，余登其書樓觀之，藏甚富，多他家所未有者。臯門示以所爲書目録，讀之而去。

葉名澧《橋西雜記・葉氏藏書之祖》 《嘉定鎮江志》卷二十一：蘇丞相頌家藏書萬卷。祕閣所傳居多，頌自維揚，拜中太一宫使，歸鄉里。是時，葉夢得爲丹徒尉，頗許其假借傳寫，夢得每對士大夫言親炙之，幸其所傳遂爲葉氏藏書之祖。

又《藏書求善本》 邵君蕙西居京師，購書甚富，拳拳於板本鈔法。名澧與之言曰：「彭文勤公嘗詆《讀書敏求記》染骨董家氣，我輩讀書當用力於其大者，未可蹈此蔽也。」後閲錢氏《曝書雜記》引鄭康成戒子書：「吾家舊貧，不爲父母昆弟所容。」康成大儒不應出此語，考元刻《後漢書》康成本傳，無「不」字，與唐史承節所撰鄭公碑合。今本作「不爲父母昆弟所容」，乃傳刻之誤，此校書之有功於先賢者。名澧始悔前言之陋。蓋讀書不多，未可輕生訾議耳。

蔣光煦《東湖叢記》卷三《馬二槎藏書》 吾鄉陳仲魚征君鱣向山閣藏書大半歸馬二槎上舍瀛，上舍余中表行也，時得借觀。其《吟香仙館書目》多世所未見之本，有宋本《漢書》、《晉書》，因以漢晉名其齋。《晉書》爲天籟閣故物，有王弇州手鈔補闕之卷，真書林瑰寶也。余曾假得《劉子注》十卷，后有各跋，録之以見珍秘：「晁氏《讀書志》云：齊劉晝、孔昭撰，唐袁孝政注，凡五十五篇，言修心治身之道而辭頗薄俗，或以爲劉勰，或以爲劉孝標，未知孰是。庚午巳月晦日葉子寅讀識。」「此書丁丑冬得之梅花館，越宿即取去。庚辰秋再見之南樓，如逢故人，亟攜之歸。内鈔録多誤，朱筆已較正。至劉子姓氏，南陽先生雖言之而終無的據，當以俟知者。世無刻本，可勿珍諸！康熙庚寅中秋十八日許心扆識。」舊鈔本前頁有此二跋，後跋旁註云：「辛卯夏五月十日晨窗見太翁外舅圖記，此册有外舅圖記，内子補印圖記云云。葉跋下有『葉子印春』、『玉圃人』二印，又有『葉豹文』、『葉國華』二印。許跋下有『丹臣』印，又有『歸高陽葉氏』印，卷首有『葉氏菉竹堂藏書印』，卷末有『楙印』、『南陽閨秀』二印，蓋葉文莊公舊藏也。鱣記。」「此五硯樓書也，因舊鈔檢得之，不令隨他書去。卷端題《劉子》，卷下又有『無一』至『無十』字號，其爲《藏》本出無疑。惜五硯主人在日，未取《藏》本勘之，爲一恨事；而《藏》本早售去，茲無從借校，又一恨矣。我友周丈香岩家多秘書，向假得活字本校如右。其朱墨兩筆舊校者多合余前校活字本，是者存之，非者不贅焉。讀是書者以舊鈔爲主，活字參之可耳。嘉慶庚午五月一日校畢，時在支硎道中，復翁。」「此書世鮮刻本，惟程榮《漢魏叢書》本有之，然脱誤甚多，不可據也。是舊鈔以他書、《道藏》本證之，每頁

二十行，行十七字，其自《藏》本出無疑。不知何故正文與注或錯出、或訛舛，舊校而外又賴活字本校正無算，可知書非宋刻，可據者十不一二也。余向從萃古齋見一小匡子細字本，主人云是宋刻，惜亦不全。後聞爲陽湖孫伯淵售去，當致書山左，向彼借校，一破羣疑。讀書在廣見博聞，余謂藏書之道亦然，藏而能讀，非見聞廣博，不足以奏其功焉。庚午五月十三燒燭重檢。復翁又記。」「《劉子》十卷，《隋書》不著録，《唐志》作梁劉勰撰，《郡齋讀書志》、《直齋書録解題》俱作劉晝、孔昭撰。《直齋》引唐播州録事參軍袁孝政序略云：晝傷己不遇，天下陵遲，播遷江表，故作此書。時人莫知，謂爲劉勰及孝標。《梁書》、《南史》俱無明文，且當時崇佛，而是書末篇歸心道教，故《道藏》收之太公部無字號中，其非勰及孝標之書明甚。又是書《激通篇》偁班超憤而習武，卒建西域之績，又安得謂劉歆作乎。惟《北齊書·儒林傳》云：劉晝，字孔昭，渤海阜城人。少孤貧，愛學，恣意披覽，晝夜不息。舉秀才不第，譔《高才不遇傳》三篇。又頻上書，言亦切直，多非世要，終不見收。自謂博物奇才，言好矜大，每云：使我數十卷書行於後世，不易齊景之千駟也！《傳》雖不云有此書，然於書中大意相合。或疑袁孝政所作，非也。然孝政之注雖不能備詳典故，亦不可少。自明以來，刊本注甚無幾，而本文脱誤，竟不可讀。吴中袁氏五硯樓向得舊鈔本，藍格綿紙，尚是明中葉時人從《道藏》本録出。又周氏香岩家藏活字本，亦係明時舊本。黄君蕘圃既得袁氏所藏舊鈔本，乃假周氏活字本校於其上。余復屬蕘圃以厚價雇人摹鈔活字本以歸，而以舊鈔本校之。夫而後齊書袁注差覺完善可觀，而世間通行程榮、何允中等刻俱堪廢矣。活字本第八卷中原缺一頁，余手録補入，而並録蕘圃二跋於後。至所校活字本題誤者朱書於旁，或兩可者則標於上。嗟乎！聚書固難，校書亦復非易，蓋惟深歷此中甘苦者知之耳。」

又卷四 毛晉藏宋本最多，其有世所罕見而藏諸他氏不能得者，則選善手以佳紙墨影鈔之，與刊本無異，名曰影宋鈔。一時好事家皆争效之，而宋槧之無存者，賴以傳之不朽。毛氏於宋元刊本之精者，以宋本、元本橢圜式印别之，又以甲字印鈐於首。其餘藏印，曰毛晉祕篋審定真蹟，曰毛氏藏書，曰東吴毛氏圖書，曰汲古閣世寶，曰子孫永寶，曰子孫世昌，曰在在處處有神物護持，曰開卷一樂，曰筆研精良人生一樂，曰汲谿，曰弦歌草堂，曰仲雍故國人家，曰汲古主人，曰汲古得修綆。又有朱文大方印，其文曰趙文敏公書。卷末云：吾家業儒，辛勤置書，以遺子孫，其志何如，後人不讀，將至於鬻，頽其家聲，不如禽犢。若歸他室，當念斯言。取非其有，無寧舍旃。

俞樾《春在堂雜文·四編》卷七《丁葆書讀書識餘序》 國朝稽古右文超踰前代，而海内士大夫家亦競以藏書爲富，精求善本考證異同，極一時之盛。咸豐、同治間迭經兵火，典籍散亡而一二，抱殘守缺之士仍能保守遺書不致失隊。吾湖丁葆書先生，自幼嗜書，自謂有書癖，與同志勞氏巽卿、季言兩君交最篤。以宋元舊本互相質證，合所見所藏者薈萃成編，未竟其業，兩勞君相繼没。君以十數年心力踵而成之，以勞氏先有《讀書襍識》一書行世，此亦勞氏所欲爲而未竟者，因題曰《讀書識餘》，慰亡友之餘，意成藝林之鉅，觀使學者知某書有某本某本之不同，而源流得失，約略可見矣。余寠人也，素無藏書，同治四年，自天津南還，無一卷之儲。今則插架亦將三萬卷矣，而皆麻沙俗刻，無一善本，宋元舊本目未之覩，對此編也。能不望洋向若而歎乎。

俞樾《春在堂隨筆》卷二 鄒縣董梓庭，吏部名作模。道光三年進士，嘗以事戍伊犁。辛丑壬寅間，從靖逆將軍于廣東罷歸，遂僑寓揚州。十年一夢，極煙花三月之樂，今歲行年七十有七矣。腰腳猶健，自言昔歲遊西湖，尚步行三十里也。時從廣東載書數萬卷至蘇州求售，蘇州太守李薇生爲之先容，頗有所獲。

丁申《武林藏書録》卷中《小陳道人思》 《夢粱録》：杭城市肆有名者，橘園亭。文籍書房行都記事，橘園亭在豐樂橋北，自棚橋直穿即是也。當時書肆林立，著名者，陳起之後，又有陳思起，自稱道人，世遂稱思爲小陳道人。石門顧君修據宋本羣賢小集重刊。疑思爲起之子，稱起之字芸居，思之字續芸；所居睦親坊棚北大街，地亦相近，然終不得其確據。思所著有《寶刻叢編》、《海棠譜》、《書小史》、《書苑英華》、《小字録》及《兩宋名賢小集》。《小字録》前有結銜，稱成忠郎緝熙殿國史實録院祕書省搜訪。又《海棠譜》自序稱開慶元年，則理宗時人也。按《寶刻叢編》紹定二年鶴山翁序曰：「余無他嗜，惟書癖殆不可醫。臨安陳思多爲余收攬。叩其書顛末，輒對如響。一日以其所稡《寶刻叢編》見寄，且求一言。蓋屢卻而請不已，發而視之，地世年行，炯然在目。嗚呼！賈人鬻書於肆，而善其事若此。可以爲士而不如乎？撫卷太息，書而歸之」又直齋陳伯玉序云：「都人陳思，儥書於都市。士之好古博雅，蒐遺獵忘，以足其所藏；與夫故家之淪墜不振、出其所藏以求售者，往往交於其肆。且售且儥，久而所閲滋多，望之輒能别其真贋。一旦盡取讀書所録，輯爲一編，以今九域京府州縣爲本，而繫其名物於左，昔人辨證審定之語，具著之。」

又《寶名樓》 宫允名太冲，字墨寘，海寧籍。弱齡沈酣六籍。天啓丁卯登賢書。崇禎辛未成進士。選翰林院庶吉士，授檢討，改編修，量移南國子監司業，轉右春坊右中允。生平侃侃直言，尤以正人心、敦士行、破門户爲急。後慶百徵君構寶名樓於别業之梧園，儲書其上，與弟農復登樓而去其梯，戒不聞世上語，盡發所藏書讀之。見方婺如《吴徵君傳》。

又卷下《琴趣軒》 黄鍾字朗亭，號鐵庵，仁和例貢。歷官刑部郎中。性好聚書，終日讐校如對古人。倜儻好施予，有告者無不滿其意以去。嘗搜都中客死遺骸埋藏無遺。著有《春華閣詩鈔》。鍾子澐，字潆江，號學癡。有未篩篙，手鈔祕籍多至百種。其自述云：「秉志以剛，負氣以直。教子一經，交友三益。非曰能詩，但解塗抹。遺之子孫，幸存吾拙，可以概其生平。」澐子杓，字星橋，號玉繩。性嗜書畫，而尤喜究其源委，家故多先世所藏書，因爲詳著其姓氏，尚論其流派，爲《畫載》二卷。

又《丹鉛精舍》 葉廷琯《浦西寓舍雜詠詩》云：「真讀書人賊亦欽，纖塵不使講帷侵。黄巾知避康成里，漢季儒風又見今。」注云：仁和勞季言，家塘棲，累代富藏書。季言尤以博洽名。賊酋至其門，戒其徒：「謂此讀書人家，毋驚之。」入室取架上卷帙觀之，曰：「聞此家多藏祕籍，何此皆非善本，殆移匿他處邪！」徘徊良久，不動一物而去。賊亦知書，異哉！迄今不四十年，遺籍流落廛寰，書目亦散佚不傳。書之不毁於寇，此中豈有數邪。

丁丙《善本書室藏書志》卷一《周易本義十二卷》 彝尊字錫鬯，號竹垞，晚號小長蘆釣魚師，秀水人。康熙己未，以布衣薦博學鴻詞，授檢討。藏書之室曰「潛采堂」，凡八萬卷。見李香子《鶴徵後録》。紅藥山房者，海甯馬思贊寒中藏書之所也。寒中爲揚州推官麟翔子，工書，績學，家有道古樓，插架多宋元精槧。朱竹垞時從錯鈔，亦吾杭藏書家之烜赫者也。玉堂字留齋，海鹽人。道光辛巳副貢，性耽書籍，築漢唐齋，儲藏祕册甚多。杜門校讐，著《讀書敏求續記》。

又《周易十二卷》 清恪名伯行，字孝先，定恕庵，河南儀封人。康熙二十四年進士，歷官禮部侍郎，從祀孔子廟廷。佩兮名曰璐，號半槎，又號南齋，祁門人，家於揚。其藏書之所，有叢書樓、小玲瓏山館，儲藏十餘萬卷，箸有《南齋集》。

又《學易記九卷》 晉初名鳳苞，字子晉，常熟人。性嗜卷軸。湖州書舶，雲集於門，前後積至八萬四千册。構汲古閣、目耕樓以庋之。其鈐書册之印曰「毛氏祕篋，審定真迹」，曰「東吴毛氏圖書」，曰「汲古閣世寶」，曰「子孫永寶」，曰「子孫世昌」，曰「在在處處有神物護持」，曰「開卷一樂」，曰「筆研精良，人生一樂」，曰「菰谿」，曰「弦歌草堂」，曰「仲雍故國人家」，曰「汲古主人」，曰「汲古得修綆」。

又《洪範統一一卷》 瞿硎石室者，宣城李之郇字伯雨藏書之所也。官郎中。同治中游京師，搜羅善本尤富，所居有江城如畫樓，文酒觴詠，多一時勝流。

又《尚書二卷》 啓淑字秀峯，號訒庵，歙人。官工部都水司郎中，寓居杭之小粉場，其藏書之室曰「開萬樓」，藏書百厨。乾隆三十七年詔訪遺書，訒庵家進呈六百餘種，恩賞《古今圖書集成》一部，士林榮之。

又卷二《詩集傳八卷》 簡莊名鱣，字仲魚，海甯人。嘉慶丙辰舉孝廉方正，中戊午舉人，營别業於硤川，購藏宋雕元槧及近世罕見本甚夥。拜經樓爲吴兔牀藏書處，兔牀名騫，字槎客，海甯貢生。喜搜羅金石及宋元刊本，年八十餘卒。

又《太平經國之書十一卷》 菉竹堂者，明崑山葉文莊公藏書處也。公名盛，字與中，正統乙丑進士，官至吏部左侍郎。藏書之富，甲於海内，雖服官邊徼，必攜鈔胥自隨，每鈔一書成，輒用官印識於卷端，其風流好事如此。

又《禮書一百五十卷》 五硯樓者，吴縣袁廷檮藏書處也。廷檮字又凱，號綬階，又號壽皆。蓄書萬卷，皆宋槧元刻，影寫精鈔，時論稱之。泰峯名松年，字萬枝，上海人。恩貢生，好讀書，購藏數十萬卷，刊宜稼堂叢書行於世。樾江姓胡，名忠孚，平湖人。搆小重山館，儲藏多宋元精刊及前賢校本，箸有《小重山館書目》。

又卷五《字通一卷》 重遠樓爲山陰楊鼎藏書之所。鼎字禹銘，號守白，其檢藏書有感詩云「辛勤十七載，書卷四萬餘。積之頗不易，愛惜逾璠璵」。今讀其遺詩，尚可想其風趣。

又卷七《三朝北盟會編二百五十卷》 昔司馬温公藏書甚富，所讀之書，終身如新。今人讀書，恒隨手抛置，甚非古人遺意也。夫佳書難得易失，稍一殘缺，修補甚難。每見一書或有損壞，輒憤惋浩歎不已。數年以來，蒐羅略備，卷帙頗精。伏聖觀是書者，倍宜珍護。即後之藏是書者，亦當諒愚意之拳拳也。

羅槃《甘泉書藏記》 丁竹、舟松生二先生，築精舍於甘泉之北，稡四部書之爲宋元舊刻者，寶藏其中。乃襲用宋時君家朝佐藏書室之舊，名「甘泉書藏」以顔其室。

胡鳳丹《嘉惠堂藏書目序》 杭州藏書家，舊稱趙氏谷林、意林兩徵君暨誠夫茂才父子兄弟自相師友。全謝山吉士既作《小山堂藏書記》矣，迨乾隆間，開四庫

館，下詔徵書，猶首及之。其時吴氏玉墀、孫氏仰曾、汪氏汝瑮，應詔各獻百種以上，得仰邀奎藻，渥荷御書，抑何榮歟！文治休明，蔚成七閣，浙之文瀾其一也。特旨許嗜奇好學之士赴閣檢視鈔録，俾資搜討。教澤涵濡，流風相尚，垂百年矣。錢塘丁氏，國初遷自越中，有烈婦周太君殉寇難，時當盛暑，屍不集蚊蚋，鄉里傳之，事載省志。越五傳，掌六隱君慕其先世聞人名顗者藏書八千卷，有言曰：「吾聚書多矣，必有好學者爲吾子孫。」遂作小樓於梅東里，乞粱山舟學士題其額曰「八千卷樓」。哲嗣洛耆觀察能讀父書，嘗往來齊、楚、燕、趙間。遇祕笈，輒載以歸，插架漸富。竹舟、松生又濟其美。雪鈔風校，益其不足，幾將肩隨振綺。若瞿氏清吟閣、勞氏丹鉛精舍，則又相輝映者也。咸豐辛酉冬，粤寇再陷杭城，竹舟家室遭毁，其與身幸免者僅隱君日夕把玩之《周易本義》一書而已。竹舟兄弟既出坎穽，潛身西溪，營觀察公葬事，目擊閣書横遭摧裂，因於宵深趨閣，手拾肩負，旬日間，得萬餘册，藏之僻地，始跳身滬上。迨省城克復，重還里居，依類編目，陳府大府，借儲杭郡學尊經閣。今相侯左公方以閩浙制府兼巡撫，爲題書庫抱殘圖以張之。竹舟慨振綺諸家所藏渺不可得，即天一范氏，勝國所遺，合族所守，亦蕩焉渺焉，念斯文墜地之厄，發覆簣爲山之思，以閣目爲本，以附存爲翼，節食縮衣，朝蓄夕求，遠自京師，近踰吴越，外及海國，或購或鈔，隨得隨校，積二十年，聚八萬卷，視閣目幾及九成，較樓額已踰十倍。浙省奏開書局，多藉君家藏本備校勘。其於鄉賢遺著，網羅尤篤。同里吴退庵學博，仲云制府有《國朝杭郡詩》兩輯，綜三千家，既重雕而又續輯之，搜采姓氏，增於舊編，可謂苦心精詣矣。先是茶陵譚公典杭郡，深嘉其行，光緒己卯，建旄於浙，謂興廢舉墜，莫亟文瀾，乃令松生經營閣工，一載而竣，遂奉遺書恭藏舊地，至徹上廳，蒙頒給匾額、《平定粤匪方略》，並有「文瀾閣毁於兵燹，其散佚書籍，經丁申、丁丙購求藏弆，漸復舊觀，洵足嘉惠藝林」之諭。竹舟兼沐加四品秩，其渥膺異數，與吴、孫、汪三家後先合轍也。竹舟昆仲歸書既畢，因檢家藏，凡四庫著録之書，作堂儲之，額曰「嘉惠」，紀天語以拜君恩也。别以存目之書與書出較後未經採入四庫者，庋之八千卷樓，繩祖武而志舊德也。編排目録，以眎鳳丹。鳳丹與丁氏昆仲交垂三十年，於書有同嗜。往歲官鄂，刊《金華叢書》，商校文字，郵筒不絶於道。今退處山中，欣聞盛事，竊作而言曰：「世之藏書者，廛佟百宋，架矜千元，嚴一字之異同，走千里之聲氣，牙籤錦軸，借不出户，鐘鼎彝尊，等於玩好，未聞草茅伏處之身，乘兵火流離之會，奮身家不顧之勇，抱東南文獻之遺，卒能有志竟成，完斯鉅業，宜譚公有敦本篤行之薦矣。」竹舟、松生，學問淵雅，時人目爲今之二林，竹舟之子修甫孝廉，猶誠夫也，然掌六隱君追慕先世之言，安知後世不慕隱君之行而爲凡子孫勵乎？因記其事，以序其書目之首，若以吾文當謝山，則又不敢。

王闓運《（光緒）湘潭縣志》卷八《袁芳瑛列傳》 袁芳瑛字漱六，石承藻甥也。幼好學，徧觀外家書及官編修。久居京師，日以搜求書籍爲事。尤好多藏槧本，攷其同異。收明以前《史記》至三十餘種，他經史類此。翰林書尚白摺小楷，惟芳瑛與趙眗能使筆入紙。芳瑛獨不得其用，數試，考官不一取。軍興出爲松江知府，從巡撫督師，猶載書自隨。軍潰盡失之而天下藏書悉出在上海列肆市之。上海松江屬縣，所得俸入盡以買補，視舊藏更倍。爲政敢決然介於夷寇，鬱鬱不得行其志，未幾卒官。

張之洞《（光緒）順天府志》卷一〇〇 范瀛佩，字蜚鳴，寶坻人，康熙戊午歲貢生。少顓悟，讀書一過目即通曉。嘗苦家少藏書，乃悉鬻所遺産購書數千卷，風朝雨夕披吟不輟，貧至無以自給。人或尤曰：「聚書能療飢耶！」瀛佩坦腹示之笑曰：「此殊不枵，其風致如此。」

陳康祺《壬癸藏札記》卷一 時帆祭酒法式善性嗜風雅，四方名彦至京師者，無不敂詩龕之門，以詩文相倡答。祭酒箸述甚饒，其藏書亦最富。

又 阮文達公文選樓藏書，道光癸卯先被回禄，後又遭粤匪之變，宋元舊版盡付劫灰。公所進呈四庫未收書其原本，亦已無存，是祕府所藏，多半海内孤本。惜無好事者請將是書移内閣翰林院，許八直者借鈔，庶尚有流布塵寰之一日與？

陳康祺《郎潛紀聞二筆》卷八《丁氏藏書》 八九十年來，吾郡教授以博雅著聞者，必推前丁後馮，馮即柳東先生，見前筆。丁蓋小疋先生杰也。歸安人，少以清苦建志，家貧不能得書，日就書肆中讀，自朝至晡以爲常。肆主閔之，爲具食，不食也。久之，博學多通，應鄉試，以策問《大戴禮》所對獨精，遂中式。入都，交朱竹君、盧召弓、戴東原、程易疇諸君子，學益進，聚書益多。通籍得縣令，以親老乞爲儒官，始來吾郡。先生所藏書，皆審定其句，博稽他本同異，以紙反覆細書，下籤其中。孫頤谷侍御志祖嘗戲之云：「君書頗不易讀，遇風紙輒四散，不可復詮次，奈何？」鄉先輩相傳先生最寶愛其書，每厚糊黏紙八九層爲面葉、底葉，見者輒笑曰：「此丁氏藏書也。」康祺幼時，見吾家鄰街有小西山房書肆者，其主人丁姓，每與之諧價購書，喜其樸呐，兵後不復見矣。嗣知小西山房即小疋先生集名，而書肆主人，姓又適合，豈即先生一家歟？憾當時鄙陋尤甚，不及就詢先生遺著，思之歉然。

又卷一五《鄞縣藏書家》 吾鄞文獻世家，宋、元之世，如攻媿樓氏、清容袁氏，藏書之富，冠絶一朝。明代儲藏家，則天一閣范氏，至今猶甲天下，而四香居陳氏、南軒陸氏次之。本朝繼范氏而起者，首推盧氏青厓先生址，詩禮舊門，自少博雅嗜古，尤善聚書，遇善本不惜重價購之，聞朋舊得異書，宛轉借鈔，晨夕讐校。搜羅三十年，得書十萬卷，摹天一閣爲樓以貯之，名之曰「抱經」，蓋取昌黎贈玉川子詩語也。同時越中有召弓學士，里居不遠，與青厓同宗同嗜好，亦號抱經，於是浙中有東西抱經之目。

潘衍桐《兩浙輶軒續録》卷一二 詹紹治字廷颺，號卧庵，常山歲貢。著《南湖草薰絃集》。《縣志》：「紹治性嗜學，工詞賦，家多藏書，甲乙丹黄，年逾八旬猶手不釋卷。爲人端嚴，尚義敦行，好奬勵後學。」

又卷一六 丁維時字馭青，嘉善諸生，箸《拙漁詩存》。《緝雅堂詩話》：「馭青藏書萬卷，丹黄不去手，頗似吴兔牀、陳仲魚一輩人，書畫篆刻亦絶工雅，惜不多見。」

又卷一九 曹言純字絲贊，號古香，又號種水，嘉興歲貢，著《徵賢堂集》。《甘泉鄉人稿》：「先生自言先人有藏書，少即徧覽，及先人下世，以償逋負，盡失之，然手纂之册已嘗掇其精英矣。其後，時從友人借未見書，且稍稍購置，每得一書必手自采輯，密行細書，日可萬字，閲五十年，積成數櫝，余每過從，時時取閲，若讀《水經注》，詩則親見其纂輯撰著者也。先生平生博觀約取，力學以昌其詩，大都如此。」

又卷二五 方國泰字爻二，號警齋，金華人。箸《我樓詩稿》、《我樓樂府》。《舊雨録》：「警齋詩宗漢魏，兼工樂府。好聚書，乾隆中燬於火，復棄產購之，今我樓藏書尚贏萬卷。又好結客，不解治家人生產，中年以後，金盡交疏，饘粥不給，晏如也。」

又卷三一 曾佩雲字石生，永嘉諸生，著《怡園同懷吟草》。《縣志》：「佩雲純謹好客，喜藏書，築園松臺山麓，雜蒔花木，名曰「怡園」。道光初，縣學圮於颶風，與弟喬雲重修，計費白金八千餘兩，學使朱文定公爲文志之。

又卷三四 嚴澍字伯藩，桐鄉貢生，著《楹語山房集》。《桐溪詩述》：「伯藩負大志，以讀書交友爲務，尤喜急人之急。藏書數萬卷，蒐討古今，娓娓忘倦。又豪於飲，飛觴擘箋，座客常滿。」

又卷三七 佛嚨武字純齋，杭州駐防，滿洲正白旗人，官協領。《城西古蹟考》：「純齋好藏書，官廣平參將，調喜峯口徼巡塞外，所歷瀚海火燄山、和闐、西藏星宿海、雪山，諸蒙古部落并新疆，回國周行，幾徧閲五載，引年歸，篋中所有圖書奇石而已。著有《瀚海雪山遊記》八卷，惜散佚無存。」

又卷三七 郭鳳詔字淡門，一字景和，諸暨人，道光庚子舉人，著《函雅堂集》。酈琮曰：「丈藏書甚富，閉户揅究，丹鉛不離手。五上公車不遇，益肆力於古。生平以考據之學爲最，詩次之，性狷潔，不慕榮利，啜茗談詩，粹然道貌，琮所親炙也。」

又卷三九 計光炘字曦伯，號二田，秀水人。著《守甓齋》集。《府志》：「光炘孝事二母，慕石田、南田，品高志潔，自署其齋曰『二田』，藏書六千餘卷。能主持風雅，遐方文士造訪者羣集。重結詩社，有《守甓齋詩詞集》。」

又卷四〇 徐時棟字定宇，號柳泉，又號同叔，鄞人。道光丙午舉人，官内閣中書。著《煙嶼樓文集》四十卷，《煙嶼樓詩集》十八卷。《縣志》：「時棟故居曰『煙嶼樓』，藏書六萬卷，盡發而讀之，自夜徹曉，丹黄不去手。其論經取先秦之説，以經解經，旁及諸子，引爲疏證，無漢宋門户之習。其論史獨推史遷、班、范，以下則條舉而糾之，留心文獻。」

又卷四二 陸爾繩字繩兮，號淥飲，仁和附貢。張應昌曰：「淥飲家倉基里有清華堂，藏書甚富，時集名流觴詠其間。庚申之變，避居海甯半載，返杭遂餓殉圜城之中，子諸生以恭，媳張黄同殉。」

又卷四三 任作梅字苕夫，會稽人。著《拙政齋稾》二卷。章琢其曰：「苕夫行誼雅潔，不求仕進，所居在豐山濠水間，園林幽僻，築室藏書。時與朋舊賦詩遣興，雅志可羨。」

又卷四八 丁申字竹舟，錢塘諸生，候選主事。【略】俞樾曰：「竹舟暨其弟松生乃當代之雙丁也，築室於杭城之田家園，藏書之富甲海内，因取宋周道信詩云：『田園一蟲睫，書卷百牛腰』書聯以贈。然豈止百牛腰耶？雖萬未足也。」《緝雅堂詩話》：「竹舟温謹博雅，于鄉邦文獻最爲諳熟，藏書至富，今之聊城楊氏、常熟瞿氏恐未能過也，惜已奄化不及接手，得識其弟松生大令，所藏浙人詩集假閲殆徧，采詩之事，裨我實多。」

王懿榮《王文敏公遺集》卷四《誥封宜人元配蓬萊黄宜人行狀》 其訓飭子女，於所嬉戲玩物，雖瑣屑不使毁棄暴殄。内室所蓄書畫、碑帖、墨本等物，盛夏時必手自抖晒，防蠹鼠，極力歲以爲常。兒女雖幼穉無知識，於文物戒不敢近也。

孫詒讓《溫州經籍志》卷七《方氏成珪集韻考正十卷》 案：雪齋方教授成

珪，嘉慶戊辰舉人，官海寧州學正。生平精究蒼雅，尤嗜讐校古籍，官奉所入，盡以購書，身後儲藏數萬卷，散佚殆盡。

葉昌熾《緣督廬日記抄》卷四［丁亥七月］ 二十六日，讀《觀古閣藪稿·題泉册》云：沈韻初舍人收藏書畫碑版，甲於都下。中年遽逝，其太夫人慟之，即取所藏悉焚之，人間精本幾絶。

又卷四［丁亥正月］ 初十日午後，操養首途，臨别惘然。夜，蒲生來，談越州有羅姓，藏書畫至二萬軸，人稱「萬軸羅家」，其先爲鹽商，紀綱故士流屏不與齒。趙撝叔獨羈縻之，得徧觀其寶笈，撝叔畫訣由此大進。

又卷六［壬辰十一月］ 初四日，至木齋寓長談，述袁漱六藏書之富，怡裕、皕宋、海源三家皆不能及。其子榆生，童昏揮斥之易，可爲歎息。

文廷式《純常子枝語》卷二 師終身讀書必端坐，藏書五萬卷，丹黄幾遍。晚年復讀二十四史，加朱點，勘至《元史》，未卒業而卒。

賀濤《賀先生文集》卷二《授經堂記》 古者書用竹帛，流播爲難。楮墨稍省易矣，而述作日益繁，操觚者猶艱於從事。故韓起觀書於魯，然後知《周禮》。漢東平王求諸子、太史公書於京師，而不能得。唐時訪求一書，猶或遲之數十年始得一見。而史及諸家所纂目録，由今考之，無其書者强半。其難得而易亡如此。自鋟板之法行，流衍者多易於求取。而時執遷貿，數百年舊物，蓋亦無幾存。國朝崇尚文學，詔求遺書，校刊宣布，而魁儒碩學，乃益討訪珍祕，拾闕綴殘，所考定皆號稱精絶。乾嘉之際，文學可謂極盛。而吴越爲人文淵藪，通儒輩起，輝蔚東南。故四庫書成，特頒之揚州、鎮江、杭州，以贍多士。是時海内富安，巨室盛族，争相慕效。搜奇詫博，習而成風，藏書之富，爲四方所不及。自粤賊躪轢江浙，十餘年間，薦紳轉徙，百物灰燼，而書籍亦遂盪無留遺。大難既平，諸行省設局刊書，學者頗修復舊業，而鄉時所稱精本，已不可多覯。其宋元舊刊，則益更索無所，尊之爲彝鼎，而曠世未必一遇也。諸暨陳蓉曙編修，劬學嗜古，孜孜如不及。其先世當明嘉靖時，有官廣西布政使者，聚書五萬卷，構授經堂庋書其中，當時宿學，皆借書其家，爲之點勘。其孫章侯先生，國初時隱於禪，世稱老蓮先生者，有《授經堂詩文集》。康熙初，堂毁於兵火，書亦亡。蓉曙之祖既築堂藏書以復舊，而蓉曙之父課子於堂，遂繪授經圖，徵時賢題詠，士林盛傳其事。粤賊之亂，東南騷動，陳氏獨安居，講誦於堂弗輟，余小頗觀察賦詩稱之，而堂與書又卒毁於兵火。蓉曙與其族子耐安，俱以文著，大吏争迎聘，以其所得作室故居旁，以積書，復得數萬卷。俞曲園先生以舊額題之，而堂復興。蓉曙雖官京師，而所謂授經堂者，念不能忘。嘗欲罷官旋里，讀書堂中，以無失先志。迫於人事而未果也，輒用自恨。濤既得觀授經圖，讀諸公題詠，慨焉慕之。蓉曙爲詳述其事曰：「子爲我記其始末，將鐫之堂壁，以志吾恨而視子孫。」吾感蓉曙之能復故業，因推古今世運之變，以見書之易散而難聚。其力能聚者，固宜摎輯而護愛之矣。然古人得書之難，十倍後人，而後人之學，乃遠不逮古人。則又以知學問之事，精專是務，其博收兼取，以富蓄藏者，蓋猶不足貴也。吾曾王父購書七萬餘卷，其後歲有所增，今幾百年，書固無恙。濤所遭視蓉曙爲幸，然蓉曙之學得於古者已深，濤猶茫乎未有聞見蓉曙，引以爲恨，益足徵其好古之誠，而濤所自幸乃其所可愧者與。耐安名偉，舉人，亦嗜學。著《經説》十二卷，《讀禮隨筆》八卷，早没，蓋有功於斯堂，而蓉曙所痛惜者也。

又卷二《書常乃亭齋壁》 常君性嗜書，購置甚衆。吾家舊以藏書著稱，君所有乃幾倍吾家。國朝諸巨儒所校勘，武英殿所刊印，及其他號稱善本者多有之。而宋、元、明初舊刻則視吾家爲少。濤與君同嗜，既各以所有自矜，亦頗欲通其有無，而交賞互嘲，甚或相喧争，卒以不能出所愛而罷。然獲有奇異，則必相質賞，終不肯少自祕也。定州王氏收蓄尤富，積有六七千帙，而吾師桐城先生主蓮池書院講席，其書尤多善本。予自冀如京師，出西道則抵王氏謁吴先生，出東道則過君家。以不足慕戀之官數至京，始頗厭苦，既得觀三家書，則又以往來於京爲快。光緒十八年十月，自京至君家，君適他出，而新得書數種置案上，皆吾所未見者，大喜，信宿其齋中而去。而吾行篋所攜書有元刊《稽古録》，爲君購者留君齋，其某書某書則君所夙慕，而吾購之欲質之君者，固不能爲君留也。

震鈞《天咫偶聞》卷三 玉元圃棟，漢軍人，官學士。居城北。藏書最富。凡王漁洋、黄叔琳兩家書多歸之，築讀易樓。法石帆有詩云：「讀易樓前隔歲苔，樓門十載未嘗開。不窺園只覃溪老，特爲尋書城北來。」「買書容易到斜陽，讀易樓中萬卷涼。零落都門諸梵宇，鮮紅小印辨王黄。」

又卷四 地安門街西有火神廟，建於明代，國朝重修，聯額皆高廟御書。《日下舊聞》謂其後有水亭可望湖，亭久廢，地亦改爲染坊，道士不復知之矣。寺前有賣書人趙姓，時得故家書出賣，余所得頗多，余友續恥菴所得更多。零星小品，多有昌堇齋、法時帆印章，皆内城舊家童僕所竊，婦孺所棄之物也。内城舊藏書家，初推曹楝亭通政寅，後其書歸昌堇齋學士齡。又宗室素菊主人欽訓堂藏書最有名，余嘗得其鈔本題跋六種，皆無刊本。又玉元圃家有讀易樓，藏書多王漁洋、黄

叔琳兩家物。完顏氏半畝園藏書亦富。文也菴太守良精於鑒書，於某書凡有幾刻，某刻最精，言之娓娓，書賈皆向請益。其藏書也，一書或收數本，苟遇精者，不憚再購。身後其家開述雅堂書肆賣之，訖未盡。續耻菴孝廉廉家，書亦多，尤饒丁部，多不經見之本。大抵此事，非真讀書人又世代藏書者，不足以語此。否則非以殿板書炫收藏，即以局板書充數，皆無當於一吷，不如寒士案頭置數部書，真讀之爲愈也。

邱煒萲《五百石洞天揮麈》卷七 《番禺縣志》稱潘德畬方伯重刻《佩文韻府》，嘉惠士林，欲讀中秘書者，皆得家置一編，洵巨觀矣。亦其時滬上未傳泰西照相石印法，故殿版大集難於貲購，若今時之《佩文韻府》，不過六十整册，藏之巾箱而已足矣。至繁重之《圖書集成》，一經鉛版縮編，不過千有餘卷，取價三百，陋巷之子凡有負郭田五十畝者，皆可以其餘力藏書滿家，士亦何幸而生於今日哉！

王蘊章《然脂餘韻》卷一 蘇州張爕字子和，藏書處曰「小瑯環福地」。爕之子名蓉錫，字芙川，娶姚氏名畹真號芙初，女史皆精鑒别。其夫婦藏書處曰「雙芙閣」。

方志誠《柏堂師友言行記》卷三 嘉興錢警石先生泰吉，博聞强識，與其從兄衎石先生儀吉齊名。同治初，避亂寓安慶，予適自武昌歸，始識之，貌古神清，粹然老儒，猶日校《漢書》不輟，示予以《甘泉鄉人稿》，詩文皆雅馴淵懿。內有《曝書雜記》，尤可爲學者讀書法程。嘗自言承先世餘緒，藏書二萬卷，雖不足以資博采，然非聖畔道之書，先人所戒，泰吉幼時即屏棄不收也。又述其季父學士公訓子衎石曰：「金玉玩好非予所有，即有亦非所愛，惟藏書數千卷，乃節廉俸購置者，真吾之布帛菽粟也。」

又卷四 菊村無他嗜好，獨愛書。平生所藏數萬卷，日坐卧誦讀其中，非要事不出門。即出，亦必携書自隨，得間即取閲。

彭蘊璨《歷代畫史彙傳》卷六 虞堪，字克用，一字勝伯，家長洲，爲雲南府學教諭，能山水好爲詩。元末隱居行義，不樂仕進。藏書甚富，多手自編輯。

又卷七 吴嘉枚，字个臣，號介菴，錢塘人，以諸生入貢。點染精妙，居然米家書畫。生長西湖，僦居吴門，搆壺山草堂，左圖右史，嘯歌自得，蒐討藏書，寄興吟詠，雅好臨池，善於鑒古。

張貴勝《遣愁集》卷八 楊玠，聰敏善記。娶崔季讓女。崔富。圖籍，縹細滿架。玠遊其舍，覽記殆盡。乃戲呼曰：「崔氏藏書，俱爲人盜盡矣。」崔急檢視，一無所遺。玠笑，捫其腹曰：「是予藏之經笥中耳。」崔不信，及爲稽考，果皆熟識。

盛楓《嘉禾徵獻録》卷二二《德符從弟純祉、繼佑》 德符字虎臣，號景倩。天資穎異，家藏書既富，日沉酣其中。所交皆名人獻老。

黄錫蕃《閩中書畫録》卷三《石起宗》 石起宗，字似之。其先同安人，徙晉江。乾道五年，進士第二人，爲尚書吏部員外郎。善字畫，備數家禮。《祕書省汗青軒碑》其所書也。工詩賦，好學不倦，餘俸悉市書。嘗言：「藏書數千卷，勝良田萬頃。」云所著有《經史管窺》。

李清馥《閩中理學淵源考》卷八《州守方先生漸》 方漸，莆田人，重和元年進士。紹興中，判韶州，知梅、湖、南、恩，歷官朝散郎。平生清白，無十金之産，所至挾書自隨，積至數千卷，皆手自纂定。就寢，不解衣。林謙之質之，答曰：「夜或有尋，討便不懷安。」爲小屋三間，以藏其書，榜曰「富文」，鄭節仲嘗就讀焉。子林鄉貢進士，孫其義，曾孫應發。

又卷九《提刑方孚若先生信孺》 方信孺，字孚若，興化人儀七世孫。父崧卿，擢隆興元年進士，歷官政績茂著。家藏書四萬卷，皆手自校讎。信孺少有儁材，未冠能文，周必大、楊萬里咸器之。

又《正字方次雲先生翥》 方翥，字次雲。元寀之孫，畬之子。幼孤，多所通解。書過目即貫穿，下筆有軼語。其從兄略作萬卷樓，儲書千二百笥。語先生曰：「次雲才性，不出户，十年可移吾書入肝膈矣。」登紹興八年進士，調閩清尉。到官未一載，歸。閉户十八年盡讀其書，無干進意。

又卷二〇《詹勝甫先生鎦》 詹鎦，字勝甫，崇安人。恬於榮利，與朱文公、蔡元定、江必大諸賢講伊洛之學，築涌翠亭，聚書千餘卷，吟詠其間。

又卷七七《監丞黄明立先生居中》 黄居中，字明立，晉江人，萬曆乙酉舉人。博通典籍，得未見書，必手自校録。授上海教諭，遷南國子監丞。僑寓金陵，藏書萬卷。年八十餘，著書不輟，人稱「海鶴先生」。子虞稷有才名，國朝康熙己未年，以博學宏詞徵。

又卷七九《吴汝華先生霞》 吴霞，字汝華，海澄人，邑庠生。天性孝友，篤志好古。即所居傍築小室，扁曰「顔巷」，聚書其中。其潛玩程朱，至忘寢食，諸儒語録、行録，悉手抄讀。

李斗《揚州畫舫録》卷一〇 汪棣，字韡懷，號對琴，又號碧谿，儀徵廪生，爲國子博士，官至刑部員外郎。工詩文，與公爲詩友。虹橋之會，凡業鹾者不得與，唯對琴與之。多蓄異書，性好賓客，樽酒不空。一時名下士如戴東原、惠定宇、沈學子、王蘭泉、錢辛楣、王西莊、吴竹嶼、趙損之、錢籜石、謝金圃諸公，往來邗上，爲

文酒之會，子晉藩、掌庭，皆名諸生。

又　顧文烜，字玉田，吴縣人，精于醫，以張仲景爲法，尤通素問、靈樞之理。揚州人以千金求其一至爲幸。子之逵，字抱沖，邑諸生。好藏書，築小讀書堆。同郡黄丕烈，字蕘圃。亦藏書最多，與抱沖並稱。抱沖弟廣圻，字千里，從段懋堂學六書音韻之學，最精遍。

又　文元星，字城北，工詩，城南人多從之遊。城南王秋林，字希亭，磊落瑰奇，熟於史事，與陳嘉蕙、王晉藩以藏書稱。

賀貽孫《水田居文集》卷五《明經賀僧護墓誌銘》　酷嗜典籍，聞人家有異書，百計求之，至廢寢食。每逢忿悁，見座上陳列羣書，忻然繙閱，竟忘前事。獲惜先集及先世藏書，如其性命。易簀之前二日，猶命兒掖至中庭曝暄，出其先集捧玩而珍藏之，旋取筆作詩辭世。

牛天宿《百僚金鑒》卷一《耶律楚材》　楚材，蒙古人，天資英邁，曼出人表，正色立朝，不爲勢屈。每陳國家利病，生民休慼，辭色懇切。太祖嘗曰：「汝又欲爲百姓哭?」耶律楚材每言興一利不如除一害，生一事不若減一事。人以爲名言。或譖之曰：「楚材爲相二十年，天下貢奉皆入私門，後使衛士視其庫藏，惟名琴數十張，古今名畫、金石、遺文數千卷而已。」

周召《雙橋隨筆》卷一二　吾鄉藏書之富，如余四泉、徐賓梧、葉寅陽、方孟旋、徐魯人、徐雲林諸先生。余繩之式，如昆季充棟汗牛，不數惠車張乘。雖余家無賜書，而四十年間，典衣縮食，忍凍與飢而購之者，大國壇坫之下，稍足附江黄焉。革代以來，諸家所蓄，散亡者不少。然收合餘燼，尚可成師。不意此番之變，雖有汲冢魯壁爲之一空，後來子弟誰復知有鄴架曹倉之盛者。吾願繼起之彦，拓開眼界，雖力不能購，亦效編蒲織柳，日嘗未見之書。慎勿以劍首一吷，坐井觀天，而口誦芝蔴《通鑑》，自矜博覽也。

繆荃孫《雲自在龕隨筆》卷三　海寧陸冰修先生家於洛塘，有樓曰「蜜香藏書萬卷閣」，曰「須雲貯法書名畫」。順治乙未仲冬，不戒於火，付之煨燼，悼以詩云：劫大空羣相，狂花幻有因。琴書千載後，風雨十年中。

又卷五　陸剛主觀察藏書之富甲于海内，亦及書畫，由章紫伯明經爲導師，材力富有，兼收並蓄，不免真贋雜出，仿《江邨銷夏録》體，成書四十卷，續十六卷，取《行穰》、《雪黎》兩帖名之曰「穰黎館」，而卷已貢之要人，並未入録，身後書籍歸之東瀛，書畫亦散如雲烟，世守無人，不勝概嘅歎。

書院收藏分部

綜述

楊億《武夷新集》卷六《南康軍建昌縣義居洪氏雷塘書院記》　三代以還，鄉黨皆有庠塾，兩漢而下，公卿多自教授。及五胡猾夏，一馬渡江，楊粵之區，衣冠舉集，士風文物，雄視中原。蓋劍客奇材，昔稱荊楚之士；寬柔以教，今見南方之强。用是出相，不下於山東；明經僅多於鄒魯。街談俚語，必及《詩》、《書》；總角弁髦，即遊學校。由學而禮讓著，由讓而孝義敦。班白相推於道途，耆艾靡遊於市井。耕者異畔，賈不求豐，亦猶夫洙泗之濱，斷斷如也。南康洪氏，傑出其間，以耕鑿之勤，厚致資産；以孝悌之德，大庇族人。奕世聚居，朞功踰於百口；至行內激，風聲樹於一方。州閭之内，人無間言；閨門之中，衣無常主。漸漬玄澤，陶甄至和。彬彬然有萬石孝謹之風，熙熙然躋華胥仁壽之域。且於所居之側，崇飾學舍，一日必葺，賓至如歸。厨廩益豐，弦誦不輟。褒衣博帶，豈減闕里之徒；竹簡韋編，將敵祕書之副。子弟之秀者，咸肄業於兹。

李燾《續資治通鑑長編》卷一《大中祥符二年二月庚戌》　應天府民曹誠，以貲募工就戚同文所居造舍百五十間，聚書千餘卷，博延生徒，講習甚盛。府奏其事，上嘉之，詔賜額曰「應天府書院」，命奉禮郎戚舜賓主之，乃令本府幕職官提舉，又署誠府助教。舜賓，同文孫，綸子也。

李祁《雲陽集》卷一〇《草堂書院藏書銘》　秘閣嶕嶢，麗於層霄，羣公在天，遠不可招。聖賢之書，有圖有籍，如山如淵，浩不可覿。矧兹蜀都，阻於一隅。去之萬里，孰云能徂。惟兹達可，有惻斯念。稽於版籍，詢於文獻。北燕南越，西陝東吴，有刻則售，有本則書。僕輸肩赬，車遞牛汗，厥數惟何，廿有七萬。載之以舟，入於蜀江，江神護呵，翼其帆檣。爰至爰止，邦人悦喜，藏之石室，以永厥美。昔無者有，昔舊者新，畀此士子，懷君之仁。朝承於公，夕副於室，家有其傳，維君之德。在昔文翁，肇兹戎功，建學立師，惠於蜀邦。維兹達可，宜世作配，惠兹蜀

邦，罔有內外。嗟嗟士子，尚其勉旃，毋負於君，惟千萬年。

柳貫《待制集》卷一六《共山書院藏書目録序》 汲郡張公，自始仕，好蓄書；泊通顯矣，益縮取俸錢，轉市四方。積三十年，得凡經、史、子、集若干卷，既以藏之其居共城蘇門百泉之上，而類次其目録如右。延祐三年，公參議中書省。之明年，貫來京師，實客授其家，間乃得其所謂目録者而觀之。蓋其所儲，自五三載籍外，羣聖百家之言咸在，亦既嚅嚌其腴澤，而掇其大者，用之天下國家；其緒餘則以敷遺後人。若公之心，可謂無累于書者矣！然經以載道，史以載事。上下數千年，宇宙之運，古今之會，相尋於無窮者，至總總也。帝王之盛，道在人心，固莫非全書。而秦之煨燼，秦自煨燼之；漢之表章，漢自表章之。書無毫髮損益也。自時厥後，執讖緯以談經，而經始離；黨私門以議史，而史始誣。傳註紀述之家，蓋蠭起蝟興，十百古人不啻。雖以向、歆父子之《録》、《略》，班固、荀勗之甲乙，元嘉之有部，《崇文》之有目，僅止于一時中秘之藏而已。況夫世變不齊，文字日滋，吾而持數寸之楮，欲以殫窮其名類。吁，亦狹矣！今公所聚之書，浩穰若是，則譜而稽之，固其勢有不得不然者；而豈賸之云乎？抑聖賢之精神心術寓諸書，其言道德性命至矣。而制度儀章，於今尚幸可考，莫詳於禮樂。夫既載之之詳，而又原於人心爲易入，則伯夷后夔之教。是宜旁薄洋溢，千萬世而一日也。然五禮六禮之殊倫，五音七音之易位，遂有取其進退俯仰、高下清濁之數，一切紛更貿亂之用，綿蕝以易；三朝之儀，因同室而紊都宮之制。上齒之俗，微于鄉飲之不修；成人之道，息于冠禮之不講。至論鍾律，則銖黍既差，均節何有？五量三統，已因之無所適主。雖奉常所肄亦且弊，弊於龜兹之部，梨園之伎，而鄭衛不足淫矣。嗚呼！亦安知五帝三王，不相沿襲之説，其流遂至于此耶！此有志之士，跂踵禮樂之興，而庶幾乎人心可正，世教可隆，堯舜禹湯文武周公之治，可得而致也。今上而鋪猷叙倫之君，下而明理宣化之臣。大廷之議，顧必有及于稽古禮文之事者。聖賢遠矣，精神心術所寓，條在書，綱在録，可槩舉而將之也。非公之望，而奚望哉？貫之淺學，何足以知之？輒因序述，而竊有獻於公焉。

又卷一三《東菴書院記》 書院昉近代視郡縣之學，在昔爲尤重，非名足以厭時，論學足以任師道者，弗與是選。人才亦往往於是焉出。世漸靡，法漸踈，賢否並進，義利易處，其教始大壞。近年書院之設日加多，其弊日加甚，何也？徒知假寵于有司，不知爲教之大；徒徇其名，不求其實然耳。翰林侍講學士渤海解君之構東菴書院，其立義獨不然。其言曰：「國朝以來，中州之學自許文正公既没，師道之不立，未有如今日者。予幸賴先生之遺訓，承文明之休運，身列儒臣之目，又薄有負郭之田，足以支緩急，可不求所以承先裕後、化民成俗之萬一乎？吾將拂袖而歸，率鄉里子弟之俊秀者，擇師而教之，毋使吾邦仁義之風、詩書之澤一旦斬焉於聖人之世而已。又何用假寵以溷我哉？」而屬予記。按：解氏世以儒術起家，歷宋、金，多名進士，家藏書萬數千卷，而君於書無不讀。至元十三年，詔試天下士，君中首選，由是階以入仕，用廉勤以効于朝，用循良以治于外，凡天子擇任華要，君必與焉。由集賢太常三入東觀，再署詞苑，名與學躋，德與位隆，蓋歷三十有餘歲矣。其位也方駸駸而未已，而學也方勉勉如未至。年未耄老，而退然方求爲千載之計，不亦善乎？書院之建，既不隸于有司，無勢以撓之；歲時假給從己出，無利以汨之。又必擇良師友而爲之教，則無厖茸冗穢之患矣。故教者用其明，學者保其聰。教者循循焉而不知其所化，學者充充焉而不知其所得。嗚呼，使天下之學他日不取法于此耶！書院在居第之東偏，中樹高堂爲羣書之府。翼以東西序，爲師友講習之地。亢以重門，爲内外之别。中庭蔭以松柏，冬夏青青。自延祐元年之冬，至二年之秋，其經始落成之歲月也。屋凡若干楹。君名節亨，字安卿，「東菴」亦其自號云。

又卷二三《尊經閣銘》 厥初生民，有哲有愚。表之君師，身爲其樞。亦既降只，緊訓之敷。載陽載陰，闔慘闢舒。式如玉金，家國貞符。豈無衆言，或翼或扶。仰之彌高，欲近而疏。南陽之廬，里黨之學。殿堂室門，中仰崇閣。集厥大成，於此焉托？擇焉執焉，熟焉復焉。惟聖希聖，惟賢希賢。于以潤身，于以豐國。左右逢原，欲其自得。傳道解惑，亦思厥官。刻此銘詩，無廢後觀。

黄溍《文獻集》卷七《西湖書院田記》 昔天下未有學，惟四書院，在梁楚間。今江浙行中書省所統吴越閩之地，偏州下縣，無不立學，而其爲書院者，至八十有五。大抵皆因先賢之鄉邑，及仕國遺跡所存，而表顯之，以爲學者之依歸。不然，則好義之家創爲之，以私淑其人者也。獨杭之西湖書院，實宋之太學，規制尤盛。舊所刻經史羣書，有專官以掌之，號書庫官。宋亡學廢，而板庫具在。至元二十有八年，故翰林學士承旨徐文貞公，持部使者節，涖治于杭，始崇飾其禮殿，而奉西湖上所祠三賢于殿之西偏。行省以其建置沿革之詳達于中書，畀書院額，立山長員，異時書庫官之所掌悉隸焉。顧所以贍之者，田皆薄瘠，且遠在他州縣。富歲所輸，猶多不登。營繕廩給之須，猶或匱乏而弗繼，未有餘力及其書也。郡人朱慶宗，以二子嘗肄業其中，念無以報稱，乃捐宜興州洎陽村圩田二百七十有五畝，歸於書

院。遵著令，減其租什二，實爲米一百三十有二石，請别儲之，以待書庫之用，而毋移他費。凡書板之刓缺者補治之，舛誤者刊正之，有所未備者增益之。主教事者既白於儒臺，而轉聞於憲府，俾有司蠲其田之徭般。慮後人昧於所自，而墮其成規，徵文爲記，以示永久。昔蘇文忠公記李氏山房藏書，以爲物之悦於耳目，適於用而不敝不竭，隨人之才分，求無不獲者，惟書耳。李氏於其書，既取而用之，而書固自如，未嘗少損也。夫書，誠可悦而適用，不敝不竭矣。使傳刻者歲滋久而常無弊，則摹造者日益廣，而豈有竭哉？向之書院，若白鹿洞，若嶽麓，非朝廷所賜，無以得書。今也以布衣之士，而垂意於學校之事，不患其居之不崇、食之不豐，而患其書之不完，此仁者之心，無窮之惠也。學者宜無求而不獲，能玩味其英華，而究極其根柢者，幾何人哉？蘇公所以嘆古人得書之難，而其學非後世所及；後世之書多且易致，而學者益以苟簡也。蘇公，書院之先賢。顯誦其説，而推明之以爲記，庶幾來者主張是而勿廢，且以勸夫束書不觀，游談無根者焉。

鄭元佑《僑吴集》卷九《潁昌書院記》　國家右文崇儒，路、府、州、縣莫不有學，猶以爲未也，故所在有書院，即其地之賢者而祀之。江南歸職方，書院之建幾十倍於昔。若中州先哲之所過化，禮樂刑政夫豈東南所可企及？然由仁廟設科取士，考於各省士額多寡，河南許洛爲天下中，然河南士額視江浙裁什之六，則夫兩地學校盛衰概可見已。夫學既已布於路、府、州、縣，博士弟子員稽經考古已自足於爲治，若書院之有無多寡，曾何損益於治道？而論者則猶懇懇以爲言，蓋先王之敷治也，每詳内而略外，先近而後遠，故自其禮樂之文，詩書之澤，漸之以仁恩，摩之以德義，未有不本乎一人心術之精微而能見乎廟朝家國之近遠，故曰：始于家邦，終于四海。今聲明文物乃獨盛於東南，内外異勢，詳略乖方，此中州有識之士所以動心於兹，而執事者未必不以爲迂也。許昌馮君夢周所以建書院於潁昌，有不暇顧夫或者之議也。以爲潁昌秦漢以來以武以文，以功以德，知名海内，布在方册者概以多矣，然皆莫若蘇右丞萬里出蜀，用其所學以相其君。及其老也，歸休乎潁上，自號曰潁濱老人。於是夢周請於其長兄尚書公及許下鄉曲之老，咸以爲宜，乃捐衣布之贏，卜地於許下之某鄉某原，營構結築，爲屋若干楹，中嚴寢以安燕居之聖師，後蠲祠以安蘇公像，門廡齋廬，庫庾庖湢，凡書院所宜有者無不備。官設山長固不問，若訓導之師則慎嚴其選，必經明行修可以成就人才者。歲以地三頃之入給之，弟子不踰廿員，多則耗其師之力。旬、月、季嚴課試法，必第其高下，激賞以示勸懲。事已畢具，夢周言之官，官言之憲省，憲省言之中書，中書、禮部皆允其所請，由是潁昌書院遂表著於北方。夢周昔爲温州路經歷，嘗梓鋟六經圖諸書。及爲平江路推官，得《庸》、《學》、《語》、《孟》善本并小學書，夢周更爲高經下註。其爲書版凡若干卷，悉以歸之書院，而不以私於其家。其平日捐金以購買之書籍，自六經傳註、子史别集以至稗官雜説，其爲書凡若干萬卷，亦悉歸之書院。師生有欲借之者，則具姓名，列書目，而以時謹其出納。且慮書版所在民間得印者什無二三，强有力脅之使印者什則六七，是書版爲學校累，又買某鄉桑棗地若干畝，計一歲之所入，畢一歲紙墨，裝褙工食之費則止矣。其規制若是，不惟勒之石，又且聞之官，其間防閑之纖悉，意度之委曲，記有所不能竟者皆鐫之碑陰。夫書院之設，宋初裁三四，長書院者皆郡太守職也，固未始立山長與學正，既立山長、學正，必積年勞，著成績，乃始陞郡博士，於是學官往往多庸常衆人。夫以常人苟歲月，則其所以教之者豈能成天下之才以待用乎？後之來主院席誠賢者也，固所不論，其或不也，當念夢周之創始，是豈官高禄厚與夫祖父貲産哉？是皆其兄弟躬履儉素，銖寸積累，不忍令其子孫獨有之也，於是建書院與鄉里共。職是院者，當察夢周兄弟之心，篤志以職教養，至公以司出納，庶彬彬許洛之士不讓乎大江以南，所謂本諸身，施諸家國天下，出處進退，彷彿乎潁昌老人，是則馮君之意也，可不知所尚哉。

《明會要》卷二六《學校下・書院》　成化中，南陽知府段堅刱志學書院，聚秀民講説五經要義及濂、洛諸儒遺書。

又　十四年二月，邵寶爲江西提學副使，脩濂溪書院，改建白鹿洞書院。李敏里居時，築室紫雲山麓，聚書數千卷，與學者講習。及巡撫大同，疏籍之於官。詔賜名紫雲書院。

又　天啓初，左都御史鄒元標與副都御史馮從吾共建首善書院於京師。御史周宗建董其事，大學士葉向高爲之記。朝暇，與同志高攀龍等講學其中，名望日重。而諸不附東林者咸忌之。明年，給事中朱童蒙疏劾之。元標、從吾並引歸。先是書院方建，御史黄尊素謂元標曰：「都門非講學地，徐文貞已叢議於前矣。」謂徐階也。元標不能用。至是，尊素言果驗。元標、從吾既歸，羣小擊碎其碑，暴於門外。先師木主，委棄路隅。經史典籍，悉被焚燬，而院獨存。其後，遂爲大西洋曆局云。

李舜臣《愚谷集》卷七《輞山書院志》　鈞州勝地曰輞山者，張子魚築室其中，置所藏書萬卷。延鄉之子弟有才質者，得縱觀焉。

蔡世遠《二希堂文集》卷七《與滿大中丞論書院事宜書》　夫造道之方，修己

治人之要。悉寓於胸中，爲國家收得人之效。夫如是，故功著一時，名垂千載，史册所傳，豈不偉哉！昔朱子知南康軍，史稱其懇惻，愛民如子，興利除害，惟恐不及。尤以厚人倫、美教化爲首，務數詣郡學，引進士子，與之講論；訪白鹿書院遺址，奏復其舊。每休沐，輒一至。誨誘不倦，風教大行。夫朱子南康之政，何利不興，何害不除？而尤必諄諄以興學爲事者，蓋以學術之明、倫理之修，下關風俗，上裨朝廷。近者效行於一方一時。遠者，功及於天下、後世。自朱子興白鹿洞後，宋季以及有明，氣節儒林，推江右獨盛。嗚呼！其所留貽者，遠矣。執事品望素著於朝端，自掌成均，歷閣部。時天下想望丰采久矣。下車以來，實心任事，大憝之去，如木斯拔。世遠遠隔漳江，心焉慕之。邇者，躬造三山，晉謁左右，愛國憂民，藹然惻然，且欲振興書院，加意人才。有正誼明道之思，抑浮名近利之士，此真古大臣之所爲。而有慕於朱子白鹿洞之風規也。退而喜也，爲之不寐。伏念鼇峰書院，建於儀封張先生，名材萃聚。先君嘗主其事，世遠亦與講席之末。其經營措置，以及刊布諸書，竊有微勞，恐遂就荒，常懷耿耿。幸得名賢，經理其間，大道將興，斯文起色。遂留滯月餘，與廣文洪奕懿，諸生林正青等，經紀其書籍器用，俾有條理。計書院所刻之書有五十五種，今存者每種尚有數十部。藏書有四百六十餘部，爲分其經史子集，以便檢閱，而防其散亂。椅桌各八九十，牀榻四十餘。他物備具，足以待來學者。爲補其破壞，而貯之。定所整頓。頗定，而後告歸，留以待大賢之經畫也。夫人才實難，要在養成而激勵之。擇之不可不嚴，防之不可過慎。擇之不嚴，則毀方躁進者，緣飾以入。而潔清自好，敦古飭行之士反恥共事其中。防之過慎，則有志之士豈其不能閉户家修，何苦以其身爲隄防之具哉？執事振勵盛心，規模自有素定。然大要或得之觀風之試，或得之詢問之餘。知其人者，行令郡縣資送；未得其人者，行令郡縣薦送。敦本行勵正學，明體、適用者，上也。博洽能文者，次也。工於時文者，又其次也。九府一州，先後而集。執事定爲規條，頒其程式，或策之以詩古文，或課之時藝，或所修何書、所講何業，總其大綱，而品定之。又於政事之暇，躬至書院，集諸生告以讀書之要、義利之防耳，提而面命之。其有不激勸而恐後者，寡矣。夫君子之德風也。

尹會一《健餘先生文集》卷四《襄陽書院藏書記》 襄陽故多儁才，比年以來，余固樂與講器識矣。雖然學之不博，難言擇守，世有讀書萬卷而貽譏無術者矣。詎有抱殘守獨而可稱大雅者乎。余觀諸生負陽城之志，安原憲之貧，而苦無鄴侯之架，是讀書而力亦有不逮者，良可慨也。回思余弱冠時，典衣易書，此景猶在。今雖囊篋蕭然虚膺二千秩，糈不猶愈於簞瓢螢雪乎。爰捐薄俸購經史諸書若干卷，藏於書院，彙爲總目，編其次序，以使檢閱，復留餘帙以俟他日之得書即續載其後。凡從吾遊者，無不澤之以詩書。庶幾擴其見聞而知所擇守，其器識之日進甯復可量耶。惜乎，余簿書鞅掌精力就衰，不能温故知新，以應無窮之辨問也。博蒐約，取大雅，彬彬於諸生固有厚望焉。

全祖望《鮚埼亭集・外編》卷五〇《端溪講堂條約》 院中藏書不下萬卷，雖無祕册，而實皆諸生布帛菽粟之需，苟通是，是亦足矣。掌教固不敢薄待諸生，然諒近來士習沈溺於帖括之學，未必留心及此也。夫學問豈在帖括，然即以帖括言，亦非讀書不工。諸生即未能遽讀《十三經注疏》、《通志堂九經解》，然於《五經》、《四書大全》其曾熟復乎？即未能遽窺《廿三史》，然於《資治通鑑綱目》、《文獻通考》其曾詳觀乎？即未能徧覽諸儒之語録、講義，然於《性理大全》其曾研究乎？自今以始，願諸生分曹定課，日有章程，其有疑義，拈籤以問。每人各置一考課册，填寫所業於其中。掌教五日一升堂，或墨或覆講，其必能啓發神智，薈萃古今，從此更上一層，讀盡諸書，不僅以帖括之士終，而亦必不爲尋常庸劣之帖括也。掌教其待大叩小叩之至而應之。

汪師韓《上湖詩文編・分類文編》卷六《保定蓮花書院藏書記》 保定蓮花書院，創自雍正初年。余自乾隆三十年來爲院長，問向貯書幾何，則書無一卷。或言院中數十年所積，皆爲前人捆載連車以去。院去其籍，莫可稽也。竊念院以書名教士，不以書而空談乎，性命誠敬之學，師若弟相率面牆而背卬。余不惟不能亦不敢爰請，制府桐城方公撥藩庫銀三百兩，委官搆買於京師，得書約四百函裝四大廚。于是經史大書咸備，録書目四册一收掌於院之提調，其三册分呈制府藩司及專理書院之清河道，又刻印，每書印之以防後弊，他日提調官更替書入交代焉。余慨，夫儒者義利之辨，不明久矣。古之好讀書者，家無書，則閱肆，借人强記，而鈔撮之，非然，則有求爲吏者矣。有爲人傭作者矣。及其既達，則如李公擇留所鈔書九千卷，於廬山讀書之僧舍。蘇文忠作《李氏山房記》稱其仁者之心。公擇非以講學爲事者，而顧念來者。若此書院之設，憫貧士之艱難，預儲羣籍以供佔畢，又恐其讀焉。不解而延師與解之。古經師所有事曰都授、曰都講，苟無書則何以授，何以講乎？書固非爲一時一人計也。余非能保是書之長存而不失也。但就目前赴業者，將責以有書之不讀，而無使恨夫求讀，而無書則是舉也。庶幾其近於義乎。

蔣兆奎《河東鹽法備覽》卷一二《重修河東書院記》 河東運城之西八里，有

三聖祠，祀堯舜禹三聖人，而以羲氏、和氏、稷、契、皐、陶、伯益、伯夷、夔龍、關龍逢之神配。蓋以數聖人者，治被天下後世，而同爲晉産。雖更數千年，而晉之士民服教畏神，崇德報功之意，尤近而切也。春秋兩祭，以運使主之義，至慎矣。壬寅春，余奉命轉運此邦。每遇古聖賢故都遺址，遠想慨然，不能自已。既有事於祠，見其地多荆榛、瓦礫，殿三楹亦湫隘，祭器則假於他廟，而物多不備。心傷之。以鹽池司巡檢婁臺，蒞事誠敬，乃捐貲五百金，屬其鳩工庀材，别爲殿於後，而復整其舊，以爲退息之所。設三座門，繚以周垣，且丹之，倣學宫之制也。祭器、祭物惟其備。工既成，或謂余曰：「是地固不僅三聖祠也。昔明正德朝，巡鹽御史張仲修創立河東書院，聚晉、陜、豫三省人士，講學其中。萬曆間，張居正當國，議廢天下書院，而此獨以祀三聖得存。天啓初，御史李日宣别爲宏運書院於城内，而此少弛矣。逮本朝順治初，御史布舒熊一瀟復修之。顧無肄業者，僅存空名，歲久且圮。然向之九峰山六柱亭藏書樓，猶巋然特存。古栢數十株，猶森然聳秀也。聚奎堂，四壁卓立，居民多撤爲薪焉。守者勿之問。及今，不葺果廢矣。公能無意乎？」余曰：「有是哉？」乃復捐貲經理之。閲兩月工竣，外復爲周垣百九十七丈，以資保障；堊而不丹，示别於祠也。堂東西爲耳房六間，又外四間置茶竈，器具粗備，以待賓客。舊有田三十四畝，零以畀守人，半没於荆榛瓦礫中。至此，亦清出，進守者，而申勉之意，躍如也。計費兩倍於祠。而向之屋瓦鱗次，燈火青熒，弦誦相聞之盛，猶未能即復。雖然，以待來者，亦庶乎有基勿壞矣。方余之始事於祠也，官吏估核需齎財若干，余以其事不必責商，而邑人又以爲非商莫能爲也。余惑焉。士君子十年就傳，束髪受經，抱《四子書》，爇瓣香家塾中，日夕揖拜。時雖幼，莫不知有三聖人也。長而膠庠，進而科甲，又進而紳組。拊心自思，所以長育而成全之，以有今日者，誰之教與？方明張居正當國，時氣燄熏赫，議廢天下書院，意必多靡然從風者。而河東士大夫獨議以祀三聖不可毁，居正雖時宰，不能詘也。而嗣是，曹明學先生乃復以氣節講學顯。嗟乎！是固堯、舜、禹在天之靈，有以呵護之，而鄉先輩之流風餘韻，亦可深長思矣。抑余常訪書院遺跡，有題詩於壁者不著名。詩曰：「昔日藏書地，今爲狐兔屯。不逢育才者，此意與誰論？」余深愧其言，志之，以示不敢忘也。

龔景瀚《澹静齋詩文鈔・文鈔》卷三《重修柳湖書院記》 柳湖書院，明韓藩之故苑也。國初，廢爲民田。乾隆二十九年，知縣汪君沄，始鑿池構亭，月集諸生課文其中。今之飲水亭也。書院蓋權輿于此。三十四年，知府顧晴沙先生，移虸蚄廟于西南，即其地。繚以周垣，建觀海堂及上下學舍。亭閣間之水木之勝，甲于關隴。延師課士，學制始立。四十四年，知府夏邑汪公皐鶴又增修之，募金二千，歲收其贏以給廩餼，規模大備。未數年，大獄興，守令相繼獲譴，所貯金皆乾没。而書院亦廢且圮矣。五十二年，秦蓉莊先生來守是郡。時晴沙已歸老于家，以書來屬其修復。先生有志未逮也。既逾年，乃以府庫贖鍰，命景瀚鳩工庀材，修壞補缺，悉復其舊。明年，先生集僚屬于此曰院，字麤葺。顧門迫城面牆，非宜也。且屋舍亦寡。時陸君勤瑴、王君賜均、陳君科銷、張君映宿、張君世灋及景瀚等，各願出俸金，斥而廣之。于是平土山，濬湀池，移門于東，引泉環之。過橋爲大坊，其北建藏書樓五楹，與飲水亭相對。又前爲講堂，堂之西，則舊所也。增學舍五楹，録郡士之秀者頒三十人，延師課之，聚于西偏其東。先生常以花辰月夕，攜僚屬與諸生講學論文焉。始修之年，張生紹學首舉于鄉，繼而周生宗泰、宗濂兄弟，又以茂才選。于是，郡之人士咸興于學，謂先生與晴沙果能先後相濟，以有成也。兩先生皆東林後人，故其爲政知先務。晴沙去任十餘年，不忘所治。數千里貽書先生，治孔道馭勞瘠之民，日不暇給。經度數年，卒成其志。而陸、王諸君，各激于義，以勸盛舉，皆可書也。然而，經費無所出，歲課牧令捐金，爲膏火之資，其後將不能繼。夫興廢固有時，顧興難而廢常易。前數君子，歷二十餘年之久，經營節縮，僅能有成。不轉瞬而歸于盡。今兹其遂可恃乎？謀久長之策，俾郡士知向學。而俗口益上，以無忘兩先生始終興復之功，是又在後之人矣。晴沙名光旭，先生名震鈞，俱江蘇金匱人。

何紹基《東洲草堂文鈔》卷五《道南書院碑記》 道南書院在州城南，迤東二十五里有奇，四广橋。乾隆初年，州刺史楊公玉山刱立，久經蕪廢。至道光丙戌，魏君文選，糾同人重建，置田爲修脯膏火資。歲延名師課讀，條矩甚備。十餘年來，肄業生徒、食廩入學者，至六七十人。蓋其效已見於前事矣。咸豐元年，復建東西兩閣，中閒濬成泮池，恢而張之，彌厲士氣。魏君等用力益勤，而用意益遠矣。魏君一日過余鶴鳴軒，曰：「工將竢矣，子其來顧。」余因往觀焉。奥如曠如，讀書勝處也。魏君曰：「子何以爲諸生勖乎？」余惟子輿氏之論爲友也！有一鄉之善士，有一國之善士，有天下之善士，乃進。而尚論古人今之肄業其中者，將爲南義學之人而已乎？抑將爲一國之士、天下之士且進，而爲千古之士乎？烏乎！亦視其志而已矣。抑吾觀魏君所刻《道南書院志》，模巨備矣。顧藏書，猶有未逮也。若《十三經注疏》，若《管》、《莊》、諸子，若馬班諸史，若《説文》若古名人詩文集，若

宋五子書，不能覶縷也。盍多購之，俾諸生縱讀之乎？

郭嵩燾《養知書屋集・文集》卷二六《金鶚書院記》　書院之始，當唐元和時，而莫及衡州之石鼓。宋初有四大書院之名，湖南路嶽麓、石鼓居其二。名山勝境，靈秀之都，清淑之氣鍾焉。集諸生講習其中，藏書以實之，謂之書院。於時縣皆有學，而書院會學之成，曆數州郡而一見，固必有道德文章之儒董治乎詩書，磨礲乎仁義，以開迪所學之不逮。故其教之美，踐成迹以循之，以知禮樂之原，其才之成，不越矩矱尺寸而可以備天下國家之用。此宋元以來書院之盛，陶成人才爲尤至也。國朝乾隆之初，詔天下立書院，於是書院偏州各縣，或爲郡治，則郡與縣常分建焉，而書院遂爲通制。所以教之，一出於時文帖括之爲導之仕進而已，於聖賢道德之旨，修己治人之義，未之或知也。劉彦臣令君宰巴陵，以郡有岳陽書院，而縣無之，相治南五里之金鶚山，面洞庭而負抱郭，諸山左襟，灉湖右瞷，岳陽一城，狀若仰盂，顧而歎曰：「釋、老之宫，盛於齊、梁，歷千餘年盡天下名山皆梵宇也。其幸爲書院，鹿洞、鵞湖，可計數耳。而金鶚之山，雄踞郡城之南，訖今獨完，將非天地之留貽以發斯文之光耶？」商之邑士王啓昌、廖文望、劉鶴齡及提督陶君定昇，鳩工庀材，隨山勢環合繚爲垣，建藏書樓其上，下爲講堂，兩廊齋舍，各二十六。循廊而西，爲院長之居。左阜隆然，雜植桃李，逶而下，建稻香樓於其前。石有泉，清洌可飲，架屋一楹，當泉之眉，曰「知味軒」。稍下數十武，得平地盈數畝，築小園，蓺蘭數十本，曰「蘭圃」。山之顛舊有文昌亭，葺而新之。後有洞，窪然容數十人，曰「桃花洞」，用其名。樹桃數十株，游觀之美，絃誦之音，交會兹山之前。夫爲政莫先善教，而貽澤之遠且長，莫大於興起人文。令君之爲邑，修城郭，廣積儲，蠲苛去煩，人民大和。以其餘閒，刱置書院，拓人士之咫聞，舉百年之廢典，羣情翕戢，刻期蔵功，趨事之勤，與其純茂向學之風有足多者，而非令君之政，有以得之，人心其勸勸爲學之意，又足以相感發，烏能若是成之易哉！往吴南屏舍人嘗言：「金鶚山宜徙建書院，以爲他日人文之盛，必基於是。數十年後當有成其議者。」今十餘年而令君之爲此，適與舍人之言相應。前代學校之隆，人皆自得於學，隨其造詣之所及，可推見之施行。今書院偏山州下邑，而恍佛古人名山之業，若令君之爲，不數見於天下士風之敝，亦至今極矣。幸及書院之成，尋求立教之本，旨端其則，於始而正，其趨於漸，遏虚浮以實踐，化囂陵爲禮讓。吾衰且老，猶庶幾及見之。

黄彭年《陶樓文鈔》卷三《蓮池書院記》　自蓮池爲行宫，從萬卷樓西界以垣爲書院。道光中，罷行宫示天下，不復巡幸蓮池，易爲賓館。同治十年，開局修《畿輔志》，予來居焉。光緒四年，予始重領書院講席，合肥相國置書二萬餘卷，使諸生得縱觀，增課經古，以時奬勸，於是遠近來學者日衆。書院廣十六丈有奇，長僅十丈，而聖殿、考棚、講堂及院長、校官之居，咸在焉。其爲講舍僅數十楹。今年學者麕集，予既居志局，迺舉。向日院長、校官之居，以待學者，猶不能容，或悵然而返。布政使宜興任公聞之，命知府吴君焕采籌增舍。顧書院北臨通衢，東南接蓮池，西則筆帖式署，無隙地可闢。吴君乃就院中相度分布，鳩工庀材。西院增舍九東院，增舍十有一。葺廢舍而新之者四，凡增二十四楹，裝治用具，咸備，費金千二百有奇。既成，予進諸生而詔之曰：「書院之自無而有，自廣而狹。今地不加廣，而舍增多焉。時爲之也。相國之置書，方伯之增舍，吴君董役之勤，且堅與夫當事。諸君之課試奬勗，諸生所親見而身被之者也。諸生之來居於此，爲其可以習舉業而博科第，登顯要乎。則揣摩以求合摭拾以爲美，而未可必得。幸而得之，而舉空疏無用之身，又進以揣摩摭拾之術，以壞天下國家之事而有餘。夫豈置書、增舍之本意哉。夫學不殖則落仁，無輔則孤，中外之形勢，扼塞四方之風俗，美惡古今政治之盛衰得失。不考則不知士就閒燕羣萃州處，講貫而服習之。善則相勸過，則相規學之成也。窮則以孝悌忠信化其鄉，達則以經濟文章酬乎世。昔郝文忠之居萬卷樓也，著書足以傳大節，足以不朽，今豈讓古人也。諸生勉之無負造士之盛心可也，因書以爲記。」

又卷八《萬卷樓書目序》　咸豐十有一年，予初主蓮池講席，院有藏書四廚。白健侯學士時爲校官，相與發册檢視。則陶鳧薌侍郎官清河道時，持百八十種以去，所餘不及千卷。光緒四年，重主蓮池，謀之當事，先後籌金千五百置書，爲卷凡三萬三千七百十有一，增廚十，別以十千，續增廚十二，別以十二支藏之萬卷樓。樓之前闢學古堂置之，長佐以齊長使典守焉。樓之下爲學者觀書之所，日有課程，月刊一册，行之數年，樸學之士，濟濟盈庭矣。八年春，予奉命分守荆襄，恐藏籍之失墜也。屬白生鍾元、范生右文分別部居次爲目録，撰者姓名、卷數，據本咸縷載焉。既成，語二三子曰：「萬卷之樓，賈輔創之。郝文忠記之，九等之籍散佚不存。國朝以來，蓮池藏書三聚三散，汪韓門先生慨焉，請於方恪敏公以金三百購書，鈐以提調之印，爲文記之。今院中所餘故書無一有提調印者，則韓門所置又早佚，可知也。夫韓門所置書亡，而記文獨存。記文雖存，而韓門受業門人未有顯名。當時傳於後世者，獨郝文忠大節炳然。文章行誼，曆元至今踰五百年，而稱道不置，雖以賈輔之才，庸節墮，猶附文忠而得藏書養士之名，然則書之聚，而必散。雖竭

智者之千慮，不能保其不亡。而人之存，而不亡則固視其志與學之所以自致乎。予行矣。請以是爲。」二三子勖皆曰「諾」。遂書以爲序。

丁申《武林藏書録》卷下《汪韓門先生》 汪韓門編修師韓，字抒懷，又號上湖。雍正癸丑成進士，既入翰林掌院學士，奏直起居注。張尚書照又疏薦校勘經史，督學楚南，以事左遷。傅相國恒復薦入上書房，又落職，主蓮花池講席甚久。桐城方制府惟甸陛見時，上猶稱其學問，有《感恩述事詩》云「白頭榮遇過升仙」之句。掌蓮花書院，嘗請方制府撥銀，委買書籍約四百函，經史大書咸備，録書目四册，分存備考。

劉光蕡《味經書院志・營建第二附圖》 院負涇陽縣北城，微東面姚家巷，縱五十三丈，横一十二丈。中爲講堂五架五楹，左右有序堂，之前左爲大雅扶輪門，右爲小山承蓋門。又前東列沈浸濃郁含英咀華號舍八。西列作爲文章其書滿家號舍八。舍各四室，其外有廊，又前爲二門三楹三架。門三出左右外塾，塾前西爲時敏齋房十六架，門東出東爲曰新齋房十六架，門北出又前爲大門三楹五架，門中出左右内塾，門外爲屏堂，之後爲客廳五架二楹。左右有室，又後爲左右廂各五架，又後爲寢五架四楹，寢後小房五架，寢西爲小寢三架三楹，都房七十五架屏一爐一厠一門，窗器具悉備。同治十二年九月，學政奉新許公振禕創建監院，候銓同知怡立方、城固訓導姚劭諴、澄城教諭王賢輔、候選教職張樞、楊彝珍、吴乙東、謝鴻猷、從九牛輿宗等監修，是爲陝西有味經之始。然事屬草創，諸凡缺略，監院無署，寄居時敏齋及西寢，諸生庖廚暫置曰新齋。藏書籍無所，置於客廳。西室至聖位設於正寢，地址迫狹，經費支絀故也。光緒二年，監院寇守信於西寢前添建左右廂，廂二架，屏風門一架。正寢東添廄房四架。十一年二月，吴建勳續捐院東地址，縱四十五丈，横十丈，又南隅横三丈一尺，縱八尺。十三年監院張元熙移建庖廚於大雅扶輪門東房六架，移廄於東院之東。越二年，武昌柯公逢時履學政任次年，以涇陽候選教諭周斯億爲監院，舉向所缺略者，悉爲補之，建藏書樓於講堂東三架三楹，中設至聖位，前列廡舍，左右各三架。

劉光蕡《味經書院志・藏書》 目録之學始於劉子政父子，班椽取以爲史部，分類居學術之源流具焉。其後史家因之，《隋・經籍志》略與《漢・藝文志》並而私家箸述，晁公武、陳振孫、馬貴與、焦竑之徒，各取其意以爲書，至我朝《四庫全書提要》出乃大備矣。近人撰箸，南皮張香濤制軍所箸《書目答問》極詳，核味經藏書卷帙無多，諸家學術亦未備，誠不可以劉氏譜録之法行之也。然卷數不可無示於後，略分經史子集，註頒發姓氏於下，庶免遺缺，亦以見書院創始，其藏書亦零星湊積，非衆君子尚不能得此數也。提督學院許頒發四千零九十卷。巡撫部院邵頒發四百四十卷。提督學院吴頒發七十五卷。巡撫部院譚頒發一千九百二十卷。總督部堂左頒發五十卷。按察司黄督糧道曾同發六千零三十七卷。涇陽縣正堂易頒發四百三十九卷。涇陽縣正堂涂頒發一千二百一十四卷。書院自置七百五十八卷。提督學院柯以上各書細目另刻味經書院藏書目録。

陳虬《治平通議》卷八《擬廣心蘭書院藏書引》 瑞安值全浙盡處，由省垣東南行，歷婺括萬山，入東甌，而縣治屹然斗出，濱大江，風氣阻上郡，故邑鮮以文學功名自見，其嶔奇英多之士，皆苦無書可讀。邑既鮮藏書家，非雅有故者，又不易借，一瓻之艱與荆州等。蓋得書之難，古今有同慨也。吾友許拙學先生於光緒壬申嘗首創心蘭書社，同人以爲便。時池廣文竹君、林香史、金韶甫兩上舍，周茝衫、林菊君兩茂材及虬兄弟（中兄仲舫）實左右之。定議之初，人約二十家，家先出錢十五千，合三百千，購置書籍，續置有隔江塗田數十畝，歲近又可得息數十千，益務恢廣，自開辦以來，積二十一年矣。尋常文史，略可足用。饗遺甚夥，於是鄉里皆知有書社。雲江以南，漸有仿行者，而拙學已先于丙戌赴道山，不及見矣。拙學堅定有志操，於社事持之尤力，慎重不輕舉，而虬務爲開拓之論，嘗被裁抑。君死而尼之者尤衆。然使君若稍緩須臾亦當久告成矣。議行之始，仲兄即於是年舉癸酉拔萃科，歲紀一週，登賢書者踵相接。乙酉則胡鶴汀福臣，戊子則周仲龍拱藻，己丑恩科，則虬倖綴榜末。辛卯則郭梅笛慶章、胡蓉村調元，本年癸巳恩科，則陳介石黻宸、蔣茂才星漁嗣君屏侯作藩，二十人中，五科之内，蟬聯鵲起，不可謂非稽古之力也。社友以社事之有成也，促虬與何志石明經及介石、栗菴等落成其事，刻已得地於邑之東北隅，面城臨水，基可二畝餘。會毗連有精廬寺，僧淫縱，爲檀越陳氏子姓所逐。虬及門張生熤卿聳令歸社，遂成諾。刻議改爲心蘭書院，公之闔邑，另行集議，轉訂章程，以竟拙學之志。吾鄉南宋永嘉之學稱極盛，然皆得之師友講肄之功，屈今七百餘年，山川之氣，鬱久必發，必將有慷慨閎達之材，起而重修其學，廣僕等所不逮者，於書院乎基之，諸君子得無意耶？是爲引。

李坤《思亭文鈔》卷一《昆明經正書院藏書記》 貴陽陳公，守雲南，設豐備倉，藏穀幾數萬石。光緒壬辰後，歲屢不登。甲午，大饑，賴倉穀，人鮮殍者。鄉父老德之甚，輒碑之口。余曰：「君固喜食吾人，然更有飫于倉之穀者，藏書是也。」昔漢回交閧，金碧文物，東壁圖書，燔毀無遺。生其後者，欲聞先哲前言往行，惟者

老之口說是恃，間或得之敗紙堆中，蓋亦已僅矣。公來，請于大司馬仁和王公、少司馬鎮遠譚公，築精舍，延碩儒，選士二十有四人，飲食教誨，禮數有加。既又購書於滬、於粵、於楚、於金陵，先後凡數十萬卷，櫛庋之樓，縱人往觀。遊其地者，如荒之得賑，饑之得食；又加窶人驟得珍撰，恣情啖嚼，不復計腹之彭亨也。夫藏不過飫二十四人，即有外來觀者，亦不過數十人，似其惠亦小，然此二十四人與夫數十人者，以是而飽乎仁義焉，他日舉於鄉，立於朝，仕於四方，吾知其必有以食天下之人也，則公之食人，豈第倉穀以爲飫乎？走固儉于腹，幸得備二十四人之列，方將其書而炊饌之，特未知食于人者，異日果能食人否也？記藏之由，以勗來讀者，并自勗焉。

顧璜《大梁書院藏書目序》 夫書院藏書一事，立法最難。太密，則閱者憚煩，必束之高閣；太疏，則散漫無紀，卒歸於烏有。是在疏密得中，與諸生協力維持，庶不至爲因噎廢食者所竊笑。抑吾宣尼之教人，博文歸於約。禮書者，古人糟粕耳。皋、夔、稷、契，未聞所讀何書，而功在天壤。揚子雲不識忠字，王荆公誤用《周禮》，即胸羅萬卷，何益？故善讀者務求其中精意所在而體味之，内期裨於身心，外期裨於民物，及其融貫有得，汗牛充棟之賾，皆不妨棄若筌蹄，若徒恃爲發摛文采，博取科名，則充其願欲，不過如唐之集賢學士而止。而於修身及家平、均天下之道，概不能有得於彼焉。僕之所望於吾黨諸子者，正不在此也。

《安徽于湖中江書院藏書目·中江書院尊經閣記》 于湖舊有中江講院，列州之長材秀氏，校藝於斯。辟趙德爲經師，推朱雲爲先輩，由來久矣。夫人莫不有良知良能秉彝之恒性，著作幹濟之材，然憤悱而無以發其志趣，邁往而無以堅其祈嚮，蓄求道之忱矣，而無傳道授業之師以正其趍而解其惑，則如漆室巨幽，瞽者無相，冥行索途而不可見。苟得良師矣，而六籍不儲，韋編不富，未嘗分門別類，示之涂軌，使人人自陶冶於學，學焉而各得其性之所近，則咫見寡聞，後世譏之爲講瞀陋儒矣。然則莫爲之導，雖十步有芳草，里社有忠信，卒無逌達其材而成其業，此守土有司所大懼也。甲午之冬，乃出官私泉布，屬主簿俞君立誠相地於講院之東偏，剗括榛蕪，夷治瓦礫，建高閣其上，靡大泉二千餘緡，而落成於乙未之秋。登高明而資游息，可以望遠山，瞰大江，風朝雨夕，霞蒸雲蔚，林皋翳然，寸碧千里，可以怡遠目，益人襟期。閣之上，仿儀徵阮公焦山書藏、靈隱寺書藏例，上爲書庫，募捐官私刻集以實之。會總督南皮張公批牒准行，先頒金陵、蘇州局刻書以爲之倡。於是俾教諭王君呈祥司其扃鐍，院中諸生得以序掔覽節鈔，維持其性靈，該洽其聞見。用天一閣例，但不准携本出院門一步，以防散佚。而山長汪先生董其成焉。閣之下，仿前皖撫朱公石君建西湖三祠例，牓曰先覺、正氣、遺愛，三爲之龕，以皖南先正爲限斷，有專主，有總主，山長率諸生則朔望謁，地方官以春秋祀，或亦有助於風教歟！

謝元洪《興化文正書院藏書目序》 元洪忝宰是邑，甫下車，博訪先王遺俗，馴謹敦樸，風教固殊焉。莅治朞年，公餘多暇，輒樂與都人士縱談文藝，至日移晷，尠倦容。已又念海疆苦騷擾，久矣。非提倡學術，無人才；非作育人才，無幹濟。士生今日，攘襞奮袂，激情風烈，汲汲以轉旋大局爲己任，而故書雅記，瞠目未覩。凡朝章沿革，郡國利病，與夫時政得失，冥行索埴，茫無頭緒，可如何！可如何！予於是議有藏書之舉。雖然，學術至今駁甚矣。昔嘗怪漢宋兩家門户之見，鑿枘不相入，今國家中外互市，異言蠭午，則又別其目曰中學，曰西學，維新守舊，齗齗如也。竊謂學無判中西，擇取有用而已。烏喙有毒起沉痼，螣蛇有毒療拘攣，西學有毒藥儒緩。吾獨太息於今之河附西學者，適中西學毒也。去其毒，集其益，析邪正，斠純雜，决自先辨義利始。然懼其尠見寡聞也，使之瀏覽載籍，上下千百年，猶懼其泥古未通今也，使之旁涉時務書，兼采西學，以補所不足。元洪自慚譾陋，於學術曾未窺萬一，而提倡之責，竊願與諸君子起而任之。爰爲鳩貲千串，益以成太史解囊相助，並自捐廉俸，計共購書若干種，藏弆於文正書院。是役也，文正掌教徐孝廉振鏞、昭陽掌教徐孝廉振熙、成太史占春、任刺史綬雲、鄭刺史恩源、魏廣文晉卿、趙廣文懷琦、陳博士光傑實董其事。購既竣，以書目編諸册，請弁其稿。予維四庫，駢羅學海，富矣。倉卒取給，不免譏罣漏，且未遑盡擇善者，第發軔伊始，方興未艾，士子苦心劬學，正不待偏集珍錯而後大嚼爲快也。異時學術昌，人才奮，安知無儒林文苑可與諸先儒頡頏者乎？讀書識理，識隨量長，一二倜儻非常，且將出幹濟以爲我國家用，則元洪尤不能無奢望者已。

馬徵慶《仙源書院藏書目録初編序》 中興以來，各省設立書局業，舉夫叢編要帙，陸續刊佈，此嘉惠之盛舉而藝林之大慶也。徵慶沐浴先世遺澤，轉徙流離，家藏圖籍，得之危地而存者，尚十五六。時復購求補苴，約可五萬卷。每念先徵君昔年得之之艱，或其書稀有，見比河清，或酬值不給，重若山負，往往以稱貸，濡時爲有力奪去，至於寢食爲廢，言之黯然。今局書誠易購而寒士難於辦資，亦猶過屠門啗畫餅耳。每冀有兼仁智、具大願力之君子，廣羅圖籍，充積大厦，以饗寒畯，俾各寢饋其中，以肥其身，施及天下。結思成幻，往往夢寐覯之。同治甲戌，繆膺秉

鐸之選，自維譾陋，不足有裨於學術風教。嚮來結習，不覺逢人傾吐，雖自知失言，所不惜也。逾年，邑侯鄒君戾止，聞之憚其難，既而曰，以言導孰若以身倡。遂傾其行篋之藏，送置書院。徵慶亦取插架之有副儲，略備門目，得六十餘種應之。於是邑人士以典籍饋者，踵相接也。以此見鄒君之以實感人，而邑人好善慕義之衆多。由是引伸觸類，繼長增高，所謂鄴架曹倉者，將復見於今日矣。因與在院之士，參酌誼例，編立書目，竊取前賢及先徵君著録遺意，謬加注語，非敢以是爲嚮導，亦冀與邑賢相商榷，爲一人舉觶之始耳。若夫進德修業，相觀而善，博學詳説，以反於約，由四部、七略而討源六籍，鷄必食蹠，馬空其羣，積中發外，左右逢源，豈徒日游文章之林府，誇麗藻之彬彬而已乎？聖人之靈，將必陰騭而默相之。雖以彈丸之邑，化同鄒魯，可也。豈不懿歟！

王棠《燕在閣知新録》卷二四《書院》 唐玄宗置麗正書院，聚文學之士。宋興仍南唐白鹿書館，太宗頒九經造士，與嵩陽、睢陽、嶽麓稱天下四大書院。孝宗時，朱子知南康軍，訪白鹿洞遺址，請復其舊爲學規俾守之。當是時諸書院廢没已久，至孝宗始重脩焉。宋理宗時，蒙古建太極書院於燕京，時濂溪周子之學未至河朔。揚惟中用師於蜀湖京漢得名士數十人，始知其道之粹，乃收集伊洛諸書載送燕京。及師還，遂建太極書院。及周子祠，以二程、張、楊游、朱六子配食。又刻太極圖通書西銘於祠壁，選俊秀有識度者爲道學生，由是河朔始知道學矣。

陳作霖《可園文存》卷八《鍾山書院藏書記》 蓋聞山登宛委實祕籍之收藏地，入嫏環爲羣編之所萃。自來勝境必聚奇書，招多士之來遊，慰生平所未見，而況建業名區無殊首善。鍾山書院特闢講堂，肇於雍正之初，以迄道光之季。談經媲於虎觀，探策等於龍威。其間御府之特頒、官司之購集，奎光粲爛，星芒直逼三辰寶藏，駢羅巖穴，争窺二酉矣。乃自黄巾肆虐，紅禊傳烽，頹垣壞瓦之場，難尋漢閣赤字緑文之籍。空賸秦灰，長恩之守無靈，不獨鼠齧耗蝕。中祕之儲盡散，誰讐魚豕謬訛，既而日月重新，星雲並耀，開雷次宗之講肆，集胡安定之門徒。雖鹿洞、鵝湖制度已經規復，而螢編蠹簡部居尚未分儲。屬以南皮張尚書之涖官番禺，梁學士之主講，師儒道洽，賓主交融，爰廣購夫陳篇以加惠於來學。近取本省之所有，遠徵鄰境之新琴官版精良。校幾煩夫劉向檄文，調發求不待於陳農十年之讀。有資在舍者，無虞枵腹，四庫之收，並富養士者，庶可愜心乎。抑蒙更有進者，通天人之謂儒，識時務乃爲傑。自開瀛海之市，益恢著作之林，上行旁行，競認佉盧之字。内九外九，羣矜騶衍之談。誠蒐采其鳥文以稍加。夫象譯精而氣化之術，粗而技巧之工《小學》則算數有傳，《大學》則格致極粹。實事求是，豈性道之空言。

雜録

江少虞《新雕皇朝類苑》卷六二《白鹿洞藏書》 江州廬山白鹿洞李氏，日常聚書籍，以招徠四方之學者，有善田數十頃給之，選太學中通經者授以他官，領洞事，以職教授。自江南北爲學者争湊焉，常不下數百人，廚廩豐給。太平興國初，洞主明起建議以田入官而齒仕籍，得蔡州褒信簿，既乏供餽，學徒日散，室廬隳壞，因而廢焉。

郝經《郝文忠公陵川文集》卷二五《太極書院記》 書院之名不以地，以「太極」云者，推本而謹始也。書院所以學道，道之端則著於太極。宓羲畫《易》，以之造始；文王重《易》，以之托始；孔子贊《易》，以之原始。至於濂溪周子之圖《易》，則又以爲動静之幾，陰陽之根，建極承統，開後世道學始。今建書院以明道，又伊洛之學傳諸北方之始也。一以爲名，五始並見，則幽都朔易，復一太極也。初，孔子贊《易》，以爲《易》有太極。一再傳至於孟子，後之人不得其傳焉。至宋濂溪周子，創圖立説，以爲道學宗師，而傳之河南二程子及横渠張子，繼之以龜山楊氏、廣平游氏，以至於晦庵朱氏。中間雖爲京、檜、侂胄諸人梗踣，而其學益盛，江、淮之間，粲然洙、泗之風矣。金源氏之衰，其書浸淫而北，趙承旨秉文、麻徵君九疇始聞而知之，於是自稱爲道學門弟子。及金源氏之亡，淮、漢、巴、蜀相繼破没，學士大夫與其書遍於中土，於是北方學者始得見而知之，然皆弗得其傳，未免臨深以爲高也。庚子、辛丑間，中令楊公當國，議所以傳繼道學之緒，必求人而爲之師，聚書以求其學，如嶽麓、白鹿，建爲書院，以爲天下標準，使學生歸往，相與講明，庶乎其可。乃於燕都築院，貯江、淮書，立周子祠，刻《太極圖》及《通書》、《西銘》等於壁，請雲夢趙復爲師儒，右北平王粹佐之，選俊秀之有識度者爲道學生。推本謹始，以「太極」爲名，於是伊洛之學遍天下矣。嗚呼！公之心，一太極也，而復建一太極。學者之心，各一太極也，而復會於極。畫前之畫，先天之《易》，盡在是矣。使不傳之緒，不獨續於江、淮，又續於河、朔者，豈不在於是乎！是公之心也，學者之責也，其惟勉旃。

李祁《雲陽集》卷一〇《草堂書院藏書銘》 私閣嶕嶢，麗於層霄。羣公在天，遠不可招。聖賢之書，有圖有籍。如山如淵，浩不可覿。矧兹蜀都，阻於一隅。去

之萬里，孰云能徂。惟兹達可，有惻斯念。稽於版籍，詢於文獻。北燕南越，西陝東吴。有刻則售，有本則書。僕輸肩赬，車遞牛汗。厥數惟何，廿有七萬。載之以舟，入於蜀江。江神護呵，翼其帆檣。爰至爰止，邦人悦喜。藏之石室，以永厥美，昔無者有，昔舊者新。畀此士子，懷君之仁。朝承於公，夕副於室。家有其傳，維君之德。在昔文翁，肇兹戎功。建學立師，惠於蜀邦。維兹達可，宜世作配。惠兹蜀邦，罔有内外。嗟嗟士子，尚其勉旃。毋負於君，惟千萬年。

李紱《穆堂類稿·别稿》卷四七《行知書院藏書檄》 照得本部院修復宣成書院，敦請先達教授諸生，先將本衙藏書切于誦習者，發給書院，又發銀一百七十兩，委柱林章守于蘇州購買各書；又發銀一百兩，委全州張牧于江寧購買各書。增所未備，經、史、子、集，頗已足用。第恐典守無人，稽查不力，將來散佚，可虞桂林首郡宜專責成，爲此合行該府，將册開書目，親詣書院稽查。即會商書院師長，作何藏貯，委令何人看守，從長酌議，併將來該府陞轉作何交代，妥議成法，併鈔書目，詳明司道。公同核議，轉詳本部院衙門批定，飭遵永遠存案。毋違速速。

鄂爾泰《(雍正)雲南通志》卷七《學校附書院、義學、書籍》 滇南建學，肇自漢時。張盛受業長卿，尹許執經中土，滇之文風由此漸啓。然地居天末，百蠻雜處，椎魯寡文，即向者志學之士，家鮮藏書，欲其博綜今古，窮源探本，勢有未能。我朝聖相承，敦尚正學，尊崇先師，追王五代，俎豆馨香，教澤洋溢，西南學者益勃然奮興，思誦法聖賢，講肄經術。而節制重臣廣宣德意，復置四庫書於華山書院，俾得肆力討求。今皇上又加意膠庠，優恤師儒，增其品秩，以隆表率，且諭學者濯磨文體必衷理道。自兹以往，士將明體達用，蔚爲國華。金碧蒼洱之區，不且彬彬然追踪鄒魯矣乎！

金武祥《粟香隨筆》卷四 堂姊丈鄒儁之大令調權蕪湖，以太平縣《仙源書院書目》十二卷寄示。有邑人孫玉塘璧文跋云：「邑僻萬山中，舊時藏書家，悉付兵燹，老儒宿學又多謀食四方。雖有後來之秀，無典籍以拓見聞，而欲成偉器難矣。邑侯鄒君儁之之蒞吾邑也，開文社，興蠶桑，脩橋梁，建祠宇，凡可以利士民者，無不竭心力以圖之。廣文馬君素臣，皖江名儒，出所學以澤吾邑，亦既多所成就，乃復相與捐重貲，出祕籍，以濟單寒。可謂賢矣」云云。蓋儁之令太平時，首以藏書數十種送置書院，馬廣文繼之，士民亦争以書饋至。刊續書目時，已得二萬七千三百五十三卷，首列《掌書借書章程》，編立目録，加以注語，並載何人購送，用意良厚，立法尤善，亦彼都人士之幸也。馬君名徵雯，懷甯人。

寺觀收藏分部

綜述

《北齊書·韓賢傳》 天平初，爲洛州刺史。民韓木蘭等率土民作逆，賢擊破之，親自按檢，欲收甲仗。有一賊窘迫，藏於死屍之間，見賢將至，忽起斫之，斷其脛而卒。賢雖武將，性和直，不甚貪暴，所歷雖無善政，不爲吏民所苦。昔漢明帝時，西域以白馬負佛經送洛，因立白馬寺，其經函傳在此寺，形制淳朴，世以爲古物，歷代藏寶。賢無故斫破之，未幾而死，論者或謂賢因此致禍。

圓仁《入唐求法巡禮行記》卷三 瞻禮已畢，下閣到普賢道場，見經藏閣《大藏經》六千餘卷，惣是紺碧紙、金銀字、白檀玉牙之軸。看願主題云：「鄭道覺，長安人也。大曆十四年五月十四日巡五臺，親見大聖一萬菩薩及『金色世界』，遂發心寫金銀字《大藏經》六千卷」云云。

道世《法苑珠林》卷一〇〇《雜集部第三》 自仙苑告成，金河浄濟。敷字羣品，汲引塵朦。隨機候而設謀猷，逐性慾而陳聲教。網羅一化，統括大千。受其道者難訾，傳其宗者易曉。遂能流被東夏，時經六百。翻譯方言，卷數五千。英俊道俗，依傍聖宗，所出文記三千餘卷，莊嚴佛法，顯揚聖教。文華旨奥，殊妙可觀。歷代隱顯，部帙散落，雖有大數，不足者多。尋訪長安，减向千卷。唯聞廬山東林之寺，即是晉時慧遠法師所造伽藍。綱維住持一切諸經，及以雜集，各造别藏，安置並足。知事守固，禁掌極牢。更相替代，傳授領數。慮後法滅，知教全焉。

白居易《白居易集》卷七一《香山寺新修經藏堂記》 先是，樂天發願修香山寺，既就，迨今七八年。寺有佛像，有僧徒，而無經典；寂寥精舍，不聞法音，三寶闕一，我願未滿。乃於諸寺藏外，雜散經中，得遺編墜軸者數百卷帙。以《開元經録》按而校之，於是絶者續之，亡者補之，稽諸藏目，名數乃足。合是新舊大小乘經律論集，凡五千二百七十卷。乃作六藏，分而護焉。寺西北隅有隙屋三間，土木將壞，乃增修改飾，爲經藏堂。堂東西間闢四窗，置六藏；藏二門，啓閉有時，出納有

籍。堂中間置高廣佛座一座，上列金色像五百。像後設西方極樂世界圖一，菩薩影二。環座懸文幡二十有四，榻席巾几洎供養之器咸具焉。合爲道場，簡儉嚴浄。開成五年，九月二十五日，堂成，藏成，道場成。以香火釁之，以飲食樂之，以管磬歌舞供養之。與閑、振、源、濟、釗、操、洲、暢八長老及比丘衆百二十人圍繞讚歎之。又別募清浄七人，日日供齋粥，給香燭，《十二部經》次第諷讀；俾夫經梵之音，晝夜相續，洋洋乎盈耳哉！忻忻乎滿願哉！

李邕《李北海集》卷三《五臺山清涼寺碑》 上尊王之分護大千也，甘露以洒之，慈雲以覆之，香風以熏之，惠日以暖之，忽恍乎無相之體，通洞乎有形之類，演正法，降毒龍，在清涼之山，苑經行之地。其山也，左溟渤，右孟津，恒岳揭其前，陰山屋其後。五峯對聳，四望崇崇。蓄陰陽之神秀，含造化之奇特。每至丹霄出日，俯拍雲霞，清漢無波，下看星月，可以侔鷲嶺，可以闢蓮宫。在炎漢時，卜中箭領，用肇造我清涼寺。在北齊時，以八州租税，食我緇徒焉。歷代帝王，莫不崇飾。洎我唐開元天寶聖文神武應道皇帝，丕弘玅教，大闡玄宗，渥澤浸而恒河流，景福承而鐵山固，仍復舊號。祇苑以修。先是長安年中勅國師德威供以幡花，文殊應見于代。具大神變，法大光明，儼兮似或存，儵兮無處所。凡稽首，咸懷欣懌，傍顧此身，盡在光影，其畢棄咎，乃罔不休，示立諸相而無所立，廣度羣生而無所度，非大聖至神覆護，其孰能如此者歟！夫其清涼之爲狀也，壯矣麗矣，高矣博矣，靡可得而詳矣。赫奕奕而燭地，萃巍巍而翊天。寒暑隔閡於簷楣，雷風擊薄於軒牖。星樓月殿，憑林跨谷，香窟花堂，枕峯卧嶺，尊顔有睟，像設無聲，觀之者發惠而興敬，居之者應如而合道。天花覆地，積雪交輝，梵響乘虚，遠山相答，珍木靈草。仰施而紛榮，神種異香，降祥而聞聽。凄風烈烈，詎辨冬春，奔溜潺潺，不知晨暮。經所謂吉祥之宅，豈虚也哉！開元二十有八載，帝之元女曰永穆公主，銀漢炳靈，瓊娥耀質，發我上願，歸乎大雄，爰捨金錢，聿崇玅力，奉爲皇帝恭造浄土諸像。欽鑄銅鐘一，駢之以七寶，合之以三金。影摇安樂之界，聲振閻浮之國，足以滌除煩惱，足以開鑒聾盲。二沙門清白懷忠，置陳于禪林之院。樹法幢以供之，聲梵樂以安之。惟時孟秋月望，慶雲出山，西北圓光，五百餘丈，有萬菩薩，同見其間，前後感應，不遽數。意者，其福我聖君乎！天寶七載，貴妃兄銀青光禄大夫弘農縣開國男上柱國鴻臚卿楊銛，奉爲聖主寫一切五千四十八卷，般若四教天台疏論二千卷，俾鎮寺焉。海墨樹筆，竹紙花書，密藏玅輪，千重萬品。置之以寶案，盛之以玉箱。上褫祐于君親，下澤潤于黔庶。善夫上座曇財寺主神慶都維那智詵，入玅覺海，登大空山，大德忠翰智空曇開如岸。玉寶先覺，蓮花不染，高僧清超浄法雲光庭觀，谷蔭禪枝，巖栖戒葉，並鸞鳳比德，龍象叶心，豈即舊而增修，亦惟新而起構，備致靈應，昭彰邑郡，以爲智德斯遺。靡籌稱謂，句偈不忘，式圖刊勒，敢承前短，强述斯文。銘曰：天作五山兮實曰五臺，山上出泉兮有龍爲災。大聖喣嫗兮戢毒徘徊，西南其刹，赫赫枚枚。翠微之上兮峯崑崔嵬，金容月滿兮寶座蓮開，祈我聖皇兮其至矣哉！以感爲通兮，爲祉爲福，前際後際兮無去無來。

顧況《華陽集》卷下《虎邱西寺經藏碑》 闔廬之葬海湧也，水銀爲溟渤，黄金爲凫雁，精氣爲白虎，是名虎邱。東晉王珣、王珉，捨山造寺，生公忍死待西國經來之所也。山中塔廟，叔父有功。叔諱七覺，字惟舊，容相端静。神龍初，八歲剃度，萬言一覽，際天人，嘗以唵嘟林萬法之母。法從數起，乃讀外書，小餘大餘，以爲證據。維摩所謂通達善道，法華所謂通達大智。况受經於叔父，根鈍智短，曾不得乎少分。至德三年，示終本山，付囑門人澹交曰：「此山法事，莫不圓對，而經藏猶闕。」澹交僧瑶俗姓何，廬江次宗，其胄奉佛，不敢廢師之命。自至德貞元，龍在戊寅，紹建方畢，瞿曇教迹，不捨有表，不住無表，般若用中，壇攝其六，頂攝其四。譬如無根，安得有華。故覺華長者得定光如來授記。鹿仙長者得釋迦如來授記。寶手菩薩得空王如來授記。皆因造藏而得作佛，從虚空藏流出一切藏，一切藏流出四大藏，四大藏一億大藏，四億小藏，圍繞湧出，狀如蓮花，灌於四藏。流出十二藏，從十二藏，分爲三藏，一聲聞藏，二菩薩藏，三真如性海藏。海水可量，虚空不可量。虚空可量，菩薩摩訶薩成就衆生變化隨感不可量。菩薩摩訶薩修行地位，有分劑故，故可量。諸佛真如性海，無分劑故，故不可量。攘於三藏，流出八萬四千藏，修多羅藏摩訶藏爲上首。於是有法藏寶藏，甚深微密藏，妙花光雲等藏，無盡在色究竟天。衆生衆生福薄，不得瞻覩謨呼羅摩海醯首羅大自在神，天樹雲音日輪速疾執金剛神，浄光光香雲最上光嚴身衆神，清浄華髻栴檀樹光足行神，雷音幢相雨花妙眼道場神，浄花普照無等光燄主空神，永斷迷惑普遊浄空主方神，示現宫殿樂勝莊嚴主晝神，普得静光諸根嘗喜平等護音寂静海音主夜神。其摩竭提國有金剛藏，中有摩尼瑶王，變現自在，兩無盡瑶嚴好花。是諸菩薩演説如來廣大境界，慈目瑶髻，發生喜樂。可愛樂正念天王十方海中一切瑶王，吐雲彌覆，流出教綱，其佛號法水覺空如來。嚴持器仗夜义王，力懷高山夜义王。毘樓博义，燄口海光龍王等，甚可怖畏鳩槃茶王，美目端嚴鳩槃茶王。日光天子，月光天子，星宿王天子，威德光明天子，各各恒沙恒沙眷屬相與掌護。其南海楞迦山下娑竭羅龍宫，

其光明藏大地劫浄諸方等諸經，納於龍宫。其善部州大藏六萬卷，中六千卷，小藏四千卷，大悉地有空有不空，廣略平等。譬如萬法出一塵中，千輪百疏，又於一塵流出，如帝釋宫殿因陀羅網一珠，映八十億珠。法界義中，法身法性，百佛世界，細一毛端，析一毛端，成微塵數世界一一世界。法身演無量百千萬億諸佛法藏，是身爲陀羅尼藏，湧法海藏，衆法瑶藏，舍乘敷藏，花頂衆藏，密耶護藏，言頓顯藏，此皆奢摩他昆鉢舍那定惠之力。觀見如來等藏，藏依識攝有舍藏，理發於心而形於藏。内外俱朗，不其然乎。斯文淳一，非敢戲論，光佛相好，贊佛功德，從佛知見中來。頌曰：雪山紺宫，等虚宫耶。叔父付囑，澹交續耶。妙華光雲，香普薰耶。娑碣所措，摩醯護耶。喝剌呼嚧，歸命護耶。

黄滔《黄御史集》卷五《莆山靈巖寺碑銘》 今僕射瑯琊王公牧民之外，雅隆浄土，論及靈勝，以爲東山神泉之比。繕經五千卷於兹華創藏而藏焉。即天祐二年春二月也。

《全唐文》卷四四〇封演《魏州開元寺新建三門樓碑》 公又以此寺經典，舊多殘缺，哀彼學徒，訪聞無所，乃寫一切經兩本，并造二樓以貯之。三四五佛，初中後善，龍宫所不備矣。耳所未聞，莊嚴圓滿，卷帙充足，其闡化之功力有如此。

又卷八二五黄滔《大唐福州報恩定光多寶塔碑記》 天復元年辛酉，天子西巡，岐汴交兵，京洛禺禺。我威武軍節度使相府瑯琊王王公，祀天地鬼神，以至忠之誠，發大誓願，於開元之寺造塔，建號壽山，仍輔以經藏，乞車駕之還宫也。其三年甲子，以大孝之誠，發大誓願，於兹九仙山造塔，建號定光，仍輔以經藏，爲先君司空先秦國太夫人元昆故司空薦祉於幽陰也。大矣哉！赫赫忠誠，懇懇孝思，以國以家，以明以幽，胡天地之不動歟！胡鬼神之不感歟！釋之西天謂之窣堵波，中華謂之塔，塔制以浴室三間，接以井，井重以樓焉。環周輻輳之行廊，凡三十有三間，物費財六萬餘貫，如山之疊，如洞之濬，巑巑隆隆，叢爲一宫。其大也，琢文石以爲軒，雕修虹以爲梁。其小也，取良木於靈山，篩嘉壤於飛塵，雖掩映乎人間，實參差乎象外。其經也，帙十卷於一函，凡五百四十有一函，惣五千四十有八卷，皆極剡藤之精，書工之妙，金軸錦帶，以爲之飾。天祐二年乙丑夏四月朔，我公宿誠於州，束烹於肆，及脇降之辰，大陳法會，以藏其經。緇徒累千，士庶越萬，若緇若士，一一而行之，正身翔手，右捧左授，自州之阯，起於我公，傳至於藏，觀者如堵牆，佛聲入霄漢，幡花照乎全郭，香烟連乎半空，雪頂之僧，指西土之未有，駘背之叟，慶東閩之天降，可謂之鴻因妙果者也。

又卷九一八清晝《唐湖洲大雲寺故禪師瑀公碑銘》 自明帝夢金人，孫權獲舍利，茫茫中土，是有正法，而德清偏邑，罕有塔寺，使蒼生蒙昧，罔知所之，悲夫！至人無名，陶鑄而名之耳，安可糠粃有爲，金璧無相？二見齊楚瞽性者流，豈知履如之功，萬法無外，此大菩薩自在之盛行，吾將爲爾行焉，於是繕以香臺，作以莒殿，卿雲蓄泄於户外，麗月昭回於簷下，是知觀象大壯，法誤雲室，豈不宜哉。前後寫經二藏，凡一萬六千卷，不以皮爲紙，不以血爲墨，是身皃穢，靡潔書寫，非難捨哉。

《舊唐書・僧玄奘傳》 高宗在東宫，爲文德太后追福，造慈恩寺及翻經院，内出大幡，敕《九部樂》及京城諸寺幡蓋衆伎，送玄奘及所翻經像、諸高僧等入住慈恩寺。顯慶元年，高宗又令左僕射于志寧、侍中許敬宗、中書令來濟李義府杜正倫、黄門侍郎薛元超等，共潤色玄奘所定之經，國子博士范義碩、太子洗馬郭瑜、弘文館學士高若思等，助加翻譯。凡成七十五部，奏上之。後以京城人衆競來禮謁，玄奘乃奏請逐静翻譯，敕乃移於宜君山故玉華宫。

扈仲榮、程遇孫《成都文類》卷三七范鎮《崇道觀道藏記》 太史公論道家之言，而曰：「使人精神專一，動合無形，贍足萬物。指約而易守，事少而功多。」至於爲《史記》，則以韓非、申不害與老子同傳，豈非後世多事，必於有爲以至於無爲乎？班固所志才三十七家、九百九十三篇，而伊尹、太公、辛甲、鬻熊、管子之書在焉。至隋乃分經戒、餌服、房中、符籙凡四種，合三百七十七部，千二百一十六卷，而不著其目。唐有道家類，又合以釋氏，而得百三十七家、七十四部，千二百四十卷，以著於録。而《管子》列於法家，所謂《伊尹》、《太公》、《辛甲》者皆不傳，獨鬻熊之書存。自明皇后，不以著録者又百五十八家、千三百八十三卷，則其溢於漢者千五百八十五卷矣。噫！老子著書五千言，以爲盡天地事物之理，後世學者寖廣，而其書至於如此其多，豈以其事虚無，其辭難知，必支離而後至於簡易，如太史公所謂乎？宋典，祥符、天禧中，始崇起其教，而玉清昭應宫、景靈宫、會靈觀，祥源觀皆置使典領。又命其徒與諸儒裒其書，訂正謬訛，繕寫以藏於其處，而以其餘賜天下宫觀，以廣其傳，獨劒南一道未皇暇焉。嘉佑初，成都府郫縣道士姚若谷、梓州飛烏縣道士朱知善慨然欲盡也。其書而莫由得也，於是東走於鳳翔府之上清太平宫、慶成軍之太寧宫，又東至於亳州之太清宫、明道宫，凡得書二千餘卷。太清宫者，老子所生，所謂厲鄉者也。有九井，有古檜，有丹竈，於是縱觀焉。又覽唐開元及祥符中行幸故處以歸。治平元年，今天子既即位，若谷又與其徒仇宗正、鄧自和

列言於府曰：釋氏書徧滿州縣，而道家所録獨散落不完，願至京師得官本以足其傳。於是端明殿學士兼翰林侍讀學士、尚書户部侍郎韓公知府事以其狀聞，且言蜀之名山秘洞，勝景爲多，而道家書不完，無以奉揚清浄之風。有詔即建隆觀給官本以足具傳。凡得五百帙、四千五百卷，溢於唐者又千九百二十二卷，可謂完且備矣。若谷宗正自和，且將益其書爲五本，藏於成都之天慶觀、郫縣之崇道觀、青城山之丈人觀、梓州飛烏縣之洞靈觀、綿州之洪德觀，使學者優柔，以求其所謂清虚自然之要，而至乎其師之道，如太史公所謂者，顧不偉歟！若谷飛烏，以後徙於郫。宗正青城人，自和綿州人，三人者持操堅至，而皆有功於其教者。後之人觀其勤勞，而不輕其守，則其書之傳爲無窮矣。

釋居簡《北磵集》卷三《泉州金粟洞天・三教藏記》 黄老於漢，佛於晉宋，二氏之書滿寰宇，聚則充棟，載則汗牛，何其多耶！問其數各五千餘卷，與秘府牙籤相上下，巾冪嚴秘，往往過之。金粟洞天在泉南勝處，住山人凝雲黄去華總三家之書，于山中寘諸大輪藏。所謂藏也者。藏也，涵藏之謂也。藏諸名山古也。或病其以二氏之書亂秘府，妄意求合孔氏。噫，合其可求乎？求而合，不勝其不合也。苟不可合，雖孟賁烏獲之勇之力，不可牽糾，而使之合不可離也。雖强分之視勇也。烏乎，施然則離合有常理，不在呶呶齒舌間也。天地間大物莫如海，百谷東輸未始見其盈，尾閭泄之未始見其虧，而與百谷同一味，曷嘗求合於百谷。既至於海矣，海則曰：「爾江耳、河耳、淮濟耳，盍各安爾。」甲乙之序，涇也，渭也，亦正爾清濁之分，然後去貪取廉，旌芳潔，驅洿濁，俾各從其類，雖蹄涔之陋，罔不藐。夫海失長百谷之道，强爲是區區之别，不可得也。夫如是，庸詎知吾求合於外耶。善乎荆國王文公答曾子固之爲言也。善學者讀其書，惟理之求有合乎吾心，樵牧之言不廢。苟不合諸理，周孔吾不從。吾嘗紬繹斯言而志。夫學隱然得之於中，東海有聖人出焉，此言合也，此理合也。西海有聖人出焉，此言合也，此理合也。故萃天下之書，使天下善學者博觀約取。離乎其所離，合乎其所合也。

又《澄心院藏記》 佛所説經，一味之雨，三草二木，所澤各異。根差性殊，豈雨之咎？車軸之滴，匪海莫容。大心溟渤，乃克堪受。涵攝其義曰藏，運行其説曰輪。舍藏無以藴其奥，非輪無以發其用。第二義門，特出巧思，制成八觚八窓玲瓏，面面層室，以貯琅函，以絢金碧，以擬覩史。大莊嚴藏，樞正厥中，以静以應，一機潛發，飄風疾旋，若翻地軸，使海水立，盪胸決眥，倏爾如砥，曰此權道，會心以境。嘉定五年三月初十，通泉澄心蘭若殿，以寘藏十二大士，瑠璃光熾，盛光幻出，環堵岩石間，儼然大光明藏。各質所疑，又疑東方塵刹，神力斷取，聞輒意消。況見者耶！此祖意覺證，善巧所自出法堯，先造大部四合八百四十卷。祖意覺證，又足以五千四十八卷。是役也，動以萬計，倒橐不留一簪，直餘出諸施者，落之於嘉定十五年七月二十三日。十年間，闕亦勤矣。噫！經來白馬寺，止四十二章，先覺諸賢華竺接武所致者半滿，未具取一闡提生。公受擯再譯，法華什師蒙恥壁，觀沙門則有《楞伽》四卷。新州樵者，止聞金剛，半偈小龍，湫破句讀，於海眼任灌家，未終軸於圓覺，藏乘之備，莫盛於斯。宜極玄臻，奥冥心契，初眂前日相倍蓰，曷反寥敻無聞焉。雖然，舜何人也，予何人也，有爲者亦若是。余喜澄心龍藏無缺文也，亦作是説心齋也。勁節則寒暑不移，有常操也。安節之亨，承上道也。具是四德也。王馬曹拔庶類，而君之指以謂人曰：「何可一日無此君，天下後世至今莫能易，雖然始植而立求，無愧此君矣。未見不倚不撓於晚節末路，不自免庶類俱靡者，善乎！詩人之爲言也，不羞老圃秋容澹，且看寒花晚節香，當與孔子所謂戒之，在得同一關紐微，此君孰與論夫。」

又《江東延慶院經藏記》 教有半滿，藏無小大，《般若》、《寶積》、《華嚴》、《涅槃》合八百四十一卷，自五千四十八卷出。近世蜀之昌州不動居士大學馮公，以無量壽顧施五千四十八卷，凡四十八藏，八百四十一卷，亦滿厥數，往往梯此有大小，藏之目非古也。藏也者，藏也。涵容融攝爲義，琅函玉軸，則有海宫龍伯之所，嚴秘，密意玄義，則存諸其人，爰有大智破塵出，經會於一乘，如海一味，一盋香積飽均四衆，貧女寸熖不遺，遐隱師子，手足一金也，江河支别一水也。諦審機器利鈍，隨應玉象徹底，偃鼠滿腹，各稱其量，乘此大乘，至究竟地，豈丹雘金碧，雕甍塗棟，幻出龍鬼，扶持淩空，虚之所能，彷彿時有，比丘名曰智日聞如是言，矍然而作曰：「我之所居，康廬送青，彭蠡闖户，賜號延慶，巧當勝處。」嘉定壬午作此佛事，明年落成，實惟妙演書四部經，則有智玉矧二化士，厥惟艱哉！鐘鼓殷床，梵放薄雲，妙高四朶，夜摩諸天，如風忽旋，如海忽飜，樞應無窮，莫盡其極，一機休復，海湛天碧，八窓玲瓏，塵消鏡空，萬目仰瞻，夙負惡習，不鉏而拔，信萌善頴，油然發生，審如所言，則徒取檀施靡金粟，勤人勞衆，從事於不急之務哉！則語之曰：「吾所陳理法界，彼所爲者事也。」實際理地，彌滿清浄，云何是中，更容他物。事法界中，或一其缺。單輪弗馳，隻翼弗飛，理隨事徧，則逢原左右，事得理融，則千差一照，理事無礙，事事渾融，則藏與經，非一非兩，及破塵者，三無差别。

《元史・順帝本紀三》 甲寅，熒惑犯天江。丁巳，享于太廟。庚申，太陰犯

井宿。癸亥，詔天壽節禁屠宰六日。辛未，太陰犯心宿。癸酉，太陰犯斗宿。甲戌，太白晝見，見四日。是月，命脱脱領經筵事。命永明寺寫金字經一藏。

耶律楚材《湛然居士集》卷八《燕京大覺禪寺剏建經藏記》　遼重熙、清寧間，築義井精舍於開陽門之郭，傍有古井，清涼滑甘，因以名焉。金朝天德三年，展築京城，仍開陽之名爲其里。大定中，寺僧善祖有因緣力，道俗歸嚮者衆，朝廷嘉之，賜額大覺。貞祐初，天兵南伐，京城既降，兵火之餘，僧童絶跡，官吏不爲之恤，寺舍悉爲居民有之。戊子之春，宣差劉公從立與其僚佐高從遇輩，疏請奥公和尚爲國焚修，因革律爲禪。奥公罄常住之所有，贖换寮舍，悉隸本寺。稍成叢席，可容千指。瑞像殿之前，無垢浄光佛舍利塔在焉，殘缺幾仆。提控李德者，素黨於糠蘗，不信佛教，至是改轍施財，完葺其塔。繼有提控晉元者，施蔬圃一區於寺之南，以給衆用，糊口粗給。庚寅之冬，劉公以狀聞朝廷，招提院所貯餘經一藏，乞遷於本寺安置，許之。於是奥公轉化檀越，創建壁藏斗帳龍龕一週，凡二十架，飾之以金，繢之彩，窮工極巧，焕然一新，計所費之直，白金百笏。能事告成，累書請湛然居士爲記。余慨然曰：昔者聖人之藏書也，貯之以金櫃，寫之於琬琰，重道尊書，以示於將來也。浮屠氏之建寶藏者，亦猶是乎！吾夫子删《詩》定《書》，明《禮》讚《易》，六經之下，流爲諸子，《春秋》以降，散爲史書，較其卷軸，不爲不多矣。兵革以來，率散落於塵埃中。吾儒得志於時者，曾無一人爲之裒集，置之浄室，安之寶架，豈止今日也哉！承平之世，間有儒冠率集士民，修葺宣聖之廟貌者，曾未卒功，已爲有司糾劾矣，且以擅興之罪罪之。噫，吾道衰而不振者，良以此夫。昔雪巖示寂於王山時，萬松老人方應詔住持仰嶠，訃問既至，不俟駕而行，遇完顔子玉諸塗。子玉嘆曰：「士人聞受業之師物故也，雖相去信宿之地，未聞躬與其祭者，豈有千里奔喪者邪！佛祖之教，源遠流長者，有自來矣。」子玉屢以此事語及士大夫。今奥公禪師非爲子孫計，無取功名心，汲汲皇皇丐乞於道路，唯以佛宫秘藏爲務，可謂不忘本矣。余已致書於諸道士大夫之居官守者，各使營葺宣父之故宫，亦由奥公激之也云。癸巳中秋日記。

王惲《秋澗集》卷五七《大元國大都創建天寧寺碑銘》　凡得經四藏，計二萬八千餘卷，分貯大都之開泰、天慶，汴洛之惠安、法祥，及永豐法藏院，仍以法物付之，使人無南北，通暢玄風，壽聖皇，贊寶緒，天花雨紛，梵唱雷動，日開八方之供者，此師之所圖惟也。

吴澄《吴文正集》卷四七《撫州玄都觀藏室記》　玄都觀者，前道教都提點張師次房之所肇創，觀之藏室，則其徒孫黄仁玄之所新作也。師本臨川梅仙觀道士，至元間從天師北覲，留侍闕庭數載，宣授崇道護法弘妙法師、江西道教都提點，住持浮雲山聖壽萬年宫、撫州梅仙玄都觀以歸。凡得近日月、沾雨露而復還山間林下者，寵渥焜煌，位望殊特，人人誇之以爲榮。師乃不然，曰：「皇澤誠優，非吾徒所宜蒙，非吾教所宜有也。」二教設官一如有司，每日公署涖政施刑。師曰：「吾教清静無爲，奚至是哉？彼有司所治，地大民衆，非政不整，非刑不齊。今吾所治皆吾同類，何事當訊？何罪當懲？而以勢分臨之，而以囚撻待之乎？」其時主教天師簡易不擾，所在宫觀晏然寧處，師之言已若是。既而習漸變，道流不勝困苦，夫然後知師之遠識先見、仁心厚德不可及也。道官出入騶從甚都，前訶後殿，行人辟易，視都刺史、郡太守無辨。唯師不改其素，間不騎乘。或以勿太自卑爲諷，師曰：「吾豈乏馬？然故舊滿眼，不下馬則人議其傲，數下馬則已受其勞，孰若緩步徐趨，遇所識則肅揖而過，於身甚便，於心甚安也。」玄都觀初在郡城南隅，後徙今所。按唐時舊觀，其中止有玄元一像。逮宋中葉，裝塑大神，增益名號，矯誣褻慢，莫之或正，玄都觀獨循唐舊制。即此一事，師之定是非、審取舍高出千萬人之上。師既厭世，其徒周秉和將營藏殿於玄元正殿之左，蓋以玄元嘗爲周藏室史故也。市材未畢，而周亦逝。仁已克承其志，至治辛酉始構，次年壬戌底成。崇深宏偉，聳動觀瞻。中藏聖賢經傳、歷代史記，與夫諸子百家之書，靡不存貯。仁已請記。予謂佛寺有藏，藏諸品經。佛經蔓衍繁複，而貴其多，非藏莫可藏也。老氏以約爲記，以不博爲知，而貴其少。《道德》二篇，五千文爾；雖《南華》之汪洋，亦不過六萬餘言。非若佛説之蔓衍繁複，而何以藏爲？故道觀之有藏，追倣玄元所守藏書之室，而非擬釋教之經藏也。雖然，玄元務約不務博也。及至答孔子之問禮，纖悉細微，詳盡曲當，則其上知之知兼該普偏，豈寡陋以爲約者哉？張師道行純美，默契玄元慈儉讓下之實。其徒世世相傳，不忝祖教，亦匪紛紛道流所可例觀。是以備述張師之善，而爲《玄都藏室之記》云。張師字紹隱，號松谷道人。一初者，仁已之字也。造吾門時，與徒孫毛允執俱。

又卷四九《雲峯院經藏記》　藏者何？藏經之所也。昔釋迦牟尼佛以世外法爲天人師，凡一言之出，聞者莫不恭敬作禮，圍繞讚嘆，何也？以其言試可尊重故也。匪特其徒爲然，後千餘載傳入中土，中土之人尊之重也，亦如其國。譯以華言，名之曰經，不敢輕慢也，措諸塔廟，貯之以藏，不敢褻瀆故也。藏之所在，經之所在，其尊其重，如佛在是。無智愚，無貴無賤，人想慕其功德，烜赫其威神焉。雲

峯院經藏者，僧自新及其徒妙鑒之所建也。院占宜黄縣南之上游，距縣六十里。宋初，有里人樂黄琮譔記，亦莫詳其肇創之年代。無城市之喧囂，有山林之幽寂，事佛者居之爲稱。自新父母家里之樂氏，侍郎史之族裔也。離俗爲僧，謹朴淳厚，不畔佛之戒律。自至元巳丑主院事，三十年餘，艱勤備嘗，以克植立。至治壬戌，授其徒妙鑒，抄題衆力，於癸亥歲建經藏一所。將底周完，而鑒先逝。新再主院，畢其前功。金飾二龍於兩楹爲護衛，甚偉。其徒孫曰道隆，曰福廣，曰慈珏，咸知輔翼其長。珏徧告善士，得所施助購四大部經滿足一藏。新來文記之，以示永久。予謂經藏所藏之經，悟解之者超最上乘，其次上乘，其次中乘，又其次下乘，其下持戒脩福，亦可成就種種福果。藏制之圓象天，擬法輪之運轉無息也。院僧之所崇奉、善士之所信嚮，豈徒爲是美觀而已哉？新能率其徒爲永久計，以不墜其教，可嘉也夫！

吴任臣《十國春秋・閩・閩太祖世家》 冬十月，梁亡。是歲，王於城西南張爐冶十三所，備銅鐵三萬斤，鑄釋迦、彌勒諸像，唐主賜額曰「金身報恩之寺」。王又泥金銀萬餘兩，作金銀字四藏經各五千四十八卷，旃檀爲軸，玉飾諸末，寶髹朱架，納龍腦其中以滅蠹蟫。

阮元《揅經室集・外集》卷一《洞霄詩集十四卷提要》 宋道士孟宗寶撰。宗寶字集虚，嘗築室於苕溪之上，曰集虚書院。爲詩文咸有法度。煉元養素，居九鎖山中三年，積書至數千卷。與鄧牧相友善。牧爲《洞霄宫圖志》，曾載其人。攷今《道藏》中《大滌洞天記》有至元三年吴全節序云：「道士孟集虚，出所編《洞霄圖記》，山川之奇秀，巖洞之深杳；宫宇之沿革，人物之挺特，昔耳目之未及者，今一覽無遺。是編行乎世，集虚於兹山之功亦懋矣」。《大滌洞天記》者，即今《洞霄圖志》也。

丁申《武林藏書録》卷上《靈隱書藏》 嘉慶十四年，儀徵阮文達巡撫浙江，即靈隱大悲閣後創建書藏。文達撰《記》曰：「《周禮》掌夫掌官契，以治藏史記，老子爲周守藏室之史，藏書曰藏，古矣。古人韻緩，不煩改字，收藏之與藏室，無二音也。漢以後，曰觀，曰閣，曰庫，而不名藏。隋唐釋典大備，乃有開元釋藏之目。釋道之名藏，蓋亦摭儒家之古名也。明侯官曹學佺謂釋道有藏，儒何獨無藏，欲聚書鼎立，其意甚善，而數典未詳。嘉慶十四年，杭州刻《朱文正公》、《翁覃溪先生》諸集將成，覃溪先生寓書於紫陽，院長石琢堂狀元曰：『《復初齋集》刻成，爲我置一部於靈隱。』仲春十九日，元與顧星橋、陳桂堂兩院長，暨琢堂狀元、郭頻伽、何夢華上舍，劉春橋、顧簡塘、趙晉齋文學同過靈隱，食蔬筍，語及藏《復初齋集》事，諸君子復申其議，曰：『史遷之書，藏之名山，副在京師；白少傅分藏其集於東林諸寺；孫洙得《古文苑》於佛龕，皆因寬間遠避之地，可傳久也。今《復初齋》一集尚未成箱篋，盍使凡願以其所著所刻所寫所藏之書，藏靈隱者皆裒之，其爲藏也大矣。』元曰：『諾。』乃於大悲佛閣後造木廚，以唐文鷲嶺鬱岧嶤詩字編爲號，選雲林寺玉峯，偶然二僧簿録管鑰之，别訂條例，使可永守。復刻一銅章，徧印其書，而大書其閣扁曰『靈隱書藏』。蓋緣始於《復初》諸集，而成諸君子立藏之議也。遂記之。」嘉慶十四年夏五月庚申朔，同顧星橋吏部宗泰，陳古華太守廷慶，石狀元韞玉三院長，暨朱淑堂兵部爲弼，蔣秋吟太史詩華，秋槎瑞璜，何夢華元錫，王柳邨豫，項秋子墉，張秋水鑑諸君子集靈隱，置《書藏紀事》：「《尚書》未百篇，《春秋》疑斷爛。列史志藝文，分卷本億萬。傳之百千年，存世不及半。近代多書樓，難聚易分散。或者古名山，與俗隔厓岸。岧嶤靈隱峯，琳宫敞樓觀。共爲藏書來，藏室特修建。學人苦著書，難殺竹青汗。若非見著録，何必弄柔翰。舟車易遺亡，水火爲患難。子孫重田園，棄此等塗炭。朋友諾黄金，文字任失竄。或以經覆瓿，或以詩投溷。當年無副本，佚後每長歎。豈如香山寺，全集不亂散。名家勒巨帙，精神本注貫。逸民老田間，不見亦無悶。雖不待藏傳，得藏亦所願。我今立藏法，似定禪家案。諸友以書來，收藏持一券。他年七十幮，卷軸積無算。或有訪書人，伏閣細披看。古人好事心，試共後人論。既泛西湖舟，旋飽蔬筍飯。出寺夕陽殘，鷲嶺風泉涣。其條例凡九：一、送書入藏者，寺僧轉給一收到字票。一、書不分部，惟以次第分號，收滿鷲一號廚，再收嶺字號廚。一、印鈐書面暨書首葉，每本皆然。一、每書或寫書腦，或掛緜紙簽，以便查檢。一、守藏僧二人，由鹽運司月給香鐙銀陸兩。其送書來者，或給以錢，則積之以爲修書增廚之用。不給勿索。一、書既入藏，不許復出。縱有繙閱之人，但在閣中，毋出閣門。寺僧有鬻借霉亂者，外人有攜竊塗損者，皆究之。一、印内及簿内部字之上，分經、史、子、集填注之，疑者闕之。一、唐人詩内複對天二字，將來編爲後對後大二字。一、守藏僧如出缺，由方丈秉公舉明静謹細之僧充補之。當時郭麐爲《後記》，翁方綱、楊鳳苞、李富孫、陳文述、曹言純諸先生俱有題詠，洵屬湖山韻事。復初先生詩作於嘉慶己巳，清詞麗句，允稱傑作。詩云：「靈隱藏書事孰始，始自杭刻朱翁詩。朱公未及藏記讀，阮公索我書之碑。我詩已愧阮公刻，緣此議藏能毋嗤。同人去夏集湖上，石子鐫我禪壁詞。僉曰一集未盈篋，盍訪曹氏書倉爲。遂啓佛閣廚七十，以備續庋籤裝治。主以二僧編以例，匡廬白石寧聞兹。石子書來趣函寄，正我盥寫金經時。

古稱大都與通邑，名山藏副於京師。名山名刹更增重，豈比家刻傳其私。苟非懸之免指摘，或且倍甚來瑕疵。往者新城王叟集，青藜劉君隸寫之。頭藏嵩少果踐否，林吉人楷名空馳。嗚呼寸心千古事，甚於鏡影公妍媸。念此仿偟汗浹背，顧緘油素又屢遲。上有靈峯下湖水，鑒我樸拙心無欺。繼有裹函來寺者，何以助我加箴規。寫經微願那足補，日日齋祓勤三思。」

又卷末《上乘院》 上乘院在西溪之東，梅花隖中。貞觀十九年建，舊名龍居。治平間重建，改今額，有寂觀堂。崇禎初，郡城新伊法師退隱此庵，有書册藏經，禪講學人欲閱藏請益者依之，故有十餘静室附焉。釋大善上乘院詩：「萬斛松筠覆草廬，千函文字寄溪居。龍王藏惜宫中寶，野衲披宣架上書。瓦鼎生煙拈紫檪，磁瓶貯水插紅蕖。如今禪講交參日，共集花巖作蠹魚。」見乾隆《杭州府志》。又城東法藏院僧桂埜，號納庵，蜀人。嘗集書本藏經全者凡二部，餘則鈔補。咸豐辛酉，因寇警，移藏西溪護生庵中，仍爲土賊所掠，桂埜亦不知所終。特附記焉。

又《吴山火德廟道藏》 道藏分三洞，第一洞真部，第二洞元部，第三洞神部。四輔，第一太元部，第二太平部，第三太清部，第四正一部。十二類，第一本支類，第二神符類，第三玉訣類，第四靈圖類，第五譜録類，第六戒律類，第七威儀類，第八方法類，第九衆術類，第十紀傳類，第十一讚頌類，第十二表奏類。自天地玄黄至範漆壁經府羅，排字編號。明冶城白雲霽詳注目録。蕭山王端履於乾隆辛亥八月，侍其師王南陔先生並其父晚聞先生，鈔録道藏於火德廟，重論文齋筆録。有寓火德廟兩次翻閱道藏詩：「册府圖書祕護嚴，重樓管鑰紫泥緘。石郎與我曾相識，偷示南華第一函。石室收藏並石渠，乞將祕笈付鈔胥。元珠密語金丹注，俱是人間未見書。玉宇西風拂面寒，西爽閣爲廟中最勝處胡麻飯熟勸加餐。洞真部録三千卷，不是神仙不許看。」胡孟紳比部珵《聽香齋集》，有觀吴山火德廟道藏，並成化年賜天尊像十六幅詩，於道教宗源，纂發盡致，不啻緇覽瓊章玉笈云。詩曰：「巫峯十二高插天，赤熛祠宇森鄉嬛。金科玉篆久藏弆，摳衣肅謁趨丹闕。道流解事頗不俗，啓鑰導客快縱觀。巨橱分列儼四庫，綈帙完好無叢殘。諦視卷首誌年月，鴻寶知自前明頒。江東三藏此其一，天龍呵護留人寰。金閶白門距千里，鼎峙恰並吴山巔。元妙觀對虎邱墖，朝天宫近雞鳴山。是皆塵世大瀛海，羽陵何必求神仙。潛研宫詹最嗜古，老窮目力搜遺編。手鈔行篋六百卷，跋尾一一能貫穿。謂宋藏目久亡佚，得元明本良已難。周秦載籍資考訂，貴之不翅青琅玕。說見潛研堂文集道藏目録跋緬思天水昔馭宇，祥符宣政相後先。瘦相既領玉清使，靈素復玷青瑣班。天書曳帛侈祥瑞，道君受籙徒欺謾。岳圖真誥閟禁籞，醮詞章奏崇雷壇。維時道藏始傳布，剞劂遠在書栅前。熒惑廟址尚未建，洞霄提舉多兼員。運開臨安大都會，名山藏合傳千年。自洞真部迄正一，巋巋七略紛排籤。說宗彼教苦難信古書時或參其間。杜鎬老儒工潤色，京卞亦頗文章嫺。刺取子史雜家類，厠諸黄老詞旁牽。篇章約略舉其要，陳晁舊目存相沿。孔師柱下闡奥旨，漢學河上遺真詮。飛鉗鬼谷託吕望，沖虚擲列齊辛鈃。更生抱朴代有述，周佼尹喜枝而駢。參同契衍伯陽訣，鴻烈解證淮南篇。就中郭象本宋産，南華秋水尤精研。醫經況復富充棟，岐雷炮炙傳倉扁。寥寥足本在天壤，得斯笈幸蒐羅全。明初去宋尚未遠，文教遠被東南偏。初鋟昉自正統代，下逮萬曆重雕鐫。年深譌闕那得免，粹語要未菁華删。如披大典溯永樂，如窺書目儲文淵。迄今又閱三百載，世無宋槧惟明刊。古香什襲永辟蠹，摩挲舊澤猶媥爛。丹青侑以名繪手，展視筆力皆飛騫。或步罡斗禮北極，或參虯馭朝水官。金門潭潭竦圭璧，火車輪輪撐戈鋋。星冠絢爛泚金碧，霞裙綷縩烘朱殷。藏珍數有二八幅，仿阿羅漢摹唐賢。裝池精美鮮剥蝕，背鈐御璽朱文鮮。成化一十有六載，尚方敕賜昭其虔。我聞茂陵好玄學，慕漢武常求還丹。李牧省爵寵方士，僧繼曉術尊胡祆。容成訣貢萬妃媚，欒大欺售汪直姦。禱祠土木盛交作，勢憑廠衛由中涓。流傳繪像意何益，閹門書史空傳宣。縱云謝戴具師法，風自鄗下何觀焉。不如琳瑯一萬册，采掇中有儒家言。科儀符籙雖厖雜，悟道豈必忘蹏筌。書生饞眼詫已飽，得游福地真天緣。人生百事奈牽帥，安得俗慮胥屏捐。精廬就近數椽築，罏香茗椀供丹鉛。緇經坐久不忍别，夕陽西墜猶流連。看江一笑出門去，秋潮變没隨雲烟。」廟在梓潼祠南，宋以火德王，故南渡後，建廟於此以奉熒惑之神。明董文敏書坎離既濟額，旁有巫山十二峯，雍正六年總督李公衛建亭，題曰「巫峽峯青」。咸豐辛酉廟燬，書亦散佚。

李斗《揚州畫舫録》卷四 枝上村，天寧寺西園下院也，在寺西偏，今歸御花園。舊有晉樹二株，門與寺齊，入門竹徑透迤，花瓦墻周圍數十丈。中爲大殿，旁建六方亭于兩樹間，名曰晉樹亭，爲徐葆光所書。南搆彈指閣三楹，三間五架，製極規矩，閣中貯圖書玩好，皆希世珍。閣外竹樹，疏密相間，鶴二，往來閑逸，閣後竹籬，籬外修竹參天，斷絶人路。僧文思居之，文思字熙甫，工詩，善識人，有鑒虚、惠明之風。一時鄉賢寓公皆與之友，又善爲豆腐羹甜漿粥，至今效其法者，謂之文思豆腐。汪對琹員外棣有彈指閣録別圖。

雜録

《北齊書・崔暹傳》 魏、梁通和，要貴皆遣人隨聘使交易，暹惟寄求佛經。梁武帝聞之，爲繕寫，以幡花贊唄送至館焉。然而好大言，調戲無節。密令沙門明藏著《佛性論》而署己名，傳諸江表。

《周書・武帝紀上》 六月丁未，集諸軍將，教以戰陣之法。壬子，更鑄五行大布錢，以一當十，與布泉錢並行。戊午，詔曰：「至道弘深，混成無際，體包空有，理極幽玄。但歧路既分，派源逾遠，淳離朴散，形氣斯乖。遂使三墨八儒，朱紫交競；九流七略，異説相騰。道隱小成，其來舊矣。不有會歸，争驅靡息。今可立通道觀，聖哲微言，先賢典訓，金科玉篆，秘賾玄文，所以濟養黎元，扶成教義者，並宜弘闡，一以貫之。俾夫翫培塿者，識嵩岱之崇崛；守磧礫者，悟渤澥之泓澄，不亦可乎。」

慧皎《高僧傳》卷一《晉廬山僧伽提婆》 初僧伽跋澄出《婆須蜜》，及曇摩難提所出《二阿含》、《毘曇》、《廣説》、《三法度》等，凡百餘萬言。屬慕容之難，戎敵紛擾，兼譯人造次，未善詳悉，義旨句味，往往不盡。俄而安公棄世，未及改正。後山東清平，提婆乃與冀州沙門法和俱適洛陽。四五年間，研講前經，居華稍積，博明漢語，方知先所出經，多有乖失。法和慨歎未定，乃更令提婆出《阿毘曇》及廣説衆經。頃之，姚興王秦，法事甚盛，於是法和入關，提婆渡江。先是廬山慧遠法師翹懃妙典，廣集經藏，虚心側席，延望遠賓，聞其至止，即請入廬岳。以晉太元，請出《阿毘曇心》及《三法度》等。提婆乃於般若臺手執梵文，口宣晉語，去華存實，務盡義本，今之所傳，蓋其文也。

白居易《白居易集》卷七〇《東林寺白氏文集記》 昔余爲江州司馬時，常與廬山長老於東林寺經藏中，披閱遠大師與諸文士唱和集卷。時諸長老請余文集，亦置經藏。唯然心許他日致之，迨茲餘二十年矣。今余前後所著文，大小合二千九百六十四首，勒成六十卷。編次既畢，納于藏中。且欲與二林結他生之緣，復曩歲之志也，故自忘其鄙拙焉。仍請本寺長老及主藏僧，依遠公文集例，不借外客，不出寺門，幸甚！大和九年夏，太子賓客、晉陽縣開國男、太原白居易樂天記。

《舊唐書・則天皇后紀》 有沙門十人僞撰《大雲經》，表上之，盛言神皇受命之事。制頒於天下，令諸州各置大雲寺，總度僧千人。

張岱《西湖夢尋》卷五《宋大内》 《宋元拾遺記》：「高宗好耽山水，於大内中亟造别院，曰小西湖。自遜位後，退居是地，奇花異卉，金碧輝煌，婦寺宫娥充斥其内，享年八十有一。」按錢武肅王，年亦八十一，而高宗與之同壽，或曰：「高宗即武肅後身也。」《南渡史》又云：「徽宗在汴時，夢錢王索還其地，是日即生高宗，後果南渡，錢王所轄之地，盡屬版圖，疇昔之夢，蓋不爽矣。」元興，楊璉真伽壞大内以建五寺，曰報國、曰興元、曰般若、曰仙林、曰尊勝，皆元時所建。按志，報國寺即垂拱殿，興元即芙蓉殿，般若即和寧門，仙林即延和殿，尊勝即福寧殿。雕梁畫棟，尚有存者。白墖計高二百丈，内藏佛經數十萬卷，佛像數千。整飾華靡，取宋南渡諸宗骨殖，雜以牛馬之骼，壓於墖下，名以鎮南。未幾爲雷所擊，張士誠尋燬之。

錢坫《（乾隆）韓城縣志》卷二《横山藏書穴》 道士郝浄元坐山洞中羽化去，遺書藏石碑下，邑盧生發得之，多祈禱術，遂能致雷雨，大約道藏中《五雷訣》也。後以術死，其亦京房之《易》乎？

姚瑩《康輶紀行》卷八 《布達拉經簿》云：薩迦廟之呼圖克圖乃元帕思巴之後，爲紅帽教之宗，仁育菩薩之後人也。其教有家室，生子，後坐牀掌教，不復近家室矣。其始祖名昆貢確嘉卜，通達經典，見薩迦溝之奔布山，風脈佳勝，欲創建廟宇，從業主降雄固刺哇、班第仲喜納、密酌克敦三人，乞售，三人乃施捨其地，不取直，遂建廟供釋迦牟尼佛。附近土地人民廟宇、僧衆皆其所屬，世代相傳，至今七百餘年。其廟平地起，閣周墻甚固，中殿楹柱皆古樹。三人合抱高三丈餘不加雕飾，其皮節文理如生樹然；又有海螺堅白如玉，左旋紋向明吹之，背現觀音相，寺僧寶之。有藏經數萬卷。架函充棟廟，北依山僧樓梵宇約數千間，亦有浮屠金殿供諸佛像，皆紅帽刺麻居之。其所誦經與黄教無異，西南通拉孜大道山，南通野人國界。

典藏制度與方法部

排架分部

綜　述

開慶《四明續志》卷四《架閣樓庫》　樓在設廳之東西廡，案牘充棟山積，歲久弗葺，淋炙日甚。大使丞相謂：「兩司文書，官藉以攷舊，比委之頹簷敗閣，以便去籍者之姦，可乎？」開慶元年七月，更而新之，總二十有六間。其擇材鉅，其用工精。書皮上分，吏畲下列，自今插架整整，圖籍之儲得其所矣。凡費錢三萬一百一十一貫三百文，米七十石一斗。

文震亨《長物志》卷六《櫥》　藏書櫥須可容萬卷，愈闊愈古。惟深僅可容一册，即闊至丈餘。門必用二扇，不可用四及六。小櫥以有座者爲雅，四足者差俗即用，足亦必高尺餘。下用櫥殿，僅宜二尺，不則，兩櫥疊置矣。櫥殿以空如一架者爲雅，小櫥有方二尺餘者，以置古銅玉小器爲宜。大者用杉木爲之，可辟蠹。小者以湘妃竹及豆瓣楠赤水櫸古，黑漆斷紋者爲甲品。雜木亦俱可用，但式貴去俗耳。鉸釘忌用白銅，以紫銅照舊式，兩頭尖如梭子，不用釘釘者爲佳。竹櫥及小木直楞，一則市肆中物，一則藥室中物，俱不可用。小者有内府填漆，有日本所製皆奇品也。經櫥用朱漆，式稍方，以經册多長耳。

又《架》　書架有大小二式，大者高七尺，餘闊倍之。上設十二格，每格僅可容書十册，以便檢取。下格不可置書，以近地卑濕故也，足亦當稍高。小者可置几，上二格平頭，方木竹架及朱黑漆者，俱不堪用。

徐樹丕《識小録》卷四《牙籤》　李泌子蘩好書，家藏書插架三萬軸，以牙籤别之。經書紅牙籤，史書緑，子書碧，集書白。

周永年《儒藏説・覆俞潛山》　曹氏儒藏之議，見於新埠説部，其詳未聞，大約須分四部，將現存有關係之書盡入之。四部可分四藏，而今爲一大藏，猶釋氏之以經、律、論爲三藏也。南澗云：「此事聚之既難，刻之尤難，恐不能成。然宇宙間公事，既有人倡之，必有人應之。目下先聚書籍，訂目録，以待方來。即未備，亦可俟後人之補。果能刻之，而分佈數百千部於天下，豈非萬世之利哉？」

阮元《揅經室集・三集》卷二《焦山書藏記・條例》

一、送書入藏者，寺僧轉給一「收到」字票。

一、書不分部，惟以次第分號，收滿「相」字號厨，再收「此」字號厨。

一、印鈐書面暨書首葉，每本皆然。

一、每書或寫書腦，或掛綿紙籤，以便查檢。

一、守藏僧二人照靈隱書藏例，由鹽運司月給香燈銀十兩。其送書來者，或給以錢，則積之以爲修書增厨之用。不給勿索。

一、書既入藏，不許復出。縱有繙閲之人，照天一閣之例，但在樓中，毋出樓門。烟鐙毋許近樓。寺僧有鬻借霉亂者，外人有攜竊塗損者，皆究之。

一、印内及簿内部字之上分經、史、子、集填注之，疑者闕之。

一、守藏僧如出缺，由方丈秉公舉明静謹細知文字之僧充補之。

一、編號以「相、此、胎、禽、華、表、留、唯、髣、髴、事、亦、微、厥、士、惟、寧、後、蕩、洪、流、前、固、重、爽、塏、勢、揜、亭、爰、集、真、侣、作、銘」三十五字爲三十五厨，如滿則再加「歲、得、於、化、朱、方、天、其、未、遂、吾、翔、也、迺、裹、以、元、黄、之、幣、藏、乎、山、下、仙、家、石、旌、篆、不、朽、詞、曰、徵、君、丹、楊、外、尉、江、陰、宰」四十二字爲四十二厨。

又《杭州靈隱書藏記・條例》

一、送書入藏者，寺僧轉給一「收到」字票。

一、書不分部，惟以次第分號，收滿「鷲」字號厨，再收「嶺」字號厨。

一、印鈐書面暨書首葉，每本皆然。

一、每書或寫書腦，或掛綿紙籤，以便查檢。

一、守藏僧二人由鹽運司月給香鐙銀六兩。其送書來者或給以錢，則積之以爲修書增厨之用。不給勿索。

一、書既入藏，不許復出。縱有繙閲之人，但在閣中，毋出閣門。寺僧有鬻借霉亂者，外人有攜竊塗損者，皆究之。

一、印内及簿内部字之上分經、史、子、集填注之，疑者缺之。

一、唐人詩内複「對天」二字，將來編爲「後對」、「後天」二字。

一、字藏僧如出缺，由方丈秉公舉明静謹細知文字之僧充補之。

又《陳列》 編列書籍，經爲一類，史爲一類，子爲一類，集爲一類，叢書爲一類，其餘宋元舊刻精校、名抄别爲一類。單本一二卷者，袖珍巾箱長不及五寸，大本過尺許者，以别橱庋之。單本小本之橱，其中間以直格寬窄不一，再間以横格，高二三寸或四五寸不等。横格皆用活板，以便隨時抽放。叢書類少者，一部佔一橱；多者一部佔二橱三橱不等，由上至下，以三橱爲一連。橱寬工部尺一尺八寸，高二尺，每橱列書三行，合三橱一連，高六尺，并坐架一尺二寸，共七尺二寸，取閲時不至有伸手之勞。列書依撰人時代，亦以門户相聚。如十子、七子、五子、三家、四家、八家之類，皆銜接相承，則易于查閲。又如總集，有以元明國朝人選集唐宋者，有以國朝人選録三代秦漢魏晉人者，仍以詩文時代爲衡，不論撰人之先後。其專詩專文，各以類從，不使淩雜。至都會郡邑之詩文總集，依省次列之。欽定之書，冠于國朝之首。大抵陳列之次，不必與目録相同。諸史志尚有以類相排比者，固未嘗拘拘于時代也。釋道二藏，本自有目，遠西各國藝學宗教，自明以來，連床塞屋。錢謙益《絳雲樓書目》以西書爲一類，四庫則附之雜家雜學。今中外交通，箸述日衆，繙譯之作，家數紛歧，宜并釋藏别室儲之，不復繩以四部之例。惟道家斷自隋唐，次于諸子，以古之道家，非宋之道流，其習不同，其書究有别也。陳列既定，按橱編一草目，載明某書在某橱，遇有增消，隨時注改，體例視正目有殊，明文淵閣書目，蓋已先爲之矣。

《湖北學報》一九〇三年第一卷第二六期《洋務譯書局章程·藏書房條規》

一所藏書籍，照以上各書，分造合式之箱櫃檢藏。各標籤記，以醒眉目。一所藏書籍，立簿分類詳記，以便檢查。

《浙江教育官報》一九〇九年第一一期《河南藩學兩司會詳請撫院創建圖書館並擬訂章程文》 本館應備各種應用表簿，以資存記，而便調查。其名類如左。

一、存書簿。按照第五章之次序，分類陳列圖書。名目、部册、幅數、編著譯述者之姓名，刊行之處所、出版或數版之年月、華裝、和裝、洋裝之區别，價值若干、何年月日購入，或某人捐贈，或請取，或寄陳，或發交，或借取之類。

一、學務公所取用圖書簿。

一、每日閲覽人取書簿。每月一統計繕清，呈總理查覈。

一、入覽人數逐日設簿登記。

一、用木籤分載圖書目録，插列墻壁，以便指明取閲。

防火分部

綜述

陳騤《南宋館閣録》卷六《故實》 紹興十四年，秘書郎張闡言：「本省自來火禁，並依皇城法，遇有合用火燭去處，守門親事官一名專掌押火灑熄。除官員直舍并厨司、翰林司、監門職級房存留火燭，遇官員上馬，主管火燭親事官監視灑熄，其餘去處，並不得存留。」有旨，依。

周永年《儒藏説·儒藏條約三則》 藏書宜擇山林閒曠之地，或附近寺觀有佛藏、道藏，亦可互相衛護。吾鄉神通寺有藏藏經石室，乃明萬曆中釋某所爲。其室去寺半里許，以遠火厄，且纍石砌成，上爲磚券，今將二百年，猶尚牢固，是可以爲法也。

葉德輝《藏書十約·收藏》 燈燭、字簍引火之物，不可相近。絳雲樓之炬，武英殿之災，此太平時至可痛心之事也。

紀事

姚旅《露書》卷一四《異篇中》 秣陵司馬氏藏書頗富，近日壁挂古畫，上忽火起，延及書籍，並付煨燼，火從畫起，昔所稀聞。司馬氏古畫生火，余竊怪之。比見李宗定云其家藏書，嘗書中火起，始信司馬氏事非怪。陳山父言：「藏書家每笥須以春意一册藏其下，不惟辟蠹，且辟火，故呼春意曰籠底書。」

防水分部

綜　述

《南史・虞龢傳》 龢位中書郎、廷尉，少好學，居貧屋漏，恐濕墳典，乃舒被覆書，書獲全而被大濕。時人以比高鳳。

王欽臣《王氏談録・水漬書册》 公言藏書之家書册或爲雨漏，及途路水潦所漬者，皆可大甑中蒸而暴之，至一二番，乃以物鎮壓平。處逮乾，色雖微漬而畧無損壞。

葉德輝《藏書十約・收藏》 藏書之所，宜高樓，宜寬敞之淨室，宜高墻別院，與居宅相遠。室則宜近池水，引溼就下，潮不入書。樓宜四方開窗通風，兼引朝陽入室。遇東風生蟲之候，閉其東窗，窗櫥俱宜常開，樓居尤貴高敞。蓋天雨瓦溼，其潮氣更甚于室中也。列櫥之法，如寧波范氏天一閣式。四庫之文淵閣、浙江之文瀾閣，即仿爲之。其屋俱空，楹以書櫥，排列間作坎畫形，特有間壁耳。

防蟲分部

綜　述

沈括《夢溪筆談》卷三 古人藏書辟蠹用芸。芸，香草也，今人謂之「七里香」者，是也。葉類豌豆，作小叢生，其葉極芬香。秋間葉間微白如粉污，辟蠹殊驗。南人採置席下，能去蚤虱。予判招文館時，曾得數株於潞公家，移植秘閣後，今不復有存者。香草之類，大率多異名，所謂蘭蓀，即今菖蒲是也；蕙，今零陵香是也；茝，今白芷是也。

洪芻《香譜》卷上《芸香》 倉頡解詁曰：「芸蒿似邪蒿，可食。」魚豢典略云：「芸香辟紙魚蠹，故藏書臺稱芸臺。」

王佐《新增格古要論》卷九《收書》 收藏書籍之法，當於未梅雨之前，曬取極燥，頓放書櫃中，以紙糊外門及周隅小縫，令不通風，即不蒸濕。古人藏書多用芸香辟蠹，今之七里香是也。麝香收書櫃中，亦辟蠹一法，用樟腦亦佳。

項元汴《蕉窗九録・書録・藏書》 藏書於未梅雨之前，曬取極燥入櫃中，以紙糊門外及小縫，令不通風，蓋蒸氣自外而入也，納芸香、麝香、樟腦，可辟蠹。

張岱《夜航船》卷八 芸編。芸香草能辟蠹。藏書者用以薰之，故書曰芸編。古詩：「芸葉薰香走蠹魚。」

李漁《閑情偶寄》卷四《書房壁》 壁間留隙地，可以代櫥。此仿伏生藏書於壁之義，大有古風，但所用有不合於古者。此地可置他物，獨不可藏書，以磚土性濕，容易發潮，潮則生蠹，且防朽爛故也。然則古人藏書於壁，殆虚語乎？曰：不然。東西南北，地氣不同，此法止宜於西北，不宜於東南。西北地高而風烈，有穴地數丈而始得泉者，濕從水出，水既不得，濕從何來？即使有極潮之地，而加以極烈之風，未有不返濕爲燥者。故壁間藏書，惟燕趙秦晉則可，此外皆應避之。即藏他物，亦宜時開時閤，使受風吹；久閉不開，亦有霾濕生蟲之患。莫妙於空洞其中，止設托板，不立門扇，仿佛書架之形，有其用而不侵吾地，且有磐石之固，莫能搖動。此妙制善算，居家必不可無者。予又有壁内藏燈之法，可以養目，可以省膏，可以一物而備兩室之用，取以公世，亦貧士利人之一端也。我輩長夜讀書，燈光射目，最耗元神。有用瓦燈貯火，留一隙之光，僅照書本，餘皆閉藏於内而不用者。予怪以有用之光置無用之地，猶之暴殄天物，因效匡衡鑿壁之義，於墻上穴一小孔，置燈彼屋而光射此房，彼行彼事，我讀我書，是一燈也，而備全家之用，又使目力不竭於焚膏，較之瓦燈，其利奚止十倍？以贈貧士，可當分財。使予得擁厚資，其不吝亦如是也。

方以智《物理小識》卷八 藏書辟蠹。芸香即七里香。山谷謂之山礬，非楓膠香也。鄖縣石魚、商山必栗香作書軸，白魚不犯。蓋沈、檀、降香作軸，皆不蠹也。尋常宜用桐杉膠，則易蒸；糊則生炷，以苦楝子末、生麪粘之。犀玉雖貴，紙何以能勝耶？《春宫圖》謂之「籠底書」。以此辟蠹，乃厭之也。莽草蒿苣，熏之即去。愚者曰：「竹紙有漿粉，故易生蠹，真綿紙書不生蠹。」古用黃卷，以漬檗殺

蟲也。

孫從添《藏書記要·收藏》　收藏書籍不獨安置得法，全要時常檢點開看，乃爲妙也。若安置雖妥，棄置不管，無不遺誤。至於書櫃，須用江西杉木，或川柏、銀杏木爲之，紫檀、花梨小木易於泛潮，不可用。做一封書，式樸素精雅，兼備爲妙。請名手集唐句刻於櫃門上。用白銅包角裝訂，不用花紋，以雅爲主，可分可并，趁屋高下，置於樓上。四面窗欞，須要透風，窗小欞大。樓門堅實。鎖要緊密，式要精工。鎖鑰上挂小方牌，或牙或香，將經、史、子、集、釋、道字刻於正面。字外用圓綫，嵌紅色，字嵌藍色。旁刻某字號第某書櫃，嵌緑色，下刻小圈中。反面寫宋刻、元刻、明刻、舊抄、精抄、新抄等名色爲記。古有石倉，藏書最好，可無火患，而且堅久，今亦鮮能爲之。惟造書樓藏書，四圍石砌風墻，照徽州庫樓式乃善。不能如此，須另置一宅，將書分新舊抄刻，各置一室封鎖，匙鑰歸一經管。每一書室一人經理，小心火燭，不致遺失，亦可收藏。若來往多門，曠野之所，或近城市，又無空地，接連内室、厨竈、衙署之地，則不可藏書，而卑濕之地，不待言矣。藏書斷不可用套，常開看則不蛀。櫃頂用皂角炒爲末，研細鋪一層，永無鼠耗。恐有白蟻，用炭屑、石灰、鍋綉鋪地，則無蟻。櫃内置春畫辟蠹石，可辟蠹魚；供血經於中以辟火。書放櫃中或架上，俱不可并，宜分開寸許放，後亦不可放足。書要透風，則不蛀不霉。

盧秉鈞《紅杏山房聞見隨筆》卷二三　芸香草，古人用以藏書，謂之芸草置書帙中，即無蠹魚之患。而不知置席褥下，又能除蚤虱，尤爲可貴。産嶺南者其香甚烈，更佳葉類豌豆，作小叢。遇秋時，則葉上微有白粉汙，土人謂之七里香。

曝曬分部

綜述

陳騤《南宋館閣録》卷三　［紹興］十四年五月七日，秘書郎張闡言：「本省年例，入夏暴曬書籍，自五月一日爲始，至七月一日止。」從之。

彭龜年《止堂集》卷二《乞議知院胡晉臣卹典罷曝書會讌疏》　臣等聞《書》曰：「官師相規，工執藝事以諫。」古者人臣各揚其職以輸忠於上如此。晉知悼子未葬，平公擊鐘而飲酒，宰夫杜蕢揚觶以罰師曠，蓋責其當言而不言也。臣等非材，充員三館，乃仲夏辛卯有旨，令舉曝書故事，置酒館中，恩至渥也，臣等豈不以拜賜爲榮？屬以六月十三日知樞密院事胡晉臣卒於位，朝廷方議卹典未下，夫敬大臣、體羣臣，此陛下之本心也。羣臣若貪陛下飲賜之榮，致虧陛下軫卹之體，豈不有媿於蕢哉！是以願有言焉。臣聞祖宗優待大臣，備極其禮，至於死生之際，尤爲隆厚。端拱中，簽書樞密院事楊守一卒，上親臨哭，送終之禮，率加常數。咸平二年，樞密使曹彬病，上幸其第問之。踰月彬卒，臨其喪，哭之慟。未幾樞密使楊礪卒，冒雨臨其喪。礪舍在委巷中，乘輿不能入，至步以進。景德三年，樞密使王繼英卒，上即臨哭，賜白金五千兩，遣内臣護葬，併爲葬其祖父。寶元元年，同知樞密院事王博文卒，時上宴金明池，既歸而奏訃至，即趣駕臨奠。如此之類，不可殫舉。且景德中，嘗詔鴻臚寺、入内内侍省、太常禮院，羣臣當賻贈者，關移不得過兩日。慶曆中，太常又議天子臨喪禮不可緩，若奏訃在未前，當日出，在未後，次日出，其速如此。蓋君，父也，臣，子也，未有子喪而父不哀。君，元首也，臣，股肱也，未有股肱傷而元首不痛者。情之所鍾，政自應爾。臣等竊見胡晉臣卒已半月餘，而朝廷贈卹之典未下，陛下體貌大臣，無異祖宗，豈於死生，乃不遑卹？近者士峴之卒，即日輟朝。未應聖心，賢戚遽異，人心惶惑，未免驚疑，得非大臣未敢以聞乎？抑太常不舉慶曆之議以告陛下乎？鴻臚内省不能守景德之詔乎？不然，何以至此？夫贈卹之典不下，在晉臣無所損，所損者國體耳；晉臣無所憾，所可憾者，纍陛下盛德耳。況大臣在殯，而小臣燕樂，死者未贈卹，而生者蒙飲賜，其於傷國體、纍盛德，尤不細也。臣聞仁宗因宰臣張知白卒，爲罷社燕。富弼以母憂去位，時晏成裕知禮院，亟言於上曰：「君臣之義，哀樂所同，請罷春燕，以表優卹。」仁宗從之。此陛下家法也。搜攷典故，以備討論，此三館士之職分也。臣等輒冒昧緣事以請，欲望聖慈詔大臣早議胡晉臣卹典，所有曝書會讌，乞照天聖年間罷社讌故事施行。庶幾典禮之行，各當其宜，上可以無愧於祖宗，下可以免譏於天下，惟陛下留神垂聽。取進止。

楊士奇《東里續集》卷五二《家書》　一應書籍、文字、法帖、畫卷，好生收貯，時常曬晾，纖毫不可損壞。此是老父平生費盡心力所致，以爲傳家之寶者，汝須用心寶愛，稍有損壞，即不得爲孝子，勉之，勉之！

佚名《便民圖纂》卷一六　於未梅雨前曬極燥，頓櫥櫃中，厚以紙糊門及小縫，令不通風即不蒸。古人藏書多用芸香辟蠹，即今之七里香是也，麝香亦可辟蠹，樟腦又佳。

孫從添《藏書記要・曝書》　曝書須在伏天，照櫃數目挨次曬，一櫃一日。曬書用板四塊，二尺闊，一丈五六尺長。高凳擱起，放日中，將書腦放上面，兩面翻曬，不用收起，連板抬風口涼透，方可上樓。遇雨，抬板連書入屋内擱起最便。攤書板上，須要早凉，恐汗手拿書，沾有痕迹。收放入櫃亦然。入櫃亦須早，照櫃門書單點進，不致錯混。倘有該裝訂之書，即記出書名，以便檢點收拾。曝書秋初亦可。漢唐時有曝書會，後鮮有繼其事者。余每慕之，而更望同志者之倣法前人也。

葉德輝《藏書十約・收藏》　古人以七夕曝書，其法亦未盡善。南方七月正值炎薰，烈日曝書，一嫌過于枯燥，一恐暴雨時至，驟不及防。且朝曝夕收，其熱非隔宿不退，若竟收放橱内，數日熱力不消。不如八九月秋高氣清，時正收斂，且有西風應節，藉可殺蟲。南北地氣不同，是不可不辨者也。

黄圖珌《看山閣集》卷一一《珍藏寶玩》　藏書最宜向陽樓房，庶得乾燥，而不致潮溼，以免烘曬之煩。始知田弘正造樓聚書，良有以也。

紀　事

葉夢得《避暑録話》卷上　余家舊藏書三萬餘卷，喪亂以來，所亡幾半。山居狹隘，餘地置書囊無幾，雨漏鼠齧，日復蠹敗。今歲出曝之，閲兩旬纔畢，其間往往多余手自抄。覽之如隔世事，因日取所喜觀者數十卷，命門生等從旁讀之，不覺至日昃。

陳騤《南宋館閣録》卷六　紹興十三年七月，詔秘書省依麟臺故事，每歲暴書會令臨安府排辦，侍從、臺諫、正言以上及前館職、貼職皆赴。每歲降錢三百貫付臨安府排辦，從知府王唤之請也。二十九年閏六月，詔歲賜錢一千貫，付本省自行排辦，三省堂厨送錢二百貫并品味生料。前期，臨安府差客將承受應辦，長、貳具劄請預坐官。是日，秘閣下設方桌，列御書、圖畫。東壁第一行古器，第二、第三行圖畫，第四行名賢墨蹟；西壁亦如之。東南壁設祖宗御書；西南壁亦如之。御屏後設古器、琴、硯，道山堂并後軒、著庭皆設圖畫。開經史子集庫、續搜訪庫，分吏人守視。早食五品，午會茶菓，晚食七品。分送書籍《太平廣記》、《春秋左氏傳》各一部，《秘閣》、《石渠碑》二本，不至者亦送。兩浙轉運司計置碑石，刊預會者名銜。三十年，「玉堂宸翰」石刻成，翰林學士周麟之請即暴書會宣示，仍分賜預會官。詔從之。

王士點、商企翁《秘書監志》卷六　至元十六年三月二十四日，奉監官圓議得：本監見收書畫，非奉聖旨及上位不得出監。延祐五年三月初九日，監官議得：秘書庫所藏御覽圖籍、禁秘天文、歷代法書名畫，諒爲不輕。近年以來，凡遇出納秘書郎等自行開封，倘蒙上位不測取索書畫失悮未便。今後移請監官一員，不妨本職，逐月輪流提調。如遇陰雨，點視疎漏，常例舒展曝曬。及出納書畫不測之事，直日秘書郎等計會提調府親詣府庫，用心監視，一同開封，毋致似前違錯。仰移關監丞王奉訓，依上提調。仍下秘書郎，依上施行。

楊士奇《東里續集》卷五三《家訓・示長新婦》　家中所藏勑書、誥命、御筆畫及一應書籍、文字法帖、圖畫，皆是我平生性命心力所得，家中務要常常愛護。須是汝親眼同孫子小心勤勤看過。遇梅雨晴霽，則須曬颳，曬颳後還親自整齊收拾，親自鎖鑰封閉。此是吾傳家之寶，絶不可借與人看。雖至親之人，亦不許借之。緊要，緊要！

杜文瀾《古謡諺》卷四〇《時人爲吴道子劉彦齊語》　《圖書見聞誌》：梁千牛衛將軍劉彦齊，善畫竹，爲時所稱。世族豪右祕藏書畫，雖不及天水之盛，然好重鑒别，可與之争衡矣。本借貴人家圖畫，臧、賂掌畫人，私出之，手自傳模，其間用舊標軸裝治，還僞而留真者有之矣。其所藏名迹，不啻千卷。每暑伏曬曝，一一親自卷舒，終日不倦。能自品藻，無非精當，故當時識者皆謂云云也。

裝潢分部

綜　述

《唐六典》卷九《集賢殿書院》　其經庫書鈿白牙軸、黄帶、紅牙籤，史庫書鈿

青牙軸、縹帶，緑牙籤，子庫書彫紫檀軸、紫帶，碧牙籤，集庫書緑牙軸、朱帶、白牙籤，以爲分別。

王欽臣《王氏談録・録書須黏葉》　公言作書册黏葉爲上，雖歲久脱爛，苟不逸去。尋其葉第，足可抄録次序。初得董子《繁露》數卷，錯亂顛倒，伏讀歲餘，尋繹綴次，方稍完服，乃縫綴之弊也。嘗與宋宣獻談之，公悉命其家所録書作黏法。

陸游《老學庵筆記》卷二　前輩傳書，多用鄂州蒲圻縣紙，云厚薄緊慢皆得中，又性與麫黏相宜，能久不脱。

江少虞《新雕皇朝類苑》卷五一《葉子格》　葉子格者，自唐中世以後有之，説者云：「因人有姓葉，號葉子青者，撰此格，因以爲名。」此説非也。唐人藏書，皆作卷軸，其後有葉子，其制似今策子，凡文字有備檢用者，卷軸難數卷舒，故以葉子寫之，如吴彩鸞唐韻、李郃彩選之類是也。骰子格本備檢用，故亦以葉子寫之，因以爲名爾。唐世士人宴聚，盛行葉子格。五代國初猶然，後歸田有「漸」字。廢不傳。今其格，世或有之，而人無知者，惟昔楊大年好之。仲待制簡，大年門下客也，故亦能之。大年又取葉子歌名紅鶴皂鶴者，别演爲鶴格。鄭宣徽戩、章郇公得象，皆大年門下客也，故皆能之。予少時亦有此二格，後失其本，今絶無知者。

張邦基《墨莊漫録》卷四《王原叔作書册粘葉》　予嘗見舊三館黄本書及白本書，皆作粘葉，上下欄界皆界出於紙葉。後在高郵，借孫莘老家書，亦作此法。又見錢穆父所蓄亦如是，多只用白紙作褾，硬黄紙作狹簽子。蓋前輩多用此法。予性喜傳書，他日□得奇書，不復作縫繢也。

彭大翼《山堂肆考》卷一二四《牙籤錦帕》　《西京雜記》：「秘閣圖書，皆表以牙籤，覆以錦帕。」

孫承澤《硯山齋雜記》卷一《裝池》　《海岳書史》：「藏書金題玉躞，錦贉繡褫。押頭爲金題，軸心爲玉躞。贉爲卷首綾，一名玉池。標外加竹界打擫，其覆首爲標褫。」《法帖譜系》云：「大觀帖用皂鸞鵲錦標褫。」

又《帙》　《羣碎録》云：「書曰帙者，古人書卷外必用帙藏之，如今裹袱之類。宋真宗取廬山東林寺《白居易集》，命崇文院寫校，包以斑竹帙送寺。嘗于秀水項氏見王右丞畫一卷，外以斑竹帙裹之，云是宋物。帙如細簾，其内襲以薄繒，故帙字從巾。」

又《卷縛》　道書謂一卷爲一弓，音繆，與軸同。佛書謂之一縛，禪學曰多羅樹葉書二百四十縛，縛與卷同。《硯北雜志》徐季海題佛經云：上第幾隔，隔如梵夾也。

又《題簽》　都元敬《鐵網珊瑚》載逢澤湯允謨云：「宣和天水雙龍印有方圓二樣，法書用圓，名畫用方。又宣和明昌二帝題簽，法書用墨，名畫則用泥金。」

又《裝潢》　《唐六典》有裝潢匠，注音光上聲，謂裝成而以蠟光紙也。今多讀作平聲。

張岱《夜航船》卷八　黄卷。古人寫書，皆用黄紙，以黄蘗染之，驅逐蠹魚，故曰「黄卷」，有錯字以雌黄塗之。

殺青。古人寫書，以竹爲簡。新竹有汗，善朽蠹。凡作簡者，先於火上炙，去其汗，殺其竹青，故又名汗簡。

鉛斬槧。上古結繩而治，二帝以來始有簡册，以竹爲之，而書以漆，或用板，以鉛畫之，故有刀筆鉛槧之説。

湘帖。古人書卷外，必有帖藏之。如今裹袱之類。白樂天嘗以文集留廬山草堂，屢亡逸。宋真宗令崇文院寫校，包以斑竹帖送寺。

趙吉士《寄園寄所寄》卷八　今之書籍每册必數卷，或多至十餘卷，此僅存卷之名耳。古人藏書皆作卷軸，鄴侯家多書插架三萬軸是也。此制在唐猶然，其後以卷舒之。難因而爲摺，久而摺斷乃分爲簿帙以便檢閲。蓋愈遠而愈失其真矣。

陳元龍《格物鏡原》卷三九《書册・總論》　《筆叢》：「三代漆文竹簡，冗重艱難，不可名狀。秦漢以還，浸知鈔録，楮墨之功，簡約輕省數倍前矣。然自漢至唐，猶用卷軸。卷必重裝一紙，表裏常兼數番，且每讀一卷，或每檢一事，紬閲展舒甚煩，數收集整比，彌費辛勤。至唐末宋初，鈔録一變而爲印摹，卷軸一變而爲書册。易成難毁，節費便藏，四善具焉。」《筆叢》：「凡書視其鈔刻。鈔視其僞正，刻視其精麤，紙視其美惡，裝視其工拙，印視其初終。」《拾遺記》：「張儀、蘇秦刻樹皮編以爲書帙，以盛天下良書。」《楚國先賢傳》：「孫敬以柳簡寫經。」劉向《别録》：「新竹有汁善朽蠹。凡作簡者，皆於火上炙乾之。」《洞冥記》：「董謁字仲玄，嘗遊山澤，負挾圖書，患其繁重，拾樹葉以代書簡，言其易卷懷也。」《硯北雜志》：「鄭康成言《易》、《詩》、《書》、《春秋》，簡長尺二寸，每簡三十字，《孝經》半之，《論語》簡八寸。蓋古今簡册，字有定數，每一簡三十字。」《演繁露》：「近者太學課試，嘗出文武之政在方策，賦試者皆謂策爲今之書策，不知今之書策乃唐世葉子，古未有是也。」

又《書册・裝潢》　米芾《書史》：隋唐藏書，皆金題玉躞，錦贉繡褫。《大業拾遺》，煬帝藏書，上品紅琉璃軸，中紺琉璃軸，下漆軸。《六典》：大唐御本書有四

部，甲爲經，乙爲史，丙爲子，丁爲集，分爲四部。馬懷素知經庫，沈佺期知史庫，武平一知子庫，薛稷知集庫，皆以益州麻紙寫。其經庫書，緑鈿白牙軸，黄帶紅牙籤；史庫書，鈿青牙軸，縹帶緑牙籤；子庫書，雕紫檀軸，紫帶碧牙籤；集庫書，緑牙軸，朱帶白牙籤。以分別。《楓窗小牘》：皇朝玉牒書，以銷金花白羅紙，黄金軸，銷金紅羅褾帶複墨漆飾，金匣紅錦，裹金鎖鑰。《白氏金鎖》：「凡書冊以竹漆爲糊，逐葉微攤之，不唯可以久存字畫，兼紙不生毛，百年如新。此宫中法也。」《本草》：「必栗香，亦名花木香，取其木爲書軸，白魚不損書。」《王氏談録》：「作書冊，黏葉爲上，雖歲久脱爛，苟不逸去。尋其葉，第足可抄録次叙。初得董子《繁露》數卷，錯亂顛倒，伏讀歲餘，尋繹綴次，方稍完復，乃縫綴之弊也。」《筆叢》：「凡裝，有綾者，有錦者，有絹者，有護以函者，有標以號者。吴裝最善，他處無及焉。閩多不裝。」

又《書册・卷帙》 《歸田録》：「唐人藏書作卷軸，後有葉子，似今策子。凡文字有備檢用者，卷軸難數卷舒，故以葉子寫之。」《筆叢》：「凡書，唐以前皆爲卷軸，蓋今所謂一卷，即古之一軸。至裝輯成帙，疑皆出雕板之後。然六朝已有之。」阮孝緒《七録》：「大抵五卷以上爲一帙。」《偃曝談餘》：「古竹簡之後，皆易楮書之束而爲卷，故曰一卷、二卷，自馮瀛王刻板後，卷變爲册，猶曰卷者，甚無謂。」

又《書册・書具》 《史記・蘇秦傳》：「負笈從師。」注：「俗呼書篋爲笈。」《説文》：「帙，書衣也。」《華佗别傳》：「佗以綿爲書衷。」《晉中興傳》：「傅玄盛書，有青缣衷、布衷、絹衷。」《羣碎録》：「書曰帙者，古人書卷外必有帙藏之，如今裹袱之類。白樂天嘗以文集留廬山草堂，屢亡逸，宋真宗令崇文院寫校，包以斑竹帙送寺。帙如細簾，其内襲以薄繒。」《南史》：「齊庾易字幼簡，袁彖欽其風，贈以鹿角書格，庾易以竹翹書格報之。」《詞林海錯》：「皮日休詩，襄陽作髹器，中有庫露真。玲瓏虚空，故曰庫露。俗呼書格曰庫露格是也。」

陳元龍《格物鏡原》卷六〇《葉子》 《歸田録》：「葉子格者，自唐中世以後有之。説者云，因人有姓葉，號葉子青者撰此格，因以爲名。此説非也。唐人藏書皆作卷軸，其後有葉子，其制似今策子。凡文字有備檢用者，卷軸難數卷舒，故以葉子寫之，如吴彩鸞《唐韻》、李郃《彩選》之類是也。」

周廣業《蓬廬文鈔》卷八 柳序《意林》六卷，今之五卷，知非完書矣。幼公則云：「裁成三軸。」蓋唐人藏書欲易收集，都裝褫卷軸。寫書或用葉子以便展翻。戴序在貞元丙寅，意是時，尚合併爲軸。其後乃因重鈔，析之耳。數雖不符，初無贏縮。《唐志》一卷疑見名，不見書者，且自雕板盛行，卷變爲册，現存五卷，實五册也。

周廣業《證俗文》卷八《書卷》 自簡牘亡滅而書於帛，帛亦絹也。絹須軸藏，故名卷軸。至卷軸又復難行，而變爲册葉矣。《歸田録》二云：「唐人藏書皆作卷軸，其後有葉子，其制似今策子。凡文字有備檢用者，卷軸難數卷舒，故以葉子寫之。如吴彩鸞《唐韻》李郃彩選之類是也。」

吴振棫《養吉齋叢録》卷一七 《四庫書》，每部以香楠木二片上下夾之，約以綢帶，外用香楠木匣貯之。書面皆用絹：經用黄，經解用緑，史用赤，子用藍，集用灰色。所約帶及匣上鐫書名，悉從其色。

俞樾《茶香室叢鈔》卷二一《蝴蝶裝》 明張萱《疑耀》云：「祕閣中所藏宋版諸書，皆如今制。鄉會進呈試録謂之蝴蝶裝，其糊經數百年不脱落。」偶閲王古心《筆録》云：「用楮樹汁、飛麪、白芨末三物調和以黏紙，永不脱落。」宋世裝書豈即此法邪？按：蝴蝶裝之名甚新，今藏書家未知有此名也。

又卷二一《葉子戲》 宋歐陽修《歸田録》云：「葉子戲自唐中世以後有之，説者云因人有姓葉，號『葉子青』者撰此格，因以爲名。此説非也。唐人藏書皆作卷軸，其後有葉子。其制似今策子，凡文字有備檢用者，卷軸難數卷舒，故以葉子寫之。如吴彩鸞《唐韻》，李郃《彩選》之類是也。骰子格，本備檢用，故亦以葉子寫之，因以爲名耳。」按：自來言葉子戲者皆以爲因人姓也，又以爲唐二十帝之讖，非讀歐公此書不能知其詳也。又按：歐公云葉子似今策子，必以竹爲之。如《老學庵筆記》所載簡版是也。南唐李後主妃周氏編金葉子格，蓋即葉子而飾以金，故曰金葉子。王半山以金漆版書藏經名，就蔣山寺取經亦即此類。

葉德輝《藏書十約・抄補》 舊書往往多短卷、多缺葉，必覓同刻之本，影抄補全。或無同本，則取别本，覓傭書者録一底本。俟遇原本徐圖换抄，庶免殘形之憾。若遇零編斷册，尤宜留心。往往有多年短缺之卷，一旦珠還合浦，仍爲一家眷屬者。然此在明刻國朝人所刻則有之。若宋元刻本，乃希遇之事。前人不得已而集百衲本，亦慰情聊勝于無耳。凡書經手自抄配者最佳。出自傭書之手，必再三覆校，方可無誤。已抄之書，則人校之。人抄之書，則已校之。多一人寓目，必多校出二三處誤字脱文。經史更不得草率，一字千金，消後人多少聚訟，豈非絶大功德哉！凡抄補之卷，苟其書不必影寫，當依原書行格，刻一印板，所費不過千文。抄者既有範圍，可以隨寫隨校。如某行某字起，至某字止，一行抄畢，訛脱朗然。

省事惜陰，覆校亦易。使抄而不校，校而不精，不如聽其短缺，尚不至魚目混珠也。傭書人未有能爲唐人碑誌體者，無已。取其無破體、無俗字者，破體俗字，令校者不改不能，遍改不盡，至爲眼花，敗興之事，余受此厄多矣。

又《裝潢》 書不裝潢，則破葉斷線，觸手可厭。余每得一書，即付匠人裝飾。今日得之，今日裝之，則不至積久意懶，聽其叢亂。裝釘不在華麗，但取堅緻整齊。面紙以細紋宣紙染古銅色，内褾以雲南薄皮紙，釘時書面内襯以單宣或汀貢，或潔净官堆，或仍留原書面未損者。本宜厚不宜薄，釘以雙絲線。書内破損處，覓合色舊紙補綴。上下短者，以紙襯底一層。無書處襯兩層，則書裝成不至有中凸上下低之病。書背逼至釘線處者，亦襯紙如之，襯紙之處鑽小孔，一孔在襯紙，一孔在原書之邊，以日本薄繭紙捻條，騎縫跨釘，而後外護以面紙，再加線釘，線孔佔邊分許，而全得力于紙捻。日久線斷而葉不散，是爲保留古書之妙法。斷不可用蝴蝶裝及包背本，蝴蝶裝如褾帖，糊多生霉而引蟲傷。包背如藍皮書，紙豈能如皮之堅靭？此不必邯鄲學步者也。蝴蝶裝雖出於宋，而宋本百無一二。包背本明時間有之，究非通用之品。家中存一二部以考古式，藉廣見聞，然必原裝始可貴。若新仿之，既費匠工，又不如線裝之經久，至無謂也。北方書喜包角，南方殊不相宜。包角不透風，則生蟲。糊氣三五年尚在，則引鼠。余北來之書，悉受其害。又北方多用紙糊布匣，南方則易含潮，用夾板夾之最妥。夾板以梓木楠木爲貴，不生蟲、不走性，其質堅而輕。花梨棗木次之，微嫌其重，其他皆不可用。二十年前，余書夾多用樟木，至今生粉蟲，無一部不更换，始悔當時考究之未精。宋元舊刻，及精抄精校，以檀木楠木爲匣襲之，匣頭鎸刻書名、撰人，宜于篆隸二體。夾板繫帶邊孔須離邊二分，其上下則準書之大小，如書長一尺，帶離上下約二寸，以此類推，指示匠人遵守勿失。蓋離上下過近則眉短腹長，離上下過遠，則頭足空而不著力。此亦裝釘時所宜講求者也。裝釘之後，隨時書邊、書名、撰人、刊刻時代，不可省字，以便檢尋。凡作書論行氣，此爲横看，一本分列有横行，數本合并有直行，雖善書者不知其訣，則不如覓梓人之工宋體字者書之，校爲清朗入目也。

翟灝《通俗編》卷七 書卷。《后山談叢》：「古書皆卷，而唐始有葉子，今稱書册是也。」《天禄志餘》：「今書藉必數以卷，僅存卷之名耳。古人藏書作卷軸，鄴侯架插三萬軸是也。其後以卷書之難，因變而爲摺，久而摺斷乃分之爲簿帙，以便簡閲。」

紀　事

《魏書·劉昞傳》 昞後隱居酒泉，不應州郡之命，弟子受業者五百餘人。李暠私署，徵爲儒林祭酒、從事中郎。暠好尚文典，書史穿落者親自補治，昞時侍側，前請代暠。

李燾《續資治通鑑長編》卷三七四《元祐元年四月》 祕書省言：「三館祕閣内，有係國子監印本書籍，乞後應有闕卷蠹壞并全不堪者，並令國子監補印；及别造有新印行書籍，亦牒送逐館收藏，免致逐旋申朝廷批降指揮。」從之。

借閲分部

綜　述

陳騤《南宋館閣録》卷三 紹興元年四月十四日，詔秘閣書除供禁中外，並不許本省官及諸處關借，雖奉特旨，亦不許關借。

又 ［紹興］二十七年十一月二十九日，詔秘書省書籍除本省官關請就省校勘外，依舊制，並不許諸處借出，長、貳常切覺察。

《廟學典禮》卷五《行臺坐下憲司講究學校便宜》 各處學校見有書板，令教官檢校，全者，整頓成帙，置庫封鎖，析類架閣，毋致失散，仍仰各印一部。及置買四書、九經、《通鑑》各一部，裝背完整，以備檢閲，不許借借出學。如有書板但有欠闕，教官隨即點勘無差，於本學錢糧内刊補成集。前件議得：除福州路儒學，見在書板未全者，督令逐時修補成帙，專差職事二員掌管，置庫封鎖，析類架閣，不致失散，仍各印一部。及置買四書、九經、《通鑑》各一部，裝背完整，以備檢閲，不許借出學。但有欠闕，令教官立便照勘見數，於本學錢糧内刊補。其餘路學一體施行，實爲相應。

祁承㸁《澹生堂藏書約》 今與爾輩約，及吾之身，則月益之，及爾輩之身，則歲益之。子孫能讀者，則以一人盡居之，不能讀者，則以衆人遞守之，入架者不復出，蠹嚙者必速補，子孫取讀者，就堂檢閱，閱竟即入架，不得入私室。親友借觀者，有副本則以應，無副本則以辭，正本不得出密園外。書目視所益多寡，大較近以五年，遠以十年一編次，勿分析，勿覆瓿，勿歸商賈手，如此而已。

徐𤊹《徐氏筆精》卷七《借書》 陳貞鉉曰：「古人衣裘與敝，書不借人則疑於不廣。非不廣也，置書之勞，不畢世不已；借書之敝，多致遺亡點汙，則其掛懷不至於再置不已。使書可再置，抑又何嫌！間或重帙善本，抄篇集函，非通都大邑不購，非良緣奇遇不值，非閱年積時不成。偶欲披閱，或方借而未還，或已借而既失，至於撫卷痛恨，不如不借之爲愈也。客曰：如是，書終不借人乎？居士曰：書亦何可不借人也！賢哲著述，以俟知者。其人以借書來，是與書相知也。與書相知者，則亦與吾相知也。何可不借！來借者或蓄疑難，或稽異同，或補遺簡，或搜奇秘，至則少坐供茶畢，然後設几持帙，恣所觀覽，隨其抄謄，請主客無相妨，尋常供具不爲添設，絕不置酒，恐緣酒而狼戾書帙。夫如是，或竟日，或數日，或十數日，予俱不厭，客亦無猜。若欲以半部一函持借出門，僕已具觴酌誓於大聖大賢之前，斷斷不爾。人各有願，幸毋相强。」

曹溶《流通古書約》 自宋以來，書目十有餘種，燦然可觀。按實求之，其書十不存四五，非盡久遠散佚也。不善藏者，護惜所有，以獨得爲可矜，以公諸世爲失策也。故入常人手猶有傳觀之望，一歸藏書家，無不綈錦爲衣，旃檀作室，扃鑰以爲常。有問焉則答無，有舉世曾不得寓目，雖使人致疑於散佚，不足怪矣。近來雕板盛行，煙煤塞眼，挾資入賈肆，可立致數萬卷，於中求未見籍，如采玉深厓，旦夕莫覬，當念古人竭一生辛力，辛苦成書，大不易事。渺渺千百歲，崎嶇兵攘劫奪之餘，僅而獲免，可稱至幸。又幸而遇賞音者，知蓄之珍之，謂當繡梓通行，否亦廣諸好事。何計不出此，使單行之本，寄篋笥爲命，稍不致慎，形蹤永絕，祇以空名掛目録中，自非與古人深仇重怨，不應若爾。然其間有不當專罪吝借者。時賢解借書，不解還書，改一瓻爲一癡，見之往記，即不乏忠信自秉，然諾不欺之流，書既出門，舟車道路，摇摇莫定，或僮僕狼藉，或水火告災，時出意料之外。不借未可盡非，特我不借人，人亦決不借我，封己守株，縱累歲月，無所增益，收藏者何取焉？予今酌一簡便法，彼此藏書家，各就觀目録，標出所缺者，先經注，次史逸，次文集，次雜説，視所著門類同，時代先後同，卷帙多寡同，約定有無相易，則主人自命門下之役，精工繕寫，較對無誤，一兩月間，各齎所鈔互換。此法有數善：好書不出户庭也；有功於古人也；己所藏日以富也；楚南燕北皆可行也。敬告同志，鑒而聽許。或曰：此貧者事也，有力者不然，但節讌游玩好諸費，可以成就古人，與之續命，出未經刊布者，壽之棗梨，始小本，訖鉅編，漸次恢擴，四方必有聞風接響，以表章散帙爲身任者。山潛冢秘，羡衍人間，甚或出十餘種目録外，嗜奇之子，因之覃精力學，充拓見聞。古文之代，宜有此禎祥，予矯首跂足俟之矣。

陸燿《切問齋集》卷一四《任城書院訓約》 一貧寒生童不能收藏書籍，今官爲購備。如《十三經》、《廿二史》、《通鑒綱目》、《文獻通考》之類，陸續收貯以備繙閱，仍令監院官造册登記，取閱者訂期送還，監院不行取討，致有散失，著落賠補。

史夢蘭《止園筆談》卷二 昔人藏書，以借人爲戒。唐杜暹家每卷後自題云：「清俸買來手自校，子孫讀之知聖道。鬻及借人爲不孝。」得毋不廣乎？曰此亦視來借之人何如耳。不折腦，不黑邊，不揉熟，不指傷，而還書時，且爲之補斷線、換破面，則借書同於通財，何吝焉。若污之、闕之，甚或塗抹之、乾没之，烏可輕借。魏善伯有俚語詩曰：「若欲翻書，勿以爪掐。若欲看書，勿以手壓。掐則痕多，壓則汗塌。不可磨擦，擦則模糊。不可捲折，折則痀瘻。不可亂點，不可狂塗。識者所笑，馬牛襟裾。書貴齊整，不宜散亂。部正行匀，秩然可玩。書貴齊修，不宜齷齪。潔净精良，人生一樂。即不常讀，亦可常翻。讀之養心，翻者怡顔。書有廉隅，書有文飾。彼讀書者，自宜愛惜。不讀書者，亦宜惜書。雖無他智，即此非愚。予亦有書百千萬卷，不汗、不塵，不折、不捲。君欲讀書，奉贈此法。予言或然，幸垂笑納。」

葉德輝《藏書十約・收藏》 閲過即時檢收，以免日久散亂。非有書可以互抄之友，不輕借抄；非真同志箸書之人，不輕借閲。舟車行笥，其書無副本者，不得輕攜。遠客來觀，一主一賓，一書童相隨，僕從不得叢入藏書之室。不設寒具，不箸衣冠，清茗相詶，久談則邀入廳事。錢振笣注《義山文集》，每竊供用之書，京師書坊，至今言之疾首。魏源借友人書，則裁割其應抄者，以原書見還，日久始覺。不獨太傷雅道，抑亦心術不正之一端。凡此防範之嚴，所以去煩勞、消悔吝，正非借書一痴，還書一痴也。

《安徽于湖中江書院藏書目・募捐書目并藏書規條》 一、各處官紳諸公捐送書籍到皖，即於書目注明送書人姓名，仿仙源書院例也。一俟書目積成卷帙，隨時刊佈，以示不忘諸公績文勸學之至意。

一、各省大憲批准巡道稟并札行頒發各書局所刻經籍，由巡道出具領紙，派

員弁往領歸，分庫庋藏。收書簿上即登明書共幾部，係奉某省大憲頒發，以志名公鉅德嘉惠士林之意。

一、遠近官紳頒發捐送書籍，隨到隨登簿。官則注明某省大憲頒發，或某省某官捐送。紳則注明某地某甫先生捐送。暫不分四部目次，衹論送到先後，以便隨時刊佈志謝。一俟積滿四部十得六七，縹緗盈庫，油素分門，然後再按六略、七録分類重編，以示諸生分門肄習。

一、尊經閣門平時出入鎖鑰，歸一人管理。每逢課期，或鈔古賦，（鈔隱僻典故，習見者不鈔，上千字者，午後貼出。）或查出處注於題下。書若積多則一人不能兼顧，須添一人分任其勞，派定正辦、副辦，事有專責，若有遺失，惟正副辦是問。

一、每年曬書，歸正副辦酌請精細人陸續收曬，務須親自檢點，年底邀各首事齊赴書院公同查驗。

一、尊經閣樓下置有桌椅，欲觀書或鈔書者，衹准在此閱鈔，限至遲十日必繳還。一概不許携帶出院，違者議罰。（無論官署世家，皆不得徇情面。）

一、諸生借閱，掌書者先將書頁當面數清，如有脱頁，即於書頭上蓋戳記。收還亦須當面過數，倘有缺損，須借書補鈔。（恐有嬾於照鈔，將書撤下，或有忌人知之者，會課時尤宜防。）若妄加圈點批評，亦須面斥，以後不准借書。

一、借書但准平時，若課期前，即未逾十日限期，亦須送繳，以備出題時查攷出處。出題日但准來查，自帶筆墨來鈔，不准借出。（緣書止一部，查者衆多也。）

一、史漢三國及各種類書，衹准偶爾繙查，不准借出。四史局價甚廉（金陵書局《史記》錢叁串貳百，《兩漢》錢陸串，《三國》錢壹串捌百），須各置一部，或數人分買傳觀亦可。若類書一查即了，不必借出。且恐常有人來查，至於孤本、鈔本，尤不准借。

一、院中書籍，公舉四人總理。另舉在院肄業生，或在院教讀者一人，專管借書，每年酌加薪水。如有遺失，總理查出，專管賠認。

一、院中書籍皆須蓋用學印，以昭信守。如有古刻珍祕之本，閱者不得以近刻之本換出，如有更鶩，罰從奪牛。

一、每月，專管須開書厨晾風一二次。每年六七月，專管者覓精細人曬書一次，曬後邀各總理清查一次。

《大梁書院藏書目》附録《藏書閱書規則》 各項書籍，均存院長院内西偏精舍。用司書吏一人，經管用；司閽役一名，典守鎖鑰。書院置一閱書簿，交司書吏收執。凡肄業生欲閱書者，必邀同齋長一人告司書吏檢取，於簿内記明某月某日取某書幾卷幾本，某生閱，齋長某人，各於名下書押。每次取書，每人只許一種，不得過五卷。至遲十日交還，不得逾期。交還後再取。肄業生欲閱書，如不邀同齋長於簿内分書名押，司書吏勿擅給。取出各書交還後，司書吏即於閱書簿内注明某日交還。並查明原書有無損壞，無則歸架，有則詢明呈監院官核辦。每月給司書吏銀叁兩，司閽役銀壹兩，俾資照管，如書籍損失，必分别責賠。肄業生取閱各書，均當加意護惜，如有損失，勢須購補，否則纍及齋長。每届一季，司書吏將閱書簿呈監院官閱，年終送院長閱。所存各書，每至伏日，酌量抖晾一次。由司書吏呈明監院官遴派數人，細心經理，勿使凌亂。書籍年久函線損敝，司書吏呈明監院官，酌易重裝。每届一年，監院官將所存各書抽查一次，損失則着賠。以上所訂規則，如有未周及日久應變通處，儘可增損更訂，惟以行之久遠，絶去弊端爲斷。北齊顔之推有云：「典籍須愛護，亦士大夫百行之一。」濟陽江禄讀書未竟，雖有急速，必待卷束整齊，然後得起。唐陸龜蒙借人編簡，壞者緝之，故借者不厭。肄業諸生，宜共體斯意，以傚法古人，庶乎院中書籍可以常存。而便人無非便己，儻或視爲官家之物，狼藉几案，朱墨塗乙，甚且分散部帙，剽竊畫圖，則未入官時，居心行事，已不堪問，實非鄙人之所敢知也。

《興化文正書院藏書目·藏書凡例》 一、立齋長以專責成。所藏書籍，整齊卷頁，謹守管鑰，統歸經理，無事不得擅離，有事回家，須禀明山長，擇人庖代。每逢夏季六月，在書院檢出曝曬，必親自監管，以防遺失。每年議給薪水若干，飯食若干，由縣按月支付。

一、所藏諸書，須編目繕寫懸牌書院門首，通曉闔邑多士。

一、藏書之處，務須潔静。肄業諸生，不得擅入翻閱。

一、儲書非易，本不宜携書出院，因念寒士以館爲家，不克入院肄業。倘深藏不出，事近向隅，破格從權，故有出院之議。但觀書不能作輟，須俟肄業諸生閱竣後方准出院。

一、每月肄業諸生所閱之書，須由齋長榜示書院門首，使借書者一覽便知，免致相左。

一、在院肄業諸生欲觀書者，須親筆書條爲憑，至齋長處登簿取給。

一、借書出院，須有保結呈縣，由縣付條至齋長處取書，還書時，憑齋長給條至縣銷結。

一、卷數繁簡不一，簡單准取全册，繁者每取十本，挨次取閲，閲畢即還。無論在院不在院，極遲以半月爲限。逾限者下次不准再取。

一、藏書期垂久遠，觀書諸生，須知珍惜，倘有墨污，擅加丹黄，以及卷頁缺少破損摺縐，由齋長點檢後，照原書計價賠罰。如有保狀，保人亦一例議罰。

一、書籍每逢四季，須由齋長禀請山長照簿檢查。至年終，無論閲竣與否，限臘月二十日一律歸還。次日憑縣至院檢查，如有缺少墨污等弊，由齋長認賠。

一、嚴課程以覘心得，昔范文正掌府學，課諸生讀書寢食皆有時刻，每日問諸生所讀何書，必詳加討論。此次鳩欵儲書，原爲提倡學術起見。凡我多士須知讀書有門徑，有次第，不加提命，事勢功半，自是厥後，繼文正遺軌而廣播春風者，其在我賢山長乎！

《湖北學報》一九〇三年第一卷第二六期《洋務譯書局章程·藏書房條規》

庋藏已刊書版，常時照料，勿令損壞，仍另簿登記。收發各書須憑各員自寫條據來領，不能空言領取。繳書時仍將原條發還。凡有止須考據一二字或數句者，各員可入藏書房檢閲，閲畢即繳，不必領出。派管書籍司事一人，督率丁役一名，專管藏書房一切之事。管書籍司事，須使所藏之書，無遺失無破損。所有保護中西書，具有成法，須博采旁搜，以盡其職。

《江西官報》一九〇六年第二六期《高安藏書公所變通押借書籍章程》 一、本章程係援照原定第六章《閲書章程》第一條變通辦理，於來公所閲看外，另立一押借書籍法，以便學人可以借出，潛心閲看。而散處四鄉，不能常川來城者，亦可遣人持價來押，不致向隅。

二、將公所各書逐部定出押借價目，及閲看日期。凡欲閲者，可照價持錢來押，期滿繳書，原錢付還。倘期滿不繳，即扣留押貲，以作賠償。

三、凡來押書者，公所付之押票一紙，將押人居地姓名某日月押借某書，計若干本，收錢若干，限某日繳還，均一一注明其上。

四、凡押書籍，每票只準一部。惟小部在四本以下者，因本數太少，准於一票内多押一二部，但所押之書，仍不得過六本以上。

五、大部書籍，本數繁多，價目昂貴，搬運恐不易。今定凡大部書在三十本以上者，可押借半部，或四分之一，其願押全部者聽。

六、廿四史以一史爲一部，此外各叢刻，均以本數計算，不得以一種爲一部，以免煩瑣。

七、凡押借大部書籍，無論爲全部、爲半部、爲四分之一，均須託本城殷實店户，出立保單，始能發給，以昭慎重。

八、凡押出之書，遇有汙損殘缺遺失等事，即扣留押貲，以作賠償。惟大部則無論所押爲全部、爲半部、爲四分之一，均須照公所所定全部價值，照數賠償，其書歸押書人承受，無得異言。

九、押借書者若遣人來取，須備包袱，或紙張，將書包裹，送還時亦如之，以免汙損。

十、公所押書，每日自清晨七點鐘至下午三點鐘止，過時概不發書。

十一、來押書者，公所一體看待，以到公所之先後定給書之次第。如遇一書先已有人押去，後來者即俟下次再押，或即改押他書，以免争競。

十二、公所所藏圖畫，惟裝成卷帙者可以押借，其有篇幅過大及張掛壁間，未便取卸者，概不押借。

十三、凡押書均用十足漕錢。

十四、凡府縣院試及鄉試，均須先日停止押書。其停止日由經理人酌定，預先通知押書人。凡已押之書，所限在停止日後繳還者，均須於停止日繳還，俟試後續押。倘停止日不繳還者，亦扣留押貲，年終停止，亦照此例。

十五、公所報章日報，紙頁繁瑣，未便押借，惟旬月等報，均裝訂成本，可照書籍例借出閲看。

《大同報》一九〇八年第九卷第八期《格致書院藏書樓報告》 啓者，本院藏書樓每日啓門，除星期外，自下午二句鐘至五句鐘，晚七句鐘至九句半鐘，任人入内觀書，不取分文。所藏書籍計有六萬餘卷，新書各學咸備其中。卷帙以經、史、子、集分隸，而殿之以叢書。東西各種則自天文、地理、格致、理化、算數、教育、哲學、史志、交涉、法政、農工、礦財、商兵以及小説雜著，亦各類别門分，靡所不有。且有各日報，如申、新、時、中外時事輿論等。各旬報，如大同、國粹、外交等，皆可取閲。現已編有書目，印成一厚册，閲者可向本院領取，並不售貲。如此不難按圖索驥矣。書目外如有未備及新出版者，謹當陸續添置。去年購書費除原有書籍及各處捐贈之書外，計續購者，用銀至一千三百餘元，將來尚須歲增不止。院内地方安静，屋宇寬閎，陳設精雅，滬上繁華之區，得斯樓書籍，爲博考之助，鄉嬛福地，無以過之。

紀事

《漢書・東平思王劉宇傳》 後年來朝，上疏求諸子及《太史公書》，上以問大將軍王鳳，對曰：「臣聞諸侯朝聘，考文章，正法度，非禮不言。今東平王幸得來朝，不思制節謹度，以防危失，而求諸書，非朝聘之義也。諸子書或反經術，非聖人，或明鬼神，信物怪；《太史公書》有戰國從横權譎之謀，漢興之初謀臣奇策，天官災異，地形阸塞：皆不宜在諸侯王。不可予。不許之辭宜曰：『《五經》聖人所制，萬事靡不畢載。王審樂道，傅相皆儒者，旦夕講誦，足以正身虞意。夫小辯破義，小道不通，致遠恐泥，皆不足以留意。諸益於經術者，不愛於王。』」對奏，天子如鳳言，遂不與。

《南史・袁峻傳》 袁峻字孝高，陳郡陽夏人，魏郎中令涣之八世孫也。早孤，篤志好學。家貧無書，每從人假借，必皆鈔寫，自課日五十紙，紙數不登則不止。

李清《諸史異彙》卷八《借書天子》 皇甫謐自表就武帝借書，帝送一車書與之。柳世隆性好涉獵，啓高帝借祕閣書，帝給二千卷。

又《借書人臣》 任昉好墳藉，家聚書三萬餘卷，率多異本。昉卒後，高甄便、□士、賀縱芙、沈約勘其書目，官所無者，就昉家取之。

又《借書辦衣食》 孫蔚有書七千餘卷，遠近來讀者恒百餘人，蔚爲辦衣食。《晉書》陳璉家有萬卷堂，四方學士求觀者，必爲之館穀。

又《借書投束羊》 倪若水藏書甚多，列架不足，疊窗安置，不見天日。借書者先投束修羊。

丁雄飛《古歡社約》 黄子俞邰，海鶴先生次郎也。先生文壇伊吕，藏書甲金陵。俞邰生時，先生將七十，從錦褓中便薰以詩書之氣，年未二十，而問無不知，知無不舉其精義。今且多方搜羅，逢人便問，吟詠聲達窗外。每至予心太平庵，見盈架滿牀，色勃勃動，知其心癢神飛，殆若汝陽之道逢麴車者。但黄居馬路，予棲龍潭，相去十餘里，晤對爲艱。如俞邰者，安可不時時語言，取古人之精神而生活之也？盡一日之陰，探千古之祕，或彼藏我闕，或彼闕我藏，互相質證，當有發明，此天下最快心事，俞邰當亦踴躍趨事矣。因立約如下：每月十三日丁至黄，二十六日黄至丁。爲日已訂，先期不約。要務有妨則預辭。不入他友，恐涉應酬，兼妨檢閲。到時果核六器，茶不計。午後飯，一葷一蔬，不及酒，踰額者奪異書示罰。輿徒每名給錢三十文，不過三人。借書不得踰半月。還書不得托人轉致。

袁枚《小倉山房詩文集・文集》卷二二《黄生借書説》 黄生允修借書，隨園主人授以書，而告之曰：書非借不能讀也。子不聞藏書者乎？《七略》、四庫，天子之書，然天子讀書者有幾？汗牛塞屋，富貴家之書，然富貴人讀書者有幾？其他祖父積子孫棄者，無論焉。非獨書爲然，天下物皆然。非夫人之物而强假焉，必慮人逼取，而惴惴焉摩玩之不已，曰：今日存，明日去，吾不得而見之矣。若業爲吾所有，必高束焉，庋藏焉，曰：姑俟異日觀云爾。余幼好書，家貧難致。有張氏藏書甚富，往借不與，歸而形諸夢。其切如是。故有所覽，輒省記。通籍後，俸去書來，落落大滿，素蟫灰絲，時蒙卷軸。然後嘆借者之用心專，而少時之歲月爲可惜也。今黄生貧類予，其借書亦類予。惟予之公書與張氏之吝書若不相類。然則予固不幸而遇張乎？生固幸而遇予乎？知幸與不幸，則其讀書也必專，而其歸書也必速。爲一説，使與書俱。

俞樾《茶香室叢鈔・三鈔》卷五《門客牙》 宋陸游《老學庵筆記》云：「嘉興人，聞人茂德，名滋老儒也。喜留客食，然不過蔬豆而已。郡人求館者，多就謀之。又多蓄書，喜借人，自言作門客牙，充書籍行，開豆腐羹店。予少時與同在勅局爲删定官，談經義，發明極多，尤邃於小學。」

李斗《揚州畫舫録》卷一〇 汪舟次方伯、馬秋玉主政兩家，多藏書，公每借觀，因題其所寓樓爲借書樓。贈方伯孫祓江詩云：「弓衣織遍海東頭，博奥曾聞貫九邱。猶喜遺編仍藻繡，更番頻到借書樓。」贈秋玉詩云：「玲瓏山館辟疆儔，邱索搜羅苦未休。數卷《論衡》藏秘笈，多君慷慨借荆州。」

藏書樓部

官府分部

綜述

《周禮・春官宗伯》 天府：掌祖廟之守藏與其禁令。

又《秋官司寇》 凡邦之大盟約，涖其盟書，而登之于天府。

《東觀漢記》卷三《威宗孝桓皇帝》 置秘書監，掌典圖書、古今文字，合異同。

《三輔黄圖》卷六《閣》 石渠閣，蕭何造，其下礱石爲渠以導水，若今御溝，因爲閣名，所藏入關所得秦之圖籍；至於成帝，又於此藏秘書焉。天禄閣，藏典籍之所。《漢宮殿疏》云：「天禄麒麟閣，蕭何造，以藏秘書處賢才也。」劉向於成帝之末，校書天禄閣，專精覃思。

杜佑《通典》卷二六《職官八・秘書監》 《周官》太史掌建邦之六典；又有外史，掌四方之志、三皇五帝之書。漢氏圖籍所在，有石渠、石室、延閣、廣内，貯之於外府。又有御史中丞居殿中，掌蘭臺祕書及麒麟、天禄二閣，藏之於内禁。後漢圖書在東觀，桓帝延熹二年，始置祕書監一人，掌典圖書，古今文字，考合同異，屬太常，以其掌圖書祕記，故曰祕書。後省。魏武帝又置祕書令，典尚書奏事。即中書令之任。文帝黄初初，乃置中書令，典尚書奏事，而祕書改令爲監，掌藝文圖籍之事。初屬少府，後乃不屬。自王肅爲監，乃不屬。其蘭臺亦藏書籍，而御史掌之。魏薛夏云：「蘭臺爲外臺，秘書爲内閣。」晉武帝以秘書併入中書省，其祕書著作之局不廢。惠帝永平中，復別置祕書監，并統著作局，掌三閣圖書。自是祕書之府，始居於外。其監，銅印墨綬，進賢兩梁冠，絳朝服，佩水蒼玉。華嶠爲祕書監，南省文章、門下撰集皆統之。《嶠集・謝祕書監表》曰：「劉向父子，世典史籍，馬融博通，三入東觀，非臣庸賤所敢投跡。」華譚爲祕書監，自負宿名，意甚不快，曰：「臣老矣，將待死祕閣。」汲黯之言，復存於今日。」上不悦。温嶠表曰：國史之興，將明得失，使一代之典，焕然可觀。今之祕書著作是也。宋與晉同，梁曰祕書省。任昉字彦昇，爲祕書監。自齊永元以來，祕閣四部，篇卷紛雜，昉手自讎校，由是篇目定焉。陳因之。後魏亦有之。後周祕書監亦領著作，監掌國史。説在《祕書丞》注。隋祕書省領著作、太史二曹。煬帝增置少監一人，後又改監、少監並爲令。大唐武德初，復改爲監。龍朔二年，改祕書省爲蘭臺，改監爲太史，少監爲侍郎，咸亨初復舊。天授初，改祕書省爲麟臺，神龍初復舊。掌經籍圖書，監國史，領著作、太史二局。太極元年，增祕書少監爲二員，通判省事。其後國史、太史分爲別曹，而祕書省但主書寫勘校而已。漢初，御史中丞掌蘭臺祕書圖籍之事，至魏晉，其制猶存。故歷代營都邑，置府寺，必以祕書省及御史臺爲鄰。雖非要劇，然好學君子，亦求爲之。魏徵後爲祕書監，奏引學者校定四部書，自是祕府圖籍，燦然畢備。

權德輿《權德輿文集》卷二一《宏文館大學士壁記》 聖人南面以理天下，在崇起教化，緝熙於光明。太宗文皇帝敷文德，建皇極，始於宏文殿側創宏文館，藏書以實之。思與大雅閎達之倫切劘理道，金玉王度，盛選重名虞南、褚亮而下爲之學士，更直密侍於其中。其論思應對，或至夜艾。誕章遠猷，講議啓迪，武德、貞觀之澤洽於元元，厥有助焉。其後，徙於門下省。景龍初，始置大學士，名命益重，多以宰司處之，所以登閎古先，腴潤大政，則漢廷之金馬、石渠、蘭臺、延閣方斯陋矣。

按《六典》，常令給事中一人判館事。每二府爰立，則統於黄樞，而或署或否，不爲恒制。孝文後元二十年間，斯職闕焉。前年秋八月，今河中司空公居之。今年夏五月，相國蕭公居之。公粹清莊重，山立泉塞，苞孔門之四教，藴《洪範》之三德，静若彝器，扣如黄鐘，由小司徒升左輔，乃莅斯職。於是戒官師，稽憲令，貴游青襟，辨志樂群，皆修其方而遜其業。且以左户之羡財百方，附益而修飾之。公署書府，静深華敞，清禁之内，輔臣攸居。宜乎舒六藝而調四氣於此室也。

初，公之王父考功府君，在中宗朝爲直學士。懿文含章，休有厥聲。至公則聿修之宏大，貽厥之昌阜，盡在是矣。至若命館之再爲修文，中爲昭文，改復歲月，傳諸故志。前賢名氏，宜列屋壁。公以德輿交代於中臺之任，踴躍於大冶之中，惠然受簡，使得論次。自景龍二年李趙公嶠始受命爲大學士，至公凡若干人。揭而書之，所以備文館之故實，廣臺臣之年表。抑公之命也，不敢辭焉。

《舊唐書・職官志二》弘文館 後漢有東觀，魏有崇文館，宋有玄、史二館，南齊有總明館，梁有士林館，北齊有文林館，後周有崇文館，皆著撰文史，鳩聚學徒之所也。武德初置修文館，後改爲弘文館。後避太子諱，改曰昭文館。開元七年，復

爲弘文館，隸門下省。學士。學士無員數，自武德已來，皆妙簡賢良爲學士。故事，五品已上，稱學士，六品已下，爲直學士，又有文學直館學士，不定員數。館中有四部書及圖籍，自垂拱已後，皆宰相兼領，號爲館主，常令給事中一人判館事。學生三十人，校書郎二人，從九品上。令史二人，楷書手三十人，典書二人，搨書手三人，筆匠三人，熟紙裝潢匠九人，亭長二人，掌固四人。弘文館學士掌詳正圖籍，教授生徒。凡朝廷有制度沿革，禮儀輕重，得參議焉。校書郎掌校理典籍，刊正錯謬。其學生教授考試，如國子學之制焉。

又　集賢殿書院　開元十三年置。漢、魏已來，職在祕書。梁於文德殿内藏聚羣書。北齊有文林館學士，後周有麟趾殿學士，皆掌著述。隋平陳之後，寫羣書正副二本，藏于宫中，其餘以實祕書外閣。煬帝於東都觀文殿東西廂貯書。自漢延熹至隋，皆祕書掌國籍，而禁中之書，時或有焉。及太宗在藩府時，有秦府學士十八人。其後弘文、崇文二館皆有。玄宗即位，大校羣書。開元五年，於乾元殿東廊下寫四部書，以充内庫，置校定官四人。七年，駕在東都，於麗正殿置修書使。十二年，駕在東都，十三年與學士張説等宴於集仙殿，因改名集賢，改修書使爲集賢書院學士。其大明宫所置書院，本命婦院，屋宇宏敞。永泰元年三月，詔僕射裴冕等十三人，每日於集賢書院待詔。集賢學士。初定制以五品已上官爲學士，六品已下爲直學士。每宰相爲學士者，爲知院事，常侍一人，爲副知院事。學士知院事一人，開元初，以褚无量、馬懷素、元行冲相次知乾元殿寫書，及在麗正，乃有使名。張説代元行冲，改院爲集賢，以説爲大學士，知院事，説懇讓大字，詔許之。自是，每以宰相一人知院事。副知院事一人，初宰相張説知院事，以左常侍徐堅爲副知院事，因爲故事。判院一人，初在乾元殿，刊正官一人判事，其後因之。押院中使一人。自乾元殿寫書，則置，掌出入，宣進奏，兼領中官，監守院門，掌同宫禁。侍講學士，開元初，褚无量、馬懷素侍講禁中，名爲侍讀。其後康子元爲侍講學士。修撰官，校理官，並無常員，以官人兼之。待制官，古之待詔金馬門是。留院官，檢討官。皆以學士別敕留之。孔目官一人，專知御書典四人，並開元五年置。知書官八人，開元五年置，掌分四庫書。書直、寫御書一百人，搨書六人，書直八人，裝書直十四人，造筆直四人。並開元六年置。集賢學士之職，掌刊緝古今之經籍，以辨明邦國之大典。凡天下圖書之遺逸，賢才之隱滯，則承旨而徵求焉。其有籌策之可施於時，著述之可行於代者，較其才藝而考其學術，而申表之。凡承旨撰集文章，校理經籍，月終則進課于内，歲終則考最於外。

又　祕書省　隸中書之下。漢代藏書之所，有延閣、廣内、石渠之藏。又御史中丞，在殿内，掌蘭臺祕書圖籍。後漢桓帝延熹二年，始置祕書監，屬太常寺，掌禁中圖書祕文。後併入中書。至晉惠帝，別置祕書寺，掌中外二閣圖書。梁武改寺爲省。龍朔改爲蘭臺，光宅改爲麟臺，神龍復爲祕書省。

祕書監一員，從三品。監之名，後漢桓帝置，魏、晉不改。後周謂之外史下大夫。隋復爲祕書監，從第三品。煬帝改爲祕書令，武德復爲監。龍朔改爲蘭臺太史，天授改爲麟臺監，神龍復爲祕書監也。少監二員，從四品上。少監，隋煬帝置，龍朔改爲蘭臺侍郎，天授爲麟臺少監，神龍復爲祕書少監。比置一員，太極初增置一員也。丞一員。從五品上。魏武帝置，丞二人。隋置一人，正第五品也。祕書監之職，掌邦國經籍圖書之事。有二局：一曰著作，二曰太史，皆率其屬而修其職。少監爲之貳，丞掌判省事。

祕書郎四員。從六品上。校書郎八人，正九品上。正字四人，正九品下。主事一人，從九品上。令史四人，書令史九人，典書八人，楷書手八十人，亭長六人。掌固八人。祕書郎掌甲乙丙丁四部之圖籍，謂之四庫。經庫類十，史庫類十三，子庫類十四，集庫類三。事在《經籍志》。

著作局：龍朔爲司文局。著作郎二人，從五品上。龍朔爲司文郎中，咸亨復也。佐郎四人，從六品上。校書郎二人，正九品上。正字二人，正九品下。楷書手五人，掌固四人。著作郎、佐郎掌修撰碑志、祝文、祭文，與佐郎分判局事也。

程俱《麟臺故事輯本》卷一　端拱元年五月辛酉，詔置祕閣于崇文院中堂。按《六典》：祕書省中外三閣，掌典圖書古今文字，皆在禁中。兩漢或從金馬門外，歷代不常其處。唐季亂離，中原多故，儒雅之風，幾將墜地。故百王之書，蕩然散失，蘭臺、延閣，空存名號。上崇尚儒術，屢下明詔，訪求羣書，四方文籍，往往而出，未數年間，已充牣于書府矣。至是，乃于史館建祕閣，仍選三館書萬餘卷以實其中，及内出古畫、墨跡藏其中。凡史館先貯天文、占候、讖緯、方術書五千十二卷，圖畫百十四軸，盡付祕閣。有晉王羲之、獻之、庾亮、蕭子雲、唐太宗、明皇、顔真卿、歐陽詢、柳公權、懷素、懷仁墨跡，顧愷之畫維摩詰像，韓幹馬，薛稷鶴，戴崧牛，及近代東丹王李贊華千角鹿，西川黄筌白兔，亦一時之妙也。

又　淳化三年五月，詔增修祕閣。先是，度崇文院之中堂爲祕閣之址，而層宇未立，書籍止置偏廳廡内。至是，始修之。八月閣成。景德四年五月，詔分内藏西庫地廣祕閣。

又　大中祥符八年，榮王宫火，焚及崇文院，命翰林學士陳彭年檢討建置館閣故事。彭年言：「唐中書、門下兩省，宫城之内有内省，宫城之外有外省。今欲

據祕閣舊屋宇間數，重修爲内院，奉安太宗聖容及御書額，置供御書籍、天文禁書、圖畫，其四廊並充書庫及史館日曆庫，至館閣直官、校理宿直；校勘及鈔寫書籍、雕造印版，並就外院，即於左右掖門外近便處修蓋，仍别置三館書庫。其三館書籍名目，候將來分擘正副本，取便安置。」從之。上以内廷火禁甚嚴，而館閣羣臣更直寓宿，寒沍之月，飲食非便，因命有司檢討故事而行之。崇文外院既置於左右掖門外，遂以舊地還内藏。

又　天聖中，祠部員外郎直集賢院謝絳言：「唐室麗正、史官之局，並在大明、華清宫内。太宗肇修三館，更立祕閣於昇龍門左，親飛白題額，作《贊》刻石於閣下。景德中，圖書寖廣，大延天下英俊之士，乃益以内帑西庫。二聖因數臨幸，親加勞問；遞宿廣内，有不時之召。人人力道術，究藝文，知天子尊禮甚勤，而名臣高位繇此其選也。往者延燔之後，簡編略盡，訪求典籍，是正疑文，而筆工坌集，有司引兩省故事，别創外館，以從繕寫攷校之便。然直舍卑喧，民欄叢接，大官衛尉，供擬滋削，非先朝所以隆儒育才之本意。願開内館，以恢景德之制。」從之。

又　天聖九年十一月，徙三館於左昇龍門外。嘉祐四年，還崇文院于禁中。内藏庫請以前十三間與三館，詔從之。元豐六年，復以還内藏庫。元祐二年，既復置館職，在省凡二十餘員，遂以大慶殿中朝服法物庫與内藏庫，而嘉祐所廣十三間復以歸祕書省，於是遂定。

又　政和中，新作明堂于皇城之東隅，遷左藏庫于天漢橋之東北。又度地於端門之東南，馳道之左，横街之南爲祕書省。方棟宇未成，遷祕書省于西府之空位。空位二相屬，前位居省官與祕閣四庫之書，古畫，器物咸在；後位爲著作局編修會要所。宣和三年，新省成。欞星門東向，在景靈宫東北門少西；殿門南向，中爲右文殿。殿之後爲道山堂，堂之後爲監、少直舍。直舍之後爲著作局，局有廳，有直舍、書庫吏舍，周以兩廡。右文殿東廡便門之東，祕閣在焉。祕閣之後爲提舉官廳事，廳事之後爲提舉官直舍，直舍之後爲編修會要所，書局旋罷，不果入。祕閣之南爲丞、郎直舍，直舍之南爲提舉三館祕閣官廳事，周以四廡，校、正直舍與吏舍、書庫等在焉。朱碧輝焕，棟宇宏麗，上鄰清都，爲京城官府之冠。

李燾《續資治通鑑長編》卷八四《真宗大中祥符八年五月》　壬辰，詔於右掖門外創崇文外院，别置三館書庫。時宫城中嚴火禁甚峻，上以羣臣更直寓宿，寒沍之月，飲食非便，乃命翰林學士陳彭年檢唐故事而修復之。

又卷一一〇《仁宗天聖九年十一月》　辛巳，徙三館於崇文院。先是，三館、祕閣在左掖門内、左昇龍門外。大中祥符八年，大内火，權寓右掖門外。至是，修崇文院成，復從之。昭文館大學士吕夷簡奉表稱謝。

陳騤《南宋館閣録》卷二　祕書省初復。是時駐蹕紹興府，寓於火珠山巷。紹興元年五月，祕書少監程俱請以火珠山巷孫氏及吕惟明没官屋二所權置局，從之。見《祕書省聖旨簿》。

紹興二年，移蹕臨安府，始寓於宋氏宅，再徙於油車巷東法惠寺。自寺殿之後，爲省中廳三間。廳後主廊一間，堂五間。廳堂兩傍，省官分居之。廳前有松栢六株。其南有屋三間，祕閣、三館書藏焉。東廊前爲倉史堂，吏舍次之，省官位又次之。西廊前爲吏舍，裝界作次之，厨次之，厠又次之。省東爲實録院。其外爲儀門；中門三間，廳三間，左爲承受位，右爲檢討位。廳前有井亭，柳六株。有角門通祕書省。後主廊一間。廊後屋三間，兩傍爲檢討位。後堂五間，兩傍爲修撰位。堂後有竹二十餘竿。廳東爲吏舍及主管諸司位，又東有土庫三間。新省既成，以舊省爲懷遠驛；驛廢，爲臺諫宅。舊實録院初爲敕令所，今爲太常寺。

紹興十三年十二月，詔兩浙轉運司建祕書省。十四年六月二十二日遷新省。從祕書丞嚴抑之請重建。既成，得旨，以是日遷。省在清河坊糯米倉巷西，懷慶坊北，通浙坊東。地東西三十八步，南北二百步。是年四月二十九日本省劄子：「新省圍墻外，見今各有空地。竊慮官私亂有侵占，欲各量留空地五步充巡道，以禦火災。」從之。大門三間，七架。門南向，兩傍築短墻，設梐枑。門臺左右列緑叉子。門外有冬青四株，柳六株。門東廊六間，五架。監門、直舍、守門執事官房、裝界作在焉。門西廊十間，五架。點檢案、知雜案、經籍案、祝版案、太史案、宿直房在焉。右文殿門三間，七架。有金書「右文殿門」牌。門外有柳十四株，冬青五株。門左右兩池，四傍皆植芙蓉。東、西偏門各一間，夾屋各四間，皆五架。省官於東、西偏門外上下馬。東夾屋二間爲過廊，二間爲倉史、土地堂。西夾屋二間爲過廊，二間爲工匠房。東、西偏門外設潛火大桶二十，小桶三十八，栲栳杓百柄，鐵搭鈎二，麻索二，藏於潛火司。右文殿五間。太上御書金字「右文之殿」牌。前設朱漆隔黄羅簾，中設御座、御案、脚踏、黄羅帕褥。御屏畫出水龍。後山墻周以壁風朱漆簷，繞以欄楯。殿兩傍設牌，曰「殿閣御座，不許呵唱」。殿前踏道磚路；兩傍栢十株，蒨有。左右列朱漆大水桶十。殿後祕閣五間，高四丈。太上御書金字「祕閣」牌。中設御座、御案、脚踏、黄羅帕褥。御屏畫出水龍。閣上木雕朱漆殿一座，安奉聖政、會要、日曆、御製御札等。閣上下周回設朱漆隔子黄羅簾并壁風簷，繞以欄楯。兩傍設牌，曰「殿閣御座，不許呵唱」。閣前有拜閣臺，接

右文殿。臺左右有踏道磚路通東西廊，皆有欄楯。臺東、西各有冬青四株，秘書監陳騤植；栢八株，舊有。左右列水缸八。閣後道山堂五間，九架。堂牌，將作監米友仁書。堂兩傍壁畫以紅藥、蜀葵。中設抹緑厨，藏秘閣、四庫書目。前有緑漆隔三十扇，冬設夏除。照壁山水絹圖一，又軟背山水圖一，有會集則設之。紫羅緣細竹簾六，鐘架一并鐘一口，黑光偏凳大小六，方棹二十，金漆椅十二，板屏十六，絹畫屏衣一，鮫綃縝額一，鶴膝棹十六，壺瓶一，箭十二。大青綾打扇二，小綾草蟲扇十五，夏設。黑光穿藤道椅一十四副。堂前瓦涼棚五間。西有日幄一，冬設春收。棚前有芍藥欄二，秘書少監湯思退植；木樨八株，栢二株，舊有；梅七株，金林檎六株，柳六株，海棠六株，紅蕉二株；內紅梅一株，著作佐郎李遠植，餘皆秘書監陳騤植。又有芙蓉、蜀葵數叢。堂後軒一間。前黑漆隔六扇，東、西、北三面皆黑漆檻。有窗十八扇，冬設夏除。檻外青絹緣竹簾九。夏設金漆椅、棹、脚踏各十四，黑漆嵌面屏風十四。冬設漆火櫃一，屏風嵌畫古賢，鐵火盆一，紫綾褥三，蒲座三，紫絹墊十六，紫絹緣簾一。舊黑長偏凳、黑長棹各二。石渠在秘閣後、道山堂前，長五丈，廣一丈五尺。跨渠石橋一。內植荷蓮。橋，乾道九年秘書少監陳騤立。堂東二間，九架，監居之。中設偏凳一，黑漆棹子一，椅子二，黑漆嵌面屏風二，床一，帳一，薦四，席一，緋絹床裙一，八摺屏風一，黑油火爐一，油簾一，面桶并架子各一，青絹緣竹簾一。監、少位窗外皆有竹二十餘竿，秘書監李燾植；金林檎二株，秘書監陳騤植。位前設紫娟緣竹簾并吏板。堂西二間，九架，少監居之。鋪設什物如監位。

東廊凡四十二間，皆七架。大監位之東一間爲光館庫。庫門設光館例牌；兩傍設小牌，曰「應本庫錢物，不許與公庫兑移支使」。庫北壁設牌十。曰「謝時服」，曰「宣麻」，曰「拜表」，曰「朝獻陪位」，曰「上壽習儀」，曰「聖節滿散齋筵」，曰「天申聖節開啓」，曰「天申聖節滿散」，曰「會慶聖節開啓」，曰「會慶聖節滿散」。至期，各於前一日掛於道山堂之前。南一間爲諸路解發。次二間，秘書丞居之。內一間設金漆偏凳二，棹一，椅二，床一，黑漆嵌面屏風一，席一，薦四，床裙一，油簾一，黑油火爐一。東有瓦涼棚三間，棚前植竹。位前設簾并季點牌、吏板。又次三間，館職分居之。中虛一間，傍分兩位，鋪設什物如秘丞位。東有瓦涼棚三間。位前設校讐式牌。次一間，御書石刻。門設朱漆欄黄絹額。內藏太上御書石刻「右文之殿」、《文賦》、《千文》、《養生論》、《登樓賦》、《高唐賦》、《神女賦》、《舞賦》、《琴賦》、《古意》、《史節》。次三間爲古器庫。內設緑厨三，木架六，以藏古器。庫後有土庫一間。庫前夾廊一間。通秘閣。次三間，館職分居之。中虛一間，傍分兩位，鋪設什物如秘丞位。東有瓦涼棚三間。位前設校讎式牌。次三間爲拜閣待班之所。內設金漆椅、棹四，外設青布緣荻簾。後有便道通史院。內藏紹興十六年、十七年、十八年、二十九年、三十年暴書會，乾道七年丞相濟國公《羣玉題名》石刻在焉。次一間爲圖畫庫。圖畫藏秘閣。次三間爲秘閣書庫。內設緑厨八，藏秘閣書。庫前有夾廊一間。通右文殿。次五間爲子庫。內設緑厨七，藏書。次五間爲經庫。內設緑厨七，藏書。次一間爲潛火司。防火器皆列於偏門外。次一間，國史院夾門。自夾門西折南，接東偏門。

西廊凡四十三間，皆七架。少監位之西六間爲公厨，次二間爲公使庫。公使錢出納具於《赤歷》；銀器、什物、帳幕之屬，其數載於《砧基簿》。應本庫官物，不許擅便關出，如違，准盜論。庫北壁設牌十。曰「迎駕起居」，曰「人使表見」，曰「人使大宴」（監、少赴），曰「唱名侍立」，曰「聞喜宴」，曰「會要所過局」，曰「著庭過局」，曰「國忌行香」，曰「國史院過局」，曰「省宿」。至期，亦於先一日掛於道山堂之前。南一間爲補寫庫。次三間，秘書郎分居之。中虛一間，傍分兩位，鋪設什物如秘丞位。有瓦涼棚三間。棚前有方池一，梔子三，秘書郎沈洵植；竹一叢，秘書郎王公衮植。次三間，館職分居之。中虛一間，傍分兩位，鋪設什物如秘丞位。有瓦涼棚三間，竹一叢。位前設校讎式牌。次一間，御書石刻。門設朱漆欄黄絹額。內藏太上御書「秘閣」，今上御書《春賦》、《聖政序》、《用人論》石刻。次一間爲瑞物庫。庫前夾廊一間。通秘閣。次二間爲秘閣書庫。內設緑厨八，藏秘閣書。次三間，館職分居之。中虛一間，傍分兩位，鋪設什物如秘丞位。有瓦涼棚三間。次三間爲拜閣待班之所。內設金漆椅、棹四，外設青布緣荻簾。內藏《進日歷題名》，紹興十四年、十五年、二十六年、二十七年、二十八年暴書會石刻在焉。次三間爲印板書庫。內設緑厨七，藏諸州印板書。次一間爲提舉廳夾門。門東有夾廊一間。通右文殿。次五間爲集庫。內設緑厨七，藏書。次五間爲史庫。內設緑厨七，藏書。又二間爲碑石庫。自碑石庫東折南，接西偏門。

編修會要所在少監位之西。北一間爲擡盤司。內藏匕、筯、椀、楪之屬。次二間爲守闕楷書案。次二間爲供檢案。次一間爲雜務使臣案。次二間爲楷書案。又北二間爲印書作。《太平廣記》樂府版共五千片、新刻《館閣録》版一百五十四片、《中興書目》版一千五百八十片藏焉。又東北五間，七架，爲搜訪庫。舊提舉所書庫。庫門前設《進徽宗實録觀書燕集題名》，并「著作之庭」石刻在焉。

國史日曆所在道山堂之東。北一間爲澡圊過道。內設澡室并手巾、水盆，後爲圊。儀鸞司掌洒掃，厠板不得濊污，净紙不得狼籍，水盆不得停滓，手巾不得積垢，平地不得濕爛。次一間爲儀鸞司。貯陳設椅、棹之屬。次一間爲翰林司。內藏湯瓶、茶盞托之屬。次四間爲修書案。中有儀門。又北二間爲國史庫。內藏日曆、時政記、起居注等文字。庫兩傍設小牌，曰「非本所官吏如輒入，准漏泄法」。次三間，著作郎分居之。中虛一間，傍分兩位，鋪設什物如秘丞位。位前設修書式牌一，紫絹緣簾一。次著作之庭三間，七架。

中設翡翠木錦屏風，青鮫綃緅緣簾一；金漆書厨一，藏著庭書目；畫絹山水屏風一，金漆椅十，畫屏風十。周回壁掛諸司題名，紫絹緣簾五。庭前瓦凉棚三間。凉棚前木樨三株，舊有；桃三株，梅一株，蠟梅二叢；内梅一株，著作佐郎梁克家植，餘皆著作郎楊悔植。盆池六，秘書監陳騤設。西三間，著作佐郎分居之。中虚一間，傍分兩位，鋪設什物如著作郎位。庭後一間爲汗青軒。牌，校書郎石起宗書。中設椅八，屏風八，紫絹緣簾二。周回設窗隔。軒兩傍有欄楯，欄上設水仙女二，鶴二，圓規牌一。校讎官許職事暇時入會茶，史官許非時帶文字入編撰；長、貳遇佳節，依故事，置公酒三行聚會。

朱熹《晦庵集》卷七八《建寧府建陽縣學藏書記》 古之聖人作爲《六經》，以教後世。《易》以通幽明之故，《書》以紀政事之實，《詩》以導情性之正，《春秋》以示法戒之嚴，《禮》以正行，《樂》以和心。其於義理之精微，古今之得失，所以該貫發揮，究竟窮極，可謂盛矣。而總其書，不過數十卷，蓋其簡易精約又如此。自漢以來，儒者相與尊守而誦習之，傳相受授，各有家法，然後訓傳之書始出。至於有國家者，歷年行事之迹，又皆各有史官之記，於是文字之傳益廣。若乃世之賢人君子，學經以探聖人之心，考史以驗時事之變，以至見聞感觸，有接於外而動乎中，則又或頗論著其說，以成一家之言。而簡册所載，篋櫝所藏，始不勝其多矣。然學者不欲求道則已，誠欲求之，是豈可以舍此而不觀也哉！而近世以來，乃有所謂科舉之業者以奪其志，士子相從於學校庠塾之間，無一日不讀書，然問其所讀，則舉非向之所謂者。嗚呼！讀聖賢之言而不通於心，不有於身，猶不免爲書肆，况其所讀又非聖賢之書哉！以此道人，乃欲望其教化行而風俗美，其亦難矣。

建陽版本書籍行四方者，無遠不至，而學於縣之學者，乃以無書可讀爲恨。今知縣事會稽姚侯耆寅始斥掌事者之餘金鬻書於市，上自《六經》，下及訓傳、史記、子集，凡若干卷，以充入之，而世儒所誦科舉之業者，一無得與於其間。諸生既得聖賢之書而讀之，又相與講於侯之意而知所興起也，來謁予文以記之。予惟姚侯之所以教其人固可書矣，而諸生之所以承侯之意者，亦當得書也。抑予猶願有告焉。諸君讀侯之書，其必有以通諸心、有諸身，而無徒爲是書肆者，則庶幾無負於侯之教，而是邦風俗之美，亦將有以異於往時矣。於是敬書其説，使刻石而立諸其廡以俟。淳熙己亥二月己酉新安朱熹記。

佚名《南宋館閣續録》卷二 重修三館。嘉定六年夏，三館以積久頹弊，申蒙朝廷降錢，委工部并本省長貳計置修，蓋以六月十八日興工，八年七月畢，共約費錢九萬餘貫，中外一新焉。跨池石橋二。時三館畢工，因葺舊圃，圃左右二大池，元駕木橋，今易以石焉。内外墻之間地狹而長。【略】

重建三館。紹定四年秋，三館因居民遺火延燎，僅存著作庭及後園。本省具申朝廷降錢，委轉運司臨安府計置起造。以十一月一日興工，自大門至殿門，基址增高二尺，與官路平。是年十月畢工，共約費三十五萬餘貫，中外鼎新，規模一如舊式。

祝穆《古今事文類聚·别集》卷三引張伯玉《六經閣記》 六經閣，諸子百家皆在焉，不書，尊經也。吴郡州學始由高平范公經緝之，至今尚書富郎中，十年更八政，學始大成，而成年六經閣又建。先時，書籍草創，未暇完緝，厨之後廡，澤地汙晦，日滋散脱，觀者惻然，非古人藏象魏、拜六經之意。至是，富公始與吴邑、長洲二大夫，以學本之餘錢，僦之市材，直公堂之南，臨泮池層屋。起夏六月乙酉，止秋八月甲申，凡旬有七浹。計庸千有二百，作楹十有六，棟三架，霤八，桷三百八十有四，二户六牖，梯衡窔棁，圬墁陶甓稱是。祈於久，故爽而不庳；酌於道，故文而不華。經南嚮，史西嚮，子、集東嚮，標之以油素，揭之以油黄，澤然區處，如蛟龍之鱗麗，如日月之在紀，不可得而亂矣。判天地之極致，皇王之高道，生人之紀律，舉在是矣。古者聖人之設教也，知函夏之至廣，生齒之至衆，不可以頤解耳授，故教之有方，導之有原，乃本庠序之風，師儒之説，始於邦，達於鄉，至於室，莫不有學。烜之以文物，聳之以聲明，先用警策其耳目，然後清發其靈腑，故其習之也易，其得之也深。其教不肅而成，不煩而治，驅元元之入善域，優而柔之，俾自得之。萬世之後，尊三王四代法者無他焉，教化之本末馴漸也。然則觀是閣者，知六經之在，則知有聖人之道；知有聖人之道，則知有朝廷之化；知有朝廷之化，則嚮方之心日懋一日。禮義之澤流於外，弦誦之聲格於内，其爲惡也無所從，其爲善也有所歸。雖不欲徙善遠罪，納諸大和不可。召康公之詩曰：「豈第君子，來游來歌。」子思子之説云：「布在方册，人存則政舉。」凡百君子，由斯道、活斯民、暢皇極、序彝倫者，捨此而安適？得無盡心焉！諸儒謂伯玉嘗從事此州，游學滋久，宜刊樂石，庶幾永永無忽。

李心傳《建炎以來繫年要録》卷一五〇《紹興十三年十二月》 癸巳，詔試中監學生，依嘉祐故事，給綾紙，用左朝請大夫新知永州熊彦詩請也。彦詩言：「主上登用直儒，載興太學，監帖之制似可復行。」秦檜進呈，上曰：「學校者，人才須素養。太宗皇帝置三館養天下士，至仁廟朝人才輩出，爲朝廷用。」檜曰：「國朝崇儒重道，變故以來，士人雖陷敵者，往往能守節義，乃教育之效也。」上曰：「然。三代之季，學校不修，故當時士人多無名節。今日若不興崇學校，將來安得人才可用

耶！」秘書丞嚴抑言：「本省藏祖宗國史、歷代圖籍，舊有右文殿、秘閣、石渠及三館四庫，自渡江後，權寓法慧寺，與居民相接，深慮風火不虞。欲望重建，仰副右文之意。」於是建省於天井巷之東，以故殿前司寨爲之上，自書「右文殿」、「秘閣」二榜，命將作監米友仁書道山堂榜，且令有司即直秘閣陸宰家録所藏書來上。何俌《龜鑑》：藏書、求書，制禮作樂，使不於此而汲汲焉，則將踵漢人馬上安事之陋習而守殘補缺，重爲來世之嘆。味東都熙洽之儀容而播蘋于河海，亦豈盛世之事！矧秘書三館書籍經史凡所謂典章文物者，盡入于金也哉。是曰賜喜雪御筵于尚書省，初復故事也。

岳珂《愧郯録》卷一四《九閣》 熙陵篤意右文，篇章翰墨，敻出前代帝王之右。真皇繼統，首闢龍圖閣，以嚴毖藏，此本朝西清列閣之權輿也。閣在會慶殿西偏，北連禁中，閣東曰資政殿，西曰述古殿，閣上藏太宗御製御書及典籍圖畫寶瑞之物，内侍三人掌之。太宗御製御書文集總五千一百一十五卷軸册，又有御書紈扇數十。其下列六閣，經典閣三千三百四十一卷，史傳閣七千二百五十八卷，子書閣八千四百八十九卷，文集閣七千一百八卷，天文閣二千五百六十一卷，圖畫總七百三軸卷册，瑞總閣奇瑞二十三，瑞木十六，衆瑞百一十三，雜寶百九十五。觀其初制，既列經史，又儲奇物，亦非專以奉奎畫。然犧河觀瑞，圖書爲首，命名之意，概可理推矣。閣初建既無歲月，咸平四年十一月，始御是閣，召近臣觀太宗御書及古今名畫。閣之名始見于國史。自是多召羣公觀書，嘗語近臣曰：「先帝留意詞翰，朕孜孜綴緝，片幅寸紙，不敢失墜。因念古今圖籍，多所散逸，購求甚難。朕在東宮時，惟以聚書爲急，多方購求，亦甚有所得。王繼英備見其事，今已類成正本，除三館、祕閣所藏外，又於後苑及龍圖閣並留正本，各及三萬餘卷。朕以深資政理，莫如經術，故機務之暇，惟以觀書爲樂焉。」原其初制，未嘗下詔建名如今日也。景德元年十月，以虞部郎中直祕閣杜鎬爲都官郎中，太常丞祕閣校理戚綸右正言，並依舊充職，充龍圖閣待制。四年八月，以司封郎中直祕閣龍圖閣待制杜鎬爲右諫議大夫、龍圖閣學士。因詔直學士，班在樞密直學士之下，仍少退待制，在知制誥之下，並赴内殿起居。三年七月，以龍圖閣直學士杜鎬爲本閣學士，班在樞密直學士之上，俸給如之。九年十月，以大理評事、崇文院檢討馮元爲太子中允，直龍圖閣，賜金紫，令預内殿起居，班在本官之首。是先置待制，次置直學士，又其次置學士，末乃置直閣，未嘗並建官稱如今日也。天禧四年，真皇尚御天下。十一月甲戌，作天章閣。五年三月戊戌，天章閣成。令兩街僧道具威儀，教坊作樂，奉御集、御書。自玉清昭應宮安于天章閣。四月，召近臣館閣三司京府官觀御書、御集於閣下，遂宴於羣玉殿。是時，輔臣集《御製》三百卷、《玉京集》三十卷、《授時要録》二十四卷，又取至道元年四月訖大中祥符歲，中書、樞密院時政記、史館日曆、起居注善美之事，録爲《聖政記》，凡一百五十卷。並命工鏤板，又以御書石本爲九十編，命中使岑守素等主其事，至是畢藏于閣。竊意神筆聖文，在當時既富籤縢，臣下歸美，誼應毖嚴，昭回之光，不厭輝映，故隨時建閣，既無文謨並列之嫌，又不失尊崇之制，所以真宗雖謙抑屢卻，亦終聽之。仁宗寶文閣，舊名壽昌，亦自慶曆初已新厥號。雖未即正名，而毖藏嚴奉之意，灼然可考。又未嘗必竢因山之後，方與陵名樂舞，同時製稱，謂存一朝故事如今日也。天章閣在會慶殿西，龍圖閣之北，藏真宗御製。閣東曰羣玉殿，西曰蘂珠殿，北曰壽昌殿，東曰嘉德殿，西曰延康殿，内以桃花文石爲流杯之所。寶文閣在天章閣東，西序羣玉蘂珠殿。次之，北顯謨閣，位置雖不見於書，而元符元年二月十八日，知樞密院事曾布言：「恭惟神宗皇帝聖學高明，出於天縱，中外之議，謂宜卜日相地，建延閣爲一代圖書之府。」又權發遣提舉河東路常平等事鄧洵仁言：「伏見祖宗朝置龍圖、天章、寶文閣，以藏列聖御製述作，況自陛下紹隆丕烈，遹明先志，而寶宇未新，徽名未揭。伏望明詔有司，祗循舊章，亟加營建。」詔令翰林學士、中書舍人，每員撰閣名五以聞。考其所陳，如所謂卜日相地，如所謂亟加營建，要必有其所。崇寧三年六月一日，詔熙寧、元豐功臣圖形顯謨閣。既設繪事，尤足以章邃宇之高明，徽猷設層宇在大觀間。是時百度鼎新，必非虛名。詔書亦明言建閣之意，是皆有是書、有是閣，書必有閣，閣必有地，亦未嘗止揭名稱。以循祖宗之舊，備一代典禮，如今日也。還考天聖八年十月，詔特置天章閣待制，是先已有閣，因設官而下詔。嘉祐八年八月十二日，詔以仁宗御書藏寶文閣，命翰林學士王珪撰記立石，是先已有閣，因藏書而下詔。惟大觀二年二月十三日，詔哲宗皇帝御書建閣，以徽猷爲名，此正下詔建名之始。治平之建寶文，置官止於學士直學士待制。政和六年九月十七日，始詔增置直閣。大觀之建徽猷，置官亦止於學士直學士待制，亦以政和六年九月十七日，始詔增置直閣。惟紹興十年五月十一日，詔徽宗皇帝御書建閣，以敷文爲名，乃備四官於一時，詔書著于令，此正並建官稱之始。寶文以前，皆先建閣，後藏書。神宗因山於元豐之八年，歷十有三年，至元符元年四月十八日，而顯謨之閣始建。哲宗因山於元符三年，歷八年，至大觀二年二月十三日，而徽猷閣始建。徽宗訃報於紹興七年，歷三年，至紹興十年五月十一日，而敷文閣始建。惟高宗以淳熙十五年十月八日上仙，而是年十一月九日，即詔建焕章閣，備官制。故華文寶謨，遂皆以爲故常。

祖宗建閣，皆有其所，可考而見。惟建炎中興，稽古未皇，宫殿之制，皆存簡朴。故西清諸閣所存者名耳。炎興日曆紹興二十四年九月乙亥，禮部狀准勑令討論天章閣制度，尋將國朝會要檢照得即不該載外緣目。今天章等閣，止是諸殿。今欲乞置天章等閣一所，將諸閣御書御集圖籍等分作諸閣安奉，候旨揮下日，從本部關報都大主管所修内司天章閣官同禮部太常寺，前去本閣内，隨宜相度修建去處。并制度申取朝廷旨揮，有旨依禮部所申。令臨安府修内司同共修蓋，蓋是時已有龍圖而下六閣，未能備禮。姑即一所以寓不忘，故迨今九閣，遂皆以爲定比。然則是四者，要非祖宗初制，隨時損益，至于今而大備。然當萬壽時，不得崇奉奎章，且有名無閣，姑以備官稱。未詳而本未舉，名繁而實不稱，亦沿襲之失也。按：天章閣又有侍講一官，景祐四年三月甲戌，詔初置，以崇政殿説書賈昌朝、王宗道、趙希言並爲之，比直龍圖閣，預内殿起居，班本官上。以後不常置，它閣亦不復以爲故事云。

虞集《道園學古録》卷三六《袁州路儒學新建尊經閣記》 宜春之爲郡，在江右上游。山川完固，神氣休明。民生其間，務本而力穡，志定而用約，商賈利欲之誘少，都會繁夥之習微，尊吏畏法，奉命受役，斂焉自保，政用不煩。昔韓文公以文學爲治，其民不忘至今，尸而祝之。迨夫故宋盱江李氏之作學記，有以極世變之故而風厲之。及張宣公記新學，朱文公記三賢祠，大有以教其人，其君子有以成其德，其庶民有以從其化，休休乎其無斁也。然而世之相去，漸已遠矣。我國朝以來，慎擇牧守，豈弟之譽相聞，前太守真定張侯宗顔在郡時，嚴君仲毅來長其幕，作而言曰：「國家恩澤至厚也，府公甚賢也，吾民甚易治也，然而鬼神禍福之説勝，而閭里之趨向易譌，豈非學校之不脩，而教之無其素也乎？仲毅職在文史，何足以知斯文之事哉？然志之所能，力之所及，作新吾民之觀瞻，以定其心志，則不敢不勉焉。如其禮樂，則有俟乎君子矣。」乃躬督學賦之入，無敢逋遺。時其師弟子執事者廩稍之給，而節其浮冗，期年而得錢若干，將大作學宫之事，今太守廣信張侯熙祖，以成廟宿衛之舊，連守名郡，以寬厚治辦聞。其來茲也，守居簡靖，民以寧壹。監郡通守，别駕幕府，各思其職，咸無間言，事有宜爲，順而不撓，學校侯職也，而所以屬諸仲毅者，益得盡其心焉。乃購巨材於故家，取良甓於遺庾，作尊經之閣於講堂之北若干步，崇基八尺，深四十尺，廣五十尺。楹之崇，如深之數。形勢規模之大，丹雘塗塈稱焉。東南學校建立之盛，莫或加矣。爲兩廡以屬諸講堂之左右，作欞星門于廟門之南，餘屋之適用者以次而就。自一木一石，一工一役，傭估之直，親給以時，不及吏手，如治家事。晝諾之暇，日必至焉，略無風雨之間。以其涖事之嚴明，施諸斯文之崇重，是以用約而利周，敏成而固久，足以流美於方來也。舊有夫子燕居像，奉而置諸閣，移李氏學記石刻置堂中。經始於仍改至元之五年，歲在己卯四月，至八月而落成。予以過客，得從而觀覽焉。郡長吏以下，授簡俾爲之記，集乃爲之言曰：「美哉乎！尊經之名閣也。人之於天也，天下之於君也，一家之於其親也，蓋有恒尊矣。上古民淳，朝作夕息，於其所尊，無所違失，由之而不知者，蓋有焉。聖神之出，因天之所示而示之，猶未著於言也。風氣既開，人文宣朗，帝王迭作，已不能無不親不遜之憂。盛哉！巍巍乎成功盛德之大，洋洋乎文章禮樂之興。斯民也，自得於天理流行之中，有循於日用彝倫之則，於其所恒尊，何有少慢於恭敬奉持者哉？孔子出於羣聖之後，當世變之極，王者之迹熄，斯民之禍起，生乎其世者，不知天之所與者，至貴至重而不可踰也，不知君君臣臣父父子子之分不可紊也。是以有憂焉，而述作興矣。則又因其行事之失，而正之以復禮之常，使萬世之下，因其典籍之所存，得以行乎治化。是以儒先君子，以其功過於堯舜，而有罔極之恩焉。然則天下萬世之於聖人也，書之於經也，所由以知尊其所恒尊者也，可不尊乎？奈何後世之學者，誦習文義以爲工，不真知其可尊之故；異端高妙以爲勝，而謬於其所尊之實。其憂可勝道哉！是學也，有諸君子之記言在，來遊來觀於斯閣者，必有能尊其所當尊者矣，豈徒爲瑰奇詭異之觀而已乎？」

劉岳申《申齋集》卷六《吉安路修學記》 皇元曁朔南，於今五十有七年，是爲今天子臨御之五載，興賢能之再歲，廬陵之學，式克修完，以欽承世祖皇帝之休命。於乎，豈偶然之故哉！初，延祐科興，西北之士學於江南者，皆由江南貢。天下西北爲優，江南廬陵爲盛。今天子開奎章閣以達聰明，親經筵以資啓沃。廬陵於此時乃能修學養士，以稱塞上意，此天也。惟學建於宋慶曆甲申，中更宣和乙巳，徙爲東鄉，改修於淳熙戊申，始正南面。今藏書，寶慶丁亥先後二趙侯所建，其故址即歐陽公《學記》之藏書也。今振文堂，與其上之尊經，其旁兩廡，咸淳乙丑魏侯峙所建，其故址即歐陽公之堂筵齋講也。今大成殿重建於皇元元貞乙未，余所目擊，於是歐陽公所謂「嚴嚴翼翼，壯偉閎耀」，皆無有存者矣。余以泰定甲子備員鄉校，顧瞻殿柱，已有一易再易者，況振文、尊經乎？又況藏書乎？蓋屢請還貢士莊以給修完而不報，謹能一修殿廡，稍葺藏書而止。甚矣！其無能爲役也。今教授汴人王誠，以至順元年庚午始至，當凶年饑歲之後，仰視振文，愛其規制之雄深，既登尊經藏書，愛其氣象之廣遠，念今不修，後將愈敝，不可以敝者纍後之人。曰監郡，請

以貢士之羡修之，監郡托果齊是其議，曰：「此世祖皇帝之命也，敢不欽承。」始二年冬，訖三年春，凡用中統鈔壹萬七千五百緡有奇，貢士十之，贍士一之，教授與凡在學者三之。凡材木瓦甓，更其舊者三之一。用人之力，三千二百四十有四工。由是振文、尊經藏書復仍舊貫，而有如改作。他如賓客之位、游息之亭，稍捌爲之，以存慶曆之舊。士相與言曰：「昔之學創於宋慶曆開天章閣之日，今之學修於天子開奎章閣之後，雲漢昭回，不可誣也。」雖然，昔之來學者常三百餘人，其間真知實踐，能自致不朽，其名與天壤相敝，其志與日月争光者，既可睹矣。今其庸有羞鄉校、負科目者乎？竊伏念先王之政，其不與封建、井田、肉刑俱廢者，惟學校、貢舉，而名存實亡，亦未有如學校、貢舉之甚者。此吾黨之過也。昔有北方學者，著書稱五經之道，至宋儒而中興，偉哉，言乎！今天下復知尊朱氏之學，五經、四書，如日行天，此學校、貢舉復古一大機括也。士未有躬行心得於五經、四書，而名存實亡於學校、貢舉者。惟我廬陵，遭遇明時，諸君子景行先哲，將復見道德明秀而有可爲公卿之士，將復見禮讓興行而有風俗淳之日，然後爲列聖深仁厚澤之所致，亦賢師帥所以期待方來之意也。

彭時《彭文憲公筆記・天順元年九月初三日》 文淵閣在午門内之東，文華殿南面，磚城，凡十間，皆覆以黄瓦。西五間，中揭「文淵閣」三大字牌扁，牌下置紅櫃，藏三朝《實録》副本，前楹設櫈，東西坐，餘四間背後列書櫃，隔前楹爲退休所。李公自吏部進，以傍坐不安，令人移紅櫃壁後，設公座。予曰：「不可。聞宣德初年，聖駕至此坐。舊不設公座，得非以此耶？」李曰：「事久矣，今設何妨？」予曰：「此係内府，亦不宜南面正坐。」李曰：「東邊會食處與各房却正坐如何？」予曰：「此有牌扁，故爲正，彼皆無扁，故也。」李曰：「東閣有扁亦正坐，何必拘此！」予曰：「東閣面西，非正南也。」李詞氣稍不平，曰：「假使爲文淵閣大學士，豈不正坐，烏有居是官而不正其位乎？」予曰：「正位在外諸衙門則可，在内决不可。如欲正位，則華蓋、謹身、武英、文華諸殿大學士將如何耶？蓋殿閣皆是至尊所御之處，原設官之意，止可侍坐備顧問，决無正坐禮。」李公方語塞，然意猶未已。踰數日，上遣太監傅恭送銅範飾金孔子并四配像一龕來，遂置於中間。又數日，遣太監裴當送聖賢畫像一幅來，懸於龕後壁上。乃罷不設座。蓋李爲人，好自尊大，往往不顧是非，直行已志如此。

李時勉《古廉文集》卷二《高安縣重修儒學藏書閣記》 高安縣儒學，在縣治之東，宋政和間所建，元末兵燹學廢，國朝洪武中因舊址修復之。然其地陋隘，東逼衛治，西逼縣墻，前臨大街，後近於城。雖有隙地，而爲戍卒所據，師生講誦無所，栖宿無舍，書籍無所藏，飲膳無所設，殿堂廊廡悉已弊壞，祀事無所揭處。正統戊午，提督學政僉事彭君毓敬巡歷至是，欲擴而充之，顧瞻左右，莫可爲力，獨其後軍營實舊學地，雖失之已久，而理有可言。衛帥聞之，即徹軍營，以其地來歸。君於是即其地創爲高閣若干楹，上以貯國朝詔刺及所賜書，其中下爲諸生講論之所，西爲膳堂，東爲會饌。閣之前爲明倫堂，堂之兩傍爲閣，皆三間。下以爲西齋，上以貯經籍，子、史諸書，堂之南爲大成殿，兩廡，戟門以次成。其西有池，曰浴沂池，水深而長，傍池之東，爲屋若干楹，以跨於池上，覆以板。闌檻軒窗，疏通明達，牀帳几席悉具，以爲諸生退息之所。池之西爲射圃，南爲校官，廨宇，凡三所，其二南向，皆東出。至於神厨、庫廩、庖湢之處，莫不備具。地雖陋隘，而規制壯觀，有加於昔。經始於正統戊午之春三月，明年己未春三月訖工。儒師萬載李君瓊書其事，來請記，且曰：是役也，多因其舊，餘各創爲之，而所重者，又在於書。故吾於閣言之特詳焉。夫堯、舜、禹、湯、文、武之所以爲治，孔子、孟軻、顔、曾、子思之所以爲言，皋陶、伊、傅、周、召諸臣之所以匡贊輔弼之跡，馬融、鄭玄、周、程、張、朱諸儒之所以論議訓釋之辭，與夫古今治亂興衰之跡，以及聖朝訓飭誥誡勸懲之制，皆載諸簡策。凡師之所以爲教，弟子之所以爲學，皆在於此，不可無者，况學校乎？今高安縣重修學舍而能篤意於此，特閣而藏之，可謂知所重矣。誠使學者能即此以講求二帝、三王之道，先聖之言，以修其身，以勵其行，則其才之成亦易矣。用是知嶺南之士彬彬然輩出者必先於高安見之。因李君之請，書此以復之，以爲他日徵云。

李濂《汴京遺蹟志》卷三《官署二・崇文院即三館》 按李文簡公燾《長編》云，梁遷都汴，正明中，始於今右長慶門東北設屋數十間，謂之三館。蓋昭文、集賢、史館也。初極湫隘，纔蔽風雨，周廬徼道，環於其側。太宗即位，因臨幸周覽，顧左右曰：「若此之陋，豈可蓄天下圖書，延四方賢俊邪！」即詔有司於左升龍門裏舊車輅院地别建三館，輪奐壯麗，甲于内庭。二月甲辰朔，詔賜名爲崇文院。西序啓便門，以備臨幸。盡遷舊館之書以實之。院之東廊爲昭文書，南廊爲集賢書，西廊有四庫，分經、史、子、集四部，爲史館書。六庫書籍正副本分八萬卷，册府之文焕乎一變矣。

《（嘉靖）南畿志》卷一 大内：六門正中曰「午門」，左曰「左掖」，右曰「右掖」，東曰「東安」，西曰「西安」，北曰「北安」。午門之内，大殿之前曰「奉天門」，左

小門曰「東角」，右小門曰「西角」，東西隅有東西角樓。東角之南曰「左順門」，門之南曰「文淵閣」。

《明實録・世宗實録》卷一八九《嘉靖十五年》　戊寅，皇史宬成，詔加武定侯郭勛太師，大學士李時、尚書夏言兼太子太傅，仍各賞銀八十兩，綵帛八表裏，餘在工官都督陸松以下，陞賞有差。時疏辭謝，言：「皇史宬之建，用以尊藏八廟九帝《實訓》、《實録》，寔本于皇上一念尊祖敬宗之誠，是從古所無之異章。其鴻規廠麗，龍閣崔巍，石室、金匱，不假寸木，悉由于聖衷所經畫，是從古所無之制，廷臣但樂觀厥成而已，原未効絲毫力，不敢當殊錫。」上曰：「尊藏訓録，宬工告完，卿輔朕督視，厥勞懋矣，其承酬典勿辭。」勛、言亦各疏辭，俱温詔不允。宬即神御閣也。初，上擬尊藏列聖御容訓録，命建閣，已，乃更名皇史宬，藏訓録，其列聖御容，别脩飾景神殿以奉之，咸出自欽定云。

徐學謨《世廟識・餘録》卷五　蓋宣德以前，本一堂相處，今之西房即文淵閣也。閣臣居中，中書居東西兩房，各辦其事。已撤内庫十間，以西五間居閣下，謂之文淵閣，以東五間藏書籍，而東房中書亦遷居之。

李舜臣《愚谷集》卷七《新城縣重脩儒學記》　新城有學，歲久浸廢。嘉靖庚子秋，訓導陳某以學宫廢狀告于邑大中丞致仕畢公，而遂上于撫臺李公。臺下其狀，濟南判耿君議新學者，費六百金，而令永新顔君以冬十有二月涖事，閲庫無儲，揭示邑中，願新學者以名赴治。于是，某某各願捐貲，隨力可至，益以贖金，故不逾歲而告成事。大成殿一，東西廡各一，戟門一，櫺星門一，明倫堂一，東西齋各一，饌堂一，倉一，庫一，啓聖祠一，鄉賢、名宦祠各一，舊無射圃，今辟在櫺星門南，亭一，觀德。自戟門入，舊無角門，今辟者四，益書舍至三十楹。公廨二，各若干楹。

黄儒炳《續南雍志》卷一一《職官・典籍》　典籍掌書籍，經史子雜以類分，櫝而謹藏之。刻板者貯於庫，呈代交盤各書及各板，一一檢驗。夏日督役匠曬曝印刷各書。嚴防匠役，不許損失。諸生入監印監規等書，及監中官到任所印送書，皆有定例。按：國家典籍官，惟文淵閣一員，及兩太學各一員，秩雖卑而任則重，所謂文學掌故者也。近南雍以其事簡，使理號舍園場事。

劉若愚《酌中志》卷一六《内府衙門職掌》漢經廠　皇城内舊設漢經廠。内臣若干員。每遇收選官人，則撥數十名習念釋氏諸品經懺。其持戒與否，則聽人自便。如遇萬壽聖節、正旦、中元等節，於宫中啓建道場，遣内大臣瞻禮，揚幡掛榜，如外之應付僧一般。其僧伽帽、袈裟、緇衣，亦與僧人同，惟不落髮耳。圓滿事畢，仍各易内臣服色。神廟曾選擇經典精熟、心行老成、持齋者數員，教習宫女數十人，亦能於佛前作法事，行香念經，若尼姑然。

又番經廠　習念西方梵唄經咒。宫中英華殿所供西番設佛像，皆陳設近侍司其燈燭香火。其隆德殿、欽安殿，亦各有陳設近侍也。凡做好事，則懸設幡榜。惟此番經廠，仍立監齋神於門傍。本廠内官，皆戴番僧帽，穿紅袍、黄領、黄護腰。一永日或三晝夜圓滿。萬曆時，每遇八月中旬神廟萬壽聖節，番經廠雖在英華殿做好事，然地方狹隘，須於隆德殿大門之内跳步叱。而執經誦念梵唄者十餘人；粧韋馱像，合掌捧杵，向北立者一人；御馬監等衙門，牽活牛黑犬圍侍者十餘人。而習學番經跳步叱者數十人，各戴方頂笠，穿五色大袖袍，身被瓔珞。一人在前，吹大法螺；一人在後，執大鑼；餘皆左持有柄圓鼓，右執彎槌，齊擊之。緩急疎密，各有節奏。按五色方位，魚貫而進，視五方五色傘蓋下誦經者以進退，若舞焉。跳三四個時辰方畢。神廟時，亦選老成有行者，教宫女數十人，亦如漢經廠能做法事，惟弓足不能跳步叱耳。監齋神者，傀儡體製法真，盔甲器械，高與人等，猶門神焉。黑面竪鬚，威靈可怖，於本殿門宫門安之，事畢即收於本殿庫中。一夕，有盜入庫，神施法禁不能行，託夢於看庫内官曰：「庫内有賊，我替你拏住了。」天明果然。是以人皆畏之。凡食驢肉者絶不敢入殿，入則必有意外災咎；凡食牛犬肉者亦不敢入隆德殿、欽安殿，亦頗著靈驗，人不敢犯也。英華殿前菩提樹二株，結子可作念珠。

又道經廠　習演玄教諸品經懺。凡建醮做好事，亦於隆德殿或欽安殿懸幡掛榜，如外之羽流服色，而雲璈清雅，儼若仙音。

已上三經廠每遇收選官人，各撥數十人隸之。凡做好事一永日或三晝夜、五晝夜、七晝夜，各有欽賞錢錠爲襯，一總事畢，易服，叩頭謝恩。凡三經廠將做好事之前，須先頒旨意，傳各衙門答應錢糧。其所誦經卷、所費紙劄，司禮監也；桌櫈、香爐等件，内官監也；鈴杵等件，御用監也；幡、桌幃，針工局也；拜單、圍幙、傘司設監也；香燭、油米，内府供用庫也；炭餅、柴炭，惜薪司也；齋供飲食，尚膳監也；鐘磬、鑼鼓、鐃鈸，兵仗局也。凡遇癸亥神廟景命，三經廠各做好事一永日，遣管事牌子瞻禮。凡司禮監掌印、掌東廠秉筆、管事牌子，各進素盒十二副或八副點茶。每廠掌廠太監一員，貼廠各司房數十員，於各衙門帶銜。惟番經廠韓還，戒行頗高，神廟極所信禮，稱長老而不名。又王定安清修能琴，爲先監所器重云。

又卷一七《大内規制紀略》　永泰門再南，街東則皇史宬，珍藏太祖以來御筆

《實録》、要緊典籍、石室金匱之書，此其處也。皇史宬每年六月初六日奏知曬晾，司禮監第一員監官提督董其事而稽核之，其看守則監工也。

又　又稍北，有庫一連，坐東向西，有石牌曰「古今通集庫」，係印綬監所掌。古今君臣畫像、符券、典籍貯此，每年六月初六日曬晾，如皇史宬例。

吕毖《明宫史》金集《宫殿規制》　司禮監，第一層門向西，與新房之門一樣。門之内稍南，有松樹十餘株者，内書堂也。先師位供安向南，其楹聯曰：「學未到孔孟門墻，須努力趲行幾步；做不盡家庭事業，且開懷丢在一邊。」聖人位之北一間，則内書堂教書詞林先生憩息之所也。厨房設在後，凡米肉食料，俱取辦於光禄寺。内書堂稍北，曰崇聖堂。再北向南者，則二層門矣。入此門再東朝南者，本監公廳之大門也。門外有東西二井，遞封汲之。西井之西一小門，東井之東一小門，其内皆提督、監官、典簿、文書房、掌司所居房屋也。古書籍、名畫、筆墨、綾紗、紙劄，各有庫貯焉。

又　自隆宗門外向東者，曰司禮監經廠直房。日用紙劄書籍皆貯於此，候御前取討。過慈寧宫，外層向東小門之南，曰北司房，即文書房也。

又　從歸極門裏，向西南入，曰六科廊，東西兩房掌司所居，精微科及章疏在焉。過皇極門，再東，曰會極門。凡京官上本接本，俱於此處；各項本章奉旨發抄，亦必由此處。會極門裏，向東南入，曰内閣，輔臣票本清禁處也。出會極門之東，礓礤下，曰佑國殿，供安玄帝聖像，籤最靈。像金鑄者，曾經人盗去鎔化，惟像首屢銷不化，盗藏之兜肚内，晝夜隨身，後遂由此發露，將盗置法。

吕毖《明宫史》木集《内府職掌》　司禮監提督一員，秩在監官之上，於本衙門居住，職掌古今書籍、名畫、册葉、手卷、筆硯、墨硃、綾紗、絹布、紙劄，各有庫貯之。選監工之老成勤敏者掌其鎖鑰。所屬掌司四員或六七員佐理之，並内書堂亦屬之。又，經廠掌司四員或六七員，在經廠居住，只管一應經書印板及印成書籍、佛藏、道藏、番藏，皆佐理之。自提督以下，則監官、典簿十餘員。第一員監官提督皇史宬並新房。候轉提督俱輪流該正，在廊下家宿，專理皇城内一應禮儀刑名，鈐束長隨、當差、聽事各役，關防門禁。至逆賢擅政時，令與文書房輪挨，遇雙月十六日，前往教場比試武職應襲。其次，六科廊掌司六員或八員，分東西兩房，管精微科内外章疏，及内官脚色、履歷、職名，月報逃亡事故、數目。

又文書房　官八員或十員，雖穿襯褹，其實祖宗初設，原是遴選二十四衙門、山陵等處有學行才識者委用，職掌通政使司每日封進本章，並會極門京官所上封本，及在内各衙門本、天下各藩府本。府有大小，濃淡之不同，文書房各以名銜先後分管之。其在外之閣票、在内之搭票，一應旨意、聖諭、御札，俱由文書房落底簿發行。所以如今凡掌司陞轉文書房者，都削去司禮監銜，俱借列内官監銜。其呈稟文書，具見經手次第中，然不過逆賢時如此耳。先時從公挨轉，雖非外衙門選擇委任，尚可觀也。而逆賢盡行斥退，信用自己名下，間有一派少不更事之人，非制也。按舊制，後右門即雲臺右門，其門之北、隆宗門之南，坐東朝西房一連，原名協恭堂，每日早晨，或非朝講之日，及申時後，掌印公過司房看文書，秉筆、隨堂，人各有室，挨次細看。先看文書房外本，次看監官、典簿文書。自逆賢竊柄，其規矩蕩廢無遺，所以事事苟且。

又内書堂讀書　自宣德年間創建，始命大學士陳山教授之，後以詞臣任之。凡奉旨收入官人，選年十歲上下者二三百人，撥内書堂讀書。本監提督總其綱，掌司分其勞，學長司其細。擇日拜聖人，請詞林衆老師。初則從長安右門入，北安門出；後則由北安門出入。每學生一名，亦各具白蠟、手帕、龍掛香，以爲束脩。至書堂之日，每給内令一册，《百家姓》、《千字文》、《孝經》、《大學》、《中庸》、《論語》、《孟子》、《千家詩》、《神童詩》之類，次第給之。又每給刷印倣影一大張。其功課，背書、號書、判倣，然判倣止標日子、號書不點句也。凡有志官人，各另有私書自讀，其原給官書，故事而已。

又中書房　掌房官一員，散官十餘員，係司禮監監工年老資深者挨轉。專管文華殿中書所寫書籍、對聯、扇柄等件。承旨發寫，完日奏進御前。

龍文彬《明會要》卷三六祕書監《職官》　洪武三年三月庚子，置祕書監，掌内府書籍。

六年，擢舉人蕭韶爲祕書監直長。

十三年七月癸巳，罷祕書監，所藏古今圖籍改歸翰林院典籍掌之。

又　[嘉靖]十三年，建皇史宬於重華殿西，以藏列朝《實録》、《寶訓》。每纂脩告成，焚稿椒園，正本貯此。

查繼佐《罪惟録》卷五《藝文志》　[洪武元年]六月，令書籍與田器不得徵稅。

又　[弘治]五年，大學士濬疏察書籍，請别建重樓，藏《寶訓》、《實録》，從之。

建大本堂，聚古今圖書，上爲之記。

又卷二七《職官志》　國子監：祭酒一人從四，司業一人正六。其屬監丞一人正八、博士五人從八、助教十五人從八、學正十人正九、學録七人、典簿一人從八、典

籍一人，掌饌一人，吏四人。【略】典籍收掌經籍及制書。

又 按：文淵閣在奉天殿東廡之東，文華殿之前，深嚴禁密，例不得舉火，宣廟特許内庖，遂有烹膳處。上偶閣臣對奕無子聲，曰楮爲之，遂賜象牙碁，存閣中，不許攜外。

《明史》卷七三《職官志二》 國子監。祭酒一人從四品，司業一人正六品。其屬：繩愆廳，監丞一人正八品。博士廳，《五經》博士五人從八品。率性、修道、誠心、正義、崇志、廣業六堂，助教十五人從八品，學正十人正九品，學録七人從九品。典簿廳，典簿一人從八品。典籍廳，典籍一人從九品。【略】典籍典書籍。

又 洗馬掌經史子集、制典、圖書刊輯之事，立正本、副本、貯本以備進覽。凡天下圖册上東宫者，皆受而藏之。校書、正字掌繕寫裝潢，詮其訛謬而調其音切，以佐洗馬。先是，洪武初，置大本堂，充古今圖籍其中，召四方名儒訓導太子、親王。

又 明初，嘗置弘文館學士，【略】宣德間，復建弘文閣於思善門右，以翰林學士楊溥掌閣印，尋併入文淵閣。秘書監，洪武三年置，秩正六品，除監丞一人，直長二人，尋定設令一人，丞、直長各二人，掌内府書籍。十三年併入翰林院典籍。

又《職官志四》 國子監。祭酒一人，司業一人，監丞一人，典簿一人，博士三人，助教六人，學正五人，學録二人，典籍一人，掌饌一人。

又 伴讀掌侍從起居，陳設經史。教授掌以德義迪王，校勘經籍。

孫承澤《春明夢餘録》卷一二《文淵閣》 文淵閣係中秘藏書之所。明初伐燕，詔大將軍收秘書監圖書、典籍，太常法服、祭器、儀衛，及天文、儀象、地里、户口版籍。既定燕，詔求遺書散民間者。永樂辛丑，命修撰陳循將南内文淵閣書各取一部至京，計取書一百櫃，載以十艘；又遣官四出購買。故閣中所積書計二萬餘部，近百萬卷，刻本十三，抄本十七，蓄積之富，前古所未有也。嘉靖中，閣災，書移通集庫及皇史宬。

洪容齋云：梁元帝在江陵蓄古今圖書十四萬卷，將亡之夕，盡焚之。隋嘉則殿有書三十七萬卷，唐平王世充，得其舊書於東都，浮舟泝河，盡覆於砥柱。貞觀、開元，募借繕寫，兩都各聚書四部，禄山之亂，尺簡不存。代宗、文宗時，復行搜採，分藏於十二庫，黄巢之亂，存者蓋尠。昭宗又於諸道采訪，及徙雒陽，蕩然無遺。宣和殿、太清樓、龍圖閣所儲，靖康蕩析之餘，盡歸於燕。觀此，則知燕之書蓋合宋、金、元三朝所蓄，而爲一代之書，計數百萬卷，縹緗之侈，造物所忌也。

《周禮》太史掌建邦之六典，又有外史掌四方之志、三皇五帝之書。漢氏圖籍所在，有石渠、石室、延閣、廣内，貯之於外府；又有御史居殿中，掌蘭臺秘書，及麒麟、天禄二閣，藏之於内禁。後漢圖書在東觀。桓帝延熹二年，始置秘書監一人，掌典圖書，考合同異。唐制秘書省掌經籍圖書之事，秘書郎掌四部圖籍，較書郎掌較讐典籍，刊正文章。宋有秘書監，掌古今經籍、圖書、國史、實録、天文、曆數之事，官有少監、監丞，屬有著作郎、秘書郎、較書、正字，各以其職隸於長、貳。明初設秘書監，秩正六品，先除監丞一員，直長二員，使掌秘書，後改典籍。及文淵閣中書移之他所，而典籍乃爲内閣辦事官，失立官之意矣。弘治五年，閣學士邱濬請於文淵閣近地別建重樓，不用木植，但用磚石，將纍朝實録、御製玉牒及干係國家大事文書，盛以銅櫃，庋於樓之上層；如詔、册、制、誥，行禮、儀注，前朝遺文、舊事，與凡内府衙門所藏文書，可備異日纂修全史之用者，盛以鐵櫃，庋之下層。每歲曝書，先期奏請，委翰林院堂上官一員曬晾，事畢封識。内外衙門因事欲有稽考者，必須請旨，不許擅開。旨允行。正德間，閣學士楊廷和請令中書胡煕、典籍劉偉與主事李繼先查校書籍，由是盜出甚多。永樂初，問文淵閣書皆備否。解縉對：經史粗備，惟子集尚缺。上曰：士人起家，皆欲積書，況朝廷可闕乎！遂召禮書鄭錫，令擇通知典籍者四出購求。且曰：書籍不可較價值，惟其所欲與之。又曰：置書不難，須常覽有益。

洪武二年八月，詔儒臣修纂禮書。其書以吉、兇、軍、賓、嘉、冠服、車輅、儀仗、鹵簿、字學、樂爲綱。所該之目，吉禮十四：曰祀天，曰祭地，曰宗廟，曰社稷，曰朝日，曰夕月，曰先農，曰太歲，風、雲、雷、雨師，曰嶽鎮、海瀆、天下山川、城隍，曰旗纛，曰馬祖、先牧、馬社、馬步，曰祭厲，曰祀典神祇，曰三皇孔子。嘉禮五：曰朝會，曰册拜，曰冠禮，曰婚禮，曰鄉飲酒。賓禮二：曰朝貢，曰遣使。軍禮三：曰親征，曰遣將，曰大射。凶禮二：曰吊賻，曰喪儀。又冠服、車輅、儀仗、鹵簿、字學各一。樂三：曰鐘律，曰雅樂，曰俗樂。凡陞降儀節制度名數纖悉備具，通五十卷，賜名「大明集禮」。

洪武二十六年，上以諸司職有崇卑，政有大小，無方册著成法，恐後之涖官者罔知職任政事施設之詳，命吏部同翰林官倣六典之制，自府部以下諸司，凡其設官分職之類，彙編爲書，名曰「諸司職掌」。行之。

洪武二十八年，脩《寰宇通志》。其書方隅之目有八，東距遼東都司，又自遼東東北至三萬衛，西極四川松潘衛，又西南距雲南金齒，南距廣東崖州，又東南至福

建漳州府，北暨北平大寧衛，又西北至陝西、甘肅。爲驛九百四十。浙江、福建、江西、廣東之道各一，河南、陝西、山東、山西、北平、湖廣、廣西、雲南之道各二，四川之道三，爲驛七百六十六。凡天下道里，縱一萬九百里，横一萬一千七百五十里，四夷之驛不與焉。

永樂中，命解縉纂集類書，爲《文獻大成》。嫌其未備，乃命姚廣孝重修。正總裁三人，副總裁二十五人，纂修三百四十七人，催纂五人，偏寫三百三十二人，看詳五十七人，謄寫一千三百八十一人，續送教授十人，辦事官吏二十人，凡二千一百八十人。永樂五年十一月告成，凡二萬二千二百一十一卷，裝成一千九十五本，各以韻爲類，賜名「永樂大典」，貯文淵閣，副本貯皇史宬。

永樂中，命儒臣集宋儒五經四書傳註纂修之，其諸儒論説，於傳註互發，足其所未備者，分註其下；不合者不取。《周官》、《儀禮》不課士置科，不列。書成，賜名「四書五經大全書」。諸儒語録足羽翼聖經者，彙爲一編，賜名「性理大全書」。

成化十年，命編纂《宋元綱目》。以閣臣彭時等爲總裁，官以宫坊，翰林劉珝、邱濬、程敏政、劉健、楊守陳、尹直、彭華、謝一夔等爲纂修官，分八館，未五年而書成。

弘治五年，命内閣諸臣倣唐、宋《會要》及元人《經世大典》、《大元通例》編成一書，賜名「大明會典」。其書以諸司職掌爲綱，以度數、名物、儀文、等級爲目，附以歷年事例，使官各領其屬，而事皆歸於職，用備一代定制，以便稽考。嘉靖二十八年修之，萬曆十五年再修之，一代之大經大法備焉。其餘諸書不具載。

陸文裕深曰：宋太宗平列國，所得裸將之士最多，無地以處之，於是設六館，修三大部書，命宋白等總之。三大部者，《册府元龜》、《太平御覽》、《文苑英華》也。《御覽》外又修《廣記》五百卷，永樂靖難後修《永樂大典》亦此意。余按：宋太宗詔諸儒編集故事一千卷，曰《太平總類》；文章一千卷，曰《文苑英華》；小説五百卷，曰《太平廣記》；醫方一千卷，曰《神藥普救》，總賜名曰「太平御覽」。若《册府元龜》一千卷，乃真宗編集也。文裕所考，或未確乎。至靖難之舉，不平之氣遍於海宇，文皇借文墨以銷壘塊，此實係當日本意也。

又卷一三《皇史宬》 皇史宬，在重華殿西，建於嘉靖十三年。門額以史爲叏，以成爲宬。左右小門曰韰歷，以龍爲韰，皆上自製字而手書也。中貯列朝實録及寶訓。每一帝山陵，則開局，纂脩告成，焚稿椒園，正本貯此。實録中諸可傳誦宣佈者曰寶訓。宬中四周上下俱用石甃，中具二十臺，永陵、定陵各占二臺。

汪士鋐《秋泉居士集》卷三《長洲縣學新脩尊經閣記》 長洲縣學新脩尊經閣者，義士馬君某所作也。閣之廢久矣，棟宇騫崩，經籍蕩盡，士大夫病之，謀之於衆，築舍無成。馬君慨然曰：「我賈人也。詩書禮樂未之習也。吾自金陵僑居於此五十年，吾老矣，不能以自樹立吾子，若孫得習於學宫，與多士相後先，吾所願也。吾其獨力以成之。」於是構良材，陶堅甓，鳩工庀治，不日而就。重楹傑閣，拔地凌霄矣。余見世之富商大賈擁其貲財，驕淫逸樂，靡所不至，不數傳，而雕梁竣宇過而爲墟，何可勝數！而馬君之言曰：「盈虚消息，物之自然，及我身而能長有其富者幾人乎？况於子孫乎！古人云遺子黄金滿籝，不如遺以一經。吾家無秘籍，吾不能有所遺。吾成斯閣以願吾吴中士大夫藏書之家各出其書，還納閣中，竹編漆簡，充樑盈棟，以沾丐我後人，不亦可乎！」君既助脩長洲學，又獨成斯閣，又爲重建道山亭。凡學校之事，人所欲經營而未遂者，君皆力任不辭。余素高君之義，且愛其語朴而旨，而吾吴中諸君子亦亟欲爲君張其事。君世家於遼，其先人與島帥毛文龍爲中表，今居於吴，遂爲吴人云。

鄂爾泰《（雍正）雲南通志》卷二六《永昌府》 看山樓。在城内，明户部侍郎張志淳建，樓上藏書萬卷，雄偉奇麗，甲於一郡。楊升庵題曰「鐵樓」。

又《順寧府》 聚書樓。在府東城内。土知府猛寅購經、史、子、集，建樓貯之。又名萬卷樓。

戴震《（乾隆）汾州府志》卷三一李壽彭《修尊經閣記》 文廟例有尊經閣，所以藏典籍，課經生，由來遠矣。介之文廟舊在縣治之東，元初縣尹閻公梅徙置城之東南隅，今其遺趾也。厥後殿、廡、亭、廨、祠、庫、齋、厨之屬，俱以次整齊，而尊經閣獨缺焉未備。明正德十年，歷城趙公睿來宰是邑，乃於明倫堂後購民地一區創建之，此有閣之始也。自是終明之季，百餘年間，雖復因時葺補，而歷年既久，風雨摧折，岌岌就傾。我朝鼎興，整飭天下。郡縣學校以文太平，於是邑中有重修之舉，顧是閣工費尤鉅。本邑貢生梁君錫珩請於祖中書君星炯，慨然獨任一切。腐材裂瓦，盡撤而更之，堅其物料，廓其規模，凡三層，崇五丈二尺，週十六丈八尺，縻金錢百二十萬有奇。是役也始於康熙辛巳，越五載而落成。又二十一載，宴今天子建極之六年，余奉簡命承乏兹土，則中書君祖孫之殁已久，而適於是冬營葬。余既往吊於其廬，而退觀今少司農俞公光晟所爲君墓誌銘，則修閣之事載焉。辛亥春，會有欲新文廟之舉，中書君之曾孫濬、泌念是閣爲先人義舉，復捐六十金丹堊之。既竣，學博滎君欲謀所以不朽者，請余言勒諸石。余惟古者建閣命名之意，非

徒備規制、侈觀瞻已也，蓋即以是爲師生講學之地也。自學者溺於科舉之業，所讀者章句之書，所務者揣摹之學，而聖賢所以示人窮理正心、修己治人之實，置焉弗講，蓋經學之不明久矣。今此邦之士，幸得博雅敦行如榮君者爲之師，既日進諸生而啓迪之矣。當此之時，誠能聚聖賢萬卷之書於閣上，昕夕誦習，相與講明切究，以修實行，將道德明秀之材庶其有冀乎！則是閣之建所關非細，而因名責實，有不可以徒然者矣。今夫坐擁鉅萬資，不惜貫朽，雖捐錙銖爲里黨利，輒有難色，又其子孫或職是以隳廢先猷者比比皆是。間有一二樂施之輩，則又惑於浮屠果報之說，以爲福田利益計求。其如梁氏祖孫所爲亦已鮮矣。嗟乎！是豈不足以維風勵俗哉？余既嘉中書君祖孫倡義於前，濬、泌昆季復繼述於後，而又喜榮君之樂於成人之美，因爲次第其始末，以詔後之君子，而併於紀事之餘，著其尊經實益於此邦，有厚望云。中書君名星炯，字漢昭。孫錫珩，字楚白，候選郎中。曾孫濬、泌，俱國學生，世爲邑聞人。後先經營，法得備書焉。

阮葵生《茶餘客話》卷一　文淵閣無其地。偏質之先輩博雅諸公，皆無以答。王白齋司馬、申笏山光禄皆以爲在大内，亦臆度之詞。予意今之内閣大庫，彷彿近之。當時楊廷和在閣，升菴挾父勢，屢至閣繙書，攘取甚多。又典籍劉偉、中書胡熙、主事李繼先奉命查對，而繼先即盜易其宋刻精本。觀此情形，必非内庭深嚴邃密之地。而沈景倩謂制度[狹]隘，牕牖昏暗，白晝列炬，當時俱屬之典籍云云，則與今日大庫形勢宛然如繪。且紫禁殿閣，綺牕藻井，罘罳玲瓏，惟皇史宬爲明季藏本之地，則石室磚簷，穴壁爲牕，蓋以本章要區，防火爲宜。今大庫之穴壁爲牕，磚簷暗室，較史宬尤爲晦悶，則爲當日藏書之所，正與史宬制度相合。

又　陸文裕深《玉堂漫筆》一則云：王文端公直《抑菴集》中《題梁用之詩後》謂内閣在東角門内，紫禁城之東南角。常人不能到，其外爲文淵閣，則翰林諸公之所處也。今内閣榜曰文淵，而不在東角門之内，諸學士所處者則在左順門之南廊，而榜爲東閣云。按：文裕所記，已非文淵初製，然皆在紫禁城之東南角門外，與今之内閣大庫皆相近也。

又　内閣大庫藏歷代策籍，並封貯存案之件，漢票簽之内外紀，則具載百餘年詔令陳奏事宜。九卿翰林部員有終身不得窺見一字者。部庫止有本部通行，惟閣中則六曹咸備。故中書品秩雖卑，實可練習政體，博古通今。予辛巳夏直票簽，九月即派入武英殿繕《寶譜地球圖説》，未得久于其地。計百餘日中，粗繙《外紀》。一遇夜直之期，檢閲尤便。每次攜長蠟三枝，竟夕披覽不倦。當時十五六日方輪一夜班，每代友承直，他人亦樂以見委。聞近日中翰以夜班爲苦，互相推避，予則以日淺未得快覩大庫爲憾，緣典籍掌庫事，資深者方轉典籍，惟探開庫之期，隨前輩一觀，塵封插架，隨意抽閲，片牘皆典故也。

沈叔埏《頤綵堂文集》卷三《明文淵閣考》　明文淵閣故址，山陽阮吾山司寇偏質之博雅諸公，皆無以答。王文莊、申光禄謂在大内，亦臆度之詞。司寇以爲今之内閣大庫，彷彿近之。當時新都楊文忠在閣，升庵挾父勢，屢至閣繙書，攘取甚多。又典籍劉禕、舍人胡熙、主事李繼先奉命查對，而繼先即盜易宋刻精本。觀此，必非在大内之中，有同温室。而《野獲編》謂其制甚隘，牕牖昏暗，白晝列炬，當時掌管屬之典籍云云，則與今日大庫形勢宛然如繪。且禁城殿閣觚稜，皆綺牕藻井，浮罳玲瓏，惟皇史宬爲明季藏本之地，則磚簷石室，穴壁爲牕，蓋以本章重地，防火爲先。今大庫之穴壁甎簷，較史宬尤爲晦悶，則爲昔日藏書之所，正與史宬制度相合。司寇此言，幾於揣測得之矣，而苦無其據。予考王文恪《震澤長語》，閣在奉天殿東廡之東，文華殿之前，前對皇城，深嚴邃密，百官莫敢望焉，吏人無敢至其地，閣中趨侍使令惟厨役耳，防漏洩也。故事，禁中不得舉火，宣宗指庭中隙地置庖，自是閣老得會食中堂，每列凳側坐，而虚其中，以俟臨視。太宗賜儒臣詩，首云：「秘閣宏開當巽隅，充棟之積皆圖書。仙家蓬山此其處，上與東壁星相符。罷朝閒暇一臨視，衣冠左右環文儒。」宣宗聽政餘閒，數臨於此，進諸儒臣講論折衷，親爲之銘，有曰：「於昭天文燦壁奎，國家書府此其儀。文淵之閣屹巍巍，古今載籍靡有遺。」明臣如楊文貞士奇曾進《文淵閣書目》，鄭端簡曉有《直文淵閣表》，黄泰泉佐有《文淵閣登望詩》，顧文僖清、高文端儀並有《文淵閣賦》，張江陵居正、馬文肅世奇並有《文淵閣藏書記》，稱盛事焉。又考志載常熟張洪、丹徒裴俊、吉水陳誠俱赴文淵閣修《大典》，懷安黄童以楷書徵入文淵閣，繕寫《大典》，則知《大典》一書，實成於斯閣也。正統時，崑山夏昶在文淵閣寫經。顧考明代秘書，畧而不備，官亦缺乏，無常員，然且藏之。無幾，而其所藏者又皆禁而不許觀，不過每歲一晾，以防蠹朽而已。以予觀於今日之文淵閣，芸籤之富，藻構之宏，官制之詳，化成之廣，其規模奚啻霄壤相懸哉。

趙紹祖《安徽金石略》卷二朱熹《宋婺源縣藏書閣記》　《記》畧云：婺源學宫，講堂之上有重屋焉，榜曰藏書，而未有以藏。莆田林侯虙知縣事，始出其所寶《大帝神筆石經》若干卷以填之，而又廣市書，凡千四百餘卷，列庋其上，俾肄業者得以講教而誦習焉。熹，故邑人而客於閩，茲以事歸，而拜於其學，則林侯已去而

仕於朝矣，學者猶指其書以相告，語感歎，相率謂熹盍記其事，是爲記云。

賀長齡《耐菴詩文存・文存》卷一《重修貴陽府學文廟記》 道光十有九年二月，貴陽府學文廟大成殿燬於雷火。時余職巡撫，深念致災之繇，惕若省戒，大懼無以妥先聖之靈，亟與在省諸紳士謀所以新之者。爰率僚屬捐廉爲倡，并寓書黔人士之從宦四方者共襄厥事。一時人心翕應，不數月而費已贏。遂刻期鳩工，并火所未及者新之如制。諸紳士詳考《會典》，正南向之位，并仿《闕里志》，於殿之左右各建藏書樓一，而以餘財，製祭器、樂器咸備。甚矣！黔人士之敏於事而勸於學也！考貴陽之有學，始明萬曆間。其地在郡城北門外，末季爲兵燹所圮。國朝順治十八年，制府趙公廷臣重建之。康熙、雍正、乾隆以來，葺治者屢矣。而舊基之改，則自雍正七年巡撫張公廣泗始。今仍正南向，復其舊也。尊經閣亦建於張公。後創奎光閣，以祀文昌，而尊經遂廢。今建藏書樓二，復之且增之也，夫豈徒以飾觀瞻、壯宮墻美富之色哉？古者廟與學異制：廟以尊其祖，學以嚴其師。《記》云：「凡始立學者，必釋奠於先聖先師。」有學而無廟。三代以上，君師道合。虞、夏、商、周之學，祀舜、禹、湯、文爲先聖，見知諸臣爲先師。其時養老興賢、飲射讀法諸典禮皆行於學。學於斯，即祭於斯，無兩地也。及我孔子，集羣聖之大成，以師道自任。三千七十人材之盛，媲美唐虞，而君師之統分焉。漢高過魯一祠，遂定萬世師表之極。文翁圖像石室，蓋郡縣學之權輿。顧終漢之世，廟未嘗出闕里也。逮唐貞觀，始詔天下皆立原廟。於是俎豆徧海内，承學之士得以揖讓進退於其間，涵育薰陶，使之自化。嗣乃廟與學分，祀則於廟，而肄業專於學。稽之宋制，士必在學三百日，乃聽預秋賦。自弟子員漸增漸衆，庠序不足以容，而書院興矣。書院盛，而學校爲官署矣。乃至宫墻之内，春秋兩祀，猶得薦幣、陳牲，一近聖人之座，餘則守士者月再至。士子入學之始，一行釋奠，其賢者以時灑埽，而絃誦罕聞焉。蓋積漸之勢然也。夫以神道事之，則尊而不親，以師道事之，則敬而兼愛。今者藏書樓之建，毋亦冀入斯廟者，讀其書、論其世，雖相去數千載，猶然執經請業於一堂，而毋徒鐘磬聲容、登降拜跪之爲觀美乎！若然，則古昔勸學親師之遺意，猶可得而尋也。多士其壹意嚮學，而反求諸心：每一瞻仰，則内省厥躬，可質神明否也？即不必入廟，而此心之翼翼者常如師保之我臨也；每一披吟，則默證所學，於書有合否也？即不必執卷，而此心之惺惺者亦如古人之我詔也。繇是日有孜孜，持之以敬，策之以勤，要之以無倦，以庶幾無負聖人之教與纍朝長育甄陶之化，是則區區所厚幸，而亦多士所以勉副諸君子汲汲重新之雅意也乎？余非知學者，而於多士有師帥之責。幸覩廟事之成，不敢不以正告。故爲述廟與學分合之所自，并及讀書存心之大指，而亦未能詳也。然循是而致力焉，則庶乎其不遠矣。多士念之哉！

賀長齡《清經世文編》卷五六《禮政三》徐秉義《内府藏書記》 書者，載道之器，治法之所從出也。古者書聚於上，必設官以掌之。《周禮》外史掌四方之志及三皇五帝之書，達書名於四方。蓋史官主書。老聃爲周柱下藏室史，韓宣子聘魯，觀書於太史氏是也。要未有藏於内府者。漢興，承秦禁學之後，書缺簡脱，武帝始建藏書之策，置寫書之官，下及諸子傳說，皆充祕府。孝成又使謁者陳農求遺書於天下，山巖屋壁之藏，莫不畢出。漢之典文，於斯爲盛。則有延室、廣内、麒麟、天禄之藏，命劉向、揚雄讐校之，皆在禁中，謂之「中書」。藏於内府自兹始。後漢之東觀，亦禁中也。至桓帝，始置祕書監，掌禁中圖書。祕記謂之「祕書」，即東觀也。而蘭臺亦藏書。故薛夏云：「蘭臺爲外臺，祕書爲内閣。」然則祕閣之書藏之於内明矣。晉宋以還，皆有祕閣之號。及唐開元中，繕寫四部書以充内庫。其後，中原多故，經籍蕩然，而此制遂廢。宋興，購求漸廣，復有崇文院、太清樓及諸館閣之藏。下逮元明，以爲故事。内府藏書，其來尚矣。雖然，藏書固盛典也，而一患其雜，雜則爲小道異端，而無裨於内聖外王之學；一患其僞，僞則爲剽竊摹擬，而不協於仁義中正之歸。二者不可以不辨也！漢術數、方技之類，多爲妄人所依託，假聖賢之名以惑當世。梁華林園總集釋典，不可勝計。隋煬帝聚書，蒱博鷹狗之說，無所不備。唐元載當國，請括圖書，以千錢易一卷，人皆嗜利，僞作爭獻。若此者，非雜則僞，雖多亦奚足貴邪！我皇上纘承丕基，重熙纍洽，典謨風雅之篇，故老名儒之說，循環乙夜，而熟講於經筵，念終始典於學，以觀人文之化成，於是運獨見之明，下求書之詔，網羅遺逸，甚盛意也！而猶意群言淆亂，或詭於聖人之道，乃命有司：「凡天下之書，非有裨於學問、政治者，毋得收。」向之所謂雜且僞者，今何患焉？董仲舒《對策》曰：「諸不在六藝之科、孔子之教者，勿使並進。」此道所以日尊，而治所以日隆也。我朝内府之典籍，不惟其多，而惟其精。上可以翼聖真，扶絶學，其次亦可以博聞洽見，益人之神智。皇上所以詒謀燕翼，而開億萬年有道之長者，皆於是乎在，豈徒玉軸、牙籤侈焜燿於册府也哉！

吴振棫《養吉齋叢録》卷一七 前明文淵閣在内閣，遺址不可考。本朝以閣繫大學士銜而未議建置。乾隆三十九年，建閣於文華殿後，儲四庫書，凡三萬六千册。各處宫殿無不藏書，以備乙覽者。若昭仁殿之天禄琳瑯，則高宗敕檢内府書

善本，排比列架者也。殿後慎儉德室之右一楹，題爲「五經萃室」，則高宗以相臺岳珂所刊《五經》分而復合，彙藏於此也。毓慶宫之《宛委别藏》，則仁宗裒《四庫》别本庋之也。此又在尋常庋陳之外者。又欽安殿之東北隅，有摛藻堂，向爲藏書所，乾隆三十八年，復敕録《四庫書》之尤精者爲《會要》，凡一萬二千册，於堂内列架藏弆。

又 皇史宬即前明史宬舊址。正殿尊藏列聖《本紀》、《實録》、《聖訓》，滿漢文《大臣列傳》、《儒林》、《文苑》、《循吏》等傳，皆附藏西配殿。

又卷二〇 康熙二十五年，有藏書秘録，給直采集鈔寫之旨。乾隆間，遍訪藏書，蒐羅大備，因輯爲《四庫全書》。仿甬東范氏天一閣規制，建文淵大內、文源圓明園、文津熱河、文溯盛京。四閣貯全書，每閣藏書三萬六千册。又以江、浙爲人文淵藪，復繕書三分，分建三閣：鎮江金山曰文宗，揚州曰文匯，杭州曰文瀾。又於全書中擇尤精者，亦分四庫，得一萬二千卷，别名《會要》，於大内之摛藻堂、圓明園之味腴書室，各庋一部。

丁申《武林藏書録》卷首《文瀾閣》 乾隆四十七年七月初八日奉諭：《四庫全書》現在頭分已經告竣，其二、三、四分限於六年内按期蕆事，並特建文淵、文溯、文源、文津四閣以供藏庋。因思江浙爲人文淵藪，允宜廣布，以光文治。現特發内帑銀兩，僱覓書手，再行繕寫三分，分貯揚州大觀堂之文匯閣、鎮江金山寺之文宗閣、杭州聖因寺内。今擬改建文瀾一閣，以昭美備。著傳諭陳輝祖、伊齡阿、盛住等，所有大觀堂、金山寺二處貯藏《圖書集成》處所，其所餘空格甚多，即可收藏貯四庫書。若書格不敷，著伊齡阿再行添補。至杭州聖因寺後之玉蘭堂，著交陳輝祖、盛住改建文瀾閣，並安設書格備用。伊齡阿、盛住於文淵等閣書格式様，皆所素悉，自能仿照妥辦。至修建格式等項，工費無多，即著兩淮浙江商人捐辦。伊等情殷桑梓，於此等嘉惠藝林之事，自必踴躍觀成，歡欣從事也。御製詩云：「四庫鈔書成次第，因之絜矩到南邦。班倕此實官帑發，盧徑彼殊衆力扛。衮鉞必公慎取舍，淄澠細辨斥蒙厖。范家天一於斯近，幸也文瀾乃得雙。」按《兩浙鹽法志》：高宗純皇帝命儒臣編輯《四庫全書》，建文淵、文溯、文源、文津四閣藏庋羣籍。復念江浙爲人文淵藪，宜廣布以光文治，命再繕三分，賜江南者二，浙江者一。浙江即以舊藏《圖書集成》之藏經閣改建文瀾閣，並仿文淵閣藏貯。閣在孤山之陽，左爲白隄，右爲西泠橋，地勢高敞，攬西湖全勝。外爲垂花門，門内爲大廳，廳後爲大池，池中一峯獨聳，名仙人峯。東爲御碑亭，西爲遊廊，中爲文瀾閣。閣建三成，第一成中藏《圖書集成》，後及兩旁藏經部，第二成藏史部，第三成藏子、集二部，皆分庋書格。凡四庫書三萬五千九百九十册，爲匣六千一百九十一。《圖書集成》五千二十册，爲匣五百七十六。《總目考證》二百二十七册，爲匣四十。委員掌之。有願讀中祕書者，許其借觀傳寫，設檔登註，勿令遺失污損，所以嘉惠藝林者至矣。如我夫前代書籍，多藏祕府，牙籤錦帙，外人莫得而窺，間有頒賜，已屬僅事。又光緒《杭朝之以四庫縹緗、津逮末學，嫏嬛福地徧及東南，誠曠古所未有也。又光緒《杭府志》：文瀾閣咸豐庚申間毁於兵。光緒六年，巡撫譚鍾麟、布政司德馨飭郡人鄒在寅即舊址建閣。臨湖豎坊，並建御碑亭及太乙分青室，堅固宏敞，氣象一新。七年奏請匾額。十月十六日奉諭：譚鍾麟奏修復文瀾閣，請頒發匾額、方略，並將搜求遺書之紳士獎勵等語。浙江省城文瀾閣，毁於兵燹，現經譚鍾麟籌款修復，其散佚書籍，經紳士丁申、丁丙購求藏弆，漸復舊觀，洵足嘉惠藝林。著南書房翰林書寫文瀾閣匾額頒發，並著武英殿頒發《勦平粤匪方略》一部，交浙江巡撫祗領尊藏。主事丁申著賞四品頂戴，以示獎勵。天語煌煌，皇恩疊錫，誠東南文運之轉機，浙省藝林之盛事。安知文宗、文匯兩閣，不以此爲權輿，而次第興舉歟！

又卷上《尊經閣》 杭州府學在宋爲京學。紹興初，以慧安寺故基改建。嘉定九年，教授袁肅、黄灝拓而大之。迨紹定、淳祐間，疊加修葺。元至正間，一燬於寇，再燬於火。康里帖木烈思、夏思忠兩次修葺。明洪武七年，杭州府知府王德宣奉詔重建。德宣捐俸置書，凡三十一部，若《史記》、《前漢書》、《後漢書》、《三國志》、《晉書》、《宋書》、《南齊書》、《梁書》、《陳書》、《魏書》、《北齊書》、《周書》、《隋書》、《唐書》、《五代史》、《通鑑綱目》、《通鑑外紀》、《文獻通考》、杜氏《通典》、《古史》、《臨安志》、《高氏春秋》、許氏《説文》、劉向《新序》、《文公家禮》、《孝經正義》、《丙丁龜鑑》、《平宋録》、《息心銓要》、《西湖紀遺》、《救荒活民書》。永樂間，朝廷賜書凡一十七部，若《御製大誥》三編、《孝順事實》、《爲善陰騭》、《性理大全》、《四書大全》、《詩傳大全》、《周易大全》、《書傳大全》、《春秋大全》、《禮記大全》、《書傳會選》、《孟子節文》、《五倫書》、《古今列女傳》、《仁孝皇后勸善書》、《大明律》、《諸司職掌》，見於《成化杭府志》者，可得而考焉。迨正德十二年，知府留志淑遷仁和縣學石經於戟門外，《道統十三贊》於尊經閣下，大學士丹徒楊一清爲記。提學副使劉瑞悼學無藏書，請以刑金購求諸書，藏尊經閣，命訓導專領之。又刻聖經於明倫堂屏上，而學之規模大備。瑞自爲《記》曰：杭，會郡也，華侈甲天下，而學無藏書，頒於廷者惟經、惟《四書》、惟《性理》、惟孝□□□□□□□五倫，官所置僅漢宋

諸史。瑞董學又明年，請於按浙監察御史宋公，慨然曰：「吾方石經是葺，斯舉也，盍並圖之？夫有書而不讀，君子病焉。況無書乎！」於是出刑金貯於府者，遣訓導林鳳鳴、劉銛往求焉。越四月，書至，約計萬卷，經史子集秩然略備，櫝藏於閣，命一訓導專領之，師生誦觀，籍其出納惟謹，其名數備之石，皆公命也。既成，瑞進師生告之曰：「子知監察公之厚爾庠校者至且遠乎？古之君子，道足以表世則物，而功化之盛，極於康海，宇涵蠢動，參天兩地，莫之尚也，未有不學而成者。吾夫子設教，故曰博約，曰多聞見，曰前言往行畜其德，從可知矣。季路謂何必讀書，直以佞斥之。於戲！讀書者學之始終也。讀天下之書，斯可與論天下之事矣。此監察公藏書之意也。公嗣名卿家學，持憲侃侃，博聞好古，藻翰瓌瑋，非世俗吏可能，故舉措屢於風教若是。爾師生其遇哉！有言者曰：『求道者五經四書足矣。奚以多爲，多言者道之害也。』嗟乎！此非知道者。信斯言也，淫哇《鄭》、《衛》，《詩》所宜删；宋萬、許止，《春秋》所宜削。吾夫子不然，豈獨默無意也？故曰：『道無往而不存，言非眇而可略。』夫經者，天也；史者，四時五行也；諸子集者，萬彙也。天者，道之原也，宰物而不宰於物者也。四時五行，經緯於天而不容已者也。乃若萬彙斯微矣，飛者、躍者、纖者、鉅者，蠢而動者，各聲聲色色於覆幬，雖或反戾恣睢以逞，天亦莫之絶也。其諸子集之謂乎？簡之裁之，神而明之，存乎其人耳。故曰：『爲天地立心。』持是心以讀天下之書，無難矣。讀書之要，子朱子告其君者具在，爾師生其從事焉？」知府留侯志淑以記請書之，使後之求公者有考也。碑陰詳列書目：《易經大全》一部計一十二册，《書經大全》一部計五册，《詩經大全》一部計四册，《禮記大全》一部計一十八册，《春秋大全》一部計一十六册，《四書大全》一部計二十册，《孔子家語》計一册，《儀禮經傳通解》一部計五十册，《大戴禮記》計一册，《禮書》一部計一十册，《樂書》一部計一十册，《十三經注疏》二部共計一百六十册，《性理大全》一部計二十九册，《朱子大全》二部共計八十册，《朱子三書》一部計二册，《史記》二部共計四十册，《前漢書》二部共計四十□册，《後漢書》一部計二十四册，《晉書》一部計二十九册，《南史》二部共計三十二册，《北史》二部共計四十八册，《魏書》二部共計六十册，《宋書》二部共計六十册，《梁書》二部共計二十册，《陳書》二部共計一十二册，《南齊書》二部共計二十三册，《北齊書》二部共計三十六册，《後周書》一部計一十册，《隋書》二部共計三十八册，《唐書》二部共計九十册，《五代史》二部共計一十六册，《宋史》一部計七十册，《元史》二部共計八十册，《通鑑前編》三部共計二十四册，《通鑑綱目》二部共計六十八册，《三國志》一部計一十册，《十七史》二部共計五十九册，《少微通鑑》二部共計一十二册，《通志略》一部計一百二十册，《國語》一部計四册，《戰國策》二部共計九册，《桯史》一部計二册，《世史正綱》二部共計二十册，《宋元鑑》二部共計一十二册，《六子全書》一部計一十四册，《吕氏春秋》一部計四册，王充《論衡》一部計六册，《韓柳文》一部計八册，《六書統》一部計一十四册，《書學正韻》一部計一十六册，《太玄本旨》一部計二册，《文獻通考》一部計六十册，《玉海》一部計十八册，《集事淵海》一部計三十二册，《事文類聚》一部計三十七册，《韻府羣玉》一部計一十册，《翰林全書》一部計二十册，《事林廣記》一部計三册，《埤雅》一部計二册，《讀書記》一部計三十册，《宋文鑑》一部計二十册，《文章正宗附續》一部計一十八册，《東萊博議》一部計二册，《大學衍義補》二部共計五十二册，《地理大全》計一十一册，《玉機微義》一部計六册，《名臣奏議》一部計三十册，《陸宣公奏議》一部計四册，《漢雋》一部計三册，《李忠定公奏議》一部計一十册，《于少保奏議》二部共計一十二册，《王魯齋研幾圖計》一册，《古今識鑑》計一册，《錦繡策》計一册，《止齋論祖》計一册，《脈訣俗解》計一册，《類博藁》一部計二册，《三蘇文集》一部計六册，《朱文公召寓録》□《渭南文集》一部計一十册，《葉水心文集》一部計六册，《梅溪文集》一部計一十册，《止齋文集》一部計六册，《誠意伯文集》一部計一十册，《蘇平仲文集》一部計四册，《木鐘集》一部計四册，《鹿城書院集》計一册，《儒志編》計一册，《遜志齋集》一部計一十册，《楊文懿公文集》一部計四册，《楊文懿公敷奏集》一部計四册，《魏文靖公文集》一部計四册，《姚文敏公文集》一部計三册，鄭氏《麟溪集》一部計四册，鄭氏《旌義編》計一册，《忠簡公文集》計一册，《疑辨録》一部計三册，《竹齋集》一部計二册，《釣臺集》一部計二册，《嚴陵八景詩》計一册，《洪武正韻》一部計五册，《皇明政要》一部計三册，《孝順事實》一部計六册，《勸善書》一部計一十九册，《爲善陰騭》一部計一十四册，《五倫書》三部共計七十八册，《大明一統志》二部共計四十八册，《大明會典》三部共計一百九册，《八閩志》二部共計四十册，《嘉興府志》一部計九册，《桐鄉縣志》一部計一册，《湖州府志》一部計六册，《武康縣志》一部計一册，《會稽縣志》一部計一十册，《上虞縣志》一部計二册，《蕭山縣志》一部計二册，《嵊縣志》一部計四册，《寧波府志》一部計四册，《慈谿縣志》一部計四册，《赤城新舊志》一部計一十册，《寧海縣志》一部計二册，《金華府志》一部計四册，《蘭溪縣志》一部計二册，《嚴州府志》一部計十册，《遂安縣志》計一册，《温州府志》一部計六册，《處州府志》一部計六册，《吳興名賢録》一部計二册，《金華文統》一部計四册，凡一百二十九種。洵足備多

士之弦誦矣。

王先謙《東華續録・乾隆三十九年六月》 丁未諭軍機大臣等：浙江甯波府范懋柱家所進之書最多，因加恩賞，給《古今圖書集成》一部，以示嘉奬。聞其家藏書處曰天一閣，純用甎甃，不畏火燭，自前明相傳至今，並無損壞，其法甚精。著傳諭寅著親往該處看其房間製造之法若何，是否專用甎石，不用木植，並其書架款式若何，詳細詢察，燙成準樣，開明丈尺呈覽。寅著未至其家之前，可豫邀范懋柱與之相見，告以奉旨：「因聞其家藏書房屋書架造作甚佳，留傳經久，今辦《四庫全書》卷帙浩繁，欲倣其藏書之法，以垂久遠。故令我親自看明，具樣呈覽，爾可同我前往指説。」如此明白宣諭，使其曉然，勿稍驚疑，方爲妥協。將此傳諭知之，仍著即行覆奏。尋奏天一閣在范氏宅東，坐北向南，左右甎甃爲垣。前後簷上下俱設窗門，其梁柱俱用松杉等木。共六間，西偏一間，安設樓梯；東偏一間，以近墻壁，恐受溼氣，並不貯書；惟居中三間排列大橱十口，内六橱前後有門，兩面貯書，取其透風，後列中橱二口、小橱二口；又西一間排列中橱十二口，橱下各置英石一塊，以收潮溼。閣前鑿池，其東北隅又爲曲池，傳聞鑿池之始，土中隱有字形如天一二字，因悟天一生水之義，即以名閣。閣用六間，取地六成之之義。是以高下深廣及書橱數目尺寸俱含六數，特繪圖具奏，得旨覽。

震鈞《天咫偶聞》卷一 《茶餘客話》謂：文淵閣，徧質之先輩博雅諸公，皆無以答。余意今之内閣大庫，彷彿近之。當時楊廷和在閣，升菴挾父勢，屢至閣繙書，攘取甚多。又典籍劉偉、中書胡熙、主事李繼先奉命查對，而繼先即盜易宋刻精本。觀此情形，必非内廷深嚴邃密之地。而沈景倩謂制度狹隘，窗牖昏暗，白晝列炬，當時俱屬之典籍云，則與今日大庫形勢宛然。且紫禁殿閣綺窗藻井，罘罳玲瓏，惟皇史宬爲明季藏本之地，則石室磚簷，宂壁爲窗，蓋以本章要區，防火爲宜。今大庫之宂壁爲窗，磚簷暗室，較史宬尤爲晦悶，則爲當日藏書之所，正與史宬制度相合。

按：光緒戊戌、己亥間，内閣大庫因雨而墻傾。夙昔以幽暗無人過問，至是始見其中尚有藏書，如邵康節《蠢子數》，堆庋充棟，又有《大輿圖》一張，無處張挂，其大可知。以此知阮氏之言蓋信。若今之文淵閣，乃乾隆中仿四明天一閣所建，非其舊地矣。

姚之駰《元明事類鈔》卷二一《文學門・史宬》 《皇甫汸集》：皇史宬者，歲乙未，上命考金匱石室之制以藏書，重祖訓也。《燕都遊覽志》：皇史宬，藏寶訓、實録之處。

《萬國公報》一九〇四年第一八一期《藏書樓之利益》 今天下最大之藏書樓，爲法京王家書樓，創造於一千五百九十五年，共藏有大本書一百四十萬卷，小本書三十萬册，從天下所得之抄本書，十七萬五千卷，大小各圖，三十萬種，古傳錢幣十五萬種，鋼板圖像一百三十萬張，併訂之圖書，共有一萬本，其中古今名人之照像，約有十萬幅。創造之人，傳説不一。或謂法王路易第十四所造，或謂尚在其前，恐係沙立曼時所造。凡法國境内所出之新書，必納一册於此樓，即每年各處之新書，或由贈送，或由購買，亦無不備，每年約添新書四萬五千種，共藏書二百萬卷有零。他如英京博物院書樓，亦藏書一百餘萬卷，皆鉅觀也。方今歐美各國，咸望中國，仿行西法，或在北京，或在上海，創造大書樓，並設博物院，搜輯數千年來藏於公家及藏於民間之書籍、古玩，悉薈萃於其中。不但化無用爲有用，可增長國人之見識，且可增國人之生計。若自外人觀之，更可顯揚亞洲古國之聲明文物，以啓他國之敬心。一舉而數善備，所望當道有志之士，加意提倡之耳。

又一九〇六年第二一一期《英國博物院之大藏書樓》 英京倫敦之大博物院爲世界著名之所。其中有大藏書樓，儲庋之多亦爲世界之獨一。創立此樓之時，不過有書五萬函，今則已有四兆五十萬函矣，而每年添入之書尚年得五萬函，又零卷五萬册，報章二十五萬册，宜其書之富如此也。

英國法律，無論何書，印於英國者，必贈大藏樓一分。且此樓存欵甚鉅，每年所入之利息，亦可用購新出之書。而各國學堂中之著書者，亦深願以所著遺送於樓中。因此樓名譽甚高，各國研究學問之人咸往調查，非但本國而已也。凡往觀書者，先檢目録，此目録之編輯甚難。從前目録，皆爲手寫之本，每書有提要數則，連於其上。一千八百八十年，即目録一種，已有三千函。或謂此目録亦過於繁重，檢之良非易事，不如改爲印本爲善。蓋作此目録，歷時三十年之久，費英金二十五萬鎊矣。

初擬改印目録之人，預計須四五十年，方能印成。旋得一極巧之法，縮爲二十年，且印本目録，僅有三百九十二函，較之寫本，亦相差甚遠。有欲專購目録者，費英金八十四鎊。其裝目録之架頗大，實足容二千函，以備他日之增入。以現狀測之，則目録滿二千函之數，當在三百年後云。

此外有特别目録一種，則著書之姓名及書中之題目彙列成表是也。今歐美各大藏書樓皆備有英國大藏書樓目録，一以便查檢而知是書之内容，一以便往英

國而讀其書也。

大藏書樓纂輯目録之處，常有五十人專司其事。

述者曰：中國北京、揚州、鎮江、杭州，本有四大藏書樓，然年月已久，守護無人，中經兵燹，其僅存者亦徒供蟲鼠之蠹蝕，無人顧問矣。蓋百年以來，訑訑學子舍八股之外舉不願讀，何必藏書樓！而近數年間，風氣沛然大變，教習與學生，手一薄小之册，曰講義，曰教科書，曰課本者，足矣，足矣！可以具衆理、應萬事矣！其餘則旁覽半卷不全之東西譯書或叢報，則摭拾若干新名詞，更足矣！可以登演説之臺，受多數人之擊掌矣！何必藏書樓！

述者又曰：吾見吾國學士大夫至於今日益不好學，故時有一種謬説，一唱百和；苟足以快其口，爽其心者，則數日之間，徧於社會，絶不顧其事實與學理究爲如何，甚至留學他國者亦然。其故何也？不學而已！聞諸書肆中人，去年以來，除學堂課本外，各種書皆不銷售。即課本所必需之參攷書，亦無問津者。嗚呼！於以知吾國學人之程度矣！

《選報》一九〇二年第二五期《福州藏書樓紀要》 福州府程聽彝太守在閩創辦鼇峰藏書樓，儲藏中外新舊書籍，任令都人士進閲，藉收其益。因查張戴三明府，通達時務，才具優長，遂札委爲專辦委員，除彙集鼇峰書院舊藏書籍外，並籌經費銀二千兩，飭赴滬上購買新出譯編、時務各圖書等。業已購齊旋閩，現在布置將次停妥，大約七月初一日即可開樓矣。

《直隸教育雜誌》一九〇八年第二〇期《直隸圖書館暫定章程》

第一章　宗旨

第一條　本館蒐集中外古今圖書，以「保存國粹，輸入文明，供學人閲覽參考之資，省士子購求搜尋之力」爲宗旨。

第二章　名稱

第二條　本館遵照　部章設立，名曰「直隸圖書館」。

第三章　設置

第三條　本館設於天津河北大經路，勸業會場以東，附直隸學務公所之内。

第四章　圖書

第四條　搜羅圖書如左：

子　直隸學務公所圖書課舊存之圖書。

丑　直隸官紳學員及各書肆呈請審查之圖書。

寅　呈請咨取京外各衙門官纂圖書。

卯　呈請咨取各直省官局圖書。

辰　呈請咨取各國官纂圖書。

巳　呈請咨行各書肆凡經官審定印行之圖書，隨時寄贈一部。

午　（捐贈）（借取）（寄陳）收藏家圖書。

未　（捐贈）（借取）（寄陳）私家著作。

申　購取秘本佚書。

酉　與中國各書肆訂定合同，凡新出圖書，減價寄送一部。

戌　與外國書肆訂定合同，凡新出圖書，減價寄送一部。

亥　收買古版殘書。

第五條　捐贈圖書至千金以上者，代請立案詳咨，奏奬。

第六條　請取捐贈借取之圖書，運費、郵費由館出。

第七條　凡悖逆、猥褻、迷信等圖書概不收受。

《浙江教育官報》一九〇九年第一一期《本司支據日本留學生寄到日本圖書館圖樣并譯出一覽表等項詳撫憲文三月二十八日》 爲詳請核奪事。前奉憲台批本司詳委員調查湘鄂江南等省圖書館情形并呈圖説，請示緣由，奉批據詳已悉，仰俟日本圖書館圖樣寄到，再行酌核辦法，詳請察奪繳等因。奉此，查本司前飭科員函託留東學生將東京圖書館建築方法繪圖郵寄，茲據覆函稱日本帝國圖書館在上野公園，其建築方法，藏書庫樓凡八層，其辦事及閲覽各室凡三層，地下之第一層造作雜屋，第二層爲客堂事務室，尋常閲覽、貴客閲覽等室，第三層爲特別閲覽、婦人閲覽等室。建築費用銀三十二萬兩。建築材料，底下一二層用白磁石磚，以上皆用砂石與煉瓦，即紅色窑磚砌成。樓栿、樓梯，皆用鐵，柱頭，非鐵即石。藏書庫樓之壁側，鑿一方孔，層層穿透，安有轉移機一具，書藉即由此上下。購有寫真圖一套。據留學日本圖畫生云，圖書館之寫真，可用顯微鏡放大，對之可摹繪出來。其平面圖，則繪在《日本帝國書館一覽》，黏籤詳細説明，並將《一覽》用漢文譯出。又據函稱東京尚有大橋圖書館，爲日本大橋佐平捐建。該館建築方法：書庫凡三層，其辦事及閲覽室凡二層，上一層爲尋常閲覽、婦人閲覽等室，下一層爲報紙閲覽室、事務室、食堂等處。其建築及購入圖書費用銀五萬圓，基本金與維持金共七萬五千圓。建築材料，書庫三層皆用煉瓦砌成，樓栿俱用鐵，庫中藏書之架與中國同。其平面圖式繪在該館《建設記要》，並用漢文將《建設記要》譯出，均郵寄前來。

本司查帝國圖書館其規模宏大，據所規畫，其已成者尚僅四分之一，用費至三十餘萬之多。浙中此刻財力，恐難語此。大橋圖書館規模稍小，而閲覽室能容二百八十餘人，如依此仿造，似尚合用。或將來能籌多欵，再加擴張，亦無不可。合將日本留學生寄到日本圖書館圖樣，并譯出《帝國圖書館一覽》、《大橋圖書館建設記要》二本，備文詳送。仰祈憲台察核，俯賜批示。祗遵所有呈送。圖説、譯本，閲後仍乞隨批發還，以便札飭。許鄧守酌度建築工程，爲此備由呈乞照詳施行。

《教育雜誌》一九〇九年第一卷第一期孫毓修《圖書館》 外國都邑之中，圖書館之大者，收藏古今、本國外國圖書既詳且博。倫敦博物館内之圖書館，有刻本二萬萬册，抄本四萬餘册。其書架接續之，可通百有五里。巴黎、柏林、羅馬、華盛頓藏書之規模，亦與倫敦相頡頏也。是多由於國立，館長書記及管理人員，由所屬之官長任免之。今如京師之學部圖書館，是其例矣。美之聯邦，各於其都會建圖書館，使有印本三萬册以上，屬之於官。今如江甯之圖書館，是其例矣。外此，有由地方之主張，而舉税以成之者；有因富豪之捐助，而獨力以創之者；有由一人爲倡，而簽捐以足之者。其成立不同，要皆可視爲公共之藏書，人人得往借閲館中之書，必令諸體俱備，一切專門、普通，程度深淺之人，皆得所欲而去。

地方有學會以共究專門之業，亦地方之福也。學會究其所學，必有資乎圖籍。於是遂有學會之藏書，其書各有所主。究地理者，則連篇纍牘，盡屬於坤輿。講史學者，則接棟重茵，不越乎乙部。此固修士之書樓，不與尋常相同也。他如官署之中，宜考書而從政；寺院之内，亦造閣以尊經。至於學校，其風彌盛。旅館主人，亦藏書報，以慰旅人之寂寥。孤客長途，舟車無聊，亦弆雜報游記之書，任人繙閲。譯書之地，考古徵今，創著新書，以風示天下者也，則亦必有文庫。（近惟上海商務印書館編譯所附設圖書館一區，藏古今中外圖籍、書畫、報章甚備）報館亦然。是皆備一部分人之觀覽，似公而實私者耳。

光緒三十二年四月二十日，學部令各廳、州、縣設立勸學所、教育會各一所，以任地方之學務。讀其章程，勸學所不負有爲地方設立圖書館之名義，而《教育會章程》第五節第八項則有之。是今之任此責者，莫如教育會。《部章》雖教育會一邑祗許一所，而圖書館則足以輔學校之不及，爲益甚大，不當以重複爲嫌。教育會設圖書館於城，而鎮、鄉父老，聞風興起，願於其本鎮、本鄉設立圖書館焉。意當爲《部章》所默許也。

美國地方自治法制，於圖書館最爲精詳，故積書之盛，駕於各國。近自一千八百九十年起，有二十一聯邦相約而立一圖書進行會，公舉委員，使之游歷於外，爲地方倡。委員所至之地，得爲其地方選定應購之書，地方自治團體當奉其指揮而遵行之。委員又得支美金百元以上之公款，代任買書之責。都會之人所以媲美於此者，蓋惟恐下邑寒鄉提倡無人，安於簡陋，故特遣其使者，四出以謀之。審是，則吾國之圖書館不必如教育會之一邑一所也，可斷言矣。

美國更有所謂Traveling Library者，譯言「行役之圖書館」也。遐陬僻壤，去出版之地甚遠，而購買實不易者，得告於圖書進行會之委員，就已設館之地假讀之。百里千里，並可遥寄。每次以若干種、若干時爲限。前者既還，後者復至，周而復始，炫煌於道。鄉鎮之人，祗稍費賃書之資，遂得讀書之樂。亦可謂事之至便者矣。遐荒之區，讀書之人少而醵資設館爲難者，無不以此法爲善。今已有二十一邦與於此會。不但書籍，即圖畫、照片，以及影戲之具，亦可以遥寄焉。吾國内地之道路未闢、交通不便者，固未足以語此。他日，似可先於濱江之地、舟車易至之處一試之。

又考美國圖書館之基本，出於富豪之捐助者，幾十居五六，其類有三：一，金錢之捐助；二，産業之捐助；三，書籍之捐助。吾國任恤之典，載於《周官》，即今風雖未古，而救災扶患，慷慨傾囊，其事往往而有。然以衣食饋貧，惠在一時；以詩書饋貧，惠於畢世。善於散財者，知必有味乎鄙言，而視助地方圖書館之較他事爲急矣。以書籍爲捐助，尤有益於公而無害於私。（私家藏書之易散，説具上文）此風已肇之於古，中郎贈書於王粲，杜鄴受書於京兆，畢文簡、楊文莊之書盡與之宋宣獻，南陽公自以子孫稚弱，不能讀遺書，乃舉廿載之收藏，餽諸晁公武。近日紹興徐仲凡樹蘭悉出其藏書，公之於鄉，而成古越藏書樓。（通州張殿撰謇序其書目，謂當值銀二萬圓）讀其簿録二十卷，四部之書，頗多善本，觀察不以私之於兒孫，而公之於桑梓，其有美國卞匿奇Carnegie、泰羅爾Taylor、尼古剌Nechaler諸人之風矣。

夫地方之財力有限，而圖書館苟辦理不當，則糜費甚巨。故美國之講此者，曰以節不急之費而能多設圖書館爲主。一館之立，主持者若而人，管理者若而人，開辦之費，不難竭蹶於一時，所以繼續維持而使之不敝，其事尤難。於是總館之外，乃有別館Branch Library及經理借書處Delivery Station二法，以爲節費之道焉。

別館者，設總館於總匯之區爲甲館，並度其道里之遠近、人民情性嗜好之相同者，而分設於乙、丙等邑。乙、丙之藏書，與甲之規模相等也。而籌畫之策，甲館任之，乙、丙之館但得一管理之人以司出納，無需多人而事舉，其利一也。購書之

事，責成於甲館，需用愈多，購入之費愈廉，其利二也。出版家遇非普通必需之書，定價必昂，小圖書館或竟無力購藏，今行此法，則總館但得其一，即可轉輾移至別館，而祕籍奇書遂得公之於人人，其利三也。小圖書館者，爲限於地方之財力，乃不得已而小其規模。十步之内，豈無芳草？啓發無緣，終成鄙儒。數邑相聯，財力併省，則可化小爲大，而受益者多，其利四也。

借書經理所，亦總館之支流餘裔也。所中但備書目，有借焉者，則代告於總館或支館。少一設館之費，而多一借書之所，用意至善也。蓋美國圖書館之書，皆任人攜歸家中。經理借書處雖無書籍，顧其書不難朝借而夕至。借書人固不必居所遲候，而有廢時失事之嫌也。

學校生徒，既乏購書之資，如必行數里之遠始有假書之地，則其嗜書之心，將牽於他務而不遑及矣。故圖書館之所在，必與學校爲鄰。總館之外，復設支館及經理借書，所以便之。而借書章程於學生、教員，特爲寬大，館中復送與目録，令其多知新書、舊籍之名，以養成其讀書之習慣焉。故曰：圖書館者，非第文學之旁支，抑亦教育之方法也。豈不信哉！

事非數習，則爲之而不精。美國於一千八百七十六年始有圖書公會，研求目録之學與圖書館創設、管理諸事，總會、分會，方州並應，今其會友已逾萬人。凡地方之創辦圖書館者，事有所不知，理有所可疑，皆往而詢之焉。及一千八百八十四年，紐約城之亞爾辦尼Albany大學始附設圖書館一科，而布魯克林Blocklyn、非勒特爾非爾Philadelphia、奕林諾爾Illinois諸邦之大學亦應之。卒業之期，自一年以至三年。一歲之中，卒業而出者，約得二十人。

又一九〇九年第一卷第一三期孫毓修《圖書館（續）》 建造書樓，爲藏書之第一事。而下手之時，最當審慎。苟非經費充足與經驗有素，則不如租賃開辦，徐圖建築之爲得耳。佛殿古剎、鄉賢祠廟，求之吾國，所在有之，皆可借用也。將欲築館，必先擇地。私家收弆，多在園亭別墅之中，寂寞寬閑之境。而圖書館則以便人借觀爲主，其地最忌奥僻，宜於都市之中，四達之區。吾輩即不暇舉東西諸國以爲例，即觀上海租界内西人所設之圖書館（此館英文名Shanghai Library），不設之於張園、愚園一帶，林木蕭閑之處，而偏於軍馬喧闐之南京路，則吾説固有證也。

吾國舊城，凡人煙聚集、市廛薈萃之區，則必街衢湫隘，鄰屋相聯，非特易致火災，且光線止於一隅，空氣不能流通，讀者無境隔塵外、俛仰自在之致。故與其專就人煙輻輳之區設館以便來者，誠不如擇地本清曠而又據適中之處之爲得也。

（舊日城邑熱鬧之處，往往僻在一隅，或據水道，或趨平原，未必盡居一邑之中也）如其地有興築公園、博物院之舉，則附圖書館於其中，最爲適宜耳。

將營圖書館，先當問有書若干册，并能出若干建築費也。既以現在之册數截算之，更預計將來續加之數。至短之期，亦當計及二十年之久。於經營之始，預留地步而後可。不然，他日毁之則重勞，擴之則不可。創始之人，必有任其咎者矣。

圖書館建築法甚多，而其最流行者，厥有三種。歐美名家之所以斤斤於此者，無非爲省費與衛生計也。今列其圖，并加論斷，以備從事斯道者之採覽。如左：

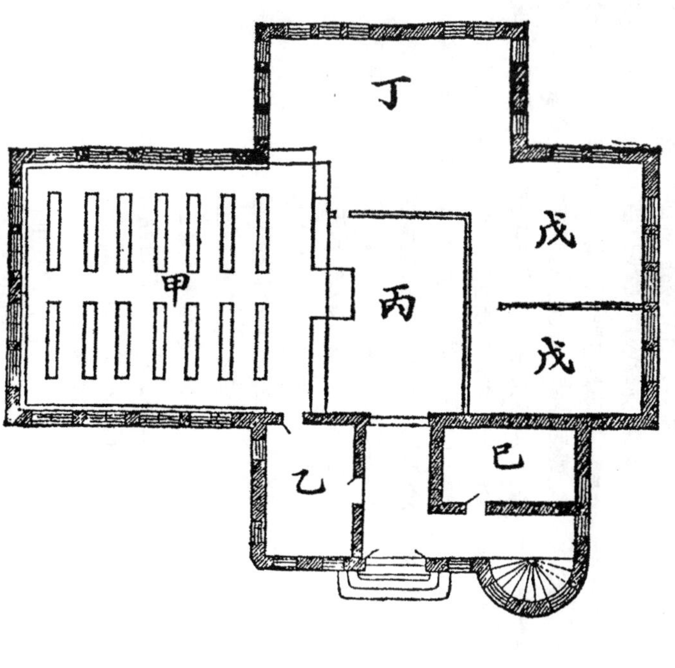

圖一

如圖，天花板與地板之間高十六尺（以英尺計，下同）。

甲　書庫，深、廣各三十二尺。

乙　事務室，深十二尺，廣十六尺。

丙　收發處，深二十七尺，廣二十四尺。

丁　閲書室，深二十四尺，廣三十二尺。

戊　閲報室，深二十一尺，廣三十二尺。

己　董事評議室，深十尺，廣二十尺。

戊有二室者，其一爲女子閲報處所也，吾國此風未盛，可改爲珍藏祕本古畫之所。自董事評議及祕本古畫藏室外，皆不須以墻壁爲障，斷以短闌或障以屏風，使室内之光亮平均流通。

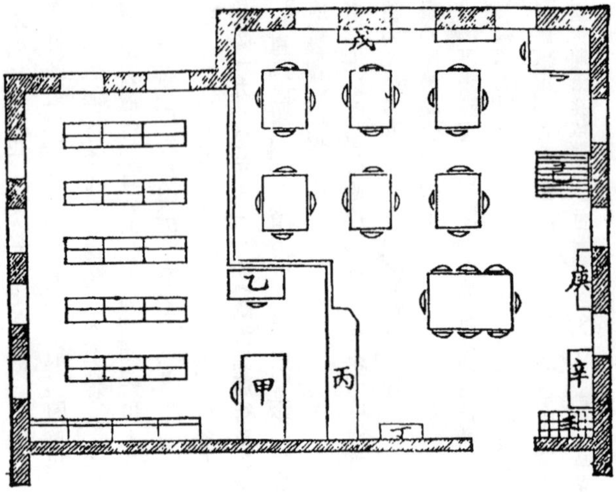

圖二

甲　圖書館長案

乙　管理員案

丙　書籍收發處

丁　書目處

戊　雜誌案

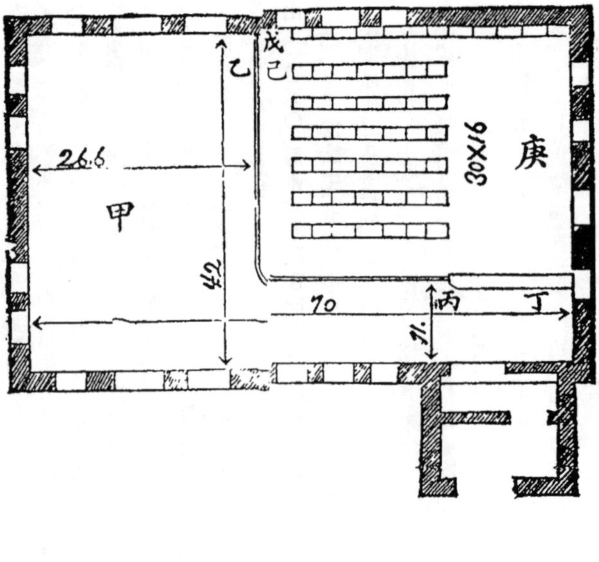

圖三

己　新聞案

庚　參考書（參考書謂字典也，常置閲書室内，便人檢索）

辛　椅位

壬　傘架

甲　閲書室

乙丙　鐵闌干

丁　收發處

戊己　藏書室

庚　事務所

右列三圖，第一圖之規模最備，其餘遞減，見深見淺，各視其情形而規仿之可耳。今有藏書萬册之圖書館於此，假定此後歲增千册，積二十年可增至三萬册也，則其館宜仿第一式。書籍之容量，每一立方尺，可容西裝書二十五册，華裝大四開

書三十二册，又小四開書三十二或四十册。（其他六開、小六開書以次類加）故豫算書庫能推廣至四十尺，則不患他日之實不能容矣。甲（閲書室）與丁（書庫）相接，則收發較便。如乙（事務室）無處可容，則併入於丁亦可。

建築之始，四周之規模仿此。第築平屋，以節經費。待收藏日富，加築重樓，以爲擴張之計。於樓上闢聽事，遇大會議，邦人畢集，則開此堂。又備空房，弆藏重出書籍，樓下書匱積至不能容，則可移閲書室於樓上。如此，則雖層樓繼高，書室彌恢，而地址仍不虞其窘迫也。歐美名都之圖書館，其房屋之制，皆極崇閎，爭研鬬奇，互相誇耀。此雖近於務外，亦國民興旺之氣之所寄也。吾今即不暇與鄰國相競勝，而通都大邑之館，亦不可過於樸陋。內室固當整潔，外觀亦宜精美。第恐加築之時，疊墻纍室，有傷雅觀耳。但如上列諸圖，皆可本其原則，改易位置，以廣其室。例如圖一之書庫，可延至乙、丙二室之墻根，書庫之大，幾可加倍。築成樓房，則丙丁戊己可悉遷去。以其餘室，盡庋圖書。於是，又可多五萬卷之地位矣。

《四川教育官報》一九一〇年第一一期《圖書館通行章程》 第三條 京師所設圖書館，定名爲京師圖書館；各省治所設者，名曰某省圖書館；各府、廳、州、縣治所設者曰某府、廳、州、縣圖書館。

第四條 圖書館地址以遠市避囂爲合宜，建築則取樸實謹嚴，不得務爲美觀。室內受光、通氣，尤當考究合度，豫防潮溼霉蝕之弊。

第五條 圖書館應設藏書室、辦事室。

第六條 圖書館應設監督一員、提調一員，京師圖籍浩繁，得酌量添設，以資助理。其館各員，量事之繁簡，酌量設置。京師圖書館，呈由學部核定；各省圖書館，呈由提學使司轉詳督撫核定；各府、廳、州、縣治圖書館，呈由提學使司核定。各省治暨各府、廳、州、縣治圖書館，事務較簡較少，祗設管理一人，或由勸學所總董、學堂監督、堂長兼充。【略】

第十八條 京師圖書館經費由學部核定、籌撥，撙節開支。各省由提學使司核定、籌撥，撙節開支。各府、廳、州、縣由地方公欵內撙節開支。

雜録

徐堅《初學記》卷一二《職官部下》 祕署，仙室。魚豢《魏略》曰：「蘭臺，臺也。而祕書署耳。」華嶠《後漢書》曰：「學者稱東觀爲老氏藏室、道家蓬萊山。」王融《曲水詩序》曰：「紀言事於仙室，謂藏室也。」芸臺，蓬觀。魚豢《典略》曰：「芸臺香辟紙魚蠹，故藏書臺稱芸臺。」蓬觀見仙室注中。延閣，祕府。劉歆《七略》曰：「武帝廣獻書之路，百年之間，書積如丘山，故外有太常史博士之藏，內則延閣、廣內、祕室之府。」《漢書》曰：「天下文籍，悉在廣內、祕府之室，謂之祕書。」東壁東觀，蘭臺麟臺。《石氏星經》曰：「東壁之星主文籍。」東觀事見仙室注中。《漢書》云：「御史中丞掌蘭臺祕書圖籍。」又魚豢《魏略》曰：「薛夏爲祕書丞，時祕書掌公事移蘭臺，蘭臺自以臺也，祕書丞時爲署耳，謂夏不得移，當有坐者。夏報曰：『蘭臺爲外臺，祕書爲內閣。臺也，閣也，何不相移之有？』蘭臺无以折之。」《三輔黄圖》曰：「未央宮東有麒麟殿，藏祕書，即揚雄校書之處也。」以上載祕書。典圖書，掌祕奧。《東觀漢記》曰：「桓帝延熹二年，初置祕書監，掌典圖書，古今文字，考合異同。」温嶠舉荀崧爲祕書監，曰：『夫國史之典，將以明失得之跡，謂之實録，使一代之典，焕然可觀。散騎常侍崧，文質彬彬，思義通博，歷位先朝，莅事以穆，宜掌祕奧，宣明史籍。』」考同異，校古今。考同異事見典圖書注。王隱《晉書》曰：「惠帝永平元年詔云：『祕書監綜理經籍，考校古今，課試署吏，領有四百人，宜專其事。』」典文章，綜經籍。《華嶠集》曰：「詔尚書曰：『亭侯嶠，體素弘簡，文學該通，經覽古今，博聞多識，著書實録，有良史之志，故轉爲祕書監。其加散騎常侍，班同中書，寺爲內臺，使中書、散騎及著作，理禮、音律、天文、數術，南省文章，門下撰集，皆典領之。』」綜經籍見校古今注中。撰《皇覽》，次竹書。《魏志》曰：「王象字羲伯，散騎常侍，領祕書監，撰《皇覽》。」傅暢《晉諸公讚》曰：「荀勗領祕書監，太康二年，汲郡冢中得竹書，勗躬自撰次注寫，以爲中經，列於祕書，經傳闕文，多於證明。」著《陽秋》，典文字。何法盛《晉中興書》曰：「孫盛自安國爲祕書監，加給事中，篤尚好學，自少及長，常手不釋卷，既居史官，乃著《三國陽秋》。」典文字見典圖書注。幽讚符命，宣明史籍。傅暢《晉諸公讚》曰：「庾峻自司空長史遷祕書監，幽讚符命，天文地理，因有述焉。」宣明史籍事見掌祕奧注。

晁公遡《嵩山集》卷五〇《眉州州學藏書記》 郡於益部，以蓋藏則不足焉，以文則富矣。予始至郡，見學宫諸生，誠皆彬彬然。徐問諸學官，其食有田而無書也。郡之富於文，不獨諸生之言辭爲然，蓋文籍於是乎出，至布於其部，而溢於四方。顧學官無書，甚不稱也。予既爲之市諸書以遺學者，不竢求諸其家，以取於左右而足，豈但使之誦説而止歟？夫書之效，修於家則齊，修於國則治，修其身可以爲成人，其大如此。或者好之，有謂之癡，謂之貪，謂之淫者，非書之罪也。今夫博觀而彊記，盡天下所有無不知焉。及與之語道理，論當世事可爲不可爲，後所以利害者，則昏塞而不通；置諸其位，臨事如毫髮，比皆荒憒而皇惑，不幾於癡乎？其志惟欲天下之書萃於其家，見或有之，則必取之，而記覽實不能周，矜多衒得，横陳

於前後，目愉而心悦，謂之貪且淫，其亦可也。學而至於此，已於書有負，況挾其説，上下馳騁，以文其姦而欺其君！惟其所爲如戰國縱横之徒，秦疾其然，并其書焚之。夫秦敢遽蔑棄吾書哉？挾書以爲資者纍之也！夫子爲斯文，生以口相傳，殁則壁而藏之，抑有望於後世以羽翼夫道也。縱不能羽翼焉，其無負之可也，而乃纍之，可勝恨耶！郡人張文紀在漢末建安間有高節，蓋可奮乎百世之下，其被於學官諸生爲近，其風宜有存者焉。今知予遺之以書，必不肯負之，其尚有纍之也耶？

劉摯《忠肅集》卷九《啓書記·南嶽御書閣記》　南嶽釋文政，於其所居勝業寺建大閣，置太宗皇帝御書其上，來請文爲之記。竊嘗讀《國史》，恭惟太宗皇帝以神武聖謀嗣太祖開基撥亂之後，薅洗四方殘餘之孽，曾不數年，天地清明，兵革偃而法度修，嘉與天下同休息乎無事。文武二者，思有以張弛之。於是嚮用儒學，尊尚經術，觀書稽古，多所述作，於其閒暇，則又玩意於翰墨之間，凡所謂退朝之樂，皆不以易此。至真宗始聚其書，詔儒臣章别次第，著定爲一百二十卷，刻之金石，副在有司。又以分藏於天下之名山，凡道觀佛寺，往往得被其賜。每歲推恩，度其守藏之學者一人，至於今且八十年矣。嘗得即其書而觀之，蓋其所自論著，爲世謨訓者，固皆原於道德之意。而其餘書帖亦多雜取六經、諸子之要言正論，至或選摘衆流異傳佛老之説。説雖不同，要皆有益於修身治心爲天下國家者。以是私嘗推求聖人之意於道德教化，其心蓋未嘗須臾離也。故雖當閒宴，猶從容發見於揮毫之際，然則又知其所以勤勤於文墨者，豈獨以爲娱樂而已哉！自書之頒佈，其藏之者，或以旁廡庳室，禮事不謹，徒知蒙被其澤，而不知尊安振顯之，甚非所以報盛德之賜，揚萬世之休。間有知此者矣，或未知聖人之爲是書，其心之所存蓋如此。於是既嘉文政能有所建立，以致臣子之奉，又嘗與之論是書之所以然，故書其本末，俾刻石於閣下。

又《鄆州賜書閣記》　元祐七年正月乙未，臣某言：「臣所治鄆州有學，學有師生廪食，而經籍弗具，非所以訓道德，厲人材，願下有司頒焉。」詔可。州乃選於學，遣二生聽命，粤十月甲申，得書二千七百卷至自京師。州人學子，頓首幸甚，請紀其事。某昔者結髮就師，從先生長老姜潛、劉述、龔鼎臣輩治經藝，習文辭，上下凡十餘年，實在是學。於時少長嚮勸，程課甚密，而書籍殊尚缺然，至嘗外假《穀梁春秋傳》、范蔚宗《漢書》手寫讀之。其後出入仕宦，又餘三十年，假守復來。覽觀廟學，雖舍宇有更徙，而風致宛然如故，學生三倍於昔，振振焉，洋洋焉，甚可觀也。顧太守老矣，無益學者；又不能勸駕隱約之士，顯之朝廷。徒幸遭遇天子崇儒右文，加惠學校，又以某常待罪左右，素憐其愚，所請或不忍輒報聞罷，以是故能爲諸生獲此賜書。事雖適然，而上之所假寵，有在乎是。且學興於景祐戊寅，實在慶曆立學詔令前，歷年最久，盛冠東方，而未有是賜，如有待者，是誠不可以不紀。乃即學之中，構爲層樓，樓書其上，而經傳百家篇帙之名數與典領禁戒之法皆揭之，使以時考之。若夫身與諸生從事講誦，識其大者，毋爲書羞，則有學官在；而探討勤怠，有得無得，則又在諸生自爲之。某也尚欲何言歟？夫閣之工費細故，皆置弗論，獨叙其本末，以告凡在學之士與後之人，使勤守焉。

唐庚《唐先生文集》卷一五《新修敕書樓記》　始余未至閬中，聞其爲劇邑也，意其官府制度，諸事有體，稱古子男之邦。既至，入門見其所謂「敕書樓」者，庳屋數楹，椽腐瓦疏，將過其下者，則必却蓋俛首，鞭馬疾趨，凛然惟恐其欲壓。顧而疑之，以爲縣治于此，不知幾何年。今之從者，亦不可勝數。樓在廳事之前，非思慮之所不及，然皆更相因仍無改作者，何也？既而究之，乃不足怪者。始，宣德郎孫君襲既新廳堂，嘗議及矣，未果作而受代去。奉議郎李君觀繼修庫獄，復有意于是矣，以饑而寢其事。至余號爲愚戇無知，鋭然直前，而不顧利害者也，然猶尺寸積纍，二年而後有作，親董其役，數月而後有成。蓋自二君以迄于今，更閲三閏，然後得以一變其舊。嗚呼，何其難哉！而況興利除害，立事建功，規爲措置，有大于此者，不又難哉？以余成之之難，有以知二君欲爲之難；以二君欲爲之難，有以知前人更相因仍，歷年滋久而無所改作者，彼非安于如此也，蓋勢不足以使人，力不足以行意。舉手動作，左窒右礙，終日憂畏，而不得以遂其所欲爲。此人之爲吏所以無功，天下之事所以不立，而有志者所以永嘆也，何獨此哉！何足怪哉！樓屋上下十間，餘材爲吏舍十有七間。始于元年之六月，成于十二月，而余去以二年之七月云。

程俱《麟臺故事輯本》卷一　咸平二年七月甲辰，幸國子監，還幸崇文院閱羣書，命從官縱覽。登祕閣，觀太宗聖製墨跡，上惻愴久之。賜祕書監楊徽之、集賢院學士錢若水，及館閣官、點檢書籍劉承珪等器帛職掌緡錢。

朱松《韋齋集》卷一〇《建安縣敕書樓記》　建炎初，詔州縣官寺趣無乏事，他不急之役悉禁，毋得以勤民。建安縣廨自火于戊申之盗，仍寓於民居，湫隘單露，於令所以賦政百里者甚不足以稱。中又更盗賊廢亂，至煩王師，群盗始次第伏誅。是以凡五六年，猶不克以詔書從事而復於其舊。紹興四年，今左朝請大夫、長樂石君廉來爲令，汙萊浸闢，閭里昭蘇，始營表縣治故址。度材致用，百役皆興，未幾而

堂廡庫獄與凡令所以聽訟宴客者不侈於舊而皆備。獨門未及作，而石君受代以去。後三年，今令左承事郎、括蒼葉君蒔至，曰：「閈閎卑瘁而風氣虧疏，前令所不暇，非以吾諉也。吾又趣過目前，而曰待後之人，竊不共事，不已甚乎！且異時遵用建隆詔書，即門爲重屋，取凡制敕，庋而藏之其上。今無所於藏而寘之他所，甚非有司尊嚴象魏、謹守章程之意。」乃作新門，而因建所謂敕書樓者。十年正月某甲子始作，訖於三月之某甲子。以工數之，蓋三千而贏，嚴正高明。父老來觀，莫不豫然動色而相謂：「縣有大役，乃無一吏持符囂讙吾里中者，蓋令隱吾民脱命九死之餘，日入於困窶而將無以生也，恕思而勤撫之。斯役也猶不吾及，況於奉己厭私之爲乎！」於是相率來請文以爲記。夫置吏以爲民也，吏遍於天下，而柔良介特之民不獲其所者尚多，則材者少也。吏材矣，私志未泯而惻怛之誠不至，則頤指嚬笑之間，有能乘之以齮齕吾赤子者，而況於官有大役乎？君子之觀政也，得其素孚於民者而於舉事焉驗之，則庶幾矣。然則兹樓之役，其亦足以觀夫。

楊萬里《誠齋集》卷七三《建昌軍麻姑山藏書山房記》 余同年何同叔謂余曰：「異里中有名山曰麻姑者，山水之勝甲大江之西，距建昌郡城十里所，山自趾距椒稱是。道旁古松合抱，皆二百年物，瀑泉雙流，若自天而下。有老子之宫曰『仙都』者，枕山而居，隨山之高下爲屋。或云蔡經之舊宅，與王遠、麻姑邂逅之地；或云仙者葛洪煉丹之所，其井故在。而顔魯公記但云『山頂有壇，相傳麻姑於此得道』，則前之二説然乎，否乎，未可知也。異淳熙丁未之春偶至山中，爲留一月。一日藤杖芒屩，乘興孤往，至宫之西財數武間，見松竹羅植，相得爲林，前對五峰，下臨一水，欣然會心，因喟曰：『此地獨無喜事者結屋數椽，上建小閣，用廬山李氏藏書故事，作一山房，使來游者登閣覽勝，把卷倚欄，顧不樂哉！』自是，此意往來于懷，雖去山未嘗去山也。後一年，客裏逢今邦侯江君，相語及之，江曰：『當不忘此。』其冬抵官下，後一年，郡事畢葺，蠱者飭，廢者舉。後一年，廼諏其地，踐曩之言。立屋六楹，後贅一室，前作重霤，廼閣其上，月扉風欞，縹渺飛動，若出天半。廼斲文木，廼架廼櫝。經史百氏，訪之旁郡，是庋是置。道士李惟賓、鄧本受相與勠力，春孟作之，季而落之，談者以爲山中盛事。子盍爲余書之，俾來游者知賢太守之文雅，二道士之勞勩？」余曰：「諾。」爲書其語。江君名自任，三衢人。恬退有守，節用愛人，不飾厨傳，不事要結，而獨於此不計費。同叔方策第時年最少，出拜同年生，一坐皆屬之目。余與之合而離，離而合，三十七年矣。今乃爲國子主簿，蓋其孤懷勝韻，與山林作緣也厚，故身退而詩彌進，位下而人彌高。觀山房之舉，可以得其概矣。

黄震《黄氏日鈔》卷八七《廣德軍重建藏書閣記咸淳五年三月》 書果何從而始者哉？其殆造化自然之文有不能不爲文者乎？夫自兩儀既判，一氣交錯，在天成象，則日月星辰文於天；在地成形，則山川草木文於地。此猶其文之章於人者，凡有血氣，舉能飛揚晶粲於拱挹之不可具述，故林林總總，充塞乎天地之間，何莫非造化自然之文乎？民之生也，惟聖人之獨得其全者，夫孰能與於斯？故其日用必以文爲言動，而言之獨造其妙，以教於世，人文之文是也。天之所以高，地之所以遠，日月星辰山川草木之所以昭布森列，而人之所以中立其間，以明理以修身，以能全君臣父子之天，以能爲夷狄禽獸之主，使天地以之位，萬物以之育，日月星辰以之無變蝕，山川草木以之無菑毀，而造化以之運行於無窮，無一不會萃昭發於聖人之經，以開示天下後世之人，皆吾夫子之《易》、《春秋》、《詩》、《書》，執禮雅素之言，誠可以常行者也。大哉聖人乎！其行可爲天下法，其言可爲天下道，其又造化之所託以語諸後覺之民乎，天假之以諄諄然面命者乎。然造化自然之文賦與萬物，又皆紛然雜揉。天不惟有日月星辰之文也，有蝕霣則文之變焉。地不惟有山川草木之文也，有榛莽則文之反焉。人不惟有六經之文也，有異端邪説、稗官野史、哇聲曼曲，則文之賊適以惑亂生民，使不得知我之本無異於天地者焉。嗚呼！不有聖人復生，其誰與覺此？天開我宋，五星聚奎，列聖相承，崇尚斯文，徵儒積年，校讎秘閣，而朝廷藏書亦已勤矣，而又勑白鹿洞等四書院藏書。天聖元年，王宫國都莫不有學，又聚監書。及紹興二十一年，設官分署，六經子史舉令通疏義。而天下郡縣學無不盡其力，通解其義。聖教旁洽，書固家藏而人誦，猶必切切焉從而藏書於官，何哉？藏於官者聖人之書，外是而私藏者非聖之書。書之出於聖人者，造化之至文，天地所以奠，人極所以立，聖朝所以頒教於天下。非聖而言書者，紛糾之惡氣，天地所以不寧，三綱五常所以淪斁，聖朝所昭示天下以勿習。然則藏書之關繫果何如？而職教州縣之官宜何如其示人哉？廣德軍舊有藏書閣，重建於慶元戊午陳公昡修政之初，嘗謀構材，命工治之，顧惟書亦散失。天台謝君夷甫與公爲同志，以慶元己未秋來爲郡博士。［闕］盡撤書閣之書而新之。始於明年正月癸卯，成於是年三月癸巳。棟之高於舊者五尺，宇之廣於舊者四尋。［闕］屹若天成，焕如日星。上崇聖經，次下乃列子史，其旁乃置朱文公及古今名儒注解、著述能行吾聖經者，以增比而附益之，道德性命無所遺，可謂盛哉！君之舉也，皆非庸常可以比擬，又豈但藏書於閣而已乎！口誦心維，犁鋤

經訓，其修己治人之心，躬行踐履，毫髮不背，則此書當藏之身；待時行道，躋世太平，則此書當散而藏於天下。文明之治矣，然後無愧於藏書之義。否則，藏而不知讀，愚也；讀而不知用，癖也；官所不藏而私讀，邪也。造化自然之文鬱，聖人造化之理乖，則聖朝所命藏書之意孤矣，可不懼哉！可不勉哉！抑此志不可以强振，而君之勤於士又非特於書閣爲然也。歷觀被葺之新，彝教有堂，沂詠有亭，浩觀有閣，以及戟門、廊廡、齋序、垣墻皆葺之新，庖舍則又增大而更之新。來南山之水而三其門，高水中之堤而來之柳。東引之而砯，橋數十尺以達梯雲之門，西引之而砯，大路千五百尺以通明倫之坊。凡所以爲游藏地者悉矣。天光入境，表回互發，耳濡目染，灑落脱俗，士於斯乎觀藏書於以其舒徐正大之心，體吾列聖右文頌教之心，聖人雖遠，天地雖大，造化雖不可測，文不在兹乎？咸淳五年三月丙午朔謹記。

林表民《赤城集》卷五季翔《台州州學藏監書記》 文籍生於虙羲，六經成於孔子。子出《論語》，史始編年。厥後書日益繁，六經之外有傳註，傳註之外又各有書，諸子亦各有傳註，史家又有雜説。學者恥一物不知，昔人有願入秘書，一讀平生未見之書。夫爲士，未入秘書，必游學校，求多書者假之以觀。而貧者苦於無資，其力能以置者，固不知秘書之富也。非賢師帥爲之置書其間，學者非自致青雲之上，求入秘書，終未得盡讀聖賢之書如古人矣。此爲士者公患也。上即位之首年，敷文閣待制趙公以同姓之賢來守丹丘，下車敦庠序之教，士知嚮矣。明年春，陟巍科者十人。江山之勝，蔭牛宿而直台躔，長才秀民間出其間。每三歲，南宫有司以名上者不過四五人，至此遂倍蓰於他時，豈非教養作成之有道耶！一日，公謂翔曰：「來學之士宛然洙泗之風，獨書籍未備，不足以供其觀覽，未免假書於市者。」於是出帑藏之贏五百緡，置監書三千五百卷，命藏之學，俾登吾藏書之所，如入羣玉之府，球琳琅玕，無所不有，仁智各隨其所見，大小各隨其所得，異時推其得於書，可堯舜其君民，是藏書之效也已。嗚呼！賢矣哉，仁人君子之用心也！兩漢四百年，傳循吏纔十有八人，文翁興蜀學，遂冠西京循吏之目。衛颯興桂陽學，遂首東京循吏之名。彼之興學，未暇藏書也，固曄猶歆艷如此，睹公勸學之勤，藏書之盛，又當大書不一書，爲時循吏之冠冕矣！翔非其人也而公命記之，姑叙藏書之歲月，俾取書而觀者曰是趙公之德也。書之藏不朽，公之名亦與之爲不朽；書之澤無窮，公之教亦與之爲無窮。昔召伯聽訟南國，去左右於成王，人懷之，勿剪其甘棠。公今易鎮四明，行勸相于朝，是書之遺德多士，奚止甘棠之遺愛比耶！公有才美文章，而無驕吝之私，天資至誠，樂成人才，治郡煒然有聲，爲前人之未爲能，前人之難能，其藏書于學尤爲可書也。若夫得魚忘筌，得兔忘蹄，得道忘書，雖有不容贅者，要之得魚兔者必自筌蹄始，學道者必自藏書始。

厲荃《事物異名録》卷一四《宫室部·秘書省》 蓬館。《漢書》：「東觀經籍，多蓬萊海中神山仙府幽經秘籙，故稱蓬館。」按：即秘書省也。

圖書府，典籍府。《宋史·楊徽之傳》：「秘書監曰圖書之府。」又《西都賦》：「天禄、石渠，典籍之府。」

群玉府。《白帖》：「天禄、石渠，上帝群玉之府。」

木天。《六典》：「内諸司舍屋，惟秘書閣最宏壯高廠，謂之木天。」

大蓬。鄭氏《談綺》：「秘監曰大蓬。」

蘭臺，麟臺。《通典》：「龍朔初，改秘書省爲蘭臺。」「天授初，改爲麟臺。」又曰麟閣。

華省。《唐宋廣平集》：「睠彼蘭臺，古稱華省。」

芸臺，芸閣。《典略》：「藏書臺稱芸臺，閣曰芸閣。」

芸局，芸省。《陳子昂集》：「芸局都奥，見天下之圖書。」又梅堯臣《送劉著作赴弋陽宰詩》：「遂除芸省郎，出治江上縣。」按：芸局、芸省，皆謂秘書省也。

《杭州白話報》一九〇二年第二卷第二九期《杭州藏書樓記事》 杭州下城菜市橋地方，向來有一個東城講舍，也是專課八股的。後來開了一個求是書院，把講舍所存的公款，移作求是書院的經費，這間講舍的房屋，也便空了下來。前兩年，改了一座藏書樓。但是地方太偏，看書的人，因此也不甚多。近來張燮鈞學台立意要推廣這件事情，因籌了一萬多款，另在大方伯地方買了一座洋房，作爲藏書樓的地方，計買屋已費去八千餘元，還要修改修改，這種款項，也已留存無多，但是學台意思，以爲向來藏書樓所備的書籍，遺漏尚多，現又撥款添購書籍。聽説學台還想在各地方推廣開來，因又通飭各府，諭令一體仿行，毋得以經費不足故意延緩。唉！現在中國讀書的人也是真正太少，内中有一個緣故：苦人太多，讀不起書，因此便把少年子弟躭擱下來。此番張學台要推廣藏書樓的意思，大約也是爲此。不過藏書樓這個名目還有一點不大妥當。爲什麽呢？因爲買了這些書籍，總想有人來看的，若是叫做藏書，豈不是重在藏的一邊麽。并且跟著藏的意思，那買書的人，自然好買些宋刻明版，裝潢得和古董相似，這卻大背了開設藏書樓的本意了。我想張學台的意思，或者不是這樣的呢。

藝文

《全唐詩》卷三明皇帝《集賢書院成，送張説上集賢學士賜宴，得珍字》 廣學開書院，崇儒引席珍。集賢招衮職，論道命台臣。禮樂沿今古，文章革舊新。獻酬尊俎列，賓主位班陳。節變雲初夏，時移氣尚春。所希光史册，千載仰兹晨。

又卷八七張説《恩制賜食於麗正殿書院宴，賦得林字》 東壁圖書府，西園翰墨林。誦詩聞國政，講易見天心。位竊和羹重，恩叨醉酒深。緩一作載歌春興曲，情竭爲知音。

又卷一五五崔曙《奉酬中書相公至日圓丘攝事，合於中書後閣宿齋，移止于集賢院，叙懷見寄之作》 典籍開書府，恩榮避鼎司。郊丘資有事，齋戒守無爲。宿霧蒙瓊樹，餘香覆玉墀。進經逢乙夜，展禮值明時。動共山河列，名同竹帛垂。年年佐堯舜，相與致雍熙。

佚名《青雲樓》卷下虞執中《天禄閣賦》 野鹿獻，碭龍興，隔壁夜奏，夜刀發縈。坑灰煜兮未冷，谷瓜菀兮方榮。噫！天常之靡常，諒人謀之匪貞。於是阿房之巀嶫，變而爲天禄之峥嶸矣！思昔漢皇，肇造未央，奉春建策，酇侯贊襄。壯帝居以威海内，重國民以網四方。念夫人文不可以不振，而孫謀不可以不長也，乃成石渠，乃構天禄。奂兮相輝，嶷以争矗。於以擬金匱之儲，於以擬典墳之蓄；於以翊皇極而熙群黎，於以垂統緒而昭雍穆。然後知天禄之爲閣也，是豈承明、金馬之等倫，□詣、天梁之所齒録也。吾想夫是閣也，崛峋崱屴，崚嶒岧嶢，盤踞厚地，凌駕絳霄。矱乎若層雲之擁乎貝闕，屹兮若連橋之捧乎群鼇。坡陀上騰，通帝座之呼吸；曭朗内發，納灝氣之飄蕭。挂星□於牙嶜，宿氛靄於稜坳。接羲和之往來，憇松喬之遊遨。爾其桂棟，金鋪碧璫，晶熒互激，構締相當。近瞰飛廉，遠通建章。頫二宫而軼清館，跨雙闕而超百常。可以眺高明而覽遐邇，可以漱沆瀣而接混茫。是宜群玉之别府，道山之珍藏。若乃羲訓軒圖，帝倫王紀，倚相所誦，柱史所理，科斗之文，雲鳥之體，或屋壁之舊藏，或糟粕之餘滓，莫不縹囊緗帙，寶軸牙籤，金輝玉映，山委沙連。芸香飄兮風寂，虹光皜兮秋娟。是皆修齊治平之典，奕世永年之編。淹今而包古，啓後而光前。非若阿閣好古之異，鳳閣美名之妍，而况於象形設色，若麒麟之與凌煙也？觀其掌以重臣，校以鴻儒。擴前王之儀範，裕後昆之宏模。皇風於焉而尊盧，世道於焉而赫胥。綿千傳與萬禩，尚奚讓於古初。然則天禄之閣，所以大有□於斯文者，豈非所傳者道、所宗者書歟？嗚呼！書者道之存，閣者書之寄。不有兹閣，斯文其墜。偉漢唐之英君，創貽謀與規制。宜天禄之美名，亘千齡而靡替也。雖若藏書於閣，曷若藏之民間？泥道於書，孰與見之心得！使鏤金刻石，將人誦家傳，實踐躬行，是乃治安之良策。夫何安事之譏在耳，多欲之好方亟，刑名黄老陳其前，不學無文參其側。且千門而萬户，泰山而鄒嶧，則夫漢世之藏書，殆亦太平之粉飾。慨更生之多材，誠宗賢而貴戚；詫神怪之荒唐，托盛精於太乙。彼符命之沾，曾何補於萬一？迹投閣之怔憎，歎迷幾於执戟。若然，則藏書非教，固舛襲於魯魚；校書非人，寧不忝夫厥職也哉？雖然，失可得償，過當功補。書收而閣，不愈於煨燼而灰塵？閣藏者書，未下於管絃而歌舞。况青黎洪範者，抉五行之微；白首太元者，演三《易》之緒。則是閣之建，猶爲杌吾道之棟梁，而漢人之爲，亦當進之聖賢之墀廡。尚何偲偲焉昧其大致，而指其□窳也？函關西，峥閣道，遺野燒兮蓬萊，悵昔人兮安在？嘻洪氣以成洪，將老髯而三慨。灑龍香以寫賦，緘長風以迢徠。

黄淮《省愆集》卷下《乙未夏五月初三日夜夢侍朝，因追想平日所見，成絶句三十八首》 文淵只在殿東頭，奎璧輝光日夜浮。插架圖書千萬軸，又令軺使出旁求。

劉儲秀《劉西陂集》卷四《天禄閣》 平生共許識奇字，復此長年校秘書。不省美新緣底事，空教客薦似相如。

又《麒麟閣》 詔今藏書清切地，一同圖畫衆功臣。董賢後此雖招宴，凛凛英靈定見嗔。

嚴怡《嚴石溪詩稿》卷二《秋日奎光樓對雨》 東郡藏書百尺樓，飄飄何意我來遊。雲天送日冥鴻晚，風雨憑欄海樹秋。狂飲未能忘社酒，流離空自賦旄丘。人間尚有藝香閣，頭白昏昏也合休。

陸世儀《桴亭先生詩文集・詩集》卷四《汲古閣》 深閣圖書滿，登臨氣倍清。此中能養豹，何用更聞鶯。汲古傳修綆，遺經見太羹。十年酬宿願，不負剡溪行。

查嗣瑮《查浦詩鈔》卷三《東觀》 萬古詩書一灼亡，旋將餘焰盪咸陽。聊從孔壁收殘簡，重遣陳農訪舊章。虎觀異時争得失，鴻都新學又披猖。六經三體今何在，空向春明借客坊。宋次道家多藏書，學者就鄰借鈔甚衆，春明坊屋價頓高。

紀昀《紀文達公遺集·詩集》卷二《恭和御製經筵畢，文淵閣賜宴，以四庫全書第一部告成庋閣内，用〈幸翰林院〉例，得近體四律，首章即疊去歲詩韻元韻》 石渠初貯牙籤滿，金殿羣瞻綵仗移。芸笈霏香風細細，花甎列幄日遲遲。西崑舊記笙簧盛，東觀偏承雨露私。跽讀奎章恒企羨，乾隆甲子冬，御製《幸翰林院賜宴詩》，勒石堂壁，詞臣恒所瞻仰。如今幸慰素心期。

銀榜璇題勢壯哉，閣成專待奏書來。十年編校纔粗蕆，四部源流幸略該。玉楮難雕多曠日，金根屢誤愧非材。七回叨沃三清琖，自甲午以後臣凡七預重華宫内宴。此度瓊筵又得陪。

羣仙珥筆效賡歌，仰矚麟臺錦帙羅。細別瑕瑜皆有取，親操衡鑑匪由他。從心矩乃能如是，合轍車寧問作麽。萬卷菁華融妙理，自然禮樂建中和。

錫宴晨曦輝藻井，聯吟午漏報蓮籌。天開壁府惟今盛，星聚奎躔有此不。文露瑩於珠顆顆，恩波長似水悠悠。陶陰方在刊三寫，共效丹忱莫滯留。

清高宗《御製詩四集》卷三〇《趣亭》 天一閣前原有池，池南更列假山峙。文津之閣率倣爲，故亦疊石成嵔崼。有峯有壑有溪澗，澗水琴音瀉池沚。東則月臺西西山，又如寶晉齋傳米。山亭因以趣爲名，林泉引興誠佳矣。貯書四庫其趣多，饜飫優游意在此。

翁方綱《復初齋詩集》卷一九《祕閣集五己亥二月至八月·二月四日上御經筵，臣方綱以校理侍文淵閣，敬歌以紀》 中天書庫照萬方，羣玉册府開文昌。今之文淵古祕閣，帝作之記文聿詳。勒碑閣東仰宸翰，復書于閣于中央。匯流瀓鑑榜四字，倚天照水金煌煌。又題先天生一義，成之地六陰含陽。五奇六耦象結構，最西一架其梯桄。前臨方池後疊石，石迴軒砌池暎廊。文華後簷主敬對，以次而北圍紅墻。昔聞迤東五楹制，東西内署分兩房。金元上溯宋三館，書目輯到孫與張。何幸重開際熙代，集成圖史垂縑緗。聖人有作道統備，聲金振玉謨洋洋。詔裒四庫極萬種，天禄特啓諸琳瑯。四方購獻卷各萬，散篇大典搜遺亡。武英繕録兼校刻，文淵規式爰料量。先是浙中范氏閣，獻書因繪來帝傍。帝曰麟臺有故事，領閣直閣咨官常。提舉校理及檢閲，翰林詹事局與坊。遴選俾充典司職，全書薈要齊軸裝。五年奏最褒錫屢，二月講幄春晝長。是日御講《易》、《論語》，先勞無倦益道光。《論語》「先之勞之」一章、《易》「自上下下」二句。墀下講官拜稽首，橋邊緑樹仁風翔。天光下臨步升閣，萬卷一氣生晶芒。雲團九光日五色，精神萬古會一堂。傳心東殿儼晤對，羲農軒堯舜禹湯。諸子諸史總別集，純乎至理非文章。帝以躬行爲論説，即以實踐爲收藏。不須辟蠹用芸葉，自有至治爲馨香。臣等校讎日何補，周阿趨步徒彷徨。源于孰討津孰逮，文源、文津二閣。淵乎大海誰爲梁。聖學高深極廣大，遊其下者胥以匡。目營非可寸尺度，面立更恐行習忘。昔者胡儼顧清賦，僅侈臺榭誇芬芳。元《祕書志》事無紀，宋《崇文目》卷既荒。禮儀職官與經籍，由乎百世等百王。每來閣前輒惕息，況承謦欬瞻丹黄。作君作師本合一，中規中矩慙趨蹌。不獨一十六載憶，香案西側陪班行。

許兆椿《秋水詩文集》卷五《奉天府四首》其三 金城屹屹望京華，上將宗臣此建牙。議政亭留開國日，大清門左有議政亭，中一亭黄瓦，左右亭皆尋常筒瓦，爲大臣聚議朝政之所。藏書閣起半天霞。西爲文溯閣，今上四十年建，藏《四庫全書》一分。揚旗雪立三千帳，夜火星分十萬家。二百年中休養在，當時折戟總沈沙。

曾燠《賞雨茅屋詩集》卷一四《辰谿藏書室歌》鐘鑾洞，傳爲穆天子藏書處，其山連二酉也。 穆王北至羣玉之册府，東次雀梁而蠹書，不知所載何秘典，恨不如造父大丙爲御車南征及酉陽傳記蓋闕如。聞有緘縢在石室，使人到此心躊躇。孔子游楚，曾一親探無不然。藏書周室，問之柱下史，大略可得而聞諸。歷代求書書不出，明正統中，見者惟樵夫。告諸縣令亟向取，化作煙霧飄風俱見許纘曾《東還紀程》已矣乎。天意不使人知乎！大抵幽經異籍，恐滋後世之狂愚。帝魁已來，三千二百卌篇外，亦有禹發宛委，堯得河圖，鳳銜于岐周之地，鱗吐于豐沛之區，魯則寫于端門，吴則竊于靈墟，又況皇天古穴汲冢素儲卷袠皆出秦灰餘。何以頻斯！竹簡不識字抱犢山洞迷其途，得之不得命矣夫。使人望古徒欷歔。向聞日本國頗有中華未見書，眼前二酉之藏猶若此，滄溟萬里焉能逾？

葉名澧《敦夙好齋詩全集》初編卷八《北來集·穆天子藏書室并序》 辰谿縣右鐘鼓洞，相傳有穆天子藏書室。明正統間，樵父入石室，見書，報縣令，令往取之，隨風飄散無存。許纘曾《東還紀程》載其事，其山與二酉相近。

鐘鼓洞中書萬卷，穆王八駿之所遺。上古大文在宇宙，後有至者無由窺。金簡玉字埋荆棘，青黄黼黻蟠蛟螭。樵父見之不敢識，蟫臭蠹蝕隨風吹。君不見汲冢盜發竹書出，孔壁絲竹嗚嗚咿。載籍顯晦存乎時，祖龍劫火徒爾爲。

陳作霖《可園文存》卷四《移建文宗閣於鍾山側議上梁星海學士》 蓋聞星明東壁圖書之府，聿昭水匯南江睢涣之文。斯耀當聖清之中葉，正文運之宏開，尊

經、史、子、集之藏庫，分爲四，別淵、溯、源、津之外閣，建爲三。緬彼金山之巔，特賜文宗之號。現華嚴之世界，歡洽人天，並瀾、匯之御題，地殊揚、浙。久已，衿青碩彦，得窺中祕之儲；緗素名編，永付長恩之守矣。奈何紅羊换劫，青犢傳烽，蘄王之桴鼓不鳴，劉展之旋旗競進。銅鋪釦砌，繫厩馬以成群；瓊軸瑶函，歸祖龍之一炬。是可忍也，不亦傷乎！兹者天地重清，山川如故，過遺墟而憑弔，祇見飛燐；憫後進之愚蒙，誰爲導燭？宜乎軺車星使玉牒宗英溥學使良欲規復夫舊基，謹拜陳其奏牘。晨鐘暮鼓，將偕佛剎以俱新。春誦夏弦，幸獲朝廷之報可。乃籌謀之，未定，已旌節之遠移。適南皮尚書總制三江，儀型多士，上承丹詔，咨匠作以經營；曠覽玉峰，顧賓僚而斟酌。夫固謂循塗守轍，見不必拘；度勢因時，事非得已。鎮江以吴楚之要衝，值江淮之總會，舟車所萃，商旅爲多。與其密邇市廛，人難請業；何若建從上國，士盡觀光？維昇郡之名區，實南朝之京邑，人文素盛，册府堪稽。壽光省新，沈休文校其四部；總明觀祕，王仲寶定爲七條。李唐則澄心名堂，聚圖籍於内殿；趙宋則細書置閣，貯文史於建康。洎乎明代之興，刊有南雍之版。萬軸樓築於焦氏山，近雞籠；千頃堂創自黄家街，臨馬路。凡此瑯環之福地，足爲宛委之先聲。爰卜於元武湖邊，蔣侯山側，環隄以水，拓地爲樓。奎翰高懸，襲嘉名而不改；牙籤森列，許群彦之來遊。焕然大觀，偉哉斯舉已！惟是卷軸納楹之始，規畫宜詳；簡編掃地之餘，補苴不易。既難邀《圖書集成》之賜，復不容《永樂大典》之搜。曹倉業已增修，鄴架豈堪虚設。偏行天下求書，或學陳農；得自壁中好古，豈無安國？蒐羅採掇，可得而言。一曰徵官書。溯自兵燹以後，經籍多殘，大吏右文，會城置局。浙西楚北各矜剞劂之能，江右皖中亦擅削棃之技，至蘇、揚之繡梓更頡頏夫金陵，類皆錢給公家，書成善本。裒多益寡，倘能效朋友之通財；挹彼注兹，亦何異里鄰之乞火？詎有私爲枕祕，致缺笥藏者乎？二曰購舊書。嘗見儒士云亡名家中落棄縹緗而不惜，乃市儈之，與謀雞林，賈人亦知諧價，馬肆皮相，未免留良。誠能不吝錢刀，廣施貨布，遇大航之旅客，獲二酉之奇珍，利射何妨？任貴洛陽之紙，字多可數；聊酬皇甫之縑，雖居奇之可憎，終得寶之自喜也。三曰寫藏書。夫王氏青箱，子孫世守；杜林漆簡，師弟祕傳。既於癖之難醫，豈懷珍而自衒。是惟推誠相與，絶無蕭生賺帖之心；暫假以歸，姑作袁峻鈔書之計。況乎范氏天一，插架如新，仿此而行，當無或拒。璧還有待藺相如，未敢踰期；鼎贋如真柳下惠，何嘗失寶耶？四曰印古書。緬昔棗木之刻，創始於唐，楷式之留，莫精於宋。苟原編之具在，幾彝鼎之同尊。欲影摹之，既慮看朱而成碧；欲鈎勒之，又恐誤紂以爲紅。乃有鬼工傳來石印，如駒過隙，有象留中，毫髮無遺；鏡能蓄影，瑕瑜不掩，玉自存真。照雙目以瞭如，化億身而宛在。母爲縮本，尚有典型。嗜古者過而存之可矣。若夫縢囊既積，篋櫝皆盈，重已汗牛，蝕須祛蠹，香霏辟惡，爐合爇夫絳芸木，設横樞門必慎。夫管籥善後之策，蓋有二焉。今夫大禹洞庭既屬清嚴之地，老聃柱下必資典守之人。俗吏既置，若弁髦學官亦視同傳舍。欲垂永久，宜付名流。或達宦之居鄉，或耆儒之積學。時勤檢勘，暇輒校讐。暴常趁夫秋陽，漏每防夫夏雨。提綱挈領，無殊鼇嶠之散仙；握槧懷鉛，仍守龍威之祕籍。此其不可不擇者也。至若後生可畏，小子請觀，仰傑構之落成，願奇書之盡讀，點頻加墨，奥義能探，字每汗青，鈔胥自任，則必預防流弊，共守約條。習業定程，限魏舒之百日；借書署券，徵張禄之僞名。專保任之責成，毋取攜之甚便。如或頻翻弗輟，莫令污寒具之油。倘其久假不歸，應倍罰還瓻之酒。嚴於立法，戒在徇情，此其不可稍縱者也。霖見聞淺陋，學識粗疏。京口壯遊，曾御碑之盡讀；春明屢上，知天禄之非遥。望東觀而舒翅，過南徐而寄慨。屬承給札，知欲圖新。皇極敷言，夙仰聖人之訓；士林加惠，愈宏節使之規。即兹虎踞龍蟠，結江自而毓秀；行見翬飛鳥革，映日月以争輝。謹貢芻誠，伏祈荃督。

蔡衍鎤《操齋集》卷七《尊經閣》 性道載六經，問禮問官，精義祇今存秘閣。文章昭萬古，識大識小，藏書所在是名山。

郭起元《介石堂集·詩集》卷五《東閣藏書》 東壁列圖書，古人千秋業。莫云棄言詮，朝曦啓瓊笈。

私家分部

綜述

徐鉉《騎省集》卷二八《洪州華山胡氏書堂記》 士君子承積善之慶，服聖人

之道。治身修心，義之本也；風行於家，德之充也；教被於俗，人之周也。疇克具舉，吾其與之。豫章屬邑，世云舊里，山水特秀，英靈所鍾，安定胡君籍於是。君名仲堯，字光輔。奕葉儒學，蟬聯簪紱。魯門標舉，焕列宿之華；祖德韜映，戢少微之耀。至於我先人，少好《左氏春秋》之學，研幾索隱，儒者宗焉。及君之長，克揚其業，言斯出矣，身則踐之。揖讓周旋之儀，孝友婣睦之行，修乎閨門之内，形於羣從之間。少長有禮，緦麻同爨，鄉黨率義，人無間然。君以爲上古之風可以馴致，由六經之旨可以化成也。乃即别墅華林山陽玄秀峯下，構書堂焉。築室百區，聚書五千卷。子弟及遠方之士從學者數千人，歲時討論，講習無絶。又以爲學者常存神閑曠之地，游目清虚之境，然後粹和内充，道德來應。於是列植松竹，間以葩華。涌泉清池，環流於其間；虚亭菌閣，鼎峙於其上。處者無斁，游者忘歸，蘭亭石室，不能加也。又按圖牒云：「昔陶丘公、李八百皆脩道於此。」是知人境相得，其道乃光，勤而行之，古猶今也。鉉欽羡其事，道阻且躋，故述斯文，以垂不朽。年月日記。

蘇軾《蘇軾文集》卷一一《李氏山房藏書記》　象犀珠玉怪珍之物，有悦於人之耳目，而不適於用。金石草木絲麻五穀六材，有適於用，而用之則弊，取之則竭。悦於人之耳目而適於用，用之而不弊，取之而不竭，賢不肖之所得，各因其才，仁智之所見，各隨其分，才分不同，而求無不獲者，惟書乎！

自孔子聖人，其學必始於觀書。當是時，惟周之柱下史老聃爲多書。韓宣子適魯，然後見《易象》與《魯春秋》。季札聘於上國，然後得聞《詩》之風、雅、頌。而楚獨有左史倚相，能讀《三墳》、《五典》、《八索》、《九丘》。士之生於是時，得見《六經》者蓋無幾，其學可謂難矣。而皆習於禮樂，深於道德，非後世君子所及。自秦、漢以來，作者益衆，紙與字畫日趨於簡便，而書益多，士莫不有，然學者益以苟簡，何哉？余猶及見老儒先生，自言其少時，欲求《史記》、《漢書》而不可得，幸而得之，皆手自書，日夜誦讀，惟恐不及。近歲市人轉相摹刻諸子百家之書，日傳萬紙，學者之於書，多且易致如此，其文詞學術，當倍蓰於昔人，而後生科舉之士，皆束書不觀，游談無根，此又何也？

余友李公擇，少時讀書於廬山五老峯下白石庵之僧舍。公擇既去，而山中之人思之，指其所居爲李氏山房。藏書凡九千餘卷。公擇既已涉其流，探其源，採剥其華實，而咀嚼其膏味，以爲己有，發於文詞，見於行事，以聞名於當世矣，而書固自如也，未嘗少損，將以遺來者，供其無窮之求，而各足其才分之所當得。是以不藏於家，而藏於其故所居之僧舍，此仁者之心也。

余既衰且病，無所用於世，惟得數年之閑，盡讀其所未見之書，而廬山固所願游而不得者，蓋將老焉，盡發公擇之藏，拾其餘棄以自補，庶有益乎？而公擇求余文以爲記，乃爲一言，使來者知昔之君子見書之難，而今之學者有書而不讀爲可惜也。

蘇轍《欒城集・欒城第三集》卷一〇《藏書室記》　予幼師事先君，聽其言，觀其行事。今老矣，猶志其一二。先君平居不治生業，有田一廛，無衣食之憂。有書數千卷，手緝而校之，以遺子孫曰：「讀是，内以治身，外以治人，足矣。此孔氏之遺法也。」先君之遺言，今猶在耳。其遺書在櫝，將復以遺諸子，有能受而行之，吾世其庶矣乎！

蓋孔氏之所以教人者，始於洒掃應對進退，及其安之，然後申之以弦歌，廣之以讀書。曰：「道在是矣。仁者見之，斯以爲仁；智者見之，斯以爲智矣。」顔、閔由是以得其德，予、賜由是以得其言，求、由由是以得其政，游、夏由是以得其文，皆因其才而成之。譬如農夫墾田，以植草木，小大長短，甘辛鹹苦，皆其性也，吾無加損焉，能養而不傷耳。孔子曰：「十室之邑，必有忠信如丘者焉。不如丘之好學也。」如孔子猶養之以學而後成，故古之知道者必由學，學者必由讀書。傳説之詔其君，亦曰：「學于古訓，乃有獲。」「念終始典于學，厥德修罔覺。」而况餘人乎？子路之於孔氏，有兼人之才，而不安於學，嘗謂孔子：「有民人社稷，何必讀書然後爲學？」孔子非之曰：「汝聞六言六蔽矣乎？好仁不好學，其蔽也愚；好智不好學，其蔽也蕩；好信不好學，其蔽也賊；好直不好學，其蔽也絞；好勇不好學，其蔽也亂；好剛不好學，其蔽也狂。」凡學而不讀書者，皆子路也。信其所好，而不知古人之成敗與所遇之可否，未有不爲病者。

雖然，孔子嘗語子貢矣，曰：「賜也，汝以予爲多學而識之者歟？」曰：「然。非歟？」曰：「非也。予一以貫之。」一以貫之，非多學之所能致，則子路之不讀書，未可非邪？曰：非此之謂也。老子曰：「爲學日益，爲道日損。」以日益之學求日損之道，而後一以貫之者，可得而見也。孟子論學道之要曰：「必有事焉，而勿正，心勿忘，勿助長也。」心勿忘，則莫如學，必有事，則莫如讀書。朝夕從事於《詩》、《書》，待其久而自得，則勿忘勿助之謂也。譬之稼穡，「以爲無益而捨之，則不耘苗者也；助之長，則揠苗者也。」以孔孟之説考之，乃得先君之遺意。

晁説之《嵩山文集》卷一六《劉氏藏書記》　漢承秦焚書滅學之後，賴故老口

所誦，數得聞先王之遺訓。厥後廣開獻書之路，至武帝時外有太常、太史、博士之藏，内有延閣、廣内、秘室之府，雖盛矣，然至成帝時乃大備著録。蓋約法天下不出一日之中，而藏書掌固必待百年之後也。隋御府書所以特號稱最盛者，以其平一南北，而坐兼南北朝之所有也。夫縣官之勢何如哉？獨於藏書一事，其勤如此，况在學士大夫之家邪？劉歆自稱三代之書藴崇於家，直不計爾。蓋自楚元王而來，世尚文雅，而護都水使者又復博極群書，無不充足，而歆因得以誇邪？昔人謂三代仕宦而衣，五代仕宦而食，不知書又在衣食之上也。都官劉公凝之卓行絶識，不得志而歸休廬山之下，其遺子孫者無他物，蓋唯圖書而已。其子道原少而日誦萬言，既長，苦心篤志，無所嗜好，晝夜以讀書爲娱，至於不慕榮利，忘去寒暑。司馬温公稱其精博，宋次道稱其該贍，范醇夫稱其密緻，則其所藏復藴崇而不計者歟！且嘗憤疾南方士人家不藏書矣，則於是蓋特加意焉者也。公之子羲仲壯輿，人視其邁往不群，而自處恂恂循約，唯恐前修之辱也。從仕四方，妻子不免飢寒，而敦然唯是之求索，甚於人之飢渴而赴飲食者，則其所得不特補其家之未足，而且有以振發國中之沈鬱也。既已踵成其父《十國紀年》，而身采周秦之遺文以爲《十二國史》；嘗論著《春秋》矣，而方且爲《周易》之學。則其藏書豈特充牣篋笥而誇緗帙，如愚賈潤屋以金珠邪？於是謹識其所得書之歲月先後，以視子孫，其意爲不淺也。乃俾説之爲之記，以載於目録之上。昔之時，如任昉、沈約輩號爲藏書之家者，今不復論，而論諸本朝。如王文康初於周相世宗，多有唐室舊書。今其子孫不知何在，寧論其書之存亡，而所有者書目一編，使好事者對之興歎也。李文貞所藏既富，而且闢學館以延學士大夫，不待見主人，而下馬直入讀書，供飲牢以給其日力。與衆共利之如此，宜其書永久而不復零落。今其家僅有敗屋數楹，而書不知何在也。凡名公卿大夫、儒林之士所有之書，往往隨其人而逝矣，傳諸再世者蓋寡，而况曾玄之守邪？惟是宋宣獻家四世以名德相繼，而兼有畢丞相、楊文莊二家之書，其富蓋有王府不及者，元符中一夕災爲灰燼矣。予家則五世於兹也，雖不敢與宋氏争多，而校讎是正則未肯自讓。乃去年冬火亦告譴，不謂前日悲愴痛恨乎宋氏者，今自涕泣也。嗚呼，其不艱哉！壯輿家於廬山之陽，寬閑之野，不復有京師火災之虞。上方興禮樂，議封禪，則又永不顧盗賊兵甲之禍，而劉氏之書與七澤俱富矣。後之人視予言而祗敬先德，不忘前日畜積之艱而勉强學行，則爲書之榮也大矣哉！其書凡若干卷云。

葉夢得《石林居士建康集》卷四《紬書閣記》 孔子曰：「仕而優則學，學而優則仕。」古之君子，未嘗一日不學也。故傅説告高宗，亦曰「念終始典於學」；而譽學於殖，不殖將落者，原伯魯之所憂也。建康，承平時號文物都會。紹興初，余爲守，當大兵之後，屯戍連營，城郭鬱爲榛莽，無復儒衣冠蓋，嘗求《周易》，無從得。於是凛然懼俎豆之將墜，勉營理學校，延集諸生，得軍賦餘緡六百萬以授學官，使刊六經。後七年，余復領留鑰市廛，五方雜居，生聚之盛，雖非前日比，然詢漢唐諸史，尚未有也。顧余老且荒廢，亦安所事簡策？念漢初，去孔子世尚未遠，一更秦亂，而《書》亡五十一篇，《詩》亡六篇，《周禮・冬官》盡亡。經且如是，而况其他？屋壁之藏，幸得保有其餘，至於今尚存者，學士大夫相與扶持傳習之效也。今四方取向所亡散書，稍稍鏤板漸多，好事者宜當分廣其藏，以備萬一。公厨適有羨錢二百萬，不敢他費，乃用偏售經史諸書，凡得若干卷。廳事西北隅有隙地三丈有奇，作別室，上爲重屋，以遠卑濕，爲之藏而著其籍於有司。退食之暇，素習未忘，或時以展誦。因取太史公金匱石室之意，名之曰「紬書閣」，而列其所藏之目於左方，後有同志，日月增益之，愈久當愈多，亦足風示吾僚，使知仕不可不勉於學。干戈將息，而文治興，有民人社稷者亦皆思讀書，無重得罪於吾先君子之言云。

韓元吉《南澗甲乙稿》卷一五《潘叔度可庵記》 物莫不有生，而人莫甚於畏其死。世以養生爲言者，求其氣之所自來而保其神之所可至，呼噏運動，以規天地之造化，曰委形蜕骨，可無死也。而爲西方之學者，從而誚之，以爲人之生皆妄也，惟捨其生，然後見其不妄者存，是謂發真歸元，而得以出於死生之外。二説既立，未有不奇而信之者。雖然，彼固有激而云斯可也，猶以死生爲累者耶？是亦遺人道而慕天道，孰知人道即天道也。生雖不捨，豈不足以聞道，而死何足以纍道哉？在人猶在天也，苟不有見，徒自分爾。故曰「朝聞道，夕死可矣」，然則道何自而聞乎？又曰「未知生，焉知死」，然則生何自而知乎？《易》之《繫》乃曰：「原始反終，故知死生之説」。且死生既有其説矣，始之與終殆亦相似，而聖人不以其説示人者，欲人之自知也。由不能自知，故切切然惟他人之説是信，目瞪口呿，則亦無惑乎異端之言有以入之也。自漢以還，世之儒者僅能談治道而不能知率性之道，於是治天下與性命之原，判然爲兩塗。千有餘年，以道爲何物，則又特以爲不過於君臣父子之間，禮樂刑政之際，所以治天下則然矣。而論者輕之曰：爾之治天下，吾緒餘土苴也，而道常在於虚無恍惚之中，清浄寂滅之域，外夫死生，棄夫人事，然後足以爲道。而儒者蓋亦斂衽避之而不敢問，不則摭其近似而求合焉，是天下有二道也。盍亦觀夫太極之生，陰陽之運，萬物之作，在天成象而在地成形，動静隱顯，

莫適而非道，則其在我何獨於死生而疑之？聖人相授，惟精惟一，而仲尼所謂一以貫之者，會未之見歟？予嘗病世之學者不復知此久矣。頃歲閒居，嘗與呂伯恭論之，今伯恭不幸已往，而金華潘景憲叔度，從伯恭游最久而密者也，篤信好學。既連喪其室人，買地於金華之別麓，號「葉山」，以營其二內之藏，而虛其中央，以爲他日自歸之所。築室於傍，因以游息，而語其鄉人曰：吾非以厚死，吾之生亦在焉。與予之説似合，而伯恭之友朱元晦，以聞道之意名之曰「可庵」，而叔度自名其前之堂曰「退老」，取伯恭之言以名其後之室曰「共學」，左則曰「庶齋」，右則曰「省齋」。二齋儲書且萬卷，以待朋友之習。市良田百畝，以爲講習聚食之資，而積其餘以贍並舍之百家，歲稱貸而給之，目其倉曰「友助」。省齋之南有堂曰「明極」，以伯恭舊以名其先人之精舍也。亡慮爲屋五十楹，規地可千尺，用意勤勤若是。予兩竊爲婺之守，值叔度庵未成，不獲一至其處，而叔度乃欲予文爲之記。蓋潘氏舊居松陽，以儒名家，逮移金華，而叔度又世其科，自謂體弱不任趨走，曾未試於仕，氣貌臞然而道藝日進。距城十里，始爲是庵，足以晨出而暮返。其山水之環密，景物之閒曠，同志者至亦忘其歸，而叔度每翛然自得也。夫士大夫耽生而惡死，厭常而喜異，一爲塋宇，不曰曠達齊物，則必覬倖幽冥無窮之福，於吾聖人之學率未之究。故予追思曩與伯恭所談，爲及死生大略，皆叔度之欲聞，亦以告其鄉之士友，俾知叔度之意在此而不在彼也。

陸游《渭南文集》卷二一《吴氏書樓記》 天下之事，有合於理而可爲者，有雖合於理而不可得爲之者。士於可爲者，不可不力，力不足，則合朋友鄉閭之力而爲之。又不足，告於在仕者以卒成之。成矣，又慮其壞，則吾有子，子又有孫，孫又有子，雖數十百世，吾之志猶在也，豈不賢哉！彼不可得爲之者，則有命焉，有義焉。不知命義，徒呶呶紛紛，奚益？故君子不爲也。然爲此者寡也，或易之爲彼者輒可以得名於流俗，故士之爲此者寡也。吾友南城吴君伸與其弟倫，初以淳熙之詔，建社倉，其詳見於侍講朱公元晦所爲記。其後又以錢百萬剙爲大樓，儲書數千卷，會友朋，教子弟，其意甚美。於是朱公又爲大書「書樓」二字以揭之。樓之下曰讀書堂，堂之前又爲小閣，閣之下曰和豐堂。旁復有二小閣，左則象山陸公子静書，其顔曰「南牕」，右則艮齋謝公昌國書，其顔曰「北牕」。堂之後榮木軒，則又朱公實書之。於虖！亦可謂盛矣。蓋吴君未命之士爾，爲社倉以惠其鄉，爲書樓以善其家，皆其力之所及，自是推而上之，力可以及一邑一郡一道，以至謀謨於朝者，皆如吴君自力而不媿，則民殷俗媺，兵寢刑厝，如唐虞三代，可積而至也。吴君兄弟爲是，迨今已十五六年，使皆壽考康寧，則倉與樓皆當益治，鄉之民生業愈給足安樂，日趨於壽富，而君之子弟孝悌忠信，亦皆足以化民善俗，是可坐而俟也。然年運而往，天人之際，有不可常者，則又當有以垂訓於無窮。予讀唐李衛公文饒《平泉山居記》，有曰：「鬻平泉者，非吾子孫也。以平泉一木一石與人者，非佳子弟也。」平泉特燕遊地，木石之怪奇者，亦奚足道。而其言且如此，況義倉與書樓乎！後之人讀吾記至此，將有涣然汗出，霰然涕下者。雖百世之後，常如吴君時，有不難者矣。

又《萬卷樓記》 學必本於書。一卷之書，初視之若甚約也，後先相參，彼此相稽，本末精麤相爲發明，其所關涉，已不勝其衆矣。一編一簡，有脱遺失次者，非考之於他書，則所承誤而不知。同字而異詁，同辭而異義，書有隸古，音有楚夏，非博極羣書，則一卷之書殆不可遽通，此學者所以貴夫博也。自先秦兩漢訖於唐五代以來，更歷大亂，書之存者既寡，學者於其僅存之中，又鹵莽焉以自便其怠惰因循，曰「吾懼博之溺心也」，豈不陋哉！故善學者通一經而足，藏書者雖盈萬卷，猶有憾焉。而近世淺士，乃謂藏書如鬬草，徒以多寡相爲勝負，何益於學。嗚呼！審如是説，則秦之焚書，乃有功於學者矣。昭武朱公敬之，粹於學而篤於行，早自三館爲御史，爲寺卿，出典名藩，尊所聞，行所知，亦無負於爲儒矣。然每悒然自以爲歉，益務藏書，以棲於架，藏於櫝爲未足，又築樓於第中，以示尊閣傳後之意，而移書屬予記之。予聞故時藏書如韓魏公萬籍堂、歐陽兖公六一堂、司馬温公讀書堂，皆實萬卷，然未能絶過諸家也。其最擅名者，曰宋宣獻、李邯鄲、吕汲公、王仲至，或承平時已喪，或遇亂散軼，士大夫所共歎也。朱公齒髮尚壯，方爲世顯用，且澹然無財利聲色之奉，儻網羅不倦，萬卷豈足道哉！予聞是樓南則道人三峯，北則石鼓山，東南則白渚山，煙嵐雲岫，洲渚林薄，更相映發，朝暮萬態，公不以登覽之勝名之，而獨以藏書見志，記亦詳於此略於彼者，蓋朱公本志也。

又卷三〇《跋南城吴氏社倉書樓詩文後》 南城吴君子直兄弟作社倉，略倣古者斂散之法，築書樓，用爲子孫講習之地，其設意深遠，流俗殊未易測也。或者乃謂吴氏捐貲以爲社倉，凶歲免民於死徙，其有德於人甚大。後世當有興者，子孫不學則不足以承之，此其築書樓之意。使吴氏之意信出此，乃市道也。市道不可以交鄉黨自好之士，其可以與天交乎？吴君之意蓋曰：「吾爲是舉，非一世也。吾兄弟他日，要當付之後人，人不可知，吝則嗇出，貪則漁利，怠荒則廢事，雖面命之或不聽，於遺言何有？惟學則免是三者之患，而社倉雖百世可也。此吾兄弟之本旨，若夫富貴貧賤，我且不能自知，乃爲後人謀，而責報於荒忽不可致詰之地，亦愚

矣。」吴君遺書行千餘里，示予以社倉本末，因及諸公書樓紀述，予慨然歎，以爲知吴君兄弟心者，莫予若也，故書之。

朱熹《朱熹別集》卷七《至樂齋記》 盤谷傅公客於泉州城東之佛寺間，即其寓舍之西偏治一室，達其南北，以爲軒窗，極爽塏。左右圖史，自六經而下，百家諸子、史氏之記籍與夫騷人墨客之文章，外至浮屠老子之書，荒虚譎詭詼諧小説，種植方藥、卜相博弈之數，皆以列置，無外求者。公於是日俯仰盤礴於其間，繙羣書而誦之，蚤夜不厭。人蓋莫窺其所用心，而公自以爲天下之樂無易此者。故嘗取歐陽子之詩以名其室曰「至樂之齋」，而顧謂某曰：「爲我記之。」某辭謝不敏，不嫺於文字，且不敢爲庸人誦説，而況敢爲是耶？既公命之不置，某不得終辭，乃承命而退，推公意所以然者而書之曰：人之所以神明其德，應物而不窮者，心而已。古之君子自其始學，則盡力於灑掃應對進退之間而内事其心。既久且熟矣，則心平而氣和，冲融暢適，與物無際。其觀於一世事物之變，蓋無往而非吾樂也。而況載籍所傳，上超羲農，下至于兹，其間聖賢之行事，問學之源奧，是非得失理亂存亡廢興之故，包括籠絡，靡不畢具。苟涉其辭義而心必契焉，則其可樂而玩也，豈不亦至矣哉！惟世之學者或不足以知此，而勞於記誦佔畢之間以爲事，是以語之至者既扞格而不入於心，惟其粗厲而不平者感而入焉，則其間勃然而鬪而怒矣，亦何樂之云哉？某惟歐陽子之詩與公之所以取焉者，蓋其指略如此，因序次以爲公齋記云。紹興二十六年閏月癸卯，新安朱某記。

陳宓《龍圖陳公文集》卷九《廬山重建李氏山房記》 某少時誦蘇文忠公《李氏山房藏書記》，恨不得造觀焉。及假郡紱此來，又以職事無因而至。嘉定戊寅秋七月，友人方侯信孺以前淮南東路轉運判官東歸，取道廬阜，奉親避暑，窮泉石之勝，至楞伽寺，昔之所謂白石庵者。問山房之故地，荒烟野草，景絶迹滅，爲之喟然長歎曰：「兹山佛老之廬所在錯峙，獨所謂山房乃無一好事者復作焉，何以寓仰前哲、誘後學之意。」於是退搜旅橐，割金錢十萬，俾某助金亦十萬，又貽書江右帥曹公，不移時得緡如其數。於是諉其役於是之主僧普誠。閲八月而後成，爲樓三間，閎衺虚敞，其下爲堂，可燕可憩。方侯既歸，屬某紀其事，抵鄉，又以書來趣益力。明年四月，某行視阡陌，竊一至焉，拜李公之像，徬徨瞻睇，見其山清麗而聲正，環抱而空曠。問樓之新舊孰謂小大，僧曰：「以新眡舊，大三之二。」因歎山深則境寂，樓小則得一意讀書，此昔人所以成名。今人結廬人境，崇深侈麗，外眩中移，宜其講學之不專，其勢然也。又自歎汨汨朱墨，真成俗吏，而規恢舊觀，乃出於過客邂逅之際，使百年廢跡焕然一新，人之才其相遠如此哉。既書以答方侯勤懇之意，因刻石山間以遺後人。且以書數種實之，若夫九千卷之藏，必有能足其數者。

魏了翁《鶴山集》卷四一《眉山孫氏書樓記》 孫氏居眉，以姓著。自唐迄今，人物之懿，史不絶書，而爲樓以儲書則由長孫始。樓建於唐之開成，至光啓元年僖宗御武德殿，書「書樓」二字賜之，今石本尚存。自僞蜀燬于災，乃遷魚鄉，其居爲佛氏所廬，今所謂傳燈院是也。若里巷則固以書樓名。長孫之五世孫降衷常遊河洛，識藝祖皇帝于龍潛。建隆初，召至便殿，賜衣帶、圭田，特授眉州別駕，因市監書萬卷以還，然樓猶未復也。別駕之孫闢乃入都，傳東壁、西雝之副與官本、市書，稛載而歸，即所居復建重樓藏之，魚鄉之有樓則昉乎此。又嘗除塾爲師徒講肄之所，號山學，於是士負笈景從，而書樓、山學之名聞于時矣。方樓之再建也在天聖初，闢之從兄直講君堪嘗爲作記，錢内翰希白、宋景文子京皆賦詩。闢性倜儻，不耐衣冠，衣方士服。其卒也，從弟文懿公爲識其竁，有「不儒其身而儒其心」之語，故里人又以儒心名之。比歲樓又燬于災，書僅有存者。儒心之六世孫曰某，懼忝厥世，乃更諸爽塏，以唐僖宗所書樓刻揭之，樓視舊增拓焉，且病所儲之未廣，走行闕下，傳鈔貿易，以補闕遺。竭其餘力，復興山學。以余二十年雅故，嘗以謁請曰：「僕之用力於斯也，亦既廑勤，公盍爲我書之，以詔罔極。」則序其事以告。余因惟昔人藏書之盛，鮮有久而弗厄者。梁、隋之盛，或壞于火，或覆于砥柱；唐太、玄、文、昭之盛，或毁于盗，或散于遷徙。本朝之初，如江元叔所藏，合江南及吴越之書凡數萬卷，而子孫不能有之，爲臧僕盗去與市，人裂之以藉物者不可勝數。余嘗偶過安陸，亦得其吴越省中所藏《晉史》，則佚於它人者可知。安陸張氏得江書最多，其貧也，一篋之富僅供一炊。王文康初相周世宗，多得唐舊書，李文正所藏亦爲一時之冠，而子孫皆不克守也。宋宣獻兼有畢文簡、楊文莊二家之書，可敵中秘之藏，而元符中蕩爲烟埃。晁文元纍世之蓄，校讎是正，視諸家爲精，自中原無事時已有火厄，至政和甲午之災，尺素不存。劉壯輿家于廬山之陽，所儲亦博，今其子孫無聞焉。南陽井氏之書凡五十篋，則盡歸諸晁氏。嗚呼！斯非天地神人之所靳者與？而孫氏之傳，獨能於三百年間屢絶而復興，則斯不亦可尚矣夫？矧自文懿以來，進士鼎甲者凡三人，而與賓薦、取科第、登顯官者又不知其幾。今某又以上書言天下事，嘗詔免舉，徑試南宫。某之子午之亦與鄉舉，今仕爲□□□□。雖一名一級未足爲人物輕重，而世其詩書以不墜基菑之訓，則有昔人之所弗逮者，是惡可以無記焉？雖然，余嘗聞長老言，書之未有印本也，士得一書則口誦而手

抄，惟恐失之，其傳之艱蓋若此。惟傳之艱，故誦之精，思之切，辨之審，信之篤，行之果。自唐末五季以來，始爲印書，極於近世，而閩浙庸蜀之鋟梓徧天下。加以傳説日繁，粹類益廣，大綱小目，彪列旿分，後生晚學開卷瞭然，苟有小慧纖能，則皆能襲而取之。噫，是不過出入口耳四寸間爾！若聖賢所以迭相授受、若合符節者，果爲何事，而學之於人果爲何用，則謾不加省，然則雖充厨牣几，於我何加焉，可不甚懼矣夫！余既以復于孫君，遂併書此説爲《書樓記》，俾刻之以儆來者，且以自儆云。

馬廷鸞《碧梧玩芳集》卷一七《李氏儒富莊記》　叔翔既築儒富莊，余往過焉。縹囊緗素，魚魚雅雅，其崇如墉。叔翔曰：「有文字來，其篇籍姓氏，列于史館、定爲著録者，西京三萬三千餘卷，元和已六萬四千餘卷，隋嘉則殿書以萬計者四十有七，而唐之四部十二庫，又不知其幾也，況中朝文明之盛乎！吾以是稱富，何哉？若是而可爲富，則嵩華之卷石，滄溟之浮漚也。若是而不可爲富，則索之常足，味之無窮，吾庸多矣！子爲我計之。尚斯文之未墜，而吾莊之不荒也。」余曰：嘻！聚書難，讀書尤難。昔金華潘公作《磨鏡帖》，朱文公亟稱之。其説曰：「僕自喻爲昏鏡，喻書爲磨鏡藥，當用此藥揩磨塵垢，使通明瑩徹而後已。」此名言也。世解讀書者幾人？焦爛於物欲之場，没溺乎宴安之中，蕭繹、宋遵貴之徒，皆是也。厄吾書者，豈必郢城之煙，底柱之水哉！叔翔有大雅資，冥搜而力討，飫覽而厚藏，虚心涵泳，切己體察，其必有以知之者矣。李文正家藏書甚富，有不待見主人，下馬直入讀書者。余討論山中，覓書不可得，嘗願徜徉小谿，盡發一莊，引卷徐玩，叔翔當不吾厭也。庶幾文正之遺風歟？因奉所假歸之，輒以所聞讀書之説，次第其語爲記。

郝經《郝文忠公陵川文集》卷二五《萬卷樓記》　萬卷樓，順天賈侯藏書之所也。曰「萬卷」，殆不啻萬焉。不啻萬而曰萬者，舉成數也。

金源氏末，天造草昧，豪杰哄起，於是擁兵者萬焉，建侯者萬焉，甲者、戈者、騎者、徒者各萬焉，鳩民者、保家者、聚而爲盗賊者又各萬焉，積粟帛、金具、子女以爲己有者，斷阡陌、占屋宅、跨連州郡以爲己業者，又各萬焉。侯則獨不然。息民保境，禮賢聚書，勸學事師而已。於是取衆人之所棄以爲己有，河朔之書盡往歸之，故侯之萬者獨書焉。河南亡，衆人之所取者，如金帛、子女復各萬，侯之書又得萬焉。淮南亡，衆人之所取者如初，亦復各萬，侯之書又得萬焉。故南北之書，皆入侯府，不啻數萬卷焉。始貯於室，室則盈，貯於堂，堂則溢，乃作樓藏之。樓既成，盡以卷帙置其上，而爲之第，别而爲九。六經則居上上，尊經也；傳注則居上中，後傳也；諸子則居上下，經之餘也。歷代史居中上，亞六經也；雜傳記居中中，次史也；諸儒史論居中下，史之餘也。先正文集及諸著述居下上，經史之餘也；百家衆流、陰陽圖籍、山經地志、方伎術數則居下中，皆書之支流餘裔也；其法書名畫則居下下，藝成而下也。櫛比鱗次，高切星漢，人之文與天文際。私家之藏，幾逾秘監，故賈侯之書甲天下。方干戈壞亂，經籍委地，侯獨力爲捆拾，吾道賴以不亡，雖孔氏之壁，河間之府，不是過也。彼富貴者之樓，管弦樽俎，肴核幾席，登覽燕集之具充焉；侯之樓，則古聖今賢，大經格言，修身治世之典積焉。時順天之治嘗最諸道，推爲鉅公偉人，而又樂賢下士，切切於收覽遺書爲志，故天下之人益以此賢侯。

侯既貯書於樓，謂其將佐曰：「昔蔡中郎書籍畀之王粲，而粲卒名世。今吾之書若是，不有所畀，適足以爲蠹魚之食，不免墮檐之譏矣。吾聞郝氏子經嗜書力學，吾將畀之，鞅掌之隙，亦得竊聽焉。」時，經寓居鐵佛寺之南堂，坐徹明者五年矣。以書幣邀致其府，於樓之側築堂曰「中和」，盡以樓之書見付，使肆其觀覽。侯則時令講解一編。輒曰：「吾之書有歸矣。吾不爲書肆矣。向吾之書貯於樓中，今則貯子之腹中。向者大聖人之道布於方策，今則布諸子之心矣。子其摛光揭耀，俾吾之書用於世，以濟斯民，則子之腹乃萬世之府也。不然，則亦蠹魚之穴，墮檐之樓爾。子其勉之！」經再拜謝。其不克負荷，每爲流涕感刻曰：「經舉家之盎缶不能購一經，故每區區晨夜，叩人之門，藉書以爲學。今侯以數十年之勤，數萬卷之多，盡以見畀，雖侯之盛意，豈非天邪？如怠忽自棄，以多書而不能如無書之初心，業不能勤，而卒無有成，則非負侯，是負天也，復何以立於世哉！」故書侯聚書起樓及畀經爲學之義以爲記，以明侯之德，且以自警，庶幾終不負侯云。

樓成於丙申之秋，經之處侯之門，則癸卯之冬。文成之日，則甲辰之春也。

三月二十日，門下士陵川郝經謹記。

方回《桐江集》卷二《宋氏實輝樓記》　繇歙縣而北有豐溪，豐溪之源，大山長谷，深林茂麓。予友人宋君復一世居之，而予嘗館轂於是。君之祖時會，好古博識。君之父鼎，慷慨喜功名。至君，又兼斯二者。予之去而官學四方，君未冠也。後二十餘年，歸，君之祖塚木已拱。君之父以捕盗得勇爵，有聲江淮間。而君亦能自亢其家矣。君時一過予，予未嘗不興感於突弁之詩，且深喜夫伐木之不廢，而麗澤之有益也。君嘗取韓子足已無待之義，以名其所居之庵，而藏書樓則又求予名

之，予思之既久，而後以書告之曰：有餘與不足爲對，君之所謂足，將以求夫學之至於有餘，而無一毫闕然不滿之處者也。《易》天在山中之卦，其《大象》以謂「多識前言往行以畜其德」，而其《彖傳》則謂「剛健篤實，輝光日新，其德」，君必如是，而後可以言足。夫多識前言往行者，讀書之事也；剛健篤實，輝光而德以日新者，讀書之功力也。古之所以貴於格物致知者，莫切於是矣。心之爲物方寸，而欲以貫乎千萬世之悠遠。塗之人，一匹夫而欲以爲堯舜，非以讀書爲事不可也。主之以乾之剛健，而又止之以艮之篤實，由是以明其明德，而與日俱新。則所以讀書而用功力者，又必如此而後可，否則怠懦偷弱苟且卑陋以自晦，自昧其本然之天，是則紙上之書，與胷中不相入，雖藏書千萬，奚益哉！蓋《大象》示人以其事，而《彖傳》教人以其工力所當施之方。古之成書以刀筆，編以簡策，學者有不易致。然事難而功力易者，教有素也。今之書梓刻墨模，一切以紙，其事易而工力反難於古者，務名之意勝也。君其無務藏書以爲名，必深體天在山中之象，而服行乎《彖傳》之說，則讀書之功力至，而讀書之事可以無愧君之所謂足，予知其富於趙孟，而貴於王公矣。卦之《彖》曰：「不家食，吉，禄於君也。」曰：「利涉大川，功於時也。」可以占矣，請名斯樓爲實輝之樓，而述其言爲記。題是篇者，蜀宇文十朋信仲，予爲方回萬里。

劉將孫《養吾齋集》卷二一《長沙萬卷樓記》 近數十年，幾不復聞斯文傳説嘉話。當興運不宜爾，豈海内無好事者，寂寂至此耶？一日，聞長沙新有建萬卷樓，藏書如其名者，豈非偉特風致，可流傳誦詠者哉？又久之，問知樓主人爲前管軍總管張侯。使人想見湖江之上，嶽麓之外，翬飛照郭，馮闌落日，端非絲竹筦絃之娱；牙籤插架，臚列山積，清風佳客，考古訂今，恨不得身至其間，徵異書，讀所未見，即寄聲内交，不啻足跡，矧以筆墨附託其間者乎！張侯爲廬陵來，馳盛暑，走四境，一無他求，獨搜書問帖，致楮君，摹子墨。間過予清坐，未嘗雜言，評鼎彝款識，商晉宋筆意，品畫格甲乙。語日晏，啜杯茶去，如有得色。予於是又有以識侯之爲人，其心誠好之如此也。且別，以樓記爲屬，是惡得以淺陋辭。或曰：「書至於萬卷，多矣，備矣，不可以有加矣。」予曰：傳有之，計物之數，不止於萬物，而期曰萬物者，以數之多者號而讀之也。天地者，形之大。陰陽者，氣之大。因其大以號而讀之，可也。夫知道者之論天地陰陽之變化猶若此，況於書哉！有載籍以來以至於今，其傳、其不傳，雖萬又萬不可計。而自今以往，即十倍、百倍於此，而猶不可知也。彼號物之數之多，皆一定而不可易者，又不得與書比也。字之初也起於數，由數而爲字，字而卦，特八而止耳。天下之字無窮，而日用可見之文者，極四聲，不過五六千字止耳。又推而奇怪恢詭，神化理造，亦不過加之二千字止耳，皆八之所生也。而此數千字者，自聖賢經傳、諸子百家、史策書志、圖牒文義、稗官小説、詩詞記載，何但什佰萬億！其不傳者又不止此，而方來者復不可計也。書，所以載道。一言而可以備天下之事，盡天下之理者，道也。道裂而撰之事，事叢而析之理，至於理而文繁。故書至於萬而不可極者，理愈極而愈亡涯也，其亦不得而已者也。嗟乎！書雖以萬數，而必通於一。彼謂讀書萬卷，猶有今日者，未嘗知書之用故也。彼以椰腹藏萬卷，而芥子須彌之喻，見困於異端者，求多於書之外者也。書至後世愈多，刻本至近年愈盛，而學問事業視古人愈遠。則夫覽於此者，其亦有興懷者乎？侯以豪傑之資兼文武之懿，蚤退閒居，曠懷博雅，不爲齊雲、落星之攬風月，又不爲秦青、徐白之貯歌舞，所以與賢者共而遺其後人者，有餘矣。方時清平，文治日盛，講同而合異，彰往而察來，善人多而才輩出，其必自兹樓始。然則斯樓也，豈獨斯文嘉話而已哉！侯名用道，字夢卿，真定世家，人稱之曰簫齋。

貢師泰《玩齋集》卷七《經訓堂記》 經訓堂者，安陽韓諤致用之所作也。韓氏自魏國忠獻王以經學致位將相，功業日盛，收書萬卷，作萬籍堂于安陽里第。其子文定公既增廣之，文定之子申國公益置七千餘卷，作叢書堂。六庫相傳之盛，當時河朔士大夫家號稱積書多者罕及之。傳四世，至尚書左司公膺胄，始從宋南遷會稽，時散失已無餘矣。又四世至義行、明善二先生，皆以道德文章名於時，聚書復數千卷，作經畲齋。義行之子務德君承之，作種學齋。今致用又取兩世之書，庋而置之，揭以今名。歷數百年，更十數世，而藏書之富綿綿不絶。吁，亦難矣哉！然六庫兩世之蓄，諸子百家、衆史、兵、農、醫、卜之書皆在焉。致用獨有取於經訓者，豈無見耶？蓋六經在天地間，如元氣流行，日星昭布，大而父子君臣之道，近而夫婦居室之間，幽而陰陽鬼神變化之理，明而禮樂文物法制之詳，微而昆虫草木之夥，讀之者隨其力之所至，雖淺深高下造詣之不同，實未有外乎此而可以爲學者也。昔昌黎文公訓其子符，嘗有「經訓菑畲」之句，非深得於六經者，其能卓見聖賢爲學之要乎？文公，忠獻宗也。忠獻，致用祖也。二祖以文章功業顯於唐、宋。致用歸而求之有餘師矣。師泰也何足以知之，姑爲記。

鄭元祐《僑吴集》卷一〇《藏書樓記》 與天地相久遠者，聖人之道也，然道非書則不傳，故六經所以統天地之心。若夫史、子、百家之言，其載道雖不能無淺深，措詞不能無工拙，下逮芻蕘稗官，亦未有背道而可以傳世行後，得齒列於藏書之家

者。故藏書之家，自經出坑焚，漢武表章以後，今幾二千年，儒先班輩出，其翼經以明道，析理以傳經，其於三才萬物之理，治忽幾微之驗，名物度數之詳，興壞理亂之故，其爲書充棟汗牛，藏之中秘者固所不敢論，若昔張氏、晁氏、葉氏、陳氏，其所藏書，既竭其貲力以營購，又竭其心思以表題，然今書雖散亡，而猶可以見其嗜古而力學，視築臺榭，貯歌舞，變滅於須臾之頃者，相去豈不萬萬哉！雖然，藏書者豈徒鬬卷帙之富，競籤軸之美哉？蓋將講讀討究以致其博。及其至也，則必斂之於約以驗其所自得者焉。不若是則是夸多鬬靡也，則是求知干禄也，曾何足以致博極之功，研諸家之説也！維揚陳君季模，家馬馱沙之上，沙當揚子江之心而百川之水悉匯焉。既久於是，至其子天鳳，字舜儀，生有異稟，由髫鬌以至于冠，惟理義是説，惟圖籍是耽。君愛其子之嗜學也，於是以其家舊藏書合新購而得之者，凡五萬餘卷，築樓於居之東，而藏書於樓之上。樓之前鑿池以瀦水，其後萬竹森立，都水庸田。使白野泰公爲篆三大字以揭之，乞予爲之記。曩杜徵君原父母道陳君之賢，今徵君已逝，海内猶所稱尚，則君之賢詎不信夫？故爲記於樓壁，俾讀之者當知陳氏藏書之意不爲科名發也，不爲利禄設也，蓋以爲反身窮理，非誠有志於聖賢之學者，不足與語陳氏藏書之意也。異時舜儀盡讀其父書，據博約之要，探天人之際，外功利之説，悉其精，不忽乎其觕，明乎遠，不略乎其近，聲望學業充然被大江之北南，是則陳氏藏書之驗也。若夫登樓而四顧山川風物，予雖老矣，君能欵於樓之央，猶能一爲賦之。

陶宗儀《遊志續編》卷上《白鹿山房記大德九年四月》 大滌洞天發天目，盤薄苕溪陽，形勢最浙右。自古有道來游來居，仙去可數。然山中泉石勝處，率多北向，向南而勝者，白鹿一山爾。是山爲大滌中峰，升天壇在上，其下石室。按舊志，晉許遠游真君作壇煉丹，丹成，天下白鹿迎去，所以名山也。唐吳貞節天師，美文詞，與太白齊名，嘗構石室爲藏書地，逮尸解宣城，語第子當還天柱石室，此石室所以著也。

劉仁本《羽庭集》卷六《履齋記》 鄞治之地，城西北隅，土區燥剛，隱然起伏，河流襟帶，豐植扶疎，林樾茂美，有蓮沼焉，有石甃焉，有棟甍焉，花香竹影之交加，無埃氛野馬之馳騖，斯爲城市山林矣。此故宋吏部侍郎高公之竹嶼，今爲倪仲權氏所居也。仲權雅志讀書，家藏萬卷。余故每喜過之，迺一日導入其奧，圖書在床，素弦在壁，壺矢在旁，瓢杓在縣，館賓在席，清蔭幽芬，游鱗出泳，好鳥和鳴。主人命客酌酒賦詩，既而視其扁，則刻番易周君伯温篆書「履齋」二字，又揭鄉人程君端禮所製處士墓銘墨本一通。

蘇伯衡《蘇平仲集·蘇平仲文集》卷八《清源書隱記》 奉新之大源，宋翰林直學士余公之故居在焉。子孫皆克守其先業，曰可立者，公之六世孫也，清源書隱則其藏脩之所也。可立司征平陽，謁余而請記，余雖未嘗至其地，可立言之甚詳。大源去奉新縣治西南二十里，其南白鶴峰峙焉，其東障以雙鳳、犀牛諸山，而下馬村應城祠接焉，其西直以登仙嶺，而張天師壇、李八百洞在焉，清溪環繞而襟帶乎其間。余氏之居大源，自豫章太守始，六傳而至學士，居第則其所創。數百年之喬木鬱乎陰森，而甍桷隱見於蒼翠之表。過而見焉者，不問知爲舊族也。前有旌表亭，有仙人劉道真石刻，其略云：「時有青雲士，孫孫不絶書。」至今存焉。由是觀之，山川之環合、風氣之綿密可想見矣。竊意居其中者，豈獨余氏而已？與太守居並時者，今亦有存焉者乎？與學士居並時者，今亦有存焉者乎？藉令有之，其子孫亦有以儒世其業若余氏者乎？余氏歷宋元以至于今，上下四百年矣，而世澤沛乎其未艾也。何彼之泯没無聞者衆，而余氏之世彌久而益振，豈扶輿清淑之氣獨鍾于一家，是不亦可深長思乎？蓋衣冠之引翼，由忠厚之積纍。忠厚之積纍，由禮法之承傳。禮法之承傳，由詩書之講習。太守積書以遺後人，而學士能講習之，故其門户益大。學士積書以遺後人，而可立能講習之，故其門户不墜。夫書非積之難而讀之難，非讀之難，而含其英、咀其華，得諸心爲實德，行諸躬爲實行，茲惟難哉！今可立之書室，以書隱命名，余意其書必插架而充棟也。凡子若弟，誠克真知而允蹈，心得而躬行，則胥爲善士之歸。大源之有余氏，余氏之在大源，豈不相爲悠久也哉？余輒本其世澤淵源之懿，而道其不可不以前人自力者爲記。若夫山水林壑之美、詠奇勝絶之觀，當有妙於文辭者，爲可立賦之。

又卷九《三然樓記》 人之生，有耳目，有心志，有神氣。曰耳目吾以之爲用者也，曰心志吾以之爲主者也，曰神氣吾以之爲幹者也。爲吾用者，隘則陋，故欲廣吾視聽；爲吾主者，鬱則昏，故欲適吾意趣；爲吾幹者，勞則耗，故欲安吾精爽。豁然則視聽廣矣，悠然則意趣適矣，恬然則精爽安矣。視聽廣，然後用行；意趣適，然後主尊；精爽安，然後幹强。故豁然所以養耳目也，故悠然所以養心志也，故恬然所以養神氣也。養生者，安得不兼務之？有以養耳目，無以養心志，是養其外而不養其内，非善養生者也。有以養心志，無以養神氣，是養其性而不養其形，非善養生者也。耳目而耳目養焉，心志而心志養焉，神氣而神氣養焉，則可謂善養生者矣。此張氏三然樓之所以作歟？張氏世家平陽登瀛里，作樓里之小屏山下，

則思中也。樓爲屋三間，中間北鄉名「豁然」，東西間皆南鄉，西名「悠然」，東名「怡然」。於是人號曰「三然樓」。思中嘗與余登焉，生平其中，一望數十百里，高者下者，洪者纖者，峙者流者，動者植者，皆几格間物也，而吾耳目得所養焉。入乎其西，碧梧丹桂，杉松櫧檜，蔚薈成林，掩映軒户。清風不動，爽氣自臻，林景陰翳，疑出塵境。得也失也，休也戚也，榮也辱也，皆不足以纍我也，而吾心志得所養焉。憩乎其東，方床髹几，可據可隱，解衣岸幘，或偃或仰。書插架而忘披，琴掛壁而忘彈。無思無爲，無將無迎。榮衛之周流，呼吸之出入，不知其關鍵橐籥之在。我之在天地也，而吾神氣得所養焉。乃始知思中命名之意，非偶然也。余與思中蓋異方而同得矣。嗟乎！養吾外吾内，吾性吾形，以養吾生，余每恨無以得之，今不下階，不終日而兼得之於斯樓。然則斯樓其道山乎？其春臺乎？其壽域乎？美哉樓乎！其爲足以永居乎？思中諸書自足，於世寡求，視富貴勢利欽然退避，惟恐爲所浼。而斯遊斯息，若將終身焉。此其所得爲何如哉？世豈無朱甍碧瓦以爲麗、雕檻綺疏以爲美，姬姜以爲盱，管絃以爲娱，醴鮮以爲奉？彼視斯樓，孰不自以爲雄也？然蠱聰窒明而爲用者喪焉，快情極欲而爲主者溺焉，淪精奪魄而爲幹者伐焉。余見其未有以養生且先戕其生矣，又奚待較而後知其非雄也？思中屑以此易彼哉？其賢於人也遠矣乎！

王褘《王忠文公集》卷八《陳氏萬卷樓記》 臨海陳氏有藏書之樓，曰萬卷樓。其書之藏，以卷計者，不啻萬數，而曰萬卷焉者，萬，盈數總稱之也。陳氏世儒家，五季時自金華來，居縣西之松里。族大以蕃，衣冠相繼。至宋，少卿府君始即所居作樓藏書。逮其諸孫大著府君復新之。入國朝，大德間，大著之季待制府君又新作之，而聚書亦多矣。樓爲楹間者五，東西兩偏皆實以書，虚其中以爲賓客之所登覽。而歲延名師，集弟子肄業於樓下。宏壯而亢爽，四面谿山環繞如拱。下臨廣池，荷芰交茂。其北則忠順堂存焉。待制之孫楧子雋，頃留京師。予辱與爲友，嘗以記見屬。會予南歸，不果爲。子雋尋以使事至錢唐，復請予記。乃爲之記曰：載籍者，先王道術之所寓也。文藝之文，箋疏傳註之説，諸子之述作，歷代史氏之紀録，以至天文、地理、曆法、律數、權謀、兵略、字學、族譜之傳，星官、藥工、山農、野圃，旁行敷落、虞初稗官之遺，與夫論美刺非、感微託遠、山鑱冢刻、浮誇詭異之詞章，皆三皇五帝以來，下更秦漢，以迄於今，聖人賢者、魁傑之士鞠明究曛，竭精億思，各推所長而載之於此，可謂博矣。然於天地人物、小大精粗之理，修身理人、家國天下治亂安危存亡之故，莫不具在。反而取之，又不可不謂之約也。故爲學者，於凡載籍，求之必博，而取之必約。求之不博，則無以極其廣，而於道術之分裂，不能會其異而攻其偏；取之不約，則無以守其要，而於道術之純全，不能得於心而推諸身。故曰：博學而詳説之，將以反説約也。夫學而至於能約，而有得於心，則道在我矣。在我者重，則外物不能纍我矣。苟能推之，則大可以用天下國家，而小可以爲天下國家之用矣。如弗用焉，則又將以吾而得於心者託之言語、垂諸載籍而已矣。嗚呼！此君子之爲學所以有賴於書也。今陳氏之所藏書無所不備，而陳氏之用於世，皆書故也。近而論之，大著以宏材碩學擢倫魁、躋膴仕，爲時名卿。待制以雄文奇烈，卓然樹立，尤一代之偉人。既皆見於用矣，而書故在也。是以子雋尊父員外君，克謹其承，享有禄仕。以子雋兄弟益衹厥紹，方嚮進用，詩書之澤，實有衍哉。陳氏子孫游斯息斯，俯攬遺編，仰瞻華構，念前人積纍之不易，而繼嗣之，惟謹肆力於學，固有所不能自已者矣。予故因子雋之請爲著其説特詳云。

鄭真《滎陽外史集》卷一二《浮庵記》 雲間姚君宗文，浮家鳳陽，於鍾離古城西北，得地之勝。旁據高阜，下瞰長淮。兩壘而對，如門矯首。獨山近在咫尺，而中都宫闕、城郭，歷歷在目。於是構室數楹，列以櫺檻，隆然如舟。其外怪石人立，刀披劒鏤，雜以奇卉名木，禽聲上下，笙筑交奏，縱觀默聽，如舟之入崑崙、玄圃也。宗文脱畧塵俗，蕭然物表，日與家人婦子燕笑樂衎，尋倫以叙，不啻范蠡之於五湖也；賓客驟至，呼網取魚，剖甕傾酒，歌嘯於清風明月間，不啻蘇子瞻之於赤壁也；牙籤插架，翰墨凝香，探賾義理，討論典故，與英雄人物神交千百載之上，不啻米襄陽所謂書畫舡也。宗文居之甚適，自號「浮菴居士」，且扁其居曰「浮菴」。

金幼孜《金文靖集》卷八《廉泉書舍記》 廖氏爲章貢望族，其居之邑曰興國，鄉曰衣錦。在宋時有諱某者爲太學生，後登顯仕，洎歸老於家，捐私財剏廉泉書舍，聚宗族鄉黨之子弟而訓之。雨雪之朝，燈火之夕，絃誦之聲，洋洋乎盈耳。厥後嗣續，益蕃以盛，衣冠俎豆之習，詩書仁義之澤，藹如也。而其中葉，尤攻於郭景純、蔡季通之學，纍世相承，顯於江右，陰陽家皆師宗之。至均卿復以其術見知于朝，得膺靈臺之任。永樂八年，予以扈從留寓北京，而辱與均卿以鄉故相往還，間請於予，曰：「均卿上世所建書舍，未有記，丏一言以記之。」余謂自三皇五帝以降，載之方册，若經史、諸子、天文、地理、醫藥、卜筮、稗官、小説之類，名雖不同而總謂之書。然而經以載道，史以記事，至於百家之書，人亦莫不資之以爲用焉。予嘗觀夫古人藏書之多，至於汗牛充棟，則凡於此，又豈有一之不備哉！然或有束而不觀

以來新若手未觸之譏者，亦比比有焉，是可歎也。今廖氏書舍所積之富，固未可量，而其涵泳聖涯，嚅嚌道味，以昭前聞而淑後徧者，亦必有所在。若其能博涉地理、陰陽之書，超取名位，以克大其家聲，斯可謂盛矣。視世之儒者，尋常摘句，占畢竟日，至於終其身不得一命者，誠有間哉！此書舍所以久存而不壞也，均卿尚勗之，是爲記。

練子寧《練中丞集・金川玉屑集》卷三《石田書隱詩序》　淦城之南六十里，有地曰石丘。其上衆山聳然而角立，其下清泉決然而交流，其中佳木鬱然而并植。問其居，則曰錢氏也；問其世，則曰故吴越之苗裔也；問其俗，則書耕耘而夕弦歌也。余嘗過而樂焉，肩輿造門，見錢氏之胄曰伯起。目其貌，專精而秀發；聽其言，疏通而練習。余因疑其將慨然出而爲時之用也。後六年，余自京師歸，復過其廬。則伯起方蓄書築室以爲休隱之計。出其卷，所謂「石田書隱」者，求余序之，且曰：「吾將老於山林，待子一言以傳諸不朽。」余怪而問焉。伯起曰：「太上不言命，其次居易以俟命，其下妄行而不知命。夫富貴、貧賤、壽夭，命也。隨所寓而安之者，君子所以俟夫命也。是故坐于廟堂，上佐天子而下率百官者，命也。一丘一壑盡力乎畊釣，而究意於方册者，亦命也。之二者，皆命也。失乎彼必得乎此。而世之人常汲汲於彼，而戚戚於此，余竊惑焉。故吾隨所遇而必安焉。若曰慕富貴而羞貧賤，豈余之志哉？」又曰：「人之所立者，禮義也；所營者，衣食也。石田之入雖薄而可以供伏臘也；詩書之教雖迂而可以淑后昆也。吾之所得夫命者，既不足以兼善天下矣，豈不足以獨善其身乎？」嗟夫！余今而後知伯起之爲不可及也。始余之識伯起也，以其才能之美足以勝一官之任而已矣，不知其他也。今觀其於富貴、貧賤之際如此，豈不超然有賢於人矣乎？然則若伯起者，其幾於俟命君子矣。遂書是語，以爲之序，工乎詩者宜樂道之。

又卷四《杏林書隱記》　淦姜君彦思，結屋數楹於東山麓故居之北，内蓄圖書，外植大杏，帶以清流，環以羣山，扁之曰「杏林書隱」，以游息其間，且志先世之舊也。暇日，彦思邀余過之，與之周覽，歎息徘徊四顧而竊有感焉。方元之盛時，吴楚庶富甲天下，淦號得其百二。視富之居，如官府、如王公之第宅者，不可勝數。誇奇競侈，窮丹雘而被文繡者，甍相銜、地相接也。當是時，豈知有「杏林書隱」之異耶？一旦勢窮運屈，而向之炎炎赫赫者，雲散水没。數年之間，欲求其敗瓦遺垣，無復存者。而彦思獨能守其先人之基，益事修葺，以繼其先志，蓋杏林書隱之異，至於是而始見也。姜之先人，世以儒顯，有譯史諱某者，尤嗜書，積書之富侔於祕閣，曰「書隱」者，其别號也。彦思雖業於醫，而留意於儒術，經史、百氏，悉窺其藴，以世之崎嶇齟齬而不合，遂以醫藥而閟其聲光。由是觀之，姜氏之澤，尚未既也。余與彦思爲同邑人，而又獲聯于婣友，欲彦思之世其德而益裕其後也，遂書所感以記之。若夫種杏以慕神仙之風，藏書以爲子孫之記，則余他日得請而歸，幅巾杖屨，以與彦思遊。尚當鼓缶鳴之，以繼諸賢大雅之後也。

金實《覺非齋文集》卷一二《竹溪書舍記》　遊焉息焉，無非學也，而遊與勝，宜息與静。宜遊於勝，則神明豁然，與流動者適；息於静，則心境恬然，與澹泊者栖。與流動者適，則凝滯扶去；與澹泊者栖，則躁競不生。惟是天理明、人欲消，日用云爲之間，不竟小人異途，而漸入於君子之域矣。孰謂遊焉息焉無益於學，而所遊所息之處不資於地之勝與景之静哉？貢士徐生爲予言：遂安有隱者曰周汝器氏，所居擅溪山之美，澂流一碧，縈抱如練，修篁萬梃，交蔭四周，乃構藏書之所，題曰「竹溪書舍」，朝夕於是，以遊焉息焉。遠近士大夫至則賓之，於是以遊焉息焉。又令其子弟從之，於是以遊焉息焉。風恬口舒，源源其逝也，娟娟其峙也，晝夜不舍而四時不易也。遊焉而適於流動者，勝無不宜也。秋月在空，驚飇不起，湛然者渟，鬱然者凝，即之而彌清，聽之而無聲。息焉而栖於澹泊者，静無不宜也。朝而游焉，暮而息焉，含咀乎詩書六藝之文，以求古聖賢之用心，於是而日用得焉，則凝滯可釋，而躁妄可祛也，天理可明而人欲可去也，小人可異而君子可幾也。則是居也，豈獨擅溪山水木之菁華以爲觀美而已哉！吾聞汝器行義高一鄉，而不受薦辟，敬禮賢士大夫，而善教其子孫，則竹溪書舍之所以貽謀者，非旦夕慮也。

又卷二六《鑒湖書舫説》　客有神卷徵予言者，署其籤曰：「鑒湖書舫」。余問之曰：「子以舟載書，日誦其中而詠于湖之上歟？」曰：「非也。某厭市居之喧，樂茲丘之静，因屋而藏書，以游焉息焉，實非舟也。」予曰：「古人藏書，大則以樓閣，密則以厨櫝，載則以車舡，皆直以其名而名，未嘗有所托也。子托而名之，其亦有説歟？」客曰：「某以是屋也，無數仞之高、尋大之廣，棟無飛翬而宗無窠棁也，廊廡不翼而階所不崇也。進而入其中，奥乎若有容焉；出而眺于外，豁然若無窮焉。鑒湖支流，循除而鳴。稽山遠秀，排户而入。八窻洞開，虚室生白，天光雲影，滉漾凡席。時或對案，吾伊倚楹吟嘯，棹歌遥聞，魚鳥相狎，恍若駕輕舟而泛滄溟，祥飇送帆而波濤不驚也。以其物之接於目者，有類乎舟之居，因以爲名，非别有説也。」予曰：「子得其外矣，予將告子以内焉。造化發育之機橐籥手兩間者，流動充滿，無或少息，君子體之而道存焉，是故聖人觀於川流，而示人以逝者如斯夫，賢不

除庭草，而告人以自家生意非接於外者，有以契於内焉爾乎。今子之居，既得夫湖山之勝矣，朝夕於是以遊焉息焉，而誦詩讀書，使流動充滿者，日接於吾目而契於吾心，久則理趣薰融，污濁目蜕從而希之，道不外是矣。夫如是，則鑒湖之波，可以沂濂洛、洙泗，稽山之秀，可以仰龜蒙、曲阜。書之所藏者，其精華醲郁，大不在樓閣，密不在厨櫝，載不在舟車，非屋非舫，而盡歸乎子之靈臺丹府矣。」客聞余言，始啞而笑，中默而疑，終乃惕以悟，良久曰：「命之矣，請書其説。」客於越人，胡姓，信其名。

胡廣《胡文穆公文集》卷一〇《崇書樓記》　臨川許行同倫積書若干卷，爲樓以藏之，與其弟同書日探索討究於其間，名之曰「崇書樓」，介其友給事中王常氏徵記於余。余惟良賈之居于市，必蓄天下之貨，以待夫人之需求，苟一物不備，所求者不至其門，則非所謂良賈矣。人之於學，必先於積書。積書猶積貨，然積之之廣，然後可以窮搜遠覽，微以至乎天人性命之藴，隱以探乎鬼神造化之賾，大以盡夫君臣父子之倫，小以極夫衣服飲食之節。至於禮樂制度之懿、刑政禁令之詳、九夷八蠻之交通、四方風氣之開闢、山川道里之遠近、州郡都邑之沿革、醫藥卜筮之源流、騷人墨客之賦詠、風雨霜露之宜、昆虫草木之變，與夫萬事萬物之理，無所不知，無所不盡，然後可以成其材器德性之美，而至乎聖賢之域，否則不足謂之學者矣。古之君子，績學以成其名，未有不本於兹。以孔子生知之聖，不待學而後能至，其説禮乃曰：「夏禮吾能言之，杞不足徵也。殷禮吾能言之，宋不足徵也。文獻不足故也。足，則吾能徵之矣。」雖聖人尚有待夫文獻之徵，而况於今之學者乎？故同倫崇書樓之所以建者，非徒然也，是必能廣其所積，窮其心志之力，以底于成者乎！余觀今之人，有儲書充棟盈室，然終歲手不一披閲，雖有藏書之名，而無其實。且以余之踈陋懶僻尤甚，顧口體之欲不以動其中，惟酷嗜書，嘗積至數千卷，然未能遍閲成誦。今幸竊禄于朝，觀館閣所藏之書數十萬卷，茫如望洋，莫知所之。今同倫藏書於家，静以學之，博以求之，約以收之，必得其歸。趣是無衆人之患，與余之所歎者，皆可羡也。異時東南之間有儒者出，其必同倫兄弟也。夫遂書以爲記。

李時勉《古廉文集》卷三《環秀書屋記》　永豐之龍潭，有馮氏居焉。馮氏曰義安者，與其弟禮安、信安構一室於其居之偏，而扁之曰「環秀書屋」。今年致書其弟禮部員外欽訓來請記。馮氏之先居武昌，其曾大父良卿仕元爲廣西路同知，大父昇之爲威順王參謀。元季播遷，携家流寓永豐。尊府伯純有才藝，未仕而殁。而欽訓以明經擢進士第，官至副郎，其進蓋未已也。今其子弟十餘人，皆聰俊有志嚮。義安以爲其前人與其弟乘時貴顯，後先相望，皆本於讀書以致之。使吾後人無意於學則已，苟有意於學而無其書，將何所用其心哉？此書屋之所以作也。屋之前後有九峯、雙谿拱揖而迴繞，有園池竹樹薈蔚而環擁，其蒼翠之色、奇異之狀，一開軒而盡得之，此書屋之所以名也。夫秀者，山川清淑之氣之所發也。龍潭山水之勝，固非他處之可擬，而書屋之所在，據有其勝，則所謂秀者，不在乎山水之間，而舉萃於書屋矣。書者，古聖賢人之道之所載也。讀其書，明其道，以之正心而心無不正，以之脩身而身無不脩，以之事親而無不盡其孝，以之事君而無不盡其忠。推而至於仁民、愛物、處事、接人，而無不得其當，日用常行、酬酢萬變而無不得其宜。使馮氏之子若孫，果留心於是而有得焉，則所謂秀者，又不在乎書屋，而將舉鍾於其人矣。夫如是，固有光於其先烈、有光於其山川、有光於其閭里，而無負於義安昆季之用心也矣。予爲記之，所以廣義安昆季之意，而爲其後人勸也。

又《竹園書屋記》　安成之南，芳郊之間，有地曰古竹園，不知始何名。或曰其地宜竹，故鄉人呼爲竹園。或曰其山水之勝、竹樹之美可擬諸淇園，故名古竹園。理或然也。有劉氏世居焉。其彦曰大淵，字源潤者，於其居之偏，築室若干楹，名之曰「竹園書屋」，經史書籍充仞乎其中，嘗延明師以訓迪其子弟，將期以成其德而達其才而後已。今年走京師，求予記，且曰：「先人積書，欲爲詒謀之計，而屢遭迍難，卒不獲少展其志，况於詩書禮文之事乎？今幸遭遇聖明在上，當重熙纍洽之時，嚮用儒術之日，窮檐茅屋、甘藜飯糗之士，莫不争自磨濯於仁義道德，以待時之需。而富家大室之子弟，亦皆感激奮發，去其輕肥紈綺之習，而以學問文章爲務。大淵也，於斯而不加之意焉，是自棄之於不中不才之地，豈爲人父兄之道哉？此書屋之所由以作也，願先生爲我記之。」予曰：「書之所載，大而三綱五常之道，小而萬事萬物之理，則必求其義，得其義則必致於行，孜孜焉而不敢自放於禮法之外。如是而爲，成德達才之歸也，不難矣。以之齊家，而家無不齊；以之治人，而人無不從。是蓋學問之力、詩書之效也。今有讀書數萬言，自恃以爲知道而恣情縱欲，至於亡身敗家，而有不悟，是豈詩書之過哉？不由其道也！然則讀其書必由其道而後能有所成。源潤之所爲期望之意，正在此也。爲其子弟者，尚益勉焉，以副其意，使見者稱曰『此古竹園之賢士』，則豈不美哉？若夫以其所能，掇第於有司，登青雲而躋膴仕，以爲書屋之光者，抑末也。其有本則末自從。孔子曰：『學也，禄在其中矣。』請以此爲書屋記，於子何如？」源潤曰：「善幸。書之當置諸其

壁間，永以爲勸也。」

又《尼山書舍記》　大名郡滑邑司訓尹器，因其叔祖父進士恕，來求予爲其所謂「尼山書舍」記，且曰：「吾先世本河南人，唐末有曰崇珂者，以保信節度來爲吉州兵馬黔轄，因留家安成城門，居尼山之下。其後有大任者，宋紹興進士；信可、再可、斗祥、斗元，皆以兄弟前後聯領鄉薦，一時名動邑里。其餘以文章鳴於世、以學問教授於閭里者，纍纍有其人焉。先大祖以賢與其從兄以翼，家素富饒，置田三百餘畝，構一舍，爲八齋，以待四方遊學之士，士之出其門者甚衆。至先祖安行公、先人啓蒙府君，構書舍尼山下，積經史子籍其中，延明師以教訓子姓，欲以修復前烈，志未遂而没。今生以菲才謬膺時薦，忝竊教職，去家數千里，而先世之所構與其書具存，欲吾今與後之人保有之，而不致散逸，冀或有能讀之者，願先生爲生記之，置諸其壁間，庶其有警也。」夫書載聖人之道，讀其書固將明其道，以致於用。苟讀其書而不能以明其道，而不能以致於用，是爲無用之學也，又豈足道哉？司馬温公嘗曰：「積書以遺子孫，子孫未必能讀，不如積陰德於冥冥之中，以爲子孫長久計。」竊嘗以爲，二者皆不可無也。德者固植家之本；至於書，力所能及則爲之，讀與不讀不必計也，然亦有足計者，視吾德之所積何如耳。昔丁顗嘗聚書至八千卷，曰：「必有好學者爲吾子孫。」至其孫度，果讀書，有文名，登詞學科，仕至參知政事，謚文簡。是蓋讀書之效，積德之新也。尹氏世儒家，安行父子又能積書籍，欲以啓迪後人而紹前烈，亦可謂賢也矣。今恕與器皆以文學取名進士，師表於人，尤賢也。其進於顯榮，殆未可量。丁度不得專美於其前矣，是以記之。

又《静香書室記》　静香書室者，湖廣長沙茶陵周諒字士貞讀書之所也。士貞自祖父來，皆以醫鳴。至士貞，亦傳其業，而尤好讀書。積書數萬卷於其室中，朝夕孜孜以求其理，不倦。喜與士大夫交，講議往復，以忘其勞。人或曰：「子以醫爲業而急於儒書之習，以爲名不亦戾乎？」士貞曰：「書者，道之所載也。是道也，亘乎古今，極乎天而蟠乎地。苟能明之，則天下萬事萬物之理，無不可推矣，況於醫乎？醫者，吾世業也；吾所憂者，惟斯道之未知耳。此書室之所以作也，此吾志之所在也。孔子曰：『志於道。』先儒曰：『志道則心存於正而不他。』吾既事乎此，又豈暇他求哉？」人於是知士貞之志，不安於小成也，皆引領而望之。然終以其先世之業之所在也，遂爲知者薦入太醫院。今爲太醫院良醫，而猶不忘乎昔者藏修遊息之處，因吾友孫某來請記，夫以士貞家居時，專志於儒書而不暇乎其他，則宜其於醫道疏也。今以其道施之人，無不效焉。《周官》以十全爲上，士貞豈非醫之上者乎？以是觀之，則其於學可知也。士貞曰：「吾固不能進於是矣，蓋有望於吾後人焉。其爲我記之，使益勉焉。庶幾其有成也。」予嘉士貞之志，遂爲書之，以爲記。

又《李氏讀書樓記》　距安成之北若干里，有曰尼山者，自西南而來，蜿蜒磅礴。有泉出山間，自高而輸下，循山而行，漫爲平流，鏡瑩澄徹，號曰「清溪」。自尼山東北至清溪不五里許，有巨姓李氏族居之，背山而臨流，其田土膏腴，園林幽迥，爲邑之勝處也。李氏之彦曰克端者，倜儻俊偉，知書而好文，善談論，不妄與人交。苟非其人，則終日默默，若不能言者。一遇知己，英偉秀發，或論詩書，道古今，與夫事之是非、人之賢否，縷縷然，窮旦暮而不厭。其八世祖某，仕宋爲國子博士，既歸老，特作讀書樓於溪上，至今凡若干年，子孫相繼而新之。及克端，益積經史子籍其中，當太平無事之時，得以從容於兹樓之上，日以課子弟、誦詩讀書爲務，而不暇乎其他。客至則設尊俎，相與歌吟笑詠，陶然自得，而塵俗之態、當世之務，一不以經其慮，可謂能繼述其先緒而啓迪乎後人者，非其賢而能之乎？余家居時，常往還先師尼山尹先生所，或道過李氏，克端輒迎至兹樓，開窗凴闌，極目遠覽，平疇曠野，喬林峻壑之奇，可以一覽盡在目前，誠足以舒煩滌滯，而游心於簡籍之中、放情於翰墨之習。惜乎不得數遊於其間以爲恨！既而别去，於今二十年矣，未嘗不往來於懷也。今年吾友藍山廣文陳公至京師，以克端之命來求予序，且曰：「予與今侍御胡公啓先、秋官主事黄公恒修，嘗讀書於兹樓，固不能忘情焉。」今之請豈獨克端之意哉！余以世之高甍畫棟，誇示侈靡，擊鐘伐鼓，以飲鄉人、燕樂爲務，客或過之，既去而漠然不以留意，既至於不一，再傳衰落陵替者，其本固已淺也。今李氏之樓，纍世而不廢，而二三公之所以拳拳而不忘者，豈非以異於世之人所爲者哉？昔司馬公曰：「積書以遺子孫，子孫未必能讀，不如積陰隲者。」是蓋有激而云然也。夫讀書所以明理也，循理而行，則所爲豈非陰德也哉？然則彼之所以冥行妄作而不足以垂裕於後者，孰非由其不知書而背理也歟？不然，則李氏之樓，亦徒設而已，爲李氏之子孫尚勗之哉。

又《松溪别業記》　安成西上三十里，有地曰松溪。洪武中，隱士吴公觀斌自城徙居之，扁其室曰「植齋」，遣其子與讓從予游。予每過之，見其手種之松皆新蒔，偃蹇而弗舒也。永樂辛卯，予歸自翰林，而植齋殁已久矣，與讓延予坐溪上，觀諸松皆颯爽蒼翠，離離若人立，繞居有小溪如環玦，沄沄而流。遇秋冬，水落穿石罅，則泠泠然若琴瑟之音，與松風相響答，聽之可愛也。别去二十餘年，追想舊游，

夢寐未嘗不相爲往來也。宣德庚戌，其從弟與儉舉進士，來京師。明年，入翰林，爲編修，暇日因語及之，曰：「植齋之松固無恙乎？」曰：「高者隱白日，低者淩青烟，密而蟠者，可以棲玄鶴而蔭蒼虬矣。」曰：「松之茂悦，其若是矣乎！」又明年，與儉賚其兄書來，求記其所謂别業者。予莫能辭。嘗聞松升長之物也，惟其升長也，是以淩霜雪，傲歲寒，不至於切摩霄漢不已焉。然其初也，膚寸而已矣。溪，流行之物也，惟其流行也，是以歷澗壑，經江河，不至於趨奔滄海不息焉。然其始也，涓瀝而已矣。君子之志於道者，亦若是。故有充善信以至於美大者焉，有希賢哲以至於聖神者焉。然其發軔也，不外乎謹德而已矣。故《易》於「升」之象有曰：「地中生木，升；君子以慎德，積小以高大。」於「坎」之象曰：「水洊至，習坎；君子以常德行，習教事。」其斯之謂歟？吴氏世家忠厚，遠自臺陰徙茲仁里。既有植齋翁作之於前，又有與讓兄弟繼之於後，雖隱顯不同，出處或異，然皆有得於升長流行之義，以砥礪名德而善乎其身，則一也。然則君子之業非徒爲業身之資，實所以爲業德之助矣。傳曰善觀物者當有以窮其理，能窮其理，則道不在物而在乎人矣。其斯之謂歟？予也晚景侵尋，時與歲去，倘得請於朝，當求片地西山中，幅巾杖履，追尋舊遊，與與讓往來，蔭長松而履白石，嘯歌烟雲，以樂餘生，有日矣。幸相戒，毋以予爲逋客可也。是爲記。

劉球《兩溪文集》卷六《大洲書舍記》 有大洲橫據邑城東北，廣袤若干里，瀘、湛二水夾之流，而蒙岡、北華諸山峷峙其後先。環四面皆處民遊商，覆廬載艇所居泊，而偉材宦達恒産其上，則是洲固一邑之勝處也。有隱君子謝氏尚哲中洲而居，其子謙牧質美而學勤，躋賢科可計日待矣。尚哲欲大其成，嘗書舍其居之偏，俾加學焉。故窗虚户敞，几席鮮潔，林木蔭其後簷，花石雜其前榮，塵囂夐屏，風月次來，杳不知其在環城負郭間者，其舍之清閒足以寧神而一志也。帙連櫝纍，連床而插架者，其圖書之富，足以資覽誦也。冠裳列坐，言終日而不煩，文酒叙會，飲而不至亂者，其經師學友時集其中，足以發問而析疑也。然則謝氏書舍又一洲之勝歟。夫昔人有登匡廬，入紫閣嶺，韜蹤長白山以力學者，其志蓋自己立，初非出其父兄，而皆能就其業，名其地于世。今謙牧既常志昔人之志矣，又樂有賢父兄之奬掖。其藏脩于是洲，苟詩書之膏澤，日飽於咀嚼禮義之鋩鍔，卒利於磨礱，將見其業愈廣而道愈充，不惟昔人之武可追，雖是洲山川亦將與匡廬、紫閣、長白齊其高、比其深也。請記諸壁以俟之。

又《玉壘書舍記》 界乎蕃漢、秦蜀之交，其縣曰文。距縣舍餘，有石山穹窿而起，其色白澤，瑩若玉然，故曰玉壘。跨山之巔有關，高出雲表，曰仙關。漢武之通西南夷也，於以取道；孔明之定秦隴也，於以置防；鄧艾之入蜀也，於以設棧。然則西陲之地，利其在文，文之勝槩，其在玉壘歟？因玉壘之勝，創爲書舍，而蔭以茂樹，臨以清流，以親魚鳥，以屏塵囂。無事乎雕梁鏤節之華、藻繪之飾，惟經傳子史、兵法刑名之書，象緯、山川之圖是貯是積，而名之曰「玉壘書舍」者，張瑾廷玉講學之所也。張本文之故族，世長其土之民，在元時爲鎮帥。皇明一天下，鎮帥之後有名貴者，以衆來歸，授文縣軍民守禦千户所百户，以忠敢死逆寇鋒。弟文才以平寇功陞千户，傳職其子斌，即廷玉世父，父兄也。廷玉雖生介胄中，而篤嗜文學，當邊境無虞之秋，輒與宗戚子弟、縉紳名儒去城市，而即書舍，以討論乎典籍，講求乎義理，雖窮日夜而心未之厭。俄而月連、黎牙諸番爲我民患，鎮守重臣欲發兵殲之。廷玉以爲魏絳和戎而晉鄙安，王恢開邊釁而中國困，敵雖强盛，尚可修和，何以殲爲？遂白守臣，親率宗族姻舊百餘人裹糧橐貲，冒險遠以抵番境，喻以禍福，故不煩寸兵之血、一鏃之遺，而諸番納欵修貢恐後。副都御史陳公上其功，廷玉詣京，授所鎮撫職而還，自以其能入絶域、撫異類，以得蒙顯賞者，皆由書舍講明道義之功激發之也，不可無文以記之。户部主事汪君清夫，廷玉姻家也，以其意來請。夫爲武弁子弟者，貴乎有學識也。學識既優，然後可建絶世之勛，成邁羣之業。是以古之名將，有説禮樂而敦詩書者，君子知其必有濟焉，况有書舍博其學識于平素，如廷玉，宜乎其能宣威德于萬里塞外，使反面之仇轉而爲向化之氓也。書舍之有助於廷玉不少矣。苟進不已，則欲樹豐功、著偉烈，與古名將媲美而争輝也，何難哉？故特記以爲他日顯融徵。

陸簡《龍皋文稿》卷七《成塘書屋記》 宜興爲吾州山水奥區，肆其士多穎秀而知道，其邑多世家文獻之遺。若今吏部驗封員外郎邵君日昭，自其遠祖十九郡馬省占籍於此，至五世祖寛甫都目路教而姓益著，高祖孟文實大厥宗。所居成塘里，距邑西二里許，荆溪之水滙其南，離墨諸山從坤隅迤邐而來，隱伏溪上。風氣閟深，水石清曠，荆溪膏腴之田數百畝，皆邵氏業。識者謂孟文新居乘一方勝，槩瀦峙之，久未有施，後遂其昌乎。迨驗，封生而不凡，長游邑庠，名軼群伍，以《易經》中成化乙酉鄉解，就試禮部，弗利，退，益修其業，復請於其父慈菴居士治舍東隙地，築室三楹，題曰「成塘書屋」，取先世所藏經史子集悉寘其中，日携群弟子藏修游息。於是閉門攻苦，凡三年而其中益肆以宏。已丑上南宫，以第二人薦擢進士，尋拜官吏部考功主事，轉驗封員外郎，自家卿而下，咸奬重以爲佳士。戊戌，同

考會試，士論服之。朝下，退食公署，手披目覽，欿然如日弗給，尚慮耳目所及有限，捐俸集書，又獲數千卷。校閱之餘，躬爲條約，寓歸所謂書屋，俾其子姪懋楠棠樸世守之，曰：「非敢以是侈觀美，資游談也，固求所以不替文獻之舊耳。」吾觀夫世之宦成而志溢，騖聲勢，射貲蓄，將厚其私圖，卒之讟身而纍其子孫者何限，有能懇懇焉思維先業之務而誨厘其後人如日昭之所存者，固知其視彼之所爲亦糞滓之不啻矣！且六經、百氏之籍，萬世之遠、四海之大，民彝物則，巨細精粗，咸於是乎在。茲其爲用不窮，無間智愚，不肖求之，無不獲者，亦勝乎！粟布、珠玉，百物之爲用易竭而不可求也，較然矣。故士自通一經以上，凡可適家國之一用者，雖不與名宦利達期，而恒必求之，如不可舍，然則士何苦不此之學而畢意於其末哉？昔丁文簡之祖顗積書至八千卷，曰：「吾所藏富矣，必有好學者爲吾子孫。」而文簡果以學亢其宗。日昭之所以願於其後者，不出此乎。然日昭名業所至未可量，而裒集當不止此。吾恐書屋之當更置也，爲邵氏孫子所以嗣前人之業者，又宜如何哉！縉紳士慨慕其事，多爲辭諷詠之。日昭俾予記諸壁間之石，以爲異時之徵。予嘗閱州舊誌，見郡學藏書數萬卷，不幸燬於兵。今雖片簡，無有存者，而游學之士自科舉程試外，不惟不暇他及，亦或侈然而盈，若無所謂學者，良由見書之不廣也。每欲購學旁便地，創書院數間，稍訪緝遺編寘其內，以開拓鄉人子弟之志，使知向之所得蓋茫乎其小也。然有志而力未給，因著此記，不能無媿色云。

程敏政《明文衡》卷三〇梁寅《梁氏書莊記》 余山巖之士，自少而好文籍。迨乎中年，稽古之益久，窺道之頗的，則又因多暇而好論著。夫躬行之士，不務於立言，然恥没世而無聞，亦往往藉是。今朝之初，共承明詔，陪諸搢紳議禮制，獲觀大常所藏書。迨歸田野，十五六年之間，索居無所爲，因思託之言以傳來世。前讀程、朱《易》，以其釋經意殊，乃融會二家，合以爲一，謂之《易參義》。於讀《春秋》也，病《傳》之言異，求褒貶或過，乃因朱子之言，唯論事之得失，謂之《春秋攷義》。及歸老之後，於《書》也，以蔡氏《傳》之詳明，而姑釋其略，謂之《書纂義》。於《禮記》也，以其多駁雜，唯取格言，以類而分，謂之《類禮》。於《周官》也，芟剔其註，使其明暢，謂之《周禮攷註》。於《詩》也，因朱子之《傳》，演其義而申之，謂之《詩演義》。又稽之經史，以待策問，謂之《策要》。凡羣書之言，則取其精粹，申以己意，謂之《論林》。憫時俗之失，則縱論古道，略示勸戒，謂之《耄言》。憚諸史之繁，則撮其大要，易於覽閱，謂之《史略》。復嘗類集古之格言，芟取其要，謂之《類訓》。是諸書者，或刻之以傳，或繕寫以藏，暨凡所得書，皆聚之一室，故號「書莊」焉。蓋曰家之恒產寡薄，使子孫能守是莊，亦足以贍生，非徒夸其多而已也。凡人之生世，必有裨於國，必有益於民，故爲公卿、爲百僚、爲將帥、爲守宰，又其下爲胥吏皁隸，爲農工商賈，皆不徒衣食，必資其心與力以爲衣食焉。吾爲士者，乃衣食於人，心不勤，力不悴，非敉民者耶。所謂莊者，田舍之稱也，秔稻菽粟之所藏也。吾無田以獲秔稻菽粟，而所藏唯書，子孫守焉，無租稅，無科需，而學之成也，又足以應上之求，贊時之治，是吾之不念子孫立產業，乃所以深念夫子孫者。嗟夫！山之爲石者，有銀之礦而緑生焉，有鐵之礦而朱生焉，然則家之有書，而後嗣之能學，亦理之然也。若夫有書而或怠於學者，人也；學之成而禄不及者，天也。爲子孫者，又當盡乎人而聽之天可也。

《（正德）姑蘇志》卷三二 樂菴在崑山圓明村，宋侍御史李衡彦平歸老之地。四旁皆脩竹，經籍圖史滿堂。樂庵初成，彦平自爲詩二絶：老子平生百不足，菴成那管食無肉。終朝閉户只讀書，四面開窻都見竹。投老庵居百事宜，早眠晏起不論時。更長睡足披衣坐，傾耳林間聽畫眉。

皇甫汸《皇甫司勳集》卷四九《董氏西齋藏書記》 西齋者，董氏藏書所也。世居上海之沙岡，自御史公起家，繼大理公咸嗜學修文，購古書籍至千餘卷。生子宜陽，幼聰慧不凡。兩世居家號清白，乏籯金緡錢之遺，每指西齋，謂曰：「業在是矣。」二公既卒，董子非獨能守其業，又能盡讀其書。搜奇括秘，所藏倍其先人；屏氛謝垢，日操鉛槧，簡帙溢於几案，晏如也。蓋已涉其流、探其源，採掇其華而咀茹其膏矣。嘉靖癸甲之歲，寇起海上，廬毀於烈焰，書亡於餘燼。董子不避鋒刃，夜半身犯賊中，取其先世恩誥遺像及書數簏馳出，賊壯而釋之。亂定，稍稍理其殘缺，每從友人處借而手録之，乃刊定舛誤，然較昔十僅得其二三耳，并新其齋，屬余爲記。司勳氏曰：「天下之物，或聚或散，有數存焉。」矧書籍爲天地之精英乎！秦焚晉墜，往往遭阨，國且不能保，而況於家乎？張華縹乘武庫奚存，李泌牙籤鄴架安在？遂使公擇託諸廬嶽、穎士寄之箕山，不獨禹穴、汲冢間也。余家自玄晏所畜，晉武所假，奚啻萬卷！余考中憲公暨余兄弟復廣之，一旦爲謝兵攘掠殆盡，年齒向暮，心力並減，不復能購輯如董子，祗自懊歎而已。夫御史者，古之柱下主藏書者也，而董蓋世其官矣。傳稱仲舒下帷覃思，三年不窺家園，而董蓋世其業矣。由是子子孫孫勿替，保之又能自得之。誠以口肆，貯爲腹笥，是董子所深望也。使致喻玩物取譏兼兩如斲輪之説，書不幾於廢哉？中憲公與大理同登進士，有通家之誼，言非敢諛也。因書爲記。宜陽字子元，別號紫岡，爲太學生云。

李開先《李中麓閑居集》卷一一《藏書萬卷樓記》 藏書不啻萬卷，止以萬卷名樓。以四庫眒類不盡，乃倣劉氏《七略》分而藏之。樓獨藏經學、時務，捴之不下萬卷，餘置别所凡五。書文明火象也，又天地精華，多則爲祟。古之善藏者，每分之，庶不災於火。吾樓書不過萬以此。名山大川，其藏所也，奚必於樓？《詩》三百，蔽於「思無邪」三字；半部《論語》，猶歉於節用愛人。有一言而終身行之者，又奚必萬卷？而況不啻萬卷也哉！既記之，而復繼以詩，以見吾志，詩云：「古有楚史，邈焉寡儔。三墳五典，八索九丘。有問即知，隨其所投。藏書之富，更有鄴侯。堆床插架，充棟汗牛。諸子百家，六經贅疣。多岐亡羊，是則可憂。辯也如賜，藝也如求。科列文學，子夏子游。兩端四教，無言更優。吾欲從之，不得其由。藏書萬卷，聊以名樓。」

歸有光《震川集》卷一五《杏花書屋記》 杏花書屋，余友周孺允所構讀書之室也。孺允自言，其先大夫玉巖公爲御史，謫沅湘時，嘗夢居一室，室旁杏花爛熳，諸子讀書其間，聲琅然出户外。嘉靖初，起官陟憲使，乃從故居遷縣之東門，今所居宅是也。公指其後隙地謂孺允曰：「他日當建一室，名之爲『杏花書屋』，以志吾夢云。」公後遷南京刑部右侍郎，不及歸而没於金陵。孺允兄弟數見侵侮，不免有風雨飄揺之患。如是數年，始獲安居。至嘉靖二十年，孺允葺公所居堂，因於園中構屋五楹，貯書萬卷，以公所命名揭之楣間。週環藝以花果竹木，方春時，杏花粲發，恍如公昔年夢中矣。而回思洞庭木葉、芳洲杜若之間，可謂覺之所見者妄，而夢之所爲者實矣。登其堂，思其人，能不慨然矣乎？昔唐人重進士科，士方登第時，則長安杏花盛開，故杏園之宴以爲盛事。今世試進士，亦當杏花時，而士之得第，多以夢見此花爲前兆，此世俗不忘於榮名者爲然。公以言事忤天子，間關嶺海十餘年，所謂鐵心石腸，於富貴之念灰滅盡矣，乃復以科名望其子孫。蓋古昔君子，愛其國家，不獨盡瘁其躬而已。至於其後，猶冀其世世享德而宣力於無窮也。夫公之所以爲心者如此。今去公之殁，曾幾何時，向之所與同進者，一時富貴翕赫，其後有不知所在者。孺允兄弟，雖蠖屈於時，而人方望其大用，而諸孫皆秀發，可以知詩書之澤也。詩曰：「自今以始歲其有，君子有穀貽孫子。」于胥樂兮，吾於周氏見之矣。

王世貞《弇州山人四部續稿》卷六二《小祇林藏經閣記》 藏經閣在小祇林門之第三重，其前頫梵生橋曰「清涼界」，有高榆美箭之屬左右引植，嘉樹碩果後揭中弇。傍瞰西嶺，下帶「天鏡潭」，上組名卉，和薰涼蟾，媚景百態，最爲吾園勝處，詳第二記中，不復贅。始余得佛氏經一，藏於華明伯所，闕百之二，乞善書者補之，爲兹閣以奉，扁之曰「藏經」。可十載而得道經一，藏於沈氏子所，亦闕百之一，其補書亦如之，附奉閣之右室〔中闕〕藏經一而已，佛是也，而何以稱道藏焉？今夫《道經》之爲聖言者，獨《道德》、《黄庭》、《陰符》諸篇而已，餘皆僞也。或曰：佛經之小乘諸品，西僧爲之也，亦僞也。或曰：釋教之與道角，其斷斷而貞勝者，非一日矣。漢之永平、元魏之真君、高齊之天保、宇文周之天和、唐之會昌、宋之宣和、元之至元，凡七角，而釋三勝，道亦三勝，一兩敗。蓋至于今未有合也，而子乃今合之，何也？解之者曰：釋，日也，道，月也，不可偏廢也。雖然，俱未曙。余之所以合也，曰虚，曰空，曰無，曰寂，其體同也；曰知足少欲，其初乘同也；曰以定生慧，以恬養智，其功同也；曰慈爲大士，德爲三寶首，而悲而哀，其念同也；如來説法四十九年，曰無法可説，而猶龍公則曰：「多言數窮，不如守中。」其法門同也；維摩之左掌擎阿閦界，而南華之鵬摶九萬里而風斯在下，其俶儻之寓同也；故道林開，士精言罄於逍遥通明，玄宗深尚，托之勝力，彼豈不知其水火然，而不以奪其所真見者，其見同也。小不盡同者，深淺大小之際而已。彼其樹黨立幟而相搏擊。所搏擊，最膚跡也；其所標著，最膚言也。皆其師之所不薦者也。然則二藏之不相悖，有之，其亦可無删乎？曰：「吾於佛經而擬所存者，十不能一也；於道經而擬所存者，百不能一也。删則吾惡乎敢？志之而已矣。」

又卷六三《二酉山房記》 余友人胡元瑞，性嗜古書籍，少從其父憲使君京師。君故宦薄，而元瑞以嗜書故，有所購訪，時時乞月俸，不給則脱婦簪珥而酬之，又不給則解衣以繼之。元瑞之橐，無所不罄，而獨其載書，陸則惠子，水則米生。蓋十餘歲而盡毁其家以爲書，録其餘貲以治屋而藏焉。屋凡三楹，上固而下隆其阯，使避濕，而四敞之，可就日。爲庋二十又四，高皆麗棟，尺度若一。所藏之書爲部四：其四部之一曰經，爲類十三，爲家三百七十，爲卷三千六百六十；二曰史，爲類十，爲家八百二十，爲卷萬一千二百四十四；三曰子，爲類二十二，爲家一千四百五十，爲卷一萬二千四百；四曰集，爲類十四，爲家一千三百四十六，爲卷一萬五千八十。合之四萬二千三百八十四卷。元瑞自言於他無所嗜，所嗜獨書。饑以當食，渴以當飲，誦之可以當韶護，覽之可以當夷施，憂藉以釋，忿藉以平，病藉以起色。而是三楹者無他貯，所貯亦獨書。書之外，一榻、一几、一博山、一蒲團、一筆、一研、一丹鉛之缶而已。性既畏客，客亦見畏，門屏之間，剥啄都盡。亭午深夜，坐榻隱几，焚香展卷，就筆於研，取丹鉛而讎之。倦則鼓琴以抒其思，如是而

已。故人黎惟敬以古隸扁其楣，曰「二酉藏書山房」，而屬余爲之記。案：古所稱小酉山上石穴中，有書千卷，相傳秦人於此學，因留之。故梁湘東王文有云訪酉陽之逸典，見《荆州記》甚詳。一曰藏書之所，有大酉、小酉二山，在楚、蜀間，今宣撫之所由名。而段成式之著書，謂之《酉陽雜俎》者也。惟敬之所標，當亦云是。余因以慨夫七雄之前，蓋不惟周之藏史，爲老聃之所掌者，而名山奥窟，如宛委、石簣、禹穴、洞庭之類，其靈文秘檢，往往有之。第既爲造物之所悕惜，而人間之迹，困於漆書竹簡而未易廣。蓋自七雄而後，一燼於秦火，再潰於莽，三燹於卓、傕，四毁於湘東，五佚於巢，六竄於宣和，雖隨散隨聚，而周之藏史，其所餘能幾何？況闤闠之淺而責之守，匹夫之力而望之致也。夫以劉向之《七略》，僅三萬六千卷，任昉又減其三之一。隋之嘉則殿，名爲三十七萬餘卷，而正本亦僅三萬七千而止耳。開元之際，最爲極盛，至八萬卷，然亦多一時之所著。而宋崇文之目，又減其大半，後之益者，積數十年，而增募不過萬卷。今元瑞以匹夫之致而闤闠之守，僅十餘年，而至四萬二千三百八十四卷，不亦難哉！雖然，世有勤於聚而倦於讀者，即所聚窮天下書，猶亡聚也。有侈於讀而儉於辭者，即所讀窮天下書，猶亡讀也。元瑞既負高世之才，竭三餘之晷，窮四部之籍，以勒成乎一家之言。上而皇帝王霸之猷、賢哲聖神之藴，下及乎九流百氏，亡所不討核，以藏之乎名山大川。間以餘力遊刃，發之乎詩若文，又以紙貴乎通邑大都，不脛而馳乎四裔之内，其爲力之難，殆不啻百倍於前代之藏書者。蓋必如元瑞而後可謂之聚，如元瑞而後可謂之讀也。噫！元瑞於書，聚而讀之幾盡矣，屠龍之伎殫，而世亦無所用子矣，盍亦舍而從我游乎？玉京人鳥須彌之頂，有祖龍之火不能燔，而仲尼之博姑存之弗論者，吾將發其一二以窺子焉。即二酉之藏與子讀於二酉之所得皆糟粕矣。

祁承㸁《藏書訓略・鑒書》 吾儒聚書，非徒以資博洽，猶之四民，所業在此。業爲世用，孰先經濟？古人經濟之易見者，莫備於史，夫執經術以經世，自漢而下，何可多得？即荆公亦一代异人，且以禍宋。至如考見得失，鑒觀興亡，决機於轉盼之間，而應卒於呼吸之際，得史之益，代實多人。故尊經尚矣，就三部而權之，則子與集緩，而史爲急。就史而權之，則霸史、雜史緩，而正史爲急。就正史而權之，唐以前作史者精專於史，以文爲史之餘波，故實而可循；唐以後能文者泛濫於文，以史爲文之一體，故蔓而少實。然唐任李淳風等於志表，則有專門於漢者也；宋采范祖禹等之持論，則有核實於唐者矣。所急各有在也。溯而言之，《檀弓》之於《左傳》，意勝也；《左傳》之於《史記》，法勝也；《史記》之於《漢書》，氣勝也；《漢書》之於《後漢》，實勝也；《後漢》之於《三國》，華勝也；《三國》之於六朝，樸勝也。其他若顔師古之精於《漢》也，司馬貞之覈於《史》也，劉知幾之辨於《通》也，魏元成之該於《志》也，皆史之所宜急者也。至如李仁父之《長編》，纘涑水者乎？陸文裕之《史通削繁》，刊謬而有功劉氏者乎？丘文莊之《續史綱》，引伸曲暢而善嗣朱氏者乎？此皆聚書所宜首及。雖然，學不通今，安用博古，昭代雖右文，而史統不一。致稗官瑣説，月盛日繁，是非刺謬，聞見牴牾，令人莫知所適。至於大禮大獄，宗藩邊疆之事，學者亦無可考，即如雙溪暇筆之説行，而非有視朝餘録以參觀，則當時宸藩之護衛與迎立大典，文忠幾不能自白矣。諸如此類，安可枚舉？故凡涉國朝典故者，不特小史宜收，即有街談巷議，亦當盡采，此尤從周之士所宜亟圖者也。故特示兒輩，以知所急焉。

汪道昆《太函集》卷七二《曲水園記》 豐樂水出黄山，東行百里而近，水浸深廣，其上則諸吴千室之聚，里名溪南。左黄羅，右金竺，蓋新都隩區也。里南良田千畝，里人呼楊柳干，其東則曲水園，脩廣不啻十畝，疏甽爲澗道，經垣内外如隍，其中鑿池，坼南北如天塹。甽入澗道，澗道入池，句如規，折如磬，故曰「曲水」。垣東南百堵，不塈不墁，西則編柳爲藩，力省矣。鑿壞爲東南户，當户爲竹林，穿林跨澗道爲橋，北林視澗南稍廣，穿薄西出，得萬始亭，亭在東方，萬有從此始也。纍白石爲山，峙亭北，或云羣玉山。跨澗道爲橋，得孤嶼如環璧，花石錯置，當其中。羃四栢爲亭，東五步得彩橋，橋東多竹箭，漁者置浮槎水上。笱東流爲魚防，竹外爲行厨，便烹鮮者。由孤嶼而北，歷長楊彩橋，脩倍東橋，蜿蜒池上。池北步櫚五十步，西行而中折之。客至，若在濠梁，是爲魚樂。步窮出西户，得釣磯。沿隄西行，隄北脩竹百個，隄南折不盡五十步，距池西，隄上樹七梧桐，有美蔭。中隄登水榭，署曰「中分」。面西爲門，三面臨水爲牖，東望池畔樓臺花鳥相與浮沉。日高春，若揭河漢而西也。西池當五之一，隄衡分之。西望羣山在門，若良史出繪事，蓋山水一都會也。池南馳道廣二軌，脩什之。道左樹文杏，皆臨池。右樹叢桂，茸桂枝爲薄，蔽南端。中穿薄爲御風臺，崇廣二仞。天風至，泠然而游帝鄉，視七尺若蟬蜕耳。臺東南度澗爲饁舍，舍臨田間，主人就舍明農，餉力作者。西隄西出户五畝畝鍾之田。沿西池北行，得田舍，藩以灌木，是爲灌木莊。反步櫚，歷重門，爲水竹居，主人經始於此。其後小樓，崇常有四尺，藏書五車，由藏書外達槃樓，由閣道外達少廣。槃樓則置夾室，少廣則置都房。槃樓廣加藏書者什三，少廣廣加槃樓者什五。由藏書四達，皆三室，是爲十二樓。前臨步櫚，曲水如帶，沃野如列籍。當

户屨前，林木蔽虧如步障。其西爲青蓮閣，綺疏如蔚藍。東閣梅華入牖中，春至以先登最。青蓮下爲清凉室，室東鄉闢西户，通步欄。其左洞房，宜卻暑。由洞房北出，當户一卷石，如美人，左右個若夾轂然，各廣二几。又北爲迎風坐，四門洞開。由迎風北户以西，樹梧，不十歲而拱。拾級乘磴，西北纍黝石爲小山。山北爲三秀亭，亭故有芝房之瑞。亭北樹木芍藥，當藥欄下，半規爲曲池。由迎風西户入水竹居，東户入高陽館，館南爲垣屋，闔户以居。去垣不盡五步，聚美石爲山，震澤産也。羣山大者嶽立，小者林立，疏茂相屬。其高下有差，高則爲仞者三，下則爲仞者半。石如雕几，如枯株，如垂天雲，如月滿魄，如軒，如跱，如喙，如伏兔，如翔風，如姑射神人，如舉袖，如舞腰，如荷戟。竅山爲洞，出東隅爲臺。流水沿西麓東行，不盡三之一，潛於麓，入於池。去山不盡十五步爲四宜堂，堂廣五筵，脩縮筵之半，四面疏户，户外皆重階。居者於四望宜，即四時皆宜也。臺東穿薄而入，得玉蘭亭。亭西樹玉蘭，東榮纍奇石，咫尺亭北，穿薄而入，止止室在焉。室西曲房，足音罕至，蓋便坐也。池南則自萬始盡御風，池北則西自步櫚，盡藏書；東自高陽，盡止止。三分鼎立，水榭居中，灌木則附庸耳。垣以内，花數十百品，木千章，鳴鳥千羣。澗道夫容千莖，魚千石。主人謂客：「自瑱有事曲水，歲用其仂以從事，歲計金十鎰，人百徒。積二十歲乃成，故力不詘而贏可舉也。」客曰：「余少從五陵豪，日走馬出郊關外，及憑軾問俗，周遊四方，若王公貴人、游閑處士，諸所建置備游觀者，大較可得而言，已庳則苦而儉於文，已美則甘而害於雅。鴻臚君乃得中制，不有足術者乎？且也，新都什九山也，水居一焉。曲水以水勝聞，斯善用奇也已。」

胡應麟《少室山房集》卷九〇《二酉山房記》 二酉山房，余所構藏書室也。書以經類者，三千七百餘卷；以史類者，再倍之；子三倍；集四倍。凡三萬六千卷有奇。友人黎惟敬過而樂之，題「二酉山房」。云始余受性顓蒙，于世事百無一解，亦百無一嗜，獨偏嗜古書籍。七齡，侍家大人側，聞諸先生談説墳典，則已心慕艷之，時時竊取繙閲。十一二，從家大人宦遊燕，燕中四方都會，故鬻書藪也。而家大人亦雅負茲好，每退食，諸賈人以籍來，余輒從臾其旁，市得，輒乞取盡讀。而是時，肅皇帝末年，旱蝗迭見，大父母復就養京師，俸入不足，恒乞貸鄉里。以故，帙繁而價重者率不能致。間值異書，顧非力所辦，則相對太息久之已。家大人再丁内外艱，余再從還越。戊辰，復上京師，時余年十七，始娶，亦會家大人官禮部，俸入稍優，于是極意購訪。凡寓燕五載，而家大人出參楚，束裝日，宦橐亡錙銖，而余婦簪珥亦罄盡，獨載所得書數十篋，纍纍出長安。自是，余奉母宋宜人里居十載，中間以試事入杭者三，入燕者再，身所涉歷金陵、吴會、錢塘，皆通都大邑、文獻所聚，必停舟緩轍，蒐獵其間，小則旬餘，大或經月，視家所無有，務盡一方迺已。市中精綾巨軸，坐索高價，往往視其乙本收之。世所由貴重宋梓，直至與古遺墨法帖並。吴中好事懸貲購訪，余則以書之爲用，枕籍攬觀，今得宋梓而束之高閣，經歲而手弗敢觸，其完好者不數弓，而中人一家産立盡。亡論余弗好，即好之，胡暇及也。至不經見異書，倒庋傾囊，必爲己物。親戚交游，上世之藏、帳中之秘，假歸手録，卷軸繁多，以授侍書。每耳目所值，有當于心，顧戀徘徊，寢食偕廢。一旦持歸，亟披亟閲，手足蹈舞，驟遇者率以爲狂，而家人習見，弗怪也。自余爲童子至今，年日益壯，而嗜日益篤；書日益富，家日益貧。家大人成進士，敭歷中外滋久，乃敝廬僅僅蔽風雨。而余所藏書，越中諸世家，顧無能逾過者。蓋節縮于朝晡，展轉于稱貸，反側于寤寐，旁午于校讐者，二十年于此矣。山房三楹，中雙闢爲門，前施簾幙，自餘四壁周列庋二十四，庋尺度皆齊一。縱横輻輳，分寸聯合，中徧實四部書，下委于礎，上屬于椽，劃然而條，岌然而整。入余室者，梁柱、榱桷、墻壁，皆無所見，湘竹榻一，不設帷帳，一琴、一几、一博山、一蒲團，日夕坐卧其中，性既畏客，客亦畏我。門屏之間，剥啄都絶。亭午深夜，焚香鼓琴，明燭隱几，經史子集環繞相向。大而皇王帝霸之事功，顯而賢哲聖神之謨訓，曲而稗官野史之紀録，葩而墨卿文士之撰述，奥而竺乾柱下之宗旨，亡弗涉其波流，咀其雋永。意所獨得，神與天遊，陶然羲皇，萬慮曠絶。即南面之榮，梵天之樂，弗願易也。昔人謂醯雞處甕中，蔑知六合之大而終日飽食，没世無聞，爲天地間一蠹。余自束髮受書，即妄意掇拾一家，追隨百代。迺今甫壯而衰，亡能萬一自見，而徒以七尺之軀，沈痼于遺編敝簡而弗能出。則當今爲二物靡宜莫余過者。顧余父子纍積之勤、嗜好之篤，與諸書之聚余室，皆非偶然。于是歷叙梗槩所由，志之山房，爲一公案。非海内同好，不敢以出示也。

沈鯉《亦玉堂稿》卷七《存蠹齋記》 歲辛卯，余居室西偏構齋三楹，儲古今書籍可數千卷，縣額其上曰「存蠹」云。存蠹者何？余有書不能讀，而蠹乘之以爲食邑，余弗驅也，故以爲名。嗟乎！始予壯齡，力能强記，而家故赤貧，自舉業章句外，則終日兀然面壁耳，烏知宇内有書可讀哉？及後叨一官，薄遊都下，有常禄之入，得稍購四方之篇籍，廣其睫眥，乃復以職事縈繫，役役奔走，雖有書，不暇讀。今幸解組歸，遊神藝圃，得肆力學問，而髮已種種，雙眸已眊，轉盼忽忘。雖有暇，不能讀，吾居然書肆一賈也，可勝嘆哉！今年夏，積雨彌旬，卷帙之上，苔痕四溢，

比晴，則命兩童子出而曝庭堦之下，羣蠹縱横，腹皆果然，而還視吾腹乃枵然也。捧而一笑，顧見童子之色怒，若於蠹有憾者，且蒐而殲之。予亟止之曰：「何爲其然？物成毁有時，吾有書不能讀，而蠹乘其隙，爲我一飽，吾實使然，蠹則何罪？假令蠹不蝕而余終束之庋閣，以待一再傳之，後即不有魚蠹，得無有人蠹乎？盈虚消長往復有數，雖强且智，靡得而逃焉。故積之太盛者，未有不散失者也。君子於此有所好，不得不求。求之得，不必皆備。苟備矣，不必堅執爲已有，而珍惜之太甚。蓋昔右文之主，嘗遣輶軒之使分道四出，購山藪遺書，藏之於金匱、石室、天禄、文昌之署，與奎壁並爛，今存者幾乎？而惜吾一室之儲乎！所惜吾有書不能讀，蠹雖飽不知味，則此書之不遇均也。斷簡殘編，或有待後人乎？亦余所不敢必也。莊生云：『火傳也，不知其盡也。』此言夫六經常道，不待儲而自足者也，何蠹之虞？其非是者，蠹與不蠹，任之而已，殲之何爲？」童子聞余言，爲斂書，還故處，而蠹逸者半，仍竄，處帙中者亦幸，俱無恙焉。嗚呼！人世之積而無用，而終不免於人蠹者，又何止是編也。

章潢《圖書編》卷六三《大酉山》　楚之西，洞庭之北，有武陵桃花源，即昔人避秦處也。踰桃花源水行三驛程即辰陽郡，西北踰盧溪浦口四舍許爲大酉山，即道書所謂第二十六大酉華妙洞天，古傳所謂穆天子藏書於大酉山、小酉山之中者是已。山多石洞，谽谺深邃，不類人世，其濱江者特壁立倒出，江側上有懸溜成石乳二，一擊之，作鐘鳴，作鼓鳴，舊名之曰「鐘鼓洞」，其在内者曰「華妙洞」。洞門甚狹隘幽暗，必揚燎仄行乃可入。既入里許，即曠然平沙，可游可卧。再進則有石室，相傳爲秦人藏書室，即穆天子藏書處也。父老相傳，先世有樵夫入洞中，即石室取書，出，見風皆應手滅成灰塵，今則無可見矣。山之巔有九峰嶺，蓋宋道宗時嘗封禪天下名山福地，兹山亦以名勝得與。

黄鳳翔《田亭草》卷七《藏書室記》　凡藏書必有樓，爲之洞牖疏欞，以便搜閲，辟蟫蠹，且令吟風弄月之趣與諷咏俱適，此儒林家所稱爲勝境樂事。余家無樓臺，則茀構屋五楹，上棟下宇，庋群籍其中，彙次森列，俾不至散亂而已。顧逼隘特甚，弗能容一榻，每意至則側身信手携數册，就卧内閲觀之，更番來往，意趣悠然，若坐群玉山房而闚二酉之祕也。漢陸賈云：「書爲曉者傳。」夫曉書豈必在多哉？余自舞勺時，受胡氏《春秋》，兼習《左氏傳》，已乃漸習他經，及《綱鑑》、《性理》，真西山《文章正宗》，非有他，多識博聞，可鋪張爲炫燿。然出應主司試，亦如探囊取給，不苦匱乏；比領鄉薦，則歲二十三矣。自是獵涉諸子，讀遷《史》、《兩漢書》，暨國朝典故，間有手自摘抄者，有依先輩題評勒于篇端，纍纍作蠅頭字者。今其書具在，蓋下帷發憤，又七年，而始叨茀，濫竽詞苑，以書史爲職業。捐俸旁購，逐歲遞增，即不敢望四庫之藏，而擬諸王修、丁顗二家，似不多讓。顧繕性疇世之資，所須幾何？竊自愧駑劣，不能遘時遘會，用半部《論語》佐致太平，亦不至憒迷進退，溺志羶途，以讀書不識字貽譏當世之賢哲。余謂曉書不在多，倘或非謬也。歲在萬曆辛玉冬，積苦淫霖，閲五六日，稍霽矣。屬洪流暴漲，闌入城市，倉卒不及爲防，家之老幼藏獲登榻而坐，没脛而爨，姑置群籍於意外。比水退，乃命奚童開扃鑰就視，次第向暾日中曬晾之。諸腐壞不堪檢存者姑置，若既焚之芻狗耳。曬晾畢，仍舊藏焉，而古今書目竟不遑具。夫皋夔稷契所讀何書？積書以遺子孫，子孫未必能讀，則自古云矣。張華雅嗜墳籍，當徙居，載之三十乘；杜暹聚書萬卷，貽誡于後，即以書借人者猶目爲不孝，其篤好注心如此。顧中台星坼，少子躓密箴之，而留戀不能引退，華雖博物，亦奚以爲？杜氏之後人，竟未聞有留意緗箱，紹承世業者，則與平泉之木石奚異？凡余所聚書，多經心鑽研，隨筆鉛黄，積纍幾四十載。蝕之以蟫蠹，殘之以黠鼠，又出其不意而蕩之以波。臣勝囊卷衷，多所耗失，然其爲長物亦已多矣。吾子孫能讀是書者，茀沿博反約，精思實踐。淺求之，勿泥於副墨、洛誦；深求之，勿索於玄珠、罔象。窮勿厭囊螢之苦，達勿侈稽古之力，要以步趨先民，修身見世，蘄不忝于平生，庶幾哉，式穀貽謀可無負乎！如其不能讀也，則蔡伯喈、崔慰祖，亦願吾子孫効之，毋徒操杜暹褊心，爲有識所嗤咲矣。

《（天啓）平湖縣志》卷七　以上書籍向貯西廡北第一間，教諭法暟始置。知縣丁應賓、李實增之。萬曆十六年，大風，廡圮，書多亡失，知縣劉士瑗復增之，冢宰□□□曾置經傳諸子併《浙江通志》於學。後文廟災，諸籍多煨燼。今所存《五經》，簡端尚有陸公題語「萬曆四十年儒學教諭張蔚然捐俸續增」。今《十三經註疏》及《朱子節要》等書皆張公所置也。

《（崇禎）松江府志》卷四六　樂琴書處。學士沈度燕休之室，楊文敏公題：君子有至樂，乃寓琴與書。外務絶紛擾，有才恒清虚。簡編日披閲，宴坐窺唐虞。潛玩弗自釋，意適忘其劬。悠然千載心，希彼聖賢徒。有時鳴朱絃，興至聊以娱。冷冷大古音，逈與淫哇殊。清風拂瑶軫，明月照綺疏。一彈曲未終，懷抱湛冰壺。顧兹愜幽趣，四體長安舒。翛然一室間，此樂真有餘。况兹荷龍思，出入承明廬。風采動當世，卓犖誰能如。退食得清暇，徜徉遂幽居。冲襟益瀟灑，陶情自怡愉。永言崇令德，庶以揚芳譽。丹桂樓。在南錢村，廣東僉事王祐宅所藏法書、名畫甚富，後有紅木犀數株，因名。傍有賓竹堂、聽雨軒，皆極雅潔。今廢。

《（崇禎）閩書》卷一四《方域》　南溪　溪上有樟隱祠，祀祝和父先生穆，以和父嘗隱此。和父《南溪樟隱記》：予卜居南溪上流之湑，有喬木二蓋，古之豫章而今名樟者也。其壽當三百餘載，大且二十圍，團欒偃蹇，庇及數畝，老根盤踞，高突如巨石礧砢。予因募工畚土，厚培其根，使平若一臺，可坐數客。久焉，根入土深，枝葉敷暢，午日不漏。五六月清陰覆地，暑氣不入，涼颸時來。方春，稚緑競茂，藹若雲屯。及玄冥凍沍，此獨挺秀。余愛護封殖，遂名吾盧以「南溪樟隱」。暇日捜閲書篋，得晦庵朱子所書四大字，適契命名，模勒揭于廳楣。即其右闢小室，又取朱子所書「歲寒」二大字爲扁，以表古樟之雅致。室僅容膝，處勢最高，平挹翠嵐，下臨緑浸，隔岸擔簦負笈之行人、中流披簑鼓枻之漁父，皆可坐見衽席之上。予蓋於此讀書以求聖賢之學，庶幾不負朱子疇昔教育之意。日力有餘，則取古人嘉言善行，手自抄録。顭成巨帙，窮年矻矻，樂以忘疲。其西則小樓四楹，與廳對峙，又取南軒張子所書「藏書閣」三大字，揭扁樓上。雖予無資，聚書不能視鄴侯，乃予性健忘，舊日所讀不復盡記，必藉檢閲，積久抽取，簡帙散亂，則次其甲乙，使如舊序，剔去蠹魚，燥以風日。蓋兹樓也，檢書則登，曝書則登。當其登時，窓櫺四敞，心目舒暢。至於秋霽爽豁，月鑑澄鮮，朔風怒號，雪絮飛舞，覺水晶宫闕、瓊樓玉宇去人不遠，此皆樟隱之勝槩也。噫！予而啓吾扉，涉吾庭，仰而瞻吾扁，銀鈎鐵勒有法度，則思其人，儼若先儒之臨其上，顧而見吾樟，龍身虬柯，昂霄聳壑，則凜然歲寒之友在吾側也。

陳宏緒《江城名蹟》卷二《闤園》　在永和門内，李太虚宗伯明睿構，弋陽王之舊邸也。有山腰宫閣、古石堂、碧欄池、浣花池、天池諸跡。公自言闤園以池勝，以竹勝，尤以松勝，他園不敢望焉。建聖沙樓，藏書其中。甲戌，自華亭歸，得宋板書一船，皆上海潘文恪家舊藏。每部有文恪公小像，董玄宰手書「子孫寶藏」等字于護殼。宗伯特構一小閣，庋焉，署曰「宋板居」。

張岱《陶菴夢憶》卷二《梅花書屋》　陔蕚樓後，老屋傾圮，余築基四尺，造書屋一大間。傍廣耳室如紗幮，設卧榻。前後空地，後墻壇其趾，西瓜瓤大牡丹三株，花出墻上，歲滿三百餘朵。壇前西府二樹，花時，積三尺香雪。前四壁稍高，對面砌石臺，插太湖石數峯。西溪梅骨古勁，滇茶數莖嫵媚，其傍梅根種西番蓮，纏繞如纓絡。窗外竹棚，密寶襄蓋之。階下翠草深三尺，秋海棠疏疏雜入。前後明窗，寶襄西府，漸作緑暗。余坐卧其中，非高流佳客，不得輒入。慕倪迂清閟，又以「雲林秘閣」名之。

又《不二齋》　不二齋，高梧三丈，翠樾千重，墻西稍空，臘梅補之，但有緑天，暑氣不到。後窗墻高於檻，方竹數竿，瀟瀟灑灑，鄭子昭「滿耳秋聲」横披一幅。天光下射，望空視之，晶沁如玻璃、雲母，坐者恒在清涼世界。圖書四壁，充棟連牀，鼎彝尊罍，不移而具。余於左設石牀竹几，帷之紗幕，以障蚊虻，緑暗侵紗，照面成碧。夏日，建蘭、茉莉薌澤浸人，沁入衣裾。重陽前後，移菊北窗下。菊盆五層，高下列之，顔色空明，天光晶映，如沈秋水。冬則梧葉落，臘梅開，暖日曬窗，紅爐毾㲪。以崑山石種水仙，列堦趾。春時，四壁下皆山蘭，檻前芍藥半畝，多有異本。余解衣盤礴，寒暑未嘗輕出，思之如在隔世。

孫承澤《春明夢餘録》卷六五《名蹟二·海月庵》　余家有文定小楷詩稿一册，錢尚湖題曰：「吾鄉吴文定公手書詩藁一册，北海先生出以相示。」公平生好學，老而不倦。家有叢書堂，藏書萬卷，凡古書秘本多出手鈔，其題署有云「書於吏部東厢」者，則其佐銓時書也。王文恪公手鈔《唐六典》，今鏤版吴中，先輩遭時承平，讀書汲古，優游翰墨，其風流可想見也。

彭士望《恥躬堂詩文鈔·文鈔》卷八《傳是樓藏書記》　世所稱三不朽者，立言其一，而德與功則非言無由傳。蓋言者心聲，而書則言之府也。是故蘊古今之宏深，發天地之秘奥，溯聖賢之淵微，以逮萬事萬物之治亂是非得失倚伏消長新故損益絶續散殊會通出入從違之故，皆取之於書。書之爲物，極而推之，山海不足以喻其富，鬼神不足以擅其奇，日星河嶽不足以方其高明而廣大，視龍蝘蜓，視蝨車輪，不足以方其神化而凝一，此吾儒之所斯須不能去，與宇宙相爲開闢消閉，先後天而弗違者也。乃老聃則以之爲太謾，莊生則以之爲糟粕，釋氏則盡欲空之，謂語言文字可以不立。顧其徒之書，誕謾卮衍，不可窮詰。老莊亦嘗自著書，其徒效之，書且與釋氏埒，俱自相舛背，是遵何説？孰有若吾夫子之博約，傳之隱費，蔽三百以一言，統萬殊于一貫，抑豈復有過之者哉！自漢、魏、晉、六朝、唐、宋，帝王藏書之目載在史策。其公卿世胄學士之所藏，亦各自爲録記。顧成之於虧，轉徙之于聚散，恒以世爲升降，其得失尤在人事，而始皇之所不能焚，伏羲之所不能畫，皋、夔、稷、契之所無可讀者，每出於韋編鐵撾之外，上天之載，聲臭且泯，復何藏邪？兹庚申春暮，予因顧子景范、陸子拒石，乃得登崑山徐公健菴先生之傳是樓。樓十楹，跨地畝許，特遠人境，無附麗。啓後牖，几席與玉峰相接，烟雲、卉木、奇石、桑麻、阡陌、宫觀、亭沼、園林之屬，畢來獻伎。中置庋閣七十有二，高廣徑丈有五尺，以藏古今之書，裝潢精好，次第臚序，其爲之亦既勤且篤矣。首經史，以宋板

者止位南面，次有明《實録》、《奏議》，多抄本，又次諸子百家、二氏、方術、稗官、野乘、齊諧，雖極幽秘、人世所未嘗有者，靡不具備。曲直縱横，部勒充四阿，各有標目，如擁百城，如控馭數十萬士卒，整肅嵯峨，珠連壁合，罔或失次，洵寓内之大觀也！予，景范、拒石及兒厚本，顧而樂之，留連不能去。公子藝初、章仲二孝廉，以予遄返，特遺書以景范紹言，屬余記，俾勿辭。今天下制科以舉子業三百年矣。近二十年，更尚詩、古文辭，其工而傳之者，固不乏人，而公仲季三人取上第，冠冕南朔，爲稽古之榮，不世見，名已顯於天下。公既爲家督，尤嗜書，貪多務得，細大不捐，幾欲備一代之文獻。其志意已絶遠流俗，更孜孜求高世士，特延禮顧、陸二子，供粢饙、束脩羊，給筆扎、小史，聽其自著書纂集，不煩以事，不自以爲名，其識度有大過人者焉。昔李贊皇治平泉，以一石誓子孫。司馬公謂積書貽子孫，未必讀，不如積德于冥冥，爲子孫長久之計。韓魏公則謂琦爲相、歐陽永叔爲學士，天下文章莫大於是。夫魏公以永叔爲文章，司馬公以積德爲子孫讀書長久計，以視平泉之誓石，抑何陋。予固以爲天地之書，藏之聖賢之心。聖賢之書，藏之東西南北海。愚夫婦，推而俊傑、畸士、鈍民、方外、技能之流，無之不在相與曰：「新其跡象直寄焉爾也。」予在武林，有世外客爲余言：徐贈公爲諸生時，兵掠婦百餘人，寄其家，屬防視。公一夕縱婦去，自焚其居。兵歸，無所得。曰：「吾屋且不保，何有于婦！」此贈公之藏書以貽公仲季，子孫至今日，乃大食其報，以視世之工詩、古文辭，其文章寧復有大於此者乎？抑海内之足爲公記藏書者何限！公子藝初獨屬于窮約發放，既耄之陳人勤勤若是，予感其意，竭駑鈍爲之，不自厭其辭，複即以論：公三世，其藏之可得而見者則在書，其不可得而見者，父子祖孫世守之而勿替，有不盡在於書者也。請質諸顧、陸二子，謂予言其何如。

計東《改亭詩文集・文集》卷二《千頃齋藏書目序》 晉江黄海鶴先生，官明南京國子監丞，因家焉。聚書六萬餘卷於千頃齋，天下稱之。令子俞邰早孤，奉母讀書，勵志行，能守父書。兵火之餘，不稍散佚，且增益萬餘卷。予定交俞邰後，始得親覩其四部書目及虞山錢宗伯、我友錢子湘靈二《記》。宗伯則盛言宋元以來天下藏書家不能自保之狀，凡二千餘言，歸美於先生之有子。我友則又稱述其師顧仲恭《論讀書前後次第》之法，謂：書不難於藏，而難於讀。予則以爲，書不難於讀，在善讀者。能得其要領之所在，心知其意，然後於四部六七萬卷中，無往不得其貫通之樂。如帝王爭天下，漢高之關中，光武之河内，魏武之兗州，必先有所據，爲進退根本；如大將將百萬之衆，中權腹心幾人、選鋒幾百人；如孔子之羣弟子，三盈三虛於魯聞人之門，守而不去者，有顔氏子一人。此可悟讀書之要矣。昔謝上蔡侍明道先生，偶述史事，不爽一字。明道云：「賢可謂玩物喪志。」他日，觀明道讀書，又極精詳，上蔡大疑。後悟其意，乃大服。聞海鶴先生年九十而殁，手不釋《周易》，則先生所心得者，必自有在，非若六七萬卷之書，父可授之子，子可受之父也。予觀俞邰，爲人湛静，而好精深之思，將能得其要無疑矣。則其寢食起處乎千頃齋之中，不患其書之浩博無所折衷也，亦又何疑焉！

屈大均《廣東新語》卷一七《宫語・萬卷堂》 東莞陳琴軒先生璉致仕後，開萬卷堂。書多秘館所無，四方學者至，必館穀之。而丘文莊於瓊州學宫爲石室，藏書以惠學者，皆盛德事也。

朱彝尊《曝書亭集》卷六六《池北書庫記》 池北書庫者，今少詹事新城王先生聚書之室也。新城王氏，門望甲齊東，先世遺書不少矣，然兵火後，散佚者半，先生自始仕迄今，目耕肘書，借觀輒録其副。每以月之朔望，甄慈仁寺日中集，奉錢所入，悉以購書，蓋三十年而書庫尚未充也。自唐以前，書多藏之于官。劉歆之《七略》，鄭默、荀勗之《中經》、《新簿》，其後《四部》、《七録》，代有消長。民間所藏，賜書之外，無多焉爾。自雕本盛行，而書籍易得，民間鏤版未貢天府者且十之九，由是官書反不若民間之多。古之擁萬卷者，自詡比南面百城，今則操一囊金入江浙之市，萬卷可立致。然自博覽者觀之，若無所覩也。夫宋元雕本日就泯滅，幸而僅存于水火劫奪之餘，藉鈔本流傳，顧士之勤于鈔寫，百人之中，一二人而已。習舉子業者，誦四子書，治一經，不過四五十卷，可立取科第，而賈人牟利，亦惟近乎舉子業者是求，非是則不顧。至以覆醬、裹麪、糊蠶箔，古之人竭心力爲之者，今人全不之惜，任其湮没，此士君子蠹傷于心。而先生書庫之設，藏之惟恐不亟也。彝尊經亂，先世之遺書莫有存者。及壯，餬口四方，經過都市，殘編斷帙，至典衣予直，積之二十年矣。以驗藏書家目録，則僅有其十之二三焉，然未嘗無出于藏書家目録之外者。譬之于海，九川四瀆，無不趨焉，而滮池瀾汋之水，聚而勿涸，鳥見之飲啄，魚得之泳游，亦可自樂其樂而忘其身世之窮焉。明年歸矣，將尋先生之書庫，借鈔所未有者。奉先生之命，遂爲先生記之。

又《秀野堂記》 長洲顧俠君，築堂于宅之北，閭丘坊之南，導以迴廊，穿以徑，壘石爲山，望之平遠也。捎溝爲池，即之蘊淪也。登者免攀陟之勞，居者無塵搕之患。曉則竹雞鳴焉，晝則佛桑放焉。於是插架以儲書，叉竿以立畫，置酒以娛賓客，極朋友昆弟之樂。暇取元一代之詩甄綜之，得百家焉，業布之通都矣。俠君

乃夢有客愉愉，有客瞿瞿，一一十十，容色則殊，或俛而拜，或立而盱，覺而曰：「是其爲元人之徒與？將林有遺材，而淵有遺珠與？」乃借鈔于藏書者，復得百家焉。而元人之未已也，博觀乎書畫，旁搜乎碑碣，真文梵夾，靡勿考稽，又不下百家。而元人之詩，乃大備矣。予留吴下，數過君之堂，俠君請于予作記。思夫園林丘壑之美，恒爲有力者所占，通賓客者蓋寡，所狎或匪其人，明童妙妓充于前，平頭長鬣之奴奔走左右。舞歌既闋，荆棘生焉，惟學人才士著作之地，往往長留天壤間，若《文選》之樓、《爾雅》之臺是已。吴多名園，然蕪没者何限！而滄浪之亭、樂圃之居、玉山之堂、耕漁之軒，至今名存不廢，則以當日有敬業樂羣之助，留題尚存也。俠君築斯堂，媕羣雅，將自元而宋而唐而南北朝而漢悉取以論定焉。吾姑記于壁，用示海内之誦元詩者。

張貞《杞田集》卷二《寶墨樓書目序》 余家東土，僻處下邑，百物皆不易致，而聚書爲尤難。邑中近代收藏之富者，推中承定宇馬公、回卿懷泉王公。馬則州次部居，饒有統緒；王則縹囊緗帙，裝潢整齊。余見於殘闕放失之餘，猶各數千卷，今已散如雲煙矣。余家自高王父以經術起家，其後皆承傳前業，沈浸墳典，至先大人明經公、世父孝廉公益起而光大之。妮古好文，力耕，所入給公上，供伏臘外，悉以市書。叔父侍御公宦遊所至，輒留心哀訪，未嘗以他嗜少分其好。其謝政也，解裝垂橐，而圖書滿車，歸來庋于所構寶墨樓，列架插籤，雖不敢自比于通都世家之藏，然以之娱耳目、資考覽，亦足以豪矣。居亡何，諸父先後去世。順治乙酉，先大人復捐賓客，余時方九齡，家門凋落，内戚某瞰其孤惸，以爲可肆憑陵也，索及什器，應之；索及裘馬，應之；索及錢帛，亦無敢不應之者已。而索及櫝中藏籍，吾母以先人手澤所存重難之，然爲勢詘，卒聽其舁去。書去之日，母子彷徨相對雪涕。某既得書，委棄地上，間有過從，緣手付去，曾不靳惜。蓋某非真知書爲何物而篤好之，亦曰：「吾無往不可，得志於寡婦孤兒也云爾。」然而吾家歲積代纍百餘年，什襲之藏則已盡於此矣。及余稍知人事，性頗耽書，乃欲有所攷證，母論覓其本不得，即有之，亦分裂狼籍，首尾不完，繙閱之際，令人氣盡。自時厥後，余有事回方，亦多訪求逸典，嘗製兩篋，盛以布囊，置行李中。每歸，驢背纍纍，見者多目笑之，而余則怡然自樂也。鳩集二十餘年，自經、史、子、集以逮農圃、醫筮、稗官、小説，亦略能備。其爲類凡若干及若干卷。閒居無事，銓次甲乙，仍庋之寶墨樓，手録其目，間以示客，客曰：「是宜扃鐍，傳之子孫，守而勿失。」余曰：「不然，余生薄祜，無聲色狗馬之好，所藉以耗壯心、遣暇日者，惟殘書數册而已。而性復善忘，案上積卷，往往迷其處所。故簿録之，使易檢閱，非欲競多以鬬靡，況敢計及後日乎？且聚久必散，歐陽子之言也。吾鄉藏書者如中丞、回卿，傳二世焉而亡。余家所蓄，曾不能再世，乃此區區几案間物，遂欲世世守之勿失，是先人不能得之于余者，余遽欲得之于子孫也，豈不愚哉！」客曰：「善。」遂書以爲序。

邵長蘅《邵子湘全集·青門簏稿》卷五《傳是樓記》 大司寇徐公健菴先生名其藏書之樓曰「傳是」，吴門汪鈍翁、甬東黄黎洲皆爲之記。鈍翁之言曰：「先生召諸子登樓而詔之曰：『吾先世故清白起家，吾無孅田宅園池臺榭金玉玩好之物以傳後，所傳者惟是耳矣。』遂名其樓曰『傳是』。」而黎洲則以謂「世之藏書者未必能讀，讀者未必能文章，而先生兼是三者而有之，非近代藏書家可及」。其説美已，顧蘅竊疑先生名樓之意不在此。常誦昌黎文：「堯以是傳之舜，舜以是傳之禹，禹以是傳之湯，湯以是傳之文、武、周公，文、武、周公以是傳之孔子，孔子傳之孟軻。」乃喟然曰：先生所以名樓，意在斯夫。傳是者何？傳道也。蓋昌黎自言之矣。斯道何道？吾所謂道也，嘗試博觀天地古今之故，微而性命、道德、仁義，顯而君臣、父子、夫婦、昆弟、朋友，其精則卦象、圖書，其迹則紀綱、政事、禮樂，大則皇帝王霸之所以相嬗，細則鳥獸、草木、蠕蠢、肖翹之所以咸若，皆是道也。六經載是者也，子史百家羽翼是者也。善乎！先儒之言，曰：昔聖人之述六經也，猶之富家者之父祖慮其産業庫藏之積，其子孫或至於遺忘散失，而記籍其家之所有以貽之，使之世守，故六經者道之記籍也，聖賢所以相傳，傳是而已。或曰：兹樓所貯，不特六經子史已也，凡山經野乘以至浮屠、神仙、醫藥、卜筮、種植之書，靡所不收。合乎道者、離乎道者，甚而披猖、滅裂、顯畔夫道者，公在焉。循子之説，如偏而不該何？蘅則以爲是未聞道者。夫道有相因而相爲用者，質文、損益、舟車、裘葛之類是也；有相反而實相成者，水火、東西、黑白之類是也。不相因不見道之全，不相反不見道之大。故曰：稊稗、瓦甓，無乎不在。且夫道術之裂久矣，舉世貿貿没溺於訓詁辭章之學，而莫知所捄，必當有鉅儒者出，瀹流而濬源，上闚鄒魯，下守洛閩，息異同之喙，而倡明一代之絶學，如姚樞、許衡其人者乎，是則先生「傳是」意也。而顧謂厪厪以錦褾牙籤與藏書家相爲勝，豈知先生衡氣機者哉！蘅愚陋又有所大惑者，近來一二振奇之士厭常喜新，於六經子史之書讀焉未必能遍也，而務搜求斷編僻簡，《七畧》、《四庫》所不列，前賢所擯斥而不暇以觀者，偶得一二，傳相鈔寫，侂爲秘函，智者不免。今夫稻粱蔬肉以爲食，繒絮布帛以爲衣，古今莫之易也。有人焉曰：「吾食必龍之腊、麟之脯，吾衣必鮫人之杼、火浣阿錫之布，不則寧凍餓以

死！」吾惜其人自蹈於凍餓瀕死而不知悔也。悲夫！苟得先生之意而深思之，其亦可廢然返已夫。

劉獻廷《廣陽雜記》卷三 小嵩山有静室，衡陽先輩陳正典有書萬卷，藏弆其處。前方遜一曾爲予言之，許爲予覓其書目來。不知何故，杳無音問，或其家人不肯以書目示外人。

又 安福城東門有復真書院，鄒東郭先生祠也。祠中藏書甚富。東郭爲姚江門下第一人，在龍谿之上。

張永銓《閑存堂集·文集》卷八《藏書樓記》 西村子居滬城縣治之西，有樓數楹，讀書其中者二十餘年，名之曰藏書樓。乞吾友錢子大書于額，而業師袁雪臯作文記之。客問之曰：「昔李卓吾先生有『藏書』之刻，迄今行世，子以之名樓也，其著書立説意得毋近是乎？」西村子曰：「子何擬人不於倫，且視予詭怪桀譎，爲聖賢之罪人乎？」客曰：「李先生明之奇士也，其書孤行于天下，且足不朽。子何不屑若是爲？」曰：「李氏之爲人也，僻固不必論，即其書，往往黜端方、重智謀，以李斯、商鞅爲名臣，以馮道、胡廣爲賢者。取古來端人正士輒詆議之，曰『是固執也，是矯激也，是迂腐而不堪世用者也』；取古來依違澒涊之小人而贊美之，曰『是能達權也，能濟事也，能以明哲保其身者也』。勢必率天下之人，盡喪其天理，大肆其人欲，胥淪于禽獸，皆是書爲之也。然推其心，不過謂聰明才辨不能顛倒古今之是非，則不可以動人之觀聽，而致人之信從，故創爲異説以惑世誣民，索隱行怪，後世有述，李氏之謂也，而子謂我爲之哉？」客曰：「然則子之著書，何以獨異于人，而足以傳當時名後世乎？」曰：「無異也。人之患，莫大乎好異。天下自古迄今不過此衣帛食粟之事，盡其道則爲聖賢有餘，反其道則爲庸愚不足。如夏熱冬寒，天之常也。天能好異，而使夏堅冰冬爍石乎？山静水動，地之常也。地能好異而使山爲流、水爲峙乎？鳶飛魚躍，物之常也。物能好異而使鳶躍淵、魚戾天乎？耳目口鼻，形之常也；君臣、父子、夫婦、昆弟、朋友，倫之常也。人能好異而使五官各易其位，五倫各易其分乎？惟是本乎甚常之理而自得日新之妙，天時之遞運也，地理之蕃變也，人物之神明不測也，以之治己，以之誨人，惟此至中至庸爲不可及，安在立異以鳴高也！」客曰：「子之所著匪有異矣，而卷帙無多，以『藏書』名，得毋大且夸乎？」曰：「書何必以多爲也？往嘗取經、史、子、集而讀之矣，顧文中子曰九師興而《易》道微，三傳作而《春秋》亡。齊、魯、毛詩，詩之末也；大戴、小戴，禮之衰也。由此觀之，子、集之浮夸，不若史之徵信；而史之散雜，又不若經之精純。讀書者，亦惟求之經焉可已，多云乎哉！經者，常也。予之藏書也，明其常；李氏之藏書也，鳴其異。不可以不辨也。因濡筆而爲之記。」

厲荃《事物異名録》卷二一《藏書所》 墨莊。《宋史》：「劉幾死，其妻聚書千餘卷，指示諸子曰：汝父曾謂此爲墨莊，令貽汝曹學殖之具。」

曹倉。《拾遺記》：「曹曾積石爲倉以藏書，故謂曹倉。」

瑯嬛福地。《瑯嬛記》：「瑯嬛福地，多儲秘書，張華曾游其處。」

二酉。《山堂肆考》：「大酉、小酉山，多藏秘書，故今藏書室名『二酉』云。」

竹素園，翰墨林。張景陽詩：「遊思竹素園，寄情翰墨林。」按：竹素，古人所以書者，即典籍也。

姚之駰《元明事類鈔》卷二九 藏書樓。《鴻書》：「浦陽鄭氏家有藏書樓，其額是建文君所題，擘窠大書，所藏至八萬餘卷。」

華希閔《延緑閣集》卷八《面城樓記》 唐李謐永和氏嘗言：「擁書萬卷，不羨南面百城。」余年自十七八時，見未見書，典衣質金不惜。閲三十載，得書以册計者三萬餘。依古人《七畧》、《四部》例，部分之。甲，經也，笥五；乙，史也，笥六；丙，禮樂也，理學也，笥二；丁，子也，説也，同之；戊，文集；己，詩集，爲笥各三，别經、甄綜者各一，從焉，韻學、字學、詩餘，共一笥，附之；詩、類書，笥五，目曰庚；律例、奏議，笥一，目辛；壬，地志，二笥；癸，方技，亦二笥。釋道之書，異于吾儒，然不能廢也，一笥，曰外，示有别也。制義不可以書名，然舉子所業，常以此世其家，可勿貯乎？笥四，列曰閏。名與實稱矣。統計笥三十又九。謀所貯，居後老屋，四楹將圮，撤而樓之，併四爲三，袤二十有二尺，廣倍之。樓自棟以下，壁以木。每室相向，列笥六七不常，作六列，適得書笥之數焉。余坐卧樓下。是樓也，臨流面城。城外南禪浮圖矗起巽位，形家以爲文明象，于藏書爲宜。顔取永和氏之言以寓予志，終予天年，若子孫能讀與否，聽之。

陳梓《删後文集》卷五《居業樓記》 胡氏自安定公以後，以理學著者，莫如明之敬齋先生，其手定之書名曰「居業」。取《易·文言》「修詞立其誠，所以居業」之言。自述其所著，悉本之躬行心得，非徒事口耳也。乙亥，門人錦書奉其尊大人漢光先生之命，請題其所居之樓。余顔以「居業」，而申其義曰：程子論爲學，譬如爲九層之臺，須大做脚始得，言乎本之不可不立也。本也者，不外乎名節、道義而已。大江以南，遊觀之地，孰不有樓？吾舉其二而法戒昭然矣。虞山有絳雲樓，爲錢尚

書藏書之所，海内景仰久矣。然尚書詩文如此之工，而名節蕩然。絳雲即不火，其烟消霧滅可决也。澉湖有何商隱先生湖天海月樓，遺棟今猶巋然。吾嘗一再登之，即今滄桑之變不幸夷爲蛟宫，朱欄，畫檻，千古常新也。推其原，修忠信以進德，有業之可居，則源遠而流長。不然，一樓之存亡何足道哉！《繫詞》曰：「可久則賢人之德，可大則賢人之業。」又曰：「富有之謂大業，日新之謂盛德。」此亦充言乎！進德修業之量以爲進，進不已者勉耳，非好爲大言也，而或者乃迂之，以爲宋儒習氣，何哉？婁江周簡菴黨規予枝葉太繁，予方自悔。數年來語同志不過卑近易行，日用尋常之事，期其不負乎敬齋先生之旨耳！不然，斯樓瀕海，其潮汐、烟嵐、漁樵、耕販、本支、羣季之文采風流，以及賓客過從之盛，何難鋪張，點染，以著斯樓之勝，而必襲宋儒之牙後，取懟於流俗哉！居是樓者，日展《居業》一編，端坐讀之而措之躬行，所造何量乎！倘過賓終以爲迂，則當世不迂者，實繁有徒。余迂之魁也，姑揖而退。

《晉江縣志》卷一五　希鄴堂。知州丁自申藏書處。〔自記〕予少也弱而放，父師課以小學、《孝經》、四書，大義不甚解也。家兄故業《易》，則取《易》授一遍，茫然了不曉所謂然。好觀雜書，無由得也。時於笥中竊嬴錢，從宦家易亂書數種，其可以意義通者，夜篝燈密觀。睡以東書代枕，人莫能窺之。一日，家大人搜笥，求錢不得，從床頭得無名書，非日所授者，詰予狀，跪而鞭。予以購書受鞭，冤不止。母安人盡而勸曰：「是兒吾豈意其若斯哉？往吾之敏兒也，以膝下移置地中，呱呱然泣也。試取故紙敗帙玩於前，若琅然能爲誦聲者，移時而忘其啼。吾以兒當若何，竟爲故紙敗帙之癖也。」家大人怒霽解，曰：「吾始謂妨故業耳。雖然，兒所易者書也，即以錢費，不愈於他費乎？盍故任之？」是後予以就傅，辭出外。雖冗書堆案，家大人亦莫知誰之所授矣。既行年十七八，猶童心也。忽經書本旨，而耽玩好，蓋《左傳》、《國語》、史漢三書，若《戰國策》、《韓非》六子與夫《遜志》、《空同》等集，皆手抄彙輯，以資誦識。坐此經義艱澀，屢困有司。稍謳本黜華，三十而始竊一第。追憶少年馳騖之勞，深悔日力之虚擲矣。然自顧涉獵梗概，誠不自度，以爲千金敝箒也。遊宦金陵，無紛華冗沓之煩，得以盡發南廱書庫，取紙輕價廉者，必具本焉。而吴中客以貨書至，間投所好，俸寡不能售，然不忍拒也。捐綈繒以償所直，客笑而受之。其同志有聞予好者，亦稍稍益予以所無焉。蓄積數車而歸，以重爨一介之行李。會故園燬於寇，家大人他無所保也，驅數僕浮海負入城中。母佯爲戲曰：「兒何貧？兒有富書出半屋，特貧無棲書處耳。」予乃籍篋數并筦鑰以寄於烟有力者之家，既久，而頗爲蠹所侵。薄遊歸暇，理篋整蠹，自悼其初之不審，且懼其終之就敝也。因思謝顯道讀史多識，程子尚有玩物喪志之譏，余徒取以充卷耳。自髫歲涉獵之外，不能有加。玩物不已甚乎？然母安人從幼以此玩之，使余因以隨是癖。嘗一受鞭，猶莫懲也。矧是家大人出諸危中，固以護予之所用心者，予何敢忘焉！遂僦屋而選堂以藏，仍其初之題曰「希鄴」。

王應奎《柳南隨筆》卷五　吾邑藏書之富，自昔所推。成、弘時有錢員外仁夫者，其藏書處曰東湖書院，嘉靖時有楊副使儀者，其藏書處曰萬卷樓；至若絳雲樓之藏，則更倍於前人矣。其門人毛晉子晉、錢曾遵王收藏亦富。毛藏書處曰汲古閣，錢藏書處曰述古堂。今所藏俱散爲雲烟不可問矣。

全祖望《鮚埼亭集・外篇》卷一七《記二・天一閣藏書記》　南雷黄先生記天一閣書目，自數生平所見四庫，落落如賓諸掌，予更何以益之。但是閣肇始於明嘉靖間，而閣中之書不自嘉靖始，固城西豐氏萬卷樓舊物也。豐氏爲清敏公之裔，吾鄉南宋四姓之一，而名德以豐爲最。清敏之子安常；安常子治監倉揚州，死於金難，高宗錫以恩卹；治子誼，官吏部，以文名；誼子有俊，以講學與象山、慈湖最相善，亦官吏部；有俊子雲昭，官廣西經畧；雲昭子稌、稌子昌傳並以學行，爲時師表；而雲昭羣從曰芑，曰茝，皆有名。蓋萬卷樓之儲，實自元祐以來啓之。自吏部以後，遷居紹興。其後至庚六，遷居奉化。庚子茂四遷居定海。茂孫寅初，明建文中官教諭。寅初子慶，睠念先疇，欲歸葬父於鄞，而歲久，其祖塋無知者，旁皇甬上。或告之曰：城西大卿橋以南紫清觀，吉地也。慶乃卜之，遇豐之革，私自喜曰：「符吾姓矣。」是日，適讀元延祐《四明志》云：「紫清觀者，宋豐尚書故園也。」慶大喜，即呈於官，請贖之，并爲訪觀中舊籍，得其附觀圃地三十餘畝，爲隣近所據者，盡清出之，遂葬其親，而以其餘治宅。慶喜三百年故居之無恙也，作十咏以志之，而於是元祐以來之圖書，由甬上而紹興，而奉化，而定海者，復歸甬上。慶官河南布政；慶子耘官教授；耘子熙官學士，即以諫「大禮」，拜杖遣戍者也。豐氏自清敏後，代有聞人，故其聚書之多亦莫與比。迨熙子道生晚得心疾，潦倒於書淫墨癖之中，喪失其家殆盡，而樓上之書，凡宋槧與寫本，爲門生輩竊去者幾十之六。其後又遭大火，所存無幾。

范侍郎欽素好購書，先時嘗從道生鈔書，且求其作藏書記，至是以其幸存之餘，歸於是閣。又稍從弇州互鈔以增益之，雖未能復豐氏之舊，然亦雄視浙東焉。初，道生自以家有儲書，故謬作《河圖》石本、《魯詩》石本、《大學》石本，則以爲

清敏得之祕府；謬作朝鮮《尚書》、日本《尚書》，則以爲慶得之譯館；貽笑儒林，欺罔後學，皆此數萬卷書爲之厲也。然則讀書而不善，反不如專己守陋之徒，尚可帖然相安於無事。吾每登是閣，披覽之餘，不禁重有感也。

吾聞侍郎二子，方析產時，以爲書不可分，乃別出萬金，欲書者受書，否則受金。其次子欣然受金而去，今金已盡，而書尚存，其優劣何如也。自易代以來，亦稍有闕佚，然猶存其十之八，四方好事，時來借鈔。閩人林佶嘗見其目，而嫌其不博，不知是固豐氏之餘耳。且以吾所聞，林佶之博亦僅矣。

又《二老閣藏書記》 太冲先生最喜收書，其搜羅大江以南諸家殆徧，所得最多者，前則淡生堂祁氏，後則傳是樓徐氏，然未及編次爲目也，垂老遭大水，卷軸盡壞，身後一火，失去大半，吾友鄭丈南溪理而出之，其散亂者復整，其破損者復完，尚可得三萬卷，而如薛居正《五代史》乃天壤間罕遇者，已失去，可惜也。

鄭氏自平子先生以來，家藏亦及其半，南溪乃於所居之旁築二老閣以貯之。二老閣者，尊府君高州之命也。高州以平子先生爲父，以太冲先生爲師，因念當年二老交契之厚也，遺言欲爲閣以並祀之。南溪自遊五嶽還，閣始成，因貯書於其下。

予過之，再拜歎曰：太冲先生之書，非僅以夸博物，示多藏也。有明以來，學術大壞。談性命者，迂疏無當；窮數學者，詭誕不精；言淹雅者，貽譏雜醜；攻文詞者，不諳古今。自先生合理義、象數、名物而一之，又合理學、氣節、文章而一之，使學者曉然於九流百家之可以返于一貫。故先生之藏書，先生之學術所寄也。試歷觀先生之《學案》、《經説》、《史録》、《文海》，睢陽湯文正公以爲如大禹導山導水，脈絡分明，良自不誣；末學不知，漫思疵瑕，所謂蚍蜉撼大樹者也。古人記藏書者，不過以蓄書不讀爲戒；而先生之語學者，謂當以書明心，不可玩物喪志，是則藏書之至教也。先生講學偏于大江之南，而瓣香所注莫如吾鄉，嘗歷數高弟，以爲陳夔獻、萬充宗、陳同亮之經術，王文三、萬公擇之名理，張旦復、董吳仲之躬行，萬季野之史學，與高州之文章，惓惓不置。

南溪登斯閣也，先生之薪火臨焉，平子先生以來之手澤在焉，是雖殘編斷簡，其尚在所珍惜也，況未見之書纍纍乎。昔者浦江鄭氏世奉濳溪之祀，君子以爲美談。今後鄭猶先鄭也，而更能收拾其遺書，師傳家學，倍有光矣。書目既成，爰爲之記。

又《蘩書樓記》 揚州，自古以來所稱聲色歌吹之區，其人不肯親書卷，而近日尤甚。吾友馬氏嶰谷、半查兄弟，橫厲其間。其居之南有小玲瓏山館，園亭明瑟而巋然高出者，蘩書樓也，迸疊十萬餘卷。予南北往還，道出此間，苟有宿留，未嘗不借其書。而嶰谷相見，寒暄之外，必問近來得未見之書幾何，其有聞而未得者幾何。隨予所答，輒記其目，或借鈔，或轉購，窮年兀兀，不以爲疲。其得異書，則必出以示予，席上滿斟碧山朱氏銀槎，侑以佳果，得予論定一語，即浮白相向。方予官於京師，從館中得見《永樂大典》萬册，驚喜貽書告之。半查即來，問寫人當得多少，其值若干，從臾予甚鋭。予甫爲鈔宋人《周禮》諸種，而遽罷官，歸途過之，則屬予鈔天一閣所藏遺籍，蓋其嗜書之篤如此。

百年以來，海内聚書之有名者，崑山徐氏、新城王氏、秀水朱氏其尤也。今以馬氏昆弟所有，幾幾過之。蓋諸老網羅之日，其去兵火未久，山巖石室，容有伏而未見者；至今日而文明日啓，編帙日出，特患遇之者非其好，或好之者無其力耳。馬氏昆弟有其力，投其好，值其時，斯其所以日廓也。

聚書之難，莫如讐校。嶰谷於樓上兩頭，各置一案，以丹鉛爲商榷，中宵風雨，互相引申，真如邢子才思誤書爲適者。珠簾十里，簫鼓不至夜分不息，而雙鐙炯炯，時聞雒誦，樓下過者多竊笑之，以故其書精核，更無譌本。而架閣之沈沈者，遂盡收之腹中矣。

半查語予，欲重編其書目，而稍附以所見，蓋仿昭德、直齋二家之例。予謂鄱陽馬氏之考經籍，專資二家而附益之。黄氏《千頃樓書目》亦屬《明史・藝文志》底本，則是目也，得與石渠、天禄相津逮，不僅大江南北之文獻已也。馬氏昆弟，其勉之矣。

又《小山堂藏書記》 近日浙中聚書之富，必以仁和趙徵君谷林爲最，予嘗稱之，以爲尊先人希弁，當宋之季，接踵昭德，流風其未替耶？而吳君繡谷以爲希弁遠矣，谷林太孺人朱氏，山陰襄敏尚書之女孫，而祁氏甥也，當其爲女子時，嘗追隨中表姑湘君輩，讀曠園書。既歸於趙，時時舉梅里書籤之盛，以勖諸子，故谷林兄弟藏書確有淵源，而世莫知也。予乃笑曰：「然則宅相之澤，亦可歷數世耶？何惑乎儒林之必遡其譜系耶。」繡谷曰：「然。」

嗚呼！曠園之書，其精華歸於南雷，其奇零歸於石門。南雷一火一水，其存者歸於鶴浦鄭氏，而石門則摧毁殆盡矣。予過梅里，未嘗不歎風流之歇絶也。谷林以三十年之力，爬梳書庫，突起而與齊，不可謂之非健者已。

谷林之聚書，其鑒别既精，而有弟辰垣，好事一如其兄，有子誠夫，好事甚於其

父，每聞一異書，輒神飛色動，不致之不止。其所蓄書，聯茵接屋，凡書賈自苕上至，聞小山堂來取書，相戒無得留書過夕，恐如齊文襄之待祖珽也。每有所得，則致之太孺人，更番迭進，以爲嬉笑。嗚呼！白華之養，充以書帶之腴，是天倫之樂所稀也。

予之初入京師也，家藏宋槧《四明開慶》、《寶慶》二志，蓋世間所絶無，而爲人所竊歸於有力者之手。杭君堇浦聞之，爲告谷林，亟以兼金四十錠贖歸，仍鈔副墨以貽予。及予歸，谷林但取近年所得地志示予，其自明成化以前者，已及千種，而予家宋槧裒然首列，予不禁爲之憮然。谷林以予之登是堂也屢，堂中之書大半皆予所及見也，請爲之記，乃爲之題於堂之北墉。

又《雙韭山房藏書記》 予家自先侍郎公藏書，大半鈔之城西豐氏。其直永陵講筵，賜書亦多，所稱「阿育王山房藏本」者也。侍郎身後，書卷、法物、玩器，多歸於宗人公之手，以其爲長子也。先和州公僅得其十之一，而宗人子孫最無聊，再傳後，盡以遺書爲故紙，權其斤兩而賣之，雖先集亦與焉，遂蕩然無一存者。

先宫詹公平淡齋亦多書，其諸孫各分而有之，遂難復集。和州春雲軒之書，一傳爲先應山公，再傳爲先曾王父兄弟，日積月纍，幾復阿育王山房之舊。而國難作，盡室避之山中，藏書多，難挈以行，留貯里第，則爲營將所踞，方突入時，見有巨庫，以爲貨也，發視則皆古書，大怒，付之一炬，於是予家遂無書。

難定，先贈公授徒山中，稍稍以束脩之入購書，其力未能購者，或手鈔之。先君偕仲父之少也，先贈公即以鈔書作字課。已而予能舉楮墨，先君亦課以鈔書，嘗謂予曰：「凡鈔書者，必不能以書名，吾家自侍郎公以來，無不能書，而今以鈔書荒速廢業矣。」予至今檢點手澤，未嘗不歎遺言之在耳也。但吾鄉諸世家，遭喪亂後，書籤無不散亡，祇范氏天一閣幸得無恙。而吾家以三世研田之力，得復擁五萬卷之儲胥，其亦幸矣。

雙韭山房者，亦先侍郎之别業，在大雷諸峰中，今已摧毁，而先贈公取以顔其齋者也。自予出遊，頗復鈔之諸藏書家，漸有增益，而於館中見《永樂大典》萬册，驚喜，欲於其中鈔所未見之書。吾友馬嶰谷、趙谷林皆許以貲爲助，所鈔僅數種，而予左降出館矣。昔鄭漁仲修《通志》，欲於館中借書，卒不果，良會之難，洵可惜也。即以十年來所接，其爲夢寐所需，而終以高價之莫副，付之雲烟之過眼者，不知其幾何也。爰輯目前所有之部居，而爲之記。

又卷一八《胡梅磵藏書窖記》 南湖袁學士橋，清容之故居也，其東軒，有石窖焉。予過而嘆曰：「此梅磵藏書之所也！」宋之亡，四方遺老避地來慶元者多，而天台三宿儒預焉：其一爲舒閬風岳祥，其一爲先生，其一爲劉正仲莊孫，皆館袁氏。時奉化戴户部剡源亦在，其與閬風、正仲和詩最富，而梅磵獨注《通鑑》。

按：梅磵之注《通鑑》凡三十年，其自記謂寶祐丙辰既成進士，即從事於是書，爲《廣注》九十七卷、《通論》十篇。咸淳庚午，從淮壖歸杭都，延平廖公見而韙之，禮致諸家，俾以授其子弟，爲著《讐校通鑑凡例》。廖薦之賈相，德祐乙亥從軍江上，言輒不用。既而軍潰，間道徒步歸里。丙子避地浙之新昌，師從之，以孥免，失其書。亂定反室，復購得他本注之，訖乙酉冬始克成編。丙戌，始作《釋文辨誤》。梅磵以甲申至鄞，清容謂其日手鈔定注。己丑寇作，以書藏窖中得免。當是時，深寧王公方作《通鑑答問》及《通鑑地理釋》，亦居南湖，而清容其弟子也。顧疑梅磵是書未嘗與深寧商榷，此其故不可曉，豈深寧方杜門，而梅磵亦未嘗以質之耶？要之，梅磵是書成於湖上，藏於湖上，足爲荷池竹墅之間增一掌故。而以帶水之間，兩宿儒之史學萃焉，薪傳未替，湖上之後進所當自勵也。先生所著《江東十鑒》、《四城賦》，清容比之賈誼、張衡，後世不可得而見，而是書則其畢生精力之所注。

其初釋褐，嘗爲慈谿縣尉，爲郡守厲文翁所劾去。及喪職後，居鄞久，愛甬上之士風，擬卜居焉。其時正仲亦欲留甬上，皆不果，而先生之孫世佐卒承遺志來卜居，則是窖也，不當但以寄公之蹤跡目之也。

又卷二〇《曠亭記》 山陰祁忠敏公之尊人少參夷度先生，治曠園於梅里，有淡生堂，其藏書之庫也；有曠亭，則遊息之所也；有東書堂，其讀書之所也。夷度先生精於汲古，其所鈔書多世人所未見，校勘精核，紙墨俱潔浄。忠敏亦喜聚書，嘗以硃紅小榻數十張，頓放縹碧諸函，牙籤如玉，風過有聲鏗然。顧其所聚，則不若夷度先生之精。忠敏諸弟俱以詩詞書畫瀟灑一時，日與賓從徜徉亭中。忠敏之夫人，世所稱「大商夫人」者，工詩，其女郎湘君並工詩，亦時過此園。

忠敏殉難，江南麈起幾二十年。吾鄉雪竇山人與公子班孫兄弟善，時時居此園。顧其所商榷者，鮫宫虎闞之事；其所過從者，西臺野哭之徒。不暇留連光景，究心於儒苑中矣。公子以雪竇事戍遼左，良不媿世臣之後，而曠園之盛，自此衰歇，今且陵夷殆盡，書卷無一存者，并池榭皆爲灌莽，其可感也。

仁和趙徵士谷林，其太君朱氏，山陰襄毅公女孫，祁氏之所自出。祁公子東遷，夫人年少，日夕哭泣，其家爲取朱氏女甥，使育之以遺日，即谷林太君也。是時方谷林尊公東白翁就婚山陰，其成禮即在祁氏東書堂中。是時淡生堂中之

牙籤尚未散，東白翁豔心思得之。太君泫然流涕曰：「亦何忍爲此言乎？」東白翁嘿而止。蹉跎四十餘年，谷林渡江訪外家，則更無長物，祇「曠亭」二大字尚存，董文敏公之書也，乃奉以歸。谷林小山堂藏書不減宅相，其中亦多淡生舊本，泊花池檻之勝，尤稱雄一時。乃商於予，欲於池北竹林中構數椽，即以曠亭名之，以志渭陽之思，以爲太君當新豐之門户，以慰東白翁之素心，其意良美，乃爲文以記之。

黄之雋等纂《江南通志》卷三五《輿地志・古蹟・廬州府》 萬卷堂在無爲州天慶觀西，宋祥符中，李景仙藏書於此，多祕閣所無者，以其半進於朝。

夏力恕等纂《湖廣通志》卷七七《江陵縣》 萬卷閣在縣東。《宋史》：咸平初，朱昂與弟協致仕，於所居建閣，藏其手抄古今書萬卷，故名。

又 博古堂在草市。《姓譜》：宋燕人田偉歸朝，授江陵尉，因家焉，建此堂，藏書三萬七千卷，無重複者。

盧文弨《抱經堂文集》卷二五《吴江嚴豹人二酉齋記戊申》 近代藏書之家，蓋莫盛於吴中。如楊君謙、朱性甫、吴原博、閻秀卿、都元敬、金孝章、亦陶父子，皆著名於勝國者也。流風遺韻，至於今不衰。然非徒慕前人之美名而襲蹈其迹也，此實關性情焉。苟性情不在是，父不能必之於子，兄不能必之於弟，縱或慕美名而誇豪舉，挾千金入書肆，連箱纍櫝，捆載而歸，錦帙牙軸，縹緗溢目，而其中之簡脱叢殘，弗之補也，形似聲誤，弗之正也，善本俗本，弗之辨也。彼書賈者又工於爲僞，以今爲古，如以震澤王氏之《史記》、四明陸氏之《吕東萊讀詩記》、崑山徐氏之《尚書詳解》，而皆以爲宋刻。此猶可言也，至以劉改之爲斜川，吴正夫《禮部集》爲蘇子美《滄浪集》，舛謬不已甚乎！而其傳録以行世者，又爲鈔胥暗減其篇頁，則終不爲完書。故夫鄴侯之架雖富，君子不許其能蓄書也。余往來吴門，知朱翁文游者，藏書甚精，繼交吴子枚士，皆常與之通書，無所靳。今又得吴江嚴子豹人焉，其家去郡城百里而近。自其少也，即以書爲性命。友朋知其然也，往往以祕本假之傳鈔。故自尋常所得外，往往有前人録目中所未具者。散置之，慮不便於檢尋也，於所居之右得爽塏潔静可以爲精舍者三楹，乃遷廿年已來之所著録，庋閣其中。以昔人相傳藏書之處有大酉、小酉也，遂顔之曰「二酉齋」。既自爲之記矣，而又來乞余言，知余之有同嗜也。吾聞昔人所傳二酉之藏不過千卷，今嚴子所儲已遠過之，乃意方慊然，且冀幸後之所得容當有倍蓰什伯於今者。是則誠然，然余以爲藏之多也，不若其精也，精矣而復求之不已，安在其能無多乎？臘前余過平望，去嚴子所居僅十里，欲順訪焉，而叩其齋中之所藏者，舟人訝余以一舍之程，有難色，故不果然。嚴子所校之《左傳正義》及所梓之《左氏賈服義》，則既見之而伏其精矣。虎豹之異於犬羊，不即一毛可辨乎！顧余之好雖同於嚴子，而業已頹然老矣。然見一異書，眼猶爲之明。思古昔聖賢若孔、墨，猶未嘗須臾廢書，而余何人，顧可棄秉燭之光而不自力乎？楊儀部嘗有句云：「豈待開卷看，撫弄亦欣然。」此真愛入骨髓語也。又曰：「自知身有病，不作長久計。偏好固莫捐，聊爾從吾意。」余今白首鈔書，矻矻朝夕，亦正有自不可解者，因嚴子臭味之同而縱言及此，更欲就嚴子假一二祕笈而鈔之，其庶幾許我乎？

程晉芳《勉行堂文集》卷二《桂宧藏書序》 今海内藏書家相傳無若寧波范氏天一閣。聞閣之四面池水回環，客有借鈔者，自置糗糧，具紙筆，坐閣中，不限月日，竣事乃去。揚州馬氏，余之族姻也。以數萬金購得傳是樓、曝書亭藏書，余嘗假其目録，觀則亦無甚奇祕本。意其畏人假索，别編一目，以杜請求歟？然竊聞有湖州書賈，設小肆于其宅旁，以利啗司書者，潛獲異書去。主人年篤老，防察疏，可嘆也。吴郡朱文游者，嗜書成癖，家所藏三種，曰善本，宋元精刻及影摹舊本最工者；曰校本，經竹垞、義門及惠氏定宇朱墨讎勘者；曰秘本，人間所罕傳而已獨有者。惜其于四部恒有之書不甚鳩集，而宋、元人文集又復寥寥。然則稽古之儒，必衆籍賅繕，而後足備研求。日月如流，材力所限，不幾抱願以終乎？余年十三四歲，即好求異書，家所故藏，凡五千六百餘卷。有室在東偏，上下小樓六間，庭前雜栽桂樹，名之曰「桂宧」。四方文士來者，觴詠其中。得一書則置樓中，題識裝潢，怡然得意。吾友秀水李情田知余所好，往往自其鄉挾善本來。且購且鈔，積三十年，而有書三萬餘卷。其後家益貧，不獲已則以書償宿負，減三分之一。自來京師十年，坊肆間遇有異書，輒典衣以購，亦知玩物喪志之無益而弗能革也。壬辰長夏，病卧一室，取舊時書目閱視，爲之慨然。回顧江南，家無一椽片瓦，故書之寄在戚友家者，知能完整如舊否？而隨身書籍尚有萬五千卷，足供循覽，因就舊目詳爲編次，以志余疇昔之苦心。其存者稍爲别識，他日或幸有力，猶將補所未備。要之視范、馬、朱氏所藏，終不逮遠矣。歐陽子云：「足吾所好，終老焉可也，遑計其他乎！」

姚鼐《惜抱軒文集》卷一四《陳氏藏書樓記》 士大夫好古，能聚書籍者多矣，而傳守至久遠者蓋少。唯鄞范氏天一閣書，自明至今，最多歷年歲。國家修四庫書，取資范氏，以助中秘之藏，海内稱盛焉。余家近合淝，聞合淝龔芝麓尚書所藏書亦至今未失。其家專以一樓庋之，命一子弟賢者專司其事。借讀入出，必有簿

籍，故其存也獲久。聞范氏之家法，蓋亦略與同焉。夫一人之心，視其子孫皆一也。而子孫輒好分異，以書籍與田宅、奴僕資生之具同析之，至有恐其不均，翦割書畫古蹟者，聞之使人悲恨。然則藏書非必不可久，抑其子孫之賢不異也。新城陳凝齋先生，嘗購書萬卷。其後諸子爲專作樓，以貯手澤，樓旁即爲子孫讀書之舍。今其仲子約堂太守，又慮歲久而後人或有變也，乃摹凝齋先生之像於石，而奉之於樓下，使後人一至其樓前，而愴然思，惕然悚，愈久而不敢不敬守也。以余少獲奉見凝齋先生，乃以拓本寄余，且命爲樓記。余於先生後裔又識數人，皆賢雋也，而約堂用意又如是之至。然則百年之後，數海内藏書家，必有屈指及新城陳氏者矣。吾安得不樂而爲之記也？

嚴長明《（乾隆）西安府志》卷三六《人物志・趙崡》 《隴蜀餘聞》：字子函，一字屏國，盩厔人。萬曆己酉舉人，家有傲山樓，藏書萬卷。所居近周、秦、漢、唐故都，古金石、名書多在。時跨一驢，挂偏提，搨工挾楮墨以從，每遇片石闕文，必坐卧其下，手剔苔蘚，椎拓裝潢，援據考證，略仿歐陽公、趙明誠、洪丞相三家，名曰「石墨鐫華」。自謂窮三十年之力，多都元敬、楊用修所未見也。

李調元《童山集・文集》卷七《看雲樓記》 宣武門東粱家園，舊爲山左李少農基宅，名滴翠園。有石池亭臺之勝，以事敗，地今爲瓦礫場矣。乙酉，官起房以便民居。秋末落成。房在麻線衚衕西口，而東南地勢稍低，築樓三楹當之。先是京師房未有樓者，兹蓋特創也。初爲中書舍人武進毛應藻所據，余舊寓去樓不數武，朝夕過其下，恨不作元龍高卧其間。而毛余世誼也，余素喜樓居，曲意過之，意在暫借，一登而馬矢横積，堆草置薪，刺滿人目，不可耐。丙戌，毛登第，授湖南沅陵令，將行，知余心素好之也，乃以授焉。余得大喜，鳩工先築圍墻繞其外，蓋樓下即大道，終日行人如蟻，間有卧其下者，或向樓揶揄，以故防護之。舊無遮隔，爲安欄干，置扶梯。明窗净几，當中長卓，上置一爐，時時爇名香。旁懸唐宋字畫書數卷，文房玩具畢備。退食之暇，則邀客或吟詩，或敲棋，或飲酒，各適其適，無物我之間。每遇春秋佳日，拓起四面軒窗，由前而觀，則積水成湖，淼淼碧波，如在瀟湘蘆葦間。由後而觀，則西山爽氣，如翠如螺，撲人眉宇，無不萃於一樓。爰家有萬卷樓，故即以名名之。外懸一聯曰：「城外遠山如岫列，樓前積水當湖看。」道其實也。嗟乎！浮雲而視不義，片雲而意俱遲。登此樓者，亦可以知余意矣。

王芑孫《淵雅堂全集・惕甫未定藁》卷六《讀易樓記》 吾友玉棟筠圃於今輦下爲藏書家，讀易樓其所貯書處也。廼者作圖示余，屬爲之記。筠圃於書無所不讀，自其少小以逮宦遊，舟車風雨無一日暫廢。間聞一書在某所，雖千百里，必宛轉得之而後已。於是沈編墜帙、渝墨敗紙，世所滅没不經見者，往往都來讀易樓中。於凡函幅之小大厚薄、潢治之精觕敝好，涉目便記，造次抽檢，未嘗輒誤。予過樓中，怪其插架不著標題，曰：「吾能目識之也。」其好之之勤，而讀之之遍如此，非專專治一藝、名一經者也，而獨以「讀易」名樓，何耶？或曰：「自有書契，莫先於《易》。又《易》之爲書，廣大悉備。『讀易』云者，名之以其所統宗焉爾。」予曰：「非也。易作於庖犧氏，肇起一畫，曾未有所謂文字也，而況於書乎？易之爲書，成於文王、周公、孔子三聖人之手。此三聖人者，皆讀《易》焉而繫之辭，非始作《易》也。」然猶曰：「書不盡言，言不盡意。」以故，漢以前士，無言讀《易》者。韓宣子適魯，觀《易》象，不言讀。《孟子》曰：「誦其詩，讀其書。」不言讀《易》。樂正崇四術以造士，言詩、書、禮、樂，不及《易》。周官三易之灋，掌於太卜，不列於六藝，不領於司徒。若然，則三代讀《易》之士至少，豈《易》固有不可以讀言者在歟？漢初，經師者出，由是有五家之學，有九師之傳，紛紛然人著一書，其書滿家，後世以授學童爲訓課，《易》遂與他書等誦。舉天下亡慮，人人皆讀《易》，而《易》乃益廢不明。予嘗求其故而不得，亦不敢曲爲之解。筠圃聰强耆學，廓然多聞，其以「讀易」名樓，宜必有得乎讀之之道。因以追尋犧、文、周、孔數聖人，觀象翫占書不盡言之奧，而非如世之所傳者矣。問焉而不吾告，吾能無憾於筠圃也哉？

石韞玉《獨學廬稿・四稿》卷二《凌波閣藏書目録序》 余性淡漠，無所好，惟好蓄書。自弱冠以來至今，積至四萬餘卷。其間聚而散，散而復聚，匪朝伊夕之力。今年過耳順，慮聚者之將復散也，謀所以保守之者，乃於所居花間草堂之西滌山潭之上築小樓三間，以爲藏書之所。樓向東背西，取其朝暮有日色入樓中，無朽蠹之患。書凡分十類，曰經，曰史，曰子，曰專集，曰總集，曰叢書，曰類書，曰地志，曰詞曲小説，曰釋道二藏，貯爲二十厨，排爲六行，兩兩相對，標其類於厨之闌，索其書，檢之即是。而法書名畫、金石文字亦附於其中。於虖！余之有是書也，談何容易！余家本寒微，先世藏書甚少。憶十四歲附學於中表黃氏之塾，主人有書二櫝。先生方授科舉之業，惟經義是訓，他書禁勿觀。余於常課既畢之後，每竊一燈，私取其書翻閱之，如是者四年，櫝中書讀之殆偏。既於甲午歲赴省試，在金陵市中購得《史記》一部，歸而讀之，大喜，每夕擁衾側卧，燃一燈於几，丹黃在手，樂而忘疲，往往達旦，閲十旬而卒業焉。其後年漸長，蓄書亦漸多，每得一書，必手加點勘。既舉於鄉，奔走四方者十年，謀衣食之計。嘗游州郡幕府，每出門必携書一

篋，刀筆之暇，藉以消日歲，終則歸而易之。迨進士及第之年，則已讀書七千卷矣。翰林清暇，文史足用，及出守蜀中時，方兵戈載道，孑身獨往，家人留止都門。乃有奴子吴壽者，略識字，輙竊予架上書，鬻諸琉璃廠。書肆、書賈遇余點勘之書，則倍其直以收之，於是余所讀舊書略盡。余生平惟此一事所爲歎息、痛恨者也！其後稍稍購求，二十年來，又得此四萬餘卷。凡此，皆節衣食之費而置之者也。耄年心力疲憊，不能如鄉者之尋章而摘句，然每得一書，未嘗不觀其大略也。吾鄉曩時頗多藏書之家，若錢氏絳雲樓、徐氏傳是樓，不及百年，其書皆消歸烏有。而寧波范氏天一閣藏書，自明至今，巋然獨存，其守之必有道焉。子弟雖多，產可析而書不可析；鍵其户，必子孫羣集然後啓。雖有顯者，不借此范氏藏書之法也。古人云：「積金與子孫，子孫未必能享；積書與子孫，子孫未必能讀。」然積金既多，賢者損其智，愚者益其過；積書者，子孫即不能讀，亦不致損其智、益其過，而爲之纍也。且一時子孫不能讀，守之以俟能讀者，亦未必終無其人也。余藏書之意如此，子孫能讀固佳，即不能讀，慎毋視如土苴而棄焉，是則余之厚望也夫。

錢泳《履園叢話》卷二二《汲古閣》 虞山毛子晉，生明季天崇間。時流賊横行，兵興無定。子晉本有田數千畝、質庫若干所，一時盡售去，即以爲買書、刻書之用，創汲古閣于隱湖，又招延海内名士校書，十三人任經部，十七人任史部，更有欲益四人并合二十一部者，因此大爲營造，凡三所。汲古閣在湖南七星橋載德堂西，以延文士。又有雙蓮閣在問漁壯，以延緇流。又二閣在曹溪口，以延道流。汲古閣後有樓九間，多藏書板。樓下兩廊及前後俱爲刻書匠所居。閣外有緑君亭，亭前後皆種竹，枝葉凌霄，入者宛如深山。又二如亭，左右則植以花木，日與諸名士宴會其中，商搉古今，殆無虚日。又有所謂一滴菴者，爲子晉焚修處，中揭一聯云「三千餘年上下古，八十一家文字奇」，爲王新城尚書筆也。當崇禎末，年穀屢荒，人民擾亂，凡吴郡鄉城諸富家莫不力盡筋疲，而子晉處之自若，其用意良深矣。子晉没後，其子名扆、字斧季者，于諸子中最爲知名，又補刻書數十種以承父志，實爲海内藏書第一家也。初，子晉自祈一夢，夢登明遠樓，樓中蟠一龍，口吐雙珠，頂光中有一山字，仰見兩楹懸金書二牌，左曰「十三經」，右曰「十七史」。自後時時夢見。至崇禎改元戊辰，忽大悟曰：「龍即辰也，珠頂露山，即崇字也。」遂于是年誓願開雕，每年計證經史各一部，其餘各種書籍亦由此而成焉。

孫原湘《天真閣集》卷四七《長真閣藏書記》 乾隆丙午夏四月，由城南老屋徙居城北，取先大父所藏書析而三之。余得其一，釐其卷帙，分插四架，庋諸長真閣。其中自經史外，子不過數十種，集不過百餘家，擴而充之，將俟諸異日也。雖然，業貴乎精，不以多；志貴乎壹，不以紛。夫子云：「博學以文，約之以禮。」所謂文者，《易》、《書》、《詩》、《禮》是也。即博，亦不出乎四者而已。四者之中，《易》最深微而難曉，夫子有加年之歎，教諸弟子，亦未嘗一言及《易》。所雅言者，不過《詩》、《書》、執禮，然且曰：「誦《詩》三百，授之以政，不達；使于四方，不能專對。雖多亦奚以爲！」則書之不務乎博可知矣。今人友髮入家塾，即受《易》、《書》、《詩》、三《禮》，其能記誦以熟者，十不得一焉，又况能記者未必通其義，通其義者，考諸實行，未必能與所讀書相發明。如是雖六經而未之能讀也，尚暇旁及乎哉！予二十以前厄於疾，二十以後困於奔走，此後之不能卒讀可知。顧存而不忍廢者，謂是先人之手澤存焉耳。子孫賢取而讀之，余之願也。其不能讀，尚其念爾先祖守而藏之，亦余今日之志也。

阮元《揅經室集・二集》卷二《揚州文樓巷墨莊考》 揚州文樓巷墨莊者，宋劉斅、武賢、滁三世之所居也。劉式者，李唐新喻人，生五子，其第四子立德。立德生斅。斅生武賢。武賢生滁。滁生靖之、清之。式字叔度，開寶中，隨李氏入宋，官工部員外郎，判三司磨勘司，贈太保、禮部尚書。妻陳夫人既寡，以遺書教諸子曰：「先大夫秉行清潔，有書數千卷以遺後，是墨莊也，安事畝隴？」諸子怠于學者，則爲之不食。由是諸子皆以學爲郎官，孫廿五人，世稱「墨莊夫人」。此宋初墨莊之在江西者也。立德官祕書監，贈太尉。斅官太中大夫，歷守淮、揚、池、睦、温，始遷居于揚州文樓巷。武賢官承議郎，知盱眙縣，生滁于全椒。滁字全因，兩監潭州南嶽廟，以通直郎致仕。武賢没，妻李氏當建炎時，識揚州將亂，與滁避地江西，故兵戈不能害之。滁妻趙氏賢而文，夫婦手寫經以課子。靖之子和官贛州教授。清之子澄判鄂州，與朱子、羅願相友善。滁請徐兢、吴説各以所善篆、楷書「墨莊」字。此墨莊之在北宋及南宋初，而羅願《鄂州集》所謂大中以來居揚州文樓巷者也。外此，則集賢公是先生敞，舍人公非先生攽，皆立德仲兄之子，居撫之金谿。其八世孫與吴草廬、虞道園相友善。滁爲武賢第四子，其第三子沂亦奉母命由揚州避地豫章之新吴。沂生蕭，羅願代陳皋爲《蕭傳》。岳鄂王紹興六年曾爲新喻劉氏寫「墨莊」二字。此墨莊之在南宋江西者也。海陵胡安定先生載陳墨莊夫人事入《賢惠録》，此在揚州之事也。朱子《墨莊五詠》一曰「墨莊」，二曰「洌軒」，三曰「静春堂」，四曰「玩易齋」，五曰「君子亭」。明楊廉和朱子《五詠詩》，《序》曰：「劉氏『静春』與集賢、舍人各自爲派。」蓋静春堂爲劉斅專派，斅與敞、攽爲從兄弟，故

其孫曾清之等皆以「静春」自稱。金谿公是先生等派不襲「静春」之名，然則「静春」等堂軒五名亦皆宜在揚州矣。

元居揚州文樓巷文選樓側時，方纂《揚州圖經》，檢舊志，但知有文樓巷，不知巷有墨莊事，乃旁考《宋史》，朱子、羅鄂州、劉公是、吴草廬、虞道園等集及《江西地志》、朱高安《墨莊石刻跋》而述之如此。夫劉氏自南唐入宋，以至元、明，代有聞人，皆讀書爲義理之學，所交遊者則有歐陽永叔、曾子固、胡安定、朱子、羅鄂州、吴草廬、虞道園諸人，故其家世、言行、官階多見于諸集。以忠厚大其族，以文學啓其後，而又世有賢母教子亢宗，「墨」之爲物，貫金石而不朽，「莊」云乎哉！

又卷七《寧波范氏天一閣書目序》 海内藏書之家最久者，今惟寧波范氏天一閣巋然獨存。其藏書在閣之上，閣通六間爲一，而以書厨間之，其下乃分六間，取「天一生水，地六成之」之義。乾隆間，詔建七閣，參用其式，且多寫其書入四庫，賜以《圖書集成》，亦至顯榮矣。余自督學至今，數至閣中，繙所藏書，其金石榻本當錢辛楣先生修《鄞縣志》時即編之爲目，惜書目未編。余於嘉慶八九年間命范氏後人登閣分厨寫編之，成目録一十卷。十三年，以督水師復來，寧紹台道陳君廷杰言及之，陳君請觀其目，遂屬府學汪教授本校其書目、金石目，並刻之。刻既成，請序焉。

余聞明范司馬所藏書，本之于豐氏熙坊。此閣構于月湖之西，宅之東，墻圃周迴，林木蔭翳，閣前略有池石，與闤闠相遠，寬閒静閟，不使持烟火者入其中，其能久一也。又司馬没後封閉甚嚴，繼乃子孫各房相約爲例，凡閣厨鎖鑰，分房掌之，禁以書下閣梯，非各房子孫齊至不開鎖，子孫無故開門入閣者罰不與祭三次，私領親友入閣及擅開厨者罰不與祭一年，擅將書借出者罰不與祭三年，因而典鬻者永擯逐不與祭，其例嚴密如此，所以能久二也。夫祖父非積德則不能大其族，族大矣而不能守禮讀書則不肖者多出其間，今范氏以書爲教，自明至今，子孫繁衍，其讀書在科目學校者彬彬然以不與祭爲辱，以天一閣後人爲榮，每學使者按部，必求其後人優待之，自奉詔旨之褒，而閣乃永垂不朽矣，其所以能久者三也。觀察刻目録既成，即以板畀其後人庋閣下，甚盛舉也。余更有望者，此閣所藏五萬三千餘卷皆明天啓以前舊本，若明末暨國朝之書概闕焉，范氏子孫若有能繼先業而嗜典籍者以哀藏繼之，則書益以富矣。且閣不甚高，敝木亦漸朽，新而增之，不益禕歟。

又案：《甬上耆舊傳》曰：「范欽字堯卿，嘉靖十一年進士，知隨州，有治行，遷工部員外郎。時大工頻起，武定侯郭勛爲督，勢張甚，欽以事忤之，勛譖于帝，下獄，廷杖。知袁州，大學士嚴嵩其郡人也，嵩之子世蕃欲取宣化公宇，欽不可，世蕃怒，欲斥之。嵩曰：『是抗郭武定者，踣之適高其名。』遂得寢。稍遷按察副使，備兵九江。歷遷副都御史，巡撫南贛。擒劇賊李文彪，平其穴。疏請築城程鄉之濠居村設一通判，以消豫章、閩、粤之奸。復攻大盗馮天爵，斬之。遷兵部右侍郎，解組歸。張時徹、屠大山亦里居人，稱爲『東海三司馬』。欽築居在月湖深處，林木翳然，性喜藏書，起天一閣，購海内異本，列爲四部，尤善收説經諸書及先輩詩文集未傳世者。浙東藏書家以天一閣爲第一。卒年八十三。」因並録之，以見司馬事實。

又黄梨洲先生有《天一閣藏書記》，亦録而刻之於卷首。

阮元《揅經室集·續三集》卷三《虞山張氏詒經堂記》 唐人云，前不見古人，後不見來者，然則人生所見，數十年耳，將欲使後人見今，如今人見古，傳聖賢之事，記文史之詳，殆非書不可。虞山張氏金吾，世傳家學，代有藏書，不但多藏書至八萬餘卷，而撰書至二百餘卷，不但多撰書，抑且多刻書至千數百卷，其所纂箸校刻者，古人實賴此與後人接見也，後人亦賴此及見古人也。是詒經堂、詩史閣、求舊書莊諸地，皆羅列古今人使後人共見之地也。此於古今人謂之有功，於己謂之有福。夫遺金不如詒經，猶徒爲一家讀書計耳，曷若以書公之天下後世乎！世之有金者無所不爲，獨不肯用之於書，若是者謂之無福。若在己無學術焉，則雖有之肯之，亦無能用之，若是者亦謂之無福。雖然，福不可擅也，福雖不可擅，而有功以補之，則其得此福而居之也，豈不宜哉！因詒經堂主人求記而論之如此。

洪頤煊《筠軒文鈔》卷二《重建曝書亭記》 曝書亭者，秀水朱竹垞先生之所建也。案：先生《曝書亭文集》：「亭舊在嘉興梅會里。」《苕谿詩集》序云：「予十七避兵夏墓，既而徙練浦之南，再徙梅會里。」《曝書亭著録序》云：「予年十七，從婦翁避地，六遷而安。」度先生九遷乃定居梅會里。里即先生之所居也。先生所居，本以竹垞得名，有南垞、北垞。垞之中有池，四面皆種竹，先生詩云：「垞南宜得翠筠看，上番移來近百竿。昨夜疾風吹拔木，老夫差喜竹平安。」蓋指此也。池之南爲曝書亭，亭藏書凡八萬卷。著録者曰經，曰藝，曰史，曰志，曰子，曰集，曰類，曰説。是即高士李君之所贈，宛平孫氏、無錫秦氏、崑山徐氏之所借鈔者也。亭之建，雖不知剏自何年，觀集中載《曝書亭絶句》、《曝書亭得孫學士都下札》詩，大抵在歸田後。所作《鴛鴦湖櫂歌》注云：「余近移居長水之梅谿，殳山在其北，横山在其南。」著《書硯銘》云：「北垞南，南垞北，中有曝書亭，空明無四壁。」可以得

亭之槩矣。亭久就圮，嘉慶丁巳秋，阮雲臺夫子視學至禾中，捐俸重建，于是賢士大夫交相歌詠，傳爲盛事，一時曝書亭之名復新。噫！人生泡影耳，亭臺花木頃刻化爲煙雲，惟書之名能爲不朽。《孝經援神契》云：「書者，如也。」《釋名》云：「書亦言著也。著之簡紙，永不滅也。」【略】先生承文恪公之後，詩文爲本朝大家。越今百餘年，其風流猶在。故即有宏揚群雅之人爲之尋訪故跡，修葺舊居，則此亭之興廢，蓋早視乎其人矣。

張鑒《冬青館集·甲集》卷四《包山葛氏瀓波皓月樓藏書記》　余自知有書癖，而所歷之地，天亦嘗不靳其求。計三十歲以前，我鄉鈕氏疏雨積書八九萬卷，大半出余所評置。及薄游京雒，往來吴越，如諸城之劉、揚州之阮，收貯亦不少。又嘗東渡曹江，登鄞縣范氏之天一閣。撥寒灰，窮蠹穴，搜求放失，幾二十年。吾黨之士，若嚴氏久能、袁氏壽階、何氏夢華、江氏鄭堂，未嘗不握手訂交，宛轉商榷。蓋一時崇尚宋槧，證墜簡之零星，采逸韻於千載，自謂所得不後於諸君子矣。既而在琅嬛仙館校進四庫未見之書，發西湖文瀾閣所藏，胥吏持印帖往取，輒數十百匣堆積滿案，得書至一百六十七種。天子築宛委之藏於大内，則所見之多，竊以自豪焉。去春病起，始來西山，葛君香士坐余於瀓波顥月樓中，其樓據消夏一灣之勝，前盪洪流，卻負崇巘，縈巒帶阜，雲譎波詭。因鑿樓之兩壁以居書，書不下數萬卷。每當楸桐負日，桂筍尋波，游觀既倦，爇燭繼晷。其書經史駢羅，部袟峻整。集舊者辨其薰蕕，版新者慎其魚虎。自甲而乙而丙而丁，依四部例悉著於目。舉凡鳳館之新章，兔園之祕册不與焉。香士閒叩余所見，遂不覺縱言及之，亦所以幸余之遭也。而香士輒固遜曰：「吾所藏，文史之麤耳，視子言不儻乎遠歟！」余曰：「否。謂所貯遂足以供蘭臺、石室之求，則誠未之有；若以此爲子姓之所誦習，則奚翅過之！今夫人日用所需，亦願得魚豚之茹耳，多買龍肉何爲！昔亡友疏雨嘗持宋本以誇示余，余笑而麐之曰：『不食馬肝，未爲不知味也。』疏雨竟嘿然。然則君延余課其喆嗣，而教以屠龍之技，可乎？不可乎？」香士曰：「是則然也，亦盍爲余序以附諸家之後乎？」余曰：「可哉。」余時甫輯《十五經叢説》，深幸有以自助，因書兩通，一置書目之首，一跋《林屋藏書圖》之後。異日者續藏益富，歷時益久，亦必有足爲農求向校之資者，當更爲之著録焉。道光二年六月朔日記。

又《秀水計氏澤存樓藏書記》　文獻皆所以載道，宋自長興墨版盛，東南承貯家如《郡齋讀書志》、《直齋書録解題》，非獨史所不廢，即著述若馬貴與輩率取裁焉。吾朝始開四庫之館，詔中外訪求遺書所在。若浙鮑氏、范氏、汪氏，揚馬氏，進至六七百種，首蒙《圖書集成》之賜，洵難遘之榮也。明中葉以後，遠則天一閣范、天籟閣項、汲古閣毛，近則倦圃曹、曝書亭朱、小山堂趙、瓶花齋吴、知不足齋鮑，不可枚舉。傳之久，以甬上爲首；積之富，以禾中爲先，蓋文獻之所萃也。今年夏，秀水計氏二田介王徵士研農，以所受尊甫慕雲先生藏書來請爲記。二田承餘緒非一世，築澤存樓，縮衣節食，引而弗替。凡得自書賈書船以及長塘鮑氏借鈔者，總經史子集爲卷六萬二千有奇，非後啓之秀歟！雖然，有足爲二田述者。余自束髮至南北，舟車所接，皆藉書卷爲淹滯，而旋聚旋散，不勝飄風好鳥之歎。就所見瓶花齋之散，吾友眠琴山館得其《茗谿集》，德清許部曹得其《隸釋》、《隸續》，皆舊鈔本。小山堂之散，於友人處見蜀石經《毛詩》殘帙，急勸鬻之，後爲士禮居豪奪去，今入刊者是也。天籟閣之散，則字畫多於卷籍，《神仙起居注》其一也。曝書亭之散，於吴門書肆買得《北盟會編》，前有「竹垞著録之一」之印，方是時，渠家賸新塍張簡菴《遺書》未散而所著《瀛州道古録》稿本尚在也。余於琅嬛進四庫未收之籍，時時識其崖略，餘如汲古後人與潘稼堂書帳不與也。此無他，經始之不以其道，收啓之不以其節，電光石火有由然也。又嘗因海上之役，兩登天一閣，其一僅閱宋拓石鼓文，悤悤即返。翌日，歙淩仲子至邀，重登檢閱唐宋人集十餘種，胡身之注《通鑑》即近江西本所自出。歸途相與太息：其閣之久遠而已！閣一直七架，左一稍殺，置梯以登，即所謂天一生水也。閣非至戚密友不易至。至者先告於其家主閣者，至期，啓閣則有人焉，登梯則有人焉，啓櫃則有人焉。成約閱書，客至，必子若孫之分番值閣者齊集乃啓。子若孫無故入閣，及私與人入閣，擅借書與人因而鬻賣，皆有罰，其規條密矣！故歷三百餘年靈光巋然。天子命官圖其閣，以爲式，則後此之奉爲圭臬當何如也！嘉禾一郡，其先於計氏者，墨林、倦圃、曝書亭、知不足齋，誠非他郡可比。謂無益於後裔，則甬上之范科名不絶，即鮑緑飲，余習熟，以垂白之年得身賜舉人，豈非藝林盛事？夫士微時，不能具竹素，毋昭裔欲借《文選》而不能；楊士奇之母，至爲鬻牝雞以易《史略釋文》、《十書直音》，其得之難如是。若既聚之，可不思所以永其傳！今二田能詩、善交，少孤，無昆弟，撫於其母。太夫人閉門力學，有劉氏墨莊之風。既長，承世父壽喬廣文之名，鵲起於時，方取族祖《甫草先生遺書》，並菉《邨遺集》，刊藏樓下。其持擇之慎、校定之詳，雖未克副農求向校如天一閣之美，其繼前此諸家之名以起，以裨益文獻，舍二田氏安歸？梨洲世世如護目睛之言具在，余故沿其例，述散聚之由，卒歸之甬上，以爲頌禱之辭云爾。道光甲午中秋。

又《眠琴山館藏書目序》 書之聚散，古人以此雲煙過眼，本無足異。然聚之速，散之尤速，未有過我友疏雨者，此可慨也。疏雨長余十歲，與余同游魚計先生之門，晨夕共筆硯，分題角韻，靡有寧晷。疏雨雄于貲而多家纍，年未三十，即棄舉業，遠遊楚。余後雖課誦其家，積十餘載之久，然疏雨歸，與游，嘗以五年爲率，歸則吟詠必多，且工詩，格既遒上，造詣益深。或與談杭州谷林堂趙氏暨揚州玲瓏山館馬氏諸昆之耽書好客也，未嘗不神往焉。乾隆壬子癸丑間，疏雨既以藏書自任，吾湖固多賈客，織里一鄉，居者皆以傭書爲業，出則扁舟孤櫂。舉凡平江遠近數百里之間，簡籍不脛而走。蓋自元時至今，幾四百載，上至都門，下迨海舶，苟得一善本，輒蛛絲馬蹟緣沿而購取之，故吴門萃古齋既名聞當宁，而下此如竹垞《經義考》所云：「坊朋賈友，亦不可枚數。」疏雨既好書，而余又適館其家。其家堂構閈曠，每秋夏之交，設長筵廣坐，名花異卉駢列左右。主人命門者延若屬，呼儔嘯侶，至即十餘輩。余課經之暇，亦相與商榷是非。書既山積，真贋參半，鑒别不易，其時同人之與疏雨洽縞紵者，如楊秋室、范白舫、計秋琴、蔣嗜山，閒亦過從，或有所得，傳觀以爲賞析。自此，疏雨之書，固已不啻數萬卷矣。如是者有年，余以召試附公車北上，疏雨尚以購書爲屬。明年，余被故南還，知所藏益不止。至之次日，走謁其庭，則錢宫詹竹汀方挈其壻瞿木夫來訪。蓋宫詹耳其名，因修志長興而過閲其藏。是日，徧檢羣籍，余亦與之同飯，備聞宫詹論舊槧《陶淵明集》及吴氏《吹豳録》，皆娓娓可聽。及暮，宫詹歸櫂，復假《中興禦侮録》及《皇元聖武親征録》等書以去。由是，東南貯藏之家與汲古之士，如錢塘何夢華、嘉興鮑緑飲接踵而至，所得之書益精且美。其時，又適值盧氏抱經堂、吴氏瓶花齋讐校精本散出四方，於是，疏雨所收之富又越從前數倍。余時因衣食奔走，既允儀徵阮中丞之招，頗不能久留盡發其藏而讀之。出門之日，疏雨復申前屬，至今目録中如宋王象之《輿地紀勝》，即余轉託夢華鈔自進呈副墨者也。余至武林節院，天子方右文稽古，凡浙撫所進文瀾閣未見之本，於大内築宛委之庫以庋諸，其所經進，余悉預編校之役，方謂從此可以飫疏雨之嗜好而滿其求，必有足以裨益貯藏。何圖癸亥之秋，一病長卧，遽得著明兇問耶！疏雨既歸道山，其家不能收拾。子幼，爲人熒惑，舉十餘萬卷之書，一旦畀之它人。秋室題其身前《訪書圖》云：「自古圖書厄，多經劫火亡。未聞豪賈奪，舉作債家償。」洵實事也。猶記阮中丞搜羅時，因夢華之請，將置寫官於其家，余恐其以孀母孤兒或竟投諸水火，方謀兩全之策，不謂其飄風好鳥，變幻若此之甚，斯可歎矣！昔曹秋岳爲《絳雲樓藏書目序》，歷數虞山賞鑒之精，至割裂名人文集以供伯喈修史之助。黄梨洲作《天一閣藏書記》，歷序吴孟舉黄葉山莊買書之事，自失衛湜《禮記集説》，至與夫已氏終身相詬病。然則收貯之富，在當日人或未必盡知，及其散亡，人轉得按圖以索其駿，大抵然歟？今年，余病肺倦游，將求數武之園，築室讀書，以肆我志。過白舫齋頭，則所藏舊目與佔估帳籍宛如昨日，痛盛游之難再，悼勝賞之莫償。失今不治，并有與此目同歸澌滅者，因破十日之功與白舫、秋琴、嗜山訪其大略，編爲一目，無濫無欺，知其中實有足以備金匱、石室之講求，啓陳農、苗發之夢想者，豈第王涇《大唐郊祀》一録，同於煙銷灰燼！屈指其間不過二十餘載，世故之難問已如此之速，可勝悼哉！此書之失，不特吾人同社眼福之薄，即謂吴興山水精英不能蘊此奇觀，以供後來之抉摘，奚不可也？疏雨，姓劉氏，名桐，援例授州司馬。眠琴山館，其所居東廂藏書之地。

張鑒《冬青館集・乙集》卷四《夢好樓記》 《周官》「太卜掌三夢」，而《列子》「六候」，與經不異。三日思，五日喜，其爲氣淫於藏，則有餘於内，不足於外者，一也。里中有沈默之士，日董子鑄范讀書，志古，不慕榮禄，於書靡不窺，而猶病其藏家之少，閲市之淺，顔其所居之樓曰「夢好」，棐几竹榻，百城南面，以寄其深愛篤嗜之思，俾同志者爲之歌詠焉，而屬余記之。鑑因而告之曰：如此者，非所謂有餘於内，不足於外者邪？吾觀世之樂狗馬聲色者，非僅儕夫狗馬聲色已也，必將有取於韓盧宋鵲，追風躡影，羞花沈魚，雖不得，亦形諸夢以爲快。則子於書，亦豈邨塾《兔園册》之所能錮！又豈《七録》、《四部》之所能匾其求！則吾將由子之夢以窺子心矣。今夫經，至賾矣！自宋歐陽氏信奝然日本古文之説，而後之託安國《孝經》，以暨毛漸《三墳》、豐坊《魯詩》，不一也。以子之夢，其必撥灰縮粕，神游域外，必將有遠駕乎皇侃《論語義疏》、《七經孟子考文》之足貴，不大快歟！史，至淆矣！自曾鞏、劉恕校祕閣諸史之闕，而後之補逸《漢書》、廣搜十八家《晉史》，以暨重編《季漢》，更修《西魏》，不一也。以子之夢，其必推幽鑿險，心越恒蹊，必將有親獲乎謝承《後漢書》、路振《九國志》之完美，不大快歟！子與集又至紛矣！自庾仲容《子史鈔》、沈約《袖中記》之書失傳，而後之破佛髻、掘智井，以暨補綴《北堂書鈔》，摭拾《晏元獻類要》，不一也。以子之夢，其必搴翠集腋，察盡豪末，必將有偏及乎《文思博要》、《韻海鏡源》、《修文殿御覽》之閒見側出，不大快歟！昔鄭人之言：「夢一以爲真，一以爲假。」今吾且以子之夢未必假，而余昔之遇未必非夢也。曩在琅嬛仙館，曾夢見失鹿矣。校文瀾閣未收之書，得百有數十種，中如魏了翁《禮記要義》、張洽《春秋集傳》、楊仲良《宋通鑑長編紀事本末》、史炤《通鑑釋文》、蕭吉《五行大

義》、王象之《輿地紀勝》、錢渢《回谿史韻》、楊鉤《增補鍾鼎篆韻》，皆非世所經見，爲皇清五閣所未掌録。心欲鈔其副，而苦無力。然則余之校，不過一夢。而子今之夢，又焉知不爲得鄭人之鹿者邪！長水朱氏之譔《經義考》也，仿開元《釋教録》之例，分存、闕、佚、未見四目。而近日之溢未見而散出者，已不可枚數，又焉知後之不足傴子之夢？特恐專心致志，忘寢與食，至乃夢與鬼爭義如崔伯深者，余且爲鼓掌而笑於其旁矣。鑄范，名蠡舟，烏程人，爲余同年雲帆先生子，世家舊姓。近見其藏書目所得，蓋不少矣！遂書之以爲記。

又《金山錢氏守山閣藏書記》　去金山縣十八里曰秦山，山石柔艷。道光丁酉，官以築海塘，議伐石，別駕錢雪枝尊甫持論爲無益，開則民廬墓千計徒被毀掘，命雪枝倍其輸以告當事，得已。由是閭里相與慶於路，乃構宗祠於麓，復爲閣以貯藏書，顔曰「守山」。蓋自其祖羽章先生來居此，垂二百載，冀與此相守於無窮也。吁！美矣。夫古今藏書，能讀與爲子孫計者都有。藏者不傳，而能讀者傳；藏而能讀不盡傳，而身爲善者傳，自然之理也。能讀而傳者二家。江右晁氏，得井度憲孟五十篋，合舊藏二萬，成《郡齋讀書志》。吳興陳氏，因仕莆田，傳録鄭夾漈及方、林、吳三家五萬餘卷，成《直齋書録》。是二者，以有録也。近則菉竹堂、傳是樓、澹生堂、千頃堂、絳雲樓，但有目，不過爲夾漈之續。惟虞山事稍著，然蹈不韙絳雲之燬，殘帙皆歸同族，因有《述古堂》、《敏求記》。人笑其指遺燼紿世，曰：「是謝承《後漢書》，故藏書不可不好善也。」漢河間王從民得善書，必爲好寫與之而留其真，此必先有爲善最樂如東平者，此所謂被服儒術也。不然，六朝沈隱侯藏卷及十二萬，且多祕本；張昶《龍山史記注》世所未見，史言其聞一善輒如萬箭攢心，他可知矣！宜其爲子孫計短也。藏而身爲善者，其惟新喻墨莊乎？宋工部郎劉式之卒，家無餘貲，惟圖書數千卷。或勸置産，陳夫人指以語諸子曰：「此汝父所謂『墨莊』也。藏此足矣，安事隴畝！」因教五子成名，鄉里稱爲五君，母爲墨莊夫人，載國史及胡安定《賢惠録》。蓋其所以爲善之實不勝書，而其因以得爲善之報，歷宋元明如一日，至今豔之，子孫之官四方者，皆節衣縮食，必還墨莊之舊。在揚則豐國監滁請徐兢、吳説各作篆、楷書，羅鄂州作《豐國行録》。滁子清之與朱子交，作《墨莊記》。在豫章則公是敞、公非攽尤著。元吳草廬承朱子爲《後記》，虞道園爲《墨莊世譜跋》，楊鐵崖爲《墨莊五詠》。余至豫章，得三劉遺書，其故阯猶可考也。惟岳武穆言爲駙馬劉景曜書，考史，祇有劉文彦，年代不甚合，然書無可疑者，此則真能爲善及子孫矣！公孫文子有言：「爲善無不報。」邴吉陰德，夏侯勝知其當及子孫。若別駕之克完冢墓，宜食報無窮。他行事即不盡聞，固眉山所謂天定而可必者也。夫史記李氏書樓、吳氏西齋，不應一無好善，求如墨莊之源遠流長，則延及數朝，筆難綴述。我於是獨以此爲雪枝頌也。至於山林之清淑，榱桷之爽塏，卷軸之修整、校訂之精審，姑置勿論，第即閣中所鈔，計亦不下千卷。就提要三千部七萬卷通覈，除世間常習不算外，悉付棃棗，約有幾誠得如別駕者百人，則古書之流傳於世當何如？而蒙九重之賞賚，又當何如？然則今之爲陽城求集賢院吏以讀書者，焉知異日不如皇甫謐、何無忌之各給賜書？就前事言之，亦當不在鮑氏知不足齋，二汪氏開萬樓、振綺堂諸儒紳之下。德既發揚於外，澤足被於後世，遠企墨莊，近同天一閣，有以卜之矣。辛丑八月。

又《澤存樓藏書後記》　余作《秀水計氏藏書記》踰十年，曦伯奉其母沈太孺人諱郵行略及所賻誌銘石刻來乞文，固辭不獲命，伏讀再四。按：略惟訓以屏浮華，慎交游，購書籍，延師儒爲督課諸孫計，則固有與吾前墨莊之言相印合焉。夫今之操彤琯以紀《內則》者不過曰：「治家能相夫子，操內政能逮下，即失所天，繼述前人，輔幼弱能不怠事，以紓其積，如是止爾。有進於是者，未之聞也。」今曦伯自十餘齡失怙，家事一稟承於太孺人，而太孺人持躬處物，其操作則有若鮑母桓之勤也，其資生則有若陶母湛之能也，其秉正則有若蘇母程之清也。即知誼折衷亦不過如古所稱，豈更能度越前載，而爲庸中之佼佼、鐵中之錚錚者？吾蓋自茲而益懔然於其庭誥矣！今夫賢淑之資、仁智之術，世或不乏，唯狃於米鹽淩雜，則雖傾筐倒篋以濟鄉黨之窮，截髮剉薦以佐井臼之缺，人爭頌之。至於慈被後昆，澤昭來裔，不必明有所不逮，而局於耳目所濡，則亦就耳目所習而已，此不可以古誼繩之也。太孺人則異是，自余前十年所記，閱時既久，其部袠之精且富，宜過於舊。茲且不論，嘗稽古昔姆教有能以詩書勖子孫者，如云「自吾爲汝家婦，未見汝父一日不讀書，汝等各宜修勤不替」，未爲不篤也。然未有如新喻磨勘司劉式之妻陳之節衣縮食，俾治墨莊以流徽千載者也。墨莊之傳，予嘗作考以詳其事，今撮大略於此。式之没，家無餘貲，有書數千卷。或勸罄所蓄置産爲久遠計，陳指書以語諸子曰：「此乃父所謂墨莊也。勤此足矣，安事隴畝爲！」諸子習學，一有所怠，即不食。由是五子皆樹立爲卿監郎官。羅鄂州爲作《行録》，而胡安定誌其賢惠。余故每爲人作藏書記，未嘗不斷斷其家世，而於此輒深致意也。迨後朱子與其裔澄交，又作《後記》，一時如吳草廬、虞道園、楊廉夫，相續操觚，斯亦榮矣。然則過此以往，必謂能以遺經教授生徒，而後足光前烈，詒後嗣，宇宙寧復有偶？即以此數萬

卷俾子若孫爲忠爲孝，古今入聖賢之域，有不自經籍始哉！且余六十歲以前，游蹟徧東南，而託足之區，高明之家率多，網羅放失，汗牛充棟，固無足異。即往來羈旅一二朋舊，傭經講學多有若斯者，迨其後，風鐙石火，撇焉灰燼，其故何也？必先有不能爲之主持，定識定力如計氏。於是，益欽太孺人之坦坦施施，排擯衆論，直超出尋常萬萬，斯克成此偉觀。今於其終也，尤願曦伯懋益加懋，以緜厥緒。故不敢蹈常襲故，徒侈閭門之談，而獨以藏書爲遠到，且諸孫六人，蜚聲庠序者已見其二，自此聯步以升爲劉氏不遠矣。用竊附朱子諸賢之末爲後記，以補前文所未備云爾。

陳用光《太乙舟文集》卷六《河南耿氏富春軒藏書目録序》 富春軒者，耿徵君震國與其兄華國讀書之齋名也。耿氏居襄城，自奉政君顯，以學行仕宦著於明者數世。崇禎末，富春君偕二子殉難。及我朝，而以文學稱者相接也。富春君嘗購書金陵，合奉政所積，得三萬五百七十卷。傳至訓導君應蛟而目録遂失。又五世孫迪吉乃就其父孝友君所蓄書并先世所藏重加編目，又備著孝友君所手鈔，及纍世自著書目附於後，仍繫之富春軒者，從其朔也。子興宗以示余，求言，余謂：「學者，學爲忠孝而已。忠，莫著於死事；孝，莫大於承先志。耿氏忠節著兩世，可謂不媿其所讀之書矣！而後嗣又能裒集遺書，兢兢守之，惟恐失墜，不可謂賢乎？」富春君游高忠憲、黄石齋之門，而百樓先生爲孫徵君奇逢弟子，雖籍西平，別於襄城，然固興宗五世從祖也。孫徵君隱居伊洛，實開我朝湯文正潛庵之學。余觀耿氏自著書，有《中州道學編》，孝友君手抄書，有《蘇門大社譜》。意其所述者，孫氏之學乎？文正繼孫氏後，以宋儒之學顯名，蓋康熙、雍正年間，士大夫風概如是。今乃有掇拾漢儒緒餘而譏宋學爲空疎者，余師姚姬傳先生嘗謂：「述微言以示將來，吾黨事也。」興宗之師鮑侍講桂星與余同事姬傳先生，興宗又辱以文字問於余，余因念昔吾祖凝齋先生實爲宋學，而遊太學時購書於京師以歸，家大人爲藏書樓以庋之，其事與耿氏有相類者，余既慕耿氏之多才，嘉興宗之有志，故與之言宋學，以爲士君子博聞强識，敦善行而不怠，其所嚮往，固在此而不在彼也。余不獲見《道學編》、《大社譜》二書，並約興宗他日相示云。

又《振綺堂書目序》 余來杭州，聞汪舍人遠孫家藏書甚富。既蕆試事，遂與往還。余索借觀其《藏書目録》，舍人既以咸淳《臨安志》見贈，並索爲目録序。余所借書，以得見查初白手録《儒先論易語》之注疏本及王損仲之《宋史記》爲尤快意。此二書者，余所願見而未見之書也，而今乃得見之。初白爲是録時，年六十有

七，余今年亦六十七矣，顧未能手自著録，第屬錢生士雲爲謄寫一過，以俟他日之研究。生平疎於經術，尚未必能及賈山，齒衰而又不能自力，以視初白，不可愧乎？損仲之文筆，未必能及震川，然觀其所著《凡例》，固自有學識。余既寫得副本，又自念向嘗厭宋史之蕪雜，欲續成震川之業，而力小任大，恐其學不足以副其志也。舍人家舊有宋寶祐四年《登科録》，記文、謝及陸秀夫之甲第相次，足以助爲《宋史》者之考證，而其書已佚。書之難得而易失也如此！而劉器之《盡言集》、魏了翁之《儀禮要義》、謝皋羽之《金華游録》，余今皆以未得借讀爲憾。人事之牽綴，而歲月之易逝，余雖老矣，其安能不念及此，而益自勵于學也！舍人之藏書，分經、史、子、集爲四部，部各有子目，而所考證其書之佳否、真僞及得書之緣起，自注于上方甚詳，且秩然有條理之可觀也。舍人遺榮謝客，專志於讀書。其蕭然自得之胸次，不獨爲杭州之賢士也！余是以樂爲之記。時道光十四年冬十月之廿九日也。

陳文述《頤道堂集・文鈔》卷一《安亭書藏記》 書藏始自北宋錢和，在西湖九里松，東坡守杭所題也。阮雲臺師撫浙，於靈隱置之，及家居又於焦山置之。兩書藏與海内七閣並峙，儒林、文苑仰若日星。余久居吴門，欲集同志營書藏於靈巖，而力未及。今張君吟樓營震川書院於安亭江上，並營藏書之閣，擬以「藏經樓」題之。余謂士子應讀之書，非止經也，亦有列代之史、諸子之書、百家之集焉，且顔以藏經，恐近於佛家之説，不若以「書藏」名之，則與靈隱、焦山輝映東南矣。惟靈隱、焦山兩書藏專藏近代人著録，書院則以經史子集爲重，宜分庋兩楹，左陳古編，右弆今籍，俾過斯地者，一登樓而如入琅環、謨觴之福地，非文字中一大因緣乎！因檢家藏舊籍之重者貽吟樓，充樓中之藏，並以家刻十三種附焉，且爲記。道光丁亥冬。

吴榮光《石雲山人集・文集》卷二《南海吴氏賜書樓藏書記》 余性好書籍，官京師二十年，聚至七八千弓。後以嘉慶己巳鐫秩閒居，去其半以易米。最惓惓不忘者，宋拓《化度寺碑》、范氏書樓原石本、宋板《史記》及《陳后山集》也。逮外擢出京，以館閣通行易得之本悉贈友人。嗣在閩省建鳳池書院，以重複者二千二百餘弓捐置院中，蓋三散矣。然余歷走陝、閩、黔、浙十年，廉俸所入，短衣縮食以購之。閩浙多藏書家，余兩莅其地，所得尤多。道光乙酉冬，在黔藩任内，告歸省親，除寄杭州方芑田孝廉家外，檢篋中金石簡册，將及二萬弓，悉攜以歸，薏米之謗不足計也。丙戌北行，戊子夏，在閩藩任内，奉先通奉諱遄歸，大事既畢，偶閲曩存卷

帙，半爲蠹蛀。嶺表卑濕，思有以保護之，因以建立家廟餘工，於宅後購西隣區氏屋地作樓，樓中敬貯先帝所賜上方善本，餘則仿方漸增壁爲閣故事，將二萬卷盡列兩旁閣上，却黴蟫，登爽塏，統名曰「賜書樓」，紀恩及也。廬墓歸來，或與家園羣季指函數典，或獨手一編，終日忘倦，始覺向者之未嘗學問，徒獵科名，自今以往，所得爲己多矣。浙中寄存之本，行當附海舶載至，續有所得，當增益之。後之人知有張茂先三十乘之載，不可悔沈攸之十年之讀，蓋藉以博古知今，持躬應務，匪細故焉。余之貽厥謀者，惟此而已，尚其保之勿失。

梁章鉅《浪跡叢談》卷二《小玲瓏山館》 邗上舊蹟，以小玲瓏山館爲最著，余曾兩度往探其勝，尋所謂玲瓏石者，皆所見不逮所聞。地先屬馬氏，今歸黄氏，即黄右原家，右原之兄紹原太守主之。【略】馬氏兩兄弟，兄名曰琯，字嶰谷，一字秋玉；弟名曰璐，字半槎，皆薦試乾隆鴻博科。開四庫館時，馬氏藏書甲一郡，以獻書多，遂拜《圖書集成》之賜，此《叢書樓書目》所由作也，然叢書樓轉不在園。園之勝處爲街南書屋「覓句廊」「透風透月兩明軒」「藤花庵」諸題額。主其家者爲杭大宗、厲樊榭、全謝山、陳授衣、閔蓮峰，皆名下士，有《邗江雅集九日行庵文讌圖》問世。輾轉十數年，園歸汪氏雪礓。

何紹基《東洲草堂文鈔》卷一〇《記安氏刻孫過庭〈書譜〉後》 此册乃在濟南時，朗園主人周通甫代爲買得者也。通甫爲東木先生之子，以藏書世其家。園中列屋十九間，皆以藏書箱桉狃屋梁。屋外環以水竹，爲城西佳勝處。余每偕毅弟過園，與通甫縱譚，輒移時不能去。通甫又好金石文字，有所得，手自翦飾裝池，至千數百種。臨風閲古，相與詑賞。今通甫下世已久，每展是册，遠想故人，不能以已。

吴敏樹《柈湖文集》卷一一《南屏山齋記》 山齋基山而構，甚高爽。齋前有花，後有竹。蒼苔雜草，侵軼及户側，未嘗治也。藏書不多，六籍子史略具。此吾山齋之大略也。吾讀書是齋有年矣。或晴朝晦晝，午風夜月，光景氣候與吾意相感發，吾乃高歌長嘯，慨焉以思古人之風，而若有所遇者焉，豈非吾是齋之足樂者乎！南屏，山名也。違余家半里許，嘉其名，取以名齋，又以自號云。

馮志沂《適適齋文集》卷二《竹樓藏書圖記》 吾友劉君子重，大興舊族也。自其上世好蓄書，至尊甫寬夫先生及君，好尤甚。見可喜者，值匱乏，雖稱貸典質必購之。人有得異書爲世不經見者，君架上必已有之。偶出與較，紙本精美，必踞其上。喜借人觀，庋書連棟，躡几榻取畀無倦色，人亦多君不吝，故借者無不歸且速也。又多巧思，時出己意，教肆工潢治之，無金玉錦繡之侈而精雅可愛。玩朋好遊書肆，見異本，力不能致者，多樂以告君，謂：「書入他人家，不若在君家爲得所也。」以故，君藏書日益富。咸豐初，寬夫先生守辰州，君以書從。時兩湖戒嚴，不患無兵患無餉。辰州故劇郡，俸入稍優。先生出己貲募兵勇，不以關大吏及司農，故楚南蹂躪幾徧，郡獨不被兵。又以其餘購大姓蔣氏書若干卷，未幾，以積勞暑濕得末疾，遂投劾歸。貧無以治裝，乃以所攜及新購書合七千餘卷，置溆浦舒明經竹坳春雨樓中。既歸京師，數年念之，不能置。君乃屬善畫者莊君作是圖以娱先生，而屬余記之。夫典劇郡數年，歸裝惟書而已者，世不多覯也。乃又以貧故至不能攜歸，則先生之爲德於楚，與楚人之所以思先生者，固不在書之存亡也。是圖也，謂爲先生治郡譜，留示後人可也。

陳璞《尺岡草堂遺集》卷二《西樵萬卷樓記》 同治九年，陳子蔭田自楚北攜書萬卷歸，築樓西樵山麓，署之曰「萬卷樓」，而囑余爲之記。客有過余者曰：「萬卷樓，大興翁學士樓也。蔭田豈比學士而襲其名乎？」余曰：「否，否。亦各名其樓焉已矣。」客退，余仰而思，起而曰：「蔭田之名其樓也，較學士爲尤宜。學士當乾、嘉文明極盛之時，琅函祕籍日陳於肆，海内藏書之家隨地而有。學士以侍從之臣，負文學重望，居京師清要，登高而呼，以是而聚萬卷。其勢易，其力贍，其有是樓也，不足異也。即不以萬卷名，可也。蔭田布衣下士，不獲仕進。二十年來，四方搶攘，烽燧至達甘泉，天禄、石渠之册籍聞且散佚，世家大室儲庋皆燬兵燹。蔭田又奔走吴楚閩越，與商賈爲侶，崎嶇彳亍，轉徙乎遺墟戰壘，而獨能拾殘掇墜，辛苦購集，所聚竟與學士等。則斯樓也，不以萬卷名，而何名哉？若夫帖括之士，《兔園册》外不復問，一旦得志，築臺榭以侈游宴，唯金玉之玩是聚，架上求一古籍不可得視，蔭田更不可同日語矣！」越日以告客，客曰：「然。」即書以爲記。

施鴻保《閩雜記》卷八《小琅環》 小琅環，陳恭甫太史藏書處也。道光乙巳，余偕郭彦人養正寓太史家，扃鑰甚嚴，不能借讀。惟旁室中藏其自著《左海詩文集》、《經解》及《鼓山志》等印板，反復摹讀，手面俱黑，嘗爲僕從所笑。聞金匱孫文靖公督閩時，增修《福建通志》，太史董其事，嘗檄取各郡邑書，又凡獻未刊書者，輒倍值酬之。故秘册遺文，多閩中藏書家所未有。

李元度《天岳山館文鈔》卷一五《超園記》 汨水出義甯州，入平江，西南流百二十里，逕爽口，爽水入焉。余家爽溪之曲，距汨江六里許。先高祖卜居百二十年於茲矣。宅東嚮，溪水環之。連雲峙其東，福石峙其東南，兩山羅列如屏障。同治

元年余歸自浙中，念古人耕且養，三年通一經，思構特室爲讀書將母所。明年，闢小池於居室左，池中央築循陔草堂，藝蘭百本，與池荷相掩映。上有樓三楹，庋圖籍及書畫鼎彝之屬，曰「藏書樓」。敞其軒以望，連雲、福石、蒼翠落几案，陰晴變態萬狀。池廣三晦，翼以迴欄及小橋，橋南屋三間，曰「素心齋」，植閩蘭號素心者，馨逸逾凡卉。池北有隄，雜蒔梧桐、豫章、桂、蠟梅之屬，先大父所手植也。池四周樹木芙蓉，花時爛若雲錦。先是，先伯遜吾公築課雲樓於池上，近因子姓繁，遷居祖宅二里外，而以舊宅屬余，移樓額懸新居，余乃稍拓其制，易名曰「詩境樓」，以後爲左右簃，稍進爲蔬圃，彌望皆修竹灌木。素心齋之右數十武曰「尚友亭」，曾大父讀書處也。今益拓其垣，四窗洞豁。亭以西爲内室，迤東有屋，上下各三楹，曰「味閒堂」，爲燕賓之館，四時花不歇。堂有門，直居室大門之左，室右有樓翼然，曰「愛日」，於冬令讀書爲宜。隙地輒蒔花木，統名曰「超園」。好事者爲作圖焉。東方曼倩曰：「居深山，積土爲室，編蓬爲户，彈琴其中，以詠歌先王之風，可以樂而忘死矣。」語意與仲長統《樂志論》同。然仲氏所云良田、美池、廣宅，背山面流，益以舟車，使令之適，非寒畯所能辦。以故濡迹建安朝不復能自潔其身也。曼倩大隱朝市，過公理遠矣，而亦不克踐其言。烏虖，難哉！余少以飢驅走四方，不遑將母，及崎嶇戎馬中，瀕死者數矣。每念伏波，憶少游，平生時語，何可多得。今乃得歗歌偃仰於此園，春秋佳日，奉太夫人行花畦竹徑間，聞兒輩讀書聲，顧而樂之。客至則網鱻於池，擷蔬於圃，不假外求而自足。而又願小易償，拓舊廬，出新意，見者咤改觀，而所費約甚，曾不及仲公理所言之半。記曰：「儒有一畝之宫，環堵之室。」其謂此歟？人情不閱險阻、飽憂患，不知俛仰寬然之足樂。抑非其所手治而成之甚艱者，猶不能若是其親切有味也。繼自今吾能一日舍園以他適歟？記諸石，使後人慎守而日增治之也。

瞿鏞《鐵琴銅劍樓藏書目録・張瑛〈後序〉》 鐵琴銅劍樓者，昭文罟里瞿氏藏書之室也。瞿氏，瑛母家。外從祖蔭棠府君性好書，積十餘萬卷，繪《檢書圖》以見志。舅氏子雍府君搜奇羅佚，不懈益勤。倣《郡齋讀書志》、《直齋書録解題》例，編成書目。昔唐杜暹好藏書，卷後題云：「清俸買來手自校，子孫讀之知聖教，鬻及借人爲不孝」。舅氏每援此語爲兒輩諄諄告誡。瑛少時，往來母家。舅氏之訓，猶能略記一二。其于古書愛護之深若是。惜目未刊行，而舅氏遽即世。子敬之、濬之克承先志，延同邑王君寶之、太倉季君菘耘館于家，任以校讐之事。長洲宋于庭先生爲作書目序。書甫成，刊經部三卷，適遭咸豐庚申之難，板毁于兵。濬之捆書籍，轉徙流離，最後渡江而北，藏之海門。寇退，載書回里，繪《虹月歸來圖》，瑛爲作記。時瑛分纂郡志，敬之昆仲致書倩瑛介紹延郡中管君申季、王君芾卿、葉君鞠裳同至罟里重校，缺者補之，誤者正之。光緒三年八月，瑛偕濬之同赴吴門，面邀諸友來鄉，以蕆前事。濬之得暴疾，殁于舟次。臨殁，猶以書未行世爲恨。子斐卿、第卿既痛厥父齎志以殁，凡宋、元善槧暨前明諸家藏本，久散四方者，留心采訪，稍稍購歸。又承其伯父敬之之命，增修全板，而後先人纍葉未竟之業，至此始告成。因思瞿氏四世以來，收藏釐訂，代有替人，中更兵燹波濤之險，其書十亡六七，其目幸而獲存。吾邑藏書家其必以瞿氏爲後勁矣。

丁申《武林藏書録》卷中《卓氏傳經堂》 仁和卓擄，初名顯卿，字襄野，號寓庸，别號入齋。倡明經學，士林嚮風。長子發之，字左車，號蓮旬，天資高邁，有將相才。崇禎癸酉鄉薦副車，有《漉籬堂集》。孫人月，字珂月，别號蕊淵，拔貢生，才情横溢，以未遇早逝，有《蕊淵》、《蟾臺》兩集。家學相傳，並以明經聞。曾孫天寅，初名大丙，字火傳，號亮庵，中順治甲午副榜，著有《静鏡齋集》。構家祠於塘，栖長橋之西，有傳經堂，奉祖考之遺書。教授子弟，旁爲月波樓、芳杜洲，亦藏書數萬卷。偏徵名宿題詠，湖州吴園茨綺撰記，最爲詳明。苕霅之東百里，環山而秀，迴水而清，桑麻平野，閭閈輻輳，曰塘棲，固杭、湖兩郡接壤，而南北之孔道也。塘西之西有廣濟橋，里名長橋，水陸絡繹。橋之西，遼廓平曠，蕩若無外。有樓觀亭榭，縈帶騫騰者，卓氏祠宇在焉。其堂曰傳經，爲火傳氏天寅祀其曾祖父入齋、蓮旬、蕊淵三先生處。後乃瀦泉爲池，插竹爲籬，松柏花石旋拱其際。堂之傍更爲三楹，曰只是讀書。池之中有亭，曰水心雲影。循池而南，方闌爲廊如帶，曰且喫茶，昔董宗伯公思白所題也。廊之前有亭，曰泠泠來風，更轉而陟數級以上，曰相於閣，蕊淵先生因閣有詩，火傳因而屬王吏部西樵題之。南可眺皋亭黄鶴，西則武康封禺諸峯皆在目焉。閣之下，小構數椽，樹以桐陰，曰無事此静坐，入齋先生舊額，欲其燕居默處，端坐凝思。繞廊數武，界以短垣，曰橋西草堂。其上以貯三世遺書，下以俟子孫講讀其中。余顧而樂之。水之流者若藍若鏡若練若縠，山之峙者或伏或騖或盤或踞。以致危檣勁櫓之往來，漁歌牧笛之互答。清風欲生，翠煙自留，斯皆卓氏之偉觀與。雖然，卓氏三世，皆一代大儒，入齋先生擄，學探濂洛，一經自怡；蓮旬先生發之，名重天下，負嶔奇歷落之致；蕊淵先生人月，以未遇早逝，世謂才命並同長吉。迄今鉅公名賢，無不知有三先生者。今火傳名又大起，二子允域、允基，皆克繼家學。斯地而有卓氏之祠，山將益秀，水將益清矣。火傳爲余

言：「自垂髫喪厥考，母孺人丁氏苦節三十年，以長以教，俾子若孫，底有成立。顧先人即世時，憲司允南浙紳士之請，爲建文人祠，未果成。康熙元年，母週一甲子，諸紳士復上母之行於三臺，三臺檄學使者旌之，曰節孝。未幾母見背。今於斯堂立三世主於上，歲時烝嘗，淒然風木之餘悲，愾然音容之如在，不知涕之泫然也。」嗚呼！聆火傳之言，見火傳之苦心，可謂孝也。昔長白之山，以范文正公而重；濂溪之水，以周元公而重；今卓氏子孫，式其祖訓，益懋厥德。凡文正之相業、元公之理學，皆可自致。四方之士過其門墻，必將太息曰：「此卓氏三世讀書處。」而其家學復淵源如是。蓋低徊不去，贊美弗絶者，豈第如余之今日哉？又歸安嚴我斯爲之詩曰：「吾友火傳天下士，少年磊落聲名起。君方弱冠我成童，結交共指苕溪水。別來荏苒二十年，頭顱蕭瑟已如此。予方高卧長安廬，有客扣門迎倒屣。頎然拱揖相我前，知是君家丈夫子。袖中攜來雙鯉魚，復持一卷冰雪書。長跪開書讀且羡，羡君世德高門閭。君家侍郎垂遺烈，英謀毅魄真人傑。厥後播遷家西吴，相傳數世多賢哲。入齋蓮旬名巨儒，高風獨行人追趨。蟾臺蕊淵大文舒，光芒萬丈照寰區。偉哉卓氏三先生，風流不愧漢西京。前有韋孟及元成，箕裘纍葉何崢嶸。吾友讀書懷先澤，歲時俎豆羹墻接。此堂巋然號傳經，遺書萬卷留講席。我曾扁舟過塘西，古垣松柏晝棲迷。臯亭山色環蒼翠，雲溪之水清無際。上有園林氣鬱葱，流連太息追高蹤。嗚呼人生不識名教樂，六經往往成糟粕。浮名富貴安所爲，傳經之名良可思。看君名山圖不朽，令子才華亦無偶。安得拂衣登此堂，彈琴坐嘯共徜徉，高山流水永相望。」按：允域字永瞻，有《思齋詩鈔》。允基改名元基，字次厚，號履齋，康熙戊午副貢，官衢州教授，有《江上草》、《吾家吟》。卓氏爲棲水鉅族，若去病先生爾康善經學，著述等身。肖生先生禺才辨穎悟，崇理學，有《鬘雲軒稿》。方水先生回資性奇穎，嫻經略，有《東臯集》。辛彝先生彝順治丁亥進士，歷官左庶子，善吟詠，有《瀛洲草》。蔗村先生長齡善古文，有《高莊閣集》。人才蔚起於一時，特附記之，以見詩書之食報無窮也。

又《翁氏書閣》 翁氏書閣在安樂山下，永興寺前，臨永興湖。崇禎初，翁氏兄弟構書閣於此。

又《呂氏樾館》 呂園在塘棲鎮北，呂都事北野與弟鴻臚寺丞水山別墅也。積石纍山，規模宏敞。其藏書之所曰樾館，王伯穀篆額；曰喜聲館，陳眉公題額；曰繇慶樓，文衡山書額；曰一本堂，周天球書額。北野子似野，官光禄；肖野，官太僕。當時賓客之盛，第宅之侈，甲於杭郡。文徵明《贈似野詩》云：「而翁北野擅聲華，令子才情亦稱家。」王穀祥《贈肖野詩》云：「浙中今古多才彦，喜見名家有後人。」何東甫《塘棲志略》稱：「棲鎮藏書之富，推呂氏北野、卓氏入齋。」呂氏即所謂樾館也。可想見當時之盛矣。

又卷下《臯園清校閣》 餘杭有三嚴先生者，長調御，次武順，次敕明，嘉靖乙未進士，太常大紀之子也，最有名。三嚴各有才子，曰渡、曰津、曰沆，亦曰三嚴，而沆之名尤著。沆字子餐，號顥亭，順治乙未進士，由庶常拜諫官，歷官户部侍郎。幼以孝聞，善射，命中無虚發。順治丁酉典試山東，以聖裔向無舉額，四氏子每難中雋，疏請科舉二人，遂著爲令。太常始居杭州，今呼爲嚴衙衖者，舊第在焉。其後侍郎又劃泥橋前明金中丞學曾別業之半爲臯園，以誌臯魚之痛，有梧月樓、緑雪軒、小太湖諸勝，宋荔裳、施愚山皆有題詠。若「清校閣」，則藏書萬卷處也。著有《奏疏》十二卷、《北行日録》二卷、《臯園詩文集》四卷。後諸子分居省城，康熙中，同日被焚，圖書遺集遂無孑遺，見《碧溪詩話》及《杭郡詩輯》。顥亭之後人鷗盟杰，家於會城之羊市街，篤學勵行，著述等身，爲阮文達編輯《皇清經解》，名益起。其《題呂東萊大事記》有句云：「清校樓遺書，散失不可復。僅存目十二，棖觸酸心腹。」可以知當日之所藏矣。

又《玉玲瓏閣》 龔佳育字祖錫，號介岑。由經歷知安定縣，入爲户部主事，歷兵部正郎，遷山東按察司僉事，分巡通永，以政績聞，特擢江南布政使，内遷太常卿，改光禄，歷中外數十年，以清介著。生平無他好，惟收藏圖史。課子誦讀，以毋墮家聲爲戒。子翔麟字天石，號蘅圃，康熙辛酉順天副貢，歷官御史。立朝有直聲，未幾罷歸，居横河沈氏之庚園。園以玉玲瓏得名，宋花石綱物也。築玉玲瓏閣以儲書，更刻唐陸淳《春秋集傳纂例》、《春秋微旨》、《春秋集傳辨疑》，元趙汸《春秋左傳補註》，明朱睦㮮《授經圖》，爲《玉玲瓏閣叢書》。晚年移家張駝園，自號田居，有《田居詩稿》、《玉玲瓏閣詞》。《錢塘志》稱「翔麟讀書萬卷」，可知育之家學，洵不愧詩禮之傳也。

又《開萬樓》 汪啓淑《水曹清暇録》云：「江浙藏書家，向推項子京白雪堂、常熟之絳雲樓、范西齋天一閣、徐健菴傳是樓、朱竹垞曝書亭、毛子晉汲古閣、曹倦圃古林、鈕石溪世學堂、馬寒中道古樓、黄明立千頃齋、祁東亭曠園，近時則趙谷林小山堂、馬秋玉玲瓏山館、吴尺鳧瓶花齋，及予家開萬樓。」啓淑字秀峰，號訒庵，官工部都水司郎中。本歙人，居於杭之小粉場，開萬樓藏書之外，又有飛鴻堂。嗜古若渴，集古印萬紐，著印存、印譜、印叢，極漢晉金石之大觀。乾隆三十七年詔訪遺

書，啓淑進六百種，内劉一清《錢塘遺事》、許山高《建康實録》，蒙宸翰題詩，並賞《古今圖書集成》一部，爲好古之勸，士林榮之。少工吟詠，當杭堇浦太史歸田之後，與樊榭諸老結社南屏。訒庵以終賈之年，騁妍抽祕，進與諸老宿抗行。其他雜著，有《焠掌録》、《小粉場雜識》。厲鶚《樊榭山房集》有《汪秀峰自松江載書歸，招同人小集分韻》，詩云：「雪壓扁舟浪有稜，載來書重恐難勝。排聯清興惟同鶴，增長多聞似得朋。歸洛舊傳東野句，入杭新並蔘塘稱。銜杯不獨相欣賞，欲賃鄰居翦燭謄。」

又《關氏書樓》 關少宗伯槐，字桂生，號雲巖，又號晉軒。生時母夢旭日照鉅槐上，寤而得男，遂名曰槐。九歲善隸書擘窠，嘗書「觀海」二大字於弢光石上。少得趙氏小山堂《天文遺書》、《籌算》、《筆算》、《奇門遁甲》凡三百餘種，因留心句股之學。鄉選後，赴津門應召試，賜内閣中書，入直樞垣，以善畫爲純廟垂賞。旋舉庚子二甲一名進士，入翰林，直南書房，歷充四庫館武英殿提調。退息之所，有兩古松，翠蔭几案，於是賜詩有「松下敞書寮」之句，因恭篆「松下書寮」四字顔其楣。視學粤東時，奏童子能全讀五經者，優予入學，并覆試加經文一篇，蒙著爲令。後由閣學擢禮部右侍郎，居第在駱駝橋。廳事敬懸御書「以實爲之」、「桂林一枝」二額。子炳，以廕官雲南大理府知府。以宗伯卒於宿遷舟次，未嘗一日居新第。因肖其象於後圃之書樓。樓臨東河，清波輝映，神采儼然。咸豐初，其書次第散出。宋槧元雕，頗多異册，並有内廷陳設退出之籍。白紙朱絲，莊書整釘，非尋常所有。余亦得其零編殘簡數百種，旋失於辛酉之劫，至今猶憮然思之。

又《小倉山房所好軒》 所好軒者，袁子藏書處也。袁子之好衆矣，而何以書名？蓋與羣好敵而書勝也。其勝羣好奈何？曰：袁子好味好色，好葺屋，好遊好友，好花竹泉石，好珪璋彝尊、名人書畫。又好書，書之好，無以異於羣好也。而又何以書獨名？曰：色宜少年，食宜飢，友宜同志，遊宜晴明，宫室花石古玩宜初購。過是，欲少味矣。書之爲物，少壯老病飢寒風雨無勿宜也，而其事又無盡，故勝也。雖然，謝衆好而暱焉，此如辭狎友而就嚴師也，好之僞者也；畢衆好而從焉，如賓客散而故人尚存也，好之獨者也。昔曾晳嗜羊棗，非不嗜膾炙也，然謂之嗜膾炙，曾晳所不受也。何也？從人所同也。余之他好從同，而好書從獨，則以所好歸書也固宜。余幼愛書，得之苦無力。今老矣，以俸易書，凡清祕之本，約十得六七。患得之，又患失之。苟患失之，則以「所好」名軒也更宜。

又《散書記》 乾隆癸巳，天子下求書之詔，余所藏書，傳鈔稍稀者，皆獻大府，或假賓朋，散去十之六七。人卹然若有所疑，余曉之曰：天下寧有不散之物乎？要使散得其所耳，要使於吾身親見之耳。古之藏書人，當其手鈔縑易，侈侈隆富，未嘗不十倍於余。然而身後子孫，有以《論語》爲薪者，有以三十六萬卷沈水者。牛宏所數五戹，言之慨然。今區區鉛槧，得登聖人之蘭臺、石渠，爲書計，業已幸矣。而且大府因之見功，賓朋因之致謝，爲余計，更幸矣，不特此也。凡物恃爲吾有，往往庋置焉，而不甚研閲。一旦灕然欲别，則鄭重審諦之情生。予每散一帙，不忍決舍，必窮日夜之力，取其宏綱巨旨，與其新奇可喜者，腹存而手集之，是散於人，轉以聚於己也。且夫文滅質，博溺心。寡者，衆之所宗也。聖賢之學，未有不以返約爲功者。良田千畦，食者幾何耶？廣厦萬區，居者幾何耶？從來用物宏，不如取精。多删其繁蕪，然後迫之以不得不精之勢。此余散書之本志也。

又《散書後記》 書將散矣，司書者請問其目，余告之曰：凡書，有資著作者，有備參考者。備參考者數萬卷而未足，資著作者數千卷而有餘。何也？著作者鎔書以就己，書多則雜；參考者勞己以狥書，書少則漏。著作者如大匠造屋，常精思於明堂奥區之結構，而木屑竹頭非所計也。考據者如計吏持籌，必取證於質，劑契約之粉華，而圭撮毫釐所必争也。二者皆非易易也。然而一主創，一主因；一憑虚而靈，一核實而滯；一恥言蹈襲，一專事依傍；一類勞心，一類勞力。二者相較，著作勝矣。且先有著作而後有書，先有書而後有考據。以故著作者，始於六經，盛於周秦；而考據之學，則自後漢末而始興者也。鄭馬箋註，業已回冗，其徒從而附益之，抨彈踳駮，彌彌滋甚。孔明厭之，故讀書但觀大略；淵明厭之，故讀書不求甚解。二人者，一聖賢，一高士也。余性不耐雜，竊慕二人之所見，而又苦本朝考據之才之太多也，盍以書之備參考者盡散之！袁枚字子才，號簡齋，錢塘人。乾隆丙辰薦試博學鴻詞，已未進士，官江寧知縣。去官後，僑居小倉山下，名曰「隨園」，備享林泉清福，幾忘其爲杭人矣。按：汪啓淑《水曹清暇録》：乾隆三十七年開四庫館，徵訪天下遺書。浙江進呈四千五百八十八種，爲各省之冠。而兩江總督進呈一千三百六十五種，以散書兩記約之。其中袁氏藏書必有數百十種，據其所散，即知其所聚。隨園雖未見書目流傳，亦可卜當日儲藏之富矣。

丁丙《善本書室藏書志》附録《濟陽文府記》 濟陽文府，錢塘丁氏藏書之所也。丁氏昆弟曰竹舟、曰松生，均以文學知名當世。咸同間，杭遭粤寇之變，二君不避艱險，收集文瀾閣遺書，以存東南文獻之一脈，亂定庋之杭郡庠。至光緒辛巳，撫部譚公據以入告，奉優詔奬。詳事既竣，思所以儲其家藏者，乃闢地於所居

之西北隅，鳩工庀材，先作嘉惠堂，翼以兩廡，衛以重門。堂凡六楹，仿范氏天一閣之式，上爲八千卷樓。其後乃作漢晉唐齋、蕉石山房，又拓其西爲善本書室，周垣則植木蔭之。既成，俯仰四顧，紫陽山環其前，皋亭山倚其後，錢江與西湖映帶左右，規模宏暢，氣象崇隆，觀者莫不歎羡，以爲此其東壁圖書府乎！時竹舟君已歸道山，松生君痛兄之不及見其成也，屬余記始末以詔後人。余既序其事，且告之曰：「人莫切於務學，故作裕後之謀者，積金不如積書。古之人生而知之，固不皆待父兄之教而始成也。然而天之生人，不能家契稷而人游夏。爲父兄者，必本家訓以教之。況三代以降，人心浮薄，不以道德爲樊籠，則流於邪僻，不克自制矣。《語》云『百工居肆以成其事，君子學以致其道』，文府猶百工之肆也。丁氏子孫居文府之中，相與談論經史，閉户研求，耳濡目染，無非詩書禮義之訓，又何患其事之不成！二君以惠天下之士林，約而惠一家之後裔，其謀深且遠，其澤久而大矣。」有爲其慮者曰：「自暴者不可與有言，自棄者不可與有爲。世非無下愚不移者，雖有文府，其如委而棄之何？豐於前而嗇於後，亦循環之理也。」余又解之曰：「積善之家，必有餘慶。二君爲善於鄉者有年，其善行不勝枚舉。竹舟君之子曰立誠，已登賢書；其昆弟行均，有聲庠序。既得賢父兄教之以成，而中也養不中，材也養不材，以孝友之家法觀之，必將化暴棄而爲賢俊，矧建此文府以爲杜漸防微之計，則他日人文蔚起，不可操左券哉！」余謹爲之記，并爲丁氏世世子孫勉也。黄巖王棻撰。

又《嘉惠堂八千卷樓記》 有文獻之家，有孝友之家。論家法者，得一難已；兼而有之，不尤難哉！雖然，文獻者，孝友之支也；孝友者，文獻之本也。南雷黄先生記范氏天一閣藏書，比之如《周禮》之在魯，而鄭重其言曰：「後世子孫如護目睛。」夫曰護之，未言所以護之，非義之盡也。澄瑩而瞭然者，目也。所以澄瑩而瞭然，非目也，是故有其本也。有其本，雖云翳赤昏之患，吾知其光明可復也，是故護之必先其本也。凡物之在人，有無多寡聚散完缺之數，不可得而自主之。孝友之在人，可得而自主之。然而盡其所自主者，其不可得而主者亦將聽命焉，故曰本也。天下之動，貞夫一者也。太上立德，其次立功，其次立言，傳之無窮，爲世宗仰，抑豈有他哉！其所因者，本也。然則論家法者從可識已。故曰：「文獻者，孝友之支；孝友者，文獻之本也。」錢塘丁氏嘉惠堂八千卷樓者，松生先生築以藏書者也。丁氏世孝友，先生之祖掌六公，慕先世聞人名顗者藏書八千卷，有言曰：「吾聚書多矣，必有能讀書者爲吾子孫。」遂作小樓於梅東里，梁山舟學士題其額曰「八千卷樓」。考曰洛耆公，嗜學，於書無不讀，又嘗往來齊楚燕趙間，遇善本輒載以歸。先生與其兄竹舟先生踵繼之，於是八千卷樓之名已巋然聞於時矣。廣西賊起，杭州再淪陷，家室遭毀，其與身幸免者僅掌六公日夕披玩之《周易本義》一書。迨會城復，重還故鄉。外而艱劬，以襄善後；内而補苴，以甯幼穉。甫得甦息，輒復縮衣節食，近訪遠求，或購或鈔，隨得隨校，積二三十年，獲八九萬卷。至是，向之無者有、寡者多、散者聚、缺者完焉。而或者曰：「此其中，若天實陰相之。」夫以孝友之相承，隱然爲文獻所付託，天之相之亦固其宜。於戲，豈偶然哉！初，杭州之陷也，文瀾閣燬，先生與其兄竹舟先生方跳身出危城，匿西溪農舍，深宵潛往掇拾灰燼瓦礫之中，得萬餘册。流離轉徙，日與之俱，瀕危者數矣，卒獲全。既而茶陵譚公鍾麟撫浙，上其事於朝，復建閣還書，尊藏之。諭旨褒其嘉惠士林。閣事既畢，思所以儲其家藏者，遂拓地於所居正修堂之西北，爲堂爲樓。堂曰「嘉惠」，紀君恩也；樓凡三，曰「八千卷」，曰「後八千卷」，曰「小八千卷」，誌祖德也。其藏書目録，永康胡觀察鳳丹序之備矣。其構楹庋厨，排次分類，自記者亦詳。余嘗與客造而讀觀焉。先生肅客登，其子和甫孝廉侍，凡供客者躬具之。既設飲，左提壺右執爵者，先生之猶子而竹舟先生長子修甫孝廉也。再憩客別室，則和甫又先竢於階。太和樸肅之氣充於庭，溢於户牖，蓋掌六公聚書之澤、讀書之訓，有以成孝友之家法者如此。昔人謂東漢以後，罕習幼儀；南宋以後，罕通小學。書理之不明，古已然也。膺一第則爲官，人人相與矜重之，其父兄亦或寬假之，子弟之役望而去之已耳。故自掌六公言之，先生兄弟爲能讀書之賢子孫矣。而以孝友之家法考之，修甫兄弟又將得能讀書者爲之賢子孫。《周禮》在魯，東南文獻其不在斯乎？其不在斯乎？登南北峯高望，有光熊熊，上燭霄漢者，文瀾閣也。而餘光所幬護者，必此樓也。夫長沙張濬萬撰。

金武祥《粟香隨筆》卷一《曝書亭》 朱竹垞曝書亭，在梅里荷花池之陽。嘉慶元年，阮文達督學兩浙重建，有「我是前身朱竹垞，再來重建曝書亭」之句。踰三十年，秀水令呂筠莊重脩。道光庚戌，嘉興令朱述之復脩之。粵寇之變，幸逃劫火，然半已割售他姓。同治丙寅，吴和甫學使贖而新之，訪求先生嫡裔一人，已爲酒家傭，爲置田，以資樵米。曝書亭所藏書籍、圖畫，散佚殆盡，最後有鬻及先生《授兩孫分書》手跡者。馬小眉洵賦詩云：「烟雲過眼忍重論，蠹紙依稀手可捫。舊業只餘三徑在，當時奚啻一經存。能令遺墨歸藏弆，幾見良田到子孫。直得兼金爭購取，百年猶可想清門。」馬滄于汾題《八聲甘州詞》云：「只叢殘一紙，抵家藏

遺墨，閲星霜。悵蕭然貧宦，無多負郭，書劵分將。大好文孫競爽，耐得淡虀黄。想見坨南北，瓦屋斜陽。并少金留訣墓，但閉門苦守，絮語家常。溯蓬山舊事，回首太茫茫。幸當年青蓮交契，有後昆隻字寶琳瑯。還驚喜，風花寒食，未替椒漿。」

梅曾亮《柏梘山房集》卷一一《海源閣記》 昔班固志藝文，自六藝而外，別爲九流，則凡書之次六藝，如諸子者，皆流也，非其源也。況又次於諸子，如詩賦諸略者乎？然當秦火後，餘裁數經。至漢成帝時，間二百年，書已至萬數千卷之多。而自漢以後，幾二千年以至於今，附而相推，激而相摧，演而愈淆，麗而愈支，昔之所謂流者，且溯而爲源，而流益浩乎其無津涯。故書猶海也，流之必至於海也，勢也。學者而不觀於海焉，陋矣！雖然，是海也，久其中而不歸，茫洋浩汗，愈遠而不知其所窮，惝然不知吾之所如，浮游乎無所歸休，以終其身爲風波之民，不亦憊哉！然則何從而得其歸？曰，有史焉，足以紀事矣；有子焉，足以辨道術矣。今且類其物而分之，比其物而合之，摭一書爲千百書，而其勢猶未已也。由今以觀，周秦人書於漢人見之外，別無見也。由今以觀，魏晉人説經於唐人載之外，別無見也。其見於史，見於集者，亦希矣。然今之説者，不惟視唐加詳也，且視漢而加詳也。夫漢唐人之書具是矣，其後此者，非衍詞也，即變文也，不然，則鑿空者也。而作者勤焉，學者鶩焉，以千萬言説書之一言，而其辯猶未知所息也。昔之人有言曰，《十三經》、《十七史》外，豈有奇書？夫古今才人如此其衆也；著書垂後，怪奇偉麗者，如此其多也，而云爾者，是知源者也。

同年友楊至堂無他好，一專於書，然博而不溺也。名藏書閣曰「海源」，是涉海而能得所歸者歟！或曰，信如子言，凡書之因而重，駢而枝者，悉屏絶之，其可乎？曰，烏乎可。游濫觴之淵，而未極乎稽天，浴日月之大浸，是未知海之大也，又安能知源之出而不可窮也哉！

繆荃孫《藝風堂文集》卷七《得月樓書目跋》 右《得月樓書目》一卷。得月樓爲明李鶚翀如一藏書之所。如一爲李詡戒庵之孫，藏書最富，與文文起、錢受之相友善，世所謂赤岸李氏者也。其孫成之跋《戒庵漫筆》云：「乙丙易代之際，土賊四起，書倉煨燼，獨其目幸存於家。李將俟刻之，聊志先大夫彙集之苦心云。」蔡澍《江陰志·列傳》云：「如一倣宋晁氏目録，發凡起例，自爲詮次。」是如一本有書目，而今亦不傳此目，止百九十餘種。雖云摘録，然世間已佚之書，如李廉《春秋諸傳會通》廿四卷，陳伯宣《史記注》八十七卷，劉攽《東漢刊誤》一卷，汪應辰《唐書列傳辨證》二十卷，吕祖謙《新唐書略》三十五卷，李德裕《大和辨謗略》三卷，歐陽靖《聖宋掇遺》一卷，蔣之奇《魏公逸史》二十卷，倪思《正齋台諫論》二卷，《中興集議名臣言行録》三十卷，吕東萊《觀史類編》五卷，胡恢南《唐書》十卷，劉恕《十國紀年》四十二卷，宋敏求《河南志》二十卷，周淙《臨安志》十五卷，趙抃《成都古今記》三十卷，楊侃《職林》二十卷，張著《翰林盛事》一卷，白太素《續通典》二百卷，万俟卨《紹興貢舉考法》五十卷，丁謂《景德會計録》六卷，顧烜《錢譜》十卷，陶岳《貨錢録》一卷，董逌《續錢譜》十卷，陳絳《山堂遺集》十卷，續八卷，《文苑摘粹》十卷，共二十七種。王文簡《居易録》云：「陸雲士令江陰，云有胡恢《南唐書》。」今見此目，方知陸所云者即李氏所藏，而書久佚。荃孫从江即亭前輩所假得爲黄蕘圃舊藏，與述古堂、傳是樓宋元本目各爲一帙，喜爲録存，并録副贈金君湍生，湍生即梓入《粟香室叢書》，特苦其編次無法，又複出《十國紀年》、《文苑纂要辨證》兩種。辛卯，自京旋里，又從赤岸故家覓得鈔本一帙，較爲完善，復爲梓行。江陰藏書家，前明推朱君子儋、李君如一。今子儋僅有《存餘堂詩話》，及以愛妾易宋本《漢書》一事，又不如，如一尚有此目存也。

王懿榮《天壤閣雜記》 庚辰十二月到家，得同縣鹿氏家宋搨《太清樓書譜》，翁大年署耑、僧達受六舟藏本。鹿丈名澤長，曾官甯紹台道，當是得於南中者故。後家道凋零，藏書不少，不知售於何許，中必有舊本也。近年煙台海口估舟如織，故家餘物多從此去。

聞鹿氏有瓦當及彝器，未知何物。鹿在道光間，亦曾官陝西，得宋贛州本大字《文選六臣注》殘本七十葉於蓬萊縣城太和銀樓。銀估好聚舊書，索重值，凡舊板必收之。此刻闕筆謹嚴，《天禄琳瑯》所稱，流傳者少，惜止此數十葉，已裝粗册。此本支六房蓮墅先伯家物。伯好收書，兼好刻書，刻有今古文各家注《孝經》十二種；諱德瑛，嘉慶甲戌進士，官河南安陽令。當時所拓西門豹碑，較今本多十餘字，有牟丈陌人校本書。

又傳有文天祥手批十七史。群從亂後，零落遺書多售於煙台富商及山東候補官。

又得六臣注本《文選》，行款卻與宋淳熙尤本同，缺卷甚多，皆明繙之一耳。得明刻《蘇文忠全集》，亦殘缺數卷。皆亂後所致。此爲本房先詒堂侍講公藏書，《蘇集》内有黄簽，言某字勝今本，有「臣等謹按」字樣，當出自上方。此本房之第四房也。當年收藏書畫甚富，直售至亂前，計五六十年始竭，亦不知當年有何物事，多爲黄縣及煙台富商收去，以其錦函牙簽插架觀美。

祠竈後到府城，大雪，僅住二日。向未登蓬萊閣，此次爲生平第一次，入郡仍未登臨，見張允勳所藏本縣境郭東村所出甗、漢琴亭侯國刻石、書畫、塼瓦，多而且精，不及細數，卻無一本舊書。近年蓬、黄、福三縣所出之古塼，大約西歸黄縣王穆庵，丁彝齋，北歸蓬萊張允勳，東南則爲煙台之官商取去。挖者孫姓，販者黄縣王秀才。萊掖以東之物壽丈，萬不能得也。招遠黄里沙曾出一大瓦當，文曰「曲成之宫」，字甚晰，末一字不識，黄縣丁氏得之。

吳慶坻《蕉廊脞録》卷三《郁氏東嘯軒藏書》 吾杭藏書家，若趙氏小山堂、吴氏繡谷亭、孫氏壽松堂、汪氏振綺堂，海内無不知者。至如乾嘉之間，舊家遺俗，率好儲書，而名不顯著者尚多。如東城郁氏禮，字佩宣，號潛亭，錢塘諸生。家素封，藏書充牣，潛亭又增益所未備。時小山堂書已星散，所餘殘帙尚多異本，潛亭悉力購之。所居駱駝橋，去厲徵君樊榭山房一里而近，傳鈔祕册尤夥。徵君殁後，其家出所著《遼史拾遺》手稿，要索厚價，久之不售，潛亭以四十金購得之。中間尚闕五十葉，百計求之不得。鮑廷博以文偶步至青雲街，見拾字僧肩廢紙兩巨簏，檢視之，皆厲氏所棄，徵君手録《遼史拾遺》稿本在焉，亟市歸授佩宣。棼如亂絲，一一爲之整理，閉户兩月，綴輯成編，適符所闕之數。藏書之室曰「東嘯軒」，軒額爲董香光書。庭中古桂二株，相傳明萬曆間所植，交柯接葉，清陰覆檐，室中牙籤萬軸都成碧色，潛亭晨夕校録於其間。百年以來，滄桑幾易，東城郁氏子姓寂寥，里中故老無復有知潛亭其人者。吴中葉鞠裳侍講《藏書記事詩》載佩宣事頗詳。

孫詒讓《温州經籍志》卷一三《史部・職官類・徐氏自明宋宰輔編年録二十卷》 萬卷堂者，伯榮藏書之所也。《萬卷堂書目》已自卷帙浩煩，覽之終日不能竟，書可知矣。《書目》中所有者，或梓本，或勦本，皆善本也。而漏卷、漏葉及錯亂之甚者，則寘之敝簏中，有其書而無其目。《編年録》梓完，已裝成帙矣。適月之六日，伯榮曬書於萬卷堂下，偶檢敝簏，於亂書中得是書焉，因漏逸三卷，故沈埋敝簏，而新刻所逸之十七卷、十八卷則宛然在也。噫！奇矣哉！始也索之於千里之外，失之於一室之内；今也得之於一室之内，合之於千里之外。其始也孰祕之，今也孰現之耶？豈非造物者有數存乎其間耶！天生神物，終當合耳。此事之奇何讓豐城劍也！然畢竟合之於伯榮，豈文獻之家即造物之所注耶？固知宇内奇事，未有不天人參焉者也。六月望日，吕邦耀撰。

葉昌熾《緣督廬日記抄》卷一二〔丙午七月〕 初四日，酉初，赴郎亭師之招，錢乙生明經、鼎孚、栩緣、雲盦、子沂皆同集，導登萬宜樓藏書之所也。上下三楹，樓上四面，列置書櫝，中空以通天氣，闌干繞之，又用鹿盧，以便取携，建霞之意匠也。開牕遠眺，雙塔在右，報恩、定光兩浮圖在左。携隴上所得寫經卷，請郎師鑒定，頗許可，請留置文房。亥初始歸。

康有爲《康南海自編年譜》〔同治十年辛未十四歲〕 還西樵之銀塘鄉，從從叔竹孫先生諱達節學爲文。時中丞公新築園林，藏書於澹如樓，及二萬卷。書樓中，兩樓對峙，中間亭沼花木頗盛，有古檜七株，俗名水松，數百年物。幽室曰「七松軒」，導以飛橋，爲虹福台。種芝公書最多，庋藏其間。於時讀書園中，縱覽説部、集部，昆弟聚學，有詩酒之懽。是年，始就童子試。七月，仲姊逸紅嫁於羅氏。未踰月，姊壻羅銘三病殁。哀哀寡婦，遽賦未亡。女兄甚才，守節事母，母非女兒不懽也。生平無失言、失色，可謂至德矣。

《古越藏書樓書目・附録》張謇《古越藏書樓記》 浙東故多藏書家，舊時海内所豔稱而職識之者，曰祁氏澹生堂、範氏天一閣。偉矣哉！謇嘗聞鄭珍之言曰：非居盛文之邦，或遊迹徧名會，或膺朝省碩官，其人自負學好事而雄於財，又親戚僚友子弟力爲羅擿，貴鬻轉鈔，無不如志，不能名藏書家。夫以貴人而饒於財而藏書，而其家能嬗守之，如鄭珍言亦僅矣。顧何如不私而公，不家守而國與守之爲尤美乎？

會稽徐氏，世多賢者，藏書亦有名於時，吾友顯民察使之太翁仲凡先生，迺舉其絫世之藏書，樓之庋之，公於一郡，凡其書一若郡人之書也者。其事集議於庚子，告成於癸卯。凡庋古今及域外之書，總七萬餘千卷，圖器悉具。將蕆事，而先生即世。顯民追述先德，襮宣而昌拓之，復鳩後時之所須，歲儲若干緡，其事迺大備。樓成，其鄉之人大懽，其有司亦爲請褒旨於朝。嗟乎！世之號藏書者夥矣，要之璅璅。其賢者或僅著爲簿録，以饗天下。下此者，則深鍵扃，得一善本，沾沾自憙，祕不使人知。其始也，以私其子孫，而終不能以再世。今先生獨捐世捨故，不以所藏私子孫，而推惠於鄉人，謇知其子孫必能嬗守而不失，互千禩，歷萬劫而無已也。

泰西之有公用之圖書館也，導源於埃及、希臘，迨羅馬而益盛，今則與學校並重，都會縣邑具有之。無惑乎其民愈聰，國愈豐。籀我國之圖籍，列州郡蓋亦二百五十有奇矣。使各得一二賢傑，舉私家所藏書公諸其鄉，猶是民也，何必不泰西若。謇持此説，亦嘗有此志焉，欲傚先生之所爲，而亦欲海内藏書家皆傚先生之爲也。存古開新，宏願實同，求諸當世，知必有任之者。先生於歲乙未曾刱中西學堂

於郡城，近併入公立之學校。十年以還，越人知興學以善俗者，自先生倡也。使鄭氏猶在，於先生傾倒而嘉歎之，又何如也。光緒三十年，歲在甲辰夏月。南通州張謇撰。

《知新報》一九〇〇年第二八期《仰光新設英華藏書樓章程》 國何以强？人才盛而國必强。國何以富？礦務興而國必富。中國地方二萬里，人民四百兆，物産二十六萬種，祇以風氣未開，民智未達，以致礦務不興而國不富，人才雖盛而國不强。今欲挽回支那危局，分而言之，千端萬緒，罄竹難書；總而言之，不外尊王、保教、合羣、開智四者而已。然四者之中，尤以開智爲當務之急。蓋民智既開，人材衆盛，何難啓文明之教化，而臻上乘之政策乎？茲欲開民智，從何措手？曰：少之時入蒙學館，教以普通小學。稍長則送中學校，教以智識之學。及長然後入高等學堂，以就經濟之學。迨乎高等之學卒業，然後就專門之學，以成其材而造其器。若此拾級而升，又何患學業之不成乎？獨是吾輩，遠託異國，各謀其生，逐銖錙之利，而爲仰俯事蓄之資，萬難舍所業而就學師傅無已。其有一法焉，閱報紙以廣耳目，觀奇書以新識見。然仰光僻處南洋，書肆稀少。雖有其資，亦無從購置。有志之士，徒呼負負。茲同志諸董事，擬就保皇電質所餘之資，轉置華英有用之書，存爲有志之士不時之閲，顔其名曰「英華藏書樓」。其中書目，擬分三十科，曰書目科、曰蒙學科、曰經學科、曰師範科、曰時務科、曰算學科、曰史學科、曰文學科、曰字學科、曰天文科、曰地志科、曰格致科、曰武備科、曰農學科、曰商學科、曰經濟科、曰醫學科、曰律學科、曰俄國科、曰日本科、曰電學科、曰礦學科、曰筆記科、曰詞章科、曰畫學科、曰詩學科、曰尺牘科、曰化學科、曰航海科、曰命學科，就現在所有之資先爲購置，如其不足則俟向義君子陸續緣添。謹就管見所及，擬成章程、書目，列明於左。本埠不乏通人達士，愛國忠君，智珠在握，慧鏡高懸。苟以章程、書目爲未協尊見，不妨揮書指示，務臻妥洽，敝等斷不挾成見以自是也。是爲啟。

再英文書籍，汗牛馬，充棟樑，多不勝收，雖以百萬巨金亦難購備。目下捐項無多，似難兼顧，然若全不購置，未免失却習英文諸君子好學之望，爰先購《大英通書》全部、《電報價目表》全部、《鐵路價目表》全部、《英華字典》全部，俟後如捐項加多，爲陸續購置。倘有好善君子，仗義爲懷，或有家藏秘本，或自行採買，或舊有書籍，若願送交本書樓，更屬善之又善也，曷勝企望之至！

一本書樓命名曰「廣智學會藏書樓」。廣智者，即觀書研究，以廣智識；學會者，則會衆人而學所未學也。蓋所以紀實也。而英文則號曰「英華藏書樓」。

二議本書樓之書籍圖畫以及《新聞旬報》，只許到樓觀閲，不得借帶出外，違者公罰。

三議本書樓看書時候：早晨九點起，中午十二點止；至午後一點起，至晚四點半止；夜六點半起，至九點半十點止。非其時到樓，則不得其書而觀。

四議本樓只備紅烟清茶，奉俟看書諸君子。而諸君子既到樓看書，務須温文爾雅，肅静無譁；不可大呼小叫，使酒罵座。違者公罰。

五議本學會訂禮拜六夜及禮拜日夜，集我會中衆友，在樓演説忠君愛國、保種保教及時務普通諸精義，以交换智識而廣見聞。故本學會亦可名曰交换智識之學會。

六議此番有捐金之人，俱算爲會友，各送牌照一面，使諸會友持此牌照，以爲到樓看書之憑據。

七議本學會，公舉首董一人、副董一人、監督一人、掌銀一人、理事二人、記室一人、議事七人。目下公欵無幾，俱不受辛俸。

八議本學會，魄力宏大之時，不論有何善舉，苟力能辦到，必集議舉辦，以爲本埠之倡。

九議本學會，爲開通民智起見，如有文人學士能到樓演説三次諸會友以爲至理名言，足資他山之藉助者，雖不損項，亦可掛名，本會送給牌照，一律相待。

十議如有別處文人來仰遊歷、自願到樓演説者，亦可掛名會中，送給牌照，以便一律相待。

十一議此後如有好學文人自願掛名會中、來樓觀書者，必須捐銀五盾，方可掛名會中，送給牌照。

十二議如有好善君子自願奉送書籍於本會，本書樓受書之後，一面送給牌照，並奉名片以報禮；一面登記簿中，以誌高誼，而書皮亦書明某君奉送，以誌不忘。惟所送之書，莫論英華書籍，必要有用之書，方誌高誼；若淫書野史，則一概辭謝。

十三議如來樓看書之人，若污壞半葉，必賠償全部之資，以昭公允。

十四議目下捐項無多，不能支閲中西各報。然會中不乏好善君子，苟有閲完之報，祈送會中，不論中西，俱鳴謝悃。

十五議目今捐項無多，英華書籍，勢難齊備。如公欵稍裕，自當陸續購置，以

擴見聞。

十六議本學會宜刻正印一課，其文曰「廣智學會之印」。玆後捐項出入，或看書牌照，必正董簽名，或副董抑號亦可，交監督蓋印，以昭慎重。

十七議本學會諸善董，年標一次，以昭公允。

十八議如來樓看書諸君子，必將尊姓大名書明本書樓之日記簿中，以便稽查而徵實效。

十九議本書樓公欵無多，勢不能自行租屋，更無力自行建屋。幸穎川公司諸善董，胞與爲懷，將南川公局後面書塾之三層樓借與本會爲藏書之樓。俟福建觀音亭建竣，而後移往，高情厚誼，良不可忘。凡屬會友，皆當感激。

二十議本書樓之設，實爲開通民智起見，且爲維新風化之起點。世不乏富商巨賈、明理君子，苟肯解囊樂助，以襄善舉，則作福降祥，德澤必無限量。有志諸公，其速圖之，幸幸！

按：自戊戌政變以後，内地學會書樓皆解散停罷，羣視爲犯禁之物。已設者且然，何況始創？士夫且然，何況商？民乃海外華人，獨能振其後勁。東京神户既有大同學校之設，巴城吉隆又有孔廟學堂之興。豈非所謂鐵中錚錚者哉？惟藏書樓，以海外而論，自香港仁智書樓而外，則未聞有繼起者。因商人以貿易爲主，讀書本非職業，且亦無執卷之暇日。故有志者，亦祇得廣開學校，以培育其子弟，而他未能及也。不知今日急務，以開智爲先，無論何等人，若無學問，雖欲爲極少之事，亦不能出色。觀於歐美各國，無人不入學堂，無業不有專科。我中國人正坐不學之弊，所以愚弱至此耳！商人身有職業，年又長大，萬無再入堂肄業之理，惟有多設書樓，縱人往觀，使可以貿易之餘日，流覽博涉，增長其智識，資助其才幹，而又隨時演説，互相激厲，以收樂羣之益，將來外不至爲人所欺侮，内可以爲維新助力，其關繫正非淺鮮。今仰光各華商毅然行此，所訂章程亦臻美備。所願各埠志士聞風繼起，與學堂相輔而行。他日人才輩出，輸入海外文明於宗國，須祝此舉矣！仰光諸君其勉之哉！

《國粹學報》一九〇六年第二卷第七期《開樓紀事》 本會藏書樓于十月初四日舉行開樓禮，來賓到者甚衆。午後一時開會，由創辦人鄧君秋枚報告本會所辦之事。共分五科：一，發行《國粹學報》；一，編輯《國學教科書》；一，刊行《國粹叢書》；一，設立藏書樓；一，設立國粹學堂。計前四科業已陸續開辦，基礎已成，《國粹學報》已出至二十二期，《國學教科書》已編印五種，《國粹叢書》已刊行二十餘種；藏書樓所庋之書，由創辦人所捐及同志諸君子所贈者共七萬餘卷，其中孤本、鈔本之書一萬餘卷；國粹學堂亦擬有簡章、學科課程表，現方組織一切，定于明春開辦云。五科之外，另辦之事復有二：一爲編輯十八行省鄉土歷史地理、格致小學教科書，一爲編中國博物教科書。頃方從事編輯，實力經營，務期成就，計明正當有十餘省鄉土歷史地理教科書出版焉。報告畢，合會員、來賓合照一影，以留紀念。三時提議擴張藏書之辦法，四時茶敘，散會。

又一九一一年第七卷第一期《藏書樓會計通告》 本樓成立經已五載，風雨飄搖，艱難締造，以有今日。藏書日增月盛，計已編成目録者，已達二十餘萬卷。中間雖以經費支絀，萬分困難，同人等惟有苦心孤詣，勉强維持。未嘗受官家分文之資助，亦未嘗受外人絲毫之捐款，蓋二者均於本樓獨立之性質有所關礙，故甯撙節用度，全仗二三同志之力以自支給。規模雖小，宗旨極堅。今幸所編印各書次第流布，爲學者所不棄，得以收回書價，藉資補助。從今年起，其每月應需各項均并入國粹學報社開支。倘遇海内君子憂其不逮，慷慨捐助，仍當題名册端，以誌盛誼。苟得集腋積有成數，當擇地自建樓所，以爲久遠之計。受賜多矣！

《國風報》一九一〇年第一卷第二九期《私家藏書樓》 舊槧《音學五書》，前有徐健庵兄弟三人啓云：「亭林先生年逾六十，篤志五經，欲作書藏於西河之介山，聚天下古今書籍藏其中，以詔後之學者。先達明公、好事君子，如有前代刻板善本，及抄本經史有用之書，或送堂中，或借録副，庶傳習有資，墳典不墜。」其後，此舉竟不果成。朱竹君學士嘗議建書藏於曲阜孔氏，廣庋古今墳籍，亦僅有此語。阮文達嘗舉所藏書分儲於浙之靈隱、潤之焦山。亂後靈隱毁于兵火，焦山書亦多散佚。聞後來粱按察鼎芬有意規復，嘗謀諸丁松生，松生慨捐所藏數百種以付之，故粱題《松生箸書圖》有「焦山靈隱存雙藏，猶記秋鐙遞信時」之句。竊謂名山古刹將來都不可保，謀建私家書藏者，究以□孔林爲第一。好事者盍圖之。

雜録

歐陽修《文忠集》卷六三《非非堂記》 權衡之平物，動則輕重差，其於静也，錙銖不失。水之鑒物，動則不能有睹，其於静也，毫髮可辨。在乎人，耳司聽，目司視，動則亂於聰明，其於静也，聞見必審。處身者不爲外物眩晃而動，則其心静，心

静則智識明。是是非非，無所施而不中。夫是是近乎謟，非非近乎訕；不幸而過，寧訕無謟。是者，君子之常，是之何加！一以觀之，未若非非之爲正也。子居洛之明年，既新廳事，有文紀于壁末。營其西偏作堂，户北嚮，植叢竹，闢户於其南，納日月之光。設一几一榻，架書數百卷，朝夕居其中。以其静也，閉目澄心，覽今照古，思慮無所不至焉。故其堂以非非爲名云。

李覯《李覯集》卷二三《虔州柏林温氏書樓記》 南川自豫章右上，其大州曰吉，又其大曰虔。二州之賦貢與其治訟，世以爲劇，則其民屹衆夥可識已。雖然，吉多君子，執瑞玉，登降帝所者接跡，虔無有也。疑其偩南越，襲瘴蠱餘氣，去京師愈遠，風化之及者愈疏，乘其豐富以放於逸欲宜矣。

故人許某，家石城，虔屬邑也。此年夏，踵予門，道其鄉進士温某之爲人曰：温君少時求禄而莫之得，慨然自謂：「不得諸外，盍求諸内。不在吾身，宜在吾子孫。」乃圖山泉美好處，奠居柏林。因作講學堂房數十，其楹攻位之日，獲五銖錢五萬于地。士友珍之，或以「青錢」名其館。凡書在國子監者，皆市取，且爲樓以藏之。性寬静，用地利自足，不與俗人争訟買直。孳孳以教子弟，禮賓客爲己任。琴歌酒賦，夜以繼日。許君，不妄人也。今其所稱與嚮之疑者不類，是虔之福歟？

自古聖人之德業，舉在于書。聖人者，非其智造而巧爲之也。天之常道，地之常理，萬物之常情也。天地萬物之常而聖人順之，發乎言，見乎行事。君得之以爲君，臣得之以爲臣。父得之以爲父，子得之以爲子。兄得之以爲兄，弟得之以爲弟。夫得之以爲夫，婦得之以爲婦。長得之以爲長，幼得之以爲幼。反是，則争奪相殺未有能已者也。今温君聚書勤勤，是有意于聖人。有意于聖人則豈一家而已？鄰里鄉黨庶乎偃伏之矣。然則虔人之成大名，至大官蓋未易知，尚何吉之媿哉？

柳子厚於楚越間山水，如小丘、小石潭、袁家渴、石渠、石澗猶有記，以啓好游者。今有人爲藏書之樓，非特山水之勝，記之以啓好書者，不亦可乎？予欲一至欄邊，四顧天外，江山進前，文史相對。清風兮我扇，白雲兮我蓋。召屈原於湘魚之口，呼李白於海鯨之背。漱寶玉之餘潤，拭明珠使去纇。酒酣興盡，交揖而退，其樂可言邪？而未之得也。

劉敞《公是集》卷三六《伯父寶書閣記嘉祐三年正月》 初，伯父以尚書郎致政歸，築室於蘇之長洲，曰：「吾昔爲之宰矣。賦役吾未嘗不均也，因其力而時使之；獄訟吾未嘗不謹也，察其情而恕思之。人皆思我，後世居之安。」室既成，聚書數千卷，覆以重閣，指之示子孫曰：「此先帝以賜先子者也，此先子所以教後嗣者也。吾嘗以此事親，以此事君矣。行年八十，無悔於心者。今以遺汝。」吴中士大夫聞若言，皆記以爲惇史。某以爲古之君子，莫難於擇所處，擇所處而當，故令聞長世，其身休焉。伯父之卜居也，於人之我思；其遺子孫也，以己之事親與君，而歸於無悔心，忠信學問而已矣，牛羊、倉廩、金玉之富不預焉。《頌》不云乎：「在彼無惡，在此無斁。」雖龐氏之義，何以遠過？於是名其閣曰寶書閣，而刻其語於石，使後生有述焉。若夫棟宇之制、奢約之度，智者可以觀其則，仁者可以見其志，非爲者所及也。嘉祐三年正月，右正言、知制誥、知揚州軍州事某記。

鄒浩《道鄉集》卷二五《義齋記》 僕初教授潁宫，於是得錢一十五萬，完所居之舍，因改治其廳東小室，以館賓友，命之曰「義齋」。後二年，客或致詰曰：「子欺予哉！予觀古義士，大則輕一死於鴻毛，小則等千金於糞土，徑脱人於艱危中，功成唾去，閴無留轍，其氣節凛凛與秋霜争嚴，子果出於此乎？眇然儒生，居親是狥，固難一死，庖無盛烟，面有飢色，安得千金，徒以數椽館賓友耳，遂以爲義，子欺予哉！」僕曰：「是非僕心也。僕家有書千卷，有琴一張，日以二物羅列左右。鄉閭親舊或不陋其爲人，自遠而至。其居是齋也，取六經讀之，則聖賢之旨明；取諸史讀之，則治亂之跡明；取百家衆氏之書讀之，則邪正是非之趣明。間而倦焉，横琴奏雅以導其湮鬱不平之氣。以此卒歲而成其材，異時簡拔以見於世。自其效一官至於均四海，隨其巨細，蔚有事業，不媿所學與天下後世；苟不得志，則卷而懷之，立言著書，以越塵表，亦無秋毫怨。尤意此其爲義。」

唐庚《眉山文集》卷三《愚齋記》 元符三年，洛陽蘇公通守南隆，治書室於廳事之東偏，名之曰「愚齋」，而屬某爲之記。某言於公曰：「愚有等級，公將安處也？有顔子之愚，有高柴之愚，有甯武子之愚。揚子以鼂錯爲愚，柳子厚自以爲愚。顔子之愚，《老子》所謂『盛德』者也。高柴之愚，《中庸》所謂『不及』者也。甯武子之愚，則《詩》所謂『亦維斯戾』者也。鼂錯之愚，則《語》所謂『古之直』者也。若夫柳子厚之愚，則事載方册，有不可誣者，文章學術爲當代所宗。自唐以來，論當世大儒則必稱韓、柳，而自以爲愚，可乎？然貞元之黨，婦人女子皆知其必敗，而柳子獨不悟也，謂之不愚，可乎？是數子者，其愚固有等級，公將安處也？以爲高柴之愚，則才非不及於道；以爲甯武子之愚，則生非不逢於時；以爲鼂錯之愚，則無吴楚之變；以爲柳子厚之愚，則無伾文之事。某將處公以顔子之愚，則公豈有意乎？公平生聚書萬卷，手不停披。既已自得於心矣，推其緒餘以教諸子，皆卓然

有立。其長子長壽，以文學知名於時，而公猶以愚自處，此真有意於所謂盛德者歟！《傳》曰：『晞顏之人亦顏之徒。』公何辭焉。請以是爲記。」

洪适《盤洲文集》卷三一《萬卷堂記紹興十五年》 同郡張伯壽學邃而根，談壘彌堅，榷古訂今，聽者舌本爲强。下至黄車、稗官、叢瑣之説，衮衮不窮。暇日踵其門，升其堂，則緹帙縹囊，鱗貫櫛比，左右環列，而以「萬卷」名之。伯壽儴佯其間，如枵腹者之須哺，倦游者之企歸，執熱者之思濯清風，弗造次忘乎心。故粹於論議，黼於詞章，其理宜也。夫六藝出秦埃，至今千三百餘歲，鉅儒翼其道，鴻筆鳴其文。螭坳所紀，金鐀所書，嵐齋松牕之所篹削，方殺青，日紛月牣。好事者汲汲而求之，終其身不能以盡致。世之昧者，侈金珠，衺仟伯，以爲是潤屋肥家之策，聞韋籯語則曰若此其疏闊也。間有垂籖駢架，雅雅未觸，以市夸名、釣虚譽，亦百無一二。伯壽簡心端思，它無嗜玩，旁裒博訪，惟恐奥篇異牘之不我有。手抄日校，黄墨謹嚴。漱其華而味其腴，賾其要而騁其妍。俗客鼎來，未始塵滓斯堂也。或曰：「張君兀兀兹久，進未能取一第以施其志，退無負郭之疇可以躬其耕，書多奚爲？」吾應之曰：「志於燕者不返旆於晉郊，志於蜀者不弭楫於楚澤，志於道者豈以世勢自榮爲之言耶？伯壽之心子何知？」伯壽名谹。紹興乙丑，鄱陽洪某記。

吴儆《竹洲集》卷一一《隱微齋記》 吴氏在休寧，族最蕃。然大宗之法久廢，其散而居境内者，爲十餘族。族之小者，猶數十家，大者至數百家。其能殖生業，致高貲，爲進士擢第，有聞於時者，視他姓亦獨多。隱約不仕，若仕不達，而清風厚德，奥學懿範，足以師表於其鄉而垂裕於其後者，亦往往而有，然不能多也。熙豐間，有諱瓘、字瑩父者，業儒有行義。其自持甚嚴，居閒出入閭里，容必莊，言必信，遇人無長少賢不肖，不僞笑貌，必以誠實。然剛介，少取與，而獨寓意於醫，深造自得，幾於十全。其子某孫源，曾孫築、楠、棣、梓，皆世其業，習其遺訓，甚賢而文，家故有齋名「隱微」者，瑩父所以處，其子孫與其師友藏修遊息之地。齋之上爲樓，藏書萬卷。月朔望，列其家人，拜所藏書，且祝曰：「世世子孫其尊道好學，無爲蠹書魚。」今更四世，齋固屢易，然其子孫羣居燕處之室，必揭其名，而不敢失墜。《記》曰：「莫見乎隱，莫顯乎微。」故君子慎其獨也。子思没數千年，讀其書者莫之或察，至河洛兩程夫子始指是爲入德之門。然當是時，虚荒誕謾之言盈天下，遠方學者未嘗知有河洛之學也。瑩父之所以訓其子孫者，共識已足以知此，可不謂賢乎！賢者固宜有後，爲其子孫者，視其名，思其所以名，當竦然而作，如見大賓，如承大祭，如衣冠而侍於祖父之側，則居敬之心自無間於隱見顯微之際，入德之門孰甚於此！習而久之，其至可量也哉！

陸游《渭南文集》卷一八《書巢記》 陸子既老且病，猶不置讀書，名其室曰「書巢」。客有問曰：「鵲巢於木，巢之遠人者；燕巢於梁，巢之襲人者。鳳之巢，人瑞之；梟之巢，人覆之。雀不能巢，或奪燕巢，巢之暴者也；鳩不能巢，伺鵲育雛而去，則居其巢，巢之拙者也。上古有有巢氏，是爲未有宫室之巢；堯民之病水者，上而爲巢，是爲避害之巢；前世大山窮谷中，有學道之士，棲木若巢，是爲隱居之巢；近時飲家者流，或登木杪，酣醉叫呼，則又爲狂士之巢。今子幸有屋以居，牖户牆垣，猶之比屋也，而謂之巢，何邪？」陸子曰：「子之辭辯矣，顧未入吾室。吾室之内，或栖於櫝，或陳於前，或枕藉於牀，俯仰四顧，無非書者。吾飲食起居，疾痛呻吟，悲憂憤歎，未嘗不與書俱。賓客不至，妻子不覿，而風雨雷雹之變有不知也。間有意欲起，而亂書圍之，如積槁枝，或至不得行，則輒自笑曰：『此非吾所謂巢者耶？』」乃别客就觀之。客始不能入，既入又不能出，乃亦大笑曰：「信乎其似巢也。」客去，陸子歎曰：「天下之事，聞者不如見者知之爲詳，見者不如居者知之爲盡。吾儕未進夫道之堂奥，自藩籬之外而妄議之，可乎？」因書以自警。淳熙九年九月三日甫里陸某務觀記。

楊萬里《誠齋集》卷七五《羅氏萬卷樓記》 羅氏皆豫章别也，其在于晉，君章以文鳴。降及五季，則在江東公，今廬陵之羅，其後也。出凝歸門北東四十里而近，爲完塘之羅。自武岡公以泓澄演迤之學、嶄刻卓詭之詞第建炎進士，其族遂鼎盛。由完塘西北五十里而遥，爲印岡之羅。自鄉先生天文以《詩》一經爲三舍八邑之師，其子若孫若曾孫以經術文詞第進士者七人，其薦于鄉者何數！至今遂爲士鄉，家章甫，人誦弦也。由印岡西南三十里而近，爲東西塘之羅。自長者長吉始聘師友，闢齋房，訓子弟，今垂五十年矣，而獨未有聞焉。長吉之族德元有孫敬夫，予聞其避俗入山，築樓叢書，扁以「萬卷」，旁招儒先，以範以模。敬夫幼失所怙，每月之吉定省其母夫人外，即往山齋，晨晷宵膏，忘寢廢食，記覽簡策，日誦萬言，追琢詞章，月禿千毫。以書來請曰：「宗禮刻意願學，而未得所以學。敢問聖涯奚而可航？聖門奚而可階？」予復之曰：「服食仁義，菑畬經訓，學也；誦數訓故，擒豔文詞，亦學也；薄陋藏修，游談空虚，亦學也。子也擇於斯三者，在楙之而已。」大抵族姓之盛衰，或以爲數其然，豈其然乎？譬之田焉，水旱數也，勤惰數乎？當武岡公、天文先生之未作，完塘之羅猶印岡之羅，印岡之羅猶東西塘之羅也。今二氏之羅獨殊於東西塘之羅，夫豈數乎哉，夫豈不以人乎哉！使敬夫而爲印岡、完塘之

羅，是亦印岡、完塘之羅而已，豈唯印岡、完塘之羅而已！果能楙焉，後出益可畏，晚發愈可仰，豈惟印岡、完塘之羅而已！敬夫與予叔父弟姪皆親也，予以隨牒倦游四方，晚乃識之。樓之下有堂曰「醉經」，有軒曰「遠俗」、曰「默」、曰「南」、曰「北」云。慶元二年重陽前一日具位楊萬里記并書。

朱熹《晦庵集》卷七七《劉氏墨莊記》 乾道四年秋，熹之友劉清之子澄罷官吴越，相過于潭溪之上，留語數日，相樂也。一旦，子澄拱而起立，且言曰：「清之之五世祖磨勘工部府君仕太宗朝，佐邦計者十餘年。既殁，而家無餘貲，獨有圖書數千卷。夫人陳氏指以語諸子曰：『此乃父所謂「墨莊」也。』海陵胡公先生聞而賢之，爲記其事。其後，諸子及孫比三世，果皆以文章器業爲時聞人。中更變亂，書散不守，清之之先君子獨深念焉，節食縮衣，悉力營聚，至紹興壬申歲，而所謂數千卷者始復其舊。故尚書郎徐公兢、吴公説皆爲大書『墨莊』二字，以題其藏室之扁。不幸先人棄諸孤，清之兄弟保藏增益，僅不失墜，以至于今。然清之竊惟府君夫人與先君子之本意，豈不曰耕道而得道，仁在夫熟之而已乎？而不知者意其所謂或出於青紫車馬之間。清之不肖，誠竊病焉，願得一言以發明先世之本意，於以垂示子孫丕揚道義之訓，甚大惠也。」熹聞其説，則竊自計曰：「子澄之意誠美矣，然劉氏自國初爲名家，所與通書記事者，盡儒先長者，矧今子澄所稱，又其開業傳家之所自，於體爲尤重。顧熹何人，乃敢以其無能之辭，度越衆賢，上紀兹事？」於是辭謝不敢當，而子澄請之不置。既去五六年，書疏往來以十數，亦未嘗不以此爲言也。熹惟朋友之義有不可得而終辭者，乃紬繹子澄本語，與熹所以不敢當之意，而叙次之如此。

嗚呼！非祖考之賢，孰能以《詩》、《書》、《禮》、《樂》之積，厚其子孫；非子孫之賢，孰能以仁義道德之實，光其祖考。自今以來，有過劉氏之門而問「墨莊」之所以名者，於此乎考之，則知其士之所出，廬之所入者，在此而不在彼矣。蓋磨勘公五子皆有賢名，中子主客郎中實，生集賢舍人兄弟，皆以文學大顯于時而名後世；第四子祕書監資簡嚴識大體，有傳于《英宗實録》。子澄之先君子即其曾孫也，諱某，字某，官至某。仕既不遭，無所見於施設，今獨其承家禀後之意，於此尚可識也。而生二子，長曰靖之子和，其季則子澄，皆孝友廉静，博學有文。而子澄與熹游，尤篤志於義理之學，所謂「耕道而熟仁者」，將於是乎在。九年二月丙戌新安朱熹記。

又卷七八《徽州婺源縣學藏書閣記》 道之在天下，其實原於天命之性，而行於君臣、父子、兄弟、夫婦、朋友之間，其文則出於聖人之手，而存於《易》、《書》、《詩》、《禮》、《樂》、《春秋》、孔孟氏之籍。本末相須，人言相發，皆不可以一日而廢焉者也。蓋天理民彝，自然之物，則其大倫大法之所在，固有不依文字而立者。然古之聖人欲明是道於天下而垂之萬世，則其精微曲折之際，非託於文字，亦不能以自傳也。故自伏羲以降，列聖繼作，至于孔子，然後所以垂世立教之具粲然大備。天下後世之人，自非生知之聖，則必由是以窮其理，然後知有所至而力行以終之，固未有飽食安坐，無所猷爲而忽然知之，兀然得之者也。故傅説之告高宗曰「學于古訓乃有獲」，而孔子之教人亦曰「好古，敏以求之」，是則君子所以爲學致道之方，其亦可知也已。然自秦漢以來，士之所求乎書者，類以記誦剽掠爲功，而不及乎窮理脩身之要，其過之者則遂絶學捐書，而相與馳騖乎荒虚浮誕之域，蓋二者之蔽不同，而於古人之意則胥失之矣。嗚呼！道之所以不明不行，其不以此與？

婺源學官講堂之上有重屋焉，牓曰「藏書」，而未有以藏。莆田林侯虙知縣事，始出其所寶《大帝神筆石經》若干卷以填之，而又益廣市書，凡千四百餘卷，列庋其上，俾肄業者得以講教而誦習焉。熹故邑人也，而客於閩，兹以事歸，而拜於其學，則林侯已去而仕於朝矣，學者猶指其書以相語感歎久之。一旦，遂相率而踵門，謂熹盍記其事，且曰：「比年以來，鄉人子弟願學者衆，而病未知所以學也。子誠未忘先人之國，獨不能因是而一言以曉之哉！」熹起對曰：「必欲記賢大夫之績，以詔後學，垂方來，則有邑之先生君子在，熹無所辱命。顧父兄子弟之言，又熹之所不忍違者，其敢不敬而諾諸！」於是竊記所聞如此，以告鄉人之願學者，使知讀書求道之不可已，而盡心焉，以善其身、齊其家，而及於鄉，達之天下，傳之後世，且以信林侯之德於無窮也。是爲記云。淳熙三年丙申夏六月甲戌朔旦邑人朱熹記。

張孝祥《于湖居士文集》卷一四《萬卷堂記》 歐陽文忠公之諸孫曰㮚，字晉臣者，居廬陵之安成，築屋其居之東偏，藏書萬卷，扁之曰「萬卷堂」。乾道丁亥冬，晉臣自廬陵冒大雪過余於長沙，曰：「㮚堂成久矣，而未有記也，願以爲請。」夫人莫不愛其子孫也，而爲之善田宅，崇貨財。今㮚有三子，不願以此愚之也，蓋辛勤三十年，以有此書，以有此堂，而使三子者學焉。余以爲文忠公之德宜有後也，而今未之聞焉。充晉臣之志，其在兹已！其在兹已！晉臣歸，幸爲我告之：古之所謂讀書者，非以通訓詁、廣記問也，非以取科第、苟富貴也，亦曰求仁而已。仁之爲道，天所命也，心所同也，聖人之所覺焉者也，六經之所載焉者也。得乎此，一卷之書，有余師矣。不然，盡讀萬卷之書，以爲博焉，其可也；以爲知讀書，則未也。

葉適《水心文集》卷一一《櫟齋藏書記》 余友衛君湜，清整而裕，淡泊而詳，

酷嗜書，山聚林列，起櫟齋以藏之，與弟兄羣子習業於中。夫其地有江湖曠逸之思，圃有花石奇詭之觀，居有臺館溫涼之適，皆略不道，而獨以藏書言者，志在於學而不求安也。又其自以爲櫟者，真無用於世矣，非退託而云也。

按：孔安國皇名墳，帝名典，堯、舜在焉。然《書》稱「若稽古」四人，高辛而上無預也。《說命》曰「學於古訓乃有獲」，不知《說》所謂古何時也？六世之籍不存矣。以子華子考之，不可訓明甚。然則所謂古者，唐、虞以後爾，故孔子於羲、昊之前，亦缺弗講。若夫討《禮》而尊天子，正《樂》以黜諸侯、大夫，《春秋》修而不作，《詩》、《書》因其舊，無所更定，世儒往往未能明也。

司馬遷創本紀、世家，史法變壞，遂不可復；老、莊推虛無沖漠，正道隳裂，遂不可合。孫、吳以狙詐祖兵制，申、商以險刻先治道。若夫言語之縟爲辭章，千名百體，不勝浮矣，韓、歐雖挈之於古，然而益趨於文也；經傳之流爲注疏，俚箋臆解，不勝妄矣，程、張雖訂之於理，然而未幾性也。凡此皆出孔氏後，節目最大，余所甚疑，而君所藏皆具有焉，蓋君之力良難而任良重矣。

問學之要，除之又除之，至於不容除；盡之又盡之，至於不容盡。故稱鈞石必以銖，會億萬必以一。讀雖廣，不眩也；記雖博，不雜也。日融月釋，心形俱化，聲色玩好，如委灰焉，然後退於櫟而進於道矣，固宜漏衆美而以書言也！寶裝綺籍，不敢觸手，金匱石室，猶存其人，茲外歟，非內歟？嘉定十五年二月。

又卷一二《石庵藏書目序》 石菴書若干卷，承奉郎蔡君瑞藏之。始，蔡君之伯父曰居士，葬母，因其地爲廬居。紹興十九年，大旱饑，穀石五千二百足錢。居士將以所餘穀散之，而患無名。時菴傍有石，冒土而奮，如蟠根叢萌，欲發而尚鬱者。遂爲萬夫傭，使出之。高二丈，廣可三之。石溫潤如玉質，故名石菴云。蔡君念族人多貧，不盡能學，始買書寘石菴。增其屋爲便房，願讀者處焉，買田百畝助之食。

嗚呼！蔡君可謂能教矣！富者知損其嬴，以益市書與田，而收卹其族人，則無富之過；貧者隨聰明之小大，以書自業，而不苟恃衣食，則無貧之患。教成義立，而族多材賢，則玉石之祥，其遂酬乎！君之從孫武學諭鎬，與余同寮，以請而序之。淳熙十五年三月。

釋居簡《北磵集》卷七《跋誠齋爲譚氏作一經堂記》名去疾，字更生，一字浚明。

致力於工，成於工師者，庸工也，必得之於規矩之外；致力於書，成於經師者，俗儒也，必得之於文字之表。工則良工，儒則名儒。譚氏世儒名門，艮齋謝公書其一經堂，云爲家之甘棠，自是名談。誠齋楊公則曰，不家於藏而身於藏，則幾矣。余舊賦《張氏萬卷堂》詩，略云：「萬卷堂中浩如海，胸次洞然無芥蒂。曈曨初日上闌干，坦腹便便日中曬。」敢妄意誠齋同哉，蓋其與人同者如此。

魏了翁《鶴山全集》卷四九《洪氏天目山房記》 寶慶元年，吾友洪舜俞自考功郎言事罷歸於潛，讀書天目山下寶福僧寺。寺靚深，舜俞合新故書得萬有三千卷，藏之聞復閣下，如李氏廬山故事，而移書于靖，屬余記之。余少誦蘇文忠公《山房記》，謂秦漢以來，作者益衆，書益多，學者益以苟簡，又謂近歲市人轉相摹刻，書日傳萬紙，而士皆束書不觀，游談無根。嗚呼！斯言也，所以開警後學不爲不切至矣，而士之病今未之有瘳也，無亦聖遠言湮，愈傳而愈失，時異事改，愈變而愈下，學士大夫讀之而不知其味，行之而不見其端，則亦舍之云耳。且古之學者始乎禮樂射御書數，蓋比物知類，求仁入德，皆本諸此。今禮慝樂淫，射御數有其名無其義，六書之法惟小篆僅存，而莫知好之，爲士者十名九舛，不暇問也。五三六經之所傳，如仁義中誠、性命天道、鬼神變化，此致知格物之要也。今往往善柔爲仁，果敢爲義，依違以爲中，純魯以爲誠，氣質以爲性，六物以爲命，玄虛以爲天道也，冥漠以爲鬼神也，有無以爲變化也。甚則以察爲知，以蕩爲情，以貪爲欲，以反經爲權，以捷給爲才，以譎詐爲術。聖賢之言，炳如日星，而師異指殊，其流弊乃爾。若夫先王之制，又在所當講，而風氣既降，名稱亦訛，有一事而數說，一物而數名，學者亦莫之質也。井牧，居民之良法也，而丘乘、卒伍之不合，則參以管仲、穰苴之法；封建，經國之大務也，而百里、五百里之不合，則託諸歷代之異制。賓興之法，自遂以降，自王畿以外無文，則約諸鄉遂之數。郊丘禘祫，大事也，或以郊丘爲二，或以禘祫爲一。廟學明堂，先務也，或以爲異所而殊制，或以爲一廟而八名。七世之廟常典世，而殷六廟、周二祧，或親盡而毀，或宗無常數，莫知折衷。三年之喪，達禮也，而有謂君大夫士廬服異等，又有謂君卒哭而除，皆莫敢以爲非。大抵始去籍于周末，大壞于秦，觖望于漢，而盡覆于五胡之亂。二千年間，憑私臆決，罔聞于行。帝號官儀承秦舛矣，郊祧廟室踵漢誤矣，衣冠樂律雜胡制矣，學校養不賓之士，科舉取投牒之人，資格用自陳之吏，剌平人以爲軍而聽其坐食，髡農夫以規利而縱其自奉，授田無限而豪奪武斷以相尚也，出泉輸租而重科覆折以相蒙也。嗚呼！生斯世也，爲斯民也，而讀聖賢之書以求帝王之法，使其心曉然見之且無所於用也。況衆言殽亂，始以春秋、戰國之壞制，衷以秦、漢、晉、魏之雜儀，終以鄭、王諸儒之臆說，學者之耳目肺腸爲其所搖惑而不得以自信，於是根本不立而異端得

以乘之，利禄得以移之，文詞得以溺之，則有口道六經而心是佛老，篤信而實踐者矣，則有心是聖學而輯爲文詞，隨世以就功名者矣。六經之書，孔、孟未及行也，今二千年矣而猶莫之行也。余長而有聞，晚益多懼，舜俞以藏書屬記，願以所懼者相與切磋究之。嗚呼，其亦以余言爲過矣乎！

黄震《黄氏日抄》卷九〇《三省齋序》 學之不講久矣，非不講也，講之過也。高談性命，揣摩圖象，而孔門切己之實用則弗思焉，曾是謂善學者乎？牟氏子德範，年少而識老，學博而文粹。家藏書二萬卷，日孜孜其間，而獨取曾子之説，以「日三省」名其齋。既得之矣，又俾余爲之説。余謂此義曉然，何説之持，顧力行何如耳！然天運不息，人心易怠，力行亦豈易能者哉！曾子曰「籩豆之事，則有司存」，謂專心於所當務也。又曰「士不可以不弘毅」，謂自任之勇也。夫其以弘毅爲之本，而不以籩豆之類分其志，此殆曾子所能日三省，而吾徒當勉之。

俞德鄰《佩韋齋文集》卷九《濟南張氏萬卷堂記》 濟南張侯裒輯所儲之書，殆溢萬卷，作鉅堂妥之。謂余曰：「吾鄉者輿吾書歸，客喜而至，省所未見，咢然竚囁，各飛觴釂滿以自慶。于時堂未構也，今將落之，子盍爲之記？」余曰：「書可儲也，儲之多寡不必計也。天地鬼神之變化，皇王帝伯之因革，載於經，著於史，雜出於傳記、百氏之説，質之而義理明，稽之而事跡顯，事雖多，儲之可也。侯家子房得圯上一編，而羽翼炎漢四百年之業；侯郡人伏生口授纔二十餘篇，亦爲一代儒林之冠，書果務於多乎哉！然皐、夔、稷、契所讀何書？顔氏庶幾乃不過心齋之妙，書雖無亦可也。侯以中州雋傑，匹馬來南，贊帷幄而辟竟土，象犀珠玉，羅列弗睨，一聞奇書，不恡百金，必購之；至如殘編斷簡，亦蒐拾而不忍棄。遡其用心，豈曰錦囊緗帙，姑以夸多而鬬美者。階庭蘭玉，環列森峙，侯殆有感於遺籯之義矣。此書之所以儲也。然則處焉而充棟宇，出焉而汗馬牛，侯詎厭於多乎哉？不多也。雖然，侯舊宅曲阜，實吾聖人敏歆震夙之地，本鐸雖熄，杏壇之蔭尚亡恙也。陳亢往矣，亦嘗聞所以詔伯魚者乎？《鄉黨》一書，其記聖人出入起居之際，無非修齊平治之道。此其傳遠，其裕後，蓋不特區區口耳之末。下及子思、子順，更歷數世，賢者相繼而生，豈獨藏壁之書、過庭之訓，足以薰陶而沾漬之哉！以侯儲書之富，復求聖人所以傳遠裕後之本，『吾爵益高，吾志益下，吾官益大，吾心益小，吾禄益厚，吾施益博』，兢兢然庶叔敖之免怨，惴惴然思晏子之納楹，則侯之子孫升斯堂也，誦斯書也，必有孝弟忠信者出，以不負侯儲書之意，書雖多可也，不多亦可也。不然，書簏之譏，蠹魚之誚，吾方爲他日廩廩，而奚記之爲。」侯曰：「懿哉，子之言也！幸爲我記之，吾將以警吾後之若子若孫者，而抑以自警也。」余曰：「記姑以是。余聞濟岱之間，雲山鬱紆，源泉混混，秦碑魯殿，遺制宛然，且名士彬彬相望。余未老，或可從公杖屨登臨嘯詠，因其餘暇，取插架書細讀之，緝壞刊誤，尚能不愧魯望。若夫堂之規橅制度，記之殆未晚也。」

劉壎《水雲村稿》卷三《觀空堂記》 鄉先生桂諶祐，詩名滿江湖，而肥遯萬山中，築室三間，藏書千卷，窻明几净，將以逸老，扁之曰「觀空」。詩友劉壎爲之記曰：「空矣奚觀？觀空云者，瞿曇氏説也。愚不熟貝多語，請以意言。夫空非無因而得名，由不空乃始有空，即空與實對矣。彼不觀實，惟空是觀，將亦厭夫實之不足恃，故移其觀於空邪？顧未悟乎空者，正乃實爲之。嘗試求諸一身，有五官、四體，有五藏、六腑焉。嘗試求諸一家，有田宅、池館，有器用、財賄，與凡旦莫取具以養生者焉。嘗試求諸一國與天下，有宗廟、社稷，有朝廷、百官，有土地、人民、兵甲、府庫焉。夫焉往而非鑿鑿精實者？日月幾何，死生興替，往往毛骨皮肉化爲抔土。亂山寒雲，啼鳥夕陽，牧豎樵翁，相與長吁而太息。而其華榱雕梁，或後嗣之弗克守，或傾頽而灰燼焉。南畆東皐，歲入佗姓，家所藏蓄，散落人間。其在上者，則秦城之金人，晉陌之銅駝，運去祚移，鼎遷物換，虎豹九關，玉帛萬國，而秋風禾黍，遺老咿嚶，雖萬乘九州之權，曾莫能留觀於晷刻。悲夫，實不足恃乃若此也！彼有畏其爲吾累者，始欲觀夫空矣。由是言之，空由實生。實互形而空乃名。詭曰觀空，孰非觀實？朝莫四三，吾累均耳。令吾有以藥之，請無觀空而空其觀，何如？且人以實爲空，非也。吾視空實等，亦非也。其眩於兩端若是者，將非觀爲之邪？而能頽然釋然，遺爾形，收爾視，泊乎反其初，無觀即無空，乃莫吾累矣。苟未能廢所觀而曰空也者，雖闃立曠野，洞視太虚，然心目所及，宇宙之内，觸景皆實物，游氛幻色，亦足點滓，將指何者以爲空，而又何觀？斯堂扁以「觀空」，達矣，又由是而空其觀，乃真空也已。瞿曇氏之説未也。先生然愚言，請以是爲記，不然，請示吾以空。

方回《桐江續集》卷三五《叢書堂記》 多藏書而不善讀，雖萬卷吾以爲不足。善讀書而不多藏，雖一卷吾以爲有餘。李繁之書，萬卷者三，書之多者莫如也，新若未觸，見嗤當時，爲父家傳，誕而不實，則豈非多藏而不善讀者乎？張良之書，一卷而已，書之少者莫如也，僨秦蹷項，爲帝王師，功成身退，漢庭一人，則豈非善讀而不多藏者乎？同郡友人黄君宣，字仲宣，卜築歙城之東山，以「叢書」名其堂。叢之爲字，始見於《易》，其在韻書，訓之曰「聚」，乾卦之「方以類聚」、萃卦之「觀其所

聚」是也。叢天下之書而聚之，是謂藏書。藏而不讀，不如不藏；讀而不精，不如不讀。前史所志藝文、經籍，一寒士之家焉能效其萬分之一！匡衡鑿鄰壁而讀，猶有書也；王克遊書肆而讀，則併書無之。是故多藏不如善讀。按：叢書之名本韓退之語，然退之始遊京師，所携書止一束耳，未見其爲叢也。其《進學解》自叙謂：「口不絶吟，手不停披，記事提要，纂言鉤玄」，則讀書之法也；「沉浸醲郁，含咀英華，作爲文章，其書滿家」，則讀書之效也。有所觝排攘斥，則屈所當屈；有所補苴張皇，則伸所當伸。旁有所搜，則諸子百家之長；遠有所紹，則七聖一賢之說。崇正黜邪，障頽繼絶，昌黎所謂讀書如此。漢唐以來一人，學者仰之如泰山北斗。書云書云，徒叢云乎哉！嗟乎！聚必有散，世之好聚帑庾財賄者，往往有悔。聚名畫，聚法帖，聚難得之書，亦雅道之一癖。近世衲子號曰「叢林」，得其師一指禪，用之不盡者，吾聞其語矣，未見其人也。予雖老，與吾仲宣尚皆勉之。

吴澄《吴文正集》卷四四《尚古堂記》 人之所尚有萬不同，尚名者進取百途，以蕲於升；尚利者計度百端，以蕲於豐。其他小術末伎，足以溺心蕩志者，皆能使人尚之終身而不厭。嵇康之達也，而鍛；劉毅之雄也，而博。則其下者，又奚足怪夫！其所尚之不同，由其識之不同也。識之卑者，所尚亦卑。宜春黄元瑜，循循謹厚，處家處鄉，未嘗矯激以求異於人，而其尚自有與人不同者。若名、若利、若小術、若末伎，凡世人所好，一切不之尚。作堂於所居之偏，聚群書及法帖名畫充牣其中，而扁其堂曰「尚古」，予聞而嘉嘆焉。蓋人之所尚者今，而元瑜之所尚者古。彼尚今者，喜其快己，喜其衒俗，而笑尚古者之澹且迂。夫孰知澹中之至味、迂中之至樂哉！孟子言：「讀其書，誦其詩，論其世，尚友古之人。」斯堂之名，於孟子之言有合也，其識不亦高乎？元瑜之所尚，固已高於人，而予又爲之次其品。法帖名畫古矣，而未爲古也。古者莫如書，書之有集、有子、有史，古矣，而未甚古也，甚古者莫如經。《春秋》，古魯史，非司馬遷、班固以來之紀也。《儀禮》，古周制，非叔孫通、曹褒以來之儀也。《風》、《雅》、《頌》，古樂歌，非蘇、李、張平子以來之五七言也。《書經》爲上古之書，《易經》爲三古之易，古莫古於此，孰有出其上者？黄氏之子若弟沈浸乎是，含咀乎是，因古經之辭，學古人之道，得古人之心，則居今之世，而與今之人異，此尚古以淑其子弟之效也，其與尚今以誤其子弟，俾日趨而日下者，相去之遠，奚啻九地之視九天也哉！元瑜名璧，爲摧茶都轉運司屬官。在江州爲予言其作堂之意，而予筆之以爲記云。

鄭元祐《僑吴集》卷一〇《讀書舍記至正十年七月》 君子所以貴夫讀書者，豈徒譯多闘靡而已哉？豈徒博聞洽論而已哉？豈徒科名利禄而已哉？蓋三才萬物之理，興壞治亂之效，名物度數之詳，動静消息之故，是皆非書莫能載，故善讀書者其於理無不窮，於効無不覩，於詳無不考，於故無不知。夫若然者，抑亦可謂繁且多矣，然不返求諸身而會於約，則豈善學聖人者哉？故君子學欲其博，守欲其要，讀書者舍是，吾恐其如大軍之遊騎出太遠而無所歸。然竊論之，唐、虞、夏、商之時，可謂至隆極盛也已，士生其間，豈非一一本於書也。至周而文大備，及其衰也，聖人出焉，六藝百家莫不折衷於聖人而後定。由是之後觀，於《詩》而性情得其正，於《書》而政紀得其宜，於《禮》而敬，於《樂》而和，於《易》則有以驗陰陽，於《春秋》則有以定名分，是則聖人之功與天地高深，迄于今而不墜者，由書始傳也。書之功若是，善讀者即所以善學聖人也。更秦，書幾泯盡而無餘，漢更武帝表章六經，及其衰，而學者讀書之効至以清言而高議扶持人極，與漢相始終。然人自爲書，家自爲説，逮乎隋唐以迄于宋，明之爲日月，幽之爲鬼神，象犀珠玉之富，車旗廟朝之貴，河海山嶽之深厚，風雲雷電之變化，可謂衆且多矣，然未有不本乎經，根乎理，以擅專門名家者也。書至此而不勝其繁，讀之者累日窮年而莫之能竟，自非善讀以致其博，善守以歸其要，則將何以哉？吴人顧仲瑛氏家於崑山界涇之上，凡所居室藏修游覽莫不皆有題扁之名，至於其所藏書而繙閲之所則曰「讀書舍」，其所志以揭于兩楹者則曰「學時時習，德日日新」。予喜其有志於讀書也，然其本末兼該，内外交養，則必本於反身窮理，庶有以驗。夫三才萬物無一不備乎吾心，以吾心之所固有，推而達之家國天下，所謂成己之仁，成物之智，非善讀書者不能也。雖余老矣，且將扁舟過仲瑛，以扣其所造詣，仲瑛必有以語我。至正庚寅秋七月記。

王旭《蘭軒集》卷一二《述古堂記》 陳子問一日過余，言曰：「先人平日嗜經史而勇於義，不苟合於時，以窮其身而不悔。嘗以『述古』名所居之堂，未及有以記也。其忝嗣箕裘，既痛先人之不復見，而堂中之書，往往手澤猶存，朝夕保守，不敢失墜。唯名堂之義，不知所以繼志而用力者，其爲我言之。」余辭不獲，因謂之曰：「子之先君所謂古者，非指道而言邪？世固有古今矣，而道亦有古今乎？以爲道而無古今也，則堯舜之稽古，孔子之好古，而子思所謂反古之道者，皆何謂也？以爲道而有古今也，則道之大原出於天，天不變，道亦不變，而又何古今之有？若曰非道之謂，特指六經而云爾，則六經者，載道之器也。道既無古，經獨古哉？然則名堂之義，吾子將若何而行其力？而余也又將若何而爲子説？雖然，豈果終無其説乎？《易》有太極是生兩儀。太極者，陰陽天地之理；兩儀者，陰陽天地之形也。

是理之自微而之顯，氣之自静而之動，造化之所以流行，而萬物之所以爲萬物也。此道之所自來，六經之所爲本，而舍是將無古矣。其述之奈何？抑吾聞之，人之一身備乎天地，而心者，人之太極也。方其寂然不動，喜怒哀樂之未發，即太極涵三爲一之時也。及其感而遂通天下之故，而莫不中其節，即乾道變化，各正性命之事也。三綱、九法、五常、四端，皆由此立，皆由此運，固不必求之千萬年之遠，而察之吾心動静之間，即天地陰陽之闔闢始終見矣。是豈區區泥陳編而守芻狗者所可得而知哉？子不余信，嘗試升堂静坐，招濂溪翁而問之，當有得而知所用力矣。於此繼志尚，奚愧之有？」

王鏊《(正德)姑蘇誌》卷三一俞貞木《端居室記》　端居室者，山人俞楨讀書寢處之所也。楨幼尚澹泊，於世利紛華無所嗜，嘗讀書，必冥心端坐以求其理趣，因嘆曰：「學所以適用也，不仕則無以及人。」乃習舉子業，將以明經取科第。既而幡然改曰：「學爲己，知在人，何以投契爲哉！」於是悉棄所業，潛心象彖。一室之間，左圖右書，漠無外慕，乃題其顔曰「端居」。夫學須静也，惟静可以觀萬化之妙。端居一室，以擴充吾方寸焉。雖天之高也，吾不知其爲高。地之大也，吾不知其爲大。至於山河之崇深，吾不知其崇深也。反而觀之，以吾眇然之身，而處乎天地之内，涵融自得，浩浩焉，混混焉。不獲其人，不見其身。會彼之萬，歸此之一。可默也，不可言也。室云乎哉！因疏斯語於壁，以識名兹室之意。

錢宰《臨安集》卷四《博文齋記》　會稽沈如心以先世藏書之富也，名其齋居曰「博文」。謁鄉之先生長者而求其説矣，復請子爲之記。余復之曰：「博文哉，天地萬物之彙，古今萬事之殊，將以一心縱觀而洽聞焉，雖智如管、晏勿能窮，勇如賁、育勿能極，行如冉、閔勿能周，辨如儀、秦勿能悉。古之人顔氏之子，其殆庶幾乎？其言『博我以文』，蓋服膺聖人之訓，而勿失之矣。余也勿升其堂，勿嗜其胾者也，何足與語博文哉？風霆日星，天之象也，海岳河江，地之儀也，鬼神之著也，草木禽獸昆蟲之微也，文之麗乎物也。禮樂政刑，國之經也，綱常倫理，民之行也，古今之運也，升降抑揚，進退之節也，文之麗乎事也。六經子史百家之言，文之麗乎書也。六經之文，合天地萬物之理，備古今萬事之情，而無不載焉。故君子欲窮致夫事物之文，舍六經何以哉？本之《書》以求其實，本之《詩》以求其情，質之《禮》以驗其常，稽之《易》以窮其變，考之《春秋》以明其邪正，參之子史百家以別其是非得失，於是而充焉擴焉，使天地事物之情，無不博焉，則庶幾矣。徒藏書之富，無益也。雖然，是文也，窮于天，極于地，散殊于萬物，布列于經史傳記百家之言，而理則具于人心。徒博文而不知約，則汗漫而無所要歸矣。故《傳》言博文必歸之約，《禮》云或曰子言博文，惟顔氏庶幾，若後之人勿可及者，終爲如心，言之又若是其備，何也？噫！顔何人哉？在如心之勉焉耳。」

胡廣《胡文穆公文集》卷一〇《杏林書屋記》　余同年友建安雷原忠爲余言，其從叔曰伯宗，甫邃于學，復攻于醫，築室數楹爲藏書之所，前後隙地皆樹以杏，因名之曰「杏林書屋」。然未有記，來徵余言。建安，閩之上郡，山川秀麗，異於他所。士生其間者，皆明秀俊爽，往往有過人者。昔子朱子倡道於是，承李延平、羅豫章、楊龜山之傳，以續夫濂洛之裔，其道之在天下，雖窮鄉下邑、四夷異域，咸知其言、尊其道，矧爲是邦之士，接聞其道德之光華流澤之充溢者乎！余嘗誦先生之言而慕先生之道，恨不一游先生之鄉，以想望其遺風餘韻。先於是邦而得以具悉夫先生訓誘教詔之詳者，何其幸哉！余於是邦之士，重有以健羨也。伯宗蚤得聞先生之道，故積書以資夫探賾者，要皆先生之訓也。或者謂伯宗種杏，所以慕董奉，是不然。烏有生大賢之鄉，而不爲希賢者乎？慕乎董奉者，余知非伯宗之志也。伯宗世儒家，其先世累擢高科，登顯融。伯宗讀書，能不失其世守，而尤審於軒岐之説，是蓋窮理之一端云。然則謂其專於彼而遺於此，其於書屋，果何謂哉？原忠然余言，請書以爲記。

彭韶《彭惠安集》卷三《梅陰書室記》　東湖何先生歸自淮庠，傳家諸子，而築室隙地以居。室之左右，舊植梅數株，既落實，葉茂密，可蔽赫曦，袪煩歊。先生方積書室中，席陰而讀之，樂焉，題爲「梅陰書室」。

王英《王文安公詩文集·文集》卷三《蒲塘書屋記》　距金谿邑治三十餘里，其地曰「蒲塘」，有山林園池之勝，徐氏世居此。曰宗，字躬厚者，有志力學，別構屋藏書數千卷，名曰「蒲塘書屋」。屬泰安州學正劉君遂志來請，曰徐之先多顯人，以文學出仕者，若富陽尹孟恕、福建按察僉事則寧、泰寧侯師邦範、紹興府學司訓克寬，皆有學、有行、有聲譽，爲時所重，予獲與交焉。躬厚，則寧之從子也，又廣其居，儲書其中，非有志於學者歟！夫士之學也，豈徒務其名哉！於聖賢之書，朝誦暮讀，孜孜不懈，而後有所得。先儒曰，古之君子，無須臾而不學，故其德無須臾而不進。夫德進則業廣，必出而爲天下國家之用，以行其學者也。躬厚以簪纓之胄、家庭之訓，知爲學之道有素，書屋之所貯者，必耴而讀之，究其旨，探其端，掇其華，耴其實，咀嚼其膏味，學得於己，其所施者，必廣且大，振耀於時，以繼美乎前人也必矣，書屋之名，豈不垂之無窮哉！予嘉躬厚力學，而其志必有成也，故記其書屋

以俟。

王褒《王養静先生集》卷八《臨清書室記》　武夷山水之勝甲天下，谿武夷以東，其巖巒秀特，溪流澄徹，蔚爲勝地者尤多焉。甌寧邑之西鄉曰玉溪，其一也。玉溪之族蕃而舊者曰童氏，童之秀而顯出者曰景和氏。景和以永樂四年有司舉孝廉至京師，以母老得告而歸，因闢藏書之室于溪之上，題其楣曰「臨清」。其鄉翰林檢討蘇先生伯厚爲予言：童自李唐以來，世居玉溪，其七世祖諱伯羽，字蜚卿，號敬義先生，子朱子之門人。朱子嘗至其居，題其讀書之樓曰「醉經」。其先君子邦彦父，號韞齋，國朝爲政和儒學訓導。予過其鄉，山水明秀融會，訪其家，詩禮之思藹如也。其臨清書室，子其記諸。夫水，天下之清也，惟水之在地中，無處不有，無往不同，即之可以燭鬚眉，俯之可以數沙石，湛然不撓，瑩然不昧，與有道者之心無少異焉。或曰：水之清可見也，心之清可見歟？曰：是非邪正之出諸口，不能逃乎耳；善惡公私之著於迹，不能掩乎目。水之清，止於見；心之清，則舉其聞而知之。故孔子聞孺子歌曰：「滄浪之水清兮，可以濯我纓；滄浪之水濁兮，可以濯我足。」以清濁纓，濁濯足，自取之也。景和藏脩玉溪之上，朝斯夕斯而得其清之體者，在彼則有感於吾心，將不爲物欲所撓，以取夫清之用，蓋亦聞伯夷之風而興起者焉。後日予舟過武夷山下，當從事景和杖屨末，一嗽玉溪之流，載臨室居之清，以問洗心之學。毋以我不相知，漫記姓名于不將爲溪上先容焉。

又卷一〇《廉江書室記》　爲臺榭以備歌舞，可謂樂矣，非其道也。爲庫藏以貯貨財，可謂富矣，非其教也。爲庖厨以治膳羞，可謂適矣，非其禮也。爲池館以結交遊，可謂壯矣，非其恒也。合於道可以教，中於禮可以恒，其唯爲屋宇以事經籍者歟！夫經以明理，籍以記事，總謂之書也。士君子窮理，則心志正，性情和。記事則識見明，思慮遠。雖無歌舞之美，其道可樂也。雖無貨財之積，其教可富也。雖若無膳羞之味，交游之快，其禮可適，其恒可壯也。此爲屋宇以事經籍，其與爲池館、臺榭、庫藏、庖厨以居交游、歌舞、貨財、膳羞，相去奚翅千百！予於廉江書室有所取云爾。谿閩郡南行三舍而遠，濱江成村，巷陌縈迴，宅舍周密，花木映帶，其地曰「廉江」，趙清惟本家焉。其家之偏，構屋數楹，藏書萬卷，將以爲子姓之訓，因其地曰「廉江書室」。惟本游京師，謁予記。予惟藏書之有室，與書之有益於人者舊矣。而世之樂聲色者，樂極則哀；富貨財者，財匱財貧；嗜滋味者，味厚則毒；廣交游者，勢落則去。必然之理也。惟能讀書數卷，可以立身；窮經一帙，可以成名。則書室之澤可謂弘且遠矣。爲趙之子姓，登其堂，入其室，讀父祖之書，當思士君子所以立身成名之道，則不負書室之意，庶幾有徵於予言。惟本讀書明理，克家子也，其嚴君子年，又以學行徵爲吴江、婺源兩邑簿，出使交趾，其家教有自云。

葉盛《水東日記》卷一五　餘慶藏書閣色色已具，不幸中遭擾亂，迄今未能建立。吾寢食未嘗去心，若神明垂祐，未死間或可遂至。萬一賫志及泉，汝輩切宜極力了之，至祝至望。此閣本欲藏左丞所著諸書，今族人又有獲取庵中供贍儲蓄及書籍者，則藏書於此，必至散亡，不若散之於家。止爲佛閣，畧及奉安左丞塑像可也。此事本不欲書，然勢不可不告子孫，言及於此，痛心霣涕而已。

倪謙《倪文僖集》卷一三《墨莊記》　人恒以田爲莊，未嘗聞以墨者。蓋田，衣食所藉以出，故莫不竭終歲之勤，以爲廩庾之積、絲臬之儲，至有連阡陌、跨郡邑而不以爲多者，利之所在故也。至於墨，饑不可以爲食，寒不可以爲衣，而宋静春劉先生之家乃聚書千卷，謂爲「墨莊」，若與田疇之富者争雄。迨及後人宣泰居新淦覽岡，復能修其業而不少墜，不已迂乎！殊不知田之多者，人力或有不齊，旱澇蝗蝻或有不時，則秋成之穫也失望。而況厚藏者，大盗之餌；沃壤者，勢家之資。苟子孫孱弱而不能守之以義，其不轉爲他人之有者，鮮矣。故當静春之時，其富埒封君，固不知其幾家！今能保其舊莊，而獨存者果何人也？而惟先生之莊，無人力之擾、旱澇蝗蝻之虞，無大盗之窺、勢家之欲而子孫緝遺編、理陳帙，致使其墨越數百載而無恙，其所穫果孰少而孰多耶？然莊之所以無恙，由畊者之相仍也。聞宣泰之曾祖伯昂嘗畊乎是而得河南文學，祖永誠繼起而畊之，父與壽復起而畊之，今之畊則宣泰也。朝畊以舌，暮畊以筆，以精神爲畚鍤，以心思爲耰鋤，墾其荒蕪，芸其稂莠，而義理之生，森然日以滋長。宣泰穫而有之，含咀其英華，佩服其仁義，則世之膏粱文繡舉不足以動乎其中矣。楊子曰「耕道而得道」，其斯之謂歟？由是而知宣泰所穫於墨者，固已斂諸方寸，而爲子孫之耕，夫豈不又有餘地也哉？兹宣泰來游京師，徵言爲記。予故爲舉其異於以田爲莊者以告。他日倘得南翔，過君之莊，肯許暫畊其間，願執耒耜以從。

夏良勝《（正德）建昌府志》卷一一　藏書閣在麻源三谷，元學士程鉅夫建。其自銘曰：前數千載在方册，如見其人。後數千載有方册，此心此身，孰不靈於物？迺謂席珍，孰匪秉彝？而曰「覺斯民」，吾愛吾廬，豈以專壑？讀書名山，尚友先覺。方丈瀛洲、玉室金堂，遠莫致之，吾有華岡，插架非藏，佔畢非讀，咨爾朋來，問津三谷。

何喬新《椒邱文集》卷一四《竹坡記》 出廣昌西門三十里，其鄉曰興城，其里曰仁壽，大姓曾氏世居焉。曾之彦曰惟學，温恭好禮，痛斥豪華之習，以詩書文史自娱。晚益厭薄喧囂而樂閒静，偏卜里中，以爲隱身之所。得勝地焉，坡陀蜿蜒，溪澗澄澈，武陵金鰲之峰峙其東，獅嶺龍穴之山環其西，芙蓉金屏之岫亘其北，仙人秀嶺之巘拱其南，實一里最佳處。乃作屋數十楹，前爲禮賓之堂，後爲寢休之室，左右爲藏書之齋，種竹數千箇以爲屏蔽。翠雲蒼雪，浮動几席，因命之曰「竹坡」，而自號「竹坡迂老」。其言曰：「古之君子，於物無所好。其有所好者，蓋有取爾也。陶元亮之好菊，宋廣平之好梅，牛奇章公之好石，彼豈有聲色臭味之可好哉？蓋有所取焉耳。竹之爲物，非有梅、菊之芳，亦非若石有瑰奇之觀，今吾種竹如是之多，而且以自號者，心與之契而有所取爾。今夫春陽方動，羣卉紛敷，而吾竹淡然自若，有似守道君子，利禄不能動其心者，伯夷之清，徐孺子之介，蓋有類焉。及夫窮冬沍寒，萬木摧折，而吾竹挺然特立，有似忠臣烈士，刀鋸不能奪其志者，顔常山、張睢陽之忠節，蓋有類焉。吾生也晚，於四君子者雖慕之不可得而見矣。八窻洞開，静對吾竹，猶彷彿見四君子之風度焉。屈子頌橘有曰『行比伯夷，置以爲像』，吾之於竹，猶屈子之於橘也，唯學問過予。」道其言且請爲之記。予謂知者樂水，意不在水也，取其周流無滯，有契吾之智矣。仁者樂山，意不在山也，取其厚重不遷，有契吾之仁耳。世之好竹者，取其中虚外直而已。而子之好竹，乃有出於虚直之外者，豈尋常之見所及哉！遂爲之記。

方逢時《大隱樓集》卷一〇《大隱樓記》 大隱樓，樗野散人藏書之所、遊息之處也。古之人有言，大隱在朝市，小隱在山林，野人心慕焉。又野人無山林業，先人敝廬介在城市，故以名之云爾。嗟乎！野人未能即隱也，野人束髮登仕版七年，歲在己酉而樓始克成，塗塈未畢，即褰裳而去，滯吴越，遊幽燕，巡嶺海，剖符授鉞於遼海雲谷之間幾三十年，神勞形倦，壯心灰冷矣。中間率數歲，始得一歸省，不旬月輒辭去。而山林雲樹之勝、風花魚鳥之適，賓朋琴樽之樂，棲薄天涯，徒厪夢想。今年始衰，尚未知税駕之所，悠悠斯隱，知復何時！抑嘗聞之君子之隱不同，有心隱，有身隱。東方曼倩避世金馬門，非心隱乎？子牟身在江湖，心戀魏闕，非身隱乎？野人心隱久矣，造物者其將憫予心，逸我以老，隱身斯樓，吟風弄月，如古擊壤之民，以觀太平之盛乎？則大隱之樂且無疆也。謹記之以俟。

陸深《儼山集》卷五三《緑雨樓記》 陸子卜居長安，爰得高樓碩柱勁梁，下爲三室，悉牖其南，高明静虚，是故夏涼而冬温也，以奉吾母。吾母喜深退，而亦喜登兹樓以望焉。面臨廣園，南風徐來，城堞蜿蜿，自東直趨，而正陽、宣武二門卓立相向若兩山。然西山隱起半空，彎環奔鬬，吐抹雲雨，變態立異。迴睇崇文，若孤峰插霄。平晲則緣城卉木，高低隱映，萬瓦鱗次，如陳几案，都城之異境也。背負巨槐，團欒扶疎，壽可百歲，偃覆簷際。每朝暾初起，則浮緑滿樓，動揺不散，因摘古詩「緑槐疎雨」之句，命之曰「緑雨」，蓋將於此息焉。樓既高爽，又洞中含風，於燕處不宜，乃障其東偏一楹，覆以承塵，飾以越楮，既具而純白焉。純白曰「素」，素存而天下之變其矣。《傳》曰：「素位而行。」故命之曰「素軒」。又障其后爲小室，啟一户與軒通，中設木榻一、棐几一、古琴一、銅香鼎一，左居圖，右架史，正覆槐處也。北爲兩牕，槐幹肖龍，每欲闖牕而入。煩暑時，於是讀書納涼。蓋樓至此窮矣，有潛之義焉，故命之曰「潛室」。又啟一户，折而西通中霤，榜曰「書窟」，廣可五尺，長丈有咫，穴北壁以取明，雜藏書二千卷，斯樓之大觀云。素軒之東二楹可娱賓時享，牕之外有露臺，可眺、可坐、可翫月，或二三良友可觴咏，有闌可箕踞而憑，其下有棗，當離離時可掇而啖也。吾之取於兹樓備矣。夫雨，及時也；素，正行也；潛，毓德也；窟，厚蓄也。尚冀無負於兹樓焉！

楊慎《丹鉛總録》卷一五《王鍇藏書》 前蜀王氏朝僞相王鍇，字鱣祥，家藏書數千卷，一一皆親札，并寫藏經。每趨朝，於白藤擔子内寫書，書法尤謹。至後蜀孟昶，又立石經於成都。宋世書傳，蜀本最善。以此五代僭僞諸君，惟吴、蜀二主有文學。然李昪不過作小詞、工畫竹而已，孟昶乃表章五經、纂集《本草》，有功於經學矣。今之《戒石銘》，亦昶之所作。又作《書林韻會》，元儒黄公紹《韻會舉要》實祖之，然博洽不及也，故以《舉要》爲名。余及見之於京師，惜未暇抄也。

歸有光《震川集》卷一五《遂初堂記》 宋尤文簡公嘗愛孫興公《遂初賦》，而以「遂初」名其堂，崇陵書扁賜之，在今無錫九龍山之下。

王世貞《弇州四部稿》卷七五《菉竹堂記》 故吏部侍郎崑山葉文莊公，以學行政術高英憲間，爲世名臣。公生平無他嗜好，顧獨篤于書，手抄讐至數萬卷，將爲堂以藏之，意取《衛風・淇澳》問學自修之義，名之曰「菉竹」。而公故潔廉，鮮羨裝足潤，又家於官以殁。公之諸子孫曾教諭郡丞某某輩，雖代習公書，至稱聞人有官秩而守公之清白，力不能任構。天下之士因公書而望公之堂，比於魯孔氏之壁，其菉竹比於召伯之蔭，時想見其爽塏窈密、青葱峭蒨之狀，流潤涵碧於笈縢緗素間，而不知公之所謂「堂」與「菉竹」，固無有也。蓋公殁踰百年，而其玄孫鄉進士伯寅，乃始因故居地而拓其右爲堂以居公之書，用公之舊署以榜之，獨所謂竹者尚未

及樹。而前軒後廡，其陽可以承日，其陰可以蔽風雨。蓋至是，而公之所遺書始翼然得其職，而不辱於帷房圊湢之地。伯寅益旁購古文奇帙，得數百千卷副之，意未已也。諸與伯寅善者，登公堂而親於其所謂「爽塏窈密」者，其青葱峭蒨雖不可遽得，然覩榜署而思勁節栗色。至讀其所遺書，則又未嘗不若承公之謦欬而窺其寄也！公視裴晉公、李太尉，不知其名德所軒輊，年位小輕耳。晉公之堂曰綠野者，太尉之花木竹石於平泉者，其宏麗奇壯瑰怪甲天下，亦何嘗不祝其長爲兩家守，然不再易世而堂冒他氏，花木竹石不脛而趣貴人之垣，而卒不能有也。伯寅所構堂，毋論視晉公十一；其竹之植與否，亦毋論若平泉。而文莊公之遺書，百年而愈益拓其副；所名堂，歷五世而愈益顯。固爲公後者之才而賢，毋亦公不盡取天地之有以使可繼，不遽爲一時之滿以使可加益耶！予深有慨焉，故不辭伯寅之請而爲之記。若夫顧名思義，以進於武公比德之旨，是在伯寅矣！是在伯寅矣！

胡應麟《少室山房華嚴》卷二　案：古所稱小西山上石穴中有書千卷，相傳秦人於此學，因留之。故梁湘東王文有云「訪西陽之逸典」，見《荊州記》甚詳。一曰藏書之所，有大西、小西二山，在楚、蜀間，今宣撫之所由名。而段成式之著書謂之《西陽雜俎》者也。惟敬之所標，當亦云是。余因以慨夫七雄之前，蓋不惟周之藏史爲老聃之所掌者，而名山奧窟如宛委、石簣、禹穴、洞庭之類，其靈文秘檢，往往有之，第既爲造物之所悋惜，而人間之蹟困於漆書、竹簡而未易廣。

彭大翼《山堂肆考》卷一二四《曹氏書倉》　《拾遺記》：魯人曹曾，本名平，慕曾參之行，改名曾。家多書。及世亂，曾慮先文湮滅，乃積石爲倉以藏書。世謂「曹氏書倉」。

又《田氏書樓》　唐田弘正爲魏博節度使，封沂國公。樂聞前代忠孝之事，于府舍起書樓，聚書萬餘卷。視事之隙，與賓佐講論古今賢行可否。後周張昭遠積書萬卷，以樓藏之。宋孫抃，字夢得，眉山人，六世祖長孺，喜藏書，爲樓置其中，蜀人謂之「書樓孫氏」。

汪琬《堯峯文鈔》卷二三《傳是樓記》　崑山徐健菴先生築樓於所居之後，凡七楹間，命工斲木爲橱，貯書若干萬卷，區爲經、史、子、集四種。經則傳注、義疏之書附焉，史則日録、家乘、山經、壄史之書附焉，子則附以卜筮、醫藥之書，集則附以樂府、詩餘之書。凡爲橱者七十有二。部居類彙，各以其次；素標緗帙，啓鑰爛然。於是先生召諸子登斯樓而詔之曰：「吾何以傳女曹哉？吾徐先世，故以清白起家，吾耳目濡染舊矣。蓋嘗慨夫爲人之父祖者，每欲傳其土田貨財，而子孫未必能世富也；欲傳其金玉珍翫、鼎彝尊斝之物，而又未必能世寶也；欲傳其園池臺榭、舞歌輿馬之具，而又未必能世享其娛樂也。吾方以此爲鑑，然則吾何以傳女曹哉？」因指書而欣然笑曰：「所傳者惟是矣。」遂名其樓爲「傳是」。而問記於琬，琬衰病不及爲，則先生屢書督之，最後復於先生曰：甚矣！書之多厄也。由漢氏以來，人主往往重官賞以購之，其下名公貴卿又往往厚金帛以易之，或親操翰墨，及分命筆吏以繕録之，然且裒聚未幾而輒至於庋佚，以是知藏書之難也。琬顧謂藏之之難不若守之之難，守之之難不若讀之之難，尤不若躬體而心得之之難。是故藏而弗守，猶勿藏也；守而弗讀，猶勿守也。夫既已讀之矣，而或口與躬違，心與迹忤，采其華而忘其實，是則呻佔記誦之學所爲，譁衆而竊名者也，與弗讀奚以異哉？古之善讀書者，始乎博，終乎約。博之而非誇多莣靡也，約之而非保殘安陋也。善讀書者，根柢於性命而究極於事功。沿流以溯源，無不探也，明體以適用，無不達也。尊所聞，行所知，非善讀者而能如是乎？今健菴先生既出其所得於書者，上爲天子之所器重，次爲中朝士大夫之所矜式，藉是以潤色大業，對揚休命，有餘矣，而又推之以訓敕其子姓，俾後先躋巍科，取膴仕，翕然有名於當世。琬然後喟焉太息，以爲讀書之益弘矣哉！循是道也，雖傳諸子孫世世，何不可之有？若琬則無以與於此矣，居平質駑才下，患於有書而不能讀，延及暮年，則又跧伏窮山僻壤之中，耳目固陋，舊學消亡，蓋本不足以記斯樓。不得已勉承先生之命，姑爲一言復之，先生亦恕其老誖否耶？

高士奇《續編珠》卷一《柳篋曹倉》　《唐書》：柳璨少孤貧，好學。光化中，登進士，遷左拾遺。公卿朝野託爲牋奏，以其博奥，目爲「柳篋」。《拾遺記》曰曹曾慮先文湮没，乃積石爲倉，以藏書。故謂「曹氏書倉」。

李紱《陸子學譜》卷一二《弟子七・事蹟》　許中應，里居、官階莫可考。陸子知荊門軍時，中應爲鄂州教授，師事陸子，信道甚篤。陸子之卒，喪過鄂州，中應爲文以祭，推本心之原，排支離之失，其略云：「是理流行，宇宙之彌，卑不間於樵牧，皆可得而與知。自條理之科不續，一何名世之稀？蓋所以見吾夫子者，未至如曾參之皜皜，而詖淫邪遁，不能如孟子之無疑。則皆未免隨揣摩之形似，困聞見之支離，雖勉强以力行，徒爾增附益之私。公以間氣而自得師，獨乎大，天淵之無際；洞乎微，芒芴之無遺。混混乎由源而達委，鼎鼎乎自榦而敷枝。故言動無一之不實，而表裏不至乎相違。豈非合彼已於一源，貫幽顯而同歸者乎？若乃察此理之公，共謂先覺者爲後覺之資；彼絶物者不仁，雖狂鄙皆在於扶持。開晃耀於蒙昧，

出荆棘於平夷。的然顛末之無舛，二三子亦有立於斯時。即所慮之有證，尚安得以佛、老之空談而病之哉？」其生平學術議論恪守師説，薛象先、蔡季通等皆推許之，而不知者疑其脱略載籍。其實陸子之所以教與中應之所以學，皆非專求於心而不讀書也。陸子嘗謂束書不觀，游談無根，所以教人讀書之法甚備。而中應在鄂州亦建閣藏書，名以「稽古」，則其師弟子之讀書可知已。建閣時陸子已卒，遂因季通求朱子記之。朱子惑於人言，猶以脱略載籍疑中應，《答季通書》云「長沙之行，幾日可歸？閣記不敢辭，但恐病中意思昏憒，未必能及許教未替前了得耳。向見薛象先盛稱其人，今讀其書，乃知講於陸氏之學者。近年此説流行，後生好資質者皆爲所擔閣壞了」云云。其後爲記，亦用此意，詆爲己之學，謂無事外求爲非其實。中應現在作藏書之閣，名以「稽古」，乃反以爲不讀書則當面屈枉人矣。且閣記所謂挾册讀書，誇多鬪靡，以爲利禄之計者，雖朱子亦不取也。此時陸子初卒，「無極」争辨之憤未平，故語意猶我牴牾。明年，紹熙四年，爲《福州州學經史閣記》，則全合於陸子之教，謂「古之學者無他，明德新民，求各止於至善而已」。夫其所明之德、所止之善，豈有待於外求哉？又曰：「聖學不傳，世之爲士者不知學之有本，而惟書之讀，則其所以求於書者，不越乎記誦訓詁文詞之間，以釣聲名、干利禄而已。是以天下之書愈多，而理愈昧。學者之事愈勤，而心愈放。辭章愈麗，議論愈高，而德業事功愈無以逮乎古人。非書之罪也，讀者不知學之有本，而無以爲之地也。」既爲此記，又《與林德久書》云：「近覺向來所論於本原上甚欠工夫，間爲福州學官作一説發此意，即此記也。」朱子自五十二歲聞陸子鹿洞講義，即追悔從前所學溺於章句之非，詳見於《劉子澄書》，深懲痛省，不一而足。至五十六歲，因「無極」之辯，又復忿争，見之筆墨，痛詆陸子，至爲《福州經史閣記》，則陸子已没，氣平心定，然後知本原上甚欠工夫，而記誦訓詁之不足以爲學也。自此以後，見之筆墨可考者，一以尊德性、求放心爲主，終身無復異詞。所謂朱子晚年合於陸子，豈非灼然而不容誣也哉？

袁枚《小倉山房詩文集・文集》卷二九《所好軒記》 所好軒者，袁子藏書處也。袁子之好衆矣，而胡以書名？蓋與羣好敵而書勝也。其勝羣好奈何？曰：袁子好味，好色，好葺屋，好遊，好友，好花竹泉石，好珪璋彝尊、名人字畫，又好書。書之好無以異于羣好也，而又何以書獨名？曰：色宜少年，食宜饑，友宜同志，遊宜晴明，宫室花石古玩宜初購，過是欲少味矣。書之爲物，少壯、老病、饑寒、風雨，無勿宜也。而其事又無盡，故勝也。雖然，謝衆好而暱焉，此如辭狎友而就嚴師也，好之僞者也。畢衆好而從焉，如賓客散而故人尚存也，好之獨者也。昔曾晳嗜羊棗，非不嗜膾炙也，然謂之嗜膾炙，曾晳所不受也。何也？從人所同也。余之他好從同，而好書從獨，則以所好歸書也固宜。

余幼愛書，得之苦無力。今老矣，以俸易書，凡清秘之本，約十得六七。患得之，又患失之。苟患失之，則以「所好」名軒也更宜。

錢大昕《潛研堂文集》卷二一《抱經樓記》 四明古稱文獻之邦。宋元之世，攻愧樓氏、清容袁氏，藏書之富，甲於海内。明代儲藏家則有天一閣范氏，而四香居陳氏、南軒陸氏次之。然聚多易散，唯范氏之書，巋然獨存，浙東西故家，莫能逮焉。

盧君青崖，詩禮舊門，自少博學嗜古，尤善聚書，遇有善本，不惜重價購之，聞朋舊得異書，宛轉借抄，晨夕讎校，搜羅三十年，得書數萬卷，爲樓以貯之，名之曰「抱經」，蓋取昌黎《贈玉川子》詩語。

樓成，屬予一言記之。予唯經之義取乎治絲，制布帛者，聚衆絲而積之，使其有條不紊，是之謂經。然後以緯緯之，縱横往復，雜而不越，而文采生焉。《易》、《書》、《詩》、《禮》、《春秋》，聖人所以經緯天地者也，上之可以淑世，次之可以治身，於道無所不通，於義無所不該。而守殘專己者，輒奉一先生之言，以爲依歸，雖心知其不然，而必强爲之辭。又有甚者，吐棄一切，自夸心得，笑訓詁爲俗儒，訶博聞爲玩物。於是有不讀書而號爲治經者，并有不讀經而號爲講學者。宣尼之言曰：「君子博學於文」；顏子述夫子之善誘，則曰「博我以文」；子思作《中庸》曰「博學之，審問之」；孟子之書曰「博學而詳説之」。夫聖人删定六經以垂教萬世，未嘗不慮學者之雜而多歧也，而必以博學爲先，然則空疏之學不可以傳經也審矣。凌雲之臺，非一木所造；文綉之衣，非一絲所成。好古敏求，多聞擇善，夫子所以，焉不學也。自古豈有原伯魯之徒，而號爲經師者乎？青崖有獨抱遺經之志，而先之以聚書，可謂知所本矣。

曩予在京師，與君家召弓學士游。學士性狷介，與俗多忤，而于予獨有水乳之投。學士藏書萬餘卷，皆手校精善，而以抱經自號。青崖與學士里居不遠，而嗜好亦略相似，浙中有東西抱經之目。兹樓之構修廣，間架皆摹天一閣，而子孫又多能讀書者，日積而月益之，罔俾范氏專美於前，是所望也。

又《五硯樓記》 袁子又愷向居金昌亭畔，題其讀書之室曰三硯齋，予嘗爲之

題扁。三硯皆其先世所詒，一爲介隱先生物；一爲謝湖草堂硯，則尚之先生物；一爲列岫樓硯，則永之先生物也。丁巳歲，青浦王侍郎以所藏清容居士硯贈又愷，錢唐奚鐵生爲作《歸硯圖》，一時侈爲嘉話。未幾，又得谷虛先生廉吏石硯，并前所藏而五。是夏，又愷移歸楓橋舊居，甫卸裝，即謀藏書之所，唯兹樓宜，乃奉先世手澤及古今載籍，收藏唯謹，名其樓曰五硯，屬予記之。

袁氏四姓五公，著於東漢。晉南渡後，門望亞於王、謝。吴中之袁，則自明嘉靖「六俊」以文行相砥厲，與「三張」「四皇甫」齊名，迄今三百年來，詩禮之傳，久而未替。又愷承其父兄之緒，益以通經敦行，孟晉匪懈。凡先世遺迹流轉它姓者，輒重價購歸，弆之斯樓。生平篤好文史，聚書數萬卷，多宋元舊槧及傳鈔祕本。暇日坐樓中，甲乙校讎，丹黄不去手。予嘗論世少藏書之家，藏矣未必能讀，讀矣未必能校，能讀且校矣，而或矜己妒彼，如許慈、胡潛所爲，亦未免通人譏議。獨又愷兼三美而無一病，予心重焉。

其樓四面洞達，迥出埃壒。靈巖、天平之紫翠，望之如可摘也；支硎、法螺之鐘磬，招之若相答也。前俯澄碧，旁植花竹。挹風土之清嘉，屏絲管之嘈雜。予蓋嘗裴回徙倚焉，而不能去也。列岫樓久廢，今無能指其所在者，而硯尚存。斯樓主賓文酒唱酬之盛不減於曩時，此吴中世族所難得者，予所以樂爲記也。

汪啓淑《水曹清暇録》卷二 江浙藏書家，向推項子京白雪堂、常熟之絳雲樓、范西齋天一閣、徐健菴傳是樓、朱竹垞曝書亭、毛子晉汲古閣、曹倦圃古林、鈕石溪世學堂、馬寒中道古樓、黄明立千頃齋、祁東亭曠園。近時則趙谷林小山堂、馬秋玉玲瓏山館、吴尺鳧瓶花齋，及予家開萬樓。

又卷四 寧波府城内天一閣，明嘉靖時范司馬東明藏書處也。予因祝吴軍門進義壽，至其地，偕全編修祖望，曾登覽焉。隣人相傳閣上常有光怪，書雖富，而蟲傷鼠嚙者甚多。

吴騫《尖陽叢筆》卷五 馬衎齋上舍居插花山下，築道古樓，藏書之富爲時所稱。晚年業爲之消，然嗜古不少衰。其《花山寫懷詩》有云：「近來常算郇翁富，賣與山田得買書。」風致可想。按：周公謹稱其先人酷嗜書，至鬻其負郭以供筆扎之用，詩語蓋本于此。

洪頤煊《台州札記》卷五《慶善樓》 《赤城志》：慶善里在縣西北，舊名迎恩。因陳貽範有藏書樓曰慶善，後同弟貽序中第，子師恭亦舉行，故改今名。《宋史·藝文志》：《慶善樓家藏書目》二卷，臨海陳貽範著。明王褘《萬卷樓記》：臨海陳氏有藏書之樓曰萬卷樓，陳氏世儒家，五季時自金華來居縣西之松里，族大以蕃，衣冠相繼。至宋，少卿府君始即所居作樓藏書，逮其諸孫大著府君復新之。入國朝大德間，大著之季待制府君又新作之，而聚書益多，皆其後人。待制名剛中，字勿齋，《元史》有傳。松里即慶善里，在縣西四十五里。

顧廣圻《顧千里集》卷六《與古樓記》 甚矣人之囿於今也，身之所接而心與之化，及其既深，動作云爲，聲音笑貌，惟恐有一於今不相宜，若夫古之道苟與今異者，則望望然去之，豈特庸流俗衆實然哉？吾見聲名籍甚之賢士大夫，未之能或免也。陽城張觀察古餘乃以「與古」自名其樓，於是擬議爲説者曰：「是樓也，觀察將以藏其圖書金石之屬，皆古物也，且將於其中脩明經史、百氏、天步、地輿、名物、象數之業，皆古學也，斯樓之所以名歟？」吾則以爲不然，夫物所謂古，則今固多蓄者矣，學所謂古，則今固多談者矣，吾見其於前唱則於後和，于喁邪許，浸假而徧海宇，彼其身之所聚，口之所言，以及筆之所書則彌古，而心之所存則彌今，其究也去古彌遠，而曾未能與古有豪釐之同，仍囿於今而已矣。然則此奚足以知先生哉？夫先生早年成進士，仕宦五十載，其居官也，不激不隨，進未有不難，退未有不易，階級方轉而懸車蹈禮。其立身之古也，百行備脩，恂恂訥訥，不買名聲於天下，而闇然日章。其爲學之古也，高明廣大，無所不通，以躬行心得爲指歸，而博聞强識，退聽焉，施經術於吏治，厥多成效，謝任家居，拳拳於老而教誨，不肯一日廢書自佚也。《儒行》之篇不云乎：「儒有今人與居，古人與稽，今世行之，後世以爲楷。」先生有焉，斯樓之所以名也。是故古物之蓄、古學之談，自其外而觀之，何必不與今人類，而所以蓄古物、談古學者，自其内而觀之，而後知高出乎今人者萬萬也。知乎此，庶幾可以知先生已。不佞獲在下風者廿稔，自惟每因生不諧俗，爲人訽病，而少壯受學，行且六十，猶未逮聞道。兹者，先生進之曰：「吾子可以道古，吾將招子常處吾樓前，子其爲之記。」於是不敢辭，遂書其所見，用告後之來斯樓者。樓在先生僑居秣陵之中正行街宅東北隅云。道光四年歲甲申十月庚申朔，元和顧千里撰。

昭槤《嘯亭雜録》卷四《昌齡藏書》 傅察太史昌齡，傅閣峰尚書子，性耽書史，築謙益堂，丹鉛萬卷，錦軸牙籤，爲一時之盛。通志堂藏書雖多，其精粹蔑如也。今日其家式微，其遺書多爲余所購。如宋末江湖諸集，多公自手鈔者，亦想見其風雅也。

貝青喬《咄咄吟》卷上 天一閣，明兵部侍郎范欽藏書處也。乾隆時，開四庫

館，收録遺籍，生員范懋柱獻祕書七百餘種，高宗純皇帝賜《圖書集成》一萬卷以獎之。蓋收藏之富，甲天下焉。閣在城内月湖畔，適當嗾夷出入之衝。故進兵時，生員范邦畘、范邦瞵、范昇等，稟請曰：「城初陷，遺書幾不保，生等以先澤所在，死守不去，今幸無恙。不日，大兵破城，恐兵勇或不知，願乞執照，預爲禁壓。」將軍乃發給告示而去。

丁申《武林藏書録》卷下《翟氏書巢》 杭城並江而東數十里，村落萬餘，率業糾絲結綫，罕習文辭，獨揚嘉橋翟氏一門，以詩書鳴，而晴江尤稱彪怒。自注：「彪怒」，疑爲「彪休」，盛怒狀。稽康《琴賦》「觸崖觝隈，郁怒彪休。」晴江名灝，字大川，乾隆甲戌進士，官金華府教授。其居室榜曰「書巢」，山經地志、稗史説部、佛乘道誥，靡不儲庋。既漁獵之，又弗炙之。所著《四書考異》、《爾雅補郭》、《湖山便覽》、《艮山雜志》、《通俗編》、《無不宜齋詩集》，可以徵其淵博矣。自記曰：「齋之東有軒三楹，周列庋閣，儲書檢閱。余不暇收拾，横斜累疊，有似乎鵲之巢，因自命曰書巢。」杭世駿記曰：翟子榜其齋曰書巢，規爲圖，環堵之室，而卷且盈萬，屬余爲記。巢之名不在於釋宫，比於燕之壘，鶵鳩之房，鷦鷯之一枝，義無所取，取其棲憑焉爾。仰而矚巢也，俯而窺書也，空洞無一物，外户而不閉。義何所取？取其貪人之所不争，竊盜之所不顧焉耳。巢則曷以名書？示所重也。沈遼「雲巢」、林憲「雪巢」、徐陰「海棠巢」，然且不免乎逐耳目之好，「書」則居之安樂而玩，浸淫焉而益人神智，故重之。重其書，所以重其巢也。書則曷以名巢？無翼而飛、不脛而走者書也。勞之則聚，逸之則散，朝斯夕斯，寢斯饋斯，若終老之菟裘，若栖心之精舍，既以巢書，亦以巢翟子也，故曰書巢也。翟子無他嗜，亦無他營，慥慥乎排纘而編輯之，莊乎正襟危坐而雒誦之。忘憂忘食，勉焉日有孳孳，而不知老之將至。或曰：「嘻！甚矣乎翟子之愚也！雀耕於東郭之野，穫之挃挃，積之栗栗，發其窖藏，可以穀婦子，可以徵貴賤，操奇贏以自饒。翟氏世家郭外，桑柘繞屋，蠶績盈筐，抱布而貿，嚮緯籰而紡，弄機杼而織，可以衣被一屋，可以大庇寒士。不是之務，書積而室不寬，書益而財日損，雖至愚者不爲，而謂翟子甘心而不悔乎！」或曰：「翟子處若忘、行若遺，貌誠類愚，徐而察其術，壹似夫小癡而大黠者。何也？翟子所與偕、所與遊、所與歲時伏臘黨酺而蜡飲者，皆鄉之人也。使翟子棧齴以架壑，淵濼以規陂，畜文魚，蒔美竹，飾犧尊，列雁壺，絃瑶琴，絙寶瑟，設百步之障，縣九華之鐙，于時鼓鼓，于時考考，皆鄉人之耳目所未嘗經也。視聽眩轉，心志迴易，不召而赴者且日三四至焉。叫者嗷者，謼者踞者，號呶而索飲者，跳踉下上，獲雜乎斯巢之中，翟子力不能禁，且將加禮焉，而翟子倦矣。書則世之人之所不欲觀者也，鄉之人以爲獲石田而無所用之也。亦既覯止，若鐘鼓之享爰居，不驚駭而卻走者希矣。翟子從容宴處，無應對之煩，無絲毫之費，坐享南面百城之樂，揖聖賢於千載之上，禦流俗於千里之外。翟子之書巢成，而翟子之計得矣。」余嘗造焉，不知翟子所讀何書也。示餘詩，驚怖其言猶河漢而無極。與之言，與鄉之人所言頗不類，且與城之儒衣而蠶步者所言亦不類，則書之所益大也。乃知翟子愚於貌，而不愚於心；愚於生計，而工於言也。而或人不知，或則以爲愚矣，又或則以爲狡矣，是鄉人之愚且狡者之言也，而翟子倜倜乎遠矣。

又卷末《知不足齋》 鮑廷博字以文，號渌飲，晚號通介叟，歙諸生。父思詡，娶於仁和顧氏，因家杭州。嘉慶十八年恩賜舉人。乾隆癸巳，詔開四庫館，采訪遺書，渌飲命子仁和監生士恭進其家所藏書六百餘種，蒙賜《古今圖書集成》一部，又刊所藏古書善本，成《知不足齋叢書》三十集，士恭旋蒙恩賞給舉人。仁廟御製《内府知不足齋詩》云：「齋名沿鮑氏，《闕史》御題詩。集書若不足，千文以序推。」注云：「齋額沿杭城鮑氏藏書室名。乾隆辛卯壬辰，詔采天下遺書，鮑士恭所獻最爲精夥，内《唐闕史》一書，曾經奎藻題詠。嗣後其家刊刻《知不足齋叢書》，以《唐闕史》冠册，用周興嗣《千字文》以次排編，每集八册，今已十八九集，可爲好事之家矣。」嘉慶癸酉，浙撫復以續刊進，渌飲復蒙恩賞給舉人，卒年八十六。渌飲勤學耽吟，不求仕進。天趣清遠，嘗作《夕陽詩》，甚工，人呼之爲「鮑夕陽」。尤工詠物，如《闌干》云：「有約頻敲花底月，多情時拂柳邊風。」又云：「施朱太赤花應妒，倚玉無人月也憐。」《翦刀》云：「細將楊柳偷裁出，不信春風也學伊。」皆有風致。申按：朱文藻《知不足齋叢書》序云：「吾友鮑君，以文築室，儲書取《戴記》『學然後知不足』之義，以顔其齋。君讀先人遺經，益增廣之，令子士恭，復沈酣不倦，君字之曰志祖，蓋嗜書累葉如君家者，可謂難矣。三十年來，近自嘉禾吴興，遠而大江南北，客有舊藏鈔刻異本來售武林者，必先過君之門，或遠不可致，則郵書求之。浙東西諸藏書家若趙氏小山堂、汪氏振綺堂、吴氏瓶花齋、汪氏飛鴻堂、孫氏壽松堂、鄭氏二老閣、金氏桐花館，參合有無，互爲借鈔。至先哲後人家藏手澤，亦多假録，得則狂喜，如獲重資；不得，雖積思累歲月不休。余館於振綺堂十餘年，君借鈔諸書皆余檢集，君所刻書余嘗預點勘，余與君同嗜好，共甘苦，君以爲知之深者莫余若也。」

國英《共讀樓書目・序》 余早有購藏書籍之志，同治甲子勸同志諸君子共

立宗正義塾。嗣屢蒙恩擢，廉俸所餘，獨以購書。光緒丙子，于家塾構藏書樓五楹，顔曰「共讀」。其所以不自祕者，誠念子孫未必能讀，即使能讀，亦何妨與人共讀。成己成人，無二道也。兹以養疴在里，檢所存書，編成目録，除叢藏暫未列入，現計書三千餘種，二萬餘卷，法帖四百餘册。願嗜古者，暇輒往觀。果各就夫性之所近，諳練其才，擴充其識，將可以濟時局，挽頹俗，儲經邦濟世、安民正俗之學，爲異日報國資，是則余之厚幸而切望也夫。

平步青《霞外攟屑》卷六《玉樹廬芮録・瓠室藏書》 邗江藏書家，乾隆初推玲瓏山館，凡八萬卷。其後，惟瓠室陳氏。陳名本禮，字嘉會，號素邨布衣，淹貫羣籍，世居鈔關門外角里莊，即唐道化里、古清平莊也。收藏至十五萬卷。著有《屈辭精義》、《漢樂府三歌注》後改名《漢詩統箋》、《協律鉤元》、《急就章探奇》，名曰《瓠室四種》。未刻者：《焦氏易林考正》、《揚雄太元靈曜》。年八十卒。子逢衡，字穆堂，府學諸生。中年，移居城中文選巷鄭氏園，易名思園。開讀騷樓，招致東南文學之士，飲酒賦詩，成《讀騷樓詩》初、二、三集，凡千餘篇。著有《竹書紀年集證》五十卷，《逸周書補注》二十卷《思適齋集》中《序》作二十二、《穆天子傳補正》六卷，以上，名《陳氏叢書八種》。《山海經纂説》。未刻者：《博物志考證》，爲晚年定本，辨論尤精核。據顧氏《逸周書補注序》，尚有《隋書經籍志疏證》，未成。道光初元，舉孝廉方正，辭不就。北遊闕里，客萬全施樸齋慕。又自塞外至京師。六十餘，歸里。卒年七十一。一女，無子，嗣兄子韻清。黄右原刻《漢學堂經解》二百餘卷，皆逢衡董其事。

震鈞《國朝書人輯略》卷七《保希賢》 字蘭馨，號杏橋，江蘇通州人，貢生，元丞相保罕之裔。

性嗜書畫，善鑒别。書仿顔魯公，尤工小楷。畫學黄子久。家有逋園，在城西，於東隅構屋數楹以藏書畫。曹地山先生顔其額曰「愛日園」。綴景十二，繪圖作記，一時名公鉅卿題詠倡和，稱其孝養。蓋杏橋尊人，年已九旬外，故雖策名仕版，未嘗出也。

鄭炎《雪杖山人詩集》卷八《遂初堂觀畫記》 盛湖之畫稱雲蒼，自以爲石谷高弟，嘗爲贋本求售，非厚貲不可得。故富商大賈之家煙雲滿堂，而騷人逸士之廬寸山尺水了不可得。終其身藉以温飽，不聞其有裂帛聲也。余居盛湖，聞見不廣，遂以石谷之畫爲真蹟，而雲蒼得其三昧。初不知其本出一手，及愚谷余芳來遊，與予契接者久，觀其所作盡屬天趣，得心應手，皆在煙霞之外。回視雲蒼，固宜應酬商賈，不足入高人之室，而且疑石谷之負虚名於天下也。乙卯七月，予與及申弟訪雅奏妹壻於爛溪，閧飲遂初之堂，賦新詩，焚名香，烹佳茗。山表開子淳還邑，公塋中諸昆季或藏鈎射覆，或譜笛彈碁，羣相談謔，極平生之歡。閲四日，亭午，磬折，出門將登舟而颶風大作，門前五柳學天魔之舞，重湖雪浪，山立雷鳴。舟人爲之股栗，主人復揖而進之堂上。舊有藏書，多古今名畫，於是啟鑰去囊，較聲韻，讀《水經》，摹岣嶁之碑。下春，展玩書畫裝潢者五十餘軸，於中擇其尤淡雅高古者懸之座隅，三浮大白以觴之，而石谷之山水與焉。燈光之下，秀色逼人，神彩百倍，雖列於古名手間，精神自著，不爲他畫所揜。由是鄙雲蒼筆墨不足爲其輿儓，而始信石谷之所以名重於一時也。凡物不急於求售，則無逆就斯人之患，而已之性靈始出，不必踐前人之陳蹟，而自游行於宇宙之間，其精神所聚，自足千古。我觀愚谷每有所作，但於空中結搆，始則臥牀凝思，繼則嘯傲松月之下，徘徊水竹之間，及心有所得，乃滌硯洗筆，閉口懸臂，一筆而成。如張芝之草書，了不可識，非真知音未有不羣怪而聚咻者。此愚谷之所以飢，而雲蒼之所以飽也。然而愚谷既死，寸箋尺幅重若邱山。假令得稼堂先生爲之賞鑒，應在石谷之右，必不至窮餓而死。又愚谷生存時，惜不與之一棹爛溪，甲乙諸畫，爲之指南，而徒令人於風狂浪湧、酒酣燭跋之餘，對石谷而憶愚谷，高愚谷而陋雲蒼。重歎世人之貴耳賤目，棄玉憐珉，而不自知其爲瞽也！爲語諸昆善藏此寶，他日寶林來觀，焉知不反以爲僞乎！

宋廣業《羅浮山志會編》卷一二葉春及《愛日庵記化甫歸善》 《廣雅》：日爲朱明，亦曰耀靈。羅浮有朱明耀真洞。丹丘，日月所常明也。記在觀後。余嘗操斤斧，挾兩黄冠，斬荆棘，狖行，惡覩所謂朱明者哉？日舟而舳之，求無幾矣。山兩肘下，右砠卓起，曰麻姑峰，蒲伏而東，左蜿蜒承之，綰轂其口，環中皆朱明，今庵其左臑也。閩一庵吴先生以學鳴，翩翩五嶽之長，自其子縣大夫下車則戒徒迎，曰：「日强爲吏，羅浮列方祀中，大人棄郡歸，終不以孺子故。千里徼福，四百三十二峰固以請。」先生曰：「羅浮哉，羅浮哉。吾鄉羅仲素先生至而春秋明，羅浮何與？春秋蠶績范冠而羅浮爲之地，吾受經三世矣，吾將驗之。」至則著書若干篇而去。大夫圖所以藏書者，搆堂四筵，左右翼臺，前爲露臺。亭直臺下，由亭而臺，拾級上門。亭之西澗水過之，且以爲新豐云。後惠州兩使君來，大夫以供扉屨從，兩使君曰孝哉令愛其親而及其所嘗遊，宜名愛日。大夫曰：「日强不敏，辭親而仕。使君不以爲討，而錫以嘉名，拜使君之辱。」諸生謝恂、張萱訪余石洞，相與過庵中，問所以名者。兩生，大夫門人也。曰：羅浮故有見日庵，中夜見日。或曰：近取

諸身，蓋神仙家言也。朱明亦有日義。他如兩使君指神仙，罷勿談。羅浮僻在南海，藉令五嶽爲堂皇，九州爲門户，四海爲池，十洲爲别館，奉先生其間，偓佺之倫，時奏眇論，大夫卷韝鞠臄上壽，使羲和按節，踆烏斂翮，魯陽之徒扶轂徐行，爲日幾何？蓋日無窮，人有盡，以有盡遊無窮，此彭祖以久特聞也。故世談愛日，語子則孝，語父則否。余聞天莫明於日，人莫明於心，日拂扶桑，是謂晨明；至於衡陽，暗昧畢照；懸車虞泉，其馬爰息。旦而復旦，與天罔極。君子比德於日，動静不失其時，其道光明，虚靈常覺，是謂自見。夙夜匪懈，是謂自愛。父不能私其子，師不能私其徒，見而人皆見之，愛而人皆愛之。然則先生之來，昨日之日也；返於閩，來日之日也。寧有窮哉！余嘗與先生講於壺山，其出此矣。兩生灑然以告大夫，大夫曰：被髮童子，日月照之則行，不照則止。微葉先生孰與知大人者？

《學部官報》一九〇七年第一四期《咨民政部准予江紹銓租領空地開設博物圖書館文光緒三十二年十二月初二日》　學部爲咨行事。據法部主事江紹銓呈稱擬照章租領東安市場南隅空地一段，自行建造房屋，開設教育博物圖書館，附設教育品製造場圖書館，懇咨行民政部准予租領地基、隨時保護等情到部。相應鈔録原禀，咨行查照可也。須至咨者。

藝　文

《全唐詩》卷三三二羊士諤《酬禮部崔員外備獨永寧里弊居見寄來詩，云「圖書鎖塵閣，符節守山城」》　守土親巴俗，腰章□漢儀。春行樂職詠，秋感伴牢詞。舊里藏書閣，閒門閉槿籬。遥慚退朝客，下馬獨相思。

宋祁《景文集》卷一五《寄題眉州孫氏書樓》　魯簡多年屋壁藏，始營翬棘瞰堂皇。髹厨四匝香防蠹，鏤槧千題縹製囊。定與鄉人評月旦，何妨婢子誦靈光。良辰更此邀清賞，庭樹交陰雋味長。

李廌《濟南集》卷三《經史閣》　方城范晛富而善教子，作經史閣以藏書，諸子皆有時名。屬友人曾緯彦文求詩，爲作此篇。

隱君扁舟離五湖，初聞邑子驚陶朱。多金不用五持術，高閣惟藏萬卷書。牙籤玉軸比四庫，縹帙錦囊過五車。河間闕遺應復購，汲冢蠹簡嗟無餘。碧山學士詳傳業，黄卷古人相與居。謝庭芝蘭信靈秀，竇家椿桂皆芬敷。朱欄翠瓦照空碧，秋山晚林共扶疏。寒溪送月出幽谷，白雲因風生坐隅。道山三館限清禁，山中此樂彼所無。異時聯華陟嚴近，白虎東觀文石渠。願持善本校中秘，毋令後儒爭魯魚。

李綱《梁谿集》卷一五《題李茂舉擁書堂》　小堂深穩據西偏，插架牙籤燦屬聯。萬卷新如手未觸，五經嘲解腹空便。子同蔣詡開三徑，我學揚雄老一廛。歸去梁谿謀築室，隔江相望兩翛然。

陸游《劍南詩稿》卷二一《尤延之侍郎屢求作遂初堂詩，詩未成，延之去國，因以奉送》　印何纍纍綬若若，只堪人看公何樂。忽然捩柁開布颿，慰滿平生一丘壑。遂初築堂今幾時，年年説歸真得歸。異書名刻堆滿屋，欠伸欲起遭書圍。捨之出遊公豈誤，緑髮朱顏已非故。請將勳業付諸郎，身踐當年《遂初賦》。

又卷二六《題老學庵壁》　此生生計愈蕭然，架竹苫茆只數椽。萬卷古今消永日，一窗昏曉送流年。太平民樂無愁歎，衰老形枯少睡眠。喚得南村跛童子，煎茶掃地亦隨緣。

又卷四一《居室甚隘而藏書頗富，率終日不出户》　掩關小室動經旬，蠹簡如山伴此身。百億須彌藏粒芥，大千經卷寓微塵。危機已過猶驚顧，惡夢初回一欠伸。此段神通君會否？聽風聽雪待新春。

又　椰子微軀有百竅，平生風際轉枯蓬。豈知蟬腹龜腸後，更寄蜂房蟻穴中。學儉久判羹不糝，憚煩惟欲寐無聰。積書充棟元無用，聊復吟哦答候蟲。

又卷七二《寄題龔立道崑山樓閑堂》　我居山陰古大澤，出門尚恨風煙迮。欲求曠快舒眼力，夢中去作樓閑客。樓閑主人計不疎，萬卷讀盡家藏書。平時不喜入城府，況肯自屈承明廬！聽雞束帶誰不爾？明時可仕君獨止。不妨借地作園林，買山豈是巢由事？園廬皆借地營之。

又卷七四《題唐執中書樓》　吾州唐子他州無，閉户偏讀家藏書。志氣頗聞已山立，神仙固自多樓居。終日坐忘對燕几，有時出遊騎蹇驢。人生如此自可爾，勿羡新貴高門閭。

朱熹《晦庵集》卷七《次沈侍郎游楞伽李氏山房韻》　喜陪後騎陟崔嵬，竹裏泉鳴古寺開。吟罷蘇仙頭白句，天風更送好詩來。天聰已許一言悟，年少懸知萬卷開。珍重當時讀書處，低回空有後人來。

又《楞伽院李氏山房在折桂西十里，李公擇讀書處，有東坡記文、詩刻、枯樹、墨跋》　躡石循急磵，穿林度重岡。俛入幽谷邃，仰見奇峯蒼。李公英妙年，讀書此雲房。

一去上臺閣，致身何慨慷！蘇公記藏書，文字有耿光。餘事亦騷雅，戲墨仍風霜。兩公不歸來，歲月忽已荒。何用建遺烈，寒泉薦孤芳。

又卷四《寄題劉陽李氏遺經閣二首》 老翁無物與孫兒，樓上牙籤滿架垂。更得南湖親囑付，歸來端的有余師。 讀書不見行間墨，始識當年教外心。箇是儂家真寶藏，不應猶羡滿籯金。

又卷八五《藏書閣書厨字號銘》 於穆元聖，繼天測靈。出此謨訓，惠我光明。永言寶之，匪金厥籯。含英咀實，百世其承。

張栻《南軒集》卷二《賦遺經閣》 生世豈云晚，六籍初未亡。向來言外旨，瞠視多茫茫。隱微會見獨，如日照八荒。始知傳心妙，初豈隔毫芒。絶學繼顔孟，淳風返虞唐。讀書無妙解，數墨仍尋行。況復志寵利，荆榛塞康莊。自云稽古功，此病真膏肓。君家屹飛閣，面對羣山蒼。匪爲登臨娱，牙籤富書藏。邀予爲着語，會意詎可忘。一洗漢儒陋，活法付諸郎。

陳傅良《止齋集》卷六《題范秀才萬卷堂》 雅尚時相背，幽棲我數過。兒應看客慣，田孰與書多。自析唐郴縣，誰聯漢甲科。儒門今有此，天意定如何。

趙蕃《章泉稿》卷一《題喻氏萬卷樓》 今人藏書務書多，昔人讀書病書少。藏書不讀竟何用？歲老財供蠹魚齩。俞君命意何其賢，藏書讀書兩相兼。有樓不肯貯風月，名以萬卷非徒然。我今百念空如水，祇有耽書心未死。爲君作詩豈無意，一鴟時送從兹始。

張堯同《嘉禾百咏·趙老園》 藏書幾萬卷，歸老此林泉。不爲尋蓴鱠，于公亦有賢。

附：考園在郡城西三里景德寺後，析屬秀水，乃宋致政殿孟趙公歸隱藏書之處。公名衮，字希甫，陳舜俞題曰「趙老園」。

劉壎《隱居通議》卷四《味書閣》 泉谷徐尚書鹿卿，豐城人也。嘗構閣以藏書，名之曰「味書閣」。幼安爲之賦，曰：

山水明秀，邑稱劍江，於其中而擇勝，建傑閣之巍昂。黄簾緑幕之閉，牙籤玉軸之藏，出則連車，入則充梁。是書也，非有酸鹹甘旨之可啖，醲濫滫髓之可嘗也。然而古今嗜之者，飲則過於醪醴，嚼則美於稻粱。既咀其華，又漱其芳。或欣然而廢食，雖終日而不忘。以其怡神者，有黄嬭之目。以其旨美者，有雋永之題。以其説心者，舉芻豢以爲比。以其用之不竭者，至謂五穀不能以庶幾。是皆有得於書味，而其淺深醇駁則未能一概而周知。書之類也，百種千名。言之立也，異軌多岐。隨吾所取，往往而有。至其合聖道之與否，則如十指之難齊。絺章繪句，抽黄媲白，味則美矣，而不適於用，譬之雞肋，雖勤抉剔，而不足以療飢。老氏之清虚，釋氏之超詣，味則高矣，而不協於極，猶蝤蛑瑶柱食之爽口，終不免動氣而嚬眉。申商刑名之學，儀秦縱横之説，味則奇矣，而用之有害，猶河魨野菌，纔一下咽，而腐腸裂胃之患已隨之矣。惟《中庸》之誠，魯《論》之孝弟，《大學》之德，《孟子》之仁義，食之有益而無損，咽之有信而無疑，可以澤膚，可以充腹，終朝不食則枵然不知其所爲。正猶菽粟之甘，太牢之肥，仁人之所先得，而古今之所同嗜，君子所以哺其膏液而鮮能知之者，所以爲凡民之所歸也。泉谷先生博極羣書，屬饜正味，立朝則奏對偉然，出守而治行卓爾。有大人格君之業，得君子愛人之義，味書之效蓋已試矣。雖然，禹皋稽古，未有經籍之傳；良弼典學，豈待文章之富。而道貫百代，功高千禩，蓋旨不在語言，妙多離于章句。故默識者通融，心潛者理悟，儻專泥於筌蹏，亦何得於魚兔。泉谷先生義理饜飫之餘，掩卷默坐之次，願以此語爲僕思之。

程鉅夫《雪樓集》卷二三《藏室銘并序 大德八年三月》 讀書名山，古人之事也。三島之藏室，老氏之藏也。三谷之藏室，程氏之書之藏也。藏之云乎，亦讀之云乎。銘曰：

前數千載，在方策如見其人。後數千載，有方策此心此身。孰不靈於物？乃謂席珍。孰匪秉彝？而曰覺斯民。吾愛吾廬，豈以專壑？讀書名山，尚友先覺。方丈瀛洲，玉室金堂。遠莫致之，吾有華岡。插架非藏，佔畢非讀。咨爾朋來，問津三谷。大德八年，歲在甲辰。暮春之初，華岡子書。

貢性之《南湖集》卷上《雲溪草堂》 溪上茅堂絶垢氛，蕭蕭逕路帶江村。晴雲接地深遮屋，春水牽船直到門。鷗鷺忘機能自狎，漁樵分席許頻論。放懷底用東山妓，好客時傾北海尊。要捲簾櫳通燕語，喜藏書帙聚香芸。長竿拂石閑垂釣，短杖穿花笑引孫。碧樹雨來含暝色，白沙霜落露秋痕。晨昏定省耶娘集，閭里過從禮義敦。歌罷滄浪纓屢濯，種來秋菊徑猶存。風流也勝居韋曲，蕭散翻疑住陸渾。只恐非熊勞入夢，蒲輪晚歲故園恩。

胡炳文《雲峰集》卷八《挽黄陂主簿秋圃趙公》 故家人物説新塘，文學能傳百世芳。圃有寒香存老菊，邑留遺愛美甘棠。青燈夜雨藏書閣，緑酒春風戲綵堂。明日金溪源上路，千人會葬淚如滂。

胡行簡《樗隱集》卷一《寄題錢塘張惟達僉憲藏書閣》 高閣崢嶸倚碧岑，興

來隨處漫登臨。潮生潮落陰陽理，窓暗窓明造化心。載籍流傳從往古，讀書經濟在斯今。何時散策胥山上，共把遺編坐緑陰。

又卷六《芸閣銘》　豐城胡仲恭建閣庋書，題其顔曰「芸閣書香」，徵爲之銘，銘曰：「豐西胡氏，藏書有閣。經史子集，萬卷參錯。藏書孔多，何以辟蠹？爰采香芸，密寘防護。積而能讀，如日之東。循序而進，日行太空。猗維仲恭，士林之英。閉門卻掃，矻矻窮經。聖賢事業，布在方策。致知力行，是效是則。積而不讀，與無書同。孰云糟粕，道在其中。我述斯銘，匪爲誇美。爰集格言，朂爾孫子。」

張翥《蛻菴詩》卷四《題馮士啓士可藏書堂》　不惜黄金爲買書，要令弦誦被鄉閭。聖賢事業千年上，經史文章萬卷餘。借送詎論鴟有酒，收藏長愛蠹無魚。它時許下成精舍，岳麓匡山恐未如。

王沂《伊濱集》卷六《馮氏藏書堂》　蕭條門巷静，時有客停輪。所得寧須計，相過莫厭頻。芸香清辟潤，書帶細摇春。自笑揚雄僻，誰云郭劇貧。

又《徐安節挽詩》　白髮歸來晚，黄花又幾秋。衣冠悲故國，英俊憶同遊。投轄苔生井，藏書月滿樓。漢濱耆舊傳，準擬爲君脩。

顧瑛《草堂雅集》卷六《題蘇伯修滋溪書堂》　華屋書充棟，清溪樹拂簷。波光浮藻井，雲影亂牙籤。四世風流在，諸生禮數嚴。歸來謝賓客，長日下踈簾。

張適《張子宜詩文集·詩集》卷二《梅里草堂爲吕文學賦》　志士素抱藴，黼黻文運初。而于退食暇，雅好林泉居。卜構古村墅，愛此醇風餘。山水頗清淑，竹樹蔭扶踈。卧牀有芳琴，插架多古書。賓至筵清宴，自掇園中蔬。境幽趣自逸，識廣心似虚。行志有時遂，投老此歸歟。

錢宰《臨安集》卷二《題陳惟賢藏芸軒》　市南書屋樹陰凉，多種梧桐待鳳翔。滋蘭滿堦草自碧，汗簡插架芸其黄。每聞懸榻高風在，安得下帷春晝長。愛爾家庭能教子，花前佩玉總鏘鏘。

林弼《林登州集》卷七《木蘭花慢　送孔子遠少府歸東甌》　羡千年泗水，流聖澤，尚淙淙。遠西引河源，東連岱岳，南下甌江。如君，一門簪紱，更風流文彩世無雙。柳外藏書樓閣，竹間放鶴軒窻。　弓刀暫爾擁旌幢，清譽藹南邦。喜烟浄妖狼，灘飛瑞鵝，月静驚厖。歸去，吴鈎錦帶，想高堂春酒正盈缸。菽水清歡未極，風雲壯志休降。

金實《覺非齋文集》卷四《鍾山書室》　鍾山控八閩，嶄然凌紫氛。下有藏書室，結搆依嶙峋。室中主人翁，云是殷相孫。五車三萬卷，貴在胸臆存。謨訓弘化理，羲畫探天根。風雅具葩正，禮樂用切身。麟史嚴筆削，比事非空言。興亡數千載，紀傳尤浩繁。百氏紛正邪，諸子混駁純。汪洋以浸灌，萬殊歸一原。譬彼涉海舟，揚帆入無垠。一息破萬里，終當宿涯濆。又如飲醇酎，酣暢和天真。視彼糟粕流，棄擲那足論。傳君當早歲，顓脱思不群。下帷二十年，窮探入微塵。膏沃光自啖，本固實則蕡。熙熙漱芳潤，落落刊腐陳。朝花謝已披，夕秀啓未振。氣盛來汩汩，源深流沄沄。教鐸振吴楚，後生藉陶甄。模端器不窳，官卑道彌尊。朅來持衡鑒，坐閲堂下人。豈惟妍媸辨，要使銖兩鈞。第恐巨眼照，曠闊無與隣。自嗟相見晚，非緣白頭新。知君懷舊隱，夢入滄洲頻。南道遺芳躅，行當踵其跟。九曲波造陽，武夷四時春。明發鼓予棹，因君欲問津。

藍仁《藍山集》卷五《題鄭居貞長林書屋》　萬松樓外問松樓，下有長林百畝幽。最念詩書先澤遠，頻傷兵燹故園秋。梗楠自足充新構，風月從知勝舊遊。插架牙籤三萬軸，諸孫文彩繼弓裘。

劉璟《易齋稿》卷二《青山書屋》　山人只愛山中居，結屋入山多貯書。插架牙籤三萬卷，對門碧篠數千株。峰巒迥兩堆螺髻，澗壑鳴泉敵蚌珠。隣舍幾家斤斧夕，四時秀色賸敷腴。

又卷六《雲深書屋》　山盤桓兮入杳冥，雲濛蜜兮仰不見日與星。猿狖攀林以叫嘯兮，虎豹踞谷而紛争。若人胡爲兮？處此意氣閑逸神如冰。書插架兮萬屋，架君兮數楹。探陰陽之秘賾兮，掇邃古之群英。躋曾巔以暇日兮，聊嘯歌而攄情。歌曰：「欝彼平林兮，百卉主之柔柔。有鳥懷春兮，遷喬出幽。白日出之悠悠猋西馳兮，羌不我留？適宇宙之開泰兮，拔茅茹以高舉。考制度於春官兮，遵伯夷之餘矩。命或乖於所逢兮，施或待於有時。諒繁藻之鮮潔兮，豈清廟之可遺。庸玉汝以增益兮，將好脩而致之。行藏安夫天命兮，信中正之可期。」

劉嵩《槎翁詩集》卷三《陪劉公權登戍樓有序》　秋日奉陪劉公權登戍樓，觀其祖伯泉將軍舊藏芙蓉畫，時公權之兄公衡出征嶺南未歸。

鳳山東偏錦水頭，獨立縹緲之戍樓。登樓覽古意不極，芙蓉雙軸懸清秋。將軍國初鎮吉州，投戈論道皆清流。藏書蓄畫幾千卷，縹帙紫錦珊瑚鉤。郭熙山水韓幹馬，生色芙蓉更瀟洒。霜涵雨浥姿態發，往往時人未能寫。筠州移鎮七十年，遺物猶存今所寡。看花把酒臨秋風，我思將軍安得同。蒼茫共惜千載意，磊落已見諸孫雄。近者提兵入南中，號令不減前人風。蛟魚出没江海暮，一麾盡掃烟

濤空。

練子寧《練中丞集・金川玉屑集》卷二《周子林讀書樓》 藏書貽矩誨，僻地起高樓。月露連書蓄，星河拂户流。蘭膏長照夜，竹簟正宜秋。窻逈伊吾遠，簷高緯絡愁。分陰思積學，暇日坐消憂。芸閣歸來日，相期共校讐。

張宇初《峴泉集》卷四《題清真軒歌》 右軍昔得清真趣，蘭樹留芳總賢裔。君侯振起自天朝，恩重椒房冠穹貴。華軒正面松筠開，玉作簷楹金作臺。松風墮雪響晴菌，筠霧迎春侵曉梅。琴書插架牙籤束，斜月闌干醉絲竹。珠履球纓滿席珍，不嗔玉漏催醽醁。五侯七貴雄當時，飛甍傑閣凌光輝。披露彤墀聽鳴鳳，簪星紫禁聞朝雞。輦轂新承臨甲第，玳筵綺食繁歌吹。千金寶帶五雲裘，一朝頒寵傳丹陛。世德由來忠孝家，相傳簪組俱才華。聖朝累代蕃寵錫，許史金張奚足誇。丰姿温雅信奎璧，鳳券鸞章焕今昔。頗牧功成萬户侯，願尊聖主隆勳蹟。愧我山澤臞，清真愜幽適。山陰羽客未籠鵞，掃素何由寫空碧？嘗謁高軒翠樹蘩，落花細雨回青驄。廣庭瀟洒塵不到，春色繞簾啼鳥風。只今齒暮慚衰槁，刷羽高騫羡青旲。貴胄恒看奕葉繁，醉向鵞池卧芳草。

謝晉《蘭庭集》卷下《題蔡芝林堉顧生林塘書屋卷》 幽人卜築向林塘，插架圖書萬卷藏。白板扉開山對面，赤欄橋跨水中央。佳賓日日來閑逕，小犬時時吠短牆。蘄簟展來欺竹色，湘簾捲處動波光。蒼松露滴琴聲浄，玉塵風含笑語涼。未暇賦渺渺鷗邊菰葉短，輕輕燕外柳絲長。回飈静聽牙籤響，清晝時聞膆甕香。未暇賦詩招隱逸，從教濯足咏滄浪。憐君有志營先業，嗟我無由老故鄉。珍重却翁尤好事，何妨佳壻坦東床。

邱濬《瓊臺會稿》卷二《海屋添籌壽徐助教》 茫茫瀛海浩無津，弱水無力勝纖塵。中有仙山三萬八千里，平地拔起凌蒼旻。瓊臺玉宇金銀闕，罡風盤旋舞香雪。琪花不落瑶草芳，天氣長如二三月。朱橘如斗蓮如舟，脯蒼麟兮駕紫虬。木公金母互來往，天鹿人鳥時嚶呦。銀濤凝碧漫山麓，山麓渠渠列華屋。黄金布地玉爲階，五色雲霞長蓋覆。屋中插架皆仙籌，非金非木非琳球。連楹克棟十餘屋，堆積高並崑崙邱。山中老人若童孺，洗髓伐毛知幾度。桑田變海海成田，下得籌來已無數。仙境變幻無定居，仙人綿邈不可呼。誰知仙凡了不隔，人中亦有列仙儒。列仙之儒服仁義，不乘風兮不御氣。辟雍環水如道山，衿佩趨庭總仙裔。考古直遡盤古時，積書多與桃核齊。仁人自爾享遐壽，海屋添籌徒爾爲。

劉春《東川劉文簡公集》卷二二《奉和匏庵先生板屋詩韻》 陸處笑張融，視此風斯下。帡幪實藉之，俛仰非虚者。心比竹樓清，欲同茅舍寡。壯麗感鵲巢，覆蓋謝鴛瓦。空洞自生白，脩餙豈須赭。插架有遺經，施門無行馬。纂述退自公，吟咏於焉坐。海月或意會，藏壑如巨舸。置身近斗室，游心隘函夏。制度創賢哲，古朴懷瓱斝。龍門喜遂登，妙處難盡寫。畫舫未能過，安得無傳也。

史鑑《西村集》卷三《和徐天泉、劉完菴同過沈石田友竹居韻》 去湖三里近，種竹萬竿餘。徑轉通幽處，朋來問索居。散金時買畫，補屋爲藏書。千古王摩詰，輞川應不如。

陸深《儼山集》卷二《蓉溪書屋爲金司寇》 蓉溪江山真畫圖，蓉溪主人絶代無。往歲西歸結書屋，風前月下聞伊吾。牙籤插架幾萬軸，雲錦照水三千株。有時豁頭風日好，一段秋波浄於掃。水香花氣相氤氲，人間别有蓬萊島。蜀道時歌李白難，草玄甘抱揚雄老。只今身復上天衢，太平經濟須巨儒。尚書省裏少司寇，御史臺中上大夫。共道孤芳持晚節，還應廊廟憶江湖。别來幾度花開候，每向西風重回首。補成五色衮龍衣，元是當年摘花手。復有堦前蘭桂行，相期幾暮松筠友。君不見南陽草廬緑野堂，此溪此屋同垂芳。

劉儲秀《劉西陂集》卷二《春日馬敬湖憲伯邀同管張二君東園小集》 聞道相如宅，翛然近水開。偶緣方駕過，重喜聽琴來。竹隱藏書閣，花明作賦臺。平生能好我，二仲况追陪。

劉玉《執齋先生文集》卷三《函谷草堂歌爲許廷綸賦》 函谷關，深且長，昔稱險阨今微茫。華山拔地蹴西極，河流捲海吞扶桑。誰哉藏脩此築堂，芝簷蘭砌辛夷梁。牙籤插架奎斗光，筆凌風雨飛玄霜。憶昨鳴玉趨巖廊，諫垣詞苑聲洋洋。千古山川一醯甕，春絃秋誦天機動。千牛百竭來謁告非回翔，要探混沌窺羲皇。馬徒紛紛，封泥棄繻嗟何用。君家世德銘鼎鍾，箕裘事業塤箎同。吁嗟巫咸伊陟熙，天工安知緑野非隆中！

錢子正《三華集》卷五《送盧立魁赴無錫學訓導》 送君司訓日，是我憶家時。古栢藏書舍，高荷蓋泮池。夢猶懷舊迹，交喜結新知。月皎雞聲早，江空鴈影遲。鄉山增秀色，弟子得名師。伐鼓晨光啓，横經畫景移。行藏原有命，離别可無詩。寄問寒梅樹，花開到幾枝。

王英《王文安公詩文集・詩集》卷一《胡祭酒洪崖山房二首》其一 名都壯且麗，兹山獨崔嵬。斗宿逼陰壑，陽光耀高厓。飛雲蔭其下，窓牖玲瓏開。中有一仙人，振策謝浮埃。餌以黄金丹，飲以紫霞杯。出入乘虚無，長嘯去不回。翠蘿褰

石林，瑶草翳空堦。結茅相因依，我心何所懷？藏書遺子孫，托友種松梅。素願乃如此，瞻望獨徘徊。

張旭《梅巖小稿》卷七《天官三原王公八景》藏書室　萬軸牙籤處，相傳只此心。孔庭新壁淺，秦火舊坑深。吾道同天地，人文自古今。虹光高萬丈，西照郄家林。

童軒《清風亭稿》卷六《題〈鄱江小隱圖〉》　鄱江西上是吾家，簾卷青山寂不譁。楊柳晚烟迷燕壘，蘼蕪春雨漲鷗沙。牙籤插架堆書帙，竹笥懸流泊釣槎。今日長安看圖畫，不勝歸興繞天涯。

黎民表《瑶石山人稿》卷五《董子祠》　古廟丹青在，幽人此重尋。浮雲碣石外，落日廣川陰。壁尚藏書古，庭猶積草深。因憐不遇者，此地倍沾襟。

孫一元《太白山人漫稿》卷三《鮑氏藏書樓歌》　鮑君藏書十萬軸，氣壓石渠吞天禄。縹囊緗帙盡古今，竹簡蝌蚪驚觸目。昔從惠子見多方，後聞張華載滿轂。唐時世南行秘書，豈獨李邕號書簏。今於君家盡見之，插架堆床動成束。我夢化作太乙精，手燃青藜訪君屋。緯象玄文發隱奇，夜半風雨衆靈哭。嘗聞聚書後必興，况是魯齋舊儒族。六經行天日月明，文章末學厭紛逐。鳳衰麟死三千春，主持吾道寧無人。

楊廉《楊文恪公文集》卷五《寶書樓爲劉讓舉人賦》　萬軸牙籤此處藏，青藜光照卯金鄉。耳孫信以書爲寶，鼻祖曾將墨作莊。塵玉銖軒今志趣，熟仁畊道昔文章。朱子《墨莊記》。汗牛充棟非無力，再起廬山李氏房。宋李公擇藏書廬山，以遺來者，君家富甲鄉郡，兹舉蓋無難焉。

邊貢《華泉集》卷三《行子》　行子到京舍，故人消息傳。釣魚吹臺下，築室黄河邊。插架餘千帙，傾囊有一錢。古來賢達者，往往在林泉。

林文俊《方齋存稿》卷一〇《題黄隱君南山草堂》　一區深塢可藏春，盧橘楊梅次第新。九陌風塵不到地，百年雲水自由身。軒中留客惟碁局，枕上看山亦葛巾。聞説藏書餘萬卷，青雲還屬後來人。

郭諫臣《鯤溟詩集》卷四《蠡東即事》　别業環居緑水邨，倚天喬木午陰繁。誅茅擬構藏書屋，傍竹還開聽雨軒。小犬籬邊迎客吠，流鶯花外似人言。掛冠歸後頻來此，竟日曾無車馬喧。

皇甫汸《皇甫司勳集》卷二一《題息機館》　改館託幽居，寧知即敝廬。塵清新解榻，芸覆舊藏書。跡遠冥鷗外，心閒賀雀餘。何因機事少，惟是抱玄虛。

又《贈既白宗藩》　昔從開邸第，常此集簪裾。月惟西園夜，雲疑南浦初。遊梁先已倦，入魏左頻虛。别建藏書閣，銜恩賜祕餘。

王慎中《遵巖集》卷二《藏書萬卷樓歌爲維揚葛子東賦》　廣陵葛子真磊落，大笑時人寶珠玉。先世遺金盡買書，篝籠祇與韋編博。善藏選地起高樓，樓上陳施盈萬軸。錯置方隅皆滿床，臚分甲乙爲題櫝。趙卿如見應驚歎，楚史多知猶未讀。開牖晴朝雲色鮮，垂帷深夜藜光燭。已看收拾遍人間，更説討論窮士族。漢室古文壞壁餘，晉代穿塋出竹書。學士睢盱嗟未覩，儒生誦守愧空虛。何言散失千年後，獨在君家完古初。

又卷三《訪空同先生故宅》　久欲求遺草，今來訪故廬。北窗存卧席，東壁有藏書。墨沼春苔長，琴臺夜月虚。年年桂花發，人擬子雲居。

唐順之《荆川集·文集》卷一《題張學士仰宸樓，樓藏賜書》　瀛洲别館切清虛，詔賜綈緗出石渠。秘典自驚墳索上，祥光遥映壁奎餘。簷前烏下疑翻字，草際螢來爲照書。借問鄴侯三萬卷，何如今日沐恩殊。

又《題張學士陽峰卷》　陽山秀色滿南州，薜荔叢生楚客遊。三峽猿聲偏入夜，千巖楓葉早知秋。仙人結宅雲烟近，太史藏書洞壑幽。便欲焚魚應未得，共言明主待讜謀。

嚴嵩《鈐山堂集》卷八《賦少宰汪公西溪草堂》　山輝知玉韞，淵静識龍居。古邑名賢里，膺門幸到予。開堂瞻劒履，登閣覽清虛。積翠羅千嶂，分流貫二渠。夕雲生畫障，春水動鷗魚。庭愛森瓊樹，門看擁駟車。玉牀留貯笏，丹壁會藏書。直道中朝仰，高名北斗如。鳳凰需寵詔，蘿月卧林廬。理愜心彌逸，神閒體自舒。萍遊奉佳論，臨别意躊躇。

高攀龍《高子遺書》卷六《題吴之矩雲起樓》　吾友構高樓，上與南山友。推窗延諸峰，憑几揖羣阜。樓中列萬卷，亦貯泉百缶。彝鼎皆商周，圖書悉蝌蚪。

胡應麟《少室山房集》卷一三《二酉園爲陳玉叔京兆題》　不佞藏書室，黎惟敬題曰「二酉山房」，而玉叔京兆闢園，亦曰「二酉」，命余賦詩。

吾家二酉齋，斗室不盈掬。何以稱兹名，架上書萬軸。公家二酉園，大厦蔽陵谷。何以稱兹名，筆底珠萬斛。樓臺瞰空起，雲務傍檐宿。雕甍挾天柱，高棟擎岳麓。軒窻洞庭葉，户牖雲夢竹。鼉鰐遊長川，虎兕嘯平陸。岸芷紛葳蕤，汀蘭互芳馥。主人湖海豪，瀟洒脱塵俗。開襟跨寥廓，解帶謝拘束。三閭問靈均，九辯追宋玉。名驚孟公座，夢啓傅岩卜。誓掃六合塵，一榻非所欲。蜚聲京兆里，張趙三鼎

足。至尊催賜金，上相待横玉。異日休林泉，賜第鏡湖曲。華堂坐畫錦，飽看四野緑。煌煌中令墅，燁燁魏公築。寧當卧二酉，卒歲事畊讀。好借胡生居，日饜蠹魚腹，攜手崙崑丘，相將問周穆。

又卷二九《二酉山房歌有序》 弇州王公既爲余記二酉山房矣，新都汪公復爲余作《山房書目叙》，敬賦長歌奉酬，凡千字。

君不見崑崙高高，閬風出其上。下視扶桑弱水，相去幾千丈。傍開四百四十門，日月東西互相望。傳聞大酉、小酉雙名山，迺在崑崙、閬風二岳之中間。帝遣藏書號羣玉，金庭石室森鈎連。白虹璀粲映緗帙，朱霞錯落垂瑯函。自從軒轅來，窅絶殊人寰。靈威丈人過，縮足不敢前。成周穆滿驅八駿，躡電乘風到靈境。嵐深谷峭黯莫留，却攜王母升蓬丘。視龍炎威掃六合，秦人留書閉空峽。至今玉洞開桃花，仙源可望不可涉。坑灰未冷漢社興，大兒中壘小子雲。藜然天禄下真宰，爛漫《七略》羅天人。阮家居士重蒐録，蠹簡縱横委胸腹。湘東再火一不留，七萬瑶華燼荒篾。聚書崛起開皇朝，縹囊璚笈摩丹霄。纍纍三十七萬卷，嘉則之殿高岧嶢。諸儒讐校汰冗雜，正本亦止三萬饒。開元八萬最奇絶，往往玄珠出宕穴。宋時羣主競好文，一日三詔何繽紛。後來馬鄭諸子出，摩娑論列亦已勤。好武遍中華，馬上爲生涯。詩書匪故習，文具徒矜誇。鴻荒重剖大明域，九曜含輝聚東壁。天開地闢恢雄風，霧湧潢流映朝日。吾鄉文憲達最先，高文大册揮如椽。青蘿讀書四十載，鑽研法藏窺重玄。雲間子淵嗜綴輯，斷簡殘螢映墻壁。成都用修雅好奇，索摸科斗成嗔痴。南陽陳卿負綜博，一生惟折五鹿角。北海馮君推殫精，歌謡委屑煩經營。突兀瑯琊起文苑，力挽頹風究墳典。爾雅樓中四萬軸，金石齋頭五千卷。須彌磅礴宛委深，吐納宇宙横古今。張王陸沉驅左席，何因物色來蘭陰。蘭陰胡生負書癖，早逐劉郎卧岩石。髫年已絶軒冕好，壯歲偏耽窮鬼力。北走燕臺東走吴，金陵閩越窮江湖。僦居寄廡録餘燼，負薪織履償追逋。陸則惠施水米芾，昏黑忘眠晝忘食。乍可休糧餓途路，詎肯空囊返鄉國。二十四庋羅山房，二千四萬堆琳瑯。黔婁妻子困欲死，君山篋笥富可量。上距羲農下昭代，觸手牙籤宛相待。聖神賢哲窮訏謨，帝伯皇王罄元會。一榻一几横疎寮，一琴一研祛煩囂。焚香獨擁四部坐，南面王樂寧堪驕。黎生八分稱好手，夜宿山齋笑如斗。縱觀丘索盈前除，大叫狂呼題二酉。瑯琊作記當代傳，姓名已覩琬琰懸。觸目傷心故交盡，却尋司馬來新安。司馬心胸曠千古，夙昔圖書探天府。三墳二雅勤雕鎪，一笈五車勞綴補。太函峨峨雲際開，恍入東觀窺蘭臺。衆中誇我好玄者，撐腸拄腹談天才。寂寞螢窗守殘雪，攬鏡蒼茫見華髮。聲華豈必專窮愁，著述總知成滅裂。側身六合中自疑，異代乾坤未堪説。感公國士知，肝腸爲公竭。幔亭十日飲，驅車復成别。廻看二酉山，峻贈渺天末。崑崙閬風定何處，弱水扶桑杳難越。底似從公居太函，副墨煌煌恣繙閲。君不見太函五城十二樓，金銀城闕天盡頭。陶公八翼不得上，梯仙豈合凡人留。孤帆且返越江涘，俛仰竹素聊優游。異時四部讀已盡，玄關或許停蒼虬。君不見蘭陰下瀔水，流輪困古木。枝相繆轕牖，繩樞閉荒逕。華門蓬巷懸清秋，夜夜紅光燭星斗。兀兀陳編柳生肘，短鋏長檠竟何有。醯雞甕裡真自笑，蠹魚架上安足友。竺乾本來一物無，柱下青牛亦西走。函中領取五千言，赤脚流沙尋二酉。

胡維霖《胡維霖集・嘯梅軒稿》卷三《擬陶歸田園》其五 新卜東城隈，蕭然水竹居。佐餐有池魚，古樓可藏書。魚數幾百頭，書點幾千軸。種田幾十畝，栽竹幾千株。東寺來鄰僧，西日話如如。形神始我有，心地還清虚。持此問朝貴，相視誰樂歟？空庭浴月好，徙倚夜躊躇。

胡維霖《胡維霖集・檗山吟》卷二《貴溪仙岩諸景閲廣輿圖因醉吟以當卧遊》

龍鬚井上吹笛哀，聲聞鷲嶺藐如來。藐如坐處兀白石，齋心相禱仙岩隈。二十四岩岩岩奇，牕牖玲瓏大半開。榻几净掃迎風坐，珍禽飛去復飛回。轉行洞口周數里，秉燭遊之絶塵埃。但看室廬煙火似村落，林木森森更崔嵬。蘇秦臺前張儀井，同師鬼谷何相猜。獨笑鵝湖争辨日，不見蘇張鼓舌來。誰爲知兮誰是物，象山主静真聖胎。紛紛唇焦較多事，何如鴻漸《茶經》不可裁。吁嗟乎！鬼谷高弟身惹灾，留侯耳孫天可回。人發殺機虚嘯雨，心忘道術龍馴雷。龍虎壁間藏書異，何年秘授碧雲臺。右仙巖歌

王祖嫡《師竹堂集》卷五《同陸敬承太史謁瀔陽先生靈洞山房》 會心終日狎禽魚，林壑幽深自結廬。靈洞月明常煮石，危樓雲護好藏書。有時開逕延三益，獨坐忘言契六虚。聖主只今資碩輔，可容學士碧山居。

徐渭《徐文長逸稿》卷三《黄君書舍在委羽山洞，索賦黄巖縣故人之子》 委羽本名山，尤奇是洞天。青霄去鸞隺，白日下神仙。二酉藏書室，孤桐對月絃。古陂千頃在，叔度我逢旃。

吴國倫《甔甀洞稿》卷一一《尊賜樓爲子材宗侯題》 帝子新承寵，爲樓擬望京。風雲銜玉册，日月麗丹楹。魯壁藏書意，河間好禮名。那知金紫客，只似一儒生。

又卷二八《飲楊範之陽新别業》 林間數畝緑雲居，谿上羣山畫不如。水遶煙沙迷進艇，巖留石匣待藏書。買魚沽酒陽新市，弔古登高孟氏廬。爲憶舊遊多白髮，重來風景莫教虚。

吴國倫《甔甀洞稿·續稿》诗部卷四《爲君霖題六書樓二首》 見道王孫第，新營百尺樓。江聲廻左蠡，斗氣鬱南州。壁擬藏書鑿，心同太古遊。還疑天禄閣，藜火至今留。

其二 古法誰重睹，六書君更操。名樓意不淺，搦管視逾高。一洗師秦陋，寧辭祖頡勞。憑軒宵縱目，象緯拂青袍。

徐熥《幔亭詩集》卷一三《過錢功父懸磬室》 一室依然似磬懸，傳家負郭舊無田。鷫鸘劍售鸘裘典，只有藏書不賣錢。

焦竑《焦氏澹園集》卷三九《題黄生大有山房》 龍臥躭高尚，雲蘿洞壑深。草縈當户帶，竹度隔谿陰。小酉藏書日，中條避世心。仙羣如可下，鸞鶴有遺音。

文震亨《文生小草·題盧寄園社丈小像》 花樓綺榭園香玉，樓西碎錦紅香簇。樓中之人人耶仙，角中紫藥方少年。何來鼓吹樓之前，松風一部如管絃。侍兒纖手柔荑然，展卷若待揮雲烟。妍辭秘思斷復續，柳眉相映横波目。濤箋拂几流墨華，奇思插架腹五車。金碧六朝來勝地，印床花擁神仙吏。知君此圖非浪傳，欲于山水留清緣。更將一片鍾陵紫，比似羅浮古洞天。

屠隆《栖真館集》卷二《余伯佑公子邀同吴茂倩、李之文、楊漢卿泛舟東錢湖，宿余太史山樓》 乾坤欲盡東南區，海勢割截羣山趨。天垂四面烟濤合，地湧中流霞嶼孤。漁艇揚飆亂雲烟，而船草槳銜鷗鳧。風來水氣腥初濕，日落山容澹欲無。嵒洞豈經神鬼鑿，恠石疑有蛟龍扶。遠近往往見亭榭，去來一一帶孤蒲。山川罨盡有如此，東湖何必減西湖。躑躅山花落幾許，荷葉田田新出浦。道人野服黄絲緣，公子輕衫白玉麈。酒客淋漓中聖賢，歌兒宛轉沉宫羽。沙棠隱約泊垂楊，暮宿平泉丞相莊。松風颯颯邀吹篴，桐月娟娟照舉觴。犬驚虎豹穿林塢，水濺獼猴窺竹房。丞相自起藏書閣，種樹栽花待行樂。十載空聞長樂鐘，千年不迈令威鶴。眼中公子正青春，大湖風月借閑身。窓開晴日山皆好，堂列清歌酒復醇。芍藥未全開艷蘂，辛夷一半委香塵。我本金華紫烟客，落拓乾坤嗟迫迮。一官束縛非所宜，八極翺翔儘堪適。今日願從公子遊，當時不入平津宅。茫茫湖水漲新沙，磨盡豪華百萬家。渚宫叢臺放鷄鶩，隋堤漢寢走麏麚。人生不樂亦何事，君看古人誰在耶？好待湖陰連夏木，還來散髮就荷花。

徐𤊹《鼇峰集》卷八《題張穉通欣閣》 主人卜築苕溪濆，宏開傑閣心顔欣。夜看西塞荻蘆月，曉望蒼弁松蘿雲。閣中寂歷無所有，萬卷藏書當良友。玉函金檢同宛委，錦軸牙標方二酉。羡君朝夕不停披，蠹粉芸香散陸離。共説杜公多傳癖，争言竇氏有書癡。足不窺園逾十載，讐校雌黄精訓解。胸中三峽倒詞源，筆底千言窮學海。我欲從君借一瓻，不嫌窗下動書幃。百城南面何須假，莫怨從前老布衣。

又《寄題焦弱侯太史别業》 城裏青山好結廬，竹風松籟響庭除。南朝天子鷄鳴埭，東閣詞臣燕寢居。何日白麻宣簡命，千秋金匱富藏書。門前祇有僧來往，静聽殘鐘落月初。

又卷二一《題辟彊王孫洪厓讀書處》 厭原山下卜幽居，花繞軒窗竹繞廬。路接洪厓堪采藥，洞虚天寶足藏書。先王埋劍雲深處，仙史吹簫月上初。朱邸紛華應不戀，且拚生計在樵漁。

蔡獻臣《清白堂稿》卷一二上《讀書樓》 藏收成小閣，咫尺傍萱庭。侵曉迎初旭，叠峰送遠青。閑來親卷帙，嗒爾付沉冥。兒輩慵成僻，誰堪詒一經。尺地難容搆，危樓起屋西。踈窓城柝入，隔幔漢星低。膏續書堪把，衾寒夢不迷。紅夷消息好，傾耳罷霜鼙。

李培《水西全集》卷四《陸明河郡伯書樓》 翠微擁入畫樓間，高卧藏書早閉關。紅日簾櫳浮北極，白雲心目滿東山。庭前玉樹千枝映，洞口仙芝五色間。正似槐陰王氏宇，朗然奎壁照人寰。

黄居中《千頃齋初集》卷四《宴坐齋》 自得安禪法，清齋坐宴如。匡牀無俗供，一室秪藏書。花雨晨鐘後，篆烟午夢餘。何來王子宅，不減化人居。

又卷七《王孫巨源以好修顔其堂，旁搆宴坐齋，最樂處羣鷗閣，命曰小山玄賞，爲賦六言六韻》 華胄遥來海岱，璚枝頴出天潢。好修竊比荆屈，樂善高標漢蒼。禪悦隨緣燕坐，機心静與鷗忘。交游赤髭白足，清課茶鐺筆牀。錦軸羣編插架，烏皮一几專房。山中桂樹真隱，座上蓮華法王。

趙琦美《趙氏鐵網珊瑚》卷一五《朱澤民〈秀野軒圖〉》 軒宇何清曠，憑臨散煩襟。叢蘭藹幽芬，修篁結重陰。兹焉愜遐賞，逍遥冥素心。斯誠苟不昧，訪子西山岑。惠禎

軒居面蒼岑，種藝雜花竹。竹影晝扶疎，花香時馥郁。坐對雲山高，庭陰桑柘緑。石田春雨餘，幽歌聽樵牧。冠蓋豈不榮，誰能受羈束。韜囊琴滿牀，插架書盈

屋。門前好客來，橫頭酒應熟。張鈞

陶汝鼐《榮木堂合集·詩集》卷二《愚公樓翁陔園五詠爲香山何師相作》 愚公，主園者也。樓下爲異撰堂，相公藏書論道皆在焉。揮毫賦詩，則時一至，其吟風弄月，有點也之意歟。公乃曰：「不如愚之，庶幾更上一層矣。」

天地不貴鑿，渾沌惟所留。至人但溟涬，尚與元氣謀。物大神理細，海岸生特丘。風雨備驅策，亘置縹緲樓。樓中廣成子，長揖崆峒秋。豈知軒轅後，智力生伊周。寶嗇我大愚，神氣萬里流。登樓弄滄海，日月如珠浮。左右列圖史，炤耀無時休。皋夔讀何書？歎息收綸鈎。

魏畊《雪翁詩集》卷五《題祁五弟理孫藏書東樓》 東樓雄雄何壯哉，側邊鑑湖水瀠洄。鑑湖澄渟漾碧玉，登樓縹緲天際來。朝嵐夕翠紛光彩，賀監風流千年在。敕賜曾傳臺沼榮，豪華南壓紫泥海。祁家冠蓋宇內聞，卻於此地藏典墳。縹緗每炤射的雪，藜窗倒映秦駐雲。由來宛委青霞閟，恨無便便稱腹笥。今君才高第五名，獨坐東樓披薜荔。七月八月暑氣清，孃孃池塘菰蔣生。揮蠅不須白團扇，褰帷嵯峨雲縱橫。知君此時興瀟灑，香燒博山書滿把。我生落魄多遠游，校讐常到文選樓。公子肯著《離騷》賦，一緘尚慰羈人愁。

熊明遇《文直行書詩文·詩部》卷一〇《新築草堂》 東海投竿學釣魚，于今漂泊楚江居。龍門有意推司隸，狗監無因賦《子虛》。水闊三湘堪弔古，山鄰二酉好藏書。西南統屬天王地，日下青雲護草廬。

李天植《李介節先生全集·蜃園詩前集》卷二《遊項氏園亭》 三徑開新霽，千峯插碧流。烟晴花塢暖，石冷鹿羣幽。種藥池邊叟，藏書竹外樓。主人稱吏隱，吾黨亦仙遊。

李雯《蓼齋集》卷二一《題燕客山房》 二酉藏書窟，三冬映雪廬。崇蘭間朱實，小翠啄金魚。竹影松鱗潤，風簾石髮疎。中宵纖月落，清露滴衣裾。

紀映鍾《戇叟詩鈔》卷四《訪蕭靈曦》 真江烏思烏喈喈，秋水蕪城風日佳。背郭徑題爲陋巷，藏書應署此蕭齋。虎頭自寫三毫頰，龍臥高懸五岳鞵。旋煑茗柯留客坐，霜葩新長上幽階。

吳偉業《吳梅村全集》卷五《贈王子彦五十四首》其一 二十登車侈壯游，軟塵京雒紫驊騮。《九成宫》體銀鈎就，萬卷樓居玉軸收。家有樓名萬卷。縱解攜蒲非漫戲，即看哺啜亦風流。筍輿芒屩春山路，故舊相逢總白頭。

錢澄之《田間詩文集》卷二三《午日同陸漢標、張壽民、徐敬思及兒輩登藏書樓》 崑山太史藏書閣，令節相扶醉後登。搔首天空容嘯傲，憑闌風起欲飛騰。方池匝户清堪濯，寶塔當窗勢可凌。笑我老爲東海客，也教身在最高層。

又《題健菴傳是樓》 太史藏書處，高樓四望開。人如瑶島聚，窗擁玉峰來。漫侈縹緗富，還憐子弟才。無勞祕石室，光已燭三台。

又卷二四《徐藝初招飲園館》 此地昔閑曠，藏書初有樓。清池今更闊，老樹一垣收。詞客坐常滿，高賢到即留。白頭交累世，無礙往來遊。

金堡《徧行堂續集》詩卷二《裘杼樓藏書歌》 少年逢貧長逢亂，閉户自精續復斷。老來忽登裘杼樓，隔世舉起前身愁。人生讀書亦有命，不得藏書豈無恨。讀書更喜得藏書，自有神珠好弄珠。落在是鄉堪送老，一笑出門成小草。汪子晉賢曠世才，下視末俗臨高臺。昔昔藏書昔昔讀，心眼有餘時不足。石倉五穀收璠田，綵毫三瑄生青蓮。彈琴早覿文王面，浮白欲贈留侯劍。風清鴟吻摘星辰，水激鳳味吞崑崙。擅場席上提旗鼓，拔萃壇中跨龍虎。我行念之忽自傷，翻波陽焰窺虛牕。鼎彝部署心不動，字畫摩娑目微送。公安暫謝廬山僧，讀盡世間書未曾。公安，袁特丘也，予勸之出俗，特丘曰：「終當歸此，但有微願，來生讀盡世間書，乃爲僧耳。」怪我勤思閱龍藏，十字街頭猶瞎撞。相煩更置三百函，東土西天同一龕。主人分光闢白月，非俗非真人莫識。碧空寥廓夜氣寒，銀橋路滑金風乾。

施閏章《學餘堂集·詩集》卷二三《一草亭歌》 秋浦吳次尾先生樓山草堂之前舊有暫亭，既廢，今其子子班復之，沈徵君題曰「一草亭」，聊寄短歌。

樓山老屋藏書處，黑風怒捲白日暮。天憐斷木餘根株，堦前突出凌霜樹。昔留萬軸今一亭，遺草猶含碧血猩。江月山雲愁不散，長護亭前書帶青。

又卷三九《宿霍瞻菉山樓董宗伯書額曰「二酉藏書樓」》 何年卜築冠林丘，入座人同樹杪遊。山近烏瞻雲嶺見，窗憑白鹿石林秋。烏瞻、白鹿，二山名。龐眉碧眼老仙客，鳥篆蟲書滿竹樓。夜聽洮洮清辯永，前峰明月正當頭。時彭鹿門使君談出世之學。

吳綺《林蕙堂全集》卷二一《題吳孟舉〈黃葉村莊圖〉》 聞道藏書別起樓，西園名士幾同遊。十年夢到何年到，爛醉鴛湖萬樹秋。

又卷二五《燭影揺紅　墨妙亭懷古》 曲徑斜通，逍遥堂外多春樹。小亭深翠挂簷花，舊是藏書處。莘老昔年來往，向公餘，搜奇好古。龜趺螭壁，燕瘦環肥，大蘇曾許。歲月遷流，溪藤也有屯陽數。蛟龍奔走赴秦灰，那論魚和蠹。到此不堪延佇，笑眉山，空題好句。美人名士，奇字雄文，彼蒼應妒。

屈大均《屈翁山詩外》卷三《題周黎莊〈戴笠圖〉》　黎莊本是青雲器，四十於今猶未仕。前朝文獻在君家，著作欲繼先公志。秣陵藏書誰最多，讀畫樓中高嵯峨。捃拾能箋《五代史》，時談遺事如懸河。董狐有志我未逮，三百年中誰紀載？漢史應須屬紫陽，元人豈解尊昭代。青溪水閣閒相期，筆削相將乘此時。王猛猶能存正朔，許衡那得配先師。棲霞之山好林樾，更爲同人開理窟。片言亦可成春秋，一畫自能知日月。閒來戴笠將何之，遺谷逍遥若有思。接輿髡首且相對，佯狂於道亦良宜。

又《過黄俞邰藏書樓作》　我生南海愁偏僻，經史之外寡書册。扁舟遥至金陵城，欲向名家求載籍。黄君父子世藏書，一室嘗開萬卷餘。欲使文章歸性命，豈將詞賦送居諸。六經我道非糟粕，天地精神於此託。一畫能令日月開，古聖神明必有作。君家易疏幾青箱，借我無嫌歲月長。卦外始能知太極，圖中亦可得羲皇。君今繼述從何始，應徵未與先朝史。文獻無稽是此時，春秋有志惟君子。秦淮水長連青溪，三月河房柳向西。欲邀雪客同揮管，吾學諸編更整齊。我且濃磨方氏墨，殷勤花下爲君攜。

又《題山陰祁五祁六藏書樓》　夙聞治水經，銀泥封緑字。龍威丈人招我遊，林屋洞中探玉笥。白雲瀰瀰洞庭波，七十名峰奈樂何。長風吹我至禹穴，猿啼虎嘯依藤蘿。秦皇碑愛蟲文古，夏后書愁鳥跡多。平生竊慕柱下史，列國寶書求未已。聞君家書萬卷餘，欲向瑯函作蠹魚。志在《春秋》希魯叟，才堪辭賦薄相如。邇來頗究《太公符》，每恨荆軻劒術疎。築壇天目步珠斗，一龍一蛇左右趨。聞君藏得鍊劒圖，時時風雷起座隅，慷慨肯授英雄無。鑑湖之水多芙蕖，日捲珠簾樓上居。天下戰爭猶未已，請君亦讀孫吴書。

又卷四《客山陰贈二祁子》　君家樓閣鑑湖邊，楊柳千條春色妍。疎牖朝開射的雪，空簾暮捲香罏烟。閒擁牙籤披萬卷，小謝風流詩更善。可憐初日吐芙蓉，更有澄江飛白練。我從羅浮萬里來，逢君文采一徘徊。天上雪花那有蔕，雲中玉鏡不安臺。相留暫向祇園住，正是中丞殉節處。碧水含秋侣汨羅，黄金布地同玄度。櫻桃開遍畫欄杆，揮麈鳴琴興未殘。半山每答猿公嘯，千仞將聯鳳鳥翰。鳳鳥高飛何所止，金陵宫闕五雲起。一鳴素水降真人，再鳴留侯遇松子。

毛奇齡《西河集》卷一四八《題〈燕巢藏書圖〉》　弆書築書巢，有若入幕燕。日穴紙絮間，涎涎鎮相戀。

其二　設庫自羞養，插架儼壘封。豈如宛委書，但置巾箱中。

又卷一五六《飲祁中丞東書樓，同張四梯、張五杉、姜十七廷梧、蔡五十一仲光觀祁五理孫藏畫書，事并呈祁禮部豸佳、姜别駕榦》　清江細雨暗遥郭，浮雲杳靄居上頭。銀缾美酒瀉行客，招我東壁藏書樓。樓頭遍插李侯架，玉軸金籤滿前絓。嘗餘幛子寫丹青，更見屏開舊圖畫。滕王蛟蝶銜緑苔，江都駿馬飛黄埃。龍瞳欲點風雨下，虎頭落筆滄溟開。憐子畫理本未晰，金錯三過頗疑惑。張杉同我快指觀，恍若洪濤盪胸臆。于今只愛陳老蓮，蘇州待詔吴興錢。烏程闞思亦超絶，君家尚有祁蟫仙。我欲雨中摹一幅，姜九西游賦黄鵠。主人便起經且營，細拂鷰溪柳條緑。酒精肉美催飲頻，檐前驟雨傾盆缾。畫成相視頓開霽，生綃捲出秦峰青。

萬斯同《石園文集》卷一《傳是樓藏書歌》　東海先生性愛書，胸中已貯萬卷餘。更向人間搜遺籍，直窮四庫盈其廬。先生珍奇百不好，聞書即欲探其奥。故此網羅徧東南，猶復採訪窮遠道。樓高百尺勢矗天，兩樓並峙如比肩。左右以書爲垣壁，中留方丈容人旋。光華入夜燭天漢，斗府東壁在户牖。瑯嬛祕藏不足奇，雞林賈人都驚走。即今海内藏書家，殘編散落如春花。錢氏絳雲歸一炬，祁園緗帙亦堪嗟。但聞白下黄氏室，亦有吾鄉范氏樓。兩家卷帙盈數萬，高視亦足霸一州。此皆小邦自倔强，中原初未當强侯。若將此樓相絜量，何異八百歸西周。玉峯當代盛人物，君家昆弟真英傑。論才宇内原無雙，積書寰中亦第一。憶昔漢代有曹曾，石倉置書何峥嶸。鄴侯之架唐世羨，牙籤萬軸亦足稱。放翁嗜書有書巢，作文自記意頗驕。遥遥今古千百載，僅此數者擅名高。先生後起書亦富，彼哉自欲呼兒曹。只此風流當世絶，眼前何人堪并豪。昨年招我置其下，亦欲啜醨還餔糟。恍如上林看春卉，目不給視徒鬱陶。奇篇異本多未見，到此翻令人意亂。寶山身入還空回，至今追想足流汗。何日重來此室居，拓我心胸啓我愚。歐九不學雖自媿，猶願其中作蠹魚。

張英《文端集》卷五《寄題黍邱陳簡菴谿南草堂》　繁華鮮能久，珍異罕常存。洛陽一片地，誰復金谷園。琪花與瑶草，化爲秋雨痕。悠悠惟世德，可以歷寒暄。陳子多古誼，澹泊尤所敦。大父居諫議，先人典名藩。廟堂仰謨烈，園林隱弟昆。結屋臨清谿，聊以遠塵喧。藏書滿高閣，種樹羅前軒。三代歷膴仕，惟此遺子孫。廿年烽燧後，幾蕩爲寒原。陳子啓榛莽，結構立柴門。殘垣斷壁間，手澤猶可捫。谿聲遶茅屋，枕上聞潺湲。古木不改色，入夏清陰繁。誰謂消息理，天意不可論。昔年歌舞地，臺榭委荒邨。昔年絃誦地，依然琴與樽。願言崇世德，贈子以勿諼。

張雲章《樸村詩集》卷六《芥山、山劉同過傳是樓見訪，作詩次前韻，余和是日春盡日也》 手觸牙籤動損新，暮開魚鑰自淩晨。樓爲司寇徐公藏書之所，委余校閲，恒坐其中。見逾萬卷篇難辨，李邕請一見祕書。李嶠語之曰：「祕閣萬卷，非時日可習。」未幾，嶠問以《奥篇》，了辨如響。事要一珠記若神。余性善忘。倦眼青逢高興客，餘花紅戀苦吟身。相攜選石掃苔坐，猶占徐園此日春。

博爾都《問亭詩集》卷七《索公園作》 久憶名園勝，到來興倍賒。入門青靄合，隔岍碧陰遮。雲閣緣山迥，虹橋渡水斜。遊絲牽客袂，飛翠濕窗紗。細潤饒春草，晴峯倚暮霞。巖披斑石蘚，舟涉緑汀沙。密葉留啼鳥，廻風聚落花。催詩争麗句，烹茗愛新芽。置酒開三徑，藏書富五車。佳餚陳桂醴，玉汁間胡麻。寂静聞天籟，逍遥覽物華。登樓望緑野，爽氣接天涯。

李紱《穆堂類稿・初稿》卷一〇《揖山草堂落成，索詩，書以應之》 使舟昨繞清湘畔，雉堞連雲萬家縣。不信幽人著此間，草當臨水當山面。近市豈識利三倍，擁座祇餘書萬卷。篷牕明月倚深更，却悔維舟未登岸。

又《别稿》卷五《遥題臥雲山房，次歐陽孝廉韻》 平生謝幼輿，置身一邱壑。賓朋偶過從，促刴陳杯杓。十載狂奔走，聚鐵難鑄錯。昨來買敝廬，塗茨無丹堊。園蕉始移本，山桃未破萼。高高下下間，結念屬冥漠。游斯臥於斯，鷦鷯翼本薄。宜川有友人，依山結書閣。遺我一小册，紀述多名作。已忘吾喪我，忽驚盧見若。佳名愜我心，其言君不怍。傳家世滋大，丕基日當擴。萬卷正縱横，一經矧克灼。夢寐與古同，翱翔誰汝縛。撫琴動衆山，濫觴亦糟粕。曲江已蕭條，成都終寂寞。何如此堂成，快共羣賢落。相思擬命駕，箇杖雙芒屩。同臥亦同遊，一一爲領畧。終歲困天械，既籠加以鑰。撫册歎崔詩，後來敢拳脚。草草接末倡，杜博當誰著。適越譏昔至，兹遊信可樂。

王特選《竹嘯餘音・小樓》 小樓僅一楹，晨昏事誦讀。藏書頗未多，取足豁迷目。四壁素無文，試粘畫半幅。時折花插瓶，聊以媚幽獨。松窗生虚明，門隙露新竹。飯後雲版敲，瞿然自頻顔。前秋甘甫三，今已廿有六。歲月不少留，慎勿倖逐鹿。抛卷又曲肱，唤起午炊熟。嗟嗟赤日輪，長天亦轉軸。怪哉南北神，其名曰忽倏。人生忽倏間，胡爲任反覆。况奉堂上親，欲干升斗禄。八股業弗成，何如早牛牧。黑水枯硯池，管城老而秃。蛟龍雖泥蟠，泥蟠非久伏。

陳梓《删後文集》卷八《許慕迂新闢小園》 東疇閒立數歸鴉，林下清風興倍賒。隔巷截沙鋪石逕，比隣乘雨送梅花。藏書樓敞雲充棟，洗硯池寬月貫槎。獨樂不嫌朋舊數，可容日日叩籬笆。

黄任《秋江集》卷一《白雲家山呈諸叔父》 金書赤牓照邨墟，華表峩峩走荷鋤。先世只知安誦讀，後人何必問田廬。夕陽衰草連天刼，舊廬盡燬於明季山寇。大業名山插架書。環翠樓前一輪月，夜深還照子雲居。樓爲中允公藏書處。

盧見曾《雅雨堂集・詩集》卷下《石芝園即事》 得意非關浪自矜，庚園雖小有名稱。堂懸賜額龍光重，樓貯藏書豹霧騰。梅不成林孤亦好，菊全備色歲還增。虹橋遊宴疑蓬島，休沐從心却未能。揚州園亭極天下之勝，余任轉運亦最久。

又《寒緑堂》 牙籤充棟足高門，舊庫于今幾尚存。最愛遺堂仍賜額，藏書萬卷到元孫。

厲鶚《樊榭山房集》卷六《叢書樓》 世士昧討源，汎濫窮百氏。君家建斯樓，必自巢經始。樓中藏書甚夥，近更廣摎經義，補所未備。

周長發《賜書堂詩鈔》卷五《題尹制府前輩不繫舟書屋》 大江南北水天接，欲涉巨川用舟楫。風正帆飛萬斛濤，潮平岸洗一奩雪。孰障狂瀾砥柱尊，端藉我公懸虎節。我公家世本沙堤，早見乘槎到溟渤。縹緲三山陟閬風，迴翔九殿朝丹闕。盪胸靉靆有層雲，顧影高清是明月。牙幢壯歲擁吴閶，奠厥民居少顛蹶。洱海秦川奏膚功，憲邦文武郇膏浹。十年重到古金陵，戟列樓船下建業。乘舟動念載人憂，南國巡行侵曉發。荻葦延緣秋氣寒，恢台蒸鬱炎官熱。金饑木毀拯窮黎，不惜泥塗勸耕垡。便以帆檣作屋廬，坐臥篷牕鎮愁絶。歌若春陵恤苦辛，聲聲淚帶哀鴻血。監門圖繪達楓宸，食我農人資饟饁。偶向公餘葺數椽，牕對鍾山長拄笏。方塘萬柄芰荷香，老樹十圍松檜葉。略彴通波駕一條，藏書汲古探三篋。有時風雨打牕櫺，便念民瘼心惙惙。恍惚如聞中澤鳴，欲蘇民困理簿牒。浮家泛宅悟虚舟，顔以不繫軒楹揭。詎比廬陵畫舫齋，先憂勞勩霜添髪。清標曩昔冠西清，前輩風流容晉謁。史局追隨歷有年，謬許工詩走筆捷。即今相對白下城，招入園亭同步屧。讀公齋記誦公詩，不是南華參解脱。始信東南賴撫綏，坐看民俗皆融協。輶軒用作采風歌，開府功勳書截業。

全祖望《鮚埼亭詩集》卷一《西江書屋》 浙東藏書家，首推天一閣。其後淡生堂，牙籤最審搉。于今有鸛浦，善在精且博。我觀古著録，諸家亦棼錯。藏書不擇書，糠粃混精鑿。藏書不讀書，庋置憐寂寞。讀之或不善，喪志空作惡。南谿真書倉，萬選錢在索。收拾南雷書，門墻幸有託。反疑過高妙，一切棄糟粕。我生苦謏聞，漁獵久荒落。何時得假館，疑義相彈搏。直溯西江波，以濟枯魚涸。

周煌《海山存稿》卷一七《題天一閣》 寶書樓閣敞神仙，廿四幮封二百年。兵火不遭真有幸，子孫能守豈非賢。階前帶草長抽緑，卷裏蟫魚早化烟。我本蘭臺舊太史，披圖回首意悠然。

袁枚《小倉山房詩文集·詩集》卷二《題蔣元葵進士藏書樓》 傳家何者多爲貴？數士之富以書對。三間高樓如水涼，得書一卷樓皆香。我友蔣元葵，聚書如雲。連名未請宰相署，四庫已作蘭臺分。常言聚書如鬬寶，嫏嬛所有安可少？牛弘數五戹，聞之最懊惱。莫使淹中稷下有人來，舉手未翻先了了。我言藏書如藏嬌，毋使韓女怨曠空病腰。與其横陳高庋手不觸，不如世充沉水秦皇燒。物在天地間，有散亦有聚。惟有書藏胸臆間，鬼難風災吹不去。我不願騎赤鯉登天門，但願化作白蟫遊此處。君聞且笑且點頭，手書金筌招客遊。不讀崔儦五千卷，莫登弘景三層樓。

金兆燕《椶亭詩鈔》卷八《題吴石屋〈藏書種木山房圖〉》 堆牀自有萬卷書，朝吟夕誦天懷攄。繞屋更有千章木，晨興午睡濃陰足。我抱區區已有年，伐檀空歌三百廛。役身不足飽妻子，餘事何暇謀林泉。先生有志大宇宙，欲買名山作書囿。二酉收藏不厭多，十年封殖看全茂。散帙如揮陶頓金，攀條似結蕭朱綬。那知此願總難償，才福於人每兩妨。半生老作諸侯客，十畝空羡山中堂。與君寢處同埃壒，知君味在酸鹹外。卜築但依黄海峯，歸舟便繫桐江瀨。書連屋，樹拂雲，君言此中樂無倫。結隣倘果他年約，與爾讀書秋樹根。

又卷一五《飲紫玲瓏館，後移宿小西藏書别館》 東家食罷西家宿，我生快意此其獨。朗月隨人直過街，繁花對我高連屋。插架牙籤擁百城，匡床棐几一簾清。便思假館常爲客，滌硯鈔書過此生。

錢大昕《潛研堂詩續集》卷四《題范氏天一閣》 天一前朝閣，藏書二百年。丹黄經次道，花木陋平泉。聰聽先人訓，遺留後代賢。誰知旋馬地，寶氣應奎躔。

又卷一〇《吴竹橋禮部〈湖田書屋圖〉四首》 我所思兮湖田春，中有著書獨樂人。青山如黛只咫尺，招邀入户忘主賓。腹中五經皮裏史，手植桃李皆弟子。莫訝揮豪萬斛泉，先生自有源頭水。

我所思兮湖田夏，花竹便娟秀而野。少陵稷契久許身，大庇遠勝千間廈。湖雲忽起山雨來，登樓四顧亦快哉。衝泥且却油竹傘，消暑滿酌蕉葉杯。

我所思兮湖田秋，紅蓮早稻香氣浮。禮耕義耨作家計，硯田一穫豊千秋。海虞本是山水窟，載酒題襟興飛越。紅葉朝探吾谷雲，碧波夜泛昆湖月。

我所思兮湖田冬，謝家玉樹枝丰容。萬卷牙籤手自校，列宿四七咸羅胸。主人清言鋸玉屑，夏鼎周彝左右列。安得扁舟乘興游，與君共踏三峰雪。

張塤《竹葉庵文集》卷七《大姪書來述瓷青館藏書蝨食其半，既急，命料檢，復題此詩，擲筆浩歎而已》 老宅藏書處，名園東北連。王額駙圖也。閒房春艸地，細雨百蟲天。羽化争今古，灰飛到聖賢。罪反因扃鐍，恨頗極纏綿。總角承遺訓，鐙窗記昔年。背謄闕葉紙，私積釘工錢。門有雞林估，家多鴻寶傳。明明排錦軸，一一護瑶編。錯後真成鐵，貧來但守氊。瞽倉金石祕，荀部鬼神搴。顛倒搬薑苦，飄零穜粟緣。述詩爲永歎，已壞我良田。

姚鼐《惜抱軒詩文集·詩集》卷五《題謝藴山方伯〈蘇潭圖〉》 南昌山色如青玉，下照澂江千里緑。倚江都會賢俊居，各起亭臺帶修竹。先生小園堂數弓，聚書萬卷花萼紅。四方名士春秋同，舉觴吟嘯於其中。遊賞年年情未足，世推豐玉兼饑穀。使節東領黄河隄，法冠北上太行麓。獨於錢塘治績多，來旬再莅西湖曲。杭州前後瞻蘇公，先生事與東坡同。小園舊以蘇潭命，或疑前定天所通。讖占小數何足道，先生本憶南康好。因懷蘇步作蘇潭，更著新圖寫昔抱。君不見安石東山在越中，金陵亦託東山號。當時曾治循海裝，中原事定思一航。威儀山澤百世芳，遠述祖德何能忘。或名卓越人間事，自古男兒悲故鄉。

袁佑《霽軒詩鈔》卷一《園居集·吴少弟樓成》 肯構推吾弟，西園締造初。雖能甘雪卧，頗亦好樓居。鳩杖行堪慰，鴒原步共舒。開軒恣遠眺，連屋好藏書。

吴騫《拜經樓詩集》卷五《予以庚子歲築藏書之樓，名以拜經，頃緑飲游新安，購得明鄭旼畫〈拜經圖〉，見貽，率酬二絶》 學古名樓事偶符，故人攜贈出天都。祇緣個裏詩書氣，不共烟雲化緑蕪。

三徑荒烟帶草青，千竿紆竹自娉婷。主人未必全如我，不解窮經祇拜經。

翁方綱《復初齋詩集·枝軒集》卷二四《〈林汲山房圖〉二首》 因山竝寺託幽居，對畫看山十載餘。清梵雲中出鐘磬，浩歌風外荅樵漁。芳菲百本仍開圃，悵望千秋更借書。欹枕春明勞夢寐，故鄉如此好林廬。

鈔從館閣逮瞿曇，中麓儲藏比未堪。萬卷波瀾瀉瓶水，千峯結搆到茆菴。載書莫漫推池北，名士從來屬濟南。春雨欲催農事起，暮雲如畫點煙嵐。

又卷三九《石墨書樓歌》 我圖書樓今四春，寺街卜得樓居新。此圖遂挂此樓下，儼然自命圖中人。不知洛陽范氏築，近依嵩闕青嶙峋。七百年前置書榻，亦如十笏邇市塵。率更令書三段石，邕禪師證前度因。寥寥偈子那擇地，崇椽華構

徒紛綸。但餘老子真實義，登登壁響瀍澗濱。姑溪魯齋後先説，使我感激思結鄰。周欄四達須底物，翠墨聚起春空雲。晝思夕寐亦習氣，索茅祝睍酬辛勤。樓下蠹餘百千篋，樓窻響榻三折親。中有古人不傳處，誰言敝帚迹已陳。三日野宿同枕藉，百尺捫歷羅星辰。異書不在六合外，跬步且試初桄循。敢矜藩溷置筆研，不辭破竈然溼薪。仍扁前題擘窠字，街西日日鐘聲聞。

又卷四七《自題三萬卷齋》 笑論架插鄴侯籤，已愧湖州目録兼。秀水廚難八萬擬，黄甘字孰兩行添。漢碑草草傳洪适，宋槧寥寥拜子瞻。化度銘圖摹范老，賜書樓印敢輕鈐。洪氏所録《熹平石經》，吾齋僅摹得其七百餘字耳。趙明誠《金石》二千卷，則今已二千五百矣。

李調元《童山集・詩集》卷三〇《題柴豹文書屋》 柴子胷中萬卷該，從師千里蜀中來。數椽茅屋臨江起，十畝桑園背郭開。滿座春風任瀟洒，空庭明月自徘徊。只今誰抱西州慟，惟有羊曇不勝哀。

又《奉和綿州潘使君訒齋遊醒園，枉駕見顧，得歸茅屋登萬卷樓。原韻四首》 好風今日至，秋日本多佳。太守行山縣，吾家在水涯。青苔方鏁徑，紅葉正鋪階。十載踰垣慣，今朝慰夙懷。

尋花窮水墅，觀稼上山樓。屏吏獨登嶺，攜僚欲枕流。松間頻坐嘯，竹下忘歸休。自是詩思誤，非關意豫猶。

好古有奇癖，登梯無用攙。我猶手未觸，君早目非凡。讀畫匣都啟，抄書板未劖。自從航載至，誰則解披緘。

萬卷足今古，千秋獨醉醒。偕君一攜手，頓覺兩忘形。文字前生蠹，功名欲曙星。不嫌書室狹，重對罄餘瓶。

附　潘邦和

琴鶴貽謀遠，雲龍望氣佳。几筵新涕淚，遊鈎舊生涯。草色青迷路，苔痕緑上階。高臺瞰四極，秋意澹人懷。

已陟萬松嶺，還登萬卷樓。泰山兼土壤，淵梅納川流。滴露晨光起，然藜夜未休。古香如可挹，欲去更夷猶。

才疎餘短髮，禄薄仗長攙。自信心常逸，人嫌骨本凡。問奇探奥窔，學語仰雕鑱。勿屏門牆外，因風惠一緘。

座上客俱醉，園中人獨醒。鷄羣常混迹，魚服欲潛形。潺水升卿月，京門頌福星。主恩不遺舊，名已貯金瓶。

又卷三二《和張玉溪登萬卷樓觀金石古文歌》 我家有樓車山北，萬卷與山齊嵯峨。金石古文夙所愛，庋置百帖時摩挲。吾壻坦腹右軍比，平生常换山陰鵝。今年省試遇伯樂，驊騮聲價什倍過。奇文百戰俱第一，當道自詡能搜羅。錦城録詩遠寄我，不敢過譽嫌偏頗。常于酒間舉示客，寶光共説如太阿。坐令老翁不量力，笞兒累月學其哦。昨日遊庠枉駕過，適我遠出逃催科。興來登樓恣檢閲，碑版直欲窮岷嶓。百家探討析亥豕，六藝辨析遵止戈。斷字能知日月蝕，闕文姑任風雨磨。漢隸車馬推石鼓，張草蛇蚓分藤蘿。晝肚以指各有悟，箝口卒讀俱無訛。泰岳秦篆跡豈烏，岣嶁禹蹟文非蝌。後代耳食任穿鑿，古人伏泣潛滂沱。其餘唐宋如水族，但有魚鼈無黿鼉。嗟予老眼昏若霧，對古每每形謡歌。野鶩家雞常見誚，蠹殘鼠嚙消無多。餘編尚留君把玩，得非天遣神守呵。與壻猶應勝與外，誓將罄送供劘磋。不然水火並刼篋，難保一朝其失俄。癡人千金買竹篋，蠻觸空笑爭角蝸。譬如日月厭菽粟，好奇遠想餐天禾。其中真贋誰復辨，索垢求瘢毋乃苛。不如自我且作古，揮毫知我摹伊那。後之視今今視昔，今尤支派如江河。勸君不必嗜成癖，致令百廢嗟蹉跎。

又《和玉溪登函海樓放歌》 愛君爲人眼能白，元龍豈是求田客。愛君文似玉溪生，直從碧海掣長鯨。平生樓居多惆悵，喜君來即携同上。萬卷縱横任溯洄，百川環遶同浮漾。秋風昨夜林端來，繡桷未窗次第開。造鳳手原殊草舍，彩鸞身合住蓬萊。火棗不羨珊瑚赤，琪果不讓珍珠紅。海山三點看初霽，弱水萬里來長風。頃刻天邊月輪起，兩人猶在鏡光裏。横笛何人尚倚樓，十月梅花落江水。

又卷四〇《聞萬卷樓火，和潘東菴三十韻并序》 調元家世藏書，有樓五楹，名曰萬卷。分經、史、子、集四十廚。内多宋槧，抄本尤夥。四月初六日，被土賊火焚。余時在成都，聞之一慟幾絶，曰：「燒書猶燒我也！」友人潘東菴用爲起句，作詩三十韻見唸，因和成《哭書詩》一首。

燒書猶燒我，我存書不在。譬如良友没，一慟百事廢。我欲臨其穴，其奈寇未退。不如招魂來，夢寐相晤對。我聞古人言，物聚於所愛。借書固一癡，積書亦癡態。平生作宦囊，盡化飛灰碎。亦思早遷移，萬牛不能載。潘子同心人，知我難忍耐。作詩來相唸，真語去雕繢。本欲開予懷，翻益胸蔽塞。胡不止燔廬，無廬犬可吠。胡不焚我身，我身有玉佩。胡不燔妻孥，其家本賣菜。胡不傷我嗣，有孫堪負耒。如何火吾書，一炬似一刈。無數古聖賢，飛昇引成隊。亦有羣仙姝，騰空猶緑黛。君詩誠愛我，恕字毋乃礙。不欲則勿施，撫躬思請再。我笑雖頤解，我泪已眶

內。自詡頗達觀，到此復愚昧。問天我何辜，天高不聞慨。問地我安居，地默言難代。恨不排雲漢，早決天可潰。擊之以雷霆，沐之以沆瀣。剜出祖龍心，祭起羲黃輩。人生莫讀書，慢猷實禨襶。不能剸賊胸，但解背詈誶。哭罷天亦愁，白日變陰晦。

又《十一月初三日小萬卷樓成》 朱昂小萬卷，我老豈其人。萬卷天收去，幸猶留老身。

黃文暘《埽垢山房詩鈔》卷一〇《微波榭借書歌》 微波榭，孔荭谷先生藏書之所也。先生歿後，有四令嗣曰：一齋、小荭、忍齋、蘅浦，皆博雅，嗜書續購，益多善本。蘅浦常以《總目》示予，共七萬八千餘卷，分藏者不載。予遂與訂借書之約，蘅浦且許，爲予廣搜目外秘本。于是探奇採異，雖日不暇給，而已無餘憾。惜老年健忘，殆如雲烟過眼，然已不勝南面百城之樂矣。乃作詩記之。

快事折盡生平福，七萬卷書供披讀。借書還書成二癡，梱載紛紛道相屬。晴窻把卷逐斜陽，短夜猶盡三條燭。黠奴啞然笑我愚，又似臨場抱佛足。讀多老眼漸模糊，陳言觸目逢鈔胥。粵若稽古三萬字，腐肉塞破蒼蠅鬚。讀書要在得精理，貪多務博真穿窬。牛乳成酪酪成酥，煉酥一滴成醍醐。貫花以線蝗穿珠，經史而外迹何粗。讕言空誇海大魚，高鳴我識黔之驢。況復區區守方隅，學鏤葱絲包子廚。解得拈花一字無，乾端坤倪轉神樞。笑我此理空能識，笑我此性天生僻。積習多生難埽除，恰似蟫魚墮書冊。但使一日案無書，便覺此身跼與蹐。樶囊視肉豈嫌譏，飽食猶勝耽博奕。浮沉憶昔寄窮鄉，無書可借心茫茫。老巫村嫗相慰悦，盲詞野史來盈箱。胭脂靈怪銀字兒，狡童佚女寫廻腸。提刀趕棒鐵騎兒，士馬發跡數興亡。我亦孜孜看不厭，愛其結撰超庸常。幽囚野死紀堯舜，伊尹既殺太甲昌。武王鹹魔億十萬，太公射畫精魘禳。巫支祈與神禹戰，銅頭鐵額雖尤强。六合以内無不有，羣書一例談荒唐。豈但梵夾與雲笈，瓊島香海闐八荒。拓開心胸窮變化，猶勝腐臭推粃糠。我欲積書少書價，往往借書傾鄴架。揚州藏書馬氏多，玲瓏山館。徵君在日許人借。高閣千雲貯賜書，文匯閣貯《四庫全書》。芸函亦許到茅舍。一編在手便無愁，著眼匆匆忘日夜。入世頗能辨醉醒，讀書不耐分高下。但逢勦説厭雷同，使覺精神爲衰謝。探奇期以畢吾生，無書何以銷閑暇。客中軟語遣奚奴，借書又向微波榭。主人借書不憚煩，還來共話銷長夏。奇書撐腹論難卑，多君不共世人罵。

謝啓昆《樹經堂詩初集》卷一三《題范氏天一閣》 古鄮城西似村落，月湖深處凌高閣。文虹夜亘牛女次，書樓寶氣上槃薄。東海司馬酷嗜書，異本四部煩鈔胥。堂構六間占水象，煙霞八卷賦山居。《澹生堂書目》有《堯卿煙霞小説》八卷。三百年來電光掣，菉竹成據絳雲滅。君家萬軸充棟梁，寶綸霞爽未堪埒。同時張尚書時徹有寶綸堂，屠侍郎大山有霞爽閣。我皇稽古開石渠，東南詔下求遺珠。君家録上七百種，天府未見皆琳腴。就中意林更超雋，了翁《周易》萃經訓。睿藻留題付聚珍，封還紫驔鈐玉印。日月星辰光四明，四明有石室，通日月星辰之光，故以名山。都來環照護書城。甬上雲蟠龍篆動，詔南石辟蟫魚生。書廚下皆置英石，云可辟蠹。賜出圖書富卷什，御賞《圖書集成》。可憐無力褎錦篋。環堵歌出金石聲，聚族諸生守世業。閣前疊疊假山成，池水盈盈漣且清。惜哉借觀我鮮暇，空瞻蓬島歎峥嶸。知不足齋尚不足，玲瓏山館散殘牘。藏書更比讀書難，那及君家長韞櫝。焦氏經籍志空傳，採訪碑目恐未全。焦氏《經籍志》有《天一閣書目》，《採訪册》有《天一閣碑目》。勸君校勘撮大要，仿作晁家志一編。《天一閣書目》草草不詳，余勸其裔孫某仿晁氏《讀書志》另編之。

又卷一五《後樂園》 山舟筆冠代，爲我書園記。記成未有詩，不盡園中意。此園溯厥初，居署之西位。卅年委蓁莽，莫碑牆角棄。舊有明右布政使莫如忠詩碣。我效愚公愚，聊以寄所寄。兑金移于巽，名同實則異。倉皇無百金，瓌瓏覆一簣。小樓收多景，倒吸湖山翠。人云我亦云，我取彼所寘。浙賦甲天下，東南都會萃。兩越控兩甌，萬里鬱海氣。元行中書省，屏藩明所置。我朝職尤重，綱紀百司備。佐治大中丞，承宣觀察使。漕船若魚貫，石塘比鱗次。文書衡石程，過客廚傳費。祛蠹乃飲和，除弊始興利。往者職不修，後堂擁歌吹。湖舫爛燈火，言歸神已醉。先笑而後咷，胥失此園義。王道有張弛，偃息誰能遂。政事既有堂，嘯歌豈無地。一椽謝藻繪，十畝闢荒蔚。我園何所有，萬卷堆篋笥。退食多佳日，晝省凝清閟。紫花覆八甎，十架薔薇墜。積水發銅缸，中有弔古淚。簾幙涼如水，幽砌秋草媚。虛窗一炷香，夜無獻金吏。塵案掃落葉，文士亦時至。園中草木詩，蘇韻和猶未。昨夜雪飛花，馴鹿清無睡。園中有鹿。寒梅吹古香，息息通于鼻。我家蘇潭上，風景頗相類。獨樂吾何敢，恐負聖恩畀。秀才矢夙心，顧名内滋媿。

謝啓昆《樹經堂詩續集》卷五《題〈萬卷樓圖〉爲維君作》 江西叅政五世裔，家住龍眼罨蒼翠。于今方策垂在人，自昔樓臺起無地。有闕斯續藏必珍，能讀者誰胡徵君。匠無將作畫無史，能繪者誰錢學使。萬笏參天萬樹林，風雨環山抱膝吟。泉河水道疏南北，尚書孔鄭分古今。拄腹撐揚萬萬軸，廣廈萬間貯不足。胸

中邱壑眼中烟，何時突兀見此屋。雒君五世祖瓚，字伯玉，萬曆進士，官都水主事，分司南旺。著《泉河史》。舊有萬卷樓燬于火，雒君欲築之而未果。雒君治《尚書》名家。

秦瀛《小峴山人集・詩集》卷九《登天一閣觀藏書，范氏後人復出碑目一册索題，爲全謝山、錢辛楣兩先生前後訂定，賦此》 前朝司馬藏書館，閣名天一書萬弓。盛事流傳三百年，天公不遺隨飛電。就中金石恣搜羅，陳倉獵碣供摩挲。嬴劉以來字亦古，《凡將》、《急就》無偏謁。結埼亭翁謝山先生有《結埼亭詩文集》好古者，竹汀先生等媕雅。編排甲乙燦列眉，神光寶氣紛甜問。從來名蹟多塵埋，遂初堂久湮蒿萊。外家傳是亦散佚，華嚴歷劫旋成灰。只今閣中書最富，鄉嬛祕笈還如舊。蝌蚪文字同不磨，撝呵應有神鬼守。甬東策騎訪清門，定武蘭亭搨尚存。奎章下燭照白日，文采風流到耳孫。

洪亮吉《更生齋集・詩續集》卷三《正欲遊水東，適吴别駕台至先爲言山水之勝並約便道過菉竹山房，因率成長句投之兼酬枉贈之作》吴曾官湖南通州，乞假歸。 我遊水西憶水東，苦乏地主難追從。今晨始復值判府，告我家在藍山中。門前一水曲折通，窗外萬竹何玲瓏。藏書手校五千卷，鑿牖四面通疏風。山經地志嗜成癖，早有萬古蟠心胸。時時得蹈古人隙，腕底傾寫如長虹。羡君緑髮青雙瞳，眼光透紙已數重。班生酈生蹤跡苦，未到目驗得不輸吴儂。篋中聞製溼水考，與我所見將無同。大藍山當官道衝，興到竟欲馳青驄，瀏覽勝蹟追仙踪。我慚衰謝已非昔，足力尚足欺龍從。山靈待我亦已久，留住一頃荷花紅。荷筒香可作酒筒，一飲已過三千鍾。翩然飛下丹頂鶴，爲我侍立之青童。遊山奇福一歲得再逢，即此可傲天寶大歷諸名公。我遊欲借雙茅龍，世人不相知，謂我白日跨雨工。昔時南江流過此，乃挾溼與桐。東流到海忽已竭，遂使懸溜之處飛枯蓬，中江水涸由臺濛。不知南江之塞昔日誰加功？搔首我欲咨蒼穹。新凉日昨墜短篷，秋燕不語鳴秋蛩。芙蕖花好不來醉，江上待放秋芙蓉。坐君竹屋飲君酒，碧月正好光簾櫳。卧遊三日苦未醒，山頂飛下辰時鐘，欲別徑爾携孤筇。花徑十里不遺蒼苔封，意所欲到思騰空。君不見，蒼梧九嶷連祝融，八百里水磨青銅，洞庭君山龍所宫，君昔宦此何雍容。歸興忽爾如雲濃，驅浪萬斛浮艨艟。東江時有北渚鴻，鼓翼昨下南高峰，遠寄一札何怔忪。緑袍金簡促爾覲南岳，切莫青弋江上久作垂綸翁。

又卷四《張秀才垣以其祖司馬汝霖〈西阪草堂集〉屬題，時余適承修府志，欲從草堂假書，遂并及之》 我從南樓回，不向北樓走。閒從阪東頭，歷及阪西口。阪西草堂高接天，萬卷圖書四圍柳。四圍楊柳花千株，主人樓頭方著書。主人兄弟今碩儒，弟客燕趙兄姑蘇。一樓書已傳三世，鼇嶺復從樓上峙。開門觴客客不辭，客識主人前代事。國師既爾求《方言》，太常亦復借《説文》。况我曾及成都門，不爲侯芭定劉棻。一瓻來借同討論，欲訪載籍求根源。庶幾鄭小同，不愧康成孫。庶幾戴延君，不愧博士昆。繙書手冷酒急温，一花前頭酒一尊。君不見，樓頭萬卷樓下人，牙籤玉軸烘曉暾。我書在腹亦可捫，此客借書君莫嗔。

又卷七《新搆卷施閣成，登眺偶賦》 萬瓦縱横内，居然峙一樓。愛從雲盡處，看到郭東頭。世味都應熟，吾生合少休。掃梁迎舊燕，相與話初秋。

劉大紳《寄庵詩文鈔・詩鈔續》卷八《九日五華山藏書樓登高，分得座字》 不出户箕星占右畢星左，五華山頭洗堀堁。重陽每愁風雨驚，此日風雨轉相賀。不出户庭即高樓，下視一行飛雁過。黄花白酒傾四筵，一老首倡九老和。少年更有謝眺詩，擕問青天通帝座。上樓一丸迎朝暾，下樓西南月半破。九日何處不登高，詩翁酒翁有幾箇？遥想百年後來人，尚説我輩此坐卧。

李鼎元《師竹齋集》卷五《同陸敬承太史謁瀫陽先生靈洞山房》 會心終日狎禽魚，林壑幽深自結廬。靈洞月明常煮石，危樓雲護好藏書。有時開逕延三益，獨坐忘言契六虚。聖主只今資碩輔，可容學士碧山居。

法式善《存素堂詩初集録存》卷二《贈筠圃玉棟明府》 萬卷真同萬户侯，百城擁向海東頭。自從崑圃藏書後，此地巋然讀易樓。君藏書處。

唐仲冕《陶山詩録》卷六《平江集・題〈萬卷書屋圖〉示鑑兒》 家無負郭田，架有懸籤軸。不惜罄俸錢，漸已充牀屋。先世頗有藏，貪嗜苦未足。薄宦包山庭，快意屠門肉。且喜百城擁，何妨高閣束。所願子孫傳，汝輩豈能讀。余日誦千言，老大徒秉燭。汝不及百名，少小已刻鵠。屌戸雖云多，淹洽竟誰屬。况彼饒記珠，或乃譏書簏。近時尚考訂，櫛比致豪秃。達者工詞章，華贍誇錦簇。數事非所能，我言維可服。從來萬卷通，不如一經熟。窮經務遠大，掩卷思往復。《禹貢》治河渠，《春秋》斷疑獄。如此榮稽古，不然誚拘曲。汝方補諸生，妄自期令僕。出身重廉能，居家先孝睦。能收已放心，自拓無窮目。求之貴有恒，戒之在欲速。讀書善提綱，藏書真式穀。吾年且衰矣，終日勤案牘。汝能任詒謀，吾當返耕牧。

趙翼《甌北集》卷一二《題邵耐亭〈萬卷樓圖〉即送其南歸》 與君相從十載前，對牀風雨夜不眠。荒雞膕膊蹴起舞，著鞭欲睹誰最先。與君相見十載後，老婦翻成倒綳手。公車枉載牘三千，罰水幾吞墨一斗。多君意氣凌滄洲，旣毷不作窮途愁。有官不補竟歸去，云有萬卷之書樓。君家住近虞山麓，山色蜿蜒景廻複。

丹經昔授淳于書，粉本常留大癡幅。招真治近霏蒼烟，拂水巖高響晴瀑。茲樓恰比選勝亭，疏牕虛敞延來青。樓中况有帙充棟，嫏嬛之藏宛委扃。《丁卯遺詩》輯刊敝，《癸辛雜志》羅奇零。問士之富以書對，何減珍珠一船帶萬釘。噫嘻乎！百城面豈書生事，蠹魚命已落文字。所期一畝宮，十笏地，結箇書巢自位置。著述未必皆可傳，流覽何須盡能記。飢腸且飽古墨香，倦睫先酣黄妳味。我嘗邱壑徒在胸，蓋頂未遂誅茅計。既無研山易海岳，空擬雲林搆清閟。羨君今已突兀見此屋，緗帙錦䙝手標次。萬籤插架神仙居，百尺置身湖海氣。笑看塵世名利人，紛紛都在下牀睡。

王芑孫《淵雅堂全集·編年詩藁》卷一四《玉筠圃大令玉棟》 君家藏書甲輦轂，豈伊藏之實能讀。讀書無伴苦相求，襆被留君讀易樓。壬子，君邀余爲讀書之伴，時時襆被君家。樓前乍種梧桐樹，匆匆出宰山東去。歸舟未得遠相尋，半道留書寫我心。君有書邀余，紆道過其所。辛之陽信縣，余以舟程觸熱，方慮閘阻，不果赴約。

汪如洋《葆冲書屋集·詩集》卷二《題陳雲巖太守〈楗户讀書圖〉》 沮倉作法鬼夜啼，一母孳萬紛支離。綫裝紙裹拓成部，字字洩盡陰陽奇。人言讀書有真樂，上下千古無常師。我謂耽書直風漢，煮字不療季女飢。力田逢年太恍惚，故紙幾負蠅鑽痴。朝聞歌聲出金石，暮見文繡加騂犧。桓榮稽古旦暮遇，明廷好爵空爾縻。平津牧豕甚况瘁，曲學終受蘭臺訾。安昌胸次熟《論語》，經術第取售奸私。讀書如此仕何益，不若穀氏亡羊嬉。陳侯讀書不急仕，仕猶能讀非違時。早年三輔騁雄駿，壯歲六詔開旌麾。中更内憂劇外患，雙髩奕奕千銀絲。籌邊議政氣益壯，往往談笑驅熊羆。我役蠻方蓋三載，得侯恨晚來恨遲。與侯周旋重歎息，無日不將書自隨。此圖寫貌具梗槩，附會那類虛名欺。出門者今楗户昔，枕凷隱約含餘悲。江鄉未搆著書屋，宦橐不辦藏書貲。故山松竹待人久，客胡爲者天一涯。吾家裘杼先高祖藏書樓名飽蟫蠹，歸夢雜沓春雲馳。安得遺編檢舊篋，共侯賞析奇與疑。武原百里泝長水，曰日還借煩雙瓻。

孫原湘《天真閣集》卷二八《詩史閣歌》 張月霄明經金吾裒集《金文最》一百二十卷，又從郡城黄氏得至大刊本《中州集》十卷，爲毛氏重刊時所未見。建詩史閣庋之，屬爲作歌。

高閣靈瓏羣玉府，萬軸芸香香萬古。虹光夜燭覩史天，玉版文傳按出虎。都勃極烈開國來，掩遼軼元多雅才。左司一手爲甄録，以詩寓史真鴻裁。《江湖後集》遜精審，《東澗小傳》堪追陪。流傳鞈鞨世罕覯，蓺林偶獲珍瓊瑰。唐宋元文若鼎立，獨有金原未蒐輯。眼前郤逢張萬户，金石藏開恣捃拾。瑶籤分排百二十，不脛而走海内出。縹囊嚴裹英華集，如翼飛來篋中入。大金黑水鍾英靈，群才三品貢闕廷。得君鎔鑄一鑪内，寶氣騰躍精鏐精。藏書務博不務精，往往闕略史與經。卮言小説雜充棟，黄金砂礫同滿籯。君家精收八萬卷，此閣上應奎躔星。毛家汲古錢家述古豈足道，直接舟山野史亭。

李富孫《校經廎文稿》卷八《百字令　重葺暴書亭，疊用竹垞先生索曹次岳畫〈竹垞圖〉原韻》 名園重構，憶天邊槎使，仙帆同濱。嘉慶丁巳重構，亭成。今宫保制府阮閣學師猶後官閣學伊郡伯師親至梅里以落之。垞北垞南開舊徑，料得芳蹤堪託。賡賦新詞，摹題聯柱，宫保師再用《百字令》原韻。落成，并摹汪舟次方伯集杜句□先生楹聯攜石柱。深契藏書樂。卅年時霎，丁巳至今三十年。雨風怎漸吹落。此日藤瓦參差，薜垣崩陊，甚費閒商酌。幸有裴公旌節至，問訊爲停雲幕。孫宫保制府過禾詢及亭子。薙草栽花，芟桑補竹，梟鳥飛煙壑。秀水吕閒府倡捐葺治。壯窩無恙，歲星長耀芒角。用東方朔事，先生《詠□詞》嘗取以自比。

阮元《揅經室集·四集》詩卷二《修暴書亭成，題之》 久與垞南訂舊盟，江湖蹤跡髮星星。六旬歸築三間屋，萬卷修成一部經。繡鴨灘頭秋芋熟，落颿步外古槐青。笛漁早死雙孫老，誰暴遺書向此亭。

又詩卷四《題江子屏藩〈書窠圖卷〉》 江君未弱冠，讀書已萬卷。百家無不收，豈徒集墳典。欵識列尊彝，石墨堆碑版。我年幼於君，獲與君友善。談經析鄭注，問字及許篆。書窠小東門，出城路不轉。時從書裏坐，左右任披展。何期丙午荒，負米致偃蹇。秘笈遂散失，今乃存者鮮。繪此一幅圖，感慨良不淺。余爲進一言，聊以當解辨。世有聚書人，充棟富編簡。腹中究何有？九流盡乖舛。江君書雖佚，等身多述撰。精華在一心，糟粕笑輪扁。樹石滿書窠，雲烟任過眼。

又詩卷八《靈隱置書藏紀事》 四月十日，同顧星橋吏部宗泰、陳古華太守廷慶、石狀元韞玉三院長暨朱椒堂兵部爲弼、蔣秋吟太史詩、華秋槎瑞潢、何夢華元錫、王柳邨豫、項秋子墉、張秋水鑑諸君子集靈隱，置書藏，紀事。

《尚書》未百篇，《春秋》疑斷爛。列史志藝文，分卷本億萬。傳之千百年，存世不及半。近代多書樓，難聚易分散。或者古名山，與俗隔厓岸。岧嶤靈隱峯，琳宫敞樓觀。共爲藏書來，藏去聲室特修建。學人苦著書，難殺竹青汗。若非見著録，何必弄柔翰。舟車易遺亡，水火爲患難。子孫重田園，棄此等塗炭。朋友諾黄金，文字任失竄。或以經覆瓿，或以詩投溷。當年無副本，佚後每長歎。豈如香山寺，

全集不散亂。名家勒巨帙，精神本注貫。逸民老田間，不見亦無悶。雖不待藏傳，得藏亦所願。我今立藏法，似定禪家案。諸友以書來，收藏持一券。他年七十厨，卷軸積無算。或有訪書人，伏閣細披看。古人好事心，試共後人論。既汎西湖舟，旋飽蔬筍飯。出寺夕陽殘，鷲嶺風泉涣。

又卷一〇《與王柳邨處士豫丁柏川觀察淮方静也茂才士倓焦山僧借菴同立焦山書藏，詩以紀事》 書賴名山藏，山向古書覯。《禹貢》逮《爾雅》，桑欽亦傳授。嶽鎮若非書，其名久舛謬。我昔立書藏，錢塘置靈鷲。兹復來江南，焦山藏新構。焦山本譙山，人罕識其舊。於詩見江淹，於典稽杜佑。樓倚椒山祠，正氣充宇宙。周漢二鼎間，常有海雲覆。《鶴銘》殘字多，編列籤厨富。萬卷壓江濤，千函寄烟岫。付與詩僧收，何異長恩守。況是仁者静，山壽書亦壽。千載傳其人，更有史遷副。

錢維喬《竹初詩文鈔》卷一三《閣觀藏書，即席索和》 黑頭强負讀書名，傑閣初登媿百城。題處自天昭世守，繙時近水得家聲。當窗介石苔俱古，觸手靈芸蠹不生。幾許燃藜眩朱紫，夢誇中秘眼難明。

縹緗海國久知聞，折柬深煩禮意勤。二老追陪有今日，一尊酬酢藉斯文。門墻德舊容塵客，風雅譚多易夕曛。却憶先人敝廬在，青箱冷落鎖江雲。

又卷一四《偕同人再登天一閣觀藏書，并披閲金石文，仍用〈集禊帖詩〉原韻》 一水嘗隨述作流，迹雖陳矣極清幽。室因山氣人初静，坐有春風竹自修。朗抱可觀當世事，暮懷爲慨盛時遊。羣言管領于斯係，快取天和契昔由。

與稽猶及仰諸賢，盡攬殊形足暢然。古趣咸知文在右，今人每感地將遷。引觴暫得無生詠，娱目相期未走年。又是閑亭畢長日，所欣俯視曲終弦。

許宗彦《鑒止水齋集》卷二〇賦駢體文《重修曝書亭記代》 夫芳臭所及，跡往彌彰，宗尚所存，情通匪邈，是㠯過廬阜者必跂望于曾臺，經瀼西者亦流連于茅屋。況乎流風可接，大雅同符。結神契於百年，抗詞宗於同代。訪舊事於采風之始，振清塵于問俗之餘，洵爲政之美談，抑蓺林之盛事也。曝書亭者，秀水朱檢討彝尊藏書之所也。鴛湖里第，長水郊園。八萬卷之編函，校來研北。一百弓之隙壤，拓自池南。溯自避地之初，迄乎歸田，而後蒐羅日富，排次遂繁。寶之枕中，時有一瓻之借；閲來肆上，不辭十笏之酬。善且益多，聚於所好。裝潢千卷，比之南渡尤家。著目八門，擬於西齋吴氏。瑶圃則吉光滿篋，妙綜詩詞。珠囊則墜典盈笥，博收經義。夜燈雨細，聊吟多江左英流；曉几風清，問字有外家羣從。七品頭銜雖小，傾倒公卿。一時手筆争推，巍然尊宿。王筠晚歲，遂負朝野之名；庾信暮年，大動江關之望。無何榮聲有歇，閲歲如馳。竹垞荒蕪，金風冷落。零亂丹鉛之本，叢殘黄墨之編。曹倉卷軸，散於四方；鄴架籤縢，歸于他姓。槿花紅糝，空餘理帙之痕；蕉葉清濃，漫蔭論文之座。緑陰匝地，是處生蛅；黛色參天，誰來誅草。苔深徑没，水漲池平。風月依然，亭榭非故。文人過而踟躕，騷士爲之悵結已！大中丞儀徵阮公，懷舊蓄于遥情，愛才深于曩日。輶軒昔歲，曾經通德之門；節鉞今兹，載訪蘭臺之宅。撫今緬昔，因地思人。睠先輩之風華，發後來之景慕。爰探故址，更築新亭。檐宇高張，丹青增飾。繞池花木，仍留移植之株；絡架藤蘿，尚想追涼之地。雖四部之無存，庶五畝之不改。坐春風而念詞筆，酹尊酒以招吟魂。如接清襟，如披雅致。青山已逝，長埋逸代之才；白雲能來，應慰生平之舊。因以擷遺芬於未沫，啟夕秀于方來。豈同蘭上續遊，徒誇觴詠；滄浪重葺，但侈名勝而已。攬筆爲記，傳之無窮，以爲後之君子，亦有樂乎此也。

張廷濟《桂馨堂集·清儀閣雜詠·吴南谿參政紗帽籠》 籠用纖藤組成，有底有蓋，中用朱桼。通高七寸，縱六寸，横五寸半。面微圓。兩出長一尺四寸，高二寸，廣一寸二分。海鹽縣圖經吴昂，號南谿，宏治十八年乙丑科進士，歷官福建參政，進右轄，致仕。

參政烏紗帽已空，瘦藤組織此遺籠。啓逢袍笏封章日，《海鹽縣圖經》：「南谿致仕後布衣芒履，渾迹漁農。至遇鄉曲大利害，又未嘗不抗言有司，不得則請於朝，如《論築海塘疏》是也。」緘向漁農老圃中。愛共巾箱儲蠹簡，《海鹽縣圖經》：「南谿積書萬卷，徧讀之。」記攜書笈坐牛宫。戚元佐《檇李往哲傳》：「昂少時草屩負書，就海寧祝先生受經。舍滿，坐牛屋讀書。」武原舊物聯雙璧，莫但焚香拜鄭公。鄭端簡公祠堂藏有紗帽籠，廷濟曾拜觀焉。

又《天籟閣書案》 高二尺二寸三分，縱一尺九寸，横二尺八寸六分。文木爲心，棃木爲邊。右二印曰項、曰墨林山人。左一印曰項元汴字子京。

圖書天籟六丁收，此獨華嚴劫後留。寶樹文章裁錦段，山人名字印銀鉤。焚香想展千金帖，置酒應開萬卷樓。多少墨痕須記取，文唐諸老舊風流。

張廷濟《桂馨堂集·順安詩草》卷一《重建曝書亭落成刻入〈竹垞小志〉》 當代論儒術，長蘆有鈞師。丁年騰駿譽，甲等擢鴻詞。結屋一亭古，藏書萬卷宜。阿誰圖八景，蘭砌與芰池。

長水人何在，空餘舊蹟存。草荒揚子宅，雲鏁鄭公門。故址鄰翁圃，殘畦野老園。遺編半零落，風雨孰重論。

星使森文雅，䆁經接後先。發題詩課盛，摹像畫圖偏。爲復金風宅，因分月俸錢。遥遥百年後，舉廢豈無緣。

結構規前制，孤亭勝可探。桑陰遮老屋，荷影俯清潭。樂石鐫新柱，奇書認舊龕。他年志梅里，故事話垞南。

顧廣圻《顧千里集》卷一《五硯樓賦爲袁綬階作　甲子十月》　楓江草堂，漁隱小圃。中有樓焉，藏硯惟五。主人延登，僂指而語。厥首一枚，文清宿弆。泰定而還，墨海幾主。長者快諾，石歸青浦。廉吏別傳，汝南家譜。以謚奇産，彭孔嘉父。碎金點點，比德星聚。端溪濳璞，堅潤罕覩。款識介隱，出琢玉斧。列岫陳迹，謝湖荒渚。各獲舊製，若奉遺槼。凡此一一，俱等璧珇。清泉以洗，漆匣以貯。敬肅而拜，愛護則撫。永永寶用，弗墜先緒。故斯樓也，羣詫勝所。憑檻試望，青山媚斌。如挾積翠，來撲牖户。物色幻變，春晴秋雨。允號多景，而胥無取。若夫收藏，清閟之府。讀畫煙雲，訪碑寰宇。駭彼五都，浩此四部。莆田史秘，君卿典鉅。泰和醫經，前輩所詡。字美圖精，覩者舌吐。補脱正訛，紬之眙貯。以較於硯，猶未爲伍。獨錫是名，含意未抒。我來最頻，請觀悉許。及序記圖，洋洋鋪叙。深情勃欝，咽而難茹。衆有舟壑，生世寄旅。遠不可説，近事略舉。絳雲如雲，去隨天姥。傳是何傳？錯雜榛莽。有力且窮，餘子況窶。然而過客，瓣香思炷。東隣西壁，屋乃藻黼。究極綺麗，閉置歌舞。迨其俄空，速草木腐。諒哉淵山，詎曰小愈。吴中蘭、錡，閲世環堵。賈落三張，洎四皇甫。文門弟子，昆裔屠沽。偉矣六駿，竟得搘拄。文采風流，依然繼武。高懷玉朗，傑思虎怒。掇拾手澤，殘鱗片羽。鎮之以硯，列城不數。類乎范喬，願終付與。巋然者樓，峙於水滸。屨滿名公，車停勝侶。椽筆特署，揭之櫋梠。恒在人口，六幕周溥。感夫清芬，欲下延佇。爲之稱曰：「樓之美兮美吾土。硯之珍兮珍以祖。硯或穿兮樓或沮。佳名垂兮萬萬古。」

陳文述《頤道堂集·外集》卷一〇《題王又樗〈白榆仙館圖〉》　朱鳥窻櫺烏鵲橋，五雲樓閣最岧嶢。仙家別有藏書地，風静瑶華作雪飄。

交柯玉樹影横斜，仙侣樊桐第幾家。看罷彩鸞書韻後，瑶池閑話白環花。

胡承珙《求是堂詩集》卷二〇《春仲同玉鐎過來青書屋晤朱西浦一慊大合》

塵事悲牽率，清游慰寂寥。桃花夾村路，楊柳覦溪橋。白石藏書在，青山抱酒邀。堆胸饒磊塊，一醉總令消。

李兆洛《養一齋集·詩集》卷五《張芙川〈小瑯嬛館藏書圖〉》　何必名山始可藏，清華水木讀書堂。夢遊祇惜無斯福，一晌披圖意渺茫。

平生積得八千卷，恢廓孫謀幾倍之。物聚固常於所好，也緣世德與涵滋。

老去時時爲借書，一瓻不挈載兼輿。世人莫道瑯嬛小，鄴架曹倉定不如。

孫星衍《孫淵如先生全集·租船詠史集·胡維君〈環山小隱圖〉》　曲曲青谿憶釣遊，蕭蕭皵桂足淹留。旁人問訊陶濳宅，千仞山圍萬卷樓。

經學傳家自安定，臯比奪席到蘭臺。蒲輪莫負求賢詔，小隱還招大隱來。

孫星衍《孫淵如先生全集·澄清堂稿》卷下《題〈聽雨樓圖〉樓爲明嚴世蕃故宅，查給諫瑩今居之，奉使楚中，作圖攜歸》　一樓何時聽雨名，當時何人之所營。昔人耳厭歌管聲，可憐有雨聽不清。樓如傳舍人常換，樓外西山青不斷。豪門幾日變騷壇，前有狀元今給諫。畢督部沅先曾居此。繞樓手植青琅玕，甘蕉葉大不屑彈。貯書萬卷畫萬軸，閉門便作山林看。當時主人別樓去，山色横空雨來處。袖中攜得瀟湘煙，筆下獨排崔顥句。衡山九面隨軺車，此時却夢樓頭居。燕雲忽落畫師手，雨中春樹青模糊。歸來恰見陔蘭茁，未晚春暉最遲日。此樓此畫一時開，想見元龍好風骨。我亦僦屋東頭城，紅塵不到書帶生。遊人却愛櫻桃館，他日誰圖問字亭？予居孫公園，題其室曰「櫻桃傳舍」。

錢楷《緑天書舍存草》卷二《小峴觀察索觀〈竹垞圖〉，題句見示，有「農曹祇笑貧如許，不向南垞買半弓」之句，走筆戲荅》　竹垞詩老居有竹，藏書萬卷亭可曝。江湖魏闕辛苦來，猶向南垞半弓築。小樓墻角添未添，百年畫入詞人目。茭池槐汧別家山，遺徑還存籬一曲。我今歸來竹也無，千竿只羨圖中緑。嬴得農曹如許貧，我讀公詩行捧腹。外臺持節三數年，書生瘦似食無肉。日日飽看西湖山，買山買書兩不足。平安報我休見嗤，賺有芙蓉湖上屋。

鄧顯鶴《沅湘耆舊集》卷一二〇周大定有聲《題唐鏡海鑒太史〈萬卷書屋圖〉》　短檠棄牆角，我老久廢書。敝帚豈無珍，庋閣同棄餘。兩兒亦薄殖，經訓誰菑畬。往往誤金根，不解羞虚車。君侯名父子，愛書味其腴。自注：鏡海爲吾友陶山刺史子，篤學好古，嘗以詩質於余。讀之既以破，插架猶紛如。示我《萬卷圖》，題句堆琳瑜。乃翁寫心得，陳義尤啟予。自注：圖中有陶山題示五言詩一首。謂言一經熟，不在誇獵漁。稽古貴經世，令僕期子居。子今已致身，圭組榮子軀。勉抒華國文，賡拜希唐虞。庶幾鄴侯籤，更庇姚似謨。持用上乃翁，貽厥誠非迂。顧顧景升兒，發篋空咿唔。我歸拾叢殘，尚思砭其愚。他時令請事，願勿加訶呿。

又卷一二九歐陽輅《胡徵君虔言其先參政公有萬卷書樓，後燬於火，思復成

先志。錢學使爲繪〈萬卷樓圖〉，并屬賦此》 士以吟囚窮，鬼以帝墳哭。造物忌盈盛，此事尤所觸。胡侯眼如電，一覽百行屬。辛勤五十年，憲憲抱遺躅。正緣讀書多，世徑往輒蹙。胡爲厲古好，屢阨不自曲。棲皇桂林道，風雨桄榔谷。一罇接歌謡，百轉發談覆。爲言參政公，早歲尹南服。宦囊澹如水，但有漆盈櫝。廉泉之所餘，幽篋發清馥。念以貽子孫，作銘矢來告。自注：參政有《萬卷樓銘詞》。豈知熒臺火，災及棗梨族。逮君百年餘，憾瘝猶在腹。君又啖齊蹠，如富不可幅。邇來出所藏，已足汀百犢。尚思祖德永，未免見盈縮。誓將返舊觀，歸老肆編録。老郎好筆力，繪此林下屋。萬峰疊相向，千里森在目。我家湘山陰，二酉伏其麓。亦有先人廬，列架插圖軸。經年未還山，蟫鼠已知酷。因君發遥慨，感我似奔鹿。

屠倬《是程堂集》卷六《山陰草堂漫興六首》其一 下澤車懷馬少游，不才只合住林邱。杖藜父老能占歲，總角兒童解飯牛。對客鐙前饒醉語，懷人天末重離憂。不嫌家具無多在，更擬藏書築小樓。

又其四 一從一横山起伏，載飛載止鳥翩翻。達人大觀嘆蟻磨，寒士苦心埋兔園。酒熱且除巾子漉，廚空不厭雀兒喧。眼前門户關興替，六百年來手澤存。

張祥河《小重山房詩詞全集・畿輔輶軒集・寄題程序伯翁畫山樓爲令子稺蘅門人》 君家家藏《太白經》，令子擕出獻闕廷。傳鈔旨下五翰林，一時掃落欃槍星。于也銜恩到蓬館，稺蘅進《太白陰經》，旨交翰林五人鈔寫，賞充謄録官，補實録館。君方樓居曰華滿。人指藏書孫抃家，畫裏青山作老伴。煙霞氣息梅鶴姿，長蘅一派乃本師。況又前身山住持，南屏吹墮鐘聲遲。青篛菴中青篛笠，袈裟雨帶西湖濕。夢回影事感浮生，練水人文亟搜輯。君夢前身爲南屏青篛菴僧，近輯《練水畫徵録》，有裨文獻。我昨東吴艤客船，袖君畫扇江風偏。神交今得通家誼，懷想高情百尺邊。

王相《友聲集・願學齋唫藁》卷上《游劉氏藹園，和壁間韻》 山坳藏曲榭，峰頂插雕欄。花隔路疑盡，竹遮池更寬。林皋秋藹浄，几席暮雲寒。聞有藏書室，幽扉未許彈。

汪遠孫《借閒生詩》卷二《題嚴丈鷗盟杰〈書福樓勘書圖〉，用簡松老人題余〈松聲池館勘書圖〉韻四首》 讀書有二病，古人不我欺。其失在不校，魚豕疑傳疑。或因校致誤，圮改塗多歧。聲轉柳爲昧，文省鐵成夷。聲音與文字，古義多在兹。即此通乎彼，悟禮可言詩。作僞自王肅，造奇始庾持。見《南史・庾道慤傳》。一遇明眼人，紛紛徒爾爲。兟兟嚴夫子，治經覃精思。垂老不肎休，那顧人笑癡。百事不挂眼，兩肘案常據。有時拈一義，疑者豁然悟。前人皮傳言，未免太癡瘝。湖濆開講舍，勘經朝夕與。插架十三經，一一目皆寓。衆人苦繁重，君獨得其趣。餘事及《文選》，何義門陳少章盡沿誤。善注羼五臣，塵言撥雲霧。始令詞賦家，不敢鄙章句。

賤子亦耽此，藉消閑歲月。罔羅到叢殘，欲補釋文闕。池館繪作圖，松聲散林樾。君特爲序之，文章勢奇兀。送君游嶺南，征塗戒遄發。五載駒隙馳，短夢驚鶻突。心情日積喪，懶更事矻矻。遂致硯生塵，忘卻籤書楬。庭樹秋風摧，砌苔秋雨汩。君歸來款關，定應憐瘦骨。

喜君遠方歸，問字門復踵。靈光長巋然，天庇讀書種。囊無陸賈金，壓擔牙籤重。胸有萬卷羅，身但一氈擁。小樓鎮日扃，力謝人事宂。此福豈易消，青山四圍拱。長松三五株，鱗甲生擁腫。誦書聲琅琅，稚子一何勇。憐余豚犬兒，嬉戲太愚憧。放翁詩：「稚子勇過我，琅琅誦《易》聲。」先生子才七齡，長余子一歲，先生課以《爾雅》，上口成誦。情深語不文，擱筆肩徒聳。

季芝昌《丹魁堂詩集》卷五《自題〈金粟山房圖〉》 進不營金谷園，退不築午橋墅。申屠因樹便爲家，王翰卜鄰還有侣。半生泛泛無定棲，住不三年輒遷所。芙蓉江上舊巢痕，驫睫蟭螟嫌偪處。虞山獨秀吾鄉東，有友相招寄春杵。閣名照曠昔藏書，爽塏不愁雲潤礎。前開松徑引羊求，後畫鴻溝分漢楚。我來正渡梅柳春，乍眄庭柯已心許。庭中五桂相交陰，先後飄香永秋序。顏之金粟縟且華，虚美何嘗不吾與。其間雜花豈不芳，牛耳主盟須屬汝。我雖杜門愛嘉客，時對聯吟酌清醑。今年風送故人來，難得閑鷗共幽渚。山房默數詠花人，除卻素心無別語。吴生畫者亦舊游，以意通神匪毫楮。君不見康節先生居洛陽，養疴不出防寒暑。又不見東坡居士思陽羨，垂老依然困羈旅。但有行窩樂已多，苦祝歸田遇偏阻。我今專學司空圖，三事宜休天所予。徜徉儻可終吾生，釣水食鮮采山茹。獨慙病鶴太氍毹，尚弗新詩説鴻舉。

蔣湘南《春暉閣詩選》卷六《故里》 故里當長夏，風光四野清。巍岡青抱郭，漲水白環城。樓密家家燕，村濃處處鶯。疏瓜香正午，廿瓜，土人呼「疏瓜」。靈米熟先庚。初伏先熟之米，土人呼「六月靈」。花栗鵝肥稻，固鵝出花粟□者，食稻尤肥。茶菱草綴瓔。花菱如蓮□，生野塘中。雲烘龍爪健，菜圃多種龍爪花。雨洗鬼頭明。鬼頭錢出期思鎮，雨後得之土中。《金石録》謂之「蟻鼻錢」。此際披襟唱，同儕緩帶行。魚蝦腥半市，絃管鬧深更。盡説居鄉好，誰誇作客情。固人不事商賈，非仕宦，無出百里外者。

饑驅偏到我，老大奈爲兄。才愧賓賢館，胸無武庫兵。豬肝飽仲叔，牛背羡封衡。十載紅蓮幕，千秋碧海鯨。舊有《碧海掣鯨圖》。劍光餘閃爍，詩卷尚縱横。昨擊燕臺築，今飛雪苑觥。家書來渺渺，官鼓聽聲聲。未免相如倦，思陪桀溺耕。蓼菴開九里，有別墅，在城北九里溝，濱河，多蓼，名曰「紅秋菴」。經閣築三成。築樓藏書，名「十四經樓」。琴挂蓑衣壁，土人綴茅于牆，以禦雨雪，呼曰「簑衣壁」。鐙摇豆葉棚。鼠姑馨繞砌，烏舅蔓依楹。拄雨赤虬活，過橋朱鼈迎。妻嫻清梵響，婢問野花名。時有詩人至，兼之好鳥鳴。芭菜容雅雅，封羯氣英英。洶釀甘浮螘，因水出南山，以釀酒，味清而冽。淮鮮嫩剥鯉。淮鯉出往流集河中。貓頭豐碎玉，鴨脚足新羹。半醉攤齗簟，無腔搊趙箏。豈惟消酷暑，永以葆幽貞。似此非奢願，依然滯旅程。天心或珍惜，將用備公卿。

許瑤光《雪門詩草》卷九《上元初集》 藏書馬市許家樓，優拔同年肯借游。最愛樓前太湖石，瘦雲紅壓一梅幽。仁和優貢同年許季仁名善長家富藏書。

董沛《六一山房詩集・詩續集》卷一《寓盧氏抱經樓觀藏書》 劫後猶存萬册書，浙河遺籍此樓孤。秦宫幸脱阿房火，粵海如還合浦珠。書爲楊氏所得，仍還此樓。兩宋麻沙多舊刻，四明石庫本仙區。范家天一儲藏久，殘本飄零古本無。

縣中近日纂圖經，屢擬登樓借榻停。一月已留琴劍客，千秋須乞簡編靈。樓中藏地志幾六百種，以補《鄞志・選舉表》、《人物傳》。衣冠鼎盛搜人物，架閣書多載地形。卻爲鄉邦添故實，傳抄長對夜燈青。

胡鳳丹《退補齋詩文存》卷六《自題〈紫藤仙館圖〉》 屋烏幕燕無定居，蚊巢蝸國綽有餘。天地逆旅偶然耳，何須廣廈歌渠渠。憶昔丙寅四月夏，我來鄂渚尋庭樹。有屋一椽留燼餘，不礙官居如傳舍。中有園林清且幽，雙藤盤屈拏龍虬。夏覆緑陰春破萼，紫花倒挂如垂旒。間以耐寒柏，雜以淩霄桐。滴以芭蕉雨，吹以楊柳風。梅蘭竹菊四時備，枝交藤架嵌玲瓏。此外盆甕羅列不勝記，瑶草琪花争獻媚。疊石爲山山出泉，一一天然工位置。東有仙樓淩太虚，西有山房曰學書。館之東有樓，爲「大仙樓」，西則「學書山房」五間。一角亭邊日斜照，自南池北巾箱儲。館之南一角亭池北有屋三間，曰「退補齋」，藏書處，舊額曰「牀上書連屋」。左右闌干屈復曲，濃陰罩地鬚眉緑。脱巾獨坐清風來，飄飄欲仙雲中鵠。藤兮藤兮歷世長，柴桑五柳堪頡頏。幾經兵燹巋然在，高歌盤谷樂徜徉。城市山林此爲最，好倩荆關爲我繪。出圖示客徵題詞，觴詠蘭亭續高會。人生行樂須及時，一官匏繫身羈縻。未知明年在何處，且留嘉樹貽來兹。

施補華《澤雅堂詩二集》卷九《漫興二十首》其十六 研經室裏藏書富，都付咸豐劫火焚。今日儀徵門下士，白頭留得一孫澐。孫宜生疏勒相見。

潘衍桐《兩浙輶軒續録》卷二四韓慕嶸《澇湖湖海樓陳聲揚先生藏書處》 百尺危樓接荏山，搜羅墳典俗情删。天開金簡玉書穴，地拓韓潮蘇海觀。有客正堪評往史，非仙亦自出塵寰。臨軒北望平湖闊，擬共長鯨破浪還。

又卷二八鍾錫齡《重建曝書亭》 太史藏書多著録，林居六十廿知足。漾茛灣口荷花池，垞南垞北圍寒玉。憶昔茆亭剏建成，移山選樹愜幽情。人淡於菊瘦於竹，緑陰四帀花盈盈。槐泝茭池添小築，簾幕深深護吟屋。宅邊柳樹影檀欒，谿上梅花香馥郁。依舊池塘春草青，縹緗八萬散零星。荒凉已似裴公島，風雅還尋揚子亭。重葺遺墟動遐慕，濬泉壘石都如故。篔簹歲歲報平安，《竹垞圖》煩丁甲護。

陳三立《散原精舍詩》卷上《北渚閣次韻和伯琴太守，閣爲藏書處》 渺渺愁予安所放，咄嗟臺觀控溟濛。蚌珠夜護雙湖月，鸞吹晨邀半嶺鐘。雲物擎杯開窈窕，牙籤環柱映璁瓏。拂衣可預聲聞座，領取伽黎一臂風。

靈隱焦巖小洞天，購書幾見乞僧錢。賃欄數盡南東畝，躡屐來探星宿躔。一水鳴鼉騰暝誦，萬家買櫝負當年。先公撫湘，經畫塹湖，事未竟。揚靈慌惚雲旗出，鑿空扶衰賸汝賢。

黄鉞《壹齋集》卷一五《爲朱錫庚同年追題竹君夫子〈椒花吟舫圖〉，次石君夫子韻》 我年二十勤清修，先生挈之京華游。青山一賦首擊節，拔置高等空其儔。那知九舉始一第，青萍出匣亡風歐。東軒載拜東坡逝，滄桑變滅誰能籌。竭來涪皤亦霜鬢，願歸山谷騎石牛。披圖吟舫昔曾侍，雲烟過眼何飄悠。藏書插架三萬軸，西東四列如羅羞。椒聊吐芬味清烈，合歡筵影枝交樛。艸元載酒説許鄭，花紅布席笙崇邱。手開泥封自斟酌，點滴不許奚奴偷。千觚萬榼判賢聖，欲以醒醉觀蘭蕕。爾時列坐孰先後，一一按畫猶堪求。少河家學堂構肯，塈茨不用工重鳩。題詩述舊感且泣，此卷天地應長留。

吳清鵬《笏庵詩》卷九《小築落成，賦此遣懷》 吾家老屋藏書樓，四柳未知今好不。猿鶴移文北山怨，鴻雁附書南國秋。豈期貪戀此間樂，忽復營此小菟裘。幾年囊篋破慳嗇，一夕户牖羅清幽。左圖右史費位置，高花下樹煩規求。朋知來看燕雀賀，自顧轉覺爲顔羞。有如塞上老戍卒，十年更議屯田留。此豈尚復有歸日，人生作計難自由。乾坤要有著我處，熙熙是鄉吾老休。

王邦畿《耳鳴集・薛劍公書齋》 傍宅餘三畝，藏書尚一坵。地中分水正，屋角引門幽。鳥語來初日，山形入小樓。坐深愜懷抱，庭草自忘憂。

王嗣槐《桂山堂詩文選・詩選》卷一《千頃齋藏書爲黄子俞邰賦》 東京班氏人門强，家有賜書紺軸裝。富于秘閣分四部，破壁發塚搜遺亡。叔皮有子固有弟，續成漢史繼子長。黄子家號藏書窟，婆娑枕籍忘歲月。高眠捫腹笑便便，抽新擷秀無休歇。古之學者豈無人，截蒲編柳何艱辛。不然從人借抄寫，入市强記資心神。何如坐擁過萬卷，左几右架羅奇珍。比來修史館舍開，直文老筆需逸才。姓名朝上夕被召，舊章新載歸鴻裁。世人但苦聚書少，胡許驕吝争未了。曹家積石高太倉，張華徙宅連車繞。不聞守業更何人，如君無愧諸班好。

孫泩《擔峰詩》卷四《聞尚威如書齋落成，寄以二詩》 墻東聞構屋三間，恰趁緣堤水一灣。市遠料無俗士訪，牕虚獨許野雲還。藏書分課兒孫長，抱膝渾忘鬢髮班。半世窮交誰莫逆，我來應不掩柴關。

書院分部

綜　述

《全唐文》卷八八八徐鍇《陳氏書堂記》 潯陽廬山之陽，有陳氏書樓。其先蓋陳宜都王叔明之後曰兼，爲祕書少監。生京，給事中。以從子褒爲嗣，至鹽官令。生瓘，至高安縣丞。其孫避難於泉州之仙遊，生伯宣。著《史記》，今行於世。昔馬總嘗左遷泉州，與之友善。總移南康，伯宣因來居廬山，遂占籍於德安之太平鄉常樂里。合族同處，迨今千人。室無私財，厨無異爨。長幼男女，以屬會食，日出從事，不畜僕夫隸馬。大順中，崇爲江州長史。乾寧中，崇弟勛爲蒲圻令，次弟玫，本縣令。能嗣其業，如是百年。勛從子衮，本州曹掾。我唐烈祖中興之際，詔復除而表揭之，旌其義也。衮以爲族既庶矣，居既睦矣，當禮樂以固之，詩書以文之，遂於居之左二十里曰東佳，因勝據奇，是卜是築，爲書樓，堂廡數十間，聚書數千卷，田二十頃，以爲游學之資。子弟之秀者，弱冠以上皆就學焉。

曹彦約《昌谷集》卷一五《白鹿書院重建書閣記》 白鹿洞之復有書院，前使君朱文公所建也。書院之有御書石經，孝宗皇帝之賜，文公之請也。藏書而有閣焉，又文公之所度地，前學官李君琪之所創。前使君宗學桂博士欲改而大之，今使君太府王寺丞增益其費，命學官丁君燧董成之。幾五十年，而後文公之志始遂，亦難矣哉！仰惟高宗皇帝立極東南，當氈罽跳梁之後，聖學湮微，不斷如髮。親御宸畫，勒聖經於樂石，摹而揭之，使嗣聖得以詔士子，則閣名雲章，豈不足以增重書院？思昔聖人治天下，立司徒之職，以典教爲本，家必有塾，黨必有庠，術必有序，國必有學。灑掃應對進退有其節，禮樂射御書數有其文。本之以孝弟忠信，行之於州閭鄉黨，然後考之以德藝，升之俊秀，無非使之明其善以復其性。夫是以上作而下應，教化行而習俗成。後世以法度整齊天下，古道日薄，時乎用儒，或以爲觀美。間有稱其道德之開延，喜其六經之表章，其於名教茫未有補。惟我本朝尊儒重道，累聖相承，前後一律，故白鹿賜經始於熙寧，而修繕之敕發於章聖。高宗皇帝閔聖經之道將廢，萬幾餘暇，不以聲音采色爲樂，而以筆札爲工；不以藻詞麗語灑翰，而以聖經示訓。則夫奉雲章於傑閣，瞻望而尊敬之，視漢熹平、蜀廣政所刻，相去遠矣。聖經標準萬世，凡圜其冠，方其履者，皆知其不可一日廢於天下也。然而口誦其言者常多，而心惟其義者常寡。議論横出者常勝，而真實踐履者常不逮。豈載之簡册者猶有遺憾哉？知之者有所未致，而行之者有所不力也。天理具在，孰不有所知？學焉而不博，問焉而不審，思不慎而辨不明，非致知也。日用酬應，孰不有所行？執之不固，積之不久。得一善不拳拳服膺而勿失，非力行也。推本聖人垂法天下，與本朝先哲所以講明義理，垂裕於學者，纖悉詳盡。以此奉親，以此事君，以此行己，以此及物，不但雲章所刻而已。由是而推之，凡經籍所載，見諸簡册，先儒之所歸重者，雖手之所抄，家之所藏，市人之所摹勒，莫不求之以誠，守之以敬。惴惴栗栗，如薄冰深淵之在前，而惟恐失步；皇皇汲汲，如駒隙桑蔭之易徙，而惟恐失時。下至於諸子百家之説，編年傳紀之載，與夫微言讜論，有益於身心，有利於世道者，積累而通徹之，饑餐渴飲，不廢朝夕，此則累聖所以惠天下之旨，朱文公所以淑後學之心。前後主議典教是邦者，於此特注意焉，其不爲應故事明矣。舊閣尚卑隘，總高深之數爲丈者率不滿二，其廣特加一焉。今所增或以丈計，或以尺數，蔑有不滿之慮。書院偉矣，閣崇且廣矣，所望於稱是閣者，日游其間，雲章參其前；出乎其外，雲章著於心。如是則居族稱孝，居鄉稱弟。仕於州縣，利澤及於民；立乎朝著，名聲昭於時。皆自致知力行始，則又誠敬之所端本，

不可誣也。王使君栻，字式之，故相之賢子，作郡有惠政，尤於兩學加意。若殿若廡，靡廢不舉，大啓是閣，特其顯著者。召節已至，尚肯以斯文爲重，訖此役而後行，貽書來告，以記爲託。且言涖其事者，星子縣主薄王樠，堂長魏汝諧，學録直學陳畊、繆惟一也。彦約幸生是邦，昔嘗肄業書院，義不可辭，輒誦所聞如此。寶慶丁亥正月，郡人曹彦約記。

魏了翁《鶴山集》卷四一《書鶴山書院始末》 開禧二年秋八月，臨卭魏了翁請郡西還，既又三辭聘召，遂得遷延歲月，丘園之樂者累年。先廬枕山，與古白鶴岡阜屬連。山之顛則修竹緣坡，循坡而上，草木膠葛，又上焉則荆棘之所於也。有烽燧故基，相傳爲李唐時西南夷數大入，是爲望敵之所。蓋居一縣之最高峰，故縣人亦罕至其地。一日與家人窮躋，頗愛面前限支一峰，欲即之而不得，則除剪其荆棘，蒙犯虺蜴，聚足而上，則其地平衺，衡廣二百尺，縱數里，無復側峻凹凸，殆天閟而地藏者。限支中峰復屹立其前，如有鉅人端士色授面承，欲遂卜室貯書其上，與朋友共焉。會居心制，未即功。嘉定三年春，詔郡國聘士，卭之預賓貢者比屋相望，未有講肄之所。會鶴山書院落成，乃授之館。其秋試于有司，士自首選而下，拔十而得八，書室俄空焉，人競傳爲美談。了翁曰是不過務記覽、爲文詞以規取利禄云爾，學云學云，記覽、文詞云乎哉？則又取友于四方，與之共學，負笈而至者襁屬不絶。乃增廣前後，各爲一堂，堂内廊廡門墉以次畢具。旁爲小室，曰立齋，永嘉葉公爲之銘。介一堂曰書舫，舫之左右爲南北窗，堂之後爲閣。家故有書，某又得秘書之副而傳録焉，與訪尋于公私所板行者，凡得十萬卷，以附益而尊閣之。取《六經閣記》中語榜以「尊經」，則陽安劉公爲之記。閣之下又爲一堂，堂内榜曰「事心」，取邵子語。閣之陰闢小圃，鑿池築室，藝卉木，爲遊息之所。圃之後憑高瞰虚，一川風物之秀皆在目中。又爲亭其上，於以仰觀日星風露之變，俯察鳥獸草木之宜，又若有以盪開靈襟，助發神觀者。自惟窮鄉晚進，學未能信，而洊叨煩使，輕涉世紛，將敗績厥官是懼。方表乞祠官之禄，若得請焉，退而聚友於斯，藏修息游於斯，相與誦先王之遺言，隨事省察，萬有一不墜厥初以爲朋友羞，尚不虚築室貯書之意也。

虞集《道園學古録》卷三六《南軒書院新建藏書閣記》 袁州路南軒書院者，祠廣漢張子宣公而列於學官者也。故宋□□時，宣公之弟杓定叟守宜春，宣公至焉，郡人士思宣公而不敢忘也。端平丙申，郡守廬山彭方度地於東湖之上，始創書院。又七年而後成。彭守時爲尚書兵部侍郎，記之。内附國朝以來，莫之改也。近歲水囓其北址，藏書之閣圮焉。其勢未已，講堂且危。仍改至元之三年，山長廬陵趙某始至，凛然憂之，告諸大府，請加完繕。大府聽其言，思有所屬焉。幕府之長嚴君仲毅進曰：「仲毅之在此，不可使學校有所遺缺也。」明年，前太守真定張侯宗顔去爲漕，今太守廣信張侯熙祖始來。同寅協和，民以無事，仲毅得以致其力焉。然書院之田不足以供祭祀廪稍之用，是以營繕有所未遑也，乃出月俸爲之先，而上下應之。即書閣之舊址，斲松爲枋，沉布水底，加曾石焉。延十有五丈，廣百步，崇二丈。甃石加土，平接講堂之址，凡若干尺，堂始無虞。是時郡學新作尊經閣，舊閣之材尚有堅完者，以令侯之意，與書院，奠諸新隄之上，復藏書之舊觀。閣凡三層，皆出飛簷，以遠風雨。奉宣公之像於閣下以爲祠。又作東西廡，以屬諸講堂。作詠歸亭與立雪亭，對大門之東，與老氏之宫接，正其界，爲亭以表之。至元五年，某月某日告成。又作水櫃於上流，以防衝突之及。是役之始終，嚴君日至，而趙某、譯史鄧某、府吏胡某、直學趙某，皆勤敏覆實，克相其功，屬予記其事如此。嗟夫！使幕府之佐其長，身任其勞而不辭，則府安有缺事哉！然予不敢徒書其土木之功也，蓋聞之：聖人既遠，周子興焉。作爲圖書，以發不傳之祕。兩程子繼之，而其道大行。龜山楊氏之歸閩，叔子固歎其道之南矣。其傳諸豫章、延平者，得朱子，而張子得於五峯胡氏者，生同時而學同源也，斯世斯文之所係者重矣。張子以丞相魏公之元子，天資粹美，異於常人。自其弱冠，已知求學聖人之道。及得所傳，遠有端緒。察乎幾微萌動之端，以博極乎求仁之道。玩心神明，不舍晝夜。極講明問辨之功，從容以和而不激；極舒遲温厚之意，端嚴以正而不阿。朝進暮繹，同歸一致。任重道遠，死而後已。及夫蟬蛻人欲之私、春融天理之妙，其所至盛矣哉！以之事上涖民，以之立言垂教，百世之下，學者可考焉。昔在魏公，相思陵於艱難之中，屢屈於險姦之手，大忠大義，時人比之諸葛武侯，宣公以爲武侯王佐之才，而自比於管樂，必不然也。取舊傳而更定之，蓋以明其父之心焉。定叟之爲弟也，才略幾有父風。治袁之日，宣公閑暇而過之，所以端其爲政之本，原以見諸行事，其民被其德而不知者多矣！當彭守時，其殘墨餘論之猶存，而今不復可見，豈不重可歎哉！遺像儼然，衣冠姿色之在於斯也。學者想見其沖和純粹之氣，洋溢充滿，反求諸己，知其所不及，以自致其變化焉，則固君子之所望也。

李東陽《懷麓堂集》卷六五《岍山書院崇經閣記》 崇經閣者，岍山書院藏書之閣也。院在陝之隴州，隴人静樂閻先生爲教官，素喜積書。及致事，居城西五里許，建静樂堂，藏其書，以教學者。先生既謝世，其子光甫爲吏部考功郎中時，欲成

父志，置所未備書復萬餘卷。季子參甫爲監察御史，亦積書以益之。於是經書子史皆備。光甫以河南參政致事歸，乃即堂之故址爲書院，中爲敦本堂，東西爲養正、復初二齋。堂之後，斯閣建焉。中設孔子及四配像，旁兩壁各置架以庋書，而總名曰「崇經」者，亦張伯玉尊經意也。閣之下設七賢像，左右爲肄誦之房，後爲燕室，設鄉賢主於中，翼以庖庾，周爲高垣，垣之外爲田百餘畝，歲收其入以共祀事。凡州都之俊秀未籍於庠校者，皆聚學其間，延師而教之，學者日衆。參政君乃以書屬其子御史价請記於予，予惟聖人之道達於天下，固人之所能知能行，而乃有不及知與不能行者，聖人則著其道於經以明示天下，蓋有不得已焉。天下之人不能皆窮經以明道，君人者建學以居之，置師以教之，若學校所未育，儒師所未及教，窮鄉僻壤之間，遺經蒨史亦有不得而闕者，賢士大夫又從而賛相之，雖非法制之所必爲，而亦莫之或禁，如兹院兹閣者是已。且學之設固存乎師，然猶有守令以領其事，有憲臣以督其令，乃能成才而致用。則夫鄉黨之學，非有所謂賢士大夫者，足以繫衆望而收全功，亦奚以建爲哉？先生往而後，皆以《易》、《書》、《春秋》顯，羣子姓學《易》者尤衆，蓋其家學得於經者如此。隴之士視此而興焉，其大者以文學行業效用于天下，而其小者亦不失爲親上死長之民庶，無負於兹閣之建也。是爲之記。

又卷六八《永嘉縣學奎光閣記》 温之永嘉，學有奎光閣，弘治以前未建也，蓋自東晉建學以來，至南宋，而其制始備。其地負華蓋山，勝蓋一郡，歷代之人才弗絶。國朝科目特盛，而興替亦不常。正德紀元丙寅，姑蘇王君獻臣來知縣事，莅學之始，見孔子廟大成殿後不數武有容成道院，怪而問焉。有能道永嘉故事者曰：「院北實儒宫舊地。」於是徙道院于其華觀之南，復地若干武。院之西北亦久爲某據，聞新令之政，亦欣然來歸，又復地若干武，山若干丈。殿之北西又買地若干畝以足之。地既廓，政亦寖舉，欲即院址背山面殿爲峻閣，以爲藏書之所，如古所謂尊經閣者。顧財力方絀，猶豫久不決，縣人好義者皆相與相成之。爲重簷飛甍，畫棟疏牖，下軼塵坌，上薄霄漢，超出雲雨，俯視江海，盡一郡之勝。積書數千卷，庋置其中，以資講誦，博聞見，非徒爲登臨眺望之具也。閣既成，乃標以今名。教諭率諸生而前曰：「命名之義何居？」王君曰：「是取諸列宿所謂文章之府者也。《傳》不云乎，聖人之道，昭如日星。六經者，道之精華也。夫道，根乎人心，貫乎倫理，見諸民生日用之間，天下之所見固然莫殊也，乃或蔽於外誘之私，則有不能知者，於是有復初之學焉，有復禮之力焉，有復性之功焉。然學必須於博文。文之大者莫六經若，士之所當尊而習焉者也。天下之物，有失然後有復，兹地之失，固可以言復矣。不慎以守之，能保其終勿失乎？物之在外者且然，而况於道乎！夫苟不知所以復之，則所謂老氏者，鄰居而襍處，非惟不相爲謀，抑或有誘而去之者，聖人之徒縱未能距而攘之，而忍爲其所誘耶！今游斯學者，於六經乎取之由誦讀講説之粗，極于體驗充擴之大，以成文明之治。俾功業昭于一時，名譽著于無窮者，蓋自昔有之，而自今其未艾且益盛也。」皆再拜曰：「敢不於吾侯之言是圖！」又相與議曰：「侯之功有不敢忘者。且其仕以名進士，其爲監察御史，執法盡職，謫遠方末職，以薦拔今官。其所爲政，多可稱述，非兹事止也。是惡可以不記？」乃具書京師，請于予，予于禮部之試得王君，知其賢久矣，故爲之記。

王陽明《王陽明全集》卷三六《年譜》 三十四年乙卯，歐陽德改建天真仰止祠。

德揭天真祠曰：「據師二詩，石門、蒼峽、龜疇、胥海皆上院之景，吾師神明所依也。今祠建山麓，恐不足以安師靈。」適其徒御史胡宗憲、提學副使阮鶚，俱有事吾浙，即責其改建祠於其上院，扁其額曰「仰止」。江西提學副使王宗沐訪南康生祠，塑師像，遣生員徐應隆迎至新祠，爲有司公祭。下祠塑師燕居像，爲門人私祭。鄒守益譔《天真仰止祠記》。記曰：「嘉靖丙辰，錢子德洪聚青原、連山之間，議葺《陽明先生年譜》，且曰：『仰止之祠，規模聳舊觀矣，宜早至一記之。』未果趨也。乃具顛末以告。天真書院本天真、天龍、浄明三寺地。歲庚寅，同門王子臣、薛子侃、王子畿暨德洪建書院，以祀先生新建伯。中爲祠堂，後爲文明閣、藏書室、望海亭，左爲嘉會堂、遊藝所、傳經樓，右爲明德堂、日新館，傍爲翼室。置田以供春秋祭祀。」

《（崇禎）寧海縣志》卷二《公署》 緱城書院 東南三百步。萬曆甲午，令王演疇建。内有「扶摇閣」藏書樓。後令林光庭修建，改名「覽千閣」。

《（崇禎）寧海縣志》卷一〇《藝文志》任大治《緱城書院文昌閣記》 嘉、隆以來，浸假寖落，夷于郲莒。萬曆壬辰，王侯成進士來宰寧，曰：「士之鋭可鼓而憒不可激乎？」則相城東南隙地得數百武，刱爲書院。廳其中者三楹，規制頗巨。前爲「扶摇閣」，高可三丈，後置藏書樓三間，旁列號舍，繚四周以垣茨而丹堊之。復馳幣羅四方之英譽者與寧士習業其中。一切修膳供帳皆割侯俸資，雖解侯鈎帶不恡。時余在艱，不得親承侯教益，私心實向往之。癸卯，與所羅致陳君蒙吉同舉主語次多不敢諼侯。未幾，侯去。又未幾，藏書樓圮，人有黍離之愳。天幸朕蒼林侯

實來。侯鋭意作人后。先與王侯臬味，甫下車，識拔章君、徐君輩，爲增置號舍居之，因登扶摇閣，徘徊四望，曰：「此非風氣之所鍾乎？疇昔之夜，有絳衣冠而見予于夢者，予將爲諸生祀之，以乞靈貺。」遂拓藏書樓舊址，廣修各數十武，爲層樓五間。莊嚴帝君像，朔望致蠁蚩焉，且改扶摇閣爲覽千閣，以寄流覽千秋之意。或曰鳳翔千仞，覽德輝下之，侯蓋自寓也。于是向之壞者葺，弊者新，壯麗宏偉甲一時矣。閣刱于甲寅八月，成于次年二月，適有林待價所捐田地山各如干畝，侯命諸生某輩領之，共徵其入，以備牲帛，餘貯爲修葺資，蓋庶幾經久規，而侯擢板部去。是年秋，章徐兩君同領解額。己未，不肖亦捷南宫，人以是益多侯功。先侯議興作，旁觀者俱有難色。石某等四生獨慫慂侯，至是又請于今侯鍾肖二公像于帝君傍，致四時尸祝，而俾冶爲之記。冶謂王侯之善作，林侯之善成，其功在吾寧者甚鉅。然絿城先生孝友篤行，非獨以文章節義著聲，而帝君聰明正直，而一即所垂訓，惓惓以孝弟爲先，藉學不先生而欲邀福帝君，奚有哉？即吾鄉先正，如盧如石輩，爲海内斗山者，豈以一第重尚！與多士勉旃，務顧絿城之名，迓帝君之眷，□無負二侯所嘉惠焉，則善矣。

陳弘緒《江城名蹟》卷一 校士公署 在舊廣積倉之西，即分宜嚴氏嵩居屋廢址，後爲豫章書院。萬曆九年，學使孫代改建。中有寶翰樓，藏書甚富，多嚴氏自秘閣抄録之本，與前後學使購求於四方而貯之此地者，往往爲書賈竊出轉鬻。今其樓已付烈焰，無問縹緗之帙矣。此署既燬，吾郡每試士，暑則張蓋烈日，寒則露坐淒風，似不可不補此缺陷。

林華皖《治鮮集》卷三《修學紀》 遂於聖殿後建堂九楹。中三楹爲置敬一箴、心箴、視聽言動四箴於内，使操脩者有所警策。右三楹爲祭器庫，凡犧象罇彝鼎俎籩豆爵勺祝版帳幔香燈之屬，皆依古法製簿正之，珍藏於中。左三楹爲藏書室，置書以崇經爲本。凡《五經大全》、《十三經註疏》，及《性理》、《綱鑑》、《廿一史》與近代諸儒語録、闡明心性之學，可以翼經補傳、有功於聖賢者，亦購求焉。聖廟肇於己亥年五月端日，成於仲秋丁祭前一日，而堂齋諸處次第告成。夫新邑最近首善之地，又爲夫子、閔子遊息之邦，明道之責，宦斯土與生斯土者，其均任之是亟哉！

丁申《武林藏書録》卷上《敷文書院》 敷文書院在萬松嶺。明弘治十一年，浙江右參政周本以廢報恩寺改奉先聖像，名萬松書院，徵聖裔孔衢、孔績來供祠事。嘉靖三十三年重建，新建伯王守仁撰記。萬曆五年，建繼道堂於毓秀閣北，聖裔尚禮摹鐫聖像於石，祀堂中。八年朝議毀各書院，惟此以巡按御史謝公師啓、僉事喬公因阜之請，得不毀。我朝康熙十年，范公承謨重修，改爲太和書院。仁廟南巡，御書「浙水敷文」扁額，並頒《古文淵鑒》、《淵鑒類函》、《周易折中》、《朱子全書》等書，藏於院内。徐公元夢又修，更名敷文書院，增構存誠閣，恭藏賜書。黄公炳捐置學田。乾隆十六年奉上諭：「經史，學之根柢也。會城書院聚黌庠之秀而砥礪之，尤宜示之正學。朕時巡所至，若江寧之鍾山書院、蘇州之紫陽書院、杭州之敷文書院，各賜武英殿所刊之《十三經》、《二十四史》一部，資髦士稽古之學。」先後翠華臨幸，召試士子，疊奉明詔，頒賜各書，恭藏院中，俾諸生觀摩有自。居院中者敢不勤學稽古，以仰副文治之隆哉！

又《仁和學》 仁和學書籍見於趙公《世安縣志》。舊存者凡三十部，年久皆廢：《史記》、《前漢書》、《後漢書》、《三國志》、《晉書》、《宋書》、《南齊書》、《梁書》、《陳書》、《魏書》、《北齊書》、《周書》、《隋書》、《唐書》、《五代史》、《通鑑綱目》、《文獻通考》、杜氏《通典》、《古史》、《臨安志》、《高氏春秋》、許氏《説文》、劉向《新序》、《文公家禮》、《孝經正義》、《丙丁龜鑑》、《平宋録》、《息心詮要》、《西湖遺記》、《救荒活民書》。欽頒者凡二十九部，今無存：《御製大誥》三篇、《爲善陰騭》五本、《性理大全》二十九本、《易經大全》一十二本、《書經大全》五本、《詩經大全》十二本、《春秋大全》十八本、《禮記大全》十八本、《四書大全》二十本、《五倫書》六十二本、温公《資治通鑑》八十本、《程氏遺書分類》六本、《資治通鑑綱目》四十本、《續資治通鑑綱目》二十六本、《易經註疏》四本、《書經註疏》五本、《詩經註疏》十五本、《周禮註疏》五本、《禮記註疏》十六本、《春秋左傳註疏》二十本、《春秋公羊傳註疏》六本、《春秋穀梁傳註疏》三本、《孝經註疏》一本、《論語註疏》二本、《孟子註疏》四本、《儀禮註疏》八本、《爾雅註疏》三本、《史學》二本、《原正謌考》二本。又提學道發下書凡七部，《五經註疏》八十本、《禮書》十五本、《三禮考註》八十本、《樂書》十五本、《明倫大典》五本、《大狩龍飛録》二本、《文章正宗》二十本、《胡三省註司馬光資治通鑑》二本。以上書目，考沈朝宣《舊志》所載，雖有缺軼，尚多存者，亦可見盛時學校，猶有古意。隆、萬以來，士子專尚制義，習爲浮華，不知古學。毋論學無藏書，即有殘篇斷簡，亦飽蠹魚之腹，可勝浩歎哉！學在杭郡庠之右，明天順間，由前洋街改建於此。

又《虎林書院》 虎林書院在郡城清河坊北，元時爲平淮行庫，明因之。正統間，命内臣鎮守，改爲府。嘉靖間，革鎮守，改吴山書院。後有大臣以鎮撫至，仍居

其處，及新建撫院，此名舊府，爲散署。萬曆三十六年改建書院。聶心湯有記。中有藏書樓。黄汝亨爲記云：「虎林未有書院。有之，自中丞甘公始，而邑聶侯純中督成之。門以内爲明賢堂，進爲凝道堂，又進爲友仁堂。堂左右爲六館，爲孝廉博士館，羣郡邑諸士紳與海内名賢相切劘、講習其間。最後則爲藏書樓，以貯載籍。而屬寓庸黄子爲記。寓庸子曰：『噫！多乎哉，多乎哉。《易》不云乎，書不盡言，言不盡意。夫繫表之辭，文字弗逮也；象外之旨，神明所貴也。故惠子五車，中郎萬卷，左史能讀，中壘博極，沈酣糟粕，漁獵淵藪，將以侈富而驚愚也，非所以凝道而統性也。是以莊生貽譏於斲輪，程子垂誡于玩物。浸于書謂之淫，痼于書謂之癖。二三君子，尊聞而行知，考德而問業，可矣。爲者有常，知者不言。奚書之事而多藏爲！』聶子進而謂曰：『不然。書不盡言，故繇辭以宣；言不盡意，故模象而示。道以人凝，文以載道，書以載文。羲畫既闢，乃有六藝。諸史代陳，百家攸萃。是故以道陰陽，以考政事，以理性情，以肅名義，以攝威儀，以宣律吕。三才之精，萬物之類，皇帝王霸之乘，賢否得失之林，元會世運消息理亂之遽更，不有書也，其何以識。一物不知，君子所恥；寡見尠聞，學者所陋。舍問學而性奚尊焉，離博文而禮安措焉？故孔壁留而經存，周藏遺而道演。天之未喪，文不在兹。益神智，賁化成，所從來矣，惡得而廢諸！』寓庸子曰：『辯哉！辯哉！去彼取此，其以明哉。雖然，張毅内熟，單豹外傷，爲害敵也；挾筴以遊，博塞而逐，亡羊等也。有陰陽而後《易》，有性情而後《詩》，有卑高而後《禮》，六經百氏，莫不皆然。故克己復禮者，博文之歸也。寬居仁行者，聚學之旨也。悟則書爲筌蹏，迷即書爲蔀屋。以道通書，謂之畜德；以書博道，謂之喪志。斯不多之祕奥神理之津筏乎？藏珠於淵，藏舟於山，藏天下於天下，聖人之所洗心於密，賢者之所望崖而反也。知乎此者，藏幾乎？』聶子正襟拂席而起曰：『吾師乎！吾師乎！道一而已。書實無紀，可得而聞一，唯斯啓湯也，不敏願書爲記。』黄子瞿然避座曰：『惡何敢當？何敢當？抑師蟻以水，師馬以途，物微而旨喻，爰以授之副墨，證有道焉。』」

又《西湖書院》 西湖書院，元改宋太學爲之，内有書庫，藏庋書版。泰定元年九月，山長陳袤《重整書目記》曰：「文者貫道之器，爰自竹簡更爲梓刻，文始極盛，而道益彰。西湖精舍因故宋國監爲之，凡經史子集，無慮二十餘萬，皆在焉。其成也，豈易易哉！近歲鼎新棟宇，工役悤遽，東遷西移，書版散失，甚則置諸雨淋日炙中，駸駸漫滅。一日，憲幕長張公昕，同寅趙公植、柴公茂，因奠謁次，顧而惜之，謂『興滯補弊，吴黨事也』，迺度地於尊經閣後，創屋五楹，爲庋藏之所。俾權山長黄裳，教導胡師安，司書王通，督飭生作頭顧文貴等，始自至治癸亥夏迄於泰定甲子春，以書目編類揆議補其闕。噫！昔人勤於經始，張公長貳善於繼述，此志良可嘉也。是用紀其實績，並見存書目，勒諸堅珉，以傳不朽。非獨爲來者勸，抑亦斯文之幸也歟！」《重整書目碑》，經凡五十一種：《易古注》、《易注疏》、《易程氏傳》、《書古注》、《易復齋説》、《書注疏》、《詩古注》、《詩注疏》、《穀梁古注》、《穀梁注疏》、《埤雅》、《論語古注》、《論語注疏》、《論語講義》、《儀禮古注》、《儀禮經傳》、《春秋左傳注》、《春秋左傳疏》、《公羊古注》、《公羊注疏》、《孝經注疏》、《孝經古注》、《古文孝經注》、《語孟集注》、《孟子古注》、《孟子注疏》、《文公四書》、《大學衍義》、《國語注》，補音。《春秋高氏傳》、《禮記古注》、《禮記注疏》、《周禮古注》、《周禮注疏》、《儀禮注疏》、《儀禮集説》、《陸氏禮象》、《葬祭會要》、《政和五禮》、《文公家禮》、《經典釋文》、《羣經音辨》、《爾雅古注》、《爾雅注疏》、《説文解字》、《玉篇》、《廣韻》、《禮部韻略》、《毛氏增韻》、《博古圖》、《孔氏增韻雅》、《文公小學書》。史凡三十六種：大字《史記》、中字《史記》、《史記正義》、《東漢書》、《西漢書》、《三國志》、《南齊書》、《北齊書》、《宋書》、《陳書》、《梁書》、《周書》、《後魏書》、《元輔表》、《刑統注疏》、《刑統申明》、《刑律文》、《成憲綱要》、《新唐書》、《五代史》，並纂誤。荀氏《前漢記》、袁氏《後漢記》、《通鑑外紀》、《通歷》、《資治通鑑》、《武侯傳》、《通鑑綱目》、《仁皇訓典》、《唐書直筆》、《子由古史》、《唐六典》、《救荒活民書》、《臨安志》、《崇文總目》、《四庫闕書》、《唐書音訓》。子凡十一：《顔子》、《曾子》、《荀子》、《列子》、《揚子》、《文中子》、《太元温公注》、《太元集注》、《武經七書》、《百將傳》、《新序》。集凡二十四：《通典》、《兩漢蒙求》、《韻類題選》、《回文類聚》、《聲律關鍵》、《西湖紀逸》、《農桑輯要》、《韓昌黎文集》、《蘇東坡集》、《唐詩鼓吹》、《張南軒文集》、《曹文貞公集》、《武功集》、《金陀粹編》、《擊壤詩集》、《林和靖詩》、《吕忠穆公集》、《王魏公集》、《伐檀集》、《王校理集》、《張西巖集》、《晦庵大全集》、《宋文鑑》、《六臣文選注》。又至正二十二年八月，臨海陳基《書目序》曰：「杭西湖書院，宋季太學故址也。宋渡江時，典章文物悉襲汴京之舊，既已裒輯經史百氏，爲庫聚之於學，又設官掌之，今書庫版帙是也。德祐内附，學廢，今爲肅政廉訪司治所。至正二十八年，故翰林學士承旨東平徐公，持浙西行部使者節，即治所西偏爲書院，祀先聖宣師及唐白居易，宋蘇軾、林逋三賢。後爲講堂，設東西序，爲齋以處師弟子員。又後爲尊經閣，閣之北爲書庫，收拾宋學舊籍，設司書者掌之。宋御書石經、孔門七十二子畫像石刻咸在焉。書院有義田，歲入其租以供二丁祭享及書刻之用。事達

中書，匾以今額，且署山長司存，與他學官埒。於是西湖之有書院，書院之有書庫，實昉自徐公。此其大較也。由至元迄今，嗣持部使者節於此者，春秋朔望，踵徐公故事行之，未之或改也。獨書庫屋圮版缺，或有所未備，杭之有志者，間以私力補葺之，而事不克繼。至正十七年九月間，尊經閣壞圮，書庫亦傾。今江浙行中書平章政事兼同知行樞密院事吳陵張公曾力而新之。顧書版散失埋没，所得瓦礫中者，往往刓毀蠹朽。至正二十一年公復釐補之，俾左右司員外郎陳基、錢用董其役，庀工於是年十月一日。所重刻經史子集欠缺，以版計者七千八百九十有三，以字計者三百四十三萬六千三百五十有二。所繕補各書，損毀漫滅，以版計者一千六百七十有一，以字計者二十萬一千一百六十有二。用粟以石計者一千三百有奇，木以株計者九百三十，書手刊工以人計者九十有二。對讀校正則餘姚州判官宇文桂，山長沈裕，廣德路學正馬盛，紹興路蘭亭書院山長凌雲翰，布衣張庸，齋長宋良、陳景賢也。明年七月二十三日工竣，飭司書秋德桂、杭府史周羽以次類編，藏之經閣書庫，秩如也。先是，庫屋洎書架皆朽壞，至有取而爲薪者，今悉修完。工既畢，俾爲書目，且序其首，並刻石庫中。夫經史所載，皆歷古聖賢建中立極、修己治人之道。後之爲天下國家者，必於是取法焉。《傳》曰：『文武之道，布在方策。』不可誣也！下至百家諸子之書，必有裨世教者，然後與聖經賢傳並存不朽。秦漢而降，迄唐至於五季，上下千數百年，治道有得失，享國有久促，君子皆以爲書籍之存亡，豈欺也哉！宋三百年來，大儒彬彬輩出，務因先王舊章推而明之，其道大著。中更靖康之變，凡百王詩書禮樂相沿以爲軌則者，隨宋播越，流落東南。國初收拾散佚，僅存十一於千百。斯文之緒，不絶如綫，西湖書院版庫乃其一也。承平日久，士大夫家誦而人習之，非一日矣。海内兵興，四方驛騷，天下簡册，所在或存或亡，蓋未可考也。杭以崎嶇百戰之餘，而宋學舊版，賴公以不亡。基等不敏，亦辱與執事者手訂而目校之惟謹，可謂幸矣。嗟夫！徐公整輯於北南寧謐之時，今公繕完於兵戈搶攘之際，天之未喪斯文也，或尚在兹乎？序而傳之，以告來者，不敢讓也。」按：元黄文獻《溍西湖書院義田記》：「西湖書院實宋之太學，規制尤甚舊，所刻經史羣書，有專官以掌之，號書庫官。宋亡學廢，而版庫具在。至元二十八年承旨徐文貞公治杭，以其建置之詳，達於中書，俾書院額立山長，書庫之所掌悉隸焉。郡人朱慶宗捐宜興州田二百七十五畝歸於書院，别儲以待書庫之用。」此《整書記》、《書目序》所未及也。元時，杭州刻本承宋之遺，爲諸路冠。故《宋》、《遼》、《金》三史奉旨刻於杭州路，蘇天爵《元文類》，至正二年奉旨發西湖刊行，足徵刻工之精矣。觀目中所列，皆有傳本，間有一二如《西湖紀逸》、《張西巖集》，近世罕覩。當時所刻，想無題識，如「睦親」、「棚北」等字，藏書家亦莫能道之者。考《元史》，至元十五年三月，遣使至杭州取在官書籍版刻至京師。《目》中所載凡一百二十二種，或爲當時所遺。又相傳宋刊書版，入元皆輦而之北，惟存《臨安》一志，更不足信。惟《田裕齋書目》載，馬端臨《文獻通考》初刻於泰定元年，寘版西湖書院。至正五年，江浙儒學提舉余謙重爲訂正補刊。是書與碑刻於同時，未及列入。惜至正二十一年之書目不傳，無從考證耳。

《同文館題名録·同文館書閣藏書》 同文館書閣存儲漢洋書籍，用資查攷，並有學生應用各種功課之書，以備隨時分給各館用資查攷之書。漢文經籍等書三百本，洋文一千七百本，各種功課之書、漢文算學等書一千本。除課讀之書隨時分給各館外，其餘任聽教習、學生等借閲，註册存記，以免遺失。

《杭州白話報》一九〇二年第二卷第一期《中外新聞·設藏書所》 廣東佛山書院童生梁慶愷等，聯合同志，捐資創設藏書所。具禀地方官，借撥沖天坊岳廟爲藏書地方。已奉當道批准，而且稱贊他們得狠！列位呀，這種事情大伙兒都應該做些出來纔好呢！

雜録

張衮《（嘉靖）江陰縣志》卷七《學校記第五》社學 養正書館在儒學東，中街北向，舊爲社學。歲久，爲民侵據。知縣黄傳釐復之，改今名。拓地增廬，立師設約，萃童蒙之有顓質者，並肄業其中。政暇親爲訓迪，一時樂育者左右趨之，視諸社學爲特盛。前爲門，中爲廳，廳後四周爲書房。又後爲院，院有軒，周垣凡六十丈五尺。

王陽明《王陽明全集》卷七《文録四》 越城舊有稽山書院，在卧龍西岡，荒廢久矣。郡守渭南南君大吉既敷政於民，則慨然悼末學之支離，將進之以聖賢之道。於是使山陰令吴君瀛拓書院而一新之，又爲尊經之閣於其後。曰：「經正，則庶民興；庶民興，斯無邪慝矣。」閣成，請予一言以諗多士。予既不獲辭，則爲記之若是。嗚呼！世之學者既得吾説而求諸其心焉，其亦庶乎知所以爲尊經也矣。

藝文

《全唐詩》卷二七八盧綸《同耿拾遺春中題第四郎新修書院》 得接西園會,多因野性同。引藤連樹影,移石間花叢。學就晨昏外,歡生禮樂中。春遊隨墨客,夜宿伴潛公。散帙燈驚燕,開簾月帶風。朝朝在門下,自與五侯通。

又卷三三三楊巨源《題五老峰下費君書院》 解向花間栽碧松,門前不負老人峯。已將心事隨身隱,認得溪雲第幾重。

又卷五一七楊發《南溪書院》 茅屋住來久,山深不置門。草生垂井口,花發接籬根。入院將雛鳥,攀蘿抱子猿。曾逢異人説,風景似桃源。

王禹偁《小畜集》卷一〇《寄題義門胡氏華林書院》 水閣山齋架碧虚,亭亭華表映門閭。力田歲取千箱稻,好事家藏萬卷書。旋對杯盤燒野筍,别開池沼養溪魚。吾生未有林泉計,空愧妨賢卧直廬。

程鉅夫《雪樓集》卷二三《尊經閣銘并序》 南陽書院既成,乃葺舊閣謀藏書也。會憲使歷山公俾提舉學事者萃列郡校官板本書至,因庋之其上,以待學者。彙經、史、子、集爲八架,架有壁而加扃鐍焉。噫!匪囚之也,匪以爲觀美也,匪循故常而資夸柄也,亦曰讀之而已。里非無儒也,家非無書也,惟無常師常産之憂,是以有此學也。於戲!宫居而師友之,又爲之賦飲食以飲食之。甚矣!古之人不幸而不獲生於斯世也。亦甚矣!今之人幸而猶得聞古之人之言也。可弗念歟?夫聖人之言如天,賢者之言如地,諸子百家如萬物,尊經猶尊天也。銘曰:「厥初生民,有哲有愚。表之君師,身爲其樞。亦既降只,緊訓之敷。載陽載陰,闔慘闢舒。式如玉金,家國貞符。豈無衆言,或翼或扶。仰之彌高,欲近而疏。南陽之廬,里黨之學。殿堂室門,中仰崇閣。集厥大成於此焉。托擇焉,執焉,熟焉,復焉。惟聖希聖,惟賢希賢。于以潤身,于以豐國。左右逢原,欲其自得。傳道解惑,亦思厥官。刻此銘詩,無廢後觀。」

李祁《雲陽集》卷一《草堂書院藏書銘》 秘閣嶕嶤,麗於層霄。羣公在天,遠不可招。聖賢之書,有圖有籍。如山如淵,浩不可覿。矧茲蜀都,阻於一隅。去之萬里,孰云能徂。惟茲達可,有惻斯念。稽於版籍,詢於文獻。北燕南越,西陝東吴。有刻則售,有本則書。僕輸肩頳,事遞牛汗。厥數惟何,廿有七萬。載之以舟,入於蜀江。江神護呵,翼其帆檣。爰至爰止,邦人悦喜。藏之石室,以永厥美。昔無者有,昔舊者新。畀此士子,懷君之仁。朝承於公,夕副於室。家有其傳,維君之德。在昔文翁,肇茲戎功。建學立師,惠於蜀邦。維茲達可,宜世作配。惠茲蜀邦,罔有内外。嗟嗟士子,尚其勉旃。毋負於君,惟千萬年。

劉永之《劉仲修先生詩文集》卷五《仙溪書院爲何能舉賦》 江海歸來兩鬢霜,仙源深處制茅堂。參差樹映春山遠,窈窕橋通碧澗長。金櫃藏書遺鳥迹,石田種玉起虹光。只愁來往迷花嶼,預擬藤陰問釣航。

吴國倫《甔甀洞稿》卷二五《灌甫招過東陂書院,值雨,同徐行文、陸道函賦,分得家字》 三月梁園處處花,雨中幽意只君家。藏書壁擁雲煙細,讀易臺臨象緯斜。石逕莓苔沾蠟屐,陂塘鷗鷺狎浮槎。十年潦倒重游客,漫引清樽送物華。

嚴嵩《鈐山堂集》卷七《吴司空舊家嘉魚,有東湖,徙居蒼梧,作東湖書院,命予賦》 問訊東湖第,司空此卜居。清瀾堪悟道,石室可藏書。野緑開裴閣,花香引邵車。蒼梧轉奇勝,風景似嘉魚。

彭孫貽《茗齋集》卷二〇《陽和書院》 仄磵廻廊入,孤臺短棧偏。苔文留古迹,山誌重名賢。散步招堪隱,藏書蠹亦仙。森然松檜老,不朽在雲烟。

丁耀亢《逍遥遊》卷二《宿九仙山後書院,訪王鍊師不值》其二《憶癸酉與九弟同遊不可復矣》 萬峰峰盡虔,書院始何人。秘笈潛無穴,靈符護有神。蕨香蒸飯自,泉厚發茶新。舊約藏書志,殘編化燼塵。

吴偉業《吴梅村全集》卷四《座主李太虚師從燕都間道北歸,尋以南昌兵變避亂廣陵,賦呈八首》其二 白鹿藏書洞,青年採藥翁。買山從五老,避世棄三公。舊德高詞苑,長編續《史通》。十年金馬夢,回首暮雲中。

桑調元《弢甫集》卷四《岳麓書院》 雲麓山氣横扶輿,人文上燭朱鳥墟。朱洞闢院茅始耡,山長周式士之模。藏書朮閣捎天衢,考亭南軒古真儒。元精耿耿一氣嘘,碑字照耀千驪珠。瑩入心腑清光舒,長沙講壇洙泗如。廓然大道九軌驅,賓賓衿佩一千徒。泮池流水穿階除,千柱耽耽環齋廬。供饌充給田膏腴,後來古礎纏榛蕪。陳綱掃地開林閭,舊觀差復寧如初。雜蒔竹木規風雩,琅琅絃誦安厥居。黌門坦迤尋修途,秋林晴翠流泉紆。紅垣繚繞落葉踈,崇道祠下恭樞趨。鞠躬拜起心踟蹰,我亦南浮炯水區。祝融絶頂盱精臚,蓮峯方廣雲拂裾。嘉會古堂三嘆吁,二賢跡與穹壤俱。雪月皎皎澄冰壺,當時景光清詩摹。愧我獨吟聲豪麤,徒然老戟霜眉須。打頭颯颯楓葉枯,誰知涉歷經微軀。前賢過化芳澤敷,湖南萬

象猶涵濡。惜哉金碧矗紫虚，冷落無人空日晡。回首躑躅蒼山隅。

顧光旭《響泉集》卷七《銀川書院詩・序》 銀川向有書院，而庳隘湫濕，殊不可居。余既至郡，擴其舊而新。是謀經始於戊子秋七月十又六日，至九月二十一日落成，顔其堂曰「大雅」。後爲巖緑書堂，其東以藏書，曰「探源星海之樓」。東西設學舍，月有課，日有規。院長路編修談，夏人也。篤信好古，奬掖後進。余亦時往，爲諸生講肄，因系以詩，以俟後之君子。

戚學標《景文堂詩集》卷六《松岡晚霽》 五月松岡上，新凉已似秋。亂雲隨鳥散，驟雨帶虹收。湖色畫中見，江聲天際流。晚來吟興好，獨倚御書樓。敷文書院後樓藏書十五六廚，皆聖祖仁皇帝賜。

吴嵩梁《香蘇山館詩集・今體詩鈔》卷七《鵝湖書院謁四賢祠，用先賢朱陸唱和詩韻示諸生》 名山講席四朝欽，懷古能堅嚮道心。供祀田多資澗水，藏書樓迥倚烟岑。天香六樹雲常守，積翠千峯雨未沉。一自龍鸞迴御筆，絃歌比户到如今。

遺詩三復久逾欽，論定平生費苦心。上達工夫先下學，異苔臭味本同岑。鼴峯近地鄰堪卜，鹿洞微言道豈沉。願與諸君涵教澤，樵夫笑士古猶今。

謝章鋌《賭棋山莊集》詩一四《將歸自白鹿洞，洪先苕溪嘉與進謁，眷戀之情溢於言表。生美材也，作此與之，并語之曰「學擇漢宋之要，人以狂狷爲歸」》 象罔求珠滿水濱，知途老馬困勞薪。衰頽自愧平生業，崛起真須拔萃人。生是年適充選拔。酒肉久疎無礙瘦，琴書猶在肯言貧。汝墳卒讀空三歎，我比周磐更愴神。

晦翁過化昔傳經，生家玉山，爲朱子由閩之新安屢游之地。白鹿洞又朱子講學處。牛女江山共一星。歸沐久憐予髮曲，嗣音長望子衿青。藏書地迥迷精舍，仙樂風高下幔亭。余此行擬道武夷。珍重短笻淩五老，手攜初日照滄溟。

紀邁宜《儉重堂詩》卷一二《愛吾廬集・盆桂二株送冶山先生植之問津書院》 雙桂何葱鬱，盆株吾舊有。今朝舉送君，流傳欲不朽。書院敷聖澤，可與天地久。問津津不迷，寶筏猶在否。俯仰宇宙間，興廢良匪偶。傑構誰創建，多士競奔走。鐘懸成三月，靈臺隨指嗾。毫毛未嘗挫，子來聿恐後。吏治雖多端，茲實風化首。四境盡絃歌，民德乃歸厚。維君司壇坫，教授龍門耦。大道力仔肩，晴室闢户牖。藝苑獲宗匠，藻思誇幼婦。嘉禾望時雨，沉溺藉援手。鈎深修綆汲，析奥玄珠剖。抗志希千秋，藏書窺二酉。品誼模郭李，詞章琢韓柳。棫樸徧周原，麟鳳集堯藪。我贈雙株桂，植之講堂右。豈惟兆秋捷，天香任携取。卉木來接踵，園林近附肘。岸傍種榆楊，池内蒔蓮藕。桃李下成蹊，松竹寒堪友。茅亭舒長嘯，畦蔬佐杯酒。傳之數十載，嘖嘖碑在口。廢墜時增修，矩矱常恪守。文光映奎壁，劍氣射牛斗。共指淩雲桂，培溉自誰某。冶山切仰止，并説蓬山叟。

張之洞《張文襄公古文書札駢文詩集》詩集二《滁山書堂歌送吴仲宣尚書東歸將寓滁州》 蜀人八年夜安枕，蜀江三月花如錦。軍府熙熙好爲樂，卻念園蕪厭官廩。此邦安危仗才傑，花縣相公曾持節。武功才竟未修文，前哲遺憾待來哲。譬如病後須淖糜，公以寬大蘇創痍。流馬饟軍箕谷口，繩橋渡士瀘江湄。援秦援黔，防隴防滇。灌瓜善鄰真古誼，遂平河隴西南夷。秦、隴、滇、黔，比年以次底定，均仰川、饟、黔、秦，並仰川軍。四封無警草木喜，公謂教行方俗美。黄龍清酒無桀驁，四廳五屯土司蕃夷種人帖服無事，或小紛紜，皆以時撫定安堵。白狼槃木解文理。松藩所轄夷砦十八請内附，爲請增學額。衿佩青青附景來，傑閣隆隆切雲起。捌尊經書院，建經閣。自發琅環三十乘，善本流傳親勘定。設書局刊書，取坊行《説文》爲之校正。經例遠紹金陀坊，刊岳本《五經》。史闕重補汪文盛。刊四史。明汪文盛刊三史，號善本。其餘祕褎何紛綸，都是昭裔傳家珍。刊《文選》、諸子集之類。已賫刀布遺博士，捐巨金增廣錦江書院膏火。更薦犬酒祀經神。尊經書院製木主，祀蜀中先賢經師。石室禮壓没春草，安知繼起非今人。時清卧治亦易了，何況神觀未衰老。忽憶家園萬牙籤，蛛絲蠹跡無人掃。藏書甚富，率皆舊槧善本。滁山深蔚滁泉香，中有尚書讀書堂。宋槧明鈔四羅列，朱履白髮中徜徉。不惜餅金購一軸，充棟都曾經手觸。狨坐牙旗十五年，長物止此堪夸目。我亦癖書如琳瑯，享帚狹陋良足羞。監酒載書儻許借，他日準擬相從游。猶憶徐方驛騷日，萬家大縣剩十室。淮泗口塞七國敗，功侔條侯當非阿。淮泗口即今清江浦。功在江淮德在蜀，年年俯仰飽飧粥。巨人長德非空言，歲星所躔國有福。去年德音罷露臺，片疏回天赦窮谷。内務府行文令四川采大木修圓明園，公以今四川山中無大木奏，寢其事。春水方生公去時，萬民戀母士戀師。即今説尹不去口，何待去後方見思。去思勒碑深不磨，功成身退能幾多。請張祖帳青門畫，遺唱驪駒王式歌。有詩留別書院諸生，諸生人有和章。

寺觀分部

綜述

白居易《白氏長慶集》卷七〇《蘇州南禪院千佛堂轉輪經藏石記》 千佛堂轉輪經藏者，先是，郡太守居易發心，蜀沙門清閑、矢謨，吴僧常敬、弘正、神益等僝功，商主鄧子成、梁華等施財，院僧法弘、惠滿、契元、惠雅等蒇事。太和二年秋作，開成元年春成。堂之費，計緡萬；藏與經之費，計緡三千六百。堂之中，上蓋下藏。蓋之間，輪九層，佛千龕，綵繪金碧以爲飾，環蓋懸鏡六十有二。藏八面，面二門，丹漆銅錯居諧切以爲固，環藏敷座六十有四。藏之内，轉以輪，止以柅，經函二百五十有六，經卷五千五十有八。南閻浮提内大小乘經凡八萬四千卷。按：唐《開元經録》名數與此經藏同於閻浮大數二十之一也。藏成經具之明年，蘇之緇白徒聚謀曰：「今功德如是，誰其尸之？宜請有福智僧越之妙喜寺長老元遂禪師爲之主，宜請初發心人、前本部守白少傅爲之記。」僉曰然。師既來，教行如流，僧至如歸，供施達䞋初覲切，隨日而集。堂有羨食，路無飢僧，游者學者，得以安給。惠利饒益，不可思量。師又日與苾芻衆升堂焚香，合十指，禮千佛，然後啓藏發函，鳴犍椎，唱伽陀，授持讀諷十二部經。經聲洋洋，充滿虚空。上下近遠，有情識者，法音所及，無不蒙福；法力所攝，鮮不歸心。佻然巽風，一變至道。所得功德，不自覺知，由是而言，是堂是藏是經之用，信有以表旌覺路也，脂轄法輪也，示火宅長者子之便門也，開毛道凡夫生之大寶也。亶其然乎？又明年，院之僧徒三詣雒都，請予爲記。夫記者，不惟記年月述作爲，亦在乎辨興廢、示勸誡也。我釋迦如來有言：「一切佛及一切法，皆從經出。」然則法依於經，經依於藏，藏依於堂。若堂壞則藏廢，藏廢則經墜，經墜則法隱，法隱則無上之道幾乎息矣。嗚呼！凡我國土宰官支提上首暨摩摩帝輩，得不虔奉而護念之乎？得不保持而增修之乎？經有缺必補，藏有隙必葺，堂有壞必支。若然者，真佛弟子，得福無量；反是者，非佛弟子，得罪如律。

又《蘇州南禪院白氏文集記》 唐馮翊縣開國侯、太原白居易，字樂天，有文集七袠，合六十七卷，凡三千四百八十七首。其間根源五常，枝派六義，恢王教而弘佛道者多矣。然寓興放言、緣情綺語者亦往往有之。樂天，佛弟子也，備聞聖教，深信因果，懼結來業，悟知前非，故其集，家藏之外，别録三本：一本寘于東都聖善寺鉢塔院律庫中，一本寘于廬山東林寺經藏中，一本寘于蘇州南禪院千佛堂内。夫惟悉索弊文，歸依三藏者，其意云何？且有本願，願以今生世俗文字、放言綺語之因，轉爲將來世世讚佛乘、轉法輪之緣也。三寶在上，實聞斯言。

又卷七一《香山寺新修經藏堂記》 先是，樂天發願修香山寺，既就，事具前記。迨今七八年。寺有佛像，有僧徒，而無經典。寂寥精舍，不聞法音，三寶闕一，我願未滿。乃於諸寺藏外雜散經中，得遺編墜軸者數百卷帙。以《開元經録》按而校之。於是絶者續之，亡者補之，稽諸藏目，名數乃足。合是新舊大小乘經律論集，凡五千二百七十卷。乃作六藏，分而護焉。寺西北隅有隙屋三間，土木將壞，乃增修改飾，爲經藏堂。堂東西間闢四窗，置六藏；藏二門，啟閉有時，出納有籍。堂中間置高廣佛座一座，上列金色像五百。像後設西方極樂世界圖一，菩薩影二。環座懸文幡二十有四，榻席巾几洎供養之器咸具焉。合爲道場，簡儉嚴浄。開成五年九月二十五日堂成，藏成，道場成。以香火釁之，以飲食樂之，以管磬歌舞供養之。與閒、振、源、濟、釗、操、洲、暢八長老及比丘衆百二十人圍繞贊歎之。又别募清浄七人，日日供齋粥，給香燭，《十二部經》次第諷讀，俾夫經梵之音晝夜相續，洋洋乎盈耳哉，忻忻乎滿願哉！爾時，道場主、佛弟子香山居士樂天，欲使浮圖之徒游者歸依，居者護持，故刻石以記之。

黄滔《黄御史集》卷五《大唐福州報恩定光多寶塔碑記》 金聖人之教功與德，魯聖人之教忠與孝，以忠孝之祈功德，莫之大也。天復元年辛酉，天子西巡，岐、汴交兵，京洛顒顒。我威武軍節度使、相府瑯琊王王公，祝天地鬼神，以至忠之誠，發大誓願，於開元之寺造塔，建號壽山。仍輔以經藏，乞車駕之還宫也。其三年甲子，以大孝之誠，發大誓願，於兹九仙山造塔，建號定光，仍輔以經藏，爲先君司空、先秦國太夫人、元昆故司空薦祉於幽陰也。大矣哉！赫赫忠誠，懇懇孝思，以國以家，以明以幽，胡天地之不動與，胡鬼神之不感與！釋之西天謂之窣堵波，中華謂之塔。塔制以層，增其敬也，造之獲無量無邊功德。初，我公以宏才妙略之有藩維，以仁智神鑒之謀遠大，謂閩越之江山奇秀，土風深厚，而府城坐龍之腹，烏石、九仙二山聳龍之角，屹屹巖巖，孱孱顔顔，兩排地面，雙立空際，怪石如墉，迴崗

若揖。東衔滄海以鏡豁，西走建溪而帶縈。氣色蒙茸，風雲蓬勃，非仙宫、佛寺，不可以乘龍之角、天龍之腹，何烏石二而九仙曠，烏石山有神光、天王二寺。豈非代虚其作，地祕其期，以待我公？況古仙鍊骨之所，昇真之跡邪！一旦之新城月圓，壬戌歲，我公卜築其外城，號月城。二山之嘉氣，雲連森上，介掀大旆。或旬或朔，眷於粉堞之上；時行時止，卜於煙巒之堀。得峻中之平，平中之峻，凸而不隆，凹而不卑。樹翳薈以奇姿，草芊蒨而别翠。遂從宏願，啓兹塔之基焉。塔之科也，恐山之偏，憂地之入，將塹平壤五十尺之深，百有餘尺之闊，杵土積石而上上聲，逮二十尺，瞥然虹見，瑩然穴貯。俄以珠寶之獲，坐以金錢，大不及拳，光能奪目。於是清風四來，海天擴開，煙霞蓊蔚於城隅，鸞鶴盤旋於林表。舉閩之軍，傾閩之俗，以趨以走，以歌以詠。既而畚鍤投，般倕奮，内甃以塼，凡四十萬口，外搆以木，蓋百其巧。七層八面，玲瓏窋窱，榱桷欄楯，轇轕杈枒，雲楣翼環，珪斗鱗蹙，雕鏤丹雘，曲盡其妙。方七十有七尺，高二百尺，相輪之四十尺，參之也。懸輪之鐸一百九十，懸層之鐸五十有六，角瓦之神五十有六。其内也，則門門面面，繢以金像，不可勝紀。登之者若身在梵天，瞻之者覺神離贍部。業業然觸圓青而直上，野鶴經之而高翔，疑掠其腹；鱗鱗然壓峭碧而崛起，地祇感之而下捧，疑殫其力。其相輪也，我公誓願之日，仲氏司徒自清源聞而感鑄而資，雖從人力，悉類神功。謹按妙法蓮花品，自地湧塔於佛之前。其幢幡瓔珞，瑪瑙車渠，七盤四懸，乘虚耀日，乃多寶之佛發大誓願之感現也。繇是以斯塔取如來之嘉號，號之曰定光，以其感珠之現，侔於自地之湧，故聯之於多寶。本於孝思薦劬，故冠之以報恩，此其義也。夫如是大雄之力，出死入生，至誠之神，感天動地。若乃沈沈夜壑，浩浩世塵，莫不以兹玄符，承彼惠日，超於三千大千之世，遊乎二十八天者哉。苟不之然，則凡彼經文，悉爲之虚語耳，又焉能垂信於百千年之後哉！既而巍巍峩峩，金輝鐵牢。其東則翼以經藏焉。其藏也，外搆以扃，八角兩層，刻栒檀，鏤金銅，飾朱漆之炳焕。仍衛以華堂七間，名之轉經焉。致其沙門比邱，比比厥跡，以爲拜唱跌讀、叢談聚聽之湊。日繫乎月，月繫乎時。軒軒闐闐，奚景福之不幽資乎！又感應天王殿一間兩厦，其天王也，變毗沙之身於感通之年，現神質爲龜城之助。絛腰衣褐，屣足乘雲，雙吐目光，兩飛霞彩，乃千百億化身之一，爲壽山草木之應。今塑於此，厥感寧亡。其西則翼之别殿，曰塔殿。其塔也，我公萌誓願之先，因心以制十有三層之妙形，匪偉而誠，有爲去聲殿斯奇而塔斯處。其北則報恩變相堂九間，潔瑠璃之地，等娑婆之世。七寶叢樹，五色騰光。明明見閣提之心，一一標如來之説。又僧堂五間，上五間，下之與茶堂五間直聯曲交，冬温夏凉。又華鐘之樓，迴起清音，下折刀山。長明燈之臺，圓籠孤光，杳輝漆壤。其東南之一臂，復建地藏殿一間兩厦，功德堂五間，張如别構，而制匪異。其殿也，坐以菩薩之麗，若欲飛動。其堂也，駢錯儀象，或金範，或幅繢，千形百質，恐悉諸天之聖侶粤間去聲焉。公廳四間一厦，或備旌鉞之覲止。我公或四季之旦、三旬之八，聚僧設會，拜首追祝，勤勤恪恪，罔所不至。舉閩之高卑，舉閩之少耋，攀之望之，無不動心涕臆。君子謂豈唯冥薦於先，蓋以孝教民也。又庫厨五間、洛室三間，接之井，井重以樓焉。環周輻輳之行廊，凡三十有三間。惣費財六萬餘貫。如山之疊，如洞之濬，巑巑隆隆，叢爲一宫。其大也，琢文石以爲軒，雕脩虹以爲梁。其小也，取良木於靈山，篩嘉壤於飛塵。雖掩映乎人間，實參差乎象外。其經也，帙十卷於一函，凡五百四十有一函，惣五千四十有八卷，皆極剡藤之精、書工之妙，金軸錦帶以爲之飾。天祐二年乙丑夏四月朔，我公宿誡於州，束烹於肆。及脇降之辰，大陳法會以藏平聲其經。緇徒累千，士庶越萬，若緇若士，一而行之。正身翔手，右捧左授，自州之戺，起於我公，傳至於藏。觀者如堵牆，佛聲入霄漢。幡花照乎全郭，香煙連乎半空。雪頂之僧，指西土之未有；駘背之叟，慶東閩之天降，可謂之鴻因妙果者也。始者，我公之登壇也，其一之年偃干戈，興禮樂；二之年陳耒耜，均賦輿；三之年疊貢輸，祇寵澤。萬乘臣其職，四隣視其睦，百姓天其政，故一川之鏡如，靈臺之月如，融融怡怡，愉愉熙熙，乃大讀儒釋之書，研古今之理。常曰：「文武之與釋氏，蓋同波而異流。若儒之五常，仁、義、禮、智、信。仁者含宏也，比釋之慈悲爲之近；禮者謙讓也，比釋之恭敬爲之近；智者通識也，比釋之聖覺爲之近；信者直誠也，比釋之正直爲之近；而義者殺也，其爲異諸武之七德。至如戢兵保土、安民和衆之類，亦猶川陸之徂秦適洛焉。然則皆謂之煩惱。吾父國也，子民也，朝爲社稷之計，暮作稼穡之念。若俾求智慧火，乾煩惱海，則非吾之所能。若建金地，繕金文，陳法會，一衆僧，冀乎不可思議，乃吾之所志也。」於是月陳三齋，時或雪峰之僧，圍繞千徒，卧龍之僧，圍繞五百。以至萬錢之膳，或間嘉蔬；五袴之歌，或參雲梵。慈航駕岍，法雨垂空，必致菩薩化身，羅漢混俗以降也。時人謂靈山之會日儼矣。又以府之寺至於清源，或存或燼，咸抽金積俸，增而新之。而府之開元、大中、神光，曩塔之數，與寺俱焉。新於大中、神光，乃規舊制，而精燿宏壯，則邁前時。開元則輔之經藏，加之轉輪之盛，尊大君也。定光多寶，報恩於劬勞，故以塼。塼者，專也，謂山度之材，有蠹朽之日，火化之壤，無銷鑠之期，其本乎土也，資乎火也。及投諸水火，則

不歸乎土，不壞於水，歷千秋而其質堅然。乃以專至賢貞之誠寓於是，則斯誠也如是得無感乎？則彼珠之爲符驗矣。且夫珠也，或頷乎龍，或銜乎蛇，或胎乎蚌，故水懷而川媚。今兹珠也，不自乎龍，不自乎蛇，不自乎蚌，匪懷水而媚川，而孕厚地之二十尺，豈非斯之感歟？不然，則始從融結而孕之也。若以始從融結而孕之，則厥初已兆我唐之有我公也。厥初已兆我唐之有我公，則我公之言烏石之有神光、天王，九仙代虛其作，地秘其期以待我，信矣。塔之訖功，顧小從事某，有禮官甲科之忝，明主研許之幸，庶幾於聖人立身揚名之道，命爲之記，用旌厥德於無窮。某不敢牢讓，作禮而推之言。夫陶天地爲後時，鎖生死於無朕，其道不可以真虛求聲影蹟，應誓願於有爲，現感通於至誠，其道乃可以精諦至嚴敬致。今我公以精諦嚴敬，積功累德，以泝流于世。斯塔也，嶽嶽崇崇，兼乎仁孝之鴻名，偕天地日月江山之永，遂刻于貞石焉。其詞曰：「金聖人教德與功兮，魯聖人教孝與忠兮。巍巍賢傑二美鍾兮，建兹寶塔惟追崇兮。祝天瀝懇先延鴻兮，報劬薦祉祈幽通兮。仙山之秀夷且隆兮，曠古爲期俟仁風兮。月圓珠現契遭逢兮，融結之初兆英雄兮。豈徒嶸嶸懿斑工兮，火壞之貞積磨礱兮。斧材之取厥匪同兮，七層八面相玲瓏兮。金鈴寶鐸交丁冬兮，影落澄清馴魚龍兮。頂觸圓碧分鴻濛兮，繢儀範像疊其中兮。齊天極地爲初終兮，金文貝字構重重兮。講讀千來罄西東兮，靈山盛會日雍雍兮。甘露法雨常蒙蘢兮，鴻名冥祉偕無窮兮。」

任士林《松鄉集》卷二《杭州路崇福院藏經閣記》 崇福院在杭州城北門之北，良渚之南。宋淳熙乙亥建也。蓋杭爲東南巨鎮，市巷碁列，廬井蟻附，車運馬馳，不厭旦夜。北行三十里，始有良渚之曠。紛華既遠，馳騁亦休。泛苕水，上天目，此焉。西東佛廬巍然，坐攝羣寂，則弘嚴象教亦固其所。景定庚申，前住山壽滔初建無量壽佛寶閣，穆陵書以寵之。中奉四大部經，天龍森列，扶衛有嚴，幢蓋香華，雲烟拔郁。今住山師學弘持先志飾美緣，中外之居，小大之宇，凡皆葺而新之。具足梵典五千四十八卷，經左右南向，律、論東向、西向，疏鈔北向，崇以華龕，聯絡窗牖，寶函象軸，五采彰施，炳炳乎，秩秩乎，有不貽雙林目巧之勝，而法輪流轉，具不退。因於是耆舊僧師秀德、廣德、垕與凡協力緣信之徒，相與謀曰：「是不可不記。」遂以狀來。余惟釋氏之道，無隱顯、精粗、洪纖、高下，性性具圓，心心本了，而非言語文字所能載，亦非言語文字所不載。如星辰河漢歷歷垂布，而風雨晦冥一毫不爽。如枝條花葉種種新好，而雪霜根柢一芽不蝕。是故佛滅度後五百餘載，四十二章之旨流入中土。又千有餘載，五千四十八卷始具，而經、律、論之宗分矣。夫道豈不漓乎？然萬目睽睽，諸妄靡靡，而病得醫，而渡得筏，而暗得燈。道之漓，民之厚也。今國家以繙閱布慈仁，塔寺以莊嚴奉福利，而心惟口誦之士等證妙覺，道豈果漓乎哉？師學師以信廣緣，以智弘果，識通經藏之先，意嚴梵相之外。慈仁之布，於是乎廣。福利之奉，於是乎嚴。等證妙覺，於是乎在。夫然則道豈果漓乎哉？遂樂爲之記。

方回《桐江續集》卷三三《贈清隱程居士詩序》 自開元至今，寢隧蕪没六百餘年，遠孫今住持宗陽宮提點寬居名道亨，至元中於其地創建南陽有道觀，宗主老君，列待庚桑、關尹以下十真，有道先生則專祠觀下，俯飛鳥之背，陟椒而造頂，愈益殊異。依崖架廣庵之院之斗壇，雲房、丹室、藥鼎，愈益殊異。藏書之樓，至踰萬卷，方士其居而有黨庠家塾之遺意。

陳暐《吴中金石新編》卷六周忱《敕賜藏經閣記》 欽惟我朝，奄有萬邦。聲教所覃，地大且遠。列聖相承，廟謨迭出。爰乃叅用真乘，助宣皇度，廣資福利，昭薦國釐。故凡神州赤縣必鼎建梵宇，增飾莊嚴，復有詔校脩大藏經典，至是事竣，頒勑降經於天下寺之暴著者，而蘇之虎丘雲巖禪寺與焉。適忱叨蒙上命，巡撫京畿，賫勅護送藏典至於其寺，當正統戊辰正月望日也。主寺叟師因聚緇衆，大啟寶函，同音閱誦。忱獲拜瞻，何幸躬逢勝事。見其縹帙之整，彩暐而光騰；奎畫之妙，龍翔而鳳舞。猗歟盛哉！然則天章玄文之重，奚可不庋而珍藏！所司以帑廩羨餘，度材庀工，爲層屋五楹，高六十五尺，廣九十七尺，深如高。函以龕匱，設供以几案，雕繪金碧，靡不堅完。於是臣忱謹題曰「勅賜藏經之閣」。閣後，叟師復罄衣橐搆一軒，以待往來休息。又建香積堂、伽藍殿、海泉亭，相峙殿塔之左右前後，可謂得人矣。既而師狀附遠來江右，踵門求識其事於石。余已衰老，獲乞骸骨歸田，文思凋落，曷足以應其求耶！雖然，師之勤篤，惡能終拒！抑予嘗與焉。且《春秋》之法，常事不書。今天恩如此之被，佛典如彼之全，誠曠世盛典，其可不書矣乎？第慙拙訥，無以昭示後來，姑述梗槩以復之。師嘗奉詔内廷校經，名叟，字照巖，林隱其別號也，故云。

王世貞《弇州續稿》卷六二《小祇林藏經閣記》 藏經閣在小祇林門之第三重，其前頫梵生橋曰「清涼界」，有高榆美箭之屬，左右引植，嘉樹碩果，後揭中弇，傍瞰西嶺，下帶天鏡潭，上組名卉，和薰涼蟾，媚景百態，最爲吾園勝處。詳第二記中，不復贅。始，余得佛氏經一，藏於華明伯所。闕百之二，乞善書者補之，爲兹閣以奉，扁之曰「藏經」。可十載，而得道經一，藏於沈氏子所，亦闕百之一，其補書亦

如之，附奉閣之右室。［闕］藏經一而已，佛是也，而何以稱道藏焉？今夫道經之爲聖言者，獨《道德》、《黄庭》、《陰符》諸篇而已，餘皆僞也。或曰：「佛經之小乘諸品，西僧爲之也，亦僞也。」或曰：「釋教之與道，角其斷斷而貞勝者，非一日矣。漢之永平、元魏之真君、高齊之天保、宇文周之天和、唐之會昌、宋之宣和、元之至元，凡七角，而釋三勝，道亦三勝，一兩敗。蓋至于今，未有合也。而子乃今合之，何也？」解之者曰：「釋，日也；道，月也。不可偏廢也。雖然，俱未曙。余之所以合也，曰虚、曰空、曰無、曰寂，其體同也。曰知足少欲，其初乘同也。曰以定生慧、以恬養智，其功同也。曰慈爲大士德，爲三寶首，而悲而哀，其念同也。如來説法四十九年，曰『無法可説』，而猶龍公則曰『多言數窮，不如守中』，其法門同也。維摩之左掌擎阿閦界，而南華之鵬摶九萬里而風斯在下，其俶儻之寓同也。故道林開士精言罄於逍遥通明，玄宗深尚，托之勝力。彼豈不知其水火，然而不以奪其所真見者，其見同也。小不盡同者，深淺大小之際而已。彼其樹黨立幟而相搏擊，所搏擊，最膚跡也，其所標著，最膚言也，皆其師之所不薦者也。然則二藏之不相悖，有之，其亦可無删乎？」曰：「吾於佛經而擬所存者，十不能一也。於道經而擬所存者，百不能一也。删，則吾惡乎敢！志之而已矣。」

章潢《（萬曆）新修南昌府志》卷二九萬恭《藏經閣碑》 豫章永寧寺據東湖之陽，前絡豫章溝，而右聯諸章江。山自虔州垂空而下，息于豫章，李唐南平王之故居也，壯麗甲豫章城，緇流數百徒萃旃。前爲貢院，前左掖太湖，又前湧湖，印若地璽，又前聳鋭浮屠若地笋，蓋豫章一佳山水也。正德末，肉食者惡永寧梵宫侈壓公府，遂斬其後脉而渠之，令東西沼水相貫也，永寧寺灾而貢院亦南徙。嘉靖中，後渠堙，俄復永寧梵宫，俄復貢院故處。夫盛衰之繇豈不以地氣哉！隆慶初，禪人道安者渡江止永寧，徘徊斷礎荒礫中，曰：「景泰藏經勑諭金書故在也，而經化煨燼六十稔矣。」直走金陵，爲大藏尊經六百七十函，卷七千有奇，直六百金。禪安顧有經無閣，與無經同，乃萬曆癸酉合緣人金五十鎰，即大雄殿之後方斷礎荒礫中爲之藏經閣。閣崇四十有八尺，愽三十有六尺，深稱是。石柱十有六，前後左右危垣盡甓錮之，上爲複道而虚其中，置經於複道，環而匱之，戒覆轍也。乃禪安又顧有閣無相，與無閣同，以萬曆丁丑四月八日合緣人諸釋子羽士範銅萬斤有奇，爲金人，相命之曰「接引佛」，聳立閣中，巍十有六尺，色特慈悲，若求與衆生款語；縮其左掌，若自捫而平其心；舒其右掌，又若求與衆生携手而招之來也。費凡千二百餘金。是役也，經始于隆慶丁卯之春，而告成于萬曆丁丑之秋。余亟苦禪安，而禪安不自苦也，欣然索余記其事。余惟我豫章長老子弟往年病征求、苦盜賊，鷄犬不得寧息，即居室且荒敝，安暇爲藏經謀？即七尺且竄逐，又安暇爲金人丈六謀哉？乃今以天子又安元元，而江右大中丞種種稱德意、條鞭法者、□申法者、鋪行法者、法門攤者、法萬曆錢者、法□澤國者，生有養，死有葬，農人相與忭于野，賈人相與愉于市，山無藏疾，湖無揚波，故禪安一呼而十年建千金之業者三，則民蓄積裕而舉贏易也。是役也，其敢忘明明天子乂安之大德？余特勒之貞珉，俾食禄者得鑒觀焉。

王樵《方麓集》卷六《崇真院藏經閣記》 崇真院藏經閣，舊曰玉皇閣，道士路元高倡，其徒重修焉，而請記於予，予爲更今名而著其説以正俗繆、遵典制也。夫玉皇者，上帝也。天地百神之祀，領在天子之禮官，豈人間所宜瀆！况介居老子之宫而人其象，其褻天甚矣！象設起於佛家而道家效之，佛以本性爲法身、德業爲報身，本一人爾，而分爲三身，駢列三像，既失其指矣，而道家三清則倣其失而又失焉者。元始天尊既非老子之法身，太上道君又非老子之報身，道本無名，豈有像乎？而老子又自爲太上老君，且老氏自謂其道生天生地，而遂僭居上帝之上，此豈老子之意哉，抑其徒之罪也。我聖祖釐正祀典，凡前代不經之祀，封號、塑像一切革去，惟浮屠、老子之宫未盡然者，蓋有所待也，在知禮者正之而已。老子之教，如清淨無爲，張留侯、曹相國師其意而因應不擾，則足以致治，如載營魄抱一無離，安期生、魏伯陽之流得其法以引内養性，則足以延年。此二者未嘗得罪於名教也。其後方士羽客舍鍊養而言服食，又其下。舍服食而言符籙，自此厭禳祈禱科教繁興，與巫祝同塗，則不惟清淨無爲之説略不能知其旨趣，即所謂鍊養服食之事亦未嘗過而問焉矣，而皆自托於老氏以行其教。故吾以爲道家之言，其得者可存，其失真者可去。今取《道德》五千言而下，存其不失真者凡若干卷，藏之此閣，使其徒奉其教者知所尚焉，亦非無補也。崇真院香火甚久，而道士多貧，元高得施予不私一錢，故人樂成其事。其修此閣，二年積材，一年畢工，三面易甃以甓，在其教爲有功，然在吾道，不免爲蠹。吾道士農工商各修其業，期無廢壞，可不假於人而足，其有益於人甚大，是吾所望於吾人云。

釋德清《憨山老人夢遊集》卷一二《宜章高雲山藏經閣記》 閾内名山，英靈奇秀。鍾天地之精者，五岳居尊，支分四出，而曹溪源根於南岳。南岳、曹溪，相望千餘里，諸峰綿亘，羅列星斗。自六祖開化，讓師分流，道脈寰中，而韶陽上下，肉身大士以十數，迨今如生者，詎非山川之藴奥，故道脈特有託焉？宜章介曹衡之

中，治西三十里，有山名「高雲」，祝融之孫也，爲靈久矣。嘉靖甲戌，居人歐陽氏，捌蘭若，迎沙金瀣公居之，擴建梵宇，以安廣衆。通邑歸依，爲福田資，置香燈糧八斗。未幾，尼於回禄，瀣公去，隱於閩之支提山，弟子悟丹輩一力重修。壬午歲，工落成，建塔於龍首，迎瀣公靈骨歸藏，是爲開山祖。弟子日益進，十方往來於曹衡者，莫不過而止焉。邑人袁氏文憲，施田三十畝，供雲水齋粥需，由是諸方咸偁之。僧既集，深山窮谷之氓，皆知有佛若僧矣，第僧尚未聞有法也。有法孫性成者，志求《大藏經》於金陵，苦心一十二年，顧始就。萬曆己酉夏六月，迺迎《大藏》歸，四衆歡睹，若白馬自西來也。莽居山頂，林木蓊鬱，雲霧蒸溼，慮經藏之難久，法孫真桂等議擬建閣於山之麓，曰「南莊」。時大尹鄭公、守戎童公爲檀越倡導之，出信疏以告四方，聞者歡悦，來歸者如市。工始於某年月，落成於某年月，將啓法會，供水陸儀以宣利澾，居然一大道場也。吏克成公弟子悟紹從余曹溪，乃乞余言。以記之曰：古惪云：「盡十方是常寂光土，徹大地是普眼真經。」斯則佛土不修而自浄，經卷不展而自明。雖然，良由心浄而土現，眼明而法彰，此所謂「人能弘道，非道弘人」也。高雲之道場，東來之大藏，非瀣公之成始，諸孫之繼業，檀越之成終，又何能使披荊棘而爲寶樹，變沙礫而成梵宫哉？法幢既竪，道運弘開，則青山白雲，法身常住，猿吟鳥噪，妙偈恒宣，而水流風動，居然出廣長舌，與此境中人醻唱無盡，凡在見聞隨喜者，如善財之入彌勒莊嚴樓閣也。惟此功惪，又奚可以一毫端頭而能具其涯量耶？是爲記。

黄汝亨《寓林集》卷三二《修瓦官寺藏經閣殿疏》 金陵瓦官寺，晉以來古刹。予獨愛下瓦官寺幽清静閴，饒蘭亭竹林之致，坐之忘返。今年六月，暑偏酷，寺旁有藏經閣殿，就坐久之，凉蔭借爽，而周視其梁楹楝柱將赴傾仄矣。寺僧真全向予云：「諸長者説法布金，不百金可莊嚴此地。不敢望古瓦官閣出霄漢、攀日月，不至墮地、作枯株沙礫也。」予許之，爲疏其事，告之同心知識此勝地法寶不待言説，自應慨然捐助。因笑語真公：「倘有北來道人覓林公、從風家講《小品》，此具汝自辨之，吾不能於中作説客。」

吴之甲《静悱集》卷七《明水寺建藏經閣募緣序》 往讀謝康樂詩，酷喜「銅陵映碧澗，石磴瀉紅泉」之句，以爲何處乃得此一副奇絶詩料。比覽《郡志》，則邑西明水寺有截業山，曰銅陵，即碧澗反映而紅泉所自瀉也。不覺撫案躍起，曰：有是乎！謝客詩在眼中也！此何異衣珠髻寶，不自識認，不能受享者哉！自是，對烏反則神遊、枕紅蕤則臥遊者垂二十年，爲學宦禁、持貝山期亦垂二十年。今歲，因在告林居多暇，遊興遂勃，動不自遏，拉同宗世經甫一乘竹笨、一策蹇衛往探焉。時也，首夏清和，殢雨新霽，羅紈初裁，絺縠未御，出北城環西隧，望睥睨如魚齒，盻橋梁若虹氣。少焉，度津升涯，石道横斜，溪聲瀺灂，麥浪翻金，松濤奏瑟。又折而西，則宋處士之絛、秦大夫之髯，艷相縈、響相荅而數百年。豫章大可蔽牛者復亭亭矗立周道中，如代遊人張赧霞之蓋。已而陟翠微，越葱菁，歷温泉之池，沸沸焉如鼎鼎之爇火，煴煴焉如藍玉之生烟。如圓潭當負局之磨，毛髮可掬；如曲水當上巳之日，盃斝堪浮。曾聞温泉有數所，往往燠而未必洌，洌而未必芬，而兹兼擅之。固道經所稱神瀵，區域所號德水者矣。余睜眙而不休，低回而不忍去者久之。僕夫告靈曜且下春無陽戈可指，乃行。行數里許，從百盤屈岵，援弱蘿，登高巘。巘傍修硐谽谺，飛瀑箭激，輿人指點：「此紅泉源也。」東望有瀐然溧然一水，則號冷泉。與温泉對列如日月，明水之名昉此也。起而睇之，刺空摩雲，如黛如屏者，銅陵也。銅陵而西，若斷若連，若佛指高竪，插天一角者，葉仙、龍會、鶴足、仙桂、漳源諸峰也。而明水古寺，蔚薈乎，郁份乎，托棲于衆山隱蔽之交。前峰象舍衛鉢，左崿象法王鐘，右峛象靈山幢，其它岩岫洞壑，窅窱委蛇，類鵝笙，類鳳篴。石門訇然披豁，類西華、箭括，真南贍部洲、鷲嶺龍宫一大法界，豈五濁世凡骨得負而趨哉！波旬闡提機駟狂逐良亦嗤矣。顧令麗矚榛蕪，勝景落莫，苔繡如來之面，塵侵金粟之容，翬飛楝毁，帝釋無以昭靈，雁集臺空，天龍因而下泣，使四方遊客誚吾鄉有名區弗克瑩藻堊飾，反嚾嬻之，衣冠之，羞士庶之詬也。邇者，禪僧了心匡徒數輩卓錫斯山，雖微支遁利根，頗砥中峰苦行。尸羅軌則，不懈曉晡，畢十餘載劼据力，梵宇粗爲改觀，玉毫漸以發色，惟是寶殿之後少藏經傑閣，終屬浮屠未合一尖，何啻大厦不成，三瓦空門！法財簡寡，寧能左腋出水，右腋出火，徼鬼運金錢、就莊嚴佛事乎！不得不吹蠡以規助于沿門，鳴魚而賴施于檀越也。夫彼雲水緇流，猶不忘其餼羊，矧桑梓名公，可無爲之龍象乎？余于是庚有愾也。人生頂至踵如椰大，所需幾許？甆兗瀕絶，曾不能攜半物，玄仍以下終爲不可知之人耳！有金在櫝，有帛在笥，不自我用之以種善根、殖善業，而鎮日持籌榷校，積不能攜之物，貽不可知之人，究竟枉被造物小兒咍笑攘攫以去，視衣珠髻寶不自認識、不能受享者，抑又甚焉。余竊慟之，願我衆善知識，亟破無明，共證有漏。劒鶴錢饒者勿靳輪藏啟鐍，大發阿耨之心；瓶蚨蓄薄者但使委礫捐銖，亦結人天之果。儻席弘護，恊舉勝緣。崇搆雲連，不讓一百二永寧金鐸；雄樓日杲，遂掃八十四陰翳垢塵。從此貝葉六時翻頭，可點生公之石，將見優曇千丈發天，且雨定光之花。毘盧藉力

固多，地絡資靈亦不小矣。噫！余非佞佛者，家又壁立，安所得施？然念諸有情墮愛欲海中，頭出頭没，無有是處，請借此將慳貪結習聊一洒之，自他兼利，應不哂余言，顓爲禪和子饒豐千舌也。

董其昌《容臺集・文集》卷七《上海縣龍華寺建藏經閣疏》 今海内奉大雄之教甚盛，列刹相望，不知其數矣。其得勅賜《大藏經》五千四百八十卷者，蓋寥寥乎，千里而遥，曾無一焉。間有之，必其封望之名山，如三峩五岳者，又不然，則如陪京輿都，神靈之發跡也，又不然則如金焦落伽，江海之奥區也，乃兹海邑之在郡縣間其彈丸乎，龍華寺之在名藍浄刹間其秭米乎，而得與於勅賜之一數，譬夫幽人寒畯，而與將相大臣竝膺帶礪之封，豈不異數中之尤異哉！雖然，匹夫而帶礪也，則有濯磨修飭以荅殊寵耳。蕞爾叢林而聖天子之法施及之，則必爲聖天子弘法。弘法之要，在於闡教，故夫建閣以庀藏，集僧以繙經，作室以安僧，聚糧以接衆，使平原易地而勝於江山，僻壤孤村而壯於都會。斯數事何可一廢！吾聞佛法付囑在天王帝釋。龍華建於錢忠懿王，而賜藏在今皇帝。帝王之事，古今一揆矣。代之有終者，非此方衆庶而誰望？

錢棻《蕭林初集》卷七《藏經閣記》 昔歆光慶喜，結集遺文，法蘭摩騰，宣通秘典，而大藏所臚，爲部十二，爲帙七千，法綦盛矣。自同泰永寧，南北人主咸迷有漏，偕惑文言。於是達摩西渡，如籜斯捲。數傳以後，兩家樹兵。涉有者指空爲吠影，悟空者擯有爲守兔。擬心失心，其弊則一。而猖狂之徒至，將焚棄像教，剗滅藏典，則誣道甚矣！夫張羅者必之中林，獵寶者必窮稷翼，衣之不存，珠將焉附？況半滿權實，一西聖化身也；點畫波捺，一西聖全身也。苟目未識大藏而妄欲盡捐寶母，直探連城，是猶棄粱肉以求辟穀之方，斷肢脛而希昇舉之術，其爲狂惑不更深乎！今夫齊諧志怪之書，虞初博物之類，閎覽君子猶且不廢，況善逝所詁、寶氎所傳，拔火宅、療愚子，拯溺導迷，功莫大焉，顧可棄乎哉！邑啓疆二百年，尚未有藏。家相國官南宗伯始捐貲購請，以鎮名藍，而家大人復捐橐千緡，建閣五楹，上供龍藏，下安禪誦，寶鐸承風，丹檽耀日，雖衒之所記洛陽諸伽藍不多讓焉。其左右二精舍，可憑延眺，消香飯，聽風柯，覺大藏緣起不盡在是乎？夫以二百年所未備之典，一旦經閣竝麗出自雁行，廼今知佛家時節緣法之説良不爽也。雖然，藏而不繙，是嫗守櫝；繙而不契，是嬰學語；契而不忘，是長年戀筏。三者均譏焉。誠能繇化身而悟佛祖全身，則法雲咸被，妙韻齊聞，庶不負請經建閣者之苦心云。

吴偉業《吴梅村全集》卷三九《聖恩寺藏經閣記》 吾吴天壽聖恩禪寺，繇山門拾級而登，仰見傑閣聳於虚空，剖石大和尚所構以奉一大部藏者也。其地踞鄧尉之半，層巖拔起，支龍蜿蜒，雕楹文礎，插入崖腹。前瞰具區，渟泓萬狀，遠則洞庭兩峯，近則法華、漁洋諸勝，若拱而揖，或環而抱；其下則秀樾干雲，修篁漏日，法花忍草，茁長繽紛，怖鴿馴禽，飛翔匝繞：信兜率之鉅觀，般若之勝境矣。

先是萬峯蔚公，當皇覺現身之初，受聖恩開山之寄。弟子智璿等傳衣主席，琅函貝葉，結集流通，尊奉之地，即今毘盧遮那閣是已。歲月既往，龍象中衰，千箱秘帙，化作飛塵，萬衆名區，鞠爲灌莽。於是三峯老人杖錫飛來，翦剔蕨荒，經營宏敞，庶事草創，未盡云爲。剖公親承記莂，進補其處，時節因緣，緇素瞻仰，信施填委，無廢不興，梵夾竺墳，缺焉未備。會有峨眉道者，裝成南藏，道梗西川，因其方便之功，申我殷勤之請，遂移法寶，作鎮山門。方當牛首飈迴，瓦官霧塞，未踰旬朔，便接烽煙，獨此經早昇精藍，不罹刦火，咸以爲修多羅藏有天龍神鬼百萬護持，和尚福德感孚，不脛而至，四衆頂禮，罔不欣欣，顧其時閣猶未之建也。

蓋毘盧閣雖經修葺，業以供養諸佛，結制生徒，將謀改卜高原，另圖嚴奉。吾母朱太夫人專心在道，入山禮足，躬覩勝因，發願弘施，聞者坌集。監院濟上等乃相材運甓，練日鳩工，經始於癸巳之仲冬，告竣於甲午之季臘。列楹三間，廣筵九丈，深如其廣之數，崇殺其深之一，翼翼嚴嚴，若化若湧。就中塐釋迦、藥師、彌陀三像，慈容睟盎，瓔絡交加。其旁則方匭長龕，東西森向，瓊籤玉軸，充仞琳琅，經律論藏，部分櫛比，共有五千四百餘卷。和尚以丁酉之夏六十初度，諸山老宿爲禮《華嚴尊經》者五十三，衆皆安單于閣下，規重矩疊，衣裓肅然，清浄道場，得未曾有。和尚曰：「是閣之成，所以揚祖風，示學者，不可以爲記。」乃屬偉業爲之。

偉業合掌而白師，言我佛如來演説三乘十二分教，利益衆生，達摩以拈花微笑之旨，不立文字，而見性成佛。蓋慮世人教相紛拏，欲以掃除支蔓，非謂鹿野苑、拔提河，金口所宣，一切空之也。古德相承，共弘斯義。後來門庭太甚，諍論滋多，或執教以議禪，或竊禪而掃教，識者憂焉。今和尚從拈錐豎拂之中，搜揚真典，孳孳不倦，於以撈籠今古，震壓諸方，豈不盛哉！且成壞相仍，世相如是，以萬峯之聖皇授記，説法名山，猶不免講席榛蕪，勞後人之修復，然則貞珉之有鑱也，其可已乎？是經也，出於干戈俶擾之際，僅而獲存，百世而下，知其孔艱，是纘是述，俾勿隕墮，皆記事之辭所不得而略焉者也。爲之頌曰：

世尊天人師，普説無上道，傳譯至震旦，是名修多羅。毘尼阿毘曇，不可得思

議，鄧尉古道場，從山盡環遶。有一善知識，親遇金輪王，手持《玉庫經》，開演一大藏。百年化宮壞，乘願乃再來，吼若獅子威，直標正法眼。臨濟大宗旨，文字本不留，方便利衆生，何所不融攝。但能去纏縛，不落義解門，即此文句身，足證圓滿智。如來廣長舌，八萬四千言，於一卷卷中，各滴醍醐味；於一字字內，各貯摩尼珠。護法天龍神，呵衛在左右，以此刀兵難，末刼不得侵。將我貝多羅，移入清淨界，寶閣矗天起，廣望千繇旬。洞庭七十峯，即爲耆闍崛；震澤五百里，即爲阿耨池。無量妙高臺，變現彈指頃，當知向上著，不礙於有爲。覩像生敬心，藉彼莊嚴力。諸佛所説法，億萬恒河沙，究竟歸虚空，本來無一字。見道不見山，何處復有閣？見心不見佛，何處復有經？乃至法界中，草木禽鳥等，飛鳴與開落，若以慧眼觀，無非是經者。經如紅日輪，旋繞須彌山，照一四天下；經如香水海，舟航到彼岸，湧出青蓮花。頭目與腦髓，有人乞施捨，無怖亦無愛。此經當護持，能續慧命故。珊瑚與瑪瑙，高過蘇迷巔，瓦礫了不異。此經當寶惜，能種福田故。用此告來者，常生難遇想。薰心與注耳，歷刼乃不磨。我今作此辭，毫端見如來。刻之靈鷲峯，永永示無極。

嚴長明《（乾隆）西安府志》卷六二 圓通寺《通志》：在東郭金花坊，至正十一年建。《縣志》：明嘉靖二十六年，僧法冲拓地搆樓，供《大藏經》七千卷、水陸神像五十軸。興工時，有鶴數百，飛鳴空際，遂題樓曰「瑞鶴」。本朝康熙五十三年重修。

胡鳳丹《退補齋詩文存》卷六《重修鄂垣正覺寺碑記》 鄂城東北隅正覺寺，明崇禎七年敕建，爲省會四大寺之一。至我朝咸豐元年，燬於寇。九年，官相國督是邦，出白金三千五百兩，重修大殿、後殿各三楹。未踰年，大風，傾圮。閲今十稔，瓦礫堆積如山阜。余於丙寅夏游鄂，僑寓寺之西偏。越歲，適奉各直省創設書局之旨，時署楚督者，爲合肥李小荃中丞；撫楚者，爲湘鄉曾沅浦宫保。以余好藏書，命承乏其事。即假寺之隙地，構矮屋數十間，爲手民刊刻之所。次年三月，復與張鹿仙觀察同督校讐。由是，日夕往來於寺中，見鐵佛二尊巋然於荒榛蔓草間，雨蝕風侵，心輒耿耿不能釋。今年春，過芷舠何都轉而請曰：「寺之廢也久矣，欲重興之，君能爲之倡乎？」芷舠欣然輸百金。余商諸何小宋方伯及各官紳，量度土木，則見山門外，照牆臨街，高三丈餘，寬四丈四尺，厚四尺，上銜石龍，崛然壁立。前明物也，經二百三十餘年獨不磨滅者，殆呵護以有成也。於是涓吉鳩工，繩其規制，頭門三間改爲天王殿，殿外餘址建鐘鼓樓，樓前新添山門。東西各構瓦屋十二間，出賃市廛，爲寺香火資。門以内，則官書局三楹，東廂十餘間，爲寺僧住錫所。廂外有院，直接一牆，署曰「妙境莊嚴」。牆内花廳兩楹，旁各翼以室，一曰「東壁圖書」，一曰「西園翰墨」。外種葡萄雙株，清陰滿架，以禦炎暑。其上有亭，曰「印心亭」。亭之東有小苑，疊石爲山，植以梧桐、冬青、蕉、竹之屬。其上則大雄寶殿在焉。殿五楹，高三丈一尺，寬八丈三尺，深三丈八尺。東西兩偏，建樓以藏書，曰「東書樓」、「西書樓」。殿後有閣，曰「聽經閣」，爲游觀憩息之所。閣之東，蔽以籬。望之窈然而深，蔚然而秀者，則小園也。園之中有莎臺，蒔以天竺、海棠、碧桃、丹桂，又有方池，水碧一渠，新荷掩映，對之不覺其塵氛盡滌也。池之南，植梅數本。池之東，楊柳十株。自東迆北，有碑亭二座，古碑、新碑並峙於其中。其他斷碣殘石之遺留者，悉羅而嵌諸壁。閣之西，爲藏書樓五楹。閣後翠柏二株，其歲寒後彫者乎？界以圍牆，廻環如帶，長八丈餘，額曰「最上乘處」。牆之後，有大院，左右週以矮屋，手民於玆從事焉。院中有梧、有柏，皆余手植之。至於濃陰篩月，直榦參天，十年樹木，何如百年樹人乎？趨而上，後殿三楹，顔曰「般若堂」，高二丈九尺，寬四丈二尺，深三丈八尺。殿後角房二，圍以高牆。牆外餘基有出租於民居者，各泐石誌之，以清寺址。嗟乎！時事之變遷，物類之成敗，殆有天焉。天之將廢，華屋幻爲邱墟；天之將興，蒿萊易而廣厦。如斯寺也。當有明時，拓基創造，閲二百餘年而燬於寇。官相國重建，未逾歲而大風摧之。以余無端而來鄂，無端而董書局，無端而感其廢之當興也，遂不數月而成之，豈非天哉？至能復其舊觀與否，過是寺者當有以諒。余已是役也，計費白金二千五百餘兩，經始於三月二十一日，告成於十一月初十日。佛像二尊，前立後坐，仍其舊而新之。大殿後增觀世音像，配佛也。後殿東西兩楹，左祀蒼后，右祀文昌，崇儒教也，亦識斯舉之有緣起也。其佐余董匠事者，楊彝庚、李榮恩、應成祖三少尹也。招僧人蓮衣爲住持。蓮衣，楚産也，舊爲杭州靈芝寺詩僧，今年七十有三矣。倘異日有能充擴宏規，俾香火綿綿而不絶，則又廢興絶續之可知而不可知者矣！是爲記。

雜録

楊億《武夷新集》卷六《婺州開元寺新建大藏經樓記景德二年十二月》 昔如來登菩提坐，爲天人師，萬德莊嚴，十號具足，大千世界，以願力而攝受，十二部經，自悲心而流出。所以宣暢了義，提拯群迷，開方便門，示真實相。有條不紊，譬以

綫而貫花；得象忘言，如標指之見月。自鶴林示滅，大教方行，并龍宫秘藏，所傳無幾。爰暨像法之運，乃流震旦之區。大士繼生，廣繹五天之語；精廬錯峙，并緘三藏之文。于是大雄之法音，雷震于兹土矣。勾吴之域，介于海隅；東陽之墟，上直婺女。蒙太伯至德之化，俗敦廉讓之風；漸初平好道之餘，人禀清真之氣。有恥且格，見善乃遷。邑居相望，悉奉竺乾之教；弦誦之隙，必閲貝多之言。繇是棄塵勞而爲苾蒭者，實繁有徒；闢浄土而崇塔廟者，比比而是。開元寺者，兹郡之大招提也。前臨九逵，旁接萬井。金碧絢彩，上擬天宫。鐘梵交音，居然福地。土木壯且麗矣，歲祀寖以遠矣。龍象六和之衆，禪律交修；香燈四事之供，檀施總萃。而琅函寶揭，有所缺然。乃有本寺僧文靖，與本州都知兵馬使曹維旭，同發志誠，共營勝利。爰以淳化中，相率詣闕，擊登聞鼓，求借方版，摹印真文。奏牘上聞，帝俞其請。逮至道初，維旭等始共輦置楮墨之直，聿來京都。詔免關市之征，授以要劵。繕造既畢，護持而歸。特給上計之迴舟，俾達金華之本郡。維旭等又相與刻軸以文木，織條以色絲。香芸染籤，丹漆塗匣，崇飾既以備矣，誓願既已圓矣。而經臺舊基，圮毁滋久，軒廡摧撓，墁繪踳駁。維旭等遂請于郡閣，躬詣屬城，徧募有情，共成衆善。鳩工度費，即舊謀新，建重樓，開法藏。其上級置盧舍那、文殊、普賢及十六大阿羅漢之像；中級設虚座，作八神王箕踞捧持；其下象七金山，法四大海。寶地平布，祥雲周繞。締構雕鏤，殫匠石之精能；像設焚修，見天龍之護衛。固使黑白之衆有所歸依，利鈍之根因而起發。皮紙骨筆，學道者靡涉于艱辛；寶藏金言，開卷者并諧于悟入。廣大利益，豈勝言哉！維旭又嘗于雍熙中，募衆緣累甓爲浮屠，凡七級，直經樓之南十數步。訖役之日，白光燭天，晴空泬寥，久之始滅。行路瞻覩，道俗嗟嘆。斯亦樹善之冥感，殖福之昭報也。予咸平中罷守縉雲，道出兹郡，維旭者捧持事狀，拜于道周，求得片文，以刻貞石。會予入掌書命，不遑官次，而勤請彌篤，踐言是冀。予固從事于空宗者也，隨喜稱讚，豈有恡焉？削簡含毫，兹用無愧云耳。時景德二年，歲次乙巳，十二月朔日記。

宋祁《景文集》卷五七《復州廣教禪院御書閣碑》 昔者上帝册書，藏群玉四徹之府；神禹秘記，著南方會稽之山。若乃上聖蔚興，含靈皆警，彌文塞天淵之表，遺章倬雲漢之象。温瑜鏤翰，崇樹規蕤，協三五六經之制；藥函真本，頒暀方國，鎮七千神靈之封。用能蔽穹壤而相傳，存都邑而有副。鼓之而天下動，舉焉而能事畢。嗎嗎棼棼，而珍圖焜照；在在處處，而神物護持者歟！復州者，古爲景陵郡。棲地敞夷，殖物繁夥。濱帶江漢，嘗被文王之聲詩；蔽虧宿莽，流爲騷人之悽愴。神姦物厲之不作，民風國教之在柔，居然吉祥，是最殊勝。直城西出一里，有院曰廣教，乃唐禪師積公之經始，大士陸生之攸踐。巧歷之算雖往，故府之求多在。邑井不改，寒泉漱玉而仰流；岸谷相爲，洪碑生金而未泐。肇爲寶所，垂乎百禩。觀其面勢盤據，標勝呈露，却背平野，前瞰大澤。屈到嗜芰之菱產，幽流不穢；長者揮金而側布，檀施嗣臻。佛事具足以莊嚴，都人讚歎而踴躍。真宗咸平初，通追來孝，執競先烈，紬禁中茂陵之聚，備天下名山之藏，乃以太宗皇帝御製御書凡百軸下賜焉。照之天光，震動沙界，成鈞之文煥布，辟惡之香紛郁。務圖蘭葉，蓋天姥之嘗窺；赤水珠胎，非象罔而誰得。乾興元年，景陵縣史譚顒内發信誓，謀就功德，捐緡錢數十萬，建爲重閣，遷賜書而藏之。木摩而匪彫，棟隆而弗撓，嗚翬斯飛以異狀，陽馬如舞而四承。巍乎覺苑之增雄，凛然天魔之潛衛。奕奕雲構，瞻咫威而如在；灝灝宸懿，賜書文之一同。推而上之，思議安及者已。先是，天禧中，長人邢公若思以寶坊雄峙，睿篇申錫，非大精進，疇克奉行。乃以僧惠嵩爲傳法住持，并幹院事。未幾嵩引去，又以今釋長老智昇次補其位。一滴清浄之流演，普及衆生；四事畢給而薰修，雄成内院。

范純仁《范忠宣公集》卷一〇《安州白兆山寺經藏記》元豐元年十一月 予自少喜爲山水之遊，凡所至有名山勝概，雖遐險必造焉。治平二年，自侍御史責倅安陸，安之西有金峰山，山有古白兆僧寺。時道人垂素爲之長老，而衆皆稱其名德。寺有本朝列聖御書，歲時郡遣從事檢校。予至官纔數月，遂自求以往。至則愛其林泉幽茂，巖谷深邃，周遊登覽，而邀素從焉。惟法堂土木新，詢之則素所營也，予益嘉其必葺。又至僧堂北隅，有老屋，若殿而小，視其榜則經藏也。素指謂予曰：「此雍熙中所建，有龔御史石記在焉。然地址隩僻，蠹腐所滋，遊禮者或不能至，將徙而置於大殿之西爽塏之地而新之。」予詢其期，則曰：「釋子舉事，待信施而集，雖志於有成，未可必其期也。」予移官去後一紀，謫守義陽，距安爲近。地僻少賓友，思得素談老、莊，而聞其老益高介，棄其寺而庵居，罕與俗接。予諭以書招之，書未達而素已惠然見訪矣。語道之暇，因曰：「昔者欲徙之經藏，今已成矣。自治平三年冬十月經始，至熙寧四年夏五月告畢，計用檀施之財八十萬，將刻石以記歲月，願公爲我書之。」予曰：「師嘗自謂傳達摩之宗，不立語言文字，直指心源，見性成佛，奚取五千之書，而復新其藏爲？又以一切有爲，皆如夢幻，已則忘之，何用歲月名氏之記，而求知於後人哉？」師曰：「不然。夫衆生静明，真心與佛齊等。由情著於物，故翳而爲病。佛猶良醫，知病之本，皆稱其淺深緩急，爲藥以治之。今

之經，猶對病之藥也。物之感情無窮，故衆生之病無窮，則其所治之藥亦無窮。此五千之書所以必有也。今之經藏，猶藥之府也。則其棲貯不得不嚴，將以應夫病者之求，則亦藥之肆也。其置設不得不顯，此藏之所以必徙而新之也。大凡前人有爲，必告後人以爲之之意，則庶幾其守而不墜矣。此記之所以必作也。」予聞師之言，愛其有理，故爲之書。元豐元年冬十月一月壬申記。

黄庭堅《山谷全集・正集》卷一七《洪州分寧縣雲巖禪院經藏記》 江西多古尊宿道場，居洪州境内者以百數，而洪州境内禪席居分寧縣者以十數。二十年來，住持者非其人，十室而八也；其有户籍而單丁住持上官租者，十室而五也。分寧縣中，惟雲巖院供十方僧。山谷道人自爲童兒時數之，未嘗得人，其號十方，名存而實亡矣。元祐末，山谷以憂居里中，有玉山僧法清尸此禪席，而十方僧往來，不得展鉢託宿。清聞山谷嘗道雲巖初無藏經，慨然欲辦此緣。其人才智足以興事，而道行不能感人，論者紛紛而中廢，清亦得罪去矣。韶陽老人得道於黄龍祖心禪師，被褐懷玉，隱約山間，二十餘年矣。自言山野不解世事，無出山爲人意。邑中賢士大夫及其耆宿商度曰：「欲興雲巖法席，必得本色道人，若是則莫宜韶陽公。」於是逼致之。韶陽公幡然受請，入居方丈之東死心寮中。居數月，粥魚齋鼓，隱隱硡硡，聞者動心；升堂入室，肅肅雍雍，觀者拱手。韶陽公曰：「與十方人作粥飯，緣則可矣，非老人爲道而來之意。古人云：我若一向舉揚宗乘，法堂前草深一丈。吾恐雲巖門外荆棘生焉。不得已，衆竭力爲我置藏經，且於末法中作佛事。」衆亦不解老人語，而謀爲轉輪《蓮華經》藏，庇以華屋，大爲經堂，嚴以金碧。有山者獻木，有田者獻穀。如此且閱三歲，檀化爲魔，種種沮壞。韶陽壁立，不戰不怖。諸魔所攝，去魔即佛。作大莊嚴，遠近傾倒。魔復爲檀，自謝負墮。鳴鼉伐鼓，相我成功。於是四方來觀者乃曰：「江東西經藏凡十數，未有盛於雲巖者也。而此經藏者，發端於山谷，不得不爲之記。」山谷曰：「物之成壞，蓋自有數。要以有道者爲所依，然後崇成。韶陽所以不得已而置藏經，是中有正法眼句，禪子自當於死心寮中求之。」凡此藏經，主工者僧悟機，如京師印經者僧希文。韶陽老人者，大長老悟新。山谷道人者，謫授涪州别駕戎州安置黄庭堅。

又《江州東林寺藏經記》 元豐三年夏四月，提點寺務司言：大相國寺星居，院六十區，院或有屋數楹，接棟寄欄，市井犬牙，庖煙相及，風火不虞。請合東西序爲僧舍八區，以其六爲律院，以其二爲禪坊。詔可之，賜祠部度僧牒二百，給其費。其六年秋七月落成，賜兩禪院名，其東曰「慧林」，其西曰「智海」。尚書禮部言：净因院僧道臻，奉詔選舉可住持慧林、智海院者，今選於四方，得蘇州瑞光院僧宗本、江州東林寺僧常總。詔所在給裝錢，上道聽乘驛。於是常總固稱老病山野，不能奉詔。禮部以聞，詔勿奪其志。總公天下大禪師，門人常數百或千人。方京師虚慧林、智海以擇士也，禪林之子弟皆願其師得之。及總公不出，而道俗傾動，相與謀曰：「吾師不肯爲西用，又將棄東林，而追之於窮山。凡可以安總公者，皆盡心力爲之。」於是能者致力，巧者獻工，富者輸財，辯者勸施。數年之間，爲夏屋千楹。其廢興則自有記。最後度爲轉輪《蓮華經》藏，屋未及成，而遣其徒永邦來乞予記。予見邦之爲藏經，其物材無苦，調護墨工，是正板籍，積書如山，盡歷邦手，如數一二，予以謂能成總公所商度無疑也。予問邦：「夫用力則外畀而不來，用智則物猜而不應。不用智與力，物歸之無極，此其故何哉？」邦之言曰：「《蓮華》藏，世界海，非人非天，虎嘯於陘，震風薄木，龍鳴于川，大雲垂空，若有召之者，而不知其所從來。吾師之道，芒乎昧乎，物故萃乎。」予應之曰：「如總公之不應詔而西也，似若有謂，未必直其妙處。然而來者芸芸，豈真知之者邪！子勉之，藏成，予爲若作記。」元祐六年某月，既没總公之世，而經櫝猶在寓舍。及其門人思度時，邦與後來主事者枘鑿有不合，因謝去。久之，度來告曰：「轉輪藏及藏殿今有六，乞士發心猛烈，殆將化成。惟是藏經者，邦有勛焉，而先師之手澤也。願終先師之志，刻石記之。」黄庭堅曰：「方總公盛時，化蟻穴蜂房爲廣厦百區，何其易也！比其晚節末路，度成一經藏，而身不及見，又何其難也！所謂『强弩之末不能穿魯縞』、『行百里者半九十』者乎？抑牣而有者，其成壞自有數，當成於度之世者，雖總公亦不得牣而有之邪？古之得道者，閲世或餘百年，而棲遲蓽門之下，雖有大檀越，不聽增一草。蓋知三界一切法，衆生俱煩惱，即是道場堅固法，在此不在彼邪！」

又卷二一《洪州分寧縣藏書閣銘并序》 分寧縣有學，所從來遠矣。然邑子諸生，賴學以成就者少，挾書以遊四方者多。蓋在官者常曰：「獄訟之不得其情，賦租之不登其時，簿書朱墨之不當其物，寇盜發而不輒得，是吾憂也。若勤學養士，二千石之任也。」故廟學蕭然，未嘗過而問焉。彼蓋不知，養士之源，發於縣鄉；爲民父母，豈聽獄求盜之謂哉！今吾宰延平胡君器之之爲縣，左規而右矩，謹名而務實，教之用經，治之用律。其聽民不怠，其牧民不繁。豪吏斂手，困窮得職，然後盡心於學。乃舉其鄉先生與一經之師，位之以師友，而作興可學之民，弟子常溢百員。器之率其僚，潔牲酒豆籩，釋奠春秋，諸生陞降成文。耆老歎息，則合謀曰：「群居講學，常病無書，今令君不鄙我民，使得燕居以勤己事，甚大惠也。惟是

公家力不能者，吾儕其勸成之。」於是學有職及諸生之父兄皆自勸，市書以給諸生之求。且爲出入之不嚴，不可以保存，暴凉之不時，不可以持久，又相勸作書閣，并祭器而藏之。閣成，謁諸令君，令君乃以元祐八年夏五月丁丑，釋菜於先聖之廟而告成焉。諸生則以告黄庭堅，而請銘之。於是有問者曰：「郡有學，朝廷爲之擇師，教事備矣。縣不興學，亦病者乎？」庭堅曰：「是不然。今夫浮屠之舍，非傳先王之道也，而所居如林。其墮壞不守，凡有官之君子，必左右經營，復之而後已。闤市之征，先王以禁利末，其開塞有權，今則徒會其入，百人之聚，有網漏一金之利，必請而張官置吏焉。夫士不可一日而無學，民不可一日而無教，至於興學聚書，則雖萬室之邑，以爲非職之憂者，何哉？此可謂有爲民父母之心，知發政之先後之序者乎？」諸生曰：「信如子之言，請并書以詔後之人。」則序而爲銘曰：凡治有條，如機於紡。經經緯緯，積寸成兩。菅蒯之手，簡功於紐。可席可履，不能以守。昔此廟學，終歲蓬艾。聖師所居，風雨無蓋。今誦聖言，皆有夏屋。爰及方册，宇以華閣。華閣渠渠，言行之林。聿求古今，自觀德心。咨爾諸生，永懷茲道。勿嬉勿騖，以迪有造。得意自已，書不盡言。如御琴瑟，聽於無絃。幕阜几几，吴咮楚尾。其下修水，行六百里。山川之靈，鬱秀於民。世得材用，我培其根。勒銘頌成，式告爾後。無或墮之，永庇俎豆。

黄庭堅《山谷全集·别集》卷二《成都府慈因忠報禪院經藏閣記》 元祐七年九月，翰林學士范公百禄以中書侍郎與聞大政，追榮其三世，曾大父璲贈太子少保，大父度贈太師，父鍇贈太尉。其兆在成都東北近郊之五里，例得即塋次築佛廟，以極崇奉之意。天子錫之名曰「慈因忠報禪院」，所以休寧范氏之祖考，而勸之以熙載之功。中書之兄朝散郎百朋，榮家之慶，侈上之賜，相其土田，以基以堂，伐山隨川，阜其材木。凡爲屋二百楹，一出于己，不以累人。又擇僧之有名行者繼隆主之。隆以釋氏法度，其徒爲一姓子者今七人矣，而慈元實協贊其經營。元又度大藏爲經閣，在院西。其土從三十五尺，横七十七尺，爲複屋，直三而曲四，致飾甚嚴。所藏經五千四十八卷，勸請士大夫四百餘家，皆號稱能書，乃畀之書。其費皆出於范氏。奔走所嚮，積以日月，訖於崇成，皆出慈元。凡此莊嚴之功，朝散不愛其財，慈元不愛其力，故能速成而盡美。成都雖大府，閥閲相望，而用執政尊顯其先隴，以恩得佛寺，度僧以守之，唯范氏，故士大夫家皆欽羡之。閣成，朝散屬元來乞文以記之。余惟中書君輔政未久，而捐館于河中，遂葬于河南，諸子亦不能歸；而朝散公年餘八十，能不懈于崇奉，可謂知本矣。元以灑埽之勞行，度身任其事，可謂不忘本矣。經閣之壯麗，施書之名題，字畫之工拙，來觀者當自得之，故不書。書經藏之所以成，與此院之因起，使廢興之際有考焉，蓋范氏之志也。

畢仲游《西臺集》卷六《代范忠宣撰通慧禪院移經藏記》 曩余通守安陸，嘗行諸山中，間遊釋素垂之寺。殿堂門廡皆稱，而所謂經藏者，獨介于堂之北偏，側陋非地也。後十有一年，余謫義陽。素聞之，自山中來，持唐御史穎之文而謁余曰：「此經藏頌也。夫子嘗憫夫藏之非其地，今似得其地矣。欲識之夫子，豈有意乎？」余曰：「素，而所謂得地者何如？」曰：「募錢八十萬，工七千，自治平丙午距熙寧辛亥凡六歲不倦，而後辭乎側陋之地，占西隅之高明，使行者仰，居者誦，而有助于教焉。」余曰：「素，而可謂善士矣。吾聞西方之學，以氣爲緣，以身爲垢，以事爲障，以境爲礙，以不動止爲性，以無所失得爲道，則雖精深妙密，無以寄其言焉，寄一言即以異于道。而其書乃至乎五千四十八卷者，豈非緣、垢、障、礙借此爲證，而性與道由此見乎？意者見道與性而返，無事于書也，則雖五千四十八卷，猶無言矣；不然，何道之省，書之多也？天下既有其書矣，素獨得不有乎？天下既有其書而藏之矣，素獨得不藏乎？藏之而同乎道，合乎性也，吾不知藏之而異乎道，離乎性也。吾不知同異離合，吾無所容其心，則與天下而藏之者，將真爲道乎？而又况辭側陋之地，占西隅之高明，使行者仰，居者誦，而有助于教耶？素，而可謂善士矣。」元豐二年五月十九日記。

鄒浩《道鄉集》卷二六《永州法華寺經藏記紹聖元年》 零陵郡城中舊無禪刹，元豐四年，郡守李傑始以太平請于朝，賜額爲元豐太平禪寺。元祐六年，權守楊宗惠又以法華請焉，詔因舊額以爲禪寺。明覺大師義霞實爲法華初祖，霞既受疏，陞座爲潭州龍興智傳禪師，焚香，舉揚一大事因緣，於是徹舊宇而新之。南爲三門，北爲法堂，又北爲暖堂，又北爲文丈。東爲五百羅漢堂，爲香積厨，爲庫院。西爲大聖菩薩殿，爲雲會堂。而釋迦佛殿據中，爲尊禪居。規橅亦云備矣。顧念《般若經》六百卷、《寶積經》一百二十卷、《華嚴經》八十卷、《般涅槃經》四十卷，於大藏中卷數特多，號四大部。寺所有者，乃後唐清泰中寧遠軍節度使馬存之所施也。分散多處，懼不克久，遂即西廊爲殿三間，中爲機輪，函經於其上，爲佛菩薩以周其四面，爲神龍以遶其四柱，若形若色，妙絶衆巧。歲時邦人來會，稽首作禮，藏爲旋轉，或三或五，至于七，人人歡踴，各滿志願。夫世習移人舊矣，雞鳴而起，隨所好而趨焉，擾擾紛紛，奚暇有所决擇？一旦睹相虔恭，諸緣驟息，雖未足以語教外别傳，然卷開而善心亦開，藏轉而妄情亦轉，則經之不可思議，一念皆圓矣。縱未能

造次顛沛常必於是，其爲利益亦何可勝言哉。争訟由此衰，和協由此興，風俗由此厚，豈不能助守長承流宣化，如父如母之意乎！豈不能助主上博恩廣施，如天如地之意乎！初，霞之圖爲此藏也，囊無繫蟻之絲，厨絶聚蠅之糝，形孤影獨，朝不謀夕。而命工選材，反急於衣食計，人以爲狂。已而得郡人高齊倡導暨蔣嵩等欣助，爲錢逾一百五十萬。自紹聖元年三月肇基，至八月畢功，爲日纔三甲子。孟子曰：「至誠而不動者，未之有也。」霞之謂與。惟記之久未立也，屬某貶謫至此，且於循省之隙取經閲焉，以啓迪昏蒙，以洗湔釁咎，以仰稱仁聖矜容，使之自新之賜。霞以故懇請記其本末，遂爲之記。

又《承天寺大藏記紹聖四年》 毘陵郡城中名刹相望，而傳法者凡六院，惟承天據城之東南，實隋司徒陳杲仁之别圃。杲仁死非其所，其妻用浮屠法薦助之，遂捨以爲寺。唐長慶二年，賜號正勤。至真宗皇帝即位之初，改賜今額。越在一隅，風埃不到，眺聽所接，闃如巖棲，四方禪者樂居焉。顧經藏未建，衆以爲慮有年矣。元祐某年某月，道人德岑既領住持事，遂以告於人曰：「夫五千四十八卷，雖不足以盡禪之説，然其語非不多也，而祖師《心要》猶以爲教外别傳。審如委付，示以全提，則雖遶床一匝，適半藏爾，況區區於五千四十八卷乎！然初機者以此篤志，罷參者以此證解，遊戲自在者以此遮眼，一言半偈，皆是善因，展軸抽函，無非妙用，以方便濟群生者，亦何可廢也！」信者翕然出力，爲新其厨堂，新其浴室。最後紹聖四年某月，因水陸殿廣之爲藏院，集所謂五千四十八卷者爲若干函，以棲於其中。然後院之形勝益閎偉動人，而人益信岑之所存爲可尚也。岑嗣揚州建隆昭慶禪師，蓋臨濟之苗裔也。方圓照禪師宗本傳法中外時，岑未嘗須臾離左右。一旦受請，孰不曰此圓照之的子也。及升座焚香，不嗣圓照，則嘈然非之，而聞者亦耿耿不快，宜其建立莫有應者，而所成就反如此，何哉？余聞衆之初非岑也，甚者面斥，無所不至。岑不爲沮，徐告之曰：「吾心了然，不敢自欺耳。」余嘗怪世之禪者見圓照法席之盛，自京師至於東南，自王公至於士庶，莫不歸仰，往往諱其得法之自，望風承託。世曾不察，亦争嚮之，寧廢父母晨昏之奉，而惟恐不當其意；寧奪貧窮毫髮之入，而唯恐不厚其施。意彼欺世以自售且如此其偶，而況不自欺其心者乎！不自欺其心者，誠也，不期於誠而誠至焉者也。由方寸以充之，神明以生，變化以形，天地歸吾掌握，萬物出吾埏鎔，何往而不濟，而況介然於其間者乎！此岑之所以賢於其徒而經藏不勞而成者也。昔住是院者多矣，百餘年間，如藴、世珍、了素、仲文四人者尤以道德爲世所高。珍嘗南徙其門，又爲大殿而塑繪其像。素爲法堂，又爲僧堂，又爲東西廊，又爲後架，又爲屏限之所。藴則至今真相存焉。郡人尊奉之，有禱輒應。以其俗韓氏，號爲韓長老，所以護助其院甚厚。今又得岑以成之如此，又將易其路以正于南，而跨池爲梁，以便往還，是可書也。於是迹其院之本末而并載之，使後之覽者得以攷焉。

王庭珪《盧溪文集》卷三四《龍須山轉輪經藏記》 佛在西域時，遠中國僅二萬里，華人未始聞其言。彼方之人聞有震旦之國，負其書重譯而至者，槖駝相屬也。其説使人見性成佛，謂法界寶藏，吾所自有，是以華人説而奉之，積其書至五千四十八卷。於是其徒作華藏之居，建大軸兩輪，以藏此五千四十八卷於輪間者，往往遍九州也。吉州龍須山昔有異僧法登禪師，自曹溪得法，來遇長者龍須於此地，築菴而留之，遂爲登禪師道場。後人因以龍須名其山。舊無大藏經，紹興甲寅，長老秉雍領衆始募置，滿五百函，欲建法輪而屋之。會移錫隆慶，而以懷宗踵其席。始謀建藏室於寺之西隅，度其費莫知所出，有居士劉存正、胡瑾、張孝友聞而樂趨之，各出錢百萬以上，由是施者摩肩而至，以故功易成。藏之前後，神物瑰偉，其像設規置異他處不類，觀者歎其異未嘗睹也。工將畢而懷宗示滅，厥後繼住者數易，卒無以紀其成。郡侯以藏經實始作於秉雍，而雍前住江西、湖南，所至必莊嚴佛土，復俾住龍須。雍即以書來求論輪藏之雄麗，求文以記藏經之歲時。問其日則紹興甲子四月八日也，於是乃爲之記，而究其説之所以然。夫掇拾西方貝葉之文爲一大藏，用法輪以轉之，遂始於傅大士，然所謂法界寶藏，從無始來固存，不可以色相求，使凡夫忽然見道於一念，頃遍十方界，則虚空中法輪常自轉也。昔人有念經一萬部，而祖師不以爲勝，有老宿下禪牀遶一匝，而轉藏了。或有見於此，則道之爲廢興，不繫乎藏之建與不建也。蓋此寶藏凡夫皆具足而莫能自證，如衣中寶珠，必因人指示，而不到曹溪，安知不失？今之所以聚佛書轉大法輪，以張皇其説者，蓋不爲諸佛説法，爲凡夫説法爾。此藏之所以宜建也。盧溪王某記。

王安石《臨川先生文集》卷八三《漣水軍淳化院經藏記》 道之不一久矣，人善其所見，以爲教於天下，而傳之後世。後世學者或徇乎身之所然，或誘乎世之所趨，或得乎心之所好，於是聖人之大體分裂而爲八九。博聞該見有志之士，補苴調胹，冀以就完而力不足，又無可爲之地，故終不得。蓋有見於無思無爲、退藏於密、寂然不動者，中國之老莊、西域之佛也。既以此爲教於天下而傳後世，故爲其徒者，多寬平而不忮，質静而無求。不忮似仁，無求似義。當士之夸漫盗奪、有己而無物者多於世，則超然高蹈，其爲有似乎吾之仁義者，豈非所謂賢於彼而可與言者

邪？若通之瑞新、閩之懷璉，皆今之爲佛而超然吾所謂賢而與之遊者也。此二人者，既以其所學自脱於世之淫濁，而又皆有聰明辯智之才，故吾樂以其所得者間語焉，與之遊，忘日月之多也。璉嘗謂余曰：「吾徒有善因者，得屋於漣水之城中，而得吾所謂經者五千四十八卷於京師，歸市甄而藏諸屋，將求能文者爲之書其經藏者之歲時。而以子之愛我也，故使其徒來屬，能爲我强記之乎？」善因者，蓋常爲屋於漣水之城中，而因瑞新以求予記其歲時，予辭而不許者也。於是問其藏經之日，某年月日也。夫以二人者與余遊，而善因屬我之勤，豈有它哉。其不可以終辭，乃爲之書，而并告之所以書之意，使鑱諸石。

吴澄《吴文正集》卷四八《仙城本心樓記》 龍虎山形勢之奇秀莫可與儷，自宜爲神君仙子之所棲止。其後岡名象山，金谿陸先生亦嘗構室而講道焉，至今使人尊慕而不忘。上清道士劉立中致和，生長儒家，寄迹老氏法，好尚迥與衆異。得地於龍虎山之仙城，築宫以祠老子。若仙巖，若臺山，若琵琶，左右前後森列環合，一覽在目。而象山直其東，乃相西偏作樓三間以面之。樓藏書數百卷，扁之曰「本心」。焚香讀書其間，儼然如瞻文安在前也。致和來京師語其事，且請記。予嘆曰：致和之見固及此乎？夫人之生也，以天地之氣凝聚而有形，以天地之理付畀而有性。心也者，形之生宰，性之郛郭也。此一心也，自堯、舜、禹、湯、文、武、周公傳之以至于孔子，其道同。道之爲道，具於心，豈有外心而求道者哉？而孔子教人，未嘗直言心體。蓋日用事物，莫非此心之用。於其用處各當其理，而心之體在是矣。「操舍存亡，惟心之謂」，孔子之言也，其言不見於《論語》之所記，而得之於孟子之傳。則知孔子教人，非不言心也。一時學者未可與言，而言之有所未及爾。孟子傳孔子之道，而患學者之失其本心也，於是始明指本心以教人。其言曰：「仁，人心也。放其心而不知求，哀哉！」又曰：「學問之道無他，求其放心而已矣。」又曰：「耳目之官不思而蔽於物，心之官則思。先立乎其大者，而其小者不能奪也。」嗚呼，至矣！此陸子之學所從出也。夫孟子言心，而謂之本心者，以心爲萬理之所根，猶草木之有本，而苗莖枝葉皆由是以生也。今人談陸之學，往往曰以本心爲學，而問其所以，則莫能知陸子之所以爲學者何如。是「本心」二字徒習聞其名，而未究竟其實也。夫陸子之學，非可以言傳也，况可以名扁求哉？然此心也，人人所同，有反求諸身，即此而是。以心而學，非特陸子爲然，堯、舜、禹、湯、文、武、周、孔、顔、曾、思、孟以逮邵、周、張、程諸子，蓋莫不然。故獨指陸子之學爲本心之學者，非知聖人之道者也。聖人之道應接酬酢，千變萬化，無一而非本心之發見。於此而見天理之當然，是之謂不失其本心，非專離去事物，寂然不動以固守其心而已也。致和朝於斯，夕於斯，身在一樓之中，心在一身之中，一日豁然有悟，超然有得，此心即陸子之心也，此道即聖人之道也。夫如是，則龍虎山之奇秀，又豈但以老子之宫而名天下！

于若瀛《弗告堂集》卷二五《普照寺重建藏經閣募緣疏》 伏以真人西出，普演三世之音；聖主東生，爰闡一乘之教。赤烏建剎，白馬開緣。飛閣依城，非比中官之宅；崇簷接漢，永奠祀神之基。法象中峨，精籃下構。囊雲窣睹，表三地之叢林；砌玉阿蘭，藏千函之妙典。寶綸踰曆二百，翰墨常新；香光大士千千，莊嚴如舊。俄四禪災起，遂一旦火，然含洒奚裨，濡衣無計。星煙既散，僅存甌脱之區；水月還空，烏睹旃檀之相？所賴沙門某者，矢謀歌唄，若行加持，將圖普化十方，期以祇奉三寶。謂佛同薪盡而虚空煩惱無盡，供養寧有窮盡？且人初發心而世界趣生。有心隨喜，誰無信心？况一一塵中，寓極微數佛所。矧洋洋舍衛，無甚深會海圍，母乃小智鈍根，著相憍慢，致使身語意業，遽羅禍屯。斯共一心，堅除五欲。誓爇塗香末香諸種妙香，行十頤品，用以筆雲鬘雲如是等雲，還一大觀。但獨力難成，懼群材罔庀，顧余居士宜申片言，用告初地菩薩，同樹人天善果。或捐石，或輸材，重構巍峩勝槩；或布金，或施粟，共成微妙色身。罔敢必以歲時，寧復計其多寡。從此培今生器，結來生緣，自能增無量福，證無上道。報隨施應，功以善歸。

釋真可《紫柏老人集》卷八《書黄龍寺藏經閣毘盧佛記後》 「毘盧遮那」，此言「光明偏一切處」；「阿鼻」，此言「無間地獄」，謂諸苦具黑業偏一切處。此義黑白粲然，舉着便疑。若謂「光明果遍一切處」，則黑業不可遍一切處；若謂「黑業遍一切處」，則光明不可遍一切處；若謂「兩種俱徧，不相妨礙」者，此又不然。何以故？千年暗室，忽然一燈。暗即隨滅，光徧滿故。唯石頭老人謂光明中有黑業，不與黑業相對；黑業中有光明，不與光明相對。噫！宗風久衰，此意寂寞，往往舉似龐眉老衲，取胡盧而笑，况黄口禪雛！吾觀《華嚴》，文殊師利教善財童子一百一十城，參五十三知識，雖多境緣順逆，三昧無常，或以殺業，或以淫業，如是種種，作諸佛事，要之皆助發毘盧光耳。故頓悟石頭參同之意，則阿鼻即入毘盧之門；不然，毘盧即入阿鼻之牖。蓋一切衆生，無有定性，以無上知見之香熏之，則諸佛光生；以四弘六度之香熏之，則菩薩光生；以十二因緣還滅之香熏之，則緣覺光生；以四諦之香熏之，則聲聞光生；以增上十善之香熏之，則諸天光生；以猜忌徼福之香熏之，則修羅光生；以五戒之香熏之，則人光生；以愚癡之香熏之，則旁生光

生；以慳吝之香熏之，則餓鬼光生；以十惡五逆之香熏之，則地獄光生。或謂六凡非光者，彼未了黑業，無性故也；了此則飛潛横走，孰非毘盧之光哉？今匡廬黄龍寺，有僧謂宰官菩薩曾乹亨言曰：「黄龍藏經閣成，未有司閣者，僕欲造毘盧佛一尊，以爲匡廬風月主人，可乎？」曾公曰：「善哉，希有！子既欲以毘盧圓滿之香熏一切衆生，亨雖不敏，敢不以文字三昧助發此光？」達觀道人偶讀斯文，亦横口一上，見作隨喜云耳。

王穉登《王百穀集十九種・法因集》卷二《王三玄羽士造道藏經閣疏》 《道藏》包羅百氏，總括衆流，彙高玄清浄之真詮，集虚無自然之妙典。若谷神、若玄牝，若熊經鳥狎之説，罔不兼該；爲丹訣、爲陰符、爲餐霞服氣之方，悉無遺漏。《蘂珠編》浩浩茫茫，滴露研朱披未徧；《玉清誥》恍恍惚惚，燃藜出火讀難周。三玄羽士，游戲紅塵，消摇碧落。一頂黄冠裁竹籜，數聲鐵笛弄梅花。鴛鴦湖畔看雲，不管人來人去；槜李橋邊跨鶴，獨自上天下天。謂非藏無以攝經，非閣不能安藏。藏既不從天而降，閣又豈畫地能成？學仙何必去來丹，度世莫如多作福。昆侖簡、霹靂盤，可易薄蹄，從教取去；紫烟衣、青蛇劍，堪當阿堵，更不須留。布施乃吉祥善事，此謂得全全昌；助緣實太上妙因，自當祈福福至。玉笈琅函，充棟文字，奚止五千，老子青牛須再度；朱甍繡柱，連雲欄杆，何但十二，仙人黄鶴定重來。

袁中道《珂雪齋集・前集》卷一八《龍堂寺藏經閣乞檀文》 釋家正法雖衰，象法猶存。其蹂踐狼籍，污穢荒蕪，未有若沙市之龍堂者也。寺舊有藏，寺僧欲修閣貯之。予問之曰：「閣之成不難，但不知閣成之後，諸比丘能不以五辛氣薰蒸此閣，能不乘沉酗入此閣否？」僧曰：「近日諸僧，頗知戒相。若閣既成，而破律如故者，王法律法，俱所不容。」予又問之曰：「能不使無知商賈，攜妓來遊閣下，污三寶地否？」僧曰：「閣成即設禁約，亦可止也。」予又問之曰：「能不使措大帥諸猢猻占作書房，抄竊貝葉否？」僧曰：「近日諸贒，亦知護法。即有欲占作書房者，寧不惜身命守之，可無慮也。」予曰：「能如是乎？」予之疏。

譚元春《譚友夏合集》卷一四《雜著洪山四面佛庵建藏經閣募疏》 萬曆丁巳戊午間，元春讀書西菴，日與文上人遊。往上人方同給諫叚公議鑄四面佛像。其時土室如龕，像亦纔成一髻，銖銖拾銅，幾如聚沙。予私心難之，而上人者，北人也，甚鋭且朴，嘗謂予曰：「有如不就，當以來生足之。」至丁卯春夏，一再過其地，則金火相得，端然四軀，各向同縈，有金光是昱，如千百日俶人眸子。又一年而張善人者相其高廣屹嶫爲殿，殿成而上人已示寂，作山中一祖矣。庚午早春，始得拜於雪柳煙柏之中，爲之浩然而一歎。念此上人者，十餘年間，無歲不以碑請，予諾諾。至今愚公之山已成，而圓澤之語未踐，亦世外交道一恨也。會今方伯杜友白先生，置隟地數笏，將募諸同志，建一閣，請藏其中，以鎮此山，而屬元春爲之疏。元春以意度之，鈎是佛也，而是佛以面面注視，氣格弘肅，使人生歡喜心，生悲淚心，生希有難遭心。先生欲於是間設一全藏，令繙閲禮拜之形，消人妄念；鐘磬懺悔之聲，警人靈魄。苦者衣糞埽，食麻麥；解者明心性，遠名利。程子所謂三代禮樂盡在乎是，而我朝崇右佛法之意，庶於是乎明。何以言之？苟有人焉，身口意能净，貪嗔癡能滅，殺盗婬能息，而太平之治、官司之守可以不勞而化矣。予以爲全藏者，佛所以輔帝王治天下之書也，而苟非乘歡喜悲淚、希有難遭之想，則末法之人亦頑然而不能入。故藏經於是中，佛似尤有力焉。經謂一切衆生皆依食住，我今願一切飽食衆生皆依經住。且夫菴以東，即修静寺，李北海所捨宅也。自北海捨宅，而當時遊戲翰墨、生平罪過，無復有存焉者矣。今縱不必捨宅，而度世惜福之人，默念前後，但捨一椽一甍一函一籤，無挂礙相，與捨宅等，則藏與閣必有言未畢而復成者矣。先生欣然而笑曰：「子之言是矣，但其詳多似碑。」元春謝曰：「有之。竊不敢忘上人之諾也。」閣成，請以勒于菴石。

《通問報》一九〇九年第三六七期《阿什河基督教藏書樓成立吉林》 阿什河城，素稱黑闇。近來風氣稍開，官商學各界頗有趨新之勢，多喜書籍報章，以爲研究之助。本會牧師畢君，見有傳道之機，特由上海廣學會購來書報多種，於禮拜堂附室設立閲書報所一處，名曰「基督教藏書樓」，導各界志士玩索，以得宗教精髓爲目的。今開辦僅歷三禮拜，閲者已縷縷不絶，誠盛舉也。畧誌梗概，特告同人。

藝文

劉仁本《羽庭集》卷二《靈源寺藏書西閣爲阜上人賦》 松竹林邊寺，西山爽氣浮。昔開千佛閣，今見萬書樓。老墨明宗旨，研朱自校讎。本來無一字，寧羡鄴家侯。

姚文然《姚端恪公集・詩集》卷四《重過維摩庵晤法如師弟》 往年避賊維摩室，行者捧茶髮如漆。今年重上維摩堂，變爲僧雛如我長。借問舊僧半凋喪，别時肥澤身豪彊。老僧不去亦不死，藍縷黧面上佛香。四角六時嘶戰馬，嗚鐘撞鼓

割中央。六龍騁轡不轉眼，東海揚沙起扶桑。坐久忽出詩數卷，乃是當年手評選。初疑隔世見故人，又如汲冢搜周典。丹鉛真有六丁呵，藏書轉覺二酉淺。癸未進士古銅章，金子冲玄之所將。印色慘澹彩匣完，忽念故人心慘傷。憶昔訛傳賊洗城，菴前鐵馬刀鎗鳴。我時奔走藏複壁，稽首世尊心膽傾。爾時蒿里不呼吸，三年豈意向師揖。群蛇偷生龍上飛，俯仰去來紛雨泣。

彭孫貽《茗齋集》卷三《招隱寺》 松梧青一里，古甃石紆斜。招隱騷人句，藏書帝子家。風泉亂僧梵，雷樹閡樵車。此地堪清嘯，林端鳥不譁。

潘江《木厓集》卷一二《半青禪房雜詩》 倦遊生計拙，繞樹一枝輕。梵院斜開徑，僧樓近接城。攢眉聞酒戒，乂手得詩情。且喜逢休已，藏書足細評。

顧景星《白茅堂集》卷二三《懷等觀》 歸依米汁佛，自號香嚴老。對酒輒逃禪，相邀必傾倒。藏書幾千卷，牙籤戛長瓜。筆法寶宋元，自運亦復好。蚌盤鹿角格，麈柄虎須草。不殉貪夫求，廉者亦不討。别來豆花雨，颸散旃檀杪。得句沈吟餘，磬韻時一遶。辟支已髮白，貪□可清醥。落葉寄相思，遥遥失飛鳥。

沈大成《學福齋集・詩集》卷二二《竹西詩鈔・寶輪寺贈龍山上人》 舊爲車匿地，今作導師居。萬竹翠交處，一旛風動餘。白椎參活句，削牘理藏書。鐘梵城南路，紅墻在碧虚。

劉鳳誥《存悔齋集》卷一九《法海寺幼僧果能十五知詩，命賦雲山閣藏書，限雲山二字，和以答之》 靠湖五尺閣捎雲，堆架琳瑯壓梵文。莫闖儒門求薙度，諸天賢聖萬香熏。

僧住三間雲兩間，中間金鐍爲誰關。當年左僕諮禪處，替作藏書功德山。

袁昶《安般簃集・詩續辛・蕭寺一首傷同年黄再同編修作》 蕭寺重尋故人迹，已凋老榦又摧筠。石牛谷黯門風歇，黄鵠磯長蕙帶焚。兩世交情隨逝水，一哀鄰篴閟積雲。藏書百篋空塵蠹，誰省丹鉛往日勤。

汪文柏《柯庭餘習》卷二《過崇效寺訪雪塢上人》 墟里綻寒煙，平林扶秋霽。睠兹了心人，苦吟爲活計。夙披霞上篇，未覯心先契。漱茗粲周旋，劇談忘久憩。泛覽大藏書，深研百千偈。性海慕華嚴，從師探密諦。藤葉颺輕幡，黄花補金砌。屋角棗垂紅，素令偏新麗。静對茁清思，啟軒延遠睇。復恐俗物來，預戒禪關閉。

王煐《憶雪樓詩集》卷下《題長壽禪院十二觀・雜六堂》 六塵能不染，命意豈相同。地盡藏書外，天存證易中。累心千偈滿，忘境萬緣空。山色湖光好，從來併在東。

藏書家部

傳記

《三國志・蜀書・向朗傳》　向朗字巨達，襄陽宜城人也。荆州牧劉表以爲臨沮長。表卒，歸先主。先主定江南，使朗督秭歸、夷道、巫山、夷陵四縣軍民事。蜀既平，以朗爲巴西太守，頃之轉任牂牁，又徙房陵。後主踐阼，爲步兵校尉，代王連領丞相長史。丞相亮南征，朗留統後事。五年，隨亮漢中。朗素與馬謖善，謖逃亡，朗知情不舉，亮恨之，免官還成都。數年，爲光禄勳，亮卒後徙左將軍，追論舊功，封顯明亭侯，位特進。初，朗少時雖涉獵文學，然不治素檢，以吏能見稱。自去長史，優游無事垂三十年，乃更潛心典籍，孜孜不倦。年踰八十，猶手自校書，刊定謬誤，積聚篇卷，於時最多。開門接賓，誘納後進，但講論古義，不干時事，以是見稱。上自執政，下及童冠，皆敬重焉。延熙十年卒。

《後漢書・杜林傳》　杜林字伯山，扶風茂陵人也。父鄴，成哀間爲涼州刺史。林少好學沈深，家既多書，又外氏張竦父子喜文采，林從竦受學，博洽多聞，時稱通儒。

《後漢書・蔡邕傳》　蔡邕字伯喈，陳留圉人也。六世祖勳，好黄老，平帝時爲郿令。王莽初，授以厭戎連率。勳對印綬仰天歎曰：「吾策名漢室，死歸其正。昔曾子不受季孫之賜，況可事二姓哉？」遂攜將家屬，逃入深山，與鮑宣、卓茂等同不仕新室。父棱，亦有清白行，謚曰貞定公。

邕性篤孝，母常滯病三年，邕自非寒暑節變，未嘗解襟帶，不寢寐者七旬。母卒，廬于冢側，動静以禮。有菟馴擾其室傍，又木生連理，遠近奇之，多往觀焉。與叔父從弟同居，三世不分財，鄉黨高其義。少博學，師事太傅胡廣。好辭章、數術、天文，妙操音律。

桓帝時，中常侍徐璜、左悺等五侯擅恣，聞邕善鼓琴，遂白天子，勑陳留太守督促發遣。邕不得已，行到偃師，稱疾而歸。閑居玩古，不交當世。感東方(朔)《客難》及楊雄、班固、崔駰之徒設疑以自通，乃斟酌羣言，韙其是而矯其非，作《釋誨》以戒厲云爾。【略】

建寧三年，辟司徒橋玄府，玄甚敬待之。出補河平長。召拜郎中，校書東觀。遷議郎。邕以經籍去聖久遠，文字多謬，俗儒穿鑿，疑誤後學，熹平四年，乃與五官中郎將堂谿典、光禄大夫楊賜、諫議大夫馬日磾、議郎張馴、韓説、太史令單颺等，奏求正定《六經》文字。靈帝許之，邕乃自書(册)〔丹〕於碑，使工鐫刻立於太學門外。於是後儒晚學，咸取正焉。及碑始立，其觀視及摹寫者，車乘日千餘兩，填塞街陌。

《梁書・昭明太子傳》　昭明太子統字德施，高祖長子也。母曰丁貴嬪。初，高祖未有男，義師起，太子以齊中興元年九月生于襄陽。高祖既受禪，有司奏立儲副，高祖以天下始定，百度多闕，未之許也。羣臣固請，天監元年十一月，立爲皇太子。時太子年幼，依舊居於内，拜東宮官屬，文武皆入直永福省。

太子生而聰叡，三歲受《孝經》、《論語》，五歲徧讀五經，悉能諷誦。五年六月庚戌，始出居東宮。太子性仁孝，自出宮，恒思戀不樂。高祖知之，每五日一朝，多便留永福省，或五日三日乃還宮。八年九月，於壽安殿講《孝經》，盡通大義。講畢，親臨釋奠于國學。

十四年正月朔旦，高祖臨軒，冠太子於太極殿。舊制，太子著遠遊冠，金蟬翠緌纓；至是，詔加金博山。

太子美姿貌，善舉止。讀書數行並下，過目皆憶。每遊宴祖道，賦詩至十數韻。或命作劇韻賦之，皆屬思便成，無所點易。高祖大弘佛教，親自講説；太子亦崇信三寶，遍覽衆經。乃於宮内別立慧義殿，專爲法集之所。招引名僧，談論不絶。太子自立二諦、法身義，並有新意。普通元年四月，甘露降于慧義殿，咸以爲至德所感焉。【略】性寬和容衆，喜愠不形於色。引納才學之士，賞愛無倦。恒自討論篇籍，或與學士商榷古今；閒則繼以文章著述，率以爲常。于時東宮有書幾三萬卷，名才並集，文學之盛，晉、宋以來未之有也。

又《沈約傳》　沈約字休文，吴興武康人也。祖林子，宋征虜將軍。父璞，淮南太守。璞元嘉末被誅，約幼潛竄，會赦免。既而流寓孤貧，篤志好學，晝夜不倦。母恐其以勞生疾，常遣減油滅火，而晝之所讀，夜輒誦之，遂博通羣籍，能屬文。【略】約左目重瞳子，腰有紫志，聰明過人。好墳籍，聚書至二萬卷，京師莫比。少時孤貧，丐于宗黨，得米數百斛，爲宗人所侮，覆米而去。及貴，不以爲憾，用爲郡部傳。嘗侍讌，有妓師是齊文惠宮人，帝問識座中客不，曰：「惟識沈家令。」約伏座流涕，帝亦悲焉，爲之罷酒。約歷仕三代，該悉舊章，博物洽聞，當世取則。謝玄

暉善爲詩，任彦昇工於文章，約兼而有之，然不能過也。自負高才，昧於榮利，乘時藉勢，頗累清談。及居端揆，稍弘止足，每進一官，輒殷勤請退，而終不能去，論者方之山濤。用事十餘年，未嘗有所薦達，政之得失，唯唯而已。

又《任昉傳》 任昉字彦昇，樂安博昌人，漢御史大夫敖之後也。父遥，齊中散大夫。遥妻裴氏，嘗晝寢，夢有彩旗蓋四角懸鈴，自天而墜，其一鈴落入裴懷中，心悸動，既而有娠，生昉。身長七尺五寸。幼而好學，早知名。宋丹陽尹劉秉辟爲主簿。時昉年十六，以氣忤秉子。久之，爲奉朝請，舉兖州秀才，拜太常博士，遷征北行參軍。【略】昉好交結，獎進士友，得其延譽者，率多升擢，故衣冠貴遊，莫不争與交好，坐上賓客，恒有數十。時人慕之，號曰任君，言如漢之三君也。陳郡殷芸與建安太守到溉書曰：「哲人云亡，儀表長謝。元龜何寄？指南誰託？」其爲士友所推如此。昉不治生産，至乃居無室宅。世或譏其多乞貸，亦隨復散之親故。昉常歎曰：「知我亦以叔則，不知我亦以叔則。」昉墳籍無所不見，家雖貧，聚書至萬餘卷，率多異本。昉卒後，高祖使學士賀縱共沈約勘其書目，官所無者，就昉家取之。昉所著文章數十萬言，盛行於世。

又《王僧孺傳》 王僧孺字僧孺，東海郯人，魏衛將軍肅八世孫。曾祖雅，晉左光禄大夫、儀同三司。祖准，宋司徒左長史。

僧孺年五歲，讀《孝經》，問授者此書所載述，曰：「論忠孝二事。」僧孺曰：「若爾，常願讀之。」六歲能屬文，既長好學。家貧，常傭書以養母，所寫既畢，諷誦亦通。【略】僧孺好墳籍，聚書至萬餘卷，率多異本，與沈約、任昉家書相埒。少篤志精力，於書無所不覩。其文麗逸，多用新事，人所未見者，世重其富。僧孺集《十八州譜》七百一十卷，《百家譜集》十五卷，《東南譜集抄》十卷，文集三十卷，《兩臺彈事》不入集内爲五卷，及《東宫新記》，並行於世。

《南齊書·陸澄傳》 陸澄字彦淵，吴郡吴人也。祖邵，臨海太守。父瑗，州從事。

澄少好學，博覽無所不知，行坐眠食，手不釋卷。起家太學博士，中軍衛軍府行佐，太宰參軍，補太常丞，郡主簿，北中郎行參軍。【略】明年，轉給事中，祕書監，遷吏部。四年，復爲祕書監，領國子博士。遷都官尚書。出爲輔國將軍、鎮北鎮軍二府長史，廷尉，領驍騎將軍。永明元年，轉度支尚書。尋領國子博士。時國學置鄭、王《易》，杜、服《春秋》，何氏《公羊》，麋氏《穀梁》，鄭玄《孝經》。澄謂尚書令王儉曰：「《孝經》，小學之類，不宜列在帝典。」【略】儉自以博聞多識，讀書過澄。澄

曰：「僕年少來無事，唯以讀書爲業。且年已倍令君，令君少便鞅掌王務，雖復一覽便諳，然見卷軸未必多僕。」儉集學士何憲等盛自商略，澄待儉語畢，然後談所遺漏數百千條，皆儉所未覩，儉乃歎服。儉在尚書省，出巾箱機案雜服飾，令學士隸事，事多者與之，人人各得一兩物，澄後來，更出諸人所不知事復各數條，并奪物將去。

轉散騎常侍，祕書監，吴郡中正，光禄大夫。加給事中，中正如故。尋領國子祭酒。以竟陵王子良得古器，小口方腹而底平，可將七八升，以問澄，澄曰：「北名服匿，單于以與蘇武。」子良後詳視器底，有字髣髴可識，如澄所言。隆昌元年，以老疾，轉光禄大夫，加散騎常侍，未拜，卒。年七十。謚靖子。

［澄］當世稱爲碩學，讀《易》三年不解文義，欲撰《宋書》竟不成，王儉戲之曰：「陸公，書厨也。」家多墳籍，人所罕見。撰地理書及雜傳，死後乃出。

《魏書·李謐傳》 李謐，字永和，趙郡人，相州刺史安世之子。少好學，博通諸經，周覽百氏。初師事小學博士孔璠。數年後，璠還就謐請業。同門生爲之語曰：「青成藍，藍謝青，師何常，在明經。」謐以公子徵拜著作佐郎，辭以授弟郁，詔許之。州再舉秀才，公府二辟，並不就。惟以琴書爲業，有絶世之心。覽《考工記》、《大戴禮·盛德篇》，以明堂之制不同，遂著《明堂制度論》。【略】謐不飲酒，好音律，愛樂山水，高尚之情，長而彌固，一遇其賞，悠爾忘歸。乃作《神士賦》，歌曰：「周孔重儒教，莊老貴無爲。二途雖如異，一是買聲兒。生乎意不愜，死名用何施。可心聊自樂，終不爲人移。脱尋余志者，陶然正若斯。」延昌四年卒，年三十二，遐邇悼惜之。

其年，四門小學博士孔璠等學官四十五人上書曰：「竊見故處士趙郡李謐：十歲喪父，哀號罷隣人之相；幼事兄瑒，恭順盡友于之誠。十三通《孝經》、《論語》、《毛詩》、《尚書》，曆數之術尤盡其長，州閭鄉黨有神童之號。年十八，詣學受業，時博士即孔璠也。覽始要終，論端究緒，授者無不欣其言矣。於是鳩集諸經，廣校同異，比三《傳》事例，名《春秋叢林》，十有二卷。爲璠等判析隱伏，垂盈百條。滯無常滯，纖毫必舉；通不長通，有枉斯屈。不苟言以違經，弗飾辭而背理。辭氣磊落，觀者忘疲。每曰：『丈夫擁書萬卷，何假南面百城。』遂絶跡下幃，杜門卻掃，棄産營書，手自删削，卷無重複者四千有餘矣。猶括次專家，搜比讜議，隆冬達曙，盛暑通宵。雖仲舒不闚園，君伯之閉户，高氏之遺漂，張生之忘食，方之斯人，未足爲喻。謐嘗詣故太常卿劉芳推問音義，語及中代興廢之由，芳乃歎曰：『君若遇高

祖，侍中、太常非僕有也。』前河南尹、黄門侍郎甄琛内贊近機，朝野傾目，于時親識求官者，答云：『趙郡李謐，耽學守道，不悶于時，常欲致言，但未有次耳。諸君何爲輕自媒衒？』謂其子曰：『昔鄭玄、盧植不遠數千里詣扶風馬融，今汝明師甚邇，何不就業也？』又謂朝士曰：『甄琛行不媿時，但未薦李謐，以此負朝廷耳。』又結宇依巖，憑崖鑿室，方欲訓彼青衿，宣揚墳典，冀西河之教重興，北海之風不墜。而祐善空聞，暴疾而卒。邦國銜殄悴之哀，儒生結摧梁之慕。況璠等或服議下風，或親承音旨，師儒之義，其可默乎！」事奏，詔曰：「謐屢辭徵辟，志守沖素，儒隱之操，深可嘉美。可遠傍惠、康，近準玄晏，謚曰貞静處士，并表其門閭，以旌高節。」遣謁者奉册，於是表其門曰文德，里曰孝義云。

《陳書・姚察傳》 姚察字伯審，吴興武康人也。九世祖信，吴太常卿，有名江左。

察幼有至性，事親以孝聞。六歲，誦書萬餘言。弱不好弄，博弈雜戲，初不經心。勤苦厲精，以夜繼日。年十二，便能屬文。父上開府僧（坦）〔垣〕，知名梁武代，二宫禮遇優厚，每得供賜，皆回給察兄弟，爲遊學之資，察竝用聚蓄圖書，由是聞見日博。年十三，梁簡文帝時在東宫，盛脩文義，即引於宣猷堂聽講論難，爲儒者所稱。及簡文嗣位，尤加禮接。起家南海王國左常侍，兼司文侍郎。除南郡王行參軍，兼尚書駕部郎。

值梁室喪亂，於金陵隨二親還鄉里。時東土兵荒，人飢相食，告糴無處，察家口既多，竝採野蔬自給。察每崎嶇艱阻，求請供養之資，糧粒恒得相繼。又常以己分減推諸弟妹，乃至故舊乏絶者皆相分卹，自甘唯藜藿而已。在亂離之間，篤學不廢。【略】察性至孝，有人倫鑒識。沖虚謙遜，不以所長矜人。終日恬静，唯以書記爲樂，於墳籍無所不覩。每有製述，多用新奇，人所未見，咸重富博。且專志著書，白首不倦，手自抄撰，無時蹔輟。尤好研覈古今，諟正文字，精采流贍，雖老不衰。兼諳識内典，所撰寺塔及衆僧文章，特爲綺密。在位多所稱引，一善可録，無不賞薦。若非分相干，咸以理遣。盡心事上，知無不爲。侍奉機密，未嘗洩漏。且任遇已隆，衣冠攸屬，深懷退静，避於聲勢。清潔自處，貲産每虚，或有勸營生計，笑而不答。穆於親屬，篤於舊故，所得禄賜，咸充周卹。

《晉書・張華傳》 張華字茂先，范陽方城人也。父平，魏漁陽郡守。華少孤貧，自牧羊，同郡盧欽見而器之。鄉人劉放亦奇其才，以女妻焉。華學業優博，辭藻温麗，朗贍多通，圖緯方伎之書莫不詳覽。少自修謹，造次必以禮度。勇於赴義，篤於周急。器識弘曠，時人罕能測之。【略】陳留阮籍見之，歎曰：「王佐之才也！」由是聲名始著。

郡守鮮于嗣薦華爲太常博士。盧欽言之於文帝，轉河南尹丞，未拜，除佐著作郎。頃之，遷長史，兼中書郎。朝議表奏，多見施用，遂即真。晉受禪，拜黄門侍郎，封關内侯。

華强記默識，四海之内，若指諸掌。武帝嘗問漢宫室制度及建章千門萬户，華應對如流，聽者忘倦，畫地成圖，左右屬目。帝甚異之，時人比之子産。數歲，拜中書令，後加散騎常侍。遭母憂，哀毁過禮，中詔勉勵，逼令攝事。【略】華性好人物，誘進不倦，至于窮賤候門之士有一介之善者，便咨嗟稱詠，爲之延譽。雅愛書籍，身死之日，家無餘財，惟有文史溢于機篋。嘗徙居，載書三十乘。祕書監摯虞撰定官書，皆資華之本以取正焉。天下奇祕，世所希有者，悉在華所。由是博物洽聞，世無與比。

惠帝中，人有得鳥毛長三丈，以示華。華見，慘然曰：「此謂海鳧毛也，出則天下亂矣。」陸機嘗餉華鮓，于時賓客滿座，華發器，便曰：「此龍肉也。」衆未之信，華曰：「試以苦酒濯之，必有異。」既而五色光起。機還問鮓主，果云：「園中茅積下得一白魚，質狀殊常，以作鮓，過美，故以相獻。」武庫封閉甚密，其中忽有雉雊。華曰：「此必蛇化爲雉也。」開視，雉側果有蛇蜕焉。吴郡臨平岸崩，出一石鼓，槌之無聲。帝以問華，華曰：「可取蜀中桐材，刻爲魚形，扣之則鳴矣。」於是如其言，果聲聞數里。

《舊唐書・韋述傳》 韋述，司農卿弘機曾孫也。父景駿，房州刺史。述少聰敏，篤志文學。家有書二千卷，述爲兒童時，記覽皆徧，人駭異之。景龍中，景駿爲肥鄉令，述從父至任。洺州刺史元行沖，景駿之姑子，爲時大儒，常載書數車自隨。述入其書齋，忘寢與食。行沖異之，引與之談，貫穿經史，事如指掌，探賾奥旨，如遇師資。又試以綴文，操牘便就。行沖大悦，引之同榻曰：「此吾外家之寶也。」舉進士，西入關，時述甚少，儀形眇小。考功員外郎宋之問曰：「韋學士童年有何事業？」述對曰：「性好著書。述有所撰《唐春秋》三十卷，恨未終篇。至如詞策，仰待明試。」之問曰：「本求異才，果得遷、固。」是歲登科。

開元五年，爲櫟陽尉。祕書監馬懷素受詔編次圖書，乃奏用左散騎常侍元行沖、左庶子齊澣、祕書少監王珣、衛尉少卿吴兢并述等二十六人，同於祕閣詳録四部書。懷素尋卒，行沖代掌其事，五年而成，其總目二百卷。述好譜學，祕閣中見

常侍柳沖先撰《姓族系録》二百卷，述於分課之外手自抄録，暮則懷歸。如是周歲，寫録皆畢，百氏源流，轉益詳悉。乃於《柳録》之中，别撰成《開元譜》二十卷。其篤志忘倦，皆此類也。

轉右補闕，中書令張説專集賢院事，引述爲直學士，遷起居舍人。説重詞學之士，述與張九齡、許景先、袁暉、趙冬曦、孫逖、王翰常遊其門。趙冬曦兄冬日，弟和壁、居貞、安貞、頤貞等六人，述弟迪、逌、迥、迅、巡亦六人，並詞學登科。説曰：「趙、韋昆季，今之杞梓也。」十八年，兼知史官事，轉屯田員外郎、職方吏部二郎中，學士、知史官事如故。及張九齡爲中書令，即集賢之同職，裴耀卿爲侍中，即述之舅，皆相推重，語必移晷。二十七年，轉國子司業，停知史事。俄而復兼史職，充集賢學士。天寶初，歷左右庶子，加銀青光禄大夫。九載，兼充禮儀使。其載遷尚書工部侍郎，封方城縣侯。

述在書府四十年，居史職二十年，嗜學著書，手不釋卷。國史自令狐德棻至於吴兢，雖累有修撰，竟未成一家之言。至述始定類例，補遺續闕，勒成《國史》一百一十三卷，并《史例》一卷，事簡而記詳，雅有良史之才，蘭陵蕭穎士以爲譙周、陳壽之流。述早以儒術進，當代宗仰，而純厚長者，澹於勢利，道之同者，無間貴賤，皆禮接之。家聚書二萬卷，皆自校定鉛槧，雖御府不逮也。兼古今朝臣圖，歷代知名人畫，魏、晉已來草隸真跡數百卷，古碑、古器、藥方、格式、錢譜、璽譜之類，當代名公尺題，無不畢備。及禄山之亂，兩京陷賊，玄宗幸蜀，述抱《國史》藏於南山，經籍資産，焚剽殆盡。述亦陷於賊庭，授僞官。至德二年，收兩京，三司議罪，流於渝州，爲刺史薛舒困辱，不食而卒。其甥蕭直爲太尉李光弼判官，廣德二年，直因入奏言事稱旨，乃上疏理述於蒼黄之際，能存《國史》，致聖朝大典，得無遺逸，以功補過，合霑恩宥。乃贈右散騎常侍。

議者云自唐已來，氏族之盛，無踰於韋氏。其孝友詞學，承慶、嗣立爲最；明於音律，則萬石爲最；達於禮儀，則叔夏爲最；史才博識，以述爲最。所撰《唐職儀》三十卷、《高宗實録》三十卷、《御史臺記》十卷、《兩京新記》五卷，凡著書二百餘卷，皆行於代。

又《李襲譽傳》 襲譽字茂實，少通敏有識度。隋末爲冠軍府司兵。時陰世師輔代王爲京師留守，所在盜賊蜂起，襲譽説世師遣兵據永豐倉，發粟以賑窮乏，出庫物賞戰士，移檄郡縣，同心討賊。世師不能用，乃求外出募山南士馬，世師許之。既至漢中，會高祖定長安，召授太府少卿，封安康郡公，仍令與兄襲志附籍於宗正。太宗討王世充，以襲譽爲潞州總管。時突厥與國和親，又通使於世充，襲譽掩擊，悉斬之。因委令轉運以餽大軍。

後歷光禄卿、蒲州刺史，轉揚州大都督府長史，爲江南道巡察大使，多所黜陟。江都俗好商賈，不事農桑，襲譽乃引雷陂水，又築勾城塘，溉田八百餘頃，百姓獲其利。召拜太府卿。襲譽性嚴整，所在以威肅聞。凡獲俸禄，必散之宗親，其餘資多寫書而已。及從揚州罷職，經史遂盈數車。嘗謂子孫曰：「吾近京城有賜田十頃，耕之可以充食；河内有賜桑千樹，蠶之可以充衣；江東所寫之書，讀之可以求官。吾没之後，爾曹但能勤此三事，亦何羨於人。」尋轉涼州都督，加金紫光禄大夫，行同州刺史。坐在涼州陰憾番禾縣丞劉武，杖而殺之，至是有司議當死，制除名，流於泉州，無幾而卒。撰《五經妙言》四十卷、《江東記》三十卷、《忠孝圖》二十卷。

又《李泌傳》 李泌字長源，其先遼東襄平人，西魏太保、八柱國司徒徒何弼之六代孫。今居京兆，吴房令承休之子。少聰敏，博涉經史，精究易象，善屬文，尤工於詩，以王佐自負。張九齡、韋虚心、張廷珪皆器重之。泌操尚不羈，恥隨常格仕進。天寶中，自嵩山上書論當世務，玄宗召見，令待詔翰林，仍東宫供奉。楊國忠忌其才辯，奏泌嘗爲《感遇詩》，諷刺時政，詔於蘄春郡安置，乃潛遁名山，以習隱自適。

黄休復《茅亭客話》卷一〇《程先生》 程先生名賁，字季長，自號丘園子，江陽人也。世習儒，少孤，力學，立身介潔，跬步一言必循禮，則雖家童稚子應對進退不踰規矩。先生尤嗜酒，復喜藏書，自經史子集之外，凡奇訣要録，未嘗聞於人者，畢珍收之，亦多手寫焉。其間復混以名畫、古琴，瓌異雅逸之玩，無所不有，雖年齒已暮而志好益堅，目游簡編未少暫息。每謂所知者曰「余五十年簡册鉛槧未嘗離手」，其勤至也如此。嘗譔《太玄經義訓》，功未就，寢疾而卒，年七十有四。《易》曰：「不事王侯，高尚其事。」其是之謂乎！

曾鞏《隆平集》卷一九《武臣傳·安俊傳》 安俊字智周，其先太原人，以儒家子得給事資善堂。仁宗即位，補殿直，累擢至步軍都虞候、陵州防禦使，卒年六十四，贈觀察使。【略】俊歷邊任，有威名戰功。家藏書數千卷。婚姻多擇士人，常曰「吾家集坐，有文士過半，平生足矣」。

蘇頌《蘇魏公文集》卷五七《龍圖閣待制知揚州楊公墓誌銘》 華陽楊氏自漢太尉震四世顯赫，子孫散在河洛，至唐而益盛，其居鄭州之滎澤者，曰尚書左僕射於陵最貴。僕射之六世孫曰江州録事參軍絳，遭廣明喪亂，因家江表。其子曰

津，事南唐，以言不合，去之南越，劉鋹用爲尚書水部員外郎。生太子中舍守慶，入皇朝爲坊州司馬，贈尚書右丞。生翰林侍讀學士諱偕，以文武亮直被遇仁宗，爲時名臣；其正也，天子思之，特贈尚書兵部侍郎、侍讀。生大理寺丞、贈中散大夫諱忱，與其弟大理評事慥，俱以經術文章名振一時。中散生公。公諱景略，字康功。四歲用祖蔭守將作監主簿，十四上書皇帝言天下事，又謁執政論所以言者。丞相富文忠公允奇愛之。初，監咸平縣酒務，已有能稱。治平二年擢進士第，知壽州安豐縣。【略】

幼有至性，母静安縣太君盧夫人生公三年而卒，後遇盧黨，即涕泣眷慕，如母存焉。賙其族人，不間疎戚，賴以存者甚衆。尤喜讀書，平居佔畢之外，無它玩好，常以讎校得失爲樂事，所藏書萬餘卷，猶繕寫不輟。又集周秦以來金石刻文至七千卷，用以考驗前史疏捂與夫放佚之事，其辨博通洽抑有資焉者。《文集》十五卷，《西掖草》二卷，《奏議》三卷，《執政年表》一卷，《奉使句驪叢抄》十二卷，《少林居士聞見録》十卷。

《宋史・劉摯傳》　劉摯字莘老，永静東光人。兒時，父居正課以書，朝夕不少間。或謂：「君止一子，獨不可少寬邪？」居正曰：「正以一子，不可縱也。」十歲而孤，鞠於外氏，就學東平，因家焉。【略】摯嗜書，自幼至老，未嘗釋卷。家藏書多自讎校，得善本或手抄録，孜孜無倦。少好《禮》學，其究《三禮》，視諸經尤粹。晚好《春秋》，考諸儒異同，辨其得失，通聖人經意爲多。其教子孫，先行實，後文藝。每曰：「士當以器識爲先，一號爲文人，無足觀矣。」

跂能爲文章，遭黨事，爲官拓落，家居避禍，以壽終。

又《趙安仁傳》　趙安仁字樂道，河南洛陽人。曾祖武唐，虢州刺史。【略】安仁生而穎悟，幼時執筆能大字，十三通經傳大旨，早以文藝稱。趙普、沈倫、李昉、石熙載咸推奬之。雍熙二年，登進士第，補梓州榷鹽院判官，以親老弗果往。會國子監刻《五經正義》板本，以安仁善楷隸，遂奏留書之。

歷大理評事、光禄寺丞，召試翰林，以著作佐郎直集賢院，賜緋。時王侯内戚家多以銘誄爲託。太宗製九絃琴、五絃阮，時多獻賦頌，上嘉文物之盛，悉閲覽，訂其工拙。時稱安仁、李宗諤、楊億辭雅贍，召詣中書奬諭。翌日，改還太常丞。安仁質直純慤，無所矯飾，寬恕謙退，與物無競，雖家人僕使，未嘗見其喜愠。女弟適董氏，早寡，取歸給養。其甥董靈運尚幼，躬自訓導，爲畢婚娶。幼少與宋元輿同學，元輿門地貴盛，待安仁甚厚。元輿蚤卒，家緒寖替，安仁屢以金帛濟之。善訓諸子，各授一經。尤嗜讀書，所得禄賜，多以購書。雖至顯寵，簡儉若平素。時閲典籍，手自讎校。三館舊闕虞世南《北堂書鈔》，惟安仁家有本，真宗命内侍取之，嘉其好古，手詔褒美。尤知典故，凡近世典章人物之盛，悉能記之。喜誨誘後進，成其聲名，當世推重之。有集五十卷。

又《宋綬傳》　宋綬字公垂，趙州平棘人。父皐，尚書度支員外郎、直集賢院。綬幼聰警，額有奇骨，爲外祖楊徽之所器愛。徽之無子，家藏書悉與綬。綬母亦知書，每躬自訓教，以故博通經史百家，文章爲一時所尚。【略】綬性孝謹清介，言動有常。爲兒童時，手不執錢。家藏書萬餘卷，親自校讎，博通經史百家，其筆札尤精妙。朝廷大議論，多綬所裁定。楊億稱其文沈壯淳麗，曰：「吾殆不及也。」及卒，帝多取所書字藏禁中。初，郊祀，綬攝太僕卿。帝問儀物典故，占對辨洽，因上所撰《鹵簿圖》十卷。

又《宋敏求傳》　敏求字次道，賜進士及第，爲館閣校勘。預蘇舜欽進奏院會，出簽書集慶軍判官。王堯臣修《唐書》，以敏求習唐事，奏爲編修官。持祖母喪，詔令居家修書。卒喪，同知太常禮院。【略】敏求家藏書三萬卷，皆略誦習，熟於朝廷典故，士大夫疑議，必就正焉。補唐武宗以下《六世實録》百四十八卷，它所著書甚多，學者多咨之。嘗建言：「河北、陝西、河東舉子，性朴茂，而辭藻不工，故登第者少。請令轉運使擇薦有行藝材武者，特官之，使人材參用，而士有可進之路。又州郡有學舍而無學官，故士輕去鄉里以求師，請置學官。」後頗施行之。

又《歐陽脩傳》　歐陽脩字永叔，廬陵人。四歲而孤，母鄭，守節自誓，親誨之學，家貧，至以荻畫地學書。幼敏悟過人，讀書輒成誦。及冠，嶷然有聲。

宋興且百年，而文章體裁，猶仍五季餘習。鎪刻駢偶，淟涊弗振，士因陋守舊，論卑氣弱。蘇舜元舜欽、柳開、穆脩輩，咸有意作而張之，而力不足。脩游隨，得唐韓愈遺稿於廢書簏中，讀而心慕焉。苦志探賾，至忘寢食，必欲并轡絶馳而追與之並。

舉進士，試南宮第一，擢甲科，調西京推官。始從尹洙游，爲古文，議論當世事，迭相師友，與梅堯臣游，爲歌詩相倡和，遂以文章名冠天下。入朝，爲館閣校勘。【略】脩始在滁州，號醉翁，晚更號六一居士。天資剛勁，見義勇爲，雖機穽在前，觸發之不顧。放逐流離，至于再三，志氣自若也。方貶夷陵時，無以自遣，因取舊案反覆觀之，見其枉直乖錯不可勝數，於是仰天歎曰：「以荒遠小邑，且如此，天下固可知。」自爾，遇事不敢忽也。學者求見，所與言，未嘗及文章，惟談吏事，謂文

章止於潤身，政事可以及物。凡曆數郡，不見治迹，不求聲譽，寬簡而不擾，故所至民便之。或問：「爲政寬簡，而事不弛廢，何也？」曰：「以縱爲寬，以略爲簡，則政事弛廢，而民受其弊。吾所謂寬者，不爲苛急；簡者，不爲繁碎耳。」脩幼失父，母嘗謂曰：「汝父爲吏，常夜燭治官書，屢廢而歎。吾問之，則曰：『死獄也，我求其生，不得爾。』吾曰：『生可求乎？』曰：『求其生而不得，則死者與我皆無恨。夫常求其生，猶失之死，而世常求其死也。』其平居教他子弟，常用此語，吾耳熟焉。」脩聞而服之終身。

爲文天才自然，豐約中度。其言簡而明，信而通，引物連類，折之於至理，以服人心。超然獨騖，衆莫能及，故天下翕然師尊之。獎引後進，如恐不及，賞識之下，率爲聞人。曾鞏、王安石、蘇洵，洵子軾、轍，布衣屏處，未爲人知，脩即游其聲譽，謂必顯於世。篤於朋友，生則振掖之，死則調護其家。

好古嗜學，凡周、漢以降金石遺文、斷編殘簡，一切掇拾，研稽異同，立説於左，的的可表證，謂之《集古録》。奉詔修《唐書》紀、志、表，自撰《五代史記》，法嚴詞約，多取《春秋》遺旨。蘇軾敍其文曰：「論大道似韓愈，論事似陸贄，記事似司馬遷，詩賦似李白。」識者以爲知言。

又《劉恕傳》 劉恕字道原，筠州人。父渙字凝之，爲潁上令，以剛直不能事上官，棄去。家于廬山之陽，時年五十。歐陽脩與渙，同年進士也，高其節，作《廬山高》詩以美之。渙居廬山三十餘年，環堵蕭然，饘粥以爲食，而游心塵垢之外，超然無戚戚意，以壽終。

恕少穎悟，書過目即成誦。八歲時，坐客有言孔子無兄弟者，恕應聲曰：「以其兄之子妻之。」一坐驚異。年十三欲應制科，從人假《漢》、《唐》書，閱月皆歸之。謁丞相晏殊，問以事，反覆詰難，殊不能對。恕在鉅鹿時，召至府，重禮之，使講《春秋》，殊親帥官屬往聽。未冠，舉進士，時有詔，能講經義者别奏名，應詔者才數十人，恕以《春秋》、《禮記》對，先列注疏，次引先儒異説，末乃斷以己意，凡二十問，所對皆然，主司異之，擢爲第一。他文亦入高等，而廷試不中格，更下國子試講經，復第一，遂賜第。調鉅鹿主簿、和川令，發强擿伏，一時能吏自以爲不及。恕爲人重意義，急然諾。郡守得罪被劾，屬吏皆連坐下獄，恕獨恤其妻子，如己骨肉，又面數轉運使深文峻詆。

篤好史學，自太史公所記，下至周顯德末，紀傳之外至私記雜説，無所不覽，上下數千載間，鉅微之事，如指諸掌。司馬光編次《資治通鑑》，英宗命自擇館閣英才共修之。光對曰：「館閣文學之士誠多，至於專精史學，臣得而知者，唯劉恕耳。」即召爲局僚，遇史事紛錯難治者，輒以諉恕。恕於魏、晉以後事，考證差繆，最爲精詳。

王安石與之有舊，欲引置三司條例。恕以不習金穀爲辭，因言天子方屬公大政，宜恢張堯、舜之道以佐明主，不應以利爲先。又條陳所更法令不合衆心者，勸使復舊，至面刺其過，安石怒，變色如鐵，恕不少屈；或稠人廣坐，抗言其失無所避，遂與之絶。方安石用事，呼吸成禍福，高論之士，始異而終附之，面譽而背毁之，口順而心非之者，皆是也。恕奮厲不顧，直指其事，得失無所隱。

光出知永興軍，恕亦以親老，求監南康軍酒以就養，許即官修書。光判西京御史臺，恕請詣光，留數月而歸。道得風攣疾，右手足廢，然苦學如故，少間，輒修書，病亟乃止。官至祕書丞，卒，年四十七。

恕爲學，自曆數、地里、官職、族姓至前代公府案牘，皆取以審證。求書不遠數百里，身就之讀且抄，殆忘寢食。偕司馬光游萬安山，道旁有碑，讀之，乃五代列將，人所不知名者，恕能言其行事始終，歸驗舊史，信然。宋次道知亳州，家多書，恕枉道借覽。次道日具饌爲主人禮，恕曰：「此非吾所爲來也，殊廢吾事。」悉去之。獨閉閣，晝夜口誦手抄，留旬日，盡其書而去，目爲之翳。著《五代十國紀年》以擬《十六國春秋》，又采太古以來至周威烈王時事，《史記》、《左氏傳》所不載者，爲《通鑑外紀》。

家素貧，無以給旨甘，一毫不妄取於人。自洛南歸，時方冬，無寒具。司馬光遺以衣襪及故茵褥，辭不獲，强受而别，行及潁，悉封還之。尤不信浮屠説，以爲必無是事，曰：「人如居逆旅，一物不可乏，去則盡棄之矣，豈得賫以自隨哉。」好攻人之惡，每自訟平生有二十失、十八蔽，作文以自警，亦終不能改也。

死後七年，《通鑑》成，追録其勞，官其子羲仲爲郊社齋郎。次子和仲，有超軼材，作詩清奥，刻厲欲自成家，爲文慕石介，有俠氣，亦早死。

又《黄伯思傳》 黄伯思字長睿，其遠祖自光州固始徙閩，爲邵武人。祖履，資政殿大學士。父應求，饒州司録。伯思體弱，如不勝衣，風韻灑落，飄飄有凌雲意。自幼警敏，不好弄，日誦書千餘言。每聽履講經史，退與他兒言，無遺誤者。嘗夢孔雀集于庭，覺而賦之，詞采甚麗。以履任爲假承務郎。甫冠，入太學，校藝屢占上游。履將以恩例奏增秩，伯思固辭，履益奇之。元符三年，進士高等，調磁州司法參軍，久不任，改通州司户。丁内艱，服除，除河南府户曹參軍，治劇不勞而

辨。秩滿，留守鄧洵武辟知右軍巡院。

伯思好古文奇字，洛下公卿家商、周、秦、漢彝器款識，研究字畫體製，悉能辨正是非，道其本末，遂以古文名家，凡字書討論備盡。初，淳化中博求古法書，命待詔王著續正法帖，伯思病其乖僞龐雜，考引載籍，咸有依據，作《刊誤》二卷。由是篆、隸、正、行、草、章草、飛白皆至妙絶，得其尺牘者，多藏弆。

又二年，除詳定《九域圖志》所編修官兼《六典》檢閱文字，改京秩。尋監護崇恩太后園陵使司，掌管牋奏。以修書恩，升朝列，擢祕書省校書郎。未幾，遷祕書郎。縱觀册府藏書，至忘寢食，自《六經》及歷代史書、諸子百家、天官地理、律曆卜筮之説無不精詣。凡詔講明前世典章文物、集古器考定真贋，以素學與聞，議論發明居多，館閣諸公自以爲不及也。踰再考，丁外艱，宿抱羸瘵，因喪尤甚。服除，復舊職。

伯思頗好道家，自號雲林子，别字霄賓。及至京，夢人告曰：「子非久人間，上帝有命典司文翰。」覺而書之。不踰月，以政和八年卒，年四十。伯思學問慕揚雄，詩慕李白，文慕柳宗元。有文集五十卷、《翼騷》一卷。

又《葉夢得傳》 葉夢得字少藴，蘇州吴縣人。嗜學蚤成，多識前言往行，談論亹亹不窮。紹聖四年，登進士第，調丹徒尉。徽宗朝，自婺州教授召爲議禮武選編修官。用蔡京薦，召對，言：「自古帝王爲治，廣狹大小，規模各不同，然必自先治其心者始。今國勢有安危，法度有利害，人材有邪正，民情有休戚，四者，治之大也。若不先治其心，或誘之以貨利，或陷之以聲色，則所謂安危、利害、邪正、休戚者，未嘗不顛倒易位，而況求其功乎？」上異其言，特遷祠部郎官。

又《尤袤傳》 尤袤字延之，常州無錫人。少穎異，蔣偕、施坰呼爲奇童。入太學，以詞賦冠多士，尋冠南宫。紹興十八年，擢進士第。嘗爲泰興令，問民疾苦，皆曰：「邵伯鎮置頓，爲金使經行也，使率不受而空厲民。漕司輸藁秸，致一束數十金。二弊久莫之去。」乃力請臺閫奏免之。縣舊有外城，屢殘於寇，頹毁甚，袤即脩築。已而金渝盟，陷揚州，獨泰興以有城得全。後因事至舊治，吏民羅拜曰：「此吾父母也。」爲立生祠。

注江陰學官，需次七年，爲讀書計。從臣以靖退薦，召除將作監簿。大宗正闕丞，人争求之，陳俊卿曰：「當予不求者。」遂除袤。虞允文以史事過三館，問誰可爲祕書丞者，僉以袤對，亟授之。張栻曰：「真祕書也。」兼國史院編脩官、實録院檢討官，遷著作郎兼太子侍讀。

《元史·脱烈海牙傳》 脱烈海牙，畏吾氏。世居别失拔里之地。曾祖闊華八撒朮，當太祖西征，導其主亦都護迎降。帝嘉其有識，欲官之，辭以不敏。祖八剌朮，始徙真定，仕至帥府鎮撫。富而樂施，或貸不償，則火其券，人稱(於)〔爲〕長者。父闍里赤，性純正，知讀書。

脱烈海牙幼嗜學，警敏絶人。性整暇，雖居倉卒，未嘗見其急遽。喜從文士游，犬馬聲色之娱，一無所好。由中書宣使，出爲寧晉主簿。改隆平縣達魯花赤，均賦興學，劭農平訟，橋梁、水防、備荒之政，無一不舉。及滿去，民勒石以紀其政。拜監察御史。時江西胡参政殺其弟，訟久不決，脱烈海牙一訊竟伏其辜。出僉燕南道肅政廉訪司事，務存大體，不事苛察。在任六年，黜污吏百四十有奇。召爲户部郎中，轉右司員外郎，陞右司郎中。贊畫之力居多。仁宗在東宫，知其嗜學，出祕府經籍及聖賢圖像以賜，時人榮之。母霍氏卒，哀毁骨立，事聞，賜鈔五萬貫，給葬事。起爲吏部尚書，量能敘爵，以平允稱。改禮部尚書，領會(通)〔同〕館事。進中奉大夫、荆湖北道宣慰使。適峽人艱食，脱烈海牙先發廪賑之，而後以聞。朝議韙之。

又《只必傳》 只必，幼嗜讀書，習翰墨。至元十四年監東平，官少中大夫，多善政，以清白稱。嘗出家藏書二千餘卷，置東平廟學，使學徒講肄之。尋授嘉議大夫、江南湖北道提刑按察使，改浙西。大德四年入覲，賜金段十匹。明年春卒，年五十一。子三人，皆早喪。自只必除按察使，弟禿不申嗣其職。

又《闊里吉思傳》 闊里吉思，性勇毅，習武事，尤篤於儒術，築萬卷堂於私第，日與諸儒討論經史，性理、陰陽、術數，靡不該貫。尚忽答的迷失公主，繼尚愛牙失里公主。宗王也不干叛，率精騎千餘，晝夜兼行，旬日追及之。時方暑，將戰，北風大起，左右請待之，闊里吉思曰：「當暑得風，天贊我也。」策馬赴戰，騎士隨之，大殺其衆，也不干以數騎遁去。闊里吉思身中三矢，斷其髮。凱還，詔賜黄金三斤、白金千五百斤。

又《巙巙傳》(巙巙)〔巎巎〕 (巙巙)〔巎巎〕字子山，康里氏。父不忽木自有傳。祖燕真，事世祖，從征有功。(巙巙)〔巎巎〕幼肄業國學，博通羣書，其正心修身之要得諸許衡及父兄家傳。長襲宿衛，風神凝遠，制行峻潔，望而知其爲貴介公子。其遇事英發，掀髯論辨，法家拂士不能過之。

始授承直郎、集賢待制，遷兵部郎中，轉祕書監丞。奉命往覈泉舶，芥視珠犀，不少留目。改同僉太常禮儀院事，拜監察御史，陞河東廉訪副使。未上，遷祕書太

監，陞侍儀使。尋擢中書右司郎中，遷集賢直學士，轉江南行臺治書侍御史。拜禮部尚書，監羣玉内司。

（巙巙）〔巙巙〕正色率下。國制，大樂諸坊咸隸本部，遇公讌，衆伎畢陳。（巙巙）〔巙巙〕視之泊如，僚佐以下皆肅然。遷領會同館事，尚書，監羣玉内司如故。尋兼經筵官，復除江南行臺治書侍御史。未行，留爲奎章閣學士院承制學士，仍兼經筵官。陞侍書學士、同知經筵事，復陞奎章閣學士院大學士、知經筵事。除浙西廉訪使，復留爲大學士、知經筵事。尋拜翰林學士承旨、知制誥兼修國史、知經筵事，提調宣文閣崇文監。

先是，文宗勵精圖治，（巙巙）〔巙巙〕嘗以聖賢格言講誦帝側，裨益良多。順帝即位之後，剪除權奸，思更治化。（巙巙）〔巙巙〕侍經筵，日勸帝務學，帝輒就之習授，欲寵以師禮，（巙巙）〔巙巙〕力辭不可。凡《四書》、《六經》所載治道，爲帝紬繹而言，必使辭達感動帝衷，敷暢旨意而後已。若柳宗元《梓人傳》、張商英《七臣論》，尤喜誦説。嘗於經筵力陳商英所言七臣之狀，左右錯愕，有嫉之之色，然素知其賢，不復肆愠。帝暇日欲觀古名畫，（巙巙）〔巙巙〕即取郭忠恕《比干圖》以進，因言商王受不聽忠臣之諫，遂亡其國。帝一日覽宋徽宗畫稱善。（巙巙）〔巙巙〕進言：「徽宗多能，惟一事不能。」帝問何謂一事。對曰：「獨不能爲君爾。身辱國破，皆由不能爲君所致。人君貴能爲君，它非所尚也。」或遇天變民災，必憂見於色，乘間則進言于帝曰：「天心仁，愛人君，故以變示儆。譬如慈父於子，愛則教之戒之。子能起敬起孝，則父怒必釋。人君側身修行，則天意必回。」帝察其真誠，虚己以聽。特賜只孫燕服九襲及玉帶楮幣，以旌其言。

（巙巙）〔巙巙〕嘗謂人曰：「天下事在宰相當言，宰相不得言則臺諫言之，臺諫不敢言則經筵言之。備位經筵，得言人所不敢言於天子之前，志願足矣。」故於時政得失有當匡救者，未嘗緘默。大臣議罷先朝所置奎章閣學士院及藝文監諸屬官。（巙巙）〔巙巙〕進曰：「民有千金之産，猶設家塾，延館客，豈有堂堂天朝，富有四海，一學房乃不能容耶！」帝聞而深然之。即日改奎章閣爲宣文閣，藝文監爲崇文監，存設如初，就命（巙巙）〔巙巙〕董治。又請置檢討等職十六員以備進講。帝皆俞允。時科舉既輟，（巙巙）〔巙巙〕從容爲帝言：「古昔取人材以濟世用，必由科舉，何可廢也。」帝采其論，尋復舊制。一日進讀司馬光《資治通鑑》，因言國家當及斯時修遼、金、宋三史，歲久恐致闕逸。後置局纂修，實由（巙巙）〔巙巙〕發其端。又請行鄉飲酒于國學，使民知遜悌，及請褒贈唐劉蕡、宋邵雍以旌道德正直，帝從其請，爲之下詔。

（巙巙）〔巙巙〕以重望居高位，而雅愛儒士甚於饑渴，以故四方士大夫翕然宗之，萃於其門。達官有怙勢者，言曰：「儒有何好，君酷愛之。」（巙巙）〔巙巙〕曰：「世祖以儒足以致治，命裕宗學於贊善王恂。今祕書所藏裕宗倣書，當時御筆於學生之下親署御名習書謹呈，其敬慎若此。世祖嘗暮召我先人坐寢榻下，陳説《四書》及古史治亂，至丙夜不寐。世祖喜曰：『朕所以令卿從許仲平學，正欲卿以嘉言入告朕耳，卿益加懋敬以副朕志。』今汝言不愛儒，寧不念聖祖神宗篤好之意乎？且儒者之道，從之則君仁、臣忠、父慈、子孝，人倫咸得，國家咸治；違之則人倫咸失，家國咸亂。汝欲亂而家，吾弗能禦，汝慎勿以斯言亂我國也。儒者或身若不勝衣，言若不出口，然腹中貯儲有過人者，何可易視也。」達官色慚。

既而出拜江浙行省平章政事。明年，復以翰林學士承旨召還。時中書平章闕員，近臣欲有所薦用，以言覘帝意。帝曰：「平章已有其人，今行半途矣。」近臣知帝意在（巙巙）〔巙巙〕，不復薦人。至京七日，感熱疾卒，實至正五年五月辛卯也，年五十一。家貧，幾無以爲斂。帝聞爲震悼，賜賻銀五錠。其所負官中營運錢，臺臣奏以罰布爲之代償。（巙巙）〔巙巙〕善真行草書，識者謂得晉人筆意，單牘片紙人争寶之，不翅金玉。謚文忠。

又《千奴傳》 千奴以御史大夫月魯那延薦，入見大安閣，世祖念其功臣子，即以其父官授之，拜武德將軍、江南浙西道提刑按察使。時江浙行中書省、行御史臺皆治杭，千奴上言：「行省專控江浙，在杭爲宜。行臺總鎮江南，不宜偏在杭。且兩大府並立，勢偪則事窒，情通則威褻，盍移行臺於要便之所。」後數年，遂移行臺於江東。遷山南湖北道提刑按察使。【略】延祐五年，乞致仕，帝憫其衰老，從其請，仍給半俸終其身。退居濮上，築先聖宴居祠堂於歷山之下，聚書萬卷，延名師教其鄉里子弟，出私田百畝以給養之。有司以聞，賜額歷山書院。家居七年而卒，年七十一。贈推忠輔治功臣、光禄大夫、河南江北等處行中書省平章政事、上柱國，追封衛國公，謚景憲。

又《汪惟正傳》 惟正字公理，幼穎悟，藏書二萬卷，喜從文士論議古今治亂，尤喜談兵，時出游獵，則勒從騎爲攻守狀。父卒于軍，皇姪壽王俾權襲父爵，守青居山。世祖即位，遂真授焉。初，憲宗遣渾都海以騎兵二萬守六盤，又遣乞台不花守青居，至是，渾都海叛，乞台不花發兵爲應，惟正即命力士縛乞台不花，殺之。世祖嘉其功，詔東川軍事悉聽處分。

又《張文謙傳》 張文謙，字仲謙，邢州沙河人。幼聰敏，善記誦，與太保劉秉忠同學。世祖居潛邸，受邢州分地，秉忠薦文謙可用。歲丁未，召見，應對稱旨，命掌王府書記，日見信任。邢州當要衝，初分二千户爲勳臣食邑，歲遣人監領，皆不知撫治，徵求百出，民弗堪命。或訴於王府，文謙與秉忠言于世祖曰：「今民生困弊，莫邢爲甚。盍擇人往治之，責其成效，使四方取法，則天下均受賜矣。」於是乃選近侍脱兀脱、尚書劉肅、侍郎李簡往。三人至邢，協心爲治，洗滌蠹敝，革去貪暴，流亡復歸，不期月，户增十倍。由是世祖益重儒士，任之以政，皆自文謙發之。【略】至元元年，詔文謙以中書左丞行省西夏中興等路。羌俗素鄙野，事無統紀，文謙得蜀士陷於俘虜者五六人，理而出之，使習吏事，旬月間簿書有品式，子弟亦知讀書，俗爲一變。【略】文謙蚤從劉秉忠，洞究術數；晚交許衡，尤粹於義理之學。爲人剛明簡重，凡所陳於上前，莫非堯、舜仁義之道。數忤權倖，而是非得喪，一不以經意。家惟藏書數萬卷。尤以引薦人材爲己任，時論益以是多之。累贈推誠同德佐運功臣、太師、開府儀同三司、上柱國，追封魏國公，謚忠宣。

又《耶律楚材傳》 耶律楚材字晉卿，遼東丹王突欲八世孫。父履，以學行事金世宗，特見親任，終尚書右丞。

楚材生三歲而孤，母楊氏教之學。及長，博極羣書，旁通天文、地理、律曆、術數及釋老、醫卜之説，下筆爲文，若宿構者。金制，宰相子例試補省掾。楚材欲試進士科，章宗詔如舊制。問以疑獄數事，時同試者十七人，楚材所對獨優，遂辟爲掾。後仕爲開州同知。

貞祐二年，宣宗遷汴，完顔福興行尚書事，留守燕，辟爲左右司員外郎。太祖定燕，聞其名，召見之。楚材身長八尺，美髯宏聲。帝偉之，曰：「遼、金世讎，朕爲汝雪之。」對曰：「臣父祖嘗委質事之，既爲之臣，敢讎君耶！」帝重其言，處之左右，遂呼楚材曰吾圖撒合里而不名，吾圖撒合里，蓋國語長髯人也。【略】楚材又請遣人入城，求孔子後，得五十一代孫元措，奏襲封衍聖公，付以林廟地。命收太常禮樂生，及召名儒梁陟、王萬慶、趙著等，使直釋九經，進講東宫。又率大臣子孫，執經解義，俾知聖人之道。置編修所於燕京、經籍所於平陽，由是文治興焉。【略】甲辰夏五月，薨于位，年五十五。皇后哀悼，賻贈甚厚。後有譖楚材者，言其在相位日久，天下貢賦，半入其家。后命近臣麻里扎覆視之，唯琴阮十餘，及古今書畫、金石、遺文數千卷。至順元年，贈經國議制寅亮佐運功臣、太師、上柱國，追封廣寧王，謚文正。子鉉、鑄。

又《張思明傳》 張思明字士瞻，其先獲嘉人，後徙居輝州。思明穎悟過人，讀書日記千言。至元十九年，由侍儀司舍人辟御史臺掾，又辟尚書省掾。左丞相阿合馬既死，世祖追咎其奸欺，命尚書簿問遺孽。一日，召右丞何榮祖、左丞馬紹，盡輸其贓以入，思明抱牘從，日已昏，命讀之，自昏達曙，帝聽忘疲，曰：「讀人吐音，大似侍儀舍人。」右丞對曰：「正由舍人選爲掾。」帝奇之，曰：「斯人可用。」明日，擢爲大都路治中，思明以超遷踰等，固辭，乃改湖廣行省都事。

思明平生不治産，不畜財，收書三萬七千餘卷；尤明於律，與謝仲和、曹鼎新同稱三絶。贈推忠翊治守義功臣，依前中書左丞、上護軍、清河郡公，謚貞敏。

又《申屠致遠傳》 申屠致遠字大用，其先汴人。金末從其父義徙居東平之壽張。致遠肄業府學，與李謙、孟祺等齊名。世祖南征，駐兵小濮，荆湖經略使乞寔力台，薦爲經略司知事，軍中機務，多所謨畫。師還，至隨州，所俘男女，致遠悉縱遣之。

至元七年，崔斌守東平，聘爲學官。十年，御史臺辟爲掾，不就，授太常太祝，兼奉禮郎。帝遣太常卿孛羅問毛血之薦，致遠對曰：「毛以告純，血以告新，禮也。」宋平，焦友直、楊居寬宣慰兩浙舉爲都事，首言：「宋圖籍宜上之朝；江南學田，當仍以贍學。」行省從之。轉臨安府安撫司經歷。臨安改爲杭州，遷總管府推官。宋駙馬楊鎮從子玠節，家富於貲，守藏吏姚溶竊其銀，懼事覺，誣玠節陰與宋廣、益二王通，有司榜笞，誣服，獄具。致遠讞之，得其情，溶服辜，玠節以賄爲謝，致遠怒絶之。杭人金淵者，欲冒籍爲儒，儒學教授彭宏不從，淵誣宏作詩有異志，揭書于市，邏者以上。致遠察其情，執淵窮詰，罪之。屬縣械反者十七人，訊之，蓋因寇作，以兵自衛，實非反者，皆得釋。西僧楊璉真加，作浮圖于宋故宫，欲取高宗所書《九經》石刻以築基，致遠力拒之，乃止。改壽昌府判官，時寇盗竊發，加之造征日本戰船，遠近騷然，致遠設施有方，衆賴以安。【略】致遠清修苦節，恥事權貴，聚書萬卷，名曰墨莊。家無餘産，教諸子如師友。所著《忍齋行藁》四十卷，《釋奠通禮》三卷，《杜詩纂例》十卷，《集驗方》十二卷，《集古印章》三卷。

子七人：伯騏，徵事郎、嶺北湖南道肅政廉訪司知事；驥，驪，俱爲學官；駉，奉政大夫、兵部員外郎。

程鉅夫《雪樓集》卷八《玉堂類稾・梁國何文正公神道碑》 延祐三年春三月丁卯，太保曲出、丞相叔固言：「故平章政事何瑋蒙恩追錫寵章，已極尊顯，而墓碑未建，惟陛下矜念之，敢昧死請。」詔曰：「可。」其命臣某文之。臣謹按：何氏世

家易之淶水，至處士國清之後始大。處士之孫葬易縣之貯梁原，因徙家焉。處士娶湯氏，生淵，終易州太守，以孫貴，特贈推誠宣力功臣、銀青榮禄大夫、大司徒，追封易國公，謚武宣。娶鄧氏，追封易國夫人。生伯祥，爲易州等處行軍千户兼軍民總管，從世祖渡江，死鄂州，贈推忠保節功臣、太保、儀同三司、上柱國，追封易國公，謚忠毅。三娶曰楊氏、郭氏，並追封易國夫人；曰葉氏，封易國太夫人。楊夫人生子瑛，瑛子德陸，俱爲千户，死軍中。太夫人生公，諱瑋，字仲韞，年十六從張蔡公柔見世祖，世祖感其父子没，授易州太守。兄父子繼死，泣曰：「我先世功其隳乎！」乞解印綬從軍，遂改行軍千户，鎮亳。丞相伯顔南征，署帳前都鎮撫，遷管軍總管。江南平，轉太平路安撫司達魯花赤，進户部尚書，行兩淮都轉運使。阿合馬用事，謝病歸。阿合馬敗，召衆議中書，出爲江南浙西道提刑按察使、大名路總管、湖南道宣慰使，以衆知政事召，不拜。除侍御史，又以母疾辭。改御史中丞，尋兼領侍儀司。大德十一年，命爲中書右丞，固辭。武宗即位，聞公名，遣使賜白金五十兩，曰：「以議也。」拜太子副詹事、加遥授平章政事、議中書事，賜玉帶，衛率府，立拜太子詹事兼率更。復爲中書左丞，進右丞。逌以子德嚴代爲衛率使，拜公河南江北等處行中書省平章政事、提調屯田事，賜錦衣、貂裘。尚書省建，復以爲行尚書省平章政事，累官至榮禄大夫。【略】又經理荆湖屯田廢地，歲可出粟百餘萬。所至尤以興學薦賢、崇孝弟、長恩信、恤孤寡爲任。嘗奏請割田千九百畝入大名校官，出御史臺錢五十萬建國學，以地三千畝立書院于南陽，祠忠武侯，三千畝入揚州三皇廟。又請置洪澤芍陂屯田萬户府儒學教授。自太平還，購書數萬卷，迎劉因先生爲師。衆議中書，薦劉宣等十餘人。

蘇天爵《滋溪文稿》卷九《袁文清公墓誌銘》 國家有文學博洽之儒翰林侍講學士袁公諱桷，字伯長，慶元鄞縣人也。故宋少傅、同知樞密院事、資政殿大學士、贈太師、越國公諱韶之曾孫，中散大夫、知嚴州軍州事、皇元贈嘉議大夫、禮部尚書、上輕車都尉、會稽郡侯諱似道之孫，朝列大夫、同知處州路總官府事、贈中奉大夫、浙東道宣慰使都元帥、護軍會稽郡公諱洪之子。年二十餘，憲府薦茂異于行省，授麗澤書院山長，不就。大德初，羣賢萃于本朝，聞公才名，擢翰林國史院檢閲官。秩滿，陞應奉翰林文字，同知制誥，兼國史院編修官。遂遷修撰。凡歷兩考，遷待制。又再任，進拜集賢直學士。久之，移疾而還。復遣使召入集賢，仍直學士。未幾改翰林直學士，知制誥，同修國史。明年遷拜侍講，積階奉議大夫。泰定初，辭歸。四年八月三日，以疾終于家，享年六十有二。是歲十有一月某日，葬鄞縣上水慶遠墺之原，訃聞，制贈中奉大夫、江浙等處行中書省參知政事、護軍，追封陳留郡公，謚文清。

維袁氏遠有世序。宋嘉祐間，有諱轂者舉進士，歷官朝奉大夫、知處州。其後龍圖閣學士正獻公燮、兵部尚書正肅公甫父子，俱號名儒。越公於祥符丞𣪊爲曾孫，師事正獻，尹臨安十餘年，爲政嚴明，事載之史。公生富貴，爲學清苦，讀書每至達旦。長從尚書王公應麟講求典故制度之學，又從天台舒岳祥習詞章，既又接見中原文獻之淵懿，故其學問核實而精深，非專事記覽、譁衆取寵者所可擬也。世祖皇帝初得江南，故宋衣冠之裔多録用之，而宣慰公屢被恩命。公在館閣，一時耆舊若閻公復、程公鉅夫、王公構雅愛敬公，故蒙薦擢。時海宇乂安，年穀豐衍，而詞林清華無官守言責，日惟撰著爲職。朝廷有大制作，公從諸老獲議其事。成宗皇帝初建南郊，公進十議曰：「天無二日，无尤不得有二，五帝不得謂之天，作《昊天五帝議》。祭天歲或爲九，或爲二，作《祭天名數議》。圜丘不見於《五經》，郊不見於《周官》，作《圜丘非郊議》。后土社也，作《后土即社議》。三歲一郊非古也，作《祭天無間歲議》。燔柴見于古經，《周官》以禋祀爲天，其義各〔有〕旨，作《燔柴泰壇議》。祭天之牛角繭栗，用牲于郊，牛二，合配而言之，增羣祀而合祠，非周公之制矣，作《郊不當立從祀議》。郊，質而尊之義也，明堂，文而親之義也，作《郊明堂禮儀異制議》。郊用辛，魯禮也，卜不得常爲辛，作《郊非辛日議》。北郊不見於《三禮》，尊地而遵北郊，鄭玄之説也，作《北郊議》。」禮官推其博，多採用之。

仁宗皇帝自居潛宮，深厭吏弊。及其即位，乃出獨斷，設進士科以取士。貢舉舊法時人無能知者，有司率諮于公而後行。及廷試，公爲讀卷官二，會試考官一，鄉試考官二，取文務求實學，士論咸服。公在詞林幾三十年，扈從于上京凡五，朝廷制册、勳臣碑版多出其手。嘗奉詔修成宗、武宗、仁宗三朝大典。至治中，鄆王栢柱獨秉國鈞，作新憲度，號令宣布，公有力焉。詔繪王像，命公作贊賜之。公述君臣交修之義以勵王。王尤重公學識，鋭欲撰述遼、宋、金史，責成于公。公亦奮然自任，條具凡例及所當用典册陳之，是皆本諸故家之所聞見，習於師友之所討論，非牽合剽襲漫焉以趨時好而已。未幾，國有大故，事不果行。公殁二十餘年，今天子特敕大臣董撰三史，先朝故老存者無幾，衆獨於公追思不忘。會遣使者分行郡國，網羅遺文古事，而江南舊家尚多畏忌，秘其所藏不敢送官。公之孫同知諸暨州事曮乃以家書數千卷來上。三史書成，蓋有所助。初，世祖建宗廟于京師，至仁宗崩，七室已滿，乃結綺爲室以祔。英皇親行袷享之禮，始議增廣廟制，乃作新

廟爲十五室，公亦預其議。

公曾祖妣陳氏，封周國夫人。祖妣王氏，妣史氏、楊氏，元配鄭氏，並追贈會稽郡夫人。子男二人：瓘、瑾。女四人，長適同知袁州路總管府事趙孟貫，次適故觀文殿大學士趙某孫由錫，次適故相史忠定王玄孫公佾，次適處州儒學録余應榘。孫男曮以公蔭入官，既進遺書于朝，遂擢祕書監著作郎；次曄、旼。孫女適浮梁州判官范珵，次許適陳某，次幼。曾孫男二。公生七日，史夫人卒。長事郡公極孝，教子孫有法，待宗族盡恩意。中外姻婭，皆宋名族，家庭嚴肅，吉凶之禮不廢其舊規。每以務學修行勗故家子弟，俾自愛重，無爲門户羞。

公喜薦士，士有所長，極口稱道。公之南歸，會史館將修英皇實録，今中書左丞吕思誠、翰林直學士宋褧、河南行省參政王守誠皆新擢第，公薦其才堪論撰，天爵與焉。公於近代禮樂之因革，官閥之遷次，朝士大夫之族系，九流諸子之略録，悉能推本源委而言其歸趣。袁氏自越公喜藏書，至公收覽益富，嘗曰：「余少讀書有五失。泛觀而無擇，其失博而寡要。好古人言行，意常退縮不敢望，其失懦而無立。纂録故實，一未終而屢更端，其失勞而無成。聞人之長，將疾趨從之，輒出其後，其失欲速而好高。喜學爲文，未能蓄其本，其失又甚者也。」公之斯言，深中學者貪多苟且之弊。公爲文辭，奥雅奇嚴，日與虞公集、馬公祖常、王公士熙作爲古文，論議迭相師友，間爲謌詩倡酬，遂以文章名海内。士咸以爲師法，文體爲之一變。公有《易説》若干卷，《春秋説》若干卷，《清容居士集》五十卷。嗟夫！昔宋南遷，浙東之學以多識爲主，貫穿經史，考覈百家，自天官、律曆、井田、王制、兵法、民政，該通委曲，必欲措諸實用，不爲空言。然百年以來，典刑風流日遠，故公之葬，謹序而銘之，來者尚有所徵乎。銘曰：

懿歟袁公，博極羣書。矢辭淵淵，佩玉舒舒。海宇既一，興自江左。諸老見之，孰不曰可。進掌帝制，列官詞林。討論憲度，講求古今。于時朝廷，日興典禮。祖朝天郊，以享以祀。三聖信史，纂述宏休。羣士選舉，務拔其尤。不有學識，孰承其責。惟公雍容，斟酌損益。陳編墜簡，公證其訛。識時歸休，山林浩歌。世有鄙夫，空空如也。覆忌多能，係時用舍。公富著述，燦若日星。銘詩弗刊，垂後是程。

又卷一○《元故少中大夫江西湖東道肅政廉訪使趙忠敏公神道碑銘》 世祖皇帝臨御中國，總攬豪俊，布列有位，故治功興而法制立。一時賢材之盛，或奮由農畝，或舉於戎行，或出於詩禮之族，或興于動伐之裔。若趙公者，蓋其人乎。

公諱秉政，字公亮，河北河南道提刑按察使，贈太保、儀同三司、上柱國、定國襄穆公瑨之子，知太史院侍儀事，贈金紫光禄大夫、大司徒、定國文昭公秉温之弟也。起家武略將軍、新軍上千户，官至少中大夫、江西湖東道肅政廉訪使。享年六十有七，以至大元年秋七月某甲子薨於當塗寓舍。二年夏五月某甲子，葬於順德南和縣李馬原。後三十年，制贈公嘉議大夫、禮部尚書、上輕車都尉、天水郡侯，謚忠敏。始刻石以文曰：

初太祖皇帝兵至飛狐，襄穆舉城來歸，從國王木華黎戡定河朔，由監中山家焉。有子十一人，公次居六。生有異質，襄穆奇之曰：「吾將兵不妄誅夷，子孫庶有賢者。」中統庚申，世祖歸自鄂渚，道出中山，襄穆以潛藩舊臣，持牛酒郊迎。上爲下馬坐帳中，襄穆進酒，公從拜其後，進止雍容。上偉其貌，命列宿衛。【略】公少善騎射，嘗獵于野，猝與虎遇，衆皆辟易，公引弓一發而踣。從畋柳林，近侍較射爲樂，公射輒中。及學書，筆力端勁，以顔魯公爲法。公嗜讀書，不尚章句，獨喜古人奇節偉行，雖在行陳寘書袖間，下馬休輒誦讀，軍中相謂趙生。丞相渡江，盡召諸將議守襄、郢，統軍萬户韓某堅請公留，丞相不許。宋平，公出橐中金購書萬卷，輦致其家，以其副分遺順德、懷孟、許三郡學官，北方之士賴焉。公嘗言：「自昔中原文獻之會，兵戈以來，詩書禮樂之習微矣，雖公卿大家亦多雜用俗禮。」乃與文昭公爲家訓以示子孫。襄穆公薨，親舊欲用浮屠。公曰：「吾衣冠族當守《禮》經。」於是衰絰喪祭一遵古制，郡人化之。

《明史・宋濂傳》 宋濂，字景濂，其先金華之潛溪人，至濂乃遷浦江。幼英敏强記，就學於聞人夢吉，通《五經》，復往從吴萊學。已，遊柳貫、黄溍之門，兩人皆亟遜濂，自謂弗如。元至正中，薦授翰林編修，以親老辭不行，入龍門山著書。

踰十餘年，太祖取婺州，召見濂。時已改寧越府，命知府王顯宗開郡學，因以濂及葉儀爲《五經》師。明年三月，以李善長薦，與劉基、章溢、葉琛並徵至應天，除江南儒學提舉，命授太子經，尋改起居注。濂長基一歲，皆起東南，負重名。基雄邁有奇氣，而濂自命儒者。基佐軍中謀議，濂亦首用文學受知，恒侍左右，備顧問。嘗召講《春秋左氏傳》，濂進曰：「《春秋》乃孔子褒善貶惡之書，苟能遵行，則賞罰適中，天下可定也。」太祖御端門，口釋黄石公《三略》。濂曰：「《尚書》二《典》、三《謨》，帝王大經大法畢具，願留意講明之。」已，論賞賚，復曰：「得天下以人心爲本。人心不固，雖金帛充牣，將焉用之。」太祖悉稱善。乙巳三月，乞歸省。太祖與太子並加勞賜。濂上箋謝，并奉書太子，勉以孝友敬恭、進德修業。太祖覽書大

悦，召太子，爲語書意，賜札褒答，并令太子致書報焉。尋丁父憂。服除，召還。

洪武二年詔修元史，命充總裁官。是年八月史成，除翰林院學士。明年二月，儒士歐陽佑等採故元元統以後事蹟還朝，仍命濂等續修，六越月再成，賜金帛。是月，以失朝參，降編修。四年遷國子司業，坐考祀孔子禮不以時奏，謫安遠知縣，旋召爲禮部主事。明年遷贊善大夫。是時，帝留意文治，徵召四方儒士張唯等數十人，擇其年少俊異者，皆擢編修，令入禁中文華堂肄業，命濂爲之師。濂傅太子先後十餘年，凡一言動，皆以禮法諷勸，使歸於道，至有關政教及前代興亡事，必拱手曰：「當如是，不當如彼。」皇太子每斂容嘉納，言必稱師父云。

帝剖符封功臣，召濂議五等封爵。宿大本堂，討論達旦，歷據漢、唐故實，量其中而奏之。甘露屢降，帝問災祥之故。對曰：「受命不於天，於其人，休符不於祥，於其仁。《春秋》書異不書祥，爲是故也。」皇從子文正得罪，濂曰：「文正固當死，陛下體親親之誼，置諸遠地則善矣。」車駕祀方丘，患心不寧，濂從容言曰：「養心莫善於寡欲，審能行之，則心清而身泰矣。」帝稱善者良久。嘗問以帝王之學，何書爲要。濂舉《大學衍義》。乃命大書揭之殿兩廡壁。頃之御西廡，諸大臣皆在，帝指《衍義》中司馬遷論黄、老事，命濂講析。講畢，因曰：「漢武溺方技謬悠之學，改文、景恭儉之風，民力既敝，然後嚴刑督之。人主誠以禮義治心，則邪説不入，以學校治民，則禍亂不興，刑罰非所先也。」問三代曆數及封疆廣狹，既備陳之，復曰：「三代治天下以仁義，故多歷年所。」又問：「三代以上，所讀何書？」對曰：「上古載籍未立，人不專講誦。君人者兼治教之責，率以躬行，則衆自化。」嘗奉制詠鷹，令七舉足即成，有「自古戒禽荒」之言。帝忻然曰：「卿可謂善陳矣。」濂之隨事納忠，皆此類也。

六年七月遷侍講學士，知制誥，同修國史，兼贊善大夫。命與詹同、樂韶鳳修日曆，又與吴伯宗等修寶訓。九月定散官資階，給濂中順大夫，欲任以政事。辭曰：「臣無他長，待罪禁近足矣。」帝益重之。八年九月，從太子及秦、晉、楚、靖江四王講武中都。帝得輿圖《濠梁古蹟》一卷，遣使賜太子，題其外，令濂詢訪，隨處言之。太子以示濂，因歷歷舉陳，隨事進説，甚有規益。

濂性誠謹，官内庭久，未嘗訐人過。所居室，署曰「温樹」。客問禁中語，即指示之。嘗與客飲，帝密使人偵視。翼日，問濂昨飲酒否，坐客爲誰，饌何物。濂具以實對。笑曰：「誠然，卿不朕欺。」間召問羣臣臧否，濂惟舉其善者曰：「善者與臣友，臣知之；其不善者，不能知也。」主事茹太素上書萬餘言，帝怒，問廷臣。或指其書曰：「此不敬，此誹謗非法。」問濂，對曰：「彼盡忠於陛下耳。陛下方開言路，惡可深罪。」既而帝覽其書，有足採者。悉召廷臣詰責，因呼濂字曰：「微景濂幾誤罪言者。」於是帝廷譽之曰：「朕聞太上爲聖，其次爲賢，其次爲君子。宋景濂事朕十九年，未嘗有一言之僞，誚一人之短，始終無二，非止君子，抑可謂賢矣。」每燕見，必設坐命茶，每旦必令侍膳，往復咨詢，常夜分乃罷。濂不能飲，帝嘗强之至三觴，行不成步。帝大歡樂。御製《楚辭》一章，命詞臣賦《醉學士詩》。又嘗調甘露於湯，手酌以飲濂曰：「此能愈疾延年，願與卿共之。」又詔太子賜濂良馬，復爲製《白馬歌》一章，亦命侍臣和焉。其寵待如此。九年進學士承旨知制誥，兼贊善如故。其明年致仕，賜《御製文集》及綺帛，問濂年幾何，曰：「六十有八。」帝乃曰：「藏此綺三十二年，作百歲衣可也。」濂頓首謝。又明年，來朝。十三年，長孫慎坐胡惟庸黨，帝欲置濂死。皇后太子力救，乃安置茂州。

濂狀貌豐偉，美鬚髯，視近而明，一黍上能作數字。自少至老，未嘗一日去書卷，於學無所不通。爲文醇深演迤，與古作者並。在朝，郊社宗廟山川百神之典，朝會宴享律曆衣冠之制，四裔貢賦賞勞之儀，旁及元勳巨卿碑記刻石之辭，咸以委濂，屢推爲開國文臣之首。士大夫造門乞文者，後先相踵。外國貢使亦知其名，數問宋先生起居無恙否。高麗、安南、日本至出兼金購文集。四方學者悉稱爲「太史公」，不以姓氏。雖白首侍從，其勳業爵位不逮基，而一代禮樂制作，濂所裁定者居多。

其明年，卒於夔，年七十二。知事葉以從葬之蓮花山下。蜀獻王慕濂名，復移塋華陽城東。弘治九年，四川巡撫馬俊奏：「濂真儒翊運，述作可師，黼黻多功，輔導著績。久死遠戍，幽壤沉淪，乞加卹録。」下禮部議，復其官，春秋祭葬所。正德中，追謚文憲。

仲子璲最知名，字仲珩，善詩，尤工書法。洪武九年，以濂故，召爲中書舍人。其兄子慎亦爲儀禮序班。帝數試璲與慎，并教誡之，笑語濂曰：「卿爲朕教太子諸王，朕亦教卿子孫矣。」濂行步艱，帝必命璲、慎扶掖之。祖孫父子，共官内庭，衆以爲榮。慎坐罪，璲亦連坐，並死，家屬悉徙茂州。建文帝即位，追念濂興宗舊學，召璲子懌官翰林。永樂十年，濂孫坐姦黨鄭公智外親，詔特宥之。

又《楊士奇傳》 楊士奇，名寓，以字行，泰和人。早孤，隨母適羅氏，已而復宗。貧甚。力學，授徒自給。多游湖、湘間，館江夏最久。建文初，集諸儒修《太祖實録》，士奇已用薦徵授教授當行，王叔英復以史才薦。遂召入翰林，充編纂官。

尋命吏部考第史館諸儒。尚書張紞得士奇策，曰：「此非經生言也。」奏第一。授吴王府審理副，仍供館職。成祖即位，改編修。已，簡入内閣，典機務，數月進侍講。【略】帝之初即位也，内閣臣七人。陳山、張瑛以東宫舊恩入，不稱，出爲他官。黄淮以疾致仕。金幼孜卒。閣中惟士奇、榮、溥三人。榮疏闓果毅，遇事敢爲，數從成祖北征，能知邊將賢否，阨塞險易遠近，敵情順逆，然頗通饋遺，邊將歲時致良馬。帝頗知之，以問士奇。士奇力言：「榮曉暢邊務，臣等不及，不宜以小眚介意。」帝笑曰：「榮嘗短卿及原吉，卿乃爲之地耶？」士奇曰：「願陛下以曲容臣者容榮。」帝意乃解。其後，語稍稍聞，榮以此愧士奇，相得甚歡。帝亦益親厚之，先後所賜珍果牢醴金綺衣幣書器無算。

又《王鏊传》 王鏊，字濟之，吴人。父琬，光化知縣。鏊年十六，隨父讀書，國子監諸生爭傳誦其文。侍郎葉盛、提學御史陳選奇之，稱爲天下士。成化十年鄉試，明年會試，俱第一。廷試第三，授編修。杜門讀書，避遠權勢。【略】時中外大權悉歸瑾，鏊初開誠與言，間聽納。而芳專媕阿，瑾横彌甚，禍流縉紳。鏊不能救，力求去。四年，疏三上，許之。賜璽書，乘傳，有司給廪隸，咸如故事。家居十四年，廷臣交薦不起。

世宗即位，遣行人存問。鏊疏謝，因上講學、親政二篇。帝優詔報聞，官一子中書舍人。嘉靖三年復詔有司存問。未幾卒，年七十五。贈太傅，謚文恪。

鏊博學有識鑒，文章爾雅，議論明暢。晚著《性善論》一篇，王守仁見之曰：「王公深造，世未能盡也。」少善制舉義，後數典鄉試，程文魁一代。取士尚經術，險詭者一切屏去。弘、正間，文體爲一變。

又《何喬新傳》 何喬新，字廷秀，江西廣昌人。【略】喬新年十一時，侍父京邸。修撰周旋過之，喬新方讀《通鑑續編》。旋問曰：「書法何如《綱目》？」對曰：「吕文焕降元不書叛，張世傑溺海不書死節，曹彬、包拯之卒不書其官，而紀羲、軒多採怪妄，似未有當也。」旋大驚異。比長，博綜羣籍，聞異書輒借鈔，積三萬餘帙，皆手較讐，著述甚富。與人寡合，氣節友彭韶，學問友丘濬而已。【略】江西巡撫林俊爲彭韶及喬新請謚，吏部覆從之。有旨令上喬新致仕之由，給事中吴世忠言：「喬新學行、政事莫不優，忠勤剛介，老而彌篤。御史鄒魯挾私誣劾，一辭不辨，恬然退歸，杜門著書，人事寡接，士大夫莫不高其行。若必考退身之由，疑旌賢之典，則如宋蔣之奇嘗誣奏歐陽修矣，胡紘輩嘗誣奏朱熹矣，未聞以一人私情廢萬世公論也。」事竟寢。正德十一年，廣昌知縣張傑復以爲言，乃贈太子太保，予廕。明年賜謚文肅。

又《吴寬傳》 吴寬，字原博，長洲人。以文行有聲諸生間。成化八年，會試、廷試皆第一，授修撰。侍孝宗東宫，秩滿進右諭德。孝宗即位，以舊學遷左庶子，預修《憲宗實録》，進少詹事兼侍讀學士。

弘治八年擢吏部右侍郎。丁繼母憂，吏部員缺，命虚位待之。服滿還任，轉左，改掌詹事府，入東閣，專典誥敕，仍侍武宗東宫。宦豎多不欲太子近儒臣，數移事間講讀。寬率其僚上疏曰：「東宫講學，寒暑風雨則止，朔望令節則止，一年不過數月，一月不過數日，一日不過數刻。是進講之時少，輟講之日多，豈容復以他事妨誦讀。古人八歲就傅，即居宿於外，欲離近習，親正人耳。庶民且然，矧太子天下本哉？」帝嘉納之。【略】寬行履高潔，不爲激矯，而自守以正。於書無不讀，詩文有典則，兼工書法。有田數頃，嘗以周親故之貧者。友人賀恩疾，遷至邸，旦夕視之。恩死，爲衣素一月。

又《鄭曉傳》 鄭曉，字窒甫，海鹽人。嘉靖元年舉鄉試第一。明年成進士，授職方主事。日披故牘，盡知天下阨塞士馬虚實强弱之數。尚書金獻民屬撰《九邊圖志》，人争傳寫之。以争大禮廷杖。大同兵變，上疏極言不可赦。張孚敬柄政，器之，欲改置翰林及言路，曉皆不應。父憂歸，久之不起。【略】曉通經術，習國家典故，時望蔚然。爲權貴所扼，志不盡行。既歸，角巾布衣與鄉里父老遊處，見者不知其貴人也。既卒，子履淳等訟曉禦倭功於朝，詔復職。隆慶初，贈太子少保，謚端簡。履淳自有傳。

又《邵寶傳》 邵寶，字國賢，無錫人。年十九，學於江浦莊昶。成化二十年舉進士，授許州知州。月朔，會諸生於學宫，講明義利公私之辨。正潁考叔祠墓。改魏文帝廟以祠漢愍帝，不稱獻而稱愍，從昭烈所謚也。巫言龍骨出地中爲禍福，寶取骨，毀於庭，杖巫而遣之。躬課農桑，倣朱子社倉，立積散法，行計口澆田法，以備凶荒。

弘治七年入爲户部員外郎，歷郎中，遷江西提學副使。釋菜周元公祠。修白鹿書院學舍，處學者。其教，以致知力行爲本。江西俗好陰陽家言，有數十年不葬父母者。寶下令，士不葬親者不得與試，於是相率舉葬，以千計。寧王宸濠索詩文，峻卻之。後宸濠敗，有司校勘，獨無寶跡。遷浙江按察使，再遷右布政使。與鎮守太監勘處州銀礦，寶曰：「費多獲少，勞民傷財，慮生他變。」卒奏寢其事。進湖廣布政使。【略】寶三歲而孤，事母過氏至孝。甫十歲，母疾，爲文告天，願減己

算延母年。及終養歸，得疾，左手不仁，猶朝夕侍親側不懈。學以洛、閩爲的，嘗曰：「吾願爲真士大夫，不願爲假道學。」舉南畿，受知於李東陽。爲詩文，典重和雅，以東陽爲宗。至於原本經術，粹然一出於正，則其所自得也。博綜羣籍，有得則書之簡，取程子「今日格一物，明日格一物」之義，名之曰「日格子」。所著《學史》、《簡端》二《録》，巡撫吴廷舉上於朝，外《定性書説》、《漕政舉要》諸集若干卷。學者稱二泉先生。

又《葉盛傳》 葉盛，字與中，崑山人。正統十年進士。授兵科給事中。師覆土木，諸將多遁還，盛率同列請先正扈從失律者罪，且選將練兵，爲復讎計。郕王即位，例有賞賚，盛以君父蒙塵辭。不許。【略】擢右參政，督餉宣府。尋以李秉薦，協贊都督僉事孫安軍務。初，安嘗領獨石，馬營，龍門衛、所四城備禦。英宗既北狩，安以四城遠在塞外，勢孤，奏棄之内徙。至是廷議命安修復。盛與鬭草萊，葺廬舍，庀戰具，招流移，爲行旅置煖鋪，請帑金買牛千頭以賦屯卒，立社學，置義冢，療疾扶傷。兩歲間，四城及赤城、鵰鶚諸堡次第皆完，安由是進副總兵。而守備中官弓勝害安，奏安疾宜代。帝以問盛，言：「安爲勝所持，故病。今諸將無踰安者。」乃留安，且遣醫視疾。已又劾勝，卒調之他鎮。【略】盛清修積學，尚名檢，薄嗜好，家居出入常徒步。生平慕范仲淹，堂寢皆設其像。志在君民，不爲身計，有古大臣風。

又《豐熙傳》 豐熙，字原學，鄞人，布政司慶孫也。幼有異稟。嘗大書壁間曰：「立志當以聖人爲的。遜第一等事於人，非夫也。」年十六喪母，水漿不入口數日，居倚廬三年。弘治十二年舉殿試第二。孝宗奇其策，賜第一人袍帶寵之。授編修，進侍講，遷右諭德。以不附劉瑾，出掌南京翰林院事。父喪闋，起故官。

又《祁彪佳傳》 祁彪佳，字弘吉，浙江山陰人。祖父世清白吏。彪佳生而英特，丰姿絶人。弱冠，第天啓二年進士，授興化府推官。始至，吏民易其年少。及治事，剖決精明，皆大畏服。外艱歸。

又《文苑二·楊循吉傳》 楊循吉，字君謙，吴縣人。成化二十年進士。授禮部主事。善病，好讀書，每得意，手足踔掉不能自禁，用是得顛主事名。一歲中，數移病不出。弘治初，奏乞改教，不許。遂請致仕歸，年纔三十有一。結廬支硎山下，課讀經史，旁通内典、稗官。父母殁，傾貲治葬，寢苦墓側。性狷隘，好持人短長，又好以學問窮人，至頰赤不顧。清寧宫災，詔求直言，馳疏請復建文帝尊號，格不行。武宗駐蹕南都，召賦《打虎曲》，稱旨，易武人裝，日侍御前爲樂府、小令。帝以優俳畜之，不授官。循吉以爲恥，閱九月辭歸。既復召至京，會帝崩，乃還。嘉靖中，獻《九廟頌》及《華陽求嗣齋儀》，報聞而已。

晚歲落寞，益堅癖自好。尚書顧璘道吴，以幣贄，促膝論文，歡甚。俄郡守邀璘，璘將赴之，循吉忽色變，驅之出，擲還其幣。明日，璘往謝，閉門不納。卒，年八十九。其詩文，自定爲《松籌堂集》，他所作又十餘種，幾及千卷。

又《祝允明傳》 祝允明，字希哲，長洲人。祖顥，正統四年進士。内侍傳旨試能文者四人，顥與焉，入掖門，知欲令教小内豎也，不試而出。由給事中歷山西參政，並有聲。

允明以弘治五年舉於鄉，久之不第，授廣東興寧知縣。捕戮盜魁三十餘，邑以無警。稍遷應天通判，謝病歸。嘉靖五年卒。

允明生而枝指，故自號枝山，又號枝指生。五歲作徑尺字，九歲能詩。稍長，博覽羣集，文章有奇氣，當筵疾書，思若湧泉。尤工書法，名動海内。好酒色六博，善新聲，求文及書者踵至，多賄妓掩得之。惡禮法士，亦不問生産，有所入，輒召客豪飲，費盡乃已，或分與持去，不留一錢。晚益困，每出，追呼索逋者相隨於後，允明益自喜。所著有詩文集六十卷，他雜著百餘卷。

又《唐寅傳》 唐寅，字伯虎，一字子畏。性穎利，與里狂生張靈縱酒，不事諸生業。祝允明規之，乃閉户浹歲。舉弘治十一年鄉試第一，座主梁儲奇其文，還朝示學士程敏政，敏政亦奇之。未幾，敏政總裁會試，江陰富人徐經賄其家僮，得試題。事露，言者劾敏政，語連寅，下詔獄，謫爲吏。寅恥不就，歸家益放浪。寧王宸濠厚幣聘之，寅察其有異志，佯狂使酒，露其醜穢。宸濠不能堪，放還。築室桃花塢，與客日般飲其中，年五十四而卒。

寅詩文，初尚才情，晚年頽然自放，謂後人知我不在此，論者傷之。吴中自枝山輩以放誕不羈爲世所指目，而文才輕豔，傾動流輩，傳説者增益而附麗之，往往出名教外。

又《邊貢傳》 邊貢，字廷實，歷城人。祖寧，應天治中。父節，代州知州。貢年二十舉於鄉，第弘治九年進士。除太常博士，擢兵科給事中。孝宗崩，疏劾中官張瑜，太醫劉文泰、高廷和用藥之謬，又劾中官苗逵、保國公朱暉、都御史史琳用兵之失。改太常丞，遷衛輝知府，改荆州，並能其官。歷陝西、河南提學副使，以母憂家居。嘉靖改元，用薦，起南京太常少卿，三遷太常卿，督四夷館，擢刑部右侍郎，拜户部尚書，並在南京。

貢早負才名，美風姿，所交悉海内名士。久官留都，優閒無事，游覽江山，揮毫浮白，夜以繼日。都御史劾其縱酒廢職，遂罷歸。

又《陸深傳》 陸深，字子淵，上海人。弘治十八年進士，二甲第一。選庶吉士，授編修。劉瑾嫉翰林官亢己，悉改外，深得南京主事。瑾誅，復職，歷國子司業，祭酒，充經筵講官。奏講官撰進講章，閣臣不宜改竄。忤輔臣，謫延平同知。晉山西提學副使，改浙江。累官四川左布政使。松、茂諸番亂，深主調兵食，有功，賜金幣。嘉靖十六年召爲太常卿兼侍讀學士。世宗南巡，深掌行在翰林院印，御筆删侍讀二字，進詹事府詹事，致仕。卒，謚文裕。

深少與徐禎卿相切磨，爲文章有名。工書，倣李邕、趙孟頫。賞鑒博雅，爲詞臣冠。然頗倨傲，人以此少之。

又《文苑三・文徵明傳》 文徵明，長洲人，初名壁，以字行，更字徵仲，别號衡山。父林，温州知府。叔父森，右僉都御史。林卒，吏民醵千金爲賻。徵明年十六，悉卻之。吏民修故卻金亭，以配前守何文淵，而記其事。

徵明幼不慧，稍長，穎異挺發。學文於吴寬，學書於李應禎，學畫於沈周，皆父友也。又與祝允明、唐寅、徐禎卿輩相切劘，名日益著。其爲人和而介。巡撫俞諫欲遺之金，指所衣藍衫，謂曰：「敝至此邪？」徵明佯不喻，曰：「遭雨敝耳。」諫竟不敢言遺金事。寧王宸濠慕其名，貽書幣聘之，辭病不赴。

正德末，巡撫李充嗣薦之，會徵明亦以歲貢生詣吏部試，奏授翰林院待詔。世宗立，預修《武宗實録》，侍經筵，歲時頒賜，與諸詞臣齒。而是時專尚科目，徵明意不自得，連歲乞歸。

先是，林知温州，識張璁諸生中。璁既得勢，諷徵明附之，辭不就。楊一清召入輔政，徵明見獨後。一清亟謂曰：「子不知乃翁與我友邪？」徵明正色曰：「先君棄不肖三十餘年，苟以一字及者，弗敢忘，實不知相公與先君友也。」一清有慚色，尋與璁謀，欲徙徵明官。徵明乞歸益力，乃獲致仕。四方乞詩文書畫者，接踵於道，而富貴人不易得片楮，尤不肯與王府及中人，曰：「此法所禁也。」周、徽諸王以寶玩爲贈，不啓封而還之。外國使者道吴門，望里肅拜，以不獲見爲恨。文筆徧天下，門下士贋作者頗多，徵明亦不禁。嘉靖三十八年卒，年九十矣。

長子彭，字壽承，國子博士。次子嘉，字休承，和州學正。並能詩，工書畫篆刻，世其家。彭孫震孟，自有傳。

又《茅坤傳》 茅坤，字順甫，歸安人。嘉靖十七年進士。歷知青陽、丹徒二縣。母憂，服闋，遷禮部主事，移吏部稽勳司，坐累，謫廣平通判。

屢遷廣西兵備僉事，轄府江道。坤雅好談兵。瑶賊據鬼子諸砦，殺陽朔令。朝議大征，總督應檟以問坤。坤曰：「大征非兵十萬不可，餉稱之，今猝不能集，而賊已據險爲備。計莫若鵰勦。倏入殲其魁，他部必讋，謀自全，此便計也。」檟善之，悉以兵事委坤。連破十七砦，晉秩二等。民立祠祀之。

遷大名兵備副使，總督楊博歎爲奇才，特薦於朝。爲忌者所中，追論其先任貪污狀，落職歸。時倭事方急，胡宗憲延之幕中，與籌兵事，奏請爲福建副使。吏部持之，乃已。家人横於里，爲巡按龐尚鵬所劾，遂褫冠帶。坤既廢，用心計治生，家大起。年九十，卒於萬曆二十九年。

坤善古文，最心折唐順之。順之喜唐、宋諸大家文，所著文編，唐、宋人自韓、柳、歐、三蘇、曾、王八家外，無所取，故坤選《八大家文鈔》。其書盛行海内，鄉里小生無不知茅鹿門者。鹿門，坤别號也。

少子維，字孝若，能詩，與同郡臧懋循、吴稼竳、吴夢暘，並稱四子。嘗詣闕上書，希得召見，陳當世大事，不報。

又《王世貞傳》 王世貞，字元美，太倉人，右都御史忬子也。生有異稟，書過目，終身不忘。年十九，舉嘉靖二十六年進士。授刑部主事。世貞好爲詩古文，官京師，入王宗沐、李先芳、吴維岳等詩社，又與李攀龍、宗臣、梁有譽、徐中行、吴國倫輩相倡和，紹述何、李，名日益盛。屢遷員外郎、郎中。【略】世貞始與李攀龍狎主文盟，攀龍殁，獨操柄二十年。才最高，地望最顯，聲華意氣籠蓋海内。一時士大夫及山人、詞客、衲子、羽流，莫不奔走門下。片言褒賞，聲價驟起。其持論，文必西漢，詩必盛唐，大曆以後書勿讀，而藻飾太甚。晚年，攻者漸起，世貞顧漸造平淡。病亟時，劉鳳往視，見其手蘇子瞻集，諷玩不置也。

世貞自號鳳洲，又號弇州山人。其所與遊者，大抵見其集中，各爲標目。曰前五子者，攀龍、中行、有譽、國倫、臣也。後五子則南昌余曰德、蒲圻魏裳、歙汪道昆、銅梁張佳胤、新蔡張九一也。廣五子則崑山俞允文、濬盧柟、濮州李先芳、孝豐吴維岳、順德歐大任也。續五子則陽曲王道行、東明石星、從化黎民表、南昌朱多煃、常熟趙用賢也。末五子則京山李維楨、鄞屠隆、南樂魏允中、蘭谿胡應麟，而用賢復與焉。其所去取，頗以好惡爲高下。

又《胡應麟傳》 胡應麟，幼能詩。萬曆四年舉於鄉，久不第，築室山中，搆書四萬餘卷，手自編次，多所撰著。攜詩謁世貞，世貞喜而激賞之，歸益自負。所著

《詩藪》二十卷，大抵奉世貞《巵言》爲律令，而敷衍其説，謂詩家之有世貞，集大成之尼父也。其貢諛如此。

又《歸有光傳》 歸有光，字熙甫，崑山人。九歲能屬文，弱冠盡通《五經》、《三史》諸書，師事同邑魏校。嘉靖十九年舉鄉試，八上春官不第。徙居嘉定安亭江上，讀書談道。學徒常數百人，稱爲震川先生。

四十四年始成進士，授長興知縣。用古教化爲治。每聽訟，引婦女兒童案前，刺刺作吴語，斷訖遣去，不具獄。大吏令不便，輒寢閣不行。有所擊斷，直行己意。大吏多惡之。調順德通判，專轄馬政。明世進士爲令，無遷倅者，名爲遷，實重抑之也。隆慶四年，大學士高拱、趙貞吉雅知有光，引爲南京太僕丞，留掌内閣制敕房，修《世宗實録》，卒官。

有光爲古文，原本經術，好《太史公書》，得其神理。時王世貞主盟文壇，有光力相觝排，目爲妄庸巨子。世貞大憾，其後亦心折有光，爲之讚曰：「千載有公，繼韓、歐陽。余豈異趨，久而自傷。」其推重如此。

有光少子子慕，字季思。舉萬曆十九年鄉試，再被放，即屏居江村，與無錫高攀龍最善。其殁也，巡按御史祁彪佳請於朝，贈翰林待詔。

有光制舉義，湛深經術，卓然成大家。後德清胡友信與齊名，世並稱歸、胡。

又《李開先傳》 李開先，字伯華，章丘人。束同年進士。官至太常少卿。性好蓄書，李氏藏書之名聞天下。

又《文苑四・徐渭傳》 徐渭，字文長，山陰人。十餘歲倣揚雄《解嘲》作《釋毁》。長師同里季本。爲諸生，有盛名。總督胡宗憲招致幕府，與歙余寅、鄞沈明臣同筦書記。

渭天才超軼，詩文絶出倫輩。善草書，工寫花草竹石。嘗自言：「吾書第一，詩次之，文次之，畫又次之。」當嘉靖時，王、李倡七子社，謝榛以布衣被擯。渭憤其以軒冕壓韋布，誓不入二人黨。後二十年，公安袁宏道游越中，得渭殘帙以示祭酒陶望齡，相與激賞，刻其集行世。

又《焦竑傳》 焦竑，字弱侯，江寧人。爲諸生，有盛名。從督學御史耿定向學，復質疑於羅汝芳。舉嘉靖四十三年鄉試，下第還。定向遴十四郡名士讀書崇正書院，以竑爲之長。及定向里居，復往從之。萬曆十七年，始以殿試第一人官翰林修撰，益討習國朝典章。二十二年，大學士陳于陛建議修國史，欲竑專領其事，竑遜謝，乃先撰《經籍志》，其他率無所撰，館亦竟罷。翰林教小内侍書者，衆視爲具文，竑獨曰：「此曹他日在帝左右，安得忽之。」取古奄人善惡，時與論説。

皇長子出閣，竑爲講官。故事，講官進講罕有問者。竑講畢，徐曰：「博學審問，功用維均，敷陳或未盡，惟殿下賜明問。」皇長子稱善，然無所質難也。一日，竑復進曰：「殿下言不易發，得毋諱其誤耶？解則有誤，問復何誤？古人不恥下問，願以爲法。」皇長子復稱善，亦竟無所問。竑乃與同列謀先啓其端，適講《舜典》，竑舉「稽於衆，舍己從人」爲問。皇長子曰：「稽者，考也。考集衆思，然後舍己之短，從人之長。」又一日，舉「上帝降衷，若有恒性」。皇長子曰：「此無他，即天命之謂性也。」時方十三齡，答問無滯，竑亦竭誠啓迪。嘗講次，羣鳥飛鳴，皇長子仰視，竑輟講肅立。皇長子斂容聽，乃復講如初。竑嘗採古儲君事可爲法戒者爲《養正圖説》，擬進之。同官郭正域輩惡其不相聞，目爲賈譽，竑遂止。竑既負重名，性復疎直，時事有不可，輒形之言論，政府亦惡之，張位尤甚。二十五年主順天鄉試，舉子曹蕃等九人文多險誕語，竑被劾，謫福寧州同知。歲餘大計，復鐫秩，竑遂不出。

竑博極羣書，自經史至稗官、雜説，無不淹貫。善爲古文，典正馴雅，卓然名家。集名澹園，竑所自號也。講學以汝芳爲宗，而善定向兄弟及李贄，時頗以禪學譏之。萬曆四十八年卒，年八十。熹宗時，以先朝講讀恩復官，贈諭德，賜祭廕子。福王時，追謚文端。

又《董其昌傳》 董其昌，字元宰，松江華亭人。舉萬曆十七年進士，改庶吉士。禮部侍郎田一儁以教習卒官，其昌請假，走數千里，護其喪歸葬。還授編修。皇長子出閣，充講官，因事啓沃，皇長子每目屬之。坐失執政意，出爲湖廣副使，移疾歸。起故官，督湖廣學政，不徇請囑，爲勢家所怨，嗾生儒數百人鼓譟，毁其公署。其昌即拜疏求去，帝不許，而令所司按治，其昌卒謝事歸。起山東副使、登萊兵備、河南參政，並不赴。

光宗立，問：「舊講官董先生安在？」乃召爲太常少卿，掌國子司業事。天啓二年擢本寺卿，兼侍讀學士。時修《神宗實録》，命往南方採輯先朝章疏及遺事，其昌廣搜博徵，録成三百本。又採留中之疏切於國本、藩封、人才、風俗、河渠、食貨、吏治、邊防者，別爲四十卷。倣史贊之例，每篇繫以筆斷。書成表進，有詔褒美，宣付史館。明年秋，擢禮部右侍郎，協理詹事府事，尋轉左侍郎。五年正月拜南京禮部尚書。時政在奄豎，黨禍酷烈。其昌深自引遠，踰年請告歸。崇禎四年起故官，掌詹事府事。居三年，屢疏乞休，詔加太子太保致仕。又二年卒，年八十有三。贈太子太傅。福王時，謚文敏。

其昌天才俊逸，少負重名。初，華亭自沈度、沈粲以後，南安知府張弼、詹事陸深、布政莫如忠及子是龍皆以善書稱。其昌後出，超越諸家，始以宋米芾爲宗。後自成一家，名聞外國。其畫集宋、元諸家之長，行以己意，瀟灑生動，非人力所及也。四方金石之刻，得其制作手書，以爲二絶。造請無虚日，尺素短札，流布人間，爭購寶之。精於品題，收藏家得片語隻字以爲重。性和易，通禪理，蕭閑吐納，終日無俗語。人擬之米芾、趙孟頫云。同時以善書名者，臨邑邢侗、順天米萬鍾、晉江張瑞圖，時人謂邢、張、米、董，又曰南董、北米。然三人者，不逮其昌遠甚。

又《曹學佺傳》 曹學佺，字能始，侯官人。弱冠舉萬曆二十三年進士，授户部主事。中察典，調南京添注大理左寺正。居冗散七年，肆力於學。累遷南京户部郎中、四川右參政、按察使。蜀府燬於火，估修資七十萬金，學佺以《宗藩條例》卻之。又中察典，議調。天啓二年起廣西右參議。

初，梃擊獄興，劉廷元輩主瘋顛。學佺著《野史紀略》，直書事本末。至六年秋，學佺遷陝西副使，未行，而廷元附魏忠賢大幸，乃劾學佺私撰野史，淆亂國章，遂削籍，燬所鏤板。巡按御史王政新，以嘗薦學佺，亦勒閑住。廣西大吏揣學佺必得重禍，覊留以待。已，知忠賢無意殺之，乃得釋還。崇禎初，起廣西副使，力辭不就。

家居二十年，著書所居石倉園中，爲《石倉十二代詩選》，盛行於世。嘗謂「二氏有藏，吾儒何獨無」，欲修儒藏與鼎立。采擷四庫書，因類分輯，十有餘年，功未及竣，兩京繼覆。唐王立於閩中，起授太常卿。尋遷禮部右侍郎兼侍講學士，進尚書，加太子太保。及事敗，走入山中，投繯而死，年七十有四。詩文甚富，總名《石倉集》。萬曆中，閩中文風頗盛，自學佺倡之，晚年更以殉節著云。

陳瑚《確庵文稿》卷一六《爲毛潛在隱居乞言小傳》 今海内皆知虞山有毛子晉先生云。毛氏居昆湖之濱，以孝弟力田世其家。祖心湖，父虚吾，皆有隱德。而虚吾强力耆事，尤精于九九之學，佐縣令楊忠烈隄水平賑，功在鄉里者也。子晉生而篤謹，好書籍。父母以一子，又危得之，愛之甚。而子晉手不釋卷，篝燈中夜，嘗不令二人知。蚤歲爲諸生，有聲邑庠。已而入太學，屢試南闈，不得志，迺棄其進士業，一意爲古人之學。讀書、治生之外，無他事事矣。江南藏書之富，自玉峰菉竹堂、婁東萬卷樓後，近屈指海虞。然庚寅十月，絳雲不戒于火，而巋然獨存者，惟毛氏汲古閣。登其閣者，如入龍宫鮫肆，既怖急，又踴躍焉。其制上下三楹，始子訖亥，分十二架。中藏四庫書及釋道兩藏，皆南北宋内府所遺。紙理縝滑，墨光騰剡。又有金元人本，多好事家所未見。子晉日坐閣下，手繙諸部，讐其訛謬，次第行世，至滇南官長萬里遣幣以購毛氏書。一時載籍之盛，近古未有也。蓋自其垂髫時，即好鋟書，有屈、陶二集之刻。客有言於虚吾者曰：「公拮据半生，以成厥家，今有子不事生産，日召梓工弄刀筆，不急是務，家殖將落。」母戈孺人解之曰：「即不幸以鋟書廢家，猶賢于摴蒲六博也。」迺出橐中金，助成之。書成而雕鏤精工，字絶魯亥，四方之士購者雲集。于是向之非且笑者，轉而歎羡之矣。其所鋟諸書，一據宋本。或戲謂子晉曰：「人但多讀書耳，何必宋本爲！」子晉輒舉唐詩「種松皆老作龍鱗」爲證，曰：「讀宋本，然後知今本老龍鱗之爲誤也。」子晉固有鉅才，家畜奴婢二千指，同釜而炊，均平如一。躬耕宅旁田二頃有奇，區别樹藝，農師以爲不逮。竹頭木屑，規畫處置，自具分刌。即米鹽瑣碎，時或有貽一詩、投一劄者，輒舉筆屬和，裁答如流。其治家也有法，旦望則率諸子拜家廟，以次謁見師長，月以爲常。以故，一家之中，能文章，嫺禮義，彬彬如也。生平無疾言遽色，凝然不動，人不能窺其喜愠。及其應接賓朋，等殺井井。顧中庵嘗笑曰：「君胸中殆有一夾袋册耶？」崇禎壬午、癸未間，徧搜宋遺民《忠義二録》、《西臺慟哭記》與月泉吟社《河汾谷音》諸詩，刻而廣之。未幾，遂有甲申、乙酉南北之事。每日歎人之精神意思所在，便有鬼物憑依其間，即予亦不知其何謂也。變革以後，杜門卻掃，著書自娱。無矯矯之跡，而有淵明、樂天之風。與耆儒故老者黄冠緇衲十數輩爲佳日社，又爲尚齒社。烹葵剪菊，朝夕唱和，以爲樂。間或臨眺山水，當其得意處，則留連竟日。遇古碑文、碣志，急呼童子，摩榻數紙，然後去。嘗雨後與子探鳥目諸泉，窮日之力，子饑且疲矣，回顧子晉，方行步如飛，登頓險絶，樂而忘返，其興會如此。居鄉黨，好行其德，篤于親戚故舊。其師若友，如施萬賴、王德操輩，或橐饘終其身，或葬而撫其子。建黄涇諸橋一十八里，無褰涉之苦。歲大饑，則賑穀代粥，周隣里之不火者。司李雷雨津嘗贈之詩曰：「行野樵漁皆拜賜，入門僮僕盡鈔書。」人謂之實録云。所著有《和古人詩》、《和今人詩》、《和友詩》、《野外詩》若干卷，題跋若干卷，《虞鄉雜記》若干卷，《隱湖小識》若干卷。

吴任臣《十國春秋》卷五二《後蜀・毋昭裔傳》 毋昭裔字□□，河中龍門人。博學有才名。高祖鎮西川，辟掌書記。唐客省使李嚴來監高祖軍，昭裔請止嚴無内，不聽。高祖卒誅嚴，然亦奇昭裔才，思大用之。及登極，擢爲御史中丞。後主踐阼之明年，拜中書侍郎、同平章事，已又改門下侍郎。廣政三年，分判鹽鐵；久之，以次進左僕射。時漢趙思綰據永興、王景崇據鳳翔反，密送款後主，後主遣安

思謙應之。昭裔上疏諫曰：「竊見莊宗皇帝志貪西顧，前蜀主意欲北行，凡在廷臣，皆貢諫疏，殊無聽納，有何所成。只此兩朝，可爲鑒戒。」後主不用其言，竟無功。後數年，以太子太師致仕。

昭裔性嗜藏書，酷好古文，精經術。常按雍都舊本《九經》，命張德釗書之，刻石於成都學宫。蜀土自唐末以來，學校廢絶，昭裔出私財營學宫，立黌舍，且請後主鏤版印《九經》，由是文學復盛。又令門人句中正、孫逢吉書《文選》、《初學記》、《白氏六帖》，刻版行之。《五代史補》云：毋昭裔貧賤時常借《文選》於交游間，其人有難色，發憤：「異日若貴，當版以鏤之，遺學者。」後仕蜀爲宰，遂踐其言刊之。後子守素齎至中朝，諸書遂大彰於世。所著有《爾雅音略》三卷。

王昶《春融堂集》卷五八《國子監生陸君澗之墓志銘》 君嗜法書、名畫，精鑒别，常集生平所見數百種，記其紙絹，詳其行欵，識者比之退谷、江村兩《銷夏録》。又聚書萬卷，購善本，而手校讐之，以貽其後裔。乾隆四十四年，病喘，至六月某日歿。距生雍正二年，年六十有六。配張氏，子一，愚卿，克承其家。孫三，因篤、因禮、因儀，皆以次就傳。嘉慶元年某月日，愚卿將奉柩葬於某鄉某圩，具行略，屬余以文志其藏。予昔讀常熟毛清傳，稱清以孝弟力田起家，有幹識。楊忠烈公漣爲邑令，邑有大役輒倚以辨。而儲書數萬卷，甲于東南，是以子晉舉而刊刻之，迄今經、史、子、集，汲古閣書盈天下，而晉三子咸著文譽。今君以好施與，擅廉辨爲鄉黨所稱，又憙藏圖藉書畫，愚卿廣收博貯，不減於子晉，且以淑其三子，視毛氏之祖孫，何其前後同揆歟！抑太倉距常熟百里，其聞風興起者歟！蓋爲善者必昌，君秉經肄雅，好善樂施，垂庥而錫羨，則與毛氏竝重於東南也。

錢泳《履園叢話》卷六《隨園先生》 錢塘袁簡齋先生名枚，字子才。少聰穎，年十二能爲文，嘗作高帝、郭巨二論，莫不異之。乾隆元年，先生遊廣西，省其叔父於巡撫金公幕。金公奇其狀貌，命爲詩，下筆千言，遂大爲賞歎。適是年有詔旨舉博學鴻詞科，金公專摺奏聞，云：「有袁枚者，年未弱冠，經史通明，足應是選。」乃送入京師。當是時，海内老師宿儒賢達之士計九十有八人，而先生年最少，天下駭然，無不想望其豐采也。居無何，報罷，旋中戊午科順天鄉試。其明年成進士，入翰林，散館以知縣用，分發江南，年二十五耳。越十年乃致仕，築隨園于石頭城下，擁書萬卷，種竹澆花，享清福者四十餘年，著作如山，名聞四裔，年八十二而卒，學者稱隨園先生云。

鄭元慶《吴興藏書録・湖録》 邱淵之，字思玄，烏程人，博學有才識。宋太祖即位，以舊恩歷侍中，都官尚書，吴郡太守，封龍鄉縣侯，位至太常。卒贈光禄大夫，葬縣西北十四里。著有《文章新集編》百卷、《義熙以來雜集目録》三卷。《隋書》稱《宋給事中邱深之集》，以淵作深，避諱也。《吴興藝文補》云：「淵之集，《梁》爲十五卷，《隋》七卷，《唐書》僅存六卷。」宋《談鑰志》以爲有集百卷。又陳振孫，字伯玉，號直齋，安吉人。嘉定四年爲溧水教授，三載去官歸，起補紹興。寶慶三年，充興化軍通判。莆田楊氏訟其子與婦不孝，官爲逮問，則婦之翁爲人毆死，楊亦與焉，坐獄未竟，值覃霈得宥，而婦仍在家。有司以大辟既宥，不復問其餘，小民無知，亦安之。後又訟其子與婦，判官姚瑶以爲雖有讐隙，既仍爲婦，則當盡婦禮，欲併科罪。時振孫攝郡，獨謂：「父子天合，夫婦人合，人合者恩義有虧則已矣，在法合離，皆許還合，而獨於義絶不許者，蓋謂此類。況兩下相殺，又義絶之尤大者乎！初間楊罪既脱，合勒其婦休離，有司既失之矣。若楊婦盡禮于舅姑，則爲反親事讐；稍有不至，則舅姑反得以不孝罪之。當離不離，則是違法。在律，違律爲婚，既不成婚，即有相犯，並同凡人。今其婦合比附此條，不合收坐。」人皆服其得法之意。端平三年三月，以朝散大夫知台州，兼權浙東提舉常平茶鹽事，八月正除。嘉熙元年，改知嘉興府，升浙西提舉，舉行藥萬户，停廢醋庫，邦人德之。淳祐九年，以□部侍郎致仕家居，修《吴興志》，討摭舊事頗詳，未幾卒。子造，嘉興通判。

又 趙與懃，號蘭坡。嘉熙丁酉進士。父希懌，字伯和，青田人，宋燕懿王七世孫，徙居湖州。與懃工書畫，臨橅古人筆法，幾莫能辨。尤善作墨竹，創别業於蘇灣，景物殊勝。後有石洞，名「瑶阜」。嘗萃其家法書，刻爲《瑶阜帖》。歷知臨安府，晉右文殿修譔，奉祠。與兄與篙以治辦並稱於時。與篙字德淵，嘉定庚辰進士，歷官尚書致仕，卒贈少師，謚忠惠。

又 周密，字公謹，號艸窗，德清人，系本歷城。宋寶祐中歷知義烏縣，國亡不仕，號「四水潛夫」。嘗言其祖少傅素廉儉，僑寓吴興鐵佛寺，尋移天聖佛刹，幾二十年，杜門著述。密承家學，博通經史，能詩，藏名畫法書頗多，善畫梅蘭竹石。晚歲居卞山，更號「卞陽老人」，著有《綱目疑誤》、《齊東野語》、《癸辛雜識》四集、《絶妙好詞選》、《卞陽新集》、《浩然齋視聽鈔》、《雲煙過眼録》、《紹熙行禮記》、《乾淳起居注》、《歲時記》、《御教記》、《燕射記》、《唱名記》、《南宋故都宫殿記》、《市肆記》、《思陵書畫記》、《天基聖節樂次》、《乾淳教坊樂部》、《藝流供奉志》、《官本雜劇段數》、《幸張府節略》、《湖山勝槩》、《武林舊事》、《志雅堂雜鈔》。

又　茅坤，字順甫，號鹿門，歸安人。明嘉靖戊戌進士，知青陽、丹徒二縣，值旱饑，賑濟隨宜，類多奇策。每一條上，臺使者輒采而頒之佗郡邑，若功令然。召爲禮部主事，改吏部，謫判廣平。二年，晉南兵部郎，仍改禮部，遷廣西僉事。治兵府江，征猺獞，連破一十七寨。捷聞，晉爵二級，民爲立祠，遷大名副使，以事鐫職歸。作《島人傳》、《三益先生傳》以見志。已而舍中奴狐假里中，里中人羣聚而譁，適御史龐尚鵬按湖，收一二置之法，詞連坤。坤曰：「愛我者疢疾，惡我者藥石。」其服善如此。坤於書無所不讀，尤嗜《史》、《漢》、唐宋八大家，各爲詮次品藻。其自著有《白華樓稿》、《玉芝山房稿》、《耄年稿》，海内稱鹿門先生。年九十卒，葬武康雞籠山。子翁積、國縉、維。翁積字稺延，號同山，性嗜酒，飲數斗不醉，醉輒漬筆爲詩文，萬言立就，人稱李謫仙之流。翁積亦以此自命，然恃其才名，頗不自愛。太守李頤擒治之，瘐死獄中。著有《芸暉館稿》。國縉字薦卿，號二岑，萬曆癸未進士。歷官郎中，視夏鎮河，以勞瘁卒。生平好行多義，嘗割腴田五頃，以周親族。承家學，操筆立就，著有《菽園艸》。子元儀，字止生，號石民，佐孫承宗行師，歷官提督大將軍，旋以兵譁下獄，遣戍漳浦，邊事急，請募死士勤王，爲庸奸所忌，悲憤縱酒而卒，年四十五，葬武康雙石橋。維字孝若，工詩，與臧晉叔、吴翁晉、吴允兆抗行，號苕中四子。頗以經世自負，嘗詣闕上書，將召用，爲鄉人所構，幾陷大獄，卒於家。著有《十賚堂四集》、《菰園三集》、《藿忱録》。

又　沈節甫，字以安，號錦宇，烏程人。祖燦，父塾，自有傳。節甫爲兒時，嶷如成人，祖撫之曰：「是子必亢吾宗。」嘉靖己未，聯捷進士，爲禮部主事，再遷郎中。有黄冠夤緣内廷供奉，節甫持不可。已屬艸玄譔，又不奉詔，移疾歸。終母喪，起丞光禄。新鄭當國，又移疾歸。二年，新鄭去，出補尚寶丞，升少卿。萬曆五年，轉卿於南。六年致仕。十五年起南通政司、右參議，擢太常少卿。十七年，轉南光禄，條上六事，議蘇州折糧，省災民幾二萬石，擢太常卿。上薦新疏，謂：「國初本取諸畿内，遠取非新，且徒耗郵傳，飽中人橐耳。宜改派北。」不報。陞大理卿刑部右侍郎，俱在南。薦舉郎官鄒元標，略云：「元標忠君愛國之心，得于天植。而閱歷既久，造詣益深。臣每與之言，見其氣度和平而不迫，其識見通達而不偏，以斯人而在郎署，而臣之不肖，晏然臨于其上，臣心有不安焉。張居正奪情之日，與元標先後論列者，如趙用賢、艾穆、沈思孝等，今俱致位九列。而元標獨尚淹滯。臣謂如元標者，即以穆與思孝之任任之，必能爲陛下綏靖一方，不在二臣後也。」二十年，召爲工部左侍郎，署堂事。念上方非時宣索，疏請罷一切傳造，凡五上而後得旨，歲省費不貲。浙比不登，奏減織造五之一，歲運亦減三爲二，兩運所寬，率三歲省一。于河渠講究最久，廷臣紛紛上便宜，節甫一意持審，不欲妄興大役。疏言：「近日河患在河身日高，高在清口，則淮水不得出，爲祖陵憂；高在鋪口，則閘水不得出，爲運道憂。必有以治河身之高爲上策。其次開腰鋪，使黄讓淮，以安祖陵；開韓家莊使洩閘水，以保運道爲中策。若其他妄更置者爲無策。」于是諸議皆寢。三疏求歸不許。丁父憂，上特賜祭葬。又令其子淮以宫諭侍行，蓋異數云。自是不復出。終其身恬淡孤清，正直忠厚，性純孝，年踰知命，昧爽必衣冠候封公于寢，習以爲常。夜坐，漏下五六十刻，集子孫環侍封公左右。凡勝衣者必會，非問不敢發一語。封公不就寢不敢退。凜凜重足，肅若公庭。其行于族者，有義田、義學、宗老會，遠近親屬婚喪之事，有求胥應。辛丑，年六十九卒，贈都察院右都御史。予祭葬于官澤，又追贈資政大夫，謚端靖。弟之唫，禮部員外。長子淙，蘇州同知。次淮，大學士。次演，南刊部尚書。按：沈端字光伯，號兩川。正德乙卯舉人。四上春官不第。塾字子居，號巽洲，以父壯季高蹈，乃亦謝去，鉛槧隱居不出。（兩川許抄本作雨川。）

又　姚翼，字翔卿，號孺參，歸安人。父旭，高郵州判官。翼從唐一庵游，以其學禔身而劘行。嘉靖中，以貢爲新淦訓導，時同門季樂令淦，不干於私，獨學中事關縣者乃白之。再爲黄州教授，遷廣濟知縣。俗多同宗相鬻爲臧獲及結爲婚姻者，嚴禁之。而敏于決獄，數月縣少事。未夕輒卧，因扁其室曰「卧齋」。已告歸，傍南城構屋數楹，貯圖書萬卷。好讀《易》，手腕間恒懸以象齒，畫損、頤二卦于其上，雖寢食不忘左盼也。晚季自號「海屋子」，壹意養生。雖不習術家守中致虚、内外丹砂之説，而其謹服食、節情欲，内不以淄其心，外不以頹其形，翛然自肆若遺世者。年六十九卒。學者稱海屋先生。

又　潘曾紘，字昭度，烏程人。曾祖仲驂，安慶知府。祖庚星，□州同知。父名卿，舉於鄉，早卒。母貞節吴淑人教之讀書。萬曆丙辰進士，歷新蔡、商城、高陽三縣。天啓三年，召爲兵部主事，陞員外郎。崇禎初，視學河南，疏三事，曰：開錮士以正文體；嚴貢諛以正士習；改淫祠以正祀典。又言：武科之設，專欲得智謀勇力之士，以遏寇亂，非欲其藻飾太平也。而猥以策論定去取，毋乃與祖宗設科之意相背乎？爲今日計，莫如弓馬之外，有膂力絶人及長於火器，能毁家結客、自赴行間効用者，即以科目羅之，而罷策論不試，庶幾可以得士也。説者又以專程技勇，恐椎埋屠狗亦厠其間，爲功名之玷，則不其然。自來將帥，或奮以兵武，或投諸

盜賊，不可枚舉，顧其才用何如耳？以武求之，而以文收之，又以武用之，本末差池，無過此者。故曰棄策論便也。然文士之售於南宫者，天子臨軒策之，傳臚釋褐，名曰進士。武臣即得冠其儔偶，未嘗得一望見清光。臣以爲武科前列數人，陛下不妨引見差次之，以生其始進之色。又自參游而下見上官，膝行蒲伏，自同輿皁，非故典也。節概之士，有寧甘巖穴不由其塗者？故凡在武臣，固宜養其廉隅，而後可責其用命也。蓋馭武臣與文臣不同，當其寵極貴盛，不妨鋤其德色。若夫拂駿骨於鹽車，賞桐音於爨下，安知無超軼絶羣之才出，報聖天子知遇者哉！」上嘉納之。三年，遷福建副使，釋逮獄，釐鹽政，築隄防，善政甚多。明年，陟江西右布政，秩滿，士民感德乞留。加左布政，仍守南道。繕南昌、進賢諸城，濬二河三橋，以資水利。七年，晉僉都御史，巡撫南贛。九年，羽書徵天下勤王，曾紘提兵入衛，獨先諸道渡江，以勞成疾，卒于軍。賜祭葬，贈一級，報勤事也。墓在吴幹山。

嚴可均《鐵橋漫稿》卷七《全紹衣傳》 全祖望，字紹衣，號謝山，小字阿補，鄞人。年十四補諸生，始謁學宫。至名宦鄉賢祠，見謝太僕三賓、張提督杰木主，曰：「此反覆賣主賊！」捶之不碎，投頖池。雍正七年，充選貢，入都，上書禮部侍郎方苞，論《喪禮或問》，侍郎異之，由是聲稱藉甚。十年，舉進士，不第。工部侍郎李紱見其行卷曰：「深寧、東發後一人也。」十二年，詔開鴻博大科，膺薦者二百餘人，集都下，祖望譽最高。徐相國屢招致之，不往，遂深嫉之。乾隆元年成進士，改庶吉士。十月，大科朝試，相國以祖望故，特奏：「凡經保薦而已成進士入詞林者，不必再與鴻博之試。」祖望負氣爲《五六天地之中合賦》，擬進卷二首，抉《漢志》、《唐志》之微，出與試諸人右，當事者益嫉之。明年，散館列下等，外補。祖望性伉直，不能容物。先嘗患齒痛，妻張因事相規，笑曰：「此雌黄人物之報也。」卒不改，至於放黜。既南歸，丁外内艱，服除，不復謁選。性好聚書，弱冠時登范氏天一閣、謝氏天賜閣、陳氏雲在樓，遇希有之本輒借鈔。入都，鈔書不輟，坐是困乏，以行篋書二萬卷質於黄監倉，然猶就《永樂大典》取所欲見而不可得者，分例爲五：一經，二史，三志乘，四氏族，五文集。簽鈔之。及放歸，重登天一閣，借鈔不輟。家益貧，饔飧或不給，冬衣袷衣，唯韓江馬氏稍賙濟之。主講蕺山書院，不數月，與紹守不協，固辭歸。後主講端溪書院年餘，以病歸。乾隆二十年卒，年五十一。子昭德，年十三，先五月卒，議立後，而本支無其人，乃立疏族孫孫桐爲孫。盡鬻所藏書萬餘卷於盧姓，得白金二百，爲喪葬費。孫桐纔七歲，後亦不達。祖望經學、史學、詩文，雅擅衆長。生平服膺黄宗羲。宗羲著述甚多，其最傳者《南雷文定》，于殘明碧血，刻意表章。祖望踵南雷之後，亦刻意表章，詳盡而核實，可當續史。其七校《水經注》半在趙一清本中，《困學紀聞三箋》，嘉慶初屠繼序得本，梓于廣，再梓于浙，學政阮芸臺得《經史問答》，史夢蛟得手定本《鮚埼亭集》，竝梓于浙。《外集》、《詩集》亦漸次梓行。余觀古今宿學有文章者未必本經術，通經術者未必具史裁。服、鄭之與遷、固，各自溝澮，步趨其一，足千古矣。祖望殆兼之，致難得也。當事者不善護持，至使終身放廢，人既阨之，天亦阨之，然而不朽著述，久必發揚。仕不公卿，何關輕重！自祖望殁後至今五十餘年，其遺書出而盛行，知不知皆奉爲浙學之冠。故爲之傳，俟史臣之述文苑者采焉。

阮元《揅經室集・二集》卷五《知不足齋鮑君傳》 乾隆三十八年，高宗純皇帝詔開四庫館，采訪天下遺書。歙縣學生鮑君廷博集其家所藏書六百餘種，命其子仁和縣監生士恭由浙江進呈。既著録矣，復奉詔還其原書。其書内《唐闕史》及《武經總要》皆聖製詩題之。皇上御製内府《知不足齋詩》云：「齋名沿鮑氏，《闕史》御題詩。集書若不足，《千文》以序推。」注云：「齋額沿杭城鮑氏藏書室名。乾隆辛卯、壬辰，詔采天下遺書，鮑士恭所獻最爲精夥。内《唐闕史》一書，曾經奎藻題詠。嗣後其家刊刻《知不足齋叢書》，以《唐闕史》冠册，用周興嗣《千文》以次排編，每集八册，今已十八、九集，可爲好事之家矣。」

嘉慶十八年，方公受疇巡撫浙江，奉上問鮑氏叢書續刊何種？方公以續刊之第二十六集進奉。上諭：「生員鮑廷博於乾隆年間恭進書籍，其藏書之知不足齋仰蒙高宗純皇帝寵以詩章，朕於幾暇亦曾加題詠。兹復據浙江巡撫方受疇，代進所刻《知不足齋叢書》第二十六集。鮑廷博年逾八旬，好古績學，老而不倦，著加恩賞給舉人，俾其世衍書香，廣刊祕籍，亦藝林之勝事也。」

元按：君字以文，號渌飲，世爲歙人。父思詡，居于浙，娶于胡。胡卒，又娶於仁和顧，生君。君幼而聰敏，事大父能孝，念父遊四方，恒以孫代子職，得大父歡。大父卒，既葬，君父攜家居杭州。君事父又以孝聞，以父性嗜讀書，乃力購前人書以爲歡。既久，而所得書益多且精，遂裒然爲大藏書家。自乾隆進書後，蒙御賜《古今圖書集成》、《伊犁得勝圖》、《金川圖》。四十五年，南巡狩，迎鑾獻頌，蒙賜大緞二疋。疊膺兩朝異數，褒奬彌隆。君以進書受知，名聞當世，謂諸生無可報稱，乃多刻所藏古書善本，公諸海内。至嘉慶十八年，年八十有六，所刻書至二十七集。未竣，而君以十九年秋卒。遺命子士恭繼志續刊，無負天語之褒。君勤學躭吟，不求仕進，天趣清遠，嘗作《夕陽詩》甚工，世盛傳之，呼之爲「鮑夕陽」。元在浙

常常見君，從君訪問古籍。凡某書美惡所在，意指所在，見于某代某家目録，經幾家收藏，幾次鈔桒，真僞若何，校誤若何，無不矢口而出，問難不竭。古人云，讀書破萬卷。君所讀破者，奚翅數萬卷哉！

錢儀吉《碑傳集》卷一八宋犖《資政大夫刑部尚書王公士禎暨配張宜人墓誌銘》 新城大司寇王公以疾薨於家，余既爲位以哭，越三月，孤子啓涑等以公與宜人合葬有日，謂稔知公者莫余若，乃奉其行述來請銘。余與公生同庚，仕同時，謬以文章氣誼定交京師。嗣是，宦跡各天，每歲郵筒往復，商榷詩文，都不及世俗事，相好無間者數十年。昔鍾子期死，伯牙不復鼓琴，傷知音者稀也。余與公唱和久，切劘攻錯，辱附賞音，聞公凶問，愴然有棄琴之感；矧年迫桑榆，舊遊星散，忍無一言報公九原，而違諸孤之請耶！按狀：

公諱士禎，字子真，一字貽上，號阮亭。先世自諸城徙家新城，爲濟南望族，代有隱德。自潁川公以下，三世皆以太師公象乾貴，累贈少師兼太子太師、兵部尚書。太師公母弟方伯公，諱象晉，以公貴，贈資政大夫、經筵講官、刑部尚書。季子明經公，諱與敕，以公貴，累贈如其官，生子四，公其季也。公生有異稟，初入家塾，善屬對，能五七言詩，不由師授，出語往往驚其長老。年十一，應童子試，縣、府、道皆第一。十八歲，中順治辛卯鄉試。闈中定元，三日旋改第六，品格實駕元之上。祖方伯公年九十一，猶及見，以家藏邢太僕書《白鸚鵡賦》賜之。乙未，中會試。公欲專攻詩古文詞，不與殿試。明年，省伯兄西樵公於東萊學舍，晨夕唱和，有作成囊。

戊戌，殿試二甲，謁選，得揚州推官。揚當孔道，四方舟車畢集，人苦應接不暇，公以遊刃行之，與諸名士文讌無虚日。嘗因公事往來白門、吴下。詩日益工，始自號漁洋山人。漁洋，太湖中山也。庚子秋，充鄉試同考官，名士多出其門。讞海寇諸重案，全活無辜甚衆。又設法募諸大僚及衆商，代輸欽贓二萬，揚屬積逋一清。癸卯冬，充武闈同考官，甲辰會元，其首卷也。官揚五年，遷禮部主客司主事。與同朝諸名公爲詩會，合肥龔宗伯主壇坫。時余自黄州通判入覲，始與公定交，如平生歡。已，遷儀制司員外郎。旋榷清江關，司船廠，屏除陋規。任滿，遷户部福建司郎中。壬子秋，典四川鄉試，歸途丁母艱。服除，補户部四川司郎中。

時，上留意古學，特詔公懋勤殿試詩，稱旨。次日傳諭：「王某詩文兼優，著以翰林官用。」遂改侍講，旋轉侍讀。本朝由部曹改詞臣自公始，實異數也。上令入直南書房，頒賜飲食、文綺無算。尋充《明史》纂修官。

己未冬，典順天武闈會試，先後三狀頭，皆其門下，人豔稱之。次年，遷國子祭酒，禁絶餽遺，取士多高才生，士以不出大賢門下爲恥。首奏請定孔廟祀典依成、宏間儀制；又請正從祀諸賢位號，及增從祀理學真儒；又請修經史舊板，雖部議未允行，而有功正學，良不愧人師矣。

甲子冬，遷詹事府少詹事兼翰林院侍講學士。旋奉命代祀南海，禮成，歸次遊廬山，謁闕里。復命後一日，即請假歸省。俄聞贈公已先十日卒，徒跣慟哭，作孺子啼。蓋公生而孝友，雖期功之喪，亦必欷歔累日，輒廢寢饋，至性不可及也。葬畢，赴補，晉都察院左副都御史。尋遷兵部督捕右侍郎，充經筵講官、三朝國史副總裁。其在督捕三年，酌定條例，奏請准行，意在和平寬厚，不輕提一人，用杜州縣之擾，軍民德之。辛未，主試禮闈，文風特盛。壬申，補户部右侍郎兼轄京、省錢法。甲戌，轉左。前後官户部七年，苞苴不入，蕭然如寒素，尤爲人所難。丙子春，載命代祀西嶽、西鎮、江瀆。戊寅，晉都察院左都御史，正己率屬，務持大體。仍命直南書房，編纂御集。會御史郭金城上疏請裁冗員，下九卿議，遂有欲裁御史數員者，公力持不可，曰：「國初設都察院御史至六十員，後減至四十員。及停止巡按之差，往往乏人，余方欲議增數員，豈可裁耶？如論有異同，余必上疏争之。」同朝韙其言，事乃已。是冬，晉刑部尚書。遇秋審、朝審，平反矜慎，民賴以不冤。蓋自理刑内擢，以迄副憲、總憲，會議多主寬和，久有仁人之稱，而司寇其尤著者也。

辛巳春，請假遷葬，准尅期五月，不必開缺，主眷之隆，得未曾有。行裝無長物，載書數車以隨，好事者爲作圖畫。還朝未久，以申告冤抑一案失出罷官，公即日就道，送者填塞衢巷，莫不攀轅泣下。歸葺夫于亭，日事著述，不與聞門外事。四方求詩文者，接踵而至，公亦灑然自得，有請輒應，人人厭其欲而去。庚寅冬，上諭内閣，詢順治年間進士在籍者，已無多人，念公老成宿望，以公事罣誤，特命復職。公聞命涕泣，扶病北向拜；又草疏，命子啓汸詣闕馳謝。皇上眷念舊臣，始終以禮如此。唐太宗賜蘇味道詩「君臣千載遇，忠孝一生心」，公足以當之矣。亡何病劇，伏枕猶爲揚州居烈婦立傳，口授兒子書之。蓋其居平不忘宿諾，大率類是。

公長身修髯，無聲色博弈之好，惟嗜讀書，公餘手不釋卷。性好客，坐上恒滿，談言亹亹，至夜分不倦。從不干人以私，子弟應試，雖門生故舊爲主司，未嘗以一言囑也。又好汲引士類，見人有一長，稱之惟恐不及，以故遠近士大夫咸歸之。嘗云：「余在九卿中，薦舉人才甚夥，率不令其人知之。他如老宿孤寒，藉齒牙以成

名者，不可縷指。」同年鈍翁汪公，性嚴厲，不輕許可，人多舍汪而就公，謂「如坐春風中也」。

又卷四五陳壽祺《黄虞稷傳》　黄虞稷，字俞邰，泉州晉江人。父居中，明季爲南京國子監丞，遂家江甯。兄虞龍，字俞言，少有逸才，早卒。虞稷七歲能詩，號神童。十六入縣學。兩世藏書至八萬餘卷，與江左諸名士爲經史會。困諸生三十餘載。康熙十七年舉博學鴻詞，遭母喪不與試。既，左都御史徐元文薦修《明史》，召入翰林院，食七品俸，分纂列傳及《藝文志》，轂下士大夫率就之借書。二十三年，充《一統志》館纂修。二十八年，總裁官元文請假歸，特詔攜《志》稿於家編輯，元文奏言：「虞稷問學淵博，健文筆，乞隨相助。」許之。虞稷至包山書局，刻苦披討，逾年力疾竣事，竟以勞卒，年六十有三。虞稷篤内行，持矜廉而勇於義。王士禎、毛奇齡、吴雯咸稱其詩。有《千頃堂書目》、《楮園雜志》、《我貴軒》、《朝爽閣》、《蟬窠》諸集。

又卷一三八徐乾學《通議大夫一等侍衛進士納蘭君性德墓誌銘》　嗚呼！始容若之喪，而余哭之慟也。今其棄余也數月矣，余每一念至，未嘗不悲來填膺也。嗚呼，豈真師友之情乎哉！余閲世將老矣，從吾遊者亦衆矣，如容若之天姿純粹，識見高明，學問淹通，才力强敏，殆未有過之者也，天不假之年，余固抱喪予之痛，而聞其喪者，識與不識皆哀而出涕也，又何以得此於人哉！太傅公失其愛子，至今每退朝望子舍必哭，哭已，皇皇焉如冀其復者，亦豈尋常父子之情耶！至尊每爲太傅勸節哀，太傅益悲不自勝。余間過相慰，則執余手而泣曰：「惟君知我子，惠邀君言以掩諸幽，使我子雖死猶生也。」余奚忍以不文辭。顧余之知容若，自壬子秋榜後始，迄今十三四年耳。後容若入侍中，禁廷嚴密，其言論梗槩有非外臣所得而知者，太傅屬痛悼，未能殫述，則是余之所得而言者，其於容若之生平，又不過什之二三而已。嗚呼！是重可悲也。

容若，姓納蘭氏，初名成德，後避東宫嫌名，改曰性德。年十七，補諸生，貢入太學，余弟立齋爲祭酒，深器重之，謂余曰：「司馬公賢子非常人也。」明年，舉順天鄉試，余忝主司，宴於京兆府，偕諸舉人青袍拜堂下，舉止閒雅。越三日，謁余邸舍，談經史源委及文體正變，老師宿儒有所不及。明年，會試中式，將廷對，患寒疾，太傅曰：「吾子年少，其少竢之。」於是益肆力經濟之學，熟讀《通鑑》及古人文辭，三年而學大成。歲丙辰，應殿試，名在二甲，賜進士出身。閉門掃軌，蕭然若寒素，客或詣者，輒避匿，擁書數千卷，彈琴詠詩，自娱悦而已。

未幾，太傅入秉鈞，容若選授三等侍衛，出入扈從，服勞惟謹，上眷注異於他侍衛。久之，晉二等，尋晉一等。上之幸海子、沙河、西山、湯泉及畿輔、五臺、口外、盛京、烏剌，及登東嶽，幸闕里，省江南，未嘗不從，先後賜金牌、采緞、上尊御饌、袍帽、鞍馬、弧矢、字帖、佩刀、香扇之屬甚夥。是歲萬壽節，上親書唐賈至《早朝》七言律賜之。月餘，令賦乾清門應制詩，譯御製《松賦》，皆稱旨。於是外庭僉言上知其有文武才，非久且遷擢矣。嗚呼，孰意其七日不汗死耶！容若既得疾，上使中官侍衛及御醫日數輩絡繹至第診治。於是上將出關避暑，命以疾增減報，日再三。疾亟，親處方藥賜之，未及進而殁。上爲之震悼，中使賜奠，卹典有加焉。容若嘗奉使覘梭龍諸羌，其殁後旬日，適諸羌輸款，上於行在遣宫使拊其几筵哭而告之，以其嘗有勞於是役也，於此亦足以知上所以屬任之者，非一日矣。嗚呼！容若之當官任職，其事可得而紀者止於是矣。余兹以其孝友忠順之性，慇勤固結，書所不能盡之言，雖若可髣髴其一二，而終莫得而悉，爲可惜也。

容若性至孝，太傅嘗偶恙，侍左右，衣不解帶，顔色黝黑，及愈乃復。友愛幼弟，弟或出，必遣親近傔僕護之，反必往視，以爲常。其在上前，進反曲折有常度。性耐勞苦，嚴寒執熱，直廬頓次，不敢乞休沐。自幼聰敏，讀書過目不忘，善爲詩，尤工於詞，自唐、五代以來諸名家詞皆有選本，撰《詞韻正略》。所著《側帽集》，後更名《飲水集》者，皆詞也。好觀北宋之作，不喜南渡諸家。而清新秀雋，自然超逸，海内名爲詞者皆歸之。嘗請予所藏宋、元、明人經解鈔本，捐資授梓，每集爲之序，他論著尚多。其書法摹褚河南，臨本禊帖，間出入於《黄庭内景經》。當入對殿廷，數千言立就，點畫落紙無一筆非古人者，薦紳以不得上第入詞館爲容若歎息，及被恩命，引而置之珥貂之列，而後知上之所以造就之者，别有在也。

容若數歲即善騎射，自在環衛，益便習，發無不中。其扈蹕時，雕弓書卷，錯雜左右，日則校獵，夜必讀書，書聲與他人鼾聲相和。間以意製器，多巧倕所不能。於書畫評鑒最精。其料事屢中，不肯輕爲人謀，謀必竭其肺腑。嘗讀趙松雪自寫照詩有感，即繪小像，倣其衣冠。坐客或期許過當，弗應也。余謂之曰：「爾何酷類王逸少。」容若心獨喜。所論古時人物，嘗言王茂宏闒闒，心術難問；婁師德唾面自乾，大無廉恥。其識見多此類。間嘗與之言往聖昔賢修身立行，及於民物之大端，前代興亡理亂所在，未嘗不慨然以思。讀書至古今家國之故，憂危明盛，持盈守謙，格人先正之遺戒，有動於中，未嘗不形諸色也。嗚呼！豈非大雅之所謂亦世克生者耶，而竟止於斯也，夫豈徒吾黨之不幸哉！

李元度《國朝先正事略》卷九《徐建庵尚書事略》 崑山徐健庵尚書乾學，八歲能文，十三通五經，爲顧公錫疇所賞。康熙九年，一甲三名進士，以編修主壬子順天鄉試，拔韓公菼於遺卷中，遂大魁天下，文體爲一變。坐取副榜不及漢軍，鐫級歸。十四年，復原官，擢贊善。丁内艱，葬祭悉遵古禮。著《讀禮通考》百二十卷。服除，以贊善充《明史》總裁官，異數也。累遷侍講學士，晉詹事。二十四年，御試翰詹諸臣，公冠其偶。諭奬公暨侍讀韓菼、編修孫岳頒、侍講歸允肅、編修喬萊學問優長，文章古雅，升賞有差。公尋直南書房，擢内閣學士，充《會典》、《一統志》副總裁，教習庶吉士。會郎中色楞額請禁用明代舊錢，尚書科爾坤、余國柱等議如所請，公言不可。因考自漢至明故事，爲議以獻。上是公言，事遂寢。二十五年，諭吏部學士徐乾學、張英宜留辦文章之事，勿開列巡撫。尋授禮部侍郎，充經筵講官。公弟元文，字立齋，官總憲時，疏言：「滿洲漢軍官宜一體守制二十有七月，其外官丁憂，不許候代治事。又申律文居喪作樂、筵宴、嫁娶之禁。」及公貳禮部，謂「禮以教孝爲本，百日釋服及舉殯演劇，爲非禮之尤。滿洲京朝官頗沿舊習，請嚴禁。」蓋與立齋大旨互相發也。又請停歲貢廷試，免遠涉。時公被命纂修《鑑古輯覽》及《古文淵鑒》。【略】尋上疏乞放歸，上不聽公去，以疏辭懇切，許解部務，仍領各館總裁，三日一直内廷。初，甲子秋，公季子樹屏與立齋長子樹聲同舉順天鄉試。上以是科所取南皿卷，皆江浙人，而湖廣、江西、福建無與者，下九卿磨勘。忌者遂坐樹屏等文體不正，議當斥，且送法司質訊。上不聽，僅落二子舉人，而公兄弟任如故。至是，考選科道，公子樹谷、炯俱在選中。立齋在閣，循故事，乞回避。上不允，特用樹谷爲御史。而副都御史許三禮遂緣是劾公，且謂公潛住京師。部議坐三禮誣，鐫級。三禮益恚，復訐公贓罪。上仍嚴飭之。公再疏乞骸骨。上允所請，命以書局自隨，諭曰：「《一統志》記載須詳核，《宋元通鑒》原書牴牾舛錯，卿學博才優，其殫心參訂，纂輯進覽。」所奏俱依議行。時已仲冬，上命且過冬行，無觸寒爲也。二十九年春，抵家，命樹谷賫疏謝。上命張尚書英傳旨問樹谷：「而父安否？」且傳賫奏家僮至午門，問途中起居狀，上蓋念公不置也。公僦居洞庭東山，而江督傅臘塔劾公兄弟罪，入子侄名幾盡。上寢其疏不問。

又一年，而有山東濰縣令之事。濰令朱敦厚者，故明死事巡撫之馮子也，以加火耗爲巡撫佛倫所劾，論死，并劾公曾致書前任巡撫錢珏，徇庇敦厚，又以行賄狀掠訊敦厚，冀傾公，不承，乃已。然公與珏均坐是落職。自是而媒蘖公者不已。嘉定知縣聞在上坐私派得罪，閱時二年矣，令忽承曾遺公子樹敏金而卻之遲，復坐公子罪，論絞，欲重危公。會聖祖詔諭天下，以内外臣工私怨相尋，牽連報復，逮於子弟，殊非朝廷保全體恤之意。諸齕公者，乃稍稍解，而樹敏得贖罪。時書局撤，復奉命續進所定草。公避居嘉善，已又栖息郡西華山之鳳村。上久益思公，有旨召用，而公不及聞新命矣。以康熙三十三年四月薨。遺疏入，復原官。年六十有四。

公自爲翰林，以文學受知。在南書房，凡有叩問，應如響。既轉禮部，上特命凡内閣制誥文章，仍令管理。掌都察院時，行幄適有表啓不稱旨，乃屬爲之。公途次伏地草奏，上善之。問誰爲是者，衆以公對，時已有楚獄矣。上曰：「文字乃仍須徐其撰耶？」上嘗出御制文集四十卷，命公編校。儒臣尤以爲榮。嘗得嘔噦疾，上曰：「此疾惟虎胃可療。如不痊，朕何惜一虎？」在經筵，御賜「博學明辨」四大字。及歸，御書「光焰萬丈」字，以寵其行。

公他所建白甚衆，議論棘棘不阿，不喜爲調停之説。在禮部時，山西巡撫某以溺職逮，廷臣會議，有言其居官安静者。上詰責，則諉之陳公廷敬，公獨抗言無是語，衆皆愕怡。公出曰：「我上不敢欺朝廷，下不敢負朋友也。」公負海内望重，一時耆宿、山林遺老皆輕千里從公，邸舍客滿，僦别院居之。如檢討陳君維崧、倪君燦、吴君任臣及黄徵士虞稷、吴孝廉兆騫死，皆公所殯葬。公愛才若渴，絶不爲私。然交遊太廣，其家人門下客，不無緣之爲奸利，而士之失職不平者復鼓唇舌其間，蜚語傳播，致屢入彈章。賴天子明聖，得保全。公歸時，送公者雖三館之吏皆哭失聲，曰：「公去，誰活我者？」

讀書過目不忘，能五官并用。嘗與姜編修宸英觀古碑，碑甚高，公令人掖以上，横閲之，已，又横閲其中下段，遂能盡舉其詞。編修大驚，以爲絶才無對也。所藏書極富，聖祖詔求遺書，公疏進十有二部，温旨留覽。今《傳是樓書目》猶行世。

公嘗言：「寧人負我，毋我負人。」又曰：「做官時少，做人時多；做人時少，做鬼時多。」故不特文學爲時山門，而風節尤至老不衰云。

又卷一〇《張清恪公事略》 儀封張清恪公伯行，字孝先，晚號敬庵。父巖，邑諸生，明季奉母避亂，兄爲寇掠，被棰幾斃，負而逃出。族有嫠婦馬氏、郭氏、王氏，悉爲立后。歲祲，煮粥以賑，全活甚衆。祀鄉賢。

公舉康熙二十四年進士。歸築精舍南郊，縱觀諸子百家，及讀小學《近思録》，乃恍然曰：「入聖門庭在是矣。」讀書七年，補内閣中書。父憂歸，啜粥三年，不入内室。服闋，建請見書院，與鄉人士講明正學。【略】莅閩，值旱荒，發帑賑，歲遣官

買米平糶。禁米船入海，絶盜糧，擒巨盜陳首魁、吴海等。疏請增鄉試中額十名。從之。建鰲峰書院，祀宋五先生。集諸生院中，日纂録古人嘉言善行，依小學諸綱目，條貫成書，手定爲八十六卷，曰《小學衍義》，以教諸生。設藏書樓，購經籍四百六十餘種。毁淫祠，贖女尼爲民婦。先是，臺灣兵屢鼓噪，公謂倡亂之人平日必多不法，以他事除之，煽誘自絶。鎮臣如公教，後無嘩者。公治尚嚴明，貪吏奸胥輒盡置之法，政教大行。其禁止饋送檄有云：「一銖一黍，民脂民膏。寬一分，民受一分之賜；受一文，身受一文之污。」時傳誦之。【略】五十二年，進《濂洛關閩集解》。疏薦福建布政使李發甲、臺灣道陳瑸、前祭酒余正健。旋奏免揚州落地税，且曰：「臣衙門舊有鹽課陋規二萬兩，臣在任五年，絲毫弗取，衆商願每歲捐銀千二百兩抵解税銀。」得旨俞允。

明年疏請嚴海禁。尋劾布政使牟欽元藏匿通洋匪棍張令濤，請旨革職著追。張令濤者，噶禮前劾公拖弊之船埠張元隆，即其弟也。時部檄搜緝海寇鄭盡心餘黨，崇明鎮弁，詰一船人照不符，得元隆爲之關通領照狀，又上海民顧協一訴令濤占踞房屋，謂其舊爲噶禮幕客，今匿牟欽元署中，有水寨數處，窩藏海賊。公捕治令濤，因劾欽元。得旨革職，下總督赫壽察審。赫壽奏：「協一所控無左驗，欽元署中亦無令濤。」上復命尚書張鵬翮、副都御史阿錫鼐赴鎮江審勘，遂劾公狂妄自矜，請解官嚴訊。疏六上，上不得已，允之。時公因事赴常州，即舟中解綬去，伴送鎮江，夜分對簿，多方摧折，并脅幕下客代承。鵬翮等奏元龍、令濤皆良民，伯行誣劾。上責其不能盡心研審，令再詳訊，并命公回奏。公疏言：「張令濤在藩幕，乃其子張二所供也。牟欽元匿使不出耳。」未幾，竟坐公挾詐欺，公誣陷良民，議斬。公處之恬然，讀書晝夜無間，爲門人講説，成講義數十篇。居半歲，體加充，色加睟。獄上，聖祖不從，命公免罪入都。過揚州，父老數萬焚香夾兩岸行，求停舟一見，爲監行胡同知所格。抵京，公請陛見，使臣不可，以付吏。上命使臣同公陛見，且曰：「張伯行原無罪，當以錢糧事任之。」明日召對，命講《太極圖説》，入直南書房。權倉場總督，奏除積弊。

五十五年，奉命往賑順天、永平二府，講行社倉法。明年，典順天鄉試。時方督糧通州，特召入闈，異數也。旋授户部侍郎，兼督倉場。六十年，總裁會試。所得士來謁，必告以聖賢之學，務實心報國，不可汩没勢利，負科名。會河決，召對行在，論河務。以母病歸省，命便道視武陟決口。明年春，與千叟宴，偕諸臣入謝，皆賜坐。諭曰：「汝等皆大臣，當惠愛百姓。如張伯行爲巡撫時，是真能以百姓爲心者也。」十一月，世宗即位，眷公舊臣逾常格，命與議政，賜紫禁城騎馬，遷禮部尚書。御書「禮樂名臣」額賜之。上親郊，前三日視牲。故事，皆王公、大學士行禮，上特以命公。雍正二年，進《續近思録》，張南軒、陳克齋、陳北溪、許魯齋諸集。命赴闕里致祭，追王先聖五代。便道歸省親。建議以明儒羅欽順、本朝陸隴其從祀兩廡，又請以宋儒張子之父張迪配享崇聖祠。從之。

三年二月，薨於位，年七十有五。遺疏請「崇正學，勵直臣，爲千古第一首出之君，綿萬世無疆之祚」。天子悼之，贈太子太保，予祭葬，於恤典外加祭一次，遣大臣奠醊，命部寺漢堂官及科道於諭祭日齊集，出殯日會送。賜謚清恪。

公歷官二十餘年，未嘗携眷屬。初任濟寧，隨行止四人，撫閩十二人，撫吴十三人。日用蔬菜、米麥、尺帛寸絲，以至磨牛、碾石，皆自河南運載之官。初莅閩，官廨帷幕皆錦綉，驚問吏，以行户鋪設對，盡撤還之。比移吴，先檄所屬禁陳設。無錫令送惠山泉，受之，後聞亦派民舟載送，即卻不受。治民以養爲先，以教爲本。遇災祲，則請蠲請賑，廣設常平義社倉。所至必修建書院、學舍。閩士肖公象祀於鰲峰，吴人建春風亭於公祠，與于清端、湯文正兩祠并峙。在濟寧時，疏浚灉河，兖州十五縣無水患；又捐資築五坌口堰，引水入灉。士民蒙利，立生祠五坌口。公按察江蘇時，始至，未受篆，即過方望溪先生，辭，不獲，公入曰：「吾迫欲一見論學耳。」望溪曰：「某未知學，但聞守官之大戒二。其一義利也。公既皭然不滓矣，進乎此，則利害非知命而不惑者不能無摇。」公韙之。及撫江蘇，首劾噶禮。望溪適以《南山集》牽連赴詔獄。噶禮遂劾公久閉方苞於官舍，不知所著何書。人皆爲公危，而聖祖之宥苞，實自此始。

公天性朴誠。凡所設施，皆本於實踐，而尤以力崇程朱爲己任。及門受學者幾千人。輯《遵學源流》、《道統録》，以明聖賢之宗傳；輯《伊洛淵源録續録》，以明諸儒之統緒；輯《小學衍義》、《小學集解》、《養正類編》、《訓蒙詩選》，以端蒙養之教；輯《學規類編》、《學規衍義》、《程氏家塾分年日程》、《原本近思録集解》、《續近思録》、《廣近思録》、《性理正宗》、《諸儒講義》，以垂正學之型；輯《家規類編》、《閨中寶鑒》，以示修齊之範；輯《濂洛關閩集解》，以配《學》、《庸》、《語》、《孟》，名曰《後四書》。謂許、薛、胡、羅爲周、程、朱、張之正傳，其文集及《讀書録》、《居業録》、《困知記》，皆選刻行之；謂陸稼書學朱子，爲許、薛、胡、羅之繼起，就其家搜訪遺書，得《問學録》、《讀朱隨筆》、《讀禮志疑》，爲鏤板以傳；謂楊龜山、謝上蔡、尹和靖、羅豫章、李延平，衍程子之派者也；張南軒、吕東萊，取資於朱子者也；黄勉

齋、陳北溪、陳克齋，受學於朱子；真西山、熊勿軒、吴朝宗，私淑於朱子者也；有明之學得其正，而不爲邪説搖者，曹月川、陳剩夫、崔後渠、汪仁峰、蔡汶濱也；本朝之學，宗朱子者，張楊園、陸桴亭、汪默庵、陳確庵、魏環溪、耿逸庵、熊愚齋、吴徽仲、施成齋、諸莊甫、應潛齋、劉仁寶也。凡諸儒述作，莫不精擇而校刊之，而朝宗、徽仲、成齋、莊甫皆隱居力學，世莫能知，公特爲表章，尤見闡幽之義云。公不從陸王之學，然未嘗著書辟之。惟校刻程啓曒之《閑辟録》、陳清瀾之《學蔀通辨》、張武承之《王學質疑》，以示學者；又重刻諸葛忠武、陸宣公、韓魏公、范文正、司馬温公及文文山、謝疊山、方正學、海剛峰、楊椒山、楊大洪諸文集。其《三朝名臣言行録》、《四書止宗》、《學易編》、《五經大全》，則皆未成之書也。所自著者，曰《困學録續録》、《正誼堂文集》。

又卷二一七《黄梨洲先生事略》 黄梨洲先生宗羲，字太沖，浙江餘姚人。明御史忠端公尊素長子。忠端爲楊、左同志，以劾魏閹死詔獄。莊烈帝即位，先生年十九，袖長錐入都訟冤。至則逆閹已磔，即具疏請誅曹欽程、李實。會庭鞫許顯純、崔應元，先生對簿，出所袖錐，錐顯純，流血被體，又毆應元，拔其須，歸祭忠端神主前。又錐殺牢卒葉咨、顔仲文，蓋忠端絶命二卒手也。時欽程已入逆案，實訴辨原疏非己出，陰致三千金賄先生，求勿質。先生發其事，復於對簿時錐之。獄竟，偕諸忠子弟設祭獄門，哭聲達禁中。莊烈帝嘆曰：「忠義孤兒，可念也。」

先生歸，益肆力於學，經史百家，無所不窺。憤科舉之學錮人，思所以變之。既盡發家藏書讀之，不足則抄之同里世學樓鈕氏、澹生堂祁氏，南中則千頃齋黄氏、絳雲樓錢氏，且建續抄堂於南雷，以承東發之緒。山陰劉忠正公倡道蕺山，奉忠端遺命，從之游。而是時越中承海門周氏之緒餘，援儒入釋，石梁陶氏奭齡爲之魁，姚江之緒大壞，先生約吴越中高材生力摧其説。故蕺山弟子如祁忠敏公彪佳、章給事正宸皆以名德重，而四友禦侮之助，必首先生。蕺山之學，專言心性，而漳浦黄忠端公兼及象數，人比之程、邵兩家。先生曰：「是開物成務之學也。」乃出所學律曆諸書相質证。弟宗炎、宗會并負異才，先生自教之，有東浙三黄之目。及周延儒再召，謀翻逆案，起馬士英督鳳陽，爲阮大鋮地。於是南太學諸生作《留都防亂公揭》，斥大鋮。陳公子貞慧、沈徵君壽民、吴秀才應箕、沈上舍士柱共議，東林子弟推無錫顧杲居首，璫禍諸家推先生爲首，餘以次列名。戊寅秋七月事也。【略】其後，海上傾覆，先生無復望，乃奉太夫人返里門，畢力著述，而四方請業之士漸至矣。自言受學蕺山時，頗喜爲氣節斬斬一流，患難後始多深造，而追恨爲過時之學。丁未，復舉證人書院，申蕺山之緒。已而之鄞、之海寧，巡撫張公以下，皆請開講。先生不得已應之。先生謂明人講學，襲《語録》之糟粕，不以六經爲根柢，教學者必先窮經，而求事實於諸史。又謂讀書不多，無以证斯理之變化，多而不求諸心，則爲俗學。蓋先生以濂洛之統綜會諸家，横渠之禮教、康節之象數、東萊之文獻、艮齋止齋之經術、水心之文章，莫不旁推交通，自來儒林所未有也。

康熙戊午，詔征博學鴻儒。葉學士方藹擬疏薦，陳庶常錫嘏曰：「是將使先生爲疊山、九靈之殺身也。」力止之。會修《明史》，徐學士元文謂先生非可召試者，然或可聘之修史，乃與興化李公清同征，詔督撫以禮敦遣。先生固辭。朝廷知不可致，特詔浙中督撫抄先生著述關史事者送京師。徐公延先生子百家，及萬處士斯同、萬明經言任纂修，皆先生門人也。先生以書報徐公，且諧之曰：「昔聞首陽山二老托孤於尚父，遂得三年食薇，顔色不壞。今吾遣子從公，可以置我矣。」當是時，聖祖表章儒術，大臣多鉅人長德，顧皆以不能致先生爲恨。魏公象樞曰：「生平願見不得者三人，夏峰、梨洲、二曲也。」湯公斌曰：「黄先生論學，如大禹導水導山，脈絡分明，吾黨之斗杓也。」庚午，徐尚書乾學侍直，上訪及遺獻，復以先生對，且言：「曾經臣弟元文疏薦，老不能來。」上曰：「可召至京，朕不授以事。」即欲歸，當遣官送之。」徐公對以篤老無來意，上嘆息不置。

先生卒於康熙乙亥秋，年八十有六。初嘗生壙於忠端墓旁，中置石床，無棺槨。作《葬制或問》，援趙邠卿、陳希夷例，戒身後無得違命。蓋自以遺家國之變，期於速朽，而不欲顯言其故也。

所著有《明儒學案》六十二卷，三百年儒林之藪也；《易象數論》六卷，力辨河洛方位圖象之非；《授書隨筆》一卷，則閻徵君若璩問《尚書》而告之者；《春秋日食曆》一卷，辨衛璞所言之謬；《律吕新義》二卷，則嘗取餘杭竹管肉好停匀者，斷之，爲十二律及四清聲試之，因廣其説者也；又以蕺山有《論語大學中庸解》，獨闕《孟子》，乃疏爲《孟子師説》四卷；嘗欲重修《宋史》，未就，存《叢目補遺》三卷；輯《明史案》二百四十四卷、《贛州失事》一卷、《紹武争立紀》一卷、《四明山寨紀》一卷、《海外痛哭紀》一卷、《日本乞師紀》一卷、《舟山興廢》一卷、《沙定洲紀亂》一卷、《賜姓本末》一卷；又《汰存録》一卷，糾夏考功《幸存録》者也。歷學則少有神悟，及在海島，古松流水，布算簌簌，嘗言勾股之法乃周公商高之遺，而後人失之，使西人得以竊其傳。有《授時曆注》一卷、《大統曆推法》一卷、《授時曆假如》一卷、《西曆》、《回曆假如》各一卷，外尚有《氣運算法》、《勾股圖説》、《開方命算》、《測圓要義》，共

若干卷。其後，梅徵君文鼎本《周髀》言曆，世驚爲絶學，實先生開之。《南雷文案》十卷、《外集》一卷、《吾悔集》四卷、《撰杖集》四卷、《蜀山集》四卷、《子劉子行狀》二卷、《詩歷》四卷、《忠端祠神弦曲》一卷，後分爲《南雷文定》，凡五集。晚年又定爲《南雷文約》，合之得四十卷。《明夷待訪録》二卷、《留書》一卷，則佐王之略。顧先生炎武見而嘆曰：「三代之治可復也。」《思舊録》二卷，中多庀史之文。又選《明文案》，廣之爲《明文海》，共四百八十二卷，閲明人文集二千餘家，自言與十朝國史相首尾，而別屬李徵君鄴嗣爲《明詩案》，未成，而李卒。又輯《宋元儒學案》，以志七百年儒苑門户。又嘗續《宋文鑑》、《元文抄》，以補蘇、吕二家之闕，未成編，卒。又以蔡正甫之書不傳，作《今水經》。其餘《四明山志》、《臺宕紀游》、《匡廬游録》、《姚江文略》、《姚江瑣事補》、《唐詩人傳》、《病榻隨筆》、《黄氏宗譜》、《黄氏喪制》及自著《年譜》，共若干卷。先生文不名一家，晚年忽愛謝皋羽，所處之境同也。雖不赴征車，而史局大議必咨先生。歷志出吴檢討任臣之手，總裁千里遺書，乞審正而後定。嘗論《宋史》別立《道學傳》，爲元儒之陋，《明史》不當仍其例。朱檢討彝尊適有此議，湯公斌出先生書示衆，遂去之。於國難諸公，表章尤力。至遺老之以軍持自晦者，久之或嗣法開堂。先生曰：「是不甘爲異姓之臣者，反甘爲異姓之子也。」故所許止四明周囊云一人。弟宗會，晚年好佛，爲反復言其不可，於二氏之學，雖其有托而逃者，猶不少寬焉。晚年益好聚書，所抄自鄞之天一閣范氏、歙之叢桂堂鄭氏、禾中倦圃曹氏，最後則吴中傳是樓徐氏。然嘗戒學者當以書明心，無玩物喪志也。

又卷三五《朱竹君先生事略》 先生諱筠，字東美，一字竹君，號笥河，大興人，文正公珪兄也。年十三，通七經。十五，與文正同補諸生，負文名。順天尹蔣公炳招劉文定綸、程文恭景伊、錢文敏維城、莊侍郎存與、莊學士培因及先生兄弟飲，試以《昆田雙玉歌》，諸公激賞。

乾隆十九年成進士，選庶吉士，授編修。二十六年分校會試。丁父憂，哀毁骨立。先生素無宦情，服闋，遍游天下名山，已乞假矣。上召見文正，詢家事，曰：「兄實「翰林無定額，汝兄當補官，不比汝需缺也。」文正以告掌院，索假呈歸。曰：「兄實無疾，恐上再詰問，不敢欺。其强爲弟起。」先生不答，既而覼然曰：「弟敗我清興矣！」是年授贊善。明年大考，擢侍讀學士，充日講官，知起居注。戊子，分校順天鄉試。己丑，分校會試。庚寅，典福建鄉試。辛卯，分校會試。是年秋，提督安徽學政。安徽故多朴學，先生重刻許氏《説文》以詔學者，謂爲學必先識字。躬拜奠婺源江永、汪紱之主，祀之鄉賢以勸士。

先生初爲劉文正統勛所知，以爲疏俊奇士。及在安徽，會高宗下詔求遺書，先生奏言：「翰林院貯有《永樂大典》，内多古書，世未見者。請開局使校閲。」且言搜輯之道甚備。時劉文正在軍機處，顧不喜，謂非爲政之要，欲議寢之。而金壇于文襄敏中獨善先生奏，與文正固争執，卒用先生説上之。四庫全書館自是開矣。館開凡十有三年而書成，共存書三千四百六十種，計七萬五千八百五十有四卷，其得自《永樂大典》者凡五百餘部，皆世所不傳本也。先生又請仿照漢熹平、唐開成故事，擇儒臣校正十三經文字，勒石太學。高宗手勅曰：「候朕緩緩酌辦。」未幾，坐事左遷編修，入四庫館，纂修《日下舊聞》。時文正薨，金壇總裁館事，尤重先生。會以館書稿本往復辨析，欲先生往就見，而先生執翰林故事，總裁、纂修相見於館所，無往見禮。又時以持館中事與意忤，金壇大憾。一日見上，語及先生。上遽稱許朱筠學問文章殊過人，金壇默不得發，第言朱筠辦書頗遲。上曰：「可令蔣賜棨趣之。」時蔣方以舊侍郎直武英殿也。尋督學福建。至閩，以經學六書訓士，口講指畫，無倦容。某生爲攝令某坐以殺人，鍛煉成獄，先生雪其冤。士林頌之。逾年，上使文正代之。歸數月遂卒，年五十有三。

天性孝友。博聞宏覽，書無所不通。説經宗漢儒，諸史百家皆考證其是非同異。古文法班、馬，而參以韓、蘇，詩出入唐、宋，不名一家。先生既久次，望益重，則大言翰林官以讀書立品爲職，不宜修小禮，曲意委順於達官貴勢。顧篤好交遊，一言之善，稱道不容口，即有過，輒覆掩之，後進多因以得名。陸君錫熊、程君晉芳、任君大椿皆其所取士，而黄君景仁、洪君亮吉輩則北面稱弟子。戴君震、汪君中兀傲不羣，好雌黄人物，在先生幕中，獨無閒言。孫君星衍以未見先生爲恨，屬洪君爲紹，願遥執弟子禮，先生許之。其督皖學也，延名宿十二人司校閲，聯鑣出國門，賓從稱盛。室中自晨至夕，未嘗無客。與客飲酒，連舉數十觥不亂，談笑窮日夜，酒酣論天下事，自比李元禮、范孟博，激揚清濁，別邪正，聞者悚然。生平提唱風雅，振拔單寒後進，天下士歸之如市。

所居室曰椒花吟舫，亂草不除，雜花滿徑。聚書至數萬卷，金石文字千種。嘗對客屬文。其文才氣奇縱，所欲言無不盡。尤愛山水，使車所至，嘗再登黄山、武夷。峭壁不通樵徑，必攀蘿造其巔，題名鍥石而後返。所著有《笥河文集》。

子錫庚，字少白。乾隆戊申舉人，候選直隸州知州。讀書好古，精《左氏春秋》。能世其學。

又《盧抱經先生事略》 先生諱文弨，字弨弓，號抱經。其先自餘姚遷杭州。父存心，恩貢生，召試博學鴻詞，有《白雲詩文集》。母馮氏，山公先生景女也。公生而穎異，濡染庭訓，又漸涵於外王父之緒論。長則桑先生調元婿而師之。馮、桑二公，皆浙中愨學之士，故其學具有本原。

乾隆戊午舉順天鄉試，壬午考内閣中書，壬申以一甲第三人成進士，授編修。丁丑，入直上書房，由中允薦升侍讀學士。乙酉，典廣東鄉試。旋提督湖南學政。戊子，以學政言州縣吏不應杖辱生員左遷。明年，以繼母年高，乞養歸。

先生好校書，終身未嘗廢，在館閣十餘年。歸田後，主講書院凡二十餘年。雖耄，孳孳無怠，昧爽起，翻閱點勘，朱墨并作，幾間闤闠，無置茗碗處。日且暝，始出户散步庭中。俄而篝燈如故，至夜半而後即安。祁寒酷暑不稍閒。宦俸脯修所入，不治生産，僅以購書，聞有舊本，必借抄之，有善説，必謹録之。一策之間，分別迻寫諸本之乖異，字細而必工。今抱經堂藏書數萬卷，皆是也。校讎之事，自漢劉向、揚雄後，至聖朝極盛。公自以家居無補於國，而以刊定之書惠學者，亦足以裨益右文之治。出所定《經典釋文》、《孟子音義》、《逸周書》、《賈誼新書》、《春秋繁露》、《方言》、《白虎通》、《荀卿子》、《呂氏春秋》、《韓詩外傳》、《獨斷》諸善本，鏤板行世。又苦鏤板難多，則合經史子集三十八種，如《經典釋文》例，摘字而注之，名曰《羣書拾補》以行世。所自爲書，有《文集》三十四卷、《儀禮注疏詳校》十六卷、《鍾山札記》四卷、《龍城札記》三卷、《廣雅注》二卷，皆能使學者提正積非，蓄疑涣釋。

先生治經，有不可磨之論，其言曰：「唐人之爲義疏也，本單行，不與經注合。單行經注，唐以後尚有善本。自宋後附疏於經注，而所附之經注，非必孔、賈諸人所據之本也，則兩相齟齬矣。南宋後，又附《經典釋文》於注疏間，而陸氏所據之經注，又非孔、賈諸人所據也，則齟齬更多矣！淺人必比而同之，則彼此互改，多失其真。幸有改之不盡，以滋其齟齬，啓人考核者，故注疏釋文合刻，似便而非古法也。」其讀書特識類此。乾隆乙卯卒。年七十有九。

平生事親孝謹。喪繼母時年七十三矣，居喪猶盡禮。待弟詔音極友愛。篤師友之誼，而性尤伉直。方壬申殿試時，對策中力言直隸差徭之重，純皇帝爲動容，飭總督方觀承中奏自劾。士論偉之。

又《孫淵如先生事略》 先生諱星衍，字淵如，江蘇陽湖人。父勛，舉人，官河曲知縣。大母許夢星墜於懷，舉以授其母金。比旦，遂生先生。幼有異禀，書過目成誦。河曲授以《文選》，全誦之。未冠，補諸生。與同里楊君芳燦、洪君亮吉、黄君景仁齊名。袁君枚曰：「天下清才多，奇才少。淵如天下奇才也。」遂相與爲忘年交。先生雅不欲以詩名，深究經史文字音訓之學，旁及諸子百家，皆通其義。錢少詹大昕主鐘山書院，深器之。會陝西巡撫畢公沅招入幕府，一時名宿踵至，先生譽最高。畢公撰《關中勝迹志》、《山海經注》，校正《晏子春秋》及校刊惠徵君諸書，皆先生手定。

乾隆五十一年，朱文正珪典試江南。在都與彭文勤元瑞約曰：「吾此行必得汪中、孫星衍。」及搜遺卷，得其經文策曰：「此必汪中也。」拆卷，得先生，而汪實未就試。明年，賜進士第二人，授編修，充三通館校理。五十四年，散館，試《厲志賦》，用《史記》「躬躬如畏」語。大學士和珅疑爲別字，置二等，以部曹用。故事，一甲進士改部，或奏請留館。時和珅知先生名，欲令屈節一見。先生不往，曰：「吾寧得上所改官，不受人惠也。」遂就職。又編修改官，可得員外郎，前此吴文焕有成案。或謂君一見當道，即得之。先生曰：「主事終擢員外，何汲汲爲？」自是編修改主事，遂爲成例。補刑部主事，總辦秋審。先生掃室焚香，爲諸名士燕集之所。高麗使臣樸齊家入貢，見先生所校古書，特謁先生，書「問字堂」額，賦詩以贈。五十八年，遷員外郎。次年，扈蹕五臺。逾年，扈蹕天津。會大風，御舟阻，上改御步輦至行宫，先生約同僚步行卅里，赴宫門治事。特賜緞匹。五十九年，遷郎中。【略】六十年，授兖沂曹濟道。先生以濟陰湯陵在曹南，其山西滎河縣湯陵雖列祀典，實宋以來相沿之誤。因遍考諸書，據漢崔駰、魏《皇覽》、晉伏滔湯陵在濟陰之説。移山西布政司，并考滎河之陵，出後魏小説家言，張恩破陵得銘，附會殷湯，未爲典要，宜申大府改正。後再官山左，卒令曹縣令修葺湯陵廟屋，以祭田奉祀，立碑紀事。嘉慶元年，曹南水漫灘，潰決單縣地。先生偕按察使康君基田築塞之，鳩工集夫，五日夜，從上游築堤遏御之，溜歸中泓，不果横決。康語先生曰：「吾治河數十年，未見決口能即堵閉者。曹南之役，吾與君成之，省國家帑金數百萬矣。」【略】先生又以先儒伏生及鄭康成功在傳經，可比七十子，身通六藝，皆宜立五經博士。後大吏奏請，鄭議格而伏允行。其議自先生發也。【略】未幾，母憂歸，僑居金陵。六年，浙撫阮公元辟詁經精舍於西湖，聘先生及王侍郎昶迭主講席，以經史疑義課士，旁及小學、天部、地理、算法、詞章，各聽搜討書傳條對以觀其器識。請業者盈門。未十年，舍中士掇巍科，入館閣，及撰述成一家言者，不可勝數。【略】十六年，引疾歸。尋客揚州運署，校刊《全唐文》，累主鐘山書院。生平立身行事，皆

蹈儒術，廉而不刻，和而介，屢以剛正不獲於上官。早歲文詞華麗，繼乃沉潛經術，博極羣書。喜獎借後進，所至，士争附之。尤好聚書，聞有善本，借抄無虚日。金石文字及古彝鼎書畫，皆能窮竟源委。文在六朝、漢、魏間，不欲似唐、宋八家。嘗病《古文尚書》爲東晉梅賾所亂，撰集《古文尚書馬鄭王注》十卷及逸文三篇。又爲《尚書今古文注疏》三十卷，蓋積二十餘年而後成，其專精如此。又有《周易集解》十卷、《夏小正傳校正》三卷、《魏三體石經殘字考》一卷、《倉頡篇》三卷、《孔子集語》四卷、《史記天官書考證》十卷、《寰宇訪碑録》十二卷、《平津館金石萃編》二十卷、《孫氏家藏書目内編》四卷、《外編》三卷、《續古文苑》二十卷、《問字堂文稿》五卷、《岱南閣文稿》五卷、《五松園文稿》一卷、《平津館文稿》二卷、《詩集》若干卷。所校刊者，有《周易口訣義》六卷、《尚書考異》五卷、《春秋釋例》十五卷、《孫子十家注》十三卷、《元和郡縣志》四十卷、《景定建康志》五十卷、《唐律疏議》三十卷。

卒於嘉慶二十三年正月。年六十有六。

又《洪稚存先生事略》 洪先生亮吉，字稚存，陽湖人。生六歲而孤。家貧，以副貢客公卿間。朱學士筠督學安徽，先生從游最久。旋客浙江學使王文端杰幕中，資館穀養母。母卒，時方按試處州，弟藹吉不敢訃，詭言母疾甚，趣之歸。先生亟行，距家二十里，舍舟而徒。方渡橋，遇賃僕之父仇三，得家狀，號甬失足落水中。流數里，汲者見髮飀水上，攬之得人。有識先生者，舁至家，久之乃蘇。以不及視含殮故，遇忌日輒不食。

年四十五，成乾隆庚戌進士，賜第二人及第，授編修。明年，充石經館收掌官。以舊書十三經多訛俗，白總裁，欲更正之，未能從也。壬子，分校順天鄉試，闈中拜視學貴州之命。故事，詞臣未散館，無授學政者，異數也。在貴州，疏言：「《禮記》宜以鄭康成注易陳澔。」爲部議所格。教士以通經學古爲先，黔士向學，先生有力焉。嘉慶元年，入直上書房。先生初第時，大臣掌翰林院者，網羅人才以傾動聲譽，先生知其無成，欲早自異，遂於御試《征邪教疏》内，力陳中外弊政，發其所忌。隨引藹吉之喪，以古人有期功去官之義，乞病歸。其後座主朱文正珪有書起之，復入都供職。嘉慶己未，教習庶吉士。先生長身火色，性超邁，歌呼飲酒，怡怡然。每興至，凡朋儕所爲，皆掣亂之爲笑樂。至論當世大事，則目直視，頸皆發赤，以氣加人，人不能堪。會有與先生先後起官者，文正公并譽之。先生大怒，以爲輕己，遂悒悒不樂。復乞病，行有日矣。

時川陝賊未靖，先生欲有所獻替，顧編檢例不奏事，乃上書成親王暨當事大僚，言時事，冀其轉奏。謂故貝子福康安所過繁費，州縣吏以供億致虧帑藏；故相和珅擅枋時，達官清選，多屈膝門下，列官中外者四十餘人；末復指斥乘輿，有「羣小熒惑，視朝稍晏」語。成親王以聞，有旨：軍機大臣召問，即日覆奏。落職，交刑部治罪。先生就逮西華門外都虞司，羣議洶洶，謂且以大不敬伏法。其友趙中書懷玉見先生縲紲藉稿坐，大哭，投於地，不能言。先生笑，字謂趙君曰：「味辛，今見稚存死耶？何悲也！」頃之，承審大臣至，有旨，毋用刑。先生聞宣，感動大哭，自引罪。坐身列侍從，用疑似語謗君父，大不敬，議斬立決。奏上，免死，戍伊犁。將軍某妄測聖意，奏請俟君至，斃以法，先發後聞。得旨，嚴飭不行。明年，京師旱，詔減釋軍流，不雨。朱文正奏安南黎氏二臣忠於其主，久繫獄，請釋之，又不雨。上乃手詔赦先生，是日沛然雨，遂頒諭，言天人感應之理至捷，誠臣工弗以言爲諱。御製《得雨紀事詩》，有「亮吉原書無違礙」之句，有「愛君之誠，實足啓沃朕心，已將其書裝潢成卷，常置座右，以作良規」之注。仁宗之容直臣，超越前古。而先生諒節，實能上格天心云。

先生在戍所不及百日，自獲罪至戍還，文正公常調護之。既歸，自號更生居士。

丁卯，歲大祲。有司勘不成災，飢民剥樹皮以食。先生力請當道設賑局，捐金爲之倡，所全活數十萬計。性嗜山水，游嵩、華、黄山，皆躋絶壁，題名。家居十餘年卒，年六十有四。

其學無所不窺，詩文有奇氣。少與武進黄景仁仲則齊名，江左號洪、黄。仲則客死汾州，千里奔其喪，世有巨卿之目。其後沉研經術，與同邑孫星衍季逑論學相長，人又稱孫、洪云。所著《左傳詁》十卷、《公羊穀梁古義》二卷、《比雅》十二卷、《弟子職箋釋》一卷、《六書轉注録》八卷、《漢魏音》四卷、《乾隆府廳州縣圖》五十卷、《三國疆域志》二卷、《東晉疆域志》四卷、《十六國疆域志》十六卷，詩文集共六十四卷，行於世。

又《任子田先生事略》 任先生大椿，字幼植，又字子田，江蘇興化人。祖陳晉，乾隆四年進士，以通經聞，著《易象大意》。先生少工文詞，既乃專究經史傳注。乾隆三十四年二甲一名進士，授禮部主事。三十八年，修四庫全書，充纂修官，《禮經》裒輯爲多，《提要》多出其手，尋以郎中授御史。五十四年卒，年五十有二。

先生家貧，盡色養。讀書守道義，素不欲以空言講學。服官行己，無愧古人。所學淹通於《禮》，尤長名物。著《弁服釋例》八卷、《深衣釋例》三卷、《釋繒》一卷、

《吳越備史注》二十卷、《小學鈎沉》二十卷、《字林考逸》八卷、《詩集》六卷。先生初欲薈萃全經，久之，知其浩博難罄，因思即類以求，一類既貫，乃更求他類。所著《深衣》、《釋繒》諸篇，皆博綜羣籍，衷以己意，或視爲《爾雅》廣疏，實《禮經》別記之意。學者能推其意，廣所未盡，以類窮之，可以會經之全矣。

又卷三六《周書昌先生事略》 周先生永年，字書昌，其先餘姚人也，高祖始遷山東之歷城。生而好學，棄產營書，凡積五萬卷。見藏書家易散，有感於釋道藏，約桂君未谷築借書園，祠祀漢經師伏生、叔重諸先生，聚書其中，以招致來學。與李君文藻同修《歷城縣志》，朱學士筠稱其詳慎。

乾隆三十六年成進士。欲入山治《儀禮》，特召修四庫書。改庶吉士，授編修，典試貴州。能得士。與程君晉芳、丁君杰、邵君晉涵善。嘗借館中書屬未谷爲《四部考抄》，胥數十人昕夕校治。會禁借官書，遂止。先生之學，淹博無涯涘。於先正雅慕顧亭林、李榕村、閻潛丘、方望溪，於鄉人稱張稷若。自謂文拙不存稿，亦不著書。

又卷三九《尤西堂先生事略》 長洲尤先生侗，字同人，更字展成，別字悔庵，晚自號艮齋。以鄉貢除永平推官。坐撻旗丁降調。少嘗爲遊戲之文。順治戊戌，王學士熙侍經筵，上偶談及，學士以先生文對，上立索覽。學士以抄本進，復索刻本。上覽竟，親加批點，嘆爲真才子者再。因問出身履歷，爲太息久之。他日，又摘集中《討蚤檄》示學士曰：「此奇文也。」問有副本否，對曰無，遂命内府購之坊間，不得。己亥，先生入都，使者迹至旅邸，携一册去，裝潢進呈。上大喜。亡何，有以所著《讀離騷樂府》獻者，上亦讀而善之，令梨園子弟播之管絃，以比清平調云。徐公元文及第，上知爲先生門人。從幸南海子，上忽駐馬問：「爾師尤侗年幾何？以何事降調？當補何官？」垂詢再三。復語木陳禪師曰：「士多有高才不遇者，如徐文元之師尤侗最工文，僅以鄉貢入仕，旋罷官，豈非命耶？」木陳因言君相能造命，上曰：「朕意亦然。」蓋有意召用之矣。世祖升遐，先生自傷數奇。

康熙戊午，召試博學鴻儒，聖祖親擢五十人，悉入翰林，纂修《明史》，先生授檢討，年最長。入院，以齒序，四十九人皆坐其下。留史局三年，分撰志、傳三百篇。嘗偕諸儒臣進《平蜀詩文》，上見其名，曰：「此老名士。」先生刻二語於堂楹，曰「真才子章皇天語，老名士今上玉音」。觀者榮之。子珍，壬戌成進士，選庶常。先生乃告歸。家居，以詩文縑素請者，户外屨恒滿。時同縣汪編修居堯峰，以古文自矜，見俗子議文章者，恒面斥之，以是人多畏憚，而樂先生之和易也。己卯，天子南巡，先生獻《萬壽》詩、《平朔頌》。御書「鶴栖堂」三大字以賜，時年八十有二矣。癸未，車駕復幸吳，賜御書一幅，即家晉侍講。

明年六月卒，年八十有七。是歲，朱檢討彝尊偕徐侍講倬謁見皇太子於行殿，令旨賜坐，謂曰：「老成易謝，兹來又失一尤展成矣。」字而不名，其見重如此。所著《西堂雜俎》、《艮齋雜記》、《鶴栖堂文集》百餘卷。

又《朱竹垞先生事略》 康熙己未，詔開博學鴻詞科。其時以布衣除檢討者，凡四人，富平李因篤天生、無錫嚴繩孫蓀友、吳江潘耒次耕，而其一則秀水朱彝尊竹垞也。未幾，李君告養歸。三布衣均預纂修《明史》。越二年，上命添設日講官知起居注，則三布衣悉與焉，而竹垞先生爲之魁。

先生爲明太傅文恪公國祚曾孫。本生父茂曙，學者稱安度先生。先生生有奇禀。數歲時，嘗見諸神物異怪，狀不類人世，及他人視之，輒無有。書過眼不遺一字。年十七，棄舉子業，肆力於古學，凡天下有字之書，無弗披覽。以饑驅走四方，南逾嶺，北出雲朔，東泛滄海，登之罘，經甌越。所至叢祠、荒塚，金石斷缺之文，莫不搜剔考證，與史傳參互同異，其爲文章益奇。既入詞館，日與諸名宿掉鞅文壇。時王漁洋工詩而疏於文，汪苕文工文而疏於詩，閻百詩、毛西河工考證而詩文皆次乘，獨先生兼有諸公之勝。所爲文，雅潔淵懿，根柢盤深，其題跋諸作，實跨劉敞、黄伯思、樓鑰之上；詩牢籠萬有，與漁洋并峙，爲南北二大宗。論者謂王才高而學足以副之，朱學博而才足以運之，皆篤論也。在史局，屢奏記總裁官言體例，悉從其議。預修《一統志》，多所釐訂。典試江南，爲文矢於神，杜請託。入直南書房，爲忌者所中，鐫一級罷。尋復原官。引疾歸。聖祖南巡，御書「研經博物」四大字以賜。家居十有九年，藏書八萬卷，著述不倦。四十八年十月卒，年八十有一。

先生少貧，值歲凶，日午無炊烟，而書聲琅琅出户外。比鄰王氏有老僕，訝之，叩門餉以豆粥，先生以奉父，而忍饑讀自若。嘗集里中高材生周篔、繆泳、王翃、沈進、李繩遠、良年符等爲詩課。家餘一布袍，每會則付質庫，其婦以紡績出之，後會復然。客游南北，必橐載十三經、廿一史自隨。孫侍郎承澤過先生寓，見插架書，語人曰：「吾見客長安者，争馳逐聲利，其不廢著述者，秀水朱十一人而已。」比召試，相國馮公溥得其文，嘆曰：「奇才！奇才！」先生嘗謂孔門弟子申黨薛邦，不當以疑似妄爲廢斥；鄭康成功在箋疏，不當以程敏政一言罷從祀；王文成道德、功業、文章，具三不朽，不得指爲異學：皆有功名教之言。所著《日下舊聞》四十二

卷、《經義考》三百卷。乾隆中，詔儒臣增輯，高宗賜詩題卷端。又《曝書亭文集》八十卷，《明詩綜》百卷，《瀛洲道古録》、《五代史注》、《禾録》各若干卷。

又卷四一《杭堇甫先生事略》 先生名世駿，字大宗，堇甫其别字也，仁和人。少負異才，於學無所不貫。所藏書，擁榻積几，不下數萬卷。枕籍其中，目睇手纂，幾忘晨夕。與同里厲鶚、陳兆侖、汪大坤、梁啓心、張熷、龔鑒、嚴璲諸名輩，結讀書社。舉雍正甲辰鄉試，受聘爲福建同考官。乾隆元年，召試鴻詞，授編修，校勘武英殿十三經、二十四史，纂修《三禮義疏》。先生博聞强記，口如懸河。時方望溪負重名，先生獨侃侃與辯，望溪亦遜避之。有先達以經説相質，一覽曰：「某説見某書某集，拾唾何爲！」學子有請益者，聞其所業，以一經對，則以經詰之，復以一史對，則以史詰之，皆窮。乃曰：「某於西晉末十六國事差能詳耳。」先生曰：「汝知是時有慕容垂乎？垂長若干尺？得年幾何？」其人慚沮去。以此頗叢忌嫉。改御史，條上四事，下吏議，尋放還，然高廟仍納其言。數十年來，天下督撫漢人參半，是四事已行其一也。其論直省藩庫宜有餘款存留，以備不虞，亦篤論。然先生已削稿，其語多不傳。

罷歸後，杜門奉母，自號秦亭老民。偕里中耆舊及方外友，結南屏詩社，後迎駕湖上，賜復原官。性通脱，不事修飾。主粵秀、安定兩書院最久，好獎借後進。自言吾經學不如吴東壁，史學不如全謝山，詩學不如厲樊榭，而齊次風侍郎特嗜先生作，嘗集蘇詩及先生詩爲一卷，題曰《蘇杭集句》。

著有《禮例》、《續禮記集説》、《石經考異》、《續方言》、《史記考異》、《漢書疏證》、《補晉書傳贊》、《北齊書疏證》、《經史質疑》、《詞科掌録》、《榕城詩話》、《桂堂詩話》、《兩浙經籍志》、《續經籍考》、《道古堂詩文集》。晚年補《金史》，特構補史亭，成書百餘卷。嘗賦《方鏡》詩二十四首，傳誦輦下，和者自王公卿相至方外、閨秀，幾及數千家。

又《馬秋玉先生事略》 馬先生曰琯，字秋玉，一字嶰谷，祁門人，江都籍。候選知州。嗜學好結客。與弟半槎同以詩名。家有叢書樓，藏書甲大江南北。四庫館開，先生進書七百七十六種，優詔褒嘉，賞《古今圖書集成》一部。其園亭曰小玲瓏山館，曰街南老屋。四方名士過邗上者，觴咏無虚日。時盧雅雨都轉提唱風雅，全謝山、符幼魯、陳楞山、厲樊榭、金壽門、陶篁村、陳授衣諸君來游，皆主馬氏，結邗江吟社，與昔之圭塘玉山埒。高宗南巡，幸其園，賜御制詩，海内榮之。所著曰《沙河逸老集》。半槎名曰璐，字佩兮。國子生，詩筆清削。著有《南齋集》。馬氏兄弟同薦博學鴻詞科，皆不就，名重一時。

又卷四二《嚴長明》 冬友，嚴姓，諱長明，一字道甫，江寧人。幼有奇慧。年十一，李穆堂典試江南，見之，隨舉「子夏」命對，即應聲曰「亥唐」。李大奇之，謂方望溪曰：「國器也。可善視之。」遂受業望溪門。尋假館揚州馬氏，盡讀其藏書。

乾隆二十七年，車駕南巡，以諸生獻賦。召試，賜舉人，授内閣中書，直軍機處。君在軍機凡七年，通古今，工於奏牘。劉文正公最奇其才。【略】君治事衆中獨勤辦，然以是頗見疾。憂歸，遂乞病。築室三楹，曰歸求草堂，藏書二萬卷、金石文字三千卷，日哦其中。閒游秦中大梁，居畢中丞所，爲司奏牘。撰西安、漢中二府志。游太華終南，詩文益奇縱。還，主廬陽書院。乾隆五十二年卒。年五十有七。

君於書無不讀。或舉問，無不能對。歷充《通鑑輯覽》、《一統志》、《熱河志》、《平定準噶爾方略》纂修官。其自爲之書，曰《歸求草堂詩文集》、《西清備對》、《毛詩地理疏證》、《五經算術補正》、《三經答問》、《三史答問》、《淮南天文太陰解》、《文選課讀》、《文選聲類》、《尊聞録》、《獻徵餘録》、《知白齋金石類籤》、《金石文字跋尾》、《石經考異》、《漢金石例》、《五嶽貞珉考》、《五陵金石志》、《平原石迹表》、《吴興石迹表》、《素靈發伏》、《墨緣小録》、《南宋鑒》、《奇觚類聚》、《八表停雲録》、《養生家言》、《懷袖集》、《吴諧志》，凡二十種。

又《陸耳山先生事略》 乾隆中，詔開四庫全書館，校《永樂大典》，又廣求天下遺書，存書至萬餘種。其時總其事者，一爲紀先生曉嵐，一陸先生耳山也。

陸先生名錫熊，字健男，江蘇上海人。生有萬夫之禀，强識博聞。乾隆二十六年進士。明年，車駕南巡，獻賦行在。召試列一等，賜内閣中書，直軍機處。初奉命編《通鑑輯覽》，繼爲《四庫全書》總纂官，遷宗人府主事，累遷刑部郎中。三十八年，以所撰《提要》稱旨，特擢侍讀，遷庶子，晉侍讀學士，充日講起居注官，直文淵閣。四十二年，孝聖憲皇后崩，凡大祭、殷奠、上尊謚，典禮嚴重，應奉文字，閣臣屬先生撰進，均被旨嘉賞。歷除光禄太常卿，終副都御史。典浙江、山西、廣東鄉試各一，分校會試二，提督福建學政一。

先生以文學受特達之知，自《四庫全書》、《通鑑輯覽》外，若《契丹國志》、《勝朝殉節諸臣録》、《唐桂二王本末》、《河源紀略》、《歷代職官表考》，奉勅編輯者又二百餘卷。每書成，降旨褒叙，或賜文綺筆硯之屬。奏進表文，多出其手。上覽而益善之，特召預重華宫小宴聯句，并賜書畫及如意等物。五十七年春，因盛京所藏《四

庫書》多脱誤，奏請自往復校。比至而病卒，上悼惜之。

先生自以蒙恩遇逾常格，不當以詞臣自畫，晚年益覃心經濟學，嘗取杜氏《通典》、馬氏《通考》，合以本朝《會典》，凡食貨、農田、鹽漕、兵刑諸大政，皆審其因革利弊，口講手繕之。未就而卒。其後有欽定《皇朝通典》、《通考》諸書，由先生發其端也。

其同歲召試得官者，曰嚴冬友、吴企晉、趙損之、程魚門，皆彬彬著作之選，有盛名。

又卷四三《法時帆先生事略》 先生名法式善，字開文，號時帆。原名運昌，奉旨改今名。蒙古正黄旗人。乾隆四十五年進士，官侍讀。自登仕版，即以研求文獻，宏奬風流爲己任。在詞館，著《清祕述聞》、《槐廳筆記》。在成均，著《備遺録》。其未刻者尚多，皆有資於掌故。所居在厚載門北，明西涯李文正公畏吾村舊址也。背城面市，一畝之宫，有詩龕及梧門書屋，藏書數萬卷，間以法書名畫。蒔竹數百本，寒聲疏影，翛然如在巖壑間。

生平以詩文爲性命，士有一藝之長，莫不被其容接。主壇坫幾三十年，人以爲西涯後身不愧也。其爲詩，質而不臞，清而能綺。論詩用漁洋三昧之説，主王、孟、韋、柳，尤工五言。與王鐵夫交最善。嘗自刻詠物詩一種，鐵夫偶弗之善，遂止不行，其莫逆如此。所著曰《存素堂稿》。

陳作霖《金陵通志・丁雄飛傳》 丁雄飛字菡生，耆古樂善，積書數萬卷。每出，必擔簏囊，載圖史以歸。居烏龍潭心太平庵。立古歡社，與黄虞稷互相考訂。其《古歡社約序》云：予生有書癖，初識之無，便裁寸楮，裝小帙。聞保姆諺語或瞽女歌詞，挽人書之，藏襟袖間。九歲，外傅師每日拈十題令作破，予總録一册。時秋葵正茂，私識曰，丁先生葵窗新藝。王父見而大笑。十三歲，隨先君子宦温陵，固文藪也。雖閉署中，先君子日搜典籍，予得肆披閲，燈盡鷄鳴，率以爲常。凡手録者，童子録者，雖未等身，然已盈箸。十九歲，自温陵反，積有金數鋌，一至虎林虎邱，見書肆櫛比，典册山積，五内震動，大叫欲狂，盡傾所蓄以易之。授室後，内子有同癖，結縭未十日，遂出匳中藏四笏畀予，向書隱齋得數抱而返。自後簪珥衿裙，或市或質，銷於買書寫書兩事。内子欣然也。予是時積書幾二萬卷。後先君子西去，遺書二十厨，取而匯焉。分十二部，得厨四十，藏心太平庵中。庵凡三楹，兩楹爲書所據，中一楹，置長幾胡牀，列丹黄，具香茗。予危坐披翻，湘簾不卷，而神思静穆，豁豁然融融然與書俱化。閨中三婦俱弄筆墨作楷，有會心者，指而録之，蓋已合掌佛前，願終其身老事蠹魚間矣。因慨天下之同予癖者甚少也。時同里有陶汝成者，性孝友，爲人慷慨，善解紛。身不踰四尺，兩目如電，笑聲若雷，耆書與雄飛同。金陵書賈雲集，雄飛五日一探，十日一訪，每往，汝成必先在。雄飛撰述極富，著有《尊儒帖》、《烏龍潭志》、《清涼山志》等書計九十八種。所積書有《古今書目》十卷，尤多祕本。

俞樾《春在堂雜文》六編卷二《丁君松生家傳》 丁君諱丙，字嘉魚，别字松生，晚年自稱松存，浙江錢唐人。其先世居山陰福巖村，有諱瑞南者。當順治初，土寇蠭起，瑞南妻周挈二子行遇寇，揮二子去，自投水死，世稱丁烈婦。事見曾文正公所撰《墓表》。嗣後，遂遷居杭州，蓋距君七世矣。曾祖軾、祖國典皆以君父官封中議大夫。父諱英，字洛耆，候選同知加道銜。道光二十九年，浙西大水，爲粥以食餓者。巡撫吴文節公書「任卹可風」四字表其門。生二子，長諱申，字竹舟，次即君也。初入塾，即爲塾師奇賞，曰：「此子後必有成。」年二十三，入杭州府學。其時，粤賊已據金陵，江浙大聳，洛耆公避居新城，俄而病，母姚恭人同日病，皆痁也。君刲臂肉羹以進，姚恭人愈，而洛耆公竟不起。逾二年，姚恭人又病，再刲臂，則無效矣。君連丁大故，哀感行路。嘉興張子祥爲繪《風木盦圖》。十年春，粤寇犯杭，君與兄竹舟君糾合城中金箔之工，得千餘人，助戰守。城陷，猶與巷戰。杭城舊有上下之分，上城焚掠甚酷，而下城稍安帖，箔工之力也。君避亂，轉徙松江、青浦、南匯、上海諸處，時蘇之難民雲集於松江，君集同志出貲財，施糜粥及藥餌，亂民中有童子七八百人，皆分别安頓，使無失所。松之陷也，竹舟君先以眷屬行，君以施粥事後之，與賊遇，賊三發火槍皆不中，騁而追之，馬忽蹶，君得以免，蓋有神祐焉。明年，仍回杭州創崇義祠，纂《崇義録》以表章死事之烈。又以賊之攻城，每取攢厝之柩爲築壘填濠之用，與舅氏陸君設三學局。凡學中貧士死而未葬者，購地爲之葬。然其時蘇省淪陷，杭勢益孤，寇日深而食且盡，君獻議刮醬坊之麪以濟民食，卒以食盡不能守。君渡江至蕭山，時渡者如蟻，舟子索錢，有不滿其欲者投之江，皆大號，君代給之，乃畢渡。出城時，與竹舟君相失，至陶堰見其題壁字，始知其在留下，乃往從之。即於留下設肆鬻米，訪求親串之自城出者。留下市中賣物率以字紙包裹，取視皆四庫書也。驚曰：「文瀾閣書得無零落在此乎？」乃隨地檢拾，得數十大册，君之蒐輯文瀾遺書，實始此矣。於其間，偕竹舟君至福巖村拜掃祖墓，因自紹興至定海而上海而如皋，倉皇奔走，猶託書賈周姓者間道至杭州購求書籍，其裝釘成本者十之一，餘則束以巨絙，每束高二尺許，共得八百束，皆

載之至滬。又自滬至普陀禮觀世音，聚千僧誦佛號，以明處士崔青蚓所畫應真十五尊施惠濟寺，冀銷刼運，存者亡者皆得安樂。同治三年，杭城復，君自滬歸杭。浙撫左文襄公素知君賢，即召入見，語之曰：「君輿論甚美，必有材智。地方應爲之事，具爲我籌之。」自是而君所設施，皆在杭矣。最君一生之事，大端有二，曰存文獻，曰籌教養。君既於灰燼中掇拾得文瀾遺書，乃奉歸庋之尊經閣，請陸君匊珊繪《書庫抱殘圖》紀之。其時文瀾閣毁於兵，未復也。光緒六年，巡撫譚公建復文瀾閣，爰有鈔補閣書之議，君悉出其家藏書，集人迻寫。又於天一閣、抱經樓、振綺堂、壽松堂諸藏書家，按籍徵求，歷七年之久，得三千三百九十六種，求而未得者僅九十餘種。譚公疏陳其事，言丁申、丁丙兄弟於兵戈擾攘之際，尚能搜求遺書，購覓底本，俾後進得窺内府遺編，其識迴越尋常，所費亦難以數計，可謂篤行敦本之士。於是天語褒揚，士林歎誦，兩丁君之名赫然聞於天下。君又以尊經閣亦不可無書，乃於家藏中重出之本得如千種，又乞諸朋舊，購之市肆，得如千種，藏庋閣中焉。君先世本富藏書，君祖掌六公有八千卷樓，至君又益以二樓，曰後八千卷，曰小八千卷，然辜較君所藏，固不止三八千也。君以天語有嘉惠士林之獎，因總名藏書之所曰「嘉惠堂」，乃擇士林所罕見者，刻以傳播，取其有涉杭郡掌故者，都爲一編，曰《武林掌故叢編》，凡一百餘種。君又以武林爲南宋故都，城中坊巷之名，由來久遠，居其地者口不能言，因創爲《杭州坊巷志》數十卷。編纂粗定，曰：「吾精力日衰，恐不足了此。」屬其友孫峻字康侯者踵成之，至今年春，寫定可刻。君易簀前又語康侯曰：「吾生前必不見其成矣，子姑徐之，取吾嘉惠堂書，宋元以後詩文諸集，再一繙閱，以三年爲期，當益精美。」嗚呼！君一生用心不苟，即此可見矣。城内外古蹟，如蘇祠、白祠、錢武肅祠、岳忠武祠、于忠肅祠、林處士祠、宋校尉施全祠、楊侯再興祠、徐巨翁忠節祠、王項二公揚清祠、宋行人朱弁墓、胡公則龍井祠墓、陳忠肅墓、張楊園先生墓、郭孝童墓、孫花翁墓，或言於官，或出己貲，一律修葺。又如修交蘆庵，而以高邁庵、奚鐵生、戴文節諸先生名蹟置其中；建玉照堂並爲補種梅花；得元大德年編鐘，而建元音亭；得宋咸平年貝葉經文，歸之雲林寺；得錢忠懿王金塗塔，歸之靈隱、昭慶諸寺。一時韵事，杭人尤豔之。自君之亡，而故書雅訓無所咨訪，名山勝地日就淪落，所謂存文獻者此也。杭爲東南大都會，人文甲天下，大亂之後，學校荒蕪，君與同人創設丁祭局，集諸生供灑掃，治祭器，考訂禮器、樂器，創修府仁錢三學志，又建道統石室，以宋理宗御製《道統贊》碑石排列室中，缺文王一贊，集他石字補之，無則以偏旁配合而成字，乃至光緒十八年，於尊經閣後圃土中掘得一石，則《文王贊》也。浙中盛傳，皆歎爲文治光昌之兆。君自左文襄以善後事見屬，即設立振撫局、難民局、掩埋局、施材局、醫藥局、牛痘局、錢江義渡局、救生局。凡各局，無慮數十處，皆以君總之。杭故有普濟堂，始於阮文達公，成之者蔣撫軍攸銛、高撫軍杞、李觀察坦，與里人高宗元、丁燾，至是復建，官則蔣果敏公、高都轉卿培、李司馬國賢，而紳士則君也。先後六十年，四姓符合，人皆異焉。同善堂者，光緒間，左文襄所創。其時普濟堂未復，故創設此堂。嗣是，普濟、同善兩堂並建，皆君主之，而善舉益備。推廣其意，隨宜施設，以杭多火災而置卹災所，以杭多游惰之民而置遷善所，以庚申之亂死難者衆而築義烈遺阡，以亂後民間子弟無力延師而設正蒙義塾，以吏胥於命案多需索而置報驗所，以民間緩急無所資而置借錢局，以民間節婦不能概至清節堂而倡爲《穗遺集》以補所不及，以育嬰堂所顧乳媪有限而分設接嬰所以濟其窮。又於城之四隅設粥廠，使貧民冬日無枵腹之虞；設丐廠，使行乞之窮民無溝壑之患。何其用意之周歟！浙西所重，尤在水利。城中開新横河，築新壩，城外濬北湖、南湖，修仁和至海寧上河隄壩，修奉口陡門，君皆與焉。西湖常年設濬湖局，余每宿湖樓，平旦必聞其鳴鑼集衆也。義倉之事主之尤久，世俗以私意窺測，疑倉穀不無虧耗。及庚戌之春，米價翔貴，發粟平糶，糶至三萬餘石，而倉穀未及其半，浮言爲之頓息。所在橋梁如慶春、寶善、龍光、拱宸，所在祠宇如天后宫、水星閣，經君之手，無不完固。杭自收復以來，士風振起，民力寬紓，皆君力也。袁君爽秋紀其大者，凡二十八事，所謂籌教養者此也。君淡於榮利，在同治間左文襄特薦於朝，有鉅細成宜之目，得旨以知縣發往江蘇，後又敘功加同知銜。江蘇諸大吏皆敦勸出山，而君不顧也。然以受恩深，不敢膜視時艱，遇直隸、山東、山西、河南各行省偏災，浙省設局籌振，君必力任之。戊戌歲元旦日食，君以天子且有減膳之詔，况在民庶，乃屏葷血不御，諸子以有妨頤養，力勸不從。居恒與寒素無異，惟以圖籍自娱，所著有《讀禮私記》、《禮經集解》、《松夢寮詩》。初集皆毁於兵火，餘若《九思居經説》、《説文部目詳考》、《説文篆韵譜集注》、《二十四史刻本同異考》、《樂善録》、《于忠肅公祠墓録》、《善本書室藏書志》、《武林金石志》、《皋亭山志》、《宜堂小記》、《松夢寮集》、《北郭詩帳》、《西溪詩集》，皆藏於家。其已刊行者：《西泠四家印存》一卷、《師讓盦漢銅印存》一卷、《北隅贅録》、《續録》各二卷、《續河東櫂歌》一卷、《三塘漁唱》三卷、《庚辛泣杭録》十六卷，又《菊邊吟》一卷，則去年病中作也。吴退盦先生爲武林老輩，有《國朝杭郡詩輯》，其孫仲雲制府，又有《續輯》，君廣其未備而爲《三輯》，推

之前代而爲《歷朝杭郡詩輯》。又因吴志上先生《武林文獻》殘本，重加增補，爲内、外二編，杭人之文爲《内編》，文之爲杭地杭人作者爲《外編》，皆行於時。君天性篤厚，與兄竹舟君白首無間，其卒也，凄然不勝人琴之感。先是，洛耆公擬建宗祠，未果。君與竹舟君成之，《舊譜》毁，重輯之。杭紹先隴積圮者，修之。亂後，親族中未葬之棺以數十計，悉爲葬之。宗祠之右，設家塾，課子弟，羣從昆弟皆視如同産。前巡撫譚公稱君爲敦本篤行之士，洵不虚矣！六十五歲時，得痰眩之疾，時劇時差。逾二年，又患脾泄。光緒二十五年三月丙辰，卒於家，年六十有八。凡三娶，曰沈、曰凌、曰陸。側室二，曰孫、曰王。子三人，長立中，光緒十七年舉人。次立方、次立亢，殤。女四人：延，適仁和陸氏；恒，適仁和顧氏；苓，適錢唐陳氏；祺，未嫁，許仁和陸氏。孫一人，天佑。孫女一。

又六編卷四《廣東高廉道陸君墓志銘》 存齋陸君既捐館舍，其明年葬有日矣。其孤樹藩等具狀請銘，余惟子夏之言，仕優則學，學優則仕。近世士大夫以仕廢學者多矣。仕學兼優，其惟君乎！是宜禒之以告後世。按狀，君諱心源，字剛父，存齋其自號也，浙江歸安人。陸氏出吴郡，唐宣公之後，宋季始遷湖州。曾祖景熙，祖映奎，父銘新。曾祖妣羅、祖妣韋、妣吴，皆以君貴，累贈一品。本生曾祖景熊貤贈中議大夫，祖昌陛貤贈資政大夫。本生曾祖妣丁、祖妣兩凌氏贈如其夫君。生前一日，父榮禄公夢宋左丞葉夢得來。五歲入塾，嗜讀異常，兒祖資政公嘗曰：「此兒大器也。」年十三，通九經，贈公欲觀其志趣，陽命學賈，君力請卒業。贈公喜曰：「吾父遺言信矣。」年二十入縣學，逾年補廩膳生額，與同郡姚君宗誠、戴君望、施君補華、俞君剛、王君宗羲、凌君霞有七子之目。精於許、鄭之學，尤喜讀亭林顧氏書，以儀顧顔其堂。咸豐九年恩科中式舉人。明年會試報罷南歸，過清江，遇捻寇，幾危，出奇計得脱。時江南大營潰，蘇、常陷，羣盜如毛，君慨然有澄清之志，遵例以知府分發廣東。既至，適有王遇攀私刻關防之事，株連數十人。君與斷斯獄，開釋甚衆。同治二年，直隸總督劉公蔭渠，因直隸毘連山東、河南，寇盜充斥，奏調赴直，督辦三省接壤剿賊事宜。凡軍需善後諸務，悉以屬君。軍事既竣，又奏留君整飭吏治，君感劉公知遇，整紛剔蠹，諸弊肅清。劉公疏稱君才識精明，志行清直，可大用。詔擢道員。明年廣東督撫毛公寄雲、郭公筠仙會奏，請仍歸廣東。四年，補南韶連兵備道，君將之官，行次英德，聞長甯土寇爲亂，翁源縣知縣張興烈戕焉。粤風雕悍，戕官事迭見，率以父老籲求縛送一二人，張甲李丙任其所指，漫不深究。君曰：「是可忍也，孰不可忍！」檄游擊湛恩榮率兵剿之，衆以爲危，君執不奪罪人，斯得風氣一變，十餘年中遂無戕官者。霆軍叛卒，自楚入粤，其勢洶洶。君檄調恩榮回援樂昌，益以壯士千、樓船二十，水陸並進，連戰皆捷，賊乃遁去。其時粤寇餘黨尚踞閩粤間，由龍南犯始興，又由連平犯翁源。君檄副將朱國雄守始興，檄參將任玉田扼鷄仔嶺，賊不得逞。君部下僅三千人，然南韶卒無恙。干戈粗定，訪求疾苦，知商賈之經由韶關者，舊例一物漏税，全船入官，吏緣爲姦，裒克自肥。君令漏者補納，餘物不問，商民感悦，願出其塗。六年，調高廉道。高州山水清遠，士信民敦，君甚樂之。既下車，即舉吴川令姜君之賢，白之大府，風示屬僚。在韶時，曾修復相江書院，祀濂溪周子。至是，又修復石城之道南書院、茂名之敬仁書院，皆優給田租，以期永久。郡中有高文書院，亦增益膏火，俾諸生得專心學術。又以梅菉坡租銀助會試膏秣之資。其他如建鄒忠介祠，修范龍學墓，以表章先賢；置師堂渡，築上宫灣路，以便行旅。衎衎辦舉，吏畏民懷。俄奉旨開缺，送部引見。先是，蔣果敏之由浙入粤也，所部甚衆。道出韶江，君籌發勇餉銀一萬兩，而其從者意未饜，讒之果敏。君之去官，大率坐此矣。贈公時就養於粤，語君曰：「汝遵旨入京，吾先歸耳。」及歸，感疾，遽卒，君聞訃奔赴，喪葬如禮，素不信形家言，葬贈公於逸村，躬自負土，首趾向一決於己。其後有相地者過之，以爲深合葬法云。君以仕路險巇，服闋後有誓墓之意。十一年，朝廷以李公子和督閩、浙。李公素知君才，奏調赴閩。既拜疏，即命萬年清輪船來滬趨君行，不得已赴焉。至則命君筦理軍政、洋務及税釐、通商諸局，又總辦海防事宜，旋奏署鹽法道。君長於撥繁，案無稽牒，千端萬緒，部分如流。日本以生番事搆釁於我，君執公法以爭，曰：「各國屬地，他國不得過問。」倭將爲之氣奪。又有俄國公使以名刺召君往見，君曰：「中國督撫不能傳見各國領事，各國公使豈能傳見中國司道！」亦以名刺報焉，俄使怏怏去。會又有讒君於當路者，命仍遵前旨，送部引見，而君歸志決矣，以吴太夫人年高，乞歸養，然忌者猶未已，屢興大獄，冀以陷君。已而竟以鹽務加耗奏落君職，時君歸里二載矣。鹽務之加耗也，自前鹽道貝詳、前督臣準行皆未入奏，君援案再加，自有故事，行之已久，官商相安。因李公入覲署督某公，遂言公擅改章程，冤矣。未幾，以勸捐晉賑數至巨萬，賞還原銜。君自是奉太夫人居家於城東蓮花莊北，購朱氏廢圃，疏泉疊石，襍蒔花木，名曰潛園。君自少即喜購書，遇有祕籍，不吝重價，或典衣以易之，故自爲諸生時所得已不下萬卷矣。大江南北，兵燹之後，故家藏書往往出以求售。君既好之，而又有力，於是悉歸於君。藏書之富甲於海内。所得宋刊本二百餘種，元刊本四百餘種，較天一閣范氏所儲

十倍過之。乃就潛園建守先閣，取明以後刊鈔諸帙，及近人著述之善者，藏庋閣中。好古之士、願來讀書者，聽會。國子監徵求書籍，君進舊刻、舊鈔書一百五十種，共二千四百餘卷。學使瞿子玖學士以聞，詔曰：「陸心源自解官後，刊校古籍，潛心著述，兹復慨捐羣籍，洵屬稽古尚義。伊子廩生陸樹藩、附生陸樹屏均著賞給國子監學正銜。」士林傳述，以爲榮遇。君所著書甚夥，有《儀顧堂文集》二十卷，《儀顧堂題跋》十六卷、《續跋》十六卷，而《宋樓藏書志》一百二十卷、《續志》四卷，《金石粹編》、《續編》二百卷，《穰梨館過眼録》四十卷、《續録》十六卷、《唐文拾遺》八十卷、《唐文續拾》十六卷、《宋詩紀事補遺》一百卷、《宋詩紀事小傳補正》四卷、《千甓亭甎録》六卷、《續録》四卷，《古甎圖釋》三十卷、《羣書校補》一百卷、《吴興詩存》四十卷，《吴興金石記》十六卷、《歸安縣志》四十八卷、《宋史翼》四十卷、《元祐黨人傳》十卷，《校正錢澥薌疑年録》四卷，《三續疑年録》十卷，《金石學録補》四卷，都凡九百四十餘卷，名曰「潛園總集」。而往年自粵東歸，創議纂修《湖州府志》，徵文考獻，君力爲多，以非出一手，故不列也。君之仕也，器能政理，爲管蕭亞匹，其爲學也，研精墳典，超踰楊、班、張、蔡之疇。烏呼！盛矣！君居林下先後三十餘年，創立教忠義莊，又獨力興建昇山橋，皆奉温綸褒奬。其他如修復書院，籌備賓興，善堂、義學、育嬰、積穀，凡有益於梓桑者，引爲己任，不遺餘力。近則江浙，遠則直隸、山東、山西，有水旱之災，咸出巨貲以助温振。至於夏施茶藥，冬施衣米，猶其瑣瑣者已。自吴太夫人殁，惟以著書課子爲事，或薄游蘇滬，與諸老輩文酒讌游，自稱「潛園老人」，憺然有以自樂。乃以捐助山東棉衣一萬襲，東撫張勤果公遣材官二人策騎來迎，請游泰山，遂往，留十餘日，徧探名勝而還。勤果公遂以君學識閎深，才堪經世入告，得旨，開復原官，交吏部引見。同時浙撫崧公亦敘君本省籌賑之功，奏加二品頂戴，已而直督大學士李公又言君學識閎通，氣局遠大，屢試艱鉅，見義勇爲，軍務、洋務，並所練習，詔以道員，記名簡放。君以輔臣推轂，聖意優隆，不敢以山林遁世之士自居，遂於十八年二月入都，四月壬子引見，乙卯召見於勤政殿，垂問廣東歷官及國子監進書本末，玉音嘉奬，有「爾著作甚多，學問甚好」之諭。綜君一生，惟學與仕二事。仕則羣公交薦，學則天語褒揚。仕學兼優，其弗信矣乎！旋奉旨交李鴻章差遣，仍交軍機處記名簡放。君至天津，適感痢疾，李公命至滬稽察招商局事，遂航海南歸。俄左目生翳，君氣體素宜温補，醫家治目，率用寒涼之品，痰阻氣鬱，胸膈不舒，遂以成疾。緜歷年餘，時劇時瘥，浸至不起。君彭殤一視，神明不衰，惟勉諸子以努力讀書，勿負國恩，且以箸述未盡刊刻爲念。二十年十一月辛巳，卒於正寢，年六十有一。娶莫氏，同邑太學生又村公女，封一品夫人。側室六人，鄧氏、陶氏、劉氏、李氏、邵氏、金氏。鄧、陶均以子貴，封宜人。子四人。樹藩，光緒十五年舉人，侍讀銜，内閣中書；樹屏，光緒十七年舉人，内閣中書並賜藍翎；樹聲、樹彰，皆幼。女子子三人，長適兩淮候補運判同縣丁乃嘉，次適兩淮候補運判仁和徐望之，又次適同縣學生趙毓鋆。孫五人，熙續，熙咸、熙明、熙登、熙康。孫女四。某年月日葬君某原。銘曰：「惟學惟仕，爲兩大端。兼而優者，人之所難。惟君之才，美而且完。入則服古，出則勤官。博能返約，猛能濟寬。經術許、鄭，勳名范、韓。昔葉左丞，博學多識。入《文苑傳》，允稱奇特。及居外任，克盡厥職。發粟振民，團兵殺賊。未竟其才，論者太息。君之生平，足與相匹。謂是後身，或得其實。我作斯銘，銘君幽室。」

又六編卷五《蓴齋陳君墓志銘》 自古盛德之士，經明行修，不自表襮於世者，往往大顯於其子。東坡謂「李郃博學隱德之報在其子固」。今吾於蓴齋陳君徵子矣。陳君諱烈新，蓴齋其字也，浙江諸暨縣人，陳故鉅族。元末有名玭者，始建日新樓以藏書。其子瀚，又建樓曰寶書。瀚之六世孫曰性學，曰心學，七世孫曰于朝，曰于京，代有增益。于朝之子洪綬裒其先世所藏，建七章菴以庋之。七章庵陳氏藏書遂爲越中冠。及君之生，稍稍散佚矣。然七章庵故物猶有存者，君孳孳於學，寢饋其中。弱冠入縣學，歲科試居高等，補增廣之額。咸豐元年，由增貢生入貲，以教諭注選籍。同治二年，奉省符署嘉興縣學訓導。其俗，貧窶之家多停喪不葬，久則火之，名曰火葬。君白太守嚴禁之，弊俗遂革。學有朱、許兩生者，君一見而才之，命之來學，言於縣令，與以膏火之資。後兩生皆貴，咸稱君爲知人。又請於學使者修復曝書亭，取竹垞先生裔孫一人爲諸生。其時粵寇初平，故家零落，倦圃、曝書亭所藏書籍流散人間。君以先世本藏書家篤好尤甚，暇日游書肆，偶得一二輒以重價購之，若獲異寶。六年，署長興縣訓導。君曰：「湖州爲安定先生舊治，敢不勉乎！」分齋課士，悉依安定遺規。十年，選授鎮海縣學教諭，課諸生亦如之。有貧民以操舟爲業，貧不能娶，所聘之妻守貞誓不他適。君曰：「是可風也，予以貲使之娶。」十二年，子遹聲舉於鄉。君曰：「吾可歸而老矣。」即引疾歸。所居曰楓橋鎮，故有見大亭，乃明給諫纘亭駱公講學處也，時已毁於火，君慕駱之爲人，釀資興築，以公所著《萬一樓集》藏其中，使邑之後進讀其遺書，有以興起。君歷任所餘奉錢悉以購書，元明槧本往往存焉，於宅西建授經堂，藏所得書。其後遹聲成進士，官翰林，每至琉璃廠書肆，遇有精槧舊鈔，必購以奉君。君手爲讐校，詳

告以版本之良楛，諸家之源流，孜孜焉以爲頤老之一樂。於是陳氏藏書又富，雖不能復七章庵之舊，然已逾二萬卷矣。楓橋鎮爲婺越通衢，倡修五顯橋以便行旅。又以兵燹時白骨徧野，聚而瘞之鳳山之陽。光緒二十四年，遹聲權知松江府，君一往視之，見其治尚嚴實，歎曰：「汝欲爲鄭子産及諸葛孔明乎，如無其位何？雖然，汝志則尚矣！」居數月而歸。光緒二十五年十月壬寅，以疾卒於家，年八十有三。以子貴，封通奉大夫。娶樓氏，有賢行，能成君之賢。長子舜發，死寇難。次即遹聲也，光緒十二年進士，翰林院編修，署松江府知府，升用道員。三子沆、四子遹成，皆太學生。女子子四，歸於葛氏、駱氏、陶氏、趙氏。孫七，殤其二，存者遹聲之子訥、詵、誾，皆縣學生。遹成之子寶鈿、寶善。某年某月某甲子，遹聲等葬君於某山之原，書來乞銘其墓。余與遹聲交，知其賢且才，今乃知其來之有自也。故不辭而爲之銘。銘曰：「於鑠陳君，積德在躬。名利雖淡，圖史甚豐。築堂授經，棟爲之充。曹倉杜庫，津逮無窮。衍兹遺澤，景彼高風。方之古人，其陳仲弓。必有興者，由卿而公。謂余不信，銘此幽宮。」

丁申《武林藏書録》卷中《褚季雅》 褚陶字季雅，錢塘人。弱不好弄，清閑淡默，以墳典自娱。年十三，作《鷗鳥》、《水碓》二賦，見者奇之。嘗謂所親聖賢備在黄卷中，捨此何求？州郡辟不就。吴平，召補尚書郎。張華見之，謂陸機曰：「君兄弟雲躍龍津，顧彦先鳳鳴朝陽。謂東南之寶已盡，不意復見褚生。」機曰：「公但未覩不鳴不躍者耳。」華曰：「故知延門之德不孤，川嶽之寶不匱矣。」遷九真太守，轉中尉。按：陳頤道《懷褚季雅先生詩》有「西京典籍同劉向，南國藏書匹范平」之句，《晉書》本傳稱其以墳典自娱，足徵收藏之富矣。宋時有褚含、褚邊，皆其苗裔。

又《范子安》 范平字子安，錢塘人。研覽墳索，徧該百氏。姚信賀邵之徒，皆從受業。吴時舉茂才，累遷臨海太守，政有異能。孫皓初，謝病還家。吴平，太康中，頻召不起，年六十九卒，詔追謚文正先生。三子爽、咸、泉，並以儒學至大官，泉子蔚關内侯。家世好學，有書七千餘卷，遠近來讀者常百餘人，蔚爲辦衣食。蔚子文才亦幼知名，見《晉書》本傳。陳頤道《文述懷范子安詩》有「七録香芸新祕閣，百年黄葉舊江村」一聯，以子安先生故君在江上也。

又《吴子發》 吴如愚字子發，錢塘人。家世以積善聞，至武翼公益茂厥鍾。先生生而岐嶷，骨象異凡。武翼居閑垂二十載，篤意義方，擇名士爲師課之。家多藏書，一覽成誦，輒通曉大義。甫弱冠，於諸子百家，靡不究竟。定省餘閑，刻意經學，所得日富。世味澹然，不以仕進爲念，安貧樂道，私淑同志扁其室曰「準齋」。趙公彦械雅厚先生，嘗奉詔以賢能才識舉。端平更化，復以行義純固可爲師表薦。嘉熙戊戌，孔山喬當國，特授從政郎，充祕閣校勘。先生三辭，有旨：「吴某重更父澤而就文，懇免祕書之列屬，高風可尚，雅志當從，特轉秉義郎，差監襲慶府東嶽廟，任使居住。」孔山論薦之日，上問所著何書，孔山遺所厚求所著來上。先生辭曰「未畢」，蓋有深意。於是先生踐履之實，益孚於人。永嘉陳君昉登朝日，親炙不倦，得所著述，退輒録之，刻爲一編，惠其同志，臨川羅君愚復刻於廣右漕臺，所傳益廣矣。所著書已刊已授之外，猶存手稿十五册。或以書問，發明義理；或以酬唱，形諸賦詠；或解經析理，爲之訓説。篇目尚多，方將類篇，别爲一集以傳。見徐元杰《楳埜集・吴公行述》。觀其著述之淵博，足徵收藏之美富也。

又《張仲實》 牟巘《學古齋詩稿序》云：「仲實生五侯家，不有其富貴，力學自課如諸生。間關多難，度無所展用，始以詩名。予與以女，諸公輒舉手賀得佳婿。比過其家，書數束，茶數串，泊如也。」按，王沂撰《仲實行述》云：先生諱楧。曾祖宗尹，宋贈朝議大夫。祖溥，宋武德大夫閤門舍人。父淦，忠翊郎。幼而警敏，甫冠而學業大成。是時宋社既墟，而典章文物猶存。咸淳間，士淫於舉業，先生猶鋭意復古學，於經闡明奥旨。初用舉者起家，爲《杭儒學録》，尋遷宜興教授，轉平江府儒學，擢南浙都轉鹽運司使知事，有《學古齋稿》、《格物編》。先生承先世之遺，圖書富有，曾與鄧善之分一室居，相與讀書其中，如此者十年。戴表元《學古齋記》稱「早起盥沐，焚香振册」，知其得力於簡策者良有以也。

又《張貞居》 張雨字伯雨，號貞居，錢塘人。寄跡黄冠，少從其師王壽衍入京師，以詩見賞於開閒宗師，送之翰林集賢袁伯長、虞伯生、揭曼碩，諸公和之，由是名大起。晚居三茅觀修《玄史》，歷紀道家高士，自序曰：「老子玄足者也，是集不與焉，尊之也。」作黄篾樓儲古圖史，作水軒於浴鵠灣，營墓於靈石隖，售繫腰作梁，名玉鉤橋。橋南數十步作藏書石室，自勒銘，而吴睿隸古。所著《出世集》三卷、《碧巖玄會録》三卷、《尋山志》十五卷、《貞居集》七卷，元季紅巾寇杭，而諸書散佚。其亡也，楊廉夫悼之，詩云：「黄篾樓頭仙一去，明年黄篾埽狼烽。不知天上修《玄史》，只訝山中伴赤松。石室祕書愁攝電，星池遺劍已成龍。思君不見夜開户，月在金鐘玉几峯。」見《西湖游覽志餘》。

又《江邦玉》 江元祚字邦玉，錢塘人。隱居不仕，築草堂於西溪之横山堂之上，爲擁書樓，廣儲圖史。邦玉嘯傲其中，讀書自得。崇禎十年夏五，嘉定馬巽甫

元調訪之，爲作《横山擁書樓記》，云：「自横山草堂盤曲而上，即堂爲樓，眉題擁書。果覩萬卷，或傳前朝，或頒内府，鬃榻再尋，棐几稱是。左史右經，殆將連屋。發爲文章，宜有此構。推窗遠眺，眼界全碧。千峯若圍，隱見樹杪。」邦玉因言：「吾年三十八，即高揖博士，不願備弟子員，將盡讀樓中書，以自樂其樂。」因略出先世所藏，及生平所購，多余所未見古本。又出一時四方名人高士往來贈答詩篇及文章圖畫，竟日不能盡。後乃示余自所爲文，俱有超然自得之妙。而長公茂士，亦徐出所作《楊梅賦》及《古樂府》，直欲與古人争勝負。父子風期格度如此，非此山將安歸？而此山千百年來，未蒙高士眄睞，今乃得江氏父子讀書其中，以發幽光而增勝事，則此山不世之遭逢，尤不可以不賀。

又《虞長孺、僧孺兩先生》 錢塘虞淳熙字長孺，萬曆癸未進士，授兵部職方主事，遷主客員外，補稽勳郎，以耿介見嫉，削職歸隱回峯别業，曰讀書林。力不能購異書，與弟閉門鈔書，晝夜不止，有武庫行祕書之目。著《德園先生集》。墓在七十二賢峯下，黄汝亨作墓誌。弟僧孺名淳貞，終身不娶，結廬靈隱寺側，曰猨狖居，役使僅一老僕。又建八角團瓢，於每角藏書，上有樓可眺遠。

又《寶名樓》 按《杭郡詩輯》：徵君名農祥，字慶百，號星叟，一號大滌山樵。康熙己未薦試鴻博，有《梧園詩文集》。年十三就館甥舍，命作《芙蓉賦》，援筆立就。國初，老屋入圈屯中，惟圖籍無恙，因移於孩兒巷之梧園。農復字敦仲，號來菴，錢塘諸生。性至孝，嘗封股療母，有《來菴存稿》。

又《翁氏書閣》 按《浙江通志·循吏傳》：翁汝遇字子先，仁和人。萬曆戊戌進士，授東莞令，榷蕪湖關，最後守朝歌，俱有惠政，所在尸祝。弟汝進字獻甫，萬曆乙未進士，授興化令，疏河四百餘丈，東入海。建四門石關，以爲水防。歷官至山東參議，以忤逆璫罷歸。閣建於崇禎初，正當兩先生歸田後也。

又《張子昭》 鄭元祐《張子昭墓志》：張雯字子昭，其先浚儀人，祖父世居吴。雯少嗜學，時宋社已屋三十稔矣，故老遺黎猶有存者，子昭從其人問宋遺事，得其什一。喜游錢塘山川城邑，徘徊躑躅，感歎不能已。兼通聲律。家臨市衢，構樓蓄書，自經傳子史，下逮稗官百家，無不備，日繙閲研究。年六十四，卒於至正十六年十一月。子田，次子里。孫男一，名肯。按《杭州府志》及《錢塘縣志》，雯南渡居錢塘，力學嗜書，精律吕，每衆坐，聞樂輒俯首嚬蹙，曰：「吾其不免乎？」於時宋亡，故宫老校猶有存者，從之問宋遺事，朝廷宗廟宫室、輿服朝會、宴享生殺咸得其詳。所著書曰《繼潛録》、《書畫補遺》、《墨記》。子田，字耘己，亦工文詞。田子肯，字繼孟，一字寄夢，從宋濂學，並列《文苑傳》。是雯居於錢塘，而子孫遂世爲杭人。《趙氏書目》：《説文解字》有子昭印；《鐵琴銅劍樓書目》：《簡齋外集》有張子昭印。皆雯之所藏也。

又《尊德堂》 錢塘凌栢軒先生，諱雲翰，字彦翀，生元至治癸亥歲。好學，博通經文，潛心周孔之書。處一室，左圖右書，講習其間，研幾極深，嚴寒、盛暑不輟。至正己亥，浙省以便宜開科取士，登鄉試榜。以道梗不及赴都，授蘭亭書院山長。洪武辛酉，以薦舉召授四川成都教授。子鵠，字正齋，舉通經人才，以母老乞歸。其孫文顯能不墜其業。文顯子昱，字敬輿，景泰庚午舉人，輯先生詩文若干卷，命子暹繕寫成帙，名《栢軒集》，瞿宗吉爲之序，云：栢軒凌先生與予衡齋叔祖爲同年友，予與先生别五十年矣。宣德初，自山後召還北京，先生曾孫暹來見，求爲尊德堂製記。蓋先生在日所蓄前代典籍甚富，暹父敬輿收藏無遺，於所居作堂崇奉之，可謂知所尊者矣。今予告老賜歸，則先生所作若文若詩已悉彙次成集矣。乞爲校正，且俾爲序，予不敢辭。凌氏當有明盛時，收藏圖籍自經史及諸子百家以至稗官小説，靡不兼收並蓄。又有賢孫曾寶惜而珍藏之，以貽後世，足徵詩書之流澤長矣。初居義和安國里，嗣築别業於湖墅夾城巷，尊德堂則别業之最勝處也。

又《錢氏書藏》 宋錢龢字昷父，吴越王後，以孝義著。居九里松之間，嘗建傑閣，藏書甚富，東坡榜之曰「錢氏書藏」。仕至直祕閣，知荆南府。墓在靈隱、天竺兩山之中。《處州府志》載：熙寧間，以光禄寺丞出知龍泉縣。朝廷初更新法，編次保伍，人情駭異，龢諭以德意，民始安輯。爲政務簡易，必便於民。及去，老幼思之，立去思堂，吴充作記。兄勰字穆父，有《寄弟詩》云：「東方千騎擁朱輪，衣錦歸逢故國春。莫向西湖戀風月，鴒原知有望歸人。」龢答詩云：「烏衣巷裏走雙輪，正是家山二月春。明日湖平定歸去，蓬萊還見謫仙人。」又蘇軾《和錢四寄其弟龢詩》云：「再見濤頭湧玉輪，煩君久駐浙江春。年來總作維摩病，堪笑東西二老人。」施注：錢四蓋穆父，龢字昷父，時穆父守越，公守杭，故云東西二老人。又注《次韻錢穆父詩》云：穆父名勰，吴越讓王諸孫，以蔭入官，元祐初，拜中書舍人。哲宗涖政，入翰林，罷知池州以卒。後追復龍圖閣學士。嘗見《香祖筆記》歷數宋人藏書，有錢穆父，是兄弟皆好藏書也。

又《錢希聖》 錢惟演字希聖，幼有俊才。俶嘗使賦遠山詩，有「高爲天一柱，秀作海三峯」之句，俶深器之。咸平中，獻其所爲文，拜太僕少卿，擢知制誥翰林學士，拜樞密副使，加尚書右丞，轉工部尚書。仁宗即位，進兵部尚書，爲樞密使，除

保大軍節度使，知河陽。請覲，加同平章事，判許州，改鎮武勝，又徙泰寧。上耕籍入侍，嗣爲景靈宫使，判河南，改鎮崇信。卒，贈侍中，謚文僖。惟演少富貴，能志於學，有文章，與楊億、劉子儀齊名。嘗曰：「學士備顧問，不可不該博。」故其家聚書侔於祕府，又多藏古書畫，在館閣與修《册府元龜》凡千篇，詔楊億分爲之。所著有《典懿集》、《樞庭擁旄》前後集、《伊川漢上集》、《金坡遺事録》、《飛白書敍録》、《逢辰録》、《奉藩書事》。鮑由爲其真贊，謂「西崑體律如有唐，掌我帝制登玉堂」，實以文擅世云，見《東都事略》及《夷白堂集》。

又《闕氏藏書》 闕景仁字彦長，錢塘人。嘉祐四年進士，嗜學好古，藏書甚富。子注字子東，紹興五年進士，承其家學，益增其所未備。嘗教授湖州，與胡瑗之孫滌裒瑗遺書，得《易解中庸義》，藏之學官。又録瑗言行爲一帙，意在美風俗，新人材。仕至大學博士卒。自號香巖居士，有《闕博士集》二十卷行於世。見《武林耆舊集》及《宋詩紀事》。

又《方承天》 方九敍字承天，錢塘人。少慕於古，冀託不朽，長與海内諸名家倡和，甚有稱。釋褐，除兵部主事，守山海關，明習邊務，將卒憚服。葺倉貯穀，散種食於民，不徵息。多購羣書，勤爲士子講析。比行，羣下泣送載路。官至承天太守。天性毅直，屢忤鉅璫。罷歸，益討故業，聚書至數萬卷。易綺麗，入沖雅，爲人高朗，善論事。才不究用，咸惜之。所著有《方承天遺稿》，見萬曆《錢塘縣志》、《武林耆舊録》。

又《郎仁寶》 郎瑛字仁寶，仁和人。生有異質，少長博綜藝文，肆意探討。素有疾，澹於進取，有愛之者曰：「如後時何？」瑛曰：「吾已委身載籍矣，尚復與少年競筆札耶？」督學潮陽盛公，惜其才學，欲推挽之，卒謝不出。家所藏經籍書史文章雜家言甚盛，日危坐諷讀其中，攬要咀華，刺瑕指纇，辯同異得失。著書凡數種，四方見其書，無不願託交者。正德末，寧藩逆節始萌，瑛先以爲憂，及聞陽明先生在贛，喜曰：「豎子不足平矣。」事母孝，有疾，再刲股，再愈。所著有《萃忠録》二卷、《書史袞鉞》六十卷、《七修類稿》五十五卷。見趙世安《仁和縣志》。

又《洪氏列代藏書》 洪鐘字宣之，錢塘人。成化乙未進士，歷官刑工二部尚書，左都御史加太子少保，賜玉帶；出總川陝湖河四省軍務，賜白金麟眼；進太子太保，卒謚襄惠。生平好積書，其命子作，有「汝父慕清白，遺無金滿籯。望汝成大賢，惟教以一經。經書宜博學，無憚歷艱辛。才以博而堅，業由勤而精」之句，可以覘其家學矣。子澄字静夫，號西溪，正德庚午舉人，官中翰，詔誥雅贍，大學士商輅深重之。孫梗字子美，蔭詹事府主簿，承先世之遺，縹緗積益。餘事校刊，既精且多，迄今流傳者，如《路史》見於《天禄琳瑯》，稱其校印頗佳。深於嗜古，《文選》見於《平津館鑒賞記》，田叔禾序稱其得宋本重刊，校讐精緻，逾於他刻，且文雅有足稱者。曾孫瞻祖，字詒孫，號清遠。萬曆戊戌進士，由庶吉士授兵科給事中，官至右都御史，巡撫南贛，有《清遠山人稿》，《府志》入《名臣傳》。元孫吉臣字載之，與弟吉輝、吉符並有文譽，時人爲之詩曰：「城西有三洪，英英文字雄。」吉輝舉萬曆戊午鄉試，早卒。吉臣崇禎癸酉順天鄉舉，庚辰會試副榜進士，官德安府推官，出俸振濟十七次，民得全活，六邑人士作歌紀德。所著書有《明文裔》、《二十一史識餘》、《學圃薰蘇》、《警世録》、《後場類典》、《羣書備考》，藏於家。洪氏自宋忠宣公遷杭以來，青箱世守，代有科名，我朝若瞻祖之玄孫應星、熊星，均成進士，弧星舉人。來孫清塵，丁酉鄉薦。又吉暉之來孫文炳，乾隆戊子舉人；文炳子廷亮，乾隆戊申舉人；廷亮子鼎元，道光乙未舉人；鼎元子昌燕，道光癸卯舉人、咸豐丙申探花；昌許，咸豐辛亥舉人；昌燕子衍慶，補行咸豐癸亥舉人。世澤貽謀，罕有倫比。附記之以徵詩書之報云。

又《張氏藏書》 嘉靖《仁和志》：張翱原名珍，字濟時，一字羽皐，號介然，生洪武甲戌。其先汴人，扈蹕南渡，始寓錢塘，後徙仁和睦親坊。自幼穎異，氣宇沖粹，嘗業儒，探索隱奧，五經六史，靡不究心，尤精《周易》。暇則涉獵九流百家之書。至於推步天文，往往奇中。或時占風望氣，其應立見，若神授者。家世厚積，傳及乃父彬，富甲里閈。翱志出塵，視財若浼，其所應得者，悉以歸兄。惟知進修，日益淵邃，以故時多推重。宣德間，兩廣多事，有潘中丞者，浙人也，將往視師，素知翱有兵略，且習占候，特迎以往，除舍居之。翱感知己，百凡事務，悉爲經畫。一日坐帳中，仰視間，忽片雲隱起，謂潘曰：「事濟矣，烈風南來，乃賊敗兆。」已而果然。潘欲特疏薦用，翱誓不仕，遂逃名晦迹。晚歲垂情著述，多散逸不存。嘗自述曰：「有意欲嘗千日酒，無心去傍五侯煙。夜寒荷葉杯中飲，春暖梅花紙帳眠。」復諭厥子曰：「無患枝未茂，將來日繁，況有充閭者出焉。」延至今日，科第聯芳，各自期待，如張應祺以進士而隨授主事，張應祜以鄉薦而爲通判，皆曾孫也。張瀚以進士而擢知府，張濂以進士而擢通政使，張洽以進士而任主事，張洵、張溥則又以鄉薦而候春官，皆元孫也。其他懷珍待聘者，後先相望，而益服翱之先見。年八十二，無疾而逝。申按：張氏家乘，張瀚歷官至吏部尚書，謚恭毅，著有《台省疏稿》、《松窗夢語》、《奚囊蠹餘》。迄恭懿公而下，躋甲科登仕籍百餘人，郡城北司前石闕

上書「恩榮世美」四字，而以官閥題名其右，惜道光甲辰之夏，燬於火。今惟駐防營中大納言坊，尚屹然峙也。流澤既長，藏書遂富，即張氏名人著述，如《東川集》、《不惑堂文集》、《寵壽堂詩》、《燕台文稿》、《西園詩集》、《青林文集》、《河清集》、《秦亭集》、《白雲集》、《冰崖詩》、《兩峯詩》、《見心堂詩》、《兩閒書屋集》、《唐詩林溪集》、《蓋翁詩鈔》諸籍，指不勝屈。自明迄今，幾四百年，歷數武林閥閱之家，必以張氏爲巨擘。而儲藏之富，日積月累，遂爲武林諸藏書家之冠。【略】其名號及居址則無從考核，然天文奇遁之書，惟介然公能精其術，其後人若愛山公應楨、新齋公沐、惕庵公梯、秀夫公中發、允曾公錫蔭、兩湖公永祚、誠然公果，俱能仰承家學。兩湖尤精九章算法，官欽天監博士，著有《天文律曆志》二十卷，特記之以俟後之考古者。

又《吾子行》　吾衍字子行，杭人。意氣簡傲，不爲公侯屈色，嘗自比於郭忠恕。居生花坊一小樓，樓上圖書四壁，坐對竟日無倦容。客至，僮輒止之，通姓名，使登乃登。廉訪使徐琰一日來見，衍從樓上呼曰：「此樓何敢當貴人登耶？願明日謁謝。」琰聞之，笑而去，衍亦卒不往。生徒從衍遊者常數十百人，宋濂爲之撰傳。按《妮古録》，宛邱趙期頤以書名世，得之吾衍者爲多。衍所著書，有《尚書要略》、《聽元造化集》、《九歌譜》、《十二月樂辭譜》、《重正卦氣》、《楚史檮杌》、《晉文春秋》、《通書援神契》、《説文續解》、《石鼓咀楚文音釋》、《閑中編》、《竹素山房詩》。余又鈔得《閑居録》一卷。觀趙氏收藏之富，即可見子行先生之所藏，必更多於趙氏。其著書傳於今者，尚有《周秦刻石》、《釋音》、《學古編》，爲陳眉公所未見，知當日著書尚不止此。惜《妮古録》所列書目，今又散佚過半。其言刊書版，始於周美成，謂之倚書牀，見《美成文集》。觀其所論，可知其所藏矣。

又《王儀之》　王羽字儀之，錢塘人。洪武庚午解元，辛未進士。爲人端重簡静，文章悉根義理。家富藏書，鑒别最精。與修五經、四書、《性理大全》。歷官禮部儀制司郎中，陞太常少卿，乞歸，改餘杭教授，卒。《杭州府志》入《名臣傳》，《錢塘志》入《文苑傳》。

又卷下《琳琅祕室》　胡震之文學，名樹聲，又字雨裳。以業鹺，由休寧遷杭，入籍仁和。雅好藏書，所購多宋元舊本，不吝值。或更手自繕録，積至千百卷，顔其居曰琳琅祕室。見吕晉昭所撰傳。

又《徐孝先先生》　徐孝直字孝先，仁和人，明季諸生。父灝，崇禎甲戌進士，知武陵縣，早卒。母陸，育先生而寡。徐故仁和貴族，甲第蟬聯，家塘西之落瓜里，有田有廬，有圖書金石彝器，遭亂散失。忽自落瓜走河渚，愛其清幽，遂寄棲施相之廡。河渚漁樵皆笑爲狂生，先生曰：「我非狂，乃狷者也。」易名介，更自號曰狷庵，與汪杲、陳際叔、應嗣寅善。晚識馮景，爲忘年交。嘗謂友汪杲曰：「自際叔嗣寅殁後，杭州十萬户，虚無人矣。今有半個在，馮山公也。」杲問故，曰：「未知後半截何如耳。」積書千卷，教授童子五六人，各授小學。盛暑必衣，步趨翼如。生平不妄交一人。戊寅秋，一夕中風，卒於施相家，年七十有三。相字贊伯，亦隱君子。馮山公，林鹿庵爲之作傳。

又《玉雨堂》　仁和韓文綺，字蔚林，號三橋，幼以孝友稱。乾隆丙午解元，癸丑捷南宫，由刑曹出守永平，擢清河道。生平宦蹟，多著祥刑，於粤於黔於蜀皆司秋憲，繼擢少寇，蹶而復起，又爲山左按察使。儀徵阮文達撰墓銘，稱其「治獄矜慎，得情法之平」。撫蘇時，會大水，拯救菑民，請款至百萬。歷官右副都御史，以疾請退，悠然林下。好聚書，築玉雨堂以儲之。孫泰華，字小亭，由兵部郎歷官陝西糧儲道。公餘搜訪金石，忘其爲風塵中吏也。又訪求元朝各家之文，收羅十餘年，得百數十家，半係傳鈔精本，或四庫所無而元刊尚在者，爲《元文選》，以十家爲一集。道光庚戌，首集既成，稿即毁於燹，僅存目録。著有《金石録》、《無事爲福齋筆談》。

又《吴石倉先生》　乾隆《杭州府志》：吴允嘉字志上，又字石倉，錢塘人。性孝友，雅好吟詠，爲文原本六經，旁通史漢，而章法頓挫，刻意規撫蘇歐，于經世之學，尤所殫心。生平愛藏書，丹鉛點勘，晨書暝寫。凡山經地志、墓碣家乘，下逮百家小説叢殘之書，蒐討不遺餘力。晚年嗜好尤篤，有《四古堂文鈔》、《石甑山房詩集》、《石倉存稿》、《石倉牋奏》、《武林文獻志》藏於其家。又《碧溪詩話》：石倉先生爲湖墅耆宿，嗜學好古，積數十年苦心。殁後，故書散落人間。予在汪氏振綺堂見其手鈔書可數百册，楷法醇古，毫無俗餤，望而知爲有道之士。其他散處於書賈求售者，更不知凡幾。嘗輯《武林耆舊集》，自漢迄明，其稿在吴甌亭處。予借録一過，編定爲二十卷。又嘗手輯《錢塘縣志補》，皆魏志所未備者。黄小松述其臨殁時，口占一絶示兒輩云：「幾卷殘書幾畝田，祖宗相守已多年。後人窮死休相棄，免教而翁恨九泉。」誦之黯然。予每與何春渚、陳二西談其餘韻，訪其後人，均不甚深知。後客任城，訪知令嗣文思、孫漢隄同客山左，皆業儒。文思曾中副車，掌教某書院。按：《樊榭山房集·哭吴丈志上詩》：「斜廊暴畫處，尚想立蒼苔。」自注：吴丈書齋有暴畫廊。志上先生世居北郭之梳艣橋，予得其《耆舊集》稿本，

爲羅鏡泉舊藏，惜殘缺未全，擬重加補輯而刊行之。

又《何夢華》 何元錫字敬祉，又字夢華，號蝶隱，錢塘人。精於簿録之學，家多舊書善本。嗜古成癖，手自鈔録，祕書可數百册。聞某山中有殘碑斷碣，則披榛莽，歷澗谷，搜幽索險，務獲乃已。一日入山迷道，日曛黑不得出，飢火中燒，幾不可制，賴野老丐以餘食，且導之行，始得歸，聞者絶倒。素有狂疾，時或觸發。後遊於粤中，稽留數年，遂客死。有《秋神閣詩鈔》。

又卷末《阿魯翬公》 徐一夔撰《李草閣先生墓誌銘》云：君諱昱，字宗表。其先汴人，有諱初者，從宋南遷，遂居錢塘。少從鄉里師口占詩，已能出驚人語。稍長，刻意明經，爲經義辭章，出同輩上。就鄉試，有司以其程文爲説過高，棄不取。君曰：「科舉豈足以盡儒者之事耶？」乃營草閣於北門之外，取未讀之書，盡讀之。蓋有毅然直追古人之意。阿魯翬公，元室文獻之老，自翰林侍講學士退居郡城之東，聞君才名，延教其子。其家多藏書，可資記覽。君爲三年留，用是譽日益彰，才日益高，學日益博矣。

又《周昭禮》 《兩浙名賢録》：周煇字昭禮，淮海人。紹熙間居錢塘清波門之南，嗜學工文，隱居不仕，當世名公卿多折節下之，而簡亢自高，未嘗報謝。藏書萬卷，父子自相師友，撰《清波雜志》十二卷。又《清波雜志》：借書一瓻，還書一瓻，後誤爲癡，殊失忠厚氣象。煇手鈔書，前後遺失亦多，未免往來於懷，因讀唐子西庚《失茶具説》，釋然不復芥蔕。其説曰：「吾家失茶具，戒婦勿求。婦曰：『何也？』吾曰：『彼竊者必其所好也。得其所好則寶之，懼其泄而祕之，懼其壞而安置之。是物得所託矣，復何求域？』」

又卷末《鑒止水齋》 許宗彦字積卿，又字周生，本德清人，後其子入籍錢塘。生有異質，九歲能誦經史。喜屬文，十歲即不從師，經史文章，皆自習之。乾隆丙午舉於鄉，嘉慶己未成進士，授兵部車駕司主事。嘗訓諸子曰：「讀書人第一須此心光明正大，澄清如止水，無絲毫苟且不可對人處。」故名所居曰鑒止水齋。有文集十二卷，詩集八卷。性寡嗜好，惟喜購異書，不惜重價，藏弆滿樓。於書無所不讀，實事求是，旁及道經釋典名物象數，必殫其奥而後已。阮氏元、蔡氏之定、陳氏壽祺爲撰家傳墓銘。按：豐順丁氏日昌《持静齋書目》中有《鑑止水齋書目》一册，鈔本。長洲顧沅於道光己酉三月客杭，從羅鏡泉假録，見卷首手跋又云：「余與其吉嗣子雙明府有舊，聞其書於兵燹後散亡殆盡，不勝悵然。」申又按：「許氏書，先得於粤東，又轉得於瓶花齋零帙，實多祕笈。自子淥丈官蘇，子雙丈官粤，其書質於許氏辛泉家。咸豐辛酉，辛泉家爲僞府，克復後，爲左制軍行臺，燒殘撕毁，益不可問矣。」

藝 文

徐堅《初學記·職官部下》引《梁庾肩吾和劉明府觀湘東王書詩》 陳王擅書府，河間富典墳。五車方累篋，七閣自連雲。松槧芳帙氣，栢熅起厨文。羽陵青簡出，嫣泉緑字分。方因接遊聖，暫得奉朝聞。峯樓霞早發，林殿日先曛。洛城復接眼，歸軒畏後羣。

《韋應物詩集繫年校箋》卷五《題韋少保静恭宅藏書洞》 高意合天制，自然狀無窮。仙華凝四時，玉蘚生數峰。書秘漆文字，匣藏金蛟龍。閑爲氣候肅，開作雲雨濃。洞隱諒非久，巖夢誠必通。將綴文士集，貫就真珠叢。

《韓昌黎集》卷七《送諸葛覺往隨州讀書》 鄴侯家多書，插架三萬軸。一一懸牙籤，新若手未觸。爲人强記覽，過眼不再讀。偉哉羣聖文，磊落載其腹。行年餘五十，出守數已六。京邑有舊廬，不容久食宿。臺閣多官員，無地寄一足。我雖官在朝，氣勢日局縮。屢爲丞相言，雖懇不見録。送行過滻水，東望不轉目。今子從之游，學問得所欲。入海觀龍魚，矯翮逐黄鵠。勉爲新詩章，月寄三四幅。

許渾《丁卯詩集補遺·卧病寄諸公》 飛蓋集蘭堂，清歌遞柏觴。高城榆柳蔭，虚閣芰荷香。海月秋偏静，山風夜更凉。自憐書萬卷，扶病對螢光。

《全唐詩》卷一二五王維《故人張諲工詩善易卜，兼能丹青草隸，頃以詩見贈，聊獲酬之》 不逐城東遊俠兒，隱囊紗帽坐彈棋。蜀中夫子時開卦，洛下書生解詠詩。藥闌花逕衡門裏，時復據梧聊隱几。屏風誤點惑孫郎，團扇草書輕內史。故園高枕度三春，永日垂帷絶四鄰。自想蔡邕今已老，更將書籍與何人。

又卷一五一劉長卿《雙峯下哭故人李宥》 憐君孤壠寄雙峯，埋骨窮泉復幾重。白露空霑九原草，青山猶閉數株松。圖書經亂知何在，妻子因貧失所從。惆悵東皋卻歸去，人間無處更相逢。

又卷一五五崔曙《登水門樓見亡友張貞期題望黄河詩，因以感興一作寄友》 吾友東南美，昔聞登此樓。人隨川上逝，書向壁中留。嚴子好真隱，謝公耽遠遊。清風初作頌，暇日復銷憂。時與文字古，跡將山水幽。已孤蒼生望，空見黄河流。

流落年將晚，悲涼物已秋。天高不可問，掩泣赴行舟。

又卷二三一杜甫《題柏大兄弟山居屋壁二首》 叔父朱門貴，郎君玉樹高。山居精典籍，文雅涉風騷。江漢終吾老，雲林得爾曹。哀弦繞白雪，未與俗人操。 野屋流寒水，山籬帶薄雲。静應連虎穴，喧已去人羣。筆架霑窗雨，書籤映隙曛。蕭蕭千里足，箇箇五花文。

又卷二五〇皇甫冉《夜集張諲所居得飄字》 江南成久客，門館日蕭條。惟有圖書在，多傷鬢髮凋。諸生陪講誦，稚子給漁樵。虛室寒燈静，空階落葉飄。滄洲自有趣，誰道隱須招。

又卷二六〇秦系《山中崔大夫有書相問一作崔大夫有書問余山中》 客在煙霞裏，閑閑逐狎鷗。終年常裸足，連日半蓬頭。帶月乘漁艇，迎寒綻鹿裘。已于人事少，多被挂冠留。素業堆千卷，清風至一丘。蒼黄倒藜杖，傴僂覩銀鉤。迹愧巢由隱，才非管樂儔。從來自多病，不是傲王侯。

又卷二七七盧綸《同柳侍郎題侯釗侍郎新昌里一作酬侯釗侍郎春日見寄》 清源君子居，左右盡圖書。三逕春自足，一瓢歡有餘。庭莎成野席，闌藥是家蔬。幽顯豈殊迹，昔賢徒病諸。

又卷三五八劉禹錫《和李相公以平泉新墅獲方外之名，因爲詩以報洛中士君子兼見寄之什》 業繼韋平後，家依崑閬間。恩華辭北第，瀟灑愛東山。滿室圖書在，入門松菊閑。垂天雖暫息，一舉出人寰。

又卷三八五張籍《贈王祕書》 不曾浪出謁公侯，唯向花間水畔遊。每著新衣看藥竈，多收古器在書樓。有官祇作山人老，平地能開洞穴幽。自領閑司了無事，得來君處喜相留。

又卷四五三白居易《題文集櫃》 破柏作書櫃，櫃牢柏復堅。收貯誰家集，題云白樂天。我生業文字，自幼及老年。前後七十卷，小大三千篇。誠知終散失，未忍遽棄捐。自開自鎖閉，置在書帷前。身是鄧伯道，世無王仲宣。只應分付女，留與外孫傳。

又卷四五九白居易《春日閑居三首》其一 陶云愛吾廬，吾亦愛吾屋。屋中有琴書，聊以慰幽獨。是時三月半，花落庭蕪緑。舍上晨鳩鳴，窗間春睡足。睡足起閑坐，景晏方櫛沐。今日非十齋，庖童饋魚肉。飢來恣餐歠，冷熱隨所欲。飽竟快搔爬，筋骸無檢束。豈徒暢肢體，兼欲遺耳目。便可傲松喬，何假杯中渌。

又卷四七九李廓《上令狐舍人》 名利生愁地，貧居歲月移。買書添架上，斷酒過花時。宿客嫌吟苦，乖童恨睡遲。近來唯儉静，持此答深知。

又卷五一一張祜《題朱兵曹山居》 朱氏西齋萬卷書，水門山闊自高疏。我來穿穴非無意，願向君家作壁魚。

又卷五三〇許渾《題倪處士舊居》 儒翁九十餘，舊向此山居。生寄一壺酒，死留千卷書。檻摧新竹少，池淺故蓮疏。但有子孫在，帶經還荷鋤。

又卷五六六莫宣卿《答問讀書居》 書屋倚麒麟，不同牛馬路。牀頭萬卷書，溪上五龍渡。井汲冽寒泉，桂花香玉露。茅簷無外物，只見青雲護。

又卷六九二杜荀鶴《書齋即事》 時清祇合力爲儒，不可家貧與善疏。賣卻屋邊三畝地，添成窗下一牀書。沿溪摘果霜晴後，出竹吟詩月上初。鄉里老農多見笑，不知稽古勝耕鋤。

又卷七〇九徐夤《寓題》 酒壺棋局似閑人，竹笏藍衫老此身。託客買書重得卷，愛山移宅近爲鄰。鳴蛩閣上風吹病，落葉庭中月照貧。見説天池波浪闊，也應涓滴濺窮鱗。

又卷七二一李洞《鄠郊山舍題趙處士林亭》 圭峯秋後疊，亂葉落寒墟。四五百竿竹，二三千卷書。雲深猿拾栗，雨霽蟻緣蔬。只隔門前水，如同萬里餘。

又卷八一三無可《李常侍書堂》 結構因墳籍，簷前竹未生。塗油窗日早，閱槧幌風輕。息架蛩驚客，垂燈雨過城。已應窮古史，師律孰齊名。

又卷八四四齊己《寄荆幕孫郎中》 珠履風流憶富春，三千鵷鷺讓精神。詩工鑿破清求妙，道論研通白見真。四座共推操檝健，一家誰信買書貧。別來鄉國魂應斷，劍閣東西盡戰塵。

又卷八六七柳藏經《柳藏經二絶句》 寒水停園沼，秋池滿敗荷。杜門窮典籍，所得事今多。

誰謂三才貴，余觀萬化同。心虛嫌蠹食，年老怯狂風。

蘇軾《東坡全集》卷二五《張競辰永康所居萬卷堂》 君家四壁如相如，卷藏天禄吞石渠。豈惟鄴侯三萬軸，家有世南行祕書。兒童拍手笑何事，笑人空腹談經義。未許中郎得異書，且共揚雄説奇字。清江縈出碧玉環，下有老龍千古閑。知君好事家有酒，化爲老人夜扣關。留侯之孫書滿腹，玉函寶方何用讀。濠梁空復五車多，圯上從來一篇足。

蘇轍《欒城集》卷五《寄題蒲傳正學士閬中藏書閣》 朱欄碧瓦照山隈，竹簡牙籤次第開。讀破文章隨意得，學成富貴逼身來。詩書教子真田宅，金玉傳家定

糞灰。更把遺編觀得失，君家舊物豈須猜。

又第三集卷一《初成遺老齋、待月軒、藏書室三首》其三　讀書舊破十年功，老病茫然萬卷空。插架都將付諸子，閉門猶得養衰翁。案頭螢火從乾死，窗裏飛蠅久未通。自見老盧真面目，平生事業有無中。藏書室

釋道潛《參寥子集·詩集》卷六《過公擇藏書室》　我公昔未仕，託蹤此山阿。牙籤列圖史，萬卷堆嵯峨。披剥得精要，卷衣辭薜蘿。一住三十年，功名歎蹉跎。公今陟臺省，壯志應未磨。出處獨不謬，紛紛當奈何。脱身早來歸，挂冠舊庭柯。松窗展故帙，炯炯臨曦娥。豈復求甚解，聊將寄天和。勿憂野馬集，勿念蟲網羅。山祇善守護，早晚潜揮訶。

黄庭堅《山谷外集》卷五《過致政屯田劉公隱廬》　兒時拜公牀，眼碧眉紫烟。舍前架茅茨，爐香坐僧禪。女奴煮罌粟，石盆瀉機泉。今來掃門巷，竹間翁蜕蟬。堂堂列五老，勝氣失江山。石盆爛黄土，茅齊新壞椽。女奴爲民妻，又瘞蒿里園。當年笑語地，華屋轉朱欄。課兒種松子，傘蓋上參天。投策數去日，木行天再環。先生古人風，鐵膽石肺肝。眼前不可意，壯日掛其冠。解衣盧君峯，洗耳瀑布源。霧豹藏文章，驚世時一斑。衆人初易之，久遠乃見難。憶昔子政在，爲翁數解顔。五兵森武庫，河漢落舌端。王陽已富貴，塵冠不肯彈。呻吟刊十史，凡例墨新乾。宰木忽拱把，相望風隧寒。百楹書萬卷，少子似翁賢。上參天一作高參天。

又《入窮巷謁李材叟翹叟戲贈兼簡田子平三首》其三　田郎杞菊荒三徑，文字時追二叟游。萬卷藏書多未見，老夫端擬乞荆州。

又《戲簡朱公武劉邦直田子平五首》其一　不趨吏部曹中版，且鱠高沙湖裏魚。雖無季子六國印，要讀田郎萬卷書。

晁説之《嵩山文集》卷五《且遽告行求題其父所作夢記之後》　前身嵩陽老道士，今日京東蔡秀才。杜門藏書萬餘卷，不知何身得之哉。

曾幾《茶山集》卷四《自廣西歸上饒閱所藏書》　久矣山人去，懷哉屋壁藏。侵陵閲梅雨，調護乞芸香。次第繙經集，呼兒理在亡。乞歸全爲此，何愛橐中裝。

鄧肅《栟櫚集》卷一〇《黄卷堂》　世人無遠韵，挾策下浮雲。識字僅有數，得志無短檠。太丘妙家法，不肯鹵耕耘。藏書浩無際，兀坐觀滄溟。寒陋鄙李邕，假書勤朝昏。過眼如杜甫，散爲筆下神。一家今四傑，射策到王庭。自視猶細事，家塾方討論。嗟我未聞道，政作鑽紙蠅。會同阿戎去，從公問斵輪。

喻良能《香山集》卷三《題楞伽寺李公山房藏書閣》　小閣峥嶸在空谷，云是先生讀書屋。不見善和數千卷，空聞鄴侯三萬軸。先生一去幾經年，山色依然爲誰緑。只今賴有衛夫人，壁上蕭蕭數竿竹。

周必大《文忠集》卷五《丘成之司理明遠閣二首庚寅三月四日》　榜題聊復借揚雲，千古行藏本自明。此閣定非天禄閣，肯因寂寞便輕生。

其二　家傳秘籍慕班遊，有子當追嗣與彪。好事一瓻如許借，樓前百榼果爲丘。君家藏書五世矣。

又卷四三《龍泉項汝弼字唐卿盧溪書院》　往聞澹菴評鄉賢，有朋曰項如篪塤。是非褒貶乃枝葉，孝友忠信爲本根。姓名不願唱上第，詔旨特許旌高門。項名充，與胡忠簡公俱以《春秋》馳聲，不廷試。紹興十年以行義旌表門閭。化行同邑得模楷，經授猶子留淵源。輕財重義續前烈，築屋貯書貽後昆。誰歟漸磨入我室，毋但涉獵游其藩。泉江況多乃侍從，遠親二郭近則孫。學成袞袞上臺省，健翮萬里看騰騫。

樓鑰《攻媿集》卷四《趙資政建三層樓，中層藏書》　危樓傑立潭府雄，仰望驚瞿何穹窿。擎以八柱真良工，恍如木天移海東。扶欄三級横復縱，八牕交映光玲瓏。更上一層迥不同，歷覽萬象俱空濛。東南太白金峩峯，西山千疊青芙蓉。環遶不斷如屏風，平疇彌望禾芃芃。城郭市井聚蠭蜂，烟樹高低知幾叢。澄湖一片磨青銅，潮來江漲銀在鎔。海市三垂屬提封，四山寬圍城在中。地平樓小望易窮，安得高卧陳元龍。麗譙公府難從容，二閣均在道佛宫。江山得助無遺蹤，眼前突兀忽此逢。主人幹國成棟隆，鼎彝久書柱石功。名遂身退兹明農，卜築深静依高墉。百間朗朗羅心胸，咄嗟不待鼛鼓鼕。最後奇觀凌虚空，牕户未須濕青紅。似聞盧陵周益公，亦作此樓高于崧。相望落落見兩翁，心匠不謀如影從。我欲效顰意方濃，一朝登眺若發矇。不願侍公飲十鍾，不願舞女紛歌僮。插架三萬牙籤重，此身願爲書蠹蟲。不然相陪夕陽舂，與公憑欄送冥鴻。

程珌《洺水集》卷二二《萬卷堂上梁文》　伏以四十年遊宦，顧須自安石屋之居；三萬軸峥嶸，猶未有插牙籤之地。況可飽衆腹於今年之歉，而又拜天賜於一日之閑。積雨逾旬，新晴一旦，工其舉矣，僉曰時哉。聊述散懷，姑留野詠。

兒郎偉，抛梁東，挺挺南來太華峰。正類當中提一筆，垂紳正笏自雍容。

兒郎偉，抛梁西，誰遣三山拱護齊。正枕中屏旁兩翼，天儲秀氣瑞雲溪。

兒郎偉，抛梁南，南有三峰碧漢參。不用撥沙尋妙訣，分明象合鼎魁三。

兒郎偉，抛梁北，列嶂巍峨如立壁。中有天門一最高，全似天街馳玉勒。

伏願上梁之後，蟫不入簡，芸常生香。上觀羲昊之皇風，下掃漢唐之陋迹。要令有補於當世，庶幾不負於儲書。

章甫《自鳴集》卷六《送劉道士之山陰閲藏書四首》 破屋頻來叩户，殘尊俄惜離羣。揮翰他時説我，圍棋暇日思君。

世事雲烟變滅，人生魚鳥飛沉。古錦空多妙句，朱弦誰是知音？

拄杖横肩自如，醯雞無甕從渠。著脚千巖萬壑，專心琳札青書。

羡子孤雲野鶴，笑儂枯木寒灰。呵手自題詩送，逢人早寄書來。

陳起《江湖後集》卷三周端臣《挽芸居二首》 天地英靈在，江湖名姓香。良田書滿屋，樂事酒盈觴。字畫堪追晉，詩刊欲徧唐。音容今已矣，老我倍淒涼。

詩思閒逾健，儀容老更清。遽聞身染患，不見子成名。易簣終婚娶，求棺達死生。典刑無復覩，空有淚如傾。

陳起《江湖小集》卷一〇葉紹翁《贈陳宗之》 官河深水緑悠悠，門外梧桐數葉秋。中有武林陳學士，吟詩銷遣一生愁。十載京塵染布衣，西湖煙雨與心違。隨車尚有書千卷，擬向君家賣卻歸。

又卷四〇葉茵《贈陳芸居》 氣貌老成聞見熟，江湖指作定南鍼。得書愛與世人讀，選句長教野客吟。富貴天街紛耳目，清閒地位當山林。料君閲遍興亡事，對坐蕭然一片心。

又卷六〇危稹《贈書肆陳解元》 巽齋幸自少人知，飯飽官閑睡轉宜。剛被旁人去饒舌，刺桐花下客求詩。兀坐書林自切磋，閲人應似閲書多。未知買得君書去，不負君書人幾何。

又卷六八張弋《夏日從陳宗之借書偶成》 自從春去後，少省出柴扉。樹暗鵶巢隱，簷空燕迹稀。憶山憐有夢，當暑詠《無衣》。案上書堆滿，多應借得歸。

唐順之《荆川集》卷二《李中麓文選藏書歌》 中麓子，最好奇，平生苦心只自知。破塚將尋姬氏籍，鑿山欲出禹王碑。鳥篆蚪文焚後字，白雲黄竹删前詩。藏在陰厓及海窟，神物守護誰得窺。自從掇取歸君屋，但聞胡山鬼夜哭。汗牛詎止盈五車，插架應知滿萬軸。開函几席生雲煙，五色紛紛耀人目。家中綾綺割截盡，更剪朝衣作裝束。中麓子，幾歲讀書長閉門。自信中郎能一目，還輕左氏識三墳。邇來下筆作詞賦，絶似先年石鼓文。卻憶射策來京國，此時才士紛如雲。雕龍白馬争先後，一日逢君皆閉口。試問豹鼠君已知，解對黄熊誰更有。共看飛騰邁等倫，早排閶闔上麒麟。遂令紈袴生嘆息，公卿元是讀書人。老大無聞予自憐，論交多愧十年前。可道壯心猶未已，時復從君乞一編。

耶律楚材《湛然居士集》卷一二《爲子鑄作詩三十韻》 [詩序云「乙未」，應作於公元一二三五年。]

乙未，爲子鑄壽，作是詩以遺之。鑄方年十有五也。

皇祖遼太祖，奕世功德積。彎弓三百鈞，天威威萬國。一旦義旗舉，中原如捲席。東鄙收句麗，西南窮九譯。古器獲軒鼎，神寶得和璧。南陬稱子孫，皇業幾三百。赫赫東丹王，讓位如夷伯。藏書萬卷堂，丹青成畫癖。四世皆太師，名德超今昔。我祖建四節，功勳冠黄閤。先考文獻公，弱冠已卓立。學業飽典墳，創作《乙未曆》。入仕三十年，廟堂爲柱石。重義而疎財，後世遺清白。我受先人體，兢兢常業業。十三學詩書，二十應制策。禪理窮畢竟，方年二十七。萬里渡流沙，十霜泊西域。自愧無才術，忝位人臣極。未能扶顛危，虚名徒伴食。汝方志學年，寸陰真可惜。孜孜進仁義，不可爲無益。經史宜勉旃，慎毋耽博弈。深思識言行，每戒迷聲色。德業時乾乾，自强當不息。幼歲侍皇儲，且作春宫客。一旦衝青天，翱翔騰六翮。儒術勿疎廢，祖道宜薰炙。汝父不足學，汝祖真宜式。酌酒壽汝年，五福自天錫。

吴澄《吴文正集》卷六一《題鍾氏藏書卷》 藏書不可以不多，而不可以徒多。洊亂離經之後，人家藏書之多者，鮮矣。今聞新淦鍾氏所藏，寧非大幸乎！尚擬過淦借目録一觀，倘得見所未見，亦此生一快也。

袁桷《清容居士集》卷三《蔣商卿敍其先人客金陵與先子事契末章復以見屬次韻》 堂堂金陵州，草草石臺路。羽書急星馳，鋒車卻金錯。飛雲古戍基，積雪寒沙步。我舟欲輕行，我馬何踢顧。乃翁入門初，此夕傾蓋故。寒暄謝浮語，信宿陳薄具。兹年心尚孩，維時歲云暮。艱虞脱九死，邂逅欣再遇。貞姿固青松，雅曲廢朱鷺。二老古先民，百歲等童孺。微痾隔音容，鉅痛割心腑。孤根擢遺肄，淳觳悲弱羽。緬懷青氈舊，力守韋編素。伊優笑侏儒，呫囁陋章句。珥貂匪七葉，插架同四庫。談空齊諧虚，守樸燕説固。芳林極薈蔚，溟海窮混濩。迺知山中雲，政異巖下趣。心聲要成律，易象那可註。羣賢凜無幾，餘子兢自數。愛君思如泉，愛君美如瓠。願爲汪汪深，勿作翕翕附。巨構千礎承，珍裘百狐聚。混世同餔糟，勞生已嘗醋。整冠儼初服，拂衣謝紛務。溝斷寧繪犧，户樞詎爲蠹。情深盡傾倒，醉劇多謬誤。忘機絶矜絜，落筆化塵腐。水深嘉魚潛，雲重樛木怒。翩翩林間鶴，栖栖井中鮒。飄零記疇昔，慷慨合和煦。辱贈難與酬，臨風復成賦。

胡祗遹《紫山大全集》卷七《寄侯伯祿許公度二郎中》 人人南宦富金珠，唯聽行軒積異書。玉軸牙籤三萬卷，肯分餘帙到堂虛。

龔璛《存悔齋稿·挽蔡山長》 仙遊分望族，相業肇嘉名。古道見師法，平生無宦情。雪林驚歲晚，門巷逼林清。萬卷藏書遠，何當繼老成。

傅若金《傅與礪詩集》卷八《簡孔伯明知事》 昔別長沙失送君，岳陽音問日相聞。幕中吏牘應稀少，時出藏書校古文。

宋褧《燕石集》卷三古詩《蘇伯脩右司滋溪書堂》 滋溪溪水清如玉，堂中藏書高似屋。緗縹裝潢芸葉馥，遠過李侯三萬軸。上世遺安重教督，有美令孫克佩服。移書度几置書腹，用之經濟且啓沃。尊經纘史雅志篤，屈宋衙官騷則僕。堂前山水秀且綠，堂中之書茲不辱。愧我四十鬢欲禿，文學事功俱鹿鹿。悲歡枯落悔不足，欲登君堂借書讀。

釋大圭《夢觀集》卷四《哀王德符》 深期久屈一時伸，白髮蓬廬竟不春。在抱孤兒方識母，藏書萬卷付何人。繐帷像設空堂暮，蕭寺琴尊異世身。同社相逢俱涕落，百年無復見遺民。

顧瑛《草堂雅集》卷五《贈納琳大監》 論卷聚書三十萬，錦江江上數連艘。追還教授文翁學，重歎徵求使者勞。石室談經修俎豆，草堂迎詔樹旗旄。也知後世揚雄在，獻賦爲郎愧爾曹。

又《彭南陽真人雲窩煉丹之所》 石枰餘子皆生路，洞室藏書盡隱文。誰與解醒千日酒，我來分住一窩雲。虎龍金碧親承訣，鸞鵠青冥動作羣。莫向爐中參火候，定知此事屬彭君。

又卷一四《寄贈洞庭葉隱君》 一舸南歸鬢欲華，買山湖上卧烟霞。尊如北海應多酒，園儗東陵亦種瓜。丹甃泉春雲碓藥，橘林風掃石牀花。傳家自與隣翁異，見説藏書有五車。

又《玉山璞稿·琦龍門爲王氏孟德仲立求賦〈秋林讀書圖〉詩》 龍門一別三月强，忽然扣門登草堂。盛言王家好兄弟，皎若丹邱雙鳳凰。近向山中結書屋，屋裏藏書三萬軸。門前一樹紫荆花，堂背兩墩慈孝竹。時當林麓西風起，木葉蕭蕭打窗紙。簡編舒卷對新凉，深夜篝燈日争晷。大郎學禮可立身，小郎學詩亦有成。禕之懿之賢伯仲，元方季方難弟兄。我生素有躭書癖，忽聞此言深嘆息。未得扁舟逕造門，秋林漠漠遥相憶。邇來吴中閥閲家，養子不教從豪奢。白狐之裘紫騮馬，日日春風桃李花。從此荒嬉事輕薄，盡把詩書束老閣。老來對客始面牆，卻悔青春不曾學。君不見機雲學舍小如舟，兄居東頭弟西頭。一朝同起仕晉室，雲間名字垂千秋。又不見韓家學舍京師中，當門只種青梧桐。聯翩冠蓋可相望，舉世人呼兩相公。似君之家亦希有，千載讀書不窺牖。壯年才力正崢嶸，功名肎落他人後。聖元天子崇文儒，明年並馬趨皇都。大字雙懸龍虎榜，爲君題作登瀛圖。

錢惟善《江月松風集》卷六《題〈張仙人隱居圖〉》 百年曹氏宅，萬古張仙山。藏書白雲裏，結屋青林間。泉迸石虹裂，樹深溪鳥閑。我欲從子遁，騎驢相往還。

危素《危學士集》卷一二《故貴谿彭君墓碣銘有序》 王侯之石生雨雲，居者本諸武夷君。芝蘭玉樹揚清芬，奄然遺世藏書存。裴回空山涕泗紛，尉其冥冥在斯文。

鄧雅《玉笥集》卷四七言律詩《寄何伯善先生二首》其二 浮生已入無聞境，幾度臨風感慨深。朽腐不堪同草木，辛勤猶自惜光陰。藏書小結山中屋，對月常彈膝上琴。一寸苦心誰爲寫，先生留墨重千金。

徐碩《(至元)嘉禾志》卷三一《趙老圃》 藏書幾萬卷，歸老此林泉。不爲尋蓴膾，于公亦自賢。

佚名《元音遺響》卷六《黎川李反正有詩，表兄劉紹爲和章，徵余次韻二首》

其一 江海棲蓬十載餘，故林歸興在幽居。早聞綵服趨庭孝，晚積牙籤插架書。泉水清甘刳竹引，莆田腴潤帶經鋤。新詩剩有超然志，陡覺心胸磊磈舒。

楊琢《心遠樓存稿》卷二《渠濱先生携酒枉顧敝廬，漫成長歌奉謝》 楊生困遯誰肯憐，空囊羞澀無一錢。蓽門窮巷苦隘陋，綢繆補葺三四椽。插架排籤但黄卷，傳家舊物惟青氊。衣敝蒙身每露肘，琴焦掛壁常無絃。客來煮茗共談笑，貧居市遠無葷羶。以故知音競推奬，亦有同道相頗偏。我嘗讀《易》辨貞悔，是有妙理非偶然。小人有力緣坎坎，君子無咎由乾乾。隱顯殊塗分已定，人雖自絶吾何愆。渠濱先生富文學，明窗淨几親鑽研。豈惟讀書破萬卷，況乃舉眼空八埏。溝中斷木賴黼黻，遠携酒饌過林泉。取友邀朋赴嘉會，烹雞割鹿開華筵。衆賓才思俱灑落，飛觴酬酢聲喧闐。蹇余好古生已晚，感公奬愛今幾年。甫見兒童沐噓拂，後來落魄歸淮壖。衆皆視棄若敝蹤，公獨收拾相招延。酌公春酒感公意，知我既早愛我堅。公之所賜我敬愛，我亦見意公莫捐。鄰家酒熟許借我，大瓶小甕來牆邊。煮芹燒笋既可宴，竹床石枕亦可眠。直須浪飲盡歡樂，幸勿執禮相拘攣。古來宦達俱已矣，唯有飲者聲名傳。醉餘豪氣不可遏，詩成泚筆題吴箋。

鄭本忠《安分先生集》卷八《滄浪漁隱爲沈該賦》 苕溪溪水湛冰壺，宋相聞

孫此隱居。載酒過門無俗客，傳家插架有遺書。斗竿碧玉西風外，一曲滄浪暮雨餘。只恐聲名動京國，促裝早晚赴公車。

藍仁《藍山集》卷三《寄雲松》　雲松隱者巢居處，上有屏山下藉溪。花逕夕陽眠鹿豕，釣磯春雨集鳧鷖。十年種木春林遠，萬卷藏書草屋低。久欲相從扣義畫，負琴長往碧巖西。

又《春日憶章屯故居》　衰年長愧北山靈，春日題詩憶翠屏。茆屋也從人借住，柴門不爲客來扃。林陰嵐濕藏書架，爐冷苔侵煮茗瓶。惆悵閑牕巾帨在，孤墳宿草已青青。

貝瓊《清江詩集》卷六《贈王廷威》　江南文物三槐後，傾坐郎君有阿戎。酌酒初逢李監宅，説詩頻過杜陵翁。麒麟騕褭歸天育，結緑縣黎待國工。插架書多須可讀，日長山院杏花紅。

鄭真《滎陽外史集》卷九三《秋興用宋推府韻》　同鄉舊日訪山居，插架縱横萬卷書。郡府賢良催剡薦，皇家爵禄慶宣除。斯文每逐儀容接，公道何嫌職守拘。樗散由來天所放，廳階日覺往來疎。

又《次韻答俞明逸先生》　仙翁家住海瀛邊，六十容顔似壯年。夜月夢回蒼玉佩，秋風吟擁紫茸氊。牙籤插架芸香合，鶴騎當軒樹影圓。笑我客居淮水闊，白雲千里思悽然。

又卷九四《題吴道延書屋》　錦軸牙籤插架高，座中上客盡英髦。雙鈎妙訣頻臨晉，五字新篇祇和陶。辟蠹春來教汗竹，聚螢夜半代焚膏。勸君好富三餘學，鼓勇詞場戰必鏖。

劉璟《易齋稿》卷四《書臨淮送别卷示貊子還鄉》　驅馬太行路，南望長淮流。一酌長淮水，洗我萬斛愁。方舟泛長淮，迤邐度潮汐。吾聞精誠著，通神貫金石。汝今歸故鄉，爲我寧松楸。雨露善封植，無參前人休。駐馬臨淮水，難喻君恩深。報國志未遂，離愁安可任。玄象無停運，陰陽靡窮機。相彼寒與暑，一往必復徠。寒暑形運速，人生易爲老。持重不待年，畢竟成潦倒。我家自南宋，扶顛樹忠勳。累世業詩書，魚雅衆所聞。汝之曾大父，秉志堅且深。勤脩繼先志，餘浲流至今。先公際風雲，光寵山河誓。顧我復蒙恩，簪笏侍丹陛。汝今宜勉力，忠孝厚自期。諮詢老成士，熟貫天人幾。家有插架書，刻意勤討索。莫學馬服子，債事貽後責。存心敬桑梓，謙和寧爾志。力田奉國法，安居若平地。慎勿作聰明，侮慢以自賢。推誠敬天道，日夜長乾乾。聖人著六藉，垂訓甚昭彰。虚心味雋永，作善來百祥。寡慾以養心，弘聲以立志。出納慎樞機，周旋敦禮義。工夫貴淳熟，義理貴諱明。篤實以踐履，久之若天成。斯言不盡意，達者心自徹。行矣當努力，期汝紹前哲。

劉嵩《槎翁詩集》卷三《次周所安寄短歌》　周郎春興醲如酒，繞屋陂塘種楊柳。憶曾相過賞東風，手引流霞斟北斗。當時不省生遠愁，花下起舞回高秋。長松挂月出石嶺，清夜醉倒東溪頭。別來幾度秋風發，卻恠音書望中絶。行人馬上念鄉關，九月居庸洒飛雪。羨君一門如棣花，石室舊藏書五車。昨來寄我三百字，字墨矯矯猶翻鴉。我慚衰邁成漂泊，釣水耕山負前約。山林嘯傲方日長，慎勿白首悲馮唐。

又卷六《過鳳岡趙憲史仲思隱居茆堂》　鳳岡東上見茆廬，知是青原隱者居。溪水當門宜把釣，石巖傍架好藏書。湖山每恨論心晚，城市長疑見面疎。雅志澄清端有待，風塵滿地欲何如。

陳謨《海桑集》卷二《追挽劉養直》　校讐天禄去無日，藏書善和歸幾時。殷臺落日塵杳杳，象山宿草春離離。玉雪未曾瞻道貌，梧桐今已識孫枝。斯文不朽應無憾，刻石埋名有楚奇。

王紱《王舍人詩集》卷一《爲翰林典籍沈民則題樂琴書處》　沈君搆華軒，藏書復藏琴。書以載古道，琴以傳古音。古人不可見，唯此悦我心。我心既自悦，外慮俱銷沈。涼生深竹浄，日轉高梧陰。絃誦苟世守，奚須滿嬴金。

胡廣《胡文穆公文集》卷八《送晃司直致仕還鄆城》　白髮蕭蕭八十餘，罷官歸去樂閑居。已承優詔辭金闕，猶憶同銓拜玉除。宫錦惟留前錫服，牙籤多載舊藏書。到家結社耆年少，只有兒孫挽鹿車。

楊榮《文敏集》卷六《培山書堂》　知君華構倚培山，泉石清幽几席閒。插架喜看黄卷積，鈎簾應待白雲還。廟堂此日陪伊傅，燈火當時話孔顔。未得投簪詢舊業，畫圖空自憶鄉關。

楊士奇《東里集・詩集》卷一《題嚴氏光遠堂》　朴山先生天下士，明經著書遺來世。宰相持書獻天子，寵召除官列中秘。結纓彯組青瑣闈，蕭散終懷荷芰衣。明日上書乞身去，萬里碧霄鴻鵠飛。窈窕烟霞護丘壑，共羨知幾返真樂。園田舊繞柴桑居，山水清於富春郭。又百餘歲傳曾孫，束帛徵起官橋門。峩冠正席講周孔，詵詵俊彦羅璵璠。兩賢出處各有道，前後聲華相暎好。光遠堂中春不窮，喬木風烟拂晴昊。插架牙籤萬卷存，焚香掃徑無塵喧。階前暖翠看慈竹，歲歲年年蕃子孫。

又卷五五《送曾蒙訓分教弋陽》 明珠産合浦，奇璞出藍田。士生禮義門，由來端且賢。曾氏吾同里，詩書奕世傳。科名起特達，赫赫光後先。之子稟賦異，秀質何娟娟。少小服家訓，一志勤簡編。插架皆手澤，旦夕侍鑽研。致恭閭曲間，出入恒顓顓。名達部使者，薦上吏部銓。天子試文辭，揮毫玉陛前。擢佐百里教，往分博士筵。維時七月中，芙蓉秋滿川。驅車出潞濱，問買江南船。弋陽幾日至，定及黄花鮮。訓迪敦表率，薦祀致精虔。勁翮在遠霄，寧當久翾翾。功行貴及時，無爲孤盛年。流光逝不處，佇聆清譽宣。

何白《汲古堂集》卷七《壽周公瑕先生八十》 淮陽一老不臣漢，南極老人應壽昌。千載風期起縫掖，龍門社中虚左席。漢庭丞相舍盖公，鹿裘弟子師文眷。憶昨徵車來洞庭，簸蕩少微不得寧。河渠書傳太史筆，胡天墨灑燕然銘。霞飛岱宗渤海紫，雲開恒嶽蓮花青。萬古精靈泣光恠，嶧山片石中郎經。風雷時掣蛟龍紐，呵護應煩鬼神守。已看著賦準長庚，况復藏書窮小酉。予攀若木江之湄，東向壽翁金屈巵。更因珠樹雙青鳥，遥寄仙人碧落詞。

又卷一六《寄懷張太衡翁太守》 苦憶風流張步兵，秋風莫遣二毛生。寢丘食采無千頃，賜第藏書擬百城。積水雲霞初月暎，暮天樓閣萬松晴。想應散髮風廊夕，醉踏冰壺伴鶴行。

薛瑄《敬軒文集》卷八《題陳僉憲族譜二首》 華胄誰如陳氏賢，一門幾世住蛟川。宗分衆派多遺澤，家富羣書總舊編。蘭玉在庭争奕燁，鵷鴻得路競騰騫。新裁譜籍增光耀，珎襲應須久遠傳。

蛟川喬木緑成圍，詩禮傳家古亦稀。插架牙籤充棟宇，分行蘭竹秀庭闈。清門接踵雙黄牓，烏府連聲兩繡衣。積德由來應未已，佇看譜牒旋增輝。

又卷九《松林書舍卷爲李方伯題》 四簷偃盖碧重重，插架牙籤落影中。萬谷驚濤滄海近，半窻涼月雪山通。潤霑瑶席霏霏雨，響徹朱絃細細風。好結歲寒搜秘檢，莫教飛夢逐塵蹤。

張寧《方洲集》卷八《耕學爲劉侍御賦》 插架詩書負郭田，此生清意滿林泉。一犂時雨春方竹，盡夜寒燈曉未眠。訪隱何人經白屋，傳家有子付青氊。年年報社人都醉，獨自關門草太玄。

馮琦《海岱會集》卷六劉澄甫《夏中雨後適郊外莊》 長夏炎天氣鬱蒸，火雲酷烈烟光凝。脱帽披襟遵茂樹，園蔬自摘儲層冰。農人望雨如望赦，終日甘霖似傾瀉。池邊幸爾蔭松篁，郭外忻然看禾稼。攜杖閒來尋白鷗，肩輿偶出問丹丘。溪流活活添新沼，杞柳蓁蓁生小洲。柴門夜静眠鳧鴨，甕牖朝涼動紈箑。壺醑初分味頗佳，野翁對酌情偏洽。溽暑可奈暫盤桓，幽棲得慣輸平安。茅齋五月豈覺熱，此身百歲輕無官。圖書插架高連屋，欲賦歸田種新菊。郊原日日遂遊課，一枕羲皇老空谷。

蔣主忠《慎齋集》卷四《静齋爲吴宗起賦》 門巷深沈寂不譁，藏書渾訝鄴侯家。春風草色疏簾静，暮雨苔痕小徑斜。盡日不聞啼過鳥，有時還對落來花。青緗坐閲無餘事，未許紅塵到碧紗。

葉盛《涇東小稿》卷二《用北嶽詩韻答劉祐之侍郎》 白雲紅樹驛邊樓，聞道君家住此州。插架圖書松影月，繞籬風雨菊花秋。百年親老承顔喜，八座官高爲國憂。和得新詩勞寄我，明珠斛斛也難酬。

朱誠泳《小鳴稿》卷三《勤有齋》 六經充棟填華屋，插架更餘三萬軸。黄金散盡寶奩空，猶自逢人叩書目。汧陽老伯吾藩尊，積書遠欲貽兒孫。自恐疎慵陷驕惰，手持黄卷窮朝昏。鷄鳴起坐更終日，隱几吾伊忘飲食。小齋簾捲麝煤銷，不管青衣花外立。夜歸蠟炬射金蓮，猶對朝來未盡編。窮搜苦索肯辭倦，翻笑當年邊孝先。無限好書皆爛熟，磊落争誇載其腹。有時延訪出朱扉，應有諸儒羡書簏。萬卷開殘不可當，直從今日盡羲皇。揮毫頓覺鬼神泣，嘻笑怒駡皆文章。始信詩書勤乃有，子建安能專八斗。有斐無慙淇澳詩，珍重吾藩有耆耇。

馬中錫《東田漫稿》卷二《劉振之遷居，次其韻奉答》 移家深巷閉門居，對酒顛狂對客愚。詩卷畫圖交插架，晚菘春韭混成區。書投光範羞同□，□□□□擬學圖。我願□爲鄰舍住，行囊争奈一錢無。

劉溥《草窗集》卷上《寄金陵李公子敬中》 李子恬澹世稱最，氣吐香蘭齒含貝。有錢不買千里駒，有寶不裝萬釘帶。藏書萬卷富充棟，口不輟誦心領會。羲農周孔道相貫，磅礴渾淪大無外。至爲歌詩極工緻，遠惑陽城迷下蔡。大篇三峽瀉春濤，小篇孤嶼鳴寒瀨。况是廳堂絶清雅，巨竹爲椽茅草盖。厨中常饌餘露葵，庭下盛觀淮雪檜。世間萬事無所營，卻有狂夫苦相儈。醉中往往跨墻頭，辱駡百端殊叵奈。子時蕭然對琴瑟，略不與争中自泰。齒剛終弊舌終存，此驗昭昭豈茫昧。余昔向子常慰藉，别復不知誰倚賴。而今日夜計其然，斷割精金須百汰。北京高樓入曾漢，西山白雲結晴靄。子其走馬試一來，眷有深恩定霶霈。

朱存理《珊瑚木難》卷一《秀野軒記》 軒居面蒼岑，種藝雜花竹。竹影書扶疎，花幽時馥郁。坐對雲山亭，庭除桑枯緑。石田春雨餘，幽歌聽樵牧。冠盖豈不

榮，誰能受羈束。韜囊琴滿床，插架書連屋。門前好客來，槽頭酒應熟。張均

史傑《襪線集》卷三《挽蠖菴沈存讓先生善隸書》 文獻今寥落，斯人重可悲。心隨道俱隱，身與世相遺。竹裡藏書屋，花邊洗硯池。誰知成永訣，無復共談詩。

顧潜《静觀堂集》卷二《壽同社二首》其二 鄭君讀書兼讀律，世胄吾崐故無匹。少年逸足歎淹驥，終日清談笑捫虱。門前來客多華裾，架上藏書皆縹帙。棲遲共惜老淵槃，特達纔看薦庭實。聖王造士曾何方，賢者經邦元有術。寒梅臘酒爲君壽，得意人生有遲疾。

又卷五《送水村赴閩壬午》 高爵輕捐望愈尊，向來功罪底須論。梅花細雨江南路，荔子清風海上村。仗劍已忘蛇螯手，賜環行喜鳳啣恩。牙籤縹帙藏書在，計日東還課子孫。

又《壽顧封君鑑八十》 節過重陽柳未疎，壽筵風日晝中如。漁竿白髮滄江外，烏帽黄花湛露餘。好客滿浮新釀酒，傳家時整舊藏書。康强逾八還登九，又見蘭孫上石渠。

顧清《東江家藏集》卷一一《北游稿·芸屋儲書》 青青庭下草，芬馥掩椒蘭。能令脈望走，使我緗帙完。鄰侯彼何人，插駕萬軸攢。而我千載餘，觸事如面垣。孫翁識恨晚，聞風起三歎。締構亦已勤，畜聚良獨難。不知幾年心，成此萬玉山。屋下五綵衣，萬卷胸中蟠。小出已高第，遠圖未容殫。春風開壽尊，酒緑衣裳斑。願以卷中訓，永奉膝下歡。青山拂新圖，虹光起簷端。何當凌七峯，一快平生觀。

又卷一四《石齋爲閣老楊公賦》 萬書插架簾几清，朝回燕坐百慮澄。是爲石齋公所名，公意本自羲皇經。人生有欲隨顛冥，惟介乃立静乃貞。介焉如石静以確，一字可以終身行。先生讀《易》五十載，神明久在筌蹄外。細看華榜揭修楹，正似武公歌懿戒。巖廊特立表縉紳，嵩高峻極華嶽尊。三神不隨巨鼇抃，一柱獨止洪河奔。十年黄閣佐萬幾，矢口應筆皆天機。昭回何止飾萬物，大有甘潤蘇癃疲。名高位重心轉下，時復青山夢迴駕。向來一去四海嗟，況此焦枯正炎夏。介于石，斷可知，公今豈是丘園時。平泉往事可一笑，仇池雪浪空崔嵬。須公輔佐太平了，還賦此石歌公歸。

王尚絅《蒼谷全集》卷三《旅夜和温庭筠、賈島、楊發三首》其三 青林城市裏，曲院轉衡門。插架書千卷，横窗竹數根。野翁忘塞馬，禪客識靈猿。肯信風塵外，空明自本原。

張經《半洲稿·南行稿·客中寄綸弟》 十年滄海鬢垂斑，贏得虛舟自往還。素性日唯甘淡泊，遠懷時復憶家山。牙籤插架還須檢，白日驅人莫放閑。萬里無憑供菽水，慇懃仗爾慰尊顔。

倪宗正《倪小野先生全集》卷四《次李崆峒韻送吴江吴光禄》 錦袍白馬薰風前，欲發未發仙河船。忙向長安扣我館，二吴有弟如惠連。老成禮數壓賓座，眉目清朗當青年。光輝照我覺形穢，秋空氣爽流嬋娟。尚書膝前稱少子，更見多賢離繁祉。德星聚彩應在吴，往歲嘉占勤史氏。一官新得任子恩，千里兼有趨庭喜。驊騮步驟道何長，閥閱動名世無比。吴家藏書次天禄，書堂突兀依江麓。載向金陵凡幾車，藝苑文場恣遊目。善談玄理心所耽，新得奇編手親録。世上紛紛驕逸兒，鳳鸞羞與雞羣逐。

又卷七《寄題沈文韶嘉圃》 聞君嘉圃清江上，移置崑瀛在眼中。琬琰舊藏書萬卷，珊瑚新長葉千重。沙鷗野鹿情俱狎，銀闕瑶臺夢已通。我欲乘槎問牛斗，長依天漢待秋風。

費宏《費文憲公摘稿》卷四《别陳崇之後用煎茶韻奉寄》 周南留滯又逢春，莫訝新年别故人。恨不同舟如李郭，敢云投漆託陳雷。孟公尺牘藏堪寶，伯王新詩妙入神。柱下藏書分萬軸，因君更與聖賢親。

張元凱《伐檀齋集》卷三《錢翁歌爲磬室山人壽》 錢翁不是蓬蒿人，自稱吴越諸王孫。布衣不受緇塵染，混俗能將白眼存。棲遲陋巷蓬蒿翳，抱膝長吟靡年歲。家藏萬卷不知貧，更倚丹青曾絶世。巴江急峽巫山峰，漢時古柏蔡時松。錢翁下筆無數點，便覺烟雲千萬重。長康安道名誰稱，世情都無神自勝。屨集常憎户外塵，蕭然一室如懸磬。錢翁不滿五尺長，意氣能飛千仞霜。等閑不受諸侯幣，虛左曾持公子觴。吾家都護弄柔翰，風流寄興東山畔。傍水新開燕子樓，臨花高捲鴛鴦幔。愛惜長干劉采春，當時西第幾留賓。坐中不少嚴夫子，幕下常多郭舍人。自是錢翁交莫逆，春山花月同穿屐。如今花落月西沉，但見錢翁頭盡白。黄公壚下莫經過，吹篴山陽感慨多。凄涼若問吴趨第，四壁徒存一雀羅。翟公門前何所有，春風乍上新楊柳。百斛金閶緑玉漿，沽來且作錢翁壽。錢翁七十意何如，雲在青天任卷舒。他時倘畫通家子，丘壑偏宜謝幼輿。

胡安《趨庭集》卷四《壽茫湖李公》 風光捴屬隱君廬，遶屋湖雲插架書。紫氣誰當占逸駕，碧山何待焚銀魚。藥爐丹轉神交外，藝苑珠聯口授餘。公二子皆題達。況是芳辰對松菊，怡顔自酌更何如。

**田藝蘅《香宇集·續集》卷三一《癸亥稿萬竹孤吟》蔣灼《和萬竹孤吟詩有

序》 萬竹修修照曲溪，溪前溪後緑陰迷。操觚不負平生業，荷蓧長隨野老棲。已看錦綳皆玉立，盡沖碧落與雲齊。鄴侯插架盈三萬，籤軸傳家自有題。

李開先《李中麓閑居集》詩卷一《寄題葛芝山藏書歌有序》 余有好書之病，芝山葛子殆甚焉，豈非同病相憐者哉？然士夫家率喜小説，古人解經之書多閣而不行。雖則余憫之，但求諸紙上之陳言，孰如無言尤愈也。芝山别余日久，願各努力，期不負素心，則固有千里同堂者矣。

芝山葛子書滿屋，錦帙牙籤數萬軸。架上亂積蠅頭書，床間総是牛腰束。漆字奇文久不傳，竹簡蝌蚪誰曾目。君家盡有古今秘，燦爛猶如手未觸。長天苦誦不輟口，夜深還向螢牕讀。我亦好書真成癖，遠搜博訪及窮谷。片時不離鉛槧間，半生正墮魚蟲窟。嘗聞世南行秘書，天子出入隨華轂。結習猶坐陳隋餘，獨有河汾尚經術。只今頗會川上心，一笑無言樂事足。後四十年駕文螭，披髮與子遊亭毒。

又詩卷二《初夏江上送李九河携借書還鄴三首》其二 借書日不虚，爲我善藏書。豈但三車富，還過萬卷餘。賢王多問學，遣使甚勤渠。書去勞門客，抄時正魯魚。

又《楊升菴狀元以草字詩見寄，依韻奉答》 吾棲在何所，大東更向東。書將藏洞府，劍不倚崆峒。月照新紗幘，燭殘舊絳籠。此時方憶汝，詩草忽相通。

附升菴原詩：

中麓何山隱，青丘太岳東。藏書侔宛委，問道即崆峒。鸞鶴烟雲駕，烏蟾日月籠。相求天路迥，惟許谷神通。

又《挽陳東皐舊刑部》 病沉捐館舍，夢斷失鄉園。東皐原在京人，灕寓光州。肉譜既遺火，腹笥亦不存。東皐存日，火焚藏書樓。子嘗以書慰之曰：「書樓雖火，腹笥猶存。」絶絃空墮淚，覩劍暗銷魂。望祭城南陌，雲長日易昏。

又詩卷三《代内答寄》 何須對客日彈棊，秃卻毛錐只詠詩。廣置田園難管理，多藏書籍費心思。五旬無子君休慮，衆妾分恩我不私。庭樹均蒙培植力，紛紛映日長新枝。

又《寄題李蒲汀尚書藏書樓》 兩世尚書百世芳，書樓突兀應文昌。古經當日曾分借，新刻别來屢寄將。皇甫一車蒙國賜，景文百軸作家藏。忽驚螢火簷前過，疑是燃藜夜有光。

又《用前韻寄題晁春陵藏書屋》 世史子長名姓芳，春陵父子俱官翰林。雄文巨筆述明昌。牙籤悉付傒奴掌，緗帙頻勞使者將。蝌蚪周書掘塚得，龍蛇禹刻出山藏。讀書莫鑿匡衡壁，自有窓前明月光。

又《偶述近況二首》 食龜存甲爲占年，年稔堪封比屋賢。洒掃應門黄竪子，詩文代筆紫姑仙。瓦盆注酒終朝醉，石室藏書有日傳。不但窮通難在我，細微飲啄亦由天。

一得年書便筭年，十年多值牧民賢。三冬誦讀三冬業，一日清閑一日仙。舌底長將真液嚥，街頭莫把秘方傳。諺云：「點的銀，出的神，怎肯街頭説與人？」屈原不必爲《天問》，萬事何能遁彼天。

嚴怡《嚴石溪詩稿》卷二《九日與秋山先生及生思隱口號》 羇遊有客自南徐，託宿隣君得隱居。肯信奚囊詩似錦，可堪賓館食無魚。東家不借登山屐，西席空多插架書。今日黄華應見笑，二公相對欲何如。

又《初五日心田宅賞菊》 十月來看九日花，當年繡斧使君家。繞籬種菊經三世，插架遺書尚五車。所愛風流存賞興，何妨景物换年華。主人况復多收秫，酒出床頭不用賒。

又《春日漫興》 老大童心猶自在，可堪役役未能休。迷塗與世夢分鹿，插架笑人書汗牛。望裏家山徒四壁，吟邊野渡有孤舟。春城涣涣環秋水，二月無花何處遊。

又卷五《書》 鄴侯插架三萬軸，富矣哉書誰與方？石室收藏聞太史，金樓著術有賢王。芸香閣上元充棟，太乙峰前亦滿床。老我家儲無儋石，流觀四壁亦輝煌。

邢大道《白雲巢集》卷三《小像》 葛帽雙華鬢，荷衣三尺身。骨因沾病瘦，眉不挂愁顰。傲世烟霞癖，託生天地仁。朱門辭醴醉，白屋結茅新。鴻筆凌千古，鶴巢絶四隣。萬編插架富，十口累家貧。蔬食朝還暮，花開秋復春。樵雲姑射岫，漁石澗溪濱。六一稱居士，江湖號散人。百年今過半，寧羨畫麒麟。

又卷六《代輓延津李生》其四 故家文獻讓中州，插架牙籤富鄴侯。天意豈應忘□報，《尚書》無後繼弓裘。

皇甫汸《皇甫司勳集》卷二一《過蒲圻弔廖學士》 碧山成葬地，華屋但荒居。衆女争相妬，明君恨不如。甘泉無獻賦，鄴架有藏書。獨惜招魂處，湘江夜月虚。

王慎中《遵巖集》卷六《送胡中丞可泉西歸》 廣野微塵柳眼青，衣冠飲餞一城傾。還家且有藏書富，解組真同脱躧輕。路出崤陵桐樹盡，旌飛灞岸嶽蓮迎。

《歸田賦》就身猶繫，因送將歸客念盈。時某方有乞歸之疏，故末句云。

費元禄《甲秀園集》卷二〇《閩中紀事四十首並序》其二六　烹茶掃雪下堦除，積作銀燈巧製殊。競置當風消不得，留君一夜檢藏書。

又卷二二《贈湯若士先生》　鳳翮陵高漢，龍光燭上台。尚書鵷省望，大雅兔園才。託素攀前代，揚芬領後來。憂深捐佩起，妬極掛冠回。酒漉蓮花社，絃揮玉茗臺。藏書登宛委，種樹望岨崍。曲較幽蘭麗，歌隣汎雪裁。叟眠麏久狎，獨下鳥忘猜。江晚蘋烟闊，山秋木葉哀。蒼鴻飛帛字，赤蚌剖珠胎。徑密棲風柳，庭陰宿雨槐。時時過栗里，載酒夜深迴。

劉繪《嵩陽集》卷七《春日寄李中麓藏書歌》　山東李侯濟南師，書名滿閣誰能知。五嶽精靈懼將匿，昆明老龍還見遺。北斗文昌有光護，南正玄籥無人窺。搜求八索蟲魚朽，補完六籍雕殘後。銅板玉匣辨古今，天禄石渠吞八九。碧函朱麝芳，彩棟緑雲翔。輶軒豈能搆，廣内應難藏。内家傳秘室，外家領太常。劉歆《七略》：「外則太常、太史，内則廣内、秘室。」又云：「中麓領太常卿。」丘中一紙青霞裸，帝前小書丹錦囊。青霞裸、丹錦囊，用漢武、何讓之事。《七略》分奏憚劉尉，一目能收困蔡郎。中麓子，起稷下，麥花翼葉動函夏。摇筆窓前絳雪飛，開談座上珠泉瀉。公孫已自屈雕龍，田子焉能争白馬。憶昔待詔奉公車，臺郎錦綬綰銀魚。周室柱史應再出，楚國倚相那得如。公卿折節問奇字，天子巡行載秘書。用唐太宗稱虞世南事。只今聖德應玄眷，七十二君應莫先。侯家岱宗諳秘典，弘詞慎勿著封禪。

焦竑《焦氏澹園集》卷四四《題黄伯舉一几軒四首》　小軒睡起餘，閑凭烏皮几。白雲自往還，相見窗户裏。

牙籖三萬軸，插架有餘清。一几當軒坐，居然擁百城。

今人讀古書，不見古人面。古人面難窺，何況心一片。

鳥啼春晝永，明月夜窗妍。萬籟于焉寂，知君契妙□。

陳邦瞻《荷華山房詩稿》卷二七《答贈謝水部在杭二首》其一　一時詞彦播芳芬，謝眺風流更不羣。興比向平輕五嶽，業同楚史擅三墳。篋中亡草無遺字，壁裡藏書盡古文。萬里閩天佳氣滿，總因賦筆日凌雲。

又《謝曰可年丈入閩見過有贈，賦此奉答》　西湖一曲總離情，華髮相逢海上城。歲晏關河俱莫色，天高鴻雁更寒聲。藏書欲遍尋山跡，抗疏還傳去國名。賈誼只今異年少，漢家前席早分榮。

徐𤊹《鼇峰集》卷五《長樂林于玄持其鼻祖唐伸蒙子書見貽賦答》　伊昔伸蒙子，著書垂千秋。稠巖有石室，故址尚可求。遺言歷歲久，散落誰爲收。惟君篤祖訓，重之如琳球。旦夕手不輟，亥豕勤校讐。殺青播後學，雅志遵前修。知余抱書癖，插架慕鄴侯。渡江遠持贈，不減瓊瑶投。珍藏重什襲，夜讀焚膏油。景仰百代上，恍與先賢游。

又卷一六《訪吴百昌秘書畸莊》　丰神皎皎似璠璵，年少承恩直禁廬。秘苑黄麻供染翰，名山玉簡足藏書。延陵世遠風猶在，碣石談高氣有餘。百轉豐溪雲水勝，畸庄寧讓浣花居。

又卷一八《寄王相如》　黄金結客散無餘，俠氣翩翩總未除。王氏青箱傳舊學，鄴侯錦軸富藏書。九龍日主幽人社，四牡時過長者車。聞説去年曾入蜀，幾人詞賦似相如。

又卷一九《得張維誠平湖書兼惠讀易齋講義，且云藏書已滿七萬卷，又當計偕上春官。賦此寄懷》　桃花紅映廣文氊，暫拜儒官乞俸錢。鄴架藏書盈七萬，公車奏牘富三千。孝廉笑覓同舟侣，象變高譚大極先。上苑春風吹柳色，緑衣騎馬御河烟。

又卷二一《贈時卿王孫》　兀坐長凝滿席塵，閉門寧與世相親。閣中火照青藜舊，鏡裏霜飛白髮新。修史卻嗤羅泌淺，藏書還笑鄴侯貧。于今海内推宏博，眼底何曾見此人。

張瑞圖《白毫菴・内篇》卷一《班嗣》　班生饒賜書，插架軸常滿。子雲迺父黨，識字窮奥衍。猶時叩册府，相從討墳典。大道尤所珍，不爲俗人闡。桓生借南華，夷然不肯遺。縶繫韁鎖人，安足語狂簡。

胡應麟《少室山房集》卷六九《題李惟寅山房三十八咏・會心處》　聚書三十冬，插架三萬軸。開卷時忻然，三公豈吾欲。

曹學佺《石倉歷代詩選》卷五〇三《明詩次集》鄭鵬《寄東庄老人》　東庄老人巢許儔，林泉高卧輕王侯。半生畎畝有餘樂，牙籤萬軸堆牀頭。興來時或枝短策，高隴平溪恣登陟。狂吟長嘯煙雲間，世上千端慮俱息。有酒不惜呼隣翁，瓦盆滿注真珠紅。山肴野蔌羅飣餖，陶然擊壤歌重瞳。空齋客去惟高枕，曉日穿窗猶未醒。覺來好鳥花間啼，坐對青山試新茗。薜門蘿户日長關，笑看浮雲自往還。明月半輪臨緑綺，薰風一曲破朱顔。吾聞此老驚且喜，迢遞江山隔千里。安得相從學弄丸，一樽共醉東莊裏。

孔貞時《在魯齋文集》卷一《送孫樹明遷任廬溪》　春風座上幾經年，此際遷

喬向楚天。敢爲藏書尋酉穴，卻將新政試辰川。霜飛馬首休言遠，雲引鳧端總是仙。佇聽循良徵異績，送行杯酒漫留連。

于慎行《穀城山館詩集》卷一三《酬寄茅鹿門先生》 人宗江左見風流，詞賦名高鶴髮秋。倚馬應閒青玉杖，藏書欲滿白華樓。籬邊松菊陶潛酒，湖上烟波范蠡舟。尺素來時看明月，不知裏許夜珠投。

王穉登《王百穀集十九種·清苕集》卷下《訪朱文寧太史》 蕭然太史宅，何異子雲居。高柳維漁艇，名香帶佛廬。客來因問字，地僻可藏書。啼月慈烏鳥，無心上石渠。

王穉登《王百穀集十九種·竹箭編》卷下《訪沈嘉則》 憐君一壑卧烟蘿，千里寧辭命駕過。司馬山川游未倦，元龍湖海氣難磨。村中櫟樹藏書久，江上芙蓉載酒多。莫怪相逢渾不醉，爰絲自昔飲亡何。

董説《董説集·詩集》卷五《聞警》 樵船載圖書，移家鹿山去。何以珍護之，斜閣松深處。歸來春幾緑，歎息空往事。藏書託新搆，豐草名自署。夜聞鼓角聲，秉燭倉皇視。摩挲岣嶁碑，與汝待天曙。

又卷六《夢華潭即事，用非翁疏字韻》 白豆花陰藥杵疏，閑忙爲曝舊藏書。浮名徒益九重障，草木曾參七不如。秋園縛帚難供埽，石壁纏藤合受梳。擬鑿小谿通釣艇，從教野史補河渠。

又卷七《詠懷，用前韻三首》 瀟湘那復故人逢，深住茅菴當碧峰。高柳亂蟬看飲犢，孤村微雨話分龍。帚呼灌藥人牢縛，屋算藏書架劣容。帖展《蘭亭》倍惆悵，昭陵繭紙斷遺蹤。

沈一貫《喙鳴詩文集·詩集》卷一三《汪長文新宅成，宅在大雷山中》 大樾長岑鳥道通，清泉白石倚鴻濛。君家樓閣開天上，蓬島雲霞入掌中。竹户舊含紅藥雨，芝階新汎王蘭風。藏書曾滿三千卷，疑是龍門太史公。

劉城《嶧桐詩集》卷二《朱蔚園統鋋大行坐我小樓閱所藏書感賦》 班史志藝文，大要沿《七略》。子駿讀父書，棄精茹糟粕。宛彼精忠心，較讎必斟酌。迺祖況辟疆，典墳自娱樂。潔清少欲人，披誦乃旁薄。辭昏遠霍氏，家風猶謹恪。積此素心規，載籍斯極博。君系亦天家，射槊又膺爵。意乃簡翰親，神對簪纓卻。蔚園久應與臺省選而不赴。恭持天寶書，手澤新如昨。澹蕩羽陵間，先臣有述作。父鬱儀公，藏書甲海内，著述百餘種，有所稱天寶藏書者。以視漢宗親，千載相唯諾。我性禀專愚，賤貧本韋素。殘闕冐保持，易與爲寂寞。□懷且若斯，鄙志亦安作。因君益書淫，百城可長蠖。

逖覽古聞人，余宗多好博。向歆既紛紜，炫焯亦踴躍。彦和總《文心》，知幾擅《史略》。放敞恕清之，在宋尤恢擴。墨莊名本□，鈔書訓亦恪。至其矜多識，歐公受嗤噱。微生得姓後，此志敢衰落。斥産典衣裘，情懷得栖託。君本輶軒使，《方言》隨簿籍。況有先世藏，牀屋多庋閣。張華所未窺，君家藩溷著。視余夸父愚，掇拾强奔絡。海若笑秋水，瀰漫一時涸。欲問章門津，酉山恣意擭。

又卷八《嘗書》 三世藏書擬墨莊，憐余徒讀未升堂。束修客遠難投好，棄産人今盡道狂。攻戰漫從求鴆冶，縱横深鄙著聊蒼。殘編但可傳經術，廢箸何辭典鷫鷞。

江左懷憂幾載餘，匡時應得覽穰苴。神仙莫謾言鴻寶，溝洫先知紀地輿。但織牛衣能給費，俱亡羊牧豈爲疎。斲輪相笑吾無憾，躭道先生賦讀書。

天禄蘭臺翰墨林，草茅何自作書蟫。一瓻嬾向名家借，三峽聊從估客尋。日月争光思在昔，文章緣起到于今。小船滿載歸連屋，南面應誇好坐臨。

聚書何慮後人癡，卓犖從吾且及時。王蔡助談徒作枕，子孫充食即爲炊。家無女樂嬉連帳，座伴嘉賓阻下帷。高足若能相轉授，盡傾敝篋與清卮。

卜築先人傍市闤，那知車馬動愁顔。浮名漫自傳文見，載籍恒將小説删。烏跡螺書探絶嶺，龍門馬走副名山。久思避地惟言易，賣藥韓康一往還。

又《吴衆香辭許出藏書借讀，因賦贈示其兄弟》 腕脱鈔書篋盡盈，蓮花橋外色多晴。五官未廢愁腸結，數口能饑恥舌耕。馬上聲調推賈島，庭中法喜比陽城。豈知讎較雕龍客，無著天親真弟兄。吴居南京蓮花橋者十餘年，兄弟皆廢昏宦。

吴偉業《吴梅村全集》卷三《汲古閣歌》 毛晉字子晉，常熟人，家有汲古閣。 嘉隆以後藏書家，天下毘陵與瑯琊。整齊舊聞收放失，後來好事知誰及。比聞充棟虞山翁，里中又得小毛公。搜求遺逸懸金購，繕寫精能鏤板工。由來斯事推趙宋，歐虞楷法看飛動。集賢院印校讎精，太清樓本裝潢重。損齋手跋爲披圖，蘇氏題觀在直廬。館閣百家分四庫，巾箱一幅盡三都。本朝儒臣典制作，累代縹緗輸秘閣。徐廣雖編石室書，孝徵好竊華林略。兩京太學藏經史，奉詔重修賜金紫。高齋學士費餐錢，故事還如寫黄紙。釋典流傳自洛陽，中官經廠護焚香。諸州各請名山藏，總目難窺内道場。南湖主人爲嘆息，十年心力恣收拾。史家編輯過神堯，律論流通到羅什。當時海内多風塵，石經馬矢高丘陵。已壞書囊縛作袴，復驚木册摧

爲薪。君家高閣偏無恙，主人留宿傾家釀。醉來燒燭夜攤書，雙眼摩挲覺神王。古人闕書借三館，羨君自致五千卷。又云獻書輒拜官，羨君帶索躬耕田。伏生藏壁遭書禁，中郎秘惜矜談進。君獲奇書好示人，雞林巨賈争摹印。讀書到死苦不足，小學雕蟲置廢簏。君今萬卷盡刊訛，邢家小兒徒碌碌。客來詩酒話生平，家近湖山擁百城。不數當年清閟閣，亂離踪跡似雲林。

陸世儀《桴亭先生詩文集・文集》卷六《祭虞山毛子晉文》 嗚呼！虞山有毛子晉，亦虞山之人傑也。在昔萬曆盛時，虞山牧齋錢公以文章名海内，子晉從之遊最早。凡牧齋所讀之書子晉無不讀，牧齋所交之人子晉無不交，而又能搜求善本，不惜重價，聘宇内名師宿儒互相讎訂，剞劂之美，甲於天下，至殊方異域亦莫不知有汲古先生。藏書之富，與絳雲樓埒，四方之賢豪長者，或吏兹土，或遊虞山，無不造廬請謁，蓋幾與牧齋公平分半席。嗚呼！可謂盛矣。或曰：以子晉之才之學，可以黼黻盛明，蜚聲皇路，爲一時名臣碩輔，而顧埋名畎畝，終老山林，僅可與石田衡山比肩。以是爲子晉觖望，予謂不然。人生之遇與不遇，時也，運也。惟讀書之樂，則性命以之者也。昔人謂萬卷自擁，何假南面百城。今子晉坐隱湖之濱，所居有良田廣宅，聚書至數萬卷，搆傑閣貯書其中，背山臨湖，日與名人逸士校讎繙閲，暇則一觴一詠，暢敘幽情。而又有賢子弟禮賢賓師，講道論德，修身復古，以視夫僕僕長安，車塵馬足，營營終日，寵辱驚心者，得耶，失耶？且邇者天下亦多故矣。食人之食者，憂人之憂。子晉身不登仕籍，足不履廊廟，置身局外，理亂不聞。其生也爲江湖之逸民，其殁也爲兩朝之處士。蓋棺之日，家無餘財，天下莫不重其人，嘉其行。予嘗謂宋之趙明誠，其藏書之富、私居之樂，似頗勝於公矣，而卒以身丁喪亂，所蓄盡失。讀《金石録》者，無不悲之。以視公之屢經喪亂，田園宴如，其擇地之善、藏身之固，又加於人一等矣。謂之人傑不亦宜乎！予與子晉交，因予友確菴。數年中數過其廬，登樓讀書，見其品題位置無不精絶，而又能以其餘力庀治田園，經理公私，諸務莫不井然咸中條理。瞜中陳子義扶常歎其有大司農才，然則子晉豈不能以功名顯者耶？彼固有所不必也！嗚呼！子晉可謂人傑矣。

又《詩集》卷四《過毛子晉湖莊，流連浹日，復贈予和古人詩一册，中有〈過李氏園和杜少陵游何將軍山林五首〉，即用其韻，以詠湖莊諸勝》 載德堂 爲入南湖社，來尋北斗橋。藏書高出棟，連屋迥干霄。泌水方成隱，淮山未可招。前人名德遠，奕世詎云遥。

又卷五《壽毛子晉五十》 高閣藏書擁百城，主人匡坐校讎精。名傳海外雞林識，學重都門虎觀驚。捲幔湖光浮几案，憑欄山色照簷楹。滄桑世界何須問，緱嶺吹笙月正明。

又卷八《楊爾京世求》 爾京非凡材，好學一何篤。重道輕富貴，藏書賤金玉。仰闚悉象緯，俯瞰徧圖籙。爾京向刻《象緯考》，今又輯《地利書》。直欲駕前人，寧止邁流俗。

彭孫貽《茗齋集》卷一一《與粒粟庵静公同訪龍文鑑公》 吾家老尼父，博學尚默識。于其所不知，蓋以闕如貴。删定百家言，筆削去其僞。粲然立大經，義取于衆著。孟軻不信書，智辯乃莫二。臯夔稷卨時，誦讀者何事。奈何子雲等，躭癖以爲嗜。沉博擅雕蟲，不恥美新句。荆公尚古學，以此亂宋世。明室有新都，藏書奪中秘。及其論大禮，不如兩張桂。大道如日月，昭昭眉睫際。着衣與喫飯，豈必尚奇異。況此竺乾言，飛鴻跡偶寄。三藏十二部，本來無一字。阿難大揔持，見斥飲光輩。聰達不足恃，忽悟而悲涕。大士乃西來，文字掃一切。知公有神悟，早已超義諦。能以迅機鋒，破彼衆疑滯。于今知鮮流，紛紛詞説費。多才爲道累，口耳作三昧。畏公墻壁堅，卷舌收其鋭。慚余亦夏蟲，未識冰雪意。與師相觸發，豁達竄翻器。不離文字禪，頓入三摩地。生天與成物，揔非第一義。不如兩忘言，是真見師利。桂花落閒階，香乃在衣袂。吾無隱乎爾，你且喫茶去。

楊炤《懷古堂詩選》卷一《奉贈金耿菴先生》其一 結廬亦塵寰，居然在空谷。無慕陶潛柳，不栽張慶竹。架上有藏書，瓶中有儲粟。味道每忘憂，浩然存我獨。芳若幽蘭花，潔比清霜菊。

又卷七《雜詠》其三 藏書嗟散佚，夢想劒南詩。老去一回讀，閒來百過思。清歡何自得，好友惠然貽。長慶憑誰借，吾當報兩瓻。

其四 自哂不知止，老耽酒與詩。粗粗還有句，薄薄竟無資。生未逢司業，死當尋拾遺。艸堂靈固在，乞守浣花祠。

尤侗《西堂詩集・于京集》卷三《葉院長先生和東坡清虚堂詩題翰林院壁，次韻一首》 翰林院前推堤沙，風吹鈴索無排衙。先生高坐獨摇筆，殘燈猶照金蓮花。南面百城擁萬卷，天下號爲文章家。眼中箱篋多苦海，有如墨汁塗烏鴉。喜聞金鐘鏗雷響，瞥見玉樹飛霜葩。新詩真堪起痼疾，使人技癢發搔爬。卻笑蘇門四學士，清談浪費密雲茶。只今駿足滿冀北，愧我老馬勞鞭撾。汗青無時已頭

白，羈旅廓落空悲嗟。先生倘肯放歸去，翹首還望天台霞。

朱彝尊《曝書亭集》卷六一《退谷先生像贊》 藤以爲屋，芥以爲舟。秋水是觀，退谷是游。娛老縣車之所，藏書萬卷之樓。畫圖四壁，金石千秋。咸以爲陶情之助，而非玩物之求。蓋翁所志者，纂微言于既墜，黜異學于橫流。故窮年席研，仰屋梁而著書不休。其從翁游者，訝傳神之微肖。其未登翁之堂者，千里之表，百世之下，覩兹虯鬚鶴髪，庶幾乎方諸乎藏史之在周。

宋犖《西陂類稿》卷一三《高江村詹事舟過吴閶得縱觀所藏書畫，臨別以董文敏〈江山秋霽卷〉見贈，作歌紀事録卷尾》 昭代鑒賞誰第一，棠村已殁推江村。五年當湖暫休沐，摩挲卷軸窮朝昏。昨歲寄我《銷夏録》，雲烟過眼實弟畜。今年奉召北赴闕，書畫船泊胥江濱。相見不暇作絮語，珊瑚之網出異珍。金題玉躞得未有，傾囊倒篋縱橫陳。卷舒寧辭胝我手，聳肩静對不欠伸。三日眠食爲之廢，有時大叫忘主賓。《富春山圖》、《袁生帖》，無上妙跡欣相親。楓橋祖席興不極，華亭畫卷許更捫。煙江《煙江疊嶂圖》秋霽兩奇絶，氣韻生動真天人。秋霽長不滿三尺，高麗表紙光如銀。一重一掩師造化，一樹一石絶點塵。從來詩理即畫理，芙蓉朝日相鮮新。跋云古人不我見，大癡心折定九原。朱印燦燦色奪目，朝鮮國王印。點綴更足重璵璠。先生好我舉相贈，題識數語情彌敦。欲辭不得拜命辱，包裹脱我衣與巾。要我長歌記勝事，報辭良愧薄且貧。歸來重展燭屢跋，缺月光射莓牆根。苦吟攢眉作山字，句雖不警事則真。録入卷尾更寄似，此詩此畫争千春。

張英《文端集》卷一〇《送健菴大司寇歸崑山》 滹沱冰初泮，春風吹柳陌。故人去京華，翩翩振羽翮。傾蓋遡廿年，吴會雙泉宅。玉堂喜追隨，聯影槐廳席。丹黄秘閣書，十載數晨夕。猥以蒿蔚姿，挹領椒蘭益。君才儷江海，巨手光典册。寰中照碑版，落腕流金石。置身萬卷中，精英日探索。唱歎皆古音，結撰卑時格。雅樂鏞球陳，凡響荆榛闢。至尊奬文教，薄海事經籍。君用儒術欽，激賞尤弗釋。祇以承恩深，轉使陳情劇。鴻帙藉編摩，移局近山澤。依然黼藻功，謾詡煙霞迹。牛腰載秘文，兹事罕疇昔。擁書林屋深，滌硯花谿碧。我亦乘秋風，相從訪遊屐。皖口與吴閶，春江共潮汐。

沈德潛《歸愚詩鈔》卷六《懷趙意林，聞將來京師》 君家富藏書，七略收已衆。弟兄相師友，挾册每吟誦。匪誇浩博名，亦藉經世用。聞君將束裝，遠道騎白鳳。攜書萬卷餘，牛車亦爲重。得深蔀已徹，心公客還共。行當往借讀，胸襟洗塵霧。絃歌同餘清，聊以忘屢空。

沈大成《學福齋集・詩集》卷三七《竹西詩鈔・簡程魚門舍人》 實學今稀覩，此髯真不凡。藏書知舊富，洗句見新芟。君以自編詩集屬序。華省翻紅藥，精廬署緑杉。君將移居吴中。自憐同嗜好，未敢辨酸鹹。

全祖望《鮚埼亭詩集》卷五《柬陳觀察賡齋》 副使左遷後，幽居樂有餘。到門無雜客，插架擁多書。白髮親能養，黄金笥已虚。諸公方逐逐，歌吹滿吴艅。

袁枚《小倉山房詩文集・詩集》卷三二《題〈竹初菴圖〉贈樹驂主人》 竹初先生今鄭虔，獨擅三絶誰比肩？偶然作宰東海邊，魯之子賤漢任延。庭前無訟堂有絃，吏民交口稱其賢。廣庭相公一見憐，道當揮毫玉殿前，如何簿領相拘牽？大吏驚聞將擢遷，先生摇首辭之堅。士各有志公胡然，官如大海中泊船，何時傍岸心悁悁。叔寶清羸生相偏，僧祐善病兼愛閑。奔馳風塵終寡便，行當投劾歸弄田。我學繞朝贈以鞭，勸馬卸轡作書寄我將意宣，回看父老留纏綿，當斷不斷猶遲延。我學繞朝贈以鞭，勸馬卸轡箭離弦，急流勇退全其天。先生從諫如流泉，欣攜劉寵一大錢，高咏淵明《歸去》篇。自買隙地起數椽，白石齒齒池漣漣。竹初帶露桃含烟，歸雲倦鳥相周旋。不須鑿井時跰躚，自歌自畫自題箋，《考槃》之樂將終焉。客來治具饍飲鮮，我口未近先流涎。收藏書畫加丹鉛，清秘閣中甲乙編。蒙君相招兩夜眠，漁郎入洞疑登仙。請分坐席與君連，《循吏》、《儒林》、《止足》間，兩家各占三千年。姚思廉撰《止足傳》，專爲曾仕者設，所以别隱逸也。

又卷三三《哭談毓奇郎中三十八韻》 每數從游彦，晨星一個懸。門生兼老友，風燭共衰年。忽聽山陽笛，吹來雨雪天。驚魂空淚落，往事復情牽。憶作河陽宰，來稱弟子員。咫聞何博洽，才語共蟬嫣。手板才通謁，麻沙已代鐫。余少時《雙柳軒稿》，君爲代梓。束脩無影質，批閲有丹鉛。酒滴花間露，琴彈海上絃。赴官辭絳帳，秉鐸擁青氈。講席推胡瑗，文名説鄭虔。士皆通六藝，堂可集三鱣。卜式重輸粟，蘇君遂入燕。秋官司訊刺，郎署暫周旋。愛唱《思歸引》，輕回弱水船。飄然辭組綬，莞爾到林泉。彼此芳鄰結，春秋樂事偏。白頭重立雪，緑野許隨肩。月榭梅花白，風廊桂蕊鮮。羊頭羹入饌，黄雀矐開筵。君喜食二味。擊鉢朝分韻，張燈夜擘牋。論文師不讓，角藝老猶顛。君酷好時文，手不停披。窗嵌玻璃片，爐燒艾納烟。亦趨還亦步，遊藝復游仙。君鑲窗、燒爐悉仿隨園。鷗鳥機心忘，禪僧衣鉢傳。何圖磨耗宿，暗伏笑談間。身受東床累，爲彭太守寄頓事。家將大宅遷。化居雖折閲，眠食尚安便。且喜藏書富，能教後嗣賢。君有「貯書還望子孫賢」之句。牟尼珠八百，《靈寶》卷三千。算法秋儲纂，階平。醫經仲景編，蓉塘。看孫登蕊榜，課僕種藍

田。竇氏靈椿茂，顏家《庭誥》宣。松筠方健在，旗鶴遽蹁躚。回首三千夢，通家四代緣。輸君一歲長，占我九原先。渺渺雲歸壑，茫茫水逝川。相期師與弟，來世倍纏綿。

錢大昕《潛研堂集·詩集》卷四《題盧紹弓編修〈檢書圖〉》 書齋十笏清且佳，丙丁甲乙牙籤排。主人謝客門不闖，尚友直與先民偕。丹黄鉛槧不去手，盡掃風葉無纖霾。自從二篆變隸楷，豕虎轉寫多參差。有宋以來雕板盛，南閩西蜀逾江淮。咄哉俗生不自量，叫噪埳井官私蛙。金根銀鐺私竄易，坐使真本嗟沈埋。以茲繆舛貽末學，猶以烏喙投積痎。日思誤書乃一適，子才所見何其乖。先生博雅由天授，上窺姚姒追皇媧。百家七録咸瀏覽，夜分雒誦然麻稭。平生汲古得真諦，屏除俗説刊淫哇。觀書如月靡不燭，砉然洞中窾會皆。刊誤真笑李涪陋，正俗切與顏籀儕。一瓻借鈔倘見許，僦屋恰近春明街。

又《潛研堂集·詩續集》卷八《盧抱經學士挽詩》 抱經古君子，貌古如其心。通籍五十年，依然雒生吟。大廷陳時政，一鳴驚朝簪。虎闈詔勸學，日獻邪蒿箴。永叔真學士，子幹今儒林。歸田更無事，抗顏集青衿。文探蒼雅始，理悟紅爐深。撼樹羣兒謗，問字弟子尋。藏書數萬卷，手校細酌斟。汗青竟可寫，落葉掃勿侵。老矣生事窘，炊烟冷竈穼。唯有觀書眼，了了分棘針。忘年與我交，謂若苔同岑。公如老曹憲，公有《廣雅疏》。我慚盲杜欽。何期單閼歲，遽聞服鳥音。秣陵書未答，臘月得公金陵札，是日訃至。少微星倏沈。公歸自脱屣，我淚徒沾襟。西望檥舟亭，浩劫感古今。

趙翼《甌北集》卷三〇《醉時歌贈春農同年》 春農先生我老友，武庫胸中無不有。貫穿經史羅百家，碑牓文章推巨手。江北江南四十年，乞文車馬滿門前。其門如市文如水，不擇地湧萬斛泉。昌黎諛墓金無數，皇甫酬碑絹論千。腰纏壓得鶴背重，坐令不得飛上天。有官不補主壇坫，龍門聲望青雲巔。一年一年風氣變，米價日高文日賤。貞珉讚頌錦屏詞，昔是嫁衣今棄扇。黄紙豈屑寫表送，織闕漸稀修贄見。生平手積萬卷書，飢來一字不堪嚥。噫嘻乎！百足之蟲一足獸，各自得食不偏瘦。人間只有賣文錢，其技雖工計則謬。時來紙貴洛陽城，運去窗糊酒家牖。明知雞肋已無味，老矣肯改花様繡。昨見高門去請醫，或有誌銘來相救。

又卷三四《反曬目篇壽西莊七十》 好書如好色，遇輒與目成。當其悦心處，不減對傾城。所以躭文史，亦名爲書滛。滛則必有罰，咎惟兩目任。先生探浩博，萬卷羅縱横。書竭一線晷，宵爐五寸檠。有如訪佳麗，欲遍姬姜嬴。乃招天公妬，强奪雙青睛。有花使霧看，無燭使夜行。謂可示孽報，陳編難披尋。豈知盲其目，不能盲其心。翻令收視中，覃思益專精。照幽慧燈朗，記事胸珠明。盂掩且射覆，鏡聽兼卜聲。遂比那律多，冥觀洞八瀛。天公顧而笑，困之乃益亨。由來禁好色，莫禁相思情。還他正法眼，炳燭追荀卿。拔釘淬速去，刮鎞翳弗縈。依然兩清矑，秋水光盈盈。宋艷消永日，黄嬭娱深更。直至方瞳年，巖電常晶熒。

姚鼐《惜抱軒詩文集》卷一〇《孫淵如觀察星衍〈萬卷歸裝圖〉》 自興雕板易鈔胥，市册雖多亂魯魚。君自石渠繙七略，復依官閣惜三餘。世推列架皆精本，我願連牆借讀書。政恐衡山承召起，牙籤三萬又隨車。

吴騫《拜經樓詩集》卷八《哭莪亭孝廉》其二 七十年華遽釋難，君六十九歲著《釋難》一篇見寄。幾回開篋淚汍瀾。座凝荀令香猶在，鶴駕王喬樂未闌。彌留之際，聞異香滿室，音樂隱隱不絶。一代書名江左重，兩朝文獻浙東完。君書法得晉人意，家有天一閣藏書，自明迄今未散。郭碑遠託吾何有，瀧表他年會早刊。嗣君肖甫以君墓誌見屬。

謝啓昆《樹經堂詩續集》卷八《清風堂草·懷人詩二十首·覃溪師》 蘇齋闢詩境，俗物謝拘牽。茹古蠲飢渴，窮經忘歲年。蠅頭書細字，麟筆紀長編。後世誰知我，相期百代前。

又《姚姬傳》 萬丈龍眠嶺，高居有道儒。詩文存古法，經解陋鈔胥。南斗人誰頡，長江派自輸。擁書三十載，環席拜生徒。

又《胡雒君》 循良有賢裔，安定抱遺經。萬卷高樓在，環山一片青。香雲書共校，硯舫字同銘。耐久真吾友，相期采茯苓。

秦瀛《小峴山人集·詩集》卷二二《吴兔牀八十，以詩贈之》 山舟先生年九十，君少十年今八袠。余齒少君復十年，追從先後差隨肩。君家棲隱滄海上，我亦歸爲五湖長。經年不見勞余心，禊會遲君獨怊悵。拜經樓上藏書多，拜經樓外披烟蘿。名山著述自千古，何用高爵争嵯峨。自昔經師多壽耇，轅固伏生君其偶。海昌二老周與俞，近日還曾把臂否。棕鞋桐帽天賜閒，想君八十仍童顔。我今夢寐譚仙嶺，五更日出鷹窠山。

洪亮吉《更生齋集》詩卷四《黄主事丕烈〈祭書圖〉》 古人飲食必祭始，何以讀書則不然。致身通顯不知報，是爲飲水忘其源。先生創例實陳例，拜庚子日尊文宣。陳書萬卷復千卷，燭炬如梃香如椽。書神報君亦孔厚，往往獲一珍珠船。宋元精槧本幾備，尤喜篇幅皆完全。先生嗜此若性命，快意不惜千金捐。搜羅書

目所未採，中興館閣明文淵。樓名傳是閣天一，嗜好亦恐無君專。就中精本祕不傳，緘以篋笥承之氈。偶逢識者一啓示，先掃幾席除葷羶。何應寒具致污軸，千載以上嗤桓元。君家舍宇本精潔，又少俗客相糾纏。焚香偶復展一卷，眼與明月光同圓。君不見，時逢朔望列一筵，不必牢豕須新鮮。胥谿菱芡石湖藕，一一皆可成加籩。書田雅與穀田等，報賽或可祈豐年。我曾借本細讐校，例得陪祭來筵前。虔誠拜罷共飲福，一醉欲乞書倉眠。

又卷六《自吴江歸，取道宜興，舟次，值同年邢大令澍話舊，即席賦贈》 前年西子湖，同訪孤山鶴。今年鼓歸棹，值子鷗波閣。我行萬里歸兩年，君官一縣還未遷。即今大吏舉尤異，鞍馬結束行朝天。官舟初停我亦泊，意外值君殊錯愕。山陰踏雪訪安道，西陵遇風獻康樂。分張久已慨班尹，同泛近看追李郭。君才轉以繁劇進，我境苦從憂患縛。吟詩不已復著書，萬卷總爲秦風儲。精心復緝《宋會要》，俗吏百輩誰得如。邇來述作殊難説，往往著書成頃刻。惟君畢力究經史，餘事猶能及金石。家山憶在古隴西，近聞尚未歇鼓鼙。秦川之中血没腕，白日已有妖禽啼。怪君語及顔色慘，日日心馳到關陝。飛書走檄君最慣，殺賊持刀我尤敢。瀕行索我輿地編，我今學業荒可憐。投荒來去絶吟咏，即有亦不如年前。昨來歷偏甘涼肅，荒翳從誰借書讀。河西子弟多才俊，健筆尚須資卷軸。君駝萬卷歸秦階，可作隴右藏書家。開門看山閉門讀，課子暇日還咿啞。妖氛銷盡山容爽，隴底平平亦如掌。秦中山川我神往，挈杖來遊異時儻。

石韞玉《獨學廬稿》五稿卷三《顧竹坡誄》 夫何少微之星隕兮，又武擔之山折。嗟老成人之雕謝兮，當龍蛇之運厄。椿蔭倏其摧殘兮，鶗音悲而嗚咽。瞻繐障之虚懸兮，對鼎鐥之空設。稽先生之世系兮，從韋顧以發源。秉英姿於紫宙兮，承華胄於黄門。守詩書之彝訓兮，誦貞孝之清芬。追長風於先哲兮，遺餘慶於後昆。初筮仕於神州兮，贊經綸於大府。旋綰符於吴越兮，克追蹤於卓魯。萬物被其仁風兮，百穀仰其膏雨。慕宏景之挂冠兮，效淵明之解組。循聲著於仕路兮，令望表於州閭。守故家之遺籍兮，新先人之敝廬。捐圭田以潤族兮，築高閣以藏書。集名賢之遺像兮，稽古人而與居。胡昊天之不弔兮，嗟哲人之長逝。乘白雲而遄歸兮，厭紅塵而永棄。幸盛德之在人兮，貽令名以垂世。羌援毫以摛辭兮，尚臨風以揮淚。

嚴可均《鐵橋漫稿》卷一《古泉山館行瞿理問中溶席上作》 瞿二别來十五年，楚天解后寧非天。春寒積雨羊風角，眼前突兀古泉山。貧官誰道無長物，侶此豪富吁可憐。山高二寸亘四寸，當中挺特三封巒。深嵒空洞各窈曲，懸厓複道相鉤聯。濃青大緑新雨溼，疑有草木生春煙。細看面皆五銖篆，背有好郭輪無邊。非公式錢乃女錢，鑄自蕭梁天監間。倏忽陳隋唐宋元，土花繡結山一拳。轇牢不散形蜿蜒，姹女欲數數大難。棄擲吴門荒貨灘，瞿二購得真奇緣。築館收貯胥江千，繪圖索句争流傳。求郡求丞北走燕，天風吹度湘山嶺。茸館仍牓曰古泉，長沙城裏東北偏。門前稀少車馬喧，蟬翼紙窗朱漆闌。繞闌百卉風珊珊，圖書萬卷碑版千。周列彝鼎中間山，承以歐羅巴紫檀。粉牆照耀星斑爛，烏几恍惚煙雲纏。館中佳客惟古歡，我亦古人堪周旋。青春白日張芳筵，面山把酒恣流連，離坐拂拭興悲歎。我散今錢聚古錢，癖與瞿二駒駏然。同時同好十餘輩，倪周孫趙劉張潘。云何沈陳業不傳，又弱一個翁宜泉。人生修短皆定數，惟有三立天無權。藏窖多金非俊物，著書滿簏是登仙。不爾鑄山何足言？南唐硯山屬米顛。錢山亦須主者賢。無錢看山且快意，且讀且耕山下田。

舒位《瓶水齋詩集》卷七《藏書歎》爲李他山拔萃瓊英作也。 南郡無書，獨他山家祕有積卷。三苗之難，存什一於千百，余從征幕府，恒向他山借觀，聽述顛末，欷歔有言。

小年三食紅蟫魚，夢騎蝴蝶讀祕書。雄雞一聲忽掩卷，恨無記事雙明珠。弱冠羣書頗卓犖，烏帽黄塵慁科目。枉抛心力畫牡丹，空谷烟蘿看不足。自從毾㲪仍翱翔，東西南北皆異鄉。一肩古錦有時棄，矧此車後塵垢囊。乃知讀書具有數，惆悵年年遠行路。山水難將恩怨分，文章已被飢寒誤。戎車六月援孤城，蕭郎白馬從軍行。一丁豈不敵兩石，夜闌背誦《陰符經》。稍喜秋聲競笳曲，瞥見東風吹草緑。相逢幕府羽檄間，便得從君借書讀。君言家住城北門，舊有牙籤三萬軸。奔藏何止數十載，寒非羅綺飢非肉。無端搆難出槃瓠，烽火春宵失茅屋。當時清俸買來多，劫後之灰無一匊。我聞此語欲涕流，青燈風雨懷千秋。經者三墳及五典，緯者八索及九丘。殘膏賸馥合餘燼，什一千百嗟存留。自來文明象離火，斯實天意非人謀。君不見，羽林香、兔園册，煤尾蛛絲若千尺。不如筆硯一齊焚，死灰焦土無人識。

沈欽韓《幼學堂詩文稿·詩稿》卷六《懷人詩五首·包秀才世臣》 干將寧補履，金鏡那函食。涇川有少年，搔首悲失職。八口惴朝昏，一身頓南北。慷慨論遠猶，從容道遺直。旁人應且憎，吾子争猶力。舉杯耳私傾，啖肉口期塞。仗氣空睥睨，策慮終腷臆。佩韍假麟楥，處藩披隼翼。肥家固本懷，免辠聊强飾。資淺馳

聲譽，位高守慎默。仰屋雖隱憂，保身僅庸德。誰將政本書，一爲陳皇極。抑抑向風塵，慘慘持顏色。錐刀有訾讆，菰蘆共悃愊。昆陵固多才，子交盡英特。淹留歷裘葛，抄撰費紙墨。盤飧惠可推，橐褏力鶵得。倚閭母附書，捹閨妻嘆息。庭槐烏換巢，篋書蝨半蝕。惟有故牛衣，淚痕應可識。料知四壁静，飢寒聲啾唧。不歸旅夢驚，欲歸生計逼。磊落子何傷，蒼茫天不測。百斛置困中，萬卷羅座側。益探往古秘，堪令後世式。霸略嗤蜀才，時務笑崔寔。聰明豈多遜，顛躓何太刻。區區造物忌，一一吾儕嗇。江干細柳黃，江外浮雲黑。花聚征衫圓，樹隱歸帆直。故園筍發時，明月兩相憶。

鄧顯鶴《沅湘耆舊集》卷九九羅贈君登選《藏書歌》 我性嗜古好聚書，分年積卷三萬餘。羣經諸子暨百家，二十二史如倉儲。朝披暮討不疲倦，年二十九疾與俱。有客教我讀《黃庭》，更採《參同》明爻符。《參同》、《黃庭》交鉛汞，能馴龍虎制疾痛。誰知顏色日憔悴，石經宋本塵封污。少年意氣坐凋喪，壯志倏忽騰天衢。憶昔唐人擒元濟，裴度、李愬獻其俘。韓愈自比尹吉甫，江漢常武詩陳鋪。今者國家平西陲，二萬里地成膏腴。布衣不得窺館閣，不敢作雅陳石渠。前年詔開四庫館，大收天下書與圖。點竄墳典釐誓誥，翻譯鳥跡補蟲書。上起倉頡無遺字，但憾結繩無典謨。東觀濟濟坐羣彥，獨我窮山老向隅。世傳王充作《論衡》，家多異書雄上虞。張華該博志《博物》，三十珠編韋與蒲。可之賦出文奇譎，五千卷聚考齟齬。廬陵六一家萬卷，作爲文章稱歐蘇。而我有書獨無益，古人著作實不如。吁嗟身病老又至，坐逝日月長欷歔。豈無陳編可竊取，《大戴禮記》加纂摹。三十九篇至八十，淺義安敢附草廬。蔡氏律呂亦考定，八十四聲如貫珠。遷書班志雖可採，病眼終恐埋模餬。今年闢地爲小軒，左右架插多珊瑚。謹視巾簡防腐敝，檢拾函帖埽蠹魚。白髮頭顱如弟子，窮竭心力挽桑榆。是用告我後之人，切莫玩愒忘居諸。

又卷一四七晏湘門貽琮《借書簡李壽田明經》 少時畏見書，有似犇鯚燭。蹉跎二十年，蕭然客京轂。《春秋》并三《傳》，都付高閣束。鰥魚夜無眠，常自瞠兩目。長安衆富豪，傾身障錢簏。亦有藏書家，貴若荒年穀。牙籤萬琳琅，但飽蠹魚腹。淩晨過都市，大嚼屠門肉。既無百城擁，誰送兩瓻讀。鄴侯賢且豪，邀我山齋宿。家釀傾芳酎，園官翦新蔌。室中一無有，插架書萬軸。博物鄭子產，窮經晉郤縠。衙官命屈平，老兵呼宋玉。舊澤貯鑿楹，新編積連屋。諸子及百家，一一分旗纛。冥搜逮象罔，高坐揖軒頊。以茲得流覽，老饕意殊蹙。東封又望西，隴得卻思蜀。譬如好飲人，盡醉中始足。爬癢倩仙爪，救荒賴秦粟。荊州倘可借，間道歸應速。

宋翔鳳《憶山堂詩録》卷一《贈闞吾三文學自省通海縣人》 小園花發掩柴關，卻想詩人興未閑。萬卷藏書分秘笈，吳三桂敗後，其圖書半歸闞氏。幾篇家集在名山。吾三先世名禎兆者，康熙間處士，有《大漁集》，板存秀山寺。援琴只許空齋聽，揮麈須將世語删。竟日相逢忘客裏，一瓻更約借仍還。

蘇廷魁《守柔齋詩・續集》卷三《白廟舟次得南海孔生廣陶書專□□至學海堂春餞圖華卻寄二首》 若翁玉堂彥，介石知吉幾。權門禮羅□，□羽已歸飛。一室富文史，迹往今留輝。愛子夙□□，少□雲錦機。冬葛苦孤露，母賢終得依。督課北堂側，背面常歔欷。乞余題墓門，陟屺悽爾思。天駒志千里，樂受九方羈。達材不由學，本撥鮮榮枝。索居日以遠，無忘憂患時。

丁巳別羊城，城南氣凋喪。藏書十萬卷，高樓幸無恙。灰燼委金玉，彼富業空創。造化許誰料，菀枯乃心狀。名成善所積，醇飲家自釀。餞我學海堂，紅棉照碧嶂。嚶嚶鳥求友，高言導羣唱。畫史老解事，景物昭大壯。不圖得斯樂，無乃山靈貺。寄聲中宿潮，心隨鴈北鄉。

黃彭年《陶樓文鈔》卷一四《學古堂小像自題》 是人也，少無他嗜，唯耽墳典。聚書爲巢，若蠶在繭。及其老也，興復不淺。置諸藏書之樓，聊比瑯嬛之犬。

丁丙《松夢寮詩稿》卷六《孫氏〈歸書圖〉歌》 延津之劍合浦珠，楚弓趙璧交乘除。其間文字更稱異，精神所結通古初。吾杭孫氏姚江脈，敦詩説禮味道腴。收藏經史壓鄴架，博羅碑版宏漢都。世際乾隆右文治，津梁後學咨鴻儒。詔書大開四庫館，詞臣承奉畺吏趨。廣徵祕笈及浙水，古今鈔刻所不拘。浙儒應詔竭忱獻，若范若鮑若汪、吴。壽松堂主亦與盛，隨進百種上石渠。中有《臨安志》三卷，題詩仰荷御筆濡。諭還原帙慎寶守，更賞韻府嘉恩殊。名臣碑傳百之一，同拜曠典歸寶幮。書香鬱鬱歲華永，神僊字飽紅蟫魚。庚辛運肅厄陽九，紅羊青犢相吞屠。文瀾傑閣尚摧毀，斯文墜地咸唏噓。刼星退舍五雲焕，典守閣籍推鳳雛。去年龍集又甲午，乾道舊志重雕摹。金鳴石奏感斯應，常恩趨走功非虛。無端琬琰晦復顯，儼如遠客還故居。上中下集卷百七，編者杜繼眉山蘇。建隆肇造紹興述，羣臣功烈欽都俞。甲寅春值紹熙紀，大珪自序文盤紆。翰林院印押卷首，册面木記文鈐朱。乾隆三十有八載，浙撫三寶銜名俱。一十六本計一部，送到孫某家藏書。葉十三行廿五字，字字精朗無模糊。由來宋槧已難得，何況先世之所儲。即教手澤偶然保，何況天賜之所餘。百二十年運轉轉，千萬億刼誠區區。時也乙未

歲將徂，喜君書田稔不蕪。合舉家祭效庚拜，亥首丙尾卯酒壺。燭花雙結紅珊瑚，載披舊帙增歡娛。與《臨安志》德不孤，書兮勿失松勿枯。

童槐《今白華堂詩録》卷三《天一閣懷范司馬》 藏書甲海內，天禄亦取資。文物重鄉邦，想見龍鸞姿。還聞列朝寧，挺身抗凶威。南贛洗劇盜，咸懾上將旗。宏獎鑒人倫，鱗附歸來時。我生惜太晚，但思借一瓻。

葉昌熾《奇觚廎詩集》卷中《瞿良士雪中過訪，疊前韻奉贈》 風雪歸舟夜叩扉，登堂嵐翠尚沾衣。飄零琴劍身猶在，君家藏書處曰「鐵琴銅劍樓」，聞劍已化龍飛去，琴尚無恙。評泊圖書色欲飛。柳下絮剛今夕舞，携贈新刻《素蘭集》，翁太常女作。《明詩綜》諱其姓名曰「羽孺」，其人可不論，其詩實道韞清才也。花朝穀已上元祈。春明宅子曾三宿，除卻虞東孰可依。

又《再疊前韻示良士》 藏書憶訪隱湖年，喜見遵王與勅先。觀海驚開寒士眼，識途詎拍瞽人肩。蓺芸插架分精舍，蓺芸書舍，宋元槧巨編歸海源閣，君家得其畸零，然精品亦不少。宿草停車感舊阡。張純卿丈瑛與蒿隱農部操養明經，先後皆作古。同在君家校書者，無一人存矣。愴念人琴，潸然涕下。虹月滄江無恙在，君家世世有祊田。

皕宋樓高鎖兩扉，莓苔寂寞上垣衣。觀空梵網如泡幻，鎮庫金杯不翼飛。净土翻來風鶴警，雩壇不少土龍祈。楹書尚有聊城録，文獻中原晉鄭依。

又《藏書四十餘笥，自都門輦歸瀆上，整理籤勝，五疊前韻》 獺祭叢殘苦未純，十年人海此藏身。鬻琴典褐胸成癖，插架題籤手自親。晚歲鄉園聊佚老，新年廠甸記游春。可憐清俸原無幾，一粒馱來笑黍民。

摩挲老眼洗重昏，此是儒家不二門。期考山潛搜冢祕，好探月窟躡天根。拜經願學臧榮緒，著録猶慙陳振孫。但恨納楹無付託，餽貧僅比豆區恩。

又卷下《南潯張石銘孝廉介藝風居士以適園書目見示，延至海上，纂〈藏書記〉。滄海橫流，典籍道熄，不意晁、陳之學猶有人問津也。喜賦一律，四疊前韻》 翕然芥子契鍼尖，羔雁何須厥篚纖。津逮書林原有舫，樓居卜肆譬垂簾。宋廛竊愧非思適，皋廡相依有鄂嚴。得似小山堂上否，藏家重見趙東潛。

葉昌熾《藏書紀事詩》卷一《毋昭裔　子守素》 蜀本九經最先出，後來孳乳到長興。蒲津毋氏家錢造，海內通行價倍增。

又《孫光憲孟文　丁顗　孫長孺》 突兀書樓世姓孫，悍然竟奪謝公墩。納楹誰共陵川富？大室居然駟馬門。

又《徐鍇楚金　王鍇鱣祥》 道家藏室幾蓬萊，建業文房與蜀才。想見錦城朝罷日，白藤擔子相公來。

又《江正元叔》 笏頭方册由拳紙，一篋書還當一炊。亦似江南新下日，念家山破不勝悲。

又《劉式叔度　張邦基子賢　元申屠致遠大用　國朝朱繼暐》 墨莊兩字濫觴誰，最録遺文一考之。公是公非家集外，鄂州詩與考亭詩。

又《朱遵度　朱昂舉之　王師範》 青州萬卷一書生，燈炧篝香秣下城。羨煞故鄉楊從事，但司藏室不論兵。

又《昌王宗晟　榮王宗綽》 御府圖書熠玉宸，清明無復上河人。豈知潛邸龍飛後，好學依然數懿親。

又《趙文定安仁》 不善刻書書一厄，永興面目嘆全非。舊鈔莫怪如星鳳，三館已聞傳本希。

又《趙元考彥若》 膚如卵膜白如肪，潢紙先求辟蠹方。臘雪更調寒食麪，不須黄檗煮成漿。

又《趙令畤德麟》 早登元祐諸賢籍，晚作征南誡子書。盡取九經束高閣，潁川士子是前車。

又《南都戚氏　九江陳氏　胡仲堯》 匹夫立號驅適戍，學官輟講謝諸生。一元貞下循環起，廣厦千間弦誦聲。

又《敦延澤德潤　元千奴》 濠梁水閣知魚樂，濮上祠堂對鵲華。同是投簪歸去也，隨身皆有惠施車。

又《畢文簡士安　畢良史少董》 殘字偶添令狐義，真方遠寄密蒙花。南冠非復熙豐日，身到東京見夢華。

又《姚鉉寶臣》 未見譖人投虎豺，一官先謫到珠崖。傭夫荷擔隨身後，亦若劉伶死便埋。

又《晏元獻殊》 熨斗親舒紙凸凹，官文書可給傳鈔。臨川《世説》留佳本，不似王原叔本殺。

又《宋宣獻綬　子敏求次道》 誰説長安不易居，春明宅子卜鄰餘。踏穿户限門如市，亦似鴻都碑下車。

又《王洙原叔　子欽臣仲至》 海內傳書大有人，蒲圻紙比洛陽新。傳觀子弟皆常本，第一難求鎮庫珍。

又《黃晞景微》 空聞羔雁聘黃晞，著論欷歔述瑣微。不惜黃金擲虛牝，買書

歸去骭無衣。

又**《周启明昭回　高頔子奇》**　古人得本皆親寫，至與貧兒暴富同。雕印流傳千百部，置書雖易馬牛風。

又**《杜鼎昇大舉　程賁季長》**　莫言炳燭僅餘光，耳目聰明筋力强。揮灑自如無點竄，欲從君乞玉泉方。

又**《李淑獻臣》**　圖書充牣《邯鄲志》，猶向恒河算聚沙。惟有宛陵真本子，相傳不異《碧云騢》。

又**《富文忠弼》**　昨夜驚聞瓠子開，齎書時有市人來。簡韋殘齾因公重，韓范同時論將才。

又**《田偉　子鎬　亳州祁氏　饒州吴氏》**　亳州祁氏饒吴氏，著録并爲天下稱。此外荆南三萬卷，西齋聊可比吴兢。

又**《司馬文正光　信陽王氏　遺經堂主人》**　獨樂藏書訓再三，後來青更出於藍。重陽上伏晴明日，羣奉公言爲指南。

又**《劉恕道原　子羲仲壯輿》**　宋時諸州公使庫，刻書常有羡餘緡。家書自比官書善，何不精雕付手民。

又**《蘇魏公頌》**　祠禄新兼太一階，玉堂仙吏度江淮。石林何幸曾親炙，卻未渾儀叩歲差。

又**《吕正愍大防　張玠》**　退直鈔書貫俸錢，先秦文字義雲篇。西崑何似醫官本，自古中郎有仲宣。

又**《沈思持正》**　神仙長揖出門去，擩染榴皮壁上痕。同是黄金等閒盡，撒珠簾下且留髡。

又**《李常公擇　彭惟孝孝求》**　五老峰前白石庵，翼然藏室建彭聃。匡廬山色青如許，誰叩山房禮佛龕。

又**《沈立》**　誰爲篤耨與都梁，蜀道歸來品異香。但恨太倉稊米盡，空檐饑雀噪無糧。

又**《濡須秦氏》**　維宋元祐年月日，具官臣某瀆天威。籝金可析書休析，伏乞朝廷降指揮。

又**《錢勰穆父　弟龢邑仲》**　切雲高閣鬱嵯峨，繞屋蒼松九里多。豈是西來龍象力，年來總住病維摩。

又**《張嬰子厚　宋燾》**　高卧林皋四十年，緑蘋藿靡桂連蜷。青溪不與麻沙近，空賦淮南《招隱》篇。

又**《犍爲王氏　胡定之》**　花霧氛氲散綺窗，山猿悲嘯谷泉淙。主人被甲長征去，不及岐亭監酒艭。

又**《賀鑄方回　曾旼彦和》**　鑑湖不住住横塘，梅子江南總斷腸。一自渡江歸秘府，小朝兼取蔡元長。

又**《王莘樂道　子銍性之　孫廉清仲信　明清仲言》**　對書雙淚落青衫，不忍重開舊日緘。宰相家兒嘗一臠，清貧太守不勝饞。

又**《葉夢得少藴》**　長夏消磨在六經，門生莊誦倚囊聽。奇礓森列平泉第，一燎倉皇付六丁。

又**《李莊簡光》**　燕雀君臣正議和，具從瘴海事編摩。可憐墜簡滄桑後，贏得人間涕淚多。

又**《魏衍昌世》**　平生不識新經義，衆勢時風豈所趨。煮餅燒葱誰約我，寫書今日破工夫。

又**《蔡致君》**　叩扉欲訪龐居士，月夜扁舟過鹿門。良紙善工我自樂，儼然身到小桃源。

又**《趙明誠德父　李清照易安》**　不成部帙但平平，漆室燈昏百感生。安得歸來堂上坐，放懷一笑茗甌傾。

又**《黄伯思長睿》**　静几明窗善校讎，古書曾見太清樓。赫蹄留得鷄林紙，兩面文從牒背求。

又**《董逌彦遠》**　轅固口授無章句，人間安得齊詩故。但看坐上快徵瓜，便識廣川九經庫。

又**《方漸》**　書簏隨身度嶺遥，萬梅花送一封軺。寒燈不照重衾卧，依舊鷄鳴警早朝。

又**《東平朱氏》**　袖裏零丁已十年，家山回首黍離邊。異時倘遂冬郎願，喜見《香奩》第一篇。

又**《吴與可權　吴秘　莆田李氏　劉氏》**　青蓋傳言入洛陽，文思縑帛變帷囊。惟餘海上無諸地，不共中原燼靖康。

又**《鄭樵漁仲　林霆時隱》**　漁仲求書有八道，腐儒經濟堪絶倒。猶有人矜探寶珠，益以三説總一巧。

又**《井度憲孟　晁公武子止　鮑慎由欽止　金宇文虚中叔通　宇文時中季

蒙》第四坊迷養素園，滄洲鷄犬亦仙源。井公未必無賢裔，息壤何緣竟食言。

又《劉儀鳳韶美》巷泥尺深雲如磐，寫書不畏言官彈。兩舟已達普慈岸，一舟不渡秭歸灘。

又《石邦哲照明》聞道詩人石曼卿，云車羽葆上蓉城。越州留得神仙裔，法帖圖書事事精。

又《陸游務觀　子子遹》或藉于床或栖櫝，四圍書似亂山堆。百錢拾得華胥紙，顛倒黃朱日幾回。

又《尤文簡袤》饑當肉兮寒當裘，足消孤寂遣幽憂。此尤無恙公書爐，萬柳溪邊悵舊游。

又《聞人茂德滋》門客牙兼書籍行，客來豆腐作羹湯。如翁好事我何慮，日日南湖叩草堂。

又《張鎡伯壽　張用道夢卿》習習涼風銷執熱，迢迢遊子罷長征。湖江清福同消受，落日暈飛照郭明。

又《樓宣獻鑰　潘景憲叔度》閉户書淫似孝標，拂雲高户竹洲橋。東樓兀與鴻禧竝，插架三層聳麗譙。

又《西山劉君》猘狗何緣得再陳，鄴侯籤架望如新。白雲親舍簾臺下，莫使前人笑後人。

又《周煇昭禮》華亭仙客和花賣，空有遺詩奈爾何。參透子西茶具説，不留些子著心窩。

又《岳珂肅之》監蜀何能比相臺，九經三傳例堪推。《決科機要》編成未，笑倒承平好秀才。

又《史守之子仁》聚訟紛紜説總非，碧沙碧沁認依稀。月湖自有甘盤裔，碧沚芳叢早息機。

又《鄭寅子敬》羯鼓琵琶隸教坊，但堪鮑老一登場。毅然不與韶咸齒，三館史才無此良。

又《徐清正鹿卿　陳文定宗禮》平棘清豐殆庶幾，甘踰菽粟太牢肥。先生此語真知味，願過屠門大嚼歸。

又《衛湜正叔　李衡》日融月釋心形化，聲色玩好如委灰。但見山聚復林列，不言燠館與涼臺。

又《蔡瑞　陳伯明》磐石犖确迸土出，如笋解籜草漸苞。自勝仙都奇絶處，投鹽醬裏諷行庖。

又《許棐忱父》繞屋梅花映水紅，秦溪如在畫圖中。屋中圖史誰同享，不是香山定長公。

又《陳振孫伯玉　程榮儀甫》不見神仙白玉蟾，但求龍髓訪吴炎。隨齋姓字非無考，周鼓秦斤訂少詹。

又《賈似道　廖瑩中　明嚴嵩》狎客平津慣吮癰，《九經》新造墨光濃。冰山一樣銷天水，留得人間曲脚封。

又《俞琰玉吾　孫貞木立庵　杜瓊用嘉》石礀先生善言《易》，直探月窟躡天根。古書充牣還傳本，日短天寒老眼昏。

又《周密公謹》高氏牟氏三李氏，鄉里齊齋與月河。同爲書田留種子，不教稊稗害嘉禾。

又卷二《東丹王倍》海上小山壓大山，大山力比小山孱。穹廬未可藏書卷，望海堂中誓不還。

又《元好問裕之》女几三潭憶避兵，遺簪敗履不勝情。金源文獻空山在，野史亭前夜哭聲。

又《趙文敏孟頫　明李維柱本石》開卷鬢眉一笑同，道人舊住水晶宫。寶書轉展歸天上，空自傷心到牧翁。

又《莊肅恭叔》博進新償十萬緡，隋珠爲燭蠟爲薪。江南空有求書詔，故紙原難換告身。

又《張雯子昭》嗚咽江頭變徵聲，銅山傾處洛鐘鳴。趙家已是無完土，樓上遺民擁百城。

又《袁易通甫》荒江寒雪釣潛蛟，一葉烟波不繫匏。載得筆床茶灶去，篝燈怪牒寫元包。

又《袁文清桷》祠禄難言領洞霄，一枝避迹等鷦鷯。欲知梅礀藏書窖，甬上南湖學士橋。

又《吴郡陸君　陸友友仁》家世何嫌賣布翁，圖書研北自玲瓏。豹胎熊掌兼珍味，豈獨蚳蝸薦水蟲。

又《景春沈君》愛書癖亦等憐才，擁篲分庭事郭隗。未有千金求駿骨，望諸何日自齊來。

又《蘇天爵伯修　張貞毅思明》新市春風有故亭，論思不但證鬆廳。先求

宋本書堂記，再讀清容藏室銘。

又《孔文昇退之　子克齊行素》　讀書種子魯東家，油幕深嚴護碧紗。紙裙鞋幫黏醬瓿，可憐片片女郎花。

又《蜀帥紐鄰之孫》　溯峽舟輕灎澦堆，黄牛灘畔載書回。十家何惜中人産，一擲蹲鴟沃野財。

又《倪瓚元鎮》　祇陀山下雲林閣，奇石碧梧交映窗。脱屣田園人莫笑，圖書盡上九峰艭。

又《孫道明明叔　夏庭芝伯和》　泗北郙居舍外坡，道人好事喫茶多。有時山色水光裏，自倚洞簫和櫂歌。

又《陳季模》　翠竹清溪比若耶，江心涌出馬駝沙。築樓正在沙灘畔，三字新題泰不華。

又《周定王橚　朱睦㮮灌甫》　一綫驚濤逼麗譙，西亭萬卷歎漂摇。經衣史服何從見，櫟下生歌汴上謡。

又《寧獻王權　朱謀㙔鬱儀》　匡廬山前雲氣濃，爲雲作囊密密縫。氤氲宫闕白雲裏，此是西陽第幾峰。

又《晉莊王鍾鉉　靖王奇原　端王知烊　簡王新㙉　秦簡王誠泳　定王惟焯》　九師《易》是劉安授，三爵《詩》能衛武監。竊比河間無愧色，遺經往往出山巖。

又《光澤榮端王寵瀼　衡恭王祐楎　高唐王厚煐　廬江王見滴　徽王》　光澤係出自遼府，高唐係出自衡府。廬江係出自鄭府，與徽府書共千古。

又《宋文憲濂　曾魯得之》　憔悴廬山一炬痕，絳雲種子已無存。精靈未絶青蘿本，不見中郎見虎賁。

又《徐達左良夫》　偶來山廨餌蒼朮，燕俎匏尊剩磵流。我到髯雲堂上坐，圖書散盡五湖秋。

又《虞堪勝伯　虞子賢》　青城劍氣在松陵，卓行清才一見徵。俯仰遺文三太息，屋梁落月照漁罾。

又《浦江鄭氏》　燕子飛來慟革除，義門高拓擘窠書。方黄葅醢樓常在，未必孱王遽忽諸。

又《楊文貞士奇》　村塾何從得佩觿，百錢惟有塒鷄栖。平泉草木荒寒甚，東里家風尚斷齏。

又《周文襄忱　國朝丁日昌禹生》　牧馬真能除害馬，車船來往載書隨。里中但祝庚桑楚，未有桐鄉朱邑祠。

又《袁忠徹静思》　一騎傳宣至北平，叩頭伏地頌神明。傳家忠孝空言耳，但解縱横效蒯生。

又《葉文莊盛　玄孫恭焕伯寅　七世孫國華白泉》　涌出飛泉映佩刀，霜寒絶徼憶麾旄。百餘年後方星散，畢竟書厨鎖尚牢。

又《郁文博文博　老寇四》　八十樓中校《説郛》，但供書帕饋當途。何如南部烟花本，高皮妝樓四大厨。

又《邢量用理　邢參麗文》　邢生邢生盎無糧，不居北郭亦東莊。折鐺敗席家風在，自寫奇書賚野航。

又《沈周啓南　子雲鴻維時》　縱有通靈畫一厨，豈無竊藏豎頭須。慨然請返連城璧，不必分吹一一竽。

又《史鑑明古　裔孫兆斗辰伯　李鑑明古》　亭館相通旁五湖，衣冠如見列仙圖。自從西史薪傳歇，文獻飄零悵我吴。

又《陸容文量　王時敏遜之》　亨父鼎儀謝弗及，廉州石谷同名家。可比浚川與臨潁，難言毗陵及琅邪。

又《吴文定寬　伊侃》　吏部東厢晚年筆，後來一字一琅玕。縱横深得髯蘇意，鬱律蛟螭潤底蟠。

又《王文恪鏊　子延喆子貞　徐文敏縉》　一月何能付棗梨，新城讕語太無稽。館甥亦有驚人秘，紙是澄心墨是奚。

又《徐源仲山　弟澄季止　陸完全卿》　望洋欲叩草堂門，襟帶江湖亦水村。泛泛瓜皮尖艇子，田田荷葉舊裝痕。

又《朱存理性甫　朱堯民凱》　排闥狂呼月未闌，瓮頭更酌一杯殘。野航又繼堯民逝，散盡珊瑚與木難。

又《楊循吉君謙　劉昌欽謨》　嫠婦蓬頭稚子啼，可憐斷爛到籤題。逢人願解奚囊贈，莫使飄零嘆噬臍。

又《邵文莊寶》　海鶴詩中萬卷堂，曬書儼類麥登場。不關沈水都梁味，二十厨中别有香。

又《王獻臣敬止》　葚菽何如打馬圖，可憐一喝未成廬。空爲子子孫孫計，已共名園付博徒。

又《邊貢庭實》　突如焚如涕漣如，何事斯文竟祝予。華不注陽一憑弔，舊時月色上庵蕳。

又《顧璘華玉　弟瑮英玉》　尚書江左擅詞宗，蓋禄何嘗非萬鐘。三日於陵饑欲死，鬻書門塾署寒松。

又《都穆元敬》　風雨羣騶徑叩門，讀書燈未滅深昏。都生竟爲郎潛誤，白髮愁添種種痕。

又《唐寅子畏》　皋廡來觀覆瓿經，尊壺巾卷並充庭。邢參寂默張靈笑，一醉同登夢墨亭。

又《李文敏廷相》　鷗波墨妙妙天下，狼藉海東圖溷多。完好如新雙檜本，鬼神在在爲撝呵。

又《陳察原習　張寰允清　顧琨孝柔》　石川張氏崇古樓，潁川陳氏至樂樓。藏書充棟與汗牛，足敵懷煙顧孝柔。

又《陸文裕深　黃標良玉　施大經天卿　宋懋澄幼清》　獺髓真成續命膠，衣如百衲莫輕拋。但嫌著録開新例，倉雅軒岐一例包。

又《孫道静景瞻　孫楨仲墻　孫育思和　賀烺　賀裳黃公》　蜀水京山天下秀，滄江虹月本來多。東游若欲尋鷄次，且掛輕帆過曲阿。

又《文璧徵明　子彭壽承　嘉休承　孫元發子悱　曾孫文肅震孟　從鼎定之　從簡彦可》　書法歐虞畫右丞，停雲突過趙吴興。辛夷翠竹孫枝秀，繼體先聞有二承。

又《錢同愛孔周》　靚室含醺坐碧梧，彈棋握槊并呼盧。即非左馬班揚業，亦作囊中記事珠。

又《朱良育叔英　元鄭希聖》　草堂寂寞面湖開，林界山窩老此才。俯仰古今同一慨，鄭俞姓字亦蒿萊。

又《徐霖子仁　黃琳美之　羅鳳印岡》　豹房昨降五雲箋，敕取新聲付管弦。但恨生逢楊得意，不禁老作李延年。

又《黃魯曾德之　弟省曾勉之　史臣紀載之》　五嶽歸來憶昔游，黃金散盡異書收。莫言紫苑醫腸秘，鹿甲題名在虎邱。

又《袁翼飛卿》　藝菊一畦書滿架，自言嗜好别無多。如何結得清波恨，幾欲投文告亞駝。

又《柳僉大中　俞弁子容》　山居何有濟時心，得一奇編一苦吟。若識安愚遺守約，豈知笙磬本同音。

又《閻起山秀卿》　家本靈威古洞天，積書連屋突無煙。彭殤雖亦關時命，苦恨應劉未永年。

又《王寵履吉　彭年孔嘉　周天球公瑕》　雅宜山人王履吉，隆池山人彭孔嘉。同是文門霞外客，論古更約周公瑕。

又《顧仁效　顧元慶大有》　文房遠在白雲間，欲往從之不可攀。但聽道旁樵父説，顧家門外有青山。

又《袁褧尚之》　江左清談擅籍咸，選樓更系五臣銜。兩書已足沾來學，九百虞初大可芟。

又《朱承爵子儋》　磐石山樵西舜城，侍兒開閣不勝情。奇書到手輕鸞素，桃葉何人打槳迎。

又《豐坊存禮》　潦倒書淫墨癖中，滑稽世乃有人翁。紫清舊宅歸來日，元祐圖書一旦空。

又《楊儀夢羽》　稚子迎門婦下機，庭前七檜是耶非。空山猿鶴休相訝，爲戀殘書解組歸。

又《唐順之應德　孫宇昭孔明　唐仁良士》　整齊舊聞汲放失，左右文武儒稗編。好屬女孫收脚本，一圈一擲莫忘筌。

又《李開先伯華》　雲烟已逐邊劉散，又自江南到濟南。積劫微塵應悟徹，本來禪誦及瞿曇。

又《范欽堯卿　從子大澈子宣》　烟波四面閣玲瓏，第一登臨是太沖。玉几金峨無恙在，買舟欲訪甬句東。

又卷三《秦汴思宋　子柄汝操　柱汝立》　偃李居然可代桃，劉郎一字誤題糕。草堂自在梁溪畔，繡石家風秦汝操。

又《安國民泰》　膠山樓觀甲天下，曲橋華薄蕩爲煙。徒聞海内珍遺槧，得一珠船價廿千。

又《茅坤順甫　孫元儀止生》　練市高樓擁白華，姑存世學爲專家。將軍未奏崖山績，且種東陵五色瓜。

又《陸師道子傳　陳道復復甫》　湖上垂綸二十年，嚴光佳婿得神仙。白陽何似元洲客，香火停雲有兩賢。

又《錢穀叔寶　子允治功甫》　微行門巷有倡條，遺事宣和譜玉簫。此即

人間希有本，虞山不贈待青瑶。

又《顧德育克承》　廉吏還山剩寢邱，買書有俸未爲憂。三間老屋親傳寫，惟有東吴顧可求。

又《顧從禮汝由　從德汝修　從義汝和》　鳧鼎雲回古篆凝，茗甌香沸玉河冰。至今石室蘭臺裏，漆軸牙籤半武陵。

又《何良俊元朗》　四萬卷書百籤畫，清森閣似米家船。陸沈金馬真無謂，東海歸來誓墓田。

又《鈕石溪》　虞初九百有新説，更演酉陽支諾皋。家近太倉嘗一粟，侏儒飽死笑商高。

又《晁瑮君石　子東吴叔權》　昭德先生書滿家，自言梨味不如樝。禮堂翻定童烏本，痛極優曇頃刻花。

又《姚翼翔卿　國朝姚覲元彦侍　子慰祖公蓼》　老子韓非竟同傳，孫公樂令每清談。藏書倘補吴興録，海屋流風晉石廠。

又《劉鳳子威》　丹甲霞宫秘道經，虚康爲庋户持扃。紅蟫日飼神仙字，待爾丹成降列星。

又《孫七政齊之　孫朝肅功父　朝讓光父　曾孫□孝若　藩孝維》　湘靈雪屋共追攀，何氏三高大小山。爽氣西樓超物表，慈封東郭近墦間。

又《孫樓子虚》　一枝一梧狀若丌，以薦長物平不攲。吾樓高廣義取是，衡廿九尺縱半之。

又《孫允伽伏生》　吁嗟彈鋏食無魚，艷雪談觚衍子虚。欽餡原非求醉客，且同司馬慕相如。

又《孫江岷自》　烏有子虚亡是公，姓名本屬寓言同。孫江何必非真我，爇燭傳書課學童。

又《孟守約》　劍氣延津射斗牛，朱甍高敞揭簾鈎。莫疑金谷河陽宅，兼兩瑶籤在上頭。

又《王世貞元美　世懋敬美》　得一奇書失一莊，團焦猶戀舊青箱。眼前東笥呼奴子，身後騈枝向貨郎。

又《高濂深父》　競讀尊生第七箋，講求雙綫與單邊。豈知五嶽真形印，更有遺聞出稚川。

又《張應文茂實　子丑青父　國朝張秋塘》　千羊不如一貉多，墨光紙質細摩挲。《淮南》舊出清河舫，三百年來一刹那。

又《盛時泰仲交》　家住冶城西復西，筆踪蒼潤似迂倪。得書歲月從頭記，留與飛鴻證雪泥。

又《朱大韶象元　孫克宏允執》　夜霜如月月如雪，玉楮銀鈎助我吟。是虎是龍空一歎，已隨賓客入秋琳。

又《華夏中父》　吾服南禺著録才，按圖一一索龍媒。冰生於水寒於水，百宋遺文此脱胎。

又《姚咨舜咨　唐詩以言》　皇象山人姚舜咨，石東居士亦吾師。黄門遺訓書紳佩，有闕先當爲補治。

又《顧起經元緯　顧宸修遠》　少年跌宕爲書忙，晚歲牢騷歎下場。付與豪家全不管，譬飼蠶箔襯牛筐。

又《周良金》　七十老生周九松，真書上重篆下重。炳燭餘明還矍鑠，不教倒用等司農。

又《吴元恭　吴惟明康虞》　太素終當勝雪窗，校文可補邵南江。溪南亦有州來裔，翠帶樓前系客艭。

又《何鈁子宣　子允泓季穆》　爛然朱鈢逢中黏，舊本相傳自建炎。重到西州長慟日，蠨蛸絲滿鄴侯籤。

又《何錞子端　孫述稷公藝　述皋公邁　雲士龍》　草索相從敢畏譏，前惟郭亮後王咸。自從不見何郎集，巾笥還當密密緘。

又《何大成君立》　夜爇巨燭擁皋比，風雨何嘗誤一鴟。踏雪登高腰脚健，袖中炊餅且充飢。

又《沈節甫以安　沈啓原》　小兒逃塾含飴樂，巧婦深閨得寶歌。去恐不來來欲色，愛書結癖比如何。

又《沈與文辨之》　問訊橋邊野竹齋，井闌遺刻正當街。夜深恐有蛟龍攫，地下春濃古畫埋。

又《吴岫方山　元伍德》　笥經蠹書老牖下，翛然塵外寄高蹤。濠南若奉三賢祀，合與都楊配瞽宗。

又《項篤壽子長》　仰屋微聞嚄唶聲，千金享帚太癡生。銘心絶品原無價，出納何妨讓阿兄。

又《項元汴子京　項禹揆子毗　項德棻》　十斛明珠聘麗人，爲防奔月替文

身。紫茄白莧秋風裏，一度題詩一愴神。

又《潘允端仲履》 海上天然圖畫樓，道人何處訪元郵。黄門墳素堆場圃，緑野衣冠嘆壑舟。

又《歸有光熙甫　妻王氏》 新田呰窳寢邱貧，夫婦歸來堂上人。但見安亭金寶氣，卿雲如蓋覆輪囷。

又《邱集子成》 槁項黄馘山澤癯，閉門造車出可驅。邑居一一署紙尾，橋西涇北河南隅。

又《趙文毅用賢　子琦美玄度》 死後精英尚不磨，荒山靈鬼哭煙蘿。但聞白首無書嘆，何有充箱塞屋多。

又《胡應麟元瑞》 祖龍之所弗能燔，仲尼之所存弗論。玉京人鳥須彌頂，一切奇書皆寓言。

又《莫雲卿廷韓》 得一古書益一友，劉牢之乃似其舅。餘事雲間作畫師，清談霞外尋仙叟。

又《秦四麟季公　秦景陽》 爲慕玄亭揚子雲，又玄亭亦寄斯文。但觀玄覽中區字，便識貍奴典守勤。

又《黄居中明立　子虞稷俞郃》 玉笈珠囊製駱駝，鬱儀未較竹居多。晋江父子藏書處，石户分明有鬼訶。

又《祝以豳耳劉　李可教受甫》 海上驚沙起浪淘，樓船十丈駕飛濤。投綸那得任公子，一釣扶桑連六鰲。

又《焦文憲竑》 委宛羽陵方蔑如，廣寒清暑殿中儲。校讎但惜無臣問，七略於今未有書。

又《張民表林宗》 陂頭老杏酒旗招，岌岌高冠帶欲飄。東澗盟言留息壤，西亭著録盪寒潮。

又《謝肇淛在杭》 十指如椎涷不信，清霜初下寫書頻。可知石鼎松聲裏，桃葉攤書未是真。

又《曹學佺能始　馬恭敏森　陳暹》 白馬西來十二部，青牛東去五千言。還當禮失求諸野，舍衛空桐例可援。

又《姚士粦叔祥　吕兆禧錫侯》 課虚責有寂求音，徑寸玄珠竟陸沈。知與離朱同試眦，目光不到九淵深。

又《胡震亨孝轅》 傳家有集不虚來，墨艷朱明出劫灰。得見衮師洵無匹，慨然發篋爲南雷。

又《祁承㸁爾光　子忠敏彪佳》 宣綾包角藏經箋，不抵當時裝訂錢。憶否曠亭朱榻畔，牙籤風過一鏗然。

又《謝兆申耳伯》 黄金布地花雨天，寶幢瓔珞結爐煙。語言文字歸何用，開士和南供佛前。

又《陳第季立　高儒》 老去書城許策勛，藍田誰識故將軍。靈威唐述搜羅遍，更誦佉盧梵字文。

又《李如一貫之　侄忠毅應昇》 東原赤岸李如一，意氣性情殊不羣。覓得異書頻下拜，刓編蠹翰盡歸君。

又《趙宧光凡夫　子均靈均》 遠上寒山石徑青，神仙眷屬草堂靈。悉曇經典歸何處，憔悴中郎曙後星。

又《潘曾紘昭度》 細柳旌旗首渡江，將星黯澹落軍幢。亂書叠石人如蟻，不用飛梁駕急瀧。

又《陳良卿　陸元厚》 舉舉方嚴兩塾師，屠沽平視里中兒。且捐儒服拈書奉，袖有漸漸麥秀詩。

又《陳繼儒仲醇》 餅師竈妾呼名字，宿老貧酸丐唾餘。一語先生差不惡，不知棋局但鈔胥。

又《徐燉惟起　子延壽存永》 武夷神君不可見，幔亭仙樂奏雲匏。欲尋三島人間世，無恙鰲峰汗竹巢。

又《耿震國　裔孫迪吉》 蘇門學髓開百樓，火傳東組遍中州。問津欲涉富春否，一葉印須太乙舟。

又《沈嗣選仁舉》 南渡遺文愴劫灰，葭川手眼出東萊。黄巾亦爲康成屈，法宋樓前萬騎回。

又《許元溥孟宏　許心扆丹臣》 繞屋梅花壓萬籤，道書竺典社中添。南陽閨秀高陽婦，紙尾猩紅小印鈐。

又《高承埏寓公　包檉芳子柳》 杉青牐畔表孤忠，父子南湖世考工。八十櫝書前進士，西臺淚灑杜鵑紅。

又《陸寶敬身　陸宇燝春明》 桂井牙籤比鄴侯，大參門第白檀留。荒亭灑盡興亡淚，碧血書囊吊髑髏。

又《陳煌圖鴻文　陳帆際遠》 吴下藏書鸞嘯齋，柳絲縈地蘚當階。東林喬

木嗟何在，悵望師門一愴懷。

又《黄翼聖子羽》 蓮蕊自開常見佛，桑田已變不言官。一編中有遺臣淚，歲月圖章子細看。

又《毛晉子晉　子褒華伯　表奏叔　扆斧季　孫綏萬嘉年》 律論流通到羅什，家錢雕印過毋昭。祇因玉蟹泉香冽，滿架薪材煮石銚。

又《王咸與公》 細嚼梅花讀紫騮，短歌當哭酒澆愁。隱湖高閣今何有，翠墨題詩到古瞜。

又《周榮起研農》 昌歜芰角各有嗜，不與世味同酸鹹。請觀鐘法十二意，論書亦到梁天監。

又《金俊明孝章　子侃亦陶》 春水蛟龍卧釣磯，儒冠已改姓名非。商孫豈是傭書客，父子空山賦采薇。

又《顧韡開林　顧道隆》 張燈披衣起達旦，寫書目光巖電爛。子綦子梱世不知，聞日者言爲三歎。

又《王廼昭》 平生目冷與心嚴，六十頭顱如此髯。傲雪喬松豈真懶，畫義纔了整書籤。

又《馮舒己蒼　弟班定遠　知十彦淵　知十子武竇伯》 滄海横流自閉門，莫城西畔有孤邨。篋中隱秀何須秘，化作春風蛺蝶魂。

又《陸貽典敕先》 新城令君之才子，汲古季子之婦翁。東澗老人之高足，其友則大馮小馮。

又《蔣之翹楚穉　蔣石林》 獨從地老天荒後，收拾遺文比碎瓊。海内羽陵錢蒙叟，一瓻猶到射襄城。

又《譚應明公亮　應徵公度》 五陵少年誰見憐，偏於墨汁有因緣。作詩我亦虞山志，忍使兩生竟翳然。

又卷四《怡賢親王　果恭親王　成親王》 好書盡職奉綸音，朱邸牙籤枕玉琴。河間東平無愧色，豈惟博物邁甄琛。

又《錢謙益受之》 絳雲未逐劫灰紅，江左圖書日正中。一自新宫三日哭，閒繙貝葉唱宗風。

又《錢謙貞履之　子孫保求赤　孫艾頤仲　族孫興祖孝修》 東澗方羊如海若，述古猶能得什三。羣從翩翩雖嗜古，執圭僅許視諸男。

又《錢裔肅嗣美　子曾遵王　孫沅楚殷》 張燈高宴白門秋，費盡黄金與翠裘。麴肆酒坊論秤買，蠟車障壁雜泥髹。

又《陳宏緒士業》 江左征塵動鼓鼙，百千紙甲爛如泥。亦如陰火銷磨盡，丹點煤痕滿駃騠。

又《孫承澤耳伯　梁清標玉立》 萬卷書侔田氏富，一拳山共米家横。雕橋退谷相輝映，玉鏡蓬壺際聖明。

又《曹溶潔躬》 一紙書傳鉏菜翁，山潛冢秘與人同。古人慧命從今續，盡向金陀拜下風。

又《周亮工元亮　子在浚雪客》 梨莊本本盡精良，覯宅何嘗非吉祥。務抑輕華存微尚，好嘘嘉種爲寒香。

又《黄宗羲太沖》 不沾學究頭巾氣，不墮支那文字禪。辛苦奚囊遍南北，饞魚更上海東船。

又《吴之振孟舉》 此是南雷都講地，滿村黄葉語溪灣。他鄉寒故終須别，三載皋比返蕺山。

又《吕留良莊生　子葆中無黨》 可憐坊社但狺狺，心學姚江竟反唇。覷破東書堂内案，不禁齒冷到光輪。

又《馮文昌研祥　江立玉屏　韓泰華小亭》 吴越野民清曠域，縹帶芸籤憶趙侯。從此人家添小印，不當帖尾便書頭。

又《葉奕林宗　子裕祖仁》 童子敲門送赫蹏，篝燈未罷已鳴鷄。巫陽忽下申生駕，自古厲階煽艷妻。

又《葉樹廉石君》 金庭玉柱太湖東，述古精嚴未許同。石癖書淫成底事，驅鷄牧彘作冬烘。

又《張拱端孟恭》 淺草江南緑未深，太原公子裼裘臨。槖金半入名山藏，一片孤雲萬里心。

又《朱之赤卧庵》 潦草醫方廢歷堆，不教空手寶山回。一尊敬爲西崑壽，崩角完時倒舊醅。

又《蔣琦絢臣　蔣玢絅臣》 楓山金澤兩官庫，金剛佛子文識房。半是中華流落出，海天如鏡估帆張。

又《張雋文通》 參閱名登野史亭，謗書酷甚腐遷刑。空王難贖多生劫，碧血湖堤走鬼燐。

又《顧苓雲美》 花雨生公舊講臺，一牛鳴地草堂開。雲陽文字歸殘劫，斷瓦

墻陰長緑苔。

又《顧湄伊人》 君如坡老愛陶潛，何似老蘇愛織簾。爲訪河東三篋去，渡江昨夜宿蒼蒹。

又《季振宜詵兮》 寫韵樓高敞綺窗，旋風葉葉卷成雙。滄洲一卧何時起，善本連艫盡過江。

又《孫潛葭園》 洞庭波兮渺愁予，故人來自碧山居。香山海岳雲林筆，價重人間未見書。

又《翁澍季霖　子校秀升　栻猶張》 七十二峰縹緲間，具區煙水碧潺潺。明懷餘韵宛然在，江月松風見一斑。

又《王文簡士禎》 骨董僧寮列肆厐，碎銅玉石斗鷄缸。不堪重到慈仁寺，寂寞雙松護碧幢。

又《張惟赤　子皓小白　孫芳湄葭士　曾孫宗松　宗檽　載華　柯　玄孫鶴徵　張培元江亭》 鹽官城畔螺浮宅，月落烏啼唤奈何。欲續清河書畫舫，圖書松下已無多。

又《宋犖牧仲　子筠蘭揮》 天賜蒲陶出禁廚，不將薏苡當明珠。蘇詩精似吴興刻，斷鶴何須浪續鳧。

又《錢陸燦爾弢》 上堂學參臨濟禪，登山喜拍洪厓肩。仙耶佛耶抑儒耳，抱書獨上南山顛。

又《徐乾學健庵　弟秉義果亭　元文立齋　子炯章仲》 一洗空華變闒茸，瑶臺牛篋出塵封。一門並擅名山藏，白鹿争高指玉峰。

又《陳自舜小同》 犁牛騂角難爲爾，委鬼茄花已忽諸。相見東林諸老集，三薰三沐四香居。

又《納蘭性德容若　揆敍愷功　穴研齋》 年少金閨游俠兒，不工挾彈善填詞。高齋賓客今何在，腸斷摩挲玉印時。

又《安岐儀周》 誰爲楚濱誰永年，草堂新築直沽前。豈因小緑天亭印，遂誤觀光自哲鮮。

又《曹寅子清》 緑樹芳穠小草齊，楝花亭下一尊携。金風亭長來游日，宋槧傳鈔滿竹西。

又《朱彝尊錫鬯　孫稻孫稼翁　李延昰辰山》 七品官兒竟奪儂，爲携小史當書傭。丹房枕膝書親授，始信人間有蔡邕。

又《馬思贊仲安》 一見奇書喜欲顛，祊田不惜笠牛眠。漸鴻姓字無人識，但見南樓草接天。

又《汪森晉賢　弟文柏季青》 綏若安裘晏苦杆，攬環結佩君子居。司城豈必爲貧仕，本讀司空城旦書。

又《胡介祉循齋》 連屋書囊當屋簷，碧雲窗外繞疏檐。平生燕越皆桑梓，此意蕘翁未解拈。

又《陳昂書厓》 小詩愛展納涼圖，銷暑橋頭過酒壺。西雅還疑承雅誤，南鄰儻許結鄰無。

又《龔翔麟天石》 愛石何如愛書癖，一拳蒼潤琢宣和。拈花影闘維摩詰，種樹方鈔郭槖駝。

又《鄭梁寒村　子性義門》 昔日堂中尊二老，南雷爲師秦川父。後日堂中尊二老，竹垞爲賓高涼主。

又《惠周惕元龍　子士奇仲孺　孫棟定宇》 紅豆新移選佛場，葑田北去有書莊。一廛負郭三分水，四世傳經百歲堂。

又《黄叔琳崑圃　子登賢雲門　勵守謙子大》 天上圖書補石渠，涓流撮壤比何如。漁洋衣鉢猶存否，鐵拐斜街有故廬。

又《查慎行悔餘　孫岐昌藥師》 比似王筠愧未工，屠龍餘技到雕蟲。白頭那得兒曹健，且割烏鷄療病風。

又《李紱巨來》 寫書相約到蓬山，麥飯葱湯互往還。西市從容彈一曲，《广陵散》未絶人間。

又《顧嗣立俠君》 坊南花竹秀而野，插架青紅屋高下。夢中昨見古衣冠，或立而盱或拜者。

又《林佶吉人》 脱釧難求本二千，莊池玩劇亦論錢。長林結得胡盧隱，先署庵名號鹿眠。

又《蕭夢松静君》 茶社未忘銅井約，草堂比似玉山靈。家藏四世以身守，誰得吾書視此銘。

又《何焯屺瞻　弟煌心友》 向秀書爲郭象竊，葛洪記亦吴均編。乃知賚爾敬游研，未必真出方瞳仙。

又《蔣杲子遵　蔣重光子宣》 三徑家風比杜暹，賜書高擁鄴侯籤。荒涼松菊圖重繪，想見廉州太守廉。

又《陸漻其清》　使者軺車塞巷涂，到門傔從認懸壺。爲求靈藥醫書癖，吳市頻來問扁廬。

又《席鑑玉照》　牛耳毛錢狎主盟，莪山珍本出書城。釀花掃葉皆清課，坐擁寒氈對短檠。

又《孫淇寶洲》　吾愛詩人孫寶洲，芒鞋日日訪彬侯。家書亦比牛腰大，梵志山經自校讎。

又《曹炎彬侯》　一廛遮門充閣庋，一廚連屋當屏風。襟裾牛馬人間世，尚有曹生隱市中。

又《李馥鹿山　鄭杰昌英　劉筠川》　打鼓排衙花簟鋪，闃然文采老於菟。達人何必推書識，瑣瑣昌英二十廚。

又《王聞遠聲宏》　墨光紙色問蕘夫，已析能還舊合符。七十七人金石契，不教偶著一屠沽。

又《張位艮思　子德榮充之》　玩易兼山得艮爻，秋田可種謝懸匏。陶元亮喜留賓飲，庾仲容還哀子鈔。

又《宋定國賓王　錢枚方蔚　顧夏珍》　風水砰訇送桔槔，金閶亭亦似勞勞。韋公祠下摳衣拜，敬爲平園薦沚芼。

又《浦見龍起潛　許仲堪眉岑》　史例龍門溯導觴，蕉園已改睦親坊。鬻書又苦無真眼，斷送鷄峰普濟方。

又《王孝詠慧音》　安廣布山采土風，斤圓水與鬱林通。市中倘見弦唐子，定怪載書此寓公。

又《吳銓容齋　子用儀拙庵　成佐嬾庵　孫泰來竹嶼　元潤蘭汀　英簡舟　曾孫志忠有堂》　門外香溪送客帆，氛氳花藥滿靈巖。池塘猶繞孤山夢，兄弟何嘗痛不咸。

又《顧若霖雨時　孫珊聽玉　顧至於山》　唐書《宰相世系表》，史游姓氏《急就篇》。華陽仙裔牽連録，猶及斯文未墜年。

又《顧階升步巖　子應昌桐井　顧霑方水　霑子楗肇聲》　鷄雝豕零各有須，癡愚未必竟癡愚。充閭三館讎書日，失卻智珠説世珠。

又卷五《富察昌齡敷槎》　豐沛從龍諸子弟，亦知注墨與流丹。汰除羸卒論精騎，富察終教勝納蘭。

又《丁敬敬身》　湖上蘿衣釀麴翁，甕池編竹自爲傭。眼光偶向門攤顧，戌削骨頭如老驄。

又《金檀星軺　孫可埰心山》　丹鳳梧桐別舊栖，桃花紅到武陵谿。寫生亦復含書味，滄海居然剩一蠡。

又《吳允嘉志上》　習池名士舊青衫，獨立蒼苔鶴髮髟。徼幸寒灰逃小劫，江湖留得棗花劖。

又《吳焯尺鳧　子城敦復　玉墀蘭陵》　燕市歸來得楚弓，古藤花下一尊同。薦橋舊日諸詩老，同作新詩告殯宫。

又《趙昱功千　弟信辰垣　子一清誠夫》　回首東書舊草堂，深閨流涕對琳琅。蹉跎四十年前事，無限心情感渭陽。

又《馬曰琯秋玉　弟曰璐佩兮》　竹西觴咏街南屋，簾幕春深紫燕斜。論定異書剛讀罷，陶然同醉碧山槎。

又《王德溥容大》　千年樹根化爲蟾，來伴碧廚三萬籤。誰向西州一灑淚，懷君更及趙東潛。

又《杭世駿大宗　汪一之》　學究青雲別有梯，行疏幅廣字難擠。若言宋本皆精妙，偏有麻沙出建溪。

又《沈廷芳畹叔》　查浦查田有典型，涪陵留共片氈青。吳山家近忠清里，燕市園鄰接葉亭。

又《全祖望紹衣》　敝裘典盡典遺書，且訪監倉策蹇驢。如此長安居不易，猶分清俸苦鈔胥。

又《董熜謂瑄　董蠡舟鑄范》　太卜三夢先致觭，鄭人訟鹿更迷離。撥灰縮粕何須爾，轉瞬鐘鳴欲覺時。

又《王藻載揚　楊復吉列歐》　秘囊已作君山贈，流電飄風不再來。幾等青田花乳癖，閉門三日泣瓊瑰。

又《孫從添慶增》　鴛鴦不惜度金針，字字書林座右箴。三折肱爲醫國手，廣長舌是佛家心。

又《魚元傅虞巖》　海東耆獻隱廛市，舊聞掌録七弦谿。登樓俗士頻回駕，此是龍門百尺梯。

又《顧士榮文寧》　元蟬噪窗日卓午，當風散書書有櫃。抱書太息得者誰？但願生逢晁公武。

又《孫宗濂栗忱　子仰曾　蔣屛瀛步蟾》　杭州壽松堂孫氏，蘇州壽松堂蔣

氏。同在乾嘉全盛時，各辟小齋貯經史。

又《汪憲千陂　子汝瑮坤伯　瑜季懷　璐仲連　孫諴孔皆　曾孫遠孫久也》　握手城東問紀羣，弟兄父子並能文。勘書難似孫深柳，池館松聲坐水雲。

又《馮應榴星實　弟集梧軒圃》　集注標題五百家，此風作俑自麻沙。東坡居士如相見，捧腹難禁鴉鴉哇。

又《翁方綱正三》　蘇帖蘇詩共一龕，寶蘇室願學蘇庵。儋厓笠屐曾相訪，一葦煙篷到嶺南。

又《盧文弨紹弓　盧青厓》　月蝕盧仝認舊題，抱經分峙浙東西。金峨玉几青厓宅，學士姚江近會稽。

又《蔣宗海春農》　頮面何憂脂藥錢，且聽宋槧及唐鐫。手持篋櫝飛雄辯，玉屑霏霏落四筵。

又《紀文達昀》　韓非口吃著《説林》，校讎《七略》似劉歆。山河泡影談何易，一見《公羊》涕不禁。

又《王昶德甫　王鳴韶鶴溪》　墨迹何如薛尚功，篋中打本一千通。鞭笞犬豕庸非酷，得失何妨等楚弓。

又《朱筠竹君　子錫庚少河》　鄭馬鴻都起遐静，千秋斷簡發龍威。掃除脈望開吟舫，一樹椒花悵落暉。

又《周錫瓚仲漣　子謝奩》　識得單行《吴志》本，不憂善眩等黎軒。可憂可喜斯文種，一老憖遺天壤間。

又《朱邦衡秋厓　侄奂文遊　余蕭客仲林》　毛錢馮陸故家藏，根腳籤題認舊裝。紅豆再傳弟子列，白蓮小築丈人行。

又《李文藻素伯》　所見所聞所藏弆，發凡真有著書才。安知散帙非全帙，趕廟驅車日又來。

又《周永年書昌》　清梵雲中傍柘提，借書園在濼源西。伏生孔鄭同堂祀，兩漢經師半魯齊。

又《玉棟筠圃》　紙渝墨敗編帙墜，一一都來讀易樓。不著標題能目識，心如剥繭與蕉抽。

又《周春芚兮》　夢陶回憶禮陶時，搜遍中華此最奇。亦似曇花開易落，不禁雙淚墮如縻。

又《汪啓淑秀峰》　社散南屏寺裏鐘，年華終賈騁詞鋒。書船何似玉川子，雪壓短蓬過五茸。

又《周厚堉仲育　沈紹賓廷作》　謁者陳農訪異書，山巖屋壁或藏諸。千山來雨留佳話，未到青陽博士廬。

又《鮑廷博以文》　羽陵姓字九重聞，闕史題詩帝右文。正是夕陽無限好，白頭携杖拜卿雲。

又《郁禮佩先》　青桂連蜷覆畫檐，隔窗碧色上牙籤。流光明月還如昨，不見懷民與子瞻。

又《姚瑚古香　姚虎臣》　飈輪石火百年身，遺蜕空悲古逸民。不見蒼梧二姚返，褰修我欲托靈均。

又《孔繼涵補孟》　恍有金絲孔壁聞，青欞積雨潤苔紋。牙籤已溢章丘笥，何論琳琅金薤文。

又《程晉芳魚門》　儤直承明舊有廬，移家新賃廠東居。紅橋花事休相憶，日日攤錢問故書。

又《陸時化潤之　金元功》　銅雀葳蕤鎖二喬，各携寫韵降文簫。范張鈎黨今除籍，好問東倉第幾橋。

又《陸烜子章　沈采虹屏》　晏坐花南水北亭，文園銷渴爲虹屏。人參價貴逾珠琲，好爲神農補本經。

又《吴翊鳳伊仲》　槐市塵封有敝廬，半生飽食武昌魚。歸來嘆唶摩昏眼，充棟雲烟付太虛。

又《吴騫槎客　子壽暘虞臣　孫之淳鱸鄉　侄昂駒醒園　春煦子撰》　爲慕一廛藏百宋，更移十架庋千元。生兒即以周官字，俾守楹書比孝轅。

又《宋大樽左彝》　棲里書堂吴越郊，芋魁徑尺養寒庖。洞天清禄真銷受，香雪梅花處士巢。

又《張燕昌文魚　張廷濟叔未》　舊槧書沿唐諱筆，古銅範自蜀中鐫。新篁大樹何須問，霄漢胎禽總列仙。

又《汪中容甫　子喜荀孟慈》　商瞿一經可傳子，先生雖死猶不死。道家何處有蓬萊，即在蘇門百泉裏。

又《金德輿鄂巖》　酒杯笑擲酡顔紅，揮手千金敝屣同。剩有桐華賓主意，寫將香草寄童蒙。

又《張敦仁古餘　張徵齋》　乞得神仙三字靈，上清丹竈共延齡。文章太守

清寒甚，那有三間柏木廳。

又《王宗炎穀塍　王紹蘭南陔　陳春東爲　汪繼培因可》　沖虛先傳處度注，因可亦草潛夫箋。精亡脈極遽長往，輿言宿草空泫然。

又《法式善開文》　短巷東趨積水潭，古梅花下結詩龕。一心供養詩千卷，莫作維摩古佛參。

又《丁杰升衢　錢馥廣伯》　道廣平生似太邱，緑窗還共布衣游。目光髯影看飛動，細字黏籤在上頭。

又《孫星衍伯淵》　沈湘爲我謝彭咸，廉石歸裝穩布帆。一榭五松相對峙，名山占盡積書巖。

又《秦恩復敦夫　江藩子屏》　賓客淮南比小山，玉臺擩染到慈鬘。空談龍脯終揮斥，陸賈裝空粵海還。

又《張祥雲鞠園》　廉吏可爲未可爲，槃纓請室等湘累。鼓琴誰折芳馨寄，三復於湖次仲詩。

又《阮文達元》　一留湖上一江湄，鷲嶺藏書許共窺。欲到建安真洞府，選樓高處有雙碑。

又《袁廷檮又愷　貝墉簡香》　山陽笛韵不勝酸，紅蕙飄零骨未寒。話到青箱靈鬼哭，祇留佳婿比韋寬。

又《顧之逵抱沖》　廢殿城南《列女圖》，先秦禮服古尊壺。阿和阿道皆無恙，但少籯金與斛珠。

又《黄丕烈紹甫》　《得書圖》共《祭書詩》，但見咸宜絶妙詞。翁不死時書不死，似魔似佞又如痴。

又《張燮子和　孫蓉鏡芙川　姚畹真》　與花同好月同明，修到雙芙有幾生。薰沐爲書題佛號，生生世世出秦阬。

又《黄錫蕃椒升　韓配基》　談古相逢燕市中，名場溝水各西東。長安珠桂還如昔，典盡殘書莫送窮。

又《戴光曾松門　戴大章堯聲》　瘦骨凌霜破拘閡，小松何似老松强。吴涇延令同根否，緑柳橋西戴大章。

又卷六《陳鱣仲魚》　新坡垷上各收藏，辛苦求書鬢已霜。吴越浮家津逮舫，宋元插架士鄉堂。

又《程世銓叔平　張思孝白華》　探梅圖共客中論，紙帳空歸白下魂。文獻未傳後死責，好携畫本訪程園。

又《顧廣圻千里》　不校校書比校勤，幾塵風葉掃繽紛。誤書細勘原無誤，安得陳編盡屬君。

又《何元錫敬祉》　浮江一舸下錢塘，回首昌平是堉鄉。綺障未銷書有癖，空求靈藥爲醫狂。

又《張紹仁學安》　莊叟寓言駢拇指，柴窑碎片古瓷缸。莫輕重本兼殘本，巧合延津劍一雙。

又《陳墫仲遵》　是亦灌園陳仲子，草堂何在在西畇。羌無故實旁皇索，但識名墫字仲遵。

又《沈慈十峰　弟恕綺雲》　更無人上沈樓看，詩夢初回水國寒。輸與鴻堂磨欲盡，猶留蟬翼暈齊紈。

又《許宗彦周生》　吴山陶生鬻書者，日共圍棋一局殘。塵垢堆牀寓言耳，當時書貴比珠玕。

又《倪模迂村》　鄭默中經所著録，不謂私家竟庶幾。幐以藕心空首幣，橢輪活碧長苔衣。

又《嚴可均鐵橋》　酒誥無爲嘆俄空，斷爛不全亦足重。此非聱言君所言，誰謂古書非骨董。

又《嚴元照久能　張秋月香修》　秋江月子兩頭纖，畫扇齋中本事添。認取連環雙玉印，綢繆紅上舊題籤。

又《劉桐舜輝》　社酒唐華憶討春，舊游如夢復如塵。蛛絲馬迹緣沿得，好鳥飄風變幻頻。

又《陸芝榮香圃　杜煦尺齋　煦弟春生禾子》　五色雲中有紫霓，三間新築草堂栖。建初地莿何時出，咫尺高樓在會稽。

又《翁廣平海琛　彭桐橋》　老羆當道貉子踰，眼光一睒窮八荒。已有神囂嶠外接，何論奥羽及鎌倉。

又《陳徵芝蘭鄰》　莫誤徵芝作振之，參軍蠻語訂侏離。緑榕城畔歸帆早，不數才人張孟詞。

又《錢天樹仲嘉》　一片湘雲盪水涯，茶鐺藥臼費安排。東湖西塞聽人説，卻似隨齋爲直齋。

又《汪士鐘閬源》　藝芸散後歸何處，盡在南瞿與北楊。留得《宋元書目》在，

一編中有小滄桑。

又《葛香士》 豁厗爲門平作架，翠屏鬼斧費雕劖。石函一一如靈寶，但少龍威到隔凡。

又《張海鵬若雲 侄金吾月霄 大鑑友柏 邵恩多朖仙》 三世同耕不税田，後賢功可及先賢。誰爲有福誰無福，此語可爲知者傳。

又《黄廷鑑琴六》 南宫載得賜書還，烏戍霜青夕照殷。豹腳噬人蟫亂走，夜深燒燭補完顔。

又《陳揆子準》 古寺鐘聲飯後撞，訪書人坐贊公窗。但言捄虎前朝閣，剩有門前兩石幢。

又《楊端勤以增 子紹和彦合》 四經四史同一齋，望洋向若嘆無涯。稽天始有逢原樂，此事難教語井蛙。

又《曾釗勉士 吴蘭修石華》 瘴風鹹雨鼓靈潮，二百年中字易銷。識得書城如武庫，守經終讓古輪廖。

又《李筠嘉修林》 藏書四千七百種，著録三十九萬言。江左俊游賓從美，儵儵天半若霞軒。

又《馬瀛二槎 馬玉堂笏齋》 同有驚人秘笈藏，漢唐漢晉各分疆。扶風故事如相質，一住鹽官一海昌。

又《童銓佛庵》 鳳子春駒郭未箋，神仙蜕骨自何年。滕王粉本雖天巧，死作螢乾劇可憐。

又《程廷獻書城》 山薑倚墻放疏蕊，蒼藤喬木水爲鄰。舊廬正在瓶山麓，掇拾寒灰歎積薪。

又《許光炘曦伯》 牝鶏持鬻百錢時，高閣秋燈憶母慈。好鳥飄風三嘆息，第將甬上祝延之。

又《王雨樓》 苜蓿闌干老廣文，江南雙鯉寄殷勤。論詩欲訂疑年録，未必禮堂事鄭君。

又《錢熙輔鼎卿 熙祚錫之 熙泰鱸香 熙載嘯樓 熙經心傳》 湖上羣山山上樓，校書人共住樓頭。寫官樓下雁行列，門外借書人係舟。

又《劉喜海燕庭》 百衲絲桐藏篋衍，一床金薤整籤題。風流罪過登彈事，空有蓮臺善業涅。

又《瞿紹基蔭棠 子鏞子雍 孫秉淵敬之 秉淸性之 季錫疇菘耘》 吾識虞東隱君子，晁陳絶學守叢殘。高齋鷄黍猶前日，悵絶牙弦不復彈。

又《朱緒曾述之 甘福德基》 西湖三篋空手寫，煙水秦淮正黯然。回首東園高樹畔，諷書嘒嘒正鳴蟬。

又《劉位坦寬夫 子銓福子重》 河間君子館磚館，廠肆孫公園後園。月老新書紫雲韵，長歌聊爲續梅邨。

又《陸筠瓠尊 章金益齋》 授經如見伏生圖，八十分湖一釣徒。白髪紅顔相對寫，阿翁何似趙凡夫。

又《胡惠墉篴江》 九經已有四經亡，披髮巫陽下大荒。一旦復還《詩要義》，卿雲如蓋覆書堂。

又《曹言純種水 管庭芬芷湘》 四面天青立秋隼，搶榆肯共鷟鳩飛。樊桐南野雖已矣，元會仲容或庶幾。

又《錢泰吉輔宜》 潁上蘭亭内景經，青花蕉葉制爲銘。學官充棟吴橋本，籥舞歌鐘共一庭。

又《路慎莊子端》 關西夫子何爲者，六經黥刖無完膚。天下靡然嚮風矣，一家偏好詅癡符。

又《葉名澧潤臣》 不爲父母昆弟容，舊誣一息鄭司農。從前幾被南昌誤，堂密原來有美樅。

又《邵懿辰位西》 車驅車驅洛陽肆，不得歸來夢中囈。何如沮誦未觰初，穴居盱盱無文字。

又《蔣光煦生沐》 羣玉英光訪寶章，積書忙似鼠搬薑。奩中舊史遺蠶室，别下叢編繼兔牀。

又《胡珽心耘 楊文蓀秀實》 文字因緣在石林，開禧插架尚森森。公書剥落生芒未，願向琳琅秘室尋。

又《勞權平甫 弟格季言》 聞道黄巾入室時，飲香詞館玉參差。但嫌架上無精本，未向先生乞贈瓻。

又《郁松年萬枝 顧秉源潤齋》 樓臺海上湧金銀，織闤西來自大秦。誰識子雲高閣畔，遺書寂寞訂先民。

又《沈楙德翠嶺》 先嚳當年本後收，雲烟難得幾時留。五陵裘馬非吾好，上紹山來與慧樓。

又《顧沅湘舟》 吴下名園顧辟疆，蛾眉列屋爲添香。荒攤敝紙難收拾，竟使

遺聞付夢粱。

又《莫友芝子偲》　世上居然有唐本，千年古鏡出塵埋。　虺隤我亦馬生疥，欲得君家枯柳揩。

又《劉康春禧　袁芳瑛漱六》　山外風烟蟬蚓鳴，山中金璧光瑩瑩。　百楹樓屋容登未，八月洞庭湖水平。

又《劉履芬彦清》　未聞脤望餐烟火，豈有爰居饗鼓鐘。　君本清才難作吏，可憐横死到黄龔。

又《楊繼振幼云　崇恩語鈴》　標識分明卷帙精，鞠花涼雨盪簾旌。　纍纍天籟珍藏印，又見敔翁與石筝。

又《座主潘文勤公諱祖蔭　黄子壽師諱彭年　子再同編修國瑾》　雷塘弟子追成録，雪苑賓僚憶賦詩。　猶是羽陵親到處，不堪東閣再窺時。

又《朱澂子清　孫鳳鈞銓伯》　聽鼓秋風卧白門，舊游無復海王邨。　同時一個君先弱，珍重錢塘宋板孫。

又《陸心源剛父》　蓬萊道山皆荒渺，芳茱疏雨亦寥寥。　守先高閣苕溪畔，紈縵卿雲覆絳霄。

又《蔣鳳藻香生》　吴兒纖嗇好治生，不狂酉竟得狂名。　我來長嘯書鈔閣，下有蜩螗聚沸羹。

又卷七《李芝綬申蘭　趙宗建次侯》　經過趙李小藏家，十頃花田負郭斜。劫火洞然留影子，舊山樓上數恒沙。

又《趙之謙益甫　孫古徐》　奇鴿大冢翳纖兒，煮字爲粻技止斯。　絶妙好詞誰得似，辛家皮與勒家皮。

又《周星詒季貺》　第一楊風癸巳人，韭花帖裏證前身。　鷗波生日兒初度，更錫嘉名是甲寅。

又《丁丙嘉魚》　書庫兵間憶抱殘，更從湖上起文瀾。　宜堂雖共苕溪盡，守藏依然屬漢官。

又《李文田仲約》　長箋垂尺密於簾，插架堆牀甲乙籤。　朔乘和林金石考，文園遺稿寄靈鶼。

又《黎庶昌蒓齋》　仙人漢節下津輕，唐寫何論宋槧精。　王蹲金題卷子本，銀鈎鐵畫楷書生。

又《方功惠柳橋》　東丹副葉寫書根，顛若昆吾切玉痕。　此是碧琳琅館本，典裘持付海王村。

又《宗室盛昱伯希　王文敏懿榮》　文采紅蘭與紫幢，意園籤架竹閒窗。　寒煙師友真詩讖，不僅儒林祭酒雙。

又《江標建霞》　真賞齋中有仲宣，銘心絶品不論錢。　甘陵鈎黨人間籍，天上樵陽作散仙。

又附録《江南王别駕》　築屋西陳盡累磚，扦掫何似石倉堅。　荒年乞得監河粟，猶是江南舊俸錢。

又《泰山趙氏　宛陵太守　沈率祖》　清淚凄然滴玉蜍，非熊説夢竟何如。傷心獨拜他鄉臘，更啓殘書祭歲除。

又《杭州張氏》　彼岸還須一葦航，蓬壺宛在水中央。　靈文開篋驚烏有，天遣風雷下取將。

又《釋文瑩道温》　天策文章花蕊詩，一簦一笠鎮相隨。　非無三乘旁行字，胡跪問師師不知。

又《陳景元　無爲道士》　西陽羽陵到者誰，望壺樓下説無爲。　送書道士形如繪，相鶴何如竟相黿。

先著《之溪老生集》卷七《訪何義門，兼晤其弟心友》　一面數年餘，相思夢未疎。　盛名潛故里，善本富藏書。　道在時多忌，才高意轉虚。　東遊無别事，特爲造君廬。

黄達《一樓集》卷九《蔣春農宗海》　橐筆曾經侍早朝，秋江歸舫雨蕭蕭。　三間新築藏書屋，恰近詩人丁卯橋。

又卷一〇《張漁山星》　欲弔當年醉死魂，雲間一寶重瑶琨。　無人能守藏書屋，亂草斜陽北郭門。

又《王補堂永祺》　我亦常停問字車，生生橋畔草香居。　藏書滿屋人千古，燈火秋牕入夢初。

《中華大典》辦公室

主　　任：于永湛

副 主 任：伍　傑

　　　　　姜學中

工作人員：

編　　審：趙含坤

　　　　　崔望雲

秘　　書：宋　陽

封面裝幀設計：章耀達

《中華大典·文獻目録典》出版工作委員會

主　任：何林夏

委　員：（按姓氏音序排列）

郭洋辰　黄珊虎　姜革文　雷回興（項目主持）

劉隆進　魯朝陽　羅凱之　馬豔超　丘立軍

沈　明　湯文輝　唐曉娥　肖愛景　徐良妍

楊春陽　曾　玲　張　佳　周　静

圖書在版編目（CIP）數據

中華大典．文獻目録典．文獻學分典．典藏總部／《中華大典》工作委員會，《中華大典》編纂委員會編纂．—桂林：廣西師範大學出版社，2015.10
ISBN 978-7-5495-7145-1

Ⅰ．①中… Ⅱ．①中…②中… Ⅲ．①百科全書—中國②文獻學—中國 Ⅳ．①Z227②G256

中國版本圖書館 CIP 數據核字（2015）第 202608 號

中華大典·文獻目録典·文獻學分典·典藏總部

編纂：《中華大典》工作委員會
《中華大典》編纂委員會

出版：廣西師範大學出版社
（廣西桂林市中華路 22 號　郵政編碼　541001）

發行：廣西師範大學出版社
（廣西桂林市中華路 22 號　郵政編碼　541001）

排版：南京展望文化發展有限公司

印刷：桂林廣大印務有限責任公司
（桂林市臨桂縣秧塘工業園西城大道北側廣西師範大學出版社集團有限公司創意産業園　郵政編碼　541100）

開本：787×1 092 毫米　1/16

印張：27.75　　字數：832 000

2015 年 10 月第 1 版　2015 年 10 月第 1 次印刷

書號：ISBN 978-7-5495-7145-1

定價：380.00 圓